제3판

e비즈니스 전략

개념과 사례

STRATEGIES FOR E-BUSINESS

Creating value through electronic and mobile commerce

CONCEPTS AND CASES

Strategies for e-Business concepts and cases, 3/e

e 비즈니스 전략

개념과 사례

Strategies for e-Business concepts and cases, 3/e

초판 1쇄 발행_ 2017년 2월 22일

지은이_ Tawfik Jelassi · Albrecht Enders
옮긴이_ 박기우 · 강윤정 · 강주영 · 권순재 · 박상철 · 이주민

펴낸곳_ 이앤비플러스
펴낸이_ 유지환

편집디자인_ 우일미디어

주소_ 서울시 마포구 월드컵로 29길 68
전화_ 02-3272-3290
팩스_ 02-3272-3280
등록_ 2006년 12월 11일 제108-91-44426호

ISBN_ 978-89-94246-31-4 93320

* 값은 표지에 있습니다.

STRATEGIES FOR E-BUSINESS

Creating value through electronic and mobile commerce

CONCEPTS AND CASES

Tawfik Jelassi
Albrecht Enders
Francisco J. Martínez-López

제 3 판

e 비즈니스 전략

개념과 사례

박기우 · 강윤정 · 강주영 · 권순재 · 박상철 · 이주민 옮김

PEARSON

E&B PLUS 이앤비플러스

옮긴이 소개

박기우 미국 남가주대(University of Southern California) MIS와 Consulting Services 전공 MBA학위
SK C&C와 고도컨설팅그룹(주) 컨설턴트, 삼성경제연구소 수석연구원
한국과학기술원 경영공학 박사
싱가포르국립대학교 조교수
현재 성균관대학교 글로벌 경영학과 교수
《Information and Management》 저널 Associate Editor
연구분야 및 논문: 지식경영, 가상공동체, 전자상거래 분야에서 《MIS Quarterly》, 《Journal of AIS》 등 주요 저널에 다수의 논문 게재

강윤정 이화여자대학교 전자상거래학 석사
성균관대학교 MIS 경영학 박사
연세대학교 BK사업단 연구교수
현재 성균관대학교 경영학부 초빙교수
연구분야 및 논문: online customization/personalization, Interorganizationl systems, Mobile office, enterprise social network 등의 분야에서 다수의 연구 논문 발표

강주영 포항공과대학교 컴퓨터공학 학사
서울대학교 컴퓨터공학 석사
한국과학기술원 경영공학 박사
Visiting Professor, Desautels Faculty of Management of McGill University
(주) SBS Fellow 교수
현재 아주대학교 경영대학 e-비즈니스학과 교수
한국 빅데이터 학회 포함 국내 다수 학회 이사 및 편집위원 재직 중
연구분야 및 논문: 텍스트마이닝, 빅데이터, ERP, 지능정보시스템, IEEE Transactions on Knowledge and Data Engineering, Internet Research 등 주요 국내외 저널에 다수의 논문 게재

권순재 성균관대학교 경영정보시스템 석/박사
현재 대구대학교 경영학과 교수
연구분야 및 논문: 의사결정기법, 인터넷 및 모바일에서의 소비자행동, 온라인 커뮤니티에서의 창의성 분야에서 관련 논문 40여 편 발표

박상철 성균관대학교 경영학박사(경영정보 전공)
성균관대학교 BK21 사업단 연구교수
서강대학교 BK21 사업단 연구교수
(미) Georgia State University 박사후연구원
협성대학교 관광유통경영학부 조교수
현) 대구대학교 경영학과 조교수
연구분야 및 논문: 행동경제학 관점에서의 IT 사용자 행동, 정보시스템 사용자 전환 행동 분야에서 JAIS, ISJ, EJIS 등 주요 저널에 다수의 논문 게재

이주민 한국과학기술원(KAIST) 전기 및 전자공학과 학/석사
한국과학기술원(KAIST) 테크노경영대학원 경영공학 박사
딜로이트 컨설팅 경영전략 및 IT 컨설턴트
현재 경희사이버대학교 마케팅 · 지속경영리더십학과 부교수
연구분야 및 논문: e-비즈니스, 온라인 소비자행동, CRM 분야에서 〈Decision Support Systems〉, 〈International Journal of Electronic Commerce〉 등 주요 저널에 다수의 논문 게재

들어가기

e-비즈니스의 출현

워런 맥팔란(F. Warren McFarlan)
하바드 경영 대학, 보스턴, 매사추세츠

우리는 정보화 혁명 후반부인 제4기에 거의 도달했다. 오늘날 받아들여지고 있는 경영 관리기법과 애플리케이션들의 일부는 이미 13년 전에 생각된 것들이다. 정보화 시대의 전반기는 1955년부터 1995년 사이에 해당된다. 1955년도는 IBM이 설립된 해로, 701, 702 그리고 703 컴퓨터가 만들어졌으며 유니박(Univac)에 이어 유니박 I(Univac I)가 출시되었다. 오늘날의 컴퓨터와 비교하면 덩치도 크고 신뢰도도 떨어지고 상당히 제한된 처리 능력을 가졌으며, 사용하기 어려운 언어체계를 갖고 있었다. 그럼에도 불구하고 당시 기계들은 백 오피스(back-office)의 정보 처리를 촉진했고, 비용을 절감했으며, 제품과 서비스의 질을 향상시켰다. 보험, 은행, 항공 예약과 같은 부분들은 초기에 IT가 가장 활발하게 적용된 산업이고 이후 오랜 시간 동안 IT의 영향을 많이 받은 산업이기도 했다. 예를 들어 보험회사의 한 부서(premium notice department)의 인원은 15년 동안 150명에서 1명으로 축소되었다. 더불어 금융 프로세스와 연관된 회계, 급여 부문의 시스템은 조직 내부에서 책임감을 가지고 자체 개발하는 데 초점이 맞춰졌다. 이런 일련의 활동들은 대규모 IT 부서들이 숙련된 기술력으로 표준화된 모델을 만들어 운영하는 방향으로 주로 이루어졌다. 이들은 자신들의 활동을 계획하고, 프로젝트들을 더 잘 관리하기 위해 위험 요소들을 조정하고 관리하는데 많은 노력을 기울였다. 이러한 노력은 20년 동안 거의 수직적으로 이뤄졌으며, 오늘날에도 성공적으로 운영되는 전형적인 시스템(legacy system)으로 발전했다. 어떻게 세상의 흐름에 잘 대처할지가 첫 IT 세대들의 관심사였으며 이것은 주로 실행에 초점을 맞추고 있었다.

1970년대 말, 비용 절감에 대한 요구는 PC와 데스크톱 컴퓨터의 출현을 초래했고, 이것들이 곧 기업의 표준이 되었다. 데스크톱과 관련된 빠른 기술 확산은 기업의 대형 데이터 센터 관리자들에게 해결하기 어려운 여러 가지 난제를 던졌다. 하지만 1980년대 대부분 기업들의 IT 활동은 여전히 시스템 구축 및 운영 카테고리에 속해 있었다. 그렇지만 1980년대 말 무렵, 최초의 대형 IT 자원의 아웃소싱 거래가 이루어지게 된다. 이로 인해 SAP, Oracle 등 애플리케이션 소프트웨어 산업의 폭발적인 성장과 더불어 IT 부서의 지배적인 역할인 *시스템 구축 및 운영*이 사라지기 시작했다. 이 부문을 아웃소싱 관리 모델이 빠르게 대체하기 시작했다. 이로 인해 진정한 혁명이 시작되었다. 이스트먼 코닥(Eastman-Kodak) 그리고 제너럴 다이내믹스(General dynamics) 등 초기 수요자들은 근본적으로 다른 더 효율적인 기업 관리 모델을 탄생시켰다.

이후 20년 동안 기업 관리자들은 IT가 어떻게 하면 경쟁 우위를 달성할 수 있을지에 많은 관심을 보였고, 컴퓨터를 어떻게 설치하고 관리할 것인지에 대해서는 별로 걱정하지 않았다. 대신 그 관심을 급성장하는 소프트웨어와 서비스 산업으로 돌렸다[IBM, 액센추어(Accenture), CSC, EDS 그리고 작은 기업들의 호스트에게로]. IT 관리에 대한 기존의 지식들은 많은 영향을 받으며 바뀌었고 새로운 문화를 만들어냈다. 그리고 최초로 IT가 기업 경쟁력의 무기가 될 수 있다는 인식이 널리 퍼지게 되었다.

그리고 더욱 엄청난 변화의 뇌운이 감돌기 시작했다. 톰 프리드먼(Tom Friedman)은 그의 대표작인 저서 『세계는 평평하다(The world is Flat)』(Farrar, Straus & Girous, 2005)에서 이 신세계를 만든 3가지 주요 사건들에 대해 이야기했다. 1990년부터 오늘날까지, 첫 번째 사건은 1989년에 있었던 베를린 장벽의 붕괴이며, 이 사건과 더불어 중국의 출현은 30억 명의 인력을 세계 시장(이 주제는 이 책에서 다루지 않는다)으로 끌어들였는데 이로 인해 모든 제품과 서비스의 공급과 수요의 새로운 자원이 형성되었으며 내외부적으로 IT 시장의 전환기를 가져오게 된다.

두 번째 사건은 1995년 10월에 넷스케이프(Netscape) IPO가 촉발시킨 여러 활동들이다. 이 사건은 크게 보자면 인터넷의 첫 번째 시대, e-비즈니스의 출현 그리고 오픈 시스템과 광대한 데이터 접속이 동시에 이루어진 것이다. 세 번째 사건은 오늘날 디지털 경제에선 비용이 전혀 들지 않는 거대한 고속통신로인 광통신망에 대한 기업의 막대한 과잉 투자이다. 그는 이러한 트렌드들이 인소싱, 아웃소싱 그리고 해외 업무 위탁, 공급사슬과 정보화(informating)를 이끌며 국제적 기업들의 활동과 영업방식의 근본적인 변화를 야기했다고 언급했다. Jelassi와 Enders의 저서는 지혜롭게도 글로벌하게 어디서(where) 업무가 이루어져야 하는지에 대한 이슈를 무시하고(다른 책에서 다루었다), 대신 혁명적인 측면들을 주시했다. 즉 다시 말해 기업의 주요 프로세스와 제품들이 자유로운 통신 시설과 인터넷 상호연계와 같은 새로운 기회들로 인해 어떻게(how) 영향을 받는지를 다루었다. 이 과정에서 이들은 엄청난 통찰력을 발휘했다. 이 책은 역작이다.

1 첫째, 이 책은 역사에 대한 깊은 인식에 기반하고 있다. e-비즈니스 세계의 출현을 이끈 영향부터 최종적으로는 버블에 이르게 만든 폭발적인 성장까지에 대해 풍부하게 설명한다. 버블 붕괴에 관해, 숨겨진 이유 그리고 그 이면의 흥미진진한 기회들까지

포함한 사실적인 기록을 담고 있다. 예를 들어 웹밴(Webvan)의 짧은 존재에 대한 이야기를 읽으면 흥미롭고 그리운 기억들이 생길 것이지만, 근본적인 결함을 발견할 수 있을 것이다. 이 책은 놀라울 만큼 e-비즈니스 초창기 때의 기회와 그 원인들에 대해 기술한다. 오늘날에도 유효한 경고를 보여준다.

2 둘째, 이 책은 기업과 산업의 경쟁 전략과 역학과 연관된 문헌들[포터(Porter) 외]에 있는 심도 있고 잘 알려진 지식을 담고 있다. 새로운 기술에 대한 기회와 위협은 가치 사슬과 다른 현대적 전략 분석의 틀에 기반한다. 이것은 언급할 만한 가치가 있는데 Jelassi와 Enders가 사용한 전략적 틀은 1982년부터 존재했다. 이들은 이 분야의 최신 소식을 담으려 했다. 간단히 말하면, 이 책은 새로운 기술로 인해 비롯된 기회의 최신 전략 구상을 담았다는 것이다.

3 셋째, 이 책은 자세한 경영 방법에 대해 잘 알려진 이해를 바탕으로 기술했다. 특별한 점은 《파이낸셜 타임즈(Financial Times)》의 기사들로 이루어진 풍부한 콜렉션인데 시대를 대표하는 각기 다른 대표기업들의 주요 동태를 보여주며 이로 인해 애플리케이션의 범위에 유용한 통찰력을 준다. 이런 기사들은 이 책이 이론은 물론 경영실무에도 든든한 기반을 갖고 있어 관리자부터 MBA 학생에게까지 유용할 수 있다는 점을 시사한다.

4 넷째, 이 책은 일반적인 IT 문헌들에 대한 포괄적인 조망을 기술한다[부록에 요약되어 있고 입문자들을 위한 적절한 기술적 정의 모음과 함께 참고 웹사이트(Companion Website)에도 게재되어 있다]. 전략, 이론, IT 애플리케이션 문헌 그리고 방법론과의 연계를 통해 이 책은 매우 독특하고 영향력 있는 책이 되었다.

5 다섯째, 이 책은 방법론과 애플리케이션에 대해 과거로부터 최신 트렌드까지를 포함한다. 예를 들어, 인터넷 II장은 빠르게 출현하는 기술적인 측면에서 보면 I장만큼 좋은 내용을 담고 있다.

6 여섯째, 애플리케이션에 깊은 관심이 있는 독자라면 본문 뒤에 실린 장기적으로 연구된 포괄적인 IT애플리케이션 사례 연구에 관심을 가질 만하다. 10개의 자세한, 최신의 실제 기반 사례 연구들은 대부분 유럽에서 이뤄졌으며 현대적 경영방법 이슈에 대한 깊은 통찰을 원하는 독자를 위해 마련했다. 각 장과 더불어 사례들이 실린 이 책은 MBA 학생들에게 매력적으로 느껴질 것이다.

하지만 이 책은 일류 과정에 필요한 요소들을 담고 있기는 하지만 MBA과정을 위한 것만은 아니다. 자신의 조직이 급변하는 기술 시대에서 우위를 차지하게 하기 위해 노력하는 사려 깊은 종사자들을 위한 것이기도 하다. 이 책은 이윤이 많은 사업 기회를 찾을 수 있는 자세한 구조와 지침을 알려준다. 애플리케이션을 쉽게할 수 있는 실용적인 예제들의 완벽한 모음집을 포함하고 있다. 또한 적용 문제를 해결하는 데 적당한 시간이 소요되게 했다.

머리말

사람들은 새로운 기술에 대해 단기적인 안목으로는 과잉평가하고 장기적인 안목에서는 과소평가한다.
로이 아마라(Roy Amara), 미래연구소(Institute for the future)

이 책의 맥락과 포지셔닝

이 책의 첫 판을 쓰려는 것에 대해 동료와 친구들에게 2003년 가을에 물어봤을 때, 많은 사람들이 우리가 책을 쓰고 난 뒤에는 이미 너무 늦지 않았겠느냐고 얘기했다. 그들은 인터넷 버블은 이미 3년 전에 붕괴되었고 대부분의 온라인 기업들은 부도가 났다는 사실을 상기시켰다. 그 이후로, 사고방식은 변화했다. 기존의 오프라인 기업인 테스코(Tesco), 소니(Sony BMG) 또는 메르세데스 벤츠(Mercedes-Benz) 같은 곳들과 순수 온라인 기업인 아마존(Amazon), 구글(Google) 또는 이베이(eBay)가 예전보다 적은 대중과 미디어의 관심속에서 지속적으로 e-비즈니스 전략을 개발하고 적용시켰다. Web 2.0 애플리케이션으로 불리는 최근의 급격한 성장으로 인해, 온라인 기업인 페이스북(Facebook), 마이스페이스(MySpace) 또는 크로싱(XING)은 다시 한 번 비즈니스 기사의 헤드라인을 지배하고 있다.

다른 중요한 기술적 혁명인 철도 또는 증기 엔진과 비슷하게, 인터넷도 특정한 호황과 붕괴의 순환을 거쳤다. 붕괴 후에는 기술적 혁명이 다시 시작되고, 그 '황금기' 때 진정한 영향을 볼 수 있다. 이 책의 3판을 쓸 때쯤 e-비즈니스가 이 황금기에 들어선 것이 아닌가 싶다.

이 책을 위해 조사를 하는 동안, 닷컴 버블의 붕괴 이후에 특별히 e-비즈니스 전략 이슈에 대한 책들이 매우 적게 출판된다는 사실을 발견했다. 우리는 또한 e-비즈니스에 관한 책과 훌륭한 전략에 대한 책들이 많다는 것을 발견했지만, 상대적으로 이 두 분야를 연결시켜 이해하기 쉽고 철저하게 분석한 책들은 많지 않다는 것을 알게 되었다.

이 책은, 제목에서 보여지듯이, 이런 거리를 좁히려고 한다. 이 책은 독자들에게 전략과 e-비즈니스의 영역에 대한 전체론적이고 통합적인 시각을 전략적 경영 개념과 실제 e-

비즈니스 활동에 참여하고 있는 기업들의 사례 연구와의 연계를 통해 제공하려 한다. 또한 성공적인 경우와 마찬가지로 실패한 경우들을 면밀하게 분석함으로써 과장된 광고를 넘어서 독자들이 성공적인 e-비즈니스 전략의 원동력을 뒷받침하는 요소를 평가하는 데에 도움을 주려고 한다.

목표 독자들

《e-비즈니스 전략》은 고위 관리자, 경영 전략가, 기업가 그리고 컨설턴트뿐만 아니라 MBA 수강생, 박사, 그리고 경영 교육 프로그램의 졸업을 앞두고 있는 학생들에게도 초점을 맞추었다. 일반 경영 프로그램과 세미나뿐만 아니라 e-비즈니스 전공, 전자 상거래, 기술 경영, 마케팅, 기업가, 혁신 경영과 사업 전략 분야에서도 흥미로울 수 있을 것이다.

주요 특징

이 책의 주요 특징들은 다음과 같은 사항들을 포함한다.

- *e-비즈니스 전략의 포괄적인 틀.* 이 틀은 e-비즈니스 전략 형성의 포괄적인 기반이 된다. 전략 경영 분야에서 e-비즈니스의 특정한 맥락에 맞게 변형된 밀접한 경험과 시간적 측면에서 증명된 개념에 기반했다.
- *e-비즈니스의 로드맵.* 책의 13장은 e-비즈니스 전략의 형성과 적용 과정을 도울 수 있는 로드맵을 포함하고 있다. 이 부분은 프로세스와 관련된 전반적인 주요 이슈들을 제공한다. 동시에 포괄적 상호 참조의 세밀한 e-비즈니스 전략 틀은 필요에 따라 독자가 심도 깊은 정보를 얻을 수 있게 도와줄 것이다.
- *심도 있는 사례 연구.* 이 책은 다른 국가(유럽, 북아메리카, 아프리카, 그리고 일본) 여러 산업에 있는 기업들이 어떻게 e-비즈니스, 전자상거래 또는 모바일 상거래 전략을 개발하고 적용시켰는지에 대한 23개의 심도 있는 실존 사례 연구들을 포함한다. 모든 사례 연구들은 직접 체험한 현장 조사를 바탕으로 사례 저자들이 개인적으로 연관 기업들의 고위 관리자 그리고 간부들과 협력해서 작성되었다.
- *지리적으로 유럽에 초점을 맞춤.* 기존의 e-비즈니스 사례 서적들 대부분이 미국에 초점을 맞췄다면 이 책은 유럽에 있는 기업들에 중심을 뒀다. 미국과 일본, 유럽 국가들과 더불어 이 책에 포함된 사례 연구는 덴마크, 프랑스, 독일, 핀란드, 이탈리아, 노르웨이, 스웨덴, 네덜란드 그리고 영국을 포함한다. 사례 연구에서 다뤄진 기술적인 측면과 더불어 다양한 국가들은 특정 경영 환경과 각국을 나타내는 민족 문화를 통찰하는 데에 도움을 줄 것이다.

구조와 내용

Part I은 이 책의 광범위한 맥락을 보여준다. 전문 용어들과 e-비즈니스의 진화와 기술적 혁명이 완전한 잠재력에 이르기까지 주요 단계들의 역사적 개요를 소개한다.

Part II는 e-비즈니스 전략을 구성하는 데에 전략적 틀을 제공한다. 3장은 e-비즈니스 벤처의 외부 환경에 대해 얘기한다. 이 장은 거시적 환경과 산업 조직 분석을 포함한다. 4장은 e-비즈니스 전략 형성의 내재적 차원에 중점을 둔다. 5장은 e-비즈니스 벤처의 전체적인 전략적 방향을 정하는 포괄적인 전략 옵션과 관련이 있다. 오랜 시간 경쟁 우위를 유지하는 것과 이런 우위를 저해하는 위험 요소들에 대한 이슈는 6장에서 다뤄진다. 7장은 경쟁을 무관하게 만드는 혁신성을 개발하기 위한 단계적인 접근 방법을 제시한다. 8장은 다양한 관점의 전략들을 전체적인 모델로 통합하려는 가시적인 프로세스 틀에 대해 기술한다. 9장부터 11장까지는 e-비즈니스 기업들과 특별한 연관이 있는 3가지 전략적 이슈들에 대해 기술한다. 이 장들은 e-비즈니스 벤처의 내재적 조직(9장), 공급자들과의 관계(10장) 그리고 고객/사용자와의 관계(11장)에 대한 내용을 담고 있다. 12장은 특별히 모바일 전자상거래 애플리케이션에 대한 개념적 틀을 제시한다.

Part III는 e-비즈니스 전략 형성의 로드맵을 제공한다. 상호참조를 통해 이 로드맵 (13장에 나옴)은 Part II의 e-비즈니스 전략 틀과 긴밀하게 연관되어 있다.

Part IV에서는 전체 사례 연구를 볼 수 있다.

e-비즈니스 전략으로부터 최대한 많은 것을 배우기

이 책에서 많은 것을 배워가기 위해서는, 이 책의 장을 공부하면서 다음과 같은 사항들을 성취할 것을 추천한다.

- e-비즈니스 전략 틀에서 보여지는 이론적인 개념들을 완전히 이해하라.
- 비판적으로 각 개념들의 장점과 단점들을 평가하고 적절한 사용을 위해 맥락을 파악하라.
- 사례 연구를 분석할 때 개념들을 적용시키고 행동 기반의 제언을 논리적인 근거와 논지로 뒷받침해라.
- 개념들과 틀을 실생활이나 공부에서 겪을 수 있는 경영 상황까지 확장, 적용하라.

배움의 경험을 더 효과적이고 풍부하게 하고 싶다면, 이 책은 다음과 같은 특징들을 포함한다.

- *이 장의 개요*는 매 장의 시작으로 그 장의 가장 중요한 주제들에 대한 간단한 요약을

제공한다.

- *관련 사례 연구*는 매 장의 시작으로써 장에서 다뤄지는 주제 중 가장 연관성이 높은 것들에 대해 기술한다. 여기에 대한 자세한 정보는 그림 P.1에 나와 있으며, 사례 연구와 특정 장과의 연관성에 대해 기술한다.
- *학습 성과*는 그 단원을 공부한 후 성취해야 할 사항들에 대한 간략한 서술을 담고 있다.
- 본문에 포함된 다른 형식의 상자들은 매 단원에서 추가적으로 제시되는 정보와 개념들을 포함한다.
  - *FT 기사*들은 파이낸셜 타임즈(Financial Times)에서 가져왔으며 섹션에서 다뤄지는 이슈에 대한 저널리스트의 안목(시간 맥락 내에서)을 제공한다.
  - *핵심적 관점*은 단원의 주요 텍스트의 입장과 반대되거나 다른 시각을 제공한다. 예를 들어, 자원기반적 시각은 포터의 전략 형성에 대한 시장 기반적 시각에 대한 비판적인 시각이다. 다른 시각의 가치의 무게를 비교하는 일은 개념 이해를 심도 있게 하기 위한 값진 훈련이다.
  - *블로그 상자*는 현재 e-비즈니스 시장의 개발에 대한 의견을 제공하는 블로그 운영사들로부터 발췌했다. 이 발췌문들은 단원에서 다뤄진 개념들에 대한 추가적이고 다양한 시각들을 제공할 것이다.
- *요약*은 매 단원의 끝에 제시되며 그 장의 가장 중요한 사안들에 대한 검토/복습을 돕는다.
- *복습 질문*은 단원에서 제시된 내용들에 대한 이해를 정리할 수 있게 돕는다. 전반적으로 이 질문에 대한 대답들은 단원에서 다뤄진 내용들에 기반하기 때문에 간단하다.
- *토론 질문*은 단원에서의 개념들을 다른 경영 맥락으로 전환하는 데에 도움을 준다. 이 부분은 동료들이나 친구들과의 논의를 시작할 수 있는 출발점이기도 하다.
- 권장 도서는 선별된 책과 기사들의 목록으로 특정 주제에 대해 희망여부에 따라 읽어볼 수 있게 제공된다.
- 관련 사이트는 단원에서 다뤄진 내용에 대한 추가적인 정보를 제공한다.
- www.jelassi-enders.com 블로그에서는 현재의 e-비즈니스 발전과 책의 내용이 어떻게 연관되는지에 대한 정보를 제공한다. 또한 이 블로그는 연관 비디오와 다른 e-비즈니스 웹사이트들과도 연계되어 있다.

Tawfik Jelassi, Albrecht Enders and
Francisco J. Martinez-Lopez
2013년 7월

그림 P.1 The cases cover several industries and focus on different themes

Case study type	Case study name	3 External analysis	4 Internal analysis	5 Strategy options	6 Sustaining competitive advantage	7 New market spaces	8 Value process framework	9 Internal organisation	10 Relashionship with suppliers	11 Relashionship with users/ customers	12 e-Government	13 Implementation
B2C e-commerce	1 Tesco	●		●●●	●●	●		●●●				●●
	2 Nordea			●●●		●●		●●●				●
	3 Ducati vs. Harley		●●●		●●	●			●●			●●●
	4 American Well	●●	●			●●●	●●	●		●●		
B2B e-commerce	5 IBX				●	●●			●●●			●
	6 SATEC	●	●●●				●●●	●●	●			●
	7 Otis		●●●	●●	●●		●					●●
	8 TopCoder		●		●	●●●		●●		●●●		
	9 Appirio	●●	●			●●●		●				
	10 e-choupal	●●	●		●			●●	●●●		●●	
G2B2C e-government	11 e-Estonia	●						●●		●	●●●	
	12 ICT in Tunisia	●●			●	●	●				●●●	●
	13 Kundra@USgov	●	●●			●					●●●	●●
B2E e-communities	14 KM at Booz		●●					●●●		●●		●●
C2C e-communities	15 Spreadshirt				●●	●●●	●	●●	●●	●●●		●
	16 Brockhaus vs. Wikipedia	●●			●●	●●●		●●		●●		●
	17 Nettwerk	●				●●●	●●	●		●●●		
	18 Licia Chery	●		●●		●●	●			●●●		
m-commerce	19 Novartis SMS for Life	●●		●●	●		●	●●	●●●			
	20 NTT DoCoMo	●●			●●		●●					●
	21 M-PESA	●			●●	●●●	●●●	●●	●●			●●
	22 Tunisiana	●●	●	●●●	●●●							●
	23 12snap	●	●		●●●	●●		●●				●

●●● Primary focus of the case study ●● Secondary focus of the case study ● Tertiary focus of the case study

옮긴이 머리말

싱가포르 국립대학 조교수로 재직하던 시절 대학원 학생들을 대상으로 전자상거래에 대한 강의를 하기 위해 교재를 고른 적이 있다. 처음에는 전자상거래 분야에서 널리 알려진 모 저자의 책을 교재로 썼는데 내용은 좋으나 너무 광범위하고 개념적으로 접근해서 한 학기에 가르칠 내용을 선별하고 사례를 찾아 곁들이는 데 많은 노력이 들었다. 그래서 그 후 대학원생들을 위해 핵심적인 내용을 너무 세세하지 않게 다루면서 실무에도 적용할 수 있는 전략적 틀과 사례가 많은 교재가 없을까 다시 한 번 면밀히 검도하던 중, 많은 교재 중에서 본 역서를 만났다.

Jelassi와 Enders의 e-비즈니스 전략은 본 역자가 업계에 있을 때 전자상거래 컨설팅을 위해 실제로 적용했던 프레임워크와 매우 유사한 방법론과 로드맵을 제공하고, 이를 바탕으로 핵심 개념과 풍부한 사례를 곁들여 전자상거래에 대해 체계적으로 학습할 수 있는 기회와 함께 실무적 통찰력을 제공한다. 이러한 점에서 본 역서는 일반 경영학전공 학생들에게 어떻게 인터넷 기술을 기업의 경쟁우위 확보에 활용할 수 있는지에 대한 이해를 도와주는 것은 물론, e-비즈니스를 통해 경쟁우위를 확보하고자 하는 경영관리자들에게도 실질적인 도움을 줄 것이다.

사실 싱가포르 국립대학에서 사용했던 책은 본 역서의 초판이었으며 초판을 사용한 후 저자인 Jelassi와 Enders의 요청에 의해 개정판에 어떤 내용을 더 보강하면 좋을지 의견을 제시한 적이 있다(저자의 감사의 말 참조). 그런데 우연히 국내 출판사로부터 본 교재의 2판을 번역서로 출간해달라는 제안을 받고 다시 한 번 이 교재와의 인연을 실감하며 본 교재가 우수한 교재임을 알기에 흔쾌히 수락을 하게 되었다. 그래서 e-비즈니스와 관련하여 좋은 우리 말 교재를 찾고 있던 동료 박사들과 공동 번역작업을 시작하게 되었다.

하지만 모든 일이 그렇듯이 막상 번역작업을 시작하니 여러 가지 예상치 못했던 어려움이 많았다. 그런 어려움 중에도 맡은 바 번역작업을 성실히 수행해 준 공동역자들과 최유리 조교, 번역 지연에도 좋은 역서의 출간을 위해 인내해 준 이앤비출판사, 그리고 마지막까지 전문적 교정작업을 마무리해 준 우일 미디어에 진심으로 감사의 말씀을 드린다.

이 분들의 도움이 없었다면 이 번역서는 출간되지 못했을 것이다. 이런 모든 관계자 분들의 노력에도 불구하고 아직도 미흡한 점이 많이 눈에 띄는 것은 전적으로 역자대표인 본 역자의 부족함 때문으로 독자 여러분의 넓은 이해를 구하는 바이다.

이미 많은 책들이 전자상거래, e-비즈니스, 인터넷 비즈니스 등 다양한 관점에서 출간되어 있는 상황에서 본 역서가 수많은 e-비즈니스 관련 책 중 또 다른 하나의 책이 아니라 이론적 학습과 실무자들에게도 도움이 될 수 있는, 진정으로 유용한 책이 되기를 기대한다. 이 책은 다른 딱딱한 이론서와 달리 각 개념을 실제 사례와 다양한 의견 및 생각할 관점을 제시해 주는《파이낸셜 타임즈》기사 등을 통해 풀어 설명하고 있어 흥미롭게 학습할 수 있다. 특히 이번 개정판에서는 영문판의 23개 기업사례를 모두 번역하여 본문과 관련된 주제를 보다 폭넓은 사례를 통해 논의할 수 있도록 했다는 데 큰 의의가 있다고 하겠다. 또한 본 역서는 e-비즈니스 전략 지향적으로 구성되어 있어 경영자의 입장에서 기업전략에 e-비즈니스의 역동성을 반영할 수 있는 틀을 제시하고 있다. 번역과정에서 번역하기 곤란한 용어들은 원문을 그대로 표기하였으며, 사례 및 본문에서는 상황에 맞추어 적절한 표현으로 의역하였다는 점을 미리 알리고 독자들에게 이해를 구하고 싶다.

2017년 1월
눈덮인 성대 명륜캠퍼스에서
대표역자 박기우

간추린 차례

Part 4
Case studies 339

차례

Part 4 Case studies

PART 1

서론

개요

서론은 이 책의 전반적인 맥락을 구성한다. 서론은 다음과 같은 요소들을 포함한다.

- 책 전체에 걸쳐 사용되는 주요 용어들의 정의
- 시간의 흐름에 따른 e-비즈니스 진화의 개요

서론의 목표는 책의 전반적인 맥락을 설명하고 이해를 돕는 것이다. 1장은 이 책에서 가장 중요한 어휘들인 e-비즈니스, 전자상거래, 모바일 전자상거래, 그리고 전략과 가치창출의 개념을 정의하는 것으로 시작한다. 그리고 나서 지난 10년간에 걸쳐 이루어진 e-비즈니스 진화의 개요를 다음과 같은 네 가지 단계로 살펴본다. (1) e-비즈니스의 초기 단계, (2) 인터넷의 성장, (3) 충돌(또는 닷컴 버블의 붕괴), 그리고 (4) 시너지 단계.

Chapter 1

주요 용어 및 e-비즈니스의 진화

이 장의 개요

1.1 주요 용어

1.1.1 e-비즈니스
1.1.2 전자상거래
1.1.3 모바일 전자상거래
1.1.4 전략의 개념
1.1.5 가치창출의 개념과 획득

1.2 e-비즈니스의 진화

1.2.1 e-비즈니스의 초기 단계
1.2.2 인터넷의 성장
1.2.3 충돌
1.2.4 시너지 단계

학습 성과

이 장을 학습한 후, 당신은:

- 'e-비즈니스', '전자상거래', 그리고 '모바일 전자상거래'의 개념 이해
- 전략의 개념과 전략 발전 단계의 특징을 분석
- 기술적 혁신의 수명 사이클을 이해하고 단계별로 예를 들어 설명
- e-비즈니스 진화의 대표적인 네 단계의 지난 십 년 동안의 눈에 띄는 특징들 인식

소개

이 장의 목적은 이 책을 세분화하는 것이다. 상대적으로 새로운 e-비즈니스는 아직 명확하고 공유된 도메인(domain)이 없기 때문에, 우리는 우선 주요 용어에 대한 정의를 통해 일반적인 이해를 도우려 한다. 1.1은 e-비즈니스 관련 용어의 정의를 포함, 개념뿐만 아니라 몇 가지 전략을 구체으로 설명한다. 이어서 1.2는 기술적 혁명과 단계를 설명하는 프레임 워크, 이 프레임 워크 내에서 지난 10년 동안 전자상거래가 진화한 틀에 대해 설명할 것이다.

1.1 주요 용어

1.1.1 e-비즈니스

*e-비즈니스*는 전자(electoronic) 용어로 기업의 내부 그리고 외부적 사업 활동을 가리킬 때 쓰인다.[1] 내부적 e-비즈니스 활동은 직원들이 인트라넷을 통해 정보를 주고받거나 지식을 공유하고, 지식 보급 및 보조 관리를 개선시키는 것을 말한다. 또한 e-비즈니스 활동은 예를 들어 공동 연구 개발, A/S 관리 지원, 비즈니스 파트너와의 신제품과 판매 수단 개발을 뜻한다.

독특한 전문 용어로 사용됨에도 불구하고, e-비즈니스는 위 분야를 제외한 나머지 분야에서도 쓰여야 할 것이다. 대신, 자사의 오프라인 비즈니스와 e-비즈니스 활동을 통합해서 일관성 있게 해야 할 것이다. *파이낸셜 타임즈*(*Financial Times*)는 한 기사에서 '지금은 e-비즈니스에서 'e'의 중요성에 대해 더 알려야 하며 e-비즈니스가 'e'를 버리기엔 너무 이르다.'라고 했다.

1.1.2 전자상거래

전자상거래, 또는 *e-commerce*는 e-비즈니스보다 구체적이다(그림 1.1 참조). 전자상거래는 제품의 판매와 온라인 서비스, 즉 인터넷 또는 다른 통신 매체의 네트워크를 통한 거래를 총괄한다. 이것은 전자 거래와 디지털 제품, 온라인 마케팅, 온라인 주문, e-결제 그리고 디지털 제품 같은 경우 온라인 유통(즉 A/S 지원 활동)을 포함한다. 전자상거래 기술 중 외부 활동은 공급자와 소비자를 동반한 판매 활동을 말하는 전자상거래 구매 활동이 있다.

1.1.3 모바일 전자상거래

모바일 전자상거래, 혹은 *m-commerce*는 전자상거래의 부분 집합이다. 모바일 전자상거래는 전자상거래 분야에서 언급된 온라인 활동과 비슷한 반면 모바일 통신 네트워크에

그림 1.1 e-비즈니스는 전자상거래와 모바일 전자상거래를 포함한다

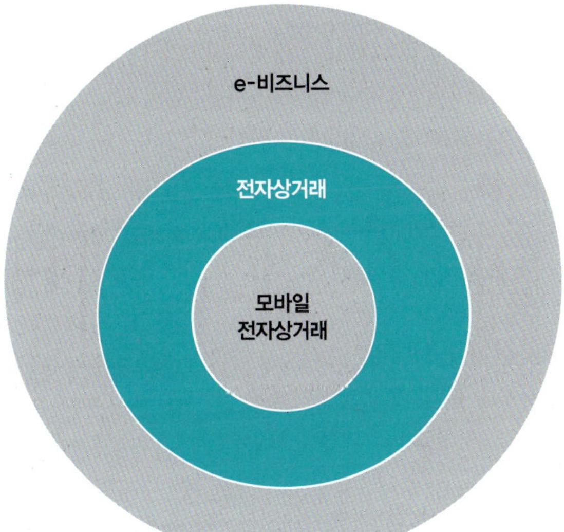

Source: Adapted from D. Chaffey, *E-Business and E-Commerce Management*, FT Prentice Hall, 2002, p. 9.

제한돼 있기 때문에 근본적 기술은 휴대용 무선 안테나로 접속할 수 있는 핸드폰, 휴대용 컴퓨터 그리고 PDA 같은 것들과 사용되는 기술이 근본적으로 다르다.

e-비즈니스에서 'e'를 지우기에는 아직 이르다

전문 용어란 흔한 말들을 독특하게, 단순한 것들을 고차원적으로 설명하기 위해 사용된다. 이것은 자주 연사 자 또는 저자가 자기가 무슨 말을 하는지 인식하지 못할 때나 저자가 적절한 말을 찾지 못할 때 위장하기 위해 사용하기도 한다. 지난 5년간 최악의 전문 용어를 대표하는 하나의 알파벳이 생겼다. 이것은 알파벳의 5번째에 해당되며 사업, 상거래, 금융, 조달, 학습, 수행능력, 정부의 앞머리에 쓰였다. 당신이 생각할 수 있는 거의 모든 명사에는 'e'가 들어있다. 기업들은 주식시장에 활기를 불어넣기 위해 'e'를 사용했다.

이제 'e'는 사양길에 있다. 내가 한 말과 상관없이 이것은 나쁜 소식이다. 'e'는 주식시장을 죽음의 키스로 만든 닷컴의 붕괴로 인해 그 전부터 이미 내리막길을 걷고 있었다. 한 전문 컨설턴트는 내게 2000년도에는 일이 년 내에 그의 기업에서 'e'를 사용하지 않게 될 것이라 했다. 널리 받아들여진 그의 주장은 인터넷 기반 사업이 너무 만연해져 그 자체만으로는 특징이 없고 손해를 볼 것이라는 말이었다.

e-비즈니스는 사업 속으로 사라져야 한다. 아직 때가 아니지만 그래야만 한다. 지난 10월에 한 유람선에서 혼합된 카베르네 소비뇽에게 비난당하고 다양한 온라인 판매자들로부터 강매를 당한 많은 고위 관리자들이 참석한 e-포럼이 열렸다. 포럼의 대표자가 온라인 관련 직업을 그만두거나 이미 그만두었다는 것을 언급했을 때 포럼에 참석한 온라인 서비스 제공자들에게 비난을 들었는데 이때 그곳은 마치 '로마의 최후' 같았다. 흥미로웠던 점은 그들이 e-타이틀에 뒤에 숨기고 있던 진정한 자신을 드러냈다는 것이다. 그들은 전자정보시대의 사

람들이거나 그렇지 않은 사람들이었다. 소수의 사람들이 전략과 기술에 대해 비슷한 답변을 하는 동안 대다수의 사람들이 배경에는 신경 쓰지 않았다. 그들은 마케팅과 전략 또는 적당히 두 개가 혼합된 얘기들을 나누는 것을 즐거워했다. 나는 이미 Richmond의 이벤트에서 e-forum의 종말에 대해 언급했다는 사실을 편지를 통해 들어보았으므로 이 모임이 IT감독이나 마케팅 포럼 역할을 할 것이라 생각했다. 행사에서 빈번히 생겼던 편가르기는 공식화되었다.

이것들이 무슨 상관일까? 비난받을수록 'e'라는 글자의 가치는 명확해졌다. 이것은 현재, 아니면 여태까지 기술과 비기술적인 관리자들의 연결다리 역할을 했던 것이다.

인터넷 사업의 초기 때부터 특이한 기준의 기초자의 시초 이후부터 같은 말이었다. 'IT사람들이 지배하게 두지 마라'. 인터넷의 영향력은 기술에 의한 것만이 아니라 체계적인 이해에 기반한 것이라는 말이다. 전략을 시행하는 데 꼭 필요한 기술자들은 기술에 대해 너무 많은 것들을 알고 있었다.

또 대부분의 IT디렉터들은 기업에서 '지원자'의 역할을 맡고 있었다. 그들은 전략적 대안 설립에 참여할 기회가 많이 없었다.

인터넷 산업이 전자상거래화 되고 e-비즈니스가 선입견을 갖게 되면서 긴장은 고조되었다. 많은 기업들이 '전략은 우리에게 맡기세요. 당신보다 우리가 전문가입니다'라는 말로 전략에 대한 애정을 표현하는 마케팅 사람들에게 신뢰를 갖기 시작했다. 그들은 기술이 부족한 전문가들을 고용했지만 주도권은 내어주지 않았다.

안타깝게도 그들은 전문가적 자질과 시스템 통합 전문가나 대형 컨설턴트와 같은 능력의 결여로 인해 자신들의 무덤을 파고 말았다. 그러는 사이 중소기업들은 내부전략과 IT 부서를 유지하며 회사를 운영했다. 여기에 인터넷 벤처에 투자해 주식가격을 올리려는 임원진들의 성급함으로 인해 많은 이들이 빠르게 많은 것을 잃었다.

그렇다면 성공한 기업들은 어떻게 기술을 효과적으로 관리했을까? 시스코(Cisco), 델(Dell), Electrocomponents, GE의 관리자들은 어떻게 했을까? 정상에 올랐던 대부분의 기업들은 기술자와 비 기술자들의 화합 그리고 'e-비즈니스의 e'를 정리 시점에 놓는 것을 꼽았다. 내가 만났던 좋은 e-비즈니스 관리자들은 전략가가 될 준비를 하고 있는 기술자들 또는 IT에 대해 공부를 하고 있는 비전문가들이었다. 이 두 개에 유능해지는 것이 매우 어려운 일이라고 강조하고 싶다.

새로운 미디어 기관들은 두 가지 기술을 습득해야 한다는 것에 분개했다. 다시 한번 강조하지만 그들은 갈 길이 멀다. e-연결다리가 끊어져 강물로 사라지는 것은 인터넷이 함께 소멸될 것이라는 믿을 수 없는 가능성과 같은 위험이다. 만약 기업이 두 분야에 대한 믿을 만한 기둥 같은 관리자가 있다면 괜찮겠지만 그렇지 않다면 몇몇의 전문언어로 포장된 e-비즈니스 부서와 담당들은 그룹의 핵심으로 남아야 할 것이다.

FT *Source*: Bowen, D. (2002) It's too early for e-business to drop its 'e', *Financial Times*, 21 May.

1.1.4 전략의 개념

e-비즈니스 전략과 더불어 *전략*은 이 책의 두 번째 핵심 추진력이다. 좀 더 구체적으로, 우리는 기업이 e-비즈니스 활동을 분석하는 방법을 개발하고 어떻게 적용하는지 연구하며 기존 연구로부터 교훈과 지침을 알려주려 한다. 그러나, 우리는 '전략'은 여러 가지 의미가 있다는 것을 알아야 한다. 이 책에 쓰인 전략의 의미를 이해하려면 먼저 다음과 같은 정의를 이해하고 기본적인 원리를 제시해야 한다.

전략이란:

... 장기간 동안 조직의 비전과 이익 실현을 위해 확보된 자원을 활용해 변화하는 시장에서 소비자의 기대를 충족시키는 것이다.

Gerry Johnson, Kevan Scholes and Richard Whittington[2]

... 기업의 장기적인 목표와 목적을 결정하고, 목표에 도달하기 위해 필요한 자원을 배분하는 과정을 도입하는 것이다.

Alfred Chandler[3]

... 전략이란 기업의 경쟁우위를 개발하는 계획을 실천하며 구성하는 것이다.

Bruce Henderson[4]

... 전략이란 성장률뿐만 아니라 수익률에도 강력하게 집중, 독특한 가치제한을 하고 교환관계가 어려운 일들을 이루어 내는 것이다.

Michael Porter[5]

위의 정의에 따라, 우리는 전략 수립을 위해 중요한 다음과 같은 측면을 강조하고 싶다:[6]

- 전략은 기업의 *장기적인 방향*에 대한 것이다.
- 전략은 회사가 보유하고 있는 *자원 배분에 대한 전체적인 계획*을 다룬다.
- 전략은 *균형*을 맞추기 위한 의지를 수반, 자원들을 효율적으로 배치하기 위해 다른 방향과 다른 방법들 중에서 선택을 하는 것이다.
- 전략은 경쟁사에 대해 자사를 *차별되게 포지셔닝*하기 위한 것이다.
- 전략의 핵심 목표는 지속적인 *경쟁 우위*를 달성함으로써 지속적인 수익을 보장하는 것이다.

전략의 개념을 정의할 때, 전략과 같은 개념으로 자주 교환되어 사용되는 전술이라는 단어와 구별해야 한다. 전술은 개별적이거나 서로 상관관계가 없는 특정한 행동에 대한 계획을 뜻한다. 일반적으로 특정한 행동들은 직관적으로 계획되는데 이는 제한된 복잡성 때문이다. 예를 들면 어떤 회사가 마케팅 캠페인을 론칭할 때 특정한 전술을 쓰는 것이다.

한편 전략은 하나의 활동이 아니라 회사의 모든 장기간 활동에 영향을 미칠 중요한 일들을 계획하는 것을 말한다. 장기간의 일들을 일관성 있게 처리하려면 직감만으로는 충분하지 않다. 이것은 논리적인 사고를 필요로 한다. 전쟁에 비교를 한다면 전술은 싸움에서 이기는 것에 관한 것이고 전략은 전쟁에서 이기는 것에 관한 것이라고 할 수 있다.

종종 기술의 중요성 증가가 확실한 전략의 필요성을 줄여준다고 주장한다. 회사는 대신 업무를 기술화하는 것에 초점을 맞춰야 한다는 것이다. 이것은 특히 기술을 근본으로 하는 e-비즈니스 및 전자상거래의 경우에는 맞는 말이다. 그러나 기술은 전략을 대체할 수 없다. 전략과 기업이 지속 가능한 경쟁적 우위를 만들어낼 수 있는 방법을 간과하는 것은 실패의 지름길이다. 왜냐하면 특정한 활동들이 기술적 관점에서 더 실현 가능하다

그림 1.2 기업수준과 사업단위 전략 사례에 초점

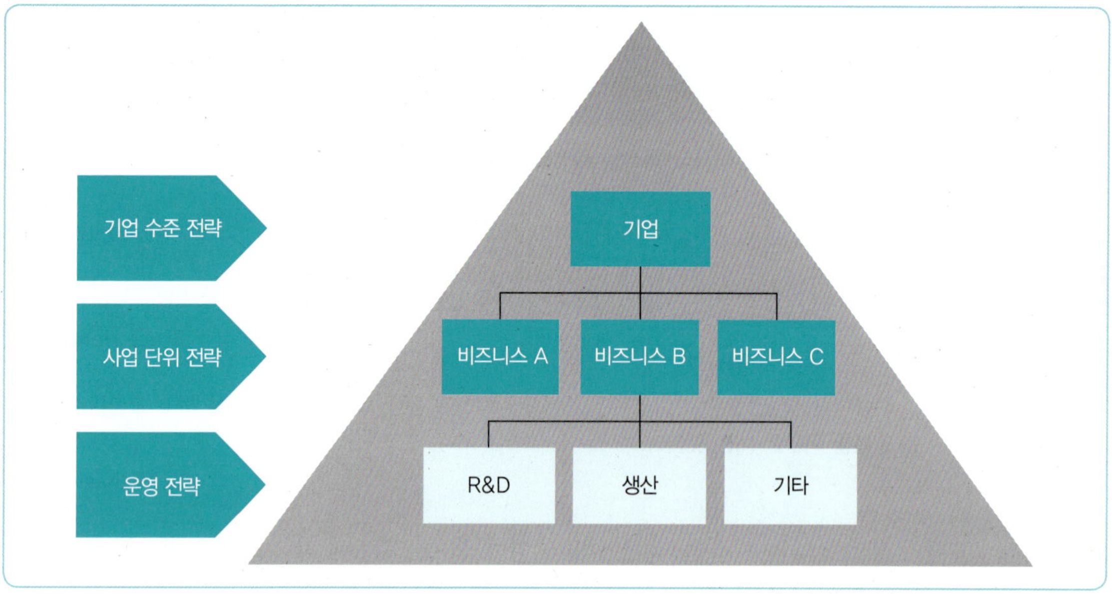

고 그것들이 모두 전략적 관점에서 합리적으로 이루어진다는 뜻은 아니기 때문이다. 궁극적으로, 정보 기술(IT) 및 인터넷은 존재하기 때문에 쓰는 것이 아니라 고객들에게 비용 효율을 창출하기 위해 사용해야 한다.

계속되는 비즈니스 환경의 변화 때문에 장기적인 전략을 짜는 것이 더 어려워지고 있다. 어떻게 하면 기술적인 환경이 계속 바뀌는 상황에서 장기적인 전략을 수립할 수 있을까? 이것은 분명 명백한 답이 없는 어려운 질문이다. 기술혁신이 거듭되고 경쟁의 기본을 새롭게 정의한 뒤부터 기존의 전략들은 모두 무용지물이 되었다. 이런 사례로는 아마존 닷컴(Amazon.com)이 온라인 서점에서 도서 소매사업 시장에 들어온 것과 냅스터(Napster)가 온라인 음원 배포용으로 파일 공유 플랫폼을 시작한 사례들이 있다. 그럼에도 불구하고 회사가 교환 관계를 늘리는 경우에는 단기간의 유연성을 위해 장기적인 전략을 포기할 때도 있다.

조직 내에서, 우리는 일반적으로 다음과 같이 세 가지 수준의 전략을 찾아 볼 수 있다(그림 1.2 참조): (1) *기업 수준의 전략*, (2) *사업 단위 전략* (3) *운영 전략*.[7] 이 책에 실린 대다수의 케이스들은 처음 두 단계 전략에 관한 것들이므로 기억해 두길 바란다.

기업 수준의 전략

최고의 전략 수준, 즉 기업 수준 전략은 회사의 목적 및 범위에 전체적으로 영향을 주는 것이다. 일반적으로 최고 경영자(CEO)와 관련된 최상위 수준 관리자가 관리한다. 기업 전략은 어떻게 인수, 합병, 제휴 및 동맹 사이에서 자원을 할당할지에 관해 제안한다.

예를 들어 2011년도에 세계 최대 온라인 도박 회사를 탄생시켰던 비윈(Bwin)과 파티

게이밍(PartyGaming) 간의 합병을 살펴보도록 하자. 합병을 결정하기 전 두 기업의 최고 경영자들은 양쪽 회사간의 전반적 비즈니스 현황을 먼저 파악하였다. 그리고, e-비즈니스 맥락에서 중요한 기업 전략의 또 다른 예는 유통 및 판매 채널의 선택이다. 예를 들어 테스코(Tesco plc)의 최고경영자는 1995년 온라인을 통한 판매여부와 어떻게 이를 조직적으로 운영할 것인지에 대한 첫 번째 결정을 했다(9장, 조직적인 전자상거래 벤처를 위한 다양한 방법들 참조). 그런 다음에야 기업부분의 책임을 Tesco.com 사업 부문으로 위임했다.

사업 단위 전략

사업 단위 전략은 주로 개별적인 시장에서 어떻게 경쟁할 것인가에 관한 것이다. 예를 들어, 델의 경우 대기업 고객, 개인 가정 고객, 공공 부문 고객들을 위해 별개의 사업부를 운영하고 있다. 각 시장은 매우 다른 욕구와 선호도를 가지고 있기 때문에 개별적인 사업부만의 전략 수립이 필요하다(3.4 시장 세분화에 대한 전자상거래 참조)

보다 상세한 수준에서, 사업부 전략은 산업 분석, 시장 포지셔닝과 소비자의 가치창출에 대한 것들을 다룬다. 또, 사업 단위 전략을 구상할 때는, 원하는 사업 규모와 업무 범위에 대한 생각이 필요하다.

운영 전략

운영 전략은 자원, 프로세스와 인력을 가지고 사업부의 전략을 어떻게 구현할 것인가에 대한 것이다. e 비즈니스의 맥락에서 이것은 웹사이트 디자인의 최적화, 하드웨어와 소프트웨어의 필요 조건들, 그리고 실행 프로세스들을 포함한다. 또한 프로세스재설계(business process re-engineering)와 총체적 품질 관리(total quality management)같은 기술을 요하는 운영 효율성의 문제를 포함한다.

비록 이러한 접근법이 중요하지만 그들은 본질적으로 전략 구현에 속하지 않는다. 위에서 말한 바와 같이 전략이란 협정을 하는 것이다. 즉 전략은 기업이 어떻게 거래를 할 것인지를 결정하는 것이지 실제로 수행을 하는 것이 아니라는 것이다. 전략적 이슈는 기업에게 있어 매우 중요하다.[8] 그렇지만 이 책에서의 주요 쟁점은 아니며 깊이 다뤄지지 않을 것이다.

1.1.5 가치창출의 개념과 획득

고객 가치를 창출을 위한 회사의 능력은 지속적인 이익 창출을 위해 우선적으로 갖춰져야 하는 것이다. e-비즈니스 맥락에서 보는 *가치창출*이란 개념은 매우 특별한데 이는 인터넷 호황시기에 우후죽순으로 생겼다가 부도가 났던 신설 회사들이 이 사실에 주목하지 않았기 때문이다. 그들은 벤처 투자자와 주식 투자자들이 투자를 계속해야만 유지가 되는 고객 확장과 이윤 늘리기에만 집중을 했다.

그러나 오늘날의 사업환경은 더욱더 험난하고 복잡하며 기업들이 실현 가능하고 이익을 만들어낼 수 있다면 어떠한 가치를 창조하고 누구를 위한 것인지는 중요하지 않다고 여긴다는 사실에 감탄할 뿐이다. 경제적인 측면에서 가치란 소비자에게 주는 가치에서 이것을 행하는 데 드는 비용을 빼는 것이다. 가치창출과 획득은 8장에서 더 자세하게 다루겠다.

1.2 e-비즈니스의 진화

e-비즈니스를 구조적인 관점에서 PART 2에 나와 있는 전략적 틀로 알아보기 전에 먼저 지난 10년간 e-비즈니스의 진화에 대해 기술적 진화의 라이프 사이클을 살펴보자. Carlota Perez는 기술적 진화가 '역동적이며 눈에 띄는 혁신적 기술, 제품과 산업, 경제 전체 구조에 발전을 일으켰다'라고 했다.[9]

인쇄기, 스팀 엔진, 기차나 차 등 모든 기술들이 비슷하게 사라졌지만 Perez는 기술적 혁신의 급증을 두 시기로 나누었다: (1) *installation period*: *급증*과 *열풍*('금권 시대') 그리고 (2) *deployment period*: *시너지*('황금 시대')와 *성숙* 단계. 이 단계들은 보편적으로 침체 또는 폭락에 의해 그림 1.3에 나온 것과 같이 나뉜다.[10]

- *급증 단계 (1).* 급증 시기는 새로운 기술이 시장에 도입된 바로 그 이후이다. 진보적인 새로운 기술들은 '빅뱅'이라고도 부르는데 이것들은 1770년도 기계화된 목화 산업, 1830년도에 시작된 철도 건설과 가장 최근인 1971년도 인텔의 중앙처리장치의 최초 개발이 이것이다. 급증 단계에는 신기술을 이용한 혁신적인 제품과 서비스가 시장을 잠식해가고 이것들은 이 시기 기술의 두드러지는 특징이다.
- *열풍 단계 (2).* 열풍 시기는 기업가, 엔지니어 그리고 기술의 빅뱅으로 인한 급증 단계를 지나 기회를 잡으려는 이들의 모험과 과열의 시기로서 '금권 시대'라고도 부른다. 투자자들은 시행착오를 겪으며 경제의 빠른 신기술 성장에 도움을 준 엄청난 프로젝트들을 지원했다. 그렇지만 이 투자자들은 지나치게 자신만만하고 흥분한 나머지 자신들은 절대로 실패하지 않는다는 생각을 하게 되었다. 그들은 기술적 혁신에 의지해 모든 강에 항구를 짓고 연결될 수 있는 모든 도시와 마을에 기찻길을 놓았으며 최근에는 개 사료, 약품 그리고 가구까지 가능한 모든 제품을 온라인 소매상을 통해 팔았다. 이 과정은 과열이 지속될 수 없을 때까지 계속되었는데 '버블' 또는 '마니아'라고 불려지기도 한다. 이때 '액면상의 부'는 신기술을 이용해 부를 쌓으려는 것으로 실질적인 부와는 연관이 없는 것을 뜻한다.
- *폭락 단계 (3).* 금권 시대에 이은 폭락 시대는 경제의 선두주자들에게 과도한 투자는 기대를 충족시킬 수 없다는 것을 깨닫게 한 시기였다. 그 결과로 투자자들은 자신감을

그림 1.3 기술적 혁신은 분산이 늘면서 여러 단계를 거치게 된다

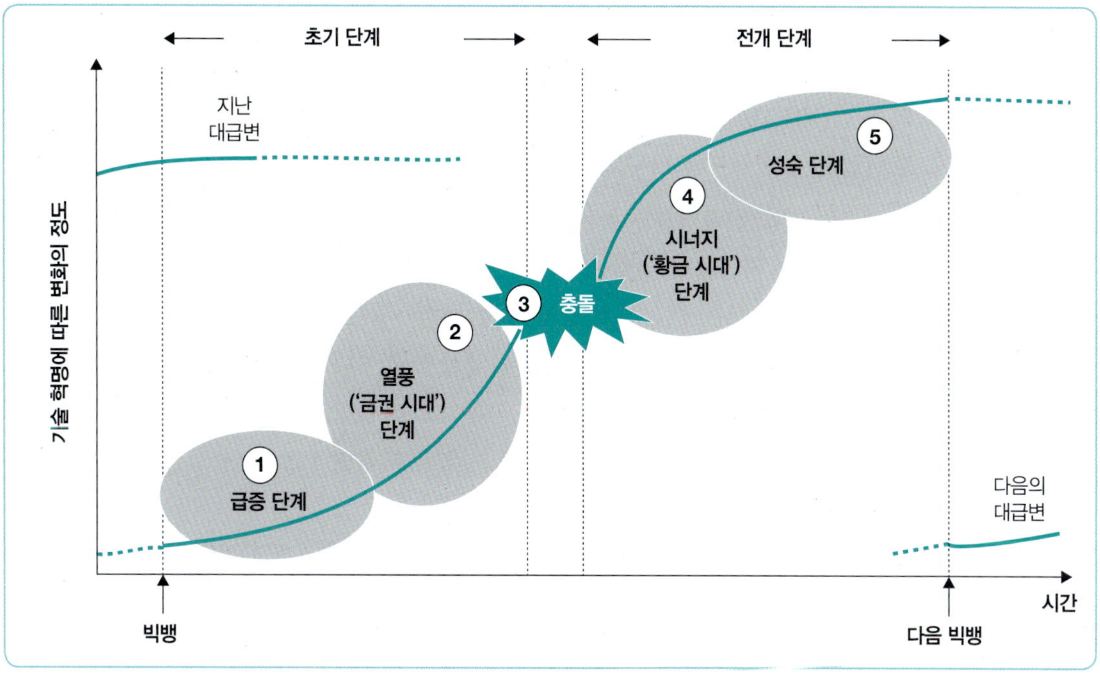

Source: Adapted from C. Perez, *Technological Revolutions and Financial Capital: The Dynamics of Bubbles and Golden Ages*, Edward Elgar, 2002, p. 48.

잃었고 신기술과 관련된 펀드를 회수했다. 이 일로 인해 악순환이 시작되었다. 모두 사람들이 주식을 팔려 했고 거품이 빠지고 주식시장이 붕괴했다.

- *시너지 단계 (4)*. 폭락 시대에 이어 빠르고 쉽게 돈을 벌던 시기도 지났다. 이제 투자자들은 '실물' 경제에 투자하기 원했고 이때 성공한 회사들은 준비 없이 급하게 생긴 신규업체가 아닌 인정받는 재임된 회사들이다. 열풍의 시기에는 많은 신규 회사들이 산업에서 경쟁하고 있었고 충돌 시기 때는 대부분의 벤처들이 구조조정을 했다. 시너지 시기에는 몇몇의 큰 회사들이 시장을 장악하고 자신들의 재정을 강화하기 위해 범위와 규모의 경제를 늘리는 것에 주력했다. 이제는 기술적 혁신에 중점을 두는 것이 아니라 이러한 기술들을 어떻게 하면 더 편하고 안전하며 비용 절감에 도움이 될 수 있는지가 관건이었다.

  시너지 단계를 유지하기 위해 정부 기관들은 과거의 광란과 충돌단계를 대비한 방편 규제를 마련했고 투자자들은 자신감을 찾을 수 있었다. 예를 들어 1929년도에 있었던 주식 붕괴 이후 미국 정부는 은행, 안보, 적금과 보험을 위한 별도의 관리기관을 설립했고 미국연방예금보험(FDIC)을 포함한 미국 증권거래위원회(SEC)에 보안국을 설립했다.

- *성숙 단계 (5)*. 성숙단계는 시장 잠식과 시장 기술을 특징으로 한다. 새롭고 개척되지

> 않은 시장에서는 성장기회가 점점 더 어려워지고 신기술로 인한 혁신은 점점 줄어들고 있다. 이 시기에 기업들은 인수합병 같은 것들을 통해 효율을 극대화하고 비용을 최소화하려 한다. 예를 들어 요즘의 성숙기에 접어든 자동차 산업을 보면 르노(Renault)와 닛산(Nissan) 또는 VW와 포르쉐(Porsche) 같은 국제적인 기업들은 합병이나 파트너십을 통해 규모를 키우고 시장 점유를 늘렸다.[11]

다른 예로는 기술적 혁명을 통합한 영국의 철도 산업이다. 철도 사업은 1830년부터 인기를 모았다. 많은 기업들이 열렬한 투자자들에게 자금을 지원받았고 1847년 투자 버블로 인해 막을 내리게 되는 철도 루트 공사를 시작한다. 철도 트랙을 짓는 초기에 투자자들은 이 프로젝트가 매우 확실하며 순조롭게 이뤄질 줄 알았다. 하지만 버블은 커져갔고 투자자들은 그들이 갈망했던 이 계획이 매우 복잡하고 더 많은 자금을 필요로 하게 되자 절망했다. 결론적으로 철도 회사가 장기적으로 이익을 내려면 오로지 한 노선만 운영해야 하는 상황이 되었다.

결국 철도 사업은 버블로 폭락을 했고 상황이 완화될 때쯤에는 철도 기업의 주식은 최고치였을 때보다 85%나 떨어졌다. 1847년 폭락 시기 이후 대다수의 철도 기업들은 부도가 났고 사업은 쇠퇴했으며 주행거리와 손님은 폭증했고 수익은 5년 만에 폭락 이후보다 세 배나 많아졌다. 1850년 이후 영국의 경제는 철도 산업으로 인해 성장했고 자동차가 대중들의 교통수단이 되는 20세기 중반까지 계속해서 교통 수단 시장을 지배했다.[12]

우리는 강철 산업, 스팀 엔진 그리고 자동차 산업에 이르기까지 기술 혁명과 비슷한 모습의 진화단계를 발견할 수 있다(그림 1.4 첨부).

앞의 관점은 최신기술의 첫 사업화 때부터 널리 쓰이게 된 50년 동안에 대해 말한다. 이 긴 시간 동안 기술의 확산과 성장은 지속적이지 못했다. 대신 이 시기는 초기 번영과 신기술에 대한 긍정이 사라진 충돌시기로 대표된다.

돌입시기에서 시너지 단계까지 오래 걸린 이유는 기술이 뒷받침되지 못했기 때문이다. 관리자들 또한 지난날의 방법을 버리고 가치를 창출할 수 있는 새로운 기술을 도입해야 했다. 이로 인해 긴 시간과 많은 시행착오를 겪어야 했다.

3-비즈니스의 성장은 아래에 나와 있는 것과 흡사하다. 지난 10년간 e-비즈니스는 같은 시기에 있었던 나스닥(NASDAQ)[13]의 진화와 같이 4단계를 거치며 엄청난 변화가 있었다.

- *e-비즈니스 초기 단계 (1).* 인터넷에 광고가 광범위하게 사용되기 이전, 나스닥(NASDAQ)은 소폭의 성장만을 보였다. 1983년부터 1993년 사이, 나스닥은 350포인트에서 700포인트까지 두 배로 뛰었다. 우리는 이 시기를 e-비즈니스의 초기 단계라고 부르고 페레즈 모델(Perez Model)의 급증과 같다고 보았다.
- *인터넷의 성장 (2).* 닷컴 호황의 시작을 정확히는 알 수 없지만 우리가 예상하는 1995년쯤에는 아마존 닷컴이 등장했고 이 시기에 인터넷이 성장했다.[14] 1995년도는 넷스

그림 1.4 지난 20년간 보여진 주요 기술적 혁신들간의 유사한 패턴

	초기 단계			전개 단계	
기술적 혁신 (주요 국가)	1 급증 단계	2 열풍'(금권 시대')단계	3 '충돌'	4 시너지('황금 시대') 단계	5 성숙 단계
산업 혁명(영국)	1770년대와 1780년대 초기	1780년도 말과 1790년도 초기	1797년도에 충돌 발생	1798~1812	1813~1829
증기 기관과 철도 시대 (영국, 그리고 유럽과 미국으로 퍼짐)	1890년대	1840년대	1847년도에 충돌 발생	1850~1857	1857~1873
철강, 전기, 중공업 시대 (미국과 독일이 영국을 뛰어 넘음)	1875~1884	1884~1893	1893년도에 충돌 발생	1895~1907	1908~1918
석유, 자동차, 대량 생산 시대 (미국에서부터 유럽으로 퍼짐)	1908~1920	1920~1929	1929년도에 충돌 발생	1943~1959	1960~1974

연대 →

Source: Adapted from C. Perez, *Technological Revolutions and Financial Capital: The Dynamics of Bubbles and Golden Ages*, Edward Elgar, 2002, p. 57.

케이프 네비게이터 웹브라우저(Netscape Navigator Web browser)가 최초로 주요 인터넷 신규상장을 해서 넷스케이프가 대중화된 때이다. 이 시기를 1990년도 말, 나스닥이 빠른 성장을 보여서 '금권 시대'라고도 한다. 열풍의 시기의 최고점 때 나스닥의 주당순이익이 62였고 이전 1973년에서 1995년까지는 21을 넘지 못했다.[15]

- *충돌 단계 (3).* 거품은 2000년도 3월과 4월에 터졌고 나스닥은 붕괴됐다. 2000년 3월 10일부터 4월 14일까지 나스닥은 1727포인트에서 34%나 떨어졌다. 2000년도 말에는 45%나 폭락했다. 차후 e-비즈니스에 대한 주식 병합은 더욱더 냉철해졌고 관심은 다시 가치창출의 원초적인 것들에게 맞춰졌다. 나스닥은 2년 동안 하락을 지속했고 2003년 바닥을 칠 때까지 느리게 계속 하락했다.
- *시너지 단계 (4).* 2003년 겨울에는 2003년도 하반기 나스닥의 성장에서 볼 수 있듯이 e-비즈니스의 재기 징조가 보였다. 추세는 계속되었고 페레즈 모델에서 언급된 이른바 시너지 시대('황금 시대')가 시작되었다.

다음 장에서는 위의 4개의 시대에 대해 상세하게 나와 있다. 이것의 목적은 각기 시대를 5가지 경쟁 요인분석을 통해 가치창출과 획득 그리고 범위와 규모의 경제를 이용해

그림 1.5 지난 10년간 나스닥(NASDAQ)의 성장에서 볼 수 있는 e-비즈니스 기업들이 거친 4개의 단계

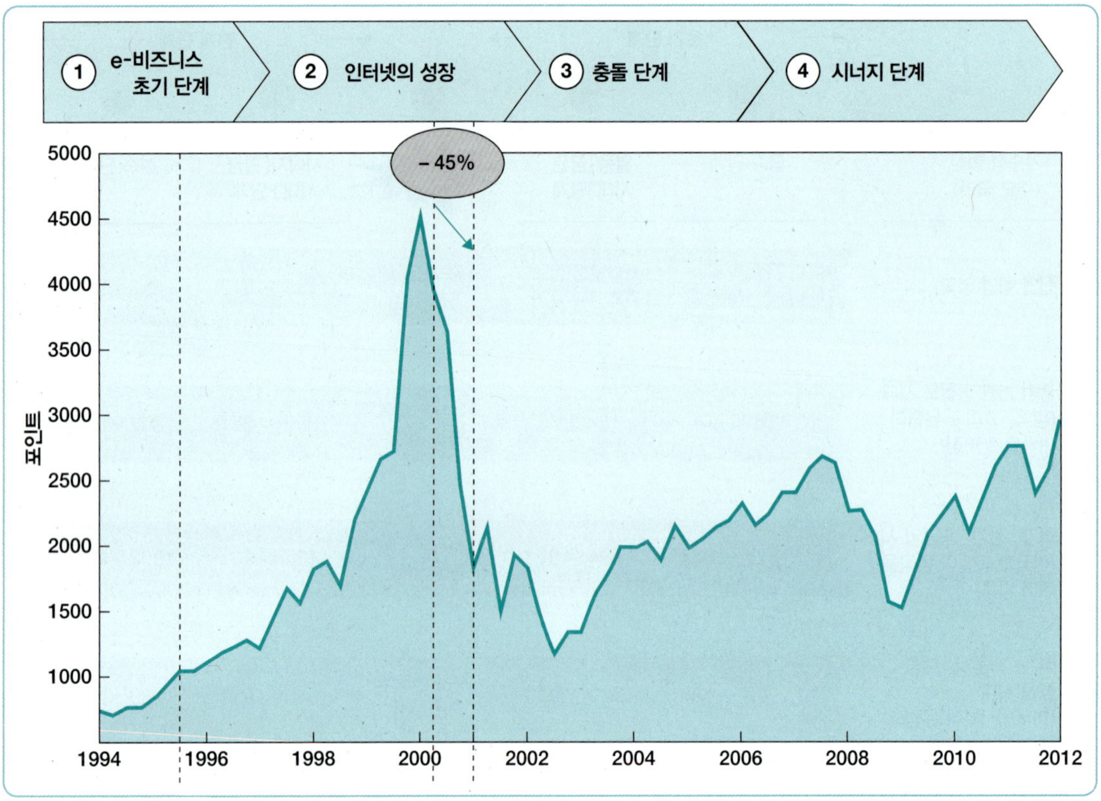

Source: Yahoo! Finance.

살펴볼 때 가려질 수 있는 부분들을 알아보기 위한 것이다. 이 컨셉트들은 이 책의 PART 2에서 더욱 자세하게 다뤄질 것이다.

1.2.1 e-비즈니스의 초기 단계

e-비즈니스 거래를 하며 인터넷의 사용이 활발해지기 이전부터 기업들은 이미 정보 통신 기술(ICT)을 갖추고 있었다. 여기에는 전자데이터 교환(EDI), 네트워크 운영체제 소프트웨어(IOS)과 프랑스에 있는 미니텔[16] 비디오텍스트 같은 공공 IT 플랫폼을 포함한다. 이 기술들은 기업들을 연결하고 납품자와 소비자 그리고 제3의 파트너까지 내부적으로 연결했다.

그렇지만 이러한 기술들을 통한 가치창출에는 제약이 매우 많았으며 많은 돈이 들었다. 대부분의 ICT 기반 시설들이 상표등록이 되어 있지 않았고 각 회사에 맞게 조정이 필요했으므로 시스템이 실행되기까지는 많은 돈이 들었다.

이 시스템의 장점에는 두 가지 요소가 있다. 첫째, 인터넷이 활성화 되어 있는 오늘날과는 다르게 IT 시스템을 이용하는 회사가 매우 소수였으므로 경쟁자가 적었다. 둘째, 기

업이 ICT 기반 시설을 갖추었다고 해도 IT 시스템과 어플리케이션이 사업 파트너와 맞지 않을 수 있다. 이러한 점들로 하여금 '기술의 고립'이 생겼다. 이러한 요소들로 인해 결국 몇몇 회사들만 인터넷 사업을 할 수 있었고 국제적으로는 이뤄지지 못했다. (FT 기사의 'EDI 업데이트' 참조)

EDI 업데이트

비즈니스 IT 시스템에서 발생하는 대부분의 오류와 비효율성은 컴퓨터 문제라기보다 시스템을 사용하는 사람이 원인일 경우가 많기 때문에, 시스템에 사람의 개입을 최소로 하는 것이 오류를 줄이는 방법 중 하나이다. 이러한 이유로 1970년대, 전자 문서 교환(EDI) 표준이 등장했을 때 많은 사람들의 환영을 받을 수 있었다. EDI란 구조화된 데이터를 주고받을 수 있는 체계를 제공함으로써 컴퓨터가 사용자의 개입 없이 정보를 교환하는 것이 가능해진다.

EDI의 등장으로 주문, 청구, 송금 노트, 재고 목록, 카탈로그 및 예측들을 종이로 출력하거나 수령, 발송할 필요 없는 자동화 거래(paperless trading) 환경에 가장 근접할 수 있었고, 금융 거래는 일단위에서 분단위로 가능하게 되었다.

EDI 기술은 30년 이상 지난 후에는 다른 최신 기술들의 등장으로 사라질 수 있으나, 지금까지는 여전히 전 세계 전자거래에서 가장 폭넓게 사용되고 있는 기술이라고 할 수 있다.

그러나, "가장 최고의 표준은 수없이 많은 것 중에서 고르는 것이다." 라는 속담처럼 EDI는 현재 50개 이상의 다양한 표준들이 존재한다.

EDI 표준의 확산은 1980~1990년대에 영국의 Tradacoms, 프랑스의 Gencod, 그 둘을 제외한 유럽대륙의 EDIFACT와 미국 표준협회에 의해 명시된 미연방 표준인 ANSI의 등장으로 시작되었다.

그 후, 인터넷과 XML(extensible markup language)의 등장으로 좀 더 쉽고 사용자 친화적으로 EDI를 개발할 수 있게 되어 산업별로 맞춤화된 수많은 전자상거래 표준들이 범람하게 되었다.

EDI 서비스를 위해 워싱턴에 본부를 둔 공급업체인 GXS의 산업 및 제품 마케팅 담당 부사장인 Steve Keifer에 따르면, 이제 누구나 산업이나 특정 분야, 혹은 종종 하위분야 별로 전자상거래 표준을 만들고 사용할 수 있게 되었다.

유럽연합도 장거리 운송 표준과는 다른 해협 횡단이나 단일 강 노선 같은 단거리 해양운송을 위한 하나의 표준을 개발하였다.

자동차나 의료, 전자공학, 재무, 소매업, 식품 및 운송과 같은 산업 및 분야에서도 각각 자신들의 개별적인 표준이 필요하다고 느꼈다. 예를 들면 식품 업체에서는 유통기한을 포함하고 의류 공급 업체는 색상과 크기 정보를 포함할 수 있다.

하이테크 분야의 RosettaNet이나 Galian(자동차, 프랑스) 그리고 VDA(자동차, 독일) 등 몇몇 업계들은 EDI 표준을 잘 정립하여 효율적으로 운영하고 있는 사례들에도 불구하고, 대부분의 회사들은 수많은 XML EDI 표준의 난립으로 인해 EDI 도입을 보류하고 있는 실정이다.

2000년대 초반 닷컴 붐이 불면서 EDI는 새로운 전자거래 교환 거래 시스템으로 대체될 수 있을 것으로 예상되었다. 그러나, 수백만 파운드의 이익을 가진 대형 회사들은 새로운 시스템을 구현할 자원이 있었지만 이미 잘 정착된 EDI를 고수하였다.

'EDI는 조직이 빠른 비즈니스 결정을 할 수 있는 경쟁우위를 제공할 수 있고 바로 이 경쟁우위로 인해 EDI는 살아 남을 것이다.'라고 Keifer는 말했다.

스코트랜드의 Maclean's Highland Bakery의 설립자이자 이사인 Lewis Maclean는 여섯 개 지역에 흩어져 있는 Tesco 지점들로부터 주문을 받을 수 있는 클라우드 기반 EDI 시스템을 구현했을 때 매출이 15퍼센트를 올리면서 일주일에 하루라는 시간을 절약할 수 있었다. 비록 주문서를 출력하기는 해도, 95%의 거래과정이 종이 없이 이루어지며 이로 인해 요구 물량 대부분을 소화할 수 있게 되었다.

1980년대에는 EDI를 활용하는 혜택을 얻기 위해서는, 기업들은 비싼 하드웨어를 구입해야 했으나, 오늘날엔 Maclean's Bakery가 사용하는 IBM이나 SAP, GXS와 같은 기업이 제공하는 웹 기반 서비스를 통해 EDI를 활용할 수 있다.

종이 없는 거래환경을 만들려면 EDI는 여전히 갈 길이 멀다. 유럽연합에선 매년 300억의 송장이 교환하는데 그 중 10%미만이 전자 송장이다. 현재 유럽연합은 전자서명을 포함했다면 법적 구속력이 있는 전자문서로 인정하였고, EDI 사용은 성장 가능성이 높다고 할 수 있다.

전자상거래에서 EDI의 확산은 여전히 문제가 되고 있다. UN과 유럽위원회는 유럽연합에서 사용되는 12종류의 전자 송장을 합리적으로 개선하려고 했지만 그 중 두 가지만 종료하고 나머지는 미해결된 상태로 남아있다.

반면, EDI의 장점은 모든 송장을 함께 제거할 수 있다는 것이다. Keifer는 조직이 좀 더 진지하게 EDI를 취하고, 보다 효율적으로 만들기 위해 무엇을 할 수 있는지 살펴봐야 한다고 말했다. '만약 당신이 세계 어느 곳에서든 새로운 시장에서 진출하려고 한다면, EDI가 그 방법이다. 이것은 공통언어와도 같다.'

EDI는 비즈니스 연결 방법의 기반 시설이고, 기업과 산업 조직이 해결하고자 하는 많은 문제에 중요한 역할을 하고 있다. 유럽 연합과 미국에 수입된 모든 제품은 대테러 작전을 포함한 국토방어를 돕기 위해 EDI를 통해 추적되고 있다. 'EDI는 제조회사가 탄력적 반응형 공급망을 가능하게 하는 결정적인 요소가 되고 있다.'고 '그리고 공공 분야에서 전자 송장 및 전자 조달은 국가 부채를 줄이는 데 도움이 될 수 있다.'고 Keifer는 말한다. 그러나 여전히 의심 많은 사람들은 종이 없는 사무실은 휴지 없는 화장실과 같을 것이라는 입장을 유지하고 있다.

FT *Source*: Bird, Jane (2011) EDI update, FT.Freelance, 19 October.

1.2.2 인터넷의 성장

세계에서 가장 유명한 온라인 도매상 중 하나인 아마존이 등장한 1995년 7월에 인터넷 호황이 시작됐다. 이후 5년간은 인터넷의 무한한 잠재력과 패기를 볼 수 있는 시기였다. 이 시기에는 수익성과 기업과 사업의 경제 신뢰도는 그리 중요치 않았다. 대신 주식시장에서의 성공과 미디어 보도를 좌우하는 방문객 수 같은 클릭율(click through rate)과 방문객 수(number of eyeballs)가 척도가 되었다. 패션 도매상 부(Boo.com)의 경우 설립자인 Ernst Malmsten은 투자자들에게 다른 설명을 할 필요도 없었다. 엄청난 성공을 예감한 Boo.com은 웹사이트 창업을 위해 3천만 달러를 빌렸다. (FT 기사 'Boo.com 설립자는 net 버블을 두려워한다' 참조)

더 자세한 예로는 항공권을 인터넷으로 살 수 있는 프라이스라인(Priceline.com)이 있다. 프라이스라인은 1999년 3월 30일 대중에게 선보였고 주식은 1주에 16달러에서 순식간에 85달러까지 뛰었다. 마감 무렵 프라이스라인의 가치는 United Airline, Continental Airlines 그리고 Northwest Airline을 다 합친 것보다 더 많은 거의 100억 달러였다.[17] 기존의 항공사들은 브랜드의 가치와 유형자산으로 증명된 비즈니스 모델을 구축했지만 프라이스라인은 고작 몇 대의 컴퓨터와 검증되지 않은 비즈니스 모델을 갖고 있었다.

사실 프라이스라인은 신규상장 안내서에서도 명시했듯이 빠른 시간에 성장할 것이라고 예상되지 않았고 그들의 비즈니스 모델은 검증되지 않았을 뿐만 아니라 브랜드 인지도를 높이지 못할 것이라 생각했다. 투자자들은 이런 주의들을 모두 무시했고 프라이스라인의 주식을 언제든지 누구에게나 더 높은 가격으로 팔 수 있다고 믿었다. 이러한 인터넷 호황 시기의 투자 방식은 '그레이터 풀(greater fool) 이론'으로 잘 알려져 있다.[18] 미국은 전체 성인의 반에 해당되는 천만 명 정도가 주식 거품 시기에 투자를 했다. 주식 시장이 상승할수록 (성공한 동료나 친구들을 본) 더 많은 사람들이 주식 투자를 시작했다. 이것은 인터넷 호황 시대에 그레이터 풀을 보기가 더 흔해졌다는 것이다.

e-비즈니스 호황의 원동력은 인터넷이 비용을 절감하는 동시에 소비자의 편익을 늘려서 많은 가치를 창출할 것이라는 기대 때문이었다. 매니저들과 자문가들은 인터넷 벤처는 공장, 도매점, 배달 트럭같이 과거 산업이 필요로 했던 값비싼 산업기반이 필요 없기 때문에 비용이 절감될 것이라 생각했다. 대신 고객과의 소통을 위한 기술적인 측면에 초점을 맞추고 실질적인 활동은 아웃소싱을 맡기면 될 것이라는 예상을 했다.

동시에 기존의 경쟁자들보다 인터넷 '집중투자' 기업이 보다 더 뛰어난 혜택을 소비자에게 줄 수 있을 것이라 생각했다. 양방향 소통을 가능케 하는 인터넷 데이터베이스와 고객 관계 관리(CRM)이 기존 판매점보다 더 많은 이득을 줄 것이라 생각했기 때문이다.

이러한 이유가 있더라도 왜 그렇게 많은 기업들이 인터넷 호황 시대에 전자 시장에 그렇게 빨리 뛰어들었는지 의문이 생길 것이다. 많은 요소들이 신 '골드 러시'를 설명한다. (7장에서 e-비즈니스 상에서 선발 자들의 이점과 단점에 대해 자세하게 설명하겠다.)

기업들은 초기에 전자 시장에 진입해서 기업의 매출 규모를 늘리려고 했다. 그들은 빠르게 새로운 소비자를 유치하려 했고 더 넓은 고객 베이스를 유지하려 했다. 그 이면에는 한 번 소비자가 웹사이트를 방문하게 되면 웹사이트의 레이아웃이나 기능에 익숙해져서 경쟁사로 전환하지 않을 것이라 생각했기 때문이다. 나아가 데이터 마이닝 기법을 통해 고객의 성향을 파악하고 고객에게 더 잘 맞는 제품을 제공할 수 있었다. 경쟁사로 전환하는 순간 고객들은 이러한 맞춤 서비스를 짧은 기간이라도 받지 못하게 되는 것이다.

인터넷 벤처는 고객이탈 방지를 위해 노력했다. 이베이나 아마존에 독서후기 같이 더 많은 소비자들이 가입을 하고 개인정보를 남길수록 경쟁사들이 더 좋은 네트워크를 가지지 않은 이상(아니면 비슷하거나) 전환할 확률은 적었다.

마지막으로 가장 중요한 것은 투자의 과잉 열기가 기업들로 하여금 신중함을 잃고 회사를 확장하는 것을 부추겼다는 것이다. 1999년 세쿼이아 캐피털(Sequoia Capital)과 벤치마크 캐피털(Benchmark Capital)과 같은 실리콘 벨리의 벤처 투자 회사들은 최고

4830만 달러나 투자를 했다. 이것은 1998년 이후 150%의 성장률을 보였고 이 수익의 90%가 첨단기술과 인터넷 기업으로 흘러 들어갔다.[19] 기업들은 벤처 투자의 자금을 충족시키기 위해 투자자들에게 더 크고 빠른 성장을 이루어 투자금을 돌려줘야 했다.

투자자들은 대체적으로 그들이 투자한 신규 사업의 전망을 믿지 않았다. 하지만 그들은 비즈니스 모델과 상관없이 지속적인 투자로 인한 주식시장의 성장이 있는 한 일이 잘못될 것이라 생각하지 않았다. 반면 투자은행들과 벤처 투자자들은 이러한 '게임'에 참여하지 않았으며 자신들이 다른 덜 신중한 경쟁자들에게 뒤쳐질 것이라 생각했다. 이러한 잘못된 유인들은 주식시장의 거품을 촉진시키는 데 큰 역할을 했다.

Boo.com 설립자는 net 버블을 두려워한다

스포츠 패션 웹사이트인 Boo.com의 창립자들은 1990년대 말 닷컴 버블 시대에 실패한 가장 유명한 기업 중 하나로 알려지게 되었고, 소셜 네트워크인 Bebo는 인터넷 투자의 새로운 거품이 시작되고 있다고 경고한다. 1999년 Boo를 론칭한 스웨덴 기업가인 Ernst Malmsten은 그 당시 몇몇 기술에 대한 시장 평가는 '미쳤고' '탐욕에 부채질 당했다'라고도 언급하였다.

그는 많은 새로운 온라인 비즈니스들이 매우 높은 매출을 기록하며 수익을 내고 있지만, 다음에 있을 큰 성공을 찾기 위한 경주에서 결국 승자와 패자로 갈리게 될 것이라고 확신하고 있다. 또한 투자자들은 웹사이트 고객들이 매우 높은 충성도를 가지고 있을 것이라고 가정했었다고 덧붙였다.

Bebo는 AOL에게 2008년에 8.5억 달러에 팔렸으나, 작년에 알려지지 않는 개인 투자자들에게 1000만 달러 미만의 비공개 금액으로 다시 팔렸다. Bebo의 영국인 공동 창립자인 Michael Birch 역시 Financial Times에게 그러한 인터넷 평가에 대해 '멍청했다'고 말했다.

소셜네트워크 회사인 페이스북이나 할인 사이트인 그루폰과 같은 개인이 운영하는 미국 기업들은 최근 몇 달 동안 상당한 규모의 투자를 받고 있다. 그러나 해당 기업들에 대한 수십억 달러의 가치 평가는 인터넷 기업 시장에 또다시 거품이 끼고 있는지에 대한 논쟁을 불러일으키게 되었다.

그러나 런던 지부 Lara Bohinc luxury accessories group의 현 최고 경영자인 Malmsten은 10년 전과 현재의 인터넷 환경이 명확하게 다르다고 말하면서, 특정 시장은 엄청난 성장 잠재력이 있다고 덧붙였다.

'현재는 누군가 기발한 아이디어를 제안하는 것이 너무 쉽다. 신규 사업이 수백만 사용자를 확보하는 데 몇 달이 걸리지 않고 있다'라고 Malmsten은 말했다.

Malmsten은 2000년에 Boo의 실패 이후로, 그의 첫 번째 전자상거래 벤처인 Lara Bohinc 웹사이트를 이번 주에 론칭하고자 한다.

Lara Bohinc은 1997년 같은 이름을 가진 디자이너가 창립했고 보석이나 핸드백, 신발들을 팔고 있다. Malmsten과 Bohinc은 이 사업에 대해 어떠한 벤처 자금도 투자받지 않았다.

최근 몇 년간 신규 웹사이트를 구축하고 운영하는 데 소요되는 비용은 급격히 감소하고 있다. 13명의 직원들로 이루어진 Lara Bohinc는 신규 웹사이트를 구축하는 데 1만 파운드의 비용이 소요되었다. 대조적으로, 400명의 직원들을 고용한 Boo의 경우 사이트 구축에만 3000만 파운드나 지출했고 론칭하고 일년뒤 실패하기까지 1.35억 달러라는 투자자의 현금을 날리게 되었다.

최근 정치 소셜 네트워크인 Jolitics를 론칭한 Birc라는 창업가 역시 Malmsten의 우려에 동의하고 있다.

그는 '실리콘 밸리에 미니 버블이 있다'고 언급하며 '엔젤 투자(angel investing)란 용어는 왜곡되기 시작했는데, 이는 페이스북 기업 평가에 의해 주도되고 있는 것으로 보인다.'고 말했다

비록 그는 '페이스북이 구글만큼 성장하는 것은 가능하다'고 첨언했지만, 그러한 기업 평가를 작은 규모의 기업에 하기에는 다소 어리석어 보이기 때문에 초기 단계의 기술에 투자하는 것을 멈추게 되었다고 언급했다. 그는 '엔젤 회사(angel company)의 위험은 여느 때와 같다'며 "수십억 달러의 회사들 중 하나가 될 기회는 지금까지와 같이 적고, 지금은 그때보다 더 많은 신생기업들이 있다.'고 말했다.

FT *Source*: Watkins, M. and Bradshaw, T. (2011) Boo.com founder fears net bubble, FT.com, 11 April.

1.2.3 충돌

1995~1999년 사이, 투자자 및 관리자들은 인위적으로 닷컴 기업들의 시장 크기를 키웠고 중요한 사안들을 간과하여 인터넷 호황 시대의 막을 내리게 된다.[20]

한편 몇 가지 방법들을 통해 수익은 인위적으로 증가했다. 첫째는 인터넷 벤처들의 소비자 구매 보조를 통한 시장 점유율 확대이다. 예를 들어 애완 동물 사료 제공을 하는 아마존의 pets.com은 20lb의 애완견 사료라 할지라도 구매하는 모든 고객에게 무료 배달을 해 준 사례가 있었다. 둘째는 많은 고객들이 필요에 의해서가 아닌 호기심을 충족을 위한 온라인 구매와 서비스 이용이다. 하지만 많은 고객층이 호기심이 풀린 이후부터는 기존의 소비 패턴으로 돌아갔다. 셋째는 대다수의 경우 인터넷 벤처의 매출은 파트너 기업이 성취한 높은 시장 평가에서 나온다는 것이다.

한편 비용은 사업의 이면을 왜곡하고 현실적이지 못했다. 대다수의 경우 닷컴 기업들은 생산 보조를 받고 있었는데 이는 비용 절감을 가능케 하는 공급자들이 닷컴 기업들과 함께 사업을 하려는 욕심 때문이었다. 더 중요한 것은 많은 공급업자들과 사원들이 회사의 자본을 월급으로 생각하고 주식시장의 호황이 계속될 것이라고 예상했다는 것이다.

위에서 언급된 사례들은 실제 인터넷 벤처 사업 모델의 비용과 이익을 반영하지 않은 자금난 상태에서의 결과이다. 1996년 잘 알려진 *Internet Report*를 쓴 모건 스탠리의 Mary Meeker 같은 은행 분석가들은 투자자들은 현재 수입이 아니라 수입의 가능성을 봐야 한다는 점을 강조했다.[21] 대신 투자자들은 온라인 고객들, 사이트의 눈에 띄는 방문객들과 재구매 고객에게 비중을 둬야 한다고 했다. 결론적으로 온라인 관리자들은 비용과 상관없이 투자자들의 기대에 부응하기 위해 고객을 끌어 모으는 데 많은 돈을 투자했다. 하지만 이러한 기준들은 접속량을 알려주는 좋은 지표이긴 했지만 믿을 만한 수익 지표는 되지 못했다.

2000년 3월 13일, 닷컴 버블은 폭락했다. 그리고 나스닥은 3일만에 500포인트나 폭락했다. 이 때 *Barron's*의 저널리스트 Jack Willoughby는 인터넷 기업들의 '소진율' 즉 기업의 경비 지출에 대한 칼럼을 기재했다. 그는 그 해에 부도가 난 기업들에 대해 이렇게 말을 맺었다.

> 인터넷 버블은 언제 터질 것인가? 급 부상한 넷(Net) 기업들에겐 버블이 터지는 불쾌한 소리는 올 해가 끝나는 것처럼 들릴 것이다. 현금에 굶주린 많은 기업들은 자금을 모으기 위해 주식과 채권을 발행할 것이다. 하지만 대다수는 실패할 것이다. 그리고 결과적으로 그들은 강력한 경쟁자들에게 팔리거나 사업에서 물러나야 할 것이다. 이미 현금이 묶인 회사들은 자금난에 허덕이고 있다.[22]

이 기사는 경제의 회생 가능성과 별개로 인터넷 기업들이 자금을 확보할 것이라는 투자자들의 희망을 꺾었다.

대다수의 인터넷 기업들과 더불어 앞서 언급한 프라이스라인의 주식도 주당 150달러였던 최고점에서부터 2달러까지 떨어졌다. 평가 단계에서 프라이스라인의 시가총액은 보잉 747 2대를 사기에도 모자랐다. 다른 인터넷 기업들도 비슷한 상태였는데 파산을 하거나(FT 기사 '웹밴'의 10억 달러짜리 실수' 참고) '구경제'라고 불렸던 기존의 산업형태인 큰 회사들에게 인수되었다. 한 예로 80년이 된 오프라인 장난감 도매사인 K.B Toy의 경우 한때 가치가 100억 달러까지 치솟으며 온라인 신규 상장 회사로써 주목을 받았다가 부도난 eToys.com의 지적 재산권과 소프트웨어, 그리고 창고를 사들였다(eToys.com은 2001년 10월 다시 론칭을 했다).

2000년 3월부터 4월에 걸친 인터넷 버블의 폭락으로 인해 e-비즈니스 기업가들, 매니저, 투자자, 그리고 미디어는 현실을 직면하고 무슨 일이 일어났는지 파악하기 시작했다. 가장 중요한 것은 그들의 노력이 비즈니스 모델의 결점을 찾는 것뿐만 아니라 인터넷 벤처가 실패한 이유를 알아내려 했다는 것이다.

평가 절하를 하게 한 히스테리에 덧붙여서 많은 벤처들이 예상보다 부진하고 이익을 확보하지 못했다. 이러한 점들을 되짚어 보자.

전체적으로 인터넷 벤처의 가치는 낮았고 호황에 비해 설립 비용은 높았으며 수입은 낮았다. e-비즈니스가 상대적으로 비용이 적게 들 것이라는 생각은 컴퓨터 몇 대와 웹사이트만 있으면 온라인 기업이 될 수 있다는 생각에서였다. 나아가 인터넷에서 사업을 확장시키는 것은 컴퓨터 몇 대를 더 추가해 프로세싱 능력만 키우면 더 많은 고객을 모을 수 있다는 생각이 있었기 때문이다.

하지만 e-비즈니스에서 웹사이트를 개선시키는 것은 전체 비용에서 아주 작은 부분을 차지한다는 것이었다. 아마존의 예를 보면 호황 기간 동안 그들이 평균적으로 책을 배송하고 구입하는 데 드는 비용은 16달러였다. 그 비용에 마케팅과 광고 비용인 8달러와 1달러의 간접비(웹사이트 개발비용)을 포함하면 책 한 권에 드는 총 비용은 25달러였다. 하지만 평균적으로 판매되는 책의 값은 고작 20달러였다.[23] 높은 비용의 주된 원인은 바로 마케팅과 판매를 포함한 대부분의 비용들이 웹사이트를 개설하는 데 드는 비용만큼 규모에 민감하지 못하다는 것이었다. 사실 기존 오프라인 기업들에 비해 온라인에서는 고객을 유치하는 데 드는 비용이 훨씬 크다. 온라인 업체들은 고객들의 신뢰를 얻기 위해 브랜드 인지도를 쌓아야 하기 때문이다.

나아가 협력 업체가 아닌 높은 고정 비용의 물류 프로세스를 관리하는 외부 제공자들의 개념은 e-비즈니스 기업들과 물류 제공자들간의 초기 거래 단계에서조차도 잘 받아들여지지 않았다. 높은 질과 신뢰도를 유지하기 위해서 아마존 같은 온라인 기업들은 창고와 물류 센터를 지어야 했고 그 비용은 고스란히 총 비용에 포함됐다.

대다수의 인터넷 기업들은 유지가 가능한 수익성 모델을 찾는 데 어려움이 있었다. 이러한 이유 때문에 결과적으로 주식시장에서의 가치만큼 높은 수익률을 보장할 수 없었다. 한 예로는 1998년 4월 시작한 프라이스라인이 그 해 말쯤에 3천5만 달러의 티켓을 팔기 위해 3천6만5백 달러를 들였다는 것에서 볼 수 있다.

많은 회사들이 제품과 서비스에 적절한 가격을 매길 수 없었던 원인은 다음과 같다. 첫째, 인터넷의 진입 장벽이 너무 낮았다(3.2 참고). 과거에는 인적 네트워크와 도매 섹터가 있어야 가능했던 것들이 Boo.com과 eToys.com같은 경우 인터넷에서 이 모든 것이 가능했다. 온라인상의 애완동물 사료 판매상을 보면 비슷비슷한 도매상들이 고객유치를 위해 경쟁하고 있다. 이러한 이유들이 가격 경쟁을 부추겼고 무료로 제품을 주거나 서비스를 제공하는 기업들이 생기게 되었다.

둘째, 전략적으로 중대한 사항들과 연관된 것들이 경쟁을 부추겼다. 겨우 몇몇의 기업만이 한 부문에서 살아남을 수 있다는 것을 알면서도 많은 기업들이 시장 점유에 눈이 멀어 이익을 뒤로한 채 과도한 투자를 했다. 그들은 시장 점유율이 지속적인 고객 관계를 유지하는 것이라고 믿었다. 결국에는 e-비즈니스는 승자독식 시장이 되어버렸다. 하지만 고정 효과는 예외적인 일부 경우에만 높은 변동 비용과 네트워크 효과를 만들었다(7.4.1 참고). 웹사이트가 사용자 편의화 되어갈수록 소비자들이 타사로 전환하는 것이 쉬워졌다

고객과의 소통을 중요시하는 이베이 같은 몇몇의 두터운 고객층을 가진 기업들만이 네트워크 효과를 누릴 수 있었다. 그러나 다른 유저들과의 소통을 중요시하지 않는 사람들은 e-비즈니스 기업의 고객층에 연연하지 않았다.

호황의 마지막 어두운 그림자는 많은 기업들에게 찾아왔는데 그 중 유명한 사례로는 한때 인터넷 기반 회사 모델로 유명했던 에너지 무역회사 엔론(Enron)과 월드콤 통신사(WorldCom)가 이익을 늘리기 위해 불법 회계를 관행했다는 것이었다. 이 사건은 호황이 계속되고 주식시장이 성장하는 동안 이뤄졌다. 하지만 시장이 폭락하고 투자자들이 회계 감시에 꼼꼼해지면서 범죄행각은 드러났고 이들 기업과 연계된 다른 많은 기업들까지 파산하는 경우에 이르렀다. 폭락 시기 때처럼 관리부들은 투자자들을 보호하기 위해 나섰다. 2002년 7월, 조지 부시 대통령은 상상기업 회계개혁 및 투자가보호법으로 회계장부의 정확성을 보증한 기업경영진을 처벌할 수 있는 2002-사베인스-옥슬리 법(Sarbanes-Oxley Act)에 서명했다. 덧붙여 이 법은 회계감독위원회(PCAOB)가 제정하였으며 외국계 회계법인에 대해서도 제재가 가능하다.

웹밴(Webvan)의 10억 달러짜리 실수

웹밴의 실패는 식품 판매같이 흔한 사업이 독립적인 인터넷 기업이 될 수 있다는 희망을 없앴다.

웹밴은 1999년 트레이드가 이뤄진 첫날 기업가치가 870억 달러까지 치솟은 많이 과장된 온라인 식품 기업이다. 지금은 2년도 안 되어 100억 달러를 날리고 회사는 부도가 났다. 웹밴의 흥망성쇠는 닷컴 호황의 헛됨과 월가의 허황된 바람의 연구대상이다. 이 사례는 미미한 경각심을 불러일으키는 대신 초기의 우량주 투자자들에게는 큰 오점을 남겼다.

보더(Borders books)의 루이즈 보더(Louis Border)에 의해 1996년 설립된 웹밴은 앤더슨 컨설팅(Andersen Consulting)의 조지 샤힌(George Shaheen)이 경영했다. 이들의 위원회는 그 시대에 가장 존경받던 e트레이드(e*trade)의 크리스토스 콧사코스(Christos Cotsakos), 야후(Yahoo)의 팀 코글(Tim Kogle)과 세쿼이아 캐피털의 마이클 모리츠(Michael Moritz)로 구성되었다. 자금은 실리콘 밸리의 가장 강력한 소프트 뱅크 캐피털(SoftBank Capital) 파트너인 벤치마크 캐피털(Benchmark Capital)로부터 지원받았고 주식은 월가에서 가장 유명한 투자은행에서 권유받을 정도였다.

2000년 2월, 골드만삭스(Goldman Sachs)는 웹밴이 AOL과 야후같이 인터넷 프랜차이즈로 어깨를 나란히 할 것이라고 말했다. '웹밴은 전자상거래의 가입자망 구간 문제에 대해 거대한 규모의 해답을 제시하는 것에 대한 재설계를 이뤘다'고 했다. 이러한 명성을 등에 업고 웹밴은 골드만을 앞세워 몇 달 동안 고작 320만 달러의 수익으로도 시장을 유지할 수 있었다.

뿐만 아니라 간부들은 투자자들에게 많은 기회가 있다는 말로 확신을 주었다. 식품업은 전자상거래가 최초로 시작된 도서, 비디오, 음악보다 시장이 넓다는 것이었다. 일반적인 미국가정은 일 년에 식료품비로 5000불을 지출하며 일주일에 두 번 이상 장을 본다고 한다.

시작부터 기업의 야망은 컸다. 큰 도시나 한 곳이나 두 곳에서 시작하며 실패를 발판 삼아 작은 이익에서부터 늘리는 것이 아니라 3년 만에 26개의 마켓을 열었다.

각 물류 분담소는 일반 슈퍼마켓의 18배였으며 350억 달러의 규모였다. 5마일이나 되는 컨베이어벨트는 제품을 냉동고와 곳곳으로부터 팩커에게 가져다 주었고 반지름이 50마일이나 되는 창고에는 정교한 인공위성 포지셔닝 시스템이 갖춰져 있었다.

곧 웹밴이 과도하게 욕심을 내고 있다는 것이 알려졌을 즈음에는 이미 9개의 센터가 자금난에 허덕이며 제 기능을 갖추지 못한 채 문을 열었다. 와튼 스쿨(Wharton School)의 교육 부학과장 Robert Mitt은 '그들의 비즈니스 모델은 기존의 것이 하나도 남아있지 않은 모두 새로운 것들이었기 때문에 시작부터 잘못되었다고 생각한다. 웹밴의 방탕한 계획은 마진이 낮은 사업의 경제적 센스를 무시한 것'이라고 덧붙였다.

식품업은 현명한 경쟁자들이 가격경쟁을 벌일 정도로 높은 마진의 가능성이 없었다. Kroger의 복귀해인 1999년의 매출은 고작 2.2%의 마진을 남겼고, Ahold는 전년도와 같은 4.5%의 영업이익을 냈다. 많은 온라인 유통업자들이 편리함의 이유로 기존 시장 가격보다 비싸게 책정해야 한다는 것에 논의가 일어났고 이 점은 늘 개선의 여지를 두고 있었다. 수지를 맞추기 위해 가격을 올리는 식품 업자들처럼 많은 가정들이 주간 식품 전단지를 꼼꼼히 읽고 있었다.

온라인 유통 마진이 기존 오프라인 유통을 넘을 것이라는 희망은 높은 충족 비용뿐만 아니라 온라인 식품 판매자들은 구매력 결여와 고객 유치를 위해 필요한 막대한 할인에 의해 좌절되었다.

그렇지만 웹밴의 어마어마한 기반시설은 기존 슈퍼마켓에 대항할 만했다. Mr. Mittelstaedt는 온라인 식품의 특이성이(온라인 유통의 경우) 문제라고 지적했다. '비즈니스 모델을 성공적으로 바꾼 사례들을 보면 직업 사이트 같은 오프라인 유통 센터와 무관하다는 것이다'고 했다.

쇼핑객들은 식료품 구매 대안을 원한 것이 아니었고 기

존의 카탈로그와 같이 진보된 것들이 슈퍼마켓의 모델을 능가한 사례는 없었다.

웹밴이 진짜로 편의를 제공했냐는 점도 의문이다. 30분 윈도우 선택에 따라 당일까지는 아니더라도 배달이 보장되었다고는 하나 이도 결국 집에 누군가가 있어야 물품을 받을 수 있었다.

웹밴의 실패요인 중 비난 받으면 안 되는 한가지 이유는 기존의 오프라인 경쟁자인 크로거(Kroger), 세이프웨이(Safeway)그리고 알버트슨(Albertson)과의 경쟁이다. 이들 모두가 온라인화에 적극적이지 않았고 아주 적은 액수만을 사이트 개발에 투자했다.

대형 유통업자들이 웹밴의 실수로부터 배우려는 움직임이 보인다. Ahold는 자사의 미국 지점들 중 선발한 식품사들로 이루어진 Peapod에 대해 작년부터 투자를 했다. 세이프웨이는 고객의 주문이 점포별로 분류되는 모델을 가지고 있으며 세계에서 가장 큰 온라인 식품사인 영국 Tesco 유통과 파트너십을 맺으며 지난달 예정됐었던 창고 모델 건설을 포기했다.

그 사이 Georgia의 Lawrenceville Plant에는 200대의 웹밴 배달 차량들이 다음달에 있을 경매를 기다리고 있다. 이 차들은 웹밴이 빚을 갚지 못한 사람들에게 나누어질 것이다.

웹밴의 투자자들은 근심에 싸인 얼굴로 가상 사업에서 남은 실제 자산을 건질 수 있는지 기다리고 있다. 지금으로서는 시간이 촉박한 기술 애호가들 몇몇만이 웹밴을 간절히 필요로 하는 것 같다.

어제는 소수만이 슬퍼했다. 샌프란시스코의 프리랜서 작가인 Sarah Lonsdale은 어제까지만해도 웹밴 서비스의 신봉자였다. 하지만 그녀는 이제 두 아이를 안고 장을 보러 가야 한다. 그녀는 실망했다고 했다. '웹밴은 제 역할을 다했다. 주문은 편리했다' 하지만 결론적으로는 이것만으론 부족했다.

FT *Source*: Abrahams, P. and Edgecliffe-Johnson, A. (2001) A billion-dollar mistake: Webvan's failure has been an expensive lesson for the Internet, *Financial Times*, 10 July.

1.2.4 시너지 단계

열풍과 폭락 사이클을 통해 우리는 과거에서 어떠한 교훈을 얻을 수 있을까? 첫째, 시너지 단계에 급증하기 위해서는 사업의 기초가 중요하다는 것이다. 인터넷 시장에서 지속적으로 경쟁우위를 점하고 이익을 내려면 가치창출과 산업 구조를 중요하게 고려해야 한다는 것이다.

둘째, 우리는 e-비즈니스 부문과 철도, 철강 그리고 자동차 산업이 비슷한 발전의 모습을 가지고 있다는 것을 알 수 있는데 그것은 이 사업들의 호황과 폭락 단계는 경제 성공 가능성을 내비치기 전에 나타났다는 것이다. 온라인 사업의 호황에 이어 폭락 단계가 찾아왔다. 그 이후로 e-비즈니스를 효과적으로 만들기 위한 철저한 계획은 계속되었다(FT 기사 '넷스케이프부터 다음 큰 사건까지: 닷컴이 십 년 동안 우리의 인생에 어떤 영향을 끼쳤나' 참조).[24]

넷스케이프부터 다음 큰 사건까지: 닷컴이 십 년 동안 우리의 인생에 어떤 영향을 끼쳤나

몇 주 뒤면 지구 어디선가 몇 십억의 인구가 컴퓨터 앞에 앉아 최초로 인터넷에 접속하고 가상공간은 많은 인원으로 가득 찰 것이다. 이것은 교육에 뿌리를 둔 십 년 전과는 사뭇 다른 기준이 될 것이다. 하지만 이것도 차후 십 년 동안의 상점들의 성장의 시작일 뿐이다.

넷스케이프가 대중에게 선보인 지 10주년이 되는 그 다음주엔 월가의 닷컴 마니아들을 흥분시킨 인터넷의 10주년 기념일이다. 넷스케이프의 브라우저는 일반인들의 사용을 편리하게 했고 대다수의 기업이 이루지 못한 자신들만의 10주년 파티를 가진 이베이, 야후 그리고 아마존과 같은 기업들을 만들어냈다. 우리는 이들이 우리의 생활에 끼치는 영향력이 얼마나 대단한지 인정해야 한다. 이베이에서 거래된 340억 달러의 제품들은 케냐의 국내 총 생산량과 맞먹고 야후의 독자적인 3,790억 명의 유저들은 미국과 UK의 인구를 합친 수와 같다. 그리고 평범한 지구인들은 매달 평균적으로 구글에서 10개의 웹 페이지를 본다.

미디어의 초기 열광자들조차 대중문화에 어떠한 영향을 끼칠지는 예상하지 못했다. 월가에서 인터넷의 가능을 최초로 언급한 모건 스탠리의 분석가 Mary Meeker는 '과장하자면 Unix의 틈새공략 뉴스그룹과 게시판들은 이제 최신 해리포터와 베트맨 영화에 대한 소식을 전하게 될 것이다'라고 했다.

장기적으로 보자면 그의 말이 맞았다고는 증명되었지만 대부분의 이른 환호는 잘못된 예상이었다. 나스닥이 최고치인 6조 5,000억 달러에서 거래하던 미국 기업들이 사라진, 주식시장이 바닥을 친 3년 전 10월이었다(그림 1.5 참조). 대부분의 부의 감소는 인터넷에 기반한 전자 기업들에 대한 과도한 투자 때문이었다. 텔레콤과 기술의 과잉생산은 가격 인하를 초래했고 인터넷이 더 광범위하게 퍼져서 온라인 개혁에 불을 지폈다.

'변화의 속도는 빨라지고 있다.'라고 Meeker는 말했다.

정확한 수치는 예측할 수 없다. 하지만 모건 스탠리의 짐작에 따르면 10억 명의 사람들이 다음 달 내로 동시 접속할 것이며 이는 초기 10년 전에 비해 3배나 많은 수치이다. 약 5명 중에 1명이 초고속 인터넷을 이용하고 있다. 그리고 최근에는 모바일로 인터넷을 이용할 수 있게 되었다. 10년 안에는 개인용 컴퓨터보다 모바일 기기가 국제 정보 네트워크에 이용될 것이다. 물론 눈치만으로 되는 것은 아니고 닷컴 창업자들의 경험에 따른 것이다. 하지만 요즘의 사업은 이러한 기술에 거의 도달했다.

지난해에 글로벌 온라인 광고는 150억 원의 수익을 올렸고 이 중에 3분의 2는 미국에서였고 온라인 소비층이 바뀔수록 더 빠르게 30%에 가까운 성장률을 보이고 있다. IDC에 따르자면 작년 2,950억의 매출을 올린 전자상거래는 올해 38%의 성장을 예상하고 있다. 동시에 현재 시장을 점유하고 있는 기업들은 지난날의 실패를 발판 삼아 성공을 준비하고 있다. '우리는 한 번의 클릭에서 더 많은 이익을 내기 위해 노력을 하고 있다.'고 구글의 최고경영자인 Eric Schmidt는 전했다. '적다고도 생각될 수 있지만 좋은 광고를 낼 때 사업은 번창한다. 이것은 우리가 지난 경험에서 배운 것이다.'

단 한 기업도 구체적이거나 심오한 가능성을 가진 것에 대해 접근하는 곳이 없었고 불가능해 보였던 인도의 세계 경제 진입을 가능케 한 사회와 정치적 생활에 영향을 준 사업 구상을 하는 웹에 영향을 주지 못했다.

만약 이게 현재까지의 인터넷의 상황이라면 앞으로 10년 후는 어떨까? 이것은 두 글자, 격변으로 압축될 수 있다. 1990년 말에 많은 임원진들에게 실망을 안겨주었던 기업들이 이번에는 더 탄탄한 사업모델과 발전한 기술을 발판 삼아 다시 재도약을 시도하고 있다. '많은 사업가들이 인터넷에서 많은 자원을 사용할 수 있게 한 인터넷 시장에 대한 처벌에 기뻐했다.'라고 Ms. Meeker가 말했다. '그렇지만 인터넷 사업은 계속되고 있다. 기존 사업에 대한 반란은 이제 겨우 시작일 뿐이다.'

많은 인터넷 사업들이 아직 모습을 갖추지 못한 불완전한 상태일 것이다. 이베이의 최고 경영자인 Meg

Whitman은 '10년 뒤 거물 인터넷 기업의 절반은 사람들이 들어보지 못한 기업들일 것이다'라고 경고했다. 또 한 번 국제 기준의 낮은 진입 장벽과 혁신적 아이디어가 언제 나올지 모른다는 사실을 무시하고 있고 인터넷 주식 시장의 가치는 구글을 포함해 배당 수익률이 87이다.

정보를 전파하는 커뮤니케이션, 상거래 그리고 미디어 같은 분야에서는 지난 10년간 함께한 웹의 향후 10년 동안의 영향력에 대해서 절실히 느낄 것이다. 초기 인터넷 시대에서 이메일과 문자가 저렴한 통신 수단이었다면 다음 혁명은 동신사업 수익에서 큰 비율을 차지하는 음성 전화일 것이다. 첫 해에만 무려 1억 4,000만 명이 넘는 사람들이 Skype의 무료 소프트웨어를 다운 받았고 이는 가장 빠르게 성장한 기술로 기록되었다.

'우리는 빠른 시일 내에 무료 국제 통신을 하게 될 것이다'라고 캘리포니아 연구 그룹인 미래 연구원의 대표자 Paul Saffo는 전했다. 인터넷 초기에 산업을 강타한 새로운 위협으로 여겨지는 저예산 통신 기술인 WiFi와 WiMax와 함께 말이다. 통신과 상거래와 미디어간의 장벽이 허물어질 때 인터넷은 새로운 기술과 기존 인간과의 상호 작용에 대한 도전을 할 것이다.

최신 유행을 대표하는 두 개의 세력들은 검색엔진의 활성화와 인터넷 정보 홍수를 도운 '사용자 생성 콘텐츠'라고 불리우는 온라인 도구들이다. 검색 엔진들은 이미 자신들을 온라인 배급의 중심으로 여기고 있다. 더 많은 미디어가 디지털화될수록 그들의 역할은 중요해질 수밖에 없다. 실리콘 밸리의 금융가이자 미디어 산업의 전문가인 Roger McNamee는 말했다. '인터넷은 가정용 케이블과 위성의 최대 적이 될 것이며 인쇄 미디어에 미칠 영향은 어마어마할 것이다. 하루의 마감은 검색 기반 기술을 어떻게 소비자가 접속하고 콘텐츠를 찾을지에 관한 것이 될 것이다. 그게 중요한 것이다'.

콘텐츠의 비중이 점점 커지는 이유는 인터넷 사용자들 때문이다. '우리는 매스미디어에서 자유롭게 반론제기와 생산을 할 수 있는 개인 미디어로의 엄청난 전환의 시기 가운데에 있다'라고 Mr.Saffo는 말했다. 블로그는 이제 1,500만 명의 취미 생활이 되었고 이미 그런 조짐이 보였었다. 다른 개인을 표현하는 사이트와 커뮤니티들은 가족 또는 친구들의 사진을 볼 수 있게 사진을 공유 사이트, 포드캐스팅(오디오 블로그 형태), 그리고 소셜 네트워크 사이트 같은 광범위한 인맥을 연결하는 사이트들은 사람들을 모으는 수단이 되었다. '블로깅은 이제 변화가 필요한 과도기에 있다. 블로그는 흥미롭지만 안정적이진 않다'라고 Mr.Saffo는 언급했다. 커뮤니케이션과 자기 표출 그리고 저가 기술의 실현 가능성들은 새로운 변화를 불러오고 있다.

2015년의 관점에서라면 인터넷의 다른 기회라고 여기는 사람들간의 교류와 정보 찾기, 엔터테인먼트나 온라인 구매를 충족시키는 새로운 방법에 추월당한 검색과 블로깅은 기묘하며 구식적인 아이디어로 여겨질 것이다. 그렇지만 형식과 상관없이 매체의 초기 10년을 이끈 것들에서 명백하게 볼 수 있듯이 미래 국제 데이터의 끝없는 정보 자료를 활용하고 발견하게 하는 고차원적인 소프트웨어 도구들로 인한 상호연계의 만연함일 것이다.

인터넷이 어떻게 갑작스럽게 우리의 인생을 바꿨는지를 살펴보면 배워야 할 점이 있다. 힌트는 당신 옆에 앉은 10대에게 있다. 인터넷의 초기 10년간의 경험에서 배운 것과 같이 향후 선두를 차지하는 것들에 대한 교훈이 있다. '15세에서 20세까지'라고 Meeker는 말했다. '앞으로 어떻게 될 것인지 보여주고 이야기해 줄 것이다.'

Jerry Yang과 David이 인터넷 인덱스 페이지인 야후를 시작한 1994년도에 그들은 스탠포드(Stanford) 대학의 학생 신분이었다. '우리가 처음 같이 시작했을 땐 이것을 사업이라고 여기지도 않았다. 정말 취미로 시작했고 우리는 개인적인 웹에 대한 흥미 때문에 관심을 가지게 되었다. 당연히 그때는 인터넷이 보급된 지 꽤 지난 시점이었지만 모자이크와 다른 초기도구들이 등장했을 때에 우리는 들뜨기 시작했다. 우리는 이것이 가능성이 있다고 생각했지만 어떻게 끝날지는 예측할 수 없었다. 결국 웹을 향한 개인적인 관심으로 흥미는 더 커졌고 사이트를 관리하기 힘들어졌기에 카테고리 별로 분류를 했고 다음엔 하위 카테고리 그리고 계속 그렇게 이어져서 야후의 중요 컨셉트가 탄생됐다. 우리는 이런 리스트들을 친구들과 공유했지만 첫 10만 방문을 돌파할 때까지 '이봐! 아마 우리는 여기서 뭘 기대할 수 있을 거야.'라고 실감할 수 없었다. 때문에 오늘날 우리의 위치를 확인할 때마다 나는 놀랍다. 이 사업의 성장과 성공은 내가 상상했던 것 그 이상이다.

지난 10년을 돌아보면 우리가 생각했던 것보다 빨리 일어난 일들이 있다는 것을 알게 될 것이다. 하지만 또 기대보다 오래 걸린 일들, 가령 PC에서 모바일 기기로의 전환과 초고속 인터넷의 일반화도 있다. 만약 당신이 초기 때의 유저들을 보게 된다면 그들은 웹을 발표에 효과적인 수단으로 여겼을 것이다. 사람들은 처음으로 개인의 목소리를 가졌다. 이것이 인터넷 초기 때부터 증폭제의 역할을 했다. 하지만 지난 10년간 진화 과정을 보게 된다면 그 과정은 여전히 우리가 생각하는 것만큼 복잡하지 않다. 좋은 예로는 사람들이 반길 때까지 익숙해질 때까지 오랜 시간이 걸렸던 블로깅이 있다. 이것이 인기를 끄는 데까지 그렇게 오래 걸렸다는 것이 놀라울 따름이다.

'미래를 예측하는 것은 항상 어렵지만 디지털 통합은 꼭 올 것이다. 인터넷과 함께 커온 세대들을 살펴보면 그들의 미디어 소비와 기술에 대한 접근은 그들의 부모 세대와는 확연히 다르다. 그들은 정보, 대인 관계, 일 그리고 엔터테인먼트를 위해 인터넷에 과도하게 의지하고 있으며 어딜 가든지 함께하기를 원한다. 오늘날 산업은 끊임없이 진화하고 있고 인터넷은 기존 방식의 사업들에게 오늘날 우리가 보는 것보다 더 엄청난 영향을 끼칠 것입니다. 오늘날 우리가 가진 기술과 자원을 이용, 우리는 몇 년 안에 아주 엄청난 일들을 보게 될 것이다.'

Meg Whitman은 Hasbro의 장난감 제조사를 그만두고 1998년 이베이의 최고경영자이자 회장이 되었다. 그 당시 회사의 거래 수익은 740만 달러였지만 그녀의 재임 이후 340억 달러로 치솟았다. '나는 회상하며 말했다. "우리는 무슨 생각이었지?" 우리는 두 개의 직장을 그만두고 캘리포니아로 이사 와서 아이들을 새로운 학교에 보냈다. 난 그때 일이 이렇게 되리라 생각하지 않았다. 나는 이베이가 훌륭한 미국의 수집 전문 사이트가 될 것이라 생각했다. 난 이 일이 작지만 꽤 수입이 괜찮은 기업이 될 것이라 생각했다. 우리는 점차 수집물품들에게 통했던 것들이 다른 시장에서도 먹히리라고 생각했다. 이베이가 하는 일은 비효율적인 시장을 효율적으로 만드는 것이다. 비즈니스 모델은 매우 강력했다. 우리는 오프라인 기업들보다 더 빨리 국제적으로 진출할 수 있었다. 가장 주목할 만한 점은 이베이의 컨텐츠 중 98%가 사용자들에 의해 만들어졌다는 것이다.'

'내가 예측하지 못한 것은 다른 사업에 끼친 영향이다. 영향력은 정말 놀라웠다. 나는 이것이 큰 사업의 보금자리가 될 것이라 생각했었다. 하지만 규모가 커져서 놀이터가 되었으며 작은 사업들을 큰 사업들도 들어오려 했다. 이것은 정말 '희열'의 순간이었다. 몇 개의 카테고리들은 우리가 생각한만큼 되지 않았다. 우리는 가격과 경쟁이 비효율적인 시장들을 찾았다. 부동산은 조금도 효율적이지 못함이 드러났다.'

'인터넷이 언제 어디서나 존재한다는 것에 놀랐다. 인터넷은 가장 빠르게 성장한 기술 중 하나다. 실로 감탄스러울 뿐이다. 이것은 우리의 통신 방법을 그리고 즐기는 방식을 변화시켰다. 이메일은 사업의 진행 방법을 바꾸었다. 드디어 이 시기는 모바일 접속에 최적일 것이다. 우리는 5년 전 모바일을 통해 이베이와 넷에 접속하는 것이 매우 중요하다고 생각했지만 아무도 이 기술을 사용하지 않았다. 하지만 모바일 전화의 빠른 성장으로 인해 이 점은 바뀌어갔다. 중국과 인도의 경우 인터넷의 주요 접속 수단이 휴대용 모바일로 바뀌고 있는 것을 볼 수 있다. 100% 브로드밴드로의 확장도 큰 변화를 가져올 것이다. 당신은 언제나 인터넷과 함께 하는 것이 얼마나 사람들을 변화시킬지 보게 될 것이다.'

'새로운 인터넷 리더의 자리는 늘 비어 있다. 앞으로 10년 뒤에는 지금의 5대 인터넷 대기업 중 2~3개만이 살아 남을 것이며 나머지 2개는 없었다는 듯이 자취를 감출 것이다. 인터넷은 어마어마하게 변화무쌍한 환경이다. 당신은 재빨리 행동해야 한다.'

FT *Source*: Waters, R. (2005) From Netscape to the Next Big Thing: how a dotcom decade changed our lives, *Financial Times*, 5 August.

이 책의 3판을 쓰던 때는 이미 붕괴 시기가 10년이나 지났을 무렵이었다. Ducati, 이베이, Google, Tesco.com과 Nordea 같이 이 책에 이미 언급된 기업들은 자사들이 지속적인 e-비즈니스 전략을 갖고 적용해 향상시킨다면 소비자들에게 더 나은 가치를 제공함과 동시에 높은 수익을 얻을 수 있으리라 확신했다. 결과적으로 이베이와 아마존같이 크게 성공한 인터넷 벤처들의 주식 가치는 몇 년 전의 인터넷 호황의 수치를 넘었다.

덧붙여 최근 몇 년간 상장 사업들은 눈에 띄는 성공을 거두었다. 아이러니하게도 요즘 추세는 온라인 기업을 꾸리는 데 정말로 컴퓨터 몇 대와 웹사이트만 있으면 된다고 여겨진다는 것이다. 최근 야후나 구글 같이 다양한 산업을 넘나드는 많은 기업들이 가정이나 대학교 기숙사에서 설립되었다. Flickr, YouTube, MySpace나 del.icio.us 들의 공통점은 비디오와 사진 또는 친구들과 연결해주는 네트워크 웹사이트 커뮤니티를 통해 만들어졌다는 것, 그리고 이 모든 것들은 마케팅(많은 사용자들이 이 점을 중요하게 여기기 때문이다)과 기반(상품들을 필요로 하지 않기 때문이다)에 많은 투자를 필요로 하지 않는다는 것이다.

그렇지만 이들 기업 모두 닷컴 시대의 전임자들과는 다른 시작을 보였다. 인터넷의 네트워크 기반은 지난 몇 년간 놀랍게 바뀌었다. 초고속 인터넷 인터넷 연결의 확산은 더 많은 사람들이 온라인에 투자할 수 있게 할 뿐만 아니라 양질의 콘텐츠들의 생성과 시청을 가능케 했으며 이 점들은 새로운 상장회사들이 새로운 사용자가 스스로 콘텐츠를 생산하는 서비스 사이트를 만드는 것을 도왔다. 뿐만 아니라 RSS와 AJAX같은 신기술의 표본들은 콘텐츠 업데이트를 점검하고 빠르고 편리한 웹 사용을 가능케 했다.

개선에 기반해서 새로운 커뮤니케이션, 공유 또는 수집을 쉽게 한 웹기반 서비스들이 다양해졌나. 블로거 작가들이 다른 블로거에 대한 쓰는 것을 뜻하는 블로거스피어는 개인의 취향이 담긴 일기와 기사 또는 가능한 모든 주제에 대해 자신만의 콘텐츠와 콘텐츠를 만드는 웹상의 민주화를 실현했다. 한편 웹 기반 폭소노미(folsonomies)인 YouTube 또는 Flickr는 사용자들이 비디오나 사진을 업로드, 레이블 그리고 분류할 수 있게 했고 태그를 달거나 소셜 네트워크 사이트를 이용해서 자신만의 프로파일을 생성하고 소셜 네트워크를 통해 다른 사람들과 관계를 형성할 수 있게 했다. 나아가 이제는 기존 데스크탑 어플리케이션을 흉내낸 구글의 온라인 캘린더나 워드 프로세싱과 스프레드시트 도구들이 마이크로소프트 같은 소프트웨어 산업의 대가들을 위협하고 있다.

사용자들에게 플랫폼을 기능을 함으로써 이러한 소프트웨어 서비스들은 사용자들의 다양한 콘텐츠 아이템 생산과 다른 사람들의 접근을 가능케 했다. 이들의 사용자의 시각에서 만든 가치 제공의 새로운 서비스를 이해할 수 있는 공통적인 개념은 바로 11장에서 자세하게 다룰 '롱테일'이다. 개인들이 기존에는 접근이 힘들었던 틈새시장에 투자를 쉽게 하기 위해서 '롱테일'을 이용했다. 예를 들어 검색도구는 사용자들에게 필수불가결한 요소이며 복잡한 온라인에서 해결사 역할을 하는 중요한 도구이다.

아직 많은 서비스들이 실질적인 수입 모델이라는 것을 증명하지 못했다. 그렇지만 많은 트래픽과 많은 가입자수를 거느린 사이트들은 이들이 새 경제 시대의 기업들보다 더 많은 가치를 가지고 있다는 것을 뜻한다. 이베이와 아마존 같은 닷컴 붕괴의 생존자들이 커뮤니티적 측면을 가지고 성공적인 하이브리드 유통을 유지하는 동안 디지털 콘텐츠만 판매하는 기업들은 실물 거래의 장벽에서 자유로웠으며 이로 인해 다른 기업들보다 비용

BLOG BOX

구글의 인터넷 장악(2017년 5월)

마운틴 뷰(Mountain View)에 위치한 거대 검색 기업인 구글은 오늘 현금 2조 4,555억 달러에 인터넷을 인수한다고 밝혔다. 이것에 관련해서 올해 초부터 많은 검색 블로그에서 루머가 돌았었는데 드디어 기업의 구글의 최고 경영자가 확정 안을 발표한 것이다. '사용자들의 정보 접속을 원활하게 하려는 우리의 목표이다.' 라고 Eric Shmidt이 전했다. '이번 인수로 인해 색인 속도를 향상시킬 것이며 배포를 할 때쯤이면 서버 준비가 완료돼 있을 것이다.'

오늘의 컨퍼런스 이전에 Larry Page는 이번 인수 건에 관한 전략에 대해 설명했었다. '우리는 인터넷의 작은 일부만을 사는 것은 비용 효율적이지 못하다는 것을 깨달았다.' 지난 20년간 우리는 16.5억 달러인 유투브(YouTube), 31억 달러의 더블클릭(DoubleClick), 125억 달러의 AOL을 인수했고 작년에는 총 가치가 1,220억 달러인 마이크로소프트(Microsoft)를 인수했다. 인터넷을 다른 서버와 연계하는 것에 관해 회사가 먼저 해야 하는 조치에 대한 질문에 Eric Schmidt은 야후를 구글의 검색 엔진으로 활용할 계획이라고 답했다. '사용자의 입장에서는 두 개의 검색엔진은 불필요하며 혼란만 일으킬 것이다. 최근 야후의 검색 기술 발전은 놀랍지만 이렇게 하는 것이 우리의 광고자, 사용자 그리고 주주들의 이익을 위해서 최선의 방법이다.'라고 덧붙였다. 모바일 플랫폼의 3세대를 유지 가능한 수준까지 끌어올린다면 새로운 통화 기회로 인해 웹 경험을 발전시키고 투자자들과 디지털 지식층들에게 많은 이익을 줄 것이며 기업 차원에서 웹 6.0의 틀을 바꾸며 시너지 효과를 낼 것이다.

구글의 인수 발표화 함께 인권단체들은 오늘날 구글의 이러한 행보에 관한 비판 기사를 실었다. 하지만 Larry Page는 프라이버시는 구글의 인수로 인해 더 보장될 것이며 오늘날 사용자들의 불편은 정보들이 제3자에게 새어나가기 때문이다. 외부 조직들을 차단함으로써 우리는 이 구멍을 막을 것이다.' Eric Shmidt는 구글이 현 프라이버시 정책을 필요한 절충안을 제공할 '프라이버시 스케일'로 대체할 것이라고 밝혔다. '다수의 사생활 보호를 소수의 사생활을 침해하면서라도 지킬 수 있다면 이는 결론적으로 전체의 사생활을 보호할 수 있는 것이다.'

한편 중국 정부는 구글의 행보를 축하했다. 확장된 검열의 가능성에 대해서 Sergey Brin은 언론사들에게 구글은 이제 모든 검색결과를 필터링하는 대신에 블로거, Gmail, Page Creator, Yahoo360과 MSN Space같은 구글 소유 어플리케이션에서는 특정한 키워드 검색을 막는 '저작자의 관점에서 문제제기'를 사용하기로 했다. 국제 사면 위원회와 언론자유 감시단체인 국경없는 기자들은 웹기반 이메일 고객과 일시적인 기술 문제로 인해 이번 일에 대한 코멘트를 하지 못했다.

Source: Philipp Lenssen, 'Google Acquires Internet (May 2017)', www.blogoscoped.com.

절감을 할 수 있었다.

나아가 투자자들은 이러한 protégés(후배)들의 미래가 더 현실적이라고 생각하고 있다. 웹 2.0은 사람에 기반했지 IPO에 관한 것은 아니었다. 트래픽이 심한 웹사이트를 기존의 설립된 인터넷 회사들에게 파는 것은 기존 사업가들의 방식이다. 구글의 유투브 인수와 마이스페이스를 5조 8,000만 달러에 매수한 것은 앞으로 더 많은 가능성을 위한 것이다.

전사 사업 기업들의 과도기는 아직 오지 않은 것 같다. '구글의 인터넷 장악' 블로그 박스는 확증되진 않았지만 일말의 가능성 있는 미래에 대해 보여준다.

요약

- 이 장에서는 먼저 전자의 정의 등 비즈니스 관련 용어와 e-비즈니스, 전자상거래와 모바일 전자상거래와 전략 및 가치창출의 정의를 소개했다.
- 둘째로는 본 장에서는 기술 혁명의 전형적인 기간에 대해 설명 프레임 워크를 제공했다. 지난 10년 동안 인너넷의 신화의 프레임 워크 안에 포함된다. 진화의 4개의 주요 특징들:
  - *e-business의 기반* 시기는 인터넷의 광범위하게 사용되기 전에 일어남
  - *인터넷의 증가*는 아마존 닷컴의 출시와 함께 시작, 1995년부터 2000년까지 계속
  - *폭락*(또는 닷컴 버블의 폭락), 2000년 3월부터 4월에 일어났으며 미국 나스닥 시장 45 % 감소 원인
  - *시너지 단계*, 주식 시장의 폭락 이후부터 오늘날까지.

복습 질문

1 정의 조항 'e-비즈니스', '전자상거래'및 '모바일 전자상거래', 그리고 그들이 어떻게 서로 다른지에 대해 설명한다.

2 이 책에서 제시한 전략의 정의는?

3 세 가지 전략의 단계를 구분 짓는 특징들은?

4 칼로타 페레즈에 의해 제시된 수명 주기 모델의 다른 기대들을 묘사하라.

5 인터넷 진화의 네 가지 시대는 무엇인가? 각 시대별로의 특별한 특징은 무엇인가?

6 제리 양(야후 최고경영자)와 맥 위트맨(이베이의 최고경영자)에게서 배울 수 있는 지난 10년간의 인터넷 변화에 대한 것은 무엇인가?

토론 질문

1 FT 기사의 'e-비즈니스에서 'e'를 지우기에는 아직 이르다'에서 오늘날의 전자 산업 전략을 논하는 것이나 전자 사업에서 'e'를 없애는 것이 논리적이라고 생각하는가? 논의를 주장해 보아라.

2 전략 수립에 있어서 가장 중요하다고 생각되는 요소는 무엇인가? 이 장에서 선택한 주관이 당신의 경험과 관찰과 잘 맞는가?

3 두 가지 기술적 혁신을 골라보고 그것에 대해 이 장에서 언급된 페레즈의 틀을 가지고 설명해 보아라.

4 우리가 이미 인터넷의 성숙 단계로 진입(또는 우리가 진입을 앞두고 있는지)했는가? 이 문제에 대한 당신의 주장을 설명하라.

5 구글의 2017년 5월 인터넷 가상 인수(1장의 끝부분에 나와 있는)에 대한 문제에 대해 중요한 논지는 무엇인가? 이 사건에 대한 당신의 주장은 어떠한가?

권장 도서

B. Henderson uses the metaphor of biological evolution to describe the essence of strategy in 'The origin of strategy', *Harvard Business Review*, 1989, November–December, pp. 139–143.

A detailed account of different levels of strategy can be found in G. Johnson, K. Scholes and R.Whittington, *Exploring Corporate Strategy*, 7th edition, Prentice Hall, 2005.

H. Mintzberg is one of the most prominent critics of the design or positioning school. For further reading, see *Strategy Safari – A Guided Tour Through the Wilds of Strategic Management*, Prentice Hall, 1998, pp. 114–118, which offers no less than 10 different approaches to explaining strategy. His article 'The design school: reconsidering the basic premises of strategic management', *Strategic Management Journal*, 1990, Vol. 11, No. 3, pp. 171–195, provides a more condensed criticism of the design school.

M. Porter's article 'Strategy and the Internet', *Harvard Business Review*, 2001, March, pp. 63–78, provides an excellent overview of the impact of the Internet on strategy formulation.

C. Perez developed the five-stage model of technological revolutions presented in this chapter: see *Technological Revolutions and Financial Capital: The Dynamics of Bubbles and Golden Ages*, Edward Elgar, 2002. She draws heavily on the writings of twentieth-century economist J. Schumpeter. Among his important works rank the books *Business Cycles*, Porcupine Press, 1982 and *Capitalism, Socialism and Democracy*, Harper&Rank, 1975.

B. Arthur builds on the insights of C. Perez in the article 'Is the information revolution dead?', *Business 2.0*, 2002, March, pp. 65–73, where he suggests that the Internet economy is undergoing the same evolutionary phases as previous technological revolutions.

In 'Profits and the Internet: seven misconceptions', *Sloan Management Review*, 2001, Summer, pp. 44–53, S. Rangan and R. Adner analyse why the promises of the Internet economy were not fulfilled.

J. Cassidy takes a critical perspective of the development of the Internet economy in *Dot.con*, Perennial, 2003.

E. Malmsten (the co-founder of Boo.com), E. Portanger and C. Drazin provide an account of the rise and fall of the Internet fashion retailer Boo.com in their book *Boo Hoo*, Arrow Books, 2002.

In *The Long Tail: Why the Future of Business is Selling Less of More*, Hyperion, 2006, C. Anderson illustrates how, by using the Internet, companies can capitalise on niche markets better to serve their customers.

관련 사이트

The website www.tutor2u.net provides interesting background information on a number of concepts discussed in this chapter.

www.magportal.com/c/net/ebus/ provides deep coverage of articles on e-business and e-commerce.

www.ecommercetimes.com is an online newspaper specific to e-commerce developments.

참고 문헌

1 For definitions of e-business and e-commerce, see A. Bartels, 'The difference between e-business and e-commerce', www.Computerworld.com. Accessed 30 October 2000.

2 G. Johnson, R. Whittington and K. Scholes, *Exploring Corporate Strategy*, 7th edition, Prentice Hall, 2005, p. 10.

3 A. Chandler, *Strategy and Structure in the History of the American Industrial Enterprise*, MIT Press, 1962, p. 13.

4 B.Henderson, 'The origin of strategy', *Harvard Business Review*, 1989, November–December, p. 141.

5 M. Porter, 'Strategy and the Internet', *Harvard Business Review*, 2001, March, p. 72.

6 Researchers of strategy have been engaging in a heated debate about what strategy entails. Most notably, there are two different schools of strategy. The 'design view' of strategy considers strategy as characterised by deliberate planning and objective setting. The 'experience view' suggests that strategies develop in an adaptive fashion and depend to a large extent on existing strategies. See also G. Johnson, K. Scholes and R. Whittington, *Exploring Corporate Strategy*, 7th edition, Prentice Hall, 2005. The frameworks and concepts proposed in this book focus on the design view of strategy.

7 For a detailed discussion of different levels of strategy, see ibid.

8 For a discussion of operational issues in e-commerce, including topics such as website design and HTML programming, see D. Chaffey, *e-Business and e-Commerce Management Strategy, Implementation and Practice*, 5th edition, FT Prentice Hall, 2011.

9 C. Perez, *Technological Revolutions and Financial Capital: The Dynamics of Bubbles and Golden Ages*, Edward Elgar, 2002, p. 8.

10 Ibid. pp. 90–137.

11 Note that as one technology reaches maturity, the next technological revolution is about to emerge. As a result, there can be considerable overlap between two technology surges.

12 C. Perez, *Technological Revolutions and Financial Capital: The Dynamics of Bubbles and Golden Ages*, Edward Elgar, 2002, pp. 90–137.

13 The NASDAQ is the main US-based stock exchange for high-tech companies.

14 Amazon.com was the first firm to add the suffix '.com' to the end of its name, thereby establishing the expression 'dotcom', which refers to all types of Internet ventures.

15 The p/e ratio of a company's stock is calculated by dividing its stock price by its earnings per share. For instance, if a company made $5 per share in the past year and the share sells for $50, then the p/e ratio for this share is 10.

16 France Telecom decided to close down this service by mid-2012.

17 J. Cassidy provides a detailed account of the exuberance and hysteria during the Internet boom years in *Dot.con*, Perennial, 2003, pp. 2–5.

18 Ibid. p. 5.

19 M. Pandya, H. Singh, R.Mittelstaedt, et al., *On Building Corporate Value*, John Wiley, 2002, p. 8.

20 For an excellent discussion of the flawed thinking during the boom years of the Internet, refer to M. Porter, 'Strategy and the Internet', *Harvard Business Review*, 2001,March, pp. 63–78.

21 M.Meeker and C. DePuy, *The Internet Report*, Harper Business, 1996.

22 J. Willoughby, 'Burning up: Warning: Internet companies are running out of cash', *Barron's*, 20 March 2000, p. 29.

23 J. Cassidy, *Dot.con*, Perennial, 2003, p. 148.

24 See also T.Mullaney and H. Green, 'The e-Biz surprise', *BusinessWeekOnline*, 12 May 2003.

PART 2

e-비즈니스 전략의 틀

개요

이 장은 e-비즈니스 전략의 틀의 세 가지로 구성에 대해 설명을 한다.

- 전략적 분석
- 전략 구성
- 전략 실행

이 부분의 목표는 비즈니스 전략을 수립 전자의 중요한 요소의 주소를 포괄적인 전략 프레임 워크를 제공하는 것이다. 전략적 분석, 전략 수립 및 전략의 3 단계의 핵심 요소 구현은 다음과 같다:

- 거시적 환경과 산업 구조에 대한 외부 분석
- 주요 자원과 내부 능력의 분석
- 일반 전략 옵션
- 지속적인 경쟁 우위
- 탐험의 새로운 시장 공간
- 창조와 가치를 포착
- 내부 조직
- 공급자와 상호 작용, 고객 및 사용자
- 모바일 전자상거래 전략
- 전략 구현

Chapter 2

e-비즈니스 전략 틀의 개요

이 장의 개요

2.1 e-비즈니스 전략 구성의 주요 과제

2.2 e-비즈니스 전략 구성에 대한 체계적 접근

학습 성과

이 장을 배우고 나면,

- 당신은 e-비즈니스 전략 구성 과정의 주요 과제를 이해한다.
- e-비즈니스 전략의 틀의 중요 요소와 구성에 대해 폭넓은 이해를 한다.

소개

이 책의 PART 2에서는 e-비즈니스 전략 틀이 전자 산업 전략 성립의 기본으로서의 중요성에 대해 설명하려 한다. 이 체제들은 아래와 같은 것들의 이해를 도울 것이다.

- 거시적 환경의 외적 부분과 e-비즈니스 기업들의 산업 구조 이해
- e-비즈니스의 내부 능력 이해
- 인터넷에서 가능한 특정한 경쟁 우위 선택
- 모조품과 혁신기술에 대항할 수 있는 인터넷 경쟁 우위를 유지
- e-비즈니스의 시작을 통해 새로운 시장 형성
- e-비즈니스 전략의 내부적, 외부적 관점을 가치 창출 체제를 이용해 연결
- 기초 e-비즈니스의 내부 조직에 관한 의견 수립
- e-비즈니스의 소비자와 공급가 그리고 사용자들과의 소통
- 모바일 전자상거래의 중요 문제들과 응용 프로그램 이해
- 전자 사업의 전략 실행

이렇게 하기 위해서 우리는 전략적 관리 분야로부터 이 책의 도입에서 전반적으로 시간을 투자하면서 다루는 것이 중요하며 e-비즈니스의 특정한 맥락에 이것을 대입해 보는 것이 중요하다고 생각한다. 이러한 대입은 세 가지 방법을 통해 이뤄질 수 있다.

첫째, 비록 개념적으로 이 장은 다른 여러 전략의 틀들을 포괄적으로 다루지만 이것들은 주요 컨셉트들을 강조하며 전자 사업의 중요성과 분야의 최근의 성공과 실패 사례를 이해하는 데에 많은 도움을 준다. 이것들은 예를 들어 규모의 경제와 범위, 전환 비용, 네트워크 효과 그리고 거래비용 이론을 포함한다.

둘째, 이 프레임워크는 특정한 전자 사업의 컨셉트인 가상 가치 사슬(4.3 참고), ICDT(정보, 커뮤니케이션, 배분, 그리고 거래) 모델(4.4 참고) 그리고 '롱테일(long tail)'개념(11.4 참고).

셋째, 개념의 장에 소개된 모든 컨셉트들과 개념들은 특정한 전자 사업의 사례들과 케이스 스터디를 통해 소개되었다. 이렇게 함으로써 우리는 실제 세상의 어플리케이션을 이론과 개념의 고려, 사용자들의 접근성을 높이고 관리자들이 사용하기 편하게 했다.

2.1 e-비즈니스 전략 구성의 주요 과제

e-비즈니스 전략 틀에 대해 자세한 설명을 하기 전에 1장에서 배운 전략의 목표의 정의에 대해 복습해 보자.

- 전략은 기업의 *장기적인 방향*을 우려한다.
- 전략은 회사가 보유하고 있는 *자원 배포에 대한 전체적인 계획*을 다룬다.
- 전략은 *균형*을 맞추기 위한 의지를 수반, 자원들을 효율적으로 배치하기 위해 다른 방향과 다른 방법들 간의 선택이다.
- 전략은 경쟁사에 대해 자사를 *차별화되게 포지셔닝*하기 위한 것이다.
- 전략의 중심 목표는 경쟁 지속적인 *경쟁 우위*를 달성함으로써 지속적인 수익을 보장하는 것이다.

위에서 언급한 것들의 결론은 전략이 회사의 기본 방향을 결정하는 가장 중요한 결단이라는 것이다. 맥락에 따르면 전략이란 시장에서 자사를 포지셔닝하고 한정된 자원을 선택하는 것입니다. e-비즈니스의 최종 목표는 경쟁적 우위를 가능하게 할 인터넷을 이용하는 것에 성공하는 것이다(별첨 2.1 참고).

경쟁적 우위를 만드는 방법은 많은 것들이 있는데 그 중에는 독특하고 강한 브랜드, 방대하고 충실한 고객층, 혁신적인 제품과 서비스 그리고 저가 생산 시설을 갖는 것이다.

그렇지만 어떤 부분에서 경쟁적 우위를 갖느냐에 대한 선택은 쉽지 않다. 첫 번째 관문은 전략적 결정을 하는 일에는 영향력적이지 못한 선택들 중에서의 고민이다. 특별히 기술과 비즈니스 모델이 빨리 변하는 e-비즈니스의 예측 불가한 환경으로 인해 장기적인 전략에 관한 결정을 내리는 것은 매우 어렵다. 뿐만 아니라 전략을 따로 분석하는 데에는

그림 2.1 e-비즈니스 전략의 목표는 하나 또는 그 이상의 경쟁우위를 구축하여 성공하는 것이다

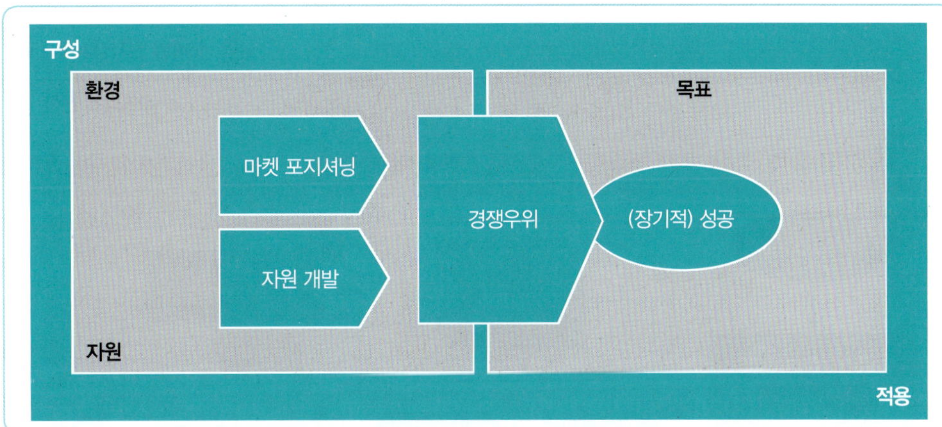

Source: Adapted from H. Hungenberg, *Strategisches Management in Unternehmen*, Gabler, 2006, p. 83.

수많은 다양한 모순적인 결정 기준들이 평가되어야 한다. 이 책의 케이스 스터디에 있는 Tesco.com의 중대한 전략적 이슈선택은 예로 들면 2개의 다른 온라인 주문 방법, 인스토어 기반 이행 대 창고 기반 이행, 중 한 가지를 선택해야 했다. 케이스 스터디에서 나타낸 것같이 두 대안에 대해 무수한 찬반 의견이 엇갈렸다. 이러한 모호성과 불확실성은 전략적 결정을 내리는 것에 있어서 흔한 일이다.

2.2 e-비즈니스 전략 구성에 대한 체계적 접근

위에서 말한 바와 같이, e-비즈니스 전략 분석과 설립의 목표는 다른 전략 대안들과 그것들의 영향에 대해 이해하고 반복적으로 그 찬반 논쟁들에 대해 평가하는 것이다. 이러한 과정은 하나의 정답을 찾는 것이 아니라 분명한 균형을 맞추는 데에 초점이 맞춰져 있으며 결정을 내리는 사람들로 하여금 다른 대안들의 영향과 현재와 과거 개발에 기반한 미래 계획을 만드는 데 더 도움을 주기 때문이다. 그렇게 때문에 전략적 관리란 '준비된 진화', 다른 접근 대안으로는 순수하게 기회에만 기반한 '인도되지 않은 진화'라고도 여겨진다.[1]

이것은 체계적으로 e-비즈니스 전략 개발을 어떻게 해야 할지에 관한 질문을 던진다. 계속될 부분들의 기반 점으로는 e-비즈니스 전략 틀에 대해 세 가지 부분인 (1) 전략적 분석; (2) 전략 수립; 그리고 (3) 전략 적용(별첨 2.2 참고)을 제시한다. 이 프레임워크를 구성하는 세 가지 부분은 서로 동적으로 상호 연결되어 있다. 즉, 이들은 수정 및 개선을 위한 입력을 제공하는 프로세스에 따라 피드백 루프를 가지게 된다. 그림 2.2의 원 번호는 이 책의 장 번호이며, 언급된 이슈들은 해당 장에서 상세하게 다루고 있다.

이 틀의 첫 장은 전략적 분석의 두 가지 시점: (1) 외부 분석과 (2) 내부 분석으로 이루

그림 2.2 e-비즈니스 전략 틀의 세가지 단계

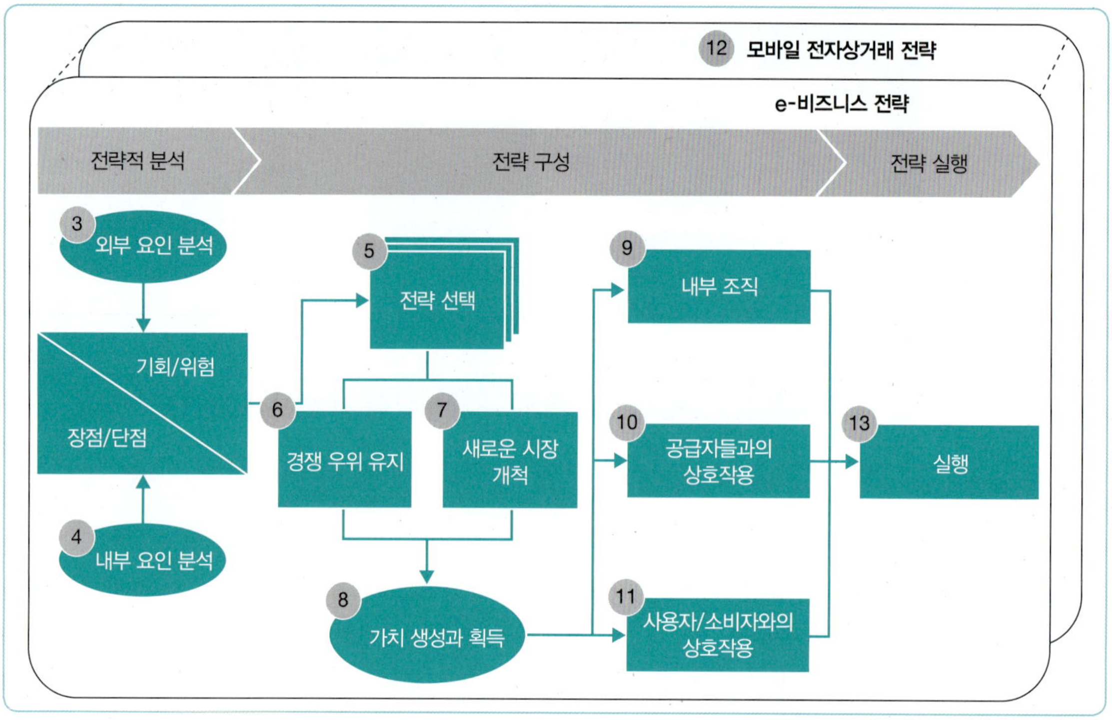

어져 있다.

외부 분석의 목표는 3장에서 다루듯이 당신의 e-비즈니스 영향을 줄 수도 있는 외부 개발에 대한 이해이다. 전체적인 단계에서 외부적 분석은 더 넓은 거시적 환경 개발인 기술적 변화, 모든 경제적 개발 또는 사회적 변화를 포함한다. 더 자세한 단계에선 산업 내의 다른 종사자들인 경쟁자, 공급자 또는 교체자들에 대한 분석을 다룬다. 이 분석의 결과들은 당신의 기업이 맞게 될지 모르는 위기와 기회를 더 잘 이해하는데 도움을 줄 것이다.

내부적 분석의 목표는 4장에서 다루어지듯이 중요 자원들과 기업의 온라인 전략의 실행 또는 유지 역량을 이해하는 것이다. 예를 들어 자원은 방대한 사용자 층의 형성(이베이의 사례처럼), 목표 인수를 위해 강력한 자금줄(deep financial pocket)의 필요(구글의 사례처럼), 또는 강한 브랜드(Tesco.com의 사례처럼)를 뜻한다. 온라인 역량은 기업이 IT와 인터넷을 이용해 자원들을 가치 있는 제품 또는 서비스화하는 능력을 말한다. 내부와 외부적 분석의 이해에 기반해서 자사가 경쟁사에 대한 강점과 약점을 이해하는 것이 필요하다.

두 가지 분석을 모두 합치면 그림 2.3에 나와 있는 4가지 주요 문제들이 언급된 SWOT matrix(Strengths-Weaknesses-Opportunities-Threats matrix)가 만들어진다.

자사의 특징들과 주요 환경과 산업 발전들을 명확하게 이해했다면 전략적 방향을 결정하는 중요한 단계에 이른 것이다. 주요 보기들은: (1) 낮은 가격 경쟁에 기반한 자사의

그림 2.3 e-비즈니스 전략 입안은 강점, 약점, 기회 그리고 위협에 대해 내부적 그리고 외부적 분석을 포함한다

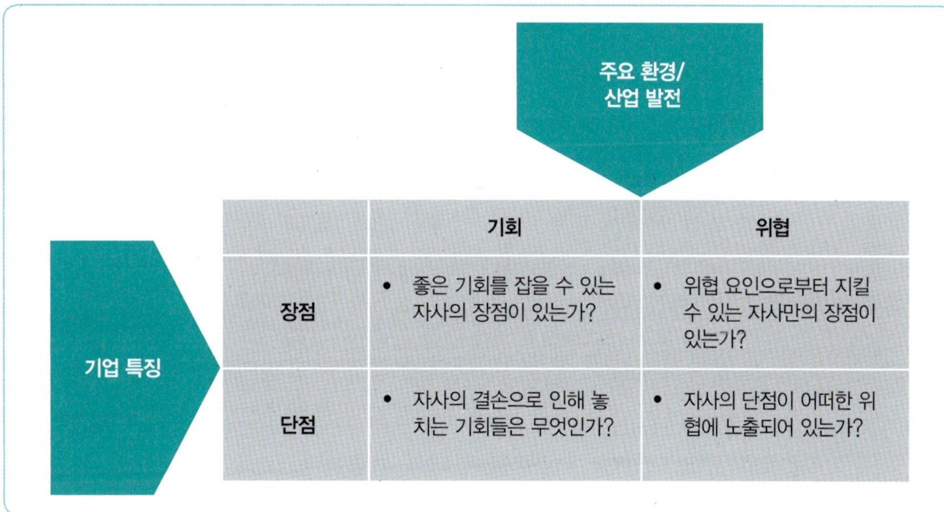

가격 우위 포지션과 (2) 우수한 제품과 서비스에 기반해 경쟁하려는 차별화 포지션이다. e-비즈니스를 위한 회사의 전략 포지셔닝과 연관된 비즈니스 모델들은 5장에서 자세하게 다루겠다.

당연하게도 오늘날의 기업들이 가지고 있는 경쟁적 우위는 오랫동안 지속될 수 없는 것들이다. 온라인 산업 세계의 경우 새로운 인터넷 상장 기업들과 기존의 과거산업 기업들의 모방 또는 기존 온라인 산업 기업들을 뛰어넘는 끝없는 경쟁이 계속되고 있다. 경쟁 우위를 오랫동안 유지하고 이러한 경쟁들을 위협하는 어려움들에 대한 문제는 6장에서 다뤄질 것이다. 이 장은 특별히 모방과 와해성 기술의 위협에 대해 알아볼 것이다.

추가적으로 모방 기업들에 대항하기 위해 새로운 e-비즈니스 개발을 통한 새로운 경쟁적 차별화의 원천을 이용해 지금까지 발견되지 않은 새로운 시장을 구축해야 한다. 가치 개혁의 틀은 7장에 나와 있듯이 경쟁을 필요 없게 만드는 체계적인 접근 방식의 개혁의 여러 방법들에 대해 설명한다.

8장은 두 가지 관점을 통합해서 전체론적 모델을 만드는 가치생산 틀(VPF)을 설명한다. VPF의 목적은 기업이 가치를 창출하고 보존하는 능력이 얼마나 장기적 성공에 중요한지를 보여주는 것이다.

광범위한 고려사항에 이어 9장부터 11장까지는 e-비즈니스 기업들에게 특별히 세 가지 전략적 이슈: (1) e-비즈니스 벤처의 내부 조직, (2) 공급자와의 관계, 그리고 (3) 고객과 사용자들과의 관계를 다룬다.

9장은 기업의 내부 조직에 대한 것이다. 가치 사슬과 분산된 조합은 관리자와 학자들이 오랫동안 논의해온 디지털 시대에서 기업의 통합방법에서 비롯되었다. 인터넷 호황

시기에는 유명한 기업들의 기업들은 핵심 역량(또는 핵심 사업)에 중심을 두고 다른 가치 생산 활동들을 모두 외부 제공자들에게 위탁해야 한다고 생각했다. 그렇지만 이것은 현명하지 못했다. 그렇기 때문에 이 장에서 가장 중요한 질문은 '우리는 e-비즈니스의 활동들을 어떻게 내부적으로 조직해야 할 것인가?'이다.

10장은 공급 사슬 관리에 관한 첫 단계 이슈에 대한 것이다. 여기서 중요한 과제는 어떻게 외부 공급자들과 기업 대 기업 관계를 형성하느냐이다. 특별히 중요한 것은 전자 기업 대 기업 거래 플랫폼의 다른 종류들과 IBX와 같은 제3의 온라인 서비스 제공자인데 더 자세한 것은 케이스 스터디 부분에서 다루겠다.

지난 몇 년간 사용자 생성 콘텐츠들은 유튜브, 마이스페이스, 페이스북과 트위터와 같은 잘 알려진 온라인 상장기업들의 주요 성공 요인이었다. 11장은 가치 창출과 획득을 위한 사용자 생성 콘텐츠를 더 효과적으로 만들어주는 '롱테일(long tail)', '한계점(tipping point)'같은 다양한 개념적 틀에 대해 설명한다.

12장은 모바일 전자상거래 어플리케이션 같은 특정한 몇 가지 개념적 틀에 대해 설명한다. 13장은 PART 3을 포함, 오늘날 사업 전략 실행에 연관된 조작적 문제에 대해 다룬다. 또한 e-비즈니스 전략 설립의 메인 단계 e-비즈니스 전략의 로드맵을 제시한다.

요약

- 이 장에서는 먼저 회사의 근본적인 방향을 규정하는 지배적인 결정에 초점이 맞추어진 전략의 주요 목표를 밝혔다.
- 다음 사업 전략을 수립할 때 기업이 직면할 주요 과제들에 대해 묘사하고 있다. 이 과제들은 (1) 미래 개발에 대한 높은 불안감 그리고 (2) 전략적 분석과 설립 단계에서 고려되어야 할 의견 마찰이다.
- 마지막으로, 이 장에서는 e-비즈니스 전략 틀과 주요 요소인 전략적 분석, 전략 수립 그리고 전략 실행에 대해 간략한 개요를 제시했다.

복습 질문

1 회사가 전략 수립을 하는 과정에서 생기는 주요 과제들은 무엇이 있는가?

2 e-비즈니스 전략의 틀에는 어떠한 중요한 요소들이 있는가?

핵심 읽기

For a more detailed discussion of the SWOT concept, see G. Johnson, K. Scholes and R.Whittington, *Exploring Corporate Strategy*, 7th edition, Prentice Hall, 2005.

For a discussion of strategies in different types of organisations, see H. Mintzberg, J. Quinn and S. Ghoshal (eds), *The Strategy Process: Concepts, Context and Cases*, 4th edition, Prentice Hall, 1998.

참고 문헌

1 See W.Kırsch, *Wegweiser zur Konstruktion einer evolutionären Theorie der strategischen Führung*, Kirsch, 1997.

Chapter 3

외부 분석: 거시 환경 및 전자 산업의 구조 – 비즈니스 기업에 대한 인터넷의 영향

이 장의 개요

관련 사례 연구

사례 연구		주요 초점
9	Appirio	기술 환경
20	NTT DoCoMo	기술 환경
16	Brockhaus	기술 환경
4	American Well	가치 기여의 5C
10	e-Choupal	포괄적 시장
12	ICT strategy in Tunisia	포괄적 시장
19	Novartis SMS for life	포괄적 시장
17	Nettwerk	산업 구조

학습 성과

이 장에서는 완료 후, 당신은:

- 거시적 환경의 분석과 전자산업 벤처의 영향에 대한 설명
- 기업 역량에 대한 다섯 가지 경쟁세력 분석의 가치 이해
- 코피티션의 틀의 주요 특징들을 설명하고 다섯 가지 경쟁세력 분석으로 확장시킴
- e-비즈니스 애플리케이션을 위한 산업, 목표 시장 세그먼트를 정의

소개

> 경제가 어려울 때 촉망 받는 산업이 좋은 뛰어난 기량의 관리자를 만나면 대부분의 산업의 명성은 보존된다.
>
> **워렌 버핏**

e-비즈니스 벤처 또는 다른 어떤 벤처도 환경으로부터 고립된 채 운영되지 않는다. 대신 회사의 성공은 기업이 하는 일에만 달려 있는 것이 아니라 방대한 환경 개발 가령 기술이나 정부 규제에도 좌우된다. 대부분의 개인 회사들은 산업 환경을 경쟁력을 갖춤으로 변형할 수 있지만 거시적 환경에서의 광대한 개발은 영향을 거의 미치지 못한다.

환경 변화에 적응하기 위해서 기업들은 외부 환경에 대한 중요한 노력을 해야한다는 것에 대한 이해이다. 온라인 기업일 경우 이 단계에서 데이터 전송의 대역폭으로 인해 또는 새로운 웹 개발 기술(가령 Ajax나 RSS feeds)[1] 같은 것들에서 볼 수 있듯이 기술적 변화를 이용한 새로운 비즈니스 모델의 가능성에 문을 열어두는 것이다. 동시에 인구 변화와 온라인 벤처의 지속에 중요한 영향을 끼칠 수 있는 정부 규제 같은 사회적 변화도 고려해야 한다.

역동적인 환경에 적응하고 민첩하게 반응하는 것은 고도의 능력을 요구하고 수없이 많은 신호를 감지하며 자리를 지키는 것은 개발에 있어서 매우 중요하다. 이 일은 온라인 사이트와 언론의 지면을 통해 소개되는 공공 정보의 부로 인해 더욱 까다로워진다. 결국 정보 고갈과 마찬가지로 정보의 범람도 같은 위험을 안고 있다.

첫 번째 중요한 단계는 거시적 환경에 대한 새로운 개발에 대한 정보를 정리하고 모아서 그것들이 간과되지 않게 하는 것이다. 체계적인 분석의 시작점으로 이 장은 최초로 거시적 환경 분석에 대한 틀을 제시한다. 둘째 산업 매력도를 알아보는 포터의 다섯 가지 경쟁세력 분석(five forces framework)을 논의할 것이다. 또 인터넷에 대한 포터의 각기 압력의 틀의 영향을 분석할 것이다. 예를 들어 경쟁 산업, 진입 장벽, 대체재의 위험과 소비자와 공급자의 협상력 같은 것들이다. 셋째, 이 장에서는 코페티션(co-opetition)의 틀을 제시, 산업 분석의 대안 점을 제시할 것이다. 마지막으로 무엇에 내해 경생할 것이며 전자 산업의 편의 제공에 대해 소비자 그룹을 분류할 것인지에 대한 이슈를 알아보겠다.

3.1 거시적 환경 동향 살펴보기

거시적 환경은 기업의 전략과 활동에 대해 광범위한 시각을 필요로 한다. 거시적 환경의 진화하는 트렌드는 기업의 전략에 대한 중요한 기회와 위험요소를 보여준다.[2] 그렇기 때문에 어떠한 전략이라도 설립의 초기에는 다양한 차원(*정치적, 법적, 경제적,* 그리고 *기술적,* 그림 3.1 참고)에서 거시적 환경을 살필 수 있는 트렌드를 분석하는 것이 유용하다.

3.1.1 정치적 및 법적 환경

정치적 및 법적 환경 문제에 대한 서로 다른 조직 수준에 관련이 있다. 국가와 산업 수준에는 세무, 독점 입법 및 환경 관련 법규와 같은 문제가 포함된다.

국경을 넘는 것에 대한 합의에 어려움이 있는 관계로 과세는 전자 상거래에서 어려운 문제가 되었다. 그러나 경계가 적은 인터넷은 정부에 대한 주요 문제 및 벤처 기업을 위한 온라인 산업 기회의 발판이 되었다. 예를 들어, 다수의 온라인 내기 기업들이 낮은 세금 지역에 정착을 했고 대가로 과거 도박자들이 게임 세금를 내야 했었던 미국 같은 곳에서 정부의 수익을 줄였다(FT 기사 '온라인 도박: 올더니섬(Alderney)에서 제정된 규제 제도를 활용하여 돈 버는 것이 가능해지다' 참조).

1990년 마이크로소프트는 시장에서 독점적으로 시스템을 운영하는 것을 이용해 경쟁자들의 비용으로 다른 소프트웨어 시장에 진입하려고 한 일로 기소되었다.[3] 최근에는 구글이 비슷하게 온라인 광고 시장에서 지배적인 점유를 보여 비난을 받고 있다.

아마존이 독일 시장에 진입했을 때 독일 내에 모든 책들은 평균 가격으로 책정되야 한다는 가격 고정 규제에 부딪혔었다. 이 일로 인해 Amazon.de는 경쟁 서점과 가격 차원에서 경쟁을 가능케 했다. 최근에 Apple과 세계 최대 출판사 중 5곳이 전자책의 가격을

그림 3.1 e-비즈니스 기업들은 산업과 거시적 환경에 영향을 받는다.

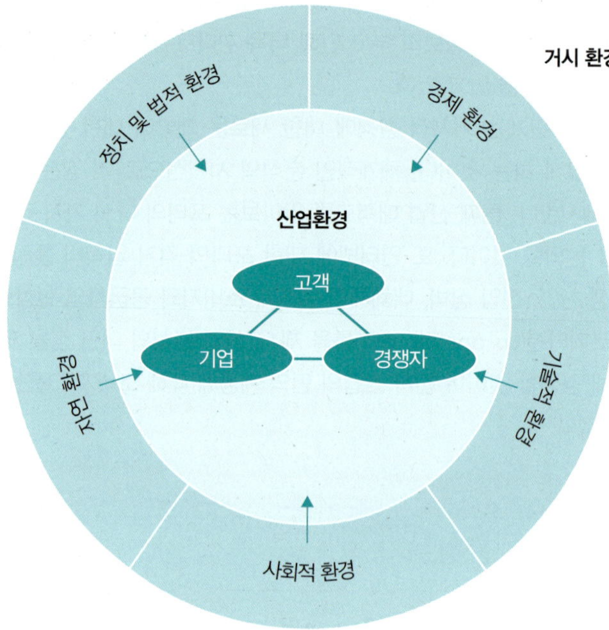

Source: Adapted from H. Hungenberg, *Strategisches Management in Unternehmen*, Gabler, 2006, p. 90.

온라인 도박: 올더니섬(Alderney)에서 제정된 규제 제도를 활용하여 돈 버는 것이 가능해지다

대형스포츠 경기장에서 멀리 떨어진 성 피터 포트의 좁은 거리에서, Sportingbet의 트레이더들은 연간 7천만 개에 이르는 도박의 배당률을 끊임없이 조정하면서 국제 대회들을 모니터링 하고 있다. 10년도 더 전에 올더니라는 작은 이웃섬에서 제정된 온라인 도박에 관한 규제를 기회로 삼아 이 분야 사업 규모는 영국의 채널제도의 일원인 건지섬과 저지섬에서 급격히 성장하고 있다. KPMG의 보고서에 따르면, 온라인 도박사업으로 인해 2007년도에 700만 파운드에 불과했던 건지섬의 경제가 2009년도에 5,000만파운드가 될 수 있었다. 더 나아가 KPMG는 이 산업이 2-3년 내로 40% 이상 성장할 것으로 예측하고 있다. 금융서비스와 비교한다면 여전히 작은 영역이지만, 온라인 도박은 건지섬을 다른 해양관할구역들인 지브롤터, 몰타, 맨섬과 다르게 게임 회사들을 끌어들이고 있고, 마권업자들 역시 영국 본토로부터 불러들이고 있다. Sportingbet은 Virgin Games가 설립되는 동안 건지섬에서 100명, 올더니섬에서 9명을 고용한 가장 큰 업체이다.

올더니 도박 통제 위원회는 대부분 건지섬에서 운영되는 Rank, Gala Coral, Blue Square 등의 회사에게 약 45개의 라이선스를 발급해 주었다. Sportingbet 상무이사인 Bob Dutnall는 '규제가 바로 핵심일 것이다" 그리고, '온라인 도박 회사는 자신의 사업을 문제없이 운영할 수 있는 안정성과 강력한 규제가 필요한데, 올더니섬은 전세계를 걸쳐 그 최전선에 있다." 라고 말했다. 올더니 도박 통제 위원회 수석 회장인 Andr? Wilsenach는 "우리는 가장 오래된 온라인 도박 당국 중 하나로, 올더니섬은 규제를 활용해 온라인 도박 세계를 이끌어가고 있다." 라고 말했다. 그러한 규제를 이용한 활동들이 그냥 일어나는 것이 아니었다고 그는 덧붙였다. 올더니 섬은 1990년대 후반에 전화 도박 시장에 투자하고자 했으나, 미래에는 온라인이 대세가 될 것이라는 것을 재빨리 파악하였다. 올더니섬은 규제들을 활용해 회사들을 불러들였고, Sportingbet이 바로 그 수혜자로서 서비스를 시작하게 되었다.

그러나 도박 사업이 성장하고 기술적 요구사항이 늘어나면서 올더니섬 인프라의 한계를 초래하였다. Sportingbet은 한계를 파악하고 런던으로 본사를 옮기게 되었고, 이러한 문제를 해결하기 위해 올더니섬 규제 하에 올더니섬 또는 건지섬 중 하나에 회사를 설립할 수 있도록 하였다. 결과적으로 건지섬의 도박 사업은 성장하였고 올더니섬이 7백만 파운드의 수익을 내는 동안, Sportingbet은 2007년도 영국 도박 규제가 불분명해진 틈을 타서 다시 건지섬으로 돌아왔다. 인사부서의 수장인 Ron Jenkins는 탁월한 통신 서비스와 삶의 질, 그리고 국제적으로 인정 받는 규제 제도를 가진 건지섬은 Sportingbet에게 최적의 장소라고 말하였다. Jenkins는 "세제 혜택은 물론 유리하다. 그러나 그 이유만으로 이 곳을 택한 것은 아니며 우리가 경쟁사에 비해 더 좋은 대우를 받은 것도 아니다." 그러니, 제한된 인력풀을 가진 섬은 새로운 사업을 시작하는 데 좋은 환경이 되기에는 한계가 있다. Sportingbet의 고용인 100명 중 건지섬 출신은 약 50명 정도인데, 그 섬에 있는 규모가 큰 회사 중 상당히 이례적인 비율이다. Dutnall은 "신기술이 필요한 사업을 수행하고자 할 때, 그 일을 제대로 해낼 만한 인재가 없다." 라고 말한다. 회사는 영국으로부터 건너올 젊은 트레이더를 위해 주택을 구입해 주었고, 좀 더 나이 든 인력을 위해서는 임대 비용을 지원하였다. Sportbet은 섬 주민을 위해 트레이더 교육을 위한 현지 훈련 프로그램을 운영한다고 말한다. Mr. Dutnall은 "우리는 젊은 트레이더들에게 재정적 지원 외에도 다양한 미래 커리어를 선택할 수 있는 기회를 제공하고 있다."라고 말한다.

Mr. Wilsenach는 앞으로 발생할 규제 문제들에 관해서도 예측하고 있다. 겜블러가 온라인으로 도박을 할 때 겜블러가 속해 있는 나라는 관련이 없다는 올더니 규정은 많은 국가들로부터 승인을 받아왔다. 그러나 유럽의 일부 지역들은 소비자들의 거래가 그 소속 나라에서 발생하는 것으로 규정을 변경하려고 하고 있다. 즉 도박 업체들은 규제와 관련된 라이선스의 경우 각 관할 구역별로 허가를 얻어내야 할 수 있다. Mr. Welsenach는 국제 규정의 판도가 좀 더 복잡해질 가능성이 있지만, 올더니섬은 여전히 도박 플랫폼 규제 제도 있어서 큰 역할을 담당하게 될 것이라고 믿고 있다. 그는 "올더니는 건지섬을 기반으로 한 플랫폼에서 플레이어들이 다른 관할구역에서도 안심하고 활동할 수 있도록 규제를 이끌어 갈 것이다."라고 말하면서 미래를 여전히 낙관하고 있다.

FT *Source*: Serwood, B. (2010) Online gambling: the sector has been able to cash in on a regulatory regime set up in Alderney, *Financial Times*, 18 November.

높이기 위해 담합을 했다가 미국 법무부에 의해 고소되었다(FT 기사 "전자책 가격 '담합'으로 고소당한 출판사" 참조)

나아가 피어투 피어 파일 공유 네트워크인 Kazaa나 eMule로 인해 인터넷은 저작권 논란에 늘 시달렸다. 인터넷에서 음악 산업과는 반대로 자료의 방대함과 편리함을 생각한다면 온라인 자료 공유는 아직 인터넷 커뮤니티 사용자들 간에서 높은 인기를 누리고 있다. 비슷하게도 mash-up이라 불리는 것들도 저작권 보호와 디지털 저작권 관리 도구에 대한 논의를 불러일으켰다.

개인적인 수준에서는 기업들이 개인 사용자의 생활을 침해해도 되느냐 안 되느냐의 문제에 대해 정치와 법적인 토론을 반복하고 있다. 이것은 스팸 메일을 통한 공격적 마케팅과 쿠키의 사용[4]과 같은 주제가 포함되어 있다.[5]

전자책 가격 '담합'으로 고소당한 출판사

미 법무부는 애플과 가장 큰 다섯 개 출판사에 대해 e-book 가격을 담합하여 소비자들에게 수천만 달러의 비용을 발생시킨 혐의로 고소하였다. 뉴욕 남부지구에서 고소한 내용에 따르면 애플과 출판사 고위 임원들은 한 맨하탄 고급식당에서 아마존의 가격 정책에 공동 대응하는 방안에 대해 동의했다고 주장하고 있다. 최고가 $9.99로 e-book 사업 중인 아마존은 피고로 지명되지는 않았다.

고소당한 출판사는 Hachette Book Group, part of Lagardère; HarperCollins, owned by News Corp; Holtzbrinck, owner of Macmillan; Simon&Schuster, a CBS subsidiary; and Penguin, owned by Pearson, the parent company of the Financial Times 이다.

미 법무부는 애플과 출판사들이 출판사들이 소매 가격을 정하는 에이전시 비즈니스 모델을 활용하여 베스트셀러 책에 대해 가격을 2달러에서 5달러로 올렸고, 그와 동시에 애플이 아이패드 태블릿에서 그 가격으로 책을 출시한 혐의를 제기하였다. 애플은 모든 판매 수익의 30% 커미션을 가져가면서 출판사가 제시한 가격보다 더 싼 가격으로는 팔지 않겠다고 동의한 곳에서만 판매를 하게 함으로써 다른 판매자들이 그 조건을 채택하도록 강요했다는 혐의 또한 함께 받고 있다.

"소송에 포함된 기업의 임원들은 소매상이 경쟁하면 e-book의 소비자 가격이 올라가므로 그러한 경쟁을 하지 않도록 출판사가 가격을 정함으로써 소비자 가격은 결국 내려가게 되었다라고 주장하고 있다."라고 미 변호사 Eric Holder는 말했다.

Hachette, HarperCollins와 Simon&Schuster은 애플을 떠나는 걸로 미 법무부와 합의를 하였고, Macmillan과 Penguin은 법정에서 분쟁을 하는 걸로 결정하였다. 모든 출판사가 코멘트를 하지는 않았지만 아마존의 독점에 대응하기 위해 "agency" 모델을 만들었고 가격을 올리고자 모의하였다는 사실에 부인하고 있다.

미국 법정은 애플의 예전 CEO인 스티브잡스가 agency 모델을 구현하였다고 주장하고 있다. "애플은 명확하게 이 체계를 활용하는 것이 소비자 가격을 높인다는 것을 이해하고 있다."라고 법정은 말하고 있다. 법정은 "고객이 조금 더 돈을 지불하지만 그건 결국 당신(출판사)가 원하는 것이다."라고 말한 잡스의 말을 인용하기도 하였다. 여기에 대해 애플 대변인은 코멘트를 거부하였다.

2008년도 9월부터 2009년까지 출판사 CEO들은 Amazon e-book 소매 가격 사례를 포함한 기밀 사업 및 경쟁 문제들로 매 분기마다 만난 혐의를 받고 있다.

FT *Source*: Gelles, D. and Edgecliffe-Johnson, A., Publishers sued over e-book price 'collusion' (2012) *Financial Times*, 12 April.

3.1.2 경제 환경

경제적 환경이란 국가적, 지역 또는 국제적인 맥락에서 보는 광대한 경제 개발을 뜻한다. 경제적 환경의 중요 요소는 이자와 환율, 주식시장의 변화와 더 일반적으로 본다면 경제 성장률이다. 1990년 호의적인 경제적 환경과 편리하고 저렴한 자금 조달은 인터넷 기업의 빠른 성장에 한몫을 했다.

성장은 2000년 3월 닷컴 버블의 폭락으로 인해 반토막이 되었으며 대형 인터넷 상장 기업들의 부도로 이어졌다. 온라인 인터넷 패션 상장 기업인 Boo.com(챕터 1에 있는 FT 기사 'Boo.com 설립자는 net 버블을 두려워한다' 참조)의 론칭은 이 시기에는 자금 조달이 편리했기 때문에 가능한 일이었다. 하지만 침체된 주식시장과 조심스러운 벤처 투자자들로 대표되는 확실한 통합 단계에서는 사업 아이디어가 좋았어도 자금을 확보하는 일이 더욱 어려워졌다.

e-비즈니스 기업들이 이익을 냈던 몇 년 전까지만 해도 투자자들은 젊고 혁신적인 상장회사들을 지원했었다. 예를 들면, 미국 시장만을 두고 볼 때, B2B와 B2C 전자상거래의 총 금액은 3조에 육박했다.[6] 가장 최근에, e-비즈니스 회사는 이윤을 창출할 수 있는 능력을 보여주었고, 투자자들은 다시 한번 젊고 혁신적인 상장 기업에 투자를 시작했다. 하지만 인터넷의 전성기와 비교하면 투자자들은 더 이성적이고 믿을 만한 비즈니스 모델을 원한다. 벤처 투자 기업들에 대해 덧붙이자면 오늘날 설립된 인터넷 기업들은 상장 회사에 투자를 하거나 매입을 원하며 기존 사업과 통합을 하는 비즈니스 포트폴리오를 원한다. 구글의 31억 달러의 DoubleClick의 매입이나, 이베이가 41억 달러로 매입한 VoIP[7] 통화 서비스 제공사인 Skype를 2011년에 다시 85억 달러에 매입한 마이크로소프트의 상황들은 그들의 새로운 신뢰를 보여주는 대표적인 예이다(오늘날 e-비즈니스 분야의 상당한 수익을 생성하는 잠재력에 대한 설명을 보고 싶다면 FT 기사 '820억 파운드에 달하는 영국 온라인 경제' 참조).

3.1.3 사회적 환경

사회적 환경은 인구 분포, 계층별 소득 분배, 인구 유동성, 그리고 직장과 여가에 대한 다른 인식 같은 요소들을 포함한다. 사회적 개발들은 전자상거래 도구 발전에 중요한 역할을 했다. 예를 들어 직장으로 인해 선진국들의 국민들은 현금이 풍족해졌지만 시간이 부족해졌다고 이런 특별한 고객층을 대상으로 만족을 주는 사업들이 생겨났다. 온라인 유통업체인 테스코(Tesco)를 예로 들면 궁극적인 소비자는 시간이 없거나 체계적으로 식품점에서 물건을 사는 고객들이다.

사회적 환경 개발과 인터넷 사용에 영향을 주는 다른 중요한 차원은 바로 온라인 사용 습관이다. 이것들은 이메일 사용자나 정보나 구매를 위해 웹을 이용하는 자들의 인구 퍼센트로 측정될 수 있다. 이러한 측정들은 정보화 시대의 구축과 온라인 습관이 생성되는

820억 파운드에 달하는 영국 온라인 경제

영국 인터넷 경제는 인터넷 관련 규제를 개발하고자 발간된 정부 그린 페이퍼에 따르면 820억 파운드 가치로 평가되고 있다.

AT 커니 컨설팅은 영국의 디지털 경제 가치를 GDP 대비 6퍼센트로 평가하는 데 이는 글로벌 평균보다도 매우 높은 수치에 해당된다. 이 보고서 후원사이자 모바일 사업자 Vodafone은 인터넷 경제 규모가 광업과 소비재를 결합한 것보다 더 큰 비중을 차지하고 있다고 언급하고 있다.

한 조사의 의하면, 유무선 인터넷에 소비되는 1파운드의 비용은 디지털 경제에서 5파운드이 수익을 창출한다고 말하고 있다. 웹의 접근성이 점점 확장되면서, 인터넷 쇼핑부터 게임과 소셜미디어 등 많은 영역들이 웹을 통해 이루어지고 있다.

820 파운드 가치 중 450파운드는 전자상거래(e-commerce)와 모바일 상거래(m-commerce)가 담당하고 있고, 나머지 370파운드는 통신 서비스, 온라인 광고 검색 서비스, 설비제조 등이 담당하고 있다.

정부 그린 페이퍼는 영국 인터넷 경제를 위한 법안을 제정하는 데 발생하는 몇가지 이슈들을 언급하고 있다. 예를 들어, 인터넷의 자율적 배포가 저작권 침해에 어떻게 영향을 미치는 지에 관한 이슈라던가, Google 및 Facebook과 같은 인터넷 대기업들이 고객 정보를 어떻게 이용하는 지, 미디어 다원성과 정보 소유권은 어떤 식으로 정의할 지에 대한 이슈들을 다루고 있다. 그리고, 초고속 인터넷 및 모바일 인터넷 서비스 출시에 관한 계획도 언급하고 있다. AT 커니는 영국 인터넷 트래픽은 2010년부터 2015년까지 연평균 37% 정도로 증가할 것으로 예측하고, 모바일 인터넷 트래픽은 연평균 84%씩 증가하여 전체 트래픽 대비 11%를 차지할 것으로 예측하고 있다.

FT *Source*: Thomas, D., and Telecoms Correspondent (2012) UK online economy valued at £82bn, FT.com, 5 February.

인구의 진화의 좋은 지표로 사용된다. 추가적인 사회적 환경의 변화 지표로는 인터넷 유저들이 함께 가상 공간에서 어울리는 세컨드 라이프[8]가 온라인 커뮤니티 사용 정도를 알 수 있는 측도로 사용된다.

사회적 연결망 사이트의 모험적인 시도인 마이스페이스(MySpace)나 트위터(Twitter), 페이스북(Facebook)의 인기에 힘입어 인터넷이 사람들의 교류와 나눔의 경험의 공간으로 떠오르고 있다(FT 기사 '소셜네크워크 개인과 일터를 연결해주다'를 참조). 자유로운 자기 표현과 사회적 연결망 사이트를 통한 열린 대화와 웹의 민주화를 강조한 웹로그(weblog)는 특히 10대와 젊은이들 사이의 사회의 변화의 패러다임의 중요성을 보여주고 있다(더 자세한 내용은 11장 참고).

3.1.4 자연 환경

환경적인 면에서 스페인과 영국 같은 많은 국가의 정부들은 식품 유통업자들이 새로운

소셜네크워크 개인과 일터를 연결해주다

매일 아침 나는 지금 신문을 읽고 있는 대부분의 독자들과 다르지 않은 하루를 시작한다. 아침에 일어나 머리를 빗는 대신 블랙베리 폰에서 이메일을 체크하고 아이패드로 야후 메일을 확인한다. 이를 닦는다던가 커피를 내리는 것처럼 습관처럼 휴대폰을 켜고 아이패드 라임색 커버 뒤로 젖히면서 매일 아침 테크놀로지를 사용하는 것은 일상이 되었다.

그러나 지난주 화요일에 너무 놀라 씨리얼에 커피를 쏟을 뻔한 일이 발생하였다. 해킹을 당한 것이다. 야후 계정이 해킹을 당해 전체 주소록으로 의심스러운 링크가 전송되었다. 이럴수가. 내가 해킹 당해서 트로이 목마를 전송하였다는 사실을 주소록에 있는 모든 사람들에게 알리기 위해 얼마나 많은 시간을 쓰고 작업해야 하는지 걱정되기 시작하였다.

그러나 다행히도 해킹당한 경험이 그리 나쁘지 않다는 생각이 다시 차츰 들기 시작하였다. 실제로 이 모든 일련의 사건들로 인해 나는 업무를 보는 관점과 매일 사용하는 기술들에 대해 다시 한번 돌아보면서 다음의 사실들을 배우게 되었다.

첫째로, 오랫동안 연락을 하고 지내지 않던 친구들로부터 해킹을 걱정하고 안부를 묻는 답장들을 받았고, 내가 보낸 메일로 인해 어떠한 피해도 입지 않았다는 메일을 보내주는 직장동료들도 있었다.

트위터와 이메일을 통해 내 야후 계정이나 내 신상이 도난당했을 수도 있다고 알린 이후, 많은 조언들을 얻을 수 있었다. 어떤 사람은 본인 신상은 이미 예전에 도난당한 적 있다고 했고, 또 다른 사람은 자기도 해킹당했지만 그 당시 나보다 더 높은 사람을 해킹해야 하는 거 아닌가? 라는 생각을 했다고도 했다. 그 외에도 해킹당한 후 회사 사무실에 도착했을 때쯤 다른 사람이 자신도 같은 종류의 해킹을 당했다고 알려주었다.

이런 일련의 사건을 겪으면서 내 사생활이 얼마나 업무와 얽혀 있는지를 깨닫게 되었다. 실제 내 주소록에는 친구, 가족, 회사 동료들의 연락 정보가 함께 수록되어 있기 때문에, 개인 이메일에 내 업무 계정을 사용하는 적도 있고 업무 이메일에 내 계인 계정을 사용하는 적도 종종 있었다.

내가 얻은 두번째 교훈은 가정생활과 업무를 완전히 분리하고자 한다면, 이미 예전에 진 게임을 계속하고 있다는 것이다.

많은 조직이 탐내는 그 분야의 전문가들은 이미 email이나 facebook을 통해 끊임없이 사생활이 공개되고 있다.

대부분의 사람들이 이런 상황이 좋다고 생각하지는 않고 나 역시 대부분 그렇게 생각한다. 물론 내 일상생활을 직장 동료와 얼마나 공유하고 온라인에 어떠한 정보나 사진을 올려야 하는지에 대한 한계는 있다. 하지만 인터넷에 상시 접속된 삶이 가져온 문화는 일과 개인삶에 대한 균형을 좀 더 쉽게 관리가능하도록 한다. 한시간 정도 아이 학교 모임에 참석해야 하는 아빠는 사무실에서 어떤 일이 일어나고 있는지 기술을 이용해 파악하는 것이 가능하다. 즉 업무 연속성이 깨지지 않기 때문에 사무실에 돌아왔을 때도 출타 중 발생한 일에 대한 보고를 따로 받을 필요가 없게 된다.

세 번째 교훈이 더 중요한데 온라인으로 서로 잘 연락하는 것이 오프라인 연락에도 도움이 된다는 것이다. 지난달 회사 동료가 자신의 아이가 아이패드에 비밀번호를 새로 설정하여 쓸 수 없게 되었다고 도움을 청하는 트윗을 게시하였다. 이 트윗을 보고 난 후, 내가 알게 된 것들은 아이패드 암호 설정이 아이도 할 수 있을 만큼 쉽다는 것과, 그래서 내 아이도 나보다 아이패드에 더 많은 시간을 쓴다는 사실이었다. 더 나아가 나는 다음날 내 동료를 보았을 때 나 역시 그가 느끼는 감정들을 공감한다고 말해줄 수 있었다.

나로 인해 그의 기분이 좀 더 나아졌는지 알 수는 없지만 그에게 공감해주는 것이 사무실에서의 생활을 좀 더 참을 만하게 만들었을 거라고 확신한다. 그리고 이러한 과정들이 일상 생활 중 일부분이 되어가야 한다고 생각한다.

FT *Source*: Mattu, R. (2012) A social network links our personal and office lives, *Financial Times*, 9 April.

대형 상점을 세우는 것을 어렵게 하거나 불가능하게 하는 지역제 법규를 가지고 있다. 그렇기 때문에 몇몇 유통업자들은 인터넷과 온라인 판매를 그들의 사업을 성장시킬 수 있는 가능성 있는 대안으로 생각했다.

지구온난화와 기업의 비(非) 친환경 활동들은 e-비즈니스 기업들의 활동에도 많은 영향을 미쳤다. 수많은 기업들은 위와 같은 환경 문제에 관심을 기울이고 탄소 배출을 줄이기 위해 노력을 하고 있다. 테스코 같은 경우에는 베터리로 운전할 수 있는 배달 차량을 도입하며 발빠르게 조치를 취했다. 최근 페이스북은 친숙한 애니메이션 인포그래픽 시스템을 사용하여 자신들의 노력을 보고했다(Blog Box 참조).

BLOG BOX

어떻게 페이스북이 그린을 되찾았는가?

오늘 페이스북은 지속가능성에 대한 인포그래픽을 게시하였다. 그 인포그래픽에 따르면 페이스북 직원의 47%는 대체 교통수단으로 통근을 하고 있다. Beyond 업체에서 디자인한 이 새로운 그래픽에는 페이스북의 지속가능한 데이터 센터, 효율적인 사진 저장소와 태양열 동력 캠퍼스 등을 보여준다.

이 인포그래픽은 페이스북이 2010년도까지 환경보다는 사업 확장에 더 중점을 두고 있었지만, 그 이후로 사업 확장뿐만 아니라 환경에 대한 책임도 같이 수행함으로써 회사의 이미지를 개선하고, 환경 문제에 민감한 직원을 고용하는 노력을 강화하였다는 걸 보여주고 있다.

인포그래픽을 통해 공유된 많은 통계치 중 페이스북 멜론 공원의 메가 캠퍼스에 대한 내용이 가장 신선하였다. 구글플렉스와 유사하게 페이스북은 직원들이 캠퍼스 내에 미리 배치되어 있는 자전거를 이용해 캠퍼스를 다닐 수 있게 만들었다. 그리고, 페이스북은 샌프란시스코나 근처 주요 기차역을 경유하는 셔틀 버스를 운행함으로써 47% 정도의 직원들이 자차 대신 그 셔틀버스를 이용할 수 있게 하였다. 더 나아가 페이스북은 자기 회사가 속한 지역의 자전거 도로 개선을 위한 도시 인프라 투자도 고려하고 있다.

그 외에도 피트니스 센터 운영을 위한 전기 에너지 60%를 태양열 에너지로 대체하였고, 그 태양열로 주방 전기까지 공급하고 있다. 이러한 일련의 노력의 결과로 멜론 공원 캠퍼스는 에너지 환경 디자인 골드 CI 인증을 획득하였다.

페이스북의 환경을 위한 계획은 다음을 포함하고 있다.

- 페이스북 그린 페이지 개설
- 페이스북 서비스를 더욱더 환경 친화적으로 만들기 위한 그린피스와의 연계
- 효율적인 오픈소스 서버와 데이터 센터 설계를 위한 오픈 컴퓨터 프로젝트
- Pineville, Oregon, Rutherford, North Carolina에 그린 데이터 센터 건설
- 스웨덴 Lulea에 자체 냉각이 되고 자가 발전 가능한 데이터 센터 건설 계획
- 효율적인 저장 공간 운영을 위한 헤이스택 사진 구조 개발

Source: J. Constine, 'How Facebook got its green back [sustainability infographic]', TechCrunch.com, 16 March 2012.

3.1.5 기술적 환경

e-비즈니스 벤처의 경우 기술적 환경은 매우 중요한 요소이다. 기술적 발명(인터넷과 무선 기기 같은 것들)은 새로운 시장 기회와 사업 모델로 이끌었다. 인터넷의 초기 시절에 기술적 개발을 이끈 중요한 역할을 한 것은 TCP/IP (Transmission Control Protocol/. Internet Protocol), HTTP (Hypertext Transfer Protocol), HTML (Hypertext Mark-up Language) 그리고 XML (Extended Mark-up Language)와 같은 표준과 언어들이었다.[9] 최근에는 Ajax나 RSS feeds 같은 새로운 웹 개발 기술들이 콘텐츠를 업데이트하고 웹의 속도를 향상하는 것에 대한 가능성을 열어주고 있다.

실제 인터넷의 네트워크 기반은 지난 몇 년간 빠르게 변했다. 초고속 인터넷 연결의 확산은 더 많은 사람들이 온라인에서 오래 머물게 했고 양질의 콘텐츠의 생산을 가능케하며 새로운 상장 기업들이 사용자 생산 콘텐츠를 기반으로한 새로운 서비스들을 만드는 것을 편리하게 했다.

모든 기술적 표본 중에 무선 전자 사업 어플리케이션 중에 가장 공통적으로 사용되며 가장 많은 주목을 받은 것은 새로운 기술 표본의 혁명인 무선기기이다. 이 기술은 4G 스마트폰 같은 4세대 모바일 기술들을 포함한다(FT 기사 '미래를 위한 노력' 참조). NTT DoCoMo의 케이스 스터디(이 책의 케이스 스터디에 포함)는 기업이 어떻게 모바일 전자상거래 산업에서 새로운 기술적 표본을 세웠는지 케이스 스터디에서 다룬 i-Mode system에 관해 설명한다.

5개 차원에서 언급한 요소들은 단지 거시 환경 분석의 시작일 뿐이다. 산업과 기업에 따라 이러한 차원의 중요성은 당연히 달라진다. 두말할 것도 없이 거시적 환경은 e-비즈니스 전략을 형성하는 데 있어서 가장 중요하며 이해를 필요로 한다.

미래를 위한 노력

패션 에디터는 블로거가 되거나 트위터가 되어야 하는 것처럼 소매상도 전자상거래와 모바일 상거래 모두 고려해야 하는 시대가 되었다. 4G의 출현과 더불어 소비자들은 언제 어디서나 무엇이든 쇼핑하는 것이 가능해지고 있다.

Alcatel-Lucent가 제시한 초고속 통신시장의 잠재력을 파악할 수 있는 다음의 시나리오를 보자.

쇼핑객 Hanna는 매장 내 키오스크를 통해 자신의 신체 이미지를 업로드하여 자신의 가상 버전을 클라우드에 등록한다. 그런 후 모바일 폰으로 쇼핑을 하면서 여러 아이템들을 가상으로 입어본다. 집에 간 이후에도 Hanna는 개인 쇼핑상담사와 채팅을 하면서 Smart TV로 쇼핑을 계속하고 소셜네트워크를 통해 자신이 선택한 옷을 친구에게 알려준다. 그동안 TV에는 엘르 잡지 편집장이 추천한 로레알 화장품에 대한 전문가 조언이 방영된다.

이 시나리오는 이미 미국에서 곧 서비스 예정인 4G LTE로 인해 가능해질 전망이다. 4G LTE는 비디오나 웹페이지를 즉시 다운로드 할 정도의 높은 속도와 낮은 대기시간을 가진 통신 규약으로서 영국, 스웨덴 노르웨이 러시아 등 많은 나라에서 서비스를 개시할 계획을 가지고 있다.

"4G는 속도와 서비스 모두를 가능하게 한다."라고 ng Connect 사 수석인 Silvio Fernandez는 말하고 있다. 모바일 쇼핑은 피할 수 없는 대세이며 모바일폰은 앞으로 디지털 세계에 접속하는 가장 주요한 수단이 될 것이라고 그는 말한다.

"10년 이상 전자상거래를 꺼려왔기 때문에 모바일 상거래 역시 처음에는 쉽게 받아들여지지 않을지도 모른다. 그러나 모바일 상거래로의 전환은 이미 시작되었다" 그리고 "난 미국에서 이미 모바일폰으로 커피값 지불을 할 수 있다."라고 그는 말한다.

온라인 패션 업계 Asos의 e-commerce 책임자인 James Hart는 8%의 방문객이 모바일 장치와 같은 기존과 다른 채널을 통해 사이트에 접근하고 있다고 언급하면서 다음과 같이 말했다.

"그리고 태블릿과 저가 스마트폰의 확산으로 올해부터 그 숫자는 기하급수적으로 증가할 것이며, 스마트 TV는 올해 모멘텀을 얻을 것으로 기대된다. 그리고 PC를 전혀 사용해보지 않은 사람들도 모바일을 통해 인터넷을 접근하는 영역도 등장하고 있다."

그러나, iPod에 pause버튼만 있고 stop버튼이 없는 것처럼 소비자가 항상 인터넷 쇼핑에 접속할 수 있는 것은 장점과 단점 모두 가질 수 있다. 자칭 증강현실 리테일 전문가 Holition에 따르면 모바일 상거래의 발전은 소비자들은 많은 쿠폰으로 좀 더 경제적 쇼핑을 할 수 있는 기회를 가져다 줄 것으로 예측한다.

그러나 런던에 기반한 회사 브랜드 책임자인 Lynn Murray는 모바일 상거래가 다음과 같은 부정적인 측면도 존재한다고 말한다. "사용자의 구매 이력은 계속 축적되고 있다. 따라서, 이러한 기존 구매 이력에 기반한 상품 추천은 소비자가 최근 구입한 상품을 보여줄 수 있기 때문에 오히려 필요 없는 상품을 추천하게 되어 소비자가 다른 쇼핑몰을 찾게 하는 부정적인 효과를 가져올 수 있다."

Holition CEO인 Jonathan Chippindale도 이 사실에 동의하면서 다음과 같이 말한다. "소비자는 자신이 원하지 않는 상품이나 서비스가 추천되면 쇼핑에 방해를 받고 있다는 인상을 가질 수 있으므로, 상품이나 서비스 배치에 신중을 기해야 한다."

아마 모바일 상거래에서 가장 큰 과제는 보안 문제를 극복하고 결제 수단으로 모바일폰이 활용되게 만드는 것이다. 모바일로 쇼핑하면서 커피를 마시고 카페에서 결제도 모바일로 할 때 진정한 새로운 모바일 시대가 열리게 될 것이다.

FT *Source*: Harkin, F. (2011) Trying on the future, FT.com, 23 September.

3.2 산업 구조를 다섯 가지 경쟁세력 분석으로 알아보기

특정한 회사의 수입은 무엇에 의지하는 것일까? 첫째, 기업은 경쟁사보다 높은 가치를 창출해야 한다. 둘째, 기업은 또한 비용보다 더 많은 가치를 창출해야 한다. 만약 기업이 제품과 서비스를 높은 가격으로 책정한다면 반드시 그만큼의 가치를 주는 것이어야 한다. 만약 경쟁사가 더 낮은 가격을 제공한다면 소비자들은 대부분의 가치를 얻을 것이다(가치 창출과 가치 획득에 관한 자세한 것은 8장에서 다룰 것이다.).

이것은 수익을 e-비즈니스 기업들의 내부적 경쟁력과 활동에만 국한된 것이 아니라, 4장에서 더 자세하게 다뤄지겠지만, 주변, 예를 들어 경쟁을 하고 있는 산업, 에서 많은 영향을 받는다는 사실을 강조한다. 문맥적으로 산업은 서로 비슷한 대체재인 제품이나 서비스들을 생산하는 기업들의 그룹을 뜻한다.[10]

예를 들어 개인용 컴퓨터 산업을 보자. 지난 몇십 년간 이 산업은 데스크탑과 랩탑의 성능을 향상시키며 소비자들에게 많은 가치를 제공해왔다. 기능이 좋아지는 한편 가격은 오르지 않았다. 반면 실질적으로 가격은 떨어지며 컴퓨터 제조업자들에게 수익률의 무거운 짐이 되었다. 대조적으로 소프트웨어 개발 산업에 있는 마이크로소프트 같은 기업들은 많은 가치(예를 들어 컴퓨터 운영체제)를 캡쳐할 수 있었으며 세계에서 가장 수익성이 높은 기업으로 거듭날 수 있었다. 이 두 산업에 대한 극명한 대조는 기업의 가치 획득의 역량을 결정하는 것이 무엇인가에 대한 질문을 하게 된다.

포터는 회사의 가치 획득 능력을 구분 짓는 메인 요소들의 윤곽을 나타내는 다섯 가지 경쟁세력 분석틀을 제시했다.[11] 이것은 크게 기업이 경쟁하게 될 산업의 매력도를 알아볼 수 있는 능력을 말한다. 당연하게도 인터넷의 출현은 산업의 구조에 많은 영향을 끼쳤다. 하지만 인터넷이 끼친 다른 산업구조들에 대한 영향에 대해 전반적인 평가를 내리기는 이르다. 다만 산업 하나하나를 분석하는 것은 필요하다.[12]

그림 3.2와 3.3에서 보여지는 다섯 가지 경쟁세력은 경쟁과 구매력에서 어떻게 하면 수익을 유지할 수 있는지에 관해 가이드 틀을 제공한다. 산업의 매력도를 결정짓는 다섯 가지 구조들은: (1) *업계의 경쟁* (2) *진입 장벽* (3) *대체 제품* (4) *구매자의 협상력*, (5) *공급자의 협상력*이다(이 선략 전문가가 출판된 지 30년이 지난 그의 틀을 현시대에 맞게 반영한 FT 기사 '경영 사상가이자 학자인 마이클 포터에 대한 단상' 참조).

그림 3.2 산업의 매력도에 영향을 끼치는 5가지 경쟁 요인

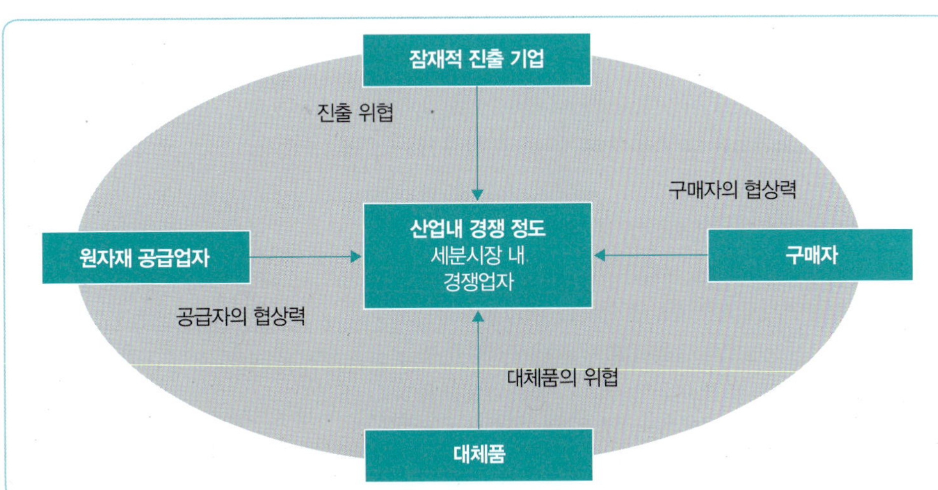

Source: Adapted with the permission of The Free Press, a Division of Simon & Schuster Adult Publishing Group, from *Competitive Strategy: Techniques for Analysing Industries and Competitors* by Michael E. Porter.

경영 사상가이자 학자인 마이클 포터에 대한 단상

마이클 포터 교수는 미국의 성장과 발전을 회복하기 위해 정치가와 CEO가 모인 토론회 자리에서 불경기 원인으로 부동산 거품 이후 발생된 긴축 경제 상황, 기업의 내수 시장 투자 감소 그리고 더 근본적인 경쟁구조 문제를 가지고 있다고 언급하였다.

마이클 포터 교수는 경쟁력(competitiveness)이라는 렌즈를 가지고 문제들을 바라본다. 그는 30년도 전에 Harvard Business Review에 실린 첫 번째 논문에서 산업의 매력도를 평가하는 다섯 가지 경쟁세력 모델(소비자 협상력, 공급자 협상력, 신규진입자 위협, 대체재 위협, 산업 내 기업 간 경쟁관계)을 제안함으로써 유명해지게 되었다. 기업이나 국가는 신규 시장 진출 시 이 모델을 사용하여 그들의 강점과 약점을 쉽고 효율적으로 평가할 수 있게 되었다.

마이클 포터 교수는 토론회에서 글로벌화로 인해 소득이 높아지고 우수한 기량을 가진 사람이 많아졌다는 점을 지적한다. 자국에서 전략과 경쟁력이라는 주제로 커리어를 시작했던 그는 이제 전 세계에 초청받는 자리에 올라가게 되었다. "지금 전 세계가 뛰어난 역량을 찾고 있기 때문에 나를 위한 시장은 현재 기하급수적으로 증가하고 있다."라고 그는 말한다. 그러나 중하위 소득 근로자의 경우 상황이 악화되고 있다. 그는 숙련도의 차이, 부족한 기반시설, 의료혜택 부담, 규제 완화 등을 인용하면서 "우리는 미국이 사업을 하기에 좀 더 효율적이고 효과적이고 생산적인 장소가 되기 위해 해결해야 하는 많은 장애물들에 직면해 왔습니다."라고 말한다. 동시에 "다른 나라들은 더 좋은 가치 제안을 만들어 내고 있습니다."

포터 교수는 여전히 낙관론을 유지하면서도 경쟁력 손실도 우려하고 있다. "이 상황은 미국에 충격을 줄 수 있다. 100년 전으로 돌아가보면 미국은 공교육 시장을 개척하여 국가차원에서 탁월한 대학교육 시스템을 만들어낼 수 있었다. 또한 미국은 주간 고속도로를 만들어낸 나라이다. 과거로 돌아가보면 우리는 경쟁력을 위한 기반 환경에 과감하게 투자를 해왔었다. 그러나 지금은 미국에서 전혀 이런 일들을 볼 수조차 없다."

선진국의 번영은 널리 알려진 학문적 통설 하에 세워졌는데 금융 위기 및 경제 위기는 그러한 통설에 반하는 많은 이슈를 불러일으키고 있습니다. 포터 역시 그의 이론에 대한 신념이 흔들릴까요?

포터 교수는 전혀 그렇지 않다고 다음과 같이 대답한다. "다섯 가지 경쟁세력은 어떠한 상황에서도 점점 더 중요하고 식별가능해지고 있다. 왜냐하면 글로벌화로 인해 정보 투명성이 높아지고 정보 전달 속도는 빨라졌으며 무역 장벽은 줄어들어, 전략과 경쟁우위를 파악하는 데는 방해가 되는 장벽이나 왜곡이 사라지고 있기 때문이다."

"기업의 베스트 프랙티스나 트렌드가 어떻게 변화하든 기업이 경쟁해야 하는 상황이나 경쟁에 필요한 구조적 요인은 변하지 않는다. 그렇기 때문에 1985년도에 제안된 다섯 가지 경쟁세력 모델은 지금도 여전히 산업에 적용가능하다."

2008년도에 포터교수는 많은 문헌들을 조사 분석하여 그의 다섯 가지 경쟁세력 모델이 여전히 강력하다는 결론을 가진 논문을 발표하였다.

그는 기존의 연구에 안주하지 않고 다섯 가지 경쟁 세력 모델 기본으로 하여 지역이나 나라 또는 성공적인 기업들이 모여있는 사업 클러스터 영역의 경쟁력 확보에 대한 연구에도 관심을 가져왔다. 또한 지속가능한 환경과 경제 성장 간의 양립가능성에 대한 연구 결과물로서 "Creating Shared Value(CSV)"라는 논문을 발표하였다. 그는 이 논문에서 사회를 지속가능하게 하는 기업 활동들이 결국 기업과 사회 모두를 성장시킬 수 있는 선순환을 만들어 낼 수 있다고 보여주고 있다.

포터 교수는 CSV가 "자본주의가 무엇인가에 관한 더욱 정교한 관점"을 제시한다고 주장한다. 그러나 그의 논문은 기존의 사회적 책임 기업 커뮤니티로부터 많은 반발을 불러일으켰다. CSR 커뮤니티는 포터 교수의 주장이 CSR과 비교하여 전혀 새롭지도 다르지도 않다고 주장한다.

하지만 그는 CSV와 CSR은 근본적으로 다르고, 수많은 사회적 이슈에 대해 다른 방식으로 생각할 수 있도록 이끌어내는 이론이라고 반박하고 있다.

CSV 연구는 기존의 데이터 베이스에 기반한 연구와는 다른 접근을 취하고 있다. Economist는 그의 논문에 대해 증거가 부족한 연구라고 비판한다. 포터의 HBR 논문에는 라틴 아메리카 커피 재배농가에 대한 네슬레의 지원이라든가 멕시코의 담보대출을 위한 건설회사인 Urbi의 rent-to-own 등의 베스트 사례들을 언급하고 있다. 그러나 포터 교수는 대부분의 베스트 프랙티스 사례들은 끊임없이 변하고 있기 때문에 논문에 언급한 사례들이 다소 진부해 보일 수 있다고 말한다.

CSV를 위한 실험적인 증거나 개념에 대한 지지 사례를 찾는 것은 아직까지는 쉽지 않다고 그는 인정한다. 하지만 만일 기업들이 시장 점유율이 높아지고 이익이 증가하는 걸 보기 위해 CSV 전략을 추구하기 시작한다면, 자본 시장은 가장 큰 지지자가 될 것이라고 생각한다.

세계는 중국, 글로벌화, 경제 하강기와 함께 CSV의 발전을 경제역사에서 가장 주목해야 할 점 중 하나로 돌아보게 될 것이라고 그는 말한다.

대부분의 사업가는 그들의 전략이 그들보다 오래갈 것이라고 예측하지 않는다. 그러나 포터교수는 그가 그의 조직을 떠난 후에도 그의 아이디어가 기업, 경제 그리고 정치 전략에 계속될 것이라고 믿어 의심치 않는다.

FT *Source*: Adapted from Hill, A. (2010) Michael Porter, Management thinker – academic who shares his values, *Financial Times*, 26 September.

3.2.1 산업 경쟁

산업 경쟁은 산업 내의 기업들이 기존 시장 위치에 대해 압력이나 기회를 느낄 때 발생한다. 산업 내의 높은 경쟁은 다음과 같은 구조적 요소들을 발생시킨다.

- *많은 경쟁 업체.* 만약 특정한 산업이나 비즈니스 영역에 많은 경쟁자들이 있다면 개인 기업들은 경쟁적인 움직임 가령 가격을 낮추는 것 같은 행보를 보이려 할 것이다. 뿐만 아니라 기존에는 지역에 경쟁기업이 별로 없었지만 인터넷은 지리적 경계의 중요성을 해소했다. 예를 들어 기업 대 기업의 온라인 시장 IBX(이 책의 케이스 스터디에 실려 있는)의 경우 자국(스웨덴)에서 스칸디나비아와 북쪽 국가들로 빠르게 확장하며 독일과 프랑스까지 이르렀다. 경쟁자들이 같은 전략과 경쟁을 했기 때문에 치열함의 강도는 더 세졌다.
- 높은 *고정 비용.* 고정비용(가령 대규모 기반 건설)은 생산 능력을 최대화하기 위해 만들어지는데 때론 비용 절감을 위해서 사용되기도 한다. 오프라인 소매 상점의 경우에는 꼭 사용되어야 할 특정한 용량을 가지고 있다. 필요한 만큼의 총매상을 올리기 위해 소매상들은 자주 치열한 가격 경쟁을 하곤 한다. 인터넷을 통해 고정비용과 변동비용 비율의 변화가 고정비용으로 더 기울어지고 있다. 소프트웨어 개발 초기에는 많은 돈이 들어가지만 다른 시장으로 뻗어나갈수록 그 비용은 낮아진다. 그러므로 자신의 역량을 최대화하려는 e-비즈니스 벤처에서는 산업 경쟁자들이 많아질 수밖에 없다.
- 높은 *전략적 연관성.* 특정한 산업에서의 성공에 대해 전략적 이해가 높아질수록 경쟁

은 심해진다. 가장 대표적인 예로는 1996년도에 있었던 마이크로소프트의 인터넷 기반 컴퓨팅에 대한 제품을 전부 새롭게 한다는 결정이었다. 이 결정은 경쟁사였던 브라우저 소프트웨어의 대기업인 넷스케이프의 네비게이터와 마이크로소프트의 인터넷 익스플로러의 경쟁에서 마이크로소프트가 이기는 결과를 낳았다. 넷스케이프를 이기기위해 마이크로소프트는 무료로 웹서터 소프트웨어(넷스케이프가 1,000달러에 팔았던)를 공급했고 800명의 인력을 투자해 익스플로러의 버전을 업그레이드시켰다.[13] 결론적으로 익스플로러는 시장에서 가장 유력한 제품을 밀어내고 세계 인터넷 브라우저 시장의 압도자가 되었다. 하지만 모질라의 Firefox의 상승과 구글 크롬의 후속 출시로 인해, 마이크로소프트의 지배적인 위치는 도전받고 있다. 현재 이 세 브라우저의 평균 사용량 점유율[14]은 Explorer가 37%, 크롬이 25% 그리고 Firefox가 23%다.

- *제품들간의 적은 차이.* 상품들 간의 차이가 적어지는 경우에도 경쟁은 심해진다. 이 상황은 경쟁 제품들이 서로 대체가능하게 되므로, 소비자들의 협상력을 증가시키게 된다(3.2.4 참조). 예를 들면 창출된 가치에 비해 이익이 낮은 컴퓨터-칩 산업의 경우가 해당된다.
- *낮은 산업 성장률.* 특정한 산업의 성장에 의해서도 경쟁의 정도는 변한다. 빠르게 성장하는 산업은 시장의 크기가 커지는 만큼 많은 회사들을 수용하며 각각의 경쟁자들이 시장 점유를 할 수 있다. 성장이 더딘 산업의 경우 경쟁자들의 점유율을 빼앗아야 하기 때문에 경쟁이 심해질 수 밖에 없다.
- *수용 한계.* 인터넷이 광고의 온라인 플랫폼이 된 이후로 다양한 산업의 상장 기업들이 이것을 반기면서 높은 경쟁이 생겼다. 벤처 투자자들과 주식 시장은 인터넷 상장기업 투자 과잉으로 이끈 저렴한 자본을 제공하며 한계수용을 유발했다.

3.2.2 진입 장벽

진입 장벽은 특정한 산업 시장으로 진입하려는 경쟁자들을 막기 위한 것이다. 새로운 경쟁자들은 추가 공급을 불러오며 시장 점유율을 높이려고 하는데, 여기에는 산업의 매력도 측면에서 두 가지 단점이 있다. 첫째, 새로운 진입자들은 기존 회사들의 점유율을 빼앗는다. 둘째, 이들은 가격을 낮추며 기존 기업들의 수익을 감소시킨다. 결과적으로 어떤 산업이라도 진입 장벽이 낮아질수록 수익성은 감소하며 그 반대일 경우에도 마찬가지다. 그렇지만 진입 장벽에 대한 인터넷의 영향은 모든 진입 장벽이 허물어질 것이라고 우려했던 것보다는 양면적이다. 전체적으로 높은 진입 장벽들은 다음과 같은 요소들로 인해 만들어진다 .

- 높은 *고정비용.* 높은 고정비용은 많은 잠재적인 진입기업의 진출을 막는다. 왜냐하면 잠재적인 진입기업들은 위험한 시장 진입에 거액의 돈을 투자할 자본금 및 투자할 의향이 없기 때문이다. 과거에는 다수의 고객들에게 접근하기 위해서 광범위한 오프라

인 기업 인프라(bricks-and-mortar infrastructure)를 세우는 것이 필요했지만, 인터넷의 등장은 이러한 필요요건을 축소해 버리는 효과를 가져왔다. 이것은 과거에는 실제 판매점에서만 구입할 수 있었지만 최근에는 온라인상에서도 구입할 수 있는 음악 CD와 같은 디지털 상품에도 해당된다.

- 냅스터(Napster)와 같은 온라인 P2P(peer-to-peer) 파일 공유 시스템의 증가는 독창적인 아이디어를 가진 한 사람이 높은 고정 비용 구조의 분배 네트워크를 가진 업계 전체를 얼마나 위협할 수 있는지를 보여준다. 냅스터 플랫폼을 통해, 개인 인터넷 사용자들은 그들이 가장 좋아하는 노래의 음악 파일을 교환할 수 있게 되었고, 이것은 음반업계의 전통적인 비즈니스 형태를 무너뜨렸다. 그 후 음반 회사들이 파일 공유 서비스의 불법성을 선언하며 차단을 시도했지만, 인터넷이 기존에 음악이 배포되었던 방식을 완전히 변화시킨 것은 명백하다(인터넷이 음악 산업의 패러다임 변화를 어떻게 일으켰는지의 상세한 설명은 본문의 온라인 파일공유 사례를 참고). 물리적 유통 인프라에 의존하는 음악 기업들에게 이러한 온라인 기업들이 주는 압력이 너무 강해져서 그들 중 일부(베텔스만의 BGM과 소니)는 생존을 위하여 2003년 12월에 음악 부서들을 합병했다.[15] 반면, 컴퓨터 제조업체인 애플(Apple)은 온라인 유통을 통해 진입 장벽을 크게 줄일 수 있었고 상업적으로 음악을 배포하기 위해 인터넷을 성공적인 채널로 활용했다. 애플은 성공적으로 아이튠즈(iTunes) 온라인 뮤직 스토어를 개발했고, 이는 온라인 음악 판매를 위한 가장 성공적인 포맷이 되고 있다.
- 물리적인 형체가 있는 실제 제품의 유통을 하고 있거나 높은 개인적 상호작용을 필요로 하는 업계에서는 진입장벽에 대한 인터넷의 영향이 더 모호하다. 즉 인터넷을 도입해야 하는지 말아야 하는지에 대한 의사결정이 모호하다는 것이다. 예를 들어, 아마존(Amazon.com)은 처음에는 자사의 비즈니스에서 고객과의 상호의존성 측면에만 집중하고, 많은 투자가 필요한 물류 및 유통활동을 외부업체에 위탁했다. 그러나 곧 아마존은 높은 신뢰성을 보증하기 위해서는 결과적으로 자본 투자를 증가시키는 자체 소유의 물류창고와 유통센터를 운영해야만 한다는 것을 깨달았다. 창고에 대한 설립비용이 5000만 달러를 기록했고 운영비용 또한 상당했다. 이러한 인프라 투자금을 유치하기 위해서, 아마존은 20억 달러 이상의 채권을 발행하였다.[16]
- 은행산업도 마찬가지로, 처음에는 몇몇의 직접(direct) 은행들이 온라인 채널을 통해서 단독으로 고객들과 접촉하여 고객을 유치하고 서비스를 제공할 수 있다고 생각했다. 그러나 노디어(Nordea) 은행의 사례에서 알 수 있듯이 광범위한 지점 네트워크가 온라인 고객 확보보다 복잡한 금융 상품의 판매를 위해 필요하다는 것을 보여준다. 결과적으로 이런 물리적 자산들은 새로운 온라인 경쟁자에 대한 진입 장벽을 만드는 데 효과적이었다.

- 정보와 통신 기술(ICT)의 사용은 전통적으로 산업에 진입하기 위해 필요했던 자본을 감소시키는 것에 기여했다.[17] ICT 기반의 아웃소싱 서비스가 더 광범위하게 제공되면 특정 산업에만 집중되는 현상이 줄어들게 된다. 이러한 맥락에서, 더 이상 소유하기 위한 제품이 아니라 사용하는 서비스라는 제품의 다양성이 이를 제공하는 회사들에 의해 점점 더 많아질 것이고 따라서 필요한 금융 투자가 감소할 것이다. 그리고 고객의 관점에서부터, 일부 분야(IT 서비스 같은)에서 고정비용이었던 것이 가변비용이로 변경되었다. 예를 들어, 클라우드 컴퓨팅은 특히 중소, 중견기업들에게 IT분야에 대한 상당한 발전을 가지고 왔다(FT 기사 '초기 비용을 절감해주는 클라우드 컴퓨팅' 참고).
- *신용과 브랜드 충성도.* 신용과 브랜드 충성도는 고객 확보 및 유지에 필수적이다. 오프라인 기업(Bricks and mortar)은 이미 훌륭한 브랜드를 소유했고 고객들이 그들을 신뢰했기 때문에 인터넷기반의 순수한 벤처기업보다 더 쉽게 온라인 활동을 할 수 있었다. 다른 한편으로 순수한 온라인 기업(pure online)의 비즈니스는 자신의 브랜드를 구축하기 위하여 마케팅 활동에 투자를 해야 한다. 고객이 이용할 수 있는 인근 지점 혹은 고객들과 대면할 수 있는 고객 담당자가 없다는 문제점이 발생하면서 고객들의

초기 비용을 절감해주는 클라우드 컴퓨팅

세기가 바뀔 무렵 인터넷 기업 붐이 일던 때, 인터넷 기업은 컴퓨터 서버를 구입하고 설치하고 서비스를 출시하는 데 수십만 파운드를 지출해야 했다. 그래서 기업들은 본인들이 예상한 대로 서버를 활용할 수 있기를 기원했다.

만약 그 사이트에 너무 많은 방문자가 접속하게 된다면, 서버의 과부화에 의해 쉽게 결렬될 것이다. 반면에 방문자가 너무 적다면, 그 회사는 많은 비용을 들여서 준비한 장비를 충분히 활용하지 못한 채 사라지게 될 것이다.

"나는 정답 알아맞히기 놀이를 했던 것을 기억한다. 나는 몇 주 동안 다른 인터넷 호스팅 회사와 협상하기 위해 노력했다: 우리는 초기 두 달 동안에 두 개의 서버를 관리했고, 그런 다음엔 우리가 필요로 하는 것이 무엇인지 확실하지가 않았다."라고 그래픽 디자이너를 위한 인터넷 시장인 99Designs의 현재 최고 기술 책임자인 베테랑 기술자 라클란 도널드(Lachlan Donald)가 말했다.

기업이 계산을 잘못할 경우, 컴퓨팅 파워(computing power)를 더 얻기 위해 며칠 또는 몇 주가 더 걸릴 수 있다.

"이전 회사에서 그것은 정말 악몽이었다. 심지어 새로운 웹 서버를 설치하는 데에 2주가 걸리곤 했다."고 인터넷 컨설팅 회사 8KMiles의 사업개발 부사장인 Jags Raghavan이 말했다. "하지만 지금은 당신이 버튼을 누르는 것만으로 그것을 할 수 있다."

이 차이점의 이유는 클라우딩 컴퓨팅 서비스의 도입에 있다. 회사들에게 컴퓨팅 파워(computing power)를 메가바이트에 따라 시간제로 빌려준다면 온라인 사업을 시작하기가 더 쉬워질 것이며 초기비용도 매우 적게 들 것이다.

"회사들이 서버를 사기 위해서는 많은 돈이 필요했고, 그 때문에 클라우드 컴퓨팅의 진입장벽이 만들어졌다."라고 Donald씨가 말했다. 그는 99Designs을 설립하면서, 아마존 웹 서비스를 사용하여 그 회사는 어떠한 외부자금도 없이 설립되었다.

"아마존 웹 서비스는 벤처자금을 배경으로 한 회사들에

게 가장 큰 혜택이 되고 있다. 초기에는 효율적인 비용으로 만들기 어려웠던 것이 이제는 하나의 가격으로 10개 기업에 투자할 수 있고 새로운 어플리케이션도 개발되고 있는 것을 볼 수 있다."라고 클라우드 기반 소프트웨어 회사인 Cloud scaling의 최고 경영자 Michael Grant가 말했다.

또한 이러한 서비스는 직원 비용을 줄이는 데 도움을 준다. "당신의 회사가 만약 패션회사라면, 당신은 정보기술을 많이 필요로 하지 않는다. 그러므로 당신은 핵심 사업의 일부인 IT부서를 만들 필요 없이, 최소한의 IT 직원을 데리고 운영할 수 있다."라고 Mr Raghavan가 말했다.

전기나 물처럼 언제든지 이용할 수 있는 컴퓨팅 파워를 가지는 것은 또한 신생기업이 갑작스럽게 유명해지는 것을 해결하는 데 도움이 된다. 예를 들면, 소셜 네트워크 게임의 개발업체인 Zynga는 Farm Ville 게임의 사용자가 6주 만에 0명에서 1000만으로 급격하게 증가하면서 회사의 자체 데이터센터 용량이 부족하여 2009년에 아마존 웹 서비스로 전환되었다.

"만약 당신이 앱을 출시하고 얼마나 많은 사람들이 사이트를 방문할지 확실하게 알 수 없다고 해도 괜찮다. 사용자가 100만 명인 경우에도, 당신은 그것을 다룰 수 있는 유연성을 가질 수 있을 것이다."라고 Mr Raghavan가 말했다.

또한 언제든지 이용할 수 있는 컴퓨팅 파워의 무제한적인 양을 가지고 있는 것은 유전자 서열의 전문적인 분석을 제공하는 biogenomics 기업과 같은, 이전에는 불가능했던 타입의 회사가 생기는 데 도움이 된다고 Ms Grant가 말했다.

그는 "당신이 차고 안에 있는 3명의 남자이고 어떤 슈퍼팬시(superfancy) 알고리즘 계산을 수행하기 위해 10,000개의 서버가 필요한 경우, 클라우드는 환상적인 답이 된다."라고도 말했다.

클라우드 컴퓨팅은 작은 기업뿐만 아니라 대기업에 관련된 작업도 할 수 있다. 새로운 타입의 서비스를 실험하기를 원하는 곳이나 새로운 상품에 관련된 웹사이트를 만드는 곳, 거대한 IT투자자가 없는 곳과 같은, 수많은 500개의 기업들이 그들의 작업의 일부를 수행하기 위해 클라우드 컴퓨팅을 사용하고 있다.

그런데, 컴퓨팅 전문가들은 특정시점 이후부터 클라우드 컴퓨팅이 매우 비싸질 수 있다고 경고했다. 그리고 그것은 회사들이 자신의 서버를 운영하는 데 타당한 이유가 됐다. 4년 동안 직원 6명에서 70명으로 성장한 8KMiles는 여전히 클라우드를 사용하지만 다른 회사들은 그렇지 않다. 예를 들면, Zynga는 최근에 자신들의 게임의 많은 부분을 아마존에서 자사의 컴퓨터로 옮겼다.

Cloud scaling은 이러한 경향을 활용하여, 자신의 개인 네트워크를 운영하기 위해 아마존과 같은 공공 클라우드 서비스에서 벗어나 성장의 시작단계에 있는 회사들을 돕는 사업을 넓혀가고 있다.

너무 작은 회사들은 클라우드를 이용하지 않는 것이 좋다. 그것은 클라우드에서 잘 운영되고 있는 디자인 소프트웨어를 복잡하게 만들고 중소기업과 클라우드와의 마찰을 만들 수 있다고 Mr Donald가 경고했다.

"이것은 기술적으로 훨씬 더 복잡하다. 당신은 모든 것을 자동화하고 모든 것이 실패할 것이라고 가정해야 한다. 이를 해결하기 위해 소프트웨어 서비스 회사들의 모든 에코시스템이 생겨났지만, 아직도 많은 문제들이 있다."라고 그는 말하였다.

"클라우드는 모두를 위한 것이 아니다. 만약 당신이 사업을 실속 있게 다룰 수 있다면 나는 클라우드를 추천할 것이다. 하지만 만약 당신이 청중을 개념적으로만 알고 있고 확실히 모르는 경우에는 나는 추천하지 않는다. 왜냐하면 클라우드는 공짜가 아니기 때문이다."라는 그의 말에 Raghavan은 동의했다. "클라우드은 당신의 자본 지출 비용을 줄여주지만, 공짜는 아니다."

FT *Source*: Palmer, M. (2012) Cloud computing cuts start-up costs, FT.com, 29 February.

순수한 온라인 기업의 비즈니스에 대한 신뢰를 구축하는 것은 더욱 어렵게 되었다. 그래서 Spreadshirt.com과 같이 본문의 사례 연구 부분에 등장하는 회사들은, 새로운 고객을 확보하기 위해 기존 사용자의 신뢰성을 활용한다.

- *가파른 학습곡선.* 가파른 학습곡선은 회사의 비용구조를 빠르게 줄이고, 더 많은 고객혜택을 창출할 수 있는 방법을 알아내는 것을 말한다. 산업의 전환을 꾀하는 기업들은 낮은 수익을 얻게 되는 것을 감수하면서 기존에 시장에 진입한 기업과 같이 경쟁하거나 학습을 통해 경험을 습득하게 된다. 그렇지 않으면 사업을 실행하는 새로운 방식을 찾음으로써 기존에 시장에 진입한 기업의 경험을 무용지물로 만드는 방법을 찾아야 한다(새로운 시장 공간을 만드는 방법에 대해서는 7장 참고). 아마존은 남들보다 빠른 온라인 도서 유통으로 베텔스만(Bertelsmann)의 온라인 서점인 BOL 등과 같은 경쟁사들보다 한발 앞서게 되었다. 그 결과 후발주자들은 아마존을 따라잡을 수 없었고 궁극적으로 온라인 도서 소매 사업에서 철수했다.
- 높은 *전환 비용과 강력한 네트워크 효과.* 높은 전환 비용과 강력한 네트워크 효과는 새로운 진입기업이 더 높은 가치를 제공함에도 불구하고, 기존 기업이 자사의 고객을 유지하는 데 도움이 되었다. 소매 금융 산업에 대해 생각해보자. 만약 고객이 다른 은행으로 전환하고 싶다면, 그들은 모든 자동 요금 납부 절차를 새 은행의 계좌로 바꿔야 한다. 또한 계좌와 관련된 기업과 개인에게 계좌 변경에 대해서 알려야 한다. 이러한 계좌 변경을 위해서 고객들이 겪어야 하는 수고는 비록 다른 은행이 더 많은 이익을 제공하더라도 많은 고객들이 다른 은행으로 계좌를 이동하는 것을 제지하는 데 효과가 있다. 인터넷 맥락에서 볼 때, 소위 웹사이트의 '밀착성(stickiness)'은 기존의 웹사이트에서 다른 웹사이트로의 이동과 관련된 전환 비용을 발생시키는데 높은 밀착성은 사용자가 기존의 웹사이트에서 다른 웹사이트로 이동하지 않게 할 수도 있다. 마찬가지로, 강력한 네트워크망 효과 또한 진입장벽을 증가시키는 경향이 있다.

  예를 들어 이베이(eBay)는 지난 몇 년 동안 만든 대규모 고객 기반을 통해 잠재적 경쟁기업들에 대한 강력한 진입 장벽을 구축했다. 개인 고객들은, 전부 혹은 대부분의 현재 사용자들이 새로운 공급자로 전환을 하고 있다는 것을 알 경우에만, 새로운 공급업체로 전환하는 것이 의미가 있게 만들었다. 그럴 경우에만, 그들은 전과 같은 시장의 유동성을 즐길 수 있기 때문이다. 마찬가지로, 강력한 네트워크 효과의 창조를 통해서, 크로싱(Xing)과 같은 소셜 네트워크 사이트는 시장에서 선도적인 위치를 구축하고 있다. 일단 많은 수의 사용자의 접촉이 이루어지고 크로싱에 많은 이익집단이 활동한다면, 그들은 다른 플랫폼(platform)으로 전환하지 않을 것이다.
- *강력한 지적재산권 보호.* 강력한 지적재산권 보호는 높은 개발비용이 들어가지만 낮은 재생산 비용이 드는 상품을 파는 기업에게 필수적이다. 이는 음악, 비디오 및 소프

트웨어와 같은 디지털 상품과 관련이 있다. 지적재산권을 엄격하게 적용하지 않을 때, 신규진입기업들에 대한 장벽은 낮아지고, 따라서 싼 불법 복제품들이 시장에 나오게 된다. 게다가 강력한 지적재산권 보호가 없다면, 미래에 작가 또는 예술가들이 충분히 배상받을 수 없기 때문에 작품을 만들고 구상하기가 점점 어려워질 것이다.

3.2.3 대체품

약 십 년 전, 전략과 인터넷이 반영되기 시작하면서 Michael Porter는 산업에서 새로운 대체품을 만드는 인터넷의 역할을 강조했다. 대체품(substitute products)의 압박의 강도는 그 산업 내의 제품들과 같거나 유사한 목적을 제공하는 유사품의 유용성에 따라 달라진다. 유용성과 대체품의 품질이 향상되면 업계 내 이익이 감소하는 경향을 띠게 된다. 이는 그 산업에서 회사들이 그들의 제품에 대해 청구할 수 있는 최고가격을 대체품의 가격에 의하여 결정하기 때문이다. 하지만 대체품의 진짜 가치는 이러한 제품 및 구매자의 전환 비용의 가격도 포함하여 평가해야 한다. 인터넷은 고객들에게 이용 가능한 제품의 다양성을 증가시키려는 경향이 있기 때문에 원래 디지털이었거나 쉽게 디지털화 될 수 있는 상품에 대한 대체품의 압박을 증가시키는 역할을 해왔다.

예를 들어 온라인 음악 공유는 실제 음악 CD를 어마어마하게 대체하면서 너무 빨리 발달해왔으며, 전통적인 음악 산업을 위협하고 있다. 데스크톱 PC용 소프트웨어의 지배적인 생산자인 마이크로소프트는 기존의 전통적인 PC처럼 많은 동일한 기능을 제공하는 모바일 기기 형태의 새로운 대체품을 받아들이고 있다. 그러나 이러한 제품의 소프트웨어는 주로 마이크로소프트를 기반으로 하지 않는다.[18] 마찬가지로, 구글은 달력, 이메일, 워드프로세싱, 스프레드시트 기능을 포함해 마이크로소프트의 고급 오피스 소프트웨어 패키지를 대체하는 온라인 애플리케이션의 무료 패키지를 개발했다. 몇몇 기업이 대체품의 위협에 어떻게 대처하는가에 대한 최근 사례에는 TechCrunch의 AOL 인수, 기술적인 뉴스와 분석을 제공하는 웹을 기반으로 한 출판물, 페이스북의 인스타그램 10억 달러 인수, 모바일 사진 공유 어플리케이션이 있다(FT기사 '페이스북이 인스타그램 인수를 통해 얻은 교훈' 참고) 파괴적 혁신으로 인한 대체품의 위협은 제6장에서 자세히 설명한다.

3.2.4 구매기업과 공급기업의 협상력

구매기업과 공급기업의 협상력은 동전의 양면과 같으며, 이것이 우리가 이것을 논의하는 이유이다. 업계가 다음과 같은 특성을 보인다면 구매기업의 협상력이 높아지고 공급기업의 협상력은 낮아지는 경향이 있다.

- *구매기업들의 집단화 현상*은 구매기업들이 협동구매(pooling)를 통해 구매력을 향상(leverage)시킬 수 있도록 해준다. IBX와 같은 많은 B2B 전자상거래시장의 중요한 기능 중 하나는 구매기업들의 주문내용이 거대한 집합을 이룬다는 것이다. 이것은 그들

페이스북이 인스타그램 인수를 통해 얻은 교훈

구글이 유튜브를 운영하는 데 16억 5,000만 달러를 쓰는 것이 미친 것처럼 보였던 때를 기억하는가? 유튜브의 엄청난 영향력 덕분에, 고작 65명의 직원으로 시작했던 온라인 비디오 산업은 비록 수익으로 이를 증명할 수는 없었지만, 2년도 안 되어 이미 2,000만 명의 정규 사용자를 모으게 되었다.

오늘날의 앱세계의 관점에서 보면, 앱세계 역시 이미 2006년과 다르지 않다.

인스타그램에 들어가 보면, 사진 공유앱의 사용자 수가 같은 기간의 유튜브 이용자보다 훨씬 더 많다. 오직 13명의 직원으로 시작한 인스타그램은 18개월 만에 3,000명보다 많은 이용자를 모았다.

여전히 자금이 많이 필요하고 수익도 없었지만, 모바일 화면 어디에서나 중요한 위치에 있는 아이콘을 지키기 위해서 페이스북에 10억 달러를 투자하는 것을 포기하기 않았다.

만약 유튜브 인수가 웹에서의 사용자 제작 콘텐츠의 초기 발전을 대표한다면, 인스타그램이 성취한 것은 웹 너머에 살아 있는 앱이라는 새로운 물결의 전조일 것이다. 이는 페이스북을 포함한 웹강자들의 영향력에서 벗어난 곳이며, 다른 규칙이 적용되는 공간이다.

애플이 앱스토어를 출시하면서 이 새로운 세계를 선도한 지 채 4년이 되지 않았다. 앱경제는 자체적인 수익은 없었지만 벤쳐자본의 흐름에 따라 흘러가게 되었다. 하지만 인스타그램의 인수는 새로운 것이 다가오고 있다는 전조이다. 소셜 게임 업체 Zynga는 지난달에 Draw something이라는 간단한 게임을 만들기 시작한 후에 2억 달러를 지불했다. 이 게임은 출시되고 7주 만에, 그 게임은 3천 5백만 명이 넘는 사용자를 끌어들였다.

이런 앱들을 지원해주는 플랫폼은 급격하게 성장하고 있다. 인스타그램이 출시된 당시에 애플은 80만 개의 아이폰과 아이패드를 팔았다. 이 숫자는 곧 2억 3,000만 개로 늘었고, 구글의 안드로이드 소프트웨어를 사용한 디바이스의 판매도 급격히 증가했다. 소셜 네트워크에 이들이 더해진 것은, 이에 의존하고 있던 많은 새로운 서비스들에게 영향을 미쳤고, 이는 인스타그램과 같은 앱 현상에 비옥한 토양을 만들어 주었다.

앱 현상이 일어나는 속도와 경험에서의 단순함은 이런 노력들이 작고, 덧없는 보석들이 되게 만들었다. 그러나 인스타그램에선 강력한 효과가 나타났다. 페이스북 콘텐츠를 옮겨올 수 있는 대안으로, 유저들은 빠르게 사진을 공유할 수 있는 인적 네트워크를 만들어갔다. 이는 페이스북에서의 단독적이고, 동질적인 경험보다는 다른 네트워크를 절묘하게 다루려는 유저들의 커지는 의지를 반영한 것이다.

그리고 친구의 사진을 검색하면서 가지는 강력한 감정적 유대 덕분에 인스타그램은 놀랄 만큼 엄청난 양의 유저들의 관심을 얻을 수 있었다.

이를 가지고 어떻게 돈을 버는가에 대한 것은 큰 문제이다. 모바일 광고는 유행하는 데 심하게 오래 걸리지만 이미지 중심의 서비스는 사용자와의 감정적 유대를 만들기 원하는 브랜드에게는 분명히 매력적이다. 마치 이미지 "curation"해주는 사이트 Pinterest와 같이, 인스타그램은 상업적 메시지를 유저의 콘텐츠와 융합할 수 있는 미래의 광고모델을 테스트하고 싶어 하는 브랜드 경영자들이 찾는 첫 번째 장소이다.

그러면 이 10억 달러 상당의 거래에 대해 페이스북에서는 어떻게 말해지는가? IPO가 예상되기 전에 새로운 달이 시작되었고, 이것은 잠재적인 투자자들이 생각을 중지하게 만들었다. 페이스북은 항상 나쁘지 않은 것에 대한 강한 편집증을 보여 왔었고 그것은 이 산업에서의 낮은 진입 장벽이 되었다. 그래서 페이스북은 새로운 형태의 온라인 행위를 이해하기 위해 인수를 하곤 했다.

페이스북이 인스타그램을 인수한 것은 인스타그램의 모바일 앱이 수억 명의 사람들에게 사용되는 반면에 페이스북은 모바일을 염두하고 만들어지지 않았다는 것을 인정하는 것이다. 복잡한 것을 목적으로 하는 웹 서비스는 인스타그램과 같은 간단하고 즐거움을 목적으로 만들어진 앱과 경쟁하는 것을 원하지 않는다.

이는 또한 많은 인스타그램 사용자들이 페이스북 인수에 대해 왜 불평했는지, 왜 Mark Zuckerberg가 커다란 경영적인 도전을 선택했는지를 설명한다. 앱 세계에서 페이스북을 넘어 균형적인 활동의 도달을 요구하였다: 이는 인스타그램의 앱 중심의 도달과 대체 가능한 소셜 그래프, 페이스북이 유명해진 시점을 사용하기 위한 외국 지역으로의 자체 네트워크 연장을 포함한다.

FT *Source*: Adapted from Waters, R. (2012) 'Facebook shows it gets the message with Instagram deal', *Financial Times*, 12 April.

이 개별적으로 구매할 때보다 공급 기업들로부터 더 나은 조건을 얻는 데 도움을 준다.

- *공급업체의 분열*은 가격 책정을 위한 협력적인 노력을 수립하기 어렵게 만든다. 예를 들어 PC 업계의 많은 생산자들은 그들의 다른 비용을 줄임으로써 지속적으로 경쟁사들과 같은 비용으로 시장점유율을 얻으려고 시도하고 있다. 결과적으로 이것은 전체 산업의 가격 협상능력을 약화시킨다.
- 구매자들이 쉽게 다른 공급업체들 간의 할인가를 비교할 수 있게 하는 높은 *수준의 시장 투명성*은, 오늘날 인터넷상에서 이용할 수 있는 고급검색 도구를 통해 고객들이 더 많은 공급업체로부터 선택할 수 있고 가격을 즉시 비교할 수 있게 해준다. 특히 매우 표준화된 제품의 경우, 'price comparison services', 'price engines' 또는 'shopping bots'와 같은 잘 알려진 검색엔진을 사용하여 쉽게 비교할 수 있다.[19] 일부 기업들은 전자시장의 투명성이라는 장점을 비꿀 수 있는 방법을 찾았다. 두 가지의 특정한 작업은 다음과 같다[20]: 검색 엔진의 출력을 변경하는 것은 회사의 가시성을 높이는 작업과 불명확한 것으로 알려져 있는 것을 실존시키기 위한 작업으로 이루어진다. 후자와 같은 방법은 소비자의 검색을 방해하거나 회사의 손상을 최소한으로 줄이기 위해 시도된다. 즉, 불명확한 것은 온라인 시장에서의 검색 마찰을 증가시킨다. 불명확한 것은 제품의 설명을 복잡하게 하거나, 제품의 가격에 대한 검색 엔진의 접근을 방해하거나, 추가적인 매출을 만들기 위해 시도하기 보다는 고객을 유치하기 위해 매우 기본적이고 낮은 가격들 중에 하나인 제품의 여러 버전을 만드는 것을 포함한다. 이 전략은 전자시장의 투명성에 영향을 미치고, 따라서 이를 사용하여 기업의 이익을 증가시키는데 도움이 될 수 있다.[21]
- 공급자들 간의 차이가 거의 없거나 전혀 없다는 이유로 제품이 점점 *원재료와 같이 상품화*되고 있다. 상품을 구매할 때 광범위한 조언이나 애프터서비스가 필요 없는 원재료와 같은 상품의 가격책정은 고객들이 무난히 최저가격 업체를 선택할 수 있기 때문에 특히 시장의 투명성 정도에 의해 많은 영향을 받는다.
- 낮은 *전환 비용과 약한 네트워크망*이 구매기업들이 쉽게 공급기업들을 변경할 수 있도록 해준다.

반면에 앞서 언급한 특징들의 전부 혹은 일부가 반대가 된다면 공급기업들의 협상력이

구글 37.7만 파운드에 영국의 가격 비교 웹 사이트 구입

구글의 기술 부서는 서비스의 범위를 확대하고 영국의 금융 상품 시장에서의 발판을 강화하기 위해 가격 비교 웹사이트 BeatThatQuote.com를 £37.7만에 인수했다.

BeatThatQuote는 사용자가 대출, 보험 및 각종 공공요금을 포함한 일련의 상품을 비교하는 것을 도와준다. 또한 이 웹사이트는 다른 가격 비교 사이트들에게 기본적인 기술을 제공할 뿐만 아니라 Moneysupermarket.com 및 Comparethemarket.com 등과 같은 영국의 업체와도 경쟁하고 있다.

구글은 지난 몇 년 동안 검색 회사라는 일관된 틀에서 벗어나 텔레비전에서 음악 및 출판에 이르기까지 더 광범위한 미디어 플레이어로의 변화를 추구해왔다.

지난달 구글은 경쟁사인 애플의 시스템보다 더 큰 수익을 게시자에게 주는 디지털 콘텐츠 결제 서비스를 시작하여 애플과 정면으로 맞섰다.

구글의 오픈 소스 안드로이드 운영 플랫폼은 현재 다양한 스마트 폰의 기본 운영 체계로 쓰이고 있다. 또한 구글은 별도의 음악 다운로드 스토어를 시작함으로써 애플이나 Spotify와 같은 기업들과의 경쟁을 모색하고 있다.

BeatThatQuote의 인수는 현재 구글이 영국에서 진행 중인 신용카드 비교 사업의 확장을 도와 검색 엔진 사용자들이 보다 빠르게 원하는 문의에 대한 답을 얻을 수 있도록 할 것이다.

구글의 이러한 알고리즘이 자사의 상품에 더 유리하다는 비판이 일고 있지만 구글은 알고리즘이 특정 회사 상품을 인식하는 것은 불가능하며 자신들은 분명하게 자회사의 서비스는 분류해 놓았다고 이러한 비판을 부인했다.

BeatThatQuote의 전무이사인 John Paleomylites은 "BeatThatQuote가 구글과 제휴를 맺음으로써 더 투명하고 기존의 온라인 제품보다 뛰어난 가격 정보를 제공할 수 있다"라고 말했다.

새로운 서비스를 추가하려는 구글의 모든 시도가 다 성공적인 것은 아니었다. 올해 초 구글은 부동산 검색 시장에서 영국의 Rightmove와 경쟁하려는 시도를 포기했다. 그 사업의 주요 특징은 매각 또는 임대를 위해 부동산을 찾는 미국, 호주, 뉴질랜드, 영국, 일본의 사용자에게 동의를 구하여 구글 스트리트 뷰를 사용하여 이러한 정보들을 볼 수 있게 하는 것이었다.

FT *Source*: Watkins, M. (2011) Google buys UK price comparison website for £37.7m, FT.com, 7 March.

높을 것이다. 구글이 영국 금융상품시장에서의 위치를 강화하는데 도움이 된 온라인 가격 비교 서비스 BeatThatQuote.com을 구글이 인수한 경우를 예로 들 수 있다(FT기사 '구글 37.7만 파운드에 영국의 가격 비교 웹 사이트 구입' 참고).

다섯 산업 세력에 대한 인터넷의 영향은 그림 3.3에서 더 자세히 설명되어 있다.

그림 3.3 인터넷은 산업의 매력도를 설명하는 경쟁세력에 큰 영향을 미친다

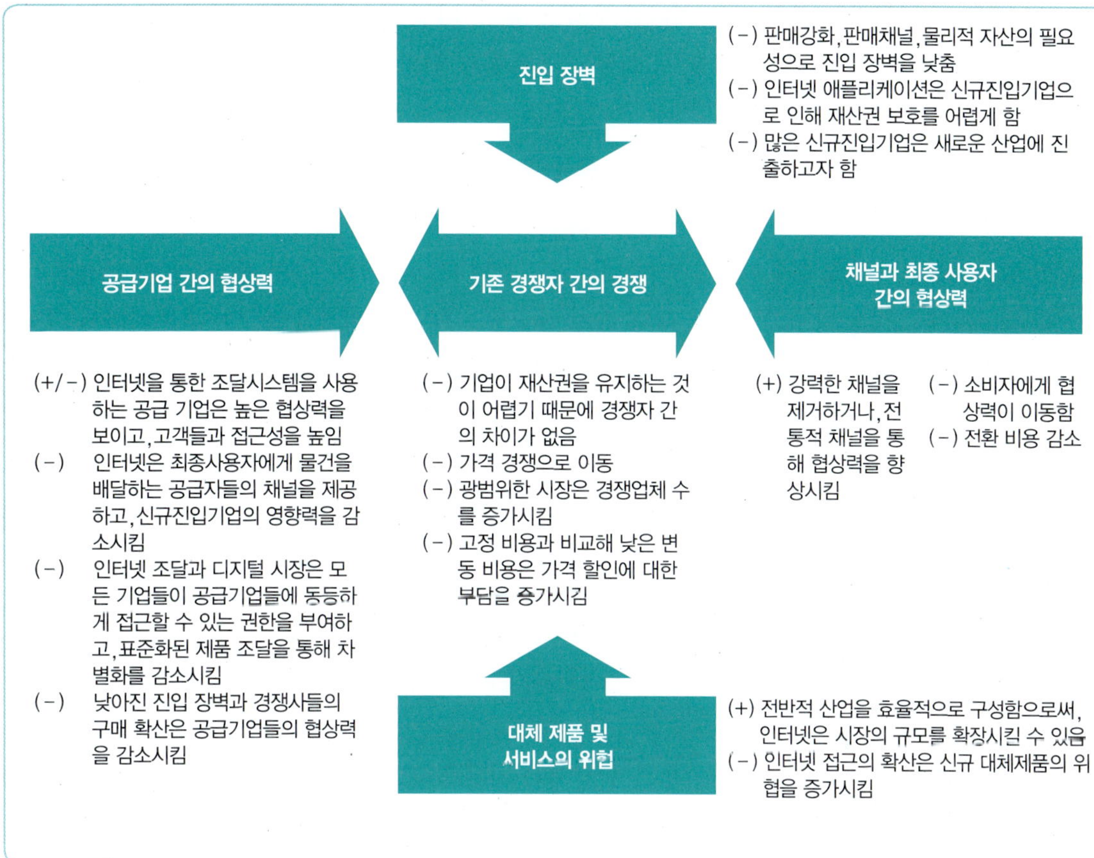

3.3 협력경쟁구도에서 다섯 가지 경쟁세력 모델의 보완

경쟁세력 모델은 산업에 대해서 매력도를 느껴 해당 산업에 참여한 이들에게 부정적인 측면을 강조하지만, 협력경쟁구도(co-opetition)에서는 다른 플레이어와의 상호작용도 수익성에 긍정적인 영향을 미칠 수 있다고 강조한다.[22] 여기서 상호작용이란 다음 측면을 포함한다: (1) 업계 표준에 대한 공동 설정, (2) 공동 개발, (3) 공동 로비.

- *업계 표준에 대한 공동 설정*은 종종 산업의 성장을 보장하기 위한 필수 조건이다. 예를 들어 무선 마케팅 회사 YOC는 윤리적이고 사생활을 보호할 수 있는 데이터 프라이버시 산업 표준을 설정할 때 다른 무선 마케팅 공급자들과 함께 했다.
- *서로 다른 기업 간의 공동 개발*은 품질 향상, 수요 증가 또는 조달 흐름을 향상시키는 기회를 제공할 수 있다. 제트숍스(Zshops)를 통해, 아마존은 원칙적으로 경쟁자인 다

른 판매자들을 상대로 아마존 웹사이트를 통한 판매를 가능하게 만들었다. 또한 경쟁 자동차 제조업체(즉 제너럴 모터스, 포드, 다임러 크라이슬러)는 자신의 구매 과정을 간소화하는 데 목표를 두고 공동 구매 플랫폼인 코비신트(Covisint)를 조직하기 위해 협력했다.

- *유리한 입법*을 위한 공동 로비활동 또한 흔히 성장과 진입 장벽을 세우기 위한 전제 조건이다.

경쟁세력 모델과 비슷한 가치 네트워크 모델 (그림 3.4)은 가치 상호작용의 긍정적 측면에 초점을 맞추고 협력을 통해 가치 창출을 위한 기회 발견을 추구한다.[23] 따라서 이것은 경쟁세력모델에 의해 제공되는 의미에 상호 보완적인 관점을 제공한다. '가치 네트워크' 모델은 상호작용을 통해 시장 환경을 보여주는 네 가지 분야의 시장 참여자들을 검토한다. 이 참여자들에는 고객, 공급업체, 경쟁업체와 보완업체가 있다.

- *고객*들(때로는 소비자인 사람들)은 시장에서 특정한 회사가 제공하는 제품이나 서비스를 받는 사람이다.
- *공급업체*는 노동력과 원료를 포함한 자원들을 가지고 회사를 지원하는 업체다.
- *경쟁업체*는 그들의 제품이나 서비스가 회사에서 제공하는 것의 대체품으로 고려되는 업체다.
- *보완업체*는 그들의 제품이 회사에서 제공하는 것과 상호보완되는 업체다. 기본적인 개념은 만약 고객들이 다른 누군가로부터 관련된 상호보완 제품을 산다면 특정한 제품에 더 많은 가치를 부여한다는 것이다. 예를 들면 CD와 DVD 플레이어, 또는 게임 콘솔과 카트리지의 경우가 이에 해당한다.

경쟁업체와 보완업체의 역할은 상황에 따라 바뀔 수 있다. 예를 들어 앞에서 언급한 제트숍스로 아마존은 경쟁업체를 보완업체로 바꾸었다. 서로 부정적인 관점(또는 제로섬 게임)으로만 보는 대신에 아마존은 그들의 제품을 제트숍스의 웹사이트에 제공할 수 있

그림 3.4 가치 네트워크 모델에서 경쟁구도의 주요한 참여자

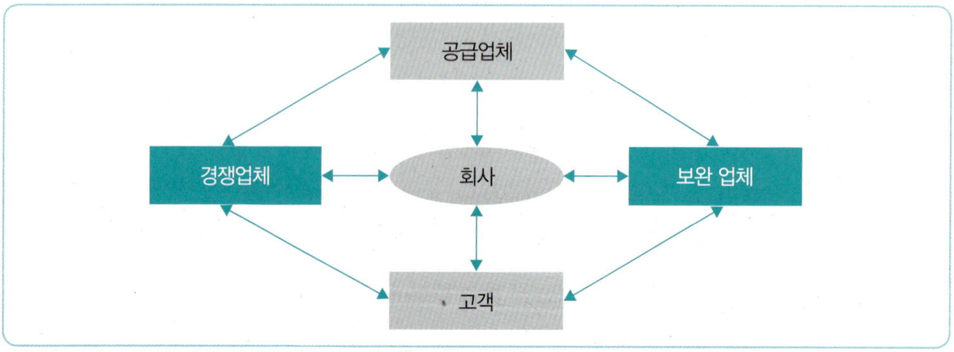

Source: Adapted from A. Brandenburger and B. Nalebuff, *Co-opetition*, Currency Doubleday, 1998, p. 17.

노키아와 마이크로소프트가 상호의존의 이득에 대해 논의하다

노키아의 사장인 Stephen Elop가 그의 회사의 미래를 건 마이크로소프트와의 긴밀한 동맹을 설명하기 위해 다소 안 좋은 표현을 사용하였는데 그것은 "상호의존"이라는 단어였다. 이는 스마트폰 산업에서 두 명의 낙오자가 협력을 위해 함께 붙어 있는 건전하지 못한 상호의존의 이미지가 떠오른다.

노키아의 하드웨어와 마이크로소프트의 윈도우 폰 소프트웨어 사이의 경우, 부족한 기술은 기술 산업 모든 부분에서 "융합"되어야 한다는 것이다. 훌륭한 본보기인 애플 아이폰의 아이디어를 되돌릴 수 있다면, 이 두 기업들은 더 긴밀하게 기술 부분을 융합할 것이다.

전역에 있는 마이크로소프트와 노키아 사이의 문제는 궁극적인 기업의 융합에 의해 종료된다. 구글의 위원회에 속한 한 사람은 Finnish 회사를 현재 운영 중이고, 인수를 하는 것이 마이크로소프트의 사장인 Steve Ballmer에게는 만회를 위해 최고의 희망이었다. 그리고 Elop 또한 도움이 필요했다 : 그가 재임하고 16개월 이후, 노키아의 주가는 계속해서 떨어져서 47%의 가치를 잃게 되었다.

물론, 구글은 자사의 스마트폰에 집중하는 것을 어느 정도 고려하고 있었다. 여전히 당국의 승인을 기다리고 있는 Motorola Mobility의 인수는 법적 소송을 예방하기 위해 필요한 특허권을 가지기 위한 의도이다. 그러나 인수와 함께 제공되는 하드웨어 사업으로 인해 결국 구글 폰이 진정으로 필요한지에 대해서도 결정해야한다.

노키아와의 긴밀한 동맹은 마이크로소프트에게 선택권을 제공하는데, 그것은 전체를 인수하는 것이 애플과 구글과의 경쟁에서 도움이 될 것인지에 관한 논쟁이다.

마이크로소프트 주주의 관점에서 보면 확실히 숫자는 늘어났다. 4년 전, 재정 위기 전에 노키아의 가치는 마이크로소프트의 주식시장 가치의 절반보다 더 높았다. 하지만 그 이후에 노키아는 200억 달러 가치인 85%를 잃게 되었고, 상당한 프리미엄과 함께 마이크로소프트에 520억 달러로 인수되었다.

해외 인수로 돈을 상환받음으로써 세금 타격을 피할 수 있기 때문에 마이크로소프트의 현금의 85%가 미국 이외에서 다루어진다는 사실은 매력적인 요소이다. 이를 위해 마이크로소프트는 거의 80억 달러의 가치를 지니고 있고, 윈도우 폰 플랫폼의 발자취를 확장하고 있는, Canadian BlackBerry의 제작사인 리서치 인 모션을 면세로 구입하는 것에 대해 생각하고 있다.

노키아가 미국에서의 존재를 재확립하기 위해 RIM 인수를 검토하고 있다는 소문이 돌았다. 하지만 Elop씨는 이번 주에 라스베이거스에서 열린 소비자 가전제품 쇼를 방문하는 동안 확신할 수 없다며 그 소문을 부정했다. 그는 기술 세계에서 제작자들을 위해 덜 복잡하고 더 작은 인수를 검토해야 한다고 말했다.

마이크로소프트에게 노키아와 RIM을 모두 인수하는 것은 스마트폰의 리더가 될 수 있는 빠른 방법처럼 보일 수도 있다. 하지만 그 방법은 국가적 기술 챔피언의 손실이 핀란드와 캐나다에서 모두 발생할 수 있는 가능성의 불안을 다룰 수 있는 경우에 가능하다.

그러나 엄격한 기술적 융합인 노키아의 인수가 정말로 두 회사의 스마트폰 문제에 대한 해답일까?

마이크로소프트는 전에 하드웨어와 소프트웨어의 조합을 시도했었다. iPod에 대응하여 출시된 Zune player는, DNA에 내장된 gadget gene을 증명하기 위한 것이었다. 그것은 좋은 평가를 받았지만 완전히 실패했다.

하드웨어와 소프트웨어의 긴밀한 통합이 세계의 스마트폰 분야를 지배하기 위한 비밀이라는 것은 명백하다. 마이크로소프트와 노키아의 경우에도 마찬가지이다. 스마트폰 운영 체제의 지도자는 다양한 품질의 장치 배열을 만들어낸 구글의 안드로이드이다. 구글은 매년 출시되는 주력상품인 넥서스 폰을 위해 하드웨어 업체들과 긴밀하게 협력하고 있다. 마이크로소프트는 넥서스와 협력하고 있지만 가장 큰 안드로이드의 성공은 아니다. 소비자들이 통합장치에 대해 요구한 추가 혜택을 인정하지 않거나, 안드로이드 생태계 단편화의 진짜 단점이 중요한 단계에 아직 도달하지 않았다고 Windows Phone용 제품 및 소프트웨어 디자인을 이끌고 있는 Joe Belfiore는 말한다.

결과는 이미 예정되어 있음에도 불구하고, 휴대폰 소유자들과 하드웨어 업체들은 안드로이드로부터 얻을 수 있는 추가 혜택을 즐기고 있다.

그 동안, 노키아와 마이크로소프트는 이번 주 라스베이거스에서 미국 스마트폰 사용자들의 관심을 재점화시킬 것으로 기대되는 새로운 디바이스인 Lumia 900에 대한 이야기를 진행했다. 그것이 작동되는 경우, 결국 삶은 구속되면서 상호 의존은 더욱 증가되는 기이한 현상이 일어날 것이다

FT *Source*: Waters, R. (2012) Nokia and Microsoft talk up benefits of co-dependence, *Financial Times*, 12 January.

도록 했고, 이것은 자사의 전반적인 가치문제를 개선하고 양쪽 모두 승리할 수 있는 상황을 만들었다.

마찬가지로, 세 곳의 주요 자동차 제조업체(즉, 제너럴 모터스, 포드, 다임러 크라이슬러)는 그들의 구매 요구를 통합하고 조달과 공급망 비용 절감의 목표를 가지고 공동 전자조달 플랫폼(e-procurement platform)인 코비신트를 세웠다(보완적인 관계의 다른 예시는 FT기사 '노키아와 마이크로소프트가 상호의존의 이득에 대해 논의하다' 참고).

PC 배경에서 마이크로소프트의 윈도 운영체제는 더 가치 있다. 즉 그 시스템(윈도 운영체제)이 낮은 품질의 마이크로프로세서를 가진 컴퓨터보다 인텔 마이크로프로세서로 실행될 때 더 빠르고 안정적이라는 것이다. 그러나 마이크로소프트는 일반적으로 인텔의 '경쟁세력 모델 분석' 화면의 일부가 되는 것은 아니고 그 반대도 마찬가지다.[24] 하지만 무엇이든 간에 마이크로소프트는 인텔에 매우 중요하다. 경쟁세력 모델에서 시장에 대한 매력을 느껴 참여한 다섯 개의 경쟁세력 중 하나의 구매력이 감소할 때 경쟁세력모델에서와 반대로 보완기업들이 더 차별화된다. 마이크로소프트의 경우, 마이크로소프트의 운영체제가 시간이 지나면서 더욱 성공하면 인텔의 마이크로프로세서를 위한 새로운 시장 기회를 열기 때문에 인텔에서 이익을 얻는다.

3.4 e-비즈니스 산업을 정의하고, 시장을 세분화하고, 목표시장 선정하기

3.4.1 산업을 정의하기

핵심적 관점 3.1에서 논의한 바와 같이, 산업을 분석할 때 우리가 고려해야 할 한 가지 중요한 과제는 산업의 경계를 적절하게 정의하는 것이다. 아주 협소하게 우리의 관련 산업을 정의한다면 경쟁업체가 거의 없을 것이고, 오히려 그 점이 매력적일 가능성이 높다. 그러나 이런 경우 인접한 산업의 기업이 해당 산업으로 들어올 위험이 크다. 다른 한편으로

핵심적 관점 3.1

산업분석 도구의 이점과 문제점

십중팔구 포터의 다섯 가지 경쟁세력 모델 프레임워크는 전략적 관리 분야에서 가장 널리 사용된 모델은 아니지만 그 중의 한 개라고 말할 수는 있다. 이 모델은 많은 긍정적인 측면을 가지고 회사의 성공을 분석하고 있다. 가장 중요한 것은, 산업의 구조를 분석하기 위한 체계적이고 포괄적인 방법이라는 점이다. 경쟁세력 모델을 대변하는 5개의 참여자는 상호 배타적이고 그들은 주어진 업계에서 가장 중요한 기업을 대신한다. 또한 모델에서는 이미 각각의 플레이어의 전력과 업계의 매력 사이에 단조로운 관계가 있다고 주장한다. 예를 들어 구매기업들 또는 공급 기업들의 협상력이 증가하면 업계의 매력도가 떨어지게 되는 것을 의미한다. 마찬가지로, 경쟁이 증가하면, 산업의 매력도 내려간다.

이러한 참여기업들의 힘과 산업의 매력과의 관계가 단조롭다는 것이 마이클 포터가 정부를 여섯 번째 힘으로 포함시키지 않는 이유다.[25] 인터뷰에서 포터는 왜 자신의 마음에 정부가 여섯 번째 힘으로 존재하지 않는지 설명한다.

> 모델을 사용하고 가르치는 추가 작업 후, 나는 정부의 힘과 영향력과 산업의 수익성 간의 단조로운 관계가 없기 때문에 정부가 여섯 번째 힘이 아니라는 나의 원래의 결론을 재확인해 왔다. "정부의 힘이 높으면 업계의 수익성은 낮다"또는"정부의 힘이 낮으면 업계의 수익성이 높다"고 말할 수 없다. 그것은 정부가 정확히 무엇을 하는가에 따라 달라진다. 그리고 당신은 정부가 하는 일의 결과를 어떻게 평가하는가? 그러면, 어떻게 그것이 다섯 가지 힘에 영향을 주는지 검토해보자.

본질석으로 포터는 정부가 결과적으로 업계의 수익성과 관계있는 다섯 가지 힘에 영향을 미치는 변수라고 언급한다. 그러나 직접적인 것처럼 보이지 않고 가장 중요하게는 업계의 수익성에 대한 정부의 단선적인 효과가 없다. 반면에, 많은 국가에서 정부들은 심한 경쟁 증가를 일으키고 기존 기업의 수익성을 감소시키는 산업의 규제를 완화하는 법률을 통과시켰다. 예를 들어 독일 통신 업계에서 최근 몇 년 동안 수많은 새로운 기업의 등장이 시장의 선두주자인 도이치 텔레콤(Deutsche Telecom)의 위치를 심각하게 위협하고 있는 경우가 그렇다. 다른 한편, 정부가 공급자의 결탁과 지나치게 높은 가격책정을 막는 법률을 통과시킬 수도 있다. 따라서 이것은 공급자의 협상력을 감소시켜 산업을 기존 기업들에게 더 매력적이게 만든다.

포괄성과 다섯 가지 산업 프레임워크가 제공하는 분명한 구조는 업계에서 적절한 기업에 대한 빠르고 폭넓은 이해를 얻기 위한 작업을 하는 전략 프로젝트의 초기 단계 동안 특히 가치가 있다. 그러나 거기에는 주의해야 할 경쟁세력 모델과 관련된 많은 문제점들 또한 있다. 가장 중요하게, 이 프레임워크는 산업이 지속적으로 변하는 빠르게 변화하는 사업세계에서 지나칠 정도로 정적이다. 기업인수로 인해 산업 경계가 점점 더 모호해지고 있어 산업 경계를 정의하기 어렵다. 그러나 이것은 경쟁세력 모델이 무관하다는 의미가 아니다. 왜냐하면 그것은 여전히 변화하려고 하는 업계의 경쟁 조건들을 찾아내는 데 도움이 되기 때문이다.

또한 프레임워크는 경쟁사의 행동과 산업 구조가 하나의 산업 분석에 의해 설명될 수 있다고 가정한다. 그러나 회사들은 자주 하나 이상의 산업에서 경쟁하는 다중 경쟁 상태에 있다. 그리고 더 중요하게, 한 업계에서 그들의 행동은 가끔 다른 산업 분야에서의 경쟁에 의해 결정된다. 예를 들어 애플은 아이튠즈 온라인 스토어를 통한 음악 산업뿐만 아니라 아이포드(iPod)를 판매하는 음악 플레이어 산업에서도 경쟁한다.

우리가 너무 광범위하게 산업을 정의한다면, 어떤 합리적인 결론에 도달하기가 매우 어려워진다.

앞에서 잠시 언급한 네트워킹 플랫폼 크로싱의 예를 들어보자. 시장의 좁은 정의가 산업의 경쟁자 분석을 미국에 있는 링트인(linkedIn)이나 독일에 있는 스테이프렌즈(Stayfriends.com)와 같은 아주 작은 기업들인 온라인 네트워킹 플랫폼으로 제한할지도 모른다. 크로싱이 제공하는 기능들을 하나 이상 제공하는 모든 회사들을 포함하는 광범위한 정의는 마이크로소프트와 같은 기업을 포함한 광범위한 경쟁 구도로 이어질 것이다. 이 예는 산업의 정의에 따라 고려해볼 필요가 있는 다른 고객과 경쟁자들이 있을 수도 있다는 것을 보여준다.

산업을 정의할 때 항상 고려할 필요가 있는 핵심적인 질문은 고객들이 대체품으로 고려하는 다른 제품들에는 어떤 것이 있느냐다. 작업자의 업무에 따라서 특정 산업에 대한 다른 유형의 정의를 사용할 수 있다. 예를 들어 더 단기 위주의 외부 분석에 대해서는, 직접적인 환경에서 주요 기업들을 면밀히 검토하여 주력 산업의 분석을 실시한다. 그러나 만약 분석 작업이 장기간의 경쟁과 위협의 이해를 얻기 위한 것이라면 당장 대체 가능성이 희박한 대체품과 현 산업을 위협하는 잠재적이며 파괴적인 혁신을 포함하는 광범위한 산업의 정의를 채택하는 것이 더 현명할 수 있다.

3.4.2 시장 세분화

제한적으로 정의된 산업도 의미 있는 분석을 하기에는 너무 넓은 범주다. 다양한 고객의 요구사항에 맞추기 위해 광범위한 제조라인을 운영하고 있는 자동차 산업을 고려해보자. 포르셰나 재규어 같은 고급제조업체와 도요타나 폭스바겐 같은 대량생산업체를 모두 포함하는 산업 분석을 수행하면 그 산업의 매력에 매우 제한적인 통찰력만을 제공할 것이다. 마찬가지로, 개인 소비자와 기업 고객 같은 다양한 종류의 고객들을 함께 묶는 것은 그들의 욕구가 서로 완전히 다르기 때문에 많은 통찰력을 제공하지 않는다. 이것을 해결하려면, 산업과 시장을 특정한 산업 내에서 미세한 단위로 분리한 다음 어떤 것을 목표로 할지 결정할 필요가 있다.

시장을 미세한 단위로 분리하는 것이 왜 합리적일까?[26] 왜냐하면 사람들은 제품의 특징에 대해 서로 다른 선호를 가지고 있어서 다른 가치를 제안하기 때문이다. 휴대전화를 예로 들어보자. 바쁘고 젊은 경영 컨설턴트는 자신의 은행계좌 잔고를 휴대전화를 통해 확인하는 것에 가치를 둘 수 있다. 반면 시력에 문제가 있는 노인은 모바일 전자 금융 서비스에 매료되지 않을 수 있다. 후자의 고객 그룹은 그들이 더 쉽게 전화번호를 누를 수 있게 다이얼패드를 확대한 휴대전화에 더 가치를 둘 것이다. 이것은 고객 선호의 차이가 어떻게 시장 세분화의 기초가 되는지 보여주는 예다. 이것에 따르면, 시장 세분화는 비슷한 요구를 가진 고객의 그룹에 따라 정의된다.

역사적으로, 시장 세분화와 다양한 요구에 대한 부응은 지금처럼 항상 중요한 것이 아니었다. 예를 들어 1909년, 헨리포드는 미국의 자동차구매자들에게 그들이 원하는 색상으로 T모델 자동차를 제공하기 시작했다. 1926년까지 포드는 1400만대이상의 T모델을 판매했다. 물론, 더 정교한 생산기술의 출현과 최근의 인터넷으로 인해 시장을 더 세분화하고 고객들에게 다양한 제품과 서비스를 제공하는 것이 가능해졌다(전자상거래의 개념 3.1 참고).

전자상거래의 개념 3.1

e-비즈니스 시장의 세분화 매트릭스

e-비즈니스 시장의 세분화 매트릭스[27]는 e-비즈니스에서 다른 참가자들의 관점을 제공한다. 세 가지 유형의 참가자에는 공급자/제공자와 구매자/수취인의 역할을 모두 할 수 있는 소비자, 기업 그리고 정부가 있다. 이것은 그림 3.5에 나와 있는 아홉 가지의 세분화 결과를 낳는다. 구매자/수취인과 거래하고 있고 기업이나 정부기관뿐만 아니라 소비자, 동료, 시민도 될 수 있는 공급자/제공자의 관점을 가지고 이러한 구성의 각각에 대해 설명해보자. 다시 말하면, 우리는 제안된 매트릭스를 세로보다는 가로로 계속 진행한다.

공급자/제공자로서의 소비자/동료/시민

인터넷을 통해 소비자는 스스로 공급자의 역할을 할 수 있다. 소비자 대 소비자(C2C) 전자상거래 관계는 한 소비자가 공급자의 역할을 하여 다른 소비자에게 제품을 판매하는 것이다. C2C 상호 작용에 대한 가장 두드러진 예는 소비자들이 새 상품이나 중고 상품을 다른 소비자에게 판매할 수 있는 e-Bay와 같은 온라인 경매장소가 있다. 소비자들 간의 상호 작용이 상업적인 성격이 아닐 때, 우리는 그들을 피어-투-피어(P2P) 상호 작용이라고 부른다. 이것들 P2P는 사실상 자발적이고 무료이다. P2P 사이트의 예에는 카자(Kazaa)와 이뮬(e-mule)과 같은 온라인 음악 공유 플랫폼이 있다. C2C 상호 작용의 다른 형태에는 소셜 네트워크 사이트가 있다. 비록 이러한 상호 작용이 상업적인 성격을 띠고 있지 않지만 그들은 온라인 상업 플랫폼에서 사용자와 관련된 정보를 중개하는 역할을 하고 있다.

이 부문에서 두 번째 관계 유형은 소비자 대 기업(C2B)의 관계이고 일반적으로 소비자들은 기업에 제품과 서비스에 관한 그들의 경험을 제공한다. C2B 상호 작용의 예로는 아마존의 도서 리뷰와 상품비교 플랫폼인 차오(Ciao.com)에서의 소비자의 의견을 들 수 있다. 소비자가 제공하는 정보는 다른 소비자들과 공유되어 그들이 더 많은 정보를 가지고 구입 결정을 할 수 있게 도와준다. 게다가 실제 사용자의 행동에 대한 정보로 구성된 메타 데이터는 회사들이 개인의 욕구를 더 만족시켜 주게 한다. 예를 들어 메타 데이터에 대한 공동 필터링의 경우 아마존에서 다른 사용자의 구매를 분석하고 패턴을 봄으로써 이에 해당하는 고객들에게 특정 도서를 추천할 수 있다.

이 부문에서 세 번째 카테고리는 세금 반환 양식의 온라인 제출과 시민 대 시민 상호작용과 같은 소비자 대 정부(C2G) 상호 작용을 포함한다. 후자의 예로 2008년 미국 대통령 선거에서 후보자 버락 오바마가 실행했던 온라인 소셜 미디어 기반의 캠페인을 볼 수 있다. 선거 기간 동안, 오바마는 지지자와 시민들과의 상호작용을 위한 플랫폼으로 인터넷을 활용하여 다른 정책 문제에 대한 자신의 관점을 설명하고 기금을 조성했다.

공급자/제공자로서의 사업

상호 작용의 가장 일반적인 양식은 기업이 상대방에게 공급자 역할을 하는 것이다. 기업 대 소비자(B2C) 전자상거래의 상호 작용에서, 기업은 온라인을 통해 고객에게 직접적으로 물건을 팔고 서비스를 제공한다. 이 책에서 테스코 또는 두카티(Ducati)와 같은 많은 사례 연구는 B2C 상호작용에 초점을 맞추고 있다.

기업 대 기업(B2B)의 상호작용은 기업들이 그들의 제품과 서비스를 운영 혹은 제조하기 위해 필요한 제품에 대한 온라인 구매 플랫폼에서 찾아볼 수 있다. 자동차 제조업체와 부품공급자를 제공하는 전자시장 플랫폼 코비신트(Covisint)는 B2B 플랫폼의 중요한 예이다.

예를 들어 기업 대 정부(B2G)의 상호 작용은 기업의 소득신고서 형식의 온라인 제출을 포함한다.

그림 3.5 소비자, 기업과 정부 사이에 존재하는 서로 다른 유형의 e-비즈니스 시장 세분화 매트릭스

		구매자/수취인		
		소비자/동료/시민	기업	정부
공급자/제공자	소비자/동료/시민	고객과 고객 (예: 이베이) 동료와 동료 (예: 냅스터) 시민과 시민 (2007년 프랑스 대선)	고객과 기업 (예: 아마존)	기업과 정부 (예: 온라인 세금 및 환급 양식)
	기업	기업과 고객 (예: 두카티)	기업과 기업 (예: 코비신트)	기업과 정부 (예: 온라인 법인세 환급)
	정부	정부와 시민 (예: 시민의 연금정보)	정부와 기업 (예: 최근 규제정보)	정부와 정부 (예: 정부 정보의 교환)

공급자/제공자로서의 정부

위의 두 범주(예: 소비자와 기업)와 비교하여, 전자상거래에서 정부의 활동은 지금까지 상대적으로 낮았다. 그러나 이것은 변화하고 있고, 미래에는 시민 및 기업과 정부기관의 상호작용의 상당한 부분이 온라인으로 실시될 예정이다(에스토니아의 전자 정부의 종합적인 예를 들어 이 부분을 연구한다).

그림 3.5에 나와 있는 e-비즈니스 시장의 세분화 매트릭스는 인터넷을 통해 가능한 서로 다른 상호 작용 유형의 분류를 제공한다. 이것은 e-비즈니스의 참여자들이 그들 자신의 인터넷 작업을 매트릭스의 하나 이상의 사각형 내에 위치하도록 하고 또한 그들이 확장시키길 원하는 공간을 선택할 수 있게 한다.

예를 들어 아마존은 1995년 7월에 순수 B2C 기업으로서 고객들에게 온라인으로 도서를 판매하기 시작했다. 아마존은 곧 고객들이 회사의 웹사이트에 게시하는 온라인 리뷰를 통해 C2B 구성요소를 부가했다. 후에 아마존은 고객들이 아마존의 온라인 결제 메커니즘을 사용하여 자사의 웹사이트를 통해 중고 도서를 판매하길 허용하면서 C2C로 확장했다.

또 다른 예로 노디어(Nordea)는 대부분의 다른 은행들처럼 주로 소액거래(B2C)와 기업 뱅킹 서비스(B2B)를 제공하고 있었다. 인터넷을 통해 노디어는 이제 핀란드 국민의 연금 기록을 관리하는 핀란드 정부 데이터베이스와 인터넷으로 연결함으로써 G2C 상호작용을 가능하게 하고 있다. 인터넷 연결을 통해, 노디어 은행 고객들은 그들의 은퇴를 위한 저축계획을 결정할 때 중요한 기능을 하는 연금명세서를 즉시 이용할 수 있다. 동시에, 노디어 은행은 또한 은퇴를 위한 저축 계획도 제공한다.

시장 세분화가 유용한 두 가지 주요한 이유가 있다(1) 고객의 선호에 대한 통찰력 확보, (2) 잠재적인 시장 크기에 대한 정보 수집. 이 두 가지 요소들을 지금 간단하게 설명하겠다.

- *고객 선호에 대한 통찰력.* 세분화는 목표 고객 그룹과 그룹의 선호도에 대한 이해를 향상시킨다. 첫째, 고객에 대한 이 지식은 어떻게 제품의 모양을 결정하고 어떤 종류의 기능을 포함해야 할지에 대해 결정하는 데 도움이 된다. 물론, 이러한 기능들은 목표 고객 세분화에 따라 다르다. 둘째, 고객의 선호는 선택해야 할 유통 채널을 어떤 것으로 해야 하는지 결정하는 데 도움이 된다. 예를 들어 노디어 은행은 나이가 많은 기존 고객들이 실제 은행 지점에서 개인적으로 얼굴을 대면하여 대화하는 동안에 인터넷 뱅킹에 대해 안내한다면 인터넷 뱅킹 서비스를 더 많이 받아들이고 사용하기 시작한다는 것을 알아냈다.
- *잠재적인 시장 크기에 대한 정보.* 세분화 또한 잠재적인 시장을 평가하는 데 도움이 된다. 얼마나 많은 고객들이 제품이나 서비스를 이용하는지에 대해 대략적인 아이디어를 갖는 것은 가능한 판매규모를 예측하는 데 효과적이며, 전체적인 매출, 그리고 투자에 대한 예상 수익을 예측하는 데 중요하다. 미국에서 웹밴(Webvan)의 사례가 흥미로운데, 시장의 세분화와 크기를 잘못 예측하여 비참한 결과를 보여주었기 때문이다. 웹밴은 엄청난 시장 잠재력이 있을 것으로 예측하고, 고객들에게 도움이 될 수 있는 큰 중앙집권화 창고를 지었다. 그러나 뒤에 알고 보니, 이러한 서비스를 끌어들인 세분화된 시장은 기대했던 것보다 훨씬 규모가 작았다. 결과적으로, 운반하고 포장하는 시설들은 충분히 활용되지 않았고 대부분의 배달 트럭들은 반쯤 빈 채로 운행됐다.

실제로 고객의 선호를 충족시키는 데 도움이 되는 효과적인 시장 세분화는 결코 쉽지 않다. 여러 가지 방법으로 시장을 세분화할 수 있다. 코틀러(Kotler)는 어떤 유형의 세분화든 반드시 가져야 하는 몇 가지 조건을 제안했다.[28]

- *측정할 수 있어야 한다.* 자사의 구매력과 자사의 독특한 특성을 결정하기 위해서는 세분화된 시장의 크기를 측정할 수 있어야만 한다.
- *충분히 커야 한다.* 세분화는 의미를 부여하기에 충분히 커서 별도로 다뤄져야 한다. 인터넷 붐이 일어난 기간 동안, 많은 카테고리 전문가들은 정말 표적화된 제품/서비스 제공과 함께 특정한 시장 세분화에 들어갔다. 그러나 나중에 알고 보니 표적화된 세분화 시장이 수익성을 제공하기에 충분히 크지 않았다.
- *구별할 수 있어야 한다.* 세분화는 독점적이어야 하고 다양한 마케팅 방식에 다르게 반응해야 한다.
- *실용적이어야 한다.* 특정 세분화에 도움이 되는 판매와 마케팅 접근방법을 개발할 수 있어야 한다. 예를 들어, 모바일 마케팅 회사 YOC는 15~25년 동안 오래 사용한 휴대전화사용자의 세분화 시장을 대상으로 특별히 모바일 마케팅 캠페인을 설계했다.

앞에서 언급한 바와 같이, 시장을 세분화하는 무수한 방법들이 있다. 그러나 특정 제품과 상황에 따라서는 분명 어떤 방법들이 다른 방법들보다 훨씬 나을 수 있다. 예를 들어 두

그림 3.6 전략적인 고객분석에 사용되는 세분화 변수들

세분화 유형	고려되는 기준
지리적 세분화	지역(예: 대륙, 국가, 주)
통계적 세분화	연령, 성별, 소득, 생활방식
심리적 세분화	성격 유형과 개인 취향(예: 현금이 많고 시간이 부족한 고객)
행동적 세분화	구매 빈도, 사용 패턴

카티(Ducati) 고객들은 머리 색상에 따라 시장을 세분화할 수 있고 금발 머리, 갈색, 검은 머리와 대머리 고객들로 나눌 수 있다. 아마 십중팔구 이렇게 하는 것은 다른 선호에 대한 많은 통찰력을 제공하지 않을 것이고 또한 실용적이지 않을 것이다. 대부분의 경우, 남성과 여성 사이 또는 소득에 따른 세분화가 더 가치가 클 것이다. 요점은 세분화는 두루 적용되도록 만드는 것이 아니라는 것이다. 대신 그것은 의미 있게 시장을 차별화하는 창의적이고 혁신적인 생각을 요구한다.

다음은 특정 시장 세분화에 대한 주요 가능성을 설명한 것이다. 이러한 가능성들에는 지리적, 인구통계학적, 심리학적, 행동적 세분화가 있다(그림 3.6).

- *지리적 세분화*는 대륙, 국가 혹은 국가 내의 특정 지역과 같이 특정한 지리적 영역의 선택을 수반한다. 그리고 그 지역 혹은 영역 내의 고객 선호에 따라 제품이나 서비스를 맞춘다. 유럽에서 핀란드와 스웨덴 같은 특정 국가는 높은 인터넷 보급률을 가지지만 이탈리아와 그리스 같은 다른 나라들은 그렇지 못하다. 나라 혹은 지역에 따른 세분화는 이런 차이를 가지고 올 수 있고, 각 지역에 맞는 전략을 계획하는 데 도움이 된다. 예를 들어 구글(Google.com)과 같은 웹사이트는 사용자가 독일에서 접속하는지 미국에서 접속하는지 파악하고 그 지역 언어로 정보를 표시한다. 따라서 각 개인 고객의 인터넷 경험을 향상시킨다.
- *인구통계학적 세분화*는 다른 개인적인 특성에 중점을 둔다. 예를 들어 인구통계학적 세분화는 (1) 연령, (2) 성별, (3) 소득, (4) 생활방식을 봄으로써 할 수 있다. 연령 규모를 고려하여 YOC는 젊은 휴대폰 사용자들을 자사의 모바일 마케팅 서비스로 분명히 끌어들였다.
- 성별을 고려하여, 가상 커뮤니티 아이빌리지(ivillage.com)는 초기에는 남성과 여성 모두에게 서비스를 제공하려고 했다. 그러나 여성이 아이빌리지에 더 흥미로워한다는 것이 드러난 후, 그 회사는 여성 사용자 세분화에 집중하기로 결정했다.
- *심리학적 세분화*는 성격 유형과 개인 취향 같은 삶의 방식 문제들을 수반한다. 예를 들

어 현금이 많고 시간이 부족한 고객의 세분화는 테스코와 같은 온라인 식료품 서비스의 주요한 표적이 되었다. 사회활동과 취미생활에 더 많은 시간을 보내기 위해 이 세분화유형의 구성원들은 실제 슈퍼마켓에서 시간을 보내는 것보다 온라인에서 쇼핑을 하고 배송비를 지불하는 쪽을 택했다.

- *행동적 세분화*는 고객들을 그들의 제품 또는 서비스의 사용에 따라 나눈다. 예를 들어 사용 유형 혹은 사용 요금에 따라 할 수 있다. 델은 자사의 고객들을 사용 유형에 기반한 세분화를 사용해 다음과 같이 분류한다: 홈 오피스, 소기업, 중소기업부터 대기업, 정부, 교육 그리고 의료.[29] 사용요금에 따른 세분화는 서로 다른 고객들이 엄청나게 다른 쇼핑 태도를 보여줄 때 종종 유용하다. 많은 기업들에서 고객의 20%가 수익의 80%를 형성한다. 단골 고객들과 이들보다 적게 방문하는 고객들을 다른 세분화 그룹에 배치하고 그들에게 다양한 수준의 마케팅 혹은 서비스를 제공하는 것은 적절할 수 있다. 이 내용과 관련된 예는 최근 사회적 네트워킹 사이트의 헤비 유저를 대상으로 한 페이스북과 관련된 Vodafone에 의해 소개되고 있는 저가 스마트폰이다(FT기사 '스마트폰 산업에서의 Vodafone과 페이스북의 협력' 참고).

스마트폰 산업에서의 Vodafone과 페이스북의 협력

Vodafone과 페이스 북은 신흥시장에서 젊은 고객을 위한 디바이스의 수백만개의 판매가 기대되는 소셜 네트워킹 서비스에 전적으로 전념하는 저가 스마트폰을 출시하기 위해 협력하고 있다.

Alcatel Lucent에 의해 제조된 Vodafone 555 Blue는 완전한 qwerty 키보드와 디바이스의 중심에 있는 페이스북의 기능을 넣은 사용자 운영체제와 함께 제공됐다. 수신함과 SMS 사이에 있는 페이스북 메시지를 사이트에 공유할 수 있는 전용 'F' 버튼도 폰에 배치하였다.

휴대전화는 대중시장 도입을 위한 중요한 가격대로 볼 수 있는 약 100달러에 팔릴 것으로 예상된다. 그리고 전화는 선불 고객을 위한 최초의 페이스북 중심장치로 청구된다.

두 회사는 페이스북과 모바일 데이터 사용이 빠르게 성장하고 있는 인도, 남아프리카 공화국, 터키 등의 시장에서뿐만 아니라 청소년과 다른 소셜네트워킹 중독자들 사이에서 이미 설립된 시장에서도 인기가 있기를 바라고 있다.

750만 명에서 시작된 페이스북이 목표인 10억 명의 사용자 수에 도달하고자 한다면, 유선 인터넷이 잘 연결되지 않은 국가에서 휴대 전화 사용자에게 접근하는 것이 매우 중요하다.

소셜 네트워킹 회사는 채팅에서의 사진 공유에서부터 소셜 네트워킹 기능의 넓은 범위를 사용하여 고객맞춤장치를 구축하기 위해 INQ와 HTC 같은 다른 휴대전화 제조업체와 함께 일했었다. 하지만 2.5G 네트워크에서 3G의 스마트폰 평균보다 느리게 실행되는 Vodafone 555 Blue가 300명의 페이스북 친구와 사용자를 위해 한 달에 100메가보다 적게 사용해도 될 것으로 추정되므로, 단순히 정교한 장치보다 데이터의 소비가 더 효율적이라고 믿었다.

Vodafone의 최고 이사인 Patrick Chomet은 네트워크 제공자가 낮은 가치의 "dumb pipes"가 될 수 있다는 우려에도 불구하고 페이스북에 의해 포섭되는 운영자의 브랜드에 대해 편안하다고 말했다.

"아이디어는 우리로부터 나왔다. 우리의 전략은 응용

프로그램이 인터넷이라는 점이다. 우리의 확신은 우리가 고객이 만족할 수 있는 훌륭한 제품을 가지고 있다면, 그들은 Vodafone의 부가가치를 발견한다는 사실에서 비롯된다."라고 그가 FT에서 말했다.

그는 추가로 : "우리는 수백만 개를 판매할 수 있도록 노력하겠다."고 말했다.

컨설턴트 회사인 Informa의 분석가 Dave Mcqueen은 페이스북 폰이 성공하면 노키아와 RIM의 블랙베리 디바이스가 시장 점유율을 가장 많이 잃는다고 말했다.

하지만 그는 구글 안드로이드 운영체제를 사용하는 다른 디바이스는 이미 합리적인 가격에 이용될 수 있으며 단일 웹사이트의 디바이스를 효과적으로 제한하기 보다는 다양한 앱들이 설치되는 것을 허용했다고 말했다.

"Vodafone은 앱을 제공하던 과거에는 성공하지 못했다." Mcqueen은 추가적으로, 스마트폰에 대한 Vodafone 360 소셜 네트워킹 허브의 제한적인 활용을 지적했다. 그는 신흥 시장의 소비자는 좋은 배터리 수명 또는 페이스북에 접근하기 위한 두 개의 SIM 카드를 사용할 수 있는 기능과 같은 다른 기능에 우선순위를 둘 수 있다고 덧붙였다.

Chomet는 최신 장치와 Vodafone 360은 "매우 차별화되는 세분화"를 목표로 하고 있고, "이것은 우리가 거대한 시장에 힘을 실어 데이터를 가속화하려는 움직임의 일환이다." 그리고 "그것은 모든 것을 할 수 있는 것은 아니지만, 그것은 앱이 아니라 폰이기 때문에 당신의 스마트폰 페이스북의 경험보다 훨씬 좋을 것이다."라고 말했다.

FT *Source*: Adapted from Bradshaw, T. and Digital Media Correspondent (2011) Vodafone and Facebook team up on smartphone, FT.com, 27 July.

3.4.3 특정 목표시장 공략

개별 세분화 시장을 나눈 후, 여전히 특정 시장 세분화를 목표로 정하는 방법을 결정할 필요가 있다. 시장 표적화와 관련된 두 가지 주요 선택이 있다. 첫째, 우리는 어떤 시장을 목표로 정할지 결정할 필요가 있다. 둘째, 우리는 얼마나 다양한 제품들과 서비스를 선택된 세분화된 시장에 제공할지 결정할 필요가 있다. 예를 들어 자동차 제조업체의 경영자로서, 당신은 상위 소득 계층을 위해 오직 리무진만 생산하기로 결정했다. 다른 경영자는 또한 스포츠 유틸리티 차량(SUV)과 가족 형 밴을 생산하는 게 적절하다고 결정할 수 있다. 이와 같은 선택시 경영자들은 항상 두 가지 주요 질문들을 염두에 두어야 한다.

- *시장 세분화 또는 시장 세분화 그룹이 매력적인가?* 시장 세분화의 매력은 다섯 가지 경쟁세력 프레임워크(챕터 3.2)를 통해 분석될 수 있다. 세분화의 매력에 관해 알아내기 위해서, 예를 들어 세분화 시장의 전반적인 성장, 현재의 수익성, 그리고 세분화 시장 내의 경쟁을 분석할 수 있다.
- *우리는 성공적으로 이 세분화된 세상에서 경쟁할 수 있을까?* 이것은 회사가 보유하고 있는 자원과 기술을 통해 가치를 창출하는 능력에 따라 달라진다(가치 창출에 대한 자세한 내용은 8장 참고).

기업들은 다섯 가지 주요 가능성을 통해 시장 세분화를 선택할 수 있다(그림3.7 참고) : (1) *단일 세분화 집중*, (2) *선택적 전문화*, (3) *제품 전문화*, (4) *시장 전문화*, (5) *전체 시*

그림 3.7 목표시장은 제공되는 시장의 수와 주어진 제품 및 서비스의 수에 의하여 결정된다

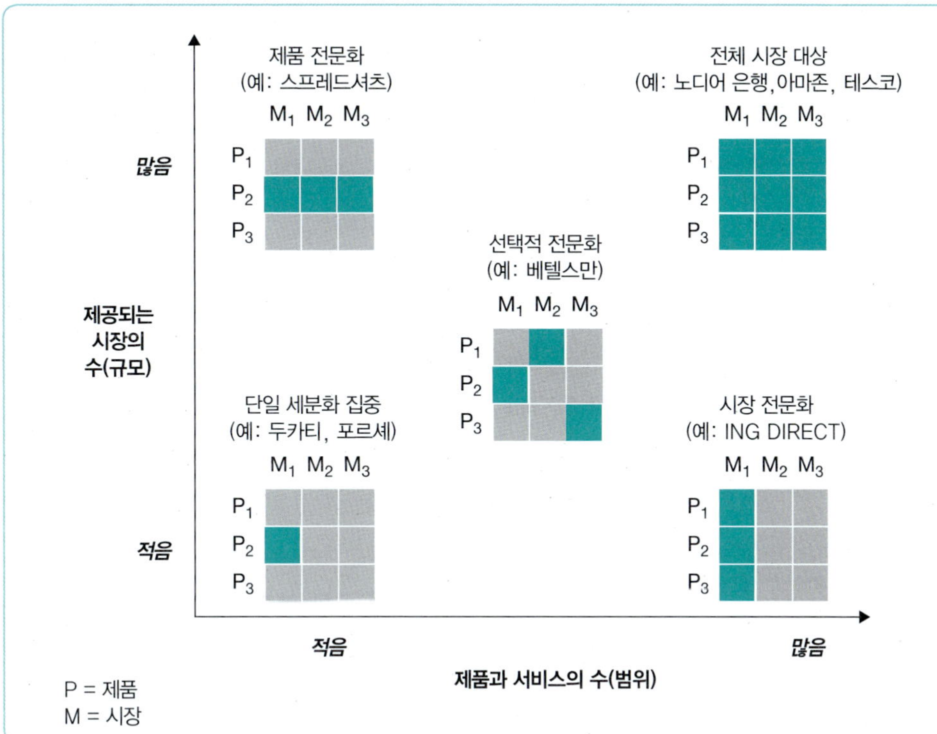

Source: Adapted from D. Abell, '*Strategy and Structure: Public Policy Implications in Proceedings of Marketing and the Public Interest*, Marketing Science Institute, 1977.

장 대상.

- *단일 세분화에 집중.* 두카티와 같은 고소득 오토바이 시장을 위한 경주용 오토바이 생산을 전문적으로 하는 프리미엄 제공업체들은 종종 시장의 단일 세분화에 집중한다. 이를 통해 고객에 대한 깊은 지식을 얻고 전문 생산 노하우를 개발하고, 정확하게 그들의 요구를 수용한다. 두카티 브랜드는 낮은 수준의 제품들과 섞이지 않고 자사의 오토바이에 대해 프리미엄 가격을 부과하며 분명히 프리미엄 브랜드로서 존재하고 있다. 광범위하게 포지셔닝한 경쟁자들은 이 세분화된 특정 고객에게 지나친 혹은 모자란 서비스를 제공할 것이다. 단일 세분화 집중의 단점은 만약 특정 세분화가 필요한 수입을 창출하는 데 실패하면, 전체 회사가 위험에 처한다는 것이다.
- *선택적 전문화.* 선택적 전문화를 추구하는 회사는 다른 제품 종류로 다른 시장 세분화를 추구한다. 이렇게 하는 것은 비즈니스 위험을 분산시키는 이점을 가진다. 그러나 그렇게 하면 또한 회사가 집중력을 잃게 되어 더 집중적인 경쟁자들의 공격에 취약해질 수 있다. 예를 들어 독일의 미디어 그룹인 베텔스만(Bertelsmann)은 서로 다른 고객 그룹을 목표로 하고 있는 온라인, 인쇄물, TV, 라디오 분야에서 넓고 다양한 미디어 상품을 제공한다.

- *제품 전문화.* 스프레드셔츠(Spreadshirt.com)와 같이 인쇄 서비스의 제공에 집중하는 카테고리 전문가는 서비스의 한 종류에 집중하지만 가능한 한 광범위한 시장에 도달하길 원한다. 제품 전문가의 목표는 규모의 경제 또는 그들을 그들의 경쟁자로부터 돋보이게 만들 특별한 학습효과를 만들어내는 것이다. 제품 전문가의 위험은 만약 그들의 특정 제품이 고객들의 사랑을 잃는다면 다른 제품들을 통해 수익 하락을 반전시킬 수 없다는 것이다.

  온라인 모바일 결제 업체인 페이박스(paybox.net)는 온라인과 오프라인 거래에 대한 자사의 모바일 결제서비스에 실패했다. 왜냐하면 고객들과 상인들의 이해가 비용을 충당하기에 충분하지 않았기 때문이다. 페이박스는 오직 모바일 결제 서비스에만 집중했기 때문에 자사의 사업을 지탱하는 데 충분한 수익을 생성할 수 없었다. 그러다 2009년에 정보를 동원, 관리, 분석하기 위한 모바일 소프트웨어와 사업을 제공하는 SAP 회사인 Sybase에 의해 인수되었다.[30] 이번 인수로, Sybase는 모바일 결제서비스의 영역을 확대하고 더욱 활용하는 것을 목표로 세웠다.

- *시장 전문화.* 특정한 시장 세분화에 집중한 회사들은 강력한 명성을 얻는 것을 목표로 하고 세분화 회원들의 신뢰를 얻어 같은 시장에 제품들을 확장한다. 교차판매는 고객확보비용을 절감하고, 수입을 증가시킬 수 있는 유용한 옵션이 될 수 있다. 예를 들어, ING DIRECT는 금융상품뿐만 아니라, 비용에 민감한 고객을 타겟으로 한다.

- *전체 시장 대상.* 전체시장보급의 달성을 시도한 회사들은 목표세분화의 전체범위에 다양한 제품종류를 팔기를 원한다. 전체시장보급 뒤의 경제논리는 기존의 생산력, 기술적 플랫폼 또는 강력한 브랜드 이름을 이용함으로써 범위의 경제를 만드는 것이다. 아마존이 전체 시장 공급자의 예이다. 비록 회사는 새 책을 판매하는 것으로 시작했지만 그 이후에 중고 책, 아기장난감, 애완동물 식품에서부터 가전제품에 이르기까지 광범위한 제품을 추가해왔다. 크로싱 또한 소셜 네트워크 시장에서 전체 시장 보급으로 이동되어왔다. 자사의 브랜드 이름 openBC를 통해 표현했듯이, 초기에는 주로 비즈니스 사용자에게 초점을 맞추었다. 그러나 시장 전문화는 시장크기가 충분히 크지 않다는 위험을 제기했고 이것은 오픈BC가 최근에 크로싱이라는 이름 아래 글로벌 네트워킹 플랫폼으로서 다시 선보인 이유들 중에 하나이다.

그럼에도 불구하고, 기술 진보가 점점 더 수익성 있는 방식으로 개인화된 서비스를 개발하는 하나의 대상으로의 차별화를 인정하고 있다. 이 경우, 기업은 미세한 세분화, 또는 극단적인 시장 세분화를 실시한다(FT기사 '개인화 되어가는 구글 검색' 참고).

개인화 되어가는 구글 검색

구글은 구글+ 소셜 네트워크로 사용자들의 검색 결과로 직접적으로 정보를 끌어내는 새로운 접근법을 가지고 페이스북과의 싸움에서 주요 병기로써 웹 검색의 지배력을 휘둘렀다.

더 많은 개인적이고 사회적인 정보들을 검색결과에 포함시키는 것으로써, 새로운 특징은 구글이 최고고위 간부들이 오랫동안 말해온 꿈을 수행 할 수 있는 큰 걸음이 되었다. 다시 말해, 모든 검색 결과들이 검색자들의 흥미에 맞게 조정된 개인화된 검색엔진을 개발한다는 것이다.

Search plus Your World로 알려진, 새로운 접근 방식은 소셜 네트워킹에서 잃어버리는 부분을 구성하여 자사의 핵심 서비스를 사용하기 위해 구글은 가장 많이 직접적인 시도를 체크하고 있다. 하지만 구글+ 네트워크만을 선호하는 회사의 행동이 브뤼셀과 워싱턴에서 조사된다면 규제의 우려를 높일 수 있다.

"그들은 페이스북과 트위터을 위해 작업을 할 수 있었지만 그들은 그러지 않았다. 그건 아마도 구글이 무엇을 하고 있는지 불안해하는 사람들을 만들어 낼 것이다."라고 Search Engine Land의 편집자인 Danny Sullivan이 말했다.

트위터의 법무 담당 책임자인 Alex Macgillivray는 "a bad day for the internet. 저는 이런 왜곡되어있는 방식으로 검색하는 것이 가능하게 함으로써 생길 불화를 상상할 수 있다."라는 말을 트위터에 올렸다.

구글+네트워크의 새로움과 게시된 내용의 상대적인 결함을 가정하면 페이스북과의 대립관계에서 직접적인 효과는 제한되기 쉽다고 몇몇 전문가들은 말했다. "개인화에 대한 이면의 의도는 훌륭하지만 구글+가 충분한 지식이나 정교함을 가지고 있다고 오늘날은 확신 할 수 없다." 라고 영국의 연구 마케팅 회사인 Forward3D의 총지배인인 Martin McNulty가 말했다.

구글은 다른 서비스를 포함하여 "확실히 개방 할 것"이라고 말했지만, "사이트상의 우글거리는 모든 정보에 대한 접근이 불가능하기 때문에 현재의 배제를 정당화했다." 또한 그것은 "구글+로부터의 정보에 끊임없는 접근"을 가지고 있다고 말했다.

구글은 자사의 소셜 네트워크에 적용되는 개인정보를 보호한다고 말했지만 구글의 새로운 기능과 함께 구글+상에 가지고 있는 연락처와 사적으로 공유된 내용은 검색 결과에 포함될 것이다. 구글은 또한 사용자가 검색 창에 이름을 입력하면 친구의 프로필을 보여줄 수 있어야하고, 일반적인 검색 질문에 대한 응답으로 구글+상에 관심있는 사람 또는 페이지를 제안 해줄 것이라고 말했다.

그 변화는 기업대표들이 오랫동안 가지고 있었던 야망을 충족시키는 반면에 구글의 검색 서비스를 위해 Mr Sullivan이 말했던 "여태껏 가장 빠른 변화"를 표시한 개인적, 사회적 정보를 포함하는 방향으로의 이동의 일부이다.

8년 전, 구글의 대표 책임자인 Eric Schmidt는 "우리는 당신을 알고 있고 당신이 선호하는 것을 이해하고 있는 구글을 만나고 싶다"고 말했다.

한편, 더 개인화 되는 검색을 만드는 것은, 그들의 페이지가 상세한 키워드를 위해 "유기적인" 또는 자연스러운 결과를 최상위에 나타내도록 하기위해 검색엔진 최적화기법을 사용하는 브랜드 소유자들을 더 어렵게 만들 수 있다고 일부 전문가들은 경고했다.

결과적으로, WPP의 미디어 기관인 MediaCom에서 직원을 관리하는 Stefan Bardega는 광고자들이 최적화된 결과를 배제하는 그들의 마케팅이 전환될 가능성이 있다고 말한다. 클릭할 때 마다 지불하는 AdWords모델이 구글의 핵심 사업으로 구글에 더 많은 돈을 가지고 오게 하였다. 이는 유기적인 결과에서 동일한 효과의 수준을 얻는 것이 거의 불가능해질 것 "이라고 그가 말했다.

FT *Source*: Waters, R. and Bradshaw, T. (2012) Google searches to become personalised, FT.com, 10 January.

요약

- 첫째, 이 장에서는 회사가 어디에서 경쟁해야 하느냐는 문제를 다루고 정치적, 법적, 사회적, 기술적요소를 포함하는 매크로환경분석을 위한 분석틀을 제공했다.
- 둘째, 이 장은 산업의 매력도를 결정하기 위한 안내지침으로 포터의 다섯 가지 경쟁세력 분석틀에 대해 논의했다. 또한 경쟁업계 내에서 인터넷의 영향, 시장 진입장벽, 대체 제품의 위협, 구매자와 공급자의 교섭능력에 대해 분석했다.
- 셋째, 이 장은 서로 협력하면서 동시에 경쟁하는 회사를 언급하는 협력경쟁구도의 개념을 소개했다. 이것은 어떻게 인터넷이 이 개념의 구현을 가능하게 하고 그것이 어떻게 관련된 회사들간의 기본적 상호작용을 지원하는지 보여주었다.
- 마지막으로, 이 장에서는 회사가 자사의 e-비즈니스를 제공하려는 목표로 정한 고객 그룹을 세분하는 방법을 다루었다.

복습 질문

1 거시 환경에서 인터넷의 효과에 대해 설명하라.
2 경쟁세력 모델에서 인터넷의 효과에 대해 검토하라.
3 어떻게 인터넷이 협력경쟁구도의 개념에서 회사에 영향을 미치는지 설명하라.
4 e-비즈니스 시장 세분화 매트릭스는 두 축을 중심으로 설명하고 있는데 그것이 무엇인지 설명하라.

토론 질문

1 동종산업에서 두 가지 e-비즈니스의 사례—인터넷기반으로 시작한 회사와 오프라인 기업에서 시작한 회사—를 중심으로 경쟁세력 모델을 가지고 분석하라.
2 전자상거래의 예를 선택하고 어떻게 회사가 인터넷을 협력경쟁구도의 개념에서 사용할 수 있는지 토의하라.
3 실제 기업의 사례를 시장세분화 매트릭스에 표현되어 있는 9개의 분면에 표시해보라.
4 당신은 아마존이 속한 산업을 분석하기를 원한다. 이 산업에는 어떠한 주요한 참가자들이 참여하고 있는가? 가능한 대체재는 무엇인가?

권장 도서

G. Johnson, K. Scholes and R. Whittington discuss the macro-environment of firms in *Exploring Corporate Strategy*, 7th edition, Prentice Hall, 2005.

For a more in-depth analysis of the five forces, see M. Porter, *Competitive Strategy*, Free Press,

1998.

For a detailed analysis of the macro-economic and competitive implications of e-business, see J.Prieger and D. Heil, 'Economic implications of e-business for organisations', in F.J. Martinez Lopez (ed.), *Handbook of Strategic e-Business Management*, Springer, 2014.

A. Brandenburger and B. Nalebuff introduce the concept of co-opetition in their book Coopetition, Currency Doubleday, 1998.

For an extensive discussion of market segmentation and market targeting, see P. Kotler, *Marketing Management*, Prentice Hall, 2005, pp. 251–96.

Specific examples of segmention variables in electronic markets are presented needs of marketers on the WWW', *European Journal of Marketing*, 1998, Vol. 32, pp. 688–702.

For a more detailed coverage of electronic markets' segmentation, see M. Aljukhadar and S. Senecal, 'Segmenting the online consumer market', *Marketing Intelligence & Planning*, 2011, Vol.29, No. 4, pp. 421–35.

관련 사이트

www.ecommercetimes.com provides a sound archive of e-business-related articles and publications.

http://techcrunch.com/ offers updated and rich information on technology news and experts' analyses.

www.lcompli.co.uk is a portal concentrating on e-commerce laws.

http://blog.davechaffey.com/ contains updates about digital marketing and strategy.

참고 문헌

1 For a detailed explanation of these terms, refer to the technology appendix on the Companion Website.

2 A good discussion of macro-environmental influences can be found in G. Johnson, K. Scholes and R. Whittington, *Exploring Corporate Strategy*, Prentice Hall, 2005. A more e-commercespecific discussion of environmental factors is contained in D. Chaffey, *e-Business and e-Commerce Management*, FT Prentice Hall, 2002, pp. 143—156.

3 'Windows of opportunity', *The Economist*, 15 November 2003, p. 61.

4 Cookies are text files stored on a PC that allow the website operator to identify that PC.

5 Spam is unsolicited e-mail messages.

6 Data repoted by the US Census Bureau, E-States. Available at www.census.gov/econ/estats/

7 VoIP telephony stands for 'Voice over Internet Protocol'.

8 See, in the second edition of this text, the case study 'Second Life. Mercedes-Benz enters the metaverse', pp. 525-47.

9 TCP specifies how information should be separated into individual packets and reassembled at the destination. IP specifies how individual packets should be sent over the network. HTTP is a method of jumping back between different files. HTML is a computer language for formatting hypertext files. J. Cassidy provides an informative account of the most important Internet standards and technologies in his book entitled *Dot.con*, Perennial, 2003, pp. 16—24.

10 For a detailed discussion of industry analysis, see M. Porter's book *Competitive Strategy*, Free Press, 1998, pp. 3–34.

11 The five forces industry framework is described in M. Porter's book entitled Competitive Strategy, Free Press, 1998, p. 5.

12 R. D'Aveni suggests that levels of competition have risen in the past decade, leading to a phenomenon that he calls 'hypercompetition' (see R. D'Aveni, 'Coping with hypercompetition: utilizing the new 7S's framework', *Academy of Management Review*, 1995, Vol. 9, No. 3, pp. 45–57). However, G. McNamara, P. Vaaler and C. Devers have empirically tested this thesis and have not found conclusive evidence for an intensification of competition (see 'Same as it ever was: the search for evidence of increasing hypercompetition', *Strategic Management Journal*, 2003,Vol. 24, No. 3, pp. 261–278).

13 J. Cassidy, *Dot.con*, Perennial, 2003, pp. 105–106.

14 Usage share of desktop browsers, March 2012. Source: Wikipedia, average based on diverse data sources including StatCounter, Net Applications and W3Counter.

15 T. Burt and P. Larsen, 'Sony and BMG sign music merger deal', www.FT.com, 12 December 2003.

16 F. Vogelstein, 'Mighty Amazon', *Fortune*, 26 May 2003, p. 64.

17 Some of the ideas in this paragraph are based on a chapter by J. Prieger and D. Heil, published in the *Springer's Handbook of Strategic e-Business Management*, edited by F.J Martinez-Lopez, 2014.

18 'Software's great survivor', *The Economist*, 22 November 2003, p. 70.

19 Some examples are: www.kelkoo.com; www.pricerunner.com; www.beatthatquote.com; and www.getprice.com.au

20 Increasing a company's visibility in online searches is the main purpose of search engine optimisation (SEO) and related new forms of Internet marketing such as search engine marketing (SEM).

21 For a deeper analysis see G. Ellison and S.F. Ellison, 'Search, obfuscation, and price elasticities on the Internet', *Econometrica*, 2009, vol. 77, no. 2, pp. 427-52.

22 The concept of 'co-opetition' was developed by A. Brandenburger and B. Nalebuff, *Coopetition*, Currency Doubleday, 1998. It entails simultaneously co-operating and competing with other companies.

23 Ibid.

24 For a detailed description of these coalitions' effects in the e-commerce context, see the chapter by J. Prieger and D. Heil, in Martinez-Lopez (ed.), *Handbook of Strategic e-Business Management*.

25 N. Argyres and A. McGahan published an interview they conducted with Michael Porter in the *Academy of Management Executive*, 2002, Issue 2, pp. 43–53.

26 For an extensive discussion of market segmentation, see P. Kotler, *Marketing Management*, Prentice Hall, 2005, pp. 251–296.

27 See also T. Hutzschenreuter, *Electronic Competition*, Gabler, 2000, pp. 28–29.

28 P. Kotler, *Marketing Management*, Prentice Hall, 2005, pp. 251–296.

29 This segmentation becomes apparent on the opening page of www.dell.com, where visitors can choose between different segments.

30 For mere details on this company's activities, see www.sybase.com

Chapter 4

내부분석: e-비즈니스 역량의 강점과 약점

이 장의 개요

관련 사례 연구

사례 연구		주요 초점
1	**Tesco**	인터넷의 영향을 받은 가치사슬
15	**Spreadshirt**	인터넷의 영향을 받은 가치 네트워크
7	**Otis**	가치사슬의 변화
2	**Nordea**	가상의 가치사슬
3	**Ducati vs. Harley**	ICDT 프레임워크
6	**SATEC**	e-비즈니스의 핵심 역량

학습 성과

이 장을 학습한 후,

- e-비즈니스(e-business)에서 핵심 역량의 의미를 이해할 수 있어야 한다.
- 가치사슬에 대한 인터넷의 영향을 평가할 수 있어야 한다.
- 어떻게 기업이 가상 가치사슬을 활용하는지 파악할 수 있어야 한다.
- ICDT 프레임워크의 4개의 가상공간(정보, 통신, 유통, 거래)을 이해할 수 있어야 한다.
- ICDT 프레임워크를 e-비즈니스에 적합한 활동들에 적용할 수 있어야 한다.
- 기업이 내부 가치사슬 관리에서 가치 네트워크에 따른 운영으로 이동한다는 것을 인식할 수 있어야 한다.

소개

이 장에서는 먼저 핵심 역량의 개념을 정의하고 e-비즈니스 상황에서의 핵심 역량에 대해 논의한다. 그 다음에 가치 창출 과정에서 각각의 단계를 분석하는 방법으로 가치 사슬의 개념을 제공한 후, 가상 가치사슬의 개념을 소개하고 기업의 가치 창출을 위해 그것을 활용하는 방법을 제안한다. 그 다음 ICDT 프레임워크의 4개의 가상공간(정보, 통신, 유통, 거래)을 설명하고 e-비즈니스에 적합한 활동들을 선택할 때 그것을 사용하는 방법을 알아본다. 마지막으로 내부 가치사슬 관리에서 외부 파트너를 포함하는 가치 네트워크의 운영까지 담당하는 회사의 움직임에 관한 내용이 강조된다.

4.1 e-비즈니스에서 핵심 역량의 이해

전략 수립의 목표는 e-비즈니스 벤처의 자리를 잡는 것이다. 그리하여 자사의 환경이 제공하는 기회를 활용하고, 회사가 위험에 노출되는 것을 피하도록 한다. 이를 위해 e-비즈니스 벤처 관리자는 외부 환경에서 발생하는 기회와 위협을 인식할 수 있어야 한다. 또한 기회를 이용하고 위협을 피할 수 있게 고유의 강점과 약점을 평가할 수 있어야 한다. 자사의 강점을 사업 기회와 함께 조정하고 위협을 피하기 위해 약점을 제거할 수 있는 회사는 자사의 내부 역량과 외부 환경 사이에 전략적인 조화를 만든다.[1] 게다가 역량은 이전에는 존재하지 않았던 새로운 시장을 창조했던 원천이기 때문에, 다른 관점에서 매우 중요하다. 하멜(Hamel)과 프라할라드(Prahalad)는 이것을 전략적인 질주(strategic stretch)라고 불렀다.[2]

4.1.1 역량과 핵심 역량: 간략한 개요

'역량'과 '핵심 역량'이라는 용어는 여러 가지 뜻을 의미하며 폭넓게 사용되었다. 몇 가지

그림 4.1 독창적인 자원과 수용성의 조합에서 e-비즈니스 역량의 도출

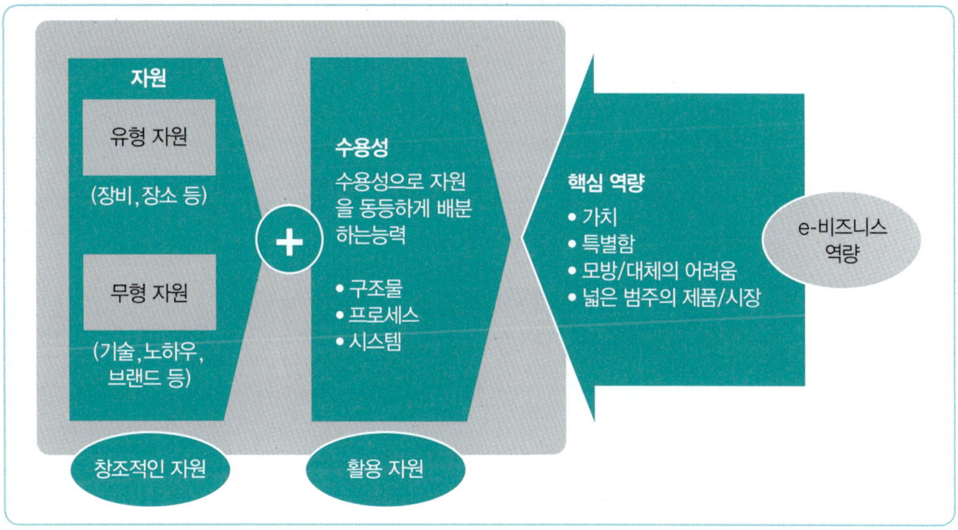

Source: Adapted from H. Hungenberg, *Strategisches Management in Unternehmen*, Gabler, 2006, p. 143.

기본적인 정의부터 짚고 넘어가도록 한다(그림 4.1 참고).

역량은 다른 자원들과 수용력의 조합을 뜻한다는 것이 무엇보다 중요하다:

- *자원*은 가치 창조 과정에서 사용할 수 있는 회사의 모든 유형과 무형의 자산이다. 유형 자원은 IT 기반시설, 오프라인 기반시설, 금융자본과 같은 자산들을 포함한다. 무형 자원은 직원들의 지식, 면허, 특허, 브랜드 이름, 회사의 명성을 포함한다.
- *수용력*은 효율적이고 효과적으로 자원을 사용하는 회사의 능력을 나타낸다. 기술은 프로세스의 설계, 시스템, 조직적 구조에서 스스로 나타난다. 예를 들어 인터넷이 기술의 주류가 되기 전에도 델(Dell)은 이미 자사의 직접 판매 모델의 프로세스 흐름을 관리하는 중요한 기술을 개발했다. 필요한 기술이 이미 준비되어 있었기에 인터넷을 추가하는 것은 상대적으로 간단했다.

그러나 회사가 가진 역량 모두가 반드시 핵심 역량은 아니다. 대신, 역량을 핵심 역량으로 간주하려면 다음과 같은 특성이 있어야 한다.

- *가치 있어야 한다.* 고객들이 역량이 만들어내는 것의 가치를 인정해야만 한다. 이것은 고객이 인식하는 비용절감 또는 고객 이익의 증가를 통해 성취될 수 있다.
- *특별해야 한다.* 역량은 가치 창출의 원천을 제공할 뿐만 아니라 회사에 득이 되는 가치를 얻도록 하기 때문에 특별해야 한다. 만약 역량이 특별하지 않다면 다른 회사와의 경쟁에서 이익이 감소할 것이다.
- *모방하기 어려워야 한다.* 핵심 역량의 특별함은 다른 회사가 그 역량을 모방하기 어려울 때 지속될 수 있다. 첫째, 그들이 회사의 많은 조직과 기능별 부서들이 단단히 연결

그림 4.2 핵심 역량에 대한 회사 내부에서 다른 기능별 부서와의 영향

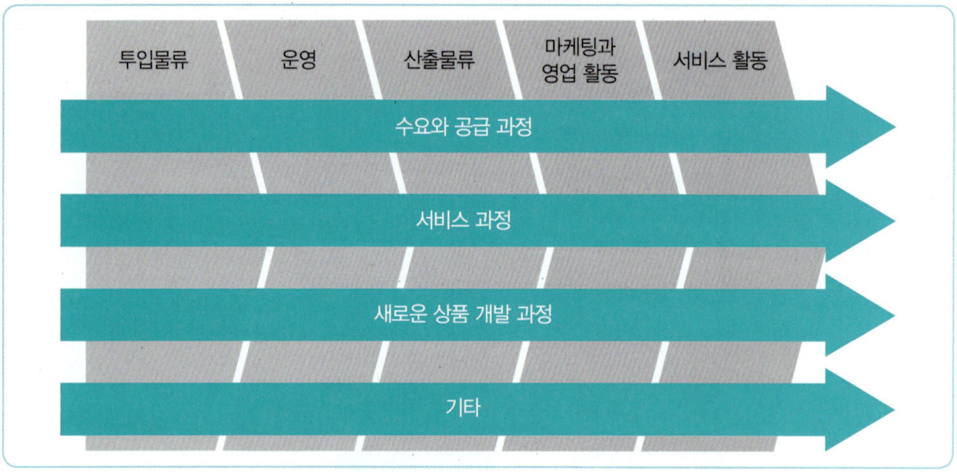

되어 있는 회사라면 그 역량은 따라하기 쉽지 않다. 예를 들어 여러 가지 기능별 부서와 조직들 간의 동맹적인 활동이 필요하기 때문에 오프라인과 온라인 뱅킹의 통합에 있어서 노디어(Nordea) 은행의 역량은 모방하기 어려웠다. 둘째, 인과관계의 모호성도 모방에 대한 장벽을 높인다. 인과관계의 모호성은 핵심 역량의 원천에 대한 명확한 이해가 없을 때 존재하며, 외부인이 역량을 모방하기 어렵게 만든다.

- *다른 제품이나 시장에 걸쳐 가치 있어야 한다.* 단지 회사의 능력이 하나의 제품이나 시장에 국한되지 않을 경우에 역량은 회사에 가장 주요한 가치다. 아마존(Amazon.com)의 핵심 역량 중 하나는 고객들의 온라인 주문 수령에서부터 고객에게 제품을 전달하기까지 상품의 흐름을 관리하는 능력이다. 이러한 핵심 역량을 개발하기 위해서 회사는 창고와 IT 기반 형태의 자원들을 구축하고 내부 기술을 개발했다. 아마존은 장난감, 가정용 전자제품과 의류 등과 같이 다양한 제품 범주로 이동하면서도, 자사의 기술과 자원을 재사용할 수 있었다.

기술과 자원 모두 회사의 다른 비즈니스 기능을 통해 실행된다. 사실, 역량기반 접근의 중요한 구성요소는 전략이 기능적인 부서와 제품에 덜 의존하고 다른 기능별 부서들과의 관계에 의한 프로세스에 더 의존한다는 것이다(그림 4.2 참고).

4.1.2 e-비즈니스의 핵심 역량과 가치의 원천

가치 창출의 원천과 e-비즈니스 기술을 통한 활용가치의 기능을 이해하기 위해서, 다음과 같은 정의를 알아야 한다: '가치란 회사, 고객 또는 경쟁자의 여부에 관계없이 e-비즈니스 거래에서 창출된 가치의 합이다.'[3] 인터넷과 온라인 기술은 가치 창출 과정에 참여한 참가자들의 소통을 개선하기 때문에 가치 창출의 강력한 조력자이다. 다음의 네 가지 요인[4]은 e-비즈니스의 가치 추진요인으로 간주된다(그림 4.3 참고).

그림 4.3 e-비즈니스 가치 창출의 근원

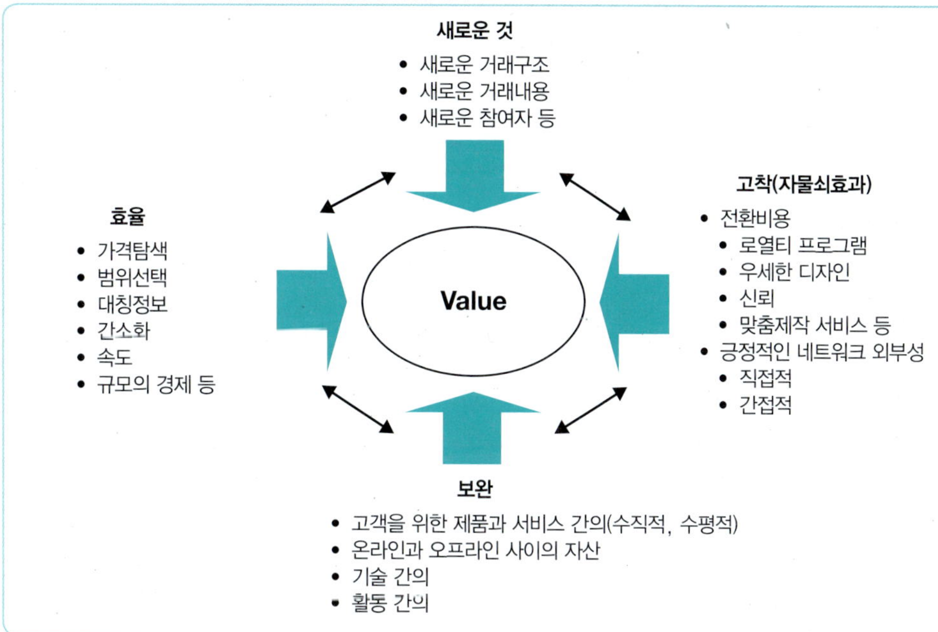

Source: R. Amit and C. Zott, 'Value creation in e-business', *Strategic Management Journal*, 2001, vol. 22, no. 6, p. 504.

- *효율성.* 효율성은 오프라인 환경에서의 거래 비용과 비교하여, e-비즈니스 기술을 이용하는 거래에서의 비용 절감 등의 효율성 향상을 의미한다. 이러한 효율성 향상은 구매자와 판매자 간의 정보의 비대칭성 감소, 낮은 상호간의 접촉 비용, 거래의 단순화뿐만 아니라 거래 과정 및 주문 이행 가속화 효과가 나타난다.
- *보완성.* e-비즈니스 기술은 개선된 공급망 조정, 기능적 이점 및 오프라인과 온라인간의 연계에 의해 상호보완성을 발전시킨다.
- *Lock-in.* e-비즈니스 기술에 의해 얻는 이익을 제공하는 업체와의 사업적 관계에 참여하는 고객(또는 파트너)의 동기에 관한 것이다. Lock-in효과는 온라인 소매업체의 고객 우대 프로그램, 거래 안전성과 제3자에 의해 보장되는 신뢰성 제공, 온라인 커뮤니티 홍보와 제품의 주문 제작 허용, 정보, 웹사이트 레이아웃과 컨텐츠를 통해 달성될 수 있다.
- *신규성.* 가치 창출은 상품/서비스, 프로세스와 비즈니스 모델 혁신을 위한 e-비즈니스의 사용에서 나타난다. 이 교재 파트 4의 몇 가지 사례 연구(예를 들어, Ducati, SpreadShirt, Otis and m-PESA)는 위의 네 가지 요소에 따라 새로운 e-비즈니스 가치 추진요인을 설명한다.

'위의 프레임워크를 고려하여, 시장에서의 경쟁력을 그들의 경쟁성의 강화와 성취력 향상을 위해 비즈니스 기술을 어떻게 활용할 수 있겠는가? (FT 기사 '재정적 성과와 직결

재정적 성과와 직결된 IT

PwC(회계컨설팅기업)에 의해 발간된 보고서에 따르면 기업의 재정적 성과와 디지털 기술의 지배력 사이에는 직접적인 관련이 있다.

5억 달러 이상의 연간 수입을 올리는 약 500개의 미국 회사들에 관한 내용을 다룬 PwC의 4번째 연간 디지털 IQ 조사를 근거로 한 화요일 보고서에서 재정적으로 좋은 성과를 보이는 미국회사들이 디지털 기술을 더 잘 사용하는 경향이 있다는 것을 시사했다.

구체적으로, 그들은 기업전략의 혁신적인 사용을 위해 소셜 미디어를 통해 날짜를 측정하고, 어플리케이션을 위한 공공의 클라우드를 사용하는 고객들을 위한 모바일 도구들을 제공한다.

"IT의 소비는 증가하고 있다. 조사에서 알 수 있듯이 우리는 데이터를 더욱 효과적으로 사용하면서 클라우드 서비스들을 이동시키며, 모바일 고객에게 제공하기 위한 요구를 계속해서 추구해야 한다. 그리고 조직은 기술이 포함된 통합 전략을 가지면서도 더 나은 수행을 추구해야 한다."라고 PwC의 사장 Chris Curran이 말했다.

"회사의 디지털 IQ를 높이는 것은 고객의 요구를 충족하기 위해 디지털 기술과 채널을 활용하는 방법을 개선하는 것을 의미한다." "혁신을 위한 생태계의 중점은 회사의 내부로부터 시장 밖으로 옮겨가고 있다. 고객과 직원의 기대치는 새롭고 역동적이며 흥미로운 환경에 의해 형성되고 있다. 만약 당신이 이러한 추세를 놓친다면, 점점 시장과 동떨어지게 될 것이다."라고 PwC의 수장인 John Sviokla가 말했다.

이전의 디지털 IQ 연구와 마찬가지로, 그 결과는, 높은 업무수행을 하는 회사들이 그들의 전략의 중심을 IT에 둘 뿐만 아니라 그들의 고위 관리직이 적극적으로 그 계획의 유통과 실행을 구동하는 것을 도와야 한다는 것을 확인했다.

최고 정보 책임자는 회사의 디지털 IQ를 증가시키기 위한 계획 과정에서 중요한 역할을 수행한다. 보고서의 저자는 회사가 성공하기 위해서는 오늘의 최고 정보 책임자들은 (임원실보다 광범위한)내부적인 관리뿐만 아니라 새로운 계획을 실행에 옮기는 것에도 힘써야한다고 제안하고 있다.

높은 디지털 IQ는 모든 종류 장치와의 상호작용과 데이터 스트리밍의 토렌트 증가로부터 통찰력을 발휘하여 선별하고, 모바일 기기를 변경하는 다양한 설정을 통해 이러한 기능을 제공할 수 있는 플랫폼을 만들기 위한 더 나은 방법들을 찾기 위해 최고 정보통신 책임자가 필요하다.

이 보고서의 연구결과는 IT의 우수성이 상품화 되지 않았으며 여전히 경쟁 우위를 만들고 있음을 시사한다. 사실상, 설문조사에서 나타난 주요 연구 결과는 고객들과 함께 다양한 방법의 연결이 가능한 IT는 기업경영성과에 있어서 눈에 띄는 차이를 만들어 낼 수 있다는 것을 시사한다고 보고서의 저자는 설명했다.

- *이제는 모두가 모바일 소비자이다.* 경영자들은 직원들과 고객들의 기대가 소비자가 주도하는 기술들에 의해 크게 영향을 받을 것이라 것을 인식해야 한다. 직원들은 그들의 개인적인 삶에서 사용하는 도구처럼 직장에서도 그들이 사용하는 도구들을 원하며, 직원들이 선택한 기기와 플랫폼이 회사들과 상호작용을 할 것을 고객들은 기대한다.
- 그 조사는 많은 기업들이 직원들에게 더 나은 모바일 도구의 개발에 집중하도록 하는 반면, 그들의 고객을 위한 해결책에는 적게 투자한 것을 보여준다. 모든 응답자의 45%만이 모바일 채널을 통해 고객들과 상호작용하고, 3분의 1 이하의 기업들만이 현재의 고객을 위한 모바일 기술에 투자하고 있다.
- *소셜 미디어는 중요한 데이터 원천(source)이다.* 그리고 소셜 미디어는 고객들을 확보하며 충성심을 구축할 수 있는 채널을 생성한다. 이것은 제품이나 서비스의 수명을 전체 제품의 수명주기에 새로운 차원을 추가하면서 보다 일정한 상호작용을 생성 할 수 있는 능력이다. 이러한 정보는 새로운 제품의 개발에 귀중한 통찰력을 제공하면서 기존 제품에서 더 큰 가치를 창출하는 수단이 될 수 있다.
- 그럼에도 불구하고, 대부분의 기업들은 아직 이러한 도구가 제공하는 혜택을 받아들이지 못했다. 전체 ➡

조사 응답자 중에서 37%만이 고객들에게 도달하기 위해 소셜 미디어 도구에 투자하고 있다.

- *비즈니스 응용 프로그램을 공공 클라우드로 옮길 시 더욱 경쟁력 있는 조직이 될 수 있다.* 클라우드의 개발은 틀림없이 소비자 주도의 IT를 이끌 강력한 도구이다. 클라우드 컴퓨팅은 소비자들이 인터넷으로 정보를 접하는 것뿐만 아니라, 즉석에서 모바일 폰으로 사건들을 구성하고 복잡한 작업을 여러 번 수행하여 복잡한 문제들도 해결할 수 있도록 돕는다.
- 아웃소싱의 시대에 클라우드는 점점 더 중요한 고려 사항이 되고 있으며, 이는 공공 클라우드 어플리케이션에 대한 투자가 증가하고 있는 이유이다. 최고의 조직 퍼포먼스를 보인 응답 조직중 30%는 공공 클라우드 어플리케이션에 투자하고 있으며, 2012년에는 87%가량 투자가 증가 할 것으로 예상된다. 개인 클라우드 투자는 여전히 공공 영역보다 중요하지만 회사는 하이브리드 접근 방식, 즉 조직의 디지털 IQ를 높이는 긍정적인 방향을 제시하고 있다.
- *기업은 비즈니스 데이터를 외부와 함께 협력함으로써 더 큰 통찰력을 획보할 수 있나.* 소식 외부에서 생성된 풍부한 정보는 빠르게 기업의 세계를 앞지른다. 그렇기 때문에 경영진은 운영, 제품 개발 및 고객 전략에 중요하다고 판단되는 광범위한 통찰력을 얻기 위해 외부 데이터를 사용하는 방법도 고려해 보아야 한다. 최고의 실적을 내는 기업들은 그들의 성과를 두드러지지 않게 하는 것보다 자신들의 조직 내 데이터를 관리하는 데에 더욱 많은 투자를 하는 것으로 알려져 있다. 설문 조사에 참여한 모든 기업들 중 55%는 고객데이터에 대해, 43%는 운영 성과를 측정하기 위해 더 많은 투자를 할 것이라고 응답하였다.

이 설문에 따르면 응답자의 63%는 가장 어려운 문제로 고객을 이해하고 직접 활용될 수 있는 자료를 수집할 수 없다는 것을 꼽았으며, 58%는 경쟁에 필요한 새로운 정보기술을 신속하게 이해하고 채택하는 데에 있어 근거 없는 인용이라고 응답하였다.

실적이 뛰어난 회사를 평가하는 정의에는 지난 12개월간 연간매출, 성장률, 수익성 및 혁신뿐 아니라 5%이상의 수익률 달성 등이 있다. PwC는 기업이 기술의 가치를 얼마나 이해하고 조직의 구조와 엮는가를 척도로 기업의 디지털 IQ를 정의한다.

FT *Source*: Taylor, P. (2012) IT linked to financial performance, *FT.com*, 31 January.

된 IT'는 이 화제에 실마리를 준다.) 이 질문의 핵심은 e-비즈니스 기술과 자원에 대한 기업 투자의 적합성뿐만 아니라 e-비즈니스 기능의 개발에 있다. e-비즈니스의 역량은 e-비즈니스 자원과 e-비즈니스 능력의 적절한 조합의 결과이다. 후자는 기업의 e-비즈니스 기술을 통한 내부 가치 생성(4.2 참고)과 가치 네트워크 안의 외부 관계(4.5 참고)를 모두 설명하는 프레임 워크[5]에 나타나 있다. 아래의 프레임 워크는 상호적 기능 또는 보조 프로세스의 여섯 단계로 구분되어 있다(그림 4.4 참고):

1. *기회 인지 능력*, 내부와 외부를 분석한 후에 비즈니스 기회를 식별하고 솔루션을 기반으로 한 효율적인 기술을 제공하는 회사의 능력.
2. *기술 채택 능력*, 특정 비즈니스 문제에 직면 할 때 e-비즈니스 관련 자원을 적절하게 할당하는 회사의 능력.
3. *시스템 개발 능력*, 최상의 기술 솔루션을 구현하는데 필요한 적절한 전자 상거래 시스템 자원을 얻는 능력.

그림 4.4 광범위한 e-비즈니스 기능 모델

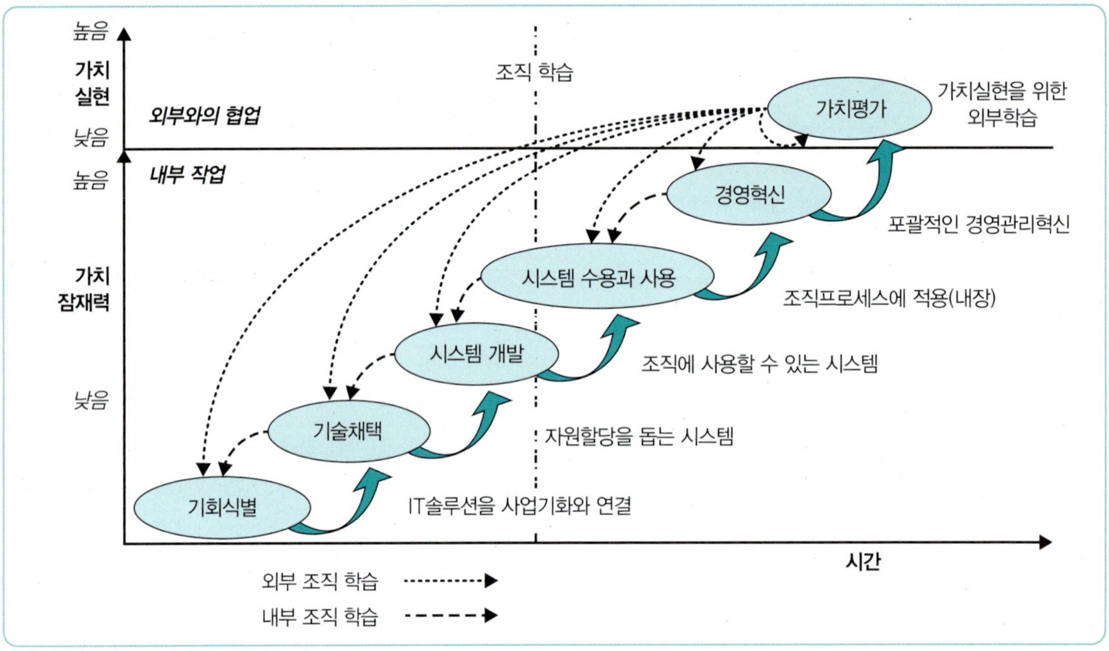

Source: J.-N. Wu and L. Liu, 'E-business capability research: a systematic literature review', Proceedings of the 3rd International Conference on Information Management, Innovation Management and Industrial Engineering, IEEE, 2010, p. 145.

4 *시스템 수용과 사용 능력*, 정기적으로 e-비즈니스 시스템을 사용하는 직원 및 비즈니스 파트너를 확신시키는 회사의 능력.

5 *비즈니스 혁신 능력*, 제품의 포트폴리오, 자원 파트너십 또는 지식의 관리 방법의 혁신과 같은 조직의 변화를 설명할 수 있는 능력.

6 *가치 평가 능력*, e-비즈니스 가치의 목적이 달성되는 방법을 평가하는 회사의 능력. 이 능력과 피드백의 결과는 체제 학습과 e-비즈니스의 가치를 추가로 생산할 수 있다.

4.2 인터넷의 영향을 받는 가치사슬의 분석

가치사슬 분석틀은 회사 내에서 가치가 얼마나 창출되는지를 고심하는 데 도움이 된다.[6] 가치사슬 분석틀 분석은 전략적으로 관련되거나 상호 연관된 활동들로 회사를 나누면서 이루어진다. 본질적으로, 회사 내부의 가치사슬은 개인 활동을 통해 만들어지는 가치 창출을 중심으로 돌아간다.

궁극적으로, 경쟁우위는 회사가 경쟁사보다 더 멋지고 효율적으로 수행할 수 있는 활동들에 달렸다. 어떠한 활동이 회사의 가치사슬을 분석하는 데 포함되어야만 하는지를 규정하는 일반적인 청사진은 없다. 하지만 다음과 같은 기준이 구체적인 활동들을 포함

그림 4.5 구분되는 가치증대 활동으로 이루어진 회사의 가치사슬

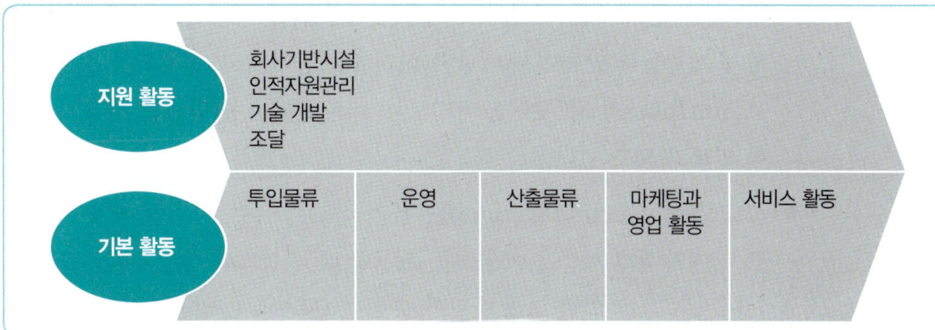

Source: Adapted with the permission of The Free Press, a Division of Simon & Schuster Adult Publishing Group, from Competitive Strategy: *Techniques for Analysing Industries and Competitors* by Michael E. Porter.

할 때 사용되어야 한다.

- *다른 경제조건을 나타내야 한다.* 예를 들어 소프트웨어는 무시할만한 비용에 복제될 수 있기 때문에 새로운 소프트웨어 프로그램의 개발 활동은 매우 큰 규모의 경제를 나타낸다.
- 높은 *차별화 가능성을 제공해야 한다.* 이것들은 제품 및 서비스 품질, 편의나 명성과 같은 유형과 무형의 소비자 이익을 크게 높일 수 있는 활동이다.
- *상당한 비용을 제시해야 한다.* 이것들은 회사의 전체 비용구 조에 크게 추가되는 활동들이다. 예를 들어 두카티(Ducati)의 경우, 비용은 제품 개발과 제조와 관련된 활동에서 발생한다.

전체 업계 수준에서 기업의 가치사슬은 기본 활동과 지원 활동을 포함한다(그림 4.5 참고).

인터넷이 가치사슬을 변경하는 방법에 대해 더 잘 이해하려면, 어떻게 델(Dell)이 자사의 가치사슬을 변화시켜 왔는지 더 자세히 살펴봐야 한다.

- *투입물류(inbound logistics)*는 수신, 보관, 그리고 회사 내에 구매해서 들어오는 제품 분배로 구성된다. 더 자세하게 설명하면, 이것은 재고수준과 주문 배치와 같은 활동들을 포함할 수 있다. 자사의 공급업체들과의 긴밀한 연계를 통해, 델은 근본적으로 자사의 구매물류를 변경했다. 예를 들어 델이 소니(Sony)에서 모니터를 얻을 때, 박스들은 델 공장에 배송되지 않았다. 대신, 델은 UPS 같은 물류 회사와 협정을 맺어 소니 제조 공장에서 필요한 모니터를 수거해오고, 그것들을 컴퓨터와 매치하여 고객들에게 배송했다. 이렇게 하면 창고 용량과 창고 재고에 대한 필요성을 줄이고 수송 단계를 줄일 수 있다.[7]
- *운영(operations)*은 제품과 서비스를 제공하기 위해 필요한 활동으로 구성되어 있다. 대부분의 경우, 인터넷은 극적으로 기업의 생산 활동을 변화시켰다. 온라인 주문을 통

해, 기업들은 주문과 생산 사이의 시간을 크게 줄여 실시간으로 물건을 생산할 수 있다. 예를 들어 주문 웹사이트와 생산 시설 간의 긴밀한 연계를 통해, 델은 주문과 일치하게 제품들을 만들어서 매출과 회전율을 증가시키고, 재고를 절감할 수 있었다.[8] 유튜브(YouTube)의 경우에는, 비디오와 같은 콘텐츠를 만드는 사용자가 가치사슬의 중요한 일부가 되고 있다.

- *산출물류(outbound logistics)*는 물리적으로, 혹은 디지털 제품일 경우에는 전자적으로 구매자에게 제품을 제공하는 활동들로 구성되어 있다. 예를 들어 공급업체에서 넘기는 제품들로 인한 출고과정의 축소도 델의 출고 비용을 줄인다. PC 모니터와 같은 상호보완적 부품은 공급업체에서 직접 최종고객에게 배송한다. 또한 애플(Apple)의 아이튠즈(iTunes)는 음악에 대한 수익성 있는 온라인 유통 채널임을 입증했고 합법적인 음악 다운로드가 어떻게 구현되는지 보여준다.
- *마케팅과 영업 활동(marketing and sales)*은 고객들이 제품을 사도록 만들고 제품을 구입 할 수단을 제공하는 것을 목표로 한다. 여기에는 온라인 카탈로그를 제공하고 온라인 마케팅 캠페인을 실행하는 활동들이 포함된다. 예를 들어 테스코(Tesco)는 인터넷에서 (Tesco.com)온라인 채널을 추가하여 식료품 판매를 크게 증가시켜 왔다. 또한 테스코 다이렉트(Tesco Direct)의 출시를 통해, 식료품 외에도 전자제품 및 가구 등과 같은 다양한 항목을 추가했다. 판매량을 높이기 위해 온라인 채널을 활용하는 반면에, 테스코는 또한 온라인 채널을 광고하기 위해 자사의 매장 네트워크에 의존하고 있다. 예를 들어 온라인에서 구입할 수 있는 모든 상품들이 포함된 종이 카탈로그를 실제 테스코 매장의 계산대에 배치하여 온라인 판매를 촉진하고 있다. 온라인에서 제품을 구입한 고객은 제품을 자신의 집으로 배달시키거나 가까운 테스코 매장에서 수령하는 방법 중에서 선택할 수 있다.

  다른 산업에서도, 실제 판매 채널은 초기의 인터넷 붐 시절 처음 예상했던 것보다 더 많은 가치를 가지게 되었다. 금융업계에서, 대부분의 기업 전문가들은 가상 은행들이 그들의 비용집약적인 경쟁상대인 오프라인 기업을 가격과 이익 부문에서 모두 능가할 수 있을 것이라고 가정했다. 그러나 은행 고객들은 실제로 그들이 상담가를 만날 수 있는 실제 오프라인 기업의 지점들에 가치를 두었다. 노디어 은행의 경우 온라인 활동과 실제 지점에서의 영업 활동의 통합에 중심을 두고 영업하여, 온라인 세계에서 성공하는 방법을 보여주었다.
- *서비스* 활동은 제품의 설치, 부품 공급, 결함이 있는 제품의 교환을 포함하는 애프터서비스를 포함한다. 테스코의 경우 고객들이 온라인에서 구매한 결함 있는 제품을 실제 매장에 반품하는 것이 가능하다.

가치사슬에서 다양한 활동의 중요성은 산업마다 다르다. 서비스 기업들에서는 운영,

마케팅, 영업 활동이 중요하다. 아마존과 같은 물리적인 상품의 소매업체는 마케팅과 판매뿐만 아니라 구매와 출고(inbound and outbound logistics)도 중요시한다. 소비자의 만족도를 높이기 위해 아마존은 소비자의 과거의 구매를 분석하여 그 결과를 바탕으로 해당 소비자의 추천 목록과 같은 마케팅 도구를 이용한 정교한 판매를 제공한다. 영업의 일부로서, 아마존은 고객이 한 번 개인정보를 등록하면 다음에 물건을 살 때 추가 정보를 제공하지 않고 아이콘만 클릭하여 간단하게 물건을 살 수 있는 원 클릭 지불 시스템을 개발했다. 따라서 이미 명시된 가치사슬이 모든 개별 기업 분석에 적용할 수 있는 청사진은 아니다. 대신에 그것은 회사의 개별적인 상황에 따라 기업을 운영하는 방법에 대해 잘 이해할 수 있도록 이용되어야 한다.

직접적으로 생산 및 판매과정과 관련된 기본 활동 외에, 가치사슬은 다음과 같은 지원 활동들로도 구성된다.

- *조달*은 조직 내의 다른 프로세스에 대한 기본적인 구매를 다룬다. 예를 들어 기계, PC, 서버 및 사무 장비의 구매를 포함한다. 조달은 종종 회사의 전반적인 비용 구조의 중요한 요소가 된다. 이 교재의 사례연구 부분에 있는 구매 프로세스 방법에 대해 구체적으로 다루고 있는 IBX의 경우에도 전자 플랫폼의 사용을 통해 더 효율적 생산이 가능하게 되었다(B2B e-마켓플레이스에 대한 자세한 설명은 10장 참고).
- *기술개발*은 제품 디자인에 대한 특정 연구개발R&D을 포함한다. 또한 기술개발은 다른 회사활동의 기능을 최적화하는 개발 활동을 말한다. 예를 들어 스프레드셔츠(Spreadshirt)의 핵심 자산 중 하나는 가게 주인이 쉽게 맞춤형 디자인을 제공하는 새로운 온라인 상점을 만들 수 있도록 개발된 자사의 웹사이트다. 지속적인 업데이트와 변화하는 고객의 요구 사항에 적응하는 웹사이트를 개발하기 위해서는 기술 개발에 큰 투자를 해야 한다.
- *인적자원관리*는 인적자원의 채용, 관리, 훈련 및 개발로 구성된다. 인터넷은 온라인 채용, 웹사이트에 기반한 훈련과 인트라넷 기반의 지식 관리를 통해 이런 활동들을 변형시켰다. 인적자원은 이동하는 기업 자산이므로 인적자원 문제는 인터넷 회사의 지리적 위치를 선택할 때 영향을 미친다. 예를 들어 아마존은 IT 전문가들을 유치하기 위해 미국 시애틀에 본사를 세웠다.
- *회사기반시설*은 사무실, 공장, 창고 및 유통 센터를 포함한 회사의 실제 형태를 나타낸다. 온라인 소매업체임에도 불구하고, 아마존은 배달을 조정하기 위해 자사의 핵심 시장 안에서 자사 창고의 네트워크를 운영하고 있다.

그림 4.6은 인터넷이 가치사슬의 다양한 활동에 어떻게 영향을 미치는지 보여준다.

회사가 가치사슬 내에서 특정 활동을 수행하기 위해서는 기술과 노하우 기능뿐만 아니라 물리적, 재정적, 인적자원과 같은 특정 자원의 배치도 필요하다. 그러나 이러한 자

그림 4.6 가치사슬에서 일어나는 활동에 대한 인터넷의 영향

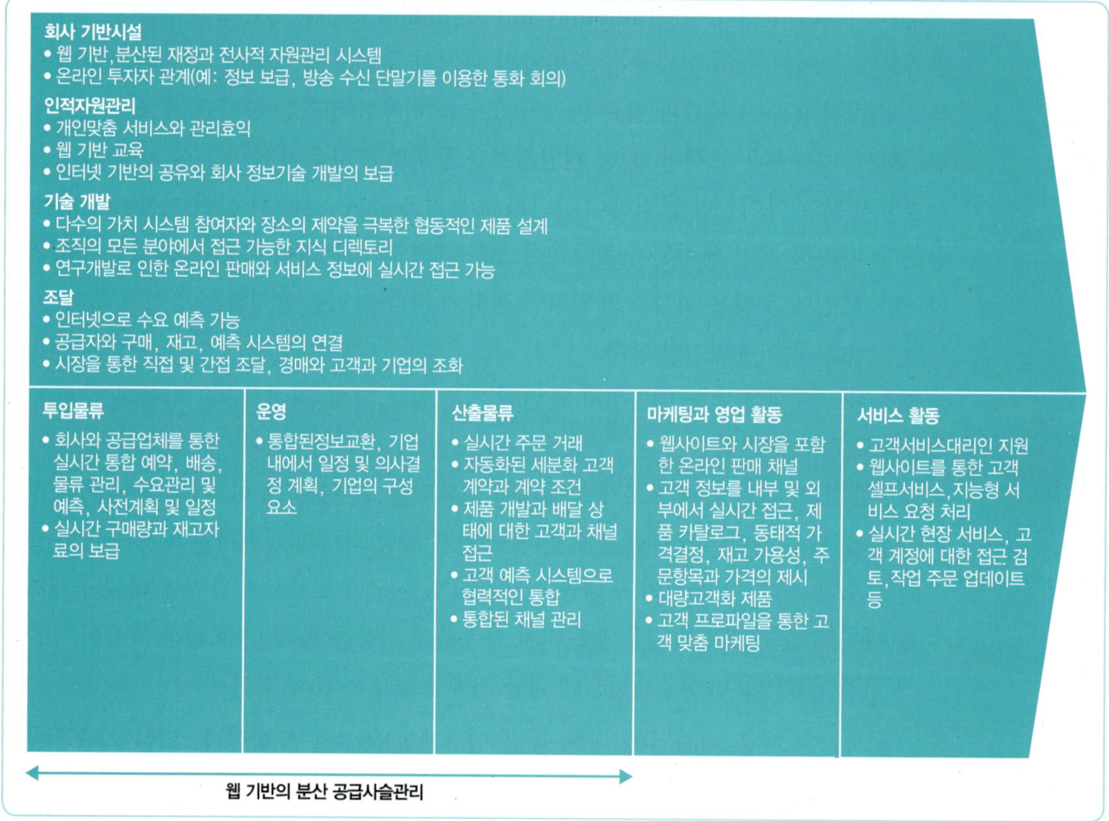

Source: Reprinted by permission of Harvard Business Review [Exhibit RO 103D]. From 'Strategy and the Internet' by M. Porter, March 2001. Copyright © 2001 by the Harvard Business School Publishing Corporation, all rights reserved.

원과 기능의 포트폴리오는 고정되어 있지 않다. 회사가 기간 내에 특정한 활동을 수행할 때, 다른 부서들은 프로세스를 개선하고 자산을 창출함으로써 내부적으로는 역량을 구축한다. 게다가 또한 향상된 기술, 우수한 브랜드 명성 혹은 공급 기업들과 구매기업들 간의 강력한 관계를 지원할 수 있는 자원들을 구축한다.[9]

4.3 가상 가치사슬의 활용

가치사슬의 맥락에서 살펴보면, 가치의 창출 과정에서 정보의 중요성을 강조하는 가상 가치사슬의 개념을 소개하는 것도 흥미롭다(그림 4.7 참고).[10] 이 개념을 가능케 하는 핵심 요인은 기업의 방대한 양의 정보를 획기적으로 처리할 수 있는 IT의 발전과 고객관계관리(CRM) 시스템의 진화 때문이다.

가상 가치사슬의 개념은 주문처리와 물류와 같은 실제 가치사슬 활동에서 발생하는 정보를 고객서비스 품질향상을 위하여 사용하는 것으로 설명할 수 있다. 정보 재활용이

그림 4.7 가상 가치사슬이 실제 물리적인 가치사슬에서 수집된 정보가 새로운 시장을 개발하는데 어떻게 사용될 수 있는지를 설명하고 있다

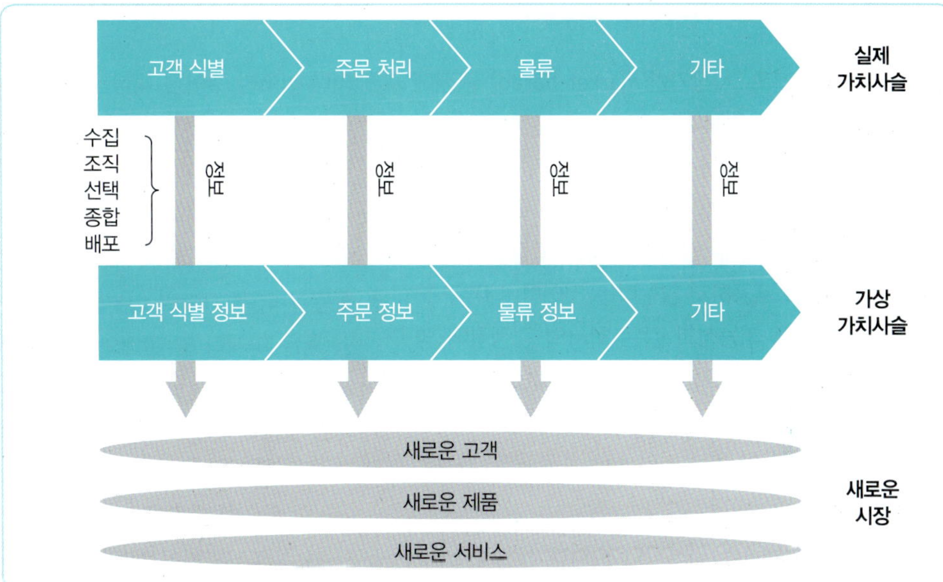

Source: Adapted from A. Enders and T. Jelassi, 'From e-banking to e-business at Nordea (Scandinavia) – the world's biggest clicks-and-mortar bank', *Management Information Systems Quarterly Executive*, vol. 5, no. 1, 2006, pp. 31–44.

라는 개념을 바탕으로, 가상 가치사슬은 실제 가치사슬 내에서 포착된 정보를 사용하여 가치를 창출하는 새로운 기회를 제시한다. 비록 정보가 고객의 잠재적인 가치를 나타낼지라도 과거에는 많은 정보가 단지 실제 가치사슬에서 가치를 부가하는 프로세스를 지원하는 용도로만 사용되었다.

가상 가치사슬의 주요 목표는 고객이 가치 창조의 산물인 정보를 사용할 수 있도록 새로운 기회를 찾는 것이다. 이는 다음과 같은 단계로 구성된다 : 정보의 수집과 조직, 고객들에게 가치 있는 관련 있는 정보의 종합, 그리고 마지막으로 정보 배포를 위한 적절한 형식의 선택이다.

가상 가치사슬의 프레임워크는 이 책에서 여러 가지 사례 연구를 분석하는 데 사용된다.

예를 들어 테스코는 자사가 보유하고 있거나 이미 자사의 고객에 대한 가치를 창출했던 정보를 사용하고 있다. 테스코는 회원카드를 통해 오프라인 기업 환경에서 구매 패턴과 관심 상품에 대한 고객의 자세한 정보를 수집한다. 고객이 온라인구매를 시작하면 그/그녀의 온라인 구매 목록은 이전에 실제 매장을 방문했을 때 그/그녀가 구매했던 모든 제품들의 목록으로 우선 채워진다. 이 정보를 활용하여, 테스코는 인터넷 쇼핑에 생소한 고객들이 원하는 제품을 신속히 찾을 수 있도록 지원한다.

노디어 은행에서는 고객들에게 연금의 상태에 대한 정보를 열람할 수 있게끔 하고, 이 정보는 정보기관으로부터 관리된다. 은행은 전자식별(e-identification)과 전자사인

핵심적 관점 4.1

자원기반 관점과 시장기반 관점의 비교

1990년대 이래로, 시장기반(market-based) 관점에서 포터(Poter)의 경쟁우위 전략은 근본적으로 시장지향 가정 때문에 많은 비판을 받아왔다. 비판의 초점은 포터의 접근 방식이 특정의 경쟁력 문제를 진단하는 데 도움이 될 수 있지만 그것을 해결하기 위한 어떠한 수단도 제공하지 않는다는 것이다. 내부구조, 프로세스, 자원, 기능성과 같은 회사의 경쟁력에 영향을 미치는 주요한 요인에 대해서 적절히 설명되지 않았다. 이러한 단점을 완화하기 위해서 회사의 내부적 관점, 즉 회사의 핵심 역량에 초점을 맞춘 자원기반(resource-based) 관점이 개발되었다.

잠시 동안 우리는 전략경영 이론에 대해 살펴보고, 자원기반 관점과 시장기반 관점 사이의 관계에 대해서 토론해보자. 많은 저자들이 이 둘 간의 접근법이 기본적으로 다르다고 가정하지만, 두 접근들은 서로 경쟁 관계에 있는 것이 아니라 서로 보완하고 있다는 연구가 증가하고 있다.[11]

비록 자원기반 관점과 시장기반 관점이 서로 다른 관점에서 전략수립에 접근하고 있지만 그들의 기본적인 생각은 비슷하다. 이것은 시장기반 관점(외부환경에 초점을 맞추고, 기능별로 지향된 활동)과 자원기반 관점(내부적으로 지향하고, 교차기능별 관점에서 발생하고 강조되는 역량) 사이의 간격을 줄인다. 철저한 검토를 기반으로 두 관점 사이에 인식되어 있는 이분법은 다음과 같다.

- *외부와 내부의 초점에 따른 이분법:* 시장기반 관점은 산업구조의 측면에서 회사의 외부적인 경쟁 구도를 강조한다.(파트 3.2 참고) 그러나 동시에 내부적으로 실행되는 활동을 통해 경쟁우위 창조 활동을 강조한다. 그리고 활동들을 통해 가치를 창출하는 능력은 궁극적으로 내부 자원과 기술의 품질에 의해 결정된다. 반면에, 자원기반 관점은 자원과 기술의 내부적 고려에서 시작한다. 그러나 어떠한 주어진 핵심 역량은 특별하고 지속적인 가치창출의 요구사항을 이행해야 될 필요가 있다. 여기에서 말하는 요구사항이란 회사의 외부적인 요인들의 제공을 요구하거나, 소비자의 선호나 경쟁구도에 대한 통찰력을 제공하는 것이다.
- *활동과 역량 사이의 이분법:* 시장기반 관점은 운영 혹은 마케팅 및 판매와 같은 활동들의 정의로 시작한다. 그러나 그들이 경쟁우위를 창출하는 이러한 활동을 수행하기 위해서 회사는 궁극적으로 우수한 자원과 기술을 보유해야 한다. 왜냐하면 이러한 우수한 자원과 기술이 우수한 활동을 만들기 때문이다. 반면에 자원기반 관점은 경쟁우위를 달성하는 주요한 요인은 핵심 역량에서 시작한다. 그러나 자원과 기술로 구성된 역량은 오직 활동의 일환으로서 가치를 창조한다. 예를 들어 강력한 브랜드는 그 자체로는 가치가 없다. 대신에, 기업이 마케팅 활동에 더 적은 돈을 지출하는데도, 소비자 인지도에서 같은 브랜드 명성을 가지고 있기 때문에 더 많은 돈을 지출해야 하는 다른 회사들과 똑같은 결과를 가질 때, 브랜드는 가치를 창출한다. 따라서, 역량 역시 궁극적으로 경쟁우위를 얻기 위해서는 활동에 의존한다.
- *기능별관점과 교차기능별관점 사이의 이분법:* 가치사슬의 분석틀을 통해 시장기반 관점은 개별 활동을 수행하는 기능적 부문에서 시작한다. 그러나 부문별 구조(divisional structure)를 기반으로 하기 때문에 교차기능별 관점에서 일관성, 강화, 최적화를 달성하는 서로 다른 활동들 사이에 조화를 요구하게 된다. 반면에 자원기반 관점은 일반적으로 교차기능별 프로세스 역량으로 시작한다. 그러나 최종적으로 프로세스는 기능적 부문에도 위치한 개별적인 활동으로 이루어진다.

(e-signature) 기능을 지원하는 온라인 고객인증 제도를 제공한다.

아마존은 또한 물리적인 가치사슬에서 수집한 정보를 이용하여 가치를 창출하는데 사용한다. 고객들은 온라인에서 구매한 이력을 추적하고 배달 상황을 파악할 수 있다. 개인 도서목록에는 사용자와 유사한 이력을 가진 다른 사람들이 많이 읽은 책을 추천해준다. 이러한 내용은 아마존이 데이터베이스에서 사용되지 아니한 정보를 재가공하여 사용하고 있다는 것을 보여준다. 더욱이 다른 고객들의 구매평을 제시해주고, 최소한의 비용으로 운영되는 정보수집 시스템을 이용하여 구매하고자 하는 책의 샘플을 제공하는 가치증대 활동을 하고 있다.

4.4 고객들과의 온라인 상호작용에 관한 선택 활동 — ICDT 프레임워크

기업들이 e-비즈니스 활동을 개발함으로써, 그들은 점점 정교한 e-비즈니스 기능을 제공하기 시작했다. ICDT 모델은 회사가 고객들에게 제공할 수 있는 주요 특성들을 설명한다.[12] 기본적으로 그림 4.8에 나와 있는 네 가지 옵션들이 있다.

4.4.1 정보 활동

정보 활동은 회사 웹사이트의 광고와 게시된 정보를 포함한다. 정보 활동에는 회사, 제품, 그리고 서비스 관련 정보가 포함되어 있다. 인터넷의 상업적인 사용이 1990년대 중반에

그림 4.8 가상시장에서 사용되는 주요한 4분면에 대한 ICDT 모델

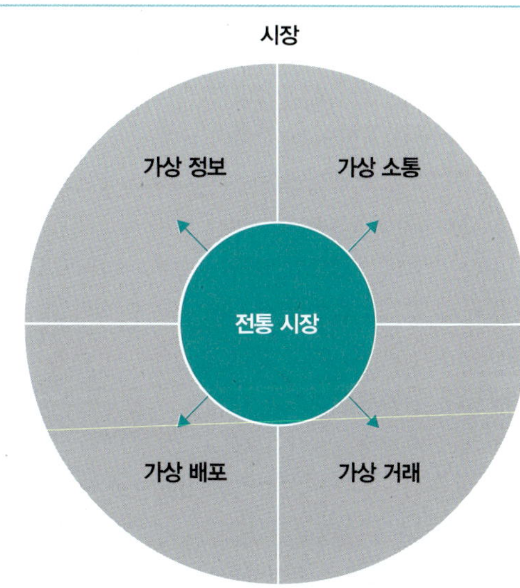

Source: Adapted from A. Angehrn, 'Designing mature internet strategies: the ICDT model', *European Management Journal*, 1997, vol. 21, no. 1, pp. 38–47.

광범위하게 되었을 때, 기업들이 고객들에게 그들의 상품과 서비스에 대한 정보를 제공하기 위해 회사의 웹을 설계했다. 그 시점에서, 인터넷은 아직 다른 마케팅 채널 또는 전사적 자원관리(enterprise resource planning), ERP 시스템과 밀접하게 통합되지 않았다.

그 이후로 정보 제공은 대폭 변경되었다. 오늘날 많은 기업들은 그들의 인터넷 광고를 다른 채널과 밀접하게 연결한다. 또한 인터넷을 통해 정보를 제공하는 것은 더 이상 고정된 방법이 아니다. 대신, 온라인 카탈로그는 물류창고나 제품계획 시스템과 밀접하게 연결되어서 고객들이 주문한 제품을 즉시 찾을 수 있고 배달될 수 있도록 지원하고 있다.

《FT》 '광고주들은 새로운 기술들을 습득하기 위해 서두르고 있습니다'는 기사에서 오늘날 광고의 형태로 이루어지는 온라인 세계 정보활동의 중요성을 보여준다.

광고주들은 새로운 기술들을 습득하기 위해 서두르고 있습니다

몇 년 전만 해도 디지털 마케팅은 승승장구했었지만 수십 년 후 인기 있는 웹 사이트의 등장들로 회사와 광고대행사들은 마침내 온라인 디스플레이 및 검색광고의 다채로움을 이해하게 되었다. 그러나 지난 몇 년 동안, 새로운 기술의 발전은 기존의 광고주들의 사업방식을 또다시 파괴하는 반향을 불러일으켰다. 실리콘 벨리에 적합한 광고 사업들은 Facebook과 Twitter, Google, 그리고 신생기업의 합류로 전통적인 마케팅 예산 할당에 대한 가정을 뒤집어엎었다.

대기업들은 검색광고뿐만이 아니라 소셜 미디어, 비디오, 오디오, 모바일 마케팅, 소셜 마케팅까지 고려해야 한다. "우리는 더 이상 주어진 목록에서 검색하지 않기에 디스플레이에서 멀어질 필요가 있다."고 North America for R/GA, the digital agency의 chief creative officer인 Nick Law가 말했다. "요즘의 일들은 복잡하게 연결되어 단 한 부분만 없어도 온전한 결과를 바라기 어렵다."

이러한 플랫폼의 제안은 엄청난 것들이다. 디지털과 소셜 미디어마케팅의 새로운 시대로 접어들면서 고객들은 자신의 기호에 맞는 선택과 좀 더 다양한 접근방법으로 기업에 접근할 수 있게 되었다. 기업들은 광범위한 (창조팔레트)작업을 통해 추가데이터를 수집할 수 있으며 이를 토대로 한 연구를 진행할 수 있다.

하지만 어떻게 해야 디지털과 소셜 캠페인을 성공적으로 실행할 수 있느냐에 대한 문제는 아직 밝혀지지 않았지만 일정한 실험에 의해 밝혀진 단 하나의 공식은 대행사와 기업들이 분리되어 있다는 사실이며, 또 한 가지의 의문점은 캠페인의 효과 및 투자회사의 수익을 측정하는 방법이다.

어도비 소프트웨어 회사의 최고 마케팅 책임자인 Ann Lewnes는 초기의 디지털 및 소셜 마케팅을 추진하도록 하였다고 말하였다. 그녀는 "고객으로부터 배울 수 있는 무엇인가가 있다고 생각했기 때문에 캠페인을 지속적으로 이어왔다."라고 말하였다. "우리는 그 능력과 결과를 측정할 수 있는 가능성을 보았다." 지금의 어도비는 예산의 74%에 달하는 1억 달러를 디지털 마케팅에 사용하고 있다. 어도비와 같이 디지털 우선의 회사라고 하더라도 각각의 캠페인들은 새로운 시작이라고 할 수 있다. Ms Lewnes는 "예산의 20%는 체험 캠페인 쪽으로 산정되어 있으며, 각 제품의 출시를 위해서는 소유하고 있는 미디어에 대한 다른 지불방식과 적립이 필요하다."라고 말하였다.

최근의 가장 큰 변화는 아마도 텔레비전, 인쇄 및 옥외와 같은 one-way 위주의 방송 메시지들이 기업들과 소비자 간의 쌍방향 소통이 가능한 소셜 기능을 가지게 된 것일 것이다. "이러한 것들을 위해서는 소비자들의 인식의 변화가 필요하다"라고 미디어 회사 Gannett의 최고 마케팅 책임자인 Maryam Banikarim는 말한다. "업계종사자들은 마케팅을 실현하기 위해 one-way를 쌍방향 소통으로 대체하고자 한다."

그러나 디지털 및 소셜 캠페인의 투자수익의 효과를 정량화하는 것은 아직까지도 도전과제로 남아 있다. 이때 마케터들은 검색유입과 광고 전환율을 추적하는 것보단 검색 및 디스플레이 광고의 비용, 구매의도와 인터넷을 통한 결제를 수치로 추정하는 것이 더 나은 접근방법일 것이다. Ms Lewnes는 "많은 사람들은 그들의 팬과 팔로워들을 스스럼없이 나타내고 있다, 데이터수집의 가장 중요한 핵심은 사람들이 어떠한 것으로 인해 행복감을 느끼고, 불행함을 느끼는가에 대해 이해하는 것이라고 말할 수도 있다."

Twitter나 Facebook을 통해 기업들은 실시간으로 사회적인 이슈로부터 영감을 얻을 수도 있다. MTV는 비욘세의 임신소식을 이슈로 하여 비욘세에 대한 많은 사진과 이야기들을 웹사이트에 실었지만 이런 많은 게시글들은 온라인의 상태를 측정하는 데에만 그쳤다. 세계에서 두 번째로 큰 소비재 제품그룹 광고주인 Unilever의 최고 마케팅 책임자 Keith Weed는 이렇게 말한다. "디지털은 그 무엇보다도 측정 가능한 이론이지만, 활용에 있어 아직은 미성숙한 부분이 많다. 우리가 가장 중요하게 여겨야 하는 것은 디지털의 투자수익의 성숙도일 것이다."

마케팅을 위해 창의적인 기회를 포착하고 통찰력을 기르는 것은 비용증가로 이어질 수 있다. 사내 및 광고 대행사들의 경우 마케터들이 새로운 기술을 습득하고, 회사에 대한 온라인 대화의 기하급수적인 성장을 모니터링하기 위한 직원을 고용한다. Ms Lewnes는 "하루 종일 이것을 모니터링 하는 사람들이 존재한다."라고 말하였다.

무수히 많은 옵션들은 기업과 대행사를 중심으로 그들의 업무방식을 바꾸게끔 강요하고 있다. R/GA의 Mr Law는 20년 전에도 이러한 템플릿이 있었다고 말한다. "지금의 미디어는 매우 유연하기 때문에 일반적인 클라이언트의 참여가 없어도 매우 구체적인 것들을 얻을 수 있다." 어떠한 브랜드들은 페이스북 페이지가 절실히 필요로 할지도 모르며, 어떠한 브랜드들은 게시판 및 블로그 등 다른 웹을 통해 소비자들의 참여를 이끌어내는 전략이 필요할 수도 있다. 이러한 접근방식은 조직 내부의 부서들 간의 콜라보레이션을 이끌어내는 새로운 방법이다. Ms Lewnes은 "이러한 접근방식은 마케팅 부서를 훨씬 더 가까이에 두는 것과 같다."라고 말하였다. "그들은 모두 그들의 silos를 사용하며, PR과 광고역시 자체적으로 운영된다. 그들은 함께 노력하고 있는 것이다." 가장 좋은 이점은 통일된 메시지들이 텔레비전, 인쇄물, 라디오, 웹을 통하여 통합된 마케팅 캠페인으로 발전할 수 있는 것이다. "이러한 것들에 동조하고자하는 것들은 많다"라고 Mr Weed는 말하였다. "이것은 같은 광고소재가 여러화면을 가로질러 흐르는 것이다." 최근 접근성이 높아지고 있는 이머징 마켓 웹에서는 글로벌 캠페인이 가능하다. "몇 년 전만 해도 내가 종사하던 국가기반의 캠페인들이 더욱 많았지만 Google이나 Facebook이야말로 진정한 글로벌 미디어 기업이다."라고 Mr Weed는 이야기하였다.

마케팅 비용은 지출대비 최대효율을 달성하기 위해 매우 다양화되었으며, 선진국일수록 더욱 높은 디지털 마케팅 비용을 지불하고 있다. Unilever를 예로 들자면 미국에서 35%, 유럽에서 25%를 예산으로 책정한 반면 인도에서는 4%만을 마케팅 예산으로 책정하였다. Mr Law는 "이머징 마켓들은 우리보다 훨씬 더 빠른 변화과정을 통해 디지털 미디어를 채택하고, 빠른 시일 이내에 따라잡을 수 있을 것이다."라고 말한다.

2013년을 기준으로 하여 아직까지도 텔레비전 광고 플랫폼이 총지출의 40%에 달할 정도로 크나큰 비중을 차지하고 있는데, 그에 비하면 디지털 광고는 아직 세계적인 광고 시장에서 작은 부분만을 차지할 뿐이다. ZenithOptimedia의 2011년 디지털 광고 지출은 전체의 16%에 그쳤지만 이러한 지출비용은 빠르게 증가하고 있다.

디지털 및 소셜 사업의 성장을 관리하기 위해 기업들은 강제로 광고대행사들과의 관계들을 조정하였다. Unilever는 100명 이하로 구성된 400개 이상의 디지털 대행사들과, 세계적으로 12위 안에 드는 기업들인 Razorfish, AKQA, R/GA를 포함하여 관련된 회사들을 줄여나가기 시작하였다. Mr Weed는 "이미 다른 매체를 통해 지출을 세분화하고 있으며, 만일 전달하고자 하는 메시지를 세분화한다면 당신의 결합력은 낮아지며, 우리의 캠페인에 참여하게 될 것이다."라고 말하였다.

기술은 빠르게 변화하고 있으며, 일부 마케터들은 지금부터 출시될 새로운 소셜 플랫폼들은 아마도 그들의 관심을 요구할 것이라고 주장한다. 클립 서비스와 온라인 핀보드 및 공유사이트들은 비즈니스모델이나 내구성의 증명은 없지만 얼리어답터 사용자들이 많으며, 마케터들의 이목을 끈다. 마케팅의 세계에서 이러한 변화들은 승자와 패자를 결정짓는데 도움을 준다. Facebook 같은 회사는 작년만 해도 광고로 37억 달러를 취득하였으며, 기업의 가치는 약 1,000억 달러로 평가된다.

모바일에 엑세스하기 위한 웹 팩과 같은 몇 가지 기본적인 트렌드는 부상하고 있다. "이전에는 pc를 통해 10억 사용자들이 인터넷에 접속했다면, 다음에는 모바일을 통해 10억 사용자들이 인터넷에 접속할 것이다."라고 (최근 휴대폰을 두 개나 소유하고 있는 뭄바이 빈민가 사람들을 만나고 온) Mr Weed는 말했다. Unilever는 Apple'의 모바일 iAd 마케팅 플랫폼의 가장 큰 고객이였으며, 향후 2년을 위해 계약을 갱신하였다. Mr Weed는 나는 나의 다음 경쟁자가 되고 싶지 않다고 말한다.

마케터들의 새로운 디지털 및 소셜 옵션에 대한 선호가 지속된다면 Facebook과 소셜미디어들은 그들의 가치를 입증해보일수 있을 것이다. 그러나 온라인 옵션에 대한 광고주들의 지출이 일회성으로 끝나거나 소셜미디어의 제안이 실현되지 않은 경우에는 하루아침에 꺼져버릴 또 다른 버블처럼 보일 수 있다. 하지만 이에 관계없이, 특정 신기술들은 소비자와 브랜드의 상호작용 방식을 바꿀 것이다. 웹이 10년 전 광고시장을 재편한 것처럼 여기서 디지털 및 소셜 미디어 마케팅은 회사와 광고대행사를 재평가하고, 언제 어떻게든 잠재고객과의 결합을 활발히 진행해나갈 것이다.

"결국 디지털 개념은 사라지는 것입니다. 제가 20살 먹은 아들에게 오프라인 온라인에 대해 설명하니 그저 웃더군요."라고 Mr Weed는 말했다.

FT *Source*: Gelles, D. (2012) Advertisers rush to master fresh set of skills, *FT.com*, 7 March.

4.4.2 커뮤니케이션 활동

커뮤니케이션 활동은 회사와 그 회사의 온라인 방문자나 고객 사이의 양방향 통신을 포함하는 개념이다. 이는 이메일, 실시간 대화와 같은 인터넷 응용 프로그램을 통해서 발생할 수 있다. 더 개인적인 대화를 하기 위해서 온라인 패션 소매업체인 랜즈엔드(Landsend.com)는 웹사이트에 Lands' End live 아이콘을 사용한다. 고객들은 그것을 클릭하여 직원을 호출하거나 온라인으로 질문할 수 있고 제품에 대한 구체적인 정보를 얻을 수 있다. 마찬가지로, 온라인 서비스 이다이어츠(e-Diets.com)는 영양 전문가와 실시간으로 개인의 식습관을 분석하고 적절한 조언을 받을 수 있다. 블로그 상자 '개인화된 상호작용으로 이동 – e-Diets.com' 참고.

인터넷은 기업과 그들의 고객 간의 대화를 촉진할 뿐만 아니라 가상 온라인 커뮤니티의 구성원인 고객들 간의 커뮤니케이션도 촉진한다. 이베이(eBay)와 Xing과 같은 회사에서는 온라인 커뮤니티의 구성원들 사이에서 일어나는 커뮤니케이션을 회사와 고객들 간의 것보다 훨씬 더 중요하게 여긴다.

BLOG BOX

e-Diets.com

eDiets.com은 가장 인기 있는 유명인사 "slimmers"와 세계적으로 유명한 체중감량 전문가가 운영하고 있는 홈페이지이다. eDiets는 회원들이 몸무게를 감소시키고 건강을 개선하며, 예쁜 몸매를 얻을 수 있도록 디지털 다이어트 계획과 제품을 통한 영양 보충으로 도움을 제공한다.

eDiets는 식이요법과 생활습관 관리 부분에서 포괄적인 접근 방식을 제공하여 다이어트 카테고리에서 독창적인 위치를 차지했다. eDiets는 고객들이 자신의 체중을 감소하거나 목표 체중을 유지하는 데 도움을 주는 체중 감량 관리 도구, 건강한 식사 계획과 조리법에 대한 제공, 온라인 쇼핑몰을 제공한다. eDiets 회원들은 또한 다이어트를 위한 온라인 소셜 커뮤니티의 지원뿐만 아니라 유명 인사와 전문가의 조언과 같은 회사의 혜택을 받을 수 있다. 이 플랫폼은 접근하기 쉬운 재미있는 정보들로 편집되고, 디자인되고 작성되어 있다.

15년 동안, eDiets는 사람들이 자신의 체중 감량 목표를 달성하고 자신의 삶을 변화시킬 수 있도록 최선을 다하고있다. 체중 감량 전문가, 숙련된 영양사 및 유명 인사 "slimmers"의 네트워크를 건강한 생활 습관을 얻고 유지하는 데 필요한 지침서와 함께 고객들에게 제공한다. eDiets는 고객들이 건강한 체중 플랜에 가입할 때, 고객들의 개인정보파일을 만든다. 영양 분석TM 기술은 각 고객을 위한 고객 맞춤형 식사 계획을 세우기 위해 식품과 조리법에 대한 데이터베이스를 분석한다. 식사 계획은 세 가지의 지침에 따라 결정된다 - 실험, 목표와 취향. 실험적 가이드라인은 특정한 건강 상태 또는 고려 사항에 대해 다루는 주요 건강 기관 또는 연구소로부터 직접 공급된다. 목표는 체중을 줄이는 것이나 시속석으로 먹기 위한 것을 포함한다. 취향은 채식주의자, 글루텐을 함유하지 않은 음식 취향과 같은 것을 말한다. 더 많은 정보를 원하면 http://www.eDiets.com에 접속하거나 Facebook.com/eDiets, Twitter에서 @eDiets, Pinterest.com/eDiets를 팔로우하라.

4.4.3 거래 활동

거래 활동은 인터넷을 통한 온라인 주문(예: 상업적인 거래)과 전자결제(예: 계좌이체)를 포함한다. 인터넷의 상업적 사용의 초기에는 온라인 거래와 관련된 두 가지의 주요 결점들이 있었다.

첫째, 초기의 대부분의 인터넷 사용자들은 인터넷을 통하여 물건을 구매하고 전자 지불 시스템을 이용하는 것이 매우 위험하다고 느꼈는데 이는 전자상거래의 발전을 저해했다. 그러나 노디어 은행의 경우와 같이 지불 메커니즘의 발달과 전자결제 회사의 발전으로 인해 온라인 거래 활동이 점점 더 일반화되고 있다. 둘째, 지불이 신용카드나 직불카드로만 가능하기 때문에 신문기사와 같은 낮은 가격의 제품이나 서비스는 거래 비용이 엄청나게 높아서 상업적인 거래로는 실현 불가능해 보였다. 하지만 m-PESA 등의 온라인 결제 시스템의 개발로 인해 이러한 단점은 해결되었다.

4.4.4 유통 활동

유통 활동은 고객들이 구매한 디지털제품(소프트웨어, 음악, 비디오, 영화 및 전자도서 등)을 다운로드 받게 하는 활동을 포함한다. 온라인 유통을 제한한 가장 주된 장애물은 온라인 연결 시 필요한 제한된 대역폭이다. 가정에서도 초고속통신망이 점점 일반화되면서 온라인 유통이 점점 디지털화될 수 있는 제품과 서비스를 유통시키는 데 사용될 것이다.

첫째, 음악, 게임 또는 영화의 온라인 유통은 시간이 지남에 따라 일반적인 것이 될 것이고 결국은 CD와 DVD를 통한 실제 유통이 대체될 것이다. 아이튠즈(iTunes)와 같은 온라인 매장은 이미 온라인 유통을 도입했다. 둘째, 컨설팅 및 교육과 같은 다양한 영역의 서비스 제공업체들은 점점 그들의 고객과 학생들에게 강의, 프레젠테이션, 서비스를 제공하기 위해 인터넷을 사용할 것이다.

4.5 가치사슬을 넘어 가치 네트워크로의 이동[13]

e-비즈니스 벤처들은 다른 회사와 분리되어 운영되지 않는다. 대신, 그들의 가치사슬은 아주 긴밀하게 협력 공급기업들의 가치사슬과 다른 지원 서비스를 제공하는 외부 파트너와 뒤얽혀 있다. 제품을 배송하거나 고객들에게 서비스를 제공하는 일을 하는 파트너들을 이른바 가치 네트워크(value network)라고 부른다.

IT기반 통신의 사용 증가로 회사는 많은 비핵심 업무들을 외부 파트너에게 맡길 수 있으며 이로 인해 가치네트워크는 중요해졌다(FT 기사 '아웃소싱 공급망 운영' 참고). 결과적으로 외부 가치 네트워크 관리의 중요성 또한 증가했다. e-비즈니스벤처의 입장에서, 어떤 활동이 회사내부에서 처리되어야 하는지, 아니면 지역적으로 떨어진 곳으로 외주를 주거나 완전히 외부 공급자에게 위탁해야 하는지가 중요한 문제가 되었다.(가치사슬의 해체에 대한 논의는 9장 참고)

그림 4.9는 가치 네트워크의 주요 파트너를 보여준다. 다음과 같은 파트너들이 있다.[14]

- *공급 가치사슬 파트너*에는 직접 공급업체와 업체 간 교류가 있다.
- *구매 가치사슬 파트너*에는 도매업자, 유통업자, 소매업자와 고객이 포함된다. 예를 들어 테스코 다이렉트는 테스코 다이렉트 카탈로그와 웹사이트를 통해 주문한 물건을 고객의 집까지 배달하기 위해서 물류 서비스 업체와 협력하고 있다.
- *전략적 핵심 가치사슬 파트너*는 핵심 가치사슬 활동을 실행하는 파트너들이다. 테스코가 테스코 다이렉트를 시작하기 전에, 회사는 제품 선택에서 배달까지 모두 관리하고 처리하는 우편 주문 회사인 그래튼(Grattan)과 협력했다. 식품이 아닌 제품들의 온라인 판매가 시장의 성장기회가 되었을 때, 테스코는 이전에 그래튼으로부터 제공받아 왔던 역량들을 자사에서 담당하기로 결정했다. 그러나 나중에는 물류 운영자를 통

아웃소싱 공급망 운영

Nokia Siemens Networks는 글로벌 통신 장비 사업에서 Ericsson, Alcatel-Lucent, 삼성(Samsung), 그리고 빠르게 성장하고 있는 중국 공급 업체인 화웨이(Huawei) 같은 경쟁업체와 치열한 전투를 벌이고 있다.

그와 동시에, 공급망의 세계화는 통신 장비 산업에서 성장과 수익성의 전략상품원을 위해 다른 레벨의 복합성을 추가했다. 이것과 다른 문제들을 해결하기 위해 NSN은 9월에 Capgemini라는 프랑스에서 IT서비스와 컨설팅을 주로 하는 회사와 장기아웃소싱계약을 함께 다루기로 발표하였다.

Capgemini의 아웃소싱 부서의 장을 맡고 있는 휴버트 지로(Hubert Giraud)는 점점 더 체인 공급 비용이 증가하고, 소비자와 파트너의 생태계가 더욱 커진 글로벌 사업 환경이 고객들에게 다가가고 있는 상황에서 유선형의 지속 가능한 공급 체인이 성장의 열쇠가 될 것이라고 믿고 있다.

Capgemini의 계약 조건으로는 NSN라는 주문 관리 서비스 제공, 고객 주문 관리 및 분배, 고객의 청구에 BPOpen 기술의 사용, Rightshore network의 조화, 글로벌 오퍼레이션의 과정 표준화가 있다. 이 계약은 NSN의 소비자들의 Nokia Siemens Networks에 남아 있는 NSN의 고객 맞춤형 활동을 다루지 못하고 있다.

나는 Nokia Siemens Networks의 보스인 Johannes Giloth에게 아웃소싱의 결정에 대해 물었고, 이것은 그의 대답을 정리한 것이다.

Q. 왜 NSN은 공급망 운영의 요소를 Capgemini로 아웃소싱하기로 결정했습니까?

우리는 공급 체인의 핵심 역량에 주력하고 싶었습니다. 효율성과 잠재적 비용의 저축 그리고 가장 중요한 전체 공급 체인을 덮는 과정의 변화를 시작하는 것에 대해 고심하였습니다.(아웃소스 파트뿐만이 아니라)

Q. 당신은 어느 부분을 외부업체에 맡기고, 어느 부분을 내부적으로 유지할지를 어떻게 결정하였습니까?

우리는 고객에게 미치는 영향에 대한 분석을 철저하게 착수했습니다: 모든 고객들이 내부적으로 존재하는 일과 관련된 관리 프로그램에 직면할 때 그동안 반복적으로 시행하던 업무를 아웃소싱하고 표준화하였습니다.

Q. 왜 Capgemini를 선택했습니까?

우리는 올바른 파트너를 선택하기 위해 세 가지의 결정범주를 적용하였습니다.

첫째, 빠른 비용 절감을 제공 할 수 있는 능력. 두 번째, 비즈니스 변화와 변화 관리 및 IT 기능. 마지막으로, 직원들의 직업 관점(400명의 NSN 직원들은 계약조건에 따라 Capgemini에 들어왔다). 이러한 3가지 차원에서 Capgemini는 우리에게 확신을 주었고 우리가 기대했던 대로 수행하고 있습니다.

Q. 지금까지의 경험은 어땠습니까?

이러한 큰 변화가 있은 후 첫 번째 한달은 항상 도전입니다. 사업을 안정화하고 비즈니스 성과의 유지에 초점을 두고 수행하였습니다. 지금까지 일상적인 업무에 많은 예상치 못한 일들이 있었음에도 불구하고 매우 잘 관리되고 있습니다. NSN과 Capgemini의 공동 팀은 아주 성공적으로 수행되었습니다. 이와 같이 우리는 첫 번째 파일럿이 전개되면서 다음 주에 시작되는 프로세스 변환을 준비하는 것을 잘 진행하고 있습니다.

Q. Capgemini와의 계약 연장을 예상하십니까?

현재는 우리가 약속한 2011년에 대해서만 생각하려고 합니다.

Q. 다른 부정적인 결과가 있었습니까?

예상보다 없었습니다. 전 세계적으로 분산된 기업의 전체 주문 관리 설정을 변경하면 일부 마찰과 실수가 발생할 수 있는데, 그러나 그 팀이 아주 유연하게 문제를 해결하였습니다.

Q. 아웃소싱을 고려하는 다른 회사에게 충고를 한다면?

아웃소싱이 필요한 이유를 생각해보세요. 상위 경영자의 도움을 받거나, 해결책과 선발 과정에 시간을 쏟거나, 서명 후 전용 팀과 계약을 관리하세요.

FT *Source*: Taylor, P. (2011) Outsourcing supply chain operations, *FT.com*, 15 June.

그림 4.9 다른 기능의 파트너들을 포함하는 가치 네트워크

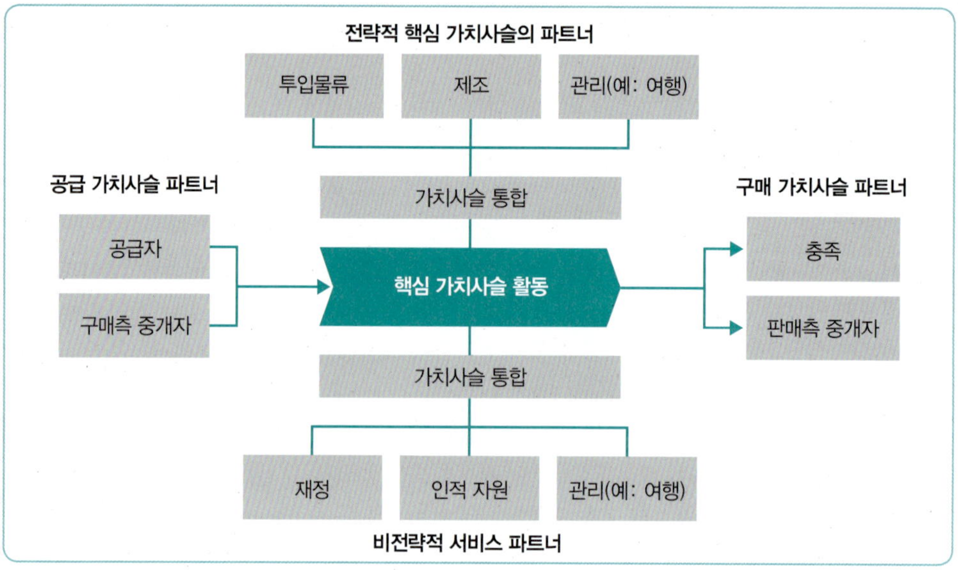

Source: Adapted from D. Chaffey, *E-Business and E-Commerce Management*, FT/Prentice Hall, 2011, p. 330.

해 전달하는 아웃소싱이 증가하게 되었다. 예를 들어, 최근 테스코는 고객과의 의사소통, 테스코 클럽 카드와 테스코 은행 등 활동의 넓은 범위를 관리하는 TNT 포스트와 제휴를 맺었다.

- *비전략적 서비스 파트너*는 재정, 회계 또는 여행과 같은 기능을 달성한다.
- *전략적 아웃소싱 파트너*, 애플리케이션 서비스 공급자(ASPs), 시스템 통합자와 같은 가치사슬 통합자들은 전자 인프라를 통하여 서로 연결되어 있다.

비록 기업의 가치사슬과 가치 네트워크가 유사하여 둘 다 제품을 제공하고 최종 고객에게 서비스하는 데에 있을지라도 가치 네트워크와 가치사슬은 몇 가지 중요한 차원에서 다르다. 가장 중요한 차이점으로 가치 네트워크는 동적 성질의 특성을 가지고 있다. 일반적으로 가치 네트워크에서 파트너를 소개하거나 제거하는 것이 더 영구적인 가치사슬에서 기능별 부서와 직원들을 제거하고 추가하는 것보다 더 쉽다. 내부의 가치사슬과 외부 서비스 공급자를 연결하는 것은 가치사슬 통합자의 기능을 하는 IBX의 케이스에서 설명하였듯이 첨단 전자통신을 통해 더 쉬워졌다. 상호 작용의 친밀감에 따라, 다양한 기술의 종류가 사용된다. 전략적 상호작용과 자주 반복되는 상호작용의 경우에, 각각의 파트너의 시스템과 긴밀히 연결되는 등록된 전자 연결을 설치하는 것이 합리적이다. 다른 경우에서는 이메일로도 충분할 수 도 있다.

회사의 외부 e-비즈니스 기능 즉, 가치 네트워크에서 e-비즈니스 가치를 창출하는데 필요한 능력도 내부 활동만큼이나 중요하므로 간과하여서는 안 된다. 4.1.2에서, 우리는 e-비즈니스와 관련된 자원을 관리하는 것의 중요성을 강조하고 내부와 외부의 관점을 모두

처리하는 e-비즈니스 기능 모델을 소개했다. 아래에서는, e-비즈니스의 공동 핵심 기능이라 불리는 가치 네트워크의 요약을 제공한다:

- *개발 파트너십*, 비즈니스 파트너와 고객과의 생산적인 관계를 만들고 유지하는 능력. 일부 장점들과 기능은 파트너와 고객 간의 회사의 의사소통과 산업과 목표시장의 이해, 참여와 협력을 통한 고객과의 관계 개선을 용이하게 한다.
- *가치 네트워크 관리*, 자원과 파트너십의 가치 네트워크를 설계하고 조정하기 위해 e-비즈니스 기술을 이용하는 기업의 능력.
- *개방형 혁신 활성화*, 기업들은 e-비즈니스 프로세스를 지원하기 위해 외부적인 혁신을 의존하고 필요로 하는 모든 내부적인 e-비즈니스 혁신을 개발하기 위해 제한시킬 때가 있다(9.1.2 참고).
- *공동 제작과 가치 공동 창작 개선*, 가치 창출 과정에 파트너와 고객을 포함시키는 것은 1980년대 이후에는 일반적이었다. 그러나 최근에 가치 공동 창작에서 '서비스 지배 논리'라는 논리가 중심이 되기 시작했다.[15] 최근의 공동 창작은 일반적인 소셜 웹사이트의 맥락에서 더 중요한 차원을 가시게 되었다.(11장 참고) 따라서, 이 기능은 e-비즈니스 기술을 통해 가치 창출 프로세스에 가치 네트워크의 파트너와 고객의 참여를 강화하기 위한 회사의 능력에 관한 것이다.

요약

- 첫째, 이 장에서는 다양한 자원과 능력의 조합으로서 역량의 개념을 정의했다. 역량이 핵심 역량이 되기 위해서는 가치 있고, 특별하고, 모방하기 어렵고, 다른 제품이나 시장에 걸쳐 가치 있어야 한다고 서술했다. 또한 e-비즈니스 상황에서 핵심 역량의 개념을 강조했다.
- 둘째, 회사가 전략적으로 관련된 활동들을 구성요소로 분해하는 가치사슬에 대해 논의했다. 회사 안에는 기본 활동(구매물류(inbound logistics), 운영, 출고물류(outbound logistics), 마케팅, 판매, 애프터서비스를 포함)과 지원 활동(회사 인프라, 인적 자원, 기술 개발, 조달을 포함) 두 가지 유형의 활동이 있었다. 그리고 나서 가치사슬에 대한 인터넷의 영향에 대해 논의했다.
- 셋째, 실제 가치사슬에서 얻은 정보는 고객 서비스의 질을 향상시키기 위한 가치 창조의 새로운 자원으로서 사용되어야 한다고 제안하며 가상 가치사슬의 개념을 소개했다. 또한 전략수립에 대한 자원기반 관점과 시장기반 관점 간의 비판적인 시각을 제공했다.
- 넷째, ICDT 프레임워크(정보, 통신, 유통, 거래)를 제시하고 구체적인 사례를 통해 그것의 네 가지 영역을 나타냈다.
- 마지막으로, 기업이 내부 가치사슬을 관리하는 것을 넘어 IT로 가능한 가치 네트워크를 따라 운영할 수 있는 방법을 설명했다. 또한 일반적으로 이런 가치 네트워크의 외부 파트너의 다양한 유형과 기업이 성공적으로 가치 네트워크를 관리하기 위해서 개발해야 하는 e-비즈니스의 기능을 설명했다.

복습 질문

1 역량이란 무엇이며, 핵심 역량을 갖추기 위해서 보장되어야 할 조건은 무엇인가? e-비즈니스에서 역량을 차별화시키는 것은 무엇인가?

2 가치사슬에서 주요 활동과 보조 활동은 무엇인가? 인터넷은 이러한 활동에 어떤 영향을 미치는가?

3 어떠한 방법을 통하여 회사에서는 가치사슬을 이루는 활동들 간의 조화를 증가시킬 수 있는가? 인터넷은 이러한 방법에 어떤 영향을 미치는가?

4 가상 가치사슬의 개념을 정의하고 어떠한 방법으로 전통적인 가치사슬과 연계할 수 있는가?

5 ICDT 프레임워크에 대해 서술하고 회사가 e-비즈니스 활동을 선택하는 데 어떻게 이를 활용할 수 있는가?

6 가치 네트워크는 무엇이고 누가 주요한 파트너들인가? 가치사슬을 넘어 가치 네트워크가 이동할 때 직면하는 주요한 이슈는 무엇인가?

토론 질문

1 e-비즈니스 전략을 생성할 때 역량기반의 생각이 가치사슬 개념에 근거하는 활동기반의 접근 방법보다 더 적절한지를 논의하라.

2 당신이 관심 있어 하는 전자상거래 벤처기업의 가치사슬을 분석하라. 그리고 인터넷이 이 회사의 가치사슬의 주요 활동과 보조 활동에 어떻게 영향을 미치는지 설명하라.

3 특정 산업이나 비즈니스 영역 내에서 가상 가치사슬의 가능한 응용에 대해서 생각해보고 가상 가치사슬이 다른 분야에 비해 더 잘 맞는 특정 사업 부문이 있는가에 대해 심사숙고해보라.

4 당신이 관심 있어 하는 인터넷 벤처기업을 예로 들어 ICDT 프레임워크에 대해서 기술하라.

5 비판적 ICDT 프레임워크를 평가하고 그 결점을 정리해 보라.

6 전자상거래 벤처기업이라는 특별한 도메인에 근거하여 2번 질문에 답하고, 이런 회사가 내부 가치사슬을 넘어 가치 네트워크로 어떻게 발전할 수 있는지 답하라. 또한 가치 네트워크의 개념을 설명하고 가치 네트워크를 실행함으로써 기대되는 효익은 무엇인가?

권장 도서

D. Besanko, D. Dranove, M. Shanley and S. Schaefer provide a detailed discussion of value creation and value capturing in *Economics of Strategy*, John Wiley, 2003, pp. 358–402.

M. Porter's book, *Competitive Advantage*, Free Press, 1998, is a seminal work on value creation and the value chain. M. Porter expands on his thinking about competitive advantage in 'What is strategy?', *Harvard Business Review*, 1996, November–December, pp. 70–3.

R. Amit and C. Zott specifically discuss this chapter's topic in 'Value creation in e-business', *Strategic Management Journal*, 2001, vol. 22, no. 6, pp. 493–520.

An up-to-date discussion on collaborative value creation within the e-business framework can be found in: M.L. Nelson, M.J. Shaw and T.J. Strader, Special Issue on 'Collaborative value creation in e-business management', *Information Systems and e-Business Management*, 2012, vol. 10, no. 1.

Within the field of strategic management, there is a broad literature on the resource-based view. While there was already previous research on the resource-based view of the firm, most notably in 1984 with the article by B. Wernerfelt, 'A resource-based view of the firm', *Strategic Management Journal*, 1984, vol. 5, no. 2, pp. 171–80, this approach became popular in the mainstream management literature through the work of C.K. Prahalad and G. Hamel, 'The core competence of the corporation', Harvard Business Review, 1990, May–June, pp. 79–91, and G. Stalk, P. Evans and L. Shulman, 'Competing on capabilities', *Harvard Business Review*, 1992, March–April, pp. 57–69. M. Peteraf provides a more recent academic perspective on the resource-based view in 'The cornerstones of competitive advantage: a resource-based view', *Strategic Management Journal*, 1993, vol. 14, no. 3, pp. 179–91.

In the article 'Towards a dynamic theory of strategy', *Strategic Management Journal*, 1995, vol. 12, no. 8, pp. 102–105, M. Porter attempts to reconcile the market-based and the resource-based views of strategy.

J. Rayport and J. Sviokla present the concept of the virtual value chain in 'Exploiting the virtual value chain', *Harvard Business Review*, 1995, November–December, pp. 75–85.

관련 사이트

www.ctvr.ie is the website of the Centre for Telecommunications Value Chain Research and provides publications on related topics.

www.ecommercetimes.com provides a sound archive of e-business-related articles and publications.

www.valuecreationblog.net is a blog focused on the value creation of companies. Here, numerous posts can be found, some of them covering aspects of the value creation in the e-business framework.

참고 문헌

1 For the concept of strategic fit, see also N. Venkatraman and J. Camillus, 'Exploring the concept of fit in strategic management, *Academy of Management Review*, 1984, vol. 9, pp. 513–25.

2 See G. Hamel and C.K. Prahalad, 'Strategy as Stretch and Leverage', *Harvard Business Review*, 1993, vol. 71, no. 2, pp. 75–84.

3 R. Amit and C. Zott (2001) 'Value creation in e-business', *Strategic Management Journal*, vol. 22, no. 6, pp. 493–520.

4 See also, Section 5.3.2, for examples of companies that base their business models on one or several of these dimensions.

5 See J.-N. Wu and L. Liu, 'E-business capability research: A systematic literature review', Proceedings of the International Conference on Information Management, Innovation Management and Industrial Engineering, IEEE, 2010, pp. 142–7.

6 For an extensive discussion of the value chain concept, see M. Porter, *Competitive Advantage*, Free Press, 1998, pp. 33–61. A detailed discussion of the impact of IT on the value can be found in M. Porter and V. Millar, 'How information gives you competitive advantage', Harvard Business Review,

1985, July–August, pp. 149–60.

7 Michael Dell describes the PC manufacturer's approach to supply-chain management in an interview with J. Magretta, 'The power of virtual integration: an interview with Dell Computer's Michael Dell', *Harvard Business Review*, 1998, March–April, pp. 72–84.

8 R. Waters, 'Dell aims to stretch its way of business', *Financial Times*, 13 November 2003, p. 8.

9 M. Porter, 'Towards a dynamic theory of strategy', *Strategic Management Journal*, 1991, vol. 12, pp. 102–5.

10 J. Rayport and J. Sviokla developed this concept in 'Exploiting the virtual value chain', *Harvard Business Review*, 1995, November–December, pp. 75–85.

11 For this discussion, see also M. Porter, 'Towards a dynamic theory of strategy', *Strategic Management Journal*, 1991, vol. 12, no. 8, pp. 102–5.

12 The ICDT model is described in A. Angehrn, 'Designing mature internet strategies: the ICDT model', *European Management Journal*, 1997, vol. 21, no. 1, pp. 38–47.

13 Part of the contents of this section is based on: D. Chaffey, *E-business and E-commerce Management*, FT/Prentice Hall, 2011, pp. 329–31.

14 M. Deise, C. Nowikow, P. King and A. Wright, *Executive's Guide to E-business. From Tactics to Strategy*, John Wiley, and D. Chaffey, *E-business and E-commerce Management*, FT/Prentice Hall, 2011, p. 330.

15 The 'Service-dominant logic' was originally proposed by S.L. Vargo and R.F. Lusch. Detailed information about it is available at www.sdlogic.net/

Chapter 5

e-비즈니스 시장에서의 전략 선택

이 장의 개요

관련 사례 연구

사례 연구		주요 초점
2	**Nordea**	Differentiation strategy
15	**Spreadshirt**	Outpacing strategy
1	**Tesco**	Fit between strategy and value chain
22	**Tunisiana**	Strategic business investments

학습 성과

이 장을 학습한 후,

- e-비즈니스에서 경쟁우위의 기본 요소에 대해 이해할 수 있어야 한다.
- 일반적인 전략수립 방법에 대해 설명할 수 있어야 한다.
- 선도전략의 의미에 대해 알 수 있어야 한다.
- 중간에 갇힌 기업의 위험을 평가할 수 있어야 한다.
- 선택 전략과 가치사슬 활동 간의 조화를 개선하는 수단에 대해 이해할 수 있어야 한다.

소개

사업의 전략을 짤 때, 관리자들은 일반적으로 두 가지 기본 선택인 비용우위(cost leadership) 혹은 차별화에서 선택한다. 이 두 가지 전략 선택은 저렴한 비용 혹은 최상의 제품 또는 서비스를 제공함으로써 경쟁자들을 능가하는 것을 목표로 한다. 세 번째 가능성은 그들이 동시에 비용우위와 차별화의 달성을 목표로 선도 전략(outpacing strategy)을 선택하는 것이다. 그러나 이렇게 하면 중간에 위치하는 어정쩡한 상태가 되는 위험에 빠지게 될 수도 있다. 이 장에서는 전략 선택에 대해서 설명하고, 전략 선택의 이점과 결점을 제시하고, e-비즈니스 사례를 통해 전략 선택을 설명한다.

5.1 e-비즈니스에서 경쟁우위의 기본요소에 대한 이해

외부의 기회와 위협이나 내부의 강점과 약점에 대한 분석은 전략 수립과정에서 매우 중요한 단계다. 그러나 궁극적으로 이러한 요인들은 회사가 기업 시장에서 경쟁하는 방법을 결정하는 기반만 제공할 뿐이다. 경쟁적 위치에 대한 결정은 전략개발의 핵심이며, 이 장에서 중점적으로 다루고자 한다.

경쟁우위의 개념이 간단하지 않기 때문에 경쟁 기업에 대한 이러한 장점의 유형을 얻기 위해 충족되어야 할 요구사항을 살펴볼 필요가 있다. 그림 5.1에서 보여주는 전략적 삼각형 프레임워크는 경쟁우위의 주요 요인을 다룬다. 본질적으로 회사는 고객의 요구사항, 경쟁사의 제품 그리고 자사의 제품을 고려할 필요가 있다. 이 프레임워크의 목표는 경쟁우위의 근본적인 요인(driver)에 관한 네 가지 질문을 통해 알 수 있다.

1 *우리가 제안한 가격/이익 비율이 우리의 최고 경쟁자의 가격/이익 비율보다 더 나은가?* 저렴한 가격만 가지는 것은 보통 고객이 제품을 구입하도록 유도하기에 충분하지 않다. 게다가 제품은 고객을 끌기 위해 최소한의 고객 요구 사항을 이행해야 한다. 마찬가지로, 뛰어난 성능을 가진 제품도 고객의 지불 능력 범위 내에서 가격이 책정되어야 한다.

그림 5.1 경쟁우위의 주요한 요인들을 설명하는 전략적 삼각형 프레임워크

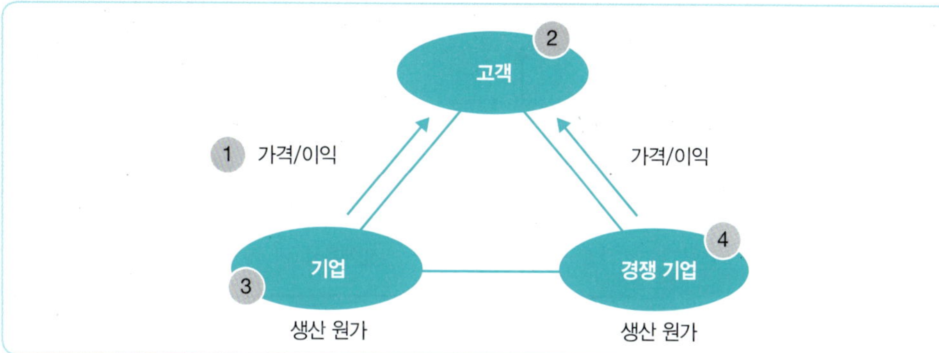

Source: Adapted from H. Hungenberg, *Strategisches Management in Unternehmen*, Gabler, 2006, p. 185.

2 *우리가 제공한 가치가 우리 고객들에게 인식될 수 있고 중요한 것인가?* 고객은 그들에게 제공된 가치를 인식할 수 있어야 하고 또한 제품이 중요하고 돈을 지불하기에 가치 있다고 인정해야 한다.

3 *제품 또는 서비스에 대한 생산 원가가 우리가 요구하는 가격보다 낮은가?* 이러한 요구 사항은 명백한 것이지만, 2000년까지의 인터넷 전성기 동안에는 많은 비즈니스 모델들이 수익을 통해 이러한 비용을 감당하기 어려웠다. 예를 들어 온라인 애완동물 식품 유통업체가 무료 배송을 제공하고 있었을 때, 배송비 때문에[강아지 음식 가방(dog food bag)에 대해 생각해보자] 마진이 줄어들어 이익이 되는 사업이 아닌 것으로 판명 났다.

4 *미래까지 지속될 수 있는 유리한 위치를 점하고 있는가?* 실제 경쟁자와 미래의 경쟁자들이 비즈니스를 성공적으로 이끄는 구체적인 방법을 찾을 때, 그들은 만족한다.모방의 과정은 6.1참조 비록 e-비즈니스 벤처가 오랜 기간 동안 지속할 수 있는 경쟁우위를 구축할 수 없을지라도 이베이(eBay)와 오픈BC(openBC)와 같은 회사들은 강력한 네트워크 효과를 통해 지속적인 이익을 창출했다.

프레임워크는 고객에 의해 인식된 이익의 창조가 전략적 의사 결정의 하나인 핵심요소를 나타낸다는 사실을 강조하고 있다. 이러한 맥락에서, 다음 두 가지 이익을 구별하는 것이 유용하다. (1) 고객들이 *임계특성*(*threshold feature*)으로 고려하는 이익과 (2) 고객들이 중요한 성공요인으로 고려하는 이익.[1]

- *임계특성*은 회사가 제품과 서비스에서 실현해야 하는 최소한의 요구사항이다. 만약 회사가 이런 최소한의 요구사항을 만족시킬 수 없다면 고객들은 그 회사의 제품을 고려해보지도 않기 때문에 그 회사는 제외될 것이다. 임계특성은 예를 들어 웹사이트에서의 기능적인 연결 혹은 온라인 거래에 대한 안전한 지불 메커니즘 등이다. 그림 5.2에서 볼 수 있듯이, 임계특성 값이 어떤 지점을 넘어서게 되면 임계특성을 개선하는 것이 제품 차별화에 적합하지 않기 때문에 고객 만족에 주는 영향은 미미해진다.

그림 5.2 고객 이익을 결정하는 임계특성과 중요한 성공요인의 관계

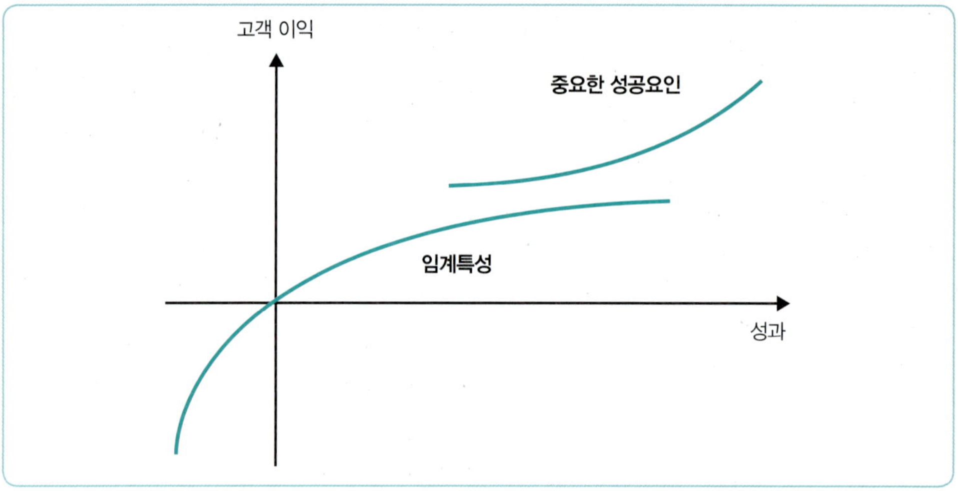

Source: Adapted from H. Hungenberg, *Strategisches Management in Unternehmen*, Gabler, 2006, p. 185.

- *중요한 성공 요인*들은 이와 달리 특정 제품을 구입하기 위한 고객의 결정에 중요한 이익들이다. 아마존에서 제공하는 이러한 기능에는 도서에 대한 넓은 선택, 리뷰, 회사의 원 클릭 주문 시스템을 통한 편리하고 빠른 쇼핑 경험들이 포함된다. 노디어(Nordea) 은행에서는 온라인 뱅킹 사이트의 쉬운 이용, 사이트를 통해 제공되는 다양한 e-비즈니스를 중요한 성공요인으로 뽑는다.

요약하면 임계특성과 중요한 성공 요인들 모두 고객의 이익을 창조하지만 중요한 성공요인만이 회사가 최고의 혜택을 고객에게 제공함으로써 경쟁회사와의 차별화에 성공하는 데 도움을 준다.

5.2 e-비즈니스 전략 선택의 배경에 대한 검토

e-비즈니스 시장에서 회사에 유리한 위치를 달성하기 위해 회사가 추구할 수 있는 여러 전략 선택들이 있다. 이러한 전략 선택에 대한 더 나은 이해를 얻기 위해, 마이클 포터(Michael Porter)는 분명한 형태의 이익을 기반으로 한 두 가지 일반적인 전략을 제안했다.

만약 회사가 낮은 가격에서 경쟁하기를 원한다면 해당 업계에서 *비용우위 전략*에 대한 자사의 비용구조와 목표를 조정할 것이다. 다른 한편으로는, 만약 경쟁자보다 상대적으로 높은 성능을 제공할 수 있다면 *차별화 전략*을 목표로 할 것이다(그림 5.3 참조).

또한 *선도 전략(outpacing strategy)*이라고 불리는 세 번째 전략은 비용우위 전략과 차별화 전략의 이점을 결합하는 목표를 가지고 있다. 이런 다양한 전략 선택에 대해서 아래의 절에 좀 더 자세하게 설명되어 있다.

그림 5.3 경쟁적 우위를 달성하기 위한 두 가지 일반적인 접근방법

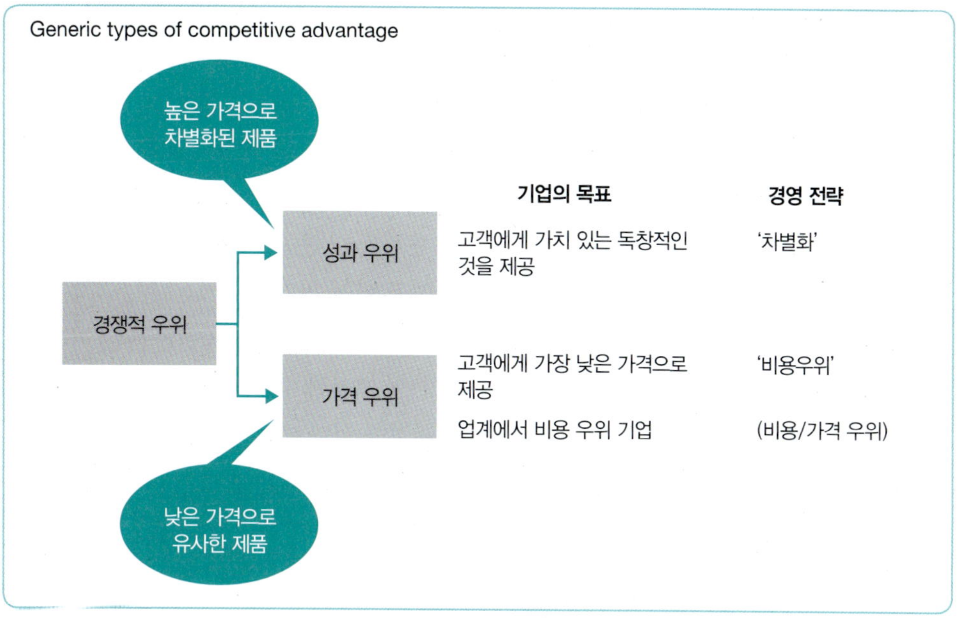

Source: Adapted from H. Hungenberg, *Strategisches Management in Unternehmen*, Gabler, 2006, p. 189.

5.2.1 비용우위 전략

영국을 기반으로 한 저가 항공사인 이지제트(easyJet)를 고려해보자. 이 회사의 능력은 낮은 항공료에 비례한 회사의 가치사슬을 통합하여 지속적인 가격 인하를 결정함에 있다. 반면에 안전성 혹은 운항 시간 엄수와 같은 회사의 임계기준의 요구사항은 주요한 경쟁적 우위를 달성하는 전략이 아니다. 이 예제는 해당 업계에서 비용우위의 위치를 달성하기 원하는 회사는 다음과 같은 두 가지 요구사항을 이행하기 위한 노력이 필요하다는 것을 보여준다.

- *최저 비용 포지션.* 비용우위의 자리를 목표로 하는 회사는 자사의 제품이나 서비스를 자사의 경쟁사에 비해 상당히 저렴한 비용으로 생산할 수 있도록 해야 한다. 저렴한 비용은 회사가 치열한 경쟁환경에서도 이익을 얻을 수 있게 한다.
- *이익 극대화.* 그러나 비용우위에 의한 값싼 가격이 충분하지는 않다. 게다가, 회사는 상대적으로 경쟁사에 비해 이익극대화를 이루어야 한다. 이는 적어도 모든 회사는 임계기준(threshold criteria)을 충족시켜야 한다는 것을 의미한다. 만약 그렇게 할 수 없는 경우, 결국 저렴한 가격을 통해 얻을 수 있는 이익들을 줄이거나 제거하여 더 저렴한 가격을 제공해야 할 것이다. 예를 들어 자사의 고유한 직접 판매 모델을 통해 델(Dell)은 최근까지 PC 업계의 비용우위에 위치할 수 있었고 동시에 높은 수준의 소비자 이익도 달성했다.

규모와 범위의 경제(*economies of scale and scope*), *요소비용*, *학습효과*를 포함하는 몇 가지 수단들은 회사가 비용우위의 자리를 달성하는 데 도움을 준다.

규모의 경제

규모의 경제의 기본 개념은 회사의 제품생산량이 증가하면 회사의 단위 생산비용은 감소한다는 것이다. 왜 그렇게 될까? 일반적으로 생산 공정은 생산량이 증가할 때 변하지 않는 고정원가와 생산량의 증가와 함께 올라가는 변동 원가로 구성되어 있다. 고정원가의 예로는 소프트웨어 개발, 창고, 기계가 있고 변동 원가의 예로는 원자재와 소포배달이 있다.

높은 규모의 경제는 보통 높은 고정원가와 낮은 변동원가를 가지는 생산 공정 내에 존재한다. 이때 누적 생산량이 증가하면, 고정원가가 다량의 제품에 해당되어 단위 생산 비용은 줄어든다(그림 5.4 참조). 그렇지만 일단 기존의 생산량이 최대가 되어 생산 비용이 한계치에 도달하면, 새로운 시설이 필요하기 때문에 고정원가는 다시 증가한다. 반면에 변동원가는 생산량에 따라 비례 증가한다. 예를 들어 우편주문 회사가 더 많은 소포를 다룰 때, 우송료는 비례 증가한다.

광범위한 규모 효과와 효율적인 IT 프로세스 때문에, 미국에서 월마트(Wal-Mart)는 에이홀드(Ahold), 세이프웨이(Safeway), 크로거(Kroger)와 같은 경쟁업체와 비교하여 자사의 제품을 엄청나게 할인해서 판매할 수 있다. 예를 들어 월마트는 콜게이트(Colgate) 치약을 경쟁사 가격의 63%에 판매하고 트로피카나(Tropicana) 오렌지 주스는 58%에, 켈로그(Kellogg) 콘플레이크는 56%에 판매한다.[2]

규모의 경제에 대한 기대는 인터넷 벤처가 기업관리자와 기업가들에게 매우 인기 있고 주식 시장에서 높은 가치를 가지는 중요한 이유였다. 예를 들어 전통적인 도서 소매업과 은행 산업에서 회사는 자사의 제품을 새로운 고객 그룹에게 확장시키길 원할 때마다 새로운 지점 혹은 판매 매장을 구축해야 한다. 그러한 물리적인 인프라는 규모의 경제에 대한 잠재력을 제공할 수는 있지만, 높은 자본의 투자를 요구한다.

아마존은 자사의 투자를 IT 인프라, 웹사이트 관리, 콜 센터로 제한할 수 있을 것이라고 생각했고 고객의 요구에 따라 이러한 시설들의 규모를 넓혔다. 그렇게 함으로써 잠재적으로 추가적인 투자를 하지 않고도 높은 고객 지향적인 서비스를 제공할 수 있게 되었다.

인터넷에 기반한 식료품 소매업의 진화와 웹밴(Webvan)과 테스코(Tesco.com)의 서로 다른 접근 방법은 규모의 경제에 대한 개념을 더욱 더 잘 보여준다. 웹밴의 전략은 주로 규모 경제의 실현에 의존했다. 미국을 중심으로 3,000만 달러를 투자하여 자동화된 창고를 만들었다. 이 창고는 독립적으로 활용되는 것으로 근본적인 고정비용을 발생시킨다. 각 포장 과정이 자동화되기 때문에 각 선적에 대한 변동원가는 매우 감소하며, 동시에 비싼 노동에 대한 필요가 감소하여 결국 고정비용을 줄일 것으로 기대되었다.

비즈니스 측면에서 고찰하면, 웹밴은 저렴한 비용의 리더로서 위치할 수 있으면서 자동화된 배달 과정으로 고객 이익의 극대화도 제공할 수 있다는 것이다. 고객의 숫자가 증

그림 5.4 규모의 경제가 생산량이 증가할 때 생산원가를 감소시키는 반면에 규모의 경제가 되지 못하면 단위 생산원가가 증가한다

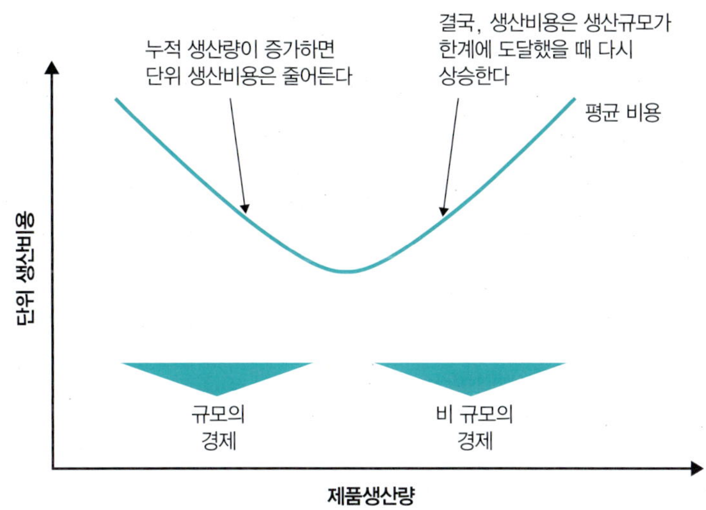

가하면 이를 소화하기 위해 창고가 풀 가동을 하고 따라서 커다란 규모의 경제가 발생할 것이다. 식품배달 프로세스에서는 배달 트럭이 중앙 창고에 모이는데, 여기서 집집마다 배달되는 제품을 할당하고 배달하는 과정은 매우 중요하다. 왜냐하면, 배달 비용은 트럭의 반이 텅 비든 완전히 꽉 차 있든 거의 차이가 없다. 따라서, 트럭을 채울 수 있도록 충분한 고객을 가지는 것은 배달 과정에서 발생하는 또 다른 규모의 경제라고 설명할 수 있다. 웹밴이 주식을 상장한 후 단지 일 년 후에 파산하였으므로, 최종적으로 앞서 설명한 내용이 얼만큼 실행됐는지 아닌지 말할 수는 없다.

이 경험에서 얻은 중요한 교훈은 규모의 경제가 큰 처리량을 필요로 하는 경우에만 가치가 있다는 것이다. 테스코는 창고를 기반으로 한 배달에서 발생하는 잠재적인 규모의 경제economies of scale를 분석한 후 다른 결론에 도달했다. 일반적인 경우와는 달리, 회사는 기존 매장에서 주문 이행과 배달 프로세스를 조직하는 것이 오히려 낫겠다고 결정했다. 이렇게 함으로써 높은 고정 원가를 창출하는 추가 투자에 대한 필요성을 실질적으로 줄일 수 있었다. 또한 이 모델을 통해 테스코는 가게별로 영역을 추가함으로써 점차적으로 자사의 사업을 확장할 수 있었다.

범위의 경제

범위의 경제의 논리는 규모의 경제의 논리와 유사하다. 규모의 경제가 한 종류 제품의 생산을 늘림으로써 실현될 수 있다면, 범위의 경제는 같은 R&D, 생산, 운반 자산을 사용하는 다양한 물건들의 판매확장에 의해 초래된다.

여기서의 주요 목표는 동일하게 유지된다. 존재하는 제품에 새로운 제품이나 서비스를 가져와서 고정원가를 확대하는(즉, 고정원가를 줄이는) 것이다. 범위의 경제는 서로 다른 시장과 산업 분야로 확장될 수 있다. 예를 들어 아마존은 자사의 웹사이트에서 제품 범주를 추가해 잠재적으로 특정 고객의 매출을 증가시킴으로써 범위의 경제를 달성했다. 비록 책으로 시작했지만 아마존은 동일한 기술 플랫폼(platform)과 배달 인프라를 사용하여 이후 CD, 비디오, 전자제품과 의류 같은 새로운 제품 범주를 추가했다.

규모의 경제와 범위의 경제는 특정 전략의 상황 내에서 고려되어야 하고 단지 비용 절감을 위해 추구되어선 안 된다. 우리가 항상 염두에 두어야 할 것은 회사가 고객들에게 제공하는 가치 제안의 유형이다. 새로운 고객 그룹으로의 도달을 통한 규모의 추가 혹은 새로움 제품 제공을 통한 범위의 추가는 회사의 비용을 줄이는 데 도움이 될 수 있다. 그러나 비용뿐만 아니라 다른 고객 세분화로 확장하거나 새로운 제품의 범주를 추가한 후 생성될 수 있는 수익을 고려하는 것도 중요하다.

요소비용

요소비용은 특히 중개인 역할을 하는 소매 업체들에게 중요한 비용 요인이다. 예를 들어 대량 구매를 통해 구매가격을 하락시키는 구매능력은 비용 절감을 위해 효과적이다. 낮은 요소 비용과 규모의 효과 모두 대량의 거래를 통해 실현될 수 있다. 따라서, 일반적으로 경쟁 업체와 비교하여 낮은 가격을 제공한다는 전제조건이 해결되어야 큰 시장 점유율을 점할 수 있다. 예를 들어 IBX 같은 전자시장(e-marketplace)의 목표는 조직 내에서 다른 비즈니스 단위의 구매력을 모아 요소 비용을 절감하는 것이다.

학습효과

학습효과는 회사가 자사의 효율성을 시간이 지남에 따라 높일 때 발생하며, 느슨하고 낭비적인 활동을 줄이게 되어 비용을 낮출 수 있다.

5.2.2 차별화 전략

차별화 전략은 경쟁사보다 상대적으로 더 많은 소비자 혜택을 제공하여 얻을 수 있다. 차별화된 위치에 있기를 원하는 회사는 다음과 같은 주요 질문을 해볼 필요가 있다. 무엇이 소비자의 이익을 창출하는가? 무엇이 독창적인가? 무엇이 모방될 수 없는가? 제품의 품질, 서비스 품질, 전달 속도와 같은 유형의 소스와 브랜드와 명성과 같은 무형의 소스가 있다.

비용우위 접근과 유사하게 차별화된 위치를 원하는 기업은 최상의 가치 창출을 보장하기 위해 다른 경쟁자들의 비용 근접(비용이 유사한 것, 즉 비용우위가 없어지는 것)에 만전을 기할 필요가 있다. 이것은 비용 단점이 충분히 작아야만 차별화 우위가 우선될 수 있다는 의미다.

그림 5.5 차별화의 유형자원과 무형자원

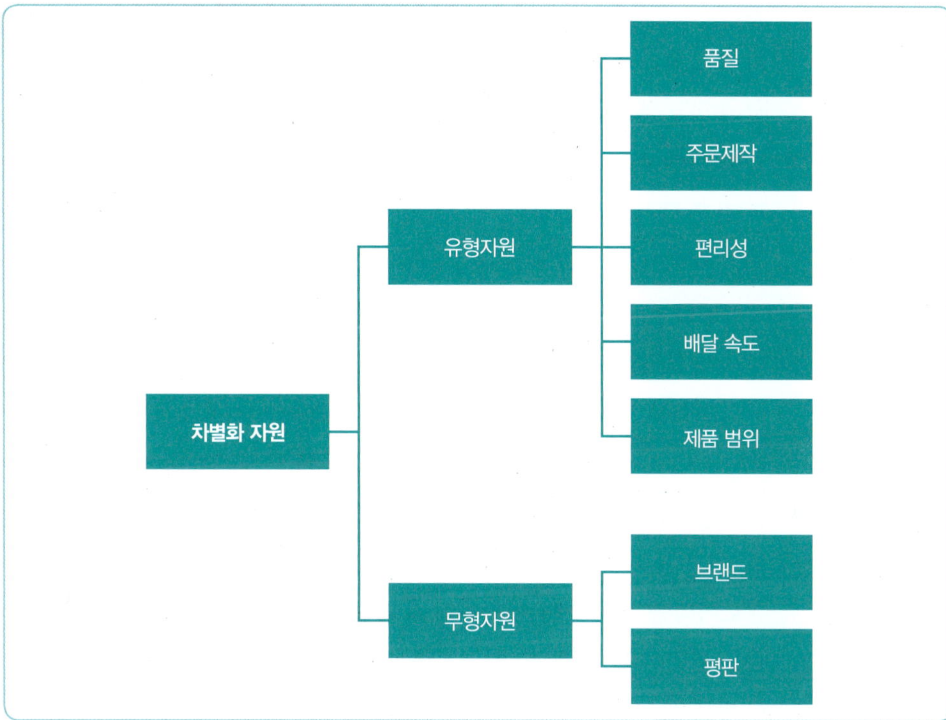

기업들이 시장에서 최고 품질의 제품을 제공하는 것에 전적으로 초점을 맞출 때 비용 근접의 필요성을 간과하는 것은 드문 일이 아니다. 모토롤라(Motorola)의 이리듐(Iridium) 폰 개발은 비용에 주의하지 않았던 차별화 접근 방법의 대표적인 사례다.

이 시점에서, 효익(benefit)의 정의를 명확히 하는 것이 중요하다. 소비자의 효익은 장소, 시간, 사람에 관계 없이 객관적으로 측정할 수 없기 때문에 본질적으로 측정하기 어렵다. 대신에 다음과 같은 사항에 따라서 개인별로 다양하다.

- *개인 선호도.* 당신은 스포츠 카 운전에서 높은 이익을 느낄 수가 있는 반면에 세 명의 자녀를 둔 당신의 이웃은 미니 밴 운전에서 더 많은 이익을 얻을 수 있다.
- *장소.* 북극에 있는 냉동실 대 사하라 사막에 있는 냉동실을 생각해보라.
- *시간.* 하루 또는 밤 동안의 전기 조명의 혜택에 대해 생각해보라.

소비자 효익의 수준을 결정할 때 어떤 요소들이 고려되어야 하는가?[3] 그들이 직접적으로 관찰될 수 있는지 아닌지에 따라 유형자원(tangible sources)과 무형자원(intangible sources)으로 나눠질 수 있다. 또한 고객의 이익에 대한 넓은 범위의 요소들이 있다(그림 5.5 참조).

소비자 효익의 유형자원에는 다음과 같은 것들이 있다.

- *제품/서비스의 품질.* 이러한 특징은 기능, 내구성(또는 안정성), 설치의 용이성과 같은

제품의 객관적인 특성을 의미한다. 두카티(Ducati) 오토바이의 품질은 정확하게 최대 속도, 가속 성능, 연료 소비량 또는 분해 속도와 같은 통계에 의해 결정될 수 있다. 서비스 차원에서 테스코의 온라인 식료품 사업의 질은 신선도와 배달된 상품의 전반적인 품질로 측정할 수 있다. 또한 서비스 품질은 영업사원의 친절과 노하우 혹은 웹사이트의 경우 개인맞춤의 정도, 사용의 용이성, 응답시간, 온라인 문의에 대한 정보의 질과 같은 특성을 수반한다.

- *제품 또는 서비스의 주문제작 정도.* 더 많은 제품이나 서비스가 특정한 고객의 요구에 적합하다면 개인적 사용자에 대한 이익을 더 많이 창출한다. 델은 자사의 PC를 두 가지 사양의 고객 요구에 따라 제작한다. 먼저 개별 고객이 PC에서 가치 있게 보는 모든 구성요소를 포함시키고, 두 번째로 가치 없는 구성요소들을 모두 제거하여 가격을 낮춘다.
- *편리성.* 여러 제공자를 비교할 때는 구매자가 구매과정 중에 사용하는 정신 에너지, 노력, 시간 등이 고려되어야 한다.[4] 이 요인은 사람들이 하나의 물건을 구매하기 위해 10 킬로미터를 운전하여 할인매장에 가는 이유를 설명한다. 왜냐하면 지역 매장에서는 같은 물건이 더 비쌀 수 있기 때문이다. 테스코는 온라인 식료품 서비스를 통해, 특별히 바쁜 사람들을 위해 고객들의 편의를 증가시키는 것을 목표로 한다.
- *배달 속도.* 속도는 제품의 가용성, 판매자의 위치, 물류 과정의 품질에 따라 다르다. 회사의 관리접근방식, 우월한 프로세스 흐름, IT 시스템과 응용프로그램 때문에 경쟁자보다 더 빨리 배송할 수 있는 능력을 가진 회사는 엄청난 비교우위를 창조할 수 있다.
- *제품 범위.* 광범위하고 깊은 선택은 편리하고 간단한 원스톱 쇼핑을 가능하게 하기 때문에 차별화의 중요한 원천을 제공한다. 아마존은 깊고 광범위한 제품 범위를 가진 소매업체의 대표적인 사례다.

소비자 혜택의 무형자원(intangible sources)에는 다음과 같은 것이 있다.

- *브랜드.* 브랜드는 소비자들이 제품과 서비스를 판매하는 회사와 관련해 인식된 특성을 말한다. 강력한 브랜드는 높은 품질 기준에 부합한 제품으로부터 나오는 경향이 있다. 그러나 반드시 그런 것은 아니다. 또한 집중적이고 혁신적인 마케팅 활동의 결과로 초래될 수도 있다. 브랜드는 시장에서 차별화된 특징에 의해 구축된다.

  입소문을 통해 이익을 얻을 수 없는 대부분의 온라인 회사들은 이 책에 나와 있는 스테이프렌즈(StayFriends)와 같이 그들의 브랜드를 구축하기 위해 많은 투자를 해야 한다. 반면에 테스코, 노디어, 두카티와 같은 실제 회사들은 온라인 고객들을 얻기가 훨씬 쉽다. 왜냐하면 그들은 이미 그들의 매장, 브랜드 네트워크 또는 실제 딜러들을 통해 이익을 봤기 때문이다.
- *평판.* 회사의 과거 행동은 평판에 영향을 주는 주요 요인이다. 고객들은 평판에 가치

그림 5.6 회사의 전략을 결정하는 지각된 성과와 관련된 가격 위치

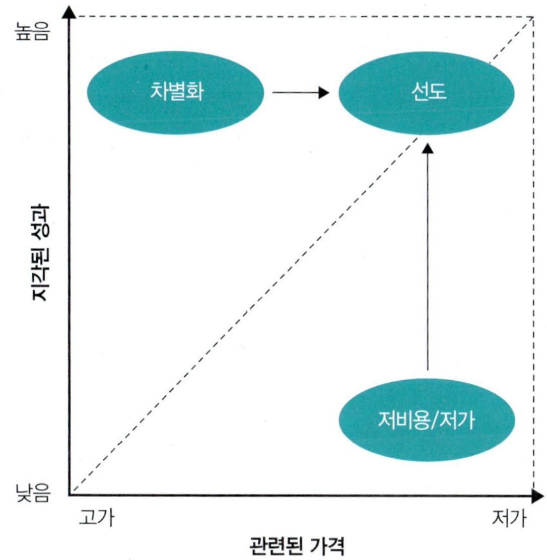

Source: Adapted from H. Hungenberg, *Strategisches Management in Unternehmen*, Gabler, 2006, p. 194.

를 둔다. 왜냐하면 평판이 그들의 구매 위험을 감소시키기 때문이다. 온라인 결제를 할 때, 회사의 평판은 매우 중요하다. 왜냐하면 많은 온라인 고객들이 아직도 그들의 신용카드 정보를 미지의 공급업체에게 제공하는 불안을 느끼기 때문이다.

5.2.3 선도 전략(그리고 가운데 위치한 자의 위험)

포터는 독특하고 방어 가능한 경쟁력 있는 위치를 가지기 위해서는 두 전략들 중에서 하나를 추구하는 것이 좋다고 조언했다.[5] 근본적인 가정은 강력한 전략은 균형을 요구한다는 것이다. 비용우위(cost leadership) 전략은 보통 고객이 원하는 평균 이익 이상의 수준을 제공하는 능력을 손상시키기 때문에 높은 수준의 품질은 일반적으로 높은 가격을 수반한다. 그 결과, 품질과 비용우위를 모두 얻으려고 노력하는 회사는 중간에 갇혀 저렴한 비용도 아니고 차별화도 되지 못하는 위치에 있을 수 있다.

최근에 포터의 일반적 전략의 개념은 수많은 실증적 연구에 의해서 도전을 받아왔다.[6] 이들 분석의 주요 결론은 현실에서 회사는 선도 전략 또는 하이브리드(hybrid) 전략을 따라 비용과 차별화우위 둘 다의 장점을 결합할 수 있다는 것이었다(그림 5.6 참조).

예를 들어 이러한 선도 전략의 한 가지 가능한 원천은 품질 관리다. 이것은 도요타(Toyota)의 예제를 통해 증명될 수 있다. 반면에, 도요타 생산 시스템은 그들이 대부분의 다른 자동차 제조 업체의 제품들보다 더 믿을 만하고 기능적이라는 것을 지난 10년 동안 증명해 왔기 때문에 도요타 자동차의 사용가치를 증가시킨다. 다른 한편, 높은 수준의 이

용 가치를 보장하는 높은 안정성은 비싼 반품(call-back)의 수를 줄임으로써 도요타의 비용 위치를 개선하는 데 도움이 되었다.

마찬가지로, 1990년대 초반 동안, 테스코는 영국의 식료품 소매 시장에서 낮은 가격으로 경쟁했다. 그 당시 회사의 모토는 '높게 쌓아두고 싸게 팔자'였다. 가능한 한 작은 공간에 많은 제품을 수용하려고 선반 위치를 바꾸는 것과도 관련이 있다. 수년에 걸쳐, 테스코는 온라인 식료품 소매 채널과 같은 차별화 요소들을 첨가함으로써 자사의 가치사슬을 개선해왔다. 테스코는 가격과 품질 모두의 차원에서 여전히 경쟁력을 가지고 있다. 이를 통해, 테스코는 효과적으로 품질과 비용 사이의 상반관계(trade-off) 딜레마(서로 대립되는 요소 사이의 상반관계)를 해결했다.

이론적 관점에서, 다음과 같은 요소들이 실제로 상반관계를 줄일 수 있다. (1) 새로운 기술의 개발, (2) 낭비, (3) 규모의 경제와 학습 효과.

- *새로운 기술의 개발*은 인터넷의 경우처럼, 적어도 초기에는 혁신적인 기업에게 비용과 차별화 차원에서 큰 도약의 기회를 제공한다. 다시 아마존의 예제를 생각해 보자. 아마존의 경우 다른 온라인 도서 유통 업체와 대부분의 오프라인 기업(bricks-and-mortar) 서점과 비교해볼 때, 가격에 있어서도 경쟁력이 높으면서 가장 차별화된 제품과 서비스를 제공한다. 이것은 아마존의 비용 절감을 위한 지속적인 기술개발 때문에 가능하다.

  예를 들어 1999년부터 2003년까지 아마존은 창고의 용량을 세 배로 늘렸는데 그 덕분에 창고 운영비용을 1999년 수입의 20%에서 2003년 수입의 10%까지 줄이게 되었다. 이러한 시도는 기술의 진화가 있어야(그리고 경쟁사에서는 아직 시작되지 않아야) 가능하기 때문에, 일단 인터넷과 연관된 물류 시스템이 일반화되면 유지 가능성을 의심봐야 한다.

  만약 인터넷 벤처 기업이 그들의 경쟁 오프라인 기업(bricks-and-mortar)보다 저렴한 가격 혹은 높은 품질을 지속적으로 제공할 때, 두 가지 시나리오가 가능할 것이다. 첫째, 온라인과 오프라인 기업의 유형 모두 존재하지만 서로 다른 시장에 제품을 제공한다면 경쟁은 인터넷 벤처 기업 사이에 일어날 것이다. 둘째, 만약 인터넷을 기반으로 한 기업이 오프라인 기업을 대체해서 바뀌면, 오프라인 기업은 점점 더 사업 밖으로 내몰릴 것이고 경쟁은 다시 인터넷 기업들 사이에서 시작될 것이다. 어느 쪽이든, 확실한 전략적 위치를 갖는 기업이 경쟁에서 이길 것이다.[7] 새로운 기술 개발이 부차적인 중요성을 가지는 다른 기존 기업들은 더 정확한 위치를 찾을 필요가 있다.

- *많은 기업과 산업이 비용을 절감하고 동시에 품질을 최적화하는 데 그들의 활동을 낭비한다.* 기업들이 비효율적일 때, 그들은 품질과 비용 사이의 상반관계를 접하지 않고 커다란 진보를 할 수 있다. 그러나 이 시점에서, 우리는 또한 별로 전략적 결정이 아닌 운영 효율성의 문제를 다루어야 한다. 인터넷 붐 기간 동안 온라인 패션 소매업체인 부

boo.com와 같은 많은 신생기업startup이 마케팅, 홍보 행사, 여행에 함부로 돈을 지출했다.(FT기사 'Boo.com 설립자는 net 버블을 두려워한다' 참조) 이러한 상황에서는 실제의 상반관계가 없기 때문에 비용 절감이 쉽게 이루어질 수가 있다.

- *규모의 경제와 학습효과*는 회사가 차별화된 전략을 추구하면서 동시에 상당한 비용 이점을 생성하도록 한다. 회사는 규모 효과를 통해 낮은 가격과 우수한 제품 모두를 제공할 수 있다. 예를 들어 테스코는 온라인과 오프라인 고객 모두에게 낮은 가격을 제공한다. 왜냐하면 회사가 커서 대부분의 경쟁사보다 낮은 비용으로 제품을 제공할 수 있기 때문이다.

위의 요인에도 불구하고, 차별화와 비용 사이의 상반관계는 전략 수립에서 고려해야 할 가장 중요한 문제다. 왜냐하면 회사가 모든 분야에서 탁월하기는 쉽지 않기 때문이다.

5.3 대안 전략 개발

5.3.1 전략적 게임보드 프레임워크

위의 절에서, 우리는 비용우위 전략, 차별화 전략, 선도 전략과 같은 일반적인 대안 전략에 대해 설명했다. 이런 일반적인 전략의 유형과 반대로 실제 세상에서는 다수의 개별적인 측면들이 일관성 있게 합쳐져서 전반적인 전략이 결정된다. 전략적 게임보드 프레임워크(strategic gameboard framework)는 체계적으로 전략의 다른 영역을 결정하기 위해 구조적 접근을 제공한다(그림 5.7 참조).

전략적 게임보드 프레임워크는 관리자가 일관된 사업전략을 수립하도록 돕는 세 가지 핵심 질문을 제기한다. 첫 번째 질문은 회사가 원하는 경쟁우위의 유형에 관한 것이다. 우리 회사가 원하는 것이 비용우위 전략을 가져가는 것인가, 차별화된 제품을 제공하는 것인가, 아니면 선도 전략을 추구하는 것인가? 이러한 선택에 대해서는 앞부분에서 자세히 다뤄졌다.

경쟁우위의 유형에 관한 결정 외에, 회사가 경쟁하기를 원하는 시장이나 시장 세분화에 대해 생각하는 것도 필수적이다. 반면에, 특별한 고객 세분화 혹은 제한된 지역에 전문화된 제품을 제공함으로써 틈새 시장 전략을 추구하는 것도 가능하다. 틈새 시장 전략의 이런 유형은 경쟁우위로 이어질 수 있다. 왜냐하면 구체적인 노하우를 구축하거나 고객에 대한 구체적인 지식을 구축하는 기회를 가질 수 있기 때문이다. 그러나 틈새 시장 전략의 문제는 전체적인 비즈니스 위험을 증가시키는 단일 고객 세분화에 대한 의존으로 이어지고 결과적으로 단위당 비용을 증가시키는 규모의 부족이 발생할 수 있다는 것이다. 이것이 낮은 비용 전략이 일반적으로 틈새 시장에서는 활용되지 않는 이유다.

마지막으로, 전략을 구현하는 비즈니스 모델의 종류를 확인하는 것이 중요하다. 전략

그림 5.7 일관성 있는 비즈니스 전략 수립을 지원하는 전략적 게임보드

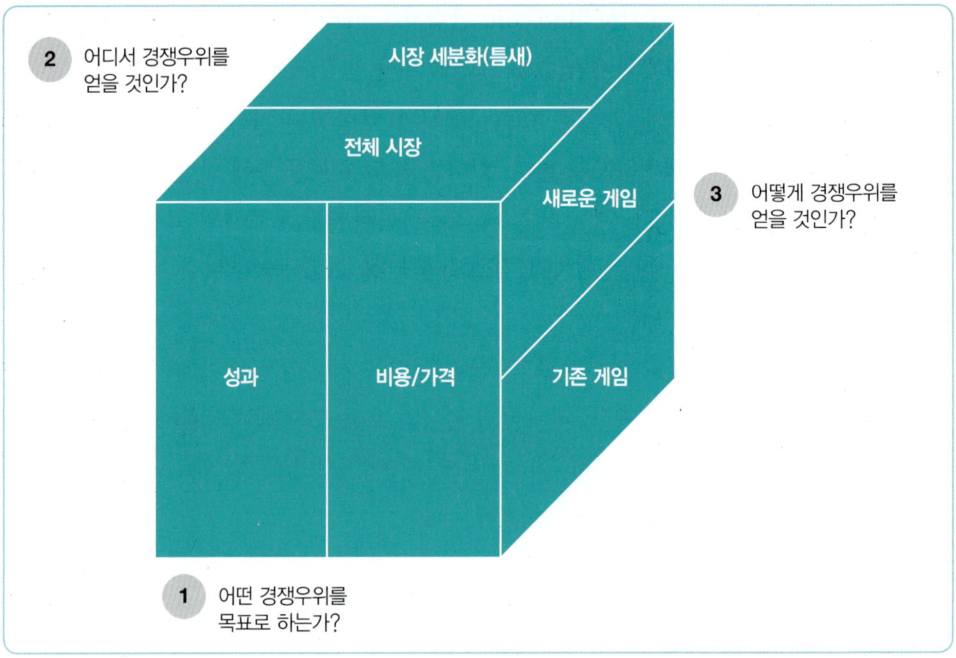

Source: Adapted from H. Hungenberg, *Strategisches Management in Unternehmen*, Gabler, 2006, p. 251.

적 게임보드(strategic gameboard)는 (1) 기존 게임과 (2) 새로운 게임을 함에 있어 차이가 난다. 기존 게임 비즈니스 모델은 오랜 기간 동안 해당 산업에서 다른 회사에 의해 사용되어 온 것을 말한다. 예를 들어 1990년대 중반에 전통적인 오프라인 서점을 고려하는 기업은 도서 소매의 기존 게임을 추구했다. 이런 기존 게임을 할 경우에는 높은 품질, 높은 생산성 또는 빠른 시장진입 등을 통해서 경쟁우위를 얻을 수 있다. 기존 게임의 비즈니스 모델은 과거에 경험한 바가 있기 때문에 위험도가 낮을 수 있지만 모든 사람들이 동일한 형태로 게임을 하고 있기 때문에 경쟁사들과의 차별화는 어려워진다.

반면에, 새로운 게임이란 해당 산업에서 다른 기업이 수행하기 전에 근본적으로 차별화되는 비즈니스 모델을 이용하는 것을 말한다. 처음 델이 비즈니스를 시작한 시점에, 직접 판매 채널을 통해 PC를 판매하는 델의 비즈니스 모델은 업계에서 새로운 게임이었고 이를 통해 델은 타 경쟁사를 뛰어넘을 수 있었다. 마찬가지로, 책 소매 시장이 매우 경쟁적이었음에도 불구하고 아마존은 인터넷을 혁신적으로 사용함으로써 전 세계에서 가장 큰 서점이 되었다. 그러나 새로운 게임이 무한정 지속되지 않는다는 것을 알아야 한다. 다른 회사들이 그 게임을 모방하기 때문에 또 다른 시도를 해야 한다.(회사의 모방 장벽을 만드는 다양한 방법은 6.1을 참조) 예를 들어 요즘 인터넷 소매 자체는 더 이상 새로운 게임이라 볼 수 없다. 새로운 게임을 원하는 기업들은 신규 시장을 재정립하는 방법을 모색할 필요가 있다. 7장에서는 가치 혁신의 새로운 게임을 체계적으로 새로운 게임의 비즈니스 모델로 개발하는 데 도움이 되는 프레임워크를 제공한다.

5.3.2 e-비즈니스 모델[8]

'비즈니스모델이란 무엇인가?'에 대해 사람들마다 다르게 정의하고 있지만 대부분의 경우 다음의 4가지 요소를 가지고 있다. (1) 목표 시장 (2) 특정 전략이 수행되는 경쟁환경 (3) 가치창출 프로세스를 통해 기업 내외부의 다양한 관계자들이 참여하여 가치를 만드는 방법(가치창출 방법) (4) 가치 충당 또는 수익창출 모델. 이러한 4가지 요소들이 모여 아래와 같은 프레임워크를 설명하는데 사용된다(그림 5.8).

- 기업의 *목표 시장*은 최종고객(B2C) 또는/그리고 타 기업(B2B)을 말한다.
- *비용우위 vs. 차별화 전략:* 고전적인 두 가지 전략(5.2절)은 e-비즈니스 영역에서 경쟁우위를 만드는 데 사용된다. 비용우위전략의 예는 월마트과 프라이스라인(Priceline.com)이 있다. 프라이스라인은 구매자가 자신이 선호하는 요소와 예산에 부합하는 아이템을 찾을 수 있게 해주고, 소매업자는 온라인으로 저렴한 가격으로 해당 아이템을 판매할 수 있게 해준다. 차별화 전략의 전형적인 예는 델과 아마존이다. 델은 고객들이 원하는 사양의 컴퓨터를 주문할 수 있고, 아마존은 수많은 제품군을 선택하여 원클릭(one-click)으로 쉽고 빠르게 주문할 수 있게 한다.
- *가치창출프로세스*는 아래의 4가지 요인으로 구분되는데, 이래의 내용은 R. Amit and C. Zott가 처음 제안했던 내용이다. 이 요인들은 개념적으로 4.1.2절에 소개되어 있다.

  효율성: 효율적인 기업은 델, 아마존, 월마트, 이베이, 페이팔이 대표적인 예이다. 이 회사들은 기업의 가치사슬과 비즈니스 프로세스를 우수하게 관리하여 유명해졌다.
  - *상호보완성:* 상호보완성에는 서로 다른 유형이 있다. 예를 들어, 도서판매업체인 반즈&노블(Barnes & Noble)은 물리적 상점과 e-커머스 웹사이트를 상호보완적으로 사용하여 시너지 효과를 내어서 결국 고객들에게 보다 많은 가치와 편리함을 제공하였다.

그림 5.8 e-비즈니스 모델 요소들

시장	가치창출	경쟁우위	수익창출모델
B2B	효율성 상호보완성	비용우위	중개 수수료 광고 수수료
B2C	충성심 새로움(참신함)	차별화	구독료 판매

Source: A. Rodríguez, F. Sandulli and D. Sánchez, 'Value creation in e-business models', in F.J. Martínez-López (ed.) *Handbook of Strategic e-Business Management*, Series PROGRESS in IS, Springer, 2014.

- *고착화(Lock-in)*: 기업들은 고객유지를 위해서 (4장에서 보았듯이)다양한 방식을 사용한다. 반즈&노블사는 마스터카드(MasterCard)와 함께 리워드 프로그램(reward program)과 같은 로열티 프로그램, 아마존의 쇼핑카트 기술, 이베이의 온라인 구매자와 판매자 간 신뢰를 만드는 신뢰 메커니즘(trust mechanism), 델의 수준 높은 맞춤 PC 주문 등이 대표적인 예이다.
- *참신함(Novelty)*: 특정 기업들은 수준 높은 혁신 역량을 이용하여 가치를 창출하였다. 애플은 아이튠 스토어(iTunes store)을 내세워 온라인 음원 판매의 선구자가 되었고, 구글은 웹사이트의 인기 순위를 제공하기 위해서 사용한 링크기반 접근(link-based approach)(특정 웹사이트에 링크되는 숫자 활용)을 시도하였다. 프라이스라인은 'name your own price'라는 교환 메커니즘을 통해 고객에 설정한 범위 내에서 제품/서비스 제공자들을 찾는 것을 가능하게 했다.

● *수익창출모델*

- *중개수수료 모델*: 이베이와 같이 온라인상에서 거래가 일어날 때마다 수수료를 받는다.
- *광고 모델*: 온라인 광고(구글, 야후, Craiglist)를 통해 매출을 일으킨다.
- *구독료 모델*: 전자신문이나 매거진과 같이 멤버십 수수료 또는 기간에 따른 가입료를 받는다.
- *판매수익 모델*: 아마존, 아이튠즈, 델, m-PESA와 같이 온라인 판매로 돈을 번다.

명백하게 기업들은 위의 다양한 요소들을 다양한 방법으로 조합하고 다양한 비즈니스 모델을 이용한다. 예를 들어 아마존은 B2C와 B2B 시장을 모두 가지고 있고, 페이스북은 온라인 광고 수수료를 주 수입원으로 하지만 앱과 게임을 통해서도 수익을 얻는다. (Blog Box 참고)

BLOG BOX

작년 미국과 캐나다에서 사용자당 9.51달러의 광고수익을 낸 페이스북

페이스북은 작년 미국과 캐나다에서 사용자당 9.51달러의 광고수익을 냈다. 유럽은 절반 정도인 4.86달러의 매출을 냈다. 아시아와 다른 나라들도 1.79달러와 1.42달러를 기록했다. 이러한 결과는 페이스북이 브랜드 광고주들이 합류하여 성공리에 성장하여 서부유럽과 일본과 같은 경제적으로 선진화된 시장에서도 얻을 수 있다는 매출 궤도(revenue trajectory)를 보여준다.

페이스북의 향후 광고 매출이 얼마나 증가할 것인가 하는 것은 일반적인 성장(페이스북이 얼마나 많은 사용자를 가지고 있는가), 매력도(제품이 얼마나 매력적인가), 그리고 타게팅(페이스북이 사용자별로 필요한 광고를 얼마나 잘 보여주느냐)하는 문제들과 관련이 있다.

페이스북은 이미 매달 9억100만 사용자들이 사용하고 있다. 그래서 전세계 인터넷 사용자

BLOG BOX (계속)

들을 더 끌어들여서 성장하기에는 한계가 있다. 더 중요한 사실은 선진국의 사용자와 같은 가장 쉽게 달성할 수 있는 목표는 이미 이루었다는 것이다. 그러므로 단기매출에 영향을 주는 제품을 지속적으로 바꿀 수밖에 없다. 페이스북은 지난 몇 년간 페이지당 광고 수를 4개에서 7개 단위로 올려놨다.

최고운영자인(COO) 쉐리 샌드버그(Sheryl Sandberg)는 페이스북의 전반적인 광고 방향을 설명하면서 페이스북의 장기목표는 전세계의 7,000만 기업들의 개인화된 광고를 제공하는 것이라고 말했다. '페이스북은 매일매일이 아메리칸 아이돌 시즌 파이널' 같을 것이다. 광고 예산이 사용자의 행동에 충분히 부합할 정도로 빠르게 온라인으로 이동하지는 않을 것이다. 약 6억 달러가 매년 광고에 쓰이는데 그 중 11%만이 온라인 광고로 사용된다. 광고 중 1억 5,000만 달러는 모바일 쪽으로 쓰인다.

전반적으로, 페이스북의 매출은 '광고'와 '결제'(payment)에서 나오는데, 이 두 가지는 매년 성장하고 있다.

결제 매출 부분을 좀 더 살펴보자. 결제 매출 부분은 매년 큰 폭으로 성장하고 있다. 페이스북에서는 앱과 게임부분이 매출의 30%를 차지한다. 하지만 7월부터 매출을 공유(revenue share)하기로 때문에 공정한 비교는 아니다. 결제 매출은 분기별로 보면 1억 8,600만 달러에서 1억 8,800만 달러 정도로 변화가 크지 않았다. 게임부분을 보면 징가(Zynga)의 분기별 매출은 거의 성장하지 않을 것이라 예상하고 있다. 성장이 예측되는 부분의 대부분은 모바일이다. 그러므로 페이스북이 다른 종류의 결제 매출을 발굴하지 못한다면 성장이 멈출 것이다.

페이스북의 CFO 데이비드 애벌스만(David Ebersman)은 결제 매출이 게임 외의 다른 부분으로 확장되지 않는다면 매출의 30%가 날아갈 것이라고 말했다. 페이스북의 영입마진이 줄어들고 있다고 지적했다. 기업이 얼마나 수익을 내는지에 대한 척도인 영업마진이 작년 1분기 53%에서 올해는 36%로 떨어졌다. 애벌스만(Ebersman)은 이러한 것은 share-based compensation expenses과 관련이 많다고 했다. 그러면서 '페이스북은 여전히 성장 모드에 있고, 매번 의사결정이 내려지고 있는데 이러한 의사결정이 단기매출에는 영향을 줄 수는 있다.'라고 말했다. 예를 들어 모바일 앱이 이제 경우 매출이 발생했는데, 앞으로도 모바일에 지속적으로 과감한 투자할 예정이다. '우리는 모바일 페이스북이 페이스북 미래의 매우 중요한 부분이 될 것이 본다. 모바일에서 수익창출이 불확실할지라도 우리는 투자를 계속 할 것이다.'라고 전했다.

Source: Adapted from K.-M. Cutler, 'stats: Facebook made $9.51 in ad revenue per user last year in the US and Canada', TechCrunch.com, 3 May 2012.

5.4 전략 및 가치사슬 엮기

가치사슬 내 모든 활동들은 각각 독립적이지 않고 서로 연결되어 있다.[9] 가치사슬의 각 활동들을 적합하게 잘 연결하는 능력을 가진 기업이 경쟁적 우위를 가진다. 따라서 가치사슬 전체의 최적화가 가치사슬을 구성하고 있는 개별 활동의 최적화보다 더 중요하다. 또한 지속가능성(sustainability)도 이러한 유일한 적합(unique fit)으로부터 가능해지는

데, 그 이유는 경쟁사들이 효과적으로 상호 연계된 활동 전체를 모방하는 것이 훨씬 어렵기 때문이다.

회사 안에서 활동의 적정한 적합성(fit)을 결정하는 3가지 방법에는 (1) *활동 간 일관성*, (2) *활동의 재강화(reinforcement)*, (3) *노력의 최적화*가 있다.

5.4.1 활동간 일관성

일관성이란 개별활동들이 자신의 특장점을 없애는 것이 아니라 자신의 특장점을 살리되 일관되게 서로를 연결하는 것이다. 예를 들면 만일 회사의 목표가 고급사양(premium)의 제품이나 서비스를 통해 경쟁자와 차별화하는 것이 목표라면, 각각의 활동들을 고객의 이익을 증가시키거나 고유성(uniqueness)을 창조하는 것과 같은 차별 우위를 위한 활동들로 디자인하는 것이 필요하다. 한편, 목표가 저비용의 제공자가 되는 것이라면 시장유지를 위해 요구되는 한계점을 유지하는 반면, 각 활동의 비용은 최저치로 낮추어야 한다. 일관성의 결여는 회사의 포지셔닝을 약화시킨다.

왜 그럴까? 포터는 전략적 포지션이 다른 포지션과 함께 상반관계를 갖지 못한다면 지속 가능하지 않다고 주장했다.[10] 만일 회사가 최고 품질의 기준을 제공하고 싶다면 높은 비용이 들게 마련이다. 반면, 낮은 비용을 원하면 결과적으로 품질은 떨어지게 된다. 이러한 상반관계는 다음과 같은 측면에서 고려해 볼 필요가 있다.

- *활동.* 상반관계는 관련된 활동으로부터 나온다. 서로 다른 포지션은 서로 다른 프로세스, 자원들, 기술들, 그리고 가치사슬 설정(set-ups)을 요한다. 최고 품질의 기준(그리고 희망컨대, 가격 프리미엄을 갖추는 것)을 보증하기 위해 차별화된 포지션을 달성하고 싶어하는 회사는 많은 투자가 필요하다. 반면 저가선도기업(cost leader)은 낮은 가격을 이용하여 경쟁하기를 원하기 때문에 가능한 한 최저의 비용 구조를 제공하는 활동이 필요하다. 이러한 회사의 고객들도 가능한 한 최저의 가격으로 기초적인 서비스를 받고 싶어한다. 따라서 저가선도기업이 되고자 하는 회사는 활동을 과도하게 설계하여 비용을 불필요하게 증가시킬 필요가 없다.
- *이미지와 평판.* 저비용과 차별화된 제공자가 동시에 되려고 한다면 회사의 이미지와 평판은 일관성이 없어지게 된다. 회사의 포지션이 확실할 때 자기의 전략을 이해 관계자(예컨대 고객과 주주)에게 신뢰감 있게 전달하기가 훨씬 쉽다. 자동차 제조업체 포르셰(Porsche)의 경우, 제일의 스포츠카 제조업자라는 평판을 쌓아 올리고 유지하기 위해 그들만의 제품과 서비스로 포지션을 분명히 할 필요가 있다. 마찬가지로, 미국의 소매업자 월마트와 같은 저비용 제공업체는 가능한 한 최저의 비용으로 제품을 공급하기 위해 노력한다.
- *전략 구현.* 고용인이 전략에 대한 명확한 비전을 가지고 있고, 매번 일어나는 의사결정에 대해 "우리는 낮은 비용으로 경쟁하거나 차별화된 공급자가 되려고 노력하고 있는

가?"라는 질문을 던질 필요가 없어야만 회사 내에서 전략을 실행하는 것이 용이해진다. 일관성을 위해 강조해야 할 부분은 전략이라는 것이 수행해야 하는 기업 활동뿐만 아니라 수행하지 말아야 할 활동까지 포함해야 한다는 것이다. 만약 기업이 모든 사람을 위한 모든 것이 되길 바란다면, 경쟁에서 어떤 것도 잘할 수 없는 위험을 발생시키고 가격우위도 차별우위도 갖지 못하게 될 것이다. 포터는 다른 포지션과의 상반관계가 없다면 전략적 포지션은 지속 가능하지 않다고 주장한다. 회사가 저비용을 요구할 경우 고객 사용가

BLOG BOX

이지제트 – 저비용의 전략을 위한 조직수립

이지제트(easyJet)는 전통적인 항공사의 특징인 불필요한 비용과 장치를 제거하여 비용을 낮게 유지한다. 이를 위해 다양한 방법들을 사용한다.

- *유통 비용 절감을 위한 인터넷 활용*. 이지제트는 1998년 4월, 일등석을 온라인으로 팔면서 인터넷을 기회로 받아들인 최초의 항공사 중 하나가 되었다. 이제는 전체 좌석의 약 95%가 인터넷에서 팔리고 있고 유럽의 가장 큰 인터넷 소매업자 중 하나이다.
- *튼튼한 자산(substantial assets) 활용의 극대화*. 각 항공기를 최대로 활용하여 단위 원가를 현저하게 낮췄다.
- *표 없는 여행*. 승객들이 온라인으로 예약을 하게 되면 여행에 대한 세부내용과 예약 내용(booking reference)을 이메일로 전달한다. 이것은 매년 수백만 장의 표를 발행, 유통, 처리 및 가공하는 데 드는 비용을 현저하게 줄여준다.
- *공짜 점심은 없다*. 사람들은 기내음식에 대해 불만을 이야기한다. 사람들이 원하지 않는다면 왜 식사를 제공해야 할까? 기내에서 공짜로 제공하는 음식서비스를 없애는 것은 비용과 불필요한 요식체제와 관리를 줄여준다. 이는 또한 다른 항공사와 이지제트 사이의 중요한 차별화 포인트가 되었으며 저비용 정책이 강하게 반영된 것이기도 하다. 흥미롭게도, 승객들에게 기내에서 음식을 사서 먹도록 한 것이 모순적으로 음식제공 서비스가 우수하다는 상을 받게 했다! 또한 간단한 서비스 모델 개념은 좌석의 사전 할당, 타 항공사들과 화물 운송(cargo/freight carriage)의 상호 연계(interline connection)와 같은 불필요하고 관리가 복잡하며 비용이 드는 서비스를 제거한다는 것을 의미하기도 한다.
- *공항의 효율적 이용*. 이지제트는 유럽을 경유하여 주요 종착지까지 운행하지만 회전율증대의 공항과의 공항사용료 협정을 통해 효율성을 증대시킨다. 회송시간을 30분 이하로 줄임으로써 이용이 많은 경로에 추가적인 지원을 하여 항공기의 효율을 최대화할 수 있다.
- *종이가 없는 운영*. 이지제트는 종이를 사용하지 않는 오피스의 개념을 도입하여 업무를 단순화했다. 회사의 경영과 관리(administration)는 세계의 어디에서나 안전한 서버를 통해 접근하는 IT 시스템에서 전적으로 수행되기 때문에 탄력적으로 항공사를 운영할 수 있게 도와준다.

Source: Adapted from www.easyjet.com.

치가 감소하게 되는 반면, 이익을 제공하고자 한다면 고비용이 필요하게 된다.

저가 항공사인 이지제트는 가치사슬의 서로 다른 활동에 걸쳐 일관성을 유지하기 위해 지속적으로 노력하고 있는 회사의 좋은 사례다. 이지제트는 비용을 최소화하기 위해서 기존의 항공사들에서 제공해오던 불필요한 장식과 특전 등을 포기했다. 기존 항공사들은 비용이 많이 드는 체크인 카운터와 판매 대리점을 주로 활용하는 반면, 이지제트는 인터넷으로만 티켓을 판매한다. 고객은 인쇄된 티켓을 받지 않는 대신 공항의 체크인 카운터에 도착해 여권 본인확인 후에 탑승권을 수령한다. 또한 비행기 내에서 승객들에게 무료 식사와 음료를 제공하지 않고 사서 먹도록 한다. 이렇게 함으로써 산업 평균보다 항공기의 운행 회전률이 높아지게 되어 고정비용은 줄어들고 자원활용률(capacity utilization)은 늘게 된다(FT 기사 '단순함을 버리고 복잡함을 선택한 항공사들' 참고).

단순함을 버리고 복잡함을 선택한 항공사들

새해가 밝아오자 이지제트는 위험에 빠졌다. 처음부터 이지제트는 좌석 경쟁 방식을 채택했고, 이로 인해 승객들을 빠르게 탑승하게 되고 이로 인해 탑재시간(역자:승객이 내리고 타는데 걸리는 시간)이 더 빨라져서 항공기당 운항 수를 높일 수 있었다. 하지만 올 봄부터 저가 항공사가 지정좌석제를 운행한다.

이지제트의 경쟁사인 라이언항공(Ryanair)은 이미 가장 선호도가 높은 앞 두 줄과 비상구 옆자리 좌석에 추가요금을 받고 있다. 그러나 라이언항공은 25분의 탑재시간은 준수해야 한다고 강조한다. "우리는 25분이 지나면 예약된 좌석이 취소되도록 하고 있다."라고 라이언항공의 스테판 맥나마라(Stephen MacNamara)는 말했다.

루턴(Luton)공항에 기반을 둔 이지제트도 예약좌석은 탑재시간에 피해를 줄 수 있다고 말한다. 하지만 이러한 시도들은 상업 비행기이 보다 복잡해지는 방향으로 옮겨가고 있는 것을 보여준다.

저가항공사들은 프리미엄 제품을 제공하는 전통적인 항공 모델쪽으로 조금씩 움직이는 반면, 국적기들은 저가 항공사들이 취하는 전략을 조금씩 수용하고 있어 1등석이나 비즈니스 클래스 가격으로 묶어져 있는 서비스들을 개별적으로 제공하려 한다. 즉, 프리미엄 좌석 비용을 내고 싶진 않지만 자유롭게 스케쥴을 변경하고 1등석 라운지(first class lounge)를 이용하고 싶어하는 승객들이 일반석 좌석표 구매 후 원하는 특전(perk)들을 추가하여 좌석을 맞춤형으로 주문할 수 있다는 의미이다.

부분적으로 공항들도 주차부터 탑승 수속대, 보안검색, 출입국 관리까지 모든 단계에서 프리미엄 서비스를 제공한다. 도이치뱅크의 지프 반 크라번(Geoff van Klaveren)은 "항공사들도 공항에서 이러한 서비스들을 제공해 주길 원한다. 왜냐하면 사람들에게 비행기 여행을 할 때 싫은 점이 무엇이냐고 물어보면 비행기 안에서의 시간보다는 공항에서의 번거로운 상황들이 싫다고 답하기 때문이다."라고 말한다.

복잡성이 증가된다는 것은 산업 성장이 둔화됨에 따라 나오는 자연스런 반응이다. 전 세계 승객수는 지난 30년간 약 5%만 증가했고 이러한 경향은 지속될 것으로 보인다. 증가의 대부분도 개발도상국에서 나온다. 이것은 성숙된 시장에서 운영자가 수익을 내기 위해 보다 많은 노력을 해야 한다는 것을 의미한다.

그러나 이렇게 복잡성이 늘어나게 되면 위험이 뒤따른다. 항공권을 파는 여행사들이 가격이 분리된 다양한 서비스들을 이해하고 판매하도록 해야 하기 때문에 항공사들은 새로운 판매 전략 개발하고 파트너(특히 수익성 있는 비즈니스 승객들을 가지고 있는 여행사)에게 투자할 필요가 있다.

"이러한 것들로 인해 비즈니스가 복잡해지지만 보조 제품/서비스를 제공하여 매출증가가 비용보다 크다면 이러한 전략은 성공할 것이라고 생각한다."라고 Mr van Klaveren은 말한다.

이지제트의 좌석 프로젝트를 위해 IT비용으로 수백만 파운드가 들었지만 분석가들은 이러한 시스템적 지원에도 불구하고 탑재시간이 늦어지지 않을까 걱정하고 있다.

미국 페르미 연구소(Fermi laboratories) 천재물리학자인 제이슨 스테픈(Jason Steffen)는 올한해 동안 상업 항공기 탑승시간을 결정하는 요인들을 밝혀내는 수많은 실험을 했다. 그의 연구는 느린 승객과 빠르고 효율적인 승객(비즈니스 승객)들을 따로 분리하는 것이 운영 효율을 개선할 수 있는가 하는 것이다. "이것은 유리병에 자갈과 모래를 넣는 것과 같다. 만약 모래를 모두 붓는다면 돌을 채울 수 없다. 공항에서 느린 사람 둘을 앞뒤로 같이 놓으면 더 느려진다. 반면 빠른 승객을 느린 두 사람 사이에 배치하면 속도가 빨라진다."라고 스테픈씨는 덧붙였다.

FT *Source*: Jacobs, R. (2012) Airlines ditch simple model for complexity, *FT.com*, 10 January.

5.4.2 활동의 재강화

재강화는 한 회사의 활동들 간의 적정한 적합(good fit)에 대한 두 번째로 중요한 특징이다. 제품 또는 서비스의 품질을 높이고 결국 고객의 사용 가치(use value for customer)를 증가시키기 위해 일부 활동이 다른 활동의 품질에 영향을 어떻게 주느냐에 따라 경쟁 우위가 달라질 수 있다. 앞에서 강조한 바와 같이, 가치 프레임워크(value framework)면에서는 이러한 것이 가치사슬 전체에서 만들어지는 총 가치가 가치사슬의 개별 단계에서 만들어지는 가치의 총합보다 크다는 것으로 나타난다.

예를 들어 우수한 품질의 제품을 생산할 수 있는 R&D와 생산 시설을 가지고 있는 회사가 높은 동기부여와 숙련된 판매 부서까지 가지고 있다면 그 회사는 훨씬 더 효율적일 것이다. 마찬가지로, 아마존과 같은 고성능 웹 사이트는 빠르고 신뢰할 수 있는 물류창고(warehouse)시스템과 결합할 때 더 가치 있게 된다. 이러한 재강화의 중요성을 말해주는 또 다른 사례로는 노디어(Nordea)가 있다. 순수 온라인 은행들은 오프라인 지점을 가지고 있지 않았으므로 효과적으로 고객을 획득하기 어려웠다. 하지만 노디어는 온/오프라인 간의 업무 활동들을 긴밀하게 연계하여 오프라인 지점의 고객들을 온라인으로 이동시켰다. 순수 온라인 은행들은 오프라인 은행이 없었기 때문에 이러한 효과적인 고객 획득 방법을 모방할 수 없었다. 이를 모방했던 다른 오프라인 은행들은 온라인과 오프라인 비즈니스를 밀접하게 연계시키지 못해 별개의 이익-중심 구조를 택하게 되었고, 결국 온/오프라인 활동 간의 경쟁을 만들고 말았다. 보완적 유통 경로를 이용한 교차판매 또는 상승판매를 하는 회사의 능력이 중요한데, 그 이유는 서비스 산업과 같은 곳에서는 신규 고객의 획득 비용이 현재 고객에게 판매하는 비용의 2~3배일 수 있기 때문이다.

5.4.3 노력의 최적화

적정한 적합(good fit)의 세 번째 특징은 노력을 최적화(optimization of efforts)시켜준다는 것이다. 재강화가 분리된 활동들을 연결함으로써 고객 경험을 개선하는 데 중점을 두었다면, 최적화는 불필요한 행동과 반복을 줄임으로써 비용을 절감시키는 데 초점을 둔다. 예를 들면 인터넷 회사는 주문-취득 프로세스를 최적화하여 화물과 인사관련(truck fleet and personnel) 비용을 절감할 수 있다. 델은 노력의 최적화에 대한 우수사례로서, 고객이익(customer benefit)을 유지하면서 자원관리(sourcing), 생산, 판매와 서비스 같은 활동들을 비용최소화 방법과 연계시켰다. 가치 프레임워크(value framework) 내에서 노력의 최적화는 가치사슬의 어느 한 영역의 비용 절감이 다른 영역의 비용절감을 이끌어내도록 하는 것을 의미한다.

일관성, 재강화와 노력의 최적화를 통해 활동들을 조율하는 것은 전략 공식(strategy formulation)의 개념적 활동들을 실제로 구현하는데 도움을 준다. 즉, 기업은 이러한 관점을 바탕으로 기업활동을 선택하고 체계화하는 방법을 결정할 수 있다. 가치 프로세스 프레임워크(value process framework)는 이지제트의 저가 포지셔닝과 같은 전략 공식이 가치사슬의 서로 다른 과정들을 거쳐서 실질적으로 구현되도록 도와준다.

활동들 간의 적합성을 만들어내기 위해서는 회사의 수직과 수평의 경계를 엄밀히 분석하고 적합한 내부조직을 수립하는 것이 필요하다. 이를 위해서는 상당한 자원과 경영자의 기술이 필요하게 되는데, 이것이 바로 이러한 전략이 장기적인 영향을 주는 이유가 된다. 무작위로 전략을 바꾸게되면 경쟁우위를 얻기 힘들다. 왜냐하면 활동연계(적합, fit)시 많은 시간과 노력이 들기 때문이다. 이것은 운영 효과를 증가시키는 전사적 품질관리(TQM)와 같은 새로운 도구나 개념이 불필요하다는 것을 의미하는 것은 아니다. 전략적 포지션의 본질적인 토대와 상반관계를 바꾸지 않는 한도 내에서 이러한 도구를 사용하는 것은 합리적이라 볼 수 있다.

요약

- 이 장은 e-비즈니스 시장의 전략 선택들을 살펴보았다. 첫째, e-비즈니스에서 가치 창출을 위한 일반적인 전략 선택을 검토했다. 이러한 선택은 비용우위 전략(cost leadership)과 차별화 전략이 중심이 된다.
- 둘째, 이 장은 비용우위 전략도 차별화 전략도 하지 못하여 중간에 머무르는 개념을 살펴보았다. 이런 회사들은 전문화된 경쟁사에 비해 조금의 경쟁우위도 소유하지 못하는 위험에 직면하게 된다. 그러나 저비용과 차별화를 동시에 제공함으로써 경쟁사를 추월할 수 있게 해 주는 요소들은 존재하게 마련이다. 그러한 요소들에는 신기술 개발, 기업의 낭비(wastefulness of companies), 규모의 경제와 학습 효과들이 있을 수 있다.

- 셋째, 앞서 말한 일반적인 전략의 대안을 개발하기 위해 전략적 게임보드(gameboard) 프레임워크를 사용할 것을 제안하였는데 이것은 전략의 서로 다른 축(dimension)을 결정하기 위한 구조적 접근(structural approach)을 제공한다.
- 끝으로, 지속 가능한 경쟁우위를 달성하기 위해 선택된 전략과 가치사슬 활동 간의 적정한 적합(good fit)을 만드는 방법을 논의했다. 세 가지 주요 수단은 활동 간의 일관성, 활동의 재강화와 노력의 최적화 등이고 이러한 수단들이 기업 안에서 활동의 적합성을 결정한다.

복습 질문

1 고객을 위한 가치를 창조하기 위해 회사는 어떤 일반적인 전략을 사용할 수 있는가?

2 비용 또는 차별화 전략을 만들기 위해 회사가 e-비즈니스 환경에서 사용할 수 있는 요인은 어떤 것이 있는가?

3 왜 일부 회사는 중간에 머무르게 되는가?

4 회사에 선도 전략을 추구하는 것을 허락하는 요인은 무엇인가?

5 회사는 어떻게 자신의 산업 외부에서 새로운 시장 공간을 찾을 수 있는가?

6 회사 안에서 활동의 적합을 결정하는 세 가지 주된 요인들은 무엇인가?

토론 질문

1 e-비즈니스 사례를 통하여 일반적인 전략 선택 행렬의 각 사분원을 설명하라.

2 인터넷이 어떻게 회사가 (1) 비용우위 전략과 (2) 차별화를 통해 시장에서 경쟁우위를 얻는 것을 도와주게 되는지 설명하라. 이 장에서 언급된 것 이외의 실례를 사용하여 각각의 경우를 실증하라.

3 e-비즈니스 회사를 하나 선택하라. 그 회사는 어떤 형태의 경쟁우위를 가지고 추구하는가? 이 회사가 우수한 고객 가치를 만들 수 있게 도와주는 요인은 무엇인가? 그 전략은 지속 가능한가?

4 인터넷이 회사가 중간에 멈추지 않게 도와주는 방법을 분석하라. 실례를 통해 당신의 대답을 실증하라.

5 인터넷 벤처가 어떻게 가격과 품질 모두 경쟁사보다 더 나은 결과를 낼 수 있었는지 논하라. 당신의 주장을 지지하기 위해 몇 가지 예를 들어라.

6 당신이 익숙한 인터넷 벤처를 하나 떠올려보고, 일관성, 재강화, 최적화를 통하여 기업의 활동들 간의 적합도를 더 향상시킬 수 있는 방법을 생각하라.

권장 도서

M. Porter's book *Competitive Strategy*, Free Press, 1998, provides detailed accounts of different generic strategy types.

B. Henderson emphasises the importance of differentiation as a key element in strategy formulation when he compares strategy to biological evolution in 'The origins of strategy', *Harvard Business Review*, 1989, November-December, pp. 139-143.

An updated approach to e-business models can be found in 'Value creation in e-business models' (by A. Rodriguez, F. Sandulli and D. Sanchez), in F.J. Martinez-Lopez (ed.) *Handbook of Strategic e-Business Management*, Series PROGRESS in IS, Springer, 2014.

관련 사이트

www.davechaffey.com contains updates about diverse aspects of strategy in e-business.

www.ecommercetimes.com is an online newspaper containing articles on a variety of ecommerce topics.

www.strategy-business.com is the online edition of the management magazine *strategy+business (s+b)*.

참고 문헌

1 For a detailed discussion of threshold features and success, see G. Johnson, K. Scholes and R. Whittington, *Exploring Corporate Strategy*, 7th edition, Prentice Hall, 2005.

2 'Make it cheaper, and cheaper', *The Economist*, 13 December 2003, pp. 6–7.

3 There are numerous approaches available to estimate consumer benefit. They include (1) the reservation price method, (2) the attribute-rating method, (3) hedonic pricing and (4) conjoint analysis. For a more detailed discussion of these approaches, refer to D. Besanko, D. Dranove, M. Shanley and S. Schaefer, *Economics of Strategy*, John Wiley, 2003, pp. 416–419.

4 See also P. Kotler, *Marketing Management*, Prentice Hall, 2002, pp. 60–61.

5 Ibid., pp. 41–44.

6 A. Fleck discusses the concept of outpacing strategies in his book *Hybride Wettbewerb-sstrategien*, Gabler, 1995.

7 For a discussion of the economic fundamentals, see S. Liebowitz, *Rethinking the Network Economy*, Amacom, 2002, pp. 115–17.

8 The content of this section is based on the chapter entitled 'Value creation in e-business models' by A. Rodriguez, F. Sandulli and D. Sanchez, in F.J. Martinez-Lopez (ed.) *Handbook of Strategic e-Business Management*, Series PROGRESS in IS, Springer, 2014.

9 For different types of strategic fit among activities, see M. Porter, 'What is strategy?', *Harvard Business Review*, 1996, November–December, pp. 70–3.

10 Ibid.

Chapter 6

경쟁우위 유지하기

이 장의 개요

관련 사례 연구

사례 연구		주요 초점
22	**Tunisiana**	Sustaining a competitive advantage
23	**12snap**	Market repositioning; barriers to imitation
7	**Otis**	Business transformation; barriers to imitation
1	**Tesco**	Business transformation; new channels and segments
3	**Ducati vs. Harley**	Business transformation
16	**Brockhaus**	Disruptive innovation
21	**M-PESA**	Disruptive innovation
2	**Nordea**	Sustaining innovation

학습 성과

이 장을 학습한 후,

- 성공적인 모방과 모방장벽을 위한 요구사항을 이해할 수 있어야 한다.
- 회사가 파괴적 혁신의 위협을 평가하는 방법을 알 수 있어야 한다.
- 파괴적 혁신을 위해 기업이 할 수 있는 방법을 발견할 수 있어야 한다.
- 파괴적 혁신에 직면할 때 기업이 채택할 수 있는 사고의 틀을 말할 수 있어야 한다.

소개

이 장에서는 회사가 모방장벽을 어떻게 높일 수 있는지 알아본 다음, e-비즈니스에서 파괴적 혁신의 위협을 어떻게 다루는지에 대해 살펴본다. 파괴적 혁신의 기본적인 프로세스를 이해하는 것과 기존기업(incumbents)의 실패원인을 파악하는 것을 중심으로 살펴보고자 한다. 그 다음에는 파괴적 혁신의 조짐을 평가하기 위한 몇 가지 질문과 파괴적 혁신을 다루는 방법을 제시한다. 끝으로 이러한 파괴적 혁신에 효율적인 대응을 하기 위한 사고의 틀(mental frame)을 선택하는 몇 가지 방법을 제공하는 것으로 이 장을 마무리할 것이다.

6.1 모방장벽 쌓기

경쟁우위를 유지하는 것은 비용우위 전략과 차별화 전략을 통해서 이루어지는데 이것은 대부분 회사들에게 어려운 과제다. 안정적인 경쟁우위가 거의 없는 e-비즈니스의 영역에서는 특히 그러하다. 1990년대 중반에 가장 유명했던 웹 브라우저인 넷스케이프 내비게이터(Netscape Navigator)의 예를 생각해보자. 그 당시, 넷스케이프 내비게이터는 80% 이상의 글로벌 시장 점유율을 가졌다. 한편, 마이크로소프트(Microsoft)는 모든 소프트웨어 제품에서 온라인 기능을 포함시키기 시작하면서 고급 기능을 추가하여 넷스케이프 내비게이터를 모방한 인터넷 익스플로러(Internet Explorer)를 개발했다. 결국, 넷스케이프는 마이크로소프트에게 우위를 빼앗겼다.[1]

타 기업을 모방하고자 하는 기업(모방기업) 입장에서 기존기업을 모방하기 위해서는 어떤 요건들이 필요한지를 살펴보자. 이와 동시에 모방을 당하는 기업입장에서는 모방을 막기위해 어떤 장벽을 세워야 할지에 대해서 알아보자.[2]

첫째, 잠재적 모방기업(potential imitator)은 타 기업의 성공적인 비즈니스 모델을 알기 위해 *성공 기업의 경쟁우위를 알 수 있어야만 한다*. 비공개기업(non-public company)의 경우, 수익성이나 판매에 관한 어떤 데이터(hard data)도 없으므로 성공적인 비즈니스 모델을 찾아내는 것은 쉽지 않다. 이 책을 쓰면서, 개인 주택 소유자가 페

그림 6.1 모방을 막기 위해 다양한 장벽

모방기업 성공적인 모방을 위한 요건들	기존기업 모방을 막기 위한 장벽들
1 경쟁우위 인지 능력	• 수익 정보 비공개 • 장기적인 성공을 위한 단기 수익 포기
2 모방에 대한 적극적인 의지	• 저지(deterrence): 보복에 대한 조짐 제공 • 위협을 투자의 기회로 활용 • 선취권: 모든 가용한 투자기회 개발 및 자원 확보
3 경쟁우위 원천에 대한 이해	• 암묵적 지식: 기업에 내재된 기술, 프로세스, 또는 문화/자원 • 인과관계의 불명확성: 복잡하고 다각적인 자원의 혼합
4 필요한 자원 및 능력 배양 또는 확보 능력	• 희귀 또는 움직이지 않거나, 계약된 자원을 활용한 차별화된 기반 마련 • 시간지연 활용

Source: Adapted from H. Hungenberg, *Strategisches Management in Unternehmen*, Gabler, 2006, p. 251.

인팅이나 수리 업무를 요청하면 목수와 다른 공예가들이 서비스를 제공하는 www.My-Hammer.de라는 선도적 독일 경매 플랫폼(platform)과 흥미로운 거래를 했었다. 이 비즈니스 모델은 독일에서 매우 성공한 것으로 알려져 있고, 우수한 사례 연구가 될 것이라 생각했다. 마이해머(My-Hammer)경영자는 사례 연구 개발에 흥미를 가졌지만 자신들의 정보를 잠재적인 타 경쟁사에 공개하고 싶지 않다고 했기 때문에 결국 사례 연구를 할 수 없었다.

둘째, 성공적인 비즈니스 모델을 *모방하고자 하는 적극적인 의지가 있어야 한다*. 이러한 요건은 기존기업(incumbents)입장에서는 역으로 모방의지를 꺾음으로써 시장진입을 막는 수단으로 사용할 수 있다. 한 가지 방법은 '저지(deterrence)'다. 예를 들어 저비용 경쟁사가 시장진입을 원한다면, 현존하는 기업들은 가격을 더 낮춤으로써 보복할 수 있다는 신호를 보낼 수 있는데 이렇게 함으로써 시장 진입을 덜 매력적으로 보이게 할 수 있다. 또한 잠재적 모방기업으로 인해 기존기업이 느끼는 위협은 막대한 투자를 통해 돌이킬 수 없는 투자를 하도록 하는 배수진을 치는 데 유용하다. 또 다른 방법은 가용한 모든 투자기회를 개발하고 부족한 자원(특허나 주요 인력)을 확보함으로써 잠재적 경쟁을 미연에 방지할 수 있다. 예를 들면, 위협이 될 만한 경쟁사들이 기업의 노하우를 먼저 가져가지 못하도록 작은 경쟁사들을 인수해 선취권을 가져갈 수 있다.

셋째, 잠재적 진입자들은 *경쟁우위의 원천(source)을 이해할 수 있어야 한다*. 많은 경우, 경쟁우위는 단지 하나의 자원(resource) 또는 능력으로부터 기인하는 것이 아니라 기존기업들 자신도 이해하지 못하는 다수의 다른 요인 사이의 복잡한 상호 작용으로부터 나온다. 암묵적 지식(tacit knowledge)을 얻는 것은 회사에 직접적으로 접근하지 못하는 아웃사이더(outsiders)에게는 더욱더 어려운 일임은 분명하다. 또한 경쟁우위를 가져오는 요인들 간의 인과 관계가 언제나 명확한 것도 아니다. 예를 들면 구글(Google)의 경쟁우위가 개인 프로젝트(pet project, 업무 시간 중 일정 자유시간 범위에서 본인이 하고 싶어하는 주제로 프로젝트를 하는 것)에서 나오는지, 아니면 구글의 성공이 이러한 시간을 개발자들에게 제공하는지는 분명하지 않다.

넷째, 모방기업(would-be imitator)은 기존기업들의 비즈니스 모델을 성공적으로 모방하기 위해 *필요한 자원과 능력을 키우거나 확보할 수 있어야만 한다.* 역으로 말하자면, 기존기업이 이러한 모방 위협을 받지 않기 위해서는 희귀하거나 움직이지 않는 자원 또는 계약기반 자원을 바탕으로 경쟁우위를 가져가야 한다. 예를 들면 오픈BC(openBC)의 경우, 회사의 경쟁우위의 핵심 요소는 폭넓은 멤버십 기반이었다. 잠재적 모방기업들이 이러한 멤버십을 복제하기란 매우 어렵다.

모방기업으로부터 자신을 보호하는 것은 경쟁우위 유지를 위한 두 가지 방법 중 한 가지 방법이다. 남은 또 다른 방법은 지속적인 혁신을 통하여 자기 자신의 능력을 끊임없이 개선하는 것이다. 이 내용은 가치혁신(value innovation)을 다루는 7장에서 상세히 검토하도록 한다.

6.2 e-비즈니스환경에서 파괴적 혁신의 위협 다루기[3]

1970년대 중반으로 돌아가보자. 그 당시, 애플(Apple)은 개인 소비 시장에 처음으로 PC를 소개했다. 시장을 지배했던 소형 컴퓨터(mini-computer)들은 1960년대에 처음으로 개발된 것들이었다. 스티브 워즈니악(Steve Wozniak)이 개발한 애플II(Apple II)는 이러한 소형 컴퓨터들에 비해 기술적으로 열등했다. 소형 컴퓨터는 큰 냉장고 크기에 2만 달러 이상이었고 회계 부서나 고급 계산 능력을 요구하는 사용자들을 위한 것이었다. 디지털 이큅먼트사(Digital Equipment corporation)와 같은 성공적인 소형 컴퓨터 제조업자들에게 PC는 그들의 주요 고객들의 관심 밖에 있는 장난감으로 여겨졌다. 그래서 그들은 이 신기술에 투자하지 않았다.

PC의 기술이 단순했기 때문에 애플은 매우 저렴했고(소형 컴퓨터가 최소 2만 달러인데 반해, 애플 II는 2,000달러 정도였음), 소형 컴퓨터보다 매우 작았고(소형 컴퓨터가 벽장 크기인 데 반해, 애플 II는 오늘날의 PC 크기였음), 소형 컴퓨터보다 사용하기가 쉬웠다. PC의 기능이 향상됨에 따라 지금까지 컴퓨터를 사용하고 있지 않았던 신규 사용자뿐만 아니라 과거에 소형 컴퓨터를 구매했던 고객들까지 관심을 가지게 되었다. 하지만 기존 소형 컴퓨터 제조업자들은 PC를 그들의 현행 비즈니스 모델에 통합하는 것이 불가능하였으므로 소형 컴퓨터 산업은 쇠락하고 말았다.

6.2.1 파괴적 혁신의 근본적인 과정 이해하기

기존의 성공한 기업들이 망하고 신생기업들(startup companies)이 성공하는 것을 종종 볼 수 있다. 파괴적 혁신 이론은 이렇듯 이미 정착한 기존기업(established incumbents)이 외관상으로 설명할 수 없는 실패를 하는 이유를 설명한다. 파괴적 혁신 이론의 기본 가정은 기업들이 겪을 수 있는 환경에는 두 가지 형태가 있다는 것이다. (1) *상황유지 환경*과 (2) *파괴적 환경*이다.

상황유지 환경(sustaining circumstances)에서는, 이미 정착한 기업들은 가장 요구조건이 까다로운 고객들(most demanding customer)에게 더 좋은 제품을 팔아서 높은 수익을 얻을 수 있는 혁신제품을 개발한다. 이러한 유지하는 혁신(sustaining innovation)은 PC에서 프로세싱 파워를 높인다거나 현재의 윈도 비스타 OS에 기능을 추가하는 것과 같이 매년 점진적으로 개선하는 것을 말한다. 다소 직관과 반대되지만, 유지하는 혁신 또한 경쟁사를 뛰어넘는 것을 도울 수 있는 획기적이고 근본적인 것이 될 수 있다. 예를 들면 기계식에서 전자식 금전등록기(electronic cash registers, ECR)로 전환하는 것은 급진적이면서도 유지하는 혁신이었다. NCR(National Cash Register)은 전자금전등록기 시장을 한때 지배했었으나 1970년대에 신기술을 놓쳤기에 판매가 극감했다. 하지만 NCR은 자신의 전자금전등록기(ECR)를 신속히 소개하기로 결정하고 그들이 가진 대규모 판매 조직을 통하여 기존 시장을 되찾을 수 있었다.

점진적이든 급진적이든 모든 유지하는 혁신이 가진 공통점은 최고의 고객에게 더 높은 수익(profit margin)을 창출하는 더 좋은 제품을 내어놓는다는 것이다. NCR의 경우처럼, 기존기업(incumbents)의 유지하는 혁신은 최초로 개발해서가 아니라 대규모로 산업화시켜서 성공한 것이다. 이러한 사실 때문에, 신규 경쟁사(start-up competitors)와 비교해 볼 때 기존기업이 더 많은 자원(resource)를 가지고 더 많은 고객층을 보유한 상황에서 혁신을 시장에 도입할 수 있는 유리한 프로세스를 가지는 경향이 있다.

유지하는 혁신과 대조적으로, 파괴적 혁신(disruptive innovation)은 현재의 최고 고객(high-end customer)에게 좋은 제품을 제공하는 것에 초점을 두지 않는다. 도리어 해당 산업에서 전통적으로 중요하게 여기는 성과 지표들은 훨씬 나빠질 수 있다. 파괴적 혁신을 했던 특정 기업에 대해 논하기 전에 간략하게나마 인터넷과 전자상거래(e-commerce)가 파괴적 혁신 중 하나의 형태라는 것을 설명하고자 한다. (11장 참고)[4]

- 정보교환의 경제학(시장도달과 컨텐츠의 풍부함을 동시에 가능하게 함)
- 네트워크 효과와 규모의 경제
- 연결과 상호작용을 가능하게 하는 정보교환의 속도 및 다양한 유형의 컨텐츠들
- 거의 0에 가까운 비용으로 정보와 디지털 제품의 재생산 및 유통을 가능하게 하는 풍요로움의 경제학

그림 6.2 e-커머스 혁신의 S-커브

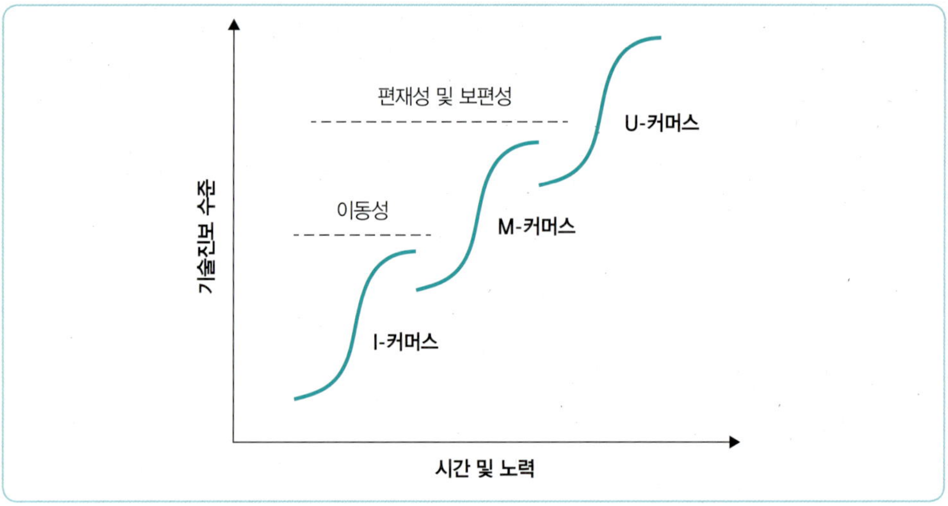

Source: J-H. Wu and T-L. Hisa, 'Developing e-business dynamic capabilities: an analysis of e-commerce innovation from i-, m-, to u-commerce', *Journal of Organisational Computing and Electronic Commerce*, 2008, vol. 18, p. 97.

- 대형의 물리적 디스플레이가 필요 없는 상품 교환
- 프로셤션(Prosumption 역자: '제품생산(production)'과 '소비(consumption)'의 합성어): 교환에 있어서 맞춤화가 필요할 경우 고객들의 실질적인 참여가 기술적으로나 경제적으로 가능하다는 의미이다.
- 생산된 가치가 산업 분야를 넘어선다.

더 나아가, 전자상거래는 상거래 혁신의 3가지 주요 유형으로 진화된다(그림 6.2): 유선 인터넷(internet-wired) 또는 기존 전자상거래(i-commerce), 모바일 상거래, 그리고 유비쿼터스 상거래(u-commerce).[5] 전자상거래에서 모바일 상거래로의 이동은 급진적 진화인 반면, 모바일 상거래에서 유비쿼터스 상거래로 이동은 기술과 비즈니스 모델 측면에서 매우 파괴적이다.[6]

전자상거래에서 성공을 하기 위해서는 기업의 전략과 관련 비즈니스 모델에 대한 핵심 파괴적 특성을 알아내는 것이 중요하다. 애플의 근간은 이러한 측면에서 전형적인 예라 할 수 있다. 한 예로, 애플 II 컴퓨터는 소형 컴퓨터보다 훨씬 컴퓨팅능력이 떨어졌다. 하지만 이러한 파괴적 혁신은 사용하기 쉽고 편리하고 저렴한 가격과 같은 또다른 혜택을 제공하였다. 결과적으로 컴퓨터 기능에 대한 요구사항이 적고 많은 돈을 들이고 싶지 않아하는 고객들의 관심을 끌었다. 그 당시 PC를 구매했던 사람들은 소형 컴퓨터를 구매한 적이 없던 사람들이고 향후에도 다루기 힘들고 비싼 소형 컴퓨터를 구매하지 않을 사람들이었다. 이것은 기술기반 신생기업들이 따라 하고 있는 전형적인 전략이다(Blog Box '신생기업들의 전략' 참고)

BLOG BOX

신생기업들의 전략: 혁신기업의 딜레마

전략. 불행하게도 신생기업(스타트업)들 사이에는 전략은 나쁜 이미지를 가지고 있다. 전략은 수백만 달러를 내고 동물의 2X2 매트릭스를 받을 수 있는 컨설턴트와 관련이 있다. 문제가 있다는 것은 아니다. 심지어 나의 가장 친한 친구들이 컨설턴트드다.

그러나 전략은 신생기업의 성공과 결정적인 역할을 한다. 신생기업들은 강한 기업들과 제한된 자원으로 운영을 해야만 하는 환경에 처해있다. 그렇기 때문에 올바른 전략이 사느냐 죽느냐의 문제가 된다. 이 글은 전략의 개념을 설명하면서 신생기업들이 이를 어떻게 적용할지에 대한 시리즈의 첫 글이다.

첫번째 개념은 "혁신기업의 딜레마"에 대한 것이다. 이 개념은 클레이톤 크리스텐슨(Clayton Christensen: 하버드대학교 교수)가 하버드 비즈니스 스쿨에서 처음으로 쓴 표현이다. 혁신기업의 딜레마에서는 유지적 혁신(sustainable innovation)을 투자하고 있는 기존 기업들이 있는 상황에서 일어난다. 유지적 혁신이란 기존 제품을 점진적으로 개선해나가는 것을 의미한다. 기존 기업들은 항상 고객의 증가하는 요구에 부흥하고자 한다.

기존기업들은 파괴적 혁신을 추구하는 신규 진입자들과 마주하게 된다. 신규 진입자들은 기존 사업의 일부를 공격하는데 그 사업들은 일반적으로 마진이 크지 않은 사업들이다. 그래서 기존 기업들은 더 이상 그 사업에 대해 경쟁하지 않기로 결정한다. 왜냐하면 수익이 많지도 않은 사업에 대해 투자하고 싶지 않고 기존 사업과 카니발라이제이션이 일어나는 것도 원치 않기 때문이다. 결국, 신규 진입자들은 특정 세그먼트 안에서 의미있는 시장 점유율을 확보할 수 있다.

그 다음에도 재미있는 현상이 벌어진다. 진입자들은 저가시장을 차지한 후 다른 사업 부분으로 이동하게 된다. 기존 기업들은 이 저수익 세그먼트에서 경쟁을 해야 하는지에 대해 고민을 하면서 주춤거린다. 그렇게 되면 신규 진입자들은 다시 한번 이 세그먼트에서 의미있는 시장 점유율을 확보하게 된다.

그 다음에도 재미있는 현상이 벌어진다. 여러분이 상상하는 그대로이다.

이야기를 이어가기 이전에, 파괴적 혁신의 형태를 짚어볼 필요가 있다. 4가지의 파괴적 혁신 형태가 있다. 새로운 제품, 제품생산과 관련된 새로운 기술, 새로운 유통방법, 새로운 서비스 방법. 진입자들은 이 4가지 중 하나 이상의 파괴적 혁신을 가진다.

왜 인터넷으로 책을 구매하는가?

1995년. 상업적으로 인터넷을 활용하는 초반. 제프 베조스(Jeff Bezos: 아마존 회장)는 온라인으로 책을 판매하기로 결심했다. 그 당시 미국에서 가장 큰 책 판매업자는 반즈엔 노블(Barnes and Noble)과 보더스(Borders)였다.

베조스는 인터넷을 새로운 유통채널로 이용함으로써 출판업계를 파괴시킬 수 있다고 생각했다. 그래서 아마존을 만들었고 급격히 성장을 하였다. 반즈앤노블은 2년 뒤에 자체 웹사이트를 오픈하였다. 반즈앤노블은 웹사이트를 만드는 데 왜 그렇게 오랜 시간이 걸렸을까? 인터넷으로 물건을 구매하는 사람이 그렇게 많지 않았고 주요 비즈니스에 자원을 투자하는 것이 훨씬 낫다고 생각했다.

보더스는 웹사이트를 론칭하는 데 3년이 걸렸다. 2001년 보더스는 아마존이 보더스의 웹사이트를 관리하도록 하였고, 결국 인터넷은 보더스의 전체 판매에서 아주 작은 비중을 차지하게 되었다. 2011년 2월 16일. 보더스는 파산 신청을 했다.

주위를 둘러보면 이와 유사한 파괴의 형태들이 많은 산업에서 일어나고 있다는 것을 발견하게 된다. 그 예로 인터넷 신생기업인 징가(게임회사), 에이비엔비(호텔체인), 박스(쉐어포인트) 등이 있다.

혁신기업들의 딜레마와 신생기업들

수많은 인터넷 신생기업들이 혁신기업들의 딜레마 개념이 적용되는 이유가 있다. 인터넷이 아마존 플랫폼을 제공해서 파괴적 상품을 만들어내고 새로운 유통채널을 만들어 내기 때문이다.

그래서 우리는 다음 네 가지 핵심사항을 생각해봐

BLOG BOX (계속)

야 한다.

1 당신의 파괴력을 이해하라. 새로운 제품인가? 아니면 현존하는 제품에 대한 새로운 유통 방식인가? 이러한 고민은 당신이 진정한 시장 파괴자인지 아니면 점진적인 제품의 개선을 하는 것인지에 대한 이해를 도울 것이다.

2 새로운 유통채널들에 대한 기회들에 주의를 기울여라. 징가의 가장 큰 혁신 포인트는 기존의 게임기업들이 페이스북의 '마크 주크버그'를 이야기할 때 징가는 페이스북을 유통채널로서의 역할에 주목했다는 것이다.

3 당신이 생각하는 산업의 주요 기업들이 생각했을 때 가장 마진이 적고 관심이 적은 고객들을 대상으로 마케팅을 시작하라. 가장 중요한 고객을 대상으로 경쟁하면 박살날 수 있다.

4 당신이 가장 최고가 되었을 때 이러한 교훈들을 기억하라.

5 어떻게 경쟁할지에 대해 알아내는 것은 많은 시간과 노력이 필요하다. 이러한 프레임워크는 단순히 문제를 헤쳐나가는 데 도움을 주는 도구일 뿐 마법과 같은 답을 내어줄 수 없다. 당신 스스로의 힘으로 답을 찾아나가야 한다.

Source: U. Shmilovici, 'Strategy for startups: the innovator's dilemma', *TechCrunch.com*, 8 April 2012.

유지하는 혁신과 파괴적 혁신 개발이라는 두 개의 궤적(trajectory)이 그림 6.3에 나타나 있다. 상위 궤적은 소형 컴퓨터 산업의 성능에 대한 진화를 보여주는 것이다. 소형 컴퓨터 기업들은 큰 기업 고객들이 요구하는 조건에 맞추기 위해 고가이면서도 복잡하지만 더 강력한 기능을 가진 소형 컴퓨터를 개발하는 유지하는 혁신의 길을 따라가고 있다. 하위 궤도는 PC 산업의 성과에 대한 진화를 보여준다. 소형 컴퓨터 산업보다 절대적인 성능 면에서 매우 낮은 수준부터 시작했지만 그들만의 혁신의 길을 따라 전개하면서 PC도 점점 강력해졌다.

유지하는 혁신과 파괴적 혁신의 두 가지 궤적과 더불어, 세 번째 중요한 궤적은 점선으로 나타나는 고객 요구의 진화다. 시간이 흐름에 따라 기술진보는 고객이 요구하는 성능보다 빠르게 진화했다. 초기 개발 단계에는 고객의 요구사항을 충족시키지 못했던 기술이 계속 진화하면서 어느 시점부터는 이를 능가하는 것을 보여준다. 마이크로소프트 오피스의 기능성과 진화방법을 생각해 보자. 초기 버전은 고장이 잦았고 타 프로그램과의 호환성 문제가 대두되었을 뿐만 아니라 중요한 기능들이 빠져 있다는 지적이 많았다. 이러한 시간(그래프 왼쪽 아랫부분) 동안에는 고객들이 요구하는 성과를 내지 못해 고객 서비스가 불충분하다고 여겨졌었다. 하지만 시간이 흐르면서 오피스 패키지는 지속적인 개선을 통해 신뢰도와 호환성이 증가했고 새로운 기능들도 추가되었다. 그래서 현재의 엑셀과 워드는 매우 강력해지고 수많은 기능을 보유하게 되었다. 대부분의 사용자는 이 소프트웨어가 가지고 있는 수많은 기능들 가운데 일부분밖에 사용하지 않고 있다. 분명히, 최첨단 기능이 필요한 소수의 고급 사용자(high-end user)들은 아직도 소프트웨어 패키지의 한계에 대해 개선을 요구하겠지만 이러한 사용자 그룹은 극히 적다.

그림 6.3 파괴적 혁신은 초기에는 주요 고객의 요구에 미치지 못하는 수준으로 시장에 진입하지만 시간이 지남에 따라 개선을 거듭해 결국 주요 고객층의 요구에 부합하게 된다

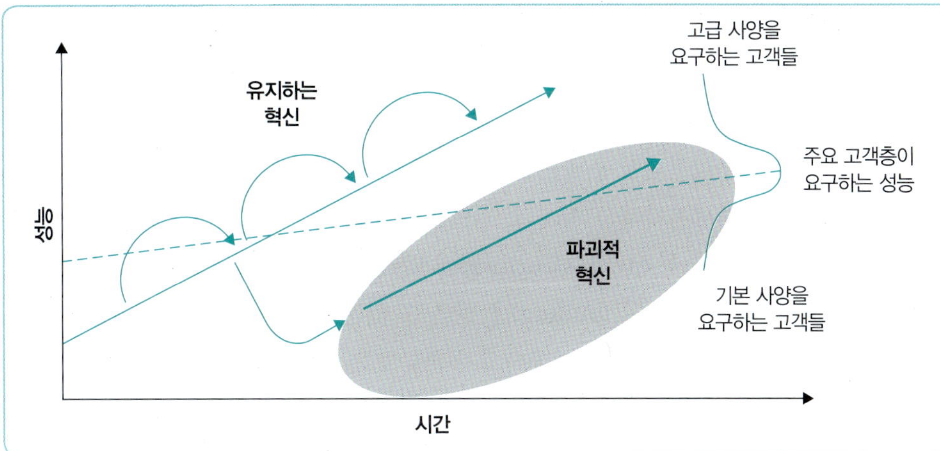

Source: Reprinted by permission of Harvard Business School Press. From *The Innovator's Solution* by C. Christensen & M. Raynor. Boston, MA, 2004, p. 33. Copyright © 2004 by the Harvard Business School Publishing Corporation; all rights reserved.

서로 다른 사용자 그룹들을 프레임워크(framework)의 오른쪽에 종 모양(bell curve)으로 표시했는데, 이것은 사용자 그룹의 성능 요구사항(performance requirement)에 대한 사용자 분포를 말한다. 점선은 평균적인 주요 고객들로 폭넓은 사용자 그룹을 말한다. 평균 사용자보다 높은 요구사항을 가지는 몇몇 고객은 분포 상단에 있고, 평균 사용자보다 낮은 요구사항을 가진 사람들은 분포 하단에 있다고 보면 된다.

고객들이 마이크로소프트 오피스의 확장된 기능들을 접하게 됨에 따라 다소 덜 강력하지만 저가이면서 편리성을 요구하는 파괴적 혁신의 길이 열리게 된다. 구글에서 공짜로 제공하는 스프레드시트(spreadsheet), 워드 프로세서, 캘린더(calendar)를 보자. 비록 이 패키지가 오피스 소프트웨어만큼 성능이 뛰어나지는 않지만 요구조건이 낮은 고객들에게는 충분히 좋은 제품이다. 사실 이러한 고객은 기존기업에게는 가장 낮은 수익(profit margin)을 주는 고객들이었기 때문에 이러한 고객이 떠나는 것에 대해 속상해 하지는 않는다. 그러나 위의 이론에 따르면, 구글이 소프트웨어를 지속적으로 개선하면 언젠가는 대부분의 고객들의 요구에 부합할 만큼 성능이 좋아지는 시점에 도달할 것이고, 이러한 시점이 대중 시장(mass market)이 신기술로 전환되는 시점이 되는 것이다.

6.2.2 기존기업의 실패 원인 알아내기

위에 기술된 패턴에 대해 "왜 이러한 형태의 파괴적 혁신이 서로 다른 산업과 국가에서 반복하여 발생하는가?"라는 질문을 하게 된다. 사람들은 기업이 성공한 이후, 이런 성공을 가져다 준 '혁신'을 만든 기업의 능력에 대해 주로 논쟁을 벌인다. 그런데 디지털 이미징(digital imaging) 회사인 코닥(Kodak)처럼 성공하지 못한 경우라도 끊임없는 혁신의

노력과 파괴적 혁신이 있었다는 사실이 뒤늦게 발견될 때도 종종 있다.

이렇듯 혁신을 상업화하지 못하는 기존 회사들의 문제(inability of incumbent companies)는 R&D 부서가 아니라 자원(즉 관리 시간과 재원)을 할당하는 방법에 있다. 여기에서 우리는 자원 의존 이론(theory of resource dependence)으로 기존기업의 파괴적 혁신이 실패하는 이유에 대한 흥미있는 통찰(insight)을 제공하고자 한다. 이 이론에 따르면 실질적인 문제는 조직의 자원 분배를 통제하는 이가 경영자(managers)가 아니라 고객과 투자자라는 것이다. 기업의 최고 고객의 니즈(needs)를 만족시키지 않고 투자자들의 위험 구조(risk structure)에 맞지 않는 프로젝트에 투자하는 기업들은 장기적으로 필요한 자금조달(funding)을 받을 수 없을 것이다. 실제로, 기업들은 최고급 사양의 제품에 프리미엄 가격을 지불하고자 하는 가장 까다로운 고객(most demanding customer)에게서 대부분의 수익을 얻는다. 동시에, 요구조건이 덜 까다로운 고객집단의 수익(profit margin)은 일반적으로 매우 낮다. 결과적으로 혁신 노력은 고급 고객을 위한 제품을 개선하는 것 위주로 맴도는 경향이 있다.

마찬가지로, 회사에서 지분을 유지할지 아니면 늘려야 할지를 정할 때, 투자자는 수익을 높일 수 있는 혁신이나 성장동인(growth initiative)들을 찾게 되고 이러한 것이 주식가격 인상으로 이어지게 된다. 그런데 파괴적 혁신은 시장 잠재력이 초기에는 작을 수밖에 없고 정확한 측정이 어렵기 때문에 비즈니스 계획이 주로 추측을 통해 이루어지게 되고 이러한 것 때문에 투자가들을 설득하는 것이 어려운 것이다.

만일 파괴적 혁신으로 시장에 진입한 새로운 경쟁사가 낮은 수익(low margin)을 내면서 시장에 남아 있으면 기존기업들의 위와 같은 문제는 덜 중요할 것이다. 하지만 일단 파괴자(disruptors)가 시장에 진입하게 되면, 수익증대를 위해 요구사항이 까다로운 고객 집단이 있는 상위시장(upmarket)으로 이동하고자 한다. 기존기업 입장에서는 이러한 상위시장이 자신들의 고수익 고객이 위치하는 자리이기 때문에 이러한 이동이 기존 기업을 자극하게 되는 것이다. 이러한 비대칭 동기가 혁신자 딜레마의 핵심이다.

파괴가 경영에 좋은 이유

클레이튼 크리스텐슨(Clayton Christensen)은 다수의 경영이론들의 문제 이론을 만들 때 지켜야 하는 기본적인 규칙(법칙)을 무시했기 때문이라고 지적했다. 그는 "많은 학자와 비즈니스 연구자들이 관찰에서부터 이론 수립에 도달하는 데 거치게 되는 중간 단계에 많은 주의를 기울이지 않는다."라고 말한다. "학자들이나 연구자들은 기업의 상황에 따라 그들의 조언이 다르게 적용될 수 있다는 것을 간과한다."

나는 하버드 경영대학의 크리스텐슨 교수의 지하 사무실에서 소파에 기대어 앉아 그의 신간 서적 *성장과 혁신(The Innovator's Solution)*에 대한 대화를 나누려고 했다. 그러나 대화는 인식론상(epistemological)의 전환을 가져왔다. 내가 판단하기에, 그가 말하고자 하는 것은 경영이론으로 통하는 것들 가운데 상당수가 ➡

허풍이라는 것이었다. 성공한 10대 기업 연구는 10개 기업이 가진 공통점을 도출해 타 기업들에게 추천한다. 이러한 장르는 톰 피터스(Tom Peters)와 보브 워터맨(Bob Waterman)이 1984년 쓴 경영 블록버스터인 *초우량 기업의 조건*(*In Search of Excellence*)에 의해 대중화되었다. 더 최근의 예는 닷컴 버블 이후(post-dotcom bubble era) 가장 많이 팔린 경영학 책으로 스탠퍼드 대학 교수였던 짐 콜린스(Jim Collins)가 쓴 *위대한 기업으로*(*Good to Great*)가 있다.

크리스텐슨 교수는 그의 동료들을 혹평하며, 매우 천천히 진실된 목소리로 "짐 콜린스는 명석하고 원칙을 가지고 있다."라고 말했다. 하지만 정작 그가 찾아낸 것은 위대한 기업을 이끈 사람들이 믿음직하고 현실적이며 겸손한 사람이었다는 것이다. "당신은 루디 줄리아니(Rudi Giuliani), 과격하기로 유명한 전 뉴욕 시장을 정말로 필요로 하는 상황이 있는가? 사람들은 모든 문제에 대해 상황별로 맞춤화된 답을 원한다. 이러한 종류의 연구가 잘 먹히는 이유 중 하나는 많은 경영자들이 쉬운 만병통치약(silver bullet)을 찾고 있기 때문이다. 이러한 요구들이 저자들에게 많은 입박을 준나."

크리스텐슨 교수는 경영자들을 위해 이론이 강하면서도 교재보다는 덜 부담스러운 책을 출간하는 다소 차별화된 방식을 취하고 있다. 첫 번째 책 *성공기업의 딜레마*(*The Innovator's Dilemma*)가 트럭 한 대 분량 정도 판매되면서 경영이론의 대가로 인정받았고, 하버드 경영대학의 스타 교수 중 한 사람이 되었다. 그는 '파괴적 혁신(disruptive innovation)'과 같은 경영 어휘에 많은 기여를 했다.

크리스텐슨 교수의 뛰어난 업적(stellar trajectory)에 대해 많은 전문가들이 질투를 하고 있다. 경쟁자들은 *성공기업의 딜레마*의 아이디어는 매킨지의 리처드 포스터(Richard Foster)가 크리스텐슨 교수의 책이 출간되기 10년 전에 썼던 *혁신: 공격자 우위*(*Innovation: Attacker's advantage*)에 이미 나와 있었다고 주장하기도 하고, 파괴적 혁신은 하나의 유행 아이템이라고 평가를 절하하기도 했다.

실질적인 쟁점은 혁신을 '파괴적' 또는 '유지'로 구분한 것이 '너무 단순하다'는 것이다. 나는 두 가지의 용어로 구분하기에는 세계가 훨씬 복잡해보인다고 넌지시 말했다.

크리스텐슨 교수는 파괴적 혁신과 유지하는 혁신의 차이를 잘못 이해하고 있다고 말하면서, "내가 다시 책을 쓴다면 다른 단어를 사용할 것이다. '파괴적'이라는 것은 매우 많은 암시적 의미를 가지고 있다."라고 했다.

이 안에는 어떤 진리가 있다. 핵심역량(core competence)이나 비즈니스 프로세스 재설계(business process reengineering)와 같은 1990년대의 큰 비즈니스 개념처럼, 파괴적 혁신은 일반적으로 사용되었다. 사실 크리스텐슨의 의미는 정확하다. 파괴적 혁신은 기술 모델 내지는 비즈니스 모델로, 기업들이 과거보다 더 간단하고 덜 비싼 제품 및 서비스를 제공하게 한다. 이러한 경우들은 돌파구적인 혁신에 의한 것이라기보다, 기존 기술을 다른 모습으로 현명하게 재포장한 것들이 많다. 전형적인 예가 리눅스(Linux)다. 오픈소스 컴퓨터 운영시스템인 리눅스는 유닉스(Unix)가 찾은 기술을 재포장한 독보적인 컴퓨터 플랫폼이다.

*성공기업의 딜레마*에서 말했듯이, 시장 선도자들은 파괴적 혁신을 받아들이는 것을 꺼려한다. 왜냐하면 파괴적 혁신은 해당 제품을 사용하지 않는 사람들이나 돈을 절약할 수 있다면 다소 성능이 떨어지는 제품(less than brilliant product)을 원하는 저가 고객에게 매력적인 경향이 있기 때문이다. 이러한 고객들은 해당 산업을 이끌어가는 기업에게는 별로 매력적이지 않다. 도리어 그런 기업들은 입증된 기술과 예측 가능한 수익성을 가지고 현재 고객에게 투자하기를 원한다.

크리스텐슨 교수는 그의 아이디어를 태만하게 적용하거나 잘못 적용한다는 사실에 대해 실망스러움을 나타낸다. 파괴적 혁신과 유지하는 혁신의 차이가 만병통치약은 아니다. 혁신의 차이를 과도하게 단순화시키는 것에 대해, 파괴적/유지하는 혁신의 미묘한 차이를 잡아가는 것은 도리어 쉬운 부분이며, 실질적인 작업은 새로운 기술과 비즈니스 모델을 적용할 때 시작된다고 지적했다.

한 회사에게 파괴적인 혁신이 다른 기업에게는 유지하는 혁신이 될 수 있는 것이다. 인터넷은 전화로 PC를 팔았던 델 컴퓨터(Dell Computer)에게는 유지하는 혁신이지만, 매장을 통해 판매하는 컴팩 컴퓨터(Compag Computer)에게는 파괴적 혁신이 되었다.

크리스텐슨 교수는 그의 프레임워크를 회사, 산업 부문과 경제에 적용하여 설명하였다. 측히, 90분 남짓 대화하는 동안 반도체, 교육, 헬스케어의 각 분야를 분석하고 진단했다.

크리스텐스 교수의 후속편인 *성장과 혁신*(*The Innovator's Solution*)은 가치사슬처럼 수익창출 능력이 어떤 전략 부분들 사이에서 이동하는지에 대한 모델을 제시하였다.

예를 들어 PC산업에서 이윤이 왜 기계의 디자인과 생산업체(애플, 컴팩, 그리고 IBM)로부터 하부 시스템 제조업체(마이크로소프트와 인텔)로 움직이는가? 왜 힘의 균형이 대규모 자동차 회사에서 부가가치를 창출하는 부속품과 하부 시스템 제조업체로 움직이는가?

그의 대답은 주요 고객이 바라는 것 이상을 제품이 제공하게 될 때 경쟁의 기반이 바뀐다는 것이다. 이러한 일이 일어나면 기본적인 성능(raw perfor-mance)은 다양한 제품을 빠르게 시장에 진입시키는 제조업체의 능력보다 덜 중요해진다. 완성품[애플 또는 제너럴 모터스(General Motors)]과 디자인에 집중하는 기업들이 최초로 그 분야에서 성공한다. 최대 성과를 달성하기 위해 그들은 소유권 기술과 수직 통합을 사용한다. 그러나 일단 성능이 평균적인 소비자의 기대를 넘어서게 되면, 제품 구조는 모듈화가 되는 경향이 있다. 이렇게 되면 개발기간을 줄이고 제품을 고객 맞춤화하는 것이 쉬워진다.

이러한 환경에서 제조업자는 보다 나은 제품과 성능 향상을 위해 하부 시스템과 부분 공급자들에게 큰 압력을 가하지만 많은 이익은 하부 시스템과 공급자들에게 돌아간다. 크리스텐슨 교수는 이 모든 것을 한 문장으로 명쾌하게 압축시킨다. "매력적인 이익을 생산하는 힘은 고객이 만족하지 못하는 가치사슬 상의 활동들로 항상 이동한다."

간단하다. 그렇지 않은가?

파괴적인/유지하는 혁신 프레임워크(framework)와 마찬가지로 이런 것은 실제로 적용하는 것이 개념 수준에서 이해하는 것보다 어렵다. 그러나 전문가(master)의 손에서 이 모든 것은 매우 간단하게 보인다. 크리스텐슨 교수는 반도체 산업의 거대한 변동은 하나의 칩에 트랜지스터를 더 많이 넣으려는 노력에서 무선 장치(나 이와 유사한) 제조업자에게 개인화된 제품을 제안하는 것으로 경쟁의 기반이 변화되었기 때문이라고 믿고 있다.

그가 보스턴의 큰 교육 병원 중 하나의 전략에 관여하고 나서부터 미국 건강관리 시스템에 대한 논의는 완전히 바뀌었다. "우리가 참여한 연구에서는 30년 전만 해도 그 병원 환자의 70%는 집중치료 대상자였고 이들 중 70%는 사망했어야 했다는 결과를 보여줬다." 다른 말로 하자면, 그 병원은 다루기 힘든 다차원질병에 초점을 맞추어 고급 기능 쪽으로 이동함으로써 환자들을 살릴 수 있었다.

이 사례에서 파괴적 혁신이란 병원에서 다루던 수술(procedures)을 전문의의 외래환자 센터(specialist outpatient centers)에서 처리할 수 있도록 하거나 외래환자 센터(specialist outpatient centers)에서 처리하던 수술을 개인병원(doctor's office)에서도 가능하게 하는 기술이었다. 이제는 투석 같은 복잡한 시술을 포함한 온갖 종류의 시술을 가정에서도 받을 수 있게 되었다.

"이제 미국은 고가의 병원을 저가로 운영하는 방법에 초점을 맞추고 있다. 우리는 다소 저렴한 곳에서 더 많은 것을 얻을 방법을 생각해야 한다. 현재의 상황에서 덜 비싸게 하려고 노력하기보다는 파괴적인 생각을 해내야 한다. 그러나 공공정책은 파괴적인 시도를 반대한다."

크리스텐슨 교수가 새로 내놓은 대망의 신규 서적 *성장과 혁신*은 '매우 파괴적인 회사의 아홉 가지 습관'으로 보면 된다. 1997년에 나온 *성공기업의 딜레마*가 잘나가던 기업이 파괴적 혁신에 대응하는 것이 힘든 이유를 설명했다면, 이 속편은 파괴적인 시도를 하는 관리자들을 위한 안내서라 할 수 있다.

*성장과 혁신*은 신규 비즈니스를 성공적으로 키우고 경쟁사들을 앞지르고자 하는 경영자들에게 도움이 될 다양한 이론들을 요약 정리하고 있다.

FT *Source*: London, S. (2003) Why disruption can be good for business, *FT.com*, 2 October.

6.2.3 파괴적 혁신의 위협을 인지하기 위한 질의서 만들기

파괴적 혁신 이론이 가장 크게 기여한 부분은 아주 논리적이고 대부분의 상황에 합리적이지만 파괴적 혁신에 직면하면 실패를 하게 되는 전통적인 경영사고에 도전한 것이라고 본다. 파괴적 혁신의 조짐을 인지하게 하는 기본적인 문제를 논의하기 전에, 파괴적 혁신에 직면하였을 때 실패에 이르게 하는 기존 경영사고들의 기본적인 오류에 대해 살펴보자.

첫째, 전통적 사고는 최첨단 품질 제품을 사용하고 있는 대부분의 고급 고객(advanced customer)이 산업 구조 속의 즉각적인 변화를 인지하는 데 핵심이라고 보는 반면, 파괴적 혁신은 현행 제품으로 과도한 지원을 받는 고객 또는 전혀 사용해보지 않은 사용자가 핵심이라고 본다는 것이다.

둘째, 전통적 사고는 경영자가 산업 내 최대의 경쟁사에 주의를 기울일 필요가 있다고 제안하는 반면, 파괴적 혁신을 시도하는 기업은 해당 산업의 타 회사들을 경쟁관계라고 보지 않는다.

셋째, 전통적 사고는 R&D 또는 마케팅과 같은 활동에 자원을 투자하는 회사가 성공한다고 말하지만, 파괴적 혁신으로 성공한 기업들은 기존 기업들과 다른 동기를 얻으려고 경쟁사들이 서비스를 제공하길 원하지 않거나 제공하기 힘든 고객들을 지원해야 성공할 수 있다고 말한다.

이러한 전통적 사고의 올가미에서 벗어나기 위해 관리자들은 (1) 비고객(non-served customer), (2) 과도한 지원을 받는 고객들(over-served customer), (3) 경쟁사들에게 미치는 파괴력(disruptiveness to competitors)에 관한 질문을 할 필요가 있다.

- *비고객.* 물건을 구매할 돈이나 능력이 없는 고객들이 있는가? 고객들이 그 물건을 사기 위해 시내나 불편한 장소까지 가야 하는가? 예를 들면 이미 성장한 아이들의 옷이나 장난감을 판매하고 싶어하는 가정은 창고세일(garage sale)이나 현지의 중고상점을 제외하고는 이러한 제품을 처리할 방법이 없기 때문에 잠재고객이 될 수 있고 제한적이지만 아주 잠재력이 있는 시장이 될 수 있다. 이베이(eBay)는 이러한 잠재적 수익을 위해 단순하고 비교적 저렴한 방식을 제공해 보다 넓은 고객층으로 시장을 넓혔다.
- *과도한 지원을 받는 고객들.* 저렴한 가격으로 몇 가지 기능이 빠진 제품을 사려는 고객이 있는가? 낮은 가격을 유지하면서 수익을 내는 비즈니스 모델이 가능할까? 과도한 지원을 받는 고객들에게서 눈여겨봐야 하는 것은 이러한 고객들이 최신 제품에서 제공하는 기능들 중 많은 부분을 사용하지 않고 있다는 점이다. 앞에서 언급한 바와 같이, 스프레드시트와 워드 프로세싱 소프트웨어 시장에는 구글에서 제공하는 온라인 버전처럼 소수의 기능들만 사용하고 싶은 수많은 고객이 존재한다. 과도한 지원을 받는 고객들에게는 가격이나 과거에는 중요하게 여기지 않았던 기능들이 구매와 사용을 결정하는 중요한 동인(driver)이 된다. 반대로, 다소 지원이 부족하다고 느끼는 고객들은 도리어 향후 업그레이드 또는 새로운 버전의 제품을 기다리고 있다.

- *경쟁사들에게 미치는 파괴력.* 파괴적 혁신이 그 시장에서 경쟁하고 있는 모든 경쟁 회사와 관계가 있는가? 이 질문은 기술/비즈니스 모델이 절대적인 것이 아니라 기존회사에 의해 벌써 사용되고 있는 현행 기술/비즈니스 모델과의 관련성이 중요하다는 것을 강조한다. 예를 들어 기술로서의 인터넷은 파괴적인 것도 유지하는 것도 아니다. 단지, 유지하거나 파괴적인 측면으로 사용될 수 있는 사회기반 기술이다. 실제로 인터넷을 기존 회사를 혼란시킬 수 있는 수단으로만 간주하고, 전체 시장을 보지 않은 것이 인터넷 초기에 많은 닷컴 기업들이 실패한 주요 요인이었다. 예를 들어 PC를 온라인을 통해 판매하는 것은 물리적 상점에서 PC를 판매하는 제조업체들에게는 상대적으로 매우 파괴적이었다. 결과적으로 HP 또는 컴팩과 같은 회사는 인터넷 기반의 소매점이 등장하면서 많은 위협을 받았다. 그러나 델과 같은 회사들은 인터넷이 유지하는 혁신이었다. 과거에 델은 주요 판매 채널로 전화기와 팩스를 사용했었는데 기존 고객층에게 보다 나은 서비스를 제공하고 신규고객을 유치하기 위해 인터넷을 사용하는 것은 자연스런 확장이었다. 이렇듯 온라인 세계에서 경쟁할 인센티브와 자원을 사전에 보유하고 있던 델은 인터넷이라는 혁신을 통해 1990년대 말 세계 최대의 PC 소매업자가 되었다. 파괴적 혁신 이론은 만약 인터넷 상으로 PC를 판매하는 신생 기업들이 경쟁해야 할 회사가 컴팩과 같은 곳뿐이었다면 그 기업들은 성공했을 것이라 본다.

  은행 산업(banking industry)은 인터넷이 유지하는 효과를 주는 또 다른 사례가 된다. 노디어(Nordea)는 인터넷을 활용해 기존 고객들에게 은행잔고 현황, 어음지불 등의 서비스를 제공함으로써 보다 나은 경쟁력을 갖게 되었다. 반면, 1990년대 말에 생겨났던 순수 온라인 은행들은 기존 은행 산업에 영향력을 행사하거나 성장세를 유지하는 데 어려움을 겪고 있다.

파괴적인 위협을 더욱 잘 인지하고 적절한 대응을 하기 위한 방법은 다음 절(section)에서 논의해보도록 한다.

6.2.4 파괴적 혁신을 다루는 방법 찾기

파괴적 혁신에 관한 대부분의 문헌은 특정 혁신이 파괴적 잠재력을 가진다고 판단한 후 기존기업들이 성공적으로 대응하는 방법에 대한 문제를 다루고 있다.[7] 원리상으로는 특정 혁신에 대해 아예 대응하지 않는 '무대응'에서부터 파괴적 혁신을 뛰어넘는 것까지 다양한 방법이 존재한다. 각각의 방법에 대해 좀 더 알아보자.

- *무대응(not responding at all).* 그것은 e-비즈니스 벤처기업들이 1990년대 말에 대규모로 시장에 진입하기 시작했을 때 많은 전통 기업들이 취했던 행동이다. 그때 전형적인 무대응 전략으로 '인터넷 벤처는 우리와는 상관없다.', 전자상거래(e-commerce)는 전체 시장에서 작은 틈새시장일 뿐이기 때문에 우리에게는 매력적이지 않다.', '우리는 물리적 사업과 유사한 형태의 도입으로 제 살을 깎아 먹을 수 있는(carnibalise) 온라

인 채널을 만들고 싶지 않다.', '우리는 온라인으로 경쟁할 IT 기술이나 필요한 정보시스템이 없다.'라는 말들을 했었다. 매일 무수한 신기술과 비즈니스 위험과 기회들이 쏟아지고 있고 경영자들은 이러한 도전 속에서 어떤 위험과 기회가 향후에 구체화될지에 대한 판단을 하고 있다. 우리는 위험에 직면했을 때 변화하는 환경에 대해 주의를 과도하게 기울이는 것보다 주의를 기울이지 않는 것이 더 위험하다.

- *보수적 대응(migrating/harvesting).* 보수적 대응은 무대응보다는 덜 수동적이다. 무대응 전략이 근본적인 사실을 무시하거나 적절히 평가하지 않는 것에서 비롯된 반면, 이동전략은 '현행자원을 뽑아내는, 즉 현행자원에 대한 투자를 줄이고 현상태를 최대한 활용하려는' 의도적인 결정에서 나온다. 예를 들면 만약 책 소매업자 반스앤노블(Barnes & Noble)이 인터넷에 기반을 둔 책 소매가 물리적 책 소매를 능가할 줄 알았다면 기존의 물리적 서점 네트워크에 대한 투자를 멈추었을 것이다.
- *방어(defending).* 방어는 위협적인 신규 비즈니스 모델에 적극적으로 대응하는 것을 말한다. 기존 시장을 방어할 때, 기존기업은 가격을 낮추거나 고객들에게 제공하는 이익을 높이기 위해 비즈니스 모델을 개선할 필요가 있다. 그러나 이러한 옵션은 새로운 비즈니스 모델이나 기술들이 이러한 방위전략보다 더 빠르게 개선되기 때문에 성공하기 힘들다.
- *걸치기(straddling).* 새로운 모델을 도입하면서 기존 비즈니스 모델에 의존하는 모델이다. 신기술의 잠재력을 판단하는 과도기적인 대비책으로 행하거나 양쪽 모델이 공존하는 장기 전략으로 설정하는 것이나. 이 전략은 양쪽 세계의 최고만을 결합하려는 시도인데, 새로운 비즈니스 모델에서 견인차적 역할을 기대하면서 기존 비즈니스 모델에서는 수익을 얻고자 하는 것이다.

이러한 옵션은 언뜻 보기에는 장래가 유망한 것처럼 보일지 모르지만, 이것 역시 많은 위험을 수반한다. 첫째, 더 이상 사용하지 않을지도 모르는 불확실한 부분에 투자를 지속적으로 함으로써 의사결정시 회사의 의지가 흐려질 수 있다. 우리가 1.1절에서 지적한 바와 같이, 어떤 것을 선택할지에 대한 최고경영진들의 의지가 전략에서는 가장 중요하다.

둘째, 회사가 파괴적 혁신을 그들 자신의 현행 비즈니스 모델에 통합하려 할 때 의도하지 않은 결과를 낳을 수 있다. 이런 결과는 신기술이 현행 비즈니스 모델을 개선하기 위해 사용될 때 발생한다. 예를 들면 신문 산업은 편집 발행인이 현행 비즈니스 모델에 인터넷을 활용하려고 했던 흥미로운 예다. 1990년대 말에, 《LA 타임즈》는, 전 세계의 유사한 많은 신문과 마찬가지로 인터넷의 중요성을 인정하고 프린트 판을 온라인 판으로 바꾸는 방법으로 인터넷 시장에 진입했다. 본질적으로 그것은 걸치기 전략을 택한 것이다. 그러나 대부분의 사례들처럼, 온라인 판을 만드는 것은 기존 프린트 버전의 저널리스트와 편집자가 담당하기 때문에 프린트 판과 동일한 내용과 유사한 레이아웃으로 온라인 판을 발행한 것과 다를 바가 없다. 이렇게 되면 제3자가 제공하는 온라인 신문에서 제

가벼워진 책읽기

히드로 공항의 출국 라운지에서 사람들은 책을 읽고 있다. 나는 버스, 기차, 비행기에서 항상 책을 읽기 때문에 이러한 광경이 특별하다고 느껴지지는 않는다. 하지만 여기서 독특하다고 느껴지는 것은 책 읽는 사람들 중 많은 사람들이 저렴한 종이책이나 양장본이 아닌 전자책(e-book)을 읽고 있다는 것이다.

이것은 '킨들의 여름'이라는 별명을 붙은 일과 관계가 있다. 전자책은 엄청난 판매를 기록하면서 출판의 터닝 포인트를 찍었던 첫 여름이었다. 내가 지난 주에 느꼈던 것이지만, 당신도 최근에 휴가를 갔었다면 e-북이 얼마나 큰 혜택을 주는지 알 것이다. 수천 권의 책을 읽을 수 있는 전자책리더기(e-reader)가 있는데 굳이 무거운 양장본 책들을 짊어지고 갈 이유가 있을까? 무엇을 읽을까 하며 공항 서점에서 분주해 하는 것이 불필요해졌고, '혹시 읽을지 모르는' 양장본 책들을 가방에 넣을 필요도 없어졌다.

4월, 아메리칸 출판업 협회는 처음으로 전자책의 판매가 전통적인 책의 판매를 넘어섰다고 발표했다. 4월이 시작되면서 영국의 아마존 소비자들은 2배 이상으로 양장본보다 킨들책을 구매하기 시작했다. "전자책 판매는 킨들을 중심으로 예상했던 것 보다 훨씬 빠르게 증가하고 있다."라고 북셀러(Bookseller)의 부편집자인 필립 존(Philip Jone)이 말했다.

팽귄(온라인 서점)이 7월에 보고하기로, 상반기에 전세계의 전자책 판매는 14%까지 올랐고, 영국은 전자책이 6%정도를 차지한다고 했다. 우리는 전체 판매분야에서 전자책이 올해 말까지 10%에 이를 것이라 예상한다."

자, 이것은 무엇을 의미할까? 우리가 책을 더 많이 읽고 있는가? 전자책이 일반 종이책을 대신하고 있는가? 그리고 전자책은 독자, 작가, 출판사들에게 어떤 영향을 줄 것인가?

전자책의 몇 가지 주요 플랫폼이 있는데, 그 중 아마존의 킨들이 시장을 주도하고 있다. 하지만 애플의 아이북(iBook), 반즈앤노블의 누크(Nook), 워터스톤(Waterstones: 영국대형서점)과 코보(Kobo)와 같은 소매업체들은 몇 년 동안 전자책의 영역을 확장해오고 있다. 비록 각 플랫폼마다 다르지만 전반적으로 쓰릴러, 회고록, 대중소설의 판매률이 높다.

많은 독자들이 전자책으로 이동했지만, 출판사들은 그렇지 못하다. 음악산업은 냅스터의 영향과 엠피쓰리(mp3) 플레이어의 증가로 괴로워했지만, 출판업(가장 전통적인 창조산업 중 하나)은 이러한 변화에 대해 여전히 저항하고 있다.

프로파일 북스(Profile books)(역자: 영국의 출판사)의 디지털 출판 임원인 미쉘 바스카(Michael Bhaskar)는 "출판사들은 상당히 저항적인 문화를 가지고 있다."라고 말한다. "전자책이나 디지털 출판이 책과 출판업을 죽일 것이라고 사람들은 생각했다. 이러한 분위기가 디지털은 계속 있을 것이고 출판사와 작가들은 생존을 위해 이를 수용해야 할 것이다. 디지털은 출판업을 죽이는 것이 아니라 도리어 지원한다. 중요한 것은 컨텐츠이다."

독자 관점에서는 그 이유는 쉽게 이해가 된다. 조 던선(Joe Dunthorne, *Submarine*의 저자)는 "작년에 1,200페이지 정도 되는 Infinite Jest 책을 들고 다니면서 읽기 위해 3덩어리로 나눴었다. 하지만 밤마다 나는 집에 와서 각주를 읽어야 했다. 이런 일들은 말할 필요도 없이 짜증나는 일이다. 지금 내 여자친구는 킨들을 사용하고 이것은 참 이상적이라 생각한다. David Foster Vallace의 *Infinit Jest*는 전자책으로 적합하다 생각된다.

올해 초, 2011 Man Booker Prize의 심사위원들에게 128개 선정작들을 읽는 방식에 대한 결정권을주었을 때 전자책은 중요한 돌파구였다. 올해 패널의 심사위원이었던 소설가 수잔 힐(Susan Hill)는 "우리는 킨들을 사용할지 말지를 선택했다."라고 말했다. 힐의 책 *Howards End is on the Landing*(2009)은 오래된 책들을 재발견하는 경험을 분석한 글로서 디지털 세상에서는 일어날 수 없는 일을 다룬 내용이었다. 그녀가 킨들을 선택했을까? "나는 킨들로 책을 읽지 않아요. 읽은 적도 없고요. 나는 진정한 도서광이고 앞으로도 그럴 거예요. 나는 노트북을 즐겨 쓰고 인터넷/트위터/페이스북을 해요. 신기술을 반대하는 사람은 아니죠. 하지만 나는 프린트된 책이 좋습니다. 그걸 바꿀 수는 없어요."

그러나 많은 도서관들은 전자책도 수용하고 있다. 스릴러 작가이자 문예저작권 대리인이었던 엠린 리즈(Emlyn Rees)는 현재 전자책 팬이다. "나는 킨들을 크리스마스에 샀고 지금 많은 책들을 킨들로 보고 있죠. 비행기를 탈 때 짐의 무게 초과비용도 낼 필요 없이 킨들에 로딩해서 읽으면 되니까 휴가철에 더할 나위 없이 좋아요."

"모든 작가가 전자책을 수용해야만 합니다."라고 리즈는 말한다. "주 출판사(mainstream publisher)들과 일하는 작가들은 자신들의 전자책을 온라인으로 홍보하는 것에 대해 익숙해질 것입니다. 전자책 시장이 아주 빠르게 커지고 있기 때문에 이를 무시할 수는 없죠. 전자책의 장단점에 대한 논의는 로열티와 해적판에 대한 것입니다. 작가가 전자시장의 파이 중 어떤 조각을 가져갈 것인가, 공짜로 자신들의 작품이 떠도는 것을 어떻게 막을 것인가?"

컨스터블&로빈슨(Constable&Robinson: 영국출판사)의 베스트셀러들 중 하나인 "A Visit from the Goon Squad"는 Jennifer Egan's Pulitzer Prize상을 받았다. 이 소설책은 전자책(5.99유로)으로도 출판되어 아이폰이나 아이패드로 볼 수 있다. 2.99유로를 더 내면 책뿐만 아니라 오디오북, 비디오, 삽화까지 모두 볼 수 있다. 7.99유로의 종이책이 이러한 전자책의 혜택과 경쟁하기는 어려울 것으로 보인다.

하지만 출판사들은 어떻게 이런 디지털화에 대해 조심할 수밖에 없다. 이러한 복잡성과 비싼 앱에 대해서는 의문점이 떠나지 않는다. 과연 성공할 수 있는가? 성공하기 위해서는 투자가 필요하고 궁극적으로 양장본이난 종이책과 같은 제품들과 궁극적으로 경쟁할 수 있어야 한다. 파버 디지털(Faber Digital)의 사장인 핸리 볼란(Henry Volans)은 다소 긍정적이다. "만약 출판사들이 하지 않는다면 스타트 업들이 할 것이다. 내가 볼 때 반드시 해야 하는 혁명이다."

하지만 디지털 책이 물리적인 책들보다 엄청난 행보를 보이는 것은 아니다. 왜냐하면 물리적인 책들도 디지털 경쟁자와 경쟁하는 행보를 보이고 있기 때문이다. 양장본 책들의 경우 좋은 품질과 고급스러움을 내세우고 있다. "디지털 문화가 일반적으로 널리 퍼질수록 특별함에 대한 문화적 가치는 더 커질 것이다."라고 바스칼이 말하면서 "나는 믿기 힘들 정도로 좋은 품질의 종이 위에 추가적인 디자인 요소를 가미하여 박스에 포장된 한정판 책을 출판할 것이다. 컬렉션 개념으로 책의 부활을 보게 될 것이다." 그러나 페이퍼백(일반 종이책)이나 일회용 형태의 책들은 그렇지 않을 것이다.

저자들에 대한 새로운 비즈니스 모델을 기대할 수 있다. 미국의 아마존은 자기출판(self-publishing)으로 출판계에 돌을 던졌다. (6월에 존 로크(John Locke)는 첫 자기출판 저자가 되어 백만부를 팔았다.) 영국에서는 독자들이 읽고 싶어하는 아이디어에 대해 펀딩을 받아서 100% 펀딩이 모이면 저자가 책을 쓰고 이를 투자자(독자)에게 전달하는 형태로 언바운드 프로젝트(Unbound project)가 진행되었다.

문학출판 에이전트 역시 행동을 하기 시작했다. 작년 앤드류 윌리는 솔 벨로(Saul Bellow. 역자: 현대 미국 문학의 지적(知的) 경향을 대표하는 미국 소설)과 윌리엄 버로스(William Burroughs, 역자: 미국 소설가)와 함께 아마존의 오딧세이 에디션을 출판했다. 이러한 변화는 출판계에서 출판사의 역할을 없애버리는 것이다. 다음 달에 에드 빅터(Ed Victor: 세계적인 문학출판 에이전트)도 윌리처럼 자신의 전자책 출판을 위해 베드포드 스퀘어 북스(Bedford Square Books)를 설립하려 한다. 빅터가 설명하길 "나는 다음 3가지 이유에서 베드포드 스퀘어 북스를 설립하려 한다. 첫 번째 이유는 나의 작가들이 휴면기에 들었다고 생각하는 자신의 책들에게 다시 숨을 불어넣는 기쁨을 안겨 주고 싶기 때문이다. 두 번째 이유는 재미를 위해서이다. 나는 출판사지만 내가 마지막으로 출판한 책은 1972년에 출판되었다. 21세기에 어떻게 책을 출판하고 판매하는지에 대해 배우고 싶다. 세 번째 이유는 돈을 잃고 싶지 않기 때문이다."

하지만 디지털 출판이 누구나 컴퓨터로 출판을 하는 도구로 사용된다면 독자들이 불쌍해진다. 나는 킨들로 해변가에 앉아서 한번도 들어본 적이 없는 저자들의 책을 샅샅이 훑진 않는다. 내가 외국에 나와 있는 동안 출판되었지만 다운로드 할 수 있는 줄리안 반스(Julian Barnes)의 *The Sense of an Ending*이라는 책을 다운로드 받는다. 사람들은 선택해야 하는 종류가 너무 많을 때 우리가 알고 있는 것에 더욱 끌린다. 브랜드(작가 또는 출판사)가 가장 중요하다. 조앤 K. 롤링(역자: 해리토터 작가)은 가을에 그녀의 포터몰(Pottermore) 웹사이트를 통해 독자적으로 해리포터 전자책을 판매할 것이다. 이것은 작가가 자신의 책의 출판을 완벽하게 조정하는 것을 허용하고 이익을 얻을 수 있는 발빠른 조치라 볼 수 있다.

신생 기업들이 기존의 틀을 무너뜨리는 창조적인 급격한 변화를 일으키고 있다. 올해 여름, 24symbols.com은 책 스트리밍 서비스(Sportify)를 시작하였다. 광고를 보면 전자책을 공짜로 다운로드할 수 있고 광고를 보지 않으면 한 달에 9.99유로 비용으로 책을 다운로드 할 수 있다. 또한 작은 논픽션 출판사들은 새로운 형태의 글들에 대한 틈새시장을 찾고 있다.

바이라이너(Byliner)는 수상자 혼 크라카우어(Hon Krakauer)의 '*Three cups of Deceit*'을 4월에 출판해서 많은 관심을 받았다. 그 내용은 노벨평화상 후보 그리그 목텐슨이 베스트셀러 책들을 부분적으로 조합했다는 혐의에 대한 것이었다. 싱글(single)라고 알려진 이러한 전자책들은 2시간 정도면 읽을 수 있다. 소설작가 또한 이익을 얻는다. "상호작용할 수 있는 소설에 대한 수많은 가능성이 있다. 여기서는 전자책 독자들이 참여하는 것을 내가 볼 수 있다."

바스카(Bhaskar)는 "글은 항상 변하고 진화한다."라는 말에 동의한다. "사람들이 상호작용하는 방식인 트위팅, 블로깅, 소셜미디어. 이러한 모든 것들이 글을 쓰는 새로운 형태이다. 작가들에게는 새로운 상업적이고 창조적인 도전이다. 출판사들은 이러한 작가들의 도전들이 성공할 수 있게 도와줘야만 한다.

물론 디지털 세상에 대한 장애들이 있다. 비행기에 앉아 집으로 돌아가면서 이런 말을 들었다. "죄송합니다 선생님. 비행기가 이륙해야 하니 전원을 잠시만 꺼주시겠습니까?" 나는 책을 꺼달라는 말을 이전에는 들어보지 못했다.

"디지털이 출판계를 줄이는 것이 아니라 지원하는 것이다. 중요한 것은 컨텐츠다."

FT *Source*: Adapted from Wilkinson, C. (2011) Light reading, *Financial Times*, 13 August.

공하는 토론 게시판, 검색도구, 최신 뉴스 등과 같은 전자 출판만의 이점을 전혀 반영하지 못한다. 아래의 신문사 간부가 한 이야기는 두 개의 비즈니스를 동시에 운영하는 것의 어려움을 말해준다. 우리가 실수한 것은 인터넷을 신문의 연장선상에 있다고 본 것이다. …… 뉴스 편집실 출신들이 인터넷 운영을 맡게 되어, 결국에는 온라인 채널이 일반 신문 형태로 편집이 되고 말았다.[8]

- *완전한 전환(switching completely).* 완전한 전환은 새 사업 모델로 완전한 전환이 일어나므로 걸치기보다 근본적인 대응이다. 이 옵션의 명백한 매력은 경영 자원과 재무 자원을 이 전략에 집중한다는 것이다. 이러한 전략은 위에 언급한 '걸치기'의 경우처럼 산만하지 않고 도리어 절박감을 만들어 구현속도를 높여준다. 그러나 이러한 형태의 혁신은 고도의 불확실성이 항상 존재하므로 모든 옵션들 중 가장 위험하다 할 수 있다. 게다가, 실물 자산이나 상점 관리의 노하우와 같은 기존 오프라인 환경에서 귀중했던 자원과 능력(4.1 참조)들이 온라인으로 전환할 때는 가치가 떨어질 수 있다.

- *뛰어넘기(leapfrogging).* 파괴적인 경쟁을 뛰어넘는 것은 기업 외부의 대체품을 시험해 보는 것을 의미한다. 장기적 전략 관점에서는 이 옵션이 매우 매력적일 수 있으나 기술과 시장 수요의 전개방법에 대한 깊은 이해가 필요하다. 여기서 말하는 '이해'라는 것은 어떤 기술이 향후 성공적일 것인가를 이해하는 것뿐만 아니라 적절한 진입 시점까지도 예측할 수 있어야 한다. 왜냐하면 시장에 너무 일찍 진입하는 것은 늦게 진입하는 것만큼 불리할 수 있기 때문이다.진입시점에 관한 내용은(7.4 참조) 예를 들면 만일 반스앤노블이 아마존에 대적하여 e북과 같은 디지털 형태로 책을 판매하려 했더라면, 그것은 하나의 기술세대를 뛰어넘은 경쟁이 될 수 있었다. 아마존이 반스앤노블보다 디지털 상품으로 이동할 준비가 잘 되어 있다는 사실을 고려한다면, 그러한 전략은 결코 쉬운 과제가 아닐 것이라 볼 수 있다.

6.2.5 효율적인 대응을 위한 적합한 사고의 틀 선택하기

최근 경영 연구자들은 파괴적 혁신의 이론을 더 한층 발전시키고 있으며 기존 이론이 설명할 수 없었던 이례적인 내용들을 다루고 있다. 이번 절에서는 이론에서 확장된 부분들을 중심으로 살펴보도록 하자.

파괴적 혁신 이론의 주요 주장 중의 하나는 기존기업들이 최고의 주요 고객들의 욕구에 초점을 두고 기업의 자원을 사용하기 때문에 파괴적 혁신에 투자하지 않는다는 것이다. 이 이론은 자원의 부족이 파괴적 혁신을 상업화할 수 없게 만드는 원인이라고 설명한다.

그러나 최근의 연구들은 실제로 파괴적 혁신에 상당한 투자를 함에도 불구하고 실패하는 기업들이 많다는 것을 보여준다. 예를 들면 1996년에 디지털 사진으로 사업을 전환한 코닥(Kodak)을 생각해 보자.[9] 코닥의 최고경영자인 조지 피셔(George Fischer)는 디지털 사진이 코닥의 핵심 사업을 위협하게 될 것이라는 것을 알았다. 디지털 사진의 이익률이 기존의 핵심 비즈니스보다 매우 낮고 디지털 사진이 전통적인 고객에게 매력적이지 않기 때문에 최고경영자와 다른 고위 간부들은 이를 무시하고 싶었다. 그럼에도 불구하고, 피셔는 그의 최고 경영층으로부터 지원을 받아 20억 달러 이상을 디지털 화상 처리 R&D에 투자했다. 그러나 코닥은 이러한 위협에 대해 너무 심각하게 우려한 결과, 시장이 제대로 형성되기도 전에 대부분의 돈을 써버렸다. 코닥의 파트너 상점에 서둘러 투자해 1만 대의 디지털 키오스크를 만들고 향후에 수정하기 어려운 제품 사양과 가격을 정해버렸다. 하지만 정작 성공적인 비즈니스 모델로 밝혀진 것은 가정용 디지털 스토리지와 프린트 기능을 가진 제품들이었다. 휴렛 팩커드(Hewlett Packard), 캐논(Canon) 또는 소니와 같은 아웃사이더들은 이러한 가정용 저장기능에 투자하여 결과적으로 디지털 사진의 발전을 이끌었다(코닥의 디지털기술혁신 수용 실패 이야기는 FT 기사 '초라한 거인의 스냅사진' 참고).

이와 유사한 경우가 신문 산업에서도 나타났다. 당초에, 대부분의 신문은 인터넷의 잠

초라한 거인의 스냅사진

2007 7월 어느 맑은 날. 이스트먼 코닥(Eastman Kodak)은 뉴욕 위에 있는 로체스터의 US그룹 본사 옆에 있는 "코닥 공원" 중 미사용되는 시설들인 9-23번 건물을 철거했을 때, 지역신문인 *Democrat & Chronicle*은 '우르르 쾅쾅'이라는 해드라인으로 흥분과 향수가 섞인 이야기로 일면을 장식했다. "당신은 유일한 철광, 콘크리트, 벽돌이었다. 하지만 코닥의 지적 자산, 엔지니어들, 기술자들, 제조 능력 부분은 아주 훌륭했다."라고 케니스 버딘스키(Kenneth Budinski)는 적고 있다. 케니스 버딘스키는 빌딩 23에서 38년 동안 일했던 금속학자이다.

한 세기가 넘게 군림했던 전통적인 사진 시장의 변화를 잘 보여준다. 눈물을 글썽이는 은퇴 종업원은 이 영역의 마지막에 그들의 슬픔을 이야기하면서 디지털 카메라로 빌딩의 붕괴 장면을 사진과 비디오로 찍었다.

코닥의 CEO인 안토니오 페레즈는 그룹이 놓친 기회들에 대해 통탄하기 시작하거나 기업의 쇠퇴를 가속화했다고 그를 비난하는 사람들에 대해 아이러니하다고 지적한다. 그는 엄청한 비난과 원망을 들었다. 그는 코닥의 약속된 미래 시장을 위해 디지털 이미지 특허를 개발하고 이를 상업화하는 프린팅 비즈니스를 개발해야 한다고 주장했었다. 하지만 2007까지 첫 재조정 단계에서 13개의 코닥 공장과 4700개의 작업들, 그리고 130개의 연구소를 폐쇄해야만 했다. 1월에는 비용에 대한 부담으로 코닥은 Chapter 11 파산 보호 신청을 하였다. 미국의 전략 전문가인 케리 해밀은 이에 대해 '있을 수 없는 일이다.'라는 부인을 했었다. 그는 1992년에 코닥은 기존의 에너지로 미래를 창조하고 있다고 칭찬했었던 사람이었다. 하지만 현재 그리고 과거의 코닥 경영진들은 그룹의 현재 상황을 경영자들이 다가올 디지털 기술을 제대로 보지 못하고 그 중요성에 대해 눈을 가렸다는 식의 단순한 해석을 하는 것은 옳지 못하다고 비난했다. 이미 아날로그에서 디지털로 과거의 이미지산업을 변화시켜나가는 것을 알고 있었고 '다가올 무서운 기차'라고 얘기하면서 1970년대 중반이라는 이른 시기부터 준비를 했었다.

더 큰 문제는 코닥이 왜 디지털 기차에 올라타는 것을 할 수 없었고 하지 못했는가 하는 것이다.

혁신의 역사

코닥의 창시자인 조지 이스트맨은 가장 훌륭한 기업가이자 발명가 중 하나이며 지적 자산의 가치에 대해 잘 알고 있다. 그는 사진의 우월성을 좌우하는 유화액과 코팅 장치를 개발했고 특허로 이러한 발명들을 보호했다.

하지만 1890년, 롤필름과 카메라를 같이 가지고 다니는 형태가 나오면서 (산업 역사학자 리차드 테드로우의 말을 따르자면) 그는 리더십을 유지하기 위해 움직이는 목표물로 전환했다.

"변화와 개선의 연속 …. 만약 매년 개선된 제품을 내놓는다면 아무도 우리를 따라올 수 없을 것이다. 우리와 경쟁할 수 있는 유일한 방법은 우리가 만든 독창적인 제품을 포기하는 것이 될 것이다." 이스트만은 그의 비즈니스가 이러하길 원했다.

코닥은 성공적으로 100년 이상을 이스트만의 과학적 돌파구를 기반으로 성공적으로 혁신하였다. 하지만 전자적이고 디지털적인 기술 혁신의 잠재성이 1980과 1990년에 명확해졌지만 코닥의 최고 경영진들과 개발자들은 기존 사진산업에 집중하길 원했다. 이것은 이해할 만했다. 코닥은 기술적 리더로서 특허권이 든든한 뒷받침이었다. 일본의 후지필름, 독일-벨기에 그룹의 아그파-게바트(Agra-Gevaert), 영국의 일포드 사진(ilford Photo)과 같은 경쟁사들은 우세한 위치를 잡아먹고 있었다. 하지만 코닥의 공식 규제팀은 기업의 제품과 서비스는 유사제품과 서비스와 경쟁해야 한다고 1990년대에 계속 주장했다. 결정적으로 롤 필름 판매에서 종이인화에 이르는 기존 사진 프로세스의 수익성은 여전히 좋았다. 전 경영진의 말을 빌리자면 약 75%이상의 '호화'로운 수익률을 자랑하고 있었고 안정적이었다. 1999년 코닥의 롤필름 판매가 피크였을 때 일이다.

무언가가 다가오고 있었다

디지털 사진의 시장과 기술은 대조적이었다. 특히 소비자 부분에서는 삭막했다. 이익이 너무 낮았고 경쟁자들

은 많았고 변화의 속도가 정신없이 빠르고 예측하기 힘들었다. 프랑크 스크라스키는 2006년 다른 산업에서 코닥으로 합류했고 CFO를 맡았고 2010년에는 타이코(Tyco International)으로 옮겼다. 그는 "코닥의 핵심 경쟁력은 화학을 기반으로 연속적인 제조흐름에 있다. 하지만 디지털 비즈니스는 매우 다르다. 제품변화가 아주 빠르다."라고 말했다.

하지만 전 종업원들에 따르면 코닥은 미래를 보는 것에 내해 세을리한 석이 없다고 말한다. 예를 들면 1975년에 코닥은 스티븐 사슨을 고용해서 토스터기 크기의 0.01메가픽셀 이미지를 가진 디지털카메라를 개발했다. 1979년 추진일정에는 코닥의 고객들이 디지털로 이동해 가는 대략적 계획을 포함하고 있었다. 정부 고객을 시작으로 2010년경에는 소매 고객들까지 그래픽 산업을 이동시키는 내용이었다. 1991년 3년 후 디지털 카메라를 개발할 디지털 전략을 애플과 함께 작성했다.(비록 성공하지는 못했지만) 애플은 기존의 틀을 깨는 제품이 아날로그 감소를 한 세기 더 늦춰주는 데 도움을 주었다.

한편, 코닥은 포토 CD와 사진현상기 키오스크와 같은 하이브리드 제품을 출시했다. 2000년 초 코닥 경영진은 카메라가 장착된 핸드폰의 잠재적인 위협에 대한 방어개념으로 접근했다. 이러한 노력이 수많은 독점권이 코닥을 구원해줄 것이라고 믿는 반면, 그 보답은 적었다. 2000초까지 코닥의 경영진들은 전체 이미지 생산 프로세스를 파괴한다기보다는 디지털 제품이 수많은 돈다발을 가져다 주는 롤 필름 산업을 대체한다고만 생각했다.

1990초에 디지털 기술의 영향을 평가했던 팀 리더인 밥 라펄은 이사회가 최고경영자를 콜비 챈들러에서 케이 와이트모어로 바꾸면서 기회를 놓쳤다고 말한다. 케이 와이트무어는 상대적으로 보수적인 그룹의 33년된 베테랑이었다. "디지털 전략이 나왔을 때, 우리는 케이 와이트모어를 설득하는 데 매우 힘들었다."

또 다른 문제는 코닥이 헬스케어로의 사업 다각화 초기부터 흔들리면서 구조조정 비용으로 힘들었다. 심지어 핵심인 사진 산업이 부진해지기 시작했다. 그래서 임원들은 와이트모어(2004년 사망)를 몰아내고 뒤늦게 기술 전문가인 조지 피셔를 임명했다. 조지 피셔는 모토로라의 CEO로서 미국의 가장 혁신적인 전자회사를 만들어낸 사람으로 칭송받고 있었다.

그러나 변화의 속도를 따라잡기가...

1987년부터 코닥의 임원인 릭 브라덕(Rick Braddock)은 월 스트릿, 온라인 소매의 경력을 가지고 있었다. 기업의 사고방식이 이미 변화에 대한 준비가 되어 있다: 이것은 '위기에 대비'하고 있다는 의미이다. 우리는 헬스케어 산업을 해결하고 디지털에 관한 것을 해결하는 프로세스를 시작했다. 하지만 우리가 예상했던 것보다, 심지어 내가 지금까지 본적이 없는 급격한 속도로 시장이 이동했다.

윌리 신(Willy Shih)은 1997년부터 2005년까지 코닥의 고객 디지털 부서장이었고 현재는 하버드 비즈니스 스쿨의 경영학과 교수이다. 그가 말하길, 코닥에 합류했을 당시에 "조지 피셔(그 당시 CEO)와 댄 칼프(1999년 CEO)와 같은 사람들은 이러한 상황을 잘 알고 있었다. 완벽하게 적은 수익률을 포함하여 서로 다른 경쟁환경, 디지털에는 진입장벽이 없는 반면 필름은 높은 진입장벽을 가지고 있다는 것 등과 같은 내용을 포함해서 이 이슈에 대해서 완벽하게 알고 있었다. 그들은 절대 멍청하지 않았고 너무나도 잘 이해하고 있었다."

그러나 자금 통제부분과 주주들에게 정기적인 서류로 보고하는 형태가 1990년 초반부터 단순히 조금씩만 변화했다. 애플의 QuickTake 100 디지털카메라(코닥과 같이 개발한 카메라)는 비밀은 아니었지만 "활로겐화은 필름 기술(silver halide film technology)을 사용하지 않는 형태고 디지털카메라 시스템을 개발하겠다."라는 공식적인 발표는 QuickTake 개발 후 3년 뒤인 1997년에 발표했었다. 2000년 연차보고에서 재작성한 내용에 따르면 디지털 하드웨어, 소프터웨어, 온라인 서비스를 포함하여 2,550억 달러 규모의 정보이미징(infoimagin) 산업의 중심에 있다고 강조했다.

옹호자들은 이 관점에 대해 공식적인 내숭은 1990년 시장의 2가지 현실을 반영한다고 말한다. 첫째. 코닥은 경쟁자에게 그들이 수행하고 있는 비밀을 알리고 싶지 않았다. 둘째, 디지털에 장기적인 투자로부터 강력한 수익을 얻기 전까지는 기존의 소비자 필름 산업에 반하는 행동을 공식화하고 싶어하지 않았다.

과거의 유산에 대한 부담

피셔와 그 후임자들은 이러한 일련의 내용들에 대해 언급하는 것을 회피했었지만 1990년에 코닥에 합류한 전임 CEO의 말에 따르면 피셔는 디지털 제품이 이미지 메이킹 프로세스 전체를 파괴시킨다기보다는 그들의 아날로그 부분을 단순히 대체하는 것이라고 믿었다고 한다.

그러나 신 교수(Prof Shih)가 지적하기로는 피셔, 카프, 그리고 최고 중역진들은 기존 사업에서 벌어들이는 것을 최대화해야 한다는 의무를 가지고 있다고 믿었다. 또한 (8메가픽셀 카메라폰과 100메가바이트 다운로드 속도의 세계에서 쉽게 잊는 관점) 코닥은 한 세기가 지나 초고속 인터넷 접속이 넓게 퍼질 때까지 소비자 디지털 사진에 대한 잠재력을 개발할 수 없었다. (??)

월스트리트는 코닥의 디지털 진화에 또 하나의 제동을 걸었다. 미네소타의 칼슨 경영대학의 부교수인 매리 배너(Marry Benner)는 신문, 전화, 사진 분야에서 급격한 기술적 변화에 직면한 기업들의 전략에 대한 주식 애널리스트들에 대한 연구를 하였다. 그녀는 오래된 기술을 확장하고 유지하는 데 노력하는 기업들에 대해 '경청하고 긍정적'이라는 결론을 내렸다. 1994년 한 애널리스트는 코닥에 대해 "디지털 넌센스"(digital nonsense)에 투자자들의 돈을 허비한다고 언급했다.

심지어 5년 이후에 디지털 전략에 대해 보다 긍정적인 태도를 보이게 되었을 때도 애널리스트들은 필름산업의 잠재적 카니발라이제이션에 대해 경고를 계속했었다. "코닥이 필름 산업에 빠져 있고 월스트리트는 이를 막는 일을 하지 않았다.'라고 배너교수(Prof Benner)는 말했다.

조지 이스트만이 창조하고자 희망했던 '움직이는 목표물(moving target)'이 되는 것과는 달리 코닥은 가만히 앉아 있는 오리처럼 무방비상태로 위험에 빠지게 되었다.

FT *Source*: Hill, A. (2012) Snapshot of a humbled giant, *Financial Times*, 3 April.

재력을 낮게 평가했다. 1990년대 중반에는 소수의 인터넷 사용자만이 온라인으로 뉴스 정보를 얻고 있었다. 그 시절에는 대부분의 종이 신문 독자들은 심지어 인터넷조차도 들어가지 않았다.

그래서, 인터넷이 기존 비즈니스 모델을 위협할 것이라는 것이 명백해지기 전인 1990년대 초에 인터넷 관련 계획을 위한 투자 자금을 확보하려고 노력했던 경영자들은 인터넷의 잠재력을 투자자들에게 납득시키는 데 많은 어려움을 겪었다. 결과적으로 신문사들은 온라인 출판의 기회를 적극적으로 수용하지 않았다. 그 시절 신문사들의 온라인 출판에 대한 상황은 다음 이야기를 보면 이해할 수 있다.

> 나는 모두에게 새로운 사업을 알리고 온라인 그룹과 협조할 것을 요청했었다. 어느 날, 온라인 사업의 편집부원에게 일이 어떻게 진행되고 있는지, 그리고 신문사 직원들이 이와 관련된 일을 도와주려 하는지에 대해 물어봤다. 그 직원이 최근에 도움을 요청했을 때 돌아온 답변은 "꺼져! 우리가 진짜 신문을 출판하고 있어!"였다.[10]

야후(Yahoo)와 같은 인터넷 포털, 몬스터 닷컴(Monster.com)과 같은 구직 사이트가 전통적으로 신문사들에게 수익을 안겨줬던 항목별 광고와 구인광고를 위협하게 된 1990년대 말이 되어서야 비로소 신문산업이 인터넷의 잠재적 영향력에 눈을 뜨게 되었다. 이러한 분위기는 편집 발행인의 말에서 엿볼 수 있다. '나는 보이지는 않지만 어떤 큰일이 일어날 것이라는 공포 속에 살고 있다.' 위기감과 절박감은 신기술에 대한 투자로 이어지게 되었는데, 하나의 예가 신문사 내에서 온라인 영업과 관련된 직원이 한 달 이내에 15명에서 40명으로 증가했다는 보고다.

그러나 재미있게도, 이러한 위협은 최고경영자들의 반응 패턴에 강한 영향을 끼친다. 위협에 직면했을 때 전형적인 최고경영자들의 반응은 최고경영진에서 결정을 하고 실험은 최소화하는 것이다. 예를 들면 온라인 사이트의 직속 상사는 견본 예산(sample budget), 마케팅 계획과 체크리스트를 받았다. 한 최고경영자가 기억하고 있는 내용을 보자.

> 각 신문이 자신의 비즈니스를 운영하는 문화였기 때문에 초기에는 매우 중앙집중식이었다. 우리는 모든 (온라인) 사이트를 위한 기초적인 비즈니스 모델만 있었다. 우리는 온라인 사이트 부서에서 사람을 고용하게 했지만, 운영은 우리가 했다.[11]

그 결과로 웹 사이트는 인쇄된 신문을 단순히 길게 적은 것이 되었고 내용은 75% 이상을 프린트 판에서 직접 가져왔다. 다른 신규 인터넷 출판 기업들이 제시하는 개인화나 커뮤니티 생성과 같은 특징들은 가지고 있지 않았다. 광고 영역에서도 인구통계학적 광고, 이메일 마케팅, 차별화된 서비스와 같은 새로운 수익창출에 대한 시도는 전혀 하지 않았다.

인터넷 출현에 대한 신문 산업의 사례에서 우리가 눈여겨 보아야 할 점은 파괴적 혁신에 대한 최고 경영진의 사고의 틀(mental frame)이 재정적 지원 및 관리 리소스 지원뿐만 아니라 이러한 혁신이 조직 내 실현되는 것에도 영향을 준다는 것이다. 본질적으로 경영자들은 풀기 힘든 패러독스에 직면하게 된다.

만약 파괴적 기술로 인해 펼쳐질 '기회'에 초점을 맞추게 되면, 실무자들에게 그 기술을 적용하는 많은 참신한 방법들을 적용해 볼 수 있는 기회가 주어질 것이지만 이를 위해 필요한 자원들을 승인받아야 하는 일들은 실무자들의 몫이므로 이러한 필요 자원을 승인받는 것은 쉽지 않을 것이다('기회' 요소이기 때문에 기업의 리소스를 마음껏 그리고 재정적 지원을 전폭적으로 받기는 어렵다).

이러한 패러독스(paradox)는 그림 6.4에서 볼 수 있듯이 자원 위임 단계(cresource commitment)와 실현 단계(implementation)로 구분된다. 좌측 상단 사분원(엄격한 계획, 높은 위임)에 나타낸 것처럼, 양쪽 단계 동안의 위협 프레임은 집중적이지만 엄격한 반응을 이끌어낸다. 정반대인 바닥 오른쪽 사분원(탄력적인 계획, 낮은 위임)은 충분한 자원을 이용할 수 없기 때문에 문제가 있다. 이론에 따르면, 초기 투자단계의 위협(threat framing)과 실행단계의 기회(opportunity framing)를 결합할 때 기존 조직이 파괴적 혁신에 성공할 수 있다. 이러한 결합은 높은 재정적 위임과 탄력적인 계획을 유도한다. 이것은 매트릭스의 오른쪽 상단에 나타나 있다.

이 경우, '어떻게 기업이 두 개의 상반된 사고를 동시에 관리할 수 있을까?' 하는 의문이 들 수 있다. 신문업계에서 새로운 인터넷 기반의 뉴스출판에 성공한 기업들의 사례를

그림 6.4 **조직의 경직을 극복하기 위해서, 파괴적 혁신에 당면한 기존기업들은 두 가지 모순되는 사고의 틀을 채택할 필요가 있다**

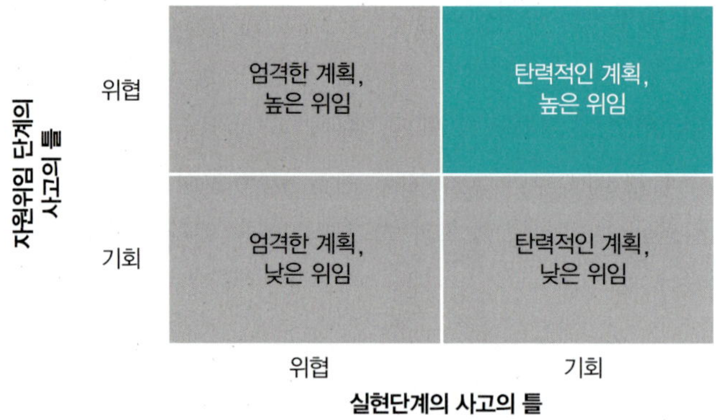

Source: Adapted from C. Gilbert, 'Change in the presence of residual fit', *Organisational Science*, 2006, vol. 17, no. 1, p. 152.

살펴보면 다음과 같은 두 개의 공통된 특징을 발견할 수 있다.

첫째, 신문 산업 외부자들(outsiders)의 충고를 받아들였다. 예를 들면 최고경영자는 인터넷의 발달로 발생하는 변화들을 이해하고 있는 실리콘 밸리 출신 친구의 충고를 듣고 자신의 의견을 조정했다. 또한 관련 산업에서 온라인 경험이 있는 외부자들을 고용하기도 했다.

둘째, 신문사들은 인쇄 조직에서 온라인 조직을 구조적으로 분리하기로 결정했다. e-비즈니스의 초기에는 대부분의 신문사가 온라인 조직을 인쇄 비즈니스의 수익을 올리기 위한 수단으로 보고 온라인 조직을 인쇄 조직에 통합하여 운영했다. 이러한 정황은 다음 최고경영자의 말로 알 수 있다.

> 우리의 기본적인 목표는 통합 전략이다. …… 현지 정보시장에서 신문은 우위를 가진다. 온라인 부서를 신문에서 분리하는 것은 수많은 이점을 포기하는 것이다.

그러나 외부자의 영향은 신문사가 이러한 초기전략을 재고하게 했다. 산업 외부자를 고용하여 온라인 부서를 구조적으로는 분리했을 때, 분리된 온라인 조직은 인터넷을 위협이라기보다는 하나의 기회로 여기게 해주었다. 분리된 웹사이트의 어느 온라인 경영자(manager)는 이렇게 말했다.

> 우리가 신문사 이름에서 'the city.com'으로 변경하자, …… 웹사이트의 정보에 대한 사람들의 기대가 변화되었다. 다시 말하자면, 이러한 것이 온라인 조직 사람들 중 누가 어떤 일을 할지에 대한 시각도 변화시켰던 것이다.[12]

분리된 온라인 부서의 또 다른 관리자가 한 말은 이렇다.

> 분리되었기 때문에 기존의 (물리적) 신문 조직에 있었을 때는 전혀 하지 않았던 방법들을 시도하게 되었다.

기회라는 생각은 온라인 조직들이 기존 인쇄 비즈니스에 대한 제 살 깎아먹기(cannibalizing) 걱정을 하지 않고 새로운 매출 기회를 창조적으로 생각할 수 있게 해 주었다. 인쇄 비즈니스 출신인 어느 웹사이트 편집자는 외부에서 데려온 온라인 책임자에 대해 다음과 같은 이야기를 했다.

> 그는 내가 여태껏 봐오던 것과는 전혀 다른 방법으로 디지털 미디어를 보고 있다. 처음에는 다른 관점으로 업무를 진행하는 그의 방식이 마음에 들지 않았지만 결과적으로 제대로 진행되는 것이라는 것을 알게 되면서 나는 점점 그를 지지하게 되었다.

기존 신문의 온라인 판으로 취급되었을 당시에는 없었지만 온라인 부서로 분리되면서 새롭게 생긴 수입원들은 요금기반의 기록문서 접근, 이메일 마케팅, 이메일 목록 임대, 요금 기반의 데이터 분석, 그리고 행동이나 인구통계 기반의 타게팅 등이 있다.

요약

- 이 장은 기업이 모방을 막을 수 있는 장벽을 쌓는 법을 살펴보았다. 이러한 방법들은 다음과 같았다. (1) 수익성 정보를 주지 않기, (2) 장기적으로 성공하기 위해 단기수익은 포기하기, (3) 보복을 보여주는 신호 보내기, (4) 가용한 투자기회 파악 및 자원 접근 획득하기, (5) 기술, 프로세스와 문화와 같은 암묵적 자원에 의존하기, (6) 차별화를 할 때 희귀하거나 계약된(contracted) 자원에 기반하기, (7) 모방자와의 시차 활용하기
- e-비즈니스에서 파괴적 혁신의 위협을 다루는 방법을 학습했다. 여기서는 파괴적 혁신의 근본적인 과정을 이해하는 것과 기존기업(incumbents)의 실패의 근본적인 이유를 살펴보는 것이 중요하다는 것을 강조했다.
- 파괴적 혁신의 조짐을 평가하기 위해 회사가 떠올려야 하는 몇 가지 질문들을 살펴보았다. 이러한 질문들은 (1) 비고객(non-served customer), (2) 과도한 지원을 받는 고객들(over-served customer), (3) 경쟁사들에게 미치는 파괴력에 대한 것이었다.
- 파괴적 혁신을 다루기 위한 가능한 방법은 다음과 같았다. (1) 무대응, (2) 보수적 대응, (3) 방어, (4) 걸치기, (5) 완전한 전환, (6) 뛰어넘기.
- 파괴적 혁신에 효율적으로 대응하기 위해 적합한 사고의 틀을 선택하는 것에 관해 다루었다. 파괴적 혁신에 직면하고 있는 기존기업은 파괴적 혁신에 의해 생기는 기회 중심과 파괴적 혁신으로 인한 위협 중심의 두 가지 모순된 사고의 틀을 채택하는 것이 필요하다.

복습 질문

1 성공적인 모방을 위해 필요한 조건과 모방에 대한 장애는 무엇인가?

2 회사는 파괴적 혁신의 위협을 판단하기 위해 어떤 질문을 해야 하는가?

3 회사들이 파괴적 혁신을 효과적으로 다룰 수 있는 방법들은 어떤 것들이 있는가?

4 파괴적 혁신에 직면할 때, 기업들이 채택할 수 있는 사고의 틀은 무엇이 있는가? 이러한 사고의 틀이 모순적인 성격을 가지게 되는 이유는 무엇인가?

토론 질문

1 모방을 막기 위한 장벽을 쌓는 예를 말할 수 있는가? 서로 다른 산업의 예를 들어서 이러한 기업들이 어떤 노력을 했는지 설명해 보자. 그러한 시도들이 성공적이었는가?

2 특정 산업(예: 음반, 서적 등)을 선택하고 산업이 직면하고 있는 파괴적 혁신의 위협이 무엇인지 분석해 보자. 만약 파괴적 혁신의 위협에 직면해 있다면, 어떻게 신생기업들이 경쟁을 할 수 있을지 말해 보자. 또한 기존기업들은 어떻게 대처해야 하는지 말해보자.

3 왜 인텔Intel은 셀러론 칩Celeron chip을 개발했을까? 파괴적 혁신 로직을 이용해 이러한 결정을 설명할 수 있는가?

권장 도서

C. Christensen offers an updated view of his seminal theory in *The Innovator's Dilemma: The Revolutionary Book That Will Change the Way You Do Business*, Harper Business, 2011.

Also, C. Christensen and M. Raynor provide an excellent account of the theory of disruptive innovations in their book *The Innovator's Solution*, Harvard Business School Press, 2003.

C. Gilbert discusses the influence of framing on an incumbent's ability to react to discontinuous change in 'Unbundling the structure of inertia: resource versus routine rigidity', *Academy of Management Journal*, 2005, vol. 48, no. 5, pp. 741–63, and in 'Change in the presence of residual fit', *Organisational Science*, 2006, vol. 17, no. 1, pp. 150–67.

관련 사이트

Consult www.innosight.com for up-to-date research findings and practical implications of the disruptive innovation theory.

www.innovationzen.com provides a detailed overview of different management theories dealing with innovation.

www.innovationmanagement.se is an online knowledge centre for creating value with innovation management. This site offers insights, case studies, solutions and a multitude of useful and cutting-edge content for today's companies.

참고 문헌

1 Later on, after the launch of new desktop browsers, the usage market share changed. This question was covered in more detail in Section 3.2.1, where recent data on leading browsers in the market (i.e. Explorer, Google Chrome and Firefox) is provided.

2 For a detailed description of barriers to imitation, see P. Ghemawat, *Strategy and the Business Landscape*, Prentice Hall, 2005.

3 For a detailed and comprehensive description of the theory of disruptive innovations, see C. Christensen and M. Raynor, *The Innovator's Solution*, Harvard Business School Press, 2003.

4 See C.S. Lee, 'An analytical framework for evaluating e-commerce business models and strategies', *Internet Research*, 2001, vol. 11, no. 4, pp. 349–59.

5 See Chapter 12 for an in-depth coverage of these types of commerce.

6 See J.-H. Wu and T.-L. Hisa, 'Developing e-business dynamic capabilities: an analysis of e-commerce innovation from i-, m-, to u-commerce', *Journal of Organisational Computing and Electronic Commerce*, 2008, vol. 18, pp. 95–111.

7 See P. Ghemawat, *Strategy and the Business Landscape*, Prentice Hall, 2005, p. 106.

8 See C. Gilbert, 'Unbundling the structure of inertia: resource rigidity versus routine rigidity', *Academy of Management Journal*, 2005, vol. 48, no. 5, pp. 741–63.

9 For a detailed account of Kodak's foray into digital photography, see C. Gilbert and J. Bower, 'Disruptive change: when trying harder is part of the problem', *Harvard Business Review*, 2002, May, pp. 95–101.

10 Quoted in C. Gilbert, 'Change in the presence of residual fit', *Organisational Science*, 2006, vol. 17, no. 1, pp. 150–67.

11 Ibid.

12 Quoted in C. Gilbert, 'Unbundling the structure of inertia: resource versus routine rigidity', *Academy of Management Journal*, 2005, vol. 48, no. 5, pp. 741–63.

Chapter 7

새로운 e-비즈니스 시장에서 기회 찾기

이 장의 개요

관련 사례 연구

사례 연구		주요초점
1	Tesco	선발자 우위
2	Nordea	선발자 우위
5	IBX	가치 이노베이션
7	Otis	가치 이노베이션
8	Topcoder	가치 이노베이션
4	American Well	가치 이노베이션
9	Appirio	가치 이노베이션
17	Nettwerk	가치 이노베이션
18	Licia Chery	가치 이노베이션
15	Spreadshirt	가치 이노베이션
20	NTT DoCoMo	가치 이노베이션

학습 성과

이 장을 학습한 후,

- 얼마나 회사가 새로운 시장을 열 수 있고 완전히 새로운 형태의 가치를 만들 수 있는지 설명할 수 있어야 한다.
- 가치곡선을 그리는 방법을 이해하고 이러한 가치곡선을 통해 통찰력을 기를 수 있어야 한다.
- 여섯 가지 경로 프레임워크를 설명하고 이를 이용해 e-비즈니스에서 가치창출을 할 수 있어야 한다.
- 시장에 진입하기에 알맞은 시점을 아는 것이 얼마나 중요한가를 알 수 있어야 한다.
- e-비즈니스의 선발자 우위와 열위를 알 수 있어야 한다.

소개

5장에서 말한 전략 선택은 주로 산업 내 경쟁사들을 대상으로 한 전통적 형태의 경쟁에 대한 것이었다. 여기서의 핵심 성과 지표는 경쟁사들 간의 상대적인 성과가 된다. 이러한 경쟁사 중심(competitor-focused)의 경쟁 결과인 성과 개선은 이익 상승이나 비용 감소를 통하여 가능했던 경향이 있다. 전략 개발에 접근하는 또 다른 방법은 해당 산업 중심의 전략에서 벗어나 다른 산업들에서 새로운 시장 공간을 찾는 것이다.[1]

琉 통해 기업을 산업 경쟁을 재정의하거나 새로운 산업을 만들게 됨으로써 끊임없이 증가되는 산업 내 경쟁의 주기에서 벗어나게 한다. 이러한 접근의 목표는 가격을 낮추는 반면 소비자 이익을 현저하게 늘리는 것이다.

이번 장의 전반부 7.1~7.3절은 가치 혁신 로직(logic)을 다룬다. 7.4절은 새로운 시장의 선발자 우위와 열위(early mover advantage/disadvantage)를 살펴본다.

7.1 가치곡선을 통한 새로운 시장 공간에 대한 수익 통찰력 확보

그림 7.1의 가치곡선의 개념은 혜택 차원에 따라 경쟁을 다시 정의하는 방법을 설명하기 위한 것이다. 책 소매(book-retailing)의 예를 보면, 혜택 차원들을 가격, 편의, 선택 범위, 스피드와 면 대 면(face-to-face) 상호 작용으로 보았는데, 전통 서점과 온라인 서점이 혜택 차원들에 따라 서로 다른 수준을 가진다는 것을 알 수 있다. 그림 7.1의 수직축 '1'은 최고수준을 의미하고 '0'은 최저수준을 의미한다.

특정 산업에서 서로 다른 가치곡선은 고객이 중요하게 여기는 차원관점에서 생각해야 한다. 이를 통해 가치창출을 일으키는 요소를 이해할 수 있고 고객가치를 결정하는 핵심 차원에 따라 기업들이 어떻게 포지셔닝을 해야 할지에 대해 이해할 수 있다. 먼저, 책 소

그림 7.1 가치곡선은 새로운 시장에 대한 통찰력을 제공한다

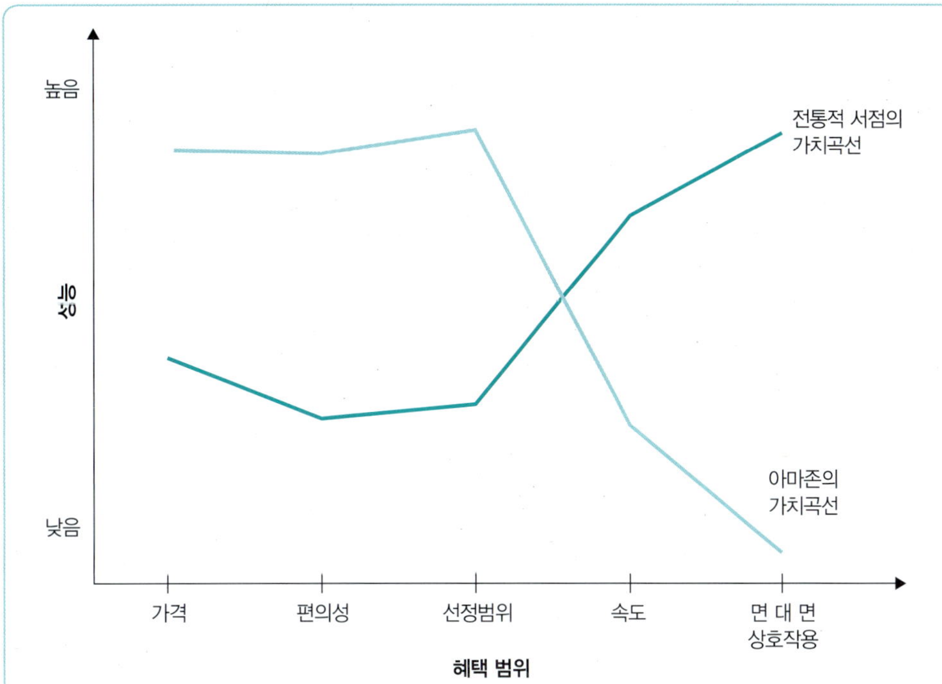

Source: Reprinted by permission of *Harvard Business Review* [Exhibit 99105]. From 'Creating new market space' by C. Kim and R. Mauborgne, January-February 1999. Copyright © 1999 by the Harvard Business School Publishing Corporation, all rights reserved.

매산업에서 가치곡선을 끌어내는 것은 우리에게 고객 이익의 중요한 차원이 무엇인가에 대해 생각하게 한다. 이 단계에서는 모든 기본적인 차원들이 열거되어야 하고 논리상으로 겹치지 않아야 한다. 두 번째로, 우리는 다른 경쟁사가 각 차원에서 차별화되는지 결정해야 한다. 회사별 점들을 연결하면 그 선이 가치곡선이 된다.

가치곡선에 나타난 프로파일은 기존 비즈니스 모델에서 나타나는 교환관계를 파괴할 수 있는 새로운 형태의 가치곡선에 대해 생각할 수 있게 해준다.

7.2 기업이 속한 영역 밖 살펴보기

이러한 유형의 가치창출은 어떻게 얻을 수 있을까? 기업들은 자신이 속한 영역 밖, 즉, 실무표준(standard business practice)을 벗어난 곳에서 가치창출을 할 수 있는 방법을 찾아야 한다. 그렇게 해야 별도의 다른 산업 사이에서 또다른 시장을 발견할 수 있다.[2]

김(Kim)과 마보안(Mauborgne)은 이를 위해 여섯 가지 경로 프레임워크(six paths framework)를 소개하였다(그림 7.2 참조).

- *대체산업 살펴보기.* 여기에서 물어봐야 할 핵심 질문은 어떻게 고객들이 서로 다른 제

그림 7.2 여섯 가지 경로 프레임워크는 e-비즈니스 환경에서 가치창출을 위한 서로 다른 시작 포인트를 제공한다

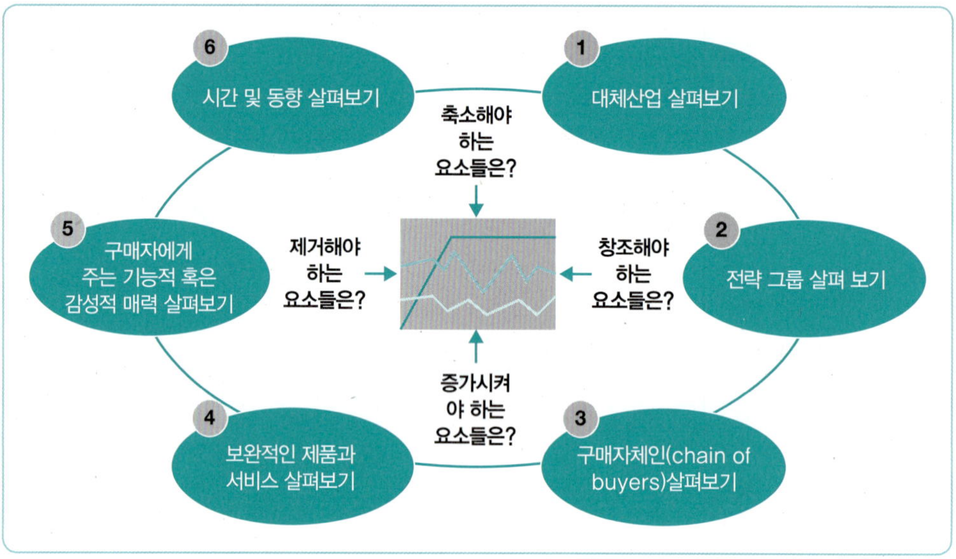

Source: Based on C. Kim and R. Mauborgne, 'Creating new market space', *Harvard Business Review*, 1999, January-February, pp. 83-93.

품(또는 서비스)을 대체품으로 받아들이게 하느냐 하는 것이다. 이를 위해서는 고객이 그 제품을 선택하는 이유와 고객들의 의사결정 시 사용하는 기준이 무엇인가를 알아내야 한다. 전통 비즈니스 환경에서 치열한 경쟁이 반드시 산업 내에서 일어나는 것은 아니다. 예를 들면 현금 사용이냐 신용카드 사용이냐, 여행할 때 자동차로 할 것인가 아니면 기차로 할 것인가, 볼펜을 사용할 것인가 워드 프로세싱 소프트웨어를 사용할 것인가와 같은 상반관계를 생각할 수 있다. 그리고 온라인 환경에서는 오프라인 상점에서 구매할 것인가 아니면 온라인에서 구매할 것인가, 그리고 온라인 뱅킹을 할 것인가 아니면 은행 지점에 갈 것인가에 대한 상반관계가 일어난다. 노디어 은행이 이러한 상반관계를 고려했을 때, 그들은 지점에 가는 고객들이 장외은행(over-the-counter banking)의 용이성에 가치를 둔다는 것을 알아냈다. 그래서 노디어 은행은 온라인 채널의 이점(낮은 비용)을 가지면서 지점이 주는 용이성을 함께 제공하는 사용자 친화적인 온라인 인터페이스를 구축했다.

- *전략 그룹별 분해하기.* 전략 그룹은 특정 고객집단을 위한 제품, 예를 들면 자동차를 생산하는 기업들로 구성된다. 기업들은 일반적으로 그들과 같은 전략 그룹에 속한 경쟁사들과 자신을 비교한다. 같은 전략 그룹의 기업들은 제품 공급에 있어서 유사한 경향을 가지고 있기 때문에 급진적으로 새로운 통찰력을 가지기 힘들다. 전략 그룹별 분해하기는 기본적으로 동일한 제품을 서로 다른 세분화된 고객에게 제공하는 기업이 하는 업무를 살펴보고 결과적으로 가치를 창출할 수 있는 잠재적이면서 새로운 방법

을 발견하는 것을 의미한다. 예를 들어 자동차 제조 산업에서 메르세데스(Mercedes)는 하위전략 그룹(lower-ranked strategic group)을 분석한 후에 여전히 메르세데스의 기술을 이용하면서 저비용의 자동차와 경쟁할 만한 가격을 가진 스마트 자동차(Smart Car)를 개발했다. 이와 유사하게, 도요타(Toyota)와 같은 하위전략 그룹의 제조업체들은 저가 포지션을 유지하면서도 상위 경쟁사들이 제공하는 기능들을 많이 가지고 있는 자동차를 개발했다. 최근의 테블렛의 예를 보면 애플의 아이패드 형태를 따라서 삼성과 같은 다른 기업들은 유사한 시장포지션을 가져간다. 그러나 아마존의 킨들 파이어는 앞 장에서 논의했던 파괴적 혁신의 하나의 종류로서, 너 서렴하면서 낮은 품질의 제품을 제공하는 도전자로 볼 수 있다(FT '지금 우리가 쇼핑하는 방법' 참고).

- *구매자 체인(chain of buyers) 분해하기.* 이 관점의 근본적인 로직(logic)은 구매 담당자가 반드시 구매한 제품/서비스를 사용하는 사람일 필요는 없다는 것이다. 예를 들면 조달부서와 기업의 실제 사용자는 가치에 대해 서로 다른 정의를 내린다. 조달부서에게는 가격과 구매 절차가 중요하지만 실제 사용자에게는 용이성이 중요하다. 만약 회사가 초기에 두 개의 그룹 중 하나만을 고려했다면, 서로 다른 그룹의 관점에서 보는 것이 새로운 가치창출을 가져올 수 있다.
- *보완적인 제품과 서비스 살펴보기.* 대부분의 제품과 서비스는 단독으로 사용되는 것이 아니라 상호보완적인 관계가 있다. 예를 들어 컴퓨터가 작동하려면 소프트웨어가 필요하다. 아마존(Amazon.com)은 개인화된 도서 추천 서비스를 시작했을 때 보완적인 제품의 영향을 고려하여 소비자가 이전에 구매했던 책을 기반으로 중요할 것 같은 도서목록을 제안했다. 노디어(Nordea) 은행은 트리거 데이터베이스(triggered database)를 이용해 대체 서비스를 제안하는 방식을 원했다. 트리거 데이터베이스는 많은 금액이 입금되었거나 주소 변경 또는 혼인 여부의 변경과 같은 고객 계정의 변화가 생겼을 때 트리거를 발생시켜 이러한 정보를 은행에게 전달한다. 이러한 트리거에 의해 보완재(complementary products)에 관한 수많은 질문들이 발생하게 된다: 융자(financing), 장기 지불(long term payments), 보험, 그리고 온라인 서비스 등에 대한 이러한 변화가 고객들에게 어떤 의미가 있는가?
- *구매자에게 주는 기능적 혹은 감성적 매력 살펴보기.* 제품 또는 서비스는 종종 기능이나 유형의 특성(내구성과 선택의 폭) 또는 감성적 매력 등 브랜드의 강점에 중점을 둔다. 예를 들어 기능적 제품에서 감성적 제품으로 어필한 제품으로의 변화는 지각된 소비자가 느끼는 혜택을 증가시켜준다. 스타벅스(Starbucks)의 예를 보면 기능적 제품인 커피에 대해 소비자들이 감성적인 경험을 하게 함으로써 프리미엄 가격을 청구할 수 있게 되었다.
- *시간 및 동향 살펴보기.* 거시(macro) 또는 경쟁 환경의 변화에 대한 영향을 사전에 평

지금 우리가 쇼핑하는 방법

뉴욕 어느 9월 마지막 날, 제프 베조스(Jeff Benzos)는 7.5인치 스크린을 할수 있는 한 빨리 손가락으로 넘기고 있었다. 날아오는 망고와 멜론, 사과를 자르고 있었다. 아마존의 설립자이며 CEO는 199달러 킨들 파이어를 보여주고 있었는데 킨들 파이어는 칼라 터치스크린 기기로, 테블릿 컴퓨터 세계에 돌풍을 일으키길 원하고 있었다. 그는 플룻 닌자(Fruit Ninja)라는 비디오 게임을 소개하고 있었다.

베조스가 디지털 과일을 파괴하기로 결정한 것은 아마도 우연이 아닐 것이다. 파이어는 애플의 직접적인 도전자이다. 애플은 스티브잡스(Steve Jobs)가 설립한 기술 거인이며 아마존도 거침없는 야망의 끝에 되고파 하는 것이다.

"듀어코어 프로세스가 얼마나 빠른지 알 것입니다." 저널리스트, 블로거, 가젯 사냥개(gadget hounds)를 청중으로 두고 이렇게 말하였다. "또한 내 플룻 닌자 기술이 부족하다는 것도 알 겁니다. 나는 다소 불편한 치료법이라는 것을 인정하고 있습니다."

베조스가 소매 혁명을 일으킨 온라인 서점을 미국 북서부 해안이 있는 시애틀에 연 이후 17년이 지났다. 그 여정이 부드럽거나 예상가능하지는 않았다. 아마존은 초기에 많은 돈을 잃었고 인터넷 버블이 꺼지면서 기술더미로 파묻혀질 뻔했었다. 하지만 벤조스는 회사를 살려 2001년 4사분기에 첫 번째 순이익(11억달러 판매에 순수익 510만달러)을 내었다.

그 이후, 회사는 정신없이 바쁘게 돌아가는 상황에서 새로운 서비스들을 론칭하고 다른 사업을 인수하고 산업을 대대적으로 개혁하고 다각화하고 있다. 이러한 것은 오프라인 세계에서는 판단불가이고 비논리적이며 정신 나갔다고 판단할 만한 행동들이다.

아마존의 마켓 자본총액은 60억 달러에서 10년만에 820억 달러로 증가했다. 변함없는 자신감을 가지고 있고 크게 웃으며 바보 같은 구석이 있는 베조스는 19%의 지분을 가지고 있다.

아마존이 아이들의 nappies, 개 사료, 칵테일 드레스뿐만 아니라 책 출판, 인터넷 무비 데이터베이스(IMDb), 아마존의 포장 및 운송서비스, 그리고 아마존의 웹서비스의 클라우드 컴퓨터 인프라에 이르는 다목적 상업제국을 만들고 있다.

온라인 상점 업계에서 아마존은 우리가 쇼핑하는 방식을 바꾸고 있다. 사실 넓게는 살아가는 방식을 바꾸고 있다. 이러한 모델의 핵심은 낮은 가격, 낮은 수익, 대규모이다. 하지만 타 소매점들은 그들의 물건의 그들의 사이트에 팔고 있는 시장도 소개하고 있다. 다른 구매자들이 산 제품을 기반의 제품추천, 프라임 로열티 프로그램을 제공하고 있다. 프라임 로열티 프로그램을 고객들이 1년에 79달러를 내면 해상 운송을 무료로 해준다.

오프라인 매장을 가진 기업(bricks-and-mortar)들은 아마존이 미국 안에서의 가격에 대해 가지는 이점이 수많은 주(state)에게 내야 하는 판매세를 피할 수 있는 구멍이 있기 때문이라고 비판한다. 하지만 아마존은 미국 외에는 판매세는 내고 있고 이러한 것이 판매성장을 막는 어떠한 근거도 없다고 반박한다.

채널어드바이저(ChannelAdvisor)의 공동 창업자이자 CEO인 스콧 윙고(Scot Wingo)에 따르면 아마존은 평범하지만 빠르고 안정적인 쇼핑 경험을 하게 해주는 어려운 목표를 달성했다. 채널어드바이저(ChannelAdvisor)는 기업 고객을 대상으로 하는 소프트웨어 그룹이다.

"아마존 구매자 경험은 다른 어떤 것보다 훌륭하다."

2007년 아마존은 첫 전자리더(e-reader)인 킨들 사업을 시작하였다. 킨들은 물리적 책 소매에 대한 조직 내 도전이다. 작년 뉴욕에서 베조스는 아마존의 노력을 "5세기 동안 이루어낸 재창조"라고 회상한다. 책들을 디지털화하는 데 노력하는 사람들의 노력을 간과했었다. 하지만 킨들은 전자구독자들을 대량의 판매시장으로 만든다는 측면에서 어떤 다른 기기들 이상이었다.

테블릿 컴퓨팅의 진입은 전자구독들을 한 걸음 더 움직이게 하였다. 이런 비밀스런 특징의 진실은 아마존이 얼마나 많은 킨들 파이어가 팔려나갔는지를 드러내지 않았지만 애널리스트는 런칭 이후 연말까지 4백만에서

6백만 사이가 될 것이라고 예측했다.

첫 수익 발생 이후 10년이 지난 2011년 4사분기에는 174억달러 판매액에 1억 7,700만 달러의 순수익을 얻었다고 보고했다.

아이패드에 대한 파이어의 도전은 기술 타이탄들의 충돌이다. 파이어에 대한 베일이 벗겨진 후 일주일 이후, 그리고 출하되기 5주 전에 있었던 애플 창립자의 죽음은 개인의 싸움이라고 지나칠 수는 없다.

아마존은 디지털책, 음악, 비디오, 잡지의 컨텐츠 에코시스템에 연결하는 기기를 만들어 애플의 시스템을 복제하고 있다. 그러나 파이어는 아이패드에 대한 도전일 뿐 최고로 만드려는 시도는 아니다. 파이어는 신기술로 보기보다는 기본적인 것만 갖춘 하드웨어라 볼 수 있다.

제품 리뷰어들은 컴팩트한 사이즈(9.5인치 아이패드보다 작음)와 아마존 미디어 컨텐츠와의 연결, 그리고 안드로이드 운영체제를 숨기기로 한 결정을 좋아했다.

하지만 사용자 인터페이스가 투박하고 상대적으로 배터리 수명과 메모리가 적고 볼륨 버튼, 카메라, 마이크가 없고 아마존 컨텐츠가 아닌 것에 접근하는 것에는 어려움이 있다는 것에 대해서는 비난받고 있다.

전반적으로 아이패드보다 역량은 의심할 여지 없이 떨어지지만 가장 저렴한 아이패드보다 300달러 저렴한 199달러라는 가격이 포인트이다. 아마존의 혁신은 새로운 태블릿 시장에서 새로운 저가의 틈새를 만들어내었다.

Retrevo의 컨텐츠 임원인 앤드류 디이스너(Andrew Eisner)는 "그들이 혁신한 유일한 것은 가격이다. 가격은 결정적인 역할을 한다."라고 말한다. Retrevo는 소비자 전자제품을 판매하는 온라인 마켓플레이스이다. "사람들이 아이패드를 사지 않게 만드는 가장 중요한 요소 중 하나가 가격이라는 것을 설문을 통해 찾아내었다."

이런 관점에서 킨들파이어는 전형적인 아마존의 형태를 보여준다. 애플이 프리미엄적이고 순수하다고 한다면 아마존은 프롤레타리아 계급(proletarian)이고 다작을 한다. 단조롭지만 생명력 넘치는 저가, 스피드, 신뢰성 있는 비즈니스에 대한 것이다. 마치 종이상자 안에 기저귀나 헐리우드 블록버스터를 와이파이로 배달하는 것이다.

애플 세상은 사람들을 애플의 에코시스템으로 이동하게 한다. 이것은 아주 큰 일이다. 2011년 4사분기에 애플은 1500만 이상의 아이패드를 판매했다. 서점인 반즈앤노블도 누크(Nook)라는 자체 브랜드의 테블릿에 대해 11월에 발표하였다.

파이어는 줄어든 수익에 대한 대가이기도 하다. 아마존은 수많은 돈을 개발에 쏟아부었고 애널리스트들은 이 기기를 파는 것은 거의 손해에 가깝다고 생각했다.

이러한 내용은 왜 운영수익이 2010년 1사분기에는 5.5%였는데 2011년 3사분기에는 0.7%로 떨어졌는지를 이해할 수 있게 도와준다. 4사분기에 1.5%로 다시 올라가긴 하였다. 아마존은 운영손실이 발생할 수 있다는 것에 대해 주의를 기울이고 있다.

몇몇 투자자들은 전형적인 닷컴 붐의 수익이상의 성장을 보이는 것에 대해 불편한 기억을 가지고 있다. 전년대비 35% 수익이라는 것이 걷는 수준도 아님에도 불구하고 아마존은 2011년 4사분기에 늦은 판매성장을 발표했을 때, 전도자와 같은 지지자들은 흔들렸다.

애플, 구글, 월마트와 같은 다양한 기업을 공격하는데 열성적인 베조스는 투자자를 끌어들이는 데 거의 관심이 없는 듯 보인다. 그러나 이런 것이 없어도 기업은 향후 12개월 동안 예상되는 수입이 76배에 달한다. 인터넷 슈퍼스타에 적합해 보이는 배수이다.

아마존은 구직자들에게 "우리는 온라인 쇼핑 경험, 클라우드 컴퓨티, 책 등에 대해 혁명을 일으키고 있다. … 우리와 함께해서 다음이 무엇인지 알아내자!"라고 말한다.

궁극적으로 아마존의 미래는 고객이 계속 클릭을 하느냐 마느냐에 달려있다.

FT *Source*: Jopson, B. (2012) The way we shop now, *FT.com*, 20 March.

가함으로써 기업은 예상되는 변화를 기초로 하여 가치-창출 전략을 적용시킬 수 있다. 예를 들면 노디어는 1980년대에 전자 채널의 중요성을 깨닫고 PC 은행 서비스를 신속하게 소개했다. 이는 현저하게 고객 이익을 늘리는 동시에 노디어가 상당한 원가 절감을 할 수 있도록 도왔다.

7.3 새로운 가치창출에 대한 가능성을 정확하게 파악하기

앞서 살펴본 여섯 가지 경로를 살펴보고 나면 아래에 나타나는 네 가지 영역(그림 7.2 참조)에서 또 다른 질문이 생기게 되는데 이에 대해 답변을 해봄으로써 새로운 가치창출의 기회가 생길 수 있다.[3]

- *제거.* 우리는 소비자에게 혜택을 주고 있는가? 만약 아니라면 우리의 제품 또는 서비스의 어떤 기능 또는 특징을 제거해야 하는가? 만약 한 회사가 적정한 시간에 어떤 문제에 대해 이러한 이슈의 정직한 평가를 한다 할지라도 구매자들의 요구는 변화하기 마련이므로 이러한 질문을 반복해야 할 것이다.
- *축소.* 우리가 제공하는 부분 중 어느 곳을 축소해야 하나? 우리가 돈을 많이 투자하지만 이익을 가져다 주지 않는 것은 무엇인가?
- *증가.* 우리가 제품 또는 서비스의 어느 기준을 올려야 하나? 우리가 기존 제품을 확대함으로써 이익을 증가시킬 수 있는 부분은 어디인가?
- *창조.* 우리가 지금까지 하지 않았지만 할 수 있는 것은 무엇인가?

지금까지 노출되지 않았던 시장과 접촉하는 것은 기업에게 기회를 제공한다. 이는 시장 점유율을 경쟁사로부터 빼앗아옴으로써 시장 내 큰 부분을 잡을 수 있게 해줄 뿐 아니라 전체 시장 크기를 확대하기도 한다. 예를 들면 아마존은 단순히 전통 오프라인 서점으로부터 구매자를 빼앗은 것이 아니다. 책 리뷰 또는 개인별 추천과 같은 가치창출 서비스를 통해 과거에는 많은 책을 사지는 않았던 사람들을 열정적 소비자로 만들었다.

그러나 새로운 시장 공간으로의 움직임은 단발적인 사건으로 끝나는 것이 아니다. 경쟁사들이 새롭게 발견된 시장으로 움직이면 높은 이익이 유지되지 못한다. 즉, 일반 전략들처럼 경쟁사들은 새로운 모델이 매력적 수입을 약속한다고 믿는다면 이것을 따라잡으려고 노력하며, 수익은 점점 잠식되기 때문이다. 지속력은 포지셔닝의 독특함과 이 포지셔닝을 모방하는 것이 얼마나 어려운가에 따라 달라진다.

가치 혁신적 사고를 정리해보면 전통적 생각과 다른 다섯 가지 특성이 존재한다.

- *서로 다른 가정들.* 전통적인 사고는 우리에게 산업의 가치곡선이 하나의 기본적인 형태를 따른다고 이야기하고 있지만 가치 혁신 논리(logic)는 상반관계(trade-off)를 창조적으로 해결함으로써 새로운 가치곡선이 만들어질 수 있다고 가정한다.

- *전략 포커스.* 전통적 사고는 가장 중요한 목표가 경쟁우위를 추구해 경쟁을 없애는 것이라고 설명한다. 반면, 가치 혁신 논리는 경쟁의 기준이 없는 고객가치 안에서 획기적인 도약을 추구한다.
- *고객.* 전통적 사고는 궁극적 목표가 세분화와 고객화를 거쳐 현재 고객을 기반으로 확장하고 유지하는 것이라고 본다. 반면, 가치 혁신 논리는 다수의 구매자들에게 집중한다. 이러한 관점은 고객들이 가치 있게 생각하는 공통분모를 찾는 데 도움을 준다.
- *자원.* 전통적 사고는 기업이 현재 보유하고 있는 자산과 능력을 어떻게 개발할지에 대해 초점을 맞춘다. 반면 가치 혁신 사고는 새롭게 시작하려면 무엇을 개발해야 하는지부터 생각하라고 한다.
- *제안.* 전통적 사고는 우리가 경쟁하고 있는 산업의 제품과 서비스를 제공하라고 하지만 가치 혁신 사고는 산업 경계를 넘어 모든 고객의 문제를 해결하는 데 중점을 둔다.

7.4 시장 진입의 알맞은 시점 찾기

선발자 우위(early- 또는 first-mover advantage)는 1990년대 말 인터넷 붐을 이끈 주요 원동력이었다. 어떠한 기업이나 투자자도 조기진입이 가져다 주는 잠재적 이익을 갖길 바란다. 그래서 투자자들은 인터넷 신생기업이 사업을 준비하거나 자금이 필요할 때 지원을 하기 위해 몰려든다. 초기에 발생하는 커다란 손실은 받아들이지만 시간이 지남에 따라 선발자 우위로 인해 높은 수익이 날 것을 기대한다.

의심할 여지도 없이 이베이(eBay), 야후!(Yahoo!) 그리고 아마존과 같은 인터넷 신생기업(Internet start-ups)들은 선발자 우위가 주요한 타깃 포지션을 갖는 데 도움을 주었다. 그러나 그 외 많은 기업들은 인터넷 붐 동안 초기에 사업이 망하거나 다른 기업에 의해 합병되었다.

선발자 우위에 대한 자세한 설명으로 넘어가기 전에 우리는 아마존과 같은 벤처기업과 파산한 인터넷 기업이 다르다는 것을 강조하고 싶다. 아마존은 선발자였을 뿐만 아니라 그 분야에서 최고이기도 했다는 것을 잊어서는 안된다. 1995년 7월 시애틀에서 처음 론칭된 후 아마존은 지속적으로 고객 경험을 개선하는 동시에 작업효율을 높이고 원가를 절감시키려고 고군분투했다. 다른 산업 안에서 선발자들과 늦게 시작한 기업은 경쟁이 불가능했고 결국 그 기업들은 문을 닫게 되었다.

비슷하게 야후(Yahoo.com), 이베이와 같은 다른 성공적 인터넷 신생기업들은 적절한 타이밍과 잘 다져진 기초 위에서 지속적으로 우월한 가치를 내놓았다. 그러므로 인터넷 시장이라는 환경에서는 기업의 경쟁우위를 설명함에 있어서 선발자 우위는 그렇게 중요하지 않은 요소일 수 있다는 연구들이 나왔다.[4] 기본적으로 디지털 환경에서는 선발자 우위의 근간인 전환비용이나 네트워크 효과와 같은 요소들이 물리적 시작환경보다는 약하게 작용한다. 초기 진입자들의 역할을 고려해 볼 때, 가장 중요한 질문은 해당 시장에서 우월한 위치를 유지하기 위해 기업이 제품/서비스 품질을 계속 유지할 것인가? 아니면 비용 우위 경쟁을 해야 하는 것인가? 이다.[5]

다음에서 우리는 다양한 형태의 선발자 우위에 대해 살펴보고 이러한 선발자 우위가 인터넷 기반 산업에 어떻게 영향을 미치는지 알아보고자 한다. 선발자 우위는 (1) *학습효과*, (2) *브랜드와 평판*, (3) *교환비용*, (4) *네트워크 효과*로부터 기인한다. 그리고 선발자 열위는 (1) *시장 불확실성*, (2) *기술적 불확실성*, (3) *무임승차 효과*(*free-rider effects*) 측면으로 말할 수 있다.[6]

7.4.1 선발자 우위

학습효과

학습효과는 생산량이 늘면서 회사의 경험도 쌓인다는 것이다.[7] 이는 원가 절감과 높은 품질로 사업을 더 효율적으로 만든다. 아마존은 1998년 독일 온라인 책 서점에 진입했을 때 미국시장에서의 3년 동안의 경험, 즉 온라인과 오프라인 마케팅 방법, 웹사이트를 사용하기 쉽게 만드는 방법, 유통과 배달 절차를 간소화하는 방법 등에 대한 학습을 바탕으로 성공할 수 있었다.

반면에 독일의 베텔스만 온라인(Bertelsmann Online, BOL)은 온라인 책소매 사업에 뒤늦게 진출했고 아마존이 계속 성장하는 동안에도 학습과정을 거쳐야만 했다. 결국 BOL은 아마존과 겨룰 수 있는 쇼핑경험을 내놓지 못하여, 베텔스만 그룹은 BOL을 포기해버리고 말았다.

브랜드와 명성

신제품으로 시장에 처음 진입을 하게 되면 소비자에게 강한 인상을 남기게 되어 회사의 명성과 브랜드는 높아지게 된다. 게다가 각종 미디어에서 신제품에 대해 자유롭고 강한 언론의 관심을 이끌어내어 브랜드와 명성을 강화시켜준다. 아마존이 1990년대 중반 설립되고 나서 주요 신문들과 저널들은 아마존에 대해 창조적이고 신뢰성 있는 홍보를 했다. 예를 들어 1996년 *월스트리트 저널*은 표지에 아마존에 대한 이야기를 다뤘다. 오늘날이 회사의 웹사이트에서 책 판매가 두 배가 되었다는 내용이었다.[8] 야후와 이베이 같은 다른 선발자들도 비슷한 수준으로 매스컴에 보도되었다.

시장에서 조기에 진입하는 것은 기업의 명성을 얻는 데 도움이 되는데 이는 기업이 처음 몇 번의 접촉을 하는 동안 고객의 기대에 부응하면서 이루어진다. 그러나 많은 인터넷 신생기업들은 제때에 안정적인 상품 배송을 하지 못했고 우수하지 못한 웹사이트 디자인 때문에도 이러한 명성을 쌓는 것이 불가능했다. 아마존과 같은 성공적인 기업은 고객들에게 우수한 쇼핑경험을 일찍이 제공했다. 한번 좋은 경험을 한 소비자들은 쉽게 다른 기업으로 옮겨가지 않는다. 그러므로 새로운 경쟁사들은 고객전환을 유도하고 새로운 것에 대한 불확실성을 없애기 위해서는 선발자보다 더 높은 가치를 창출해야만 한다.

그러나 브랜드와 명성을 한번 확립했다고 해서 계속되는 성공을 보장해주지는 않는다. 구글(Google)이 오버추어(Overture)와 알타비스타(Alta Vista) 같은 높은 브랜드 인지도와 오래된 명성을 무너뜨린 것이 좋은 예다. 구글은 다른 모든 회사들보다 빠른 속도와 검색의 정확도를 제공함으로써 급격하게 많은 소비자들이 구글을 사용하도록 이끌어 성공할 수 있었다. 어떤 대규모 광고도 없이 구글은 빠르게 수백만의 인터넷 사용자들이 선호하는 검색 엔진이 되었다. 사실 구글은 검색엔진이 너무 강력해서 비평가들은 거슬리는 구글의 검색기술을 자세하게 조사하기 위해 웹 사이트(www.googlewatch.org)를 구축하기도 했다.

전환비용

자기호환성 비용이라고도 불리는 전환비용은 하나의 제품에서 다른 제품으로 이동하는 것에서 발생한다. 새로운 제품이 설령 당신이 가지고 있는 것보다 더 우수할지라도 교환비용 때문에 과거의 제품을 유지하길 원할 것이다. 이러한 전환비용은 약한 형태의 고착화(lock-in)를 형성한다. 인터넷에서는 전환비용이 높다는 것은 조회수나 클릭수로 판단되기도 한다. 이러한 지표는 주식시장에서 기업 평가에 많이 활용된다[전형적인 지표인 주가수익률(price/earnings ratio)은 인터넷 신생기업들에게 적절하지 않다].

일단 고객이 어느 특정 웹사이트에 익숙해지고 자신의 정보를 제공했으면 전환비용 때문에 더 이상 다른 곳으로 바꾸는 것을 원치 않는다는 것이 일반적인 생각이었다. 그러나 마케팅과 고객획득에 많은 비용을 들였던 회사들의 실패사례들은 경쟁사가 보다 나은 가치를 제공하기만 하면 그들의 고객이 다른 웹 사이트로 기꺼이 옮긴다는 것을 말해준다.

전환비용은 다음 네 가지로 구분할 수 있다. (1) 재학습으로 인한 전환비용, (2) 고객맞춤화로 인한 전환비용, (3) 불가능한 호환으로 인한 전환비용, (4) 고객 인센티브 프로그램으로 인한 전환비용이 있다.

- *재학습으로 인한 전환비용*은 신제품에 익숙해지는 것의 결과다. 소프트웨어 프로그램의 사용자들은 새로운 프로그램을 다시 배워야 하는 비용 때문에 가능한 한 과거에 사용하던 제품을 계속 사용하길 고집한다. 이와 마찬가지로, 인터넷 사용자들은 특정 사이트의 기능에 익숙해지고 구체적인 웹사이트 지식이 쌓일수록 다른 웹사이트로 옮기고자 하는 경향이 적어진다. 한편, 사용이 쉽고 직관적인 검색 엔진은 전환비용이 아주 적다. 검색엔진의 이러한 특징으로 인해 구글은 몇 달만에 가장 유명한 검색엔진이 되었지만, 이와 동시에 이렇게 약한 고착화가 오늘날 구글이 맞닥뜨린 가장 커다란 위험이기도 하다(경쟁사인 마이크로소프트사는 검색엔진을 개발하는 데 아주 많은 돈을

투자하기 시작했다). 인터넷이 지속적으로 성숙되고 사용자들이 사용하는 것에 익숙해질수록 재학습으로 인한 전환비용은 줄어드는 경향이 있다.

- *고객맞춤화로 인한 전환비용*은 기업이 개별고객들의 선호도와 특정 니즈를 웹사이트에 적용시킴으로써 발생한다. 예를 들어 고객이 구매하고 검색하는 행동을 통해 아마존은 고객의 선호도를 알게 되고 이전 구매 패턴을 바탕으로 개인화된 추천을 해준다. 만약 고객들이 경쟁사로 옮긴다면 아마존이 제공하는 수준의 맞춤 정보를 받기 위해서는 수많은 구매를 통해 경쟁사 시스템을 다시 가르쳐야 할 것이다. 테스코 닷컴(Tesco.com)은 고객이 처음 온라인 소매 사이트에 들어왔을 때 테스코 닷컴은 테스코 클럽카드를 통해 고객이 이전에 테스코 상점에서 구매했던 모든 물건 목록을 즉시 가져와서 보여주었다. 이러한 고객맞춤화는 온라인 리스트를 고객에게 맞춰 제공함으로써 초기에 들여야 하는 노력이 없도록 도와주었다.
- *불가능한 호환으로 인한 전환비용*은 사용해 오던 과거 제품과 신제품이 호환성을 갖지 않게 되면서 발생한다. 이것의 실례가 되는 예는 CD 플레이어의 도입이었다. LP 레코드 수집을 선호하던 사람들이 신기술로 전환하는 순간 기존 레코드들은 모두 가치를 잃어버리게 된다. 반면, 아이팟(iPod) 플레이어와 아이튠즈(iTunes) 음악 다운로딩 서비스 사이의 공생관계를 통해 애플 사는 높은 교환비용을 창조해 냈다. 아이튠즈의 디지털 음원은 오직 아이팟 제품에만 맞도록 되어있기 때문에 아이팟 사용자가 아이튠즈 이외의 디지털 음원을 사고자 한다면 아이튠즈를 통해 그들이 샀던 노래들은 들을 수 없는 전환 비용에 직면하게 된다.(FT기사 '아이팟(i-Pod)을 위한 애플의 멋진 전략' 참조)
- 기업이 고객들의 로열티에 대한 답례로 고객 이익을 제공할 때 전환비용이 발생한다. 예를 들면 항공사들은 자주 이용하는 승객에게 보너스 프로그램을 제공해 자유롭게 업그레이드를 하거나 획득한 마일리지를 이용해 무료 티켓을 준다. 또한 테스코의 경우는 테스코 카드를 통해 고객에게 전환비용을 만들어 준다. 오프라인 매장에서 쇼핑 시 클럽카드를 사용하면서 테스코 클럽카드를 가지고 있는 고객들은 온라인 식료품점과 식료품 이외 쇼핑 사이트에서도 지속적으로 인센티브를 모을 수 있기 때문에 테스코 닷컴을 선호하게 된다.

고객들은 새로운 제품을 구매할 때 전환비용을 포함한 총 비용을 고려한다. 과거에도 이와 같은 전환 형태에 대해 논의되었기 때문에 인터넷 붐 시기 동안 전환비용이 매우 많은 관심을 받은 것은 놀라운 일이었다. 결국, 많은 온라인 비즈니스에서는 시장점유율을 가능한 한 빨리 높이거나 신규 기술에 많은 돈을 투자할 필요가 없었다. 과거의 경우를 보면, 대부분의 경우에서 그렇듯이 신규 진입자가 보다 나은 제품을 제공하면 그 제품이 상당한 전환비용을 가지고 있다 하더라도 시장에서 기존 제품을 몰아내는 경향이 있다.[8]

아이팟(i-Pod)을 위한 애플의 멋진 전략

음반회사가 디지털 형태로 그들의 카탈로그를 넘김으로써 스티브 잡스(Steve Jobs)에게 왕국의 열쇠가 주어진 지 3년 정도 지났다. 디지털 음악 사업에서 애플(Apple)의 독보적인 포지션은 안정적으로 보인다.

일부 경쟁사의 잘못된 전략과 실행은 그 포지션을 더욱 굳건하게 보이게 한다. 심지어 더 좋은 계획이 있더라도 이 그림을 바꿀 수 있기는 힘들어 보인다. 음악 다운로드 비즈니스를 지원해주는 광고의 형태로 애플의 아성에 명백히 극단적인 공격이 이루어진 이번 주는 기억할 만한 가치가 있다.

먼저, 애플의 장점은 어디서 오는지 생각해보자. 디지털 음원에 대해 애플이 했던 전략을 선발자우위를 어떻게 굳히는지에 내한 교과서석인 본보기가 되고 있다. 애플은 저가 기기에서 비디오까지 제품 범위를 확장하고 시장을 세분화해 오고 있다. 아이팟(i-pod)은 광고에 수많은 돈을 쏟아부으며 이 시대 숭배의 대상 중 하나가 되었다.

테크놀로지(기술) 리더의 특성은 두 가지로 볼 수 있다. 네트워크 효과와 테크놀로지 고착화(lock-in)다. 아이팟을 사면 당신은 친구의 아이튠즈(i-tunes) 음악을 합법이 의심스러울지라도 당신의 기계에 모두 다운할 수 있게 해줄 것이다. 고착화는 아이튠즈 음악 상점과 아이팟이 서로를 먹여 살린다.

역사적으로 보면, 테크놀로지 리더는 일단 자리를 잡고 나면 직접적인 경쟁에서 밀려나는 경우는 드물다. 그런 일이 일어나기 전에는 항상 비즈니스 모델이나 기술 패러다임이 이동을 한다.

비즈니스 모델이나 기술 패러다임이 이동하는 것은 도전자들에게 반가운 소식이다. 어느 기술분야에 독보적인 기업이 다음에도 독보적인 경우는 보기 힘들다. 소니(Sony)의 워크맨을 생각해 보자. 아날로그 기술의 집합체로 번창하던 소니는 디지털 시대가 오고 나서 완전히 고립되고 말았다.

비즈니스 모델과 휴대가능한 디지털 미디어의 기술 패러다임을 바꾸려는 시도가 강하고 빠르게 다가오고 있다는 것은 놀랄 만한 일도 아니다. 이번 주 뉴스에서 가장 극단적인 것 중 하나는 바로 이것이다. 유니버설 뮤직(Universal Music)이 스파이럴 프로그(SpiralFrog)라 불리는 광고 스폰서를 받는 서비스(advertising-supported service)를 통해서 전체 음악 카테고리 안에서 음악을 무료로 다운로드 받을 수 있게 하는 계획을 세우고 있다.

광고 스폰서 음악 시장(advertising-supported music market)은 확장되는 것처럼 보인다. 가트너(Gartner)의 분석가인 마이크 맥과이어(Mike McGuire)는 "타 음반 회사들은 광고 수익이 아무리 크다 할지라도 음악을 무료로 배포하는 것은 상품을 평가절하시키는 위험한 행동이라고 생각할지 모른다."라고 지적한다.

또한 이와 같이 게임의 룰을 바꾸면서 애플을 이기기 위한 급진적 시도는 실패할 가능성이 있다. 왜냐하면 이러한 노력은 하나의 단편적 해답에 불과하기 때문이다.

문제의 핵심은 이것이다. 이제 사실상 표준이 되어버린 아이튠즈 + 아이팟 시스템iTunes + ipod system을 비판하는 것은 효과가 있을 것 같지 않다. 이제는 새로운 음악을 사람들에게 소개할 다른 방법을 찾음으로써 아이튠즈를 공격하는 인터넷 서비스가 하나의 방법이 될 수 있다. 말하자면 마이스페이스(My Space)가 도입한 사회적 연결망social networking 도구와 같은 것을 활용하는 것이다.

또 다른 방법은 아이팟을 능가할 장치다. 소니의 PSP는 게임용으로 발명되었지만 비디오와 같은 것을 보기엔 아이팟보다 훨씬 적합하다. 음악을 휴대가능한 장치로 다운로드하는 새로운 유동 메커니즘이 생겼다. 휴대폰이 유행하는 아시아에서는 이동통신 네트워크를 통해 음악을 듣는 것이 이미 커다란 비즈니스다.

이와 같은 혁신은 새로운 시장을 찾을 것이고 애플이 모든 디지털 미디어의 문지기 역할을 하는 것을 보고 싶어 하지 않는 엔터테인먼트 산업에 의해서 애플의 포지션도 약화될 것이 분명하다. 애플이 미국 디지털 음악산업에서 가지는 85%라는 시장 점유율은, DVD 소매업에서 월마트(Wal-Mart)가 가지고 있는 점유율의 2배에 달하는 것이다.

아직까지 애플은 이 모든 것을 다 할 수 있는 유일한 회사다. 다른 이들은 애플을 모방했지만 뒤처져 있다. 소니는 미약한 출발 이후 연결서비스(connect service)를 재정비한 반면, 잘못된 출발을 한 마이크로소프트는 쥰즈(Zunes)라 불리는 경쟁 생태계를 구축하길 원했다. 이러한 기업들이 애플을 따라 잡으려는 모습은 인터넷 검색엔진 회사들이 구글과 싸우는 모습과 유사하다.

지금으로서는 애플이 디지털미디어생태계(digital media ecosystem)안에서 자신의 발명품과 소유권으로 인해 복사담당자가 됨으로써 이 모든 혁신을 잘 흡수한 것처럼 보인다. 고위 간부는 첫선을 보일 차세대 제품으로 아이팟 폰을 소개했고 아이튠즈를 이용한 사회적 연결망이 곧 출시될 것이라는 것은 의심할 여지가 없다. 흰 헤드폰 줄이 매력을 유지하고 잡스가 잘못 발을 들여놓지 않는 한 애플은 계속 선두를 유지할 것이다.

FT *Source*: R. Waters, 'Apple's sound strategy for the i-Pod', 4 September 2006, *FT.com*.

네트워크 효과

네트워크 효과는 제품을 사용하는 사람의 수에 비례에서 그 유용성은 커진다.[9] 네트워크 효과에는 직접적인 효과와 간접적인 효과 두 가지가 있다.

- *직접적인 효과.* 직접적인 효과의 강도는 네트워크 효과를 가져오는 장치 또는 기술의 사용자 수에 직접적으로 관련이 있다. 직접적인 네트워크 효과가 강한 제품의 예 중 하나는 휴대폰이다. 하나의 휴대폰 자체는 가치가 없는 반면 인구의 대부분이 휴대폰을 소유하고 서로 의사소통하기 위해 이를 사용할 때 핸드폰은 매우 가치 있게 여겨지게 된다. 마찬가지로 인터넷은 사용자들이 증가할수록 가치가 올라간다. 보브 메트칼프(Bob Metcalf)는 네트워크 가치가 사용자 수의 제곱에 비례한다는 것을 밝혔다. 만약 주어진 네트워크 안에서 참가자 수가 배가 되면 각 개인 참가자 가치도 배가 되어서 전체 가치는 네 배 상승하게 된다.[10] 이는 오픈BC(openBC)와 같은 사회적 연결망 사이트에서도 나타나게 된다. 즉 이 사이트의 사용자 수는 커뮤니티 회원 간의 상호작용으로 인해 전체의 네트워크 가치를 직접 결정한다.
- *간접 네트워크 효과.* 간접적인 네트워크 효과는 비디오 레코더나 텔레비전 게임과 같이 보완제품에서 나타난다. 이러한 제품의 가치는 이러한 제품을 설치한 사용자가 늘어날수록 증가한다. 왜냐하면 더 많은 회사가 비디오 테이프나 비디오 카트리지와 같은 보완적인 제품을 제공하기 때문이다.

회사가 네트워크로부터 이익을 얻을 수 있는지는 주로 네트워크의 성질에 의존한다. 만약 네트워크 효과가 모든 기업에게 공개된 공유 플랫폼에 존재하게 된다면 네트워크 효과는 전체 커뮤니티에 이익을 줄 뿐 특정 이익이 개별로 쌓이지는 않는다. 예를 들어 핸드폰과 인터넷은 오픈 네트워크이므로 네트워크 효과의 이익이 고객들에게 돌아간다. 반면, 네트워크 이익이 특정 웹사이트나 커뮤니티에 있게 되면 이 사이트의 운영자는 이러한 네트워크 효과로부터 이익을 거둘 수 있을 것이다.

전자상거래에서 네트워크 효과의 좋은 예가 이베이다. 이 온라인 경매 플랫폼 자체는 전혀 가치가 없지만 팔려고 내놓는 제품을 게시하고 사는 제품을 검색하는 수백만 명의 사용자로부터 가치가 창출된다. 매우 유동적인 이 시장에서 판매자와 구매자는 쉽게 맺어진다.

게다가, 판매자와 구매자에 대해 게시하게 되는 정보를 통해 네트워크 효과의 힘은 증가한다. 판매자와 구매자 모두는 적시 배송, 지불, 판매한 제품의 품질과 같은 기준에 대해 동료들에 의해 평가된다. 이러한 평판으로 인해 높은 등급 평가를 받은 이베이 사용자는 이베이를 지속적으로 사용할 것이고 이러한 평판은 제품 판매를 수월하게 해 준다. 제품 정보를 제공하는 것에 대한 비용과 판매 수수료 등을 통해 커뮤니티의 운영자인 이베이는 가치를 얻게 된다.

아마존은 책 리뷰를 통해 네트워크 효과를 가지고 있다. 더 많은 고객들이 그 웹 사이트를 이용하고 책이나 다른 제품에 대한 의견을 올림으로써 아마존은 다른 고객들에게 더 많은 가치를 가져다 준다. 즉, 고객들은 하나의 책에 대해 서로 다른 비평가들로부터 많은 정보를 얻을 수 있다. 차오닷컴(ciao.com)과 같은 기업들은 서로 다른 종류의 소비자 등급 평가로 구성되는 웹 사이트를 만들어서 고객 리뷰를 완전한 비즈니스 모델로 만들었다.

개별 고객 관점에서는, 많은 사용자 기반을 가지고 구축된 하나의 네트워크에서 다른 모든 사람들이 동시에 전환한다고 한다면 네트워크 전환은 합리적이다. 강한 네트워크 효과를 가진 기업이 뛰어난 제품을 가진 새로운 경쟁사의 출현에도 불구하고 고객들을 머무르게 할 수 있는 것은 고객들이 다른 고객들과 화합할 수 있는 기회를 잃고 싶어하지 않기 때문이다. 그러나 모든 사용자들이 새로운 제품으로 전환하는 것에 동의를 한다면 사용자들은 그렇게 하자고 할 것이다.

인터넷 붐 시대의 논리는 회사가 강한 네트워크 효과를 생성하고 싶다면 빨리 시장 점유율을 높일 필요가 있다는 것이었다. 왜냐하면 경쟁사와 품질 차이가 주요 쟁점이 아닐 경우에는 진입장벽이 네트워크 효과의 결과로 증가할 것이기 때문에 이러한 네트워크 효과는 후발 기업이 고객유치를 어렵게 만든다. 그러나 인터넷 붐시대에는 온라인 경매와 같은 소수의 경우를 제외하고는 네트워크 효과가 사용자 가치에 영향을 줄만큼 충분히 강하지는 못했다. 하지만 오늘날에는 온라인 사회적 연결망 사이트(online social networking sites)의 중요성이 증가함에 따라 네트워크 효과로 인한 고착화(lock-in)는 더욱더 유의미해졌다.

네트워크 효과가 강하다고 해서 새롭고 우수한 제품으로 반드시 전환하지 않는다는 것을 의미하지는 않는다. 현재 출시되고 있는 제품과 신제품의 어느 쪽을 사용할 것인가를 고민하는 고객들은 현재 상황만을 고려하는 것이 아니라 진화된 미래도 예상한다. 그러므로, 성공하려면 새로운 진입자들은 제품의 우월성을 보여주고 일반 사람들에게 미래를 위해 가장 매력적일 것 같은 특징을 보여줄 필요가 있다.

7.4.2 선발자 열위

신기술을 가지고 시장에 선발자로 진입하는 기업들은 그들의 경쟁사를 뛰어넘는 경쟁우위를 가질 필요가 없지만 후발주자들이 얻을 수 있는 이익을 얻지 못할 수 있다. 후발자들이 이익을 얻는 이유는[11] (1) 시장 불확실성, (2) 기술적인 불확실성, (3) 무임승차 효과 때문이다.

시장 불확실성

혁신 사이클의 초기 단계에서는 고객의 니즈가 무엇인가를 분명히 알기 어렵다. 1990년대에는 인터넷 신생기업들이 다양한 비즈니스 모델과 가치 제안(value proposition)을 시도했다. 이러한 모델과 제안의 대부분은 실제 소비자 수요를 잘못 판단했다.

예를 들어 금융산업에서 온라인 금융 기관이 시장에 들어왔을 때, 높은 안전성, 신뢰, 그리고 면대면 상호작용에 대한 기대가 당초에 예상되었던 것보다 높았다. 결국, 온라인 금융기관보다는 확립된 브랜드와 지점망을 가진 은행들이 다중 채널을 활용하여 고객의 욕구를 충족시키는 것이 상대적으로 유리했다.

시장이 신제품 또는 서비스에 대한 준비가 되어 있지 않으면 시장 불확실성은 더욱 심해진다. 소비자들은 제품에 익숙해진 이후에 제품의 가치를 알게 되는데 시장에 충분한 제공자가 있지 않으면 익숙해지는 것 자체가 어렵다. 한편, 제공자들은 투자 가치가 있도록 충분한 소비자가 있을 것이라고 믿지 않는 한 투자하지 않을 것이다. 그러므로 양쪽은'닭이냐 달걀이냐'라는 상황에 직면하게 되고 이로 인해 향후 개발에 관해서는 불확실성을 초래하게 된다.

게다가, 시장도 기술적인 측면에서 준비가 되어 있을 필요가 있다. 오늘날 성공적이라고 밝혀진 온라인 서비스의 많은 분야는 인터넷에 상시 접속(always-on)할 수 없다면 불가능하다. 예를 들어 마이스페이스(MySpace)와 같은 사회적 연결망 사이트(social networking sites), 비디오 사이트인 유튜브(YouTube) 또는 인터넷 통신 제공업체인 스카이프(Skype)는 사용자들이 브로드밴드에 접속을 해야만 그들의 서비스를 제공할 수 있다.

기술적인 불확실성

잘못된 기술에 돈을 투자하는 것은 시장 수요를 과대평가하는 것만큼 심각한 문제이다. 예를 들면 모바일 전자상거래 분야에서 WAP(Wireless Application Protocol)의 조기수용자(early adopters)는 높게 칭송받는 기술이 우수한 고객 가치를 만드는 것이 아니라는 것을 알았다. 대신, WAP 접속을 위해 휴대폰을 구성하는 복잡한 35단계 절차와 긴 접속 시간(60초 이상), 그리고 작은 스크린 공간을 사용하는 것이 매우 힘들다는 것을 알았다.

결과적으로 시장은 기대된 것보다 매우 낮았다.

3세대(3G)휴대폰은 지금 같은 형태의 불확실성에 직면하고 있다. 유럽의 통신회사는 3G 라이선스 획득에 막대한 돈을 책정했으나 이러한 기술 투자가 잘될지에 대해서는 아직도 불확실하다.

무임승차 효과

학습 효과는 선발주자 이익을 가져다 준다. 하지만 선발주자들이 소유권을 유지할 수 없다면 후발주자들은 도리어 선발자들이 했던 동일한 실수 없이 이익을 취할 수 있다. 일반적으로 선발자로서 시장을 구축하는 것은 모방하는 것보다 훨씬 비용이 많이 든다.

온라인 비즈니스에 진입하는 것을 초기에 주저했던 많은 전통 오프라인 소매업자는 선발자의 실패 경험으로부터 상당한 이익을 얻었다. 오프라인 기업들은 순수 온라인 경쟁사를 빨리 따라잡기 위해 그들의 브랜드를 활용하고 고객 기반을 마련했다. 예를 들면 미국의 월마트는 강한 브랜드 이름과 물리적 상점망과의 시너지를 통해 최대의 인터넷 소매업자 중의 하나가 되었다.

요약

이 장은 기업이 경쟁의 전통 형태로부터 탈피하고 신규 시장을 열어 가치 제안을 재정의하는 방법을 분석했다. 이러한 것은 가치곡선을 통해 새로운 시장에 대한 통찰력을 얻음으로써 가능하다. 또한 여섯 가지 경로 프레임워크를 통해 (1) 대체산업, (2) 전략적 그룹, (3) 구매자 체인, (4) 보완적 제품과 서비스 제안, (5) 구매자들에게 주는 기능적 또는 감성적 매력, (6) 시간과 동향을 살펴봄으로써 가능하다.

이 장에서는 e-비즈니스에서 시장 진입 시점에 대해 논의했다. 명확하게 인터넷 벤처가 이용할 수 있거나 피해야만 하는 선발자 우위와 열위의 형태들을 분석했다. 선발자 우위로는 (1) 학습 효과, (2) 브랜드와 평판, (3) 전환비용, (4) 네트워크 효과가 있다. 선발자 열위로는 (1) 시장 불확실성, (2) 기술적 불확실성, (3) 무임승차 효과가 있다.

복습 질문

1 회사가 자신의 산업 외부에서 새로운 시장을 찾을 수 있는 방법은 무엇인가?

2 여섯 가지 경로 프레임워크를 설명하라. 이 프레임워크를 e-비즈니스에서 가치를 창출하는 데 어떻게 사용할 수 있는가?

3 e-비즈니스에서 시장 진입 시점에 관한 이슈를 약술하라.

4 e-비즈니스의 선발자가 이용하거나 피해야 하는 우위와 열위는 무엇인가?

토론 질문

1 그룹을 만들어 e-비즈니스 회사를 하나 골라라. 핵심 제품/서비스 요소라고 생각하는 것이 무엇인지 써라. 그룹으로, 이러한 핵심 요소에 대해 논의하고 합의점을 찾아라. 그림 7.1과 유사한 차트를 이용해 각 주요 요소들에 대해 주요 경쟁사들과 견주어 평가해보라. 경쟁사와는 다른 가치곡선인가?

2 새로운 산업에 진입하는 기업의 관점을 적용해 현재의 가치곡선을 생각해 보라. 한두 가지의 경로를 사용해 새로운 가치곡선을 만들어 보라.
- 산업: 구매자를 목표로 설정하기 위해 대체품 산업의 어느 어떤 요소가 중요하고/중요하지 않는가?
- 전략적 그룹: 제안의 어떤 핵심 요소가 구매자로 하여금 구매를 하게 하거나 하지 않게 하는가?
- 구매자: 누가 의사 결정자고 구매자 초점이 핵심 요소를 어떻게 변화시킬 수 있는가?

3 이 장의 FT 기사에서 논의된 것처럼, 델과 애플은 최근에 새로운 제품 카테고리로 이동했다. 어느 회사가 더 성공적이고 이유는 무엇인가? 이유를 설명하라.

권장 도서

C. Kim and R. Mauborgne developed the concept of creating new market spaces by looking outside one's own industry in 'Creating new market space', *Harvard Business Review*, 1999, January–February, pp. 83-93. See also 'Value innovation–the strategic logic of high growth', *Harvard Business Review*, 1997, January–February, pp. 103–112.

Building on their insights from the value innovation studies, C. Kim and R. Mauborgne published the book *Blue Ocean Strategy: How to Create Uncontested Market Space and Make Competition Irrelevant*, Harvard Business School Press, 2005.

R. Varadarajan et al. analyse the first-mover advantage in the digital market space in 'Firstmover advantage in an Internet-enabled market environment: conceptual framework and propositions', *Journal of the Academy of Marketing Science*, 2008, vol. 36, pp. 293–328; also see the chapter by R. Varadarajan et al. in F.J. Martínez-López (ed.), *Handbook of Strategic e-Business Management*, Series PROGRESS in IS, Springer, 2014.

관련 사이트

www.blueoceanstrategy.com revolves completely around value innovations and provides up-to-date examples of successful innovations and their underlying drivers.

www.innovationzen.com provides information on innovation management, business strategy, technology and more.

참고 문헌

1 See C. Kim and R. Mauborgne, 'Creating new market space', *Harvard Business Review*, 1999, January–February, pp. 83–93, and also G. Johnson, K. Scholes and R. Whittington, *Exploring Corporate Strategy*, 7th edition, Prentice Hall, 2002, pp. 132–3.

2 See Kim and Mauborgne, 'Creating new market space'.

3 A detailed discussion of this approach to value creation can be found in C. Kim and R. Mauborgne, 'Value innovation: the strategic logic of high growth', *Harvard Business Review*, 1997, January–February, pp. 103–12, and 'Creating new market space', *Harvard Business Review*, 1999, January–February, pp. 83–93.

4 See, for instance, M.E. Porter, 'Strategy and the internet', *Harvard Business Review*, 2001, vol. 79, pp. 63–78.

5 S. Rangan and R. Adner discuss the pitfalls of early-mover advantages in the Internet world in the article 'Profits and the Internet: seven misconceptions', *Sloan Management Review*, 2001, Summer, pp. 44–6.

6 For different types of early-mover advantages, see D. Besanko, D. Dranove, M. Shanley and S. Schaefer, *Economics of Strategy*, John Wiley, 2003, pp. 438–46. W. Boulding and M. Christen point out that there are also important early-mover disadvantages in 'First-mover disadvantage', *Harvard Business Review*, 2001, October, pp. 20–21. Likewise, see R. Varadarajan et al.'s paper 'First-mover advantage in an Internet-enabled market environment: conceptual framework and propositions', *Journal of the Academy of Marketing Science*, 2008, vol. 36, pp. 293–328; also see the chapter by R. Varadarajan et al. in F.J. Martínez-López (ed.), '*Handbook of Strategic e-Business Management*, Springer, 2014.

7 The importance of learning and experience first received attention through the development of the experience curve: B. Henderson, 'The experience curve reviewed', in C. Stern and G. Stalk (eds), *Perspectives on Strategy*, John Wiley, 1998, pp. 12–15.

8 J. Cassidy discusses the story of Amazon in *Dot.con*, Perennial, 2003, pp. 135–50.

9 See Varadarajan et al., 'First-mover advantage in an Internet-enabled market environment: conceptual framework and propositions', p. 300.

10 However, at the same time, this lack of lock-in is also the greatest danger that Google faces today as competitors, such as Yahoo! or Microsoft (Bing), heavily invest in search engine development. Nevertheless, recent search engines rankings clearly show the dominant position of Google.

11 See Varadarajan et al., 'First-mover advantage in an Internet-enabled market environment: conceptual framework and propositions', p. 300.

12 S. Liebowitz refutes the frequently cited QWERTY keyboard and VHS/Betamax examples in *Re-thinking the Network Economy*, Amacom, 2002, pp. 47–8.

13 A good discussion and critique of the impact of network effects on e-commerce companies can be found in ibid., pp. 13–48. S. Rangan and R. Adner also discuss network effects in e-commerce in 'Profits and the Internet: seven misconceptions', *Sloan Management Review*, 2001, Summer, pp. 44–6.

14 George Gilder coined the term 'Metcalf's Law' in 1993. The article can be found at www.discovery.org

15 See Varadarajan, 'First-mover advantage in an Internet-enabled market environment: conceptual framework and propositions', p. 298.

16 For a detailed discussion of first-mover disadvantages, see M. Liebermann and D.B. Montgomery, 'First-mover (dis-)advantages', *Strategic Management Journal*, 1998, vol. 19, no. 12, pp. 47–9.

Chapter 8

e-비즈니스 전략을 통한 가치창출 및 가치획득: 가치-프로세스 프레임워크[1]

이 장의 개요

관련 사례 연구

사례 연구		주요 초점
6	**SATEC**	가치창출 및 가치획득
17	**Nettwerk**	가치창출 및 가치획득
4	**American Well**	가치창출 및 가치획득
21	**M-PESA**	가치창출 및 가치획득

학습 성과

이 장을 학습한 후,

- 가치창출과 가치획득을 위한 주요 요인을 말할 수 있어야 한다.
- 가치-프로세스 프레임워크가 가치사슬과 경쟁세력 모델을 어떻게 통합할 수 있는지 이해할 수 있어야 한다.
- 중요한 전략 분석 수행 시 가치-프로세스 프레임워크를 적용할 수 있어야 한다.

소개

어떤 포인트에서든 기업이 큰 그림을 보고 각 요소들을 적절히 연결하고 상호의존적인 일들을 일관성 있게 관리하지 못한다면 그 기업은 성공하지 못할 것이다.

마이클 포터[2]

본질적으로 전략 형성(strategy formulation)은 가치창출과 가치획득 개념을 중심으로 이루어진다. 인터넷 붐이 일어났던 시기에 온라인 벤처는 종종 이러한 기본적인 경제개념에 대해 충분히 주의를 기울이지 않았다. 그러나 요즘에는 e-비즈니스 벤처(e-business venture)의 경제적 실행가능성을 경영자와 투자자들이 다른 무엇보다도 중요하게 받아들이므로 가치창출과 확보의 개념에 하나의 장을 할애하게 되었다. 이번 장의 목표는 두 가지 전략 분석을 가치-프로세스 프레임워크(value-process framework, VPF)라는 하나의 프레임워크로 가져가는 것이다. 두 가지 전략 분석이란 본 교재의 앞에서 논의되었던 기업 외부환경에 초점을 둔 다섯 가지 경쟁세력분석(five force analysis, 3장 참조)과 기업 내부관점으로 제공되는 가치사슬 분석(4장 참조)을 말한다. VPF를 사용함으로써 여러분은 다음과 같은 것을 할 수 있다.

- 경쟁우위의 서로 다른 요인(lever)을 평가하기 위해 앞에서 말한 전략분석 결과를 통합한다.
- 회사의 내부와 외부 환경을 고려해 통합된 경영 전략을 개발한다.
- 포괄적인 방법으로 통합된 경영 전략을 전달한다.

8.1 e-비즈니스 전략을 위한 가치-프로세스 프레임워크

가치창출과 가치획득의 개념이 e-비즈니스 전략의 핵심이다. 경쟁사보다 우선하는 가치를 창출하는 것과 이익의 형태로 이러한 가치를 확보하는 능력은 경쟁우위를 형성하기 위한 전제조건이다. 후자는 지속 가능한 성공이라는 기업의 기본적인 목표에 이르게 하는 근간이다.[3] 가치창출과 가치획득의 두 개념을 기반으로 해서 다음 절에서 VPF의 주요 요소들을 살펴볼 것이다.[4]

8.1.1 가치창출

가치창출을 위해 회사는 제품 제공 시 발생하는 비용보다 높은 사용가치를 고객에게 제공해야만 한다. 그래서 고객이 그 제품에 대해 인식하는 사용가치(사용가치인식)[5]와 기업이 제품을 제공하기 위해 들였던 비용의 차이로 가치가 창출된다. 그림 8.1이 이러한 두 개념 간의 관계를 보여준다.

가치창출의 개념을 논의할 때, VPF 맥락상에서 가치에 대한 정의를 명확히 하는 것이 필요하다. 왜냐하면 이 용어에 대해 과거에 사용했던 정의는 때때로 불명확했기 때문이다. 예를 들면 포터(Porter)가 '가치는 구매자가 기꺼이 지불하고자 하는 것이고 동일한 이익에 대해 경쟁사보다 우수한 가치를 저가 가격으로 제안할 때 생겨난다.'라고 했을 때,[6] 포터는 다르지만 유사한 사용가치인식(consumer surplus)과 소비자 잉여를 하나의 용어로 사용하였다. 가치창출은 기업 내의 활동으로부터 나오는 결과이고 가치획득은 경쟁환경에서 나오는데, 만약 앞서 말한 대로 정의를 하게 되면 가치창출과 가치획득 간의 차이를 명확히 하는 것은 개념적으로 불가능하다.

이 장에서 우리는 사용가치인식을 '하나의 제공자가 있을 경우 그 제품에 대해 고객이 지불할 준비가 되어있는 가격'이라고 정의한다.[7] 사용가치창출에서 중요한 카테고리는 품질, 속도, 브랜드다. 품질은 기능성, 내구성, 신뢰도와 같은 제품 특성을 포함한다. 속도는 얼마나 회사가 제품을 빨리 배달하는가 하는 것을 말한다. 브랜드는 소비자가 제품에서 느끼게 되는 신뢰와 감정적인 이익을 포함하는 제품 또는 생산자와 결부시키는 지각된 특성을 말한다. 여기서 사용가치인식이 고객의 주관적인 지각에 전적으로 의존하는

그림 8.1 사용가치인식이 비용을 넘어설 때 가치는 창출된다

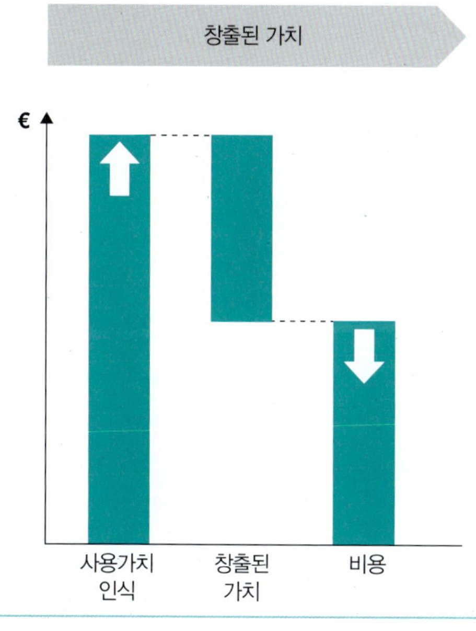

것에 주목하는 것이 중요하다. 개별 고객은 주어진 제품의 사용가치를 성별, 나이 또는 문화적인 배경에 따라 달리 지각할 것이다.

가치창출을 가져다 주는 두 번째 차원은 비용이다. 비용은 (1) 자원(노동, 원료, 정보와 자본) 구매를 위한 비용, (2) 제품생산, 마케팅과 납품에 관련된 비용, (3) 제품 판매 비용을 포함한다.

가치창출은 경쟁우위를 형성하기 위해 가장 우선되는 필요 조건이다. 아래에 논의될 내용처럼, 창출된 가치 부분을 획득하기 위해서는 회사의 가치는 경쟁사의 가치보다 더 커야 하고 완벽하게 모방하거나 대체할 수 없어야 한다.

8.1.2 가치획득

가치창출 자체가 생산자(producers)부터 소비자까지 가치가 어떻게 분배되는가에 대한 정보를 제공하지는 않는다. 포터는 '구매자 니즈를 만족시키는 것이 산업 수익성에 대한 전제조건일 수는 있지만 그 자체로 충분하지는 않다.'라고 말하면서 이 점을 강조했다.[8]

대신, 기업이 성공하기 위해서는 단지 지속되는 기간 동안 우수한 가치를 창조할 수 있어야 할 뿐만 아니라 경제적 이윤(생산자 잉여금)의 형태로 만들어지는 가치를 획득할 수 있어야만 한다. '만약 수익성이 회사의 가장 중요한 목표라면, (전략적) 포지셔닝이 가격과 비용에서 시작되어야만 한다.'라고 포터는 설명했다.[9]

VPF 용어에서 획득가치 또는 생산자 잉여는 제품에 대해 청구하는 가격과 제품생산으로 발생하는 비용 간의 차이이다. 일반적인 용어로 소비자 잉여는 사용가치인식과 가격

그림 8.2 가격은 창출된 가치가 생산자와 소비자 사이에서 어떻게 나누어지는가를 보여준다

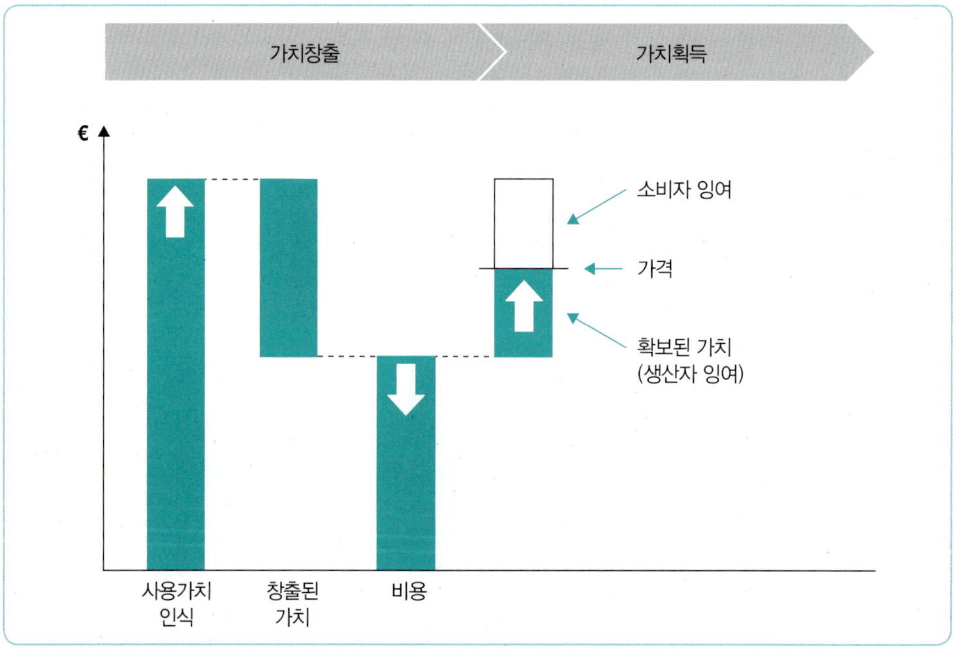

의 차이라고 본다(그림 8.2 참조). 그러므로 전략적 경영의 전반적인 목표는 (1) 사용가치 인식을 증가시키고 이러한 사용가치를 제공하는 비용을 최소화함으로써 가치창출을 극대화하고, (2) 생산자 잉여의 형태로 가능한 한 많이 창조한 가치를 획득하고, (3) 모방자와 대체자들로부터 회사를 방어함으로써 지속 가능한 방법으로 가치창출과 가치획득을 하도록 경영자를 도와주는 것이다.

또한 분석 시에는 자주 사용되는 '우수한 가치(superior value)'는 간결하게 우수한 고객잉여라고 부르는 것이 더 명확할 것이다. 왜냐하면 이것은 사용가치와 지불된 가격간의 차이를 나타내기 때문이다. 개념을 명확히 하는 것은 가치창출과 가치획득을 구별할 때 중요하다.

가치창출과 가치획득의 수준을 결정할 때 독점적인 환경과 경쟁 환경을 구별하는 것은 도움이 된다. 독점적인 환경에서는 VPF가 단순화된다. 여기서 고객이 인식하는 사용가치는 고객이 제품에 대해 지불하고 싶어하는 최대 금액을 말한다. 완전히 독점적인 환경에서는 (1) 어떠한 다른 공급원도 없고 (2) 공급원들이 가격을 차별화할 수 있기 때문에(그림 8.3 참조) 생산자는 창출된 가치를 거의 완벽하게 획득할 수 있다.[10]

그러나 실제로는 회사는 경쟁 회사에서 제공하는 소비자 잉여가 고객의 선택을 결정하는 경쟁 환경에서 작동한다. 이것은 기업이 창출한 가치를 획득하는 능력에 대해 중요한 의미를 가진다. 개념적으로는, 지불하고 싶은 마음은 최고로 강한 경쟁사 또는 최고의 대체새에 의해 제공된 소비자 잉여의 양에 의해 줄어든다.

그림 8.3 생산자는 독점적인 환경(또는 독점적인 환경에 준할 때)에서 창출한 가치를 완벽하게 획득할 수 있다

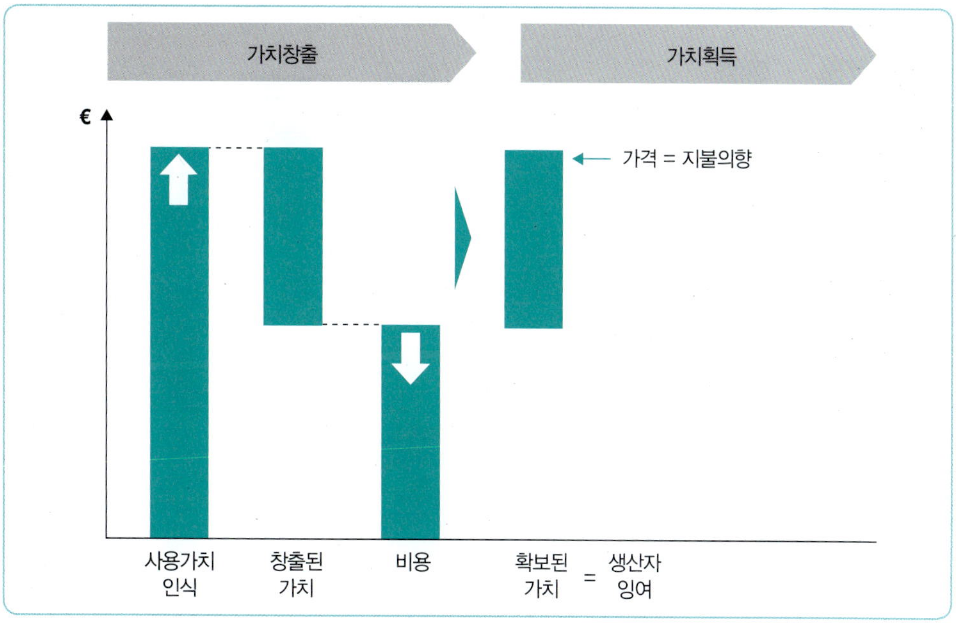

이 점을 설명하기 위해, 우리는 같은 산업에 참가하고 있는 두 회사 A와 B의 가설의 예를 사용할 것이다(그림 8.4 참조). 다음을 가정하자. B사는 A사의 최고의 경쟁사다. A사는 높은 사용가치를 낮은 가격에 제공해 높은 잠재적인 소비자 잉여를 만들어 준다. A사가 제공하는 소비자 잉여가 B사가 제공하는 것보다 같거나 높을 경우, 그 고객은 A사 제품을 구매하는 것만 고려할 것이다. 이렇게 소비자의 지불 의향이 줄어드는 것을 경쟁강도(competitive discount)라고 부른다.

앞의 예시에서 A사는 소비자에게 20유로의 사용가치를 제공한다. 생산 비용과 마케팅과 간접비를 포함하는 다른 비용이 12유로다. 가치는 8유로(그림 8.4의 단계 1에 제시된 것처럼)가 창출된다. 경쟁강도는 가장 강한 경쟁사의 가치창출과 확보에 의해 결정된다. 그림 8.4의 단계 2에 나타나는 것처럼, B사는 20유로의 사용가치를 위해 15유로의 비용을 사용해 5유로의 가치를 만들어낸다. 그림 8.4의 단계 3에 나타나는 것처럼, B사는 그 제품을 19유로에 판매하여 1유로의 소비자 잉여를 만들어낸다.

이 분석의 중요한 점은 경쟁사의 제안의 결과로 A사가 사용가치인식 수준으로 더 이상 가격을 올릴 수 없다는 것이다. 대신, 확보할 수 있는 최대 가치는 B사가 제공한 소비자 잉여 양만큼 줄일 필요가 있다. 그림 8.4의 단계 4에 나타나는 것처럼, A사는 19유로보다 조금 더 낮게 가격을 책정할 필요가 있다. 만약 더 높은 가격을 책정하게 되면 소비자 잉여는 1유로 이하로 떨어지게 되어 경쟁사로 옮겨갈 수 있다.

PC 산업과 같은 매우 치열한 경쟁을 하는 산업에서는 경쟁강도가 가장 강력한 경쟁사

그림 8.4 경쟁강도는 가장 강력한 경쟁사가 제공하는 소비자 잉여와 같다

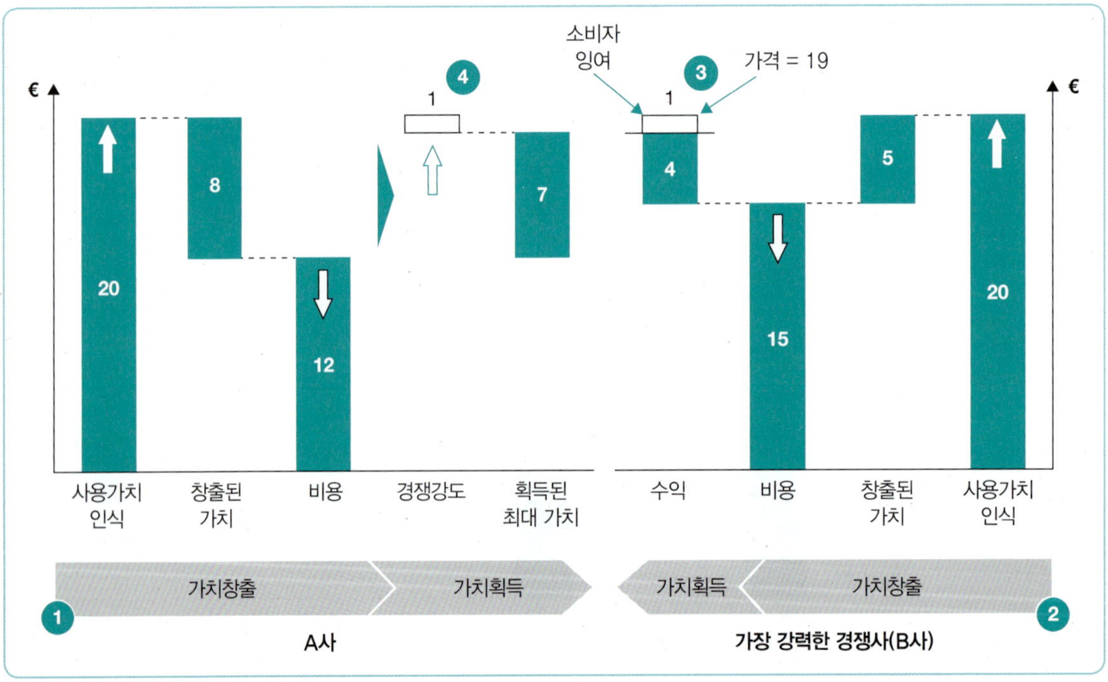

가 창출한 가치와 같아지는 점까지 커질지도 모른다. 위의 예에서, B사는 비용 문제 때문에 A사와 경쟁할 때 가격을 15유로까지밖에 내릴 수 없다. 이것이 바로 기업의 가치창출이 경쟁사보다 클 때만 기업이 성공할 수밖에 없는 이유다.

가치창출과 획득의 개념을 논의한 후에는 그림 8.5와 같이 VPF의 기본적인 단계를 요약하는 것이 가능하다.

비록 주요 VPF 차원들이 위에 약술되었지만 아래의 내용들은 회사의 가치창출과 가치획득에 영향을 주는 주요 세 가지 요인(levers)에 대한 대단히 중요한 이해를 제공한다. 세 가지 요인은 (1) 고객에 의해 지각되는 사용가치, (2) 이러한 가치를 만들기 위한 비용, (3) 고객의 지불의향에 의해 줄어드는, 즉 수익을 감소시키는 경쟁강도다(그림 8.5 참조).

지속 가능한 경쟁우위를 달성하기 위해서 회사는 가치창출과 가치획득에 관해서 다음 요구조건을 채워줄 필요가 있다.

- *가치창출.* 먼저, 회사는 고객에게 회사의 생산비용(요인 1과 2) 이상의 사용가치인식을 제공하여 가치를 창출해야 한다. 그러나 이러한 가치가 가장 강력한 경쟁사가 만들어내는 가치보다 커야만 그 기업은 높은 소비자 잉여를 고객에게 제공할 기회를 가지면서 경제적 이윤(또는 생산자 잉여금)의 형태로 가치 그 자체를 확보할 수 있게 된다.
- *가치획득.* 경쟁강도 금액을 제한하기 위해서는 소비자 잉여(회사가 제공하는 '돈의 가치')는 유일할(요인 3) 필요가 있다. 예를 들면 기업의 차별성(uniqueness)은 예외적인 품질, 강한 브랜드 이미지 또는 빠른 시장진입을 통해 달성될 수 있다. 오직 기업의 차별성(uniqueness)만이 경쟁자의 수를 줄여준다. 경쟁사의 수는 다른 곳에서 제공되

그림 8.5 VPF-수익을 얻기 위해서 회사는 가치를 창출하고 획득할 수 있어야만 한다

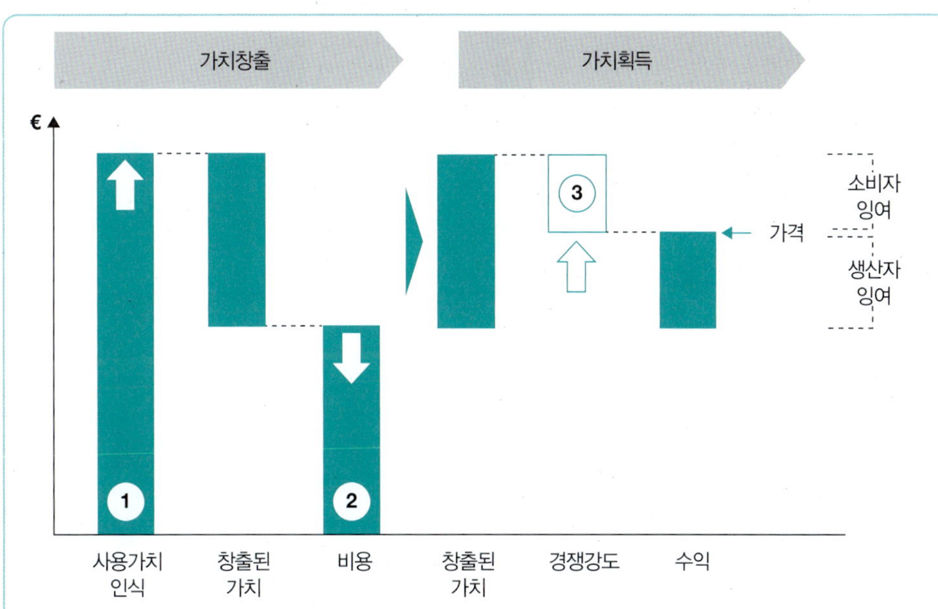

는 최대 소비자 잉여를 제한한다. 달성된 경쟁우위를 유지하기 위해서는 이러한 소비자 잉여를 완벽하게 모방하거나 대체할 수 없게 하는 것이 중요하다.

8.2 VPF를 통해 전략적 경영 분석 통합하기

이번 절에서는 두 가지 주요 전략 분석 방법(포터의 가치사슬분석과 다섯 가지 경쟁세력 모델)에서 얻은 통찰력으로 VPF를 통해 요소들 간의 상호의존성을 분석해 통합하는 방법을 살펴본다(그림 8.6).

8.2.1 가치사슬 모델과 VPF

포터의 가치사슬모델은 회사 내에서 가치가 어떻게 생성되는가에 대한 이해를 도와준다. 이는 회사를 전략적으로 적절하고 상호 관련된 활동으로 분해함으로써 가능해진다. VPF에서 가치사슬은 주로 프레임워크의 왼쪽 부분인 사용가치인식과 비용 간의 상호작용을 분석할 때 사용된다. 본질적으로 가치사슬 모델은 가치창출을 중심으로 돌아가는데 가치사슬상에서 가치는 가치사슬의 개별 비즈니스 활동에 의해 생성된다(그림 8.7 참조).

한편으로는 고객이 인식하는 바와 같이 개별(주요) 활동이 총 사용가치에 기여를 하지만, 다른 한편으로는 개별 활동이 비용을 발생시킨다.[11] 그러므로 가치사슬과 VPF 간의 매핑을 바탕으로 총 '사용가치인식'은 서로 다른 비즈니스 활동들로부터 나오는 '사용가

그림 8.6 VPF는 서로 다른 전략 분석을 통합한다

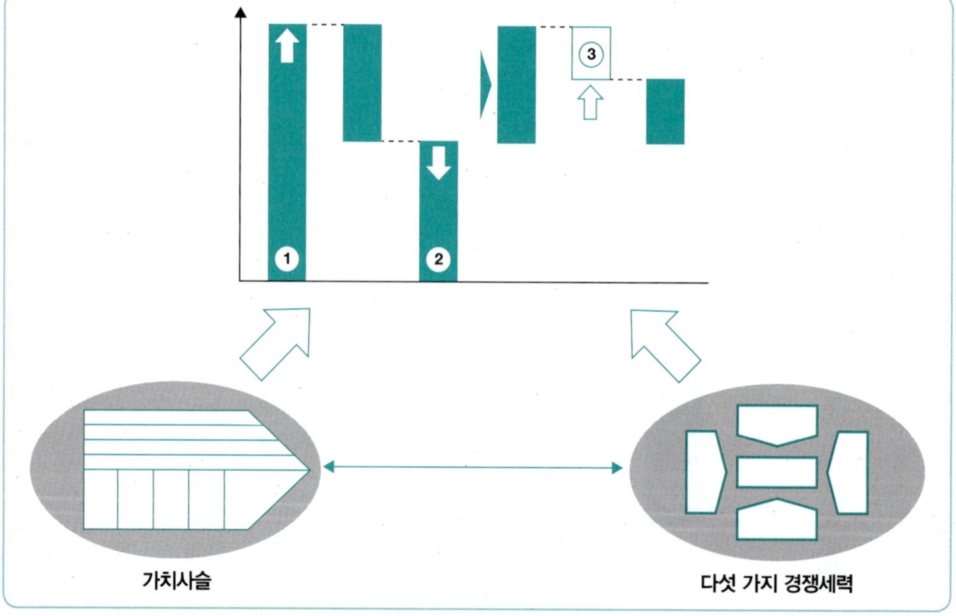

그림 8.7 가치는 가치사슬의 개별 비즈니스 활동에 의해 창출된다

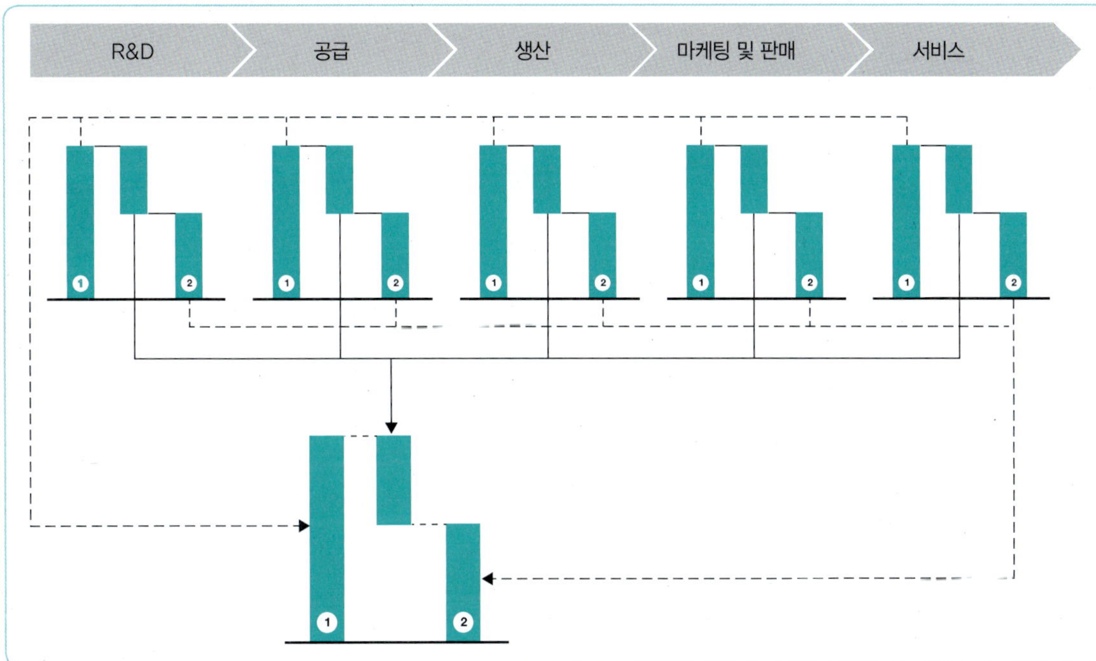

치인식들'의 합과 같아지고, 총 비용은 각 활동들에서 발생하는 비용들의 합과 같아진다. 그러므로 기업은 (1) 가치증진활동에 투자해야 하고 (2) 가치증진을 하지 않는 활동들에 대해서는 비용을 줄여야 한다. 예를 들어 라이프스타일 세분화에서 신발에 대해 사용가치인식을 급격히 증가시키는 팬시 제품 브랜드는 브랜드 이미지를 상승시키는 데 사용된 마케팅 비용을 정당화할 수 있을 것이다. 한편, 이러한 신발의 제조 프로세스가 고객들로부터 높은 사용가치 인식을 창출하지 못했다면 비용을 줄이기 위해 관련된 비즈니스 활동은 아웃소싱될 수 있다.

8.2.2 경쟁세력 모델과 VPF

앞에서는 가치사슬 모델에 주로 의거한 가치창출을 논의했는데, 이제부터는 포터의 경쟁세력 모델을 이용한 VPF의 가치획득 측면을 살펴보고자 한다. 개념적으로 회사는 그들의 제품/서비스에 대해 높은 가격을 책정한다면 회사가 창출한 가치의 많은 부분을 가져갈 수 있다. 하지만 경쟁으로 인해 가격이 내려가게 된다면 그 가치는 고객들에게 돌아가게 될 것이다.

포터의 경쟁세력 모델의 목적은 다른 기업들의 힘을 분석함으로써 산업의 매력도를 결정하는 것이다. 경쟁세력 모델은 (1) 산업 내 경쟁, (2) 신규진입의 위협, (3) 구매자의 교섭력, (4) 대체재의 위협, (5) 판매자의 교섭력을 포함한다. 앞쪽 네 가지 요인은 그림 8.8의 위쪽 화살표로 나타나 있는 것처럼 경쟁강도를 결정한다.

그림 8.8 포터의 다섯 가지 경쟁세력은 비용 요인과 경쟁강도에 영향을 준다

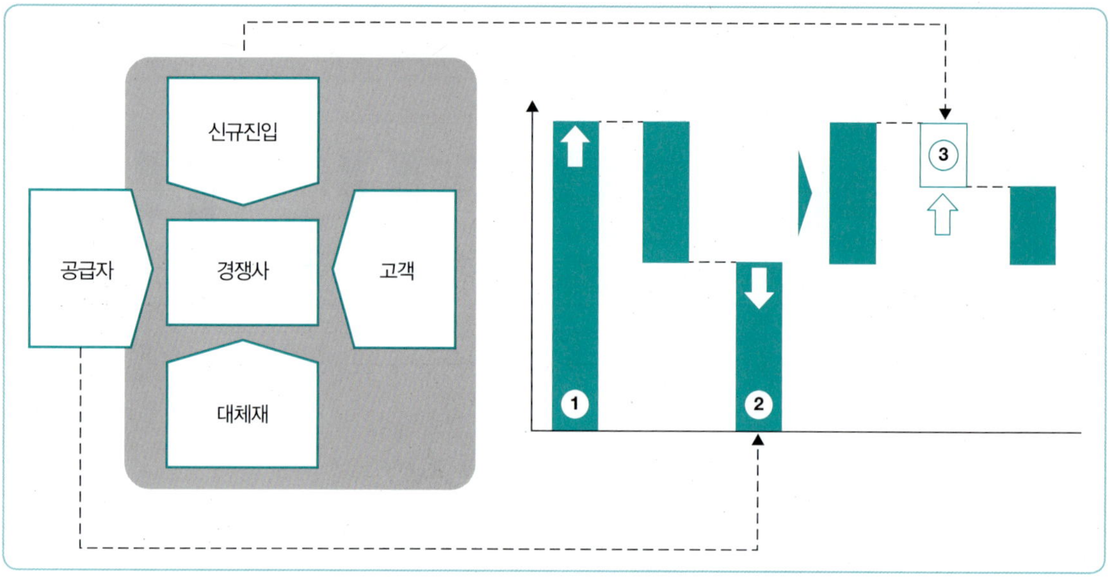

다른 기업들의 힘이 증가할수록 경쟁강도도 증가하게 되고, 결국 고객의 지불의향은 낮아지게 된다. 판매자의 교섭력은 주로 비용에 영향을 주게 되고 결국 기업의 가치창출에도 영향을 주게 된다. 이것은 그림 8.8의 아래쪽 화살표로 표현된다.[12]

포터의 경쟁세력은 수익성이 단지 회사의 내부 활동이 아니라 비즈니스 환경에도 의존하는 사실을 강조한다. 비즈니스 환경이란 기업이 경쟁하는 산업에 대한 환경을 말한다. VPF의 주요 목표 중 하나는 산업의 매력도 관점을 내부 회사 관점과 통합하는 것이다. 매우 치열한 경쟁, 낮은 진입장벽, 그리고 즉시 이용 가능한 대체품이 있는 산업은 높은 경쟁강도를 가질 가능성이 높다. 그러므로 이러한 산업의 회사들은 낮은 비용 또는 높은 사용가치인식을 통해 높은 수준의 가치를 창출한다 할지라도 이익의 형태로 이러한 가치의 일부분만을 확보할 수 있다.

독일 유선통신산업의 예를 이용하여 설명해 보자. 규제완화와 VoIP 전화와 같은 대체품[13]으로 인해 진입장벽은 현저하게 낮아졌고 경쟁은 급격히 증가했다. 결과적으로 고객 교섭력은 증가했다. 유선통신사업자는 요금을 인하하기 시작했고 수익성을 잠식하는 가격 경쟁으로 끝났다. VPF 용어로는 산업발달이 고객의 지불의향을 줄이고 경쟁강도를 증가시키고 결과적으로 통신사가 확보하려는 가치는 줄어들게 된다.

이 장에서는 VPF의 주요한 목적(goal) 중 하나인 기업 외부 관점과 기업 내부 관점의 통합을 살펴보는 것이다. 이 절(section)에서는 개념적으로 VPF를 통해 포터의 가치사슬 분석과 경쟁세력분석의 결과를 어떻게 적용시킬 것인지 살펴본다.

그림 8.9가 제시하는 중요한 프레임워크 분석을 통해 상호의존성에 대하여 더 잘 이해할 수 있고, 경쟁적 우위(competitive advantage)의 수준 차이뿐만 아니라 가치창출과

그림 8.9 포터의 전략 모델은 VPF의 요인을 분석하는 데 사용될 수 있다

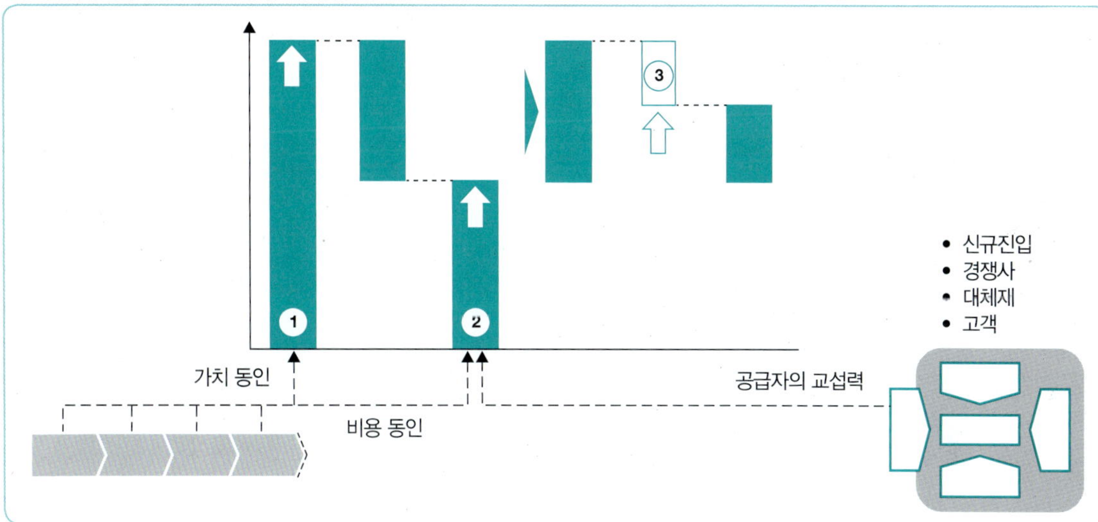

가치획득에 있어 경쟁우위의 효과를 분석할 수 있다.

8.3 Sony BMG(독일): VPF의 실제 적용

이 절에서는 실제 비즈니스 상황에 VPF가 어떻게 적용되는지를 사례를 통해 알아본다. 실제 비즈니스 환경에 적용하기 위해 제시된 Sony BMG(Germany)는 이 책의 사례연구에서도 자세하게 다루고 있다.

8.3.1 사업 환경

1995년과 2005년 독일 음악산업의 메이저회사인 Sony BMG는 전체 음악 산업을 위협하는 유비쿼터스(ubiquitous) 위기에 처했다. 불법 온라인 다운로드와 복제를 통한 저작권침해의 증가가 초래한 위기는 물리적 CD판매 감소와 업계의 매출(revenues)를 감소시켰다. 업계의 매출은 10년 연속 거의 두 자리 비율로 줄어들었다. 안전한 미래를 위해, Sony BMG는 새로운(nascent) 디지털 음악 산업에서 성장의 기회를 모색했다. 특히, UMMTS[14] 및 멀티미디어 단말기(headset)의 증가로 모바일 음악은 강력한 성공의 발판을 확보했고, 상당한 잠재력을 보였다. Sony BMG의 디지털 음악 사업에서 독일을 담당하는 부서인 eMedia는 Sony BMG 디지털 음악 콘텐츠를 보유한(내장한) 모바일 서비스 시작을 심사숙고했다. 12-25세의 휴대전화 사용자를 대상으로 하는 MVNO[15]의 개념은 선불 UMTS로 할 수 있는 멀티미디어 단말기와 가상 음악세계(Rock, Pop, Latin America 등)에 퍼져 있는 프리미엄 콘텐츠를 다운로드 할 수 있도록 설계되었다[16].

그림 8.10 MVNO 사업의 가치 사슬 분석은 다양한 가치와 비용 추진요인을 보여줌

이러한 사업 확장은 매우 높은 위험을 수반하지만, Sony BMG(독일)의 실질적인 (bottom-line) 성과(performance)에 영향을 줄 수 있는 강력한 잠재력을 가지고 있었다. 다음 절에서는 Sony BMG가 MVNO 프로젝트의 실행으로 어떻게 가치 획득(capture value)과 가치 창출(value creation)을 할 수 있었는지를 분석하기 위해 VPF를 적용해본다.

8.3.2 가치창출

비용과 가치에 영향을 주는 요인(lever)을 조사하여 이들이 Sony BMG의 가치창출(value creation)에 영향을 주는지 알아보자. VPF에 가치사슬 결과를 함께 살펴봄으로써 (1) 어떤 가치 추진요인이 Sony BMG의 고객들에게 이용가치인식을 만들었는지, 그리고 (2) 제품 실현 과정에서 주요 비용은 무엇인지 알아보고자 한다. 그림 8.10은 Sony BMG의 예상되는(prospective) MVNO 가치사슬을 보여준다.

MVNO의 차별화된 포지셔닝(positioning)을 달성하기 위해, Sony BMG는 자사의 가치사슬의 비즈니스 활동 별 다양한 가치 추진요인(drivers)들을 제공할 것을 고려했다. 초기 선불 패키지를 통해 UMTS 멀티미디어 단말기의 매력을 보여줄 것으로 기대되었다. 경쟁자들이 제공한 선불 제공(offerings)과는 다르게 Sony BMG 는 최첨단 UMTS를 기반으로 하는 무선 통신(MNO service: wireless telecommunication service)[17] 서비스를 제공하려 했다. 예를 들어 모바일로도 제공하는 '가상 음악 세계의 개념 설계' 콘텐츠 요소는 시장에서 유일함과 동시에 최초였다. 또한, 유일한 음악 기반 어플리케이션과 기능을 통해 부가적인 가치를 창출할 수 있을 것이라고 기대되었다. Sony BMG의 예술가(artist) 명단과 디지털화된 음악 카탈로그(catalogue)는 가상 음악 세계의 중

추(backbone)적인 역할을 하는 것으로 판단된다. 게다가 Sony BMG 모바일(mobile) 고객 유치를 위한 강력한 브랜드를 만들기 위해 대규모의 마케팅과 브랜딩 활동을 하여 사용가치인식을 향상시키고자 하였다. UMTS 기본 기술은 Sony BMG가 프리미엄(premium) 콘텐츠를 직접 고객 단말기에 무선으로 제공하고 판매할 수 있도록 하는 하나의 가능요소(enabler)로 보여졌다.

이 분석 시점에서 앞서 언급한 가치 추진요인들(value drivers)이 어떻게 Sony BMG 잠재 고객(customers)에게 실제 사용가치로 변화되는지 살펴보는 것이 중요하다. 경험에 비추어보면 경영자(manager)와 학생들 모두 어떻게 특정 제품의 기능 또는 기업의 기술이 실제 사용가치로 인식되는지를 종종 간과한다. 예를 들면, Sony BMG 사례에서 고객은 모바일 제공(mobile offering)에 있어 기본적인 UMTS 기술을 아는 것이 아니라 엔터테이먼트 콘텐츠를 "언제 어디서나(anytime and anywhere)" 빠르게 즐길 수 있다는 것이 중요하다. 같은 의미로 고객은 캐리비안 해변(Caribbean beach) 그 자체에서 가치를 얻는 것이 아니라 해변에서 시간을 보낼 때 경험하게 되는 즐거움에서 가치를 얻는다. Sony BMG 사례에서 보면, 여러 가치 추진요인(value drivers)은 다음과 같은 세가지 주요 차원인 품질(quality), 브랜드(brand), 전송속도(speed) (그림 8.11)에 의해서 가치를 창출했다.

이제 Sony BMG가 어떻게 다른 가치 추진요인들(drivers)을 사용가치인식으로 변환했는지 자세하게 알아보자.

- *제품의 품질(quality of product).* Sony BMG의 콘텐츠를 다운로드하고 소비하게 되는 잠재적 고객들은 Sony 콘텐츠의 즐거움(entertainment)과 재미 차원(dimension)

그림 8.11 여러 가치 추진요인들은 세가지 차원에서 인지된 사용가치를 창출

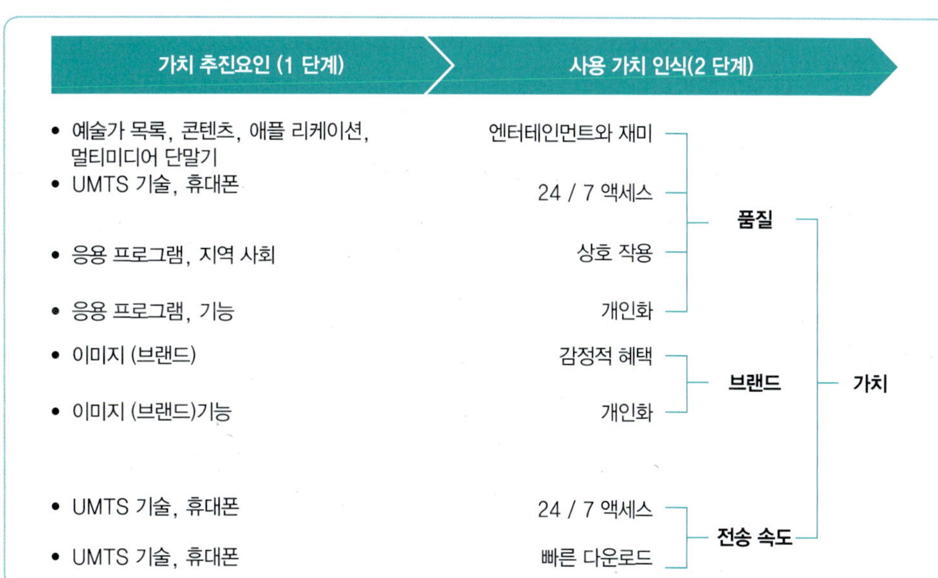

에서 가치를 느낀다. 또한 고객들은 가상의 엔터테인먼트 세계로 '언제 어디서나' 접속할 수 있다는 것을 알고 있다. 고객들은 응용 프로그램과 커뮤니티 기능을 통해 그들의 상호작용 욕구도 충족한다. 그리고 고객들은 다양한 콘텐츠 어플리케이션들을 통해 핸드폰 구성(configuration)을 맞춤화하고 자신들에 맞게 차별화할 수 있다. 이러한 모든 기능들은 제품의 품질을 향상시키기 위해 설계(design) 되었다.

- *브랜드(brand).* 고객들은 구체적인 가상 세계 브랜드의 초기 패키지(starter package)를 소유한다는 것에 감정적인 혜택(benefit)을 갖는다. 예를 들어, 라틴 아메리카(Latin-American) 음악 팬은 이 장르와 관련 콘텐츠에 해당하는 특정 '라틴 브랜드(Latino-branded)' 단말기를 소유함으로써 감정적인 혜택을 느끼게 된다. 이러한 브랜딩(branding)은 보통 핸드폰(mobile phone)사용자들과는 다르게 차별화하기 위하여, 고객 맞춤이라는 강력한 느낌(sense)을 주기 위하여 Sony BMG에 가입하게 할 수 있다.
- *전송 속도(speed).* UMTS기술의 가치는 보통의 GPRS(General Packet Radio Service) 데이터 전송방식과 비교해서 다운로드 속도가 빠르고 대기 시간이 짧다는 것이다. Sony BMG에서 제공하는 UMTS서비스는 고객들에게 엔터테이먼트 콘텐츠 접속을 '언제 어디서나' 가능하게 하는 이점을 지닌다. 특히, 이 서비스 기능은 고객들이 버스나 기차를 기다리는 시간과 같은 '빈둥거리는 시간(idle time)'을 때우기에 좋을 것으로 기대된다.

사용가치인식을 위한 추진동인(driver)를 분석했으니 이제 추진동인들에 대응되는 비용을 살펴보고자 한다(그림 8.11). 차별화된 포지셔닝(positioning)을 보면, Sony BMG MVNO 개념은 지속적인 비용을 만들어낸다. 첫째, 최종 단말기(top-end headsets)의 도매비용(wholesale costs)이 매우 높았기 때문에 Sony BMG는 단말기 보조 정책을 펼칠 수밖에 없었다. 둘째, 최첨단(cutting-edge) UMTS 기술을 제공하기 때문에 미래 MNO 파트너는 높은 서비스 비용(service fees)를 내야 한다. 세 번째, Sony BMG는 음악 관련 콘텐츠 판매하기 위해서는 콘텐츠를 제공하는 예술가들에게 로열티(royalties)를 제공해야 한다. 네 번째, 브랜드(brand)에 대한 개념이 정립되지 않았기 때문에 TV, 인쇄물, 온라인 프로모션의 광고 비용은 주요 원가요인(cost pool)이 된다. 가치사슬(value chain)분석을 통해서 정립된 부가적인 비용 요인들(drivers)에는 유통업자들을 위한 유통마진과 그들의 기술적 지원을 위한 MVNEs[18]의 서비스 비용을 포함하고 있다.

게다가, 공급자(단말기 제조자들과 무선통신 사업자(wireless operators)의 높은 교섭능력(bargaining power)을 조정하기 위해(moderate) Sony BMG의 구매 비용이 더 증가되었다. Nokia 또는 Sony Ericsson과 같은 단말기 제조자들은 기본 기능을 가진 선불 단말기를 생산했다. 그러나 이들의 단말기는 고객에게 중요한 브랜드나 이미지 그리고 기능(features)면에서 달랐다. 단말기 제조자들의 교섭력(bargaining power)은 Sony

BMG 단말기의 도매 비용을 소폭 증가시켰다. 다음으로, 무선통신사업자는 통신 인프라 및 MVNOs 통신 회선(air traffic)을 제공한다. E-Plus가 잠재적인 MVNO 파트너들에게 통신회선(air traffic)을 제공하는 유일한 무선 통신 사업자이기 때문에 그들의 교섭력(bargaining power)는 강력해졌다. 그래서 Sony BMG가 E-plus에게 지불하는 MON서비스 비용은 상당히 증가했었고, 이는 곧 가치 창출을 감소시켰다. 마지막에서 다시 강조하자면 가치사슬 프로세스는 기업의 내부 활동뿐만 아니라 기업을 둘러싼 산업의 외부 활동과도 관련이 있다.

이 절에서 우리는 어떻게 가치창출 범위가 포디의 진략 모델(Porter's strategy model)에서 VPF와 통합적으로 분석되고, 이것이 가치 및 비용 영향요인(levers)에 어떠한 영향을 주는지, 즉 가치창출에 어떠한 영향을 주는지 평가해 본다(그림 8.12).

8.3.3 가치 획득

앞 절에서 예상되는 사용가치인식(perceived use value)이 MVNO 프로젝트 비용을 상회함으로써 가치가 창출되는 것을 발견했다. 지금부터 Sony BMG가 이익으로 변화되는 창출된 가치의 확보 정도를 결정하는 가치 획득(value-capturing dimension)차원에 중점을 두고 살펴본다. 그러기 위해 경쟁강도 수준(the level of competitive discount)에

그림 8.12 사용 가치 인식과 Sony BMG MVNO 비용 모두 높음

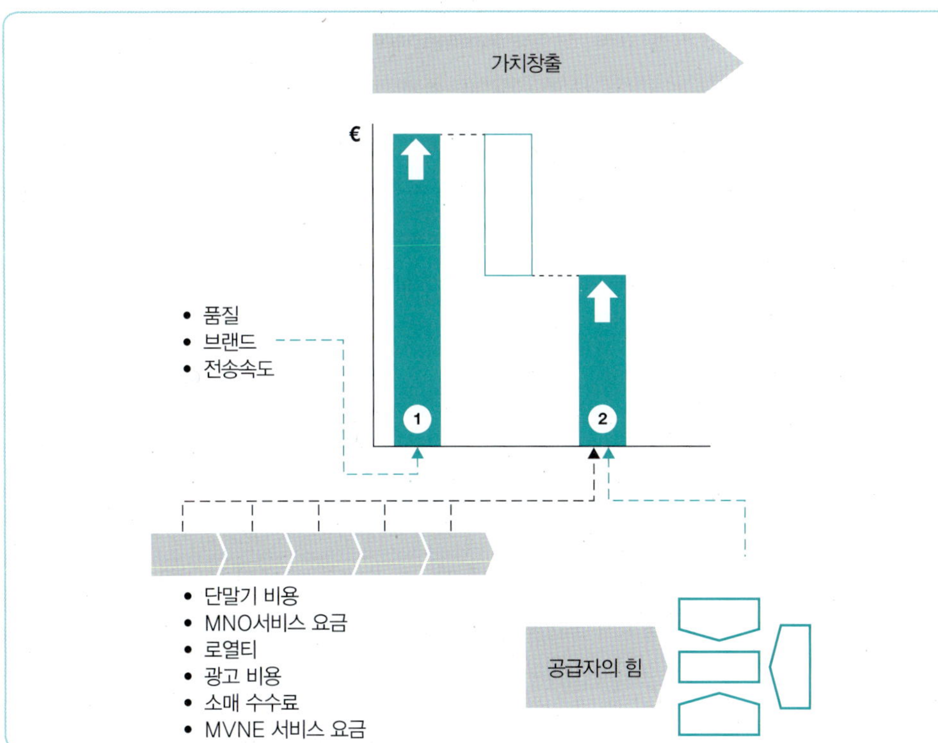

영향을 주는 Sony BMG의 능력을 분석한다.

8.1.2에서 언급했던, 경쟁강도(competitive discount) 수준은 제품 차별화에 달려 있다. 만약(1) 기업이 내부적 자원(resources)와 능력(capabilities)으로 차별화된 제품을 만들 수 있거나 (2) 산업의 구조가 새로운 진입자(new entrants)에게 덜 매력적이라면 제품의 차별화가 가능하다. 먼저, Sony BMG의 자원(resource)기반과 차별화된 제품을 만들 수 있는 내부적 힘(internal power)에 대하여 분석한다. 포터의 경쟁세력모델(Porter's five forces model)으로 산업의 매력도와 경쟁강도(the competitive discount)를 평가한다.

Sony BMG의 핵심 자원(resources) 가치 있고, 거의 모방하기 힘들어야만 고객에게 매력적이고 차별화된 제품을 만들 수 있는 가능성을 가지고 있다. VPF관점에서 기업이 가치 있고, 모방할 수 없는 자원에 기초하여 차별화된 제품을 제공할 수 있다면, 적은 수의 경쟁자와 낮은 경쟁 강도(the competitive discount)를 유지할 수 있다. 이 사례에서 Sony BMG의 주요 가치 자원(resource)은 (1) 개념 설계(concept design), (2) 예술가 목록(artist roster) 그리고 (3) 전문적 마케팅(marketing expertise)이다.

- *개념 설계(Concept Design).* 이것은 부가 가치 서비스와 특별 응용프로그램 그리고 추가 기능이 고객의 엔터테인먼트(entertainment) 고객과 사용작용 욕구를 충족시키는 것으로 구성되었다. 시장에서 최초로 Sony BMG 개념 설계는 가치 있고, 희귀한 것이었다. 그러므로, 경쟁강도(competitive discount)를 낮게 유지하면서 차별화된 제품을 만들 수 있었다. 그러나 이후 후발자들(followers)은 개념 설계를 모방하는 데 있어 큰 어려움이 없었고, 경쟁강도(competitive discount)는 시간이 지남에 따라 강해졌다.
- *예술가 등록(Artist Register).* 주요 경쟁자들인 Universal, EMI 그리고 Warner의 예술가 명단은 Sony BMG의 예술가 목록과 거의 유사해, Sony BMG의 예술가 명단이 희소성은 떨어졌지만 나름의 가치를 가지고 있었다. 게다가 Napster나 iTunes와 같은 콘텐츠 통합 제공자들(contents aggregators)은 디지털 음원을 판매하는 저작권 획득에 있어 중요한 장애물이 없었기 때문에 모방이 용이하다. 예술가 명단은 제품 차별화의 근원(source)도 아니고, 경쟁강도(the competitive discount)를 약화시키지도 않는다.
- *전문적 마케팅(Marketing expertise).* 새로운 고급(premium) 제품 출시로 Sony BMG는 큰 규모의 마케팅 캠페인(campaigns)을 진행했다. 강력하고도 전문적인 마케팅으로 Sony BMG은 시장에서 새로운 제품 브랜드와 이미지를 성공적으로 소개할 수 있었다. 하지만 주요 경쟁자들도 강력한 마케팅 능력을 표방하였다. 그 결과 전문적 마케팅은 경쟁자들과 대응되는 차별화된 제품을 만드는 근원(resources)도 아니었고, 경쟁강도(competitive discount)를 약화시키지도 않았다.

결론적으로 개념 설계(concept design)는 짧은 기간에 제품 차별화의 유일한 근원

(source)이었다. 하지만, Sony BMG는 희귀하고 모방하기 어려운 가치 자원을 조정(통제)하지 않았다. 그러므로, 장기적으로 지속적인 제품 차별화와 경쟁적 우위를 달성하기 어려웠다. 결과적으로 시작할 때 상대적으로 약했던 경쟁 강도(competitive discount)가 시간이 지남에 따라 지속적으로 증가하게 되었다.

지금부터 포터의 경쟁세력모델(porter's five forces model to assess)을 이용하여 새로운 진입자의 관점에서 산업의 매력도(industry's attractiveness)를 평가하고, 산업에서의 경쟁강도(competitive discount)를 분석해보고자 한다. 그림 8.13은 Sony BMG가 자신의 MVNO설치를 고려했던 경쟁환경을 보여준다.

2005년 말까지 독일의 무선 통신 산업은 포화(saturation)상태였다. 산업의 경쟁자(rivalry)는 지속적으로 증가했고; 음성통화는 이미 일반화 되었으며; 고급 콘텐츠의 차별화는 미래 성장의 핵심이 되었다. 그러나 다른 신규진입자(incumbents)들과 대조적으

그림 8.13 상대적으로 산업의 매력도가 낮은 독일 통신 산업

로 하나의 주요 무선 통신 운영자(major wireless telecom operator)인 E-Plus는 가상 통신 운영자(virtual telecom operators)들을 통합하기 위하여 통신회선(air traffic) 판매로 시장점유율을 확보하는 차별화 전략을 추진했다. 낮은 기술적 장벽, 접근이 용이한 유통 채널과 낮은 퇴출장벽(exit barriers)로 인해 가상 통신 운영자와 같은 신규진입자들은 시장에 넘쳐나기(flood) 시작했다. 결과적으로 거의 전환비용(switching costs)이 없는 선불 모바일 고객들(prepaid mobile customers)은 차별성이 낮은 모바일 통신의 다수 사업자들 중에서 하나를 고를 수 있었다.

지금부터 독일의 통신사업의 포터의 경쟁세력 모델(five forces analysis)에서 얻어진 주요한 결과(main insights)와 VPF에서 발견된 결과를 통합해보고자 한다. 분석된 예를 보면, 세가지 주요 요소가 제품의 차별화 정도에 큰 영향을 주었고 이는 곧 경쟁강도(competitive discount)에 영향을 주었다. 경쟁이 증가하고 있는 상황에서는 차별화하기 어렵다. 또한, 새로운 경쟁자의 위협과 산업의 경쟁 강도가 모두 보통보다 높다는 것은 경쟁강도(competitive discount)가 높다는 것이고 이는 곧 획득되는 가치가 낮아진다는 것이다. 대체제 위협이 낮은 산업일수록 경쟁강도(competitive discounts)가 낮아지기 때문에 오직 대체제의 위협이 낮다는 것이 획득 가치를 증가시킨다.

이 절은 Sony BMG에 의해서 창출된 가치 획득을 발견하기 위한 경쟁적 이점인 세 번째 영향요인(lever)으로서 경쟁강도(competitive discount)를 살펴보았다. 어떻게 전략적 분석이 경쟁강도(competitive discount)를 강화시키고 가치 획득에 영향을 주는지 알아보았다. 그림 8.14은 이 절의 결과를 통합적으로 보여주고 있다. Sony BMG는 특히 핵심자원의 모방불가능함, 높은 산업의 경쟁강도, 그리고 신규 진입자의 높은 위협 때문에, 경쟁강도가 계속적으로 높았다.

그림 8.14 포터의 경쟁세력 분석으로 높은 경쟁강도를 보여줌

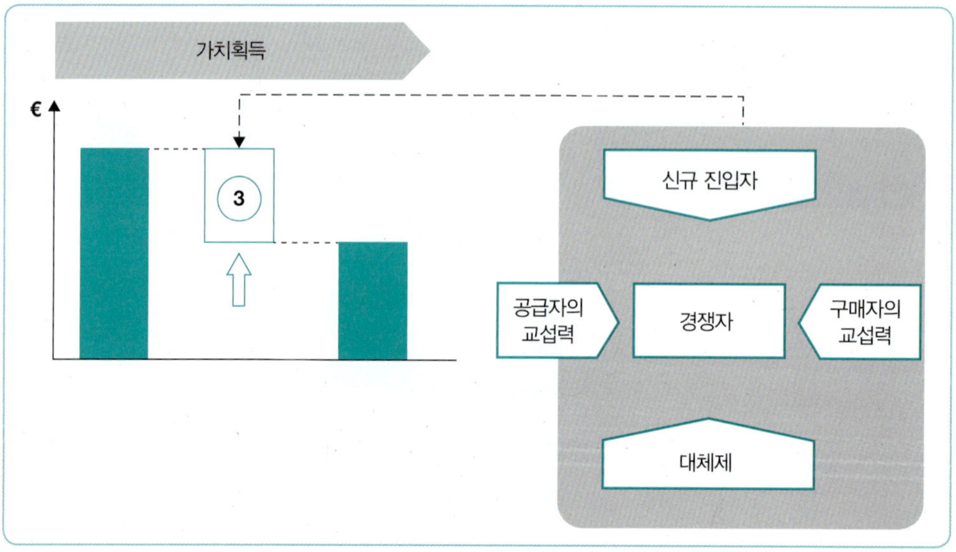

8.3.4 결론

궁극적으로 Sony BMG는 MVNO 실행이 핵심 자원(key resources) 모방성과 산업 매력도가 다소 낮고, 비용구조가 높은 위협부담을 안고도 수익성(profitable)이 있는지가 큰 걱정거리(major doubts)였다. 그래서 Sony BMG는 프로젝트 실행 계획을 보류하기로 결정했다. 그러나 디지털 음악 시장에 진입하기 위해 Sony BMG는 다른 서비스 제공자들과 협력(co-operation)을 통해 그들의 자원(resources)들과 능력을 활용하기(leveraging)시작했다.

VPF는 Sony BMG의 결정과 결정의 기본 근거를 이해하는 데 도움을 준다. 그림 8.15은 분석의 결과를 다음과 같이 요약하고 있다.

- *사용 가치 인식(perceived use value)* ❶. UMTS의 단말기, 개념설계(concept design), 예술가 목록(artist roster), 강력한 브랜드 컨셉(strong concept brand) 그리고 무선을 통한 음악 콘텐츠 제공은 사용자 가치 인식에 대한 기대를 증가시켰다.
- *비용(cost)* ❷. 차별화된 포지셔닝(positioning)의 결과에 따라 프로젝트 비용이 높아

그림 8.15 사용가치인식은 매우 높은 수익성(profitability) 달성

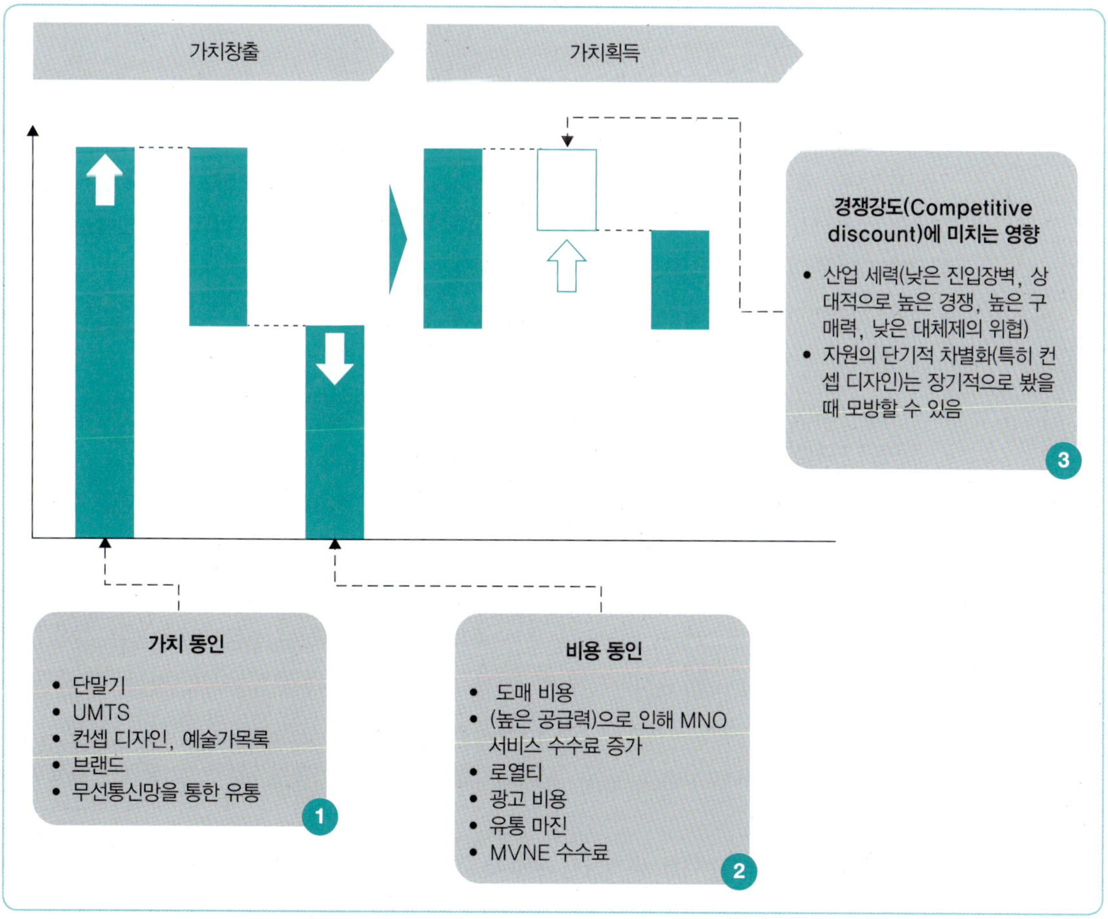

졌다. 모바일 운영자(mobile operators)의 교섭력이 높은 결과 MNO 서비스 비용은 Sony BMG의 비용을 상승시킬 것으로 예상되었다.

- *경쟁강도(competitive discount)* ❸. 사용가치인식이 비용보다 크더라도, 상대적으로 낮은 진입장벽과 높은 산업경쟁은 경쟁강도(competitive discount)를 강화시키고, 그 결과 획득할 수 있는 가치를 줄인다[i.e. 수익(profitability)]. 게다가 개념 설계(concept design)의 차별화는 일시적으로만 경쟁자의 수를 제한하였다. 장기적인 관점에서 개념과 이를 강조하는 자원(resources)은 모방될 수 있어 지속적인 경쟁우위의 자원이 되지 못한다. 결과적으로 Sony BMG는 시간이 지날수록 경쟁강도(competitive discount)는 강해지고 지속적인 가치 획득은 줄어든다(eroded).

전반적인 분석으로 MVNO 프로젝트의 실행이 Sony BMG에게는 매우 모험(risk)이었다는 것을 보여준다. 비용 및 경쟁강도(competitive discount)가 상대적으로 강해졌기 때문에 대규모(blockbuster) 제품은 충분히 높은 사용가치를 높일 수 있는 가능성을 가지고 있었다. 게다가 Sony BMG는 이 프로젝트의 모방이 쉽기 때문에 비용 상환(amortization)과 회수시간을 짧게 두었다.

요약

이 장에는 지속적 경쟁우위의 주요 영향요인(levers)를 설명하는 개념적으로 통합된 분석도구로써 가치프로세스 프레임워크(VPF: the value-process framework)을 살펴보았다. 이 프레임워크는 기업들이 성공하기 위해 가치를 창출하고 획득할 필요성을 보여준다. 특히 비즈니스 전략을 수립할 때 경영자들은 다음과 같은 사항들을 고려해야 한다.

- 가치 창출과 획득은 궁극적으로 전략적 경영의 두 영향요인(levers)이다. 경영에서 모든 다른 개념들은 이 두 차원의 하나 혹은 둘 다를 포함하고 있다.
- 가치를 창출할 때 기업은 고객이 인식하는 사용가치에 집중할 필요가 있다. 고객이 인정하는 가치만이 가치창출로 이어질 것이다.
- 창출된 가치를 극대화하기 위해 기업은 사용자가 인식한 가치와 비용 사이의 교환관계(trade-off)를 최적화해야 한다.
- 경쟁하기 위해서 기업이 만들어내는 가치가 최소한 경쟁자들에 의해서 창출된 가치보다 높거나 그만큼 좋아야 한다. 그렇지 않으면 높은 수준의 가치를 창출하는 경쟁자들은 높은 수익 마진(profitability margin)을 유지하기 위해 가격을 낮추(undercut)거나, 유사한 가격으로 고객 잉여(surplus)수준을 높일 것이다. 두 시나리오 모두 기업의 수익성을 심하게 훼손할 것이다.
- 경쟁강도(competitive discount)의 규모를 제한하기 위해, 창출된 가치는 어떻게든 특별해야 한다.
- 지속적으로 경쟁적 우위를 유지하기 위해서 기업은 창출된 가치를 대체하거나 모방이 어렵도록 해야 한다. 현재와 미래 경쟁자에 대항할 수 있게 만들어진 가치만이 지속적인 수익성

(profitability)을 보장하기 때문이다.

가치-프로세스 프레임워크가 중요하게 강조하는 것은 단지 제품수준에서 의사결정을 지원하는 것만이 아니다. 이것은 또한 아웃소싱, 다각화(diversification) 또는 합병과 획득(mergers and acquisitions)과 같은 사업부(business unit)와 기업수준, 전략적 이슈를 설명한다. 예를 들면, 새로운 제품 라인 또는 비즈니스 프로세스의 아웃소싱을 외부공급자에게 소개하는 것과 같은 일에 경영자들이 심사숙고할 때마다 결정이 어떻게 가치를 창출시키고, 이 가치를 획득함으로써 기업의 능력에 어떤 영향을 줄 수 있는지 분석하는 데 의미가 있을 것이다.

복습 질문

1 사용자가 사용가치를 인식하는 것은 무엇을 의미하며, 이것의 동인은 무엇인가?

2 경쟁강도(competitive discount)가 의미하는 것이 무엇이며, 무엇이 경쟁강도 수준을 결정하는가?

3 기업이 지속적인 경쟁수준을 유지하기 위해 필요한 것은 무엇인가?

토론 질문

1 개인적으로 가치창출을 정의해보고, 그 정의가 이 장에서 정의된 것과 어떠한 차이가 있는지 설명하라.

2 가치-프로세스 프레임워크(value-process framework)를 통해서 당신이 선택한 산업에서 기업이 어떻게 가치를 창출하고 획득하는지 설명하라.

권장 도서

The concept of perceived use value is described in more detail in C. Bowman and V. Ambrosini, 'Value creation versus value capture: towards a coherent definition of value in strategy', *British Journal of Management*, 2002, no. 1, pp. 1–15.

For a more detailed discussion of these approaches, refer to D. Besanko, D. Dranove, M. Shanley and S. Schaefer, *Economics of Strategy*, John Wiley, 2003, pp. 416–19.

The five forces industry framework is described in M. Porter's book *Competitive Strategy*, Free Press, 1998, p. 5.

N. Argyres and A. McGahan, 'An interview with Michael Porter', *Academy of Management Executive*, 2002, no. 2, pp. 43–52.

For a new and solid approach to the process of value creation, see the service-dominant logic framework originally proposed by S. Vargo and R. Lusch. Among the numerous publications on this theme, see, R. Lusch and S. Vargo (eds), *The Service-Dominant Logic of Marketing: Dialogue, Debate and Directions*, M.E. Sharpe, 2006, or R. Lusch and S. Vargo (eds), Special Issue: Service-dominant logic: continuing the dialogue, *Journal of the Academy of Marketing Science*, 2008, vol. 36, no. 1.

참고 문헌

1 This chapter was written by Albrecht Enders, Andreas Koenig, Thomas Engelbertz and Tawfik Jelassi.

2 Quoted in N. Argyres and A. McGahan, 'An interview with Michael Porter', *Academy of Management Executive*, 2002, no. 2, pp. 43–52.

3 See M. Porter, *Competitive Advantage*, Free Press, 1998.

4 In order to simplify the model, we use the example of a single consumer with an unlimited spending budget.

5 In the context of this chapter, we use the term 'product' to include both goods and services.

6 See M. Porter, *Competitive Advantage*, Free Press, 1998.

7 The concept of use value is equivalent to the idea of consumer benefit, which we introduced in Section 5.2. Since, in this chapter, we attempt to delve more deeply into the theory of strategic management, we decided to use the specific, albeit somewhat clumsy, terminology of perceived use value suggested by C. Bowman and V. Ambrosini, 'Value creation versus value capture: towards a coherent definition of value in strategy', *British Journal of Management*, 2002, no. 1, pp. 1–15.

8 M. Porter emphasises this point in 'Towards a dynamic theory of strategy', *Strategic Management Journal*, 1991, vol. 12, no. 8, pp. 102–5.

9 Quoted in N. Argyres and A. McGahan, 'An interview with Michael Porter', *Academy of Management Executive*, 2002, no. 2, pp. 43–52.

10 This means that a company knows the maximum amount a customer is willing to pay, which entails that it can set a price that is only marginally lower than the customer's perceived use value and the customer would still be willing to purchase. Since perfect price discrimination is not possible, even in a perfectly monopolistic environment, consumers will always capture at least a marginal proportion of the value created in the form of consumer surplus. This reduction of the value created is of conceptual importance. However, we chiefly designed this framework for pedagogical purposes and practical application. Thus, in the following, we neglect the effect of a marginal reduction of producer surplus due to the lack of price discrimination.

11 M. Porter in 'What is strategy', Harvard Business Review, 1996, vol. 74, no. 6, pp. 61–79, argues that by creating a fit between the individual business activities through consistency, reinforcement and optimisation, a firm can even create value that increases the sum of the parts. For example, reinforcement of activities has a positive influence on the overall perceived use value, whereas optimisation efforts can potentially reduce total costs.

12 In fact, the behaviour of suppliers also affects the competitive discount. For example, the better the relation of a supplier is with a competitor, the lower will be the competitor's cost position. Accordingly, the value created by the competitor and, as a consequence, the competitive discount will be larger.

13 Voice over Internet Protocol (VoIP).

14 UMTS는 제 3세대 휴대폰 기술로 초당 2megabits 로 데이터를 전송한다.

15 MVNO(A mobile virtual network operator)는 네트워크 기본시설을 가지고 있지 않은 모바일 운영자이다. 대신 MVNOs는 자신의 고객에게 판매하기 위하여 전통적 운영자에게서 MON(minutes of use)를 구매한다. 독일에서는 Lidl, Tchibo과 같은 회사들이 있고, 전세계적으로는 Virgin Mobile/USA, UK, Universal Scoop/France, Mobile ESPN/USA 등이 있다.

16 가상 음악 장르의 초기 버전은 Rock&Pop, R'n'b & Hip-Hop and Latin-American music world를 포함하고 있다. 각 분야에서 장르와 연결된 콘텐츠를 통신망을 통해서 다운로드 할 수 있었다. 다운로드 콘텐츠는 벨소리, 뉴스, 게임, 비디오, 전 트랙과 같은 형태로 제공되었다.

17 Mobile network operator (MNO).

18 Mobile virtual network enablers (MVNEs)는 MVNOs와 MNOs의 중간형태이다. 서비스의 관점에서 MVNEs는 제공자에 의해서 MVNOs를 위한 원스톱쇼핑을 제공하고, 론칭하기 위한 MVNOs를 위한 필요서비스 전체와 기반시설을 팔고, 그들의 작동을 운영한다.

Chapter 9

e-비즈니스 활동을 실행하는 내부 조직을 위한 전략 선택

이 장의 개요

관련 사례 연구

사례 연구		주요 초점
6	**SATEC**	비즈니스 모델의 발전
3	**Ducati vs. Harley**	가치사슬 해체
10	**e-Choupal**	가치사슬 간소화
7	**Otis**	비즈니스 프로세스 리엔지니어링
1	**Tesco**	온라인과 오프라인 채널 갈등 관리
2	**Nordea**	온라인과 오프라인 채널 갈등 관리
8	**Topcoder**	인터넷을 통한 기업의 분산
14	**KM at Booz**	지식 관리
11	**e-Estonia**	공공 부문에서의 온라인 채널 소개

학습 성과

이 장을 학습한 후에 당신은 다음과 같은 내용을 이해할 수 있다.

- '제조 또는 구매(make-or-buy)' 옵션의 범위(spectrum)에 대하여 알 수 있다.
- '제조(make)' 결정을 선호하는 주요한 이유를 구체적으로 이해한다.
- '구매(buy)' 결정을 선호하는 주요한 이유를 구체적으로 이해한다.
- 가치사슬 해체의 개념과 가치사슬 해체 안에서의 인터넷의 역할을 알 수 있다.
- 기업(corporation)의 해체(unbundling) 개념을 이해한다.

소개

앞 장에서 e-비즈니스(e-business) 벤처(ventures)들의 전략적 포지셔닝(strategic positioning)을 살펴본 것처럼, 제9장에서는 효과적인 e-비즈니스 전략(e-business strategy)을 실행하기 위해 필요한 조직의 내부적 문제(internal organizational issue)를 다룬다. 이 장에서는 e-비즈니스 전략(e-business strategy) 맥락(측면)에서 결정적으로 주요한 두 가지 의문에서 출발하고자 한다. 첫 번째, 질문은 "가치사슬 내의 어떠한 활동이 기업 내부(in-house)에서 수행되는가? 가치사슬의 어떠한 활동을 외부 공급자들(external providers)에게서 아웃소싱해야 하는가?" 두 번째 질문은 "온라인과 오프라인 채널 제공 사이에서 발생할 수 있는 갈등(conflict)을 피하기 위해 우리의 물리적 활동들(physical activities)과 전자적 활동(e-activities)을 어떻게 연결시킬 것인가?" 9.5절에서 살펴볼 이러한 의문들은 온라인과 오프라인 운영(operation) 모두 실행하는 기업과 관련이 있다. 이러한 기업들의 예로 본 교재에서는 Tesco, Ducati 그리고 Nordea를 사례 연구로 다루었다.

9.1 e-비즈니스에서 '제조 또는 구매'를 결정하는 이유

최근에 이루어진 소니(Sony), 도시바(Toshiba), 그리고 히타치(Hitachi)의 합병을 생각해보라. 이 기업들은 소형 및 중형 크기의 LCD[1] 화면 사업을 통합(integrate)하기 위해 합병했다. 일명 '제펜 디스플레이(Japan Display)'라 불리는 이 합작 투자 회사는 기술 혁신과 규모의 경제 달성을 위한 기업의 잠재력을 강화하는 등의 여러 목표를 갖고 있었다. 또 다른 흥미로운 예시로는 약 10년 전쯤 이루어진 AOL과 타임 워너(Time Warner)의 합병을 들 수 있다. 이 두 회사는 미디어 산업의 콘텐츠 생산자에서 콘텐츠 배급(delivery)을 전담하고, 물리적 채널과 온라인 채널 모두에 이르는 통합된 가치사슬을 만들기 위해 합병하였다. 상당한 시너지 효과가 이 합병으로 기대되었다.

나중에 시간이 흘러, 이러한 가치사슬 통합의 시너지 효과는 달성하기 어려웠고, 두 기업이 별개로 존재하는 것이 더 나았다는 많은 비판을 받았다.

그림 9.1 1990년대 PC 산업의 해체

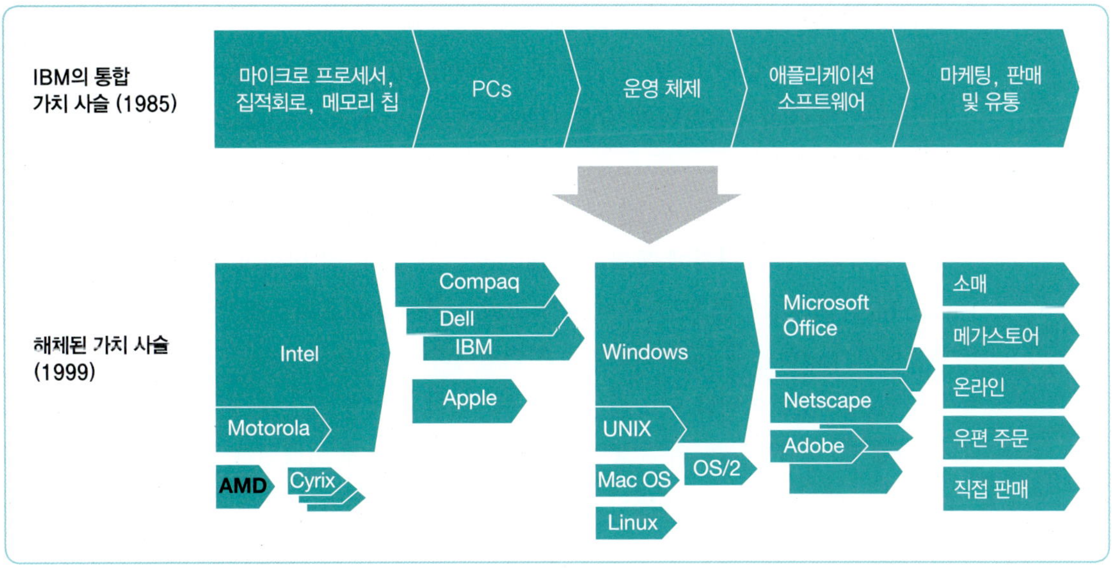

Source: Adapted from D. Heuskel, *Wettbewerb jenseits von Industriegrenzen*, Campus, 1999, p. 53.

더 역사적인 관점에서 PC산업의 진화를 살펴보자. 1985년 PC산업의 독보적인 존재였던 IBM은 마이크로 프로세스(microprocess)의 개발부터 생산 그리고 마케팅, 판매, 유통에 이르는 모든 가치사슬의 활동을 기업내부에서 실행하였다. 개방형 표준(open standards)과 대량생산(mass production)이 증가하면서, 통합된 가치사슬은 시간이 지나면서 더 해체(fragmented)되었다. 그림 9.1에서 보는 것처럼 오늘날 기업들은 PC산업의 가치사슬의 개별 활동(individual activities) 중 하나의 활동에만 집중하고 있다.

앞서 이야기했던 예들은 어떻게 기업들이 제품이나 서비스를 제조함에 있어 가능한 다양한 선택요소 중에서 하나를 고를 수 있다는 것을 설명한다. 그 기업들은 내부적으로 공개 시장(open market)에서 가치사슬의 어떤 활동을 '구매(purchase)'할 것인가와 내부적으로 '소위 경영의 계급형태로 불리는 제조(making)'할 것인가를 결정한다.

이 기업들이 선택할 수 있는 여러 선택요소들은 다음과 같다.

- *시장거래(market transactions)*는 외부 공급자들과의 개별적 계약에 따라 구매가 이루어짐
- *장기 거래(long-term contracts)*는 외부 공급자들과의 장기간에 걸친 계약에 따라 구매가 이루어짐
- *제휴(alliances)*는 특정 제품이나 서비스 생산에 있어 두 개의 독립된 기업들이 공동생산(co-operation)을 수반함
- *모기업/자회사 집단(parent/subsidiary constellations)*은 모기업의 후원(보호)하에서 독립된 형태로 운영되는 별개의 기업 형태임

- 내부 생산(*internal production*)은 외부 공급자에게서 어떠한 아웃소싱(outsourcing) 없이 완전하게 내부적으로 운영되는 프로세스임

이 범위에서 보면 외부 공급자의 투입(input)에 많이 의존하는 한쪽 측면은 DaimlerChrysler과 BMW와 같은 자동차 제조자나 Nike, Adidas와 같은 스포츠 용품 제조자가 포함된다.

Dell을 예로 들어보자. PC를 조립하여 판매하는 DELL은 PC의 구성요소를 유통하는 여러 공급자들을 단단하게 통합하는 데 주력하고 있다. 이 범위의 다른 끝은 Procter & Gamble과 Nestlé처럼 R&D에서 생산 그리고 마케팅과 유통까지 대부분의 기능을 기업 내부에서 수행하는 통합의 정도가 높은 기업이다.

Tesco.com도 이러한 연속선상에서 중간쯤의 형태를 보인다. 다른 한편으로, Tesco 그 자체 많은 활동들의 외부 공급자들에 의해서 사전에 이행된다. 예를 들어, Tesco의 가치사슬 배열이 온라인 벤더인 Grattan과 연결되어 있었다고 생각해보자. Tesco는 계약을 통해 가치사슬의 모든 후방위 활동(back-end activities)을 Grattan에게 아웃소싱(outsourced)하였고, Tesco는 전방위 활동(front-end activities)만을 관리하였다. Tesco Direct는 식품을 제외한 제품(non-food products)의 판매에 대한 잠재적인 비즈니스 영향력을 생각했을 때, 이전에 Grattan에 의해 이행되었던 서비스 제공을 모두 기업내부에서 하기로 했다. 또한 Tesco Direct는 400여명의 직원(staff)과 함께 내부 스튜디오(studio)에서 8000여 개의 제품(item)이 인쇄되는 카탈로그와 웹 카탈로그를 만들기로 결정하였다. 한편, Tesco Direct는 직접 외부 파트너들에 의해서 제품 배송 활동을 아웃소싱 하였다.

대부분의 e-비즈니스 분석가들은 인터넷 사용이 증가하면서 기업은 내부에서는 핵심적인 특정활동만을 수행하고, 핵심적 활동을 제외한 대부분의 활동을 외부 공급자에게 맡길 수 있는 것이 큰 장점이라고 이야기해왔다. 이러한 주장을 평가하기 위해서 '제조(make)'와 '구매(buy)' 결정 중 어떤 것을 더 선호하는지 살펴보고, 인터넷이 어떻게 '제조(make)'와 '구매(buy)' 결정에 영향을 주는지 알아보기 위한 분석이 필요하다.

9.1.1 '제조(make)' 결정을 선호하는 이유

기업이 경영이 맥락에서 '제조'와 같은 옵션(option)을 통해 내부 활동을 선호하는 주요한 이유 및 특성에는 몇 가지가 있다.[2] 이는 (1) *활동들 사이의 강력한 연계(strong linkage between activities)*, (2) *크게 차별화된 제품과 서비스(highly differentiated products and/or services)*, (3) *기업 핵심 사업으로의 접근(proximity to the company's core business)*, (4) *가장 중요한 정보의 기밀성 유지(confidentiality of information)*, 그리고 가장 중요한 (5) *생산 비용의 이점(production cost advantages)*과 (6) 높은 *거래 비용(high transaction costs)*이다.

활동들 사이의 강력한 연계

5.4절에서 기업 활동들 간의 연계(linkage between activities)의 중요성에 대하여 이야기했었다. 기업은 가치사슬 내의 여러 활동들을 밀접하게 서로 연계하여 통합하는(integrate) 것이 중요하다. 그리고 이러한 가치사슬 통합(integration)을 위해서는 기업 내부에서 모든 활동들이 수행되어야 한다. 가치사슬에서 활동들 간의 밀접한 연계는(가치사슬 활동의 통합은) 활동들의 강화와 활동의 최적화를 통한 비용절감을 통해 우수한 고객혜택을 제공하는 데 도움이 된다.

크게 차별화된 제품과 서비스

제품 또는 서비스가 얼마나 차별화되어 있는지는 경쟁에 있어 그것만의 독특함에 대한 수준을 결정한다.(차별화 전략에 대한 개념적인 논의를 위해 5.2.2 참조) '제조' 대 '구매'의 의사결정과 관련해서, 차별화 효과를 추구하는 기업은 아웃소싱(outsourcing)의 가능성을 고려할 때, 요청한 업무를 수행할 수 있는 적임의 하청업체가 있는지 첫 번째로 자문해 보아야 한다. 다시 말해, 잠재적인 하청업체는 기업의 요구와 일치하는 수준의 품질로서 그 기업의 차별화 전략에 성공적으로 공헌할 수 있어야 한다. 만약 기업이 적절한 하도급 기업을 찾지 못한다면, 하청을 생각했던 활동에 대해 기업 자체적으로 수행하는 방안을 고려해 보아야 할 것이다.

기업 핵심 사업으로의 접근

기업의 경영 활동이나 제조 과정은 기업 가치의 문제에 있어 전략적으로 중요하기 때문에, 이러한 것들은 기업의 핵심 사업에 매우 강하게 연결되어 있고, 면밀히 통제 및 조정되어야 한다. 따라서 신뢰성 있고 우수한 협력(collaboration)을 맺을 수 있는 적절한 파트너를 찾지 못한다면, 기업은 협력을 고려했던 그 경영 혹은 제조 활동에 대하여 내부적으로 해결해야 할 것이다.

정보의 기밀 유지

정보의 기밀성은 기업이 내부적으로 활동을 수행하는 또 하나의 이유이다. R&D 프로세스(R&D processes)와 고객들 그리고 생산방법에 대한 핵심정보를 외부 공급자와 공유하는 것은 기업의 경쟁적 우위(competitive advantage)를 약화시킨다. 예를 들어, Microsoft는 자신의 소프트웨어의 소스코드(source code)를 다른 소프트웨어 개발 기업들에게 공개하지 않는다. 다른 소프트웨어 업체에게 공개하면 결국에는 소스코드가 시장 전체로 퍼지게 될 것이 두렵기 때문이다.

생산 비용의 이점

5.2.1에서 규모의 경제와 범위의 경제에 대한 개념이 소개되었다. 어떠한 경영 활동을 추

진함에 있어서 기업이 위에서 언급된 경제적 효과와 관련된 주요한 비용의 이점을 쉽게 얻을 수 있다면, 그러한 경영 활동을 함에 있어서 하청을 주기보다는 내부적으로 그러한 활동들을 통합해야 할 것이다. 게다가, 기업은 이러한 내부적인 통합을 통해 진입장벽을 형성하거나 몇몇의 경쟁자들을 제거할 수도 있게 된다.

높은 거래 비용

실제 거래 프로세스에 연결되어 있는 비용을 거래 비용이라 하며, 거래 비용은 '제조(make)'와 '구매(buy)'를 결정하는 중요한 요소이다.[3] 거래 비용은 제품이나 서비스를 생산하기 위해 시장에 지불하는 비용으로 구성되어 있다. 거래비용이 발생하는 이유는 구매자와 판매자가 자신의 이익을 추구하기 때문이다. 즉 구매자와 판매자는 자신의 이익 추구를 위해서 기회주의적인 활동을 할 수 있다.[4] 판매자는 가능한 한 높은 가격에 팔아 이익(profits)을 극대화하길 원하는 반면에 구매자는 최소한의 비용으로 구매하기를 원한다. 기회주의적 행동을 피하기 위하여, 기업은 충분한 시간과 노력을 투자하여 적합한 비즈니스 파트너(business partner)를 찾고, 협상 조건(negotiation condition)을 맺고, 계약을 이행(enforcing)하며 감시(monitoring)를 하는 것이다.

그럼 기업이 기회주의적인 활동을 판단하는 요소를 결정하는 것은 무엇이며, 인터넷이 이러한 요소들에 어떠한 영향을 미치는가? 여기에서 수반된 가장 중요한 요소들에 대하여 다음과 같이 설명하도록 하겠다:

- *자산 특이성(asset specificity)*은 둘 이상의 거래자들이 거래를 성사하기 위해 필요한 투자를 의미한다. 자산 특이성은 거래하는 파트너간의 상호 배타적인 의존성을 만들기 때문에, 자산 특이성이 높은 거래 환경에서는 생산하려는 제품 가치의 희생없이는 외부에서 다른 거래 대상자를 찾기 어렵게 만든다. 인터넷이 발전하기 이전에, 전자적 거래를 위하는 기업들은 EDI(electronic data interchange: 전자적 데이터 교환) 시스템에 투자를 해야 했다. EDI를 설치하기 위해서는 많은 비용이 들었고, 기술적으로 관리하기 어려웠다. 특히, 다른 산업에 걸쳐서 많은 기업들과 연관되어 있다면 더욱 어려웠다. 이러한 시스템은 한번 설치되면 거래 당사자들은 높은 투자비용과 거래 파트너의 선택의 제한으로 시스템에 연결된 거래에 고착된다.

  고무를 생산하는 Rubber Corp.에서 원자재를 제공받는 Tyre manufacturer Tire Inc의 사례를 생각해보자. 생산흐름을 최적화하기 위하여, Tire Inc.는 Rubber Corp.의 IT 시스템에 연결되어 있는 EDI 시스템을 설치하기로 합의한다. 두 회사는 계약서를 작성하고, 계획에 따라 배송한다. 추후에 Rubber Corp.은 Tire Inc.에게 20%의 가격을 올린다고 이야기해도, Tire Inc.는 EDI 시스템에 투자한 비용 손실을 막기 위해서라도 거래 관계를 유지할 것이라는 것을 알고 있다. Tire Inc.는 가격인상을 수용하거나, Rubber Corp.를 법정에 고소하거나, 거래 관계를 유지하는 것 중에서 결정해야 한다. 어떤 경우에도, Tire Inc.에게는 상당한 비용이 발생하게 된다. 다음에 무슨 일이 일어날지 알 수 있다면, Tire Inc.는 내부적으로 고무를 생산함으로써 거래 비용을 피할 것이다.

그럼 지금부터 이러한 시나리오가 현재에는 어떤지 살펴보자. Tire Inc.는 인터넷을 통해 Rubber Corp.의 시스템과 연결할 수 있고, 특정 IT에 대한 투자 비용을 상당히 줄일 수 있다. 동시에 Rubber Corp.은 Tire Inc.가 쉽게 다른 공급자로 바꿀 수 있다는 것을 알게 되어 가격을 올리려 하지 않을 것이다. 즉 거래비용이 많이 낮아지면서 자산 특이성(asset specificity)도 낮아져, Tire Inc.가 외부 공급자들에게 가치사슬활동을 아웃소싱하게 할 것이다.

- 두 번째 중요한 요소로 거래비용에 영향을 주는 요소는 거래 기업들(involved parties) 사이의 *정보의 비대칭성(information asymmetry)*이다. 종종 구매자는 판매자의 이전 거래 활동에 대한 정보를 알지 못하기 때문에 판매자에 대한 중요한 정보가 부족하고, 판매자도 마찬가지 이다. 만약 구매자가 과거에 사기를 쳤던 사실을 숨길 수 있다면, 미래에도 기회주의적 행동을 할 경향이 높고, 또 다시 사기를 칠 수 있다.

  이러한 정보의 비대칭성은 인터넷을 통해서 더 쉽게 해결된다. eBay와 같은 가상 커뮤니티(communities)에서 구매자들은 판매자들의 품질을 평가할 수 있고, 판매자들은 구매자들의 신뢰성을 평가할 수 있다. 이것은 두 가지 효과가 있다. 첫째는 구매를 고려하는 어떤 구매자라도 판매자의 과거 거래 내역을 살펴보고 결정할 수 있기 때문이다. 만약 판매자가 긍정적인 평가를 받고 있다면, 다음 거래에서도 거래약속을 이행할 가능성이 높다는 것이다. 두 번째, 긍정적 평가의 수가 증가할수록, 판매자는 자신의 명성을 지키기 위하여 높은 수준을 유지할 것이다. 즉, 이러한 자기 강화적(self-reinforcing)행동의 반복으로 평가 시스템을 통해 동기가 부여되고, 기회주의적인 행동을 단념하게 되고, 그 결과 거래비용이 줄어든다.(FT 기사 '이제 모든 사람들이 비평가가 되는 것인가?' 참조)

  낮은 자산 특이성(asset-specific)은 투자와 향상된 정보 때문에 인터넷이 거래 비용을 절감한다는 것을 알 수 있다. 다시 말하자면, 이것은 가치사슬의 일부분을 외부 공급자에게 아웃소싱 하는 것이 더 매력적이게 한다.

- 셋째로, 기업의 구매 결정은 제품 혹은 서비스의 외부 공급자의 성과와 비교해서 기업의 낮은 성과에 의해 정당화되는 측면이 있다. 그러나 몇몇의 사업 파트너들은 결국 *나쁜 성과*를 내게 될 수 있으며, 이는 기업으로 하여금 아웃소싱 기업을 바꾸거나 기업 내부적으로 해결하는 '제조'의 방향으로 변경하는 의사결정을 요구한다.

- 네 번째 중요한 거래비용에 영향을 주는 요소는 기업 환경의 특성을 결정하는 *불확실성*의 수준이다. 이것에 대한 하나의 해결책으로는 기업의 주요 사업 프로세스의 내부적인 통합일 것이다. 그러나 '구매' 결정이 지닌 유연성과 선택의 기회(flexibility and choice)라는 두 개의 주요 특성은 예측하지 못했던 시장의 변화에 대처할 수 있게 해 준다는 점에서 기업의 '제조' 결정이 최선의 선택이 아닐 수도 있다. 여기 설명된 하나의 예시는 야후(Yahoo!)의 소셜 미디어 전략에 관한 것이다. 과거에 야후는 야후 이메일, 메신저, 주소록 등을 통하여 사용자들과 사회적인 연결(social connections)을 증폭시키고자 하였다. 이는 명백하게 '제조' 결정과 기업 통합 전략을 나타낸다. 그러나 이러한 접근은 야후로 하여금 기업의 목표를 달성하게 해 주지 않았다. 결국 야후는 페이스북 커넥트(Facebook Connect)로 야후의 서비스를 연결함으로써 페이스북(Facebook)과의 파트너십(partnership)을 기반으로 한 소셜미디어 전략을 택하였다.

반면에, 만약 기업이 특정 자산의 투자로 인한 원치 않은 파트너사로의 종속(*dependency*)을 예상한다면, '제조' 결정이 좋은 선택일 수 있다. 파트너십 관계가 항상 계약상의 합의를 통해 알맞게 공식화되지는 않을 수 있기 때문에, 때로는 '제조'와

이제 모든 사람이 비평가가 되는 것인가?

그것이 얼마나 심각한 것인가?

우리가 지닌 제한된 증거는 사람들이 그들이 읽는 리뷰들을 통해 꽤 민감하게 추론을 이끌어 낸다는 사실을 제시한다. 경제학자 데이비드 레일리(David Reiley)와 그의 동료들은 이베이 경매(Ebay auctions)에 대하여 연구해 왔다. 레일리는 판매자에 대한 긍정적인 평가(positive rating)는 그 판매자가 수령하는 가격을 상승시키지만, 그 효과는 미미하며 통계적으로 유의(statistically significant)하지 않음을 발견하였다. 반면에, 부정적인 평가(negative rating)는 가격을 하락시키는 데 있어 매우 크고 통계적으로 유의한 효과를 가져온다는 것이다. 이는 판매자가 친구들 혹은 통제 가능한 온라인 가명(aliase)인 다중계정("sock-puppets")을 찾아 모은 후, 이들에게 긍정적인 평가를 해 달라고 부탁하기 위해 노력하는 행동에 납득이 가게 한다. 그러나 즐거움을 나누기 위해 부정적인 평가를 포스팅(posting) 하는 것에 대해 누가 신경을 쓰겠는가? 또한, 부정적인 평가는 매우 드물게 나타나며, 이것들은 더욱 정보성 있는 평가로 여겨질지도 모른다.

판매가 평가(seller ratings)는 후기(reviews)와는 다르다

주디스 슈발리에(Judith Chevalier)와 디나 메이즈린(Dina Mayzlin)의 연구 덕분에 우리는 아마존(Amazon)의 후기에 대한 증거를 얻을 수 있었다. 이들은 아마존과 반즈앤노블(Barnes&Noble)의 웹사이트에서 판매되고 있는 도서를 비교하면서, 각각의 웹사이트에서 주어진 도서의 제목에 대한 후기와 상대적인 인기도(relative popularity)를 관찰하였다. 이것은 좋은 통계적 도구(statistical tool)였다. 사람들은 명백하게 좋은 후기와 많은 매출을 통해 좋은 도서임을 예측(expect)한다. 그러나 슈발리에와 메이즈린은 어떠한 책이 사이트에서 특별히 주목할 만한 후기를 갖고 있을 때, 그것이 책의 매출에 어떠한 영향을 미치는지 추적(tracking)할 수 있었다.

FT *Source*: Adapted from Hartford, T. (2012) Everyone's a critic now - or are they?, *FT.com*, 3 February.

‘구매’의 하이브리드 해결책(hybrid solution)이 더욱 적절할 수 있다. 어쨌든 거래비용이론의 더욱 동적인 접근은 비즈니스 프로세스를 완전히 통합(integrate)하는 것을 방지하고, 파트너십을 모색하며, 특정 거래 자산(transaction asset)을 감소함으로써 불활실성에 대한 대처방안을 제시한다.

반면에, 만약 기업이 특정 자산의 투자로 인한 원치 않은 파트너사로의 종속(dependency)을 예상한다면, ‘제조’ 결정이 좋은 선택일 수 있다. 파트너십 관계가 항상 계약상의 합의를 통해 알맞게 공식화되지는 않을 수 있기 때문에, 때로는 ‘제조’와 ‘구매’의 하이브리드 해결책(hybrid solution)이 더욱 적절할 수 있다. 어쨌든 거래비용이론의 더욱 동적인 접근[6]은 비즈니스 프로세스를 완전히 통합(integrate)하는 것을 방지하고, 파트너십을 모색하며, 특정 거래 자산(transaction asset)을 감소함으로써 불확실성에 대한 대처방안을 제시한다.

9.1.2 ‘구입(buy)’ 결정을 선호하는 이유

오늘날, 많은 기업들은 주로 원자재 조달 부분(sourcing parts)과 서비스를 외부 공급자에 의존하고 있다. 외부 공급자에게 의존하는 4가지 이유는 (1) *규모의 경제 달성의 어려움*(*difficulty to achieve economies of scale*) (2) *높은 자본 요건*(*high capital requirements*), (3) *전문적 노하우*(*specialised know-how*) 그리고 (4) *오픈 시상의 높은 효율성*(*higher efficiency of the open market*) 때문이다.

규모의 경제 달성의 어려움

기업이 오직 자기 기업만을 위해서만 생산하게 되면 일반적으로 다른 기업을 위해 생산하는 공급자들보다 적은 규모가 필요하다. 즉, 외부 공급자자는 개별 기업이 스스로 생산하는 것보다 더 큰 규모의 경제를 얻을 수 있다. 예를 들면, Dell은 자신들이 판매하는 PCs에 사용되는 마이크로칩(microchips)을 생산하기 위해 자체 공장을 짓기로 결정했다. 그러나 내부적으로 공장을 짓는 데 요구되는 투자는 상대적으로 기대되는 결과물에 비하여 컸기 때문에 생산하는 모든 칩(chip)은 가격이 높을 수밖에 없었다. 그러므로, Dell은 여러 컴퓨터기업에게 칩(chips)을 제공하는 Intel이나 AMD와 같은 전문 기업에서 칩(chips)을 구매하였다. 사실 Dell은 거의 모든 투입물(inputs)을 이와 같은 접근법을 사용했다. 공급자들의 고객 대부분은 그 규모가 크기 때문에 낮은 가격으로 폭넓게 규모의 경제를 달성할 수 있다.

높은 자본 요건

특정 부분의 생산이 전문화된 시설 설립과 같은 주요 투자 선행이 필요하다면, 이미 필요한 설비를 가지고 있는 외부 공급자를 찾는 것이 낫다. 이렇게 하면 기본 단위당 더 비싸질 수는 있지만, 전반적인 위험은 줄일 수 있다. 예를 들자면, 미국의 식료품 소매상인 Webvan이 온라인 식료품점을 시작할 때 외부 공급자들에게 의존했더라면 문제가 없었을지도 모른다. 실제로 Webvan은 가치사슬의 모든 부분을 스스로 해결하였고, 사용자 중심의 IT 플랫폼(platform) 고도화된 자동화된 창고(warehouses)와 거대한 배송 트럭에 막대한 투자를 했지만, 결과는 비즈니스 모델이 예상을 빗나갔다. 고가의 IT 플랫폼(platform)과 창고 그리고 트럭은 원래 가격의 일부분에 파산 절차 동안 판매되었다.

전문적인 노하우

전문화 효과(Specialization effects)는 규모의 경제와 관련이 있다. 많은 양의 제품을 생산하는 기업은 생산방법과 R&D 프로세스와 관련하여 지속적인 노하우를 축적하고 있는 경향이 있다. 이러한 전문적인 노하우는 생산비용을 낮출 뿐만 아니라 품질 표준을 높인다. 기업은 내부/ 외부 물류를 조직화하는 거대한 물류창고를 보유한다. 그러나 실제 운송 프로세스를 위해 Tesco Direct는 물류에 대한 강력한 운송 경험 프로세스를 가지고 있고 오랜 시간에 걸쳐 최적화된 프로세스를 가지고 있는 전문 물류 기업(logistics firms)에 의존한다.

오픈 시장의 높은 효율성

외부 공급자들이 때로는 더 효율적이다. 왜냐하면 그들은 자신들이 속해 있는 특정 산업군에서 다른 경쟁자들과의 지속적인 경쟁상태에 놓여 있기 때문이다. 내부적으로 수행한다면, 하위 제품(sub-product)의 생산 또는 서비스 제공은 통제의 부족으로 시간이 지날수록 매우 비효율적이게 되며 결국 불필요한 발생을 야기할 것이다.

다른 한편으로 같은 제품을 생산하는 외부 기업과 '보호(protection)'라는 동일한 유형을 즐길 수 없으며, 지속적으로 높은 수준의 효율성을 유지를 통해서 비용을 감소시켜야 한다.

9.2 e-비즈니스 활동을 위한 조직 구조 선택

1998년, Bertelsmann은 자신의 온라인 서점 BOL을 시작하고자 했을 때, BOL은 독립적인 사업으로써 운영할지, 회사 안에서 통합하여 운영할지에 대한 고민에 빠졌다. 많은 전통적인 오프라인 기업(bricks-and-mortar companies)들은 인터넷 붐이 일어난 e-비즈니스 벤처를 시작할 때 있어 이와 같은 질문에 직면했다. 그들은 다양한 조직적인 선택을 가지고 있었다. 그림 9.2에서 보여지는 오프라인(bricks-and-mortar) 범위는 다양한 옵션을 분석할 수 있게 도와준다.[7]

범위의 한쪽 끝을 보면, 기업은 회사 내에 그들의 e-business 활동을 완전하게 통합한

그림 9.2 온/오프 기업의 e-비즈니스 활동의 통합에서 분리까지의 범위

Source: Reprinted by permission of *Harvard Business Review* [Exhibit ROO 313]. From 'Get the right mix of bricks and clicks' by R. Gulati and J. Garino, May–June 2000.

다. 다른 한쪽 끝에서는 e-business 운영은 완벽하게 기업에서 분리되고, 분사한 형태이다. 두 접근 방식 모두 장점과 단점을 가지고 있다.

9.2.1 e-business 조직 분리

첫 번째로 모기업에서 분리된 e-business 활동들을 살펴보자. 이러한 형태는 인터넷 붐 시기에 가장 많이 나타났던 형태이다. 예를 들자면, Bettelsmann은 도서 판매의 인터넷 시장 진입을 위해 독립적인 BOL을 시작하였다. 이 시기에 많은 다른 오프라인 기업(bricks-and-mortar companies)들은 온라인 활동을 자신의 비즈니스 활동과 분리하였다. 이러한 방법은 다음과 같은 이점(advantage)을 줄 것이라는 믿음이 있었다.[8]

- *보다 집중된 e-business활동(Greater focus).* 빠르게 움직이는 비즈니스 환경과 증가하는 인터넷 기반의 경쟁으로 인해, 기업은 독자적으로 e-business 활동에 집중하고자 했고, 기업의 전체 전략을 고려하지 않았다(6.2에서 분리된 조직 구조의 장점에 대하여 논의했었다. 분리된 조직 구조는 파괴적 혁신(disruptive innovations)에 직면했을 때 중요하다.
- *더 많은 유연성과 빠른 의사 결정(more flexibility and faster decisions).* 분리된 e-business 조직은 의사결정에 있어 더 유연하고 신속하다.
- *기업 문화(Entrepreneurial culture).* 이전 경영 방식과 비즈니스 프로세스는 인터넷 시대에는 부적합하다. 인터넷 시대에는 '모든 것'이 다 바뀌기 때문이다. 이러한 변화를 수용하기 위하여 e-비즈니스 벤처(ventures)는 경영능력을 갖추고, 강력한 IT 노하우를 가지고 있으며 분석적 능력을 갖추었지만, 산업에 대한 지식은 부족한 젊은 사람들을 고용한다.
- *벤처 자본 이용(Access to venture capital).* 1990년대 후반 주식시장 주가의 상승은 온라인 비즈니스를 모기업에서 분리하게된 하나의 이유였다. 기업 가치가 놀랍도록 상승한 것은 비즈니스 전략이 희석되거나 퇴색시킬 수 있는 오프라인의 물리적 구조

가 필요 없는 순수한 온라인 비즈니스였기 때문이다.

2000년 온라인 버블이 사라지면서, e-비즈니스 활동을 분리했던 많은 기업들은 자신의 온라인 채널과 오프라인 채널 사이의 시너지를 기대하기 어려워졌고, 온오프라인 비즈니스(clicks-and mortar) 전략을 추구할 수 없었다. 운이 다한 닷컴 비즈니스 활동에 많은 돈을 낭비한 후, 주주들은 빠른 의사결정과 지속 가능한 전략과 수익(profit)을 창출 할 수 있는 비즈니스 모델을 추구했다. 이러한 발전의 결과로, 많은 e-비즈니스 운영을 분리했던 많은 기업들이 모기업으로 다시 통합하는 계기가 되었다.

이러한 결과의 주요 예를 들면, 자신의 경영구조와 비즈니스 모델에서 분리하여 시작했던 BOL과 같은 온라인 서점과 같은 경우가 있다. 그러나 인터넷 붐이 가라앉으면서, 온라인 서점 운영은 Bertelsmann(the Direct Group of Bertelsmann)에 통합되었다.

9.2.2 통합 e-business 조직

어떤 기업들은 그들의 온라인 비즈니스 활동을 자신들의 오프라인 운영(bricks-and-mortar operations)과 직접적으로 연결했다. Office Depot는 물리적인 유통 네트워크와 웹사이트를 긴밀하게 통합하였다. 그래서, 콜 센터와 거대한 유통 트럭과 같은 기존의 인프라를 활용할 수 있었다. 유사하게 기존의 매장 네트워크를 이용하여 실행 주문 명령을 실행할 때, Tesco.com은 통합된 매장 기반의 주문이행을 선택했다.

이는 분리된 조직보다 오늘날 온라인 채널과 오프라인 채널의 통합된 조직 구조가 갖는 주요 장점이다. 세부적 장점은 다음과 같다.[9]

- *기존 브랜드, 신뢰할 수 있는 브랜드(established and trusted brand).* 물리적인 세계에서 온라인 세계로 이동한 기업들은 이미 확보한 고객들을 통해 브랜드를 활용할 수 있다. 신뢰는 e-비즈니스의 핵심이며, 신뢰는 문제가 발생했을 때 고객이 면대면 상호작용할 수 있을 때 증가한다.
- *정보 공유(shared information).* 고객에 대한 정보는 여러 채널을 통해서 공유할 수 있다. 예를 들면, Tesco.com은 물리적인 식료품판매에 활용하기 위하여 온라인 채널에서 받은 구매정보를 사용한다.
- *상호촉진 광고(cross-promotion).* 온라인과 오프라인 채널은 상호촉진광고(Cross-promotion)장점이 있다. Nordea는 고객들의 온라인 채널 사용을 유도하기 위해 지점 직원들을 활용했다. 의류회사인 GAP은 물리적인 상점에서 Gap.com 온라인 매장에서까지 Gap 표시를 한다.
- *구매 효과(purchasing leverage).* 구매는 온라인과 오프라인 채널에서 같이 일어날 수 있다. 그러므로 공급자에 대한 기업의 구매력을 증가시킬 수 있고, 이는 곧 구매 비용을 줄일 수 있다.

- *유통의 효율성(distribution efficiencies).* 다른 유통채널을 가지고 있는 기업은 같은 기반시설을 이용할 수 있어, 활용에 따른 규모 효과를 얻을 수 있다. Tesco와 Tesco의 매장 기반 접근(store-based picking approach)을 고려한다. 대부분의 수확은 많은 고객들이 몰리지 않는 비수기시간(store's off-peak hours) 동안 이루어진다. barnesandnoble.com에서 고객들은 온라인에서 자신의 책을 주문하고 검색할 수 있고, 오프라인 매장에서 책을 받을 수 있다. 예를 들어, 큰 가구 유통업체인 홈 디포(Home Depot)와 세계에서 가장 큰 악기 유통업체인 기타 센터(Guitar Centre), 그리고 이들 업체의 관련 웹사이트인 homedepot.com 및 guitarcentcr.com에서도 같은 옵션이 가능하다.
- *고객 서비스 공유(shared customer service).* 오프라인 채널은 온라인 채널을 위한 고객 서비스를 제공하기에 매우 유용하다. 결함이 있거나 원치 않았던 구매를 반환하기 위해 오프라인 매장에 가는 것보다 포장해서 우편이나 택배로 보내는 것이 훨씬 용이하다. 또한, 오프라인 매장의 직원들도 매장 유지보수와 점검에 관련된 고객서비스를 지원할 수 있다.

이 장의 몇몇 부분에서 언급했듯이, 완전 통합하거나 완전 분리하는 두 극단의 선택에 있어서는 몇 가지 혼합 선택 범위(hybrid options spanning)가 존재한다. 혼합 선택 범위에는 조인트 벤처(joint ventures)와 전략적 제휴(strategic partnerships)가 있다. 이러한 접근법들은 오프라인 기업(bricks-and-mortar)의 강력한 브랜드와 확보하고 있는 고객 그리고 온라인 기업의 기술적인 노하우와 민첩성 그리고 기업 문화의 결합을 추구한다.

이는 2011년 부도처리 되었지만, 미국에서 두 번째로 큰 도서 유통업체였던 보더스 그룹(Borders group)과 아마존이 파트너십을 구축한 예를 보면 알 수 있다. 이러한 파트너십은 주요 도서 유통업체가 새로운 디지털 비즈니스 환경에서 적시에 대응하는 것에 어떻게 실패하는지를 보여준다. 2001년, 이 두 기업은 협정을 통해서 아마존은 보더스 그룹에 e-비즈니스 솔루션과 기술적 서비스, 웹사이트 콘텐츠, 그리고 제품 선택과 공동브랜드인 '아마존 닷컴과 제휴한 보더스' 웹사이트를 위한 고객 서비스를 제공했다. 아마존닷컴은 이 웹사이트를 통한 모든 주문을 기록하고, 보더스 그룹에게 고정 매출 비율을 전달한다. 이 협정을 통해, 두 기업은 아마존 닷컴의 강력한 기술적 노하우와 보더스 그룹의 오프라인 매장의 효과를 활용하였다. 웹사이트를 통해서 주문한 고객들은 주문 당일 가까운 보더스 매장에서 주문 상품을 찾을 수 있다. 이를 통해 고객들은 주문한 제품 수취와 매장에서 주문한 제품을 신속하게 찾을 수 있도록 예약된 내용에 대한 주문 확인 이메일을 받게 된다.

이는 기본적으로 보더스 그룹과 아마존닷컴 사이의 파트너십 모델이었으며, 보더스가 아마존으로부터 온라인 매출의 점유율을 가져오는 것이었다. 하지만 두 기업간의 협정 계약이 첫 해를 넘겨도 지속되었음에도, 보더스는 2008년에 아마존에서 벗어나 Borders.

com이라는 이들만의 전자상거래 웹사이트를 운영하기 시작했다. 이러한 결정은 보더스의 오프라인 및 온라인 채널을 통합하기 위한 목적이었으며, 이렇게 함으로써 기업이 온오프 겸업(click-and-mortar) 도서 유통업체로 거듭나기 위함이었다. 그러나 2008년부터 2011년까지 악화된 보더스의 재정 상태는 디지털 콘텐츠와 온라인 소매업의 새로운 도전을 마주하기 위해 효과적으로 기업의 형태를 변화시키는 것이 불가능함을 보여주었고, 이는 도서 산업의 패러다임을 바꾸어놓았다.(FT 기사 '디지털 페이지로 바뀔 수 있는 마지막 서점들' 참조)

디지털 페이지로 바뀔 수 있는 마지막 서점들

서점들은 스테판 킹(Stephen King)의 종말론적 소설에 등장하는 것과 같이 보였다. 휑뎅그렁한 소매점의 한쪽 구석에는 먼지가 굴러다녔고, 언젠가는 베스트셀러와 함께 진열되었던 책들은 잊혀지고 또 찾는 이가 없어져 책장에 여기저기 흩어져 있었다.

이는 지난달, 영업을 종료하는 보스턴의 한 보더스 서점의 모습으로, 곤경에 처한 미국과 영국의 도서 유통업체를 상징하는 것이다. 아마존과 전자책 단말기로 온라인 도서 구매를 하는 소비자들이 증가하면서, 단순하게 생각해볼 때 감소하는 소비자들의 수요를 충족하기 위한 서점이 덜 필요로 하게 되었다. 새롭게 당면한 현실의 충격은 즉각적으로 다가왔다. 미국과 영국의 보더스는 파산하고 말았다. 그리고 지난 주, 기회주의적인 백만장자로서 살아남은 미국의 반스앤노블과 영국의 워터스톤스(Waterstone's)는 최근 몇 해 동안 곤두박질친 가치를 지닌 기업들을 덥석 손에 쥐려 하였다.

보더스가 빠르게 발전한 디지털 세상에서 살아남지 못했던 데 비해, 반스앤노블과 워터스톤스는 모순되게도 수익을 내고 있었다. 그리고 이러한 사슬을 통제하려 하는 이들 백만장자들은 명백히 그 브랜드에서 아직 발견되지 않은 가치를 감지했다. "그들은 확실히 기회를 볼 수 있어요." 과거 피어슨(Pearson)이 파이낸셜 타임스(Financial Times)을 합병한 것을 기뻐했던 펭귄(Penguin)사의 회장이자 최고 경영자인 존 마킨슨(John Makinson)이 말했다. "이것은 이성적으로 똑똑한 사람들이 던지는 자신 있는 한 표입니다. 해당 산업으로서는 매우 긍정적인 날인 셈이죠."

산업 분석가와 전문가들은 기회가 두 개의 단계로 존재한다고 언급했다. 각각의 시장에서 메이저 유통업체로서 만약 잘만 운영된다면 반스앤노블과 워터스톤스는 실제로 매장이 존재하는(bricks-and-mortar) 오프라인 경쟁이 부재하는 가운데 번창할 수 있을 것이다. 결국, 대다수의 독자들은 여전히 픽셀(pixels)이 아닌 종이에 더 눈길을 줄 테니 말이다. "이 시장에는 '마지막까지 살아남은 자'의 가치가 존재합니다."라고 마킨슨 씨는 말했다. "보더스가 망하면서, 보더스에서 반스앤노블로 넘어가는 많은 소비자들이 있을 것입니다."

반스앤노블은 지난 분기 때, 공휴일을 포함하여 약 6,050만 달러의 수익을 달성했다. 그리고 워터스톤스의 매출이 하락하는 사이, 분석가는 다음 달, 연간 기준으로 보았을 때, 해당 기업이 이자 및 세금 제외 후의 수익이 약 2,000만 파운드(3,300만 달러)의 가치 하락 및 부채 상황이 있을 것으로 예상했다.

그러나 더욱 흥미롭게도 갑작스러운 변화는 온라인상에서 나타났다. 반스앤노블은 아마존의 킨들(Kindle)을 뒤따르고 있었음에도 불구하고 디지털 활황인 도서 시장에 자사의 누크(Nook) 전자책(e-reader)을 재빠르게 진출시켰다. 분석가는 이것이 말론(Malone)의 입찰을 따낸 전자책 공급자로서 메이저 공급자로 도약하는 기회가 될 것이라 말한다. "보더스가 시장에서 밀려났기 때문에 반스앤노블이 물리적인 도서를 더 판매할 수 있게 된 것은 아닙니다." 포레스터 리서치(Forrester Research)의 분석가인 맥키베이(McQuivey)가 말했다. "이것은 새로운 디지털 소비자 관계에 관한 것으로,

반스앤노블이 가장 강력하고 새로운 플랫폼(platform)을 갖게 되었기 때문입니다." 영국에서의 전자책의 침투율은 오늘날 미국의 그것보다 훨씬 낮다.

이러한 발전은 결국 도서 시장의 종말에서 살아남는 세상으로 이끌어 낼 수 있을 것이다. 이와 같은 시나리오에서 각각의 시장에는 각각 하나의 유통업체가 지배하게 될 것인데, 아마존은 온라인 매출을 지배하게 될 것이며, 아마존, 반스앤노블, 그리고 애플(Apple)사를 포함한 다양한 업체들이 전자책 판매를 담당하게 될 것이다. 이러한 세상에서 가장 마지막에 남는 승자가 되는 것은 해피 엔딩에 이르게 할 수 있을 것이다.

FT *Source*: Adapted from Gelles, D., Edgecliffe-Johnson, A. and Barrett, C. (2011) Last bookstores standing may turn digital page, *FT.com*, 22 May.

9.3 인터넷에서의 가치사슬의 해체

해체의 개념은 거래 비용이론을 기초로 한다.[10] 이 개념의 기본적인 틀은 산업의 통합된 가치사슬은 다음의 주요한 두 개의 발전의 결과로 해체된다는 것이다. 첫 번째는 제품과 정보의 분리이고, 두 번째는 정보의 도달성과 풍부성 사이의 상충효과(trade-off) 확장(blow-up)이다.[해체 개념의 한계점은 9.1의 핵심적 관점에서(Critical Perspective) 논의된다]

정보와 제품의 분리에 대하여 자세히 살펴보기로 하자. 정보의 경제와 제품의 경제는 어떻게 다른가? 책상과 의자와 같은 물리적인 제품이 판매되면, 소유권은 판매자에서 구매자로 변화한다. 반대로 정보적 제품은 여러 번 사용할 수 있고, 추가 생산 비용이 낮다. 온라인에서 출판되는 신문기사를 보면, 10명 또는 10,000명의 사람이 읽더라도 그 생산 비용에는 영향을 주지 않는다. 게다가 물리적 제품은 공간(location)에 의존적이다. 그것들은 쉽게 이동할 수 없고, 상당한 공간을 차지한다. 반대로 정보는 전세계에 신속하게 전송되고 오직 컴퓨터 서버에 디스크 저장 공간만 필요로 한다.

과거에는 경제의 두 다른 측면은 하나의 비즈니스 모델 안에서 합쳐져 있었다. 중고차 거래의 예를 보자. 고객들이 중고차 대리점에 가는 이유는 무엇일까? 고객은 자동차 운행을 테스트하기 위해, 유리한 금융제도를 얻기 위해서, 또는 유지 보증 서비스를 받기 위해 중고차 대리점에 간다. 고객에게 가능한 한 많은 정보를 제공하기 위해 많은 차를 전시하고, 고객들은 쉽게 다양한 차종을 쉽게 비교하고 구매하기 위한 많은 정보를 얻는다. 다른 한편으로는 자동차에 대한 정보는 실제 자동차를 통해 알 수 있기 때문에 전시장에 자동차를 가능한 한 많이 전시하는 것은 전시 공간과 재고에 대한 비용의 상승과 상충된다. 판매를 목적을 위한 더 나은 타협은 중앙 위치에 전시 차량의 수를 극대화하는 자동차 대리점을 구축하는 것이다. 그러나 서비스 목적을 위해서는 자동차 소유자의 집 근처에 위치한 소규모 수리 전문점을 여는 것이 더 나을 것이다.

핵심적 관점 9.1

해체와 재구성의 한계점

어떻게 '해체(unbundling)'의 개념에 대한 적용 가능성을 평가할 것인가? 이 문제는 '기업 해체(deconstruction)'의 개념을 설명과 유사하다.[11] 여기서 비즈니스라고 부를 가치사슬의 여러 부분에서 이 두 개념은 통합 기업 안에서 타협(compromises)과 교환관계(trade-offs)로 해결될 수 있다고 인식된다. 그 예로 eBay와 Dell은 해체를 통해 일을 하고 있고, 매우 높은 수익성을 갖는다. eBay와 Dell은 이러 유형의 해체가 제한된 e-비즈니스를 하는 다른 기업들과는 뚜렷한 차이가 있다.(?) 해체가 기업에 적절하지 않는 이유는 다음과 같다.[12]

- *내외부적으로 수행되는 활동들 사이의 연결 부족(Lack of linkage between externally and internally performed activities).* 예를 들면 Amazon.com은 고객과의 상호작용을 하는 전방위(front-end)에 중점을 둔 고도로(highly) 해체된 비즈니스 모델에서 시작하였다. 후방위(back-end) 창고 및 물류는 외부 공급업체에 맡겼다. 그러나 외부 물류와 연결되는 전방위(front-end)는 예측했던 것 보다 더 힘든 일이었다. 이 때문에 운송 속도(출하), 품질 그리고 신뢰를 약속한 고객에게 혜택을 전달하는 것이 어려워졌다. 그래서 Amazon.con은 가치사슬에 독점적인 창고시스템을 설정하여 가치사슬의 일부분으로 재통합하기로 결정하였다.
- *융합의 증가와 모방의 용이성(Increased convergence and ease of imitation).* 경쟁적 우위를 위한 사전에 구성된 상당한 자원을 외부 공급자들에게서 아웃소싱하는 가치사슬 단계에서 같은 벤더(vendor)가 경쟁자로 돌아서 위험에 처할 수 있으며, 매우 동일한 것을 만들 수 있다. (같은 벤더에서 구입한 제품을 가지고 더 잘 만들 수 있다.) 이러한 결과 차별화 가능성은 줄고, 가격경쟁은 증가하게 된다. 게다가 새로운 진입자는 차별화할 수 있는 능력보다 동일한 구매되는 투입물(purchased inputs)만 필요하기 때문에 진입장벽 또한 낮아진다.

온라인 경매 기업인 eBay는 USA에서 가장 큰 중고차 대리점이 되고자 효과적으로 중고차 비즈니스를 재구성하였다. 전통적으로 자동차 딜러와 같이 eBay는 넓은 자동차 선택권을 제공하지만 오프라인 딜러와 달리 자동차 전시장과 같은 오프라인 매장을 만들지는 않는다. eBay는 판매자들을 위한 통합된 시장 조성자의 역할을 하며, 탁월한 선택을 할 수 있게 해준다. 외부 파트너들과 가치사슬의 해체와 재구성을 통해 eBay는 비용 절감을 통해 고객들에게 높은 혜택(benefit)을 제공할 수 있다.

어떻게 그런 것이 가능할까? (How does it work?) eBay에서 자동차를 판매하고자 하는 판매자는 자신의 자동차의 품질에 대하여 잠재적 고객들에게 확실을 줄 수 없다는 문제에 직면하게 된다. 이 점을 해결하기 위하여 eBay는 공인된 자동차 검사 체인인 PepBoys와 파트너십을 맺었다. PepBoys는 자동차를 검사하고 공인된 검사 인증서를 발급하는데, 판매자는 PepBoys를 통해 발급받는 인증서를 eBay에 게시할 수 있다. 자동차 상태에 대한 정보는 자동차에 대하여 잘 모르는 구매자들에게는 스스로 자동차상태를 점검해야 했던 전통적인 시장보다 온라인이 더 낫다. eBay는 또한 금융회사 그리고 제 3자 지불 운영자와 파트너십을 맺고, 사기를 방지하고 구매자가 판매자에 대금을 보내는 대리인 역할을 하였다.

결과적으로 이러한 해체는 "경쟁적 우위의 차별화(de-averaging of competitive advantage)"를 발전시켰다. 기업은 가치사슬의 한 부분을 선택하고, 전체에서 오직 한 부분에서의 경쟁을 결정하고, 전문화의 수준을 높이거나 경쟁적 우위를 창출할 수 있는 다른 요소들을 선택한다. 반면에 다른 활동들은 외부 공급자들에게 아웃소싱하거나 대량 맞춤화할 수 있는 상점 시스템을 웹사이트 소유자들에게 제공하는 Spresdshirt 사례에서처럼 다른 활동들을 고객 스스로 할 수 있게 한다.

9.4 인터넷에서 기업의 해체

'기업 해체(unbundling the corporation)' 개념은 가치사슬 해체(deconstruction)와 매우 유사한 개념이다.[13] 인터넷으로 인해 거래 비용이 낮아진 결과 기업은 전통적 조직을 재고하고 기업의 핵심 비즈니스 활동을 세분화할 필요가 있나.(이 개념의 한계점은 'Critical Perspective 9.1'에서 논의한다. FT 기사 '불안정적인 시기임에도 효과가 있는 모델' 참조)

불안정적인 시기임에도 효과가 있는 모델

이스트먼 코닥(Eastman Kodak), GE, 시티뱅크(Citibank), 그리고 아메리칸 익스프레스(American Express)와 같은 서구 다국적기업이 기업의 IT 사업체를 아웃소싱(outsourcing)하기 시작한 후 25년 동안, 글로벌 IT 서비스 산업은 820조 달러에 이르는 거대 기업으로 성장하였고, 이러한 아웃소싱은 주류가 되었다.

"아웃소싱은 더 이상 새로운 경영 전략이 아니며, 기업들은 내부적으로 관리할 수 없는 기능들을 외부에 맡길 것을 요구받고 있습니다."라고 11만 회원을 보유한 국제 아웃소싱 전문가 위원회(International Association of Outsourcing Professionals)의 매니징 디렉터인 잭디시 다랄(Jagdish Dalal)이 말했다. "아웃소싱은 기업들에게 대체 가능한 비즈니스 모델을 제공하고, 이는 작지만 시장 차별적인 핵심 부분을 관리하는 데 있어 필요한 작업을 수행하는 제3의 전문가와 협력하는 것입니다. 이러한 '파괴적인(atomic)' 비즈니스 모델은 기업들을 [경제적인] 폭풍에서뿐만 아니라, 오늘날의 불안정적인 시기에서도 시장 이익(market advantage)을 창출해 낼 수 있도록 도와줍니다."

크거나 작은 기업들은 그들의 시장을 확장하는 데 있어서 유연성을 확보하려는 데에도 아웃소싱을 활용한다.

3월, 네덜란드에 본사가 있는 엔지니어링 및 환경 자문회사인 로얄 하스코닝(Royal Haskoning)은 인도의 Tata Consultancy Service(TCS)와 여러 해 동안 진행되는 수백만 달러의 IT 기반 아웃소싱 계약을 체결했다. TCS는 IT 기반의 모든 서비스를 제공하며, 이러한 서비스에는 다국적 언어 서비스 데스크(multilingual service desk), 데이터 센터의 호스팅(hosting) 및 관리, 최종 소비자(end-user) 컴퓨팅 서비스, 그리고 어플리케이션 지원 서비스가 포함된다. "로얄 하스코닝은 확장을 계획 중이며, 자국뿐만 아니라 해외 신흥 시장으로도 진출할 계획입니다." 최고정보관리책임자인 에릭 오버부르드(Eric Overvoorde)가 설명했다. "우리는 흥미로운 도전들에 직면하기 때문에 지속적인 서비스 제공의 경험이 성공하기 위해 필수적입니다." TCS가 로얄 하스코닝의 IT 인프라를 관리하면서, 로얄 하스코닝은 관리를 함에 있어 경영 성과에 집중할 수 있으며, 유럽과 그 외 국가에서 글로벌 성장을 달성하게 될 수 있게 된다.

로얄 하스코닝의 사례처럼, IT 아웃소싱은 더 이상 커다란 다국적 기업의 보존만은 아니다. 시장은 상대적으로 작거나 중간 사이즈의 기업들을 포용할 수 있게끔 확장했다. 예를 들어, 영국에서는, 이중창 제공업체 에버레스트(Everest)는 네트워크를 강화하고 IT 인프라를 발전시키고 싶었지만, 장기간의 계약은 원하지 않았다. "첫째로, 우리는 시스템 전문 공급자를 필요로 하지만, 좀 더 유연하게 접근했으면 했어요." IT 서비스 관리자인 데이트 고든(Dave Gordon)이 말했다. 지난해, 에버레스트는 프로젝트를 위해 미국에 본사를 둔 독립적 관리 서비스 제공업체인 칼릭스(Calyx)를 선택했다. "우린 칼릭스와 최소 설치 비용이 포함된 1년짜리 계약에 동의했어요,"라고 고든이 말했다. "일단 우리가 칼릭스와 한동안 일을 함께하고 하면, 매일의 작업 내에서 유연한 접근을 유지하는 동안 그들 팀의 혁신 능력은 명백해졌습니다. 우리는 그동안의 팀의 노력에 만족하였고, 관리 서비스 계약을 연장하였습니다. 그리고 이는 우리 부서별 사용자를 위한 광역네트워크(side area network; WAN)를 강화하는 데 도움을 주었습니다."

과거에는 아웃소싱이 IT 서비스에만 주로 집중하였으나, 지난 십 년 동안 가장 빠르게 성장하는 분야 중 하나가 바로 비즈니스 프로세스 아웃소싱(BPO)이었다. IT 아웃소싱을 하면서 미국 소프트웨어 그룹인 마이크로소프트사, 그리고 제약 회사인 아스트라제네카(AstraZeneca)와 같은 기업이 왜 비즈니스 프로세스에 외부 회사를 고용하기를 선택했는지에 대한 이유는 여러 가지가 있다. 마이크로소프트는 2006년 론치(launch)된 '원 파이낸스 계획(OneFinance initative)' 아래, 글로벌 재무 프로세스와 작업을 리엔지니어링(re-engineering)하는 것에 착수했다. 이러한 노력의 일환으로, 회사는 액센츄어(Accenture)에 95개 국가의 백오피스(back-office) 재무 처리를 아웃소싱하였으며, 이는 "상호 이익(mutual gains)과 성과 개선(performance improvements)을 증진시키기 위해 디자인된 계약 아래 진행되었다.

더욱 근래인 2009년에는, (GE에서 파생된 인도의 BPO 회사인)젠팩(Genpact)이 "핵심 능력(core competency)"으로 고려되지 않았던 글로벌 재무와 회계 서비스를 제약 회사에게 공급하기 위해 아스트라제네카와 5년짜리 계약을 체결했다. 아스트라제네카의 글로벌 재무 처리 변화의 시니어 디렉터(senior director)인 토니 글린(Tony Glynn)은 다음과 같이 말했다. "특허가 만료되는 등 더 많은 불확실성과 큰 경쟁에 대비하면서 제약 산업이 변화하는 시기에 접어들었습니다." 글린은 우선적으로 글로벌 재무 처리 프로세스의 변화를 위한 6개의 BOP 회사를 확인하였으며, 최종적으로 젠팩을 선택하였다. "우리는 2009년 11월에 계약을 체결했고, 젠팩으로 우리의 활동들을 전송하는 데 80% 정도 달성하였습니다."라고 그가 말했다. 다른 대형 제약 회사들처럼, 아스트라젠카는 자사의 IT와 관련된 대부분을 아웃소싱하였다. "또한, 우리는 인적자원 관리를 아웃소싱하는 계약을 체결하였으며, 벌써 R&D 작업의 몇몇 부분을 선택적으로 아웃소싱하기도 하였다."라고 글린이 설명했다.

다랄 씨는 제약 산업이 신약 개발을 위한 R&D를 아웃소싱하는 기업들의 사례들을 많이 나타내고 있다고 지적한다. 반면에, 그는 이렇게 말한다. "부동산 아웃소싱 업체는 건물에 투자하는 대신 자금을 보존하는 옵션을 제공하는 회사를 제공합니다." 그리고 IT 부서는 혁신을 제공하고 기술적인 차이(gap)를 채우기 위한 아웃소싱을 오랫동안 활용해왔다. "제조 아웃소싱은 또한, 제조를 위한 고정 비용을 더욱 가치 있는 비용으로 변환하는 많은 사례들을 제공합니다."라고 그가 말했다.

PA 컨설팅과 채용 비즈니스 사업을 하는 하베이 나쉬(Harvey Nash)가 주관하여 2,500명의 최고정보관리책임자에게 진행한 한 설문조사도 유사한 결론에 이르렀다. 비용 절감이 아웃소싱의 가장 흔한 이유였을 때, 기업들은 두 번째로 중요한 이유로 내부적으로 발견하지 못한 기술로의 접근을 꼽았다. 동일한 설문조사 또한, IT 아웃소싱의 증가하는 인기를 확인해주었다. 최고정보관리책임자의 1/3 가량이 기업의 금년 IT 예산의 25% 가량을 모두 아웃소싱에 투자할 것이라 했으며, 1/10 이상이 아웃소싱에 50% 이상 투자할 것이라 답했다. 전세계 최고정보관리책임자의 40%가 외부 도움/서비스 데스크를 활용하고 있음에도 불구하고, 소프트웨어 어플리케이션 개발은 가장 인기 있는 아웃소싱 사업으로 남아 있다.

클라우드 컴퓨팅(cloud computing) 기업의 성장에 대해 기업들이 주목하고 있는가? "클라우드 컴퓨팅은 아웃소싱의 한 형태입니다." 리서치 회사 가트너(Gartner)의 대릴 플러머(Daryl Plummer)가 말했다. "차이점은 계약의 종류와 적용되는 조건에 있습니다. 클라우드 컴퓨팅에서는 모두 같은 방식으로 모든 고객들에게 적용되는 하나의 계약조건이 있습니다." 플러머는 클라우드 컴퓨팅과 전통적인 아웃소싱이 모두 나란히 존재해 나갈 것이라고 믿는다. "어떠한 기업들은 기존의 아웃소싱이 가져다 주던 서비스와 같이 맞춤형 서비스 제공을 필요로 합니다. 몇몇은 클라우드 컴퓨팅 서비스가 대량으로 제공하는 상품화 된 서비스를 필요로 하기도 합니다. 그러나 클라우드 모델이 계속해서 성장하면서, 이는 기존의 아웃소싱 모델보다 더욱 집중받게 될 것입니다."

FT *Source*: Taylor, P. (2011) Model that works even in turbulent times, *Financial Times*, 29 June.

'해체(unbundling)'의 의미는 다음과 같은 세가지 핵심 비즈니스에 따라 구성된다(그림 9.3 참고).

- *제품 혁신(product innovation).* 제품 혁신은 R&D 에 중점을 두는 것뿐만 아니라 고객선호도를 알기 위한 시장 조사와 같이 가치사슬 아래의 활동들도 포함하고 있다. 제품 설계와 거대한 기업 고객을 위한 서비스를 제공하는 전세계적 운영기업인 IDEO는 제품 혁신 비즈니스에 주요 초점을 두고 있는 적절한 예이다.
- *기반구조 관리(infrastructure management).* 기반구조관리는 물류와 지원기능에 중점을 둔다. 기반구조 관리 비즈니스는 대량 생산과 운송 프로세스를 위한 조립 공장, 유통망 그리고 운송과 같은 물리적 시설의 운영과 수립을 포함한다. 이러한 광범위한 물리적 네트워크를 통해서 사업하는 Tesco.com은 강력하게 기반구조 비즈니스 운영과 연관되어 있다.
- *고객 관계 관리(customer relationship management).* 고객관계관리는 기업과 고객들 사이의 상호작용(interface)을 강조하는 것이다. 인터페이스(interface)는 마케팅, 판매, 서비스와 같은 활동들을 포함한다. 그들의 공동의 목표는 고객을 유지하고 유치하는 것이다. 예를 들자면, ING DIRECT(이 책의 사례 연구에 나와 있는 온라인 은행) 고객관계관리 비즈니스에 중점을 두고, 직접 금융 방식에서(direct banking approach) 요구되는 시설 구조를 최소화하고 외부 금융공급자들에게서 제품 혁신을

그림 9.3 전통적인 기업이 해체할 수 있는 3 가지 비즈니스

Source: Reprinted by permission of *Harvard Business Review* [Exhibit 99205]. From 'Unbundling the corporation' by J. Hagel and M. Singer, March-April 1999.

아웃소싱한다. 다른 비즈니스들은 다음과 같은 다른 경제적, 문화적 그리고 경쟁적 요구 중에서 하나와 충돌하는 이유이다.

- *경제(economics).* 제품 혁신에 있어, 신속함은 기업에게 새로운 제품 시장에 경쟁자보다 더 빠르게 진입할 수 있게 하는 가장 중요한 가치 자산이다. 그러나 고객관계관리와 기반시설 관리 비즈니스에 있어서 더 중요한 것은 규모의 경제(고객 지갑에서의 큰 점유율을 갖는)와 범위의 경제이다.
- *문화(culture).* 제품의 혁신은 창조적인 직원의 새로운 아이디어 개발에서 나오기 때문에 이를 담당하고 있는 직원이 중요하다. 따라서 직원이 새로운 제품을 만드는데 필요한 일정과 보상이 탄력적이어야 한다. 반대로 고객 관계 비즈니스는 외부 고객이 중요하고, 기반 시설 비즈니스는 비용이 중요하다. 대규모로 효과적으로 운영하는 것은 표준화, 예측 및 효율성의 문화 창조가 필요하다.
- *경쟁(competition).* 성공적으로 제품 혁신을 하기 위해서는 기술력 있고, 재능 있는 직원을 확보해야 한다. 혁신 개발은 종종 거대한 초기 비용이 필요하지 않다. 이것은 Amazon.com, eBay, Google과 같이 전자상거래 성공 스토리의 초기 설립에서 찾아볼 수 있다. 다시 말해 제품 혁신을 시도하는 다수의 작은 참여자(players)들이 있고 이

그림 9.4 기업 내의 여러 비즈니스들이 차별화되게 가져가야 하는 경제, 문화, 경쟁 요소들

필수 요소	비즈니스: 제품 혁신	비즈니스: 고객 관계 관리	비즈니스: 인프라 구조 관리
경제	초기 시장은 높은 가격과 높은 시장 점유율을 가질 수 있지만, 신속함이 핵심	고객 획득을 위한 많은 비용투자는 큰 이익을 얻기 위해서는 필수적임; 핵심은 규모의 경제	높은 고정 비용은 낮은 단위 비용을 얻기 위해 거래량을 크게 함: 규모의 경제가 핵심임
문화	사원 중심; 창의적인 직원 우대	고도의 서비스를 지향; '고객이 첫 번째임'	비용 중심; 표준화, 예측 가능성, 효율성 강조
경쟁	능력 경쟁, 낮은 진입장벽, 많은 영세 참여자들 등장	범위의 경쟁; 신속한 통합; 몇 몇의 큰 플레이어들이 지배	규모의 경쟁: 신속한 통합; 소수 기업들이 지배

Source: Reprinted by permission of *Harvard Business Review* [Exhibit 99205]. From 'Unbundling the corporation' by J. Hagel and M. Singer, March-April 1999.

들 중의 겨우 몇몇만 성공한다. 그러나 다른 비즈니스들(고객관계관리와 인프라스트럭처관리)의 양쪽에서 경쟁은 규모의 경제와 범위의 경제에 의해서 촉진되는 경향이 있고, 이는 몇몇의 규모가 큰 참여자(players)들이 주도한다.

통합된 기업의 문제점은 동시에 적절한 범위, 속도, 규모를 정하는 것이다. 즉, 기업은 교환관계가 요구된다. 예를 들면, 범위를 극대화하기 위하여 유통업자는 가능한 외부 매장에서 광범위한 제품을 제공해야 한다.

Amazon.com은 Zshop시스템으로 다른 중고책 유통업자가 자신의 제품을 Amazon.com 웹사이트에서 판매하게 한다. 이를 통해 새롭게 Amazon.com이 제공하는 것뿐만 아니라 저렴한 중고책을 찾는 고객들을 더 많이 유인할 수 있도록 웹사이트를 만들 수 있다. 범위의 관점에서, 이는 매력적이다.그러나 만약 Amazon.com에서 약간의 주문을 이끌어내기 위해서 하는 것이라면, 물류 창고와 같은 물리적인 기반시설은 활용이 낮을 것이다. 이는 기업 규모의 경제에 손실을 가져온다.

9.5 온라인과 오프라인 유통 채널 간의 갈등 관리

과거에 제조자들과 유통업자들은 그들의 제품을 오프라인 매장에서 팔았다. 그런데 온라인으로 제품판매를 시작하면서 오프라인 판매와의 제 살 깎기(cannibalise)가 되었다.[14] 이러한 문제는 새로운 온라인 채널이 새로운 시장과 추가적인 판매를 형성하는 것이 아니라 기존의 판매를 잠식했다는 것이다.

제조자들은 유통채널의 갈등을 이해하기 위하여, 어떻게 온라인 채널이 오프라인 채널에게 영향을 미치는지, 현존하는 다양한 채널이 세분화된 동일한 고객에게 서비스를 제공하는지를 분석할 필요가 있었다. 예를 들자면, 기업은 서로의 다른 영역에서 이익을 창출하는 다른 유통 채널들이 경쟁하는 것은 실수라고 생각한다. 그들은 또한 영업 손실은 새로운 경쟁자의 등장으로 나타난 새로운 채널에 책임이 있다고 생각한다.

9.5.1 유통 채널 갈등에 대한 이해

갈등은 거의 모든 유통 시스템과 관련되어 있는데, 여기에서의 갈등이란 무엇을 의미하는 것인가? 전통적인 정의 중 하나는 '채널 멤버 중 한 명이 다른 채널 멤버가 목표를 달성하는 데 있어서 이를 방지하거나 지연시키는 행동에 관련되어 있음을 감지하는 상황'으로 나타낼 수 있다.[15] 이러한 맥락에서, 두 개의 특정 관점이 강조되어야 한다: (1) 한 채널 멤버가 다른 채널에 의해 우리 채널 목표가 막히거나 방해받는다는 점을 감지한다; 그리고 (2) 상대적인 갈등은 채널 멤버간의 관계에 부정적인 영향을 미칠 수 있다는 내포된 가정이다.

갈등은 채널 간의 관계로부터 갑자기 나타나는 것이 아닌 어떠한 프로세스의 결과이다. 단계적인 갈등 프로세스의 전형적인 구조는 다음과 같은 것들로 구성되어 있다:[16] (1) 갈등의 근원이 아직 알려지지 않은 숨겨진 갈등(a *latent* conflict); (2) 몇몇 갈등에 대한 인식은 존재하지만, 구성원들의 관계에 있어서 부정적인 감정 효과는 없는 인지된 갈등(a *perceived* conflict); (3) (불안 또는 스트레스를 동반하는) 감정적인 반응을 포함하는 느껴진 갈등(a *felt* conflict); (4) 멤버들 간의 갈등 행동에 대한 명쾌한 증거를 수반하는 드러난 갈등(a *manifest* conflict); (5) 멤버들이 갈등을 해결하거나 갈등 때문에 관계가 깨지는 단계에 직면하게 되는 것과 같은 프로세스의 최종 결과인 갈등의 여파(the conflict *aftermath*)

분명히 채널 갈등의 존재는 (효율성과 효과성의 면에서)유통경로의 성과에 영향을 미친다. 이러한 '성과-갈등(performance-conflict)' 관계에 대한 몇 가지 이론적인 접근이 있는데, 이는 다음과 같이 두 개의 주요 관점으로 구분될 수 있다(그림 9.5 참조): *부정적 선형 관계(the negative linear correlation)*, 혹은 성과가 감소할수록 갈등의 수준이 높아지는 것; 그리고 채널 멤버 간의 관계 성과가 중간 정도일 때 갈등의 수준이 증가하고, 반대로 낮거나 높은 수준일 때 갈등이 감소하는 *뒤집힌 U 곡선(inverted-U curve)*. 부정적 선형 모델과 매우 유사하지만 이보다 더 우수한 세 번째 관점은 Duarte와 Davis에 의해 제안되었다. 이 관점은 갈등이 성과가 감소함에 따라 이것이 촉발된 어떠한 특정 한계점까지 천천히 감소한다는 점을 나타낸다. 이 모델은 갈등이 한계수준에 도달하여 악화되기 전, 낮은 수준에 있을 때 적절히 처리되어야 함을 시사한다. 이는 전자상거래 채널 도

그림 9.5 유통 경로에서의 갈등-성과 연결에 대한 대안적인 관점

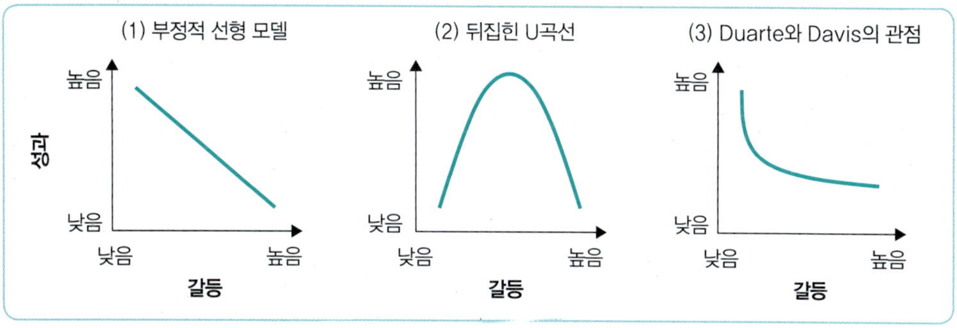

Source: Adapted from M. Duarte and G. Davis, 'Testing the conflict-performance assumption in business-to-business relationships', *Industrial Marketing Management*, 2003, vol. 32, no. 2, pp. 91-9.

입을 고려하고 있는 오프라인 기업들에게는 매우 중요한 사안이다. 온라인/오프라인 채널 갈등을 방지하기 위해서 기업들은 사전에 관련 쟁점사안을 다루고 선제적 행동을 취해야 한다. 이 주제는 다음 절에서 더욱 자세히 논의된다.

9.5.2 채널 간 갈등 매트릭스

채널 간의 갈등 메트릭스(matrix)(그림 9.6)는 어떻게 전통적인 유통업자가 그들의 오프라인과 온라인 채널의 갈등의 반응에 대하여 살펴보고 있다. 어떻게 가능한 채널간 갈등을 다루어야 하는 지 결정하기 위해서는 다음과 같은 두 가지 측면을 고려해야 한다.

각 다른 채널 간의 피괴적 경쟁에 대한 전망

새로운 채널에 의해서 위협받는 기존 오프라인 유통 채널의 중요성

결론적으로 매트릭스(matrix)는 어떻게 가능한 채널 간의 갈등을 다루어야 하는지 설명한다. 매트릭스(matrix)의 사분면은 다음과 같이 설명할 수 있다.

- *1사분면(quadrant 1).* 만약 채널 간의 파괴적인 갈등 예측이 높고 위협 채널의 중요성 또한 높다면, 두 채널을 조정하기 위한 방법을 찾고 문제를 해결하는 것이 현명하다. 예를 들면, Nordea Bank는 온라인 뱅킹을 시작하면서, 1사분면에 위치하게 되었다. 지점중심의 은행은 엄격하게 온라인 채널이 성장하면서 위협을 받았고, 온라인 채널은 은행 전체의 기능에 중요한 역할을 했다. 많은 다른 은행과 반대로 Nordea는 오프라인 뱅킹 운영에 온라인 뱅킹을 완전하게 통합하기로 결정함으로써 두 채널 간의 가능한 분쟁을 없애버렸다. 그래서 지점 직원들은 지점 고객을 인터넷으로 이동하도록 유도했다. 궁극적으로 높은 비용의 마케팅 캠페인이 필요하지 않아 인터넷으로 고객이 이동했지만 지점 능력은 도약하였다. 이는 Nordea가 온라인 뱅킹에서 지배적인 위치를 확보할 수 있는 이유가 되었다.(항공 여행 산업에서의 이러한 갈등의 유형에 대한 갈등의 예로 FT 기사 '아메리칸 에어라인의 항공권 판매를 중지한 익스피디아' 참조)

그림 9.6 채널 갈등 매트릭스 분석은 채널 가능 해결의 여러 유형을 제시

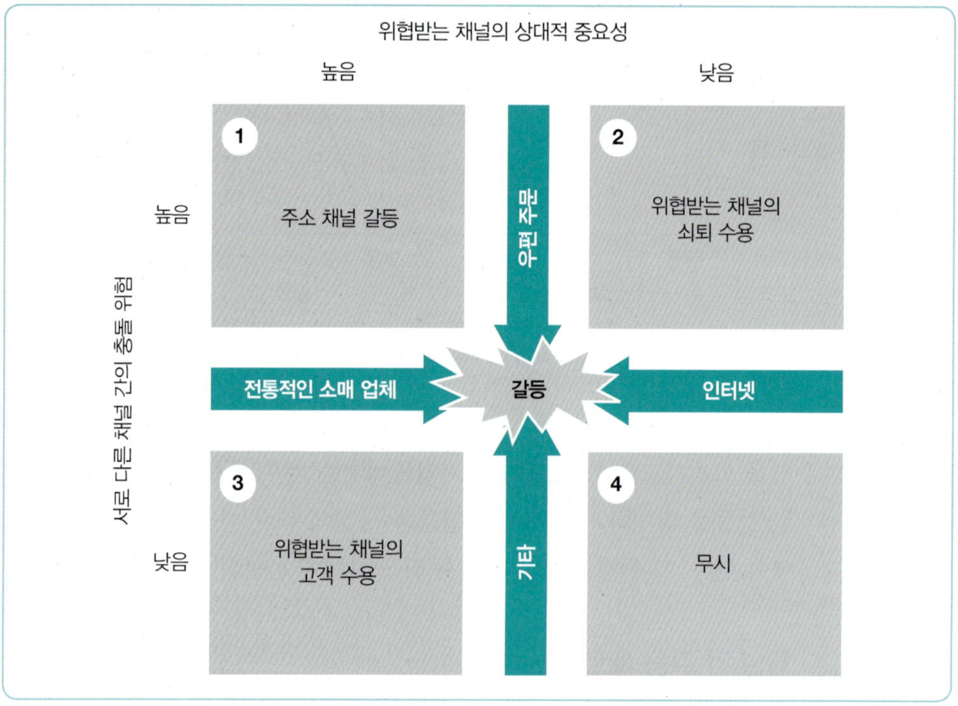

Source: Adapted from C. Bucklin, P. Thomas-Graham and E. Webster, 'Channel conflict: when is it dangerous?', *McKinsey Quarterly*, 1997, no. 3, pp. 36–43.

- *2사분면(quadrant 2).* 높은 채널 간 갈등이 예상되고, 위협적인 채널의 중요성이 낮다면, 일반적으로 위협하는 채널을 퇴출하는 것이 현명하다.
- *3사분면(quadrant 3).* 낮은 채널 간 갈등이 예상되지만, 위협적인 채널의 중요성이 높다면, 위협받는 채널의 직원들은 안심해도 된다. 예를 들어 Tesco의 오프라인 유통 상점 네트워크 경우를 보자. Tesco.com을 통해 온라인 판매가 급증함에도 불구하고, 오프라인 상점들을 계속 중요한 역할을 한다. 즉 새로운 채널이 그들에게 위협적이지 않다는 것을 직원들에게 알리는 것이 중요하다. 제 살 깎기의 두려움을 완화하기 위해, Tesco 오프라인 상점도 판매를 성공적으로 하고 있다. 비슷하게 Ducati는 인터넷을 통해서 독점적으로 고객에게 직접 오토바이를 판매하기 시작하였다. 이를 위해서 판매상들이 편리하게 네트워크를 사용할 수 있어야 하고, 지속적으로 이용할 수 있어야 한다. (191p) 그러기 위해 Ducati는 온라인 고객에게 가장 가까운 거리의 대리점을 확인하고 온라인 거래를 하는 판매상에 대하여 정보를 알려준다. 그러면 판매상은 인터넷을 통해서 온라인 고객에게 오토바이 전달 여부에 대한 거절 또는 수용 정보를 받을 수 있다. 고객이 전달을 받기를 결정하면, 판매상은 일반적인 Ducati 오토바이 평균 커미션보다 낮게 전체 가격의 10%의 커미션을 받게 된다. 그러나 온라인 판매에 있어서 판매상는 재고 관리 비용이 없고, 재고 위험과 광고와 마케팅 비용이 없다. Ducati온라

아메리칸 에어라인의 항공권 판매를 중지한 익스피디아

지난 토요일, 익스피디아는 온라인 여행사가 아메리칸 에어라인의 항공권 판매를 중지한 기간만큼 해당 항공사와의 거래를 중지한 두 번째로 큰 여행 웹사이트가 되었다.

아메리칸 항공사와 이 회사의 온라인 파트너들은 협력 계약이 만료되면서 최근 몇 달간 기간에 대한 협의가 이루어지고 있지 않아 계약에 난항을 겪고 있다. 아메리칸 항공사는 중개 사이트에 수수료를 적게 지급하고 싶어 하며, 항공예약발권시스템(Global Distribution System)이라고 불리는 중개사이트를 이용하기 보다는 그들 사이트로 고객을 직접적으로 유입시키기를 강력히 요구해왔다. 지난 12월, 아메리칸 항공사는 또 다른 여행 및 운임료 비교 사이트인 오비츠 월드와이드(Orbitz Worldwide)에서의 항공권 판매를 중지했다. 보다 우호적인 계약을 맺기 위한 노력과 자사만의 고객을 확보하는 것이 흔들리면서 이는 실패했다고 여겨졌기에, 온라인 여행사와의 관계를 더욱 악화시키는 것을 방지하기 위해 항공사를 설득하기 위한 노력의 일환으로 익스피디아는 실질적으로 웹사이트 내 아메리칸 항공사의 콘텐츠를 삭세해버렸다. 다른 항공사들과 웹사이트들 간의 계약이 만료되고, 일명 "전체 콘텐츠(full-content)"라고 불리는 항공사들과 트래블포트(Travelport)와 홀딩스(Holdings)와 같은 GDS(항공예약발권시스템) 간의 계약 또한 끝나버렸을 때, 이러한 의견 차이는 2011년을 매우 짜증스러운 국면으로 접어들게 만들었다.

익스피디아와 이와 유사한 회사들은 그들의 홍보 캠페인을 통해 항공사들이 고객들로 하여금 제3의 웹사이트에서 가격을 비교하고, 가장 합리적인 가격의 티켓을 구매하는 것을 더욱 어렵게 만든다고 비난하였다. 익스피디아는 "아메리칸 에어라인의 직접 연결 모델에 매우 의구심이 듭니다. 만약 어떠한 것이 여행자에게 이득이 된다면 이를 구축 및 유지하는 데 비용이 높게 들지라도 여행객들에게 가장 최선의 선택을 제공해 주기 위해 여행사의 기능을 타협할 것입니다"라고 말했다. 이에 아메리칸 항공사는 자사로의 직접 연결은 고객들과의 긴밀한 접점을 형성하기 위해 필수적이며, 이는 항공사가 잦은 비행 스케줄과 같은 맞춤형 서비스를 제공하게 해 줄 것이라고 주장했다.

양측의 대립은 아메리칸 항공사를 매우 아슬아슬한 위치로 만들었다. 익스피디아와 오비츠가 항공 부문에서 호텔 예약과 패키지 등으로 서비스를 다양화하는 동안, 항공사들은 부수적인 매출 수단으로 제3의 웹사이트에 의지하는 것으로 남았다. 오비츠는 아메리칸 항공사가 총 네 분기 동안 8억 달러의 항공권 매출을 이 사이트에서 올렸다고 추정한다. 그러나 오비츠는 아메리칸 항공사가 이에 약 5% 정노인 2천만 달러 정도만을 매출로 나타내었다고 말한다. 솔레일 시큐리티(Soleil Securities)의 제이크 풀러(Jake Fuller)는 익스피디아가 오비츠보다 아메리칸 항공사를 덜 노출시켜 왔으며, 이는 30억 달러의 년간 항공사 매출의 약 1% 정도라고 추정한다. 수수료가 포함되더라도, 총 영향은 년간 3천만 달러에서 6천만 달러 사이가 될 것이다. 분석가들이 아메리칸 항공사가 오비츠의 고객이 항공사 웹사이트인 aa.com에서 예약하도록 유도하기 위해 상당한 할인을 제공했다고 말했음에도 불구하고, 아메리칸 항공사는 오비츠로부터 데이터를 삭제한 이후로 년간 지속적인 티켓 판매의 증가가 있었다고 주장했다.

여행 산업 관계자들은 이러한 논쟁 때문에 계속 덜그럭거려 왔으며 다가오는 해에도 더 많은 갈등이 있을 것이라 예상했다. 아메리칸 에어라인과의 다툼이 언론에 공개되면서 익스피디아의 주가는 6% 하락하여 $25.09가 되었으며, 오비츠의 웹사이트에서 항공사의 인벤토리를 빼내가면서부터 오비츠의 주가는 10% 이상 하락한 $5.59가 되었다. 아메리칸 항공사의 모회사인 AMR 그룹의 주가는 같은 기간 약 2% 하락하여 $7.79가 되었다.

FT *Source*: Lemer, J. (2011) Expedia stops American Airlines ticket sales, *FT.com*, 1 January.

인 판매의 목적은 오프라인 채널을 통한 제살깎기(cannibalise) 판매가 아니라 미개발된 시장으로의 확장이다.[17]

- *4사분면(quadrant 4).* 온라인과 오프라인의 채널 간에 예상되는 갈등이 낮고, 위협하는 채널의 중요성도 낮으면, 채널 간의 갈등은 중요하지 않으므로 무시해도 된다.

요약

- 첫째, 이 장에서는 가치사슬의 각 활동의 통합 정도를 분석했다. 좀 더 구체적으로 기업에서 수행(또는 '제조(make')되는 활동) 그 자체와 외부 공급자의 자원획득(또는 '구매(buy)'활동)을 알아보았다. 기업에서 '제조(make)'를 결정하는 이유는 활동들 간의 긴밀한 연결과 정보의 보안성 그리고 높은 거래 비용 때문이다. '구매(buy)'하게 되는 경우는 시장에서 열린 시장에서 높은 규모의 경제 그리고 높은 자본 요구, 전문화된 노하우와 높은 효율성을 기대할 수 있기 때문이다.
- 둘째, 이 장에서는 e-business 활동을 위한 조직 구조를 다음 4가지로 소개하였다; (1) 내부통합(in-house integration) (2) 조인트 벤처(joint venture) (3) 전략적 파트너십(strategic pratenership) 과 (4) 독립적 비즈니스(independent business(예: 스핀오프(spin-off)). 그런 다음 각 조직의 장점과 단점에 대하여 설명하였다.
- 셋째, 이 장에서는 인터넷으로 가능해진 거래 비용 하락의 결과로 나타나는 전통적 조직의 해체를 분석하였다. 해체 개념은 기업에서 다음 세가지 사업으로 구분된다. (1) 제품 혁신(product innovation), (2) 인프라 관리(infrastructure management) 및 (3) 고객 관계 관리(customer relationship management). 이 세 사업은 경제, 문화 그리고 경쟁에 있어 중요하다.
- 마지막으로 이 장에서는 기업 유통에 있어 온라인과 오프라인 채널 중에서 어떤 것을 선택해야 하는지를 분석했다. 해결하기 위한(또는 우선적으로 살펴보기 위한) 방법과 있을 수 있는 채널 간 갈등의 효과를 평가할 수 있는 프레임워크(framework)를 살펴보았다.

복습 질문

1. '제조 또는 구매(make-or-buy)' 범위에 따라 여러 조직의 선택을 설명하시오.
2. 일반적으로 기업이 제품이나 서비스에 있어 제조나 구매를 결정하게 하는 요소는 무엇인가?
3. 회사가 인터넷을 통해 자사의 가치사슬을 해체하는 이유는 무엇인가?
4. 기업 해체 개념과 기업 해체의 기본적 근거를 설명하시오.
5. 온/오프라인 채널 갈등 매트릭스를 설명하고, 매트리스 각 영역의 예를 드시오.
6. 기업은 인터넷 벤처를 위한 조직 구조를 선택할 때 다양한 옵션은 무엇인가?
7. 기업이 인터넷 활동을 기업내부에서 할 것인지 스핀오프 할 것인지를 결정하는 기준은 무엇인가?

토론 질문

1 인터넷이 어떻게 기업 가치사슬을 통한 통합활동을 지원하는지, 예를 들어 설명하시오.

2 '제조(make)' 또는 '구매(buy)'를 결정한 인터넷 벤처 기업의 예를 제시하시오.

3 기업이 인터넷으로 인해 가치사슬을 해체하는지 설명하고 실제 예를 들어 설명하시오.

4 기업 해체 개념을 제시하는 물리적 제품 판매와 디지털 제품을 판매하는 두 개의 다른 유형의 기업 예를 설명하시오.

5 기업 해체와 가치사슬 해체 개념을 비판적으로 평가하고 실제 e-business의 예를 들어 그들의 한계점을 설명하시오.

6 만약 강력한 오프라인 채널과의 파괴적 갈등이 예상된다면, 기업은 인터넷 기업을 시작해야 하는가? 자신의 생각을 이야기하시오.

권장 도서

R. Coase wrote the first influential article on transaction cost theory in 'The nature of the firm', *Economica*, 1937, vol. 4, pp. 386–405. O.E. Williamson provided an additional foundational perspective on this topic in Markets and *Hierarchies: Analysis and Antitrust Implications*, Free Press, 1975. Also see O.E. Williamson, 'Comparative economic organisation: The analysis of discrete structural alternatives', *Administrative Science Quarterly*, 1991, vol. 36, no. 2, pp. 269–96.

P. Evans and T. Wurster developed the concept of deconstructing the value chain in *Blown to Bits*, Harvard Business School Press, 1999. For a condensed version of this concept, see, by the same authors, 'Strategy and the new economics of information', *Harvard Business Review*, 1997, September–October, pp. 71–81.

J. Hagel and M. Singer wrote the article 'Unbundling the corporation', *Harvard Business Review*, 1999, March–April, pp. 133–41.

M. Porter criticises the deconstruction and unbundling concepts in 'Strategy and the Internet', *Harvard Business Review*, 2001, March, pp. 72–4.

A.A. Tsay and N. Agrawal, N. analyse the topic of conflict and e-commerce channels in 'Channel conflict and coordination in the e-commerce age', *Production and Operations Management*, 2004, vol. 13, no. 1, pp. 93–110.

B. Rosenbloom reflects on several challenges that industrial firms have to face with their multichannel marketing strategies, the management of the emergence of eventual conflicts between the different channels being one of them, in 'Multi-channel strategy in business-to-business markets: prospects and problems', *Industrial Marketing Management*, 2007, vol. 36, pp. 4–9.

참고 문헌

1 Short for liquid-crystal display, a low-power, flat-panel display used in many digital devices to display numbers or images.

2 The content of this section is partially based on the following articles: E. Anderson and A.T.

Coughlan, 'International market entry and expansion via independent or integrated channels of distribution', *Journal of Marketing*, 1987, vol. 51, January, pp. 71–82; E. Anderson and B.A. Weitz, 'Make-or-buy decisions: vertical integration and marketing productivity', *Sloan Management Review*, 1986, vol. 27, no. 3, pp. 3–19; J.T. Mahoney, 'The choice of organisational form: vertical financial ownership versus other methods of vertical integration', *Strategic Management Journal*, 1992, vol. 13, pp. 559–84; and J. Stuckey and D. White, 'When and when not to vertically integrate', *Management Review*, 1993, vol. 34, no. 3, pp. 71–83.

3 Transaction costs are an important concept for explaining firm structures. For a detailed discussion of the impact of the Internet on transaction costs, see A. Afuah, 'Redefining firm boundaries in the face of the Internet: are firms really shrinking?', *Academy of Management Review*, 2003, vol. 28, no. 1, pp. 34–53.

4 O.E. Williamson, *Markets and Hierarchies: Analysis and Antitrust Implications*, The Free Press, 1975, p. 26.

5 O.E Williamson, 'Comparative economic organisation: the analysis of discrete structural alternatives', *Administrative Science Quarterly*, 1991, vol. 36, pp. 269–96.

6 See, e.g., K.R. Harrigan, 'Matching vertical integration strategies to competitive conditions', *Strategic Management Journal*, 1986, vol. 7, pp. 535–55.

7 R. Gulati and J. Garino, 'Get the right mix of bricks and clicks', *Harvard Business Review*, 2000, May–June, pp. 107–14.

8 Ibid.

9 Ibid.

10 For more detailed discussions of the concept of deconstruction, see P. Evans and T. Wurster, *Blown to Bits*, Harvard Business School Press, 1999, pp. 39–67, and D. Heuskel, *Wettbewerb jenseits von Industriegrenzen*, Campus, 1999, pp. 57–72.

11 J. Rayport and J. Sviokla developed a similar concept to the two concepts mentioned here. They proposed an unbundling along the dimensions of content, context and infrastructure. Since their findings are essentially the same as in the deconstruction and unbundling concepts, we do not elaborate further on this concept. However, for a detailed discussion of this concept, see J. Rayport and J. Sviokla, 'Managing in the market space', *Harvard Business Review*, 1995, November–December, pp. 141–50.

12 M. Porter, 'Strategy and the Internet', *Harvard Business Review*, 2001, March, pp. 72–4.

13 For a detailed discussion of this concept, see J. Hagel and M. Singer, 'Unbundling the corporation', *Harvard Business Review*, 1999, March–April, pp. 133–41.

14 For a more extensive discussion of channel conflicts, see C. Bucklin, P. Thomas-Graham and E. Webster, 'Channel conflict: when is it dangerous?', *McKinsey Quarterly*, 1997, no. 3, pp. 36–43.

15 L.W. Stern and A.I. El-Ansary, *Marketing channels*, Prentice-Hall, 1992, p. 289.

16 L.R. Pondy, 'Organisational conflict: concepts and models', *Administrative Science Quarterly*, 1967, vol. 12, September, pp. 296–320.

17 T. Jelassi and S. Leenen, 'An e-commerce sales model for manufacturing companies: a conceptual framework and a European example', *European Management Journal*, 2003, vol. 21, no. 1, pp. 45–6.

Chapter 10

공급 업체와의 상호 작용을 위한 전략 선택

이 장의 개요

10.1 온라인 구매의 장점과 단점

10.2 구매 프로세스와 구매 제품을 기반으로 한 B2B e-marketplace 분류

10.3 시장 개방성에 따른 B2B e-marketplace의 분류

10.4 전자조달시스템의 통합(integrating e-procurement systems)

관련 사례 연구

사례 연구		주요 초점
5	IBX	수직적 및 수평적 e-마켓플레이스
6	SATEX	공급 다각화
10	e-Choupal	공급사슬 간소화
19	Novartis SMS for life	공급사슬 강화(제품 분배)

학습 성과

이 장을 학습한 후, 다음과 같은 사항을 이해할 수 있다.

- B2B 비즈니스(business-to-business)에서의 기본적 개념과 문제를 알 수 있다.
- B2B 전자 구매의 장점과 단점을 평가한다.
- B2B e-marketplace는 '무엇'을 구매하고, '어떻게' 구매하느냐에 따라 유형이 달라진다.
- B2B e-marketplace의 개방 수준의 차이를 구분해본다.
- 여러 전자조달(e-procurement) 솔루션에서 제공하는 기능 평가와 기업이 이러한 솔루션을 선택할 때의 상반관계(trade-off)에 대하여 알아본다.
- 전자 공급사슬 관리(e-supply chain management)의 경쟁 범위의 증가에 대하여 알아본다.

소개

기업이 자신만의 제품과 서비스를 생산하기 위해서는 원자재 및 기타 제조 구매에 필요한 투입물(input) 뿐만 아니라 유지(maintenance), 보수(repair), 운영(operating), 즉 MRO 제품에 대하여 외부 공급자에게 의존한다. 타 기업들이 구매할 수 있는 전자적 거래 시장인 기업과 기업 간의 전자상거래 시장(business-to-business (B2B) electronic marketplaces)은 여러 종류가 있다.[1] 첫째, 구매자가 원자재를 구매하여 유형의 제품으로 만드는 산업 시장(industrial markets)은 농업, 제조업, 전기산업 또는 건설업과 같은 산업에서 사용되는 유형이다. 두 번째, 구매자가 나중에 재판매할 목적으로 제품이나 서비스를 구매하는 재판매 시장(reseller markets)은 소도매 산업에서 주요한 유형이다. 마지막으로 정부 기관이 제품과 서비스를 거래하는 정부시장(government markets)이 있다. 예를 들면, 정부거래시장은 공공 관리 또는 군사 장비와 같은 것들을 구매하고자 할 때 형성된다.

이 장은 B2B 전자상거래(B2B e-commerce)에 대한 기본적인 개념에 대하여 알아본다. 첫째, 전자적 구매의 장점과 단점을 이해한다. 둘째, 구매 프로세스(i.e. 전자적 조달(e-procurement)의 방법과 같은) 에 따라 B2B e-marketplace를 분류하고, (i.e. 전자적 조달(e-procurement)은 무엇을 구매하는 가와 같은) 구매하는 제품의 유형에 대하여 살펴본다. 셋째, B2B 전자적 시장(B2B e-marketplace)에서 시장 개방성의 여러 수준을 살펴보고, 각 수준의 특성에 대하여 알아본다. 넷째, 여러 전자조달(e-procurement) 솔루션에서 제공되는 기능을 알아보고, 기업에게 전자조달(e-procurement) 솔루션을 선택할 때 필요한 중요한 상반관계(trade-off)를 살펴본다.

10.1 온라인 구매의 장점과 단점

B2B 시장에 존재하는 기업 조직이 구매를 결정할 때, 이 결정은 여러 요인들에 의해 영향을 받는다.[2]

- *누가 구매하는가?(Who is buying?)* 일반적으로, 조직의 여러 구성원들이 구매 프로세스에 연관되어 있는데, 구매 프로세스에 관련된 구성원은 사용자와 구매 영향자(influencers), 구매자 그리고 최종 의사 결정자들이 있다. 재무 통제와 승인 절차를 고려해서 기업의 요구사항에 따라 구매 프로세스에 관련된 구성원들의 구성은 달라진다. 더 많은 구성원들이 연관될수록, 구매 프로세스는 더 복잡해지고, 길어진다.
- *구매 종류와 규모(volume)는 어느 정도 되는가?(What is the type and size of purchase?)* 구매는 구매 규모(volume)와 가치에 따라 분류할 수 있다. 대형 여객기 판매처럼 구매 빈도는 낮고, 가치가 높은 거래는 구매에 인터넷을 사용하는 것은 효과가 높지 않다. 그 이유는 이러한 거래에서는 지속적인 협상과 특수 계약 그리고 금융 조치가 필요하기 때문이다. 반대로 사무 용품과 여행서비스와 같이 구매 거래량이 많고, 낮은 가치의 제품 거래는 반복적이고 상대적으로 전략적 중요성이 낮다. 이러한 거래에

서는 인터넷은 더 신속하고, 더 자세한 정보에 접근할 수 있기 때문에 널리 사용되고 있다.

- *얼마나 많은 정보가 구매의사결정에 필요한가? (How much information is required to make the purchasing decision?)* 일반적으로 기업 구매자들이 필요한 정보 내용은 구매 요구사항에 따라 제품의 특성이 정확하게 맞아야 하기 때문에 일반 소비자가 요구하는 정보보다 전문적(higher)이다. 즉 구매 프로세스 또한 더 길고 복잡하다. 이 책의 사례연구에서 다루고 있는 IBX는 B2B 전자구매(B2B e-purchasing) 서비스를 제공하는 업체로 구매 부서가 잠재적 공급자에서 제품 사양과 자세한 정보를 얻을 수 있는 플랫폼(platform)을 제공하고 있다.

온라인 구매(online procurement)의 장점으로 가장 많이 언급되는 것은 다음과 같다.[3]

- *높은 투명성(Higher transparency).* 온라인 구매에서는 구매 프로세스에 참여하는 모든 참여자들(구매자, 의사결정자 그리고 사용자)을 비교할 수 있는 정보를 이용할 수 있다. 반면에, 문서기반 구매 시스템(paper-based purchasing systems)은 인간 중심의 시스템으로 프로세스의 참여자들 모두 접근하는 정보가 달라 혼란을 일으킬 수 있다. 또한, 온라인 시스템은 구매자들이 구매 프로세스를 추적하고 배송과 내부 유통 등의 다양한 측면을 통제할 수 있게 해준다.

- *메버릭 구매(maverick spend)의 감소(Reduced risk of maverick spend).* 앞서 언급했던 높은 거래 투명성은 온라인 구매시스템(online procurement systems)을 통해서 메버릭 구매(maverick spend)의 위험성 감소와 밀접하게 연관되어 있다. 메버릭 구매(Maverick' purchasing) 는 구매직원이 외부의 원하는 구매 프로세스 혹은 시스템에서 제품이나 서비스를 구매하는 것을 의미한다. 즉 메버릭 구매는 기업이 할인 가격으로 거래조건에 합의하여 우선 선정된 공급자와 구매하는 것이 아니라 개인이 개별적으로 외부의 일반적인 프로세스에서 실제 소매가격(할인받지 못한 가격)으로 제품을 구매하는 것이다. 구매를 위한 전용시스템을 구축은 구매자가 규칙을 준수하고, 메버릭 구매의 위험을 낮추기 위한 감시 수단이 된다.

- *온라인 협상을 통한 가격인하(Price reduction through online negotiations).* 예를 들면, 사례연구에서 자세하게 설명하고 있는 IBX의 e-Sourcing 솔루션은 구매자 온라인 역경매를 통해 낮은 가격으로 구매할 수 있게 해준다. 온라인 역경매는 공급자들이 확보할 수 있는 구매 규모가 커지면 커질수록 더 나은 조건과 낮은 가격으로 제공하게 되는 방법이다. 온라인의 경매는 오프라인 경매와 비교했을 때 거의 30%에 해당하는 조달 기간을 줄여준다.

- *프로세스 최적화(Process optimization).* 전체적으로 통합된 온라인 조달 시스템(online procurement systems)은 주문정보를 재입력할 필요가 없다. 즉 입력 오류를

없애고, 수작업을 줄여서 전체 프로세스의 속도를 증가시킨다.

그러나 전자조달 시스템(e-procurement systems)에서 이야기한 것처럼 다수의 위험과 단점도 있다.[4]

- *조직 위험(Organizational risk).* 아래에 자세하게 논의할 통합의 수준에 따라, 전자조달 업무를 수행하기 위해서 조직구조의 변화가 필요하다. 모든 직원들 데스크톱 컴퓨터에서 전자 구매(e-purchases)를 할 수 있기 때문에, 조달 부서의 중요성이 없어진다.
- *기술적 위험(Technology risk).* 전자조달 시스템(e-procurement system) 실행은 일반적으로 주어진 기술과 밀접한 관련이 있다. 전자조달 시스템의 기술은 시간이 지나면서 비즈니스에서 사라질 수 있는 마켓플레이스와 연관되어 위험하다.
- *공급자의 저항(Supplier resistance).* 종종 공급자들은 가격 인하와 재고 혼란(disrupt)과 노동 계약과 관련해서 영향을 받기 때문에 온라인 구매 시스템 사용을 원하지 않는다.

이 절을 마무리하기 위해, FT 기사 '공급사슬의 선도기업이 확인되다'는 공급사슬 관리 이슈에 대한 시기 적절한 개요를 제공해 주고, 공급사슬 관리가 가장 효과적으로 이루어지고 있는 Dell, Cisco, Intel, 그리고 IBM과 같은 특정 다국적 회사들에 대해서 간략히 언급하면서 몇몇의 제안으로 마무리하고 있다.

공급사슬의 선도기업이 확인되다

올해 많은 기업들의 프로세스에서 증가하는 상호의존성과 복잡도에 집중하게 해준 일본의 지진과 쓰나미와 같은 자연재해가 있은 이후, 이사회실에서 가장 뜨거웠던 주제는 공급사슬 관리였다.

기업 공급사슬의 모든 위협을 예상하는 것은 가능하지 않지만, 전문가들은 공급사슬을 가장 효과적으로 관리한다고 판단된 글로벌 공급사슬 리더로부터 배울 수는 있다고 제안한다.

지난달, IT 리서치 회사 가트너(Gartner)는 글로벌 공급사슬 리더를 알리는 7번째 연간 "공급사슬 상위 25개" 순위를 발표했다. 이 순위는 모든 기업들이 배울 수 있는 모범 경영을 강조하기 위해 고안되었으며, 전체 공급사슬 경영자들의 기대치를 높이는 데 도움을 준다.

이 기업들은 포춘 글로벌(Fortune Global) 500과 포브스 글로벌(Forbes Global) 2000 리스트에서 주로 선정된 대형의, 공개된 제조업체와 유통업체에 집중되어 있다. "우리는 각각의 기업에 50%의 회계와 50%의 객관적이고 주관적인 요소가 균형을 맞춘 의견이 합성된 점수를 끌어내었습니다(올해 리스트에는 263개의 후보 기업이 있었다)."라고 연구의 저자들 데브라 호프만(Debra Hofman), 케빈 오마라(Kevin O'Marah), 그리고 칼라 엘비(Carla Elvy)가 설명했다.

가트너 팀은 각 기업의 연간 보고서로부터 추출된 자산수익률(return on assets), 재고 회전율(inventory turns), 그리고 매출 성장률(revenue growth) 세 가지 회계 측정치를 평가하였다. 가트너 분석 의견과 피어 패널(Peer Panels) 투표 간의 가중치는 동일한 비율로 계산되었다. 전 세계의 제조업 및 유통업 분야에서 온 올해 피어 패널로서 투표한 공급사슬 경영진은 총 156명이었다.

올해 어떤 기업들이 길을 이끌었는가? 상위 다섯 개 기업에는 매년 지속적으로 상위를 차지했던 애플(Apple), 델(Dell), 그리고 프록터 앤 갬블(Procter & Gamble) 이렇게 주요 3개 기업이 포함되어 있다. 애플의 첫 번째 아이패드 공개와 이어진 공급자 이슈까지 몇몇의 시험대가 있었음에도 불구하고, 애플은 가장 우수한 회계 성적과 가장 높은 투표 점수와 함께 4년 연속으로 순위 첫 번째 자리를 차지했다.

"강력한 의견 점수와 높은 재고 회전율을 기반으로 2순위를 차지하게 된 델(Dell)은 분절된 공급사슬 반응 모델(segmented supply chain response models)로 스스로를 근본적으로 재정의하고 있었습니다"라고 저자들은 말했다. "그리고 세계에서 가장 인정받는 공급사슬 리더 중 하나인 프록터 앤 갬블(Procter & Gamble)은 소비자 주도(consumer-driven) 공급사슬 개념의 선구자로서 우리가 순위를 매기기 시작했을 때부터 줄곧 상위 5개 기업 내 위치했습니다."

블랙베리 스마트폰 제조업체인 캐나다의 리서치 인 모션(Research in Motion; RIM)과 인터넷 유통업체인 아마존, 이렇게 두 개의 기업이 상위 5개 기업에 새롭게 진입했다. 두 기업 모두 지난 해, 급격한 매출 상승과 함께 리스트에 신규 등장했었다. RIM은 글로벌 연기(postponement)와 협업 공급자 관리 역량(collaborative supplier management capabilities)으로, 그리고 뒤이어 아마존은 고급 네트워크 이동 역량(advanced network delivery capabilities)으로 피어 투표에서 두 번째를 차지할 수 있었다.

"또한, 이번 순위에는 다수의 뛰어난 공급사슬 성과를 낸 기업들이 포함되어 있습니다. 시스코(Cisco), 삼성, 인텔(Intel), HP, 펩시(PepsiCo), 월마트(Wal-Mart), 코카콜라(Coca Cola), IBM, 유니레버(Unilever), 콜게이트(Colgate) 등의 기업들은 성공의 필수요소로서 공급사슬에의 투자와 함께 지속적으로 공급사슬 혁신을 이루려 노력하고 있습니다."라고 리포트 저자들이 말했다.

올해에는 네 개의 기업들이 상위 25개의 기업에 신규로 이름을 올렸다. 세계에서 가장 큰 식품 제조업체 중 하나인 네슬레(Nestle), 전략적 차별을 위해 공급사슬을 탈바꿈해 온 스타벅스, 혁신의 아이콘인 3M, 그리고 채널 관리 전략을 이끌고 있는 크래프트 푸드(Craft Food)가 이 네 개의 기업이다. "이 기업들 모두 다른 기업들이 보고 배울 수 있는 공급사슬의 모범 경영에 대한 풍부한 소스를 제공해 줄 수 있을 것입니다."라고 가트너 팀이 말했다.

여기에는 회복세에 있는 경제와 관련된 흥미로운 몇 가지 트렌드가 있다. "점점 더 우리는 글로벌 공급사슬 전략에서 쌍방향의 길을 마주하게 되는데, 이는 한때 저비용 제조와 소싱에 매력을 느꼈던 떠오르는 시장(emerging market)으로서, 새로운 매출 증가의 중요한 원천이 되었으며, 이러한 사실은 공급사슬 경영의 새로운 도전을 나타냅니다."라고 팀에서 언급했다.

선도 기업들과 함께 올해 네 개의 주요 주제가 떠올랐다. 이러한 주제들은 기업들이 지속될 것에 대한 두려움이 있는 하락세 동안 어떻게 수요 변동(demand volatility)에 대응했는지를 포함하고 있다. 선도 기업들은 이제 활발히 회복을 위한 역량을 기르고 있다. 이러한 역량은 예측하지 않았던 사건에 직면했을 때, 추측 가능한 결과를 가져오는 것으로, 앞으로 나아가는 네 있어 핵심적인 전략으로서 구축되고 있는 것이다.

"또한, 우리는 "수직 통합(vertical integration)" 대 "핵심 역량에의 집중"의 전통적인 질문이 더욱 미묘한 차이를 갖게 되었다는 데 직면하였습니다."라고 저자가 말했다. "기업이 어떠한 전략을 선택하느냐 보다 더욱 중요한 것은 공급사슬의 끝에서 끝까지 발생하는 결과물을 통제할 수 있을 정도로 확장하는 것과 최종 소비자를 대응하는 것, 그리고 선두기업들은 이것들을 실현시키기 위해 혁신적인 방안을 고안하고 있는 것입니다."

연구를 통해 나타난 네 개의 주요 제안(recommendation)은 다음과 같다:

1. 변동 상태에 직면했을 때, 예측 가능한 결과를 가져와 이를 회복해 줄 수 있는 당신의 트레이딩(trading) 파트너 네트워크를 통해 공급사슬 프로세스와 방법들을 개발하라.
2. 강력하고, 민첩하며, 지속 가능한 경영 역량이 있고, 명백히 연결된 장기간의 가치 사슬(value chain) 비전을 보충하라. 당신의 팀이 다르게 생각

하도록 밀어붙이고, 사회적 통념에서 벗어나 성과 단계까지 이를 수 있도록 해야 한다.

3. 당신의 고객이 경험하는 것처럼 당신의 공급사슬도 그렇게 측정하라. 고객의 니즈를 내재화(internalize)할 수 있도록 개발하고, 당신의 공급사슬 디자인에 선행적으로 고객의 피드백을 구축해 놓아야 한다.

4. 한 발짝 물러나서 당신이 필요한 기본적인 공급사슬 능력과 성과에 차별성을 가져다 줄 수 있는 혁신을 고려하라. 노력의 지속가능성(sustainability)과 관리에 대한 끊임없는 집중이 확실시 된다면, 경영과 문화를 바꿔라.

FT *Source*: Taylor, P. (2011) Supply chain leaders identified, *FT.com*, 25 July.

10.2 구매 프로세스와 구매 제품을 기반으로 한 B2B e-marketplace 분류

급속하게 변화하는 B2B markets의 판도를 체계화하기 위하여 Kaplan과 Sawhney가 제안하는 무엇을 구매하고, 어떻게 구매하는 지에 기반을 둔 B2B electronic marketplaces 분류를 살펴보자.[5] 무엇을 구매하는지에 관해서는 두 가지 다른 제품 유형이 있다:

- *운영 투입물(Operating inputs).* 운영 투입물은 종종 MRO (Maintenance, Repair and Operations) 혹은 간접재(indirect goods)라고 불린다. 왜냐하면 운영투입물은 기업이 생산하는 최종 제품을 구성하는 데 투입되지 않기 때문이다. 특정 산업에 국한되지 않는 MRO 제품은 사무 용품, 비행기표 여행 서비스와 같은 항목을 포함한다. 예를 들면, Spreadshirt와 Ducati와 같이 매우 다른 산업 군에 속하는 기업들 모두 직원들을 위한 사무 용품과 컴퓨터가 필요하다. MRO 제품은 일반적으로 수평적인 플랫폼에서 조달되고, 제3의 물류 서비스 업자에 의해서 배송된다. 일반적으로 이러한 항목들은 전략적으로 기업의 생산 프로세스와 관련되어 있고, 경쟁적 우위를 확보하는 데에는 중요하지 않다.
- *제조 투입물: 원자재와 부품(Manufacturing inputs: raw materials and components).* 특정 산업의 제품에서 사용되는 제조 투입물은 직접재(direct goods)라고 불린다. 직접재는 고객에게 전달되는 최종 제품 생산에 사용된다. 직접재는 철강재와 시멘트와 같이 원자재를 포함하고, 전자 부품처럼 최종 제품에 생산되는 것으로 수평적 공급자와 유통업자에서 조달된다. 이러한 제조 투입물을 전달하고 처리하기 위해 일반적으로 특정 실행 메커니즘(specific fulfillment mechanisms)이 필요하다. 예를 들자면, Ducati와 같은 오토바이 제조업자는 외부 기업에서 지속적으로 엔진 부품 조달하는 데 있어 Federal Express, DHL or UPS와 같은 일반적인 배송 서비스를 이용하지 않는다.

두 번째 범위는 어떻게 이러한 제품들이 공급자에게서 조달되는지에 관한 것이다. 공급에는 두 가지 형태가 있다.

- *체계적 구매(Systematic sourcing).* 체계적 구매 형태는 자격을 갖춘 업체와의 계약을 통해서 이루어진다. 거래는 일반적으로 장기간이며, 상호신뢰를 구축하여 구매자와 판매자 사이의 지속적인 관계를 만든다. 체계적 구매 목적은 판매 예측, 고객 정보 그리고 생산 통계들을 공유하여 구매자와 공급자 사이의 가치를 창출하는 것이다. 즉, 체계적 구매 관계는 일반적으로 단지 가격만 최적화하는 것이 아니다. 고객들과 협력하기 위해, 1~2% 추가적으로 가격을 낮추는 것보다 제대로 된 제품을 적시에 적합한 서비스로 제공하는 것이 더 중요하다. 일반적으로 (1) 복잡한 제품은 서비스와 구체석 조정(specific adjustment)이 필요할 때, (2) 구체적 관계를 위한 투자가 필요할 때에는 체계적 구매 계약 수립하는 것이 좋다. Dell은 PC 부품 외부 공급 업체와의 관계를 유지하는 체계적 구매의 예이다.
- *필요 구매(Spot sourcing).* 일반적으로 기업은 가장 낮은 가격에 즉각적으로 구매할 때 이 형태의 구매를 이용한다. 석유, 가스, 철 등과 같은 필수품들(commodities)은 보통 필요구매를 통해서 조달된다. 다시 말해, 구매자와 공급자 사이의 장기간의 거래 관계는 아니다. 체계적 구매와 반대로 필요구매는 가격을 중심으로 하고 있으며 구매자와 판매자 다른 판매자의 비용에서 이익을 극대화하려고 한다.

위에서 언급한 내용의 크기에 기초해서 B2B e-marketplaces(그림 10.1)의 4가지 유형을 설명하는 B2B 인터넷 매트릭스를 구성할 수 있다.

그림 10.1 B2B e-marketplaces 의 4가지 유형을 설명하는 B2B 인터넷 매트릭스

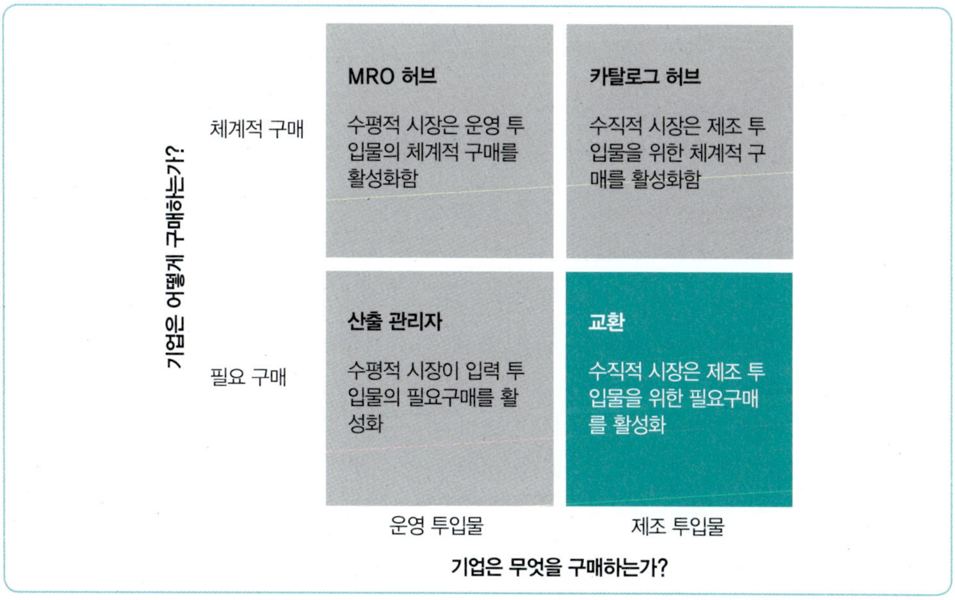

Source: Reprinted by permission of *Harvard Business Review* [Exhibit ROO 306]. From 'E Hubs: The New B2B Marketplaces' by S. Kaplan and M. Sawhney, May-June 2000.

- *MRO[6] 허브(MRO hubs)*는 운영 투입물을 위한 장기간의 공급 관리의 수평적 e-marketplaces이다. 예를 들자면, Grainger in the USA(다음 Blog Box 참고)는 기업의 공장이나 설비를 유지하는 데 필요한 제품을 판매하고 있다. 이 책 사례 연구에서 다룬 IBX는 다른 것들 사이, 비 전략적, 낮은 가치의 항목을 파는 MRO 허브의 또 하나의 예이다. 마지막으로 언급하고자 하는 흥미로운 사례는 아마존이 amazonsupply.com에서 막 공개한 플랫폼이다. (FT 기사 '아마존, 산업적 공급사슬에 간섭하다' 참조)
- *카탈로그 허브(catalog hub)*는 제조 투입물을 체계적 구매 시스템 안에서 판매한다. 카탈로그 허브를 통한 제품은 구매하는 기업의 개별적 요구에 맞게 조정된다. 예를 들어 Covisint는 자동차 산업에서의 수직적 ehub로 공급자와 자동차 제조자를 연결한다. (자세한 내용은 이 책 후반부에 있는 사례연구를 참고하시오)
- 산출 *관리자(yield managers)*는 주로 운영 및 제조 투입물의 현지 조달을 위한 수평적 e-마켓플레이스다. 산출 관리자는 수요와 가격 변동이 높은 운영 투입물 거래에 있어 우수하다. 이들의 목적은 구매자와 판매자로 하여금 위아래로 그들의 제조 자원을 저울질하게 함으로써 제조 다양성에서 보호하려는 것이기 때문에, 산출 관리자는 MRO 허브보다는 더욱 수직적인 경향이 있다.[7] 사례로는 산업계에 소프트웨어 솔루션을 제공하는 아이마크닷컴(Imark.com)과 주문식(on-demand) 인력 관련 소프트웨어 솔루션에 특화된 엠플로이스닷컴(Employease.com)이 있다.
- *교환(exchange)*은 전통적 필수품 교환관 밀접한 관련이 있다. 교환은 철강과 구리와 같이 제품 생산에 사용되는 필수품의 판매에 있어 주요한 역할을 한다. 인터넷 기반 교환의 예로 e-steel.com이 있다.

아마존, 산업적 공급사슬에 간섭하다

아마존과의 직접 대면하는 시합에는 두려움에 떨고 있는 회사들로 가득할 것이라는 전망이다.

그러나 아직 제너럴 일렉스릭(General Electric), 제너럴 모터스(General Motors), 보잉(Boeing) 그리고 캐터필러(Caterpillar)와 같이 화장실 휴지에서부터 복잡한 전자 부품까지 제조업체에게 공급해주는 미국의 가장 큰 산업재 공급자들은 지난달 아마존 서플라이(Amazon Supply)가 새롭게 등장한 데 두드러지게 동요되지는 않은 것으로 보인다. 아마존 서플라이의 웹사이트에서는 50만 개 이상의 제품을 구비하고 있으며, 1,600억 달러 규모의 미국 산업재 공급시장의 점유율을 거머쥐려는 목표를 갖고 있다.

"산업용품 공급 비즈니스는 책을 판매하는 것보다는 훨씬 더 복잡합니다," 미국에서 가장 큰 산업용품 기업 중 하나인 MSC Industrial Direct의 부사장 톰 콕스(Tom Cox)가 말했다. "많은 해 동안 낮은 가격의 온라인 경쟁자들이 존재했고, 우리는 이들과 경쟁해 왔다. 짧은 기간에 아마존이 중대한 영향을 미칠 것이라고는 생각하기 힘듭니다."

그러나 투자자들은 설득되지 않았고, 아마존은 이미 태블릿 컴퓨터 제작과 웹 호스팅과 같은 이질적인 분야로의 진출에 대한 능력을 증명해보았다.

4월 23일 아마존 서플라이가 시작된 후, WW 그레인저(WW Grainger)와 페스테날(Fastenal)과 같은 거대 산업재 공급자들 및 MSC의 주가는 13~15% 하락하였다.

이러한 사실은 기존의 판매 양상에서 탈피하여 경쟁자들보다 저가로 판매할 수 있는 능력을 지닌 강력한 유통업자로서의 아마존의 명성을 반영한다. 또한, 아마존 서플라이는 50달러 이상의 주문에 한해 무료 2일 내 배송 서비스, 기업 전용 신용거래 라인, 그리고 전용 고객 서비스 센터를 제공한다.

아마존에게는 미국 산업재 공급시장이 명백하게 저가 경쟁에 적합했다. 산업 내에서 온라인 판매가 가장 빠르게 성장하고 있는 분야인 것뿐만 아니라, MSC와 그레인저(Grainger)와 같은 회사들은 50%까지의 한계 이익을 즐겼다.

그러나, RW 베어드(RW Baird)의 애널리스트인 데이브 맨데이(Dave Manthey)는 경쟁에 대한 도전을 '가격'으로 압축하였다. 산업재 고객들은 낮은 가격만큼이나 오랜 시간 구축된 세일즈 관계, 기술적인 지원 및 제품 이용가능성에 큰 가치를 둔다.

더욱이, 이미 현 시장의 기업들은 대량 주문 시 큰 할인 혜택을 제공하고 있다고 그가 밝혔다. "당신은 휴지통에 10달러를 아끼려다가 모든 것들에 더 비싼 값으로 구매하게 될 수 있습니다."

또한, 아마존 서플라이는 대부분의 산업재 회사들이 몇 년간 구매 부서를 축소시킨 이후에 등장했다. 따라서 몇몇은 그들의 웹사이트에서 개별 제품들이 가장 낮은 가격에 판매되고 있는지 체크할 수 있는 시간이 있었다.

산업재 온라인 판매는 소매 사이트에 비해 두 배로 빠르게 성장하는 등 트렌드가 명백히 인터넷 판매로 변화되고 있었고, 시티그룹(Citigroup)에 의하면, 그레인저와 MSC 매출의 30%를 차지하기에 이른다고 하였다.

그러나 그레인저의 최고경영자 짐 라이언(Jim Ryan)은 압도적으로 많은 고객들이 온라인에서뿐만 아니라, 오프라인 매장이나 전화를 통해 판매 대리인으로부터 구매하는 "멀티 채널(multi-channel)" 구매자라고 강조했다. "우리 고객의 1% 미만이 웹사이트를 통해 구매합니다."라고 그가 말했다.

그렇긴 해도, 대규모 산업재 공급 회사들은 최근 몇 년간 온라인 매출 역량을 증가시키기 위해, 그리고 한편으로는 온라인 경쟁에 대비하기 위하여 많은 투자를 해왔다.

그레인저와 MSC에 대한 아마존의 도전은 드러나 있는 것만큼 그다지 새로운 사실은 아니다. 저가의 산업재를 공급하는 것에 대한 몇몇의 실패했던 시도가 있었다. 게다가, 아마존 자체도 이러한 시도를 몇 년간 해왔다. 10년 넘게 소재업자는 산업재를 주된 아마존닷컴 웹사이트에서 제공해왔다.

그렇기에 아마존 서플라이는 브랜드이미지 개선(re-branding)에 가깝다. 지금도 새로운 웹사이트에서 구매 가능한 제품들은 기존 아마존닷컴에서도 구매 가능하다. 그럼에도 불구하고, 아마존 서플라이는 단순히 아마존닷컴의 제품 범위를 확장하는 것보다 더욱 선별된 방법으로 산업재 시장에 어필하려는 시도를 나타낸다.

아마존의 대변인인 그레이스 정(Grace Chung)은 새로운 웹사이트가 "아마존 서플라이에서 판매된 아이템에 대한 기술적인 질문들에 답변을 해 줄 수 있는 전용 고객 콜센터"를 구축하고 있다고 강조한다. 그러나 그녀는 회사가 몇 명의 기술자를 고용했는지에 대해서는 대답을 거부했다.

아마존이 이미 설립되어 있는 산업재 공급자들의 기술 전문가들과 경쟁하기란 어려울 것이다. 그레인저는 지난 몇 년간 북미에 매년 500명 이하의 기술 판매 스테프를 고용해왔다. 이는 1,500명 이상의 고객들을 위해 사이트에 올라와 있는 재고들을 관리할 수 있게 해 주며, 이들은 고객들에게 어떻게 건강하고 안전한, 또는 에너지 효율적인 요구사항에 맞출 수 있는지 조언해준다.

이와 대조적으로, 만데이는 아마존 서플라이의 제품 전문성에 의구심이 든다고 말한다. "만약 당신이 어떠한 기술적인 지원을 원한다면, 당신은 행운이 없는 거에요."라고 그가 말했다. "아마존 사람들을 불렀었습니다. 그런데 그들은 명백히 주문만 받는 사람들이지, 산업재에 대해서 이해할 수 있게 훈련을 받았다고 하기엔 힘들더군요."

아마존의 양방향적 배송 서비스는 적시 재고 관리의 시대에 알맞지는 않아 보인다. "우린 한밤중에 지점을 열어 고객들을 위해 제품을 가져다 줄 수 있지요."라고 라이언이 자랑했다.

아마존은 아마존이 시도한 도전들로 잘 알려져 있다. 아마존 서플라이가 거대한 투자처가 아니라는 점, 그리고 의미 있는 시장 점유율을 차지하지 못할 것이라는 점이 투자자들에게 은밀히 스트레스를 주고 있다고 전해지고 있다.

시카고의 윌리엄 블레어(William Blair)사의 애널리스트 라이언 머켈(Ryan Merkel)은 그것이 오히려 다행스러운 일이라고 말했다. "저가격은 새로운 것이 아닙니다. 웹사이트 경쟁 또한 새롭지 않습니다,"라고 말했다. "단 하나의 새로운 사실이 있다면 그것은 아마존이라는 것이며, 사람들이 아마존이라는 이름을 들었을 때, 그들이 두려워한다는 것입니다. 그러나 아마존이 건드리는 모든 것들이 금으로 변하는 것은 아니지요."

FT *Source*: Weitzman, H. (2012) Amazon noses into industrial supply chain, *FT.com*, 20 May.

10.3 시장 개방성에 따른 B2B e-marketplace의 분류

이 분류는 B2B e-marketplaces의 개방 수준에 따라서 분류한다.[8] 개방 정도가 높은 e-marketplace로 어떤 기업이든 공개적으로 접근할 수 있다. 반면, e-marketplace의 개방 정도가 낮은 기업은 초청받은 기업만이 접근할 수 있다. 이러한 분류 구별에 따라, 우리는 e-marketplace의 세 가지 주요 유형인 공공 전자시장(e-markets), 컨소시엄(consortia), 사설 교환(private exchange)이 있음을 알 수 있다.

- *공공 전자시장(public e-markets)*은 일반적으로 제3자에 의해 소유되고 운영된다. 공공 전자시장은 e-marketplace를 통해서 팔거나 구매하기를 원하는 모든 기업에게 개방되어 있다. 공공 전자시장을 떠나거나 들어오기 쉽기 때문에 비즈니스 프로세스는 독자적이지 않고, 주로 표준화되어 있다. 대부분의 제품들은 전혀 맞춤화되지 않거나 그럴 필요가 없는 필수품들(commodities)이 공공 전자시장을 통해서 판매되는 제품이다. mondus.com은 공공 전자시장의 한 예이다.
- *컨소시엄(Consortia)*은 온라인 B2B 교환에 있어 참여하는 기업들에 의해 보통 함께 운영되고 소유된다. public e-markets보다 더 접근이 제한적이고, 유일한 지분 보유자와 선택된 거래 파트너들에게 인정되어야 한다. General Motors와 Ford and DaimlerChrysler에 의해 만들어진 Covisint 는 B2B 컨소시엄의 한 예이다.
- *사설 교환(Private exchanges)*은 외부 파트너들에게 접근에 있어 가장 제한적인 e-marketplaces이다. 사설 교환은 일반적으로 하나의 기업에 의해 운영된다. 운영기업은 그들의 비즈니스 프로세스에 밀접하게 관련된 공급자들을 연결하는 구매활동을 최적화 한다. 사설 교환의 운영자는 사설 교환에 참여하기 위한 공급자를 선택하여 참여시킨다. 판매 예측이나 생산 통계에 대한 자세한 정보를 참여자들에게 제공한다. 그 다음(in turn) 공급자들이 공급사슬을 최적화하는 데 도움을 준다. 긴밀한 통합을 얻기

위하여, 일반적으로 구매자와 판매자의 정보시스템을 통합하는 맞춤화된 시스템 구축이 필요하다. 결과적으로 사설 교환에서의 비즈니스 관계는 공공 전자시장보다 장기간의 관계를 지속하는 경향이 있다. 가상 성공적인 사설 교환의 대표적인 예는 Dell이다.

10.4 전자조달시스템의 통합

전자조달 솔루션(e-procurement solutions)을 고려할 때, 조달 사이클의 오직 한 부분 혹은 전체 공급사슬을 적용해야 하는지를 결정하는 것이 중요하다. 다음은 서로 다른 시스템의 종류를 보여준다(그림 10.2).

- *재고 관리 시스템(stock control systems)*은 조달과 연관된 생산이 용이하도록 설계되어 있다. 예를 들면, 이 시스템은 재주문이 필요한 항목과 재고 수준이 특정 수준 아래로 떨어질 때 구매하는 관리자에게 알려준다.
- *CD/web-based 카탈로그(CD/web-based catalogue)*는 특정 항목의 위치를 찾기 쉽게 하기 위하여 종이기반 카탈로그를 대체한다.
- *E-mail 또는 데이터 베이스 기반의 워크 플로우 시스템(E-mail or database-based workflow systems)*은 창시자의 주문과 경영자의 승인 그리고 구매자에 의한 주문 순

그림 10.2 공급사슬의 각 다른 부분을 담당하는 전자조달 솔루션 e-Procurement

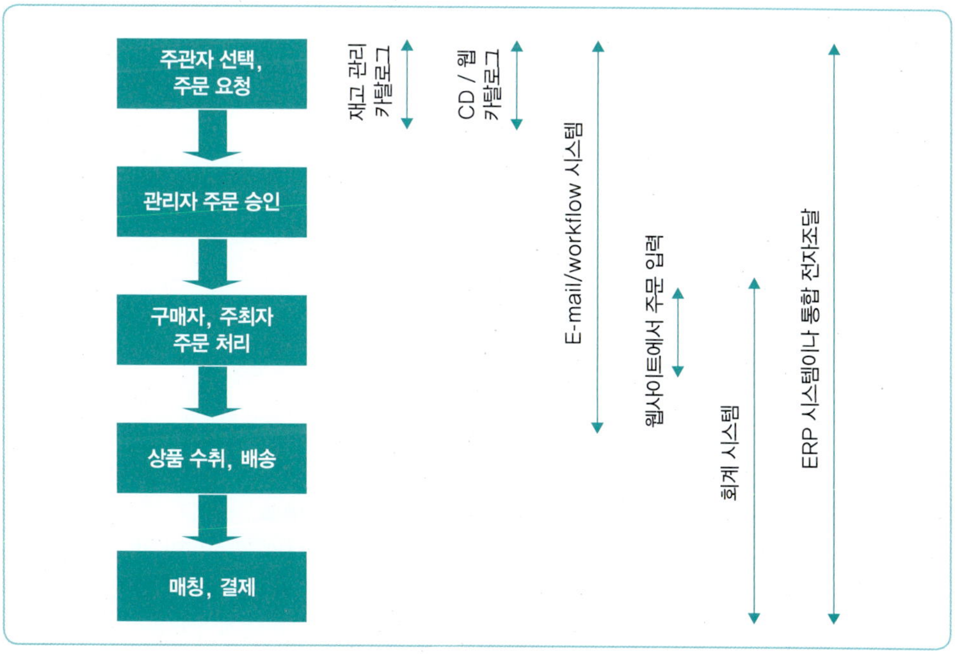

Source: D. Chaffey, *E-business and E-Commerce Management*, FT/Prentice Hall, 2011, p. 368.

서를 통합한다. 이러한 시스템의 사용을 통해, 주문은 빠르고, 신속하게 하나의 사람에게서 정보 손실 없이 다음 사람에게 전달된다.

- *웹사이트에 주문 입력(order entry on website)*은 사용자로 하여금 판매자의 웹사이트에서 직접 구매할 수 있게 한다. 그러나 내부 회계 시스템에는 통합되지 않았기 때문에 구매 데이터를 재입력할 필요가 있다.
- *회계 시스템(accounting systems)*은 구매 부서가 주문을 받고, 동시에 송장(invoice)수령에 따른 지불하기 위해 내부 회계 프로세스에 사용되는 정보를 전달한다.
- *통합된 전자조달시스템(integrated e-procurement systems)*은 앞의 모든 기능들을 통합하는데, 주로 공급자의 시스템에 통합된다.

전자조달 솔루션(e-procurement solutions)에서 서로 다른 종류의 시스템을 선택하는 데에는 어려운 상반관계(trade-offs)가 존재한다. 기존의 오래된 시스템(legacy systems)과 새로운 기술의 연결이 가능한지 혹은 모든 기능들이 통합된 새로운 시스템만으로 구매할 수 있는 지를 살펴보아야 한다. 새로운 시스템을 구매하는 것은 간단한 선택이지만, 선행(upfront)의 투자는 기존 존재하는 시스템을 수정하는 것보다 높은 비용이 든다. 또한, 완전하게 새로운 시스템으로 교체할 때 직원교육이 필요하다.

새로운 기술의 출현과 함께 공급사슬은 점진적으로 통합되고 있다. 진보된 기술의 통합 예는 RFID(Radio-Frequency Identification) 칩이다. RFID는 창고나 상점 위치에 연결되어 있는 어떤 것이라도 모니터링(monitoring)하는 데 사용될 수 있다.

결론적으로, 인터넷과 전자조달 솔루션의 발전들은 회사들이 전세계적으로 그들의 대내외적인(예를 들어서, 비즈니스 파트너, 공급자들, 제3의 물류 회사 등과 함께하는) 운영을 조직화할 수 있게 해 주었다. 오늘날의 공급사슬 관리는 기업 경쟁력을 위한 전략적인 역할을 담당하고 있다. (FT 기사 '공급사슬은 전략적인 분야이다' 참조)

공급사슬은 전략적인 분야이다

세계화는 기업 조달 측면을 해결해 주었고, 지속 가능하고 수익성이 있는 비즈니스를 구축하는 데 앞장서서 전문적인 공급사슬 관리자와 그들의 기술적 도구의 새로운 세대를 가져다 주었다.

지난 10년간 공급사슬 관리의 많은 부분들이 변해왔다. 글로벌 파트너와 공급자들간의 복잡한 관계, 변동성이 강한 에너지, 그리고 환율 변동과 맞물린 물가는 이제 일반적인 것이 되었다. 일리노이주에 위치한 전문 공급사슬 관리 협회의 회장인 릭 블라스겐(Rick Blasgen)은 다음과 같이 말했다. "우리 멤버들이 직면한 첫 번째 문제는 세계적인 경쟁으로 인해 증가하는 압박입니다." 블라스겐 회장은 세계에서 가장 큰 식품 회사인 나비스코(Nabisco), 크래프트 푸드(Craft Foods), 콘아그라(ConAgra)에서 시니어 공급사슬 관리자를 포함해 25년간의 커리어를 쌓아왔으며, 2007년 협회의 회장직을 맡았다. 그는 협회 멤버들이 직면한 두 번째 가장 중요한 이슈는 공급사슬 파트너간의 정보 교류시에 식별표를 유지하는 것이라고 말한다.

오늘날, 기업들은 공급사슬 파트너들과 함께 위험을 최소화하고 투명성을 극대화 하기 위해 협력해야 한다고 그는 말한다. "당신이 과거에는 독점권을 고려했을 정보들에 대해서 이제는 당신의 파트너들을 신뢰해야 합니다." 또한, 글로벌 공급사슬을 운영하는 회사들은 다양한 요소들을 고려해야 하는데, 이러한 요소들에는 세금, 구제사항, 그리고 의사 결정으로 인한 환경 문제가 포함되어 있다. 더욱 중요한 것은, 그들은 공급사슬 기능을 완전히 새로운 측면에서 바라볼 필요가 있다는 것이다. 가트너(Gartener)의 공급사슬 연구 담당 케빈 오마라(Kevin O'Marah)는 "전통적인 계획 주기는 이제 더 이상 쓸모가 없습니다. 인터넷 연결성과 세계적인 시장은 매우 급격하게 변화를 가져왔고, 회사들은 제품 개발, 제조 역량, 그리고 재고량에서 일일 투자를 제고해 보아야 합니다."

비즈니스는 GPS(Global Positioning System) 추적과 RFID(radio frequency ID) 태그, 커뮤니케이션 네트워크, 그리고 소프트웨어 툴과 같은 기술의 이점을 취해야 합니다. "우리는 항상 어떻게 기술이 적용되는지 살펴봅니다."라고 금융 그룹인 바클레이(Barclays)의 유통 및 물류 부장 롭 리들스톤(Rob Riddleston)이 말했다.

기업들이 공급사슬을 잘 활용할 때, 그들의 공급사슬은 전략적이고 경쟁력 있는 이점이 될 수 있다. 블라스겐 회장은 다음과 같이 언급했다. "공급사슬 물류는 비용 절감의 메커니즘 측면에서 다뤄져 왔습니다. 그러나 이제 이것은 새로운 시장, 특히 신흥 시장을 열어 성장 동력이 될 수 있는 부분으로 다뤄지고 있습니다."

어떠한 기업들이 가장 요구되는 수요 주도형의 공급 사슬을 운영하고 그들의 모범 경영을 기록하는가? 지난 10월, 가트너의 AMR 유닛은 공급사슬 관리에서 리더십을 보여준 상위 25개의 연간 리스트를 발행했다. 공급사슬을 확장한 애플(Apple)은 가장 정교하고 효과적인 공급사슬 관리로 계속해서 리스트에 올랐으며, 3년 연속 1위를 차지하였다. 6년 연속 유일하게 5위권 안에 머물러왔던 프록터 앤 갬블(Procter & Gamble)은 2위를 차지하였으며, 시스코(Cisco)와 월마트(Walmart), 그리고 델(Dell)이 그 뒤를 이었다. 리서치 인 모션(RIM; Research in Motion), 아마존(Amazon), 맥도날드(McDonald's), 그리고 패션 유통 그룹인 인디텍스(Inditex), 이렇게 다섯 개 기업은 상위 25개 리스트에 올해 처음으로 이름을 올렸다.

그러나 가장 훌륭한 공급사슬이라 여겨져도 여전히 예상치 못한 부분에 맞닥뜨릴 수 있다. 블라스겐 회장은 2007년에 1백만 개에 가까운 장난감 물량을 리콜해야 했던 US 완구제조업체 마텔(Mattel)의 사례를 인용했다. 중국 제조 계약업체가 납 함유 페인트로 장난감에 칠을 입혔다는 사실이 알려진 이후였다. 기업들이 공급 기반과 제조 운영을 세계적으로 확장함에 따라 새로운 위험이 제기되었고, 이러한 위험들에는 지식 재산권 침해, 공급기업의 생존 능력, 환율 변동, 제품 안전성, 그리고 심지어는 복제의 문제도 포함된다. "공급사슬 위험은 지난 5년간 커다란 문제로 지적되어 왔습니다. 이는 유가가 치솟을 때 아주 중요한 문제가 됩니다."라고 오마라 씨가 말했다. "유가가 배럴당 140달러에 육박했을 때, 사람들은 그들이 아시아에 과도하게 노출되었는지 혹은 플라스틱과 같은 기름 기반의 재료에 너무 많이 의존해 오지는 않았는지에 대해서 걱정하기 시작했습니다."

다행히도 이러한 문제들을 관리할 수 있도록 도와주는 기술들이 존재하지만, 그럼에도 불구하고 전략적 사고는 필수적이라고 가트너의 노하 토하미(Noha Tohamy)는 말했다. 그녀는 보통 소프트웨어 툴은 두 개의 주요 카테고리로 구분될 수 있다고 말한다. 첫째, 전략적인 시나리오 관리를 할 수 있게 해 주는 툴 또는 "만약(What-if)" 분석 툴이 있다. 둘째, 실시간으로 어떠한 일이 벌어지고 있는지에 초점을 맞춘 툴이 있다.

과거에는 수입/수출이 경제의 작은 일부분이었지만 오늘날에는 매우 크고 결정적인 부분으로 바뀌었기에 세계적인 물류는 또 다른 도전에 직면하게 되었으며, 이는 점점 더 증폭되어 왔다. "알맞은 원양 항로대, 철도, 도로, 그리고 항공로에 대한 역량과 더불어 당신의 물류가 어디에 있는지에 관련된 가시성과 그것들이 위험에 처해 있는지에 대한 여부에 대한 것은 갑자기 임무 수행에 필수인 것으로 되었다."라고 오마라씨는 설명한다. 그러나 많은 물류 회사들이 수용력과 가시성을 제공하는 데 있어서 압박을 받음에도 알맞은 기술적 도구는 여전히 부족하다고 그는 말한다.

또한, 공급사슬 전문가들은 신흥 시장에서의 새로운 등급의 공급 사슬 때문에 고심하고 있다. "인도, 중국, 브라질, 그리고 사하라 사막 이남의 아프리카와 같은 신흥 시장으로부터 촉발된 경제 성장은 불균형하게 다가옵니다."라고 오마라씨가 언급하면서, 다음과 같이 덧붙였다. "고객 수요는 높으나, 공급사슬에서는 종종 매우 다르게 예측합니다. 이는 기업들로 하여금 이를 고려하여 시장에 맞게 네트워크를 구축하는 것을 요구합니다. 예를 들어서, 브라질은 도로에 매우 심각한 문제가 있으며, 중국에는 좋은 도로가 있으나 국경을 지켜야 한다는 점 등과 같은 다른 이슈가 있을 수 있습니다. 친숙하지 않은 지역 유통 인프라, 유통 네트워크, 제조 수용력, 그리고 물론 규제 및 문화적 요소들 모두 특별한 전략을 필요로 합니다."

회사들, 특히 다국적 회사들은 지속가능성에 대하여 더욱 고민을 하고 있다. 환경적인 문제가 공장들과 교통수단이 있는 곳에서 탄소 배출에 커다란 기여를 한다는 점에서 문제의 가중치가 점점 더 증가할 것으로 예상된다. 이러한 고려사항들은 주로 자동차, 식품, 그리고 의복과 같이 물리적인 제품들에 주로 적용된다. 이러한 것들은 비용 측면에서 커다란 변수이다. 음악, 소프트웨어, 그리고 게임을 위한 디지털 공급사슬은 재생산될 수 있고, 근본적으로 0의 한계 비용으로 "전달(ship)" 가능하며, 이러한 공급사슬은 다른 문제들을 나타낸다. "물리적인 제품들의 지식 재산권 구성요소는 종종 플라스틱, 메탈, 혹은 배달될 수 있는 다른 재료들로부터 분리될 수 있습니다."라고 오마라씨는 말한다.

21세기의 공급사슬 관리는 새로운 능력들을 필요로 한다. 블라스젠 회장은 전문 분야로서의 "공급사슬"이라는 개념은 10년 전쯤에는 거의 존재하지 않았다고 말한다. 인터넷이 기업들을 세계적으로 연결하기 이전에, 배달, 제조, 그리고 구매 부서에서 일하던 대부분의 사람들은 비용 측면에서 전략적인 직공들이었다. 오늘날, 공급사슬 능력은 제품 론치, 시장 진입, 그리고 경쟁자들의 위협에 대응하는 데 있어서 성공의 상대적이고도 필수적인 무기가 되었다.

FT *Source*: Taylor, P. (2011) Supply chain is a strategic discipline, *FT.com*, 25 January.

요약

- 이 장에서는 기업이 공급자에게서 공급받는 제품을 어떻게 구매하고, 무엇을 구매하는지에 따라서 B2B e-marketplaces 분류해보았다. 또한 이러한 분류는 B2B e-marketplaces의 개방 정도에 따라 다양해진다.
- 첫째, 이 장은 B2B e-marketplaces의 몇 가지 문제들을 이야기했고, 전자 구매의 주요 장점과 단점에 대하여 소개하였다. 장점은 (1) 높은 투명성(higher transparency), (2) 메버릭 구매의 위험 감소(reduced risk of maverick spend), (3) 온라인 협상을 통한 가격 인하(price reduction through online negotiations) (4) 프로세스 최적화(process optimization) 이다. 단점은 (1) 조직 위험(organizational risk), (2) 기술 위험(technology risk) 그리고 (3) 공급자의 저항(supplier resistance) 이다.
- 둘째, 이 장은 구매 프로세스를 기반으로 한 B2B e-marketplaces[예, 전자조달을 어떻게 하는가? 필요 구매냐 계획적 조달이냐?(spot or systematic sourcing?)]와 온라인에서 구매하는 제품의 종류[전자조달에서 무엇을 구매하는가? 제조나 운영 투입물이냐?(operating or

manufacturing inputs?)]를 토대로 분류하였다. 이 두 범위를 토대로 앞서 살펴본 4개의 유형으로 분류하였다; 'MRO hubs', 수직적 시장을 위한 '산출관리자(yield manager); 수평적 시장을 위한 '카탈로그 허브(catalog hub)' 와 '교환(exchange)'으로 분류할 수 있다.

- 셋째, 이 장에서는 B2B e-marketplaces의 개방 수준과 각 수준의 특정 문제들에 대하여 알아보았다. 한 범위의 끝은 '공공 e-marketplace(public e-marketplace)로 시장 개방 정도가 높고 어떤 기업이라도 시장에 참여할 수 있다. 다른 한 쪽은 '사설 교환(private exchanges)' e-marketplace로 시장 개방 정도가 낮고, 초청 기업만이 시장에 참여할 수 있다. 스펙트럼 가운데는 '컨소시엄 e-marketplace(consortia e-marketplaces)' 로 중간 수준의 시장 개방성과 몇몇 기업들에 의해서 소유되고 운영된다.
- 넷째, 재고 e-procurement 솔루션(e-procurement solutions)의 여러 기능인 통제 시스템(stock control systems), 데이터 베이스 업무 조정 시스템(database-based workflow systems), 그리고 통합된 e-procurement 시스템을 알아보았다. 또한 기업들이 e-procurement 솔루션 선택 시 필요한 상반관계(trade-off)에 대하여 강조하였다.

복습 질문

1 전자조달시스템(e-procurement solutions)의 장점과 단점은 무엇인가?

2 business-to-business (B2B) e-commerce matrix를 결정하는 주요 두 범위를 설명하라.

3 기업은 어떤 B2B구매 모델을 사용하는가? 특정 B2B 모델을 사용하는 기준은 무엇인가?

4 B2B e-marketplaces 의 시장 개방성의 개념을 설명하라. e-marketplace들은 시장 개방 정도에 따라서 종류에 차이가 있는가?

5 전자조달시스템(e-procurement solutions)에는 어떤 종류가 있는가? 공급사슬(supply chain)의 어느 한 부분에 어떠한 종류의 전자조달(e-procurement)적용되는가?

토론 질문

1 실례를 통해서 B2B e-commerce matrix를 설명하라.

2 이 장에서 설명하고 있는 B2B구매 모델 중의 하나를 B2B e-marketplace의 예로 설명하시오.

3 공공 전자 시상(public e-markets), 컨소시엄(consortia)과 사설 교환(private exchanges)으로 분류되는 B2B e-marketplace의 시장 개방성에 장점과 단점에 대하여 이야기하시오.

권장 도서

An overview on how the Internet changed supply chain management is provided in M.E. Johnson and S. Whang, 'E-business and supply chain management: an overview and framework',

Production and Operations Management, 2002, vol. 11, no. 4, pp. 413–23.

S. Kaplan and M. Sawhney developed the concept of e-hubs in 'e-Hubs: the new B2B marketplaces', *Harvard Business Review*, 2000,May–June, pp. 97–103.

W. Hoffman, J. Keedy and K. Roberts differentiate e-marketplaces according to their degree of openness in 'The unexpected return of B2B', *McKinsey Quarterly*, 2002, No. 3, pp. 97–106.

For an interesting discussion on how the adoption of e-procurement systems and strategies can contribute to a company's value creation and business competiveness, see W.D. Presutti Jr, 'Supply management and e-procurement: creating value added in the supply chain', *Industrial Marketing Management*, 2003, vol. 32, no. 3, pp. 219–26.

To understand e-procurement practices in a business-to-business context, as well as the success factors and challenges of e-procurement, see R. Angeles and R. Nath, 'Business-to-business e-procurement: success factors and challenges to implementation', *Supply Chain Management*, 2007, vol. 12, no., pp. 104–15.

관련 사이트

www.scmr.com is the website of another magazine, *Supply Chain Management Review*, that provides numerous articles and other resources on managing supplier relationships in e-business.

참고 문헌

1 See D. Chaffey et al., *Internet Marketing*, FT/Prentice Hall, 2006, p. 494.

2 Ibid., p. 502.

3 Ibid., p. 501.

4 See D. Chaffey, *E-Business and E-Commerce Management*, FT/Prentice Hall, 2006, pp. 318–320.

5 S. Kaplan and M. Sawhney, 'e-Hubs: the new B2B marketplaces', *Harvard Business Review*, 2000, May–June, pp. 97–103.

6 Acronym for maintenance, repair and operating.

7 See D.F. Ross, *Introduction to Supply Chain Management Technologies*, 2nd edition, CRC Press, Taylor & Francis Group, 2011, p. 100.

8 W. Hoffman, J. Keedy and K. Roberts, 'The unexpected return of B2B', *McKinsey Quarterly*, 2002, no. 3, pp. 97–106.

9 See D. Chaffey, *E-Business and E-Commerce Management*, FT/Prentice Hall, 2011, pp. 367–8.

Chapter 11

사용자 상호작용을 위한 e-비즈니스 전략 선택[1]

이 장의 개요

관련 사례 연구

사례 연구		주요 초첨
8	**Topcoder**	오픈 이노베이션
17	**Nettwerk**	인터넷 비즈니스 모델
18	**Licia Chery**	오픈 펀딩
14	**KM at Booz**	내부 콘텐츠 공유와 콜라보레이션
15	**Spreadshirt**	인터넷에서의 대량맞춤화

학습 성과

이 장에서는 다음과 같은 내용을 학습할 수 있다.

- 웹 2.0을 출현시킨 기술의 발전을 이해한다.
- 기술의 발전이 사람들의 콘텐츠 생성과 행동을 어떻게 변화시키는지에 대하여 이해할 수 있다.
- 웹 2.0의 발전을 수용하기 위한 CRM의 진화와, 새로운 소셜 고객들과의 관계를 다루기 위한 가능성을 알 수 있다.
- '대량 맞춤화'와 '롱 테일(long tail)'를 통해서 고객과의 풍요로운 상호작용에 대한 개념을 이해한다.
- '티핑 포인트(tipping point)' 네트워크에 대한 이해를 통해, 고객 상호작용 범위를 증가시키는 네트워크 외부성(network externality effects)그리고 '기하급수적 성장(viral growth')' 개념을 알아본다.

소개

제 1장에서부터 논의했던 e-비즈니스는 인터넷으로 인해 극적으로 변화되었다. 몇 년 전까지 웹은 안정적이고, 단 방향의 정보 흐름의 읽기 전용(ready-only) 웹에 가까웠었다. 그러나 오늘날 사용자들은 인터넷에서 적극적으로 콘텐츠를 만들고, 편집할 수 있는 기회를 가지게 되었다. 이 장에서는 기업이 인터넷이라는 새로운 기술적 능력을 이용하여 고객들과 웹사이트 사용자들에게 정보 공유와 콘텐츠 생성 프로세스를 가능하게 만들었는지 면밀하게 살펴볼 것이다.

이 장은 웹 2.0[2]의 개요를 살펴보고자 한다. 새로운 기술의 출현인 웹 2.0에서는 웹 2.0을 통해서 제공되는 서비스 개념과 사회적 웹[3]이라고 불리는 사용자 행동을 다룬다. 11.2절에서는 정보의 풍요함과 도달성의 상반관계(trade-off)를 분석을 다룬다. 이러한 상반관계(trade-off)를 통해서 대량 맞춤화(mass customization)과 '기하급수적 성장(viral growth)', '티핑 포인트(tipping point)' 그리고 '롱테일(long-tail)'에 대하여 살펴볼 것이다.

11.1 사회적 상거래와 인터넷

초기 몇 년간을 비교하면, 인터넷은 급격한 속도로 상호작용 플랫폼으로 변화되어왔으며, 증가한 사용자들 덕분에 의사소통에 대한 요구(wants)와 거래 욕구(needs)에 부응하는 다양한 새로운 서비스가 등장했다. 다음에서 인터넷의 주요 기술 발전과 이로 인해 생겨난 애플리케이션에 대하여 살펴본다.

11.1.1 웹 2.0의 출현

새로운 방법으로 의사소통하고 콘텐츠를 공유하고, 그리고 협력할 수 있는 장을 열어준 웹 2.0의 출현은 웹사이트 제공자 또는 공급자 중심의 콘텐츠 생성에서 사용자 중심의 콘텐츠 생성하는 패러다임 전환(paradigm shift)을 의미한다. Tim O'Reilly는 웹 2.0을 '플랫폼으로써 인터넷의 변화를 이끈 컴퓨터 산업의 비즈니스혁명이며, 새로운 플랫폼에서의 성공 법칙을 이해의 출발이다'라고 이야기 한다. 웹 2.0 애플리케이션은 '활용 네트워크가 더 나아지기 위해서는 더 많은 사람들이 사용하는 것'이다.[4] IT에서의 기술 발전은 회사들이 가치를 창조하고 고객 및 공급자들과의 관계를 관리하는 네 있어서의 방법에 대한 큰 변화를 가져다 주었다. 더욱 자세하게, 웹 2.0은 다음과 같이 정의될 수 있다.

> 오픈 소스(open source)의 집합, 비즈니스와 소셜 프로세스의 참여자로서 상호교류적이고, 사용자의 경험, 지식, 그리고 시장 지배력을 확장해나가는 사용자 통제(user-controlled) 온라인 애플리케이션이다. 웹 2.0 애플리케이션은 효율적인 창조, 전파, 공유, 그리고 정보의 편집/정제를 할 수 있게 해 줌으로써, 아이디어 및 지식의 흐름을 가능하게 하고, 이는 격식 없는 사용자 네트워크 형성을 지지한다.[5]

오늘날 고객들과 사용자들은 훨씬 더 많은 정보와 시장 지배력을 갖고 있다. 웹1.0에서의 경우처럼 고객 및 사용자들은 기업이 만든 콘텐츠를 단지 수용하기만 하지는 않는다. 그들은 이제 콘텐츠를 생산하고 공유할 수 있다. 이는 기술의 주된 변화이자 인터넷 및 이와 관련된 비즈니스 모델의 가장 구분되는 특징일 것이다. 교환에 있어서 소비자들의 역할을 가능하세 하기 위해 웹 2.0의 기능을 무시한다면, 콘텐츠 제작과 가치 창출은 전략적인 실수가 될 것이다. 다시 말하면, 조지은 협입(collaboration)과 고객과의 대화(그림 11.1 참조), 그리고 웹 2.0 애플리케이션과 관련된 것들(예를 들어서, 소셜네트워킹 사이트, 마이크로블로그, 위키, 내부 블로깅 등)에 대해 새로운 마음가짐을 갖고 있어야 하며, 웹 2.0의 이점들로는 빠른 의사 결정, 혁신의 촉진, 그리고 효율성 강화가 있다.[6]

서론을 결론지으며, *네트워크 인프라와 소프트웨어 기능*이라는 이러한 기술 발전의 두 가지 핵심에 더욱 자세히 알아보기로 하자.

네트워크 인프라

최근 몇 년 동안, 가정에서 인터넷 광대역 접속이 급격하게 증가하였다. 이 발전의 중요한 원인은 인터넷 붐 시대에 광케이블을 통해 많은 데이터를 전송함으로써 비용을 절감하게 된다는 이유로 광섬유 회사에 대해 과잉 투자한 결과이다. 인터넷 사용자들은 향상된 대역폭으로 인해 빠르게 인터넷에 접속할 수 있게 되었고 이는 곧 사용자들의 인터넷 경험을 직접적으로 향상 시켰다. 이로 인해 더 많은 사용자들이 모였고 온라인에서 보내는 시간이 더 많은 많아졌다.

최근 몇 년 동안 저장 비용(storage cost)이 급격하게 감소하면서 거대한 저장 용량에 의존하는 비즈니스 모델을 가지고 있는 기업들에게 큰 영향을 주었다. 오늘날 무료

그림 11.1 Web 2.0의 진화에 따른 기업과 고객의 사고방의 변화

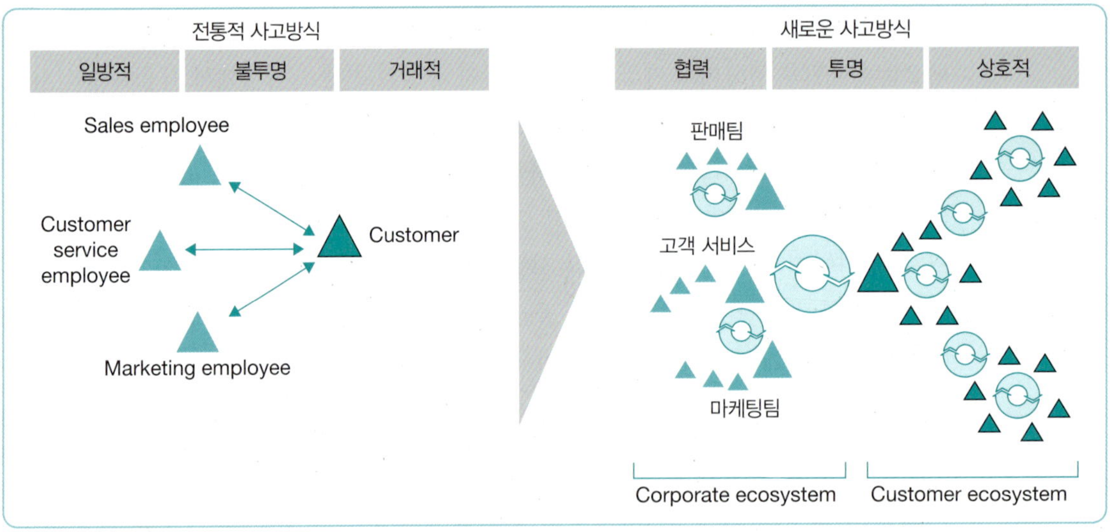

Source: O. Acker et al., 'Social CRM: how companies can link into the social web of consumers', *Journal of Direct, Data and Digital Marketing Practice*, 2011, vol. 13, p. 4.

로 Gmail과 같은 이메일 회사가 기가바이트(gigabyte)이상의 저장 공간을 주는 것이나, Facebook과 같은 소셜네트워킹(social networking)사이트에 무제한 사진을 업로드 할 수 있는 것은 이상한 일이 아니다. 대량의 데이터에 의존하게 되면 새로운 비즈니스 모델이 필요하게 된다. 예를 들자면, Mozy.com 또는 Box.net과 같은 온라인 백업 솔루션 업체는 대용량의 데이터를 취급하고 높은 저장 비용을 감당하기 위하여 가입비용 모델(subscription model)을 적용하고 있다. 다른 한편으로 소셜네트워킹 사이트[social networking sites (SNS)]는 온라인 광고 수익을 통해서 비용을 충당하고 있다.

소프트웨어 기능

플랫폼으로써 웹을 사용하고 네트워크 인프라에서 진보하는 기술의 힘을 이용하여, 새로운 소프트웨어 기준은 콘텐츠 제작에 있어 사용자를 참여시키게 되었다. AJAX와 같은 웹 애플리케이션의 기술 발전은 웹사이트가 웹페이지를 부분적으로 다시 작동할 수 있도록 하여 인터넷 경험을 더 빠르고 더 편리하게 만들기 시작했다. 결과적으로 전통적인 데스크톱 프로그램처럼 웹페이지를 탐색할 수 있게 되었다. 예를 들자면, Google Docs는 PC가 인터넷에 연결되어 있으면 직접 사용할 수 있도록 텍스트 처리, 스프레드 시트 그리고 일정 기능을 제공한다.

소프트웨어는 또한 사용자들이 인터넷에서 콘텐츠를 쉽게 출판하도록 도와준다. 몇 년 전에는 웹사이트에서 글을 쓰기 위해 HTML을 이해하는 것이 프로그래머의 특권으로 여겨졌다. 그래서 오늘날 사용자들은 어떤 프로그램이나 도구를 설치할 필요가 없어졌다. 대신에 사용자들은 블로그를 제공하는 웹사이트에 자신의 계정을 만들어 로그

인하고, 자신의 프로파일과 콘텐츠를 관리할 수 있게 되었다. 활동적인 공동체(active communities) 개발자들은 실질적으로 협력 개발을 지원하는 '공개 소스(open source)' (Linux 운영시스템과 같은 경우처럼) 또는 응용프로그램에 대한 접속 권한 부여와 같은 것을 사용하여 웹사이트와 특정 프로그램 틀만 제작한다.

덧붙여 새로운 신디케이션 형식(syndication formats)(RSS와 같은)은 사용자들이 쉽게 다른 웹사이트에서 갱신된 콘텐츠를 알 수 있게 한다. 또한 사용자들을 다른 사람들의 콘텐츠를 구독할 수 있어, 의사소통과 정보 공유 그리고 협력이 향상된다. 덧붙여, 블로그 소프트웨어 설치 및 관리는 개인이 자신의 웹 공간을 쉽게 관리하게 한다. 예를 들어 Wordpress라는 강력한 신기술의 블로그 출판 도구는 맞춤화와 관리 기능을 쉽게 해준다.

11.1.2 인터넷 비즈니스 모델에 대한 웹 2.0의 영향

그림 11.2는 웹 기술과 애플리케이션의 과거와 현재, 그리고 미래에 대한 개요를 나타낸다. 순차적으로 네 단계가 각각의 애플리케이션과 함께 제시되어 있다. 다음 단계는 중요하지만 예상되었던 기술 발전인 의미의 처리와 정보의 통합과 관련되어있다. 이는 소셜 웹의 다음 단계인 시멘틱 웹(semantic web)으로도 불리는 웹 3.0을 향한 주요 단계이다.

현재의 웹 단계는 비즈니스와 기관에 매우 심각한 영향을 준다. 다음의 세부 항목들은 웹 2.0의 주요 원리와 같이 중요한 질문이다. 이 단계의 웹은 가장 중요한 변화를 가져왔

그림 11.2 웹의 진화와 관련 애플리케이션

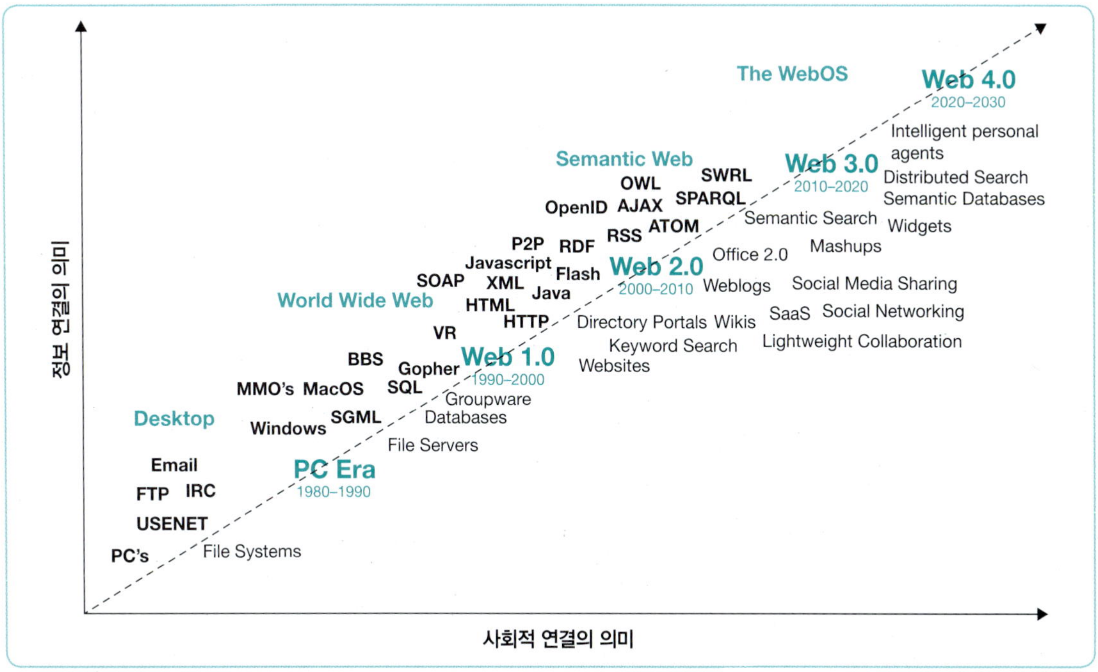

Source: Radar Networks & Nova Spivack (2007).

으며, 새로운 전략과 기능은 효과적으로 기업에 적용되었다.

웹 2.0 애플리케이션의 주요 원리

웹 2.0 기반 애플리케이션의 발전은 다음과 같은 원리들로 이루어졌다.[7]

- 서비스 기반, 간소화, 그리고 오픈소스 솔루션 특징에 주력:
  - *온라인 서비스로의 변화*: 제품으로서의 소프트웨어로부터 서비스로서의 소프트웨어로 변화. 웹 2.0의 애플리케이션은 독립된 플랫폼이며, 주로 쉬운 접근, 다운로드, 공유와 같은 무료 서비스를 제공한다.
  - *간단함*: 웹 2.0은 쉽게 사용할 수 있도록 설계되었으며, 다수의 맞춤화 가능성을 제공한다.
  - *고객을 획득할 수 있는 지렛대로서의 네트워크 효과*: 사용자들은 쉽게 애플리케이션을 옮겨갈 수 있지만, 그렇게 하지 않는 이유는 네트워크 효과와 주변 사용자(peer usage)들 때문이다. 관련 사례로서는 주변 친구들이 모두 페이스북을 사용하기 때문에 다른 소셜 네트워크로 갈아타지 않는 페이스북 사용자를 들 수 있다.
  - *지속적(continuous)이고, 증가하는(incremental) 애플리케이션 개발*은 사용자들이 소극적인 소비자에서 나아가 활동적인 기여자가 되기를 요구한다.
  - *지속적인 실시간 개선*: 웹 2.0 애플리케이션은 유저들로부터의 지속적인 피드백을 특징으로 한다. 이러한 정보는 오작동을 확인하고 고치는데 활용되며, 애플리케이션의 성과 개선에도 사용된다.
  - *빈번한(perpetual) '베타 버전'*: 위에서 언급한 지속적인 피드백 고리로 인하여 웹 2.0은 끊임없이 변하고 진화하는 '베타 버전'으로 여겨진다.
  - *더 많은 사용자들*: 집단지성으로 더 많은 가치가 창조된다. 해당 사례로서 아마존닷컴 또는 고객의 과거 구매행동을 통해 제품을 추천해주는 다른 전자상거래 업체를 들 수 있다. 이러한 추천들(사용자의 코멘트, 의견, 제품이나 서비스에 대한 리뷰 등)은 다른 사용자의 구매 결정에 영향을 미칠 수 있다.
  - *새로운 서비스 기반 비즈니스 모델*과 소량의 제품으로 개별 고객들에게 닿을 수 있는 새로운 가능성들이 있다.
  - *매출 창출에서의 변화와 모델 활용*: 웹 2.0 서비스가 무료로 제공되기 때문에 회사들은 사용자에게 수수료를 물게 함으로써 매출을 올리지 않고, 온라인 광고를 판매한다든지 서비스의 프리미엄 버전을 제공하는 방식으로 수익을 창출한다. 예를 들어서, 스트리밍 음악 서비스 업체인 소프티파이(Softify)는 무료로 광고가 삽입된 기본 버전의 음악을 제공하거나, 광고가 없는 고품질의 유료 음악을 제공한다.
  - *대량 판매 시장에서 개별 고객시장으로 변화*: 이는 11.3절과 11.4절에서 더욱 자세히 다뤄질 웹 2.0의 중요한 특징이다.

위에서 제시한 원리들은 넓은 범위의 4요소(와 하위 요소) 프레임워크와 상호작용한다.[8] 몇몇의 요소들은 새롭지는 않지만, 웹 2.0에서 그 영향이 더욱 커졌다고 할 수 있다. 그림 11.3에서 이러한 요소들(과 하위 요소들)을 나타내고 있다.

이러한 요소들은 소셜네트워킹, 상호교류 지향, 사용자 부가가치, 그리고 맞춤화/개인화를 포함한다. 비즈니스에 웹 2.0의 요소들을 효과적으로 적용하기 위한 세부 활동들은 그림 11.4에 나타내었다.

웹 2.0 서비스

웹 2.0 애플리케이션을 위한 다른 비즈니스 모델(Enterprise 2.0을 가끔 참조한다)은 새로운 비즈니스 기회를 노리고 있다. 미디어 공유 포탈(Media-sharing portal)(Flicker, YouTube), IP를 통한 음성 애플리케이션(Skype)[9], 온라인 협력 애플리케이션(encyclopedia Wikipedia) 그리고 광범위한 블로고스피어('blogoshere[10]')는 인터넷 협

그림 11.3 웹 2.0: 4요소 모델

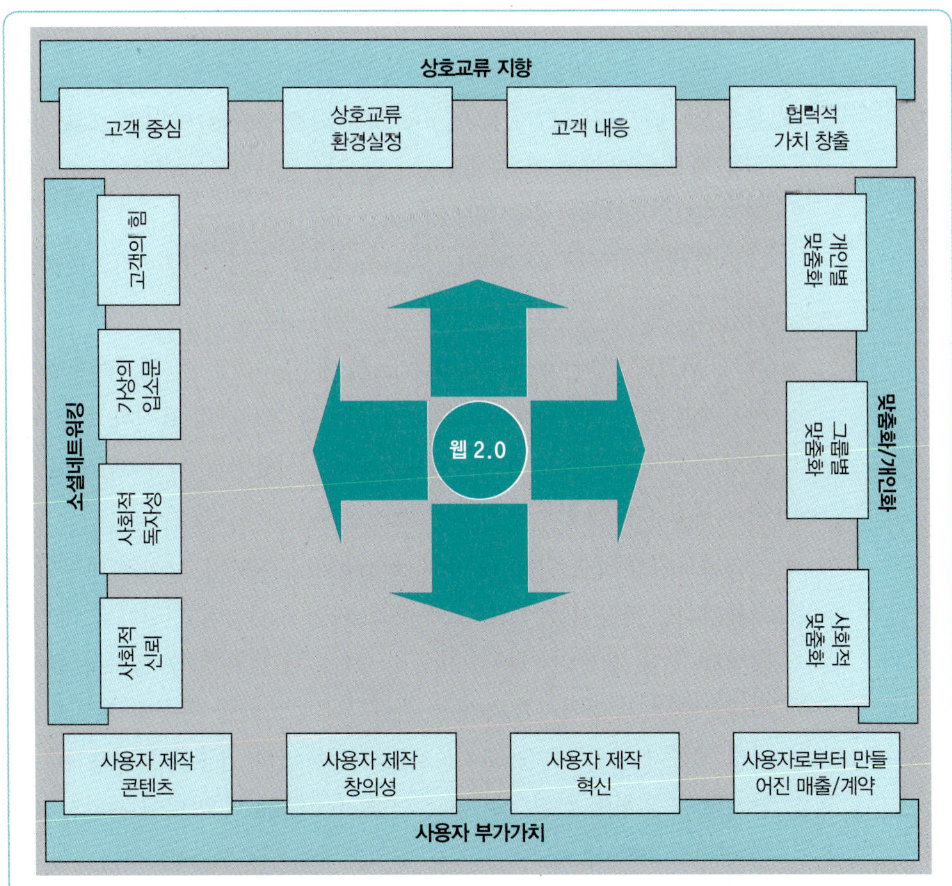

Source: B. Wirtz et al., 'Strategic development of business models. Implications of the Web 2.0 for creating value on the Internet', *Long Range Planning*, 2010, vol. 43, p. 279.

그림 11.4 현존하는 인터넷 비즈니스에 웹 2.0을 적용하기 위한 활동

Factor	Activity
소셜네트워킹	• 나만의 소셜네트워킹을 구축하라 – 예: 웹사이트를 위한 블로그, 포럼, 채팅방 개설 • 네트워크에서 코멘트와 포스팅을 확인하라 (예: 리뷰 플랫폼) • 관련 소셜 네트워킹 플랫폼에서 자사를 나타내라
상호교류 지향	• 즉각 반응할 수 있도록 하고, 24시간 가능하도록 하라 • 상호 교류에 대한 보상(소셜 상태, 상금, 리베이트 등)을 제공하라 • 긍정적이고 부정적인 피드백을 할 수 있도록 격려하라
사용자 부가가치	• 다음과 같은 도구들을 웹사이트에 통합하라: 사용자 리뷰, 사용자 제작 정보(wikis), 미디어 업로드 (비디오 등) • 인센티브 제공 • 클릭, 추천, 고객 행동 등을 추적한 메타데이터를 활용하라
맞춤화/개인화	• 맞춤화에 대한 노력으로 접근 가능한 고객 정보를 활용하라 (예: 고객의 과거 데이터를 기반으로 추적 프로파일 구축) • 맞춤화 및 개인화를 쉽게 할 수 있도록 하는데 집중하라

Source: B. Wirtz et al., 'Strategic development of business models. Implications of the Web 2.0 for creating value on the Internet', *Long Range Planning*, 2010, vol. 43, p. 279.

력 사상을 고취시키는 새로운 기술에 의존하고 있다. 일반적으로 새로운 서비스와 애플리케이션들은 다음과 같은 범주로 나눌 수 있다.

- *블로그와 블로그 통합자(Blogs and blog aggregators).* 지속적으로 정기적 순서로 갱신되는 항목을 가지고 있는 사용자가 만드는 웹사이트는 (User-generated websites) 순차적으로 기입된다. 블로그는 Blogger 또는 Wordpress와 같은 다양한 블로그 제공자들을 통해서 만들어 질 수 있다. Technorati와 같은 여러 서비스들은 블로그의 수를 통해서 검색할 수 있는 도구를 제공한다. (때로 'blogoshere' 참조)

- *위키(Wikis).* 하와이어인 '신속한(fast)"에서 유래된 이 웹사이트는 사용자가 자신의 의지에 따라서 수정하거나 통합할 수 있도록 콘텐츠를 표시하고 있다. 예를 들어, 콘텐츠의 품질을 보증하기 위하여 Wikipedia는 사용자들의 성숙한 콘텐츠 관리와 평가 그리고 색인 관리에 의존하고 있다.

- *소셜네트워킹 사이트[Social networking sites (SNS)].* 사회적 네트워크 사이트 온라인 커뮤니티는 사용자들이 의사소통하고, 다른 사람들과 연결하고, 개인적인 네트워크를 형성할 수 있을 뿐만 아니라 개인적 콘텐츠를 공유할 수 있도록 해준다. 사회적 네트워크 사이트의 가입자들은 다른 사람들에게 소개할 자신의 프로파일을 만든다. 커뮤니티 제공자는 가능자(enabler)로써 활동하면서 기능을 지원하거나 의사소통 도구와 탐색할 수 있도록 한다. MySpace는 News Corp의 미디어 재벌인 Rupert Murdoch'에 의해서 2005년 482백만 유로에 인수되어 새로운 SNS 서비스의 차세대 주자가 되었다. 최근 2006년 12월에 이전에 openBC 였고, 초기 기업공개(IPO: initial public offering) 단계에 있던 비즈니스 네트워킹 사이트인 XING은 세계에 공개적인 첫 웹 2.0 기업이 되었다. 요즘 페이스북을 포함한 SNS시장의 선도자들은 8억 명 이상의 사용자를 지니며 50% 이상의 시장 점유율을 갖고 있다.[11] 세계에서 가장 큰 전문가 네트워크인 링크드인(LinkdeIn)은 약 7% 시장 점유율을 갖고 있으며, 트위터(Twitter)는 약 12%의 시장 점유율을 지니고 있다.

- *소셜 북마크(Social bookmarking).* Delicious.com과 같은 기업에 의해서 사회적 북마크 사용자들은 기존의 브라우저 기반의 폴더 분류 대신에 짧은 설명 워드인 '태그(tag)'를 통해서 자신들이 즐겨 찾는 웹사이트를 북마크할 수 있다. 재미있는 웹링크를 찾기 위한 특정 '태그(tag)'를 통해서 검색할 수 있는 다른 사용자들과 함께 자신이 즐겨 찾는 내용을 공유할 수 있다.
- *미디어와 정보를 공유하는 플랫폼(Media and information-sharing platforms).* 2008년 미국 대통령 캠페인에서는 이미 YouTube와 같은 사이트를 이용하여 정보를 올리고, 색인을 생성하고, 정보를 평가하였다. 다른 미디어 정보 공유 플랫폼인 Filickr는 2005년 야후에 의해서 35백만 달러에 인수되었다. Filickr는 YouTube와 비슷하지만 비디오 대신 사진을 다루는 사이트이다.
- *웹 기반 도구(Web-based tools).* 다양한 서비스를 직접 웹에 접속해서 사용할 수 있고, 데스크톱 애플리케이션이나 기존 프로그램과 유사한 기능이나 맞춤화된 서비스를 제공한다. 네비게이션 데이터와 지도를 제공하는 Google maps 또는 날씨, 이메일 알림 및 그 밖의 다른 기능을 제공하는 RSS 를 받을 수 있도록 완벽하게 데스크톱에 맞춤화된 화면을 제공하는 netvibes를 예를 들 수 있다.
- *웹 기반 데스크톱 애플리케이션(Web-based desktop applications).* 웹 기반 데스크톱 애플리케이션은 플랫폼으로써 웹을 사용함에도 불구하고, 인터넷 브라우저를 통해서 접속할 수 있을 뿐만 아니라 로컬 컴퓨터에 설치하고 다운로드 할 수 있다. Skype는 이러한 서비스를 실용화하는 데 성공한 첫 번째 애플리케이션 중의 하나이다. 이 서비스는 무료로 인터넷을 통해서 다른 사람들과 이야기할 수 있다. 통신사업자들은 인터넷 기반의 전화의 파괴적 특성을 인지하고 곧 시류에 편승하여 자신들도 VoIP 제품을 서비스하고 있다. 온라인 파일 공유 네트워크인 Napster, Kazaa, Gnutella 그리고 BitTorrent와 같은 온라인 파일 공유 네트워크 사이트는 Peer-to-peer(P2P)네트워크가 기존 비즈니스에서 존재하던 기업에 대한 고객의 저항을 없애는데 어떠한 영향을 미쳤는지를 보여준다. 사용자의 행동변화와 일부 산업에서의 패러다임 전환(paradigm shift)를 만든다.

소셜 네트워크의 비즈니스의 영향

뒤쳐지지 않기 위하여 회사들은 전 세계적으로 그 중요성이 높아지고 있는 인터넷 기반의 소셜 네트워크가 비즈니스에 끼치는 영향에 대해 예의주시 해야 한다. 이러한 소셜 네트워크가 큰 인기를 끄는 다양한 이유는 다음과 같다.[12]

- *소셜 네트워크는 거대하다.* 전체 규모는 지속적으로 증가할 것으로 예상된다. 지난 해에 비해 18% 가량 증가하여, 2013년 말에는 17.3억 명의 사용자에 도달할 것으로 보인다. 이는 전 세계 인구의 1/4에 달하는 규모이다. 이는 비즈니스적으로 명백하게 훌륭한 획득 가능한 고객 집단이며, 매출 창출뿐만 아니라, 콘텐츠 제작 및 가치 코크레이션(co-creation)의 잠재적인 풀로도 활용될 수 있을 것이다.
- *소셜 네트워크 활동이 활발하다.* 소셜 네트워크의 구성원들은 관찰자에 머무르지 않고, 아이디어, 제품 및 서비스와 사람들에 대한 경험을 공유하는 활발한 참여자들이며, 이들은 다른 네트워크 사용자에게 영향을 주기도 한다.
- *소셜 네트워크는 정보의 빈 공간(clearing house)이다.* 소셜미디어 사용자들은 브랜드 경험에 대한 의견, 좋아하는 것과 싫어하는 것에 대한 의견을 게시한다. 또한, 사용자들은 회사의 마케팅 또는 고객과의 커뮤니케이션보다 개인적인 의견 및 편집되지 않은 코멘트에 더 강력하게 구매의사 결정에 영향을 받을 수 있다.
- *소셜 네트워크에서의 광고비 사용액은 매우 크다.* 회사들은 점점 더 온라인 소셜 네트워크에 광고 비중을 늘리고 있다. 예를 들어, 미국에서는 현재 광고비 사용액은 20억 달러 정도이지만, 2015년에는 80.3억 달러 정도의 규모로 급성장 할 것으로 예상된다고 한다. 그 결과, 만약 어떠한 회사가 커뮤니케이션과 광고에 대한 소셜미디어의 중요성을 무시하거나 간과한다면, 이 회사의 경쟁 포지션에는 부정적인 영향이 가해질 것이다. (FT 기사 '페이스북, 새로운 마케팅 툴을 선보이다' 참조)
- *소셜 네트워크는 특별하다.* 페이스북과 링크드인 같은 몇몇의 소셜 네트워크는 이제 전 세계 많은 사람들의 일상에서 한 부분을 차지한다.
- *소셜 네트워크는 다양하고, 잠재적으로 거대한 타겟 세크먼트(target segment)에 접근할 수 있게 해 준다.* 소셜 네트워크에서 찾아볼 수 있는 학술 연구 주제, 도서, 음악, 사진, 종교 등과 같은 다양한 관심 집단은 규모가 크고 지속적으로 성장하고 있다. 회사로서는 이러한 특징이 목표 고객에 매칭되는 특정 집합을 확인하고 접근하는데 유용하게 활용될 수 있다. 또한, 기업은 관심 주제에 대한 그룹들의 지식과 관계의 정도(engagement)의 수준을 고려하여, 비즈니스와 가까운 관심사를 갖고 있는 그룹들과 상호교류하며 큰 이득을 취할 수도 있다.
- *소셜 네트워크는 C2C(customer-to-customer) 콘텐츠로 구성되어 있기 때문에 효과적이다.* 앞서 언급했던 바와 같이 소셜 네트워크 사용자는 콘텐츠를 제작하고, 다른 사용자들에게 퍼트린다. 이러한 맥락에서 입소문(word-of-mouth)과 바이럴 마케팅은 매우 효과적일 수 있다.

페이스북, 새로운 마케팅 툴을 선보이다

페이스북은 주식공개기업이 되기 전, 광고주들에게 기업 매력을 높이기 위한 시도로 모바일 광고 및 보다 정교해진 페이스북 페이지를 포함하는 새로운 마케팅 도구를 선보였다.

뉴욕에서 개최된 소셜 네트워크의 첫 번째 대형 이벤트는 광고주들뿐만 아니라 소셜 웹과 인프라를 구축해 온 광고 및 마케팅 중개업체들에도 새로운 비즈니스를 창출 할 수 있는 기회였다.

페이스북의 최고 운영책임자인 Sheryl Sandberg는 방안을 가득 채운 기업 임원들에게 "그것은 '우리에게'가 아닌, '우리'이다." 라고 연설했다. "만일 우리가 진정 소셜 마케팅을 한다면, 그것은 '우리'가 아니라 '당신'이 될 것이다.

이들 업체는 소셜 네트워크와 통합된 게임이나 음악 업체와는 달리 페이스북 사용자들에게 잘 알려지지 않았으나 사이트의 수익 창출에는 커다란 역할을 하고 있었다.

투자부티크 오펜하이머의 이사 Brad Reback는 "이것은 Zynga와는 다르다." 말했다. 더불어 "당신은 코카콜라나 맥도날드의 페이스북 페이지를 누가 운영하는지 모르며, 거기에 대해 관심도 없을 것이다."

페이스북이 새로운 광고 상품들을 더 많은 소개할수록 코카콜라와 맥도날드와 같은 대기업들이 보유한 다양한 국가와 다양한 언어들로 이루어진 그들 소유의 페이스북 페이지들 혹은 수백만 달러어치의 페이스북 광고들을 관리하고 전달하는 것이 복잡해졌다.

페이스북의 공식 발표와 함께, 페이스북의 글로벌 비즈니스 마케팅 디렉터 Mike Hoefflinger는 소비자 대상 기업들은 그들의 '이야기'를 할 수 있는 '장(長)'과 같은 역할을 할 새로운 타임라인의 디자인을 수정하는데 고민을 해야 할 것이라고 말했다. 그리고 사용자 페이지 우측에 있던 광고들부터 모바일 뉴스 피드로 다양한 유료 채널까지의 전통적인 광고를 통해 그들의 이야기를 어떻게 전파할지 노력해야 한다고 했다.

월간 이용료로 기업들을 위한 라이선스 페이지 관리를 제공하는 Virtue 와 Buddy Media 같은 소프트웨어 기업과 소셜 광고를 제공하고 수익의 일정 부분을 차지하는 TBG Digital 과 Brighter Option과 같은 기업은 건강한 수익을 올리는 동시에 트래픽과 광고 수입을 페이스북에게 제공한다.

Altimeter Group의 분석가인 Rebecca Lieb은 "사람들이 페이스북으로부터 엄청난 돈을 벌고 있다"고 말하며, "그것은 수십억 달러 이상의 산업임을 확신한다"라고 말했다.

Virtue의 최고경영자인 Reggie Bradford는 소셜네트워크의 새로운 제안이 새로운 고객들을 증가시키고, 기존 고객과의 계약을 촉진할 것이라고 얘기했다.

그는 "복잡성은 마케터들이 무장을 갖추는 것을 이렇게 만들고 있다."라고 말하며, "우리는 강력한 수용행태와 성장을 예상한다."고 말했다.

투자자 및 은행가들은 예상되는 월간 사용료를 통한 일정 수익을 약속하는 기업과 급속히 성장하는 그의 비즈니스 모델에 더 관심을 높여갔다.

Mr. Reback은 다수의 기업들이 지난 몇 년간 100% 이상의 성장을 이루었으며 향후 3~5년간 30~50%의 성장을 지속할 수 있을 것이라고 말했다.

그는 "페이스북 플랫폼의 크기 및 제품에 대한 구매자들이 실험단계에서 응용단계로의 이동과 같은 현상은 마케팅 프로그램의 중요한 부분이 될 것이다."라고 말했다.

벤처캐피털과 은행은 성장에 대한 기대를 안고, 최근 창업에 수백만 달러의 투자가 이어졌다.

골드만삭스가 최근 몇 주간 Virtue와 TBG Digital 양사 최고경영자들과의 만남을 추진했다고 밝혔다. 골드만삭스는 모건스탠리의 뒤를 이어 두 번째 자리에 자리매김하기 위해 페이스북과 같은 기술 IPO 기업들과의 계약을 적극적으로 진행했다.

12월 시장에 진출한 소셜네트워킹 도구인, Jive의 최고경영자인 Tony Zingale은 "골드만삭스가 인기있는 은행임은 비밀이 아니다."라고 말하며, "당신의 회사가 더 성공적일수록 모두가 당신에게 연락하기 시작할 것"이라고 말했다.

FT *Source*: Dembosky, A. (2012) Facebook shows off new marketing tools, *Financial Times*, 29 February.

- *소셜 네트워크는 사용하기 쉽다.* 소셜 네트워크를 사용하는 데 있어 독점적 기술이나 특별한 능력을 요구하지 않는다는 점은 사회의 거의 모든 사람들이 접근 가능하도록 해준다. 그럼에도 불구하고, 다른 미디어와는 달리 소셜 네트워크를 활용하는 기업은 역동성, 지속성, 창의성을 갖고 타겟 고객들과의 커뮤니케이션을 관리해야 한다. 그렇지 않으면 소셜 미디어를 활용하고자 하는 기업의 노력은 헛된 시도가 될 것이다.

11.1.3 사회적인 웹에서의 사용자의 행동 이해

사용자의 행동을 변화시키는 두 개의 핵심은 (1) 편리하게 접속할 수 있는 서비스 사이트를 통해서 정보를 공유할 수 있도록 사람들에게 용이하게 하는 것과 (2) 네트워크 설비의 개선이다. 인터넷은 언제나 교환되는 정보에 대한 것이었다. 그러나 우리는 의사소통 플랫폼으로써 웹의 거대한 잠재력을 활용하기 시작했다. 그림 11.5은 사회적 네트워킹 사이트(social networking sites)를 지탱하는 상호작용 프로세스를 강조하고 있다.

대부분의 최근 애플리케이션은 일반적으로 사회적 구성요소를 포함하고 있다. 사회적 구성요소는 사용자들이 사회적 상호작용 안에서 연결된 콘텐츠를 생성하고 공유하게 해주며, 웹에서 다른 사람들과의 상호작용하기 위한 동기가 무엇인지 알려준다. 세가지가 주요한 동기를 살펴보면 다음과 같다.

(1) 가치 있는 동료 찾기(발견) (Finding valuable peers (discovery)); (2) 가치 있는 동료와의 연결(동질성) (Associating with valuable peers (homogeneity)), (3) 부가 정보(공유) (Imparting information (sharing)) 이다.

- *가치 있는 동료 찾기 (발견)(Finding valuable peers (discovery)).* 사람들을 알아가는 데 기본적 동기 중 하나는 새로운 것을 발견하는 것에 대한 호기심과 재미이다. 사람들

그림 11.5 사회적 네트워킹 사이트는 다양한 커뮤니케이션 도구를 제공하여 사용자가 추구하는 발견, 연결, 공유의 동기를 충족시켜준다.

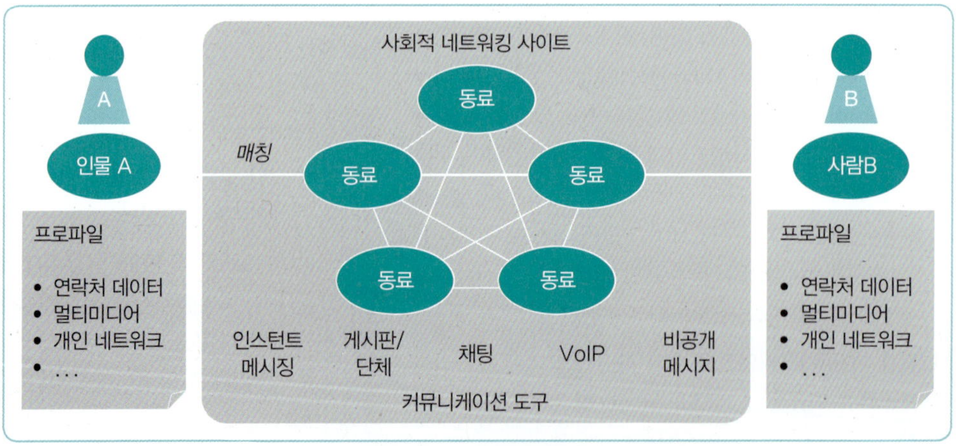

Source: D. Chaffey, *E-business and E-Commerce Management*, FT/Prentice Hall, 2011, p. 368.

은 선천적으로 의사소통에 대하여 관심이 많아 의사소통을 통해서 문제를 탐구하거나 해결하려고 한다. 또한 비공식적인 대화나 잡담이나 다른 사람들에 대한 이야기를 하면서 재미를 느낀다. openBC였던 Xing와 같은 SNS는 사람들이 특정 문제에 대한 해결책을 지닌 다른 사용자를 쉽게 찾을 수 있는 정교한 검색도구를 제공한다. 플랫폼에 대한 사용자의 만족은 직접적으로 (1) 친구의 소셜 네트워크(social network)에서 탐색이 용이해야 하고, (2) 특정 특성을 지닌 개인을 찾을 때 검색 결과가 정확해야 한다.

- *가치 있는 동료와의 연결(Associating with valuable peers (homogeneity)).* 자신 주변에 같은 마음을 가진 사람들을 갖고자 하는 동기로 자신의 개인 환경을 탐색하는 것이 아주 자연스런 일이다. 자연의 사교적 동물처럼, 사람들은 같은 신념과 가치 그리고 태도를 가진 사람들과 함께하는 것을 좋아한다. 게다가 대부분의 사람들에게 느끼는 유사성은 안정감과 정체성을 향상시킨다. SNS의 기본적인 관점중의 하나는 같은 마음을 가진 개인들이 연결될 수 있다는 것이다. 사용자들은 다른 사람들이 볼 수 있는 개인 프로파일 안에 자신의 선호, 취향 그리고 흥미 정보를 제공한다. 게다가 온라인 채팅(online chats) 또는 개인 이메일(private e-mail) 그리고 인스턴트 메세징 기능(instant messaging functions)와 같은 의사소통 도구는 개인이 선호하는 것에 따라 사용자의 정보 공유를 용이하게 한다.
- *부가 정보 (공유) (Imparting information (sharing)).* 사람들은 자신들의 동료에게서 배운 것들을 공유하고 의사소통하는 것을 즐긴다. 동료는 친척, 친구, 동료, 단순한 지인, 전문가 어떤 종류의 사회적 인사든지 될 수 있다. 반면에 모든 사람들은 다른 사람들에게 좋은 인상을 주기 위해 자신의 특정 성격을 조절하려고 한다. 이러한 인상 관리는 자기 표현(self-presentation) 측면에서 다른 사람에게 자신이 원하는 이미지를 심어주려고 한다. 자기묘사(self-portrayal)는 극단적인 것으로 자신을 일반적인 기준에서 벗어난 사람으로 표현하거나, 지극히 개인적으로 표현함으로써 사람들에게 자신을 더 북가시킨다. SNS는 사람들이 자신들의 성격을 분명하게 표현할 수 있게 만든다. SNS 플랫폼의 초점과 상황에 따라, 개인 프로파일에 다양한 데이터와 다양한 정보를 담아서 스스로 유명해질 수 있다. 이러한 결과 사람을 알아가는 단계에서 상대방의 관심과 능력을 알 수 있는 기회를 준다. 예를 들면, 미디어공유 플랫폼(media-sharing platform) (예: YouTube)에서 사용자들은 자신의 비디오를 생성하고 업로드하여, 자신들이 만든 콘텐츠를 통해서 자신을 표현할 수 있다.

11.2 정보의 풍요성과 도달성 사이에 상반관계

앞서 언급했던 것처럼, SNS 운영자들은 사용자가 다양한 정보를 발견(발견: discovery)하고, 같은 마음(동질성: homogeneity)을 가진 친구를 찬고, 다른 사람에게 내 정보를 공유(공유: sharing)할 수 있도록 해주어 개인의 의사소통 욕구와 의사소통 목적을 도와준다.

이제는 인터넷이 웹 2.0으로 변화 되면서 (많은 수의 사람과 동시에 의사소통) 상반관계가 상당히 약화되었는데, 어떻게 기업이 많은 사용자들을 응대하고, 동시에 의사 소통할 수 있는 풍부한 수단을 제공할 수 있는지 살펴보다. 정보의 풍요성과 도달성의 상반관계(trade-off)는 기업이 전통적으로 기존 고객이나 잠재고객과의 상호작용에 있어 제한적이라는 것에 초점이 맞추어져 있다.[6] 이러한 맥락에서 도달성은 사람들의 정보 교환의 수를 나타낸다. 풍요성은 다음과 같은 세가지 차원에서 정의된다.

- *대역폭(Bandwidth).* 이 차원은 주어진 시간에 송신자에서 수신자에게서 이동하는 정보의 양을 의미한다. 이메일은 오직 낮은 대역폭을 필요로 한다. 반면에 음악이나 비디오는 넓은 대역폭을 필요로 한다. 각기 다른 수준에서 얼굴을 (face-to-face) 맞댄 상호작용은 넓은 대역폭을 제공한다. 정보 교환은 얼굴 표현, 행동, 목소리 톤을 포함한 콘텐츠 수준을 넘어 정보 교환할 수 있다. 다른 한편으로 전화는 상호작용에 시각적인 부분이 없기 때문에 대역폭이 더 적게 필요하다. 이메일은 상호작용에 있어 음성 부분까지 제외되기 때문에 더 제한적이다.
- *맞춤화(Customization).* 맞춤화는 고객 개인의 선호와 욕구에 맞추는 능력을 의미한다. 예를 들어, 창구의 은행직원은 대량 메일 광고 보다 더 높은 수준의 맞춤화 서비스를 제공할 수 있다.
- *상호작용(Interactivity).* 상호작용은 양방향 의사소통의 가능성을 말한다. 전통적으로 단방향인 TV방송은 상호작용 수준이 낮다. 다른 한편으로 인터넷은 거의 실시간으로 양방향 정보 교환이 가능하기 때문에 상호작용이 매우 높다(그림 11.6 참고).

풍부성(richness)과 도달성(reach) 간의 역사적 상반관계에 대해서 살펴보자. 전통적으로 풍부한 정보의 전달은 고객들에게 접근성을 요구하며, 정보유통 채널 역시 정보를 전송하는 데 적절해야 했다. 은행지점을 예로 들어보자. 은행지점에서는 고객들과 은행직원 간에 풍부한 정보교환이 발생한다.

그러나 다수의 고객들에게 도달하려면 대부분의 미디어 기기는 대역폭이 제한되어 있기 때문에 풍부성에 대한 비용을 초래한다. 이는 TV 광고처럼 고객화(customization)의 부족과 상호작용성의 결여라는 결과를 야기시킨다. 도달성과 풍부성을 동시에 확보하기 위해서는 물리적 인프라 및 영업 인력에 상당한 투자가 필요하다. 기업이 고객층을 확대하고자 할 때(즉, 도달성이 확장될 때), 높은 수준의 풍부성은 유지할 수 있는 반면 규모

그림 11.6 인터넷의 역량은 도달성과 풍부성 간의 상반관계를 해결하는 데 도움이 된다

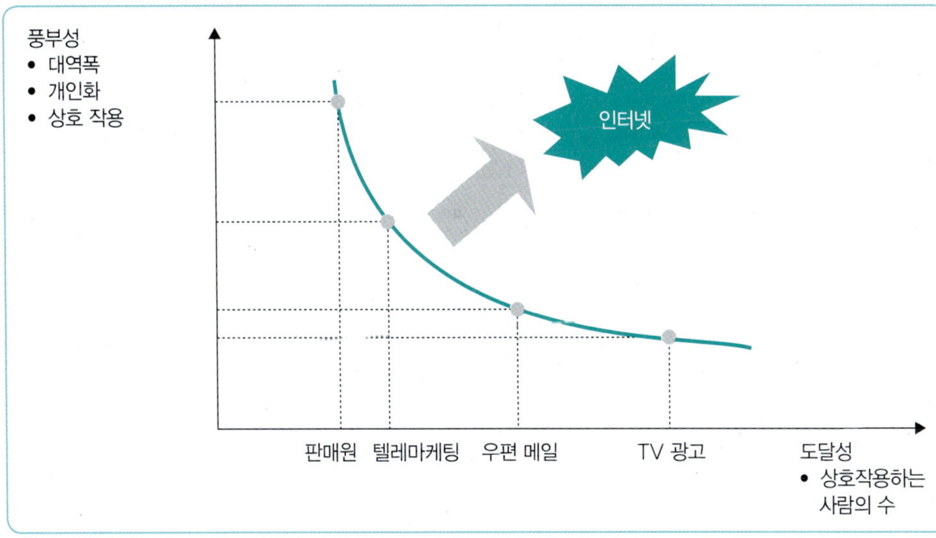

Source: Reprinted by permission of Harvard Business School Press. From *Blown to Bits* by P. Evans and T. Wurster, Boston, MA, 1999, p. 24.

의 경제는 극히 제한적이 된다. 고객 수가 증가하면 비용 역시 증가하게 된다.

풍부성과 도달성의 핵심은 상호 상반관계에서 다음과 같은 두 가지 추진요인이 근간이 된다. 이 추신요인들은 (1) *인터넷을 통한 연결성(connectivity)의 증가*와, (2) TCP/IP, HTML 또는 XML과 같은 *표준의 발전*에 기인한다. 연결성과 개방형 표준(open standards)은 높은 수준의 풍부성을 확보하는 동시에 많은 고객들에게 접근할 수 있는 기회를 제공한다.

이러한 개념들이 현실에서 볼 수 있는 것인가? 대부분의 경우에는 그렇다. 이베이(eBay)와 같은 세계적인 경매 사이트는 인터넷 이전의 시대에서는 불가능한 일이었다. 인터넷 이전의 시기에는 창고 판매를 통해 자신들이 사용하던 잔디깎기와 우표 수집물을 판매할 수 있었다. 이러한 판매는 소비자들이 실제 만져보고 경험해 볼 수 있기 때문에 높은 수준의 풍부성을 확보할 수는 있지만, 도달성은 매우 제한적이라 할 수 있다. 이는 지리적으로 판매자의 근처에서 크게 벗어나지 않기 때문이다.

이베이는 도시와 나라에 걸쳐 판매자와 구매자를 연결해 더욱 유연한 시장을 만들었다. 이로 인해 구매자와 판매자들은 제품과 서로의 평판(reputation)에 대한 풍부한 정보를 공유할 수 있게 되었다. 고객들과 서적판매업체가 참여하고 있는 아마존 닷컴(Amazon.com)의 Zshops에서는 중고 서적을 판매할 수 있다. 이 역시 높은 수준의 도달성과 풍부성을 제공하는 것이다. 기존의 오프라인 기업(bricks and- mortar)에서 풍부성을 가능케 했던 대규모의 영업인력이나 많은 오프라인 지점망 같은 전통적인 자산들은 이러한 비즈니스 모델에서 이제 자산의 의미보다는 부채의 의미로 받아들여지게 되었다.

핵심적 관점 11.1

풍부성과 도달성 간의 상반관계 확대에 대한 한계점

풍부성과 도달성 간의 상반관계의 확대는 여러 가지 이유로 인해 기대했던 정도까지 이루어지지 않는다. 대역폭 차원(bandwidth dimension)에서 본다면, 인터넷은 실제 오프라인에서만 가능한 면대면(face-to-face)접촉에 대한 풍부성을 복제할 수는 없다.

최근에 델(Dell) 사는 제3의 벤더(vendor)와 소매업체를 포함하는 자사의 비즈니스 모델을 확대해 지난 20년간 의존해온 직접판매를 뒤집는 계획을 구성했다. 헤지펀드부터 병원에 이르기까지 다양한 고객들을 위한 컴퓨터 시스템 설계 및 설치를 하는 업체(vendor)들과 컴퓨터 재판매업체를 포용하는 방향으로 이동한 것은 델 사가 웹사이트나 전화를 통해 컴퓨터를 직접 판매하는 비즈니스를 위한 전략의 변화로 나타났다.

델의 비즈니스 모델 변화는 과거부터 100개 이상의 키오스크(kiosks)와 체험해볼 수 있는 1개의 단일 매장을 오픈하면서 이미 예견되었다. 마이클 델 CEO는 재판매업체 중심의 거래 잡지인 CRN과의 인터뷰에서 다음과 같이 이야기했다. "직접 구매를 원하지 않는 사람들도 분명히 있다. 그래서 이제 이 고객들에게 델 제품을 가질 기회를 주려는 것이다." 그는 델 사는 미국은 물론 세계 전역의 재판매업체 및 소매업체와 관계를 구축하고자 한다고 말했다.

IBM이나 휴렛 팩커드(Hewlett-Packard) 등의 컴퓨터 제조업체들은 오랫동안 연간 매출의 상당한 물량을 재판매업체와 소매업체에 의존한 데 반해, 델 사는 이러한 간접적인 관계를 피하고 고객과 직접 접촉하는 것이 비용을 최소화할 수 있고 수요변화에 대응할 수 있는 최고의 방법이라고 보았다. 비록 기업은 부분적으로 제3자 업체에 연결되었음에도 불구하고 과거와 같이 중요한 사업으로 채널을 본 적은 없었다고 말했다. 마이클 델은 이것이 변화할 것을 암시했다. CRN에서 그는 "여기에 상당한 관심이 있어, 빨리 진입하려고 한다"고 말했다.

델은 다른 소매 계획에 대한 답변을 회피했다. 전통적인 소매업체를 통한 컴퓨터 판매를 피할 수 있게 되면서 델은 재고비용 부담을 덜 수 있었다. 델의 주가는 수요일에 3.3% 오른 25.49달러에 이른다. 델 사에 대한 비평이 나타나기 전인 2005년 8월에는 41.29달러까지 올랐다. 뉴욕 검찰총장인 앤드루 쿠오모(Andrew Cuomo)는 이들의 판매관행이 고객들을 속이고 있다는 혐의를 제기하며 이 컴퓨터 제조업체를 상대로 소송을 제기했다. 델은 소송을 위한 싸움을 할 의향이다.

지난 해, 델은 HP에게 PC 시장의 선두를 잃게 됨으로써 휘청거렸다. 올해, 마이클 델은 다시 회사를 궤도에 올리기 위해 케빈 롤린스(Kevin Rollins)를 대신해 최고경영자 역할로 돌아왔다.

Source: Allison, K. (2007) Dell to broaden sales model, *FT.com*, 16 May 2007.

도달성과 풍부성의 개념은 디지털 제품이나 서비스의 경우에 특히 뚜렷하게 적용된다.

SNS는 오프라인보다 회원들이 연락을 효율적으로 할 수 있도록 관리하는 것을 가능하게 해, 개인적인 연락 도달성을 증가시켰다. 게다가 사용자들은 가상의 프로파일(profiles) 덕택에 잠재적인 연락처에 대한 많은 정보를 소유하게 되었고, 그 결과 개인정보에 대한 풍부성은 증가하게 되었다.

11.3 고객상호작용을 통한 풍부성 증가

11.2절에서는 사용자 상호작용의 풍부성을 위한 주요 추진요인으로 대역폭(bandwidth), 고객화(customizability)와 상호작용(interaction)에 대해 살펴봤다. 우리는 풍부한 고객 상호작용을 촉진하기 위해, 기업이 이러한 추진요인들을 어떻게 활용하는지 살펴볼 것이다. 다음 절에서는 풍부성을 강화할 수 있는 두 가지 방법으로 (1) e-고객관계관리(e-CRM), (2) 제품이나 서비스에 특정 고객의 요구수준을 맞추어주는 대량 맞춤화(mass customization)에 대해서 살펴보기로 한다.

11.3.1 e-고객관계관리

e-고객관계관리(e-CRM)란 인터넷과 IT 애플리케이션을 사용하여 고객관계를 관리하는 것이다. 가치사슬의 모든 활동에 인터넷이 활용되면서, e-CRM은 보다 중요해졌다. e-CRM의 목표는 다음과 같다.

- 첫째, 고객 확보에 소요된 비용을 상쇄(offset)하기 위한 고객과의 장기적인 관계 형성
- 둘째, 고객이탈률 감소
- 셋째, 교차판매(cross-selling)와 업셀링(up-selling)을 통해 지갑의 공유(share of wallet) 증가
- 넷째, 낮은 이익 고객(low-profit customers)의 수익성 증대
- 다섯째, 가치가 높은 고객에 초점

e-CRM은 그림 11.7과 같이 네 개의 주요 구성요소로 구성되어 있는데, (1) 고객선택(customer selection), (2) 고객확보(customer acquisition), (3) 고객유지(customer retention) 그리고 (4)고객확장(customer extension)이 그것이다.

- *고객선택*은 3.4절에서 자세히 다룬 고객세분화와 목표시장 선정을 의미한다.
- *고객확보*는 기업의 인터넷 기반 제공품(offering)을 활용해 신규고객을 확보하고 기존고객을 유지하기 위한 판촉 및 기타 인센티브를 지원하는 것이다. 기업이 온라인 채널을 통해 고객과의 관계를 유지하기 위해서는 최소한 고객의 이메일 주소는 보유하

그림 11.7 고객관계관리는 네 개의 요소로 구성되어 있다

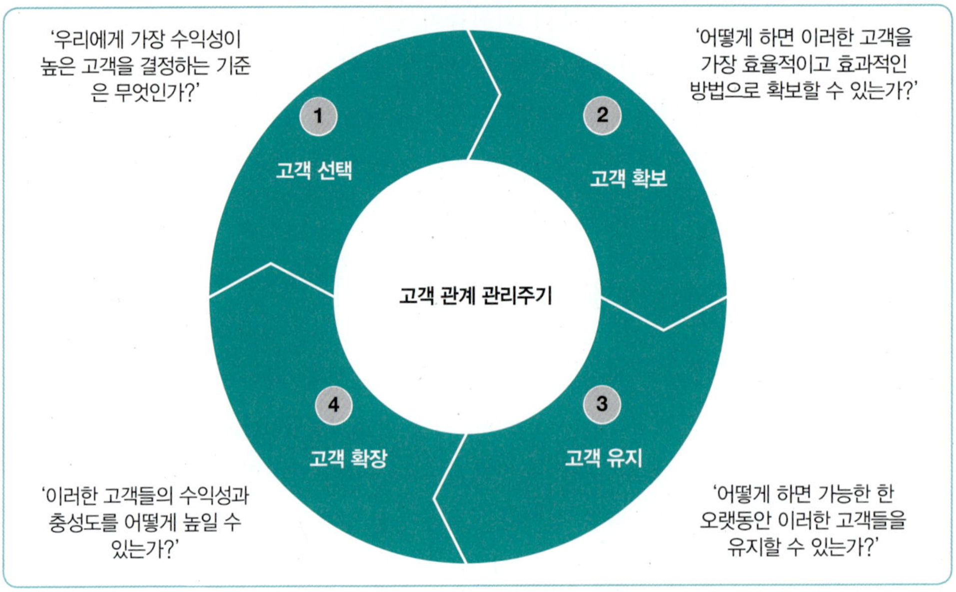

고 있어야 한다. 상세한 고객 프로파일에는 고객의 개인관심사, 나이, 재정상태 그리고 구매과정 상의 역할정보가 포함된다. 이러한 정보를 얻기 위해서는 고객들에게 상품권이나 견본품과 같은 인센티브를 항상 제공할 필요가 있다.전자상거래 기업은 잠재고객의 관심을 유도하기 위해 많은 다른 도구를 사용한다. 처음에는 배너 광고를 통해 주로 이루어졌다. 최근에는 고객들이 웹사이트 주소를 보내거나 서로에게 이메일 또는 SMS를 통해 기업정보 등을 알려주는 구전 마케팅(viral marketing) 등이 추가되었다. 고객확보를 위한 효과적인 방법 중의 하나는 아마존닷컴(Amazon.com)과 파트너십을 맺고 있는 제휴사이트와 링크를 구축하는 것이다. 예를 들어, 독일 라이프치히 경영대학원(Leipzig Graduate School of Management)의 졸업생 클럽(alumni club)은 Amazon.de와 제휴 관계를 유지하고 있다. 이 동문 클럽 홈페이지는 Amazon.de 웹사이트와 링크되어 있으며, 이 링크를 통해 발생된 모든 매출의 5%를 수수료(commission)로 받는다.

- *고객유지*는 (1) 생애 첫 고객(one-time customers)을 반복구매 고객으로 전환하고, (2) 온라인 채널 안에서 가급적 오랫동안 고객으로 유지하는 것을 목적으로 하고 있다. 고객유지는 두 가지 특성을 통해 이루어지는데, 개인화(personalization)와 커뮤니티(communities)가 그것이다. 특정 고객의 요구를 충족시키기 위해 웹사이트의 개인화는 밀착성(stickiness)을 발생시키도록 구성되어 있다. 만약 고객들이 온라인 공급업체를 변경한다면, 이들에게는 전환비용(switching costs)이 발생할 것이다. 많은 사용자들이 있는 강력한 온라인 커뮤니티는 네트워크 효과(network effects)를 창출하는

데 도움이 된다. 개인화와 온라인 커뮤니티는 사용자들이 특정 웹사이트에 머물도록 유도한다.

- *고객확장*은 고객의 생애가치(lifetime value of a customer)를 극대화하는 데 중점을 둔다. 기업은 주로 교차판매를 통해 기존 고객 관계의 범위를 확대해 고객층을 확장한다. 예를 들어, 노디어(Nordea)는 기존고객들에게 추가적인 금융상품을 교차판매하기 위해 트리거 데이터 마이닝(triggered data mining)을 활용하고 있다. 트리거 데이터 마이닝 작업은 다음과 같다. 예를 들어 큰 액수의 자금이체 시, 고객이 자신의 계정을 변경할 때, 주소 변경 또는 결혼 여부 변경 등이 있으면 데이터베이스 안의 트리거(trigger)가 작동해 이 변화에 대해 해당 은행에 알려준다. 이것에는 다음과 같은 질문이 뒤따른다. 이 변화가 보험이나 전자결제서비스 등 금융거래에서 의미하는 것은 무엇인가?

소셜 CRM은 Customer Power의 증가를 반영한다

고객들이 페이스북과 트위터와 같은 소셜 미디어 도구를 수용함에 따라, 기업들은 소셜 CRM활용을 서두르고 있다.

그러나 영국기반의 HSBC 금융 자회사인 First Direct의 브랜드 커뮤니케이션 담당 Natalie Cowen은 "소셜 기업으로의 이동이 기업 이익과 연계되는 비용감소, 고객충성도 강화, 긍정적인 브랜드 인지도 강화를 위한 기업들은 기업 상호작용에 대한 소셜 다이내믹스의 완전한 이해가 이루어지기 이전에 특화 도구에 대한 성급한 투자는 지양해야 한다."고 경고했다.

그녀는 First Direct 사설의 요약문에서 "기존 고객 서비스 인프라에 대한 재구성 이전에 소셜 CRM 기술에 대한 운영과 인사상의 이해가 필요함"을 주장하였다.

그녀는 "소셜 고객은 소셜 기업들이 실시간으로 고객들의 요구에 귀를 기울이고 미래 개발에 협력하도록 요구함으로써 상승 효과를 부여하고 있다."고 말했다. "따라서, 기업들이 가장 충실하고 열정적인 고객들을 지원하기 위해 호스팅 커뮤니티 플랫폼의 출현을 이끌었다."

First Direct에서 그녀는 "우리는 얼마 전부터 조류의 변화와 고객 서비스 혁명이 소셜미디어로부터 이루어지고 있음을 인식하고 있다. 우리의 초기 대응인 '토킹 포인트'를 소개하고, 고객들에게 은행을 어떻게 생각하는지에 대한 편집되지 않고 발을 할 수 있는 기회를 제공하는 최초의 은행이 되는 것이다."라고 말했다.

그 이후, 은행은 고색과 잠재고객들이 은행의 제품과 서비스를 조정할 수 있는 크라우드 소싱이 이루어지는 First Direct Lab을 소개하였으며, 가장 최근에는 firstdirecthelp@twitter 활동을 시작하였다.

그녀는 "우리를 현재의 위치에 이르게 한 그 동안의 길고 종종 힘든 여정에서 First Direct의 개성과 우리의 서비스가 디지털 공간에 생활을 가지고 올 수 있도록 성공한 본질을 확인한 것은 환상적인 것이었다."라고 말했다.

Andrew Currah에 의해 작성된 새로운 보고서에서는 영국의 미디어 컨설팅 회사인 First Direct와 ItsOpen에 대해 "고객 서비스의 미래이자, 소셜 고객의 출현"으로 일컬으며, 지난 해는 소셜 미디어가 주류에 진입한 중요한 해라고 주장했다.

기술 및 전략 컨설턴트이자 전 옥스포드 대학 강사인 Mr. Currah는 "2011년은 고객의 기대와 기술 혁신의 결합으로 산업과 제도를 새로운 사회적 권력의 시대로 진입하도록 한, 틀림없는 전환점"이라고 말했다.

이 보고서는 성인의 44% 이상이 제품에 대한 불만을 공유하고 온라인을 통해 기업과 소통하여 빠른 응답을 기대하며 웹을 사용한다고 말하고 있다.

그는 "소셜 미디어에서의 참여의 규모는 산업과 제도를 새로운 사회적 권력의 시대로 진입시키고 있다."고 주장하며, "전세계적으로 8억명의 유저를 보유한 페이스북은 더 큰 개방성과 투명성으로의 전환을 선도하고 있다."고 말했다.

그는 "소셜 고객은 기업들에게 상품의 개방성과 협력을 통한 번창으로 본격적인 소셜 기업으로의 진화를 요구하고 있다."고 말하며, "소셜 기업은 전화, 이메일, 모바일 및 웹 등의 광범위한 매체에 귀 기울일 필요가 있다."고 말했다.

기업이 성공하기 위해서는 웹에서 단순함, 대화와 공유 속도에 익숙해져 있는 "소셜 고객"들의 새로운 세대를 유치하고, 그들과 함께하며, 그들을 즐겁게 해야 할 필요성이 증가할 것이라고 보고서는 말했다.

Mr. Currah는 "기업들의 정체성과 성공은 점차 새로운 공유 경제에 참여할 수 있는 역량에 의존하게 될 것"이라고 주장하며, "소셜 고객을 유치하고, 그들과 함께하기 위해서 기업들은 완전히 본격적인 소셜 기업으로서 생각하고 운영하며 소통할 필요가 있다. 소셜 기업의 특징인 창조와 정보의 보급이 고객 만족 추구에 의해 이루어지는 고객 중심이기 때문이다. 소셜 기업은 기업 운영의 가장 중심에 소셜 고객을 두고 있다."라고 말했다.

이 보고서는 가장 높은 수준의 지원을 시작으로 소셜 기업을 구축하는데 필요한 문화적 기능적, 기술적 변화에 대해 설명한다 Ms. Cowen은 "최고경영자들은 소셜 미디어를 지나가는 유행으로 치부하는 것을 그만두고, 그것들이 제공하는 향상된 고객서비스와 만족, 이전의 고객서비스와 마케팅 기능을 수행하는데 소요되었던 잠재적인 비용 절감 효과를 인식해야 한다."라고 말했다.

기업의 경영진들은 위기가 발생했을 때, 모든 직원들에게 고객들과 함께할 수 있는 교육 및 도구, 권한을 제공하여 표준을 넘어선 브랜드 충성도, 지지도, 공동체의식의 가치를 엿볼 수 있는 가시성을 촉구하고 있다.

보고서의 결론에서 기업내의 집단 지식을 활용하기 위한 수단으로 CRM 소프트웨어의 중요성을 인지하고 강력한 분석기능과 모니터링 플랫폼을 제공하여 일부 기업들이 그들의 가장 충성스런 고객이 되어 큰 자본투자 없이 온라인 지원 커뮤니티를 구축하는 방법에 대해 설명하고 있다.

"소셜 CRM 기술은 모든 계층의 직원들로 하여금 간접적인 내부 협업 및 문제 해결과 직접적인 다채널 서비스 허브를 통해 고객 서비스에 보다 적극적인 역할을 가능하게 한다."라고 Mr. Currah는 말한다.

많은 기업들이 그저 담아두기만 하는 '사일로(silos)'를 넘어 소셜 미디어가 조직에 녹아 움직일 때, 소셜 기업들은 그들의 고객들이 제공하는 통찰력을 바탕으로 높은 품질의 고객 서비스와 경쟁력 있는 제품을 제공할 수 있다. 단순히 소셜 미디어를 PR이나 마케팅 부서에 남겨두는 것은 기업과 고객의 온라인을 통한 소통과 개척이 소셜 기업들이 이미 수행하고 있는 고객과의 관계가 수익으로 전환될 수 있는 채널로 설정하는 것에 절대로 허용하지 않는다.

"Zappos, O2, Tesco, First Direct는 그 흔적을 따라 소셜 미디어가 가져올 변화를 이해하고 고객에게 적합한 채널을 제공하여 그들 사이에서 상호작용하고 참여할 수 있도록 재설계하였다."

보고서는 최근 소셜 기업들이 금융 혜택을 획득하는 방법을 강조한다. 온라인을 통해 서비스를 제공받는 고객들은 비싼 전화 기반의 고객서비스 채널을 활용할 가능성이 훨씬 적다는 것이다.

소셜 미디어에 완전히 개방된 기업은 모든 관련 내부 에이전트에게 고객의 데이터를 사용 가능하도록 하여 고객 문의를 줄이고, 노동집약성을 줄이는 한편 교차 판매의 기회는 증가시켰다.

기업은 그들의 온라인 커뮤니티를 육성함으로써 고객들끼리 서로의 문의사항을 해결할 수 있도록 장려함으로써 장기적으로 현존하는 고객서비스에 들어가는 노력을 감소시킬 수 있다.

Mr. Currah는 금융서비스와 같은 심한 규제가 존재하는 분야에도 소셜 기업의 개념이 뿌리를 내리고 있다고 말한다. 예를 들어, 영국의 HSBC는 최근 고객 참여를 중심으로 한 온라인 뉴스룸을 시작했다. 페이스북과 트위터, 그리고 모든 회사를 통하는 블로그 포스팅을 결합한 뉴스룸은 기업의 핵심 이슈에 대한 입장을 간략하게 설명하고 적극적으로 고객의 참여를 유도한다.

이와 유사하게, 정책 분야의 변화로 영국의 금융 옴부즈맨 서비스는 고객과 금융 서비스 제공 업체 간의 분쟁 해결에 소셜 미디어의 사용을 크게 확대할 계획을 발표했다.

그러나 이러한 추세에도 불구하고 Ms. Cowen과 Mr. Currah는 소셜 미디어 사용에 대한 주의사항의 인식이 중요하다고 말했다. 특히, 그들은 소셜 기업의 바탕 기술은 여전히 매우 미성숙한 편이며 기업들이 고객 개개인에 대한 온라인 소셜 다이내믹스를 이해할 필요가 있다고 지적했다.

Mr. Currah는 기업이 "더 넓은 시장과 규제의 맥락에서 어떤 부분의 '대화 프리즘'이 존재하는지 설정하고, 어떤 형태의 참여가 적절할 것인지를 식별하기 위해 고객 기반의 광범위한 감사"가 실시되어야 한다고 제안했다.

한 설문 조사 응답자는 저자에게 "아무리 소셜 CRM 기술이 정교하더라도 그것은 단지 고객서비스의 최전선에 있는 사람에게만 효과적인 것이다."라고 말했다.

FT *Source*: Taylor, P. (2012) Social CRM mirrors rise in customer power, *FT.com*, 31 January.

11.3.2 대량 맞춤화의 개념

대량 맞춤화는 원래 산업경제에서 유래된 규모의 경제와 표준이라는 개념과는 반대의 개념이라 할 수 있다. 제품이나 서비스에서 맞춤화(customization) 수준은 기업과 고객간의 풍부한 상호작용을 추진하는 데 있어 중요한 결정요인이다. 과거에 맞춤화는 비용이 많이 들어 고객들은 상당한 가격을 지불해야만 했다. 아파트나 자동화의 맞춤 인테리어가 그 예다. 그림 11.8은 대량맞춤화가 가치사슬의 주요 활동을 어떻게 포함하는지를 설명하고 있다.

만약 기업이 대량 맞춤화 방식을 추구한다면, 제품에 대한 개별 고객의 선호도를 우선 살펴볼 필요가 있다. 일단 선호도 추출이 완료되면, 맞춤화 관련 부품의 구매조달(procurement)만이 발생한다. 대량 맞춤화 기업의 대표적인 예로 델(Dell) 사를 들 수 있는데, 델 사는 고객이 정확히 어떤 부분을 자신의 PC에 포함시켜야 하는지를 지정하게 한다. 테스코 닷컴(Tesco.com) 역시 1 대 1을 기본으로 하는 특별한 제공품을 추천하는 등 고객의 요구에 제품 목록을 맞추도록 고객 데이터를 활용하고 있다.

전략적인 측면에서 대량 맞춤화는 저가격으로 우수한 성과를 결합한 *선도 전략*(*outpacing strategy*, 5.2.3 참조)을 추구할 수 있는 기회를 제공한다. 대량 맞춤화 기업은 IT와 사용자가 생성한 콘텐츠의 방대한 가능성을 활용해 두 가지 본원적 전략(generic strategies)을 동시에 추구할 수 있다. 대량 맞춤화된 제품들은 각 구매자들의 사양(specifications)을 토대로 구성되었기 때문에 매우 차별화된다. 예를 들어 퓨마(Puma)의 '몽골리언 슈 BBQ'는 스니커나 운동화 제작에 패션 추종자들이 원하는 서로 다른 원재료, 원단, 색상 등을 조합해 매우 차별화된 제품을 만들어 제공하고 있다. 게다가 고객요구생산(customer-pulled production)의 효율성 때문에 낮은 사업위험과 적은 양의 재

그림 11.8 대량 맞춤화 가치사슬은 과거 기업이 수행했던 여러 단계의 책임을 사용자에게 이양했다

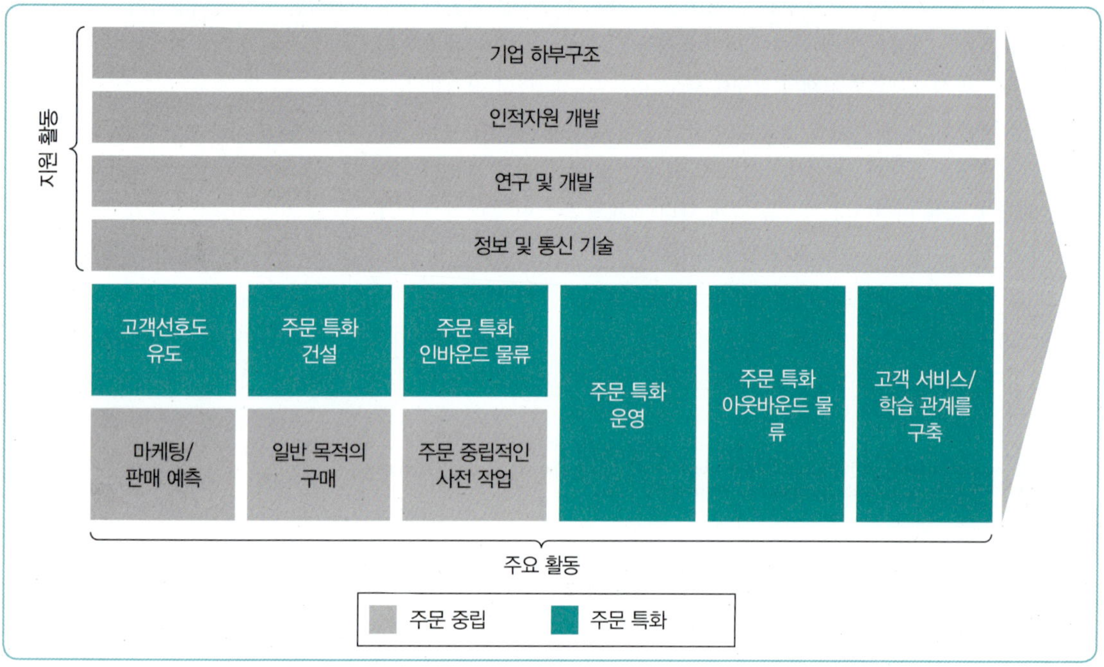

Source: Adapted from F. Piller, *Mass-Customisation*, Gabler, 2006, p. 175.

고수준유지로 가격 차원에서 경쟁력을 갖추고 있다.

일반적으로 대량 맞춤화의 선택사항(options)은 두 가지 방식으로 구분된다. 첫째, *소프트 맞춤화 방식*(*soft customisation approach*)은 제조 후 발생되는 활동과 관련이 있다. 소프트 맞춤화 방식의 한 예는 고객이 제품 구매 후 스스로 제품을 맞춤화할 수 있도록 기회를 제공하는 것이다. 예를 들어 마이크로소프트 오피스 소프트웨어 설치를 사용자가 구성할 때, 사용자는 자신들의 특정한 요구에 맞도록 맞춤화해야 한다. 이 방식의 주요 결점은 여러 개의 사용자 지정 옵션을 허용하기 위해서는 해당 제품이 반드시 유연성이 내장된 제품이어야 한다는 것이다. 그러나 유연성이 내장된 제품은 상대적으로 높은 제품 복잡성뿐만 아니라 높은 수준의 개발 및 생산비용을 수반한다. 이러한 제한된 다양성은 규모의 경제를 유발하는 표준화를 위한 가능성을 열어두고 있다. 예를 들어, 소프트웨어 애플리케이션은, 고객입장에서 제품 사용 동안 종종 변화를 필요로 하게 하는데, 이때 이러한 대량 맞춤화 개념이 적합하다.

소프트 맞춤화 방식에서 우리는 맞춤화된 제조과정을 유도하는 *하드 맞춤화 방식*(*hard customisation approach*)을 인식할 수 있다. 이 방식의 출발점은 생산과정을 구매자와 직접적인 상호작용을 통해 이루어지는 고객 특화 부분(customer-specific part)과 주문 중립 부분(order-neutral part)으로 구분하는 것이다. 효율성측면에서 후자의 경우가 전자의 경우보다 규모의 경제를 확보할 수 있다. 퓨마의 '몽골리언 슈 BBQ'가 제조과

정에서 시작하는 하드 맞춤화 방식의 좋은 예다. 또 다른 사례는 이케아(IKEA)의 웹기반 팩스플레닝(PAX planning)으로, 이것은 사용자들이 개인 가구를 만들기 위해 인기 있는 옷장 설계의 온라인 모듈을 맞춤화하고 통합할 수 있도록 한다.

11.4 고객상호작용의 도달성 증가

SNS는 사용자의 상호작용에 대한 풍부성을 증가시킬 수 있다. 풍부성을 만들기 위한 중요한 전제조건은 사용자의 임계치(critical mass)를 끌어올리기 위한 인터넷 서비스 능력이라 할 수 있다. 많은 사람들이 SNS에 등록되었을 때, 사용자들은 실제 충분한 규모의 사용자 접촉 네트워크를 구성할 수 있다.

전자상거래 사업은 사용자가 만들어낸 콘텐츠의 힘을 활용하기 위해서 구매자 또는 회원들의 임계치를 달성하기 위한 성장전략(growth strategy)을 모색하게 된다(FT 기사 '조명, 카메라, 믹서기! 어떻게 히트칠 것인가' 참조). 이 절에서는 먼저 이른바 구전 성장을 유발할 수 있다는 네트워크 효과의 힘을 활용해 성장을 촉진시키는 방법에 대해 살펴

조명, 카메라, 믹서기! 어떻게 히트칠 것인가

푸드 믹서기가 매력적인 마케팅 상품은 아니다. 그러나 Blentec의 최고 경영자인 Tom Dickson은 iPhone을 그의 Blentec 믹서기로 갈아 검은 먼지로 만들어 버리는 방식을 통해 마케팅 방식을 찾아냈다.

그는 카메라에 아이폰 가루와 연기로 가득 찬 칵테일 병을 손에 들고 미소를 빛내며 "저는 이것을 이베이에 올릴 겁니다."라고 말했다.

이 비디오는 유튜브에서 1,050만 뷰를 기록했다. 현재까지, Blendtec은 130편의 *Will it Blend?* 비디오를 제작했으며, 그 대상으로는 전구와 골프공, 심지어 나이키 러닝화까지 포함되어 있다. 그리고 거의 모든 동영상이 화제가 되었다.

Blendtec의 비디오 제작자 Kels Goodman은 2006년 회사가 "meme"를 시작한 이후, 믹서기의 판매가 800% 치솟았다고 말했다. "동영상은 재미를 위한 것이었고 판매를 위한 것이 아니었습니다."라며, "사람들이 그 동영상을 좋아했던 이유입니다."라고 말했다.

최근 대부분의 마케터들은 비슷한 인터넷 홍행에 눈독을 들이고 있다. 페이스북과 트위터의 광범위한 범위, 그리고 공유의 속도로 짧아진 동영상은 거의 무료로, 그리고 믿을만한 친구의 추천을 통해 웹에서 배포된다. 그 가치는 기업에게 있어 수 많은 사람들을 넘어, 수백만 달러의 가치를 갖는 거대한 것이다.

그러나 문화적 시대사조와 연결한 동영상 제작은 어려운 과제였다.

Altimeter Group의 애널리스트인 Rebecca Lieb은 "사람들이 모든 영화가 히트되길 바라는 것처럼 모든 캠페인이 화제가 되길 원한다."고 말하며, "그러나 그것은 당신이 계획할 수 있는 것이 아니다. 거기엔 '수백만 뷰를 얻을 수 있는 코드'라고 할 수 있는 공식이 없기 때문이다."라고 말했다.

그녀는 화제가 된 동영상에는 상당히 재미있거나, 매우 시사적이거나 혹은 버거킹의 비굴한 닭과 같이 최신의 기술을 사용하는 것과 같이 몇 가지 핵심적인 요소가

있어야 한다고 말했다.

텔레비전 광고를 기획하며, 2004년의 온라인 캠페인에서는 사람이 닭 의상을 입고 가터벨트와 스타킹을 착용한 채로 유저가 대화 창에 뭐라고 작성을 하든, 마이클 잭슨의 문 워크 퍼포먼스를 펼쳤다. 이러한 특수효과를 활용하여 체인점의 치킨샌드위치와 캠페인 슬로건인 "Have it your way"를 홍보하였다.

최근 Old Spice가 2010년 잠재 고객들에게 "네 남자도 냄새가 뭐처럼"을 통해 여러 상징적인 캐릭터를 표현하였는데, 이는 반라의 남자가 해변의 샤워장에서 "안녕 아가씨들, 오늘 기분 어때? 좋아. 네 남자 나만큼 생겼니? 아닐꺼야. 네 남자, 나 같은 냄새가 날 수 있을까? 그래, 그 놈이 Old Spice body wash를 써야 할까?"라는 멘트를 날리는 것이었다.

그 광고가 방송된 지 2주 후, Wieden+Kennedy에 위치한 회사의 광고 팀은 소셜 미디어를 새로운 차원의 단계로 이끌었는데, 이는 페이스북과 트위터의 팬들로부터 질문을 받으면, 그것을 쓰고, 제작하여 Old Spice guy가 대답해주는 10분 이하의 동영상을 온라인에 포스팅 한 것이다. 이것은 수천 개의 질문이 반영되었다.

작년 분기와 비교해서 소셜 캠페인 이후 Old Spice body wash의 매출이 두 배로 뛰었다고 밝혔다.

Old Spice의 Mike Norton은 "이것은 지금까지 우리가 상상했던 것과 비교할 수 없을 정도로 대단한 것이다."고 말하며, "또한, 브랜드에 신뢰를 두고 그 일부가 되고자 하는 사람들로부터 즉각적인 피드백과 소비심리 분석을 얻을 수 있었다."고 밝혔다.

Wieden의 크리에이티브 디렉터 Jason Bagley는 "우리가 한 것을 소유하는 것은 공평하지 않다-그건 정말 기본적인 것이다."라고 말했다. 그러나 그 경험은 소셜 미디어 캠페인이 오랜 시간 동안 존재한 것임을 그에게 확인시켜 주었다.

기업들은 경우에 따라, 보조마케팅 사업을 구축하여 성공적인 "memes"를 이룬 경우가 있다.

Blendtec은 *Will it Blend?*를 시작한지 3개월만에 포드, 구글과 같은 다른 기업들에게 그들의 제품을 믹서기로 파괴해주길 요청 받는 연락을 받기 시작했다. Blendtec은 각각의 동영상마다 5,000~3만 5,000달러를 제시하였으며, Blendtec의 유튜브 채널에 포스팅 되기 원하면 가격은 더 올라갔다.

이처럼 광고성 동영상이 더 많이 포스팅 될수록, Mr. Goodman은 Blendtec 시리즈의 오락적 가치가 떨어지는 것에 대해 걱정을 하였다.

Ms. Lieb은 광고주가 시행해야 하는 균형활동에 대해 규정하였다. 그녀는 "가장 화제가 되는 캠페인은 가장 최소화가 된 브랜드가 홍보하는 것,"이라고 말했다. "사람들은 광고를 그냥 지나치지 않는다. 그들은 '더 하얀 치아와 더 상쾌한 호흡을 위한 30일'과 같은 것이 아닌, 농담과 이야기를 통해 전달되는 것이다."라고 했다.

"평범한 사람들에 의해 만들어진 동영상이 소셜 미디어의 물결을 주도하며, 전문 프로듀서와 배우에 의해 만들어진 광고가 그것을 백업하는 것이다."

여기엔 두 가지 위험한 점이 존재한다. 하나는 사람들이 광고를 브랜드와 전혀 연관 짓지 못할 수 있다는 것이며, 그들이 웃기는 맥주 광고에 대해서 이야기를 할 수 있을지는 모르지만, 그것이 어떤 브랜드였는지는 기억하지 못할 수 있다는 것이다.

두 번째는 제품을 판매하기 위한 적절한 대상에 도달하지 못할 수 있다는 것이다. Blendtec의 동영상이 부서지고 폭발하는 것을 보는 것을 즐기는 어린 소년들에게 매우 유명하지만, 그들은 $400의 믹서기를 구매하기엔 적절한 소비계층이 아닌 것이다. 그러나, 시간이 지나면서 아이들로부터 영상에 대한 이야기를 들은 중년의 여성들이 Blendtec의 Total Blender를 구입하기 시작하였다.

언제나 새로운 것에 대한 생산과 홍행의 압박이 존재하는데, 이것은 우연한 성공을 거둔 업체를 어려운 상황에 처하도록 한다.

Mr. Goodman은 "*Will it Blend?* 전성기는 그저 우리가 아무것도 모르던 시기였다."고 말하며, "당신이 집중하기 시작하고 창의성이 돈과 시간에 좌지우지 된다면, 상황은 진정으로 어려워진다."고 말했다.

FT *Source*: Dembosky, A. (2012) Lights, camera, blender! How to create a hit, *Financial Times*, 7 March.

보고, 티핑 포인트(tipping point)의 개념에 대해서 설명한다. 마지막으로 SNS에 롱테일(long-tail) 법칙이 적용될 가능성에 대해 조사해 본다.

11.4.1 구전 성장

구전 성장을 통해 혜택을 얻고자 하는 사업들은 사용자들이 다른 사람들을 활용해 해당 서비스를 이용하는 방향으로 유도하도록 인센티브를 제공해야 한다. 인센티브는 사용자들이 다른 사용자들을 플랫폼에 초대하면 그들의 접촉 수가 추가되면서, 그들의 경험이 확장된다는 것을 알고 있을 때 더욱 본질적인 것이 될 수 있다.

간단한 사실부터 새로운 제품에 이르기까지의 모든 정보는 때때로 광범위하게 확산된다. 감염을 통해 확산되는 바이러스와 같이 정보는 구전(word of mouth)을 통해 확산된다(실제로 구전 성장이라는 용어는 여기서 파생된 것이다). 구전 정보확산 패턴은 단순하다. 구전을 통해서 세계 각지에 확산되고, 세대와 세대를 통해서 셀 수 없을 만큼 전해지게 되는 전설이나 이야기 같은 것과 비교할 수 있다. 넓은 의미에서 이것은 피라미드 첫 세대에서 단지 10명의 사람들에게 전달된 내용이 4세대에 이르면 1만 명의 사람들에게 전달될 수 있음을 의미한다. 이 거대한 잠재성은 마케터의 관심을 끌 만하다. 만약 구전 뉴스를 체계적인 마케팅 도구로 구현할 수 있다면, 이는 중요한 우위를 가지게 된다. 우선, 시간이 지남에 따라 희석되는 효과가 있는 기존 마케팅 캠페인과 비교했을 때, 구전성 뉴스 확산 효과는 전파되는 정도가 증가하면서 더욱 강화되고 그 결과, 지속적인 정보 형태로 남아 있게 된다. 이 효과에 대한 원인은 간단하다. 피라미드에서 아래로 움직일 때, 뉴스를 확산하려는 사람들의 수는 지속적으로 늘어난다. 둘째, 구전성 뉴스 확산의 기대비용(expected costs)은 낮아서, 초기 뉴스 확산을 시도하는 데 소요되는 초기 투자비용 이후부터는 추가 비용이 발생하지 않는다. 일단 뉴스가 퍼지게 되면 소비자들이 뉴스 확산의 매체로 행동하기 때문에 이와 같은 현상이 가능하다.

따라서 구전 마케팅의 목적은 반복적으로 측정할 수 있는 마케팅 도구로 뉴스 확산을 이용하는 방법을 모색하는 데 있다. 목적은 광고업체가 온라인 마케팅 메시지를 어디서 만들고 어디로 확산시키는지에 대한 계획으로 구전 마케팅 캠페인을 만드는 것이다. 마케팅 도구로 구전 뉴스확산을 구현하는 데는 일부 장애요소가 있다. 이러한 장애요소는 다음과 같다.

- *사람들 간의 통제 결여.* 구전 마케팅은 기존에 마케터가 추진하고 통제했던 마케팅 방식과는 달리 소비자 중심적이다. 따라서 사람들이 어떤 종류의 콘텐츠를 언제, 왜 추천했는지 예측할 수 없다. 뿐만 아니라, 사람들이 메시지를 전달한다면, 전달된 메시지에 무엇을 추가할지 그리고 그것에 대해 어떠한 것을 말할지도 통제할 수 없다.
- *콘텐츠 간의 통제 결여.* 구전 마케팅 캠페인의 콘텐츠는 전달받은 사람들을 통해 수정이나 변조되는 것을 보호할 수 없다. 일단 뉴스가 퍼지면 확산을 막을 방법은 없다. 따

라서, 광고회사는 구전 마케팅 캠페인의 역효과에 대한 위험성을 과소평가해서는 안 된다. 예를 들어 핫메일(hotmail)의 경우, 각 이메일의 꼬리말에 핫메일 광고가 포함되어 있다. 이러한 이메일을 전송하는 사람들은 이 꼬리말을 쉽게 수정할 수 있고 구전 캠페인의 역효과가 발생할 것 같은 콘텐츠를 추가할 수도 있다.

11.4.2 티핑 포인트의 개념

맬컴 글래드웰(Malcolm Gladwell)이 '제안한 티핑 포인트(tipping point)'[8]의 개념은 구전 성장의 기본 개념을 이해하는 데 도움이 된다. 서로 다른 산업이나 생활지역에서 관찰한 결과를 토대로 글래드웰이 제안한 바에 따르면, 뉴스 또는 제품은 때로는 적당한 비율로 확산되다가 특정 시점이 되면 급속하게 확산되기 시작하는데, 여기서 특정 시점을 티핑 포인트(tipping point)라 한다. 글래드웰이 인용한 원래 사례 중의 하나로 1980년대에 팩스 매출이 증가한 사례가 있다. 1986년 즈음, 티핑 포인트로 고려될 수 있는 상당한 양의 매출이 발생한 적이 있었다. 신기술에 대한 티핑 포인트는 *네트워크(외부성) 효과 [network (externality) effects]*에 의해 발생될 수 있다.(7.4.1 참조)[9] 이러한 효과는 웹 2.0 애플리케이션에도 존재한다. 사용자들은 플랫폼에 가입되어 있는 다른 사용자들로부터 혜택을 얻게 되는데, 예를 들어 비즈니스 네트워킹 사이트에서 숙련되고 전문화된 인력 네트워크를 제공하는 것이 그것이다. 글래드웰은 구전 확산에 영향을 미치는 세 가지 요인을 제시했는데, (1) *소수의 법칙*(*law of the few*), (2) *밀착성 요인들*(*stickiness factors*), 그리고 (3) *상황의 힘*(*power of context*)이 그것이다.

소수의 법칙은 사람들이 메시지 확산에 관여하고 있다는 데 초점을 두고 있다. 메시지가 뿌려졌을 때, 이 메시지는 세 가지 유형의 사람들에게 집중되어야 한다. 연결자(connectors), 전문가(mavens) 그리고 판매원(salesmen)이다.

- *연결자*는 접촉할 친구나 동료를 많이 보유한 사람을 말한다. 글래드웰은 친구나 동료 등 주변을 통해 거의 모든 사람들이 사회적, 지리적, 조직적 경계를 넘어 서로 연결되어 있다고 주장하고 있다. 한 예로, 라스 힌리히스(Lars Hinrichs)는 기업가나 비즈니스 전문가들과의 직접적인 네트워크의 도움만으로 사회적 연결망 사이트(social networking site)인 오픈BC를 개설했다.
- *전문가*는 다양한 제품, 가격 또는 유통에 전문지식을 가지고 있는 사람들이다. 이들은 친구들, 동료 또는 인터넷 플랫폼의 다른 사용자들과의 지식공유를 즐긴다. 이들은 지식과 연결할 수 있는 능력 때문에, 구전 확산을 시작할 능력을 보유하고 있다. 온라인 상품 평가 포럼(forum)으로 알려진 차오(ciao.com)나 사용자들이 여행관련 추천의견을 공유할 수 있는 트리바고(trivago.com)와 같은 수많은 온라인 플랫폼들은 이들 전문가들을 활용하여 콘텐츠를 생산하고 웹사이트에 트래픽을 발생시킨다.

- *세일즈맨*은 다른 사람들이 납득하지 못할 때 이들을 설득할 수 있는 능력을 가진 사람을 말한다. 글래드웰은 이 집단의 예로 매우 헌신적인 자동차 딜러를 제시했다. 인터넷에서 세일즈맨은 오픈BC의 오픈블로그(openBlog)처럼 헌신적인 기업 블로거라 할 수 있다.

밀착성 요인들은 확산될 메시지의 내용을 다루고 있다. 글래드웰은 메시지 내용이 급속하게 확산되려면 사람들이 행동단계로 이동할 만큼 기억할 만한 것이어야 한다고 언급했다. 글래드웰은 강력한 예로 유명 TV쇼인 〈세서미 스트리트Sesame Street〉를 들었다. 하나의 에피소드를 셀 수 없을 만큼 테스트해 아이들의 행동을 관찰한 결과, 〈세서미 스트리트〉는 어린 목표집단(young target group) 사이에서 거의 최면 수준까지 밀착성을 증가시킬 수 있었다. 동료에 의해 확산된 콘텐츠는 기존 마케팅 채널을 통해 유통된 콘텐츠에 비해 더욱 기억하기 쉽고, 밀착성을 확보하는 데 있어 구전마케팅은 매우 큰 잠재력을 가지고 있다.

상황의 힘은 확산이 발생할 때의 상황과 조건에 초점을 두고 있다. 이는 두 가지 시사점을 가진다.

- *외부 환경*은 사람의 내면상태에 큰 영향을 미친다. 행동과 직접 관련된 전후사정은 사람의 확신과 생각에 영향을 미친다. 작은 온도변화에 독감 확산이 변화하듯이, 심지어 특정 외부 환경에서 아주 미세한 변화 또한 상황을 변화시킬 수 있다.
- *작은 하위의 움직임.* 전염성 있는 움직임을 만들기 위해서는 작은 움직임이 먼저 발생해야 한다. 메시지나 아이디어의 잠재적 전염성을 확대하기 위해서는 집단들이 반드시 긴밀하게 관계를 맺어야만 한다. 보다 큰 그룹 내 사람들은 서로 낯선 사람들이 될 수 있고, 이 집단에서는 견고함을 잃게 된다. 불로 비유하자면, 통제할 수 없는 모닥불 또는 부주의하게 버려진 담뱃불 등 여러 개의 작은 불들로 인해 화재가 발생하게 되는 이치다. 만약 작은 불들이 숲 전체로 번지면, 작은 불길이 합쳐지면서 엄청난 크기의 불덩이가 될 수 있다. 다이어트 콜라/멘토스 실험은 지난 몇 년간 온라인 구전 확산에서 가장 큰 사례 중 하나였다.[10]

11.4.3 인터넷 기반 사회적 네트워크 상에서의 롱테일

앤더슨[11]은 롱테일(long tail)의 개념을 설명하기 위해서, 스테이프렌즈닷컴(StayFriends.com)이나 싱(Xing)과 같은 인터넷 기반 네트워킹 사이트와 기존의 '플레시앤드블러드' 네트워킹을 비교하는 것처럼, 랩소디(Rhapsody)와 같은 온라인 소매점과 월마트(Wal-Mart)와 같은 오프라인 기업을 비교했었다.

월마트는 대형 상점을 통해 다양한 상품을 유통한다. 그러나 진열공간의 부족과 생산, 저장, 배송 비용의 제약으로 인해 미리 정해진 제품만을 공급하고 있다. 이에 월마트를 비롯한 기존의 소매점들은 음악의 경우 히트한 앨범상품만을 제공하려고 한다. 네트워킹의 경우 사람들은 단지 가장 가치 있는 연락처만을 고려하여 유지하려고 할 것이다.

이와는 반대로 디지털 콘텐츠는 훨씬 낮은 비용으로 저장, 복제, 유통될 수 있다. 여기에서 상품은 음악, 사진, 비디오와 같은 매체 기반의 상품이나 프로필, 온라인 그룹 토의, 개인의 네트워크와 같은 개인 콘텐츠를 포함한다. 온라인 음악 다운로드 서비스 랩소디에서는 모든 상품의 98%가 판매되는데, 이들이 판매하는 상품은 현실 세계에, 특히 진열 공간에 제한을 받지 않는다. 디지털 제품은 사실상 추가적인 비용 없이 제공되기 때문에 온라인 소매점에게는 소량으로만 팔리는 제품을 다양하게 제공하는 것도 성공전략(viable strategy)이라고 볼 수 있다. 이러한 틈새 시장 제품들은 기존의 오프라인 기업에서 제공했던 '짧은 앞단'을 반영한 부분과는 반대로 롱테일을 구성하게 된다(그림 11.9 참조).

롱테일 개념을 인터넷 기반 사회적 네트워크의 세계에 적용하면 앞서 언급했던 연결망 사이트의 혜택을 이해하는 데 도움이 된다. 우선 전통적인 네트워킹 방법이 통할 경우, 개인들은 오로지 과거에 알고 있었던 사람들과 연락하게 된다. 대부분은 사람들이 기업이나 사회적으로 강한 유대관계를 형성하는 친밀한 사회적 범위(inner social circle)가 된다. 전통적인 네트워킹을 통해서는 사람들이 연락을 위해 쉽게 접근하지 못한다. 조언을 구하거나 직업을 찾는 것과 같은 여러 상황에서 우리는 강한 사회적 유대를 보유하고 있는 사람들로부터 많은 혜택을 얻지 못하는 경우가 종종 있다. 한편으로는 직접적으로

그림 11.9 롱테일 법칙은 기존의 소매점의 제품범위에 더 많은 부분을 추가하게 된다

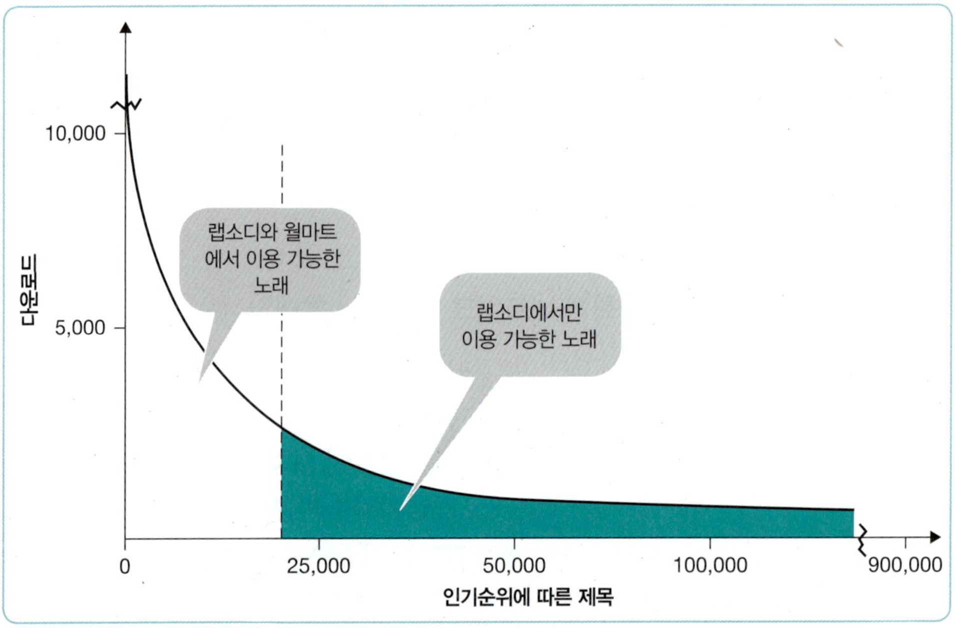

Source: Adapted from C. Anderson, *The Long Tail. How Endless Choice is Creating Unlimited Demand*, Random House, 2006.

알지 못하는 약한 유대관계(weak ties)를 가진 사람들로부터 혜택을 얻기도 한다.[12] 약한 유대관계에 접근하는 대표적인 예로 SNS는 기존의 전통적인 네트워킹 방법보다는 훨씬 넓은 잠재적으로 흥미 있는 연락망의 풀(pool)을 제공한다.

둘째, 기존의 네트워킹은 시간적 제한 때문에 제한되어 있는 사람들과의 관계만을 유지할 수 있었다. 주소, 전화번호, 직위 또는 이메일 주소와 같은 연락을 위한 데이터의 변화를 개인에게 정기적으로 알려주지 않기 때문에 기존의 주소록을 지속적으로 업데이트하기 위해서는 많은 노력이 요구된다. 따라서 주소록이 항상 최신 상태로 있는 것은 아니며, 연락처를 보유하지 못한다면 개인은 이러한 사람들을 놓칠 수 있다. 따라서 시간이 지남에 따라 관계는 상호작용의 부족으로 없어지게 된다. 그러나 SNS에서는 관계를 종료하는 것은 사용자들의 적극적인 개입을 요구한다. 그렇지 않다면 사용자의 연락처 목록에 연락처가 유지되게 된다. 따라서, 추가적인 노력 없이 지속적으로 늘어나는 연락처의 수를 관리하는 것이 가능하다. 적극적으로 SNS를 사용하는 사용자들에게 SNS는 사실상 스스로 기록되는 주소록과도 같다.

이 두 요인들의 조합, 즉 약한 유대관계의 효과와 향상된 주소록 관리는 온라인 네트워킹을 위한 거대한 잠재력을 형성한다. 우리는 이 잠재력을 사회적 네트워킹의 롱테일이라고 말한다(그림 11.10 참조).

X 축은 사용자의 연락처 수를 의미한다. 이것은 네트워킹 강도에 의해 순위가 매겨진다. 반면에 Y 축은 네트워킹 강도로, 개인과 개인 간의 연락 사이에 교환되는 정보의 형태 및 양과 연락빈도 간의 함수다. 그래프의 왼쪽 상단은 긴밀한 관계를 가지려는 일부 사람들을 의미하는 반면, 곡선의 오른쪽 하단은 단지 피상적이고 드물게 연락할 수 있는 많은

그림 11.10 사회적 네트워킹의 롱테일은 사용자들이 이전에 접근할 수 없었던 틈새시장에 접근할 수 있게 한다

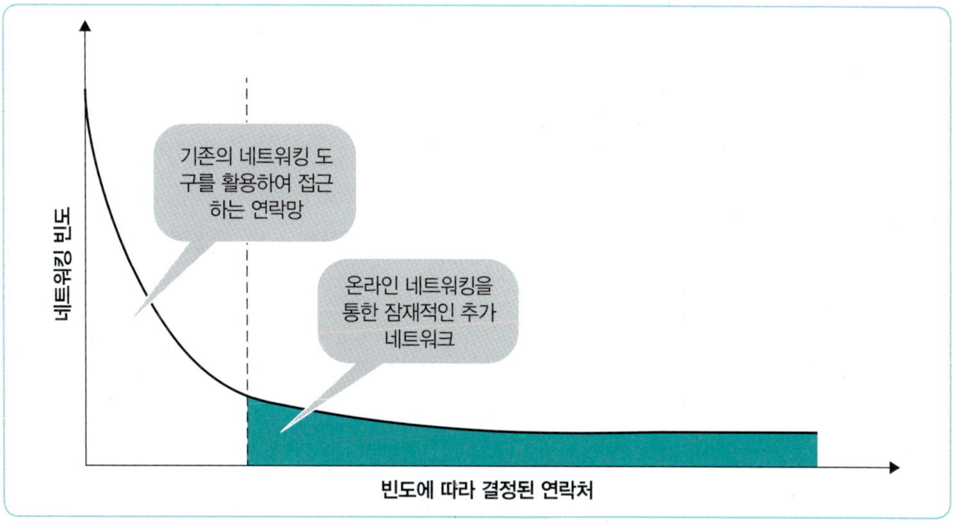

Source: Adapted from C. Anderson, *The Long Tail. How Endless Choice is Creating Unlimited Demand*, Random House, 2006.

사람들을 의미한다. 인터넷은 기업과 고객 간의 커뮤니케이션을 용이하게 하는 것은 물론 가상의 온라인 커뮤니티의 회원 간의 커뮤니케이션도 촉진시킨다. 이베이나 싱과 같은 기업에서는 온라인 커뮤니티의 회원 간에 발생하는 커뮤니케이션이 기업과 고객 간의 커뮤니케이션보다 훨씬 중요하다고 보고 있다.

왼쪽의 머리부분(short head)에는 기존의 네트워킹을 통해 쉽게 접근할 수 있는 연락처가 포함되어 있다. 이것은 우리가 빈번하게 연락할 제한된 연락처로 구성된다. 머리부분 이후 접점(cut-off point)이 있으며, 여기서부터는 기존의 네트워킹을 통해 접근하기 불가능하고 연결성이 약한 연락처를 보유한 경우로 시간이 지남에 따라 점차 희석된다.사회적 네트워킹 사이트는 많은 사람들을 알 수 있는 기회를 제공하고, 심지어 1년에 한 번 정도 연락하는 사람들과도 연락을 할 수 있도록 지원한다. '롱테일'에서 이러한 연락처의 사용이 가능해진다. 따라서 기존의 네트워킹과 달리 머리부분 이후의 접점(cut-off point)은 존재하지 않는다.

롱테일 개념은 롱테일을 활용해 고객들에 접근하고자 하는 기업에 다음과 같은 세 가지 주요 시사점을 준다.

- *꼬리를 길게 하라.* 다수의 사람들에게 접근할 수 있게 해주므로, SNS는 잠재적인 사회적 연락처의 꼬리길이를 길게 한다. 같은 방법으로, 사용자가 직접 콘텐츠를 제작하는 서비스는 이들에게 보다 독특하고 개별적인 콘텐츠에 접근할 수 있도록 지원한다. 세컨드 라이프에서는 사용자들이 만든 콘텐츠를 판매 및 구매할 수 있게 생성했다.(사례연구 부분 참조)
- *꼬리를 살찌워라.* SNS는 사용자들 간의 커뮤니케이션을 확대할 수 있는 다양한 메커니즘을 사용하며, 그 결과 상호작용 빈도를 증가시켜 꼬리를 살찌울 수 있다. 최신 뉴스에 대한 페이스북(Facebook)이나 트위터(Twittering)[13]의 가상의 개인메시지, 게스트 북(guest books) 등이 사용자들 간의 전반적인 커뮤니케이션 수준을 증가시키는 방법이 된다.
- *꼬리에서 수요를 발생시켜라.* 이것은 사용자의 관심을 쉽게 찾을 수 없는 콘텐츠로 이동시켜 발생시킬 수 있다. 아마존 닷컴은 독특한 독자 추천 메커니즘을 통해 이것을 꽤 오랫동안 추진해왔다. 오늘날 유튜브(YouTube)와 같은 서비스도 사용자들의 관심과 일치하는 비디오 등을 제공하여 동일한 서비스를 제공하고 있다.

Lulu, '롱테일(long tail)'을 활용해 인터넷을 흔들기로 하다

커피그라인더 형태의 기계적 덧셈 기계인 Curta calculator는 1970년대 전자식 승계라인 Texas Instrument의 대중화로 이분화되었다. 구식장치를 수집하는 Bob Young은 오늘날 출판업계에 비슷한 위력을 과시하고 싶었다. 이러한 뻔뻔스러움은 Mr. Young이 성공석이고 파괴적인 아이디어의 형태를 갖추지 못하는 경우 기각될 수도 있다. 오픈 소스 소프트웨어 회사인 Red Hat의 공동 창업자인 Mr. Young은 산업의 사업 모델 재고를 통해 마이크로소프트의 강력한 도전자를 구축하는 과정에서 스스로를 억만장자로 만들 수 있었다.

1990년대 중반으로 돌아가 Red Hat은 소프트웨어 개발자들이 로열티를 받고 판매하는 업계의 전통을 파괴하고 누구나 프로그래밍 코드에 참여할 수 있도록 하였다. 이것은 현재 가장 대표적인 오픈 소스 운영체제로 알려진 Linux로 Red Hat과 함께 Mr Young은 설치와 지원으로 수익을 낼 수 있음을 증명하였다.

다음 Mr. Young의 사업기회는 Red Hat의 대량 구매로 얻은 돈을 이용하여 새로운 기업을 세우는 대신에 사회적 문제를 해결하기로 결정하였다. '나는 루퍼트 머독이 아니다. 따라서 나는 MySpace나 차세대 MySpace에 5억달러를 쏟아 붇지는 않을 것이다. 나는 기업가이고, 만약 내가 차세대 MySpace를 이룩할 엔지니어를 찾아낼 수 있다면, 나는 그것을 돕는 것으로 행복하다.

물론 보장할 순 없지만, 그의 가장 최근의 벤처이자 책과 영화에 대한 자체 출판 조직인 Lulu는 죽은 나무와 셀룰로이드에 영향을 끼칠 것이다. Mr. Young은 '나도 지금 내가 무엇을 하고 있는지 아무 생각이 없다.'고 말하며, '구글을 운영하고 있는 사람들도 그들이 무슨 일을 하게 될 지 알 수 없을 것이다. 우리는 그저 흐름에 따라 그것을 이루어낼 뿐이다.'고 말했다.

자체 출판 사이트인 Lulu.com, 영화제작자들과 수익을 분배하는 새로운 방식인 Lulu.tv는 그의 두 가지 무기이다. 두 가지 모두 인터넷을 통한 틈새 제품이 대상 고객을 찾는데 도움을 주고 수익을 낼 수 있도록 도와주는 '롱테일'에 의존하고 있다. 작가들은 그들의 책에 대한 설명을 작성하고, 업로드 하고, 바인딩의 형태를 선택하고, 커버이미지를 찾고, 가격을 설정한다. '우리는 당신에게 출판사를 만들어주고 당신은 불특정 장소들을 돌아다니며 거절을 당할 필요가 없다.'고 Mr. Young은 말했다.

혁신은 인터넷 주도의 형태만 있는 것이 아니라 인쇄기술의 발전에도 존재한다. 새로운 전문적 디지털 프린터는 전통적인 출발점이 되었던 기업 경쟁자들만큼 비용을 소모하지만, 서로 다른 책을 인쇄하기 위한 추가 비용은 거의 발생하지 않거나 매우 조금 발생한다. 최근까지 판매량은 수익성을 위해 필수적이었으나 디지털 프린터에서는 서로 다른 30권의 책을 1,000권, 하나의 책을 3만권을 찍어내는 것과 같은 가격으로 인쇄할 수 있다.

Lulu의 Top 10 베스트셀러는 1위의 Pay-per Click Search Engine Marketing Handbook부터 초자연적 스릴러물인 Didymus Contingency, 게으른 남자가 한 달 만에 쉽게 섹스를 하고, 20명의 서로 다른 여자와 로맨스를 이룰 수 있는 방법을 알려주는 How to Become an Alpha Male에 이르기까지 광범위하고 독특한 콜렉션을 이루고 있다.

Lulu는 '롱테일'의 악용 가능성을 발견하였지만, Mr. Young은 전통적인 마케팅은 가끔 무모함을 배워야 한다고 했다. 프로젝트의 시작 즈음인 3년 전, Mr. Young은 심각해 보이는 과학적 타이틀이 Lulu에 업로드 되어있는 것을 발견하였다. 그는 작가에게 연락하여 그가 큰 홍보 슬롯을 원하는 지 물었고, 작가는 '전세계시장에서 내 책에 대한 독자는 대략 162명이 있으며, 그 중 148명은 내가 알고 있는 사람이다.'라고 경고했던 경험이 있다고 Mr. Young은 말했다. 전통적인 출판 기업에게 그는 거절된 학술 인쇄물 프로젝트나 짧은 인쇄 실행 비용을 커버할 수 있는 고액 구매자를 얻어냈다. "Reed Elsevier 같은 곳에서는 아마 그것들이 $1,500의 가격을 형성할 것이고, 당신은 아마 세 권쯤 팔았을 것'

이라고 Mr. Young은 말한다.

자체 출판 인터넷 모델로써 롱테일의 이러한 부분은 적당한 가격을 지불하는 독자의 폭을 선택할 수 있으며, 그 가격의 20%는 Lulu가 차지하고 80%는 작가에게 돌아간다. 자체 출판의 동기는 빠르게 돈을 벌기 위한 것보다는 전문 기술의 전달을 위한 것이다. '과학자인 저자들을 예로 들면, 프로젝트를 통해 돈을 벌지만, 일반적으로 천문학적인 금액을 벌기 위함이 아니라 더 나은 세상을 만들기 위한 것이다.'라고 Mr. Young은 말한다. 회사에 따르면, Lulu를 통한 출판으로 약 50명의 사람들이 괜찮은 임금을 벌고 있고, Lulu 자체적으로도 각각의 책에서 완만하지만 빠른 매출 성장세를 보이고 있다. 그들은 2004년 100만 달러의 수익을 냈고, 2005년 5백만 달러의 수익을 냈으며 2006년에는 1500만 달러의 수익을 예상하고 있다. 이 모델은 높은 수익성을 보이고 있지만, 남은 현금의 대부분은 룰루 및 관련 프로젝트에 재투자 되었다. '우리가 거칠고, 미쳐보이는 일을 그만둔다면 더 높은 수익성을 보일 수 있었을 것'이라고 Mr. Young은 말한다.

Mr. Young은 자체 출판 수단의 진화이자 인터넷의 '롱테일'을 활용한 수익 창출을 위해 가장 최근의 시도인 Lulu.tv에 대한 메시지를 전파하기 위해 런던에 있다. 미소를 잃지 않는 52세의 기업가가 시행한 미디어 세계에 대한 최근의 공격은 복음과도 같다.

영상 제작자들은 한 달에 $14.95의 비용을 지불한다. 수수료의 80%는 보관되어 있다가 이 돈은 특정 영상이 관객을 더 많은 유치했는지에 따라 분배된다. Mr. Young은 이곳에서의 경쟁은 그들이 관객 지분과 같은 새로운 미디어 자산에 목말라있음에도 불구하고 전통적인 미디어 회사들의 경쟁과는 다르며, 온라인 YouTube와 Google Video와 같은 동영상 업계의 새로운 유형과 같다고 말한다. Mr. Young은 그들은 채널로서는 잘하고 있지만, 제작자들에게 자금은 다시 공급하는데 있어서는 훌륭하지 못하다고 말한다.

출판 수단인 Lulu와는 달리, Lulu.tv가 아직 발달되지 못했음은 Mr. Young은 인정하고 있다. 출판사들이 디지털화에 의해 동요하고 있는 상황에서 그것의 비즈니스 모델이 'dead-tree'측면 만큼 개발되지는 못했고, 영상 업계는 구글을 비롯한 거대 인터넷 기업과 Viacom과 같은 전통적인 대기업을 끌어들이고 있다. Mr. Young은 '롱테일'에서 이익을 추구하는 유일한 사람이 아니다. 그러나 그의 기록에 비추어 그가 찾아낸 기회에서 주로 비즈니스 모델의 좌측보다는 우측에 위치하는 후기의 Curta Calculator에 상응함을 알 수 있다.

오픈 소스 소프트웨어의 세계는 한때 미국의 소프트웨어 거인인 마이크로소프트와 오라클과 같은 회사에게 저주와도 같았다. 지적 재산권 공유에 대한 강조는 기존 기업의 제품들이 비밀을 보장받기 위해 시간과 돈을 소비한 기존 기업들의 조직에 반하는 것이었다. 그러나 오픈 소스 소프트웨어 기업인 Red Hat의 공동설립자인 Bob Young은 아나키스트가 아니다. 그의 영웅은 아담 스미스이다. '만약 자유 시장 경제에서 시민과 소비자가 같을 경우, 더 큰 사회 문제를 해결할수록 더 큰 비즈니스 기회가 있을 것'이라고 그는 말한다.

그는 2002년 Red Hat에서 나와 다음 투자 기반이 될 사회적 문제를 찾는 중 그는 냅스터와 같은 파일 공유 웹사이트로 인해 흔들리는 음악산업 논쟁에 충격을 받았다. 그는 '음악산업에서 기업이 고객들을 고소하는 것은 그들이 현상을 이해하지 못했기 때문이라고 보았다.'고 말했다. '가격의 문제가 아니다. 음악산업은 당신이 차를 운전하여 도시를 가로질러 음반매장에 가서 당신이 그리 원하지 않는 19개의 노래에 20달러를 지불하고 집으로 돌아가 어떻게든 컴퓨터에서 그 음악을 듣기를 원하기 때문이다. 이 문제는 컴퓨터 괴짜이자 [Apple 컴퓨터의 CEO]인 Steve Jobs가 [iTunes 온라인 음악 스토어와 iPod 뮤직플레이어]를 솔루션으로 마련하여 이 문제를 해결하였다.

Mr. Young도 자체 출판 벤처인 Lulu의 설립에 개인적인 동기가 있었다. 1999년 그는 Red Hat의 부상에 대한 보고서인, *Under the Radar*를 출판했다. Mr. Young은 책의 인쇄 품질과 수천 권의 팔리지 않은 책들이 펄프처리가 될 것이라는 사실과 빈약한 로열티 수입에 화가 났었다. 그는 팔리지 않은 책들을 가구로 만들었다.

FT *Source*: Braithwaite, T. (2006) Lulu aims to wag the Internet 'long tail', *FT.com*, 24 August.

핵심적 관점 11.2

무한한 선택과 무한한 수요가 존재하는가?

크리스 앤더슨(Chris Anderson)은 전자소매거래에서 좋은 사례를 찾았지만 아직 실증적인 결과는 찾지 못했다. 그의 책이 출판되기 전에, 앤더슨은 《와이어드(WIRED)》지에 수록된 일부 원고에 직설적으로 표현하며 비판했다. 그러나 이것은 사례가 아닐 수 있다.

《월스트리트 저널》의 스티브 고메스(Steve Gomes)는 앤더슨의 결과가 완전히 모순되었다고 했다. 즉, 그는 랩소디가 제시한 수치가 전체 상품의 98%가 판매되고 있다는 진술과 모순된다고 문제제기를 했다. 웹사이트 상에서 제공되지만 전혀 다운로드되지 않는 음악을 의미하는 no-play 비율은 22%이상이다. 앤더슨의 주장과 상당히 관련이 되어 있는 것 중에 80대 20 법칙(제공하는 제품의 20%에서 80%의 수익을 창출한다는 의미)의 히트(hit)가 있다. 랩소디 데이터를 보면 모든 노래의 상위 10%가 모든 스트림 수익의 80%이상을 얻어주고 있어 다소 모순이다.

자신의 연구 결과에 대한 의견을 토대로, 앤더슨은 자신의 초기 주장에 대해 살펴보고 2006년에 출판된 책에서 그들 중 일부를 수정했다. 주장의 타당성에 대한 논란은 여전히 블로그를 통해 확산되고 있다.

더 많은 선택을 제공하는 웹 2.0의 새로운 변화와 관련해, 사용자가 콘텐츠를 만드는 것들은 실제 얼마나 잠재력을 보일지 의문이 생긴다. 여전히 소매점의 대다수 수익은 히트에 의해서 발생하고 있고, 이것이 곧 변화될지는 의문이다.

요약

- 이 장에서는 웹 2.0에 대한 개요를 제시했다. 네트워크 인프라와 소프트웨어 발전이 어떻게 웹 사용자의 수를 증가시키고 풍부한 사용자 경험을 유발하는지에 대해 설명했다. 또한 이 장에서는 웹 2.0 서비스의 다양성을 설명하고, 어떻게 더 나은 네트워킹을 가능케 하며 사용자 간의 콘텐츠와 정보를 공유하는지 설명했다.
- 사회적 네트워킹 사이트(SNS)는 회원들이 오프라인에서 가능한 것보다 더 많은 연락처를 관리하도록 도움을 준다. 따라서 개인의 연락처 도달성을 증가시킨다. 또한 사용자들은 가상의 프로필 때문에 연락처와 잠재 연락처에 대한 더 많은 정보를 가질 수 있어, SNS는 개인정보의 풍부성을 증가시킨다.
- 대량 맞춤화 방식을 통해 제조 및 서비스 업체는 고객선호도를 유도할 수 있고 고객이 원하는 대로 제품이나 서비스를 맞출 수 있다.
- 구전 성장을 통한 수익창출을 원하는 기업은 사용자들이 서비스에 다른 사용자를 참여시키도록 인센티브를 제공할 필요가 있다. 이러한 인센티브는 다른 사용자들을 플랫폼에 참여시키면 자신의 경험이 더 풍부해진다는 것을 사용자가 알게 될 때 더 본질적인 것이 되며, 이는 궁극적으

로 사용자들의 경험을 확대할 수 있게 된다.

- 구전 마케팅은 강력한 잠재력을 가진 브랜드 인지도를 구축하는 도구다. 따라서 구전 성장을 통제하기 위한 글래드웰의 티핑 포인트와 같은 방법을 찾는 것이 기업에게는 필수적이다.
- SNS는 더 많은 사람들에 접근할 수 있는 기회를 부여해 사회적 연락처의 롱테일을 길게 한다. 사용자의 커뮤니케이션을 확대하기 위해 다양한 메커니즘을 사용하며, 상호작용의 빈도를 증가시켜 꼬리를 살찌게 한다. 정상적으로 찾기 어려운 콘텐츠로 사용자의 관심을 이동시켜 꼬리에서 수요를 창출하게 한다.

복습 질문

1 새로운 비즈니스 모델이 웹 2.0을 고려해 제시되고 있다. 그림 11.2에서 보인 도달성과 풍부성 개념 내에서 이들을 포지션해 보라.

2 인터넷 사회 네트워크에 참여하기 위한 사용자의 동기를 평가하고, 제시한 각 동기에 대해 실제 사회적 상호작용의 적절한 예를 들어 설명하라.

3 앤더슨의 롱테일 개념이 어떻게 인터넷 기반 사회 네트워크에 적용될 수 있는지 설명하라. 기존의 네트워킹과 SNS에 이 개념을 적용했을 때의 공통점과 차이점은 무엇인가?

4 글래드웰이 제안한 티핑 포인트에서 소수의 법칙이 적용되는 범주에 속하는 사람을 당신이 알고 있는 사람들 가운데 적어도 두 명 제시하라.

토론 질문

1 다음의 문장을 평가하라: 무한한 선택이 무한한 수요를 만든다.

2 인터넷 대량 맞춤화 서비스의 가치사슬을 그려라(이 문제에 답하기 위해 그림 11.4에 있는 가치사슬 모델을 참고할 수 있음).

3 인터넷을 통해 급속하게 확산될 가능성이 없는 제품에 대해 생각해보라. 잠재성을 가지고 있는 서비스라면, 이것에 대한 메시지 확산통제를 포기할만한 가치가 있는가?

4 다음의 문장에 대해 비평적으로 접근하라. "앤더슨의 롱테일 응용프로그램 개념은 무한한 선택을 이끌어내고 무한한 수요를 창출한다." 실제 예를 통해 답하라.

권장 도서

See M.M. Tseng and F.T. Piller, *The Customer-Centric Enterprise: Advances in Mass-Customisation and Personalization*, Springer, 2005, for an in-depth look at mass-customisation.

D. Meerman Scott, *The New Rules of Marketing and PR: How to Use News Releases, Blogs, Podcasting, Viral Marketing and Online Media to Reach Buyers Directly*, Wiley, 2007, offers an exhaustive guide for companies to know how to use Web 2.0 communication tools with target audiences.

See **L. Weber**, *Marketing to the Social Web. How Digital Customer Communities Build Your Business*, Wiley, 2007, for a detailed review of the impact of Web 2.0 on a company's marketing activities.

More practical examples of the 'long tail' concept can be found in C. Anderson, *The Long Tail: How Endless Choice Is Creating Unlimited Demand*, Random House Business Books, 2006.

M. Gladwell's *Tipping Point*, Abacus, 2001, provides further vivid examples of how information can spread virally.

관련 사이트

http://radar.oreilly.com is a widely recognised blog from the US media company O'Reilly Media, which started the first conferences under the label Web 2.0.

http://mashable.com is a blog dedicated to social networking sites.

www.novaspivack.com/ is a new site managed by Nova Spivack providing interesting information on current and future issues related to information technologies, evolution of the Web, social web applications, etc.

http://venturebeat.com presents news about new Web 2.0 ventures and their funding.

www.virales-marketing.net is a blog on viral marketing campaigns, videos, etc.

참고 문헌

1 We greatly appreciate the assistance of Sebastian Mauch and Matthias Promny (former Masters' students at the University of Nuremberg) in preparing this chapter.

2 The term Web 2.0 originated from a series of conferences about new web technologies of the same title. These conferences were initiated by Tim O'Reilly an internationally renowned expert on the Internet and open source technologies.

3 Although both terms, Web 2.0 and social web, are interchangeably used, the former refers to the new Web 2.0 applications while the latter is related to the social aspects of these applications. The social web transcends Web 2.0 and includes future evolution and applications of the web.

4 Tim O'Reilly, 'Web 2.0 compact definition: trying again', *O'Reilly Radar*, http://radar.oreilly.com/archives/2006 ÷ 12/web_20_compact.html

5 E. Constantinides and S.J. Fountain, 'Web 2.0: conceptual foundations and marketing issues', *Journal of Direct, Data and Digital Marketing Practice*, 2008, vol. 9, no. 3, pp. 232–3.

6 S. Lin et al., 'Web 2.0 service adoption and entrepreneurial orientation', *Services Business*, 2010, vol. 4, p. 198.

7 E. Constantinides and S.J. Fountain 'Web 2.0: conceptual foundations and marketing issues', *Journal of Direct, Data and Digital Marketing Practice*, 2008, vol. 9, no. 3, pp. 234–7.

8 B. Wirtz et al., 'Strategic development of business models. Implications of the Web 2.0 for creating value on the Internet', *Long Range Planning*, 2010, vol. 43, pp. 272–90.

9 Voice-over Internet Protocol (VoIP) is the routeing of voice conversations over the Internet or through any other IP-based network.

10 Blogosphere is the collective term encompassing all blogs as a community or social network. Many

weblogs are densely interconnected and have grown their own culture. Technorati: www.technorati.com

11 Market data provided by comScore (an Internet marketing research company), November 2011.

12 T. Singh and J. Cullinane, 'Social networks and marketing: potentials and pitfalls', *International Journal of Electronic Marketing and Retailing*, 2010, vol. 3, no. 3, pp. 211–14.

13 'Social networking reaches nearly one in four around the world', eMarketer, 18 June 2012.

14 See 'BIA/Kelsey forecasts social media ad spending to reach $8.3 billion in 2015', www.biakelsey.com

15 For an extensive list of social networking topics and sites, see www.sociallifenetwork.com

16 P. Evans and T. Wurster developed the richness and reach concept in their book, *Blown to Bits*, Harvard Business School Press, 1999, pp. 23–38.

17 I. Rodríguez, F.J. Martínez-López and P. Luna, 'Going with the consumer towards the social web environment: a review of extant knowledge', *International Journal of Electronic Marketing and Retailing*, 2010, vol. 3, no. 4, pp. 415–40.

18 O. Acker et al., 'Social CRM: how companies can link into the social web of consumers', *Journal of Direct, Data and Digital Marketing Practice*, 2011, vol. 13, pp. 3–10.

19 http://nikeid.nike.com

20 www.thisismykea.com

21 R. Kozinets et al., 'The wisdom of consumer crowds. Collective innovation in the age of networked economy', *Journal of Macromarketing*, 2008, vol. 28, no. 4, pp. 339–54.

22 M. Gladwell, *The Tipping Point*, Abacus, 2000.

23 Network effects exist whenever a service has a value to a potential customer which depends on the number of other customers who are already using the same service.

24 A YouTube video showing a drastic explosion-like reaction when dropping a Menthos, a type of candy, into a bottle of Coke fuelled a huge chain reaction of imitators.

25 C. Anderson, *The Long Tail: How Endless Choice is Creating Unlimited Demand*, Random House Business Books, 2006.

26 M. Granovetter, 'The strength of weak ties', *American Journal of Sociology*, 1973, vol. 6, pp. 1360–80.

27 See www.twitter.com. The service provides users with the possibility of reaching out to a large number of people by sending frequent updates about themselves free of charge. The hype around Twitter has resulted in a whole variety of mash-ups and applications for the service.

Chapter 12

전자상거래에서 모바일상거래와 u-상거래로의 이동

이 장의 개요

관련 사례 연구

사례 연구		주요 초점
23	**12snap**	모바일 마케팅
21	**M-PESA**	모바일 재무 서비스
20	**NTT DoCoMo**	모바일 기술과 서비스
19	**Novartis SMS for Life**	헬스케어산업에서의 모바일 물류솔루션

학습 성과

이 장을 학습한 후,

- 모바일 상거래와 모바일 가치 네트워크의 핵심요소에 대한 개요를 정의할 수 있어야 한다.
- 모바일 상거래 애플리케이션을 알아보고 이들을 구분할 수 있어야 한다.
- 전자상거래와 비교하여 모바일 상거래의 이점을 설명할 수 있어야 한다.
- 무선기술이 어떻게 가치사슬과 산업의 다섯 가지 경쟁세력에 영향을 미치는지를 이해할 수 있어야 한다.
- 모바일 상거래의 성공적 도입과 사용에 난제를 확인할 수 있어야 한다.
- 유비쿼터스 상거래와 이와 관련된 시장전략을 이해할 수 있어야 한다.

소개

본 장의 첫 번째 부분은 모바일 상거래에 대한 개요를 설명한다. 여기서는 (1) 무선 기술 제공업체, (2) 모바일 상거래 애플리케이션 그리고 (3) 기존 전자상거래와 비교하여 모바일 상거래 혜택에 대해서 살펴본다. 이어서 두 번째 부분에서는 무선기술이 어떻게 포터(Porter)의 가치사슬과 산업경쟁세력 모델에 영향을 미치는지를 설명한다. 각기 다른 산업의 예를 통해서 살펴볼 것이다. 또한 본 장의 세 번째와 네 번째 부분에서는 전자상거래 및 모바일 상거래를 뛰어넘는 새로운 프론티어(frontier)라 볼 수 있는 유비쿼터스 상거래를 제시할 것이다.

12.1 이동성과 모바일 상거래

모바일 상거래(mobile e-commerce, m-commerce)는 전자상거래의 한 유형으로, 전자상거래(e-commerce)가 유선 인터넷 터미널을 통해 이루어지는 거래이라면, 모바일 상거래는 모바일(mobile) 또는 무선 터미널을 통해 이루어지는 전자상거래를 말한다.[1] 예를 들어 인터넷을 시작하기 위해서는 인터넷 선이 연결된 지역에 있어야만 했다. 그러나, 모바일 인터넷 접근은 사용자들이 시간과 공간을 독립적으로 사용할 수 있도록 하였으며, 그로 인해 전통적인 전자상거래 특징들을 확장시키게 하였다.

게다가, 인 모바일 인터넷 기기는 사용자들이 음성통화와 메시지 기능을 사용할 수 있게 할 뿐만 아니라 데이터베이스에 접근하고, 정보를 회수하며, 콘텐츠를 다운로드하거나 거래를 수행할 수 있게 해준다.

모바일 상거래가 모바일 커뮤니케이션 네트워크를 기반으로 상거래 관련 커뮤니케이션 프로세스를 만들기 위해, 모바일 기기를 사용하는 점에서는 이견이 없지만, 한 가지 중요한 차이점은 커뮤니케이션의 목적이라 할 수 있다. 여기서, 모바일 상거래의 '제한적(restrictive)' 관점은 금전적 거래(예, 스마트폰으로 콘서트 티켓을 구매하는 행위)는 물론 이와 관련된 커뮤니케이션과도 연결되어 있다. 보다 넓은 범위에서 모바일 상거래는 정보, 커뮤니케이션, 거래 및 엔터테인먼트를 포함한 다양한 영역에서의 모든 모바일 서비스로 확장된다.

분명한 것은 후자(모든 서비스 영역의 모바일 상거래)의 경우, 역동적이고 시간의 경과에 따라 진화하기 때문에 모바일 상거래 개념과 이 관련된 기술들을 구분하는 것이 필요하다. 이에 반해 전자인 모바일 상거래는 다음의 구분되는 특징들이 있다:[2]

- 둘 또는 그 이상의 사람 (사물, 예, 기기)간에 양방향 혹은 상호작용적인 커뮤니케이션을 내포하고 있다.
- 커뮤니케이션에 관련된 당사자들 중 적어도 한 사람은 모바일 상태이어만 한다(즉, 어떤 형태로는 유선인터넷 기반은 아니어야 한다)
- 커뮤니케이션 과정은 특정 장소에서 다른 장소까지 중단되지 않는 상태로 지속되어야만 한다.
- 관련된 당사자들 중 적어도 한 사람은 장기 혹은 단기적으로 커뮤니케이션 과정에서 경제적 혜택을 찾을 수 있어야 한다.

12.1.1 모바일 상거래 가치 네트워크에 대한 이해

모바일 상거래 가치 네트워크[2]는 산업 내에서 상호작용 및 협업을 하는 업체들로 구성된다. 이 업체들은 인프라와 단말기를 위한 모바일 벤더(vendor), 무선 네트워크 운영자, IT 가능자(enablers), 애플리케이션 및 콘텐츠 제공업자, 포털 사업자와 같은 모바일 기술 제공업체들을 말한다. 그림 12.1에서와 같이 모바일 상거래 가치 네트워크 안에서는 이러한 업체들이 다양한 역할을 수행하고 있다. 기업은 자신들의 핵심역량을 기반으로 다양한 종류의 모바일 상거래 서비스를 제공하고, 애플리케이션, 기술 또는 서비스 영역에 참여할 수 있다.

- *모바일 네트워크 사업자(MNOs)*는 모바일 상거래 영역에서 핵심 역할을 수행한다. 위치적으로 고객과 가깝기 때문에 네트워크 중심에 있고 지배적인 서비스 역할을 수행하고 있다. 이들은 지불 및 결제 활동을 수행하기 때문에 고객과 신뢰할 만한 관계를 유지하려 한다. 또한 인터넷 사용 행동, 지리적 위치와 같은 고객데이터에 접근할 수 있어 네트워크 안에서 독특하고 우월한 위치에 있다.

  MNO는 제공하는 서비스에 차이가 있다. 모바일 가치 네트워크 측면에서 인터넷 게이트웨이(gateway)무선 통신망을 제공하는 것은 낮은 수준의 관여를 의미하지만 추가적인 모바일 포털을 제공하고 응용시스템과 서비스에 접근하는 것은 운영자의 관

그림 12.1 모바일 가치네트워크 내 주요 사업자들

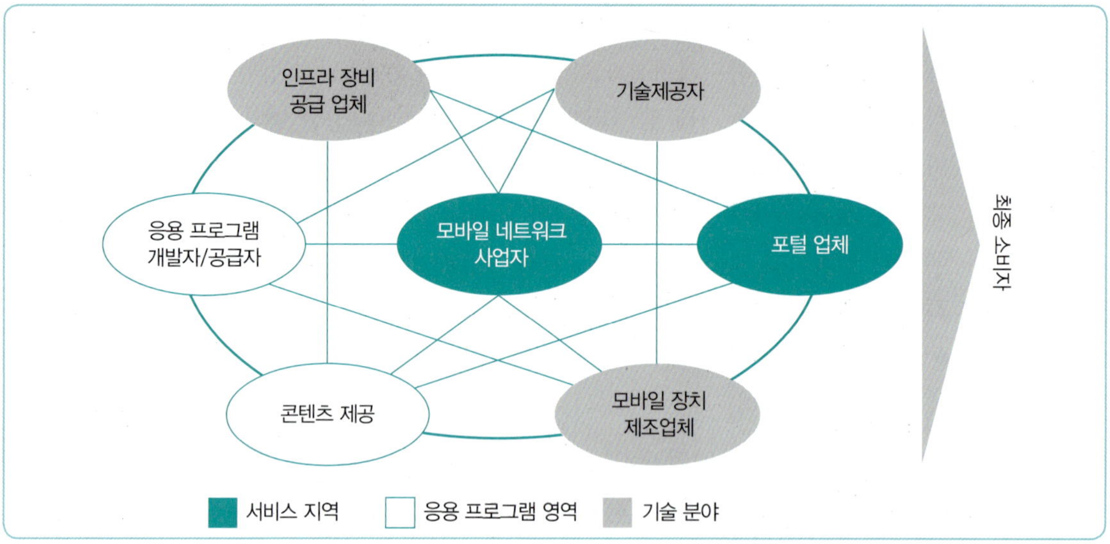

Source: Adapted from F. Müller-Veerse et al., *UMTS Report – An Investment Perspective*, Durlacher Research, 2001, p. 23. Reprinted by permission of Panmure Gordon & Co.

여를 증가시킨다. 예를 들어 T-모빌은 고객의 음성통화 서비스를 제공할 뿐만 아니라 모바일 포털에서 다양한 벨소리부터 게임에 이르기까지 다양한 비디오 콘텐츠를 판매하는 T-존을 고객들에게 서비스한다.

버진 모바일(Virgin Mobile)과 같은 모바일 가상 네트워크 운영자(mobile virtual network operators, MVNOs)는 기존의 MNO의 변형된 형태다. 이들은 자사 고객을 대상으로 한 재판매를 목적으로 기존의 운영자로부터 대역폭(bandwidth)을 구입함으로써, 가치 네트워크의 일부분이 된다. MVNO은 자신만의 시장입지를 보유하고 있으며, 최종 사용자와 지불관계를 가지고 있다. 때로는 기존의 MNO과 비슷한 특징을 공유하기도 한다. 또한 MVNO는 최종고객들과 깊은 관계를 형성하기 위해 모바일 뮤직과 같은 서비스를 자사 서비스와 함께 묶어(bundle) 제공하기도 한다.

- *모바일 기기 제조 업체(mobile device manufacturers)*는 해당 산업 내에서 중요한 역할을 한다. 이들 업체는 모바일 폰의 디자인과 기능성을 결정할 뿐만 아니라, 커뮤니케이션 표준을 설정하기도 한다. 또한 브라우저의 사전 설치는 물론 시스템과 다른 응용 프로그램에 대한 지원을 하기도 한다. 게다가 기기 제조업체는 최종소비자와 가까운 관계에 있어 모바일 상거래 발전에 영향을 미치는 중요한 역할을 수행하고 있다.

휴대폰(hand-held)산업은 제품주기가 짧고 수익성이 낮기 때문에 경쟁이 치열하다. 모바일 기기 제조업체들은 시장 점유율이 잠식되기 때문에 추가적인 개발활동을 통해 자신들의 사업을 확장하고 있다. 노키아(Nokia)가 모바일 포털에 다양한 응용 프로그램을 제공하는 것과는 달리 모토롤라(Motorola)은 인프라 장비 공급업체로서의 역할을 한다. 모바일 폰, PDA(personal digital assistants), 뮤직 플레이어 그리고 유사 무선 핸드셋이 점차 융합됨에 따라 모바일 기기의 기능성이 향상되어 소비자 가전 제공업체와 기타 산업에 영향을 미치고 있다.

- *IT 가능자(IT enablers)*는 운영체제, 마이크로 브라우저, 데이터베이스 및 미들웨어 기술을 제공한다. 이러한 활성 기술은 사용성(usability) 면에서 사용자의 모바일 경험을 결정짓는다. 마이크로소프트(Microsoft), 심비안(Symbian), 노키아, 선 마이크로시스템즈(Sun Microsystems)와 같은 기업들은 라이선싱, 임대, 컨설팅 또는 유지 보수 수수료를 통해 이익을 창출하고 있다. 독일 베를린의 모바일 마케팅 서비스 업체 YOC는 IT가능자로서 모바일 마케팅 캠페인의 설계부터 콘텐츠 및 응용 프로그램의 제공까지 다양한 영역을 서비스하고 있다. 이를 통해 YOC는 개별활동 간의 적합성을 보증할 수 있고, 사용자의 모바일 경험을 창출할 수 있게 되었다.
- *인프라 장비 업체*들은 접속지점과 방송타워로 구성된 모바일 커뮤니케이션 네트워크의 기술적 백본(backbone)을 제공한다. 모바일 네트워크의 설계와 구현은 유선 네트워크에 비해 단순하고 비용효율적이다. 개발도상국에서, 특히 유선 통신 인프라가 열악한 지역의 경우 주로 무선 기술에 의존한다. 모바일 네트워크는 제한된 자원을 보유한 사용자들에게 도달할 수 있기 때문에 유선 네트워크보다 광범위한 소비자 층을 커버할 수 있다.
- *포털 사업자*는 소비자들이 선호하는 서비스와 응용 프로그램을 시작 페이지에 번들한다. 수평적 포털 사업자는 특정 분야와 관련된 정보를 제공하는 데 주력하는 수직적 포털 사업자와는 달리 광범위한 분야의 영역을 포함한다. 포털 사업자는 월 구독료, 모바일 통신 운영업체와 계약을 통한 트래픽 기반 수익, 거래 수수료, 광고 등을 통해 이익을 창출한다.[3] 현재는 T-모빌(T-Mobile)과 같은 모바일 네트워크 사업자와 노키아와 같은 모바일 장비 제공업체 그리고 야후와 같은 유선포털 사업자들은 이 분야에서 중요한 역할을 하고 있는 중이다.
- *애플리케이션과 콘텐츠 제공업체*는 고객에 대한 접근성 확보와 뉴스, 쇼핑 그리고 게임 등의 상품을 제공하기 위해 포털 사업자와 협력한다. 노키아의 Ovi Store(과거 Widsets.com이었음)는 사용자들에게 RSS 피드(feeds)를 통해 다양한 콘텐츠들에 개인화된 접근을 하게 해주는 유선 응용프로그램을 제공하고 있다.
- 모바일 상거래 가치사슬과 관련된 사업자들 중에서, 모바일 네트워크 사업자(MNOs) 뒤를 따르는, 가장 중요한 요소로 최종사용자가 있다. 전자(the former)는 모바일 상거래 콘텐츠와 서비스에 대한 수요를 나타내며, 후자(the latter)은 소비자들과의 연결성과 직접 접촉을 강조하고 있다. 모바일 상거래 가치사슬에서 중요한 또 다른 사업자들로는 모바일기기 제조업체, 애플리케이션 개발업체소프트웨어 제공업체, 시스템 통합업체 등이 있다.

만일 소비자들에게 최적의 가치를 제공할 준비물을 원한다면, 모바일 상거래 사업자들을 위한 핵심성공요인은 다음과 같다.[5]

- *웹 접속이 가능한 시간 및 공간의 확장(Time-critical needs and arrangements).* 기존 전자상거래와 비교했을 때, 모바일 상거래가 가지는 가장 뚜렷한 특징들 중 하나는 사용자들이 웹에 접속할 수 있는 시간과 공간이 확장되고 있다는 점이다. 이는 사용자들의 요구가 언제 어디서나 반영되는 것을 가능하게 하고, 이로 인해 새로운 부가가치 서비스를 개발할 수 있는 기회를 마련할 수 있음을 의미한다.
- *즉흥적인 니즈와 결정(Spontaneous needs and decisions).* 모든 소비자들의 구매가 계획된 과정으로부터 이루어지는 것이 아니라는 점은 잘 알고 있는 사실이다. 많은 소비자들의 구매가 내적 그리고(혹은) 외적 자극으로부터 발현된 즉흥적인 결정의 결과로 나타나곤 한다. 예를 들어, 음악을 다운로드하는 것, 재무정보를 찾아보는 것, 전자제품이나 서적을 검색하는 것들은 전자상거래 서비스에 대해 만족하는 소비자들의 즉흥적인 니즈와 연관된 것일 수 있다.
- *엔터테인먼트 니즈(Entertainment needs).* 모바일 상거래는 이동성과 엔터테인먼트를 결합한 확실한 사업기회를 제공한다. 엔테테인먼트 니즈가 예기치 못한 시기(예, 사용자가 두 가지 연속된 활동 중에서 일부 자유시간을 가지게 될 때)에 발생하는 것은 드문 일은 아니다. 유선인터넷을 이용할 가능성이 없는 상황이라면, 사람들은 모바일 서비스와 애플케이션에 접속하여 자신들의 기기에 의존할 수 있다(예, 음악, 뉴스, 티켓예약 등). 사실 이러한 니즈와 앞서 언급한 즉흥적인 니즈간의 관계를 논의할 필요가 있다.
- *효율적인 니즈(Efficient needs).* 최근들어, 시간은 가장 가치 있는 자산 중 하나로 간주되고 있으며, 이 때문에 사람들은 자신들의 일상 활동을 관리하는데 사용되는 시간의 효율성을 향상시키려는 강한 니즈를 소유하게 되었다. 모바일 기기는 이동중에서도 시간 생산성을 강화시키도록 고안되어 있다. 모바일 기기는 전례없이 시간과 공간의 유연성과 함께 광범위하고 다양한 과업을 관리하도록 해주고 있다.
- *이동성 관련 니즈(Mobility-related needs).* 이동성 관련 니즈는 모바일 상거래 가치의 주요 원천으로 간주된다. 실제로 이 특징은 앞서 언급된 다양한 니즈들의 토대 역할을 한다. 그럼에도 불구하고, 개인의 이동성과 관련된 특정 상황들이 존재한다. 위치기반 서비스의 예로는 교통 연동 및 관리, 위치기반 광고, 일반적인 콘텐츠 유통, 통합적 관광 서비스, 안전관련 서비스 그리고 위치기반 게임과 엔터테인먼트 등이 있다.[6]

12.1.2 모바일 상거래 소비자와 비즈니스 서비스의 세분화

휴대 기기(Hand-held devices)는 다양한 무선 응용프로그램과 서비스를 소비자와 기업

시장에 제공하고 있다. 이들 애플리케이션과 서비스는 상황에 따라 개인 수준의 라이프스타일 향상과 기업 수준의 생산성 향상에 도움을 줄 수 있다. 모바일 폰 사용에는 기본적으로 음성, 인터넷, 메시지 기능이 포함된다.

- *음성.* 기본적인 전화기능을 포함하고 있는 모바일 폰은 풍부한 음성 응용프로그램을 지원한다. 풍부한 음성 서비스는 고급 전화기능을 제공하기 위해 기기간 데이터 연결을 이용할 수 있다. 기존의 모바일 음성통화와 비교했을 때, VoIP(Voice over Internet Protocol) 통화는 보다 저렴하고 비디오를 지원하고 있어, 사용자의 경험을 확장할 수 있다. 비즈니스 측면에서 VoIP는 상당한 비용을 절감시켰고, 외근직원과 기업 간 음성, 이미지, 문자 연락을 가능하게 해 생산성을 증진시킬 수 있었다.
- *인터넷.* 인터넷 접속은 사용자들이 이메일 계정을 확인할 수 있게 해주었고, 유선 모바일 컨버전스의 주요 동인이 되고 있다. 음성뿐만 아니라 인터넷 트래픽도 유선에서 모바일 네트워크로 이동할 것으로 예상된다. 또한 일반 사용자에게 무선 인터넷의 접속을 지원하고 비즈니스 고객에게는 인터넷, 인트라넷, 엑스트라넷을 지원한다. 금융, 교통, 보험, 공공안전, 건강보험과 같은 커뮤니케이션이 집약된 산업에서 모바일로 이메일, 연락목록, 스프레드시트와 같은 데스크톱 응용프로그램에 접근하는 것은 점차 중요해질 것이다. 게다가 다양한 자바 응용프로그램들은 사용자들의 휴대기기를 통해 다양한 콘텐츠를 다운로드하고, 보고, 편집하고, 보낼 수 있도록 지원하고 있다.
- *메시징.* 모바일 메시지 서비스는 SMS와 MMS가 주로 이루어지는데, 문자 또는 멀티미디어 메시지를 통해 비동기적 의사소통(asynchronous conversation)이 가능해 젊은 사람들 사이에서 널리 사용된다. 인터넷에 대한 중요성이 증가되면서, 마이스페이스(MySpace.com)나 페이스북(Facebook) 등을 통해 다른 사람들의 삶에 대한 관심과 특정인의 삶에 대한 공유 등이 가능해졌다. 트위터(Twitter)는 그룹 SMS를 통해 이러한 현상을 모바일에서 구현하고 있다. 트위터는 트위터 닷컴(twitter.com) 웹사이트를 통해 온라인 친구를 정의하고 이들에게 모바일 폰 번호를 제공하고 있다. 사용자들은 트위터를 통해 친구에게 '무엇을 하고 있니'등의 문자 메시지를 보내게 된다. 트위터는 이러한 문자 메시지를 모든 친구들에게 재전송하며, 사용자의 웹 프로필 페이지에도 업데이트한다.

  트위터를 뒷받침하는 아이디어와 마찬가지로, 모바일 메시징은 인증기반 솔루션(notification-based solutions)에도 사용될 수 있다. 이를 통해 사용자들은 스포츠 결과나 의사결정에 대한 실시간 정보를 시간과 지역에 관계없이 전달받을 수 있다. 위치기반 서비스(location based services, LBS)는 지역 기반 민감정보(location-sensitive information)를 포함하고 있다. 이러한 서비스는 차량 추적이나 모바일 인력관리를 가능하게 한다. 소비자 시장에서는 날씨, 뉴스, 호텔, 레스토랑, 교통 및 여행정보, 네비게이션과 같은 지역화된 콘텐츠가 주를 이룬다.

모바일 상거래 소비자 서비스

다음의 세분화는 모바일 상거래 소비자 서비스에 초점을 두고 있다. 소비자 서비스는 (1) 정보, (2) 커뮤니케이션, (3) 거래, 그리고 (4) 엔터테인먼트 서비스로 분류할 수 있다(그림 12.2 참조).

- *모바일 정보*는 뉴스, 날씨, 기타 정보로 구성되어 있다. 대부분의 신문은 인터넷을 받아들이고 모바일 폰을 이용해 콘텐츠를 볼 수 있는 응용프로그램을 만들기 시작했다. 예컨대, 독일의 최대 타블로이드판 신문(홍미위주의 짤막한 기사에 유명인의 사진을 크게 싣는 것이 특징)인 빌트(Bild.de)는 YOC가 개발한 WAP를 통해 접속할 수 있다.
- *모바일 커뮤니케이션*은 원격 시스템을 통해 사용자들 간에 의사소통을 할 수 있는 서비스다. 모바일 마케팅은 여전히 SMS를 통해 이루어지는데, 특정 행동이나 판매시점에 소비자에게 판촉활동을 지원하는 수단으로 사용된다. 푸시 캠페인(push campaigns) 모바일 서비스에서는 문자 메시지가 모바일 기기를 통해 사용자에게 직접 전달된다. 대응기반 모바일 마케팅 캠페인(response-oriented mobile marketing campaigns)이나 풀 캠페인(pull campaigns)의 경우, TV나 병에서 찾아볼 수 있는 판촉 코드를 전송하려는 사용자들이 먼저 커뮤니케이션을 시도한다.
- *모바일 거래(mobile transaction)*는 사용자들이 모바일 폰을 통해 다양한 거래를 수행할 수 있게 한다. 모바일 인터넷 뱅킹(mobile e-banking)은 사용자들에게 자신의 은행 계좌 거래 내역 또는 계정 잔액에 대한 액세스 권한을 부여하여 계좌이체나 송금 등을 가능케 한다. 이 외에도 지불이 만기되거나 미결제 금액이 도래되었을 경우, 사용자는 알림 메시지를 받을 수 있다. paybox.net과 같은 모바일 인터넷 쇼핑(mobile e-shopping)과 모바일 지불결제 서비스(mobile e-payment services)는 사용자들이

그림 12.2 모바일 상거래 소비자 서비스와 애플리케이션

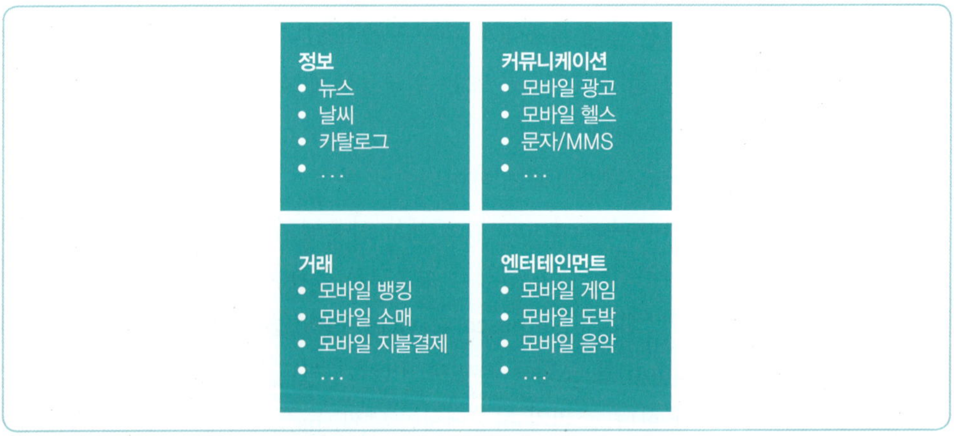

Source: Adapted from F. Müller-Veerse et al., *UMTS Report – An Investment Perspective*, Durlacher Research, 2001, p. 80. Reprinted by permission of Panmure Gordon & Co.

티켓 예매나 이베이 경매에 참여할 수 있도록 지원한다. NTT 도코모는 사용자가 편의점에서 사용할 수 있는 모바일 지불을 위한 신용카드 정보를 저장할 수 있도록 하는 모바일 폰을 개발한 바 있다. 최근에 모바일 결제 거래로 세계적 위치에 있는 기업으로 스타벅스(Starbucks)가 있다. 스타벅스의 CEO인 Howard Schultz는 경쟁적 위치를 강화하고 매출액을 증가목적으로 모바일 결제 시스템에 대해서 강조한 바 있다. 모바일 결제시스템을 도입한 2011년 1월이후 1년만에 2천6백만의 모바일 거래를 진행하게 되었다.[7]

- *모바일 엔터테인먼트*란 벨소리, 게임, 음악 혹은 비디오, 무선기술을 통한 사소한 일들을 다운로딩하는 것을 말한다. Jamba와 같은 회사들은 많은 수익을 창출시켜줄 젊은 사용자들을 대상으로 모든 영역의 디지털 콘텐츠를 판매하고 있다. 심지어 일본에서는 모바일 엔터테인먼트가 매일 기차에서 많은 시간을 소비하는 수백만의 통근자들을 위한 문화적 현상으로 자리잡아 가고 있다.

모바일 상거래 비즈니스 서비스

비즈니스 서비스는 모바일 공급망관리(M-SCM), 모바일 고객관계관리(M-CRM) 그리고 모바일 인력 서비스와 응용프로그램으로 분류할 수 있다(그림 12.3 참조).

- *모바일 공급망관리 서비스와 응용프로그램*은 정보공유가 실시간으로 이루어지기 때문에 공급망을 따라 이루어지는 활동에 대한 성과향상과 원활한 협력을 목적으로 하고 있다. 모바일 재고 응용프로그램은 제품 또는 원재료의 재고가 부족한 경우에 공급자에게 재고부족에 대해 알려주며(푸시 접근방법), 재주문할 수 있도록 알려주거나 자재창고 내 재고활용성을 원격으로 점검할 수 있게 한다(풀 접근방법).
- *모바일 고객관계관리 서비스*는 고객선호도, 구매제품에 대한 데이터를 확보해 판매 전, 판매 동안, 판매 후의 고객과 상호작용하는 것을 강화한다. 이러한 데이터의 활용

그림 12.3 모바일 상거래 비즈니스와 애플리케이션

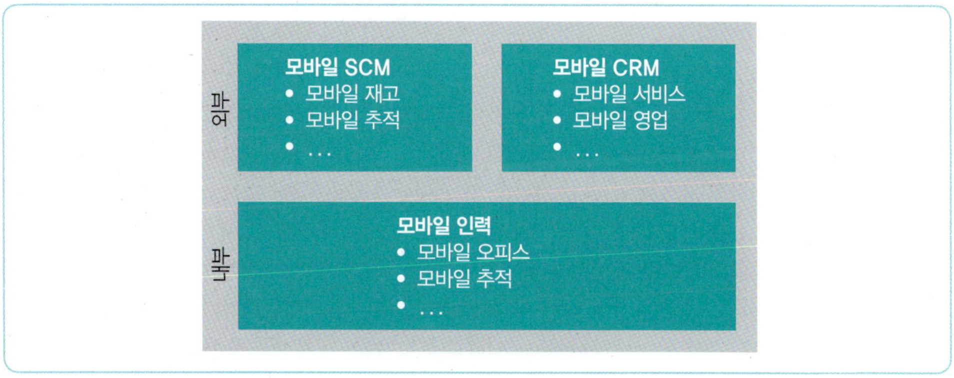

Source: Adapted from F. Müller-Veerse et al., *UMTS Report – An Investment Perspective*, Durlacher Research, 2001, p. 80. Reprinted by permission of Panmure Gordon& Co.

은 판매 대리점의 생산성을 강화시키고 고객 요구에 효과적으로 대응할 수 있게 해준다. 따라서 이러한 서비스들은 고객만족과 회사이익 증대에 도움이 된다.

- *모바일 인력 서비스와 응용프로그램*은 현장 직원과 고객 회사에서 근무하고 있는 직원들을 지원한다. 휴대기기는 영업팀 관리자들에게 무선 접근권한을 부여해 LANs과 VPNs에 접근할 수 있도록 하며, 차량을 추적하거나 새로운 위치에 직원을 파견하는데 도움이 된다.

소비자들에게 다가가기 위한 소매업체의 스마트폰 사용 증가-코드가 소매전쟁에서 새로운 영역을 개척하다

미국 소매업체들은 모바일을 위한 전투를 시작했다. 인터넷 잠재력과 계속된 씨름으로, 스마트폰의 확산은 필연적으로 Walmart와 JC Penny같은 주요 소매 유통업체들의 관심을 끌었다. Apple이 첫 번째 아이폰을 출시한지 3년이 지난 후, 모바일은 소매업체들의 온라인 비즈니스뿐만이 아니라, 오프라인 매장에서의 비즈니스 방식까지 흔들어 놓았다. "코드를 풀어라"는 뉴욕의 5번가 Best Buy 소비자 전자제품 가게의 창에 붙어있는 포스터에서 나오는 말이다. 포스터 하단에는 스마트 폰 카메라로 스캔하여 소매업자의 웹 사이트로 연결할 수 있도록 픽셀화된 흑백의 사각형, QR코드가 존재한다.

QR코드는 소매업자들에게 인터넷에 접속을 가능케하는 스마트 폰을 활용하여 고객을 매장으로 유도하고 매장에 도착하는 고객 증가의 변화를 상징한다. 국내 소매업자 그룹인 Shop.org의 회장인 Scott Silverman은 모바일 연결성이 소매업에 미치는 영향에 대해 언급하고, 그것이 소매업계에서 가장 흥분되는 발전요소라고 말하며, 스마트 폰을 통해 고객들이 이미 온라인 쇼핑에 필요한 모든 능력은 물론, 그것을 오프라인 매장으로 가지고 올 수 있다고 말했다. 미국 소비 시장의 고객들은 이미 스마트 폰을 단순히 온라인 구매의 용도로만 사용하는 것이 아니라, 다른 소매업자의 가격비교를 통한 가격을 확인하고, 예상 구매에 대한 정보를 얻고, 디지털 할인 쿠폰을 발급 받는데 사용하고 있다. Mr. Silverman은 모든 사람들이 이 작은 스마트 폰의 스크린을 통해 물건을 구입하는 것을 경험할 필요가 있다고 말하며, 거기에는 물건의 구입뿐만 아니라 또 다른 여러가지 일들을 가능케 한다고 말했다.

지난 18개월 동안, 월마트, 시어스, 갭과 같은 미국 주요 소매업체들은 기업 웹사이트의 모바일 버전을 출시하며, 아이폰과 블랙베리를 통해 쇼핑하고 브라우징이 가능한 애플리케이션을 출시하였다. 현재 브랜드와 페이스북과 다른 SNS사이트를 연결할 수 있는 방법을 빠르게 탐색하여 스마트폰으로 마케팅 메시지와 프로모션 제공을 통해 넓은 범위의 다른 활동 들을 추구함으로써 스마트 폰을 휘두를 수 있는 회사가 되려하고 있다. JC Penny와 세포라(Sephora) 등의 소매 업체들은 사용자가 제품 정보, 이미지, 리뷰와 함께 자신의 페이스북 페이지를 채울 수 있도록 페이스북의 새로운 발의를 받아들였다. 소매업체들은 일부에서 그들의 전통적인 인스토어 정보 능력에 대해 스마트폰 앱과 독립적인 서비스의 과다로부터 오는 도전에 응답하고 있다. 예를 들어, Shopsavvy는 제품 식별 바코드를 스캔하여 가격 비교, 후기, 상품 정보 등을 제공하는 애플리케이션이다. 지금은 아마존의 일부가 된 Snaptell은 스마트 폰으로 촬영한 책, CD, 혹은 다른 미디어 제품에 대한 사진의 응답으로 각각에 대한 고객들의 리뷰, 평가 및 정보 등을 제공한다. Mr. Silverman은 소매업체들은 그러한 대화에서 빠져 나갈 수 없다고 말한다. 또한, 스마트 폰이 구매자로 하여금 소매업체들이 오프라인 매장을 상품의 진열장으로 여기고 구경한 후, 실제 구입은 상품의 가격이 더 싼 라이벌 업체의 제품을 구입하도록 하여 리스크를 심화시킨다. 그러나 Mr. Silverman은 이런 종류의 가격 투명성은 이미 Pricegrabber와 TheFind와 같은 가격비교 검색엔진의 존재로 기존과 같은 것이라고 주장한다. "사람들과 이야기를 해보면, 가격도 어느 정도 구매에 영향을 미치는 역할을 하지만, 그것이 최종적인 요인은 아니다. 브랜드와 신뢰도 매우 중요하다. 그래서 나는 브랜드의 약속, 서비스, 신뢰도, 이것들이 소매업체들의 매출 성공을 위해 사용해야 할 도구라고 생각한다." JC Penny의 CMO인 Mike Boylson은 대부분의 경쟁이 모바일 폰에서 벌어진다고 주장하며, "우리는 휴대폰이 미래에 소매업체들과 고객들 사이의 상호작용의 수단이 될 것이라고 생각한다."고 말했다.

고객의 필요에 맞추어나가는 것(Dialling into customer needs):

- 화장품 소매업체인 Sephora는 올해 QR코드를 이용하여 고객들의 휴대전화에 그들의 화장품 라인인 Tarina Tarantino의 웹사이트와 연결하였다. 또한 고객이 작성한 상품 리뷰와도 연결이 가능하게 하였다. 고객들은 선호하는 제품과 코멘트를 페이스북 페이지에 게시 할 수 있다.
- 아웃도어브랜드이자 소매업체인 The North Face는 Placecast에 의해 개발된 최초의 위치 기반 혹은 지형 기반 마케팅 프로그램을 활용하여 매장 가까이에 있는 고객들에게 스포츠 이벤트, 혹은 산이나 호수와 같은 여가 활동을 나온 사람들에게 마케팅 메시지를 보내는 캠페인을 실시하였다.
- Kroger, the supermarket, Target, the discounter와 같은 대량 소매업체들도 인터넷에서 가격할인 디지털 쿠폰을 발행하여 모바일 폰에 다운받을 수 있도록 하였고, 계산대에서 해당 쿠폰의 스캔을 통해 혜택을 받을 수 있도록 하고 있다.
- 전자제품 소매업체인 Best Buy와 백화점인 Macy's는 Shopkick이라는 벤처회사와 함께 애플과 안드로이드에서 사용 가능한 위치기반의 쿠폰을 제공하는 작업을 하고 있다.

FT *Source*: Extract from Birchall, J. (2010) FT series e-commerce. In the second of a two-part series, Jonathan Birchall looks at retailers' increasing use of smartphones to reach consumers - codes open new front in retail wars, *Financial Times*, 18 May.

12.1.3 모바일 상거래와 전자상거래 비교

전자상거래와는 달리 모바일 상거래는 고유한 가치속성을 가지고 있다. 새로운 사업전략을 수립할 때, 관리자들은 이러한 속성을 고려하고, 이를 활용한 서비스를 제공해야 한다. 여기서 고유한 가치 속성으로는 (1) 편재성(ubiquity), (2) 편의성(convenience), (3) 지역화(localization), 그리고 (4) 개인화(personalization)가 있다. 이들에 대해서 보다 자세히 살펴보자.

- *편재성*은 모바일 전자상거래에 있어 가장 중요한 속성으로, 사용자들이 정보를 얻거나 거래를 수행하기 위해 언제 어디서나 자신들의 기기를 사용할 수 있음을 의미하는 것이다. 편재성은 커뮤니케이션의 신속성(immediacy)을 증가시켜 소비자와 기업 시장 모두에게 동등한 가치를 제공하고 있다. 편재성은 12.3절에서 다루게 될 u-상거래로 불리는 새로운 전자상거래의 핵심속성과 본질이다.
- 무선 기기의 기능성과 사용성이 증가되면서 *편의성*은 매우 높아졌다. 화면 크기나 다운로드 속도 측면에서 모바일 콘텐츠는 다른 미디어보다 열악하다. 그러나 편의성이

그림 12.4 소비자와 기업을 위한 모바일상거래 애플리케이션

애플리케이션 구분	상세설명	구체적인 사례
모바일 재무 애플리케이션(B2C, B2B)	모바일 기기를 통한 재무거래를 관리하는 애플리케이션	모바일 사용자들을 위한 뱅킹, 중개 및 지불
모바일 광고(B2C)	무선인터넷 인프라와 기기를 강력한 마케팅 미디어로 변하게 하는 애플리케이션	사용자 및 지역특화 광고
모바일 재고관리(B2C, B2B)	사내 관리와 이동중인 재고량을 줄이기 위한 목적의 애플리케이션	사람, 상품 등의 추적 장소
제품탐색 및 쇼핑(B2C, B2B)	필요로 하는 제품과 서비스의 위치를 찾는데 도움을 주는 애플리케이션	신차 혹은 중고차의 모델, 색상, 모양을 찾아주는 서비스
예방적 서비스관리(B2C,B2B)	가까운 장래에 필요로 하는 서비스에 대한 정보를 사용자들에게 제공하는 것을 목적으로 하는 애플리케이션	노후된 자동차의 부품과 관련된 정보를 업체에게 전달
무선인터넷 리엔지니어링(B2C, B2B)	모바일 기기와 무선인터넷 인프라를 활용한 비즈니스 서비스 품질 향상에 초점을 둔 애플리케이션	보험회사에 즉각적인 보험청구
모바일 경매 혹은 역경매(B2C, B2B)	무선인터넷 인프라의 멀티캐스트(multicast) 지원을 활용하여 특정 아이템을 사용자들이 사고 팔 수 있도록 하는 애플리케이션	활주로 혼잡구간동안 이륙시간슬롯을 구매하기 위해 경쟁하는 항공사
모바일 엔터테인먼트서비스와 게임(B2C)	사용자들에게 이벤트당 혹은 가입기반으로 엔터테인먼트 서비스를 제공하는 애플리케이션	실시간 비디오, 실시간 오디오와 상호작용적 게임
모바일 오피스(B2C)	모바일 사용자들에게 언제 어디서나 완벽한 사무실 환경을 제공하는 애플리케이션	교통체증 및 공항에서 일하는 것
모바일 원격 교육(B2C)	모바일 사용자들에게 어디서나 원격/가상 교육 지원을 확장하도록 하는 애플리케이션	스트리밍 오디어 및 비디오를 활용하여 수업을 듣는 것
무선 데이터 센터(B2C)	모바일 사용자들이 이용가능하도록 방대한 양의 저장된 데이터를 지원하는 애플리케이션	업체에 의해 다운로드 되는 한 개 또는 그 이상에 대한 상세 정보

Source: Adapted from U. Varshney and R. Vetter, 'Mobile commerce: framework, applications and networking support', *Mobile Networks and Applications*, 2002, vol. 7, pp. 185–98.

나 사용용이성(ease of use) 측면에서는 다른 미디어보다 우월하다. 인터넷 상거래를 소비자들이 가끔 들러 많은 돈을 소비하는 하이퍼마켓(hypermarket)으로 본다면, 모바일 상거래는 매일같이 소량을 구입하는 소비자를 대상으로 한 편의점과 비교할 수 있다.[4]

- 기기와 사용자의 *지역화(localization)*는 개인의 위치에 대한 지식과 무선 기기의 휴대성을 기반으로 하고 있다. 이 속성은 지역의 특정 정보를 사용자에게 제공하는 위치기반 서비스를 가능하게 한다. 이동성에 대한 본질적 속성은 제공하고자 하는 가치명제

의 맥락가능성을 확장시킨다. 예를 들어, 특정상점이 주변에 있는 고객의 디지털기기를 포착할 수 있고, 이들 고객에게 상점에 방문하다고 상업적 정보를 보낼 수 있다. 그러나 고객들에게 보내는 정보의 관련성과 효과를 높이기 위해서는 상점이 고객과의 과거 상호작용이나 이들의 관심에 대해 알고 있어야만 한다. 이것은 사용자들이 자신들의 손안에서 외부의 커뮤니케이션과 연결이 되는 자신의 모바일기기를 좋아하고 주요 관심사를 보여줄 수 있는지에 따라 다르다. 최근에 페이스북은 사용자의 현재 위치를 보여주는 'Places'라는 서비스를 출시한 바 있다. 이 소셜네트워크를 통해 사용자들과 친구들이 주고 받은 글을 활용한 이 서비스는 소매업체들이 사용자의 위치정보에 접근할 수 있도록 하고 있다.

- 모바일 상거래는 전자상거래에 비해 *개인화* 정도가 높다. 모바일 폰을 이용할 때, 사용자들은 유선 전화처럼 지역번호를 사용하지 않고 개인의 전화번호를 이용한다. 게다가 초기에 애플의 아이폰(iPhone)에서 증명되었듯이, 이어서 삼성, HTC, Sony-Ericsson과 같은 스마트폰 제조업체의 모바일 폰은 다른 서로 다른 멀티미디어 기능을 동합하고 있고 사용자의 라이프 스타일 차원을 반영하고 있다. 그러나 PC보다 작은 휴대전화의 화면 크기에 맞는 최적화된 콘텐츠는 여전히 도전과제이지만, 최근에 스마트폰과 테블릿의 기술적 진보는 완벽히 성장한 디지털 융합으로 이동하고 있음을 보여주고 있다. 모바일 폰을 이용할 때, 사용자들은 유선 전화처럼 지역번호를 사용하지 않고 개인의 전화번호를 이용한다. 애플의 아이폰(iPhone)에서 증명되었듯이, 모바일 폰은 서로 다른 멀티미디어 기능을 통합하고 있고 사용자의 라이프 스타일 차원을 반영하고 있다. PC보다 작은 휴대전화의 화면 크기에 맞는 최적화된 콘텐츠는 여전히 도전과제이지만, 아이폰으로 가전제품이 융합된 미래를 가늠해 볼 수 있다.

이동성(mobility)은 과거에 비해 유연하고 효율적인 커뮤니케이션을 가능하게 한다. 또한 사용자들이 동료나 친구들과 어울릴 수 있게 해준다. 정보 및 엔터테인먼트 콘텐츠는 사용자의 요구에 맞춰지고 있고, 사용자들의 무선 거래를 추적해 시사점을 도출함으로써 더욱 개인화되고 있다. 사용자 관련 정보는 전자상거래에서 볼 수 없었던 방식으로 소비자들에게 상품을 맞춤화할 수 있다. 그러나 (1) 프라이버시(privacy)와 보안(security) 그리고 화면이나 키보드 크기, 연결성(connectivity)과 전송속도와 같은 (2) 기기 및 네트워크 한계라는 단점을 보유하고 있다.

- *프라이버시와 보안*은 모든 무선 거래를 위한 중요한 선결조건이다. 사용자들은 프라이버시와 안전을 보호하라고 요구할 수 있다. 특히 지리적 위치에 대한 정보가 포함되어 있다면 사용자들이 데이터를 통제할 필요가 있다.

- *기기 및 네트워크 한계*. 사용자의 무선 인터넷에 대한 경험은 느린 전송률과 제한된 연결성 때문에 매우 제한적일 수 있다. 휴대폰의 아주 작은 키보드와 화면이 추가되면 사용자들은 무선 서비스를 이용하는 것을 여전히 주저하곤 한다. 그러나 이러한 문제는

그림 12.5 전자상거래와 모바일 상거래(m-상거래, m-commerce)

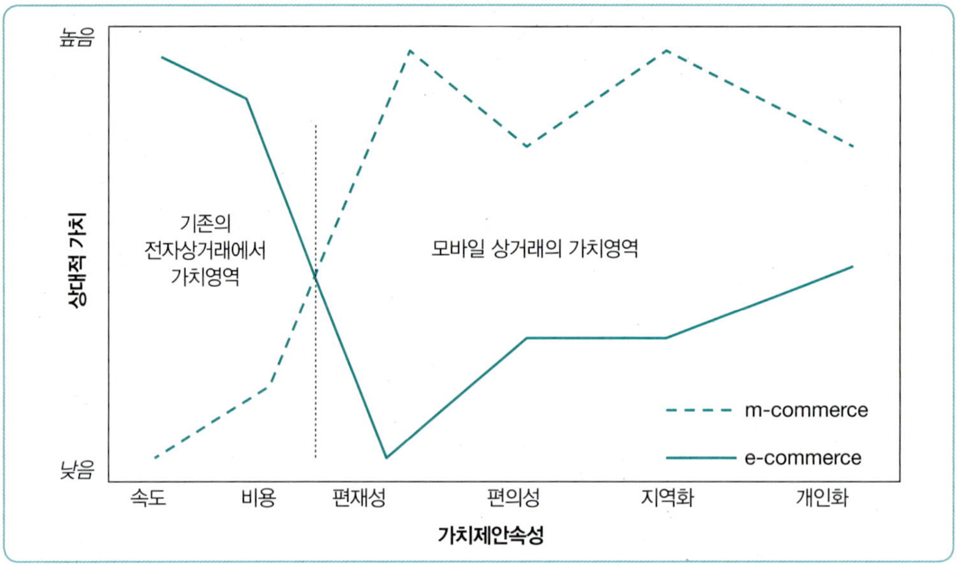

Source: Adapted from I. Clarke, 'Emerging value propositions for m-commerce', *Journal of Business Strategies*, 2008, vol. 25, no. 2, pp. 41–57.

기술이 진화하면서 가까운 시일 내에 극복될 수 있을 것이다.

12.2 전략과 이동성

유선 인터넷은 컴퓨터를 통해 사용자들이 전 세계에 흩어져 있는 정보를 접근할 수 있도록 했지만 물리적 위치에서 자유롭지 못하다는 단점이 있다. 무선 기술은 물리적 위치에 대한 제한을 극복하고 사용자들이 시간과 장소에 독립적일 수 있도록 했다. 무선 기술은 대부분의 산업에 전략적으로 사용되고 있으며, 특히 정보 및 커뮤니케이션 집약 산업에서는 더욱 그렇다. 무선 기술을 사업 운영에 적용하게 되면 선발자 우위(first-mover advantage)라는 결과를 얻을 수 있다. 그러나 기업이 성공할 수 있으려면 선발자 우위가 지속적인 경쟁력으로 이동해야 한다. 기업이 보다 효율적이고 차별화된 제품이나 서비스를 통해 새로운 고객을 유인하고, 경쟁사에 비해 월등한 성과를 내기 위해서는 전략과 IT를 일치시키는 것뿐만 아니라 전략에 이동성을 일치시키는 것도 중요하다. 다음으로 (1) 무선 기술을 통해 경쟁우위를 어떻게 확보할 수 있는지 논의해 보고, (2) 무선 기술이 기업의 가치사슬에 어떻게 영향을 미치는지 살펴보며, (3) 마지막으로 산업의 5가지 경쟁세력에 어떻게 영향을 주는지를 분석해 본다.

12.2.1 경쟁우위 창출을 위한 무선 기술의 활용

이동성은 주로 무선 기술을 프로세스에 통합해 관리할 수 있는 조직들에게 유용하다. 특히 기업들은 인적자원과 비즈니스 프로세스 간의 연계를 향상시켜, 자신들의 전체적인 성과를 지속적으로 향상시킬 수 있다. 무선 기술은 언제 어디서나 사용자가 필요로 하는 정보를 만들어내 이러한 연계를 강화시킨다.

8장에서 살펴본 바와 같이, 경제가치의 창출은 인지된 사용가치와 비용 간의 차이에 의해서 결정이 난다. 무선 기술은 사용가치를 증가시키고, 비용을 감소시킬 수 있어 결과적으로 기업의 운영 효율성을 증가시킬 수 있다. 가치사슬의 주 활동은 고객이 인지한 사용가치의 총합으로 산출된다. 효과적인 모바일 인력은 생산성을 높일 뿐만 아니라 기업의 경상비를 감소시켜주고 인지된 사용가치를 증가시킨다.

기업의 목표는 경쟁자들보다 뛰어난 성과를 내는 것이고, 이를 통해 결국 평균 이상의 이득을 얻는 것이다. 장기적인 측면에서 전략적 포지셔닝이란 기업이 경쟁자들에 비해 더 나은 가격 대비 성과를 고객에게 제공해 경쟁자들보다 우월한 성과를 나타내는 것이다. 경제적 가치는 가격이 제품에 투입된 생산비용보다 높은 제품에 대한 소비자의 지불 의사에 따라 다르지만, 전략적 포지셔닝은 산업의 경쟁세력(forces)과 산업 내 평균 경쟁자의 수익성에 따라 달라진다. 12.2.3에서 다섯 가지 경쟁세력모델은 이동성이 산업에 어떻게 영향을 미치는지를 보여준다.

12.2.2 무선 기술이 가치사슬에 미치는 영향

기업들은 공급업체나 고객 활동과는 별개로 가치창출 활동(value-creating activities)을 수행한다. *포터의 가치사슬*은 이러한 활동을 식별하고, 이 활동들이 어떻게 기업의 상대적인 비용위치에 영향을 주고, 고객에게 가치를 전달하는지를 분석할 수 있는 틀(framework)을 제공한다. 모든 활동은 정보창출, 처리, 의사소통과 관계가 있기 때문에 정보기술은 가치사슬의 주 활동과 지원 활동에 모두 관련이 있다. 무선 인터넷이 기업의 가치사슬에 어떻게 영향을 미치는지에 대한 자세한 사항은 4장을 참조하라.

무선 기술은 새로운 활동을 창출하거나 기존 활동을 간소화(streamlining)하는 데도 도움을 준다. 이는 제품, 서비스 및 프로세스의 설계, 생산, 마케팅, 판매와 지원에 영향을 미친다(그림 12.4 참조).

지원 활동은 기업의 하부구조(infrastructure), 인적자원관리(human resources management), 기술개발(technology development) 및 구매조달(procurement)로 구분할 수 있다.

- *기업의 하부구조*는 모든 기업 활동을 지원한다. 기존의 문서기반paper-based 물리적 활동에서 무선 기기를 통해 원격으로 접속할 수 있는 디지털 응용 프로그램으로의 이동은 기업이 데이터 수집시간과 운영비용을 절감할 수 있게 했다. 동시에 고객에 대한

대응과 전반적인 서비스 수준을 개선할 수 있게 하였다. 예를 들어 영업사원은 휴대 기기hand-held devices를 이용해 기업의 데이터베이스에 접속할 수 있고, 마케팅 담당자는 실시간으로 고객 피드백을 받을 수 있으며, 배송상태를 점검할 수 있다.

- 모바일 기술은 직원의 모집(recruiting), 훈련(training), 개발(developing), 그리고 보상(rewarding) 과 같은 *인적자원* 활동에도 영향을 미칠 수 있다. 직원들은 무선으로 외부에서 기업 지식베이스(knowledge base)로 접속해, 사무실이든 이동 중이든 직장 동료와 연락을 취할 수 있어 업무생산성을 향상시킨다.
- 무선기기를 통한 *기술개발*은 제품, 서비스 및 프로세스를 개선할 수 있다. 여기서 중요한 것은 IT 관리자는 안전하고 믿을 만한 정보시스템과 응용프로그램을 보유하기를 원하는 반면, 모바일 비즈니스 전문가들은 이동 중에 작업할 수 있는 도구와 실천(on-the-move work tools and practices)을 더 추구한다는 것이다. 두 차원이 조화를 이루기 위해서는 상호운용성 이슈, 사용성, 보안성과 프라이버시가 기술개발과정 초기에 충분히 다루어질 필요가 있다.
- 무선 기술을 통해서 원재료와 기타 산출물의 *구매조달* 또한 개선될 수 있다. 예를 들어, RFID(radio-frequency identification)의 사용은 실시간으로 제품이나 재고물품을 추적할 수 있게 한다. RFID 태그는 원격위치로부터 자동적으로 판독할 수 있기 때문에, 제품이나 재고를 바코드 태그(barcode-based tags)에서 사용되는 리더기(reader)나 스캐너(scanner) 근처로 가져갈 필요가 없다.

또한 무선 기술들은 기업의 구매(inbound logistics), 운영(operations), 마케팅과 판매(marketing and sales) 그리고 사후 서비스(after-sales service)와 같은 주요 가치사슬 활동에도 영향을 미친다.

- 기업은 무선 기술을 통해 제품이나 서비스에 들어갈 원재료를 수취(receiving), 저장(storing) 그리고 분배(disseminating)하여 구매를 촉진할 수 있다. 예를 들어, 사용자들이 가치사슬의 활성부분에 있는 사용자 활성 콘텐츠 측면에서 모바일 기술들은 가치있는 입력매체가 될 수 있다. 독일 타블로이드 신문사 《빌드(Bild)》는 MMS를 통해 독자들로부터 사건이나 기념일에 대한 사진을 받는 등 독자들이 신문사와 제휴하고 최신 버전의 콘텐츠에 기여하는 것을 권장하고 있다.
- *운영(operations).* 특정 제품에서 정보가 중요한 산업 역시 무선 기술을 활용해 고객의 사용가치를 추가할 수 있다. 예를 들어 독일의 '11833'과 같은 디렉토리 서비스는 전화번호와 주소정보를 사용자에게 제공하고 있다. 11833은 고객질의의 결과를 전화상으로 알려주지만, 요청된 정보를 SMS를 통해 받을 수 있는 옵션도 제공한다. 이를 통해 11833은 사용자들에 대한 대고객서비스를 더욱 향상시켰다.
- *조달(outbound logistics).* 고객들에 대한 서비스나 제품의 수집, 저장, 유통과 관련된

그림 12.6 무선 기술이 가치사슬에 미치는 영향

기업 하부구조
- 법적 정보와 정부정보를 포함한 모바일 금융 및 ERP시스템
- 모바일 투자자 관계(예, 정보유통, 전화회의 및 알림 등)
- 음성에서 데이터로의 변환: 모바일 형태 기반 애플리케이션, 멀티미디어 휴대폰과 무선 방송
- 모바일 서비스: 리치 보이스(rich voice, 음성과 데이터 서비스를 동시에 할 수 있는 서비스: 역주)(이미지, 비디오), 인터넷(인트라넷엑스트라넷), (단문 메시지, MMS, LBS) 및 콘텐츠
- e-메일, 개인정보관리에 대한 모바일 접근

인적자원 관리
- 모집, 고용, 훈련, 개발 및 보상과 관련된 모바일 활동
- 모바일 시간과 비용보고가 포함된 모바일 셀프서비스 혜택
- 기업정보의 모바일 공유와 분배
- 메시징(SMS, MMS, LBS, 푸시 또는 풀 형태), 인터넷과 인바운드, 음성지원 등 인사관리를 통한 모바일 서비스

기술 개발
- 다수의 가치시스템 참여자들 간의 지역 간 협업적 제품 설계를 가능하게 하는 모바일 팀
- 어디에서나 접근 가능한 지식 디렉토리
- 모바일 영업과 서비스 제공에 대한 R&D의 실시간 접근

구매
- 모바일 수요계획과 주문이행
- 공급업자 및 구매자와의 구매, 재고, 예측 시스템 간의 모바일 연계
- 마켓플레이스, 익스체인지, 경매, 구매자 및 판매자 매칭을 통한 모바일 직,간접 구매조달

인바운드 물류
제품과 서비스를 위한 원재료의 수취, 저장, 분배와 관련된 모바일 활동
- 모바일 스케줄링, 운송, 창고/수요 관리 계획과 업체 및 공급 업체의 전체 일정
- 실시간 조달 및 재고 데이터를 기업 간 모바일 전송

운영
원재료를 최종품이나 서비스로 변형시키는 것과 관련된 모바일 활동
- 모바일 정보 교환, 공장 내 스케줄링 및 의사 결정, 생산라인 및 부품공급자의의 계약
- 영업 및 채널에 대한 이용 가능한 모바일 정보

아웃바운드 물류
구매자들에게 제품과 서비스를 수집, 저장, 유통하는 것과 관련된 모바일 활동
- 모바일 주문 처리 및 예약
- 모바일 운송차량 운영
- 고객맞춤 계약 및 계약의 모바일 형태
- 모바일 고객/제품 개발 및 유통 채널에 접속 상태
- 모바일 채널 관리: 정보 교환, 보증 청구, 계약 관리(버전 관리, 공정 관리) 포함

마케팅 및 판매
구매자에 대한 제품/서비스 구매 유도 또는 구매 방법과 관련된 모바일 활동: 광고, 홍보, 영업 인력, 채널, 가격
- 모바일 판매 채널, 즉 웹사이트, 장터
- 모바일 고객 정보에 대한 액세스, 제품 카탈로그, 역동적인 가격, 재고, 견적, 주문 항목
- 모바일 제품/서비스 구성(configurators)
- 모바일 푸시/풀 광고
- 모바일 고객의 의견: 모바일 설문 조사, 선택/거부 마케팅 및 프로모션 반응 추적 포함

사후 서비스
제품/서비스 가치를 유지·강화시키기 위한 서비스 제공과 관련된 모바일 활동
- 고객 서비스 담당자의 모바일 지원(음성 안내, 단문 메시지, MMS, LBS, e-메일, 결제, 공동 검색, 인터넷폰, 스트리밍 비디오 채팅 포함)
- 포털 및 모바일 서비스 요청을 통해 처리하는 모바일 고객 셀프 서비스: 업데이트 알림 및 결제 알림, 운송 등 포함
- 고객 계정 검토, 가용성 및 주문, 작업주문 업데이트, 서비스 부분 등에 대한 모바일 필드 서비스 액세스

← 모바일 공급망 관리 —— 모바일 고객관계 관리 →

Source: D. Steinbock, *The Mobile Revolution: The Making of Mobile Services Worldwide*, Kogan Page, 2005, p. 260.

무선 활동(wireless activities)을 말한다. 잠바(Jamba)와 같은 모바일 음악 제공업체들은 사용자들이 이동 중에 즉각적으로 콘텐츠에 접속할 수 있도록 하고 있다. 야후 모바일(Yahoo! Mobile)과 같은 무선 포털은 모바일 응용프로그램과 다양한 형태의 정보를 고객들에게 전달하고 있다.

- *마케팅과 판매(marketing and sales).* 모바일 마케팅 접근방식은 기업의 브랜드 인지도를 강화시키고, 고객들을 판매시점 구매로 유도할 수 있다. 또한 마케팅 연락을 위

모바일: 너바나(Nirvana)가 문턱까지 왔다

10 년 가까이 "모바일 광고의 해"로 매년 선포했다. 마케팅의 전제는 사람의 손에 들려있는 장치, 재료, 타겟팅 한 개인의 니즈와 직접적으로 연결되어 있다 이것은 오랫동안 기다려온 너바나(nirvana)이다. 작은 크기의 스크린들의 결합, 분열된 미디어 시장, 모바일 광고가 너무 개별화되었다는 점은 모바일을 다시 부활시켰다. 2010년 구글과 애플이 모바일 시장에 공격적으로 진입한 이후, 스마트 폰은 미국과 유럽 시장의 절반 가까이를 점유했고, 지난해 전환점을 맞이하였다. "2011년은 최초 모바일의 해이다." 라고 Pivotal Research의 Brian Wieser가 말했다. "매년, 수 많은 기대 속에서 마침내 모바일이 주요 마케팅 채널로 상륙했다."

모바일 기술이 마침내 종결되었는지에 대해 설명했다. 현재 모바일 인터넷은 브랜드의 관심에 관심을 가지고 있는 거대한 청중들을 보유하고 있다. Nielsen과 McKinsey 와 함께 한 시장 연구자들의 합작 벤처인 NE Incite의 연구에 따르면, 오늘날 모바일 인터넷 사용자들은 2000년대의 인터넷 사용자 수에 접근했으며, 스마트 폰을 사용하는 미국 모바일 사용자는 44%나 된다고 했다. ComScore는 2011년 말까지, 미국에서 127.6 백만 명의 모바일 사용자, 유럽에서 108 백만 명의 사용자가 계속해서 애플리케이션과 브라우저를 통해 모바일 미디어를 소비했다는 것을 발견했다. 전년 대비 30%가 증가한 것이다. 구글은 2011년 동안 iPad와 같은 태블릿과 4,250만명의 모바일 사용자를 보유한 페이스북을 통해 모바일 매출이 25억달러를 기록했다. 영국과 인도의 모바일 미디어 네트워크 사업자인 Blyk는 2011년 동안 백만명부터 4백만명까지 수 많은 사람들이 광고를 보는데 참여했다. 구독자 비율 또한 20%에서 65%로 증가하였는데, 이는 전통적인 온라인 마케팅에서는 들어 볼 수 없는 수준이었다. Internet Advertising Bureau(IAB)에 따르면, 영국의 모바일 광고 지출액(adspend)은 2011년의 두 배가 넘는 수치이며, 지난해 연구 보고서에서 스마트 폰 사용자는 하루 평균 18번 온라인에 접속한다고 했다.

많은 기업들이 모바일의 도래를 심각한 미디어와 마케팅 채널로 보라보지 않았다. FTSE 100대 기업의 15%만이 모바일 포맷의 홈페이지를 구축했다고 IAB가 말했다. 그리고 모바일 포맷으로 콘텐츠를 소비하려는 고객의 선호도가 증가하자, 애플리케이션 개발에 많은 회사들이 열정을 갖고 뛰어들었다. 모바일 웹을 관리하는 것은 중요한 일이었지만, 이메일과 검색 쿼리와 같은 작업을 간과하기도 하였다. 그 결과, 모바일 사이트 방문자의 "이탈율(bounce rate)"이 10명 중 9명이었다.

구글과 애플은 모바일 시장 활성화를 위해 광고비용을 낮게 제안했음에도 불구하고, 모바일 환경에서 소비자에게 가격은 브랜드 구매에 영향을 미치는 주요 장애물이 아니었다. Neilsen은 모바일에서 보여지는 광고는 고객이 수용하는 신뢰 측면에서 어떠한 미디어 방법들 가운데서 가장 낮다는 것을 밝혔다. 텍스트 메시지는 26%, 모바일 디스플레이 광고는 27%로 웹 베너 광고(29%)보다 낮았고, 검색결과(36%)와 TV(46%)보다도 낮았다. 비슷하게, 영국과 미국의 4천명이 넘는 성인들 가운데 3분의 2가 모바일에서 "원치 않는 광고"를 받는 것에 대해 수용할 수 없다고 했다. WPP 에이전시의 JWT 디지털 및 혁신의 유럽 담당자인 Christophe Cauvy는 "모바일의 주된 문제점은 TV 화면이나 외부 광고 화면으로부터 개별 기기가 서로 다르게 광고를 받아들인다는 것이다." 라고 말했다. "화면 크기는 훌륭한, 거슬리지 않는 광고를 위한 것이 아니다" 더 많은 브랜드들이 모바일 마케팅에 뛰어들기 때문에 소매점들은 아마 최대 도전에 직면해 있을 것이다.

스마트 폰 카메라와 Ebay's Red Laser와 같은 바코드 스캔 애플리케이션으로 무장한 소비자들은 일반 상점과 가격을 비교하고 온라인에서 구매한다. Ebay의 영국 소매 디렉터인 Angus McCarey는 "영국에서 우리는 모바일 기기를 이용해 매 순간 구매하려는 상품을 살펴 보았으며, 이것은 작년 초와 비교해서 가격이 두 배였다." 라고 말했다. "Red Laser와 같은 애플리케이션은 온라인과 오프라인 쇼핑의 간격을 모호하게 했다" ComScore는 미국 스마트 폰 유저들의 절반 이상이 모바일을 통해 쇼핑을 하고 오분의 일이 바코드를 스캔하고 십분의 일이 온라인 할인을 위해 검색한다고 했다. 더불어, 디지털 마케팅 인텔리전스의 공급자인 ComScore는 "온라인 쇼핑의 도래로 급격한 변화를 경험한 소매 산업은 스마트 폰이 오프라인 상점에 들어옴으로써 큰 격변을 맞이 하였다. 이것은 소매상점의 홈그라운드에 대한 인터넷 권리이며, 소비자의 변화가 더 복잡하게 되었다. "스마트 폰은 소비자의 가장 가치있는 쇼핑 동반자가 될 것이다" 이러한 상황에서 소매점들은 그들이 좋든 싫든지 간에 모바일 세계를 받아들여야 한다.

과거 18개월의 눈부신 성장에도 불구하고, 모바일 마케팅의 한 가지 요인은 손에 닿지 않는 곳에 남아있다. 그것은 바로 위치기반 타겟팅이다. 지역화 기반으로 한 스마트폰 애플리케이션을 통해 특정 장소에 "체크인"을 활용하는 페이스 북의 시도는 앞선 놓친 요인을 검증하기에 충분한 수익을 창출하지 못했다. Gowalla와 Rummble과 같은 다른 체크인 애플리케이션도 실패하였고, 가장 큰 경쟁자인 Foursqure는 세계적으로 15백만명을 보유하고 있는데 일반 대중을 상대가 아닌 특정 분야를 정하는 방식을 따랐다. Pivotal Research의 Mr. Wieser는 "지역-타켓팅은 시기상조였다.", "몇몇 마케터들이 지역과 연관된 정보를 가치있게 제공하는 동안에, 대부분의 마케터들은 좁은 지리적 위치에 기반으로 한 타겟 캠페인의 효과적인 관리를 취하는 방식으로 구성하지 않았을 것이라고 믿는다." 그는 말했다. "좁은 지리적-타게팅은 대부분의 브랜드에서 비용과 이익에 대해 비효율적일 것이다."

FT *Source*: Bradshow, T. (2012) Mobile: Nirvana is tantalisingly close, *Financial Times*, 7 March.

한 대화를 생성하고 판매를 증가시키거나 고객충성도 프로그램을 지원한다. 예를 들어, 코카콜라(Coca-Cola)는 콜라를 구매하려는 시점의 고객들을 유인하기 위해 판촉용 팩을 사용한다. 단말기와 기타 휴대기기들은 높은 수준의 개인화(personalization)를 제공할 수 있게 해주며, 세분화의 하나로 개별 고객을 다룰 수 있는 가능성을 제공한다. 또한 지난 암스테르담 모터쇼 기간 동안 르노(Renaul)는 방문객들에게 RFID기반 카드를 배포하여 기존의 모바일 폰이나 테블릿을 통해서 인식되는 방법이 아닌 전시되어 있는 각 자동차가 위치한 기둥을 지날 때마다 페이스북에 접근할 수 있도록 하였다. 방문객들이 일단 페이스북에 접속하게 되면, 사용자들은 자신들이 원하는 자동차에 대해 '좋아요(Like)'버튼을 클릭할 수 있다. 르노와 유사하게, 의류회사인 디젤(Diesel)에서도 상점에서 청바지와 관련된 QR코드를 활용하여 모바일 캠페인을 하는 방식을 설계한 바 있다. 이 방식은 소비자들이 '좋아요' 버튼을 클릭할 수 있는 상품페이지에 QR코드를 스캔하게 되면 가격할인이 되도록 하였고, 페이스북에 있는 모든 사람들이 모두 볼 수 있도록 포스팅된다. 이것은 소셜네트워크를 통해 메시지를 확산시키고, 소비자들이 적극적으로 관여하게 하는 독창적인 캠페인이었다(FT 기사 '모바일: 너바나(Nirvana)가 문턱까지 왔다' 참조).

- *서비스(Service)*. 고객들이 모바일화되면서 기업들은 무선 채널을 통해 지원서비스를 제공해 고객들에게 도달하도록 할 필요가 있게 되었다. 기업들은 과거에 비해 보다 더 신속하게 고객의 요구에 대응할 수 있게 된다. 예를 들어, 루프트한자(Lufthansa)와

같은 항공사는 승객들에게 SMS를 발송해서 좌석예약을 진행 또는 확인할 수 있게 해 고객들이 시간을 절약할 수 있도록 하고 있다.

12.2.3 무선 기술이 산업의 다섯 가지 경쟁세력에 미치는 영향

산업 내 기업의 위치는 시장에서 가치를 창출할 수 있는 능력에 따라 결정된다. 높은 수준의 정보강도를 보유한 산업일수록 다수의 모바일 인력이나 활동들에서 주요한 방법으로 무선 기술들을 활용할 수 있다.

3장에서 언급한 바와 같이, 다섯 가지 경쟁세력 모델은 산업의 매력성(attractiveness)을 결정하는 데 도움이 된다. 특히, 유선인터넷 기술은 무선인터넷 기술(그림 12.7 참조)와 같이, 무선인터넷 산업의 각 다섯가지 경쟁세력에 영향을 미친다(그림 3.3참조).

그림 12.7 무선 기술이 산업의 다섯 가지 경쟁세력에 미치는 영향

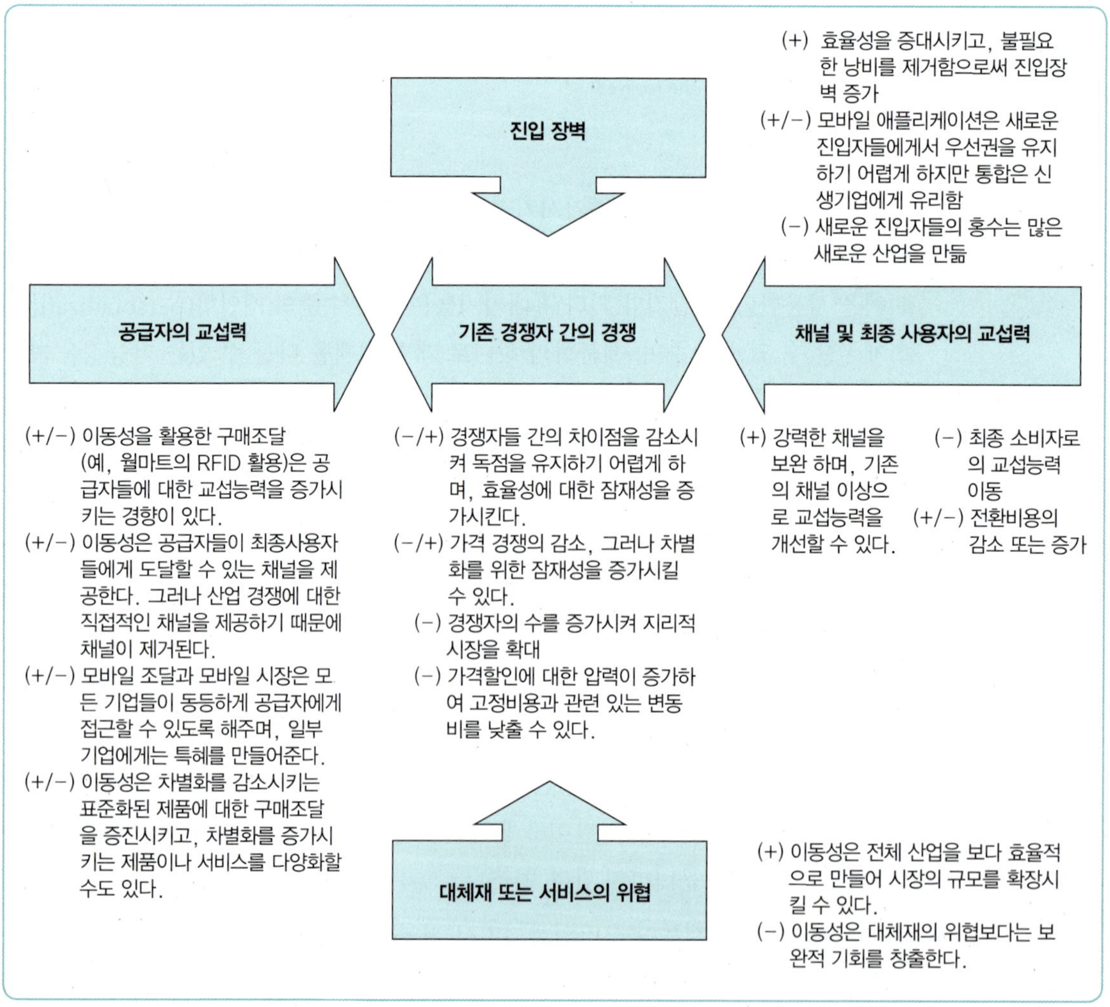

Source: D. Steinbock, *The Mobile Revolution: The Making of Mobile Services Worldwide*, Kogan Page, 2005, p. 266.

- *산업 경쟁.* 무선 기술들은 지리적 경계의 중요성을 감소시켜 물리적 시장을 확대할 수 있기 때문에 산업 내 경쟁자의 수가 증가하여, 산업의 매력성이 저하되는 경향이 있다. 그러나 무선 인터넷과 모바일 응용프로그램으로 국제 로밍에 대한 부과요금은 계속 높은 상태여서, 소비자들이 중요하게 흡수할 수 있는 요인으로 작용하고 있다.
- *공급자의 교섭력.* 무선 기술을 보유하고 있는 기업들은 고객접근과 공급자활용을 위해 독특한 온라인 채널을 활용할 수 있다. 우선 기술들은 산업내 기존의 업체들을 탈중개화(dis-intermediating)하는 직접적인 채널을 제공할 수 있다. 예를 들어 SONY BMG는 모바일 음악 시장에서 자사가 포지션하기 위해 MVNO를 창출하기 위한 가능성을 조사한 바 있다. 그러나 벤처와 같은 높은 위험이 요구되는 높은 수준의 비용구조로 인해 MVNO에 착수하는 것을 결국 포기하게 되었다.
- *구매자의 교섭력.* 무선 기술들은 최종소비자의 교섭력을 이동시킬 수 있다. 무선 기술들은 기존의 채널을 보완할 수 있고 기존 채널을 뛰어넘는 교섭력을 제공할 수 있다. 예를 들어 고객들은 신문기사를 PC 뿐만 아니라 휴대기기를 통해서도 볼 수 있다. 휴대기기는 독자들이 기존의 신문 방식을 벗어나게 해주는 동시에 접속할 수 있는 신문의 수를 증가시킨다.
- *진입 장벽.* 무선 기술은 기업들이 비즈니스 프로세스를 간소화하는 데 도움을 주어 장벽을 높일 수 있고 이로 인해 효율적인 운영이 가능하다. 따라서 모바일 애플리케이션은 소유권(proprietary)을 유지하기 어렵기 때문에 진입장벽은 다소 낮을 수 있으며, 산업 내 통합은 신생기업에 우호적일 수 있다. 예를 들어 YOC는 멀티미디어 업체로부터 모바일 마케팅으로 이동하려는 신규 진입자들에 직면하게 되었다. 그러나 모바일 마케팅 캠페인과 기술적 복잡성은 YOC와 같은 기업에 긍정적일 수 있다. 무선 기술과 모바일 응용프로그램 상의 기술적 역량은 YOC와 같은 전문 기업의 지속가능성에서 핵심적인 요인으로 볼 수 있기 때문이다.
- *대체재의 위협.* 기업들은 무선 기술을 단순히 제품이나 서비스의 대체재 위협이 아닌 상호보완적 기회를 창출하는 동인으로 보고 있다. 모바일 폰과 무선 커뮤니케이션 네트워크는 유선전화의 대체재가 되어 일부 산업의 위협이 되고 있다. 예를 들어 영국의 모바일 커뮤니케이션 네트워크사인 O2는 고객들에게 홈존(home zone)이라는 옵션을 서비스하고 있는데, 이는 구독자들이 저렴한 비용으로 지역통화를 가능하게 하는 방식이다.

12.2.4 모바일 상거래 기업의 주요 난제

전세계적으로 활용되고 있는 모바일 상거래의 주요 장벽은 모바일 상거래에 대한 사용자의 온라인 신뢰 부족(the lack of users' online trust)과 모바일 기기의 사용성(the usability of mobile devices)을 들 수 있다(FT 기사 '소매업체에 직면한 온라인 도전-상점들이 쇼핑객들에게 모바일로 변화를 주다' 참조)

온라인 신뢰

18년 전 기존의 전자상거래 관련 사례에서 제시된 바와 같이, 모바일 상거래에 대한 사용자의 신뢰는 이 영역에서 핵심성공요인이다. 고객들은 특정 기업이 모바일 채널을 활용하거나 이반적으로 모바일 상거래 접근에 충분히 의존하는 경우가 아닌 이상 모바일 거래를 받아들이지 않는다. 모바일 상거래 전략을 추구해야만 하는 기업의 바람직한 목표는 다음의 두 그룹을 포함한다.[9]

그룹 1: 사용자의 초기 신뢰를 구축하는 데 중점을 둔 목표

- 고객에게 모바일 기술과 모바일 서비스의 친숙성을 증가시킨다.
- 모바일 서비스 제공자로서의 브랜드 명성을 구축한다.
- 모바일 채널을 통해 양질의 정보를 제공한다.
- 품질에 대한 독립적(제3자) 인증과 모바일 상거래를 위한 보안을 함께 고려한다.

그룹 2: 기업의 모바일 채널에 대한 지속가능한 신뢰를 발생시키는데 중점을 둔 목표

- 양질의 커뮤니케이션을 개발할 수 있도록 지속적으로 기업의 모바일 채널을 개선시킨다.
- 기업의 모바일 기반 서비스와 활동 역량을 향상시킨다.
- 모바일 채널에 기업의 진실성(integrity)를 유지한다.
- 모바일 채널에서 발생된 전자상거래에 대한 기업의 프라이버시 정책을 공개적으로 알린다
- 모바일 채널을 통해 기업과 고객의 커뮤니케이션을 촉진시킨다.
- 기업의 온라인 운영과 부정(irregularities) 혹은 잘못된 관행을 감시하기 위해 외부 감사를 주기적으로 진행한다.

사용성

모바일 상거래의 사용성은 모바일 환경에서 상호작용의 품질과 아주 관련성이 높은 모바일 기기와 애플리케이션의 사용용이성(the ease of use)에 의해 결정된다.

지난 수십년동안 사용성에 대한 발전이 있었음에도 불구하고, 이 영역은 보다 더 모바일 경험 맥락을 이해하고 사용자들에게 어필할 수 있는 가치명제를 필요로 하는 기업들에게 여전히 난제로 남아 있다. 모바일 상거래에서 모바일 경험과 사용성, 그리고 가치명제간의 관계는 그림 12.8과 같이 제시된다.

앞서 언급된 연관관계는 기업에게 다음의 원칙을 고려할 것을 요구하고 있다:[10]

- 그래픽과 이미지를 신중하게 사용하라. 왜냐하면 PC, 랩탑, 혹은 테블릿과 달리, 손에

그림 12.8 전자상거래와 모바일 상거래

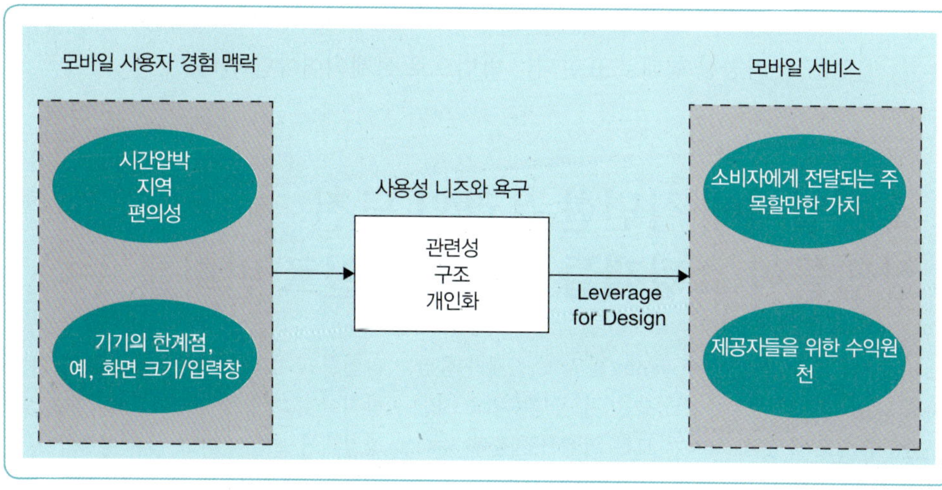

Source: V. Venkatesh et al., 'Understanding usability in mobile commerce', *Communications of the ACM*, 2003, Vol. 46, No. 12, pp. 53-56.

쥐는 모바일 기기의 제한된 시각화 능력과 많은 용량의 파일을 다운로드 받기 위해 필요한 높은 수준의 그래픽 자원이 사용자들의 상호작용 속도를 둔화시키기 때문이다.

- 완벽하게 시각화할 수 없는 경우에 항목이 많은 목록정보를 피하고, 이용가능한 옵션(option) 중 즉각적인 정보를 사용자에게 전달하라.
- 고객들에게 중요한 옵션을 볼 수 있도록 하라. 예를 들어, 명백한 거래역량을 가지고 있는 기업의 웹사이트는 구매자의 선택옵션, 쇼핑카트 등을 지원한다.
- 쉽게 이해하기 어려운 오류 메시지 사용을 피하기 위해, 사용자들에게 도움이 되고 의미있는 오류 메시지(error messages)를 제공하라.
- 막다른 골목을 피하라(avoid dead-ends). 기업은 자신들의 웹사이트 링크가 활성화되어 있고, 적절히 운영된다는 보증을 할 필요가 있다.
- 콘텐츠를 적절히 구성하고 표현하라. 모바일 웹사이트 디자이너는 모바일 맥락에서 필요한 특징(한계점 포함)을 알고 있어야만 한다.
- 네비게이션과 메뉴 옵션의 일관성을 제공하라.
- 사용자들에 충분한 촉진활동을 제공하라. 모바일 포털을 통해 사용자들은 효율적으로 항해(navigate)하는데 도움을 주는 유용한 정보를 받아야만 한다.
- 사용자들의 노력이 최소화되도록 하라. 모바일 기기의 상당한 기술적 발전에도 불구하고, 사용자들은 모바일 웹사이트를 편하고 쉽게 상호작용한데 있어 여전히 한계점을 가지고 있다. 이러한 결점은 사용자들이 링크에 대한 클릭과 더 많은 정보를 소개하려는 니즈를 감소시킬 수 있다.

- 모바일 환경에서 사용자의 상호작용을 도와줄 수 있도록 과업을 구조화하라. 모바일 서비스는 사용자들이 논리적이고 정형화(well-structured)된 형태 그리고 쉽게 접근 가능한 형태로 표현되는 방법으로 설계되어야만 한다.

소매업체에 직면한 온라인 도전 - 상점들이 쇼핑객들에게 모바일로 변화를 주다

미국 백화점 체인점인 JC Penny는 경제 침체가 중산층 쇼핑 고객에 상당한 영향을 미쳐 운영비용을 지난 해만큼으로 줄였다. 하지만 모든 면에서 지출을 줄이지 못했다. 최고 경영자인 Mike Ullman은 투자자들에게 "우리는 디지털 분야에 중대한 투자를 하고 있었다." "경기 침체 동안, 이 분야에서 선두그룹을 차지하기 위한 계획에 대해 엄청난 투자가 있었다." 라고 했다. 1,000개 이상의 상점을 보유한 JC Penney은 첨단 디지털 소매점이다. 예를 들어, 2월 페이스북 본사가 있는 캘리포니아에서 월례 이사 회의 주제인 잠재된 소셜 네트워킹에 대한 특강이 있었다. 반면, 미국 할인 소매점인 Target은 2011년 말, 온라인 시장을 잠식하고 있는 Amazon으로부터 독립하기 위한 디지털 플랫폼을 출시하는데 준비 중이었다.

세계 최대 규모의 소매점인 Walmart는 새로운 글로벌 e-커머스 플랫폼 작업에 한창이다. 의류 소매점인 Gap은 서유럽, 캐나다, 중국에 e-커머스 사업을 출시하기 위해 준비 중이다. 이러한 열정은 온라인 매출 상승에 영향을 미쳐, 일반 매장의 매출을 능가했다. 동시에 몇몇 소매점에 새로운 상점의 성장을 위한 목적으로 투자하였다. 그러나, 이것은 소매점들이 십년전부터 시작된 온라인 혁명의 두 번째 단계에 반응하는 것이었다. 첫 번째 단계에서는 소매점들이 온라인 e-커머스 사업을 일반 상점과 분리하여 관리했다. 예를 들어, 아칸사스주에 본점을 갖고 있는 Walmart는 샌프란시스코에서 온라인 운영을 집중하였다.

Macy's 백화점, Borders 서점, Toys-R-Us 장난감점, Target과 같은 모든 상점들은 초기에 Amazon에서 그들의 웹사이트를 관리하였다. 그러나 애플이 아이폰을 처음 출시하고 3년 뒤에, "모바일 연결성"의 도래는 온라인뿐만 아니라 일반상점을 운영하는 소매점의 사업방식에 큰 영향을 미쳤다. "사람들은 모바일 폰을 통해 상점에서 그들이 사고 싶은 상품을 고르고 있다" 전국 소매협회 장인 Scott Silverman이 말했다. "모바일로부터 무슨 일이 일어날지는 본점과 상점에 영향을 미치고, 갑자기 매장에 대한 경험은 완전하게 바뀔 것이다." "소매점에서의 이러한 광경은 지금까지 보지 못했다." Walmart와 Procter & Gamble 와 함께 일하는 매장 내의 마케팅 에이전시인, Saatchi & Saatchi X의 담당자인 Andy Murray는 "나는 모바일이 소매점의 모든 것을 바꿀 것이라고 생각한다." 라고 말했다.

초기 수많은 관심은 소매점들이 새로운 디지털 마케팅 기술을 영입하는데 집중하게 하였다. 모바일 사용자를 대상으로 텍스트 메시지, 디지털 쿠폰을 보내거나 모바일 브라우져를 통해 기업 웹사이트에 방문하게 만드는 것이었다. 고객들이 일반 상점을 방문하기도 하지만, 그들의 스마트 폰을 통한 온라인 접근방식이 증가하고 있다는 사실은 전 세계적으로 소매점들이 직면해야 할 문제가 되었다. 그들은 하나로 통합된 쇼핑 경험을 기대할 것이다. "고객들은 '멀티 채널 고객'으로서 그들 자신을 생각하지 않는다" 온라인 리뷰와 콘텐츠를 제공하는 회사인 Bazaarvoice의 최고 경영자, Brett Hurt는 말한다. 고객은 상점의 상품들이 온라인에서도 동일한 가격으로 보기를 원하며, 동일한 방식으로 판매되기를 기대한다.

수많은 상점들은 기존의 방식에서 벗어나 가격, 재고, 기타 요인들이 재 조정될 수 있는 기술 시스템을 필요로 할 것이다. 엑센츄어의 소매 컨설턴트 담당자 Janet Hoffman이 "소매점들은 '소비자에게 영향을 미치는 모든 채널을 어떻게 관리할까?'" 말했다. 그리고

JC Penney의 최고 정보 관리자인 Tom Nealon은 디지털 플랫폼은 물직적 경험 및 디지털 경험의 "일치(alignment)"가 중요하다고 했다. "우리는 단순히 웹페이지나 닷 컴(dot.com) 페이지를 만드는 것이 아니다" 그는 말한다. "이것은 집에서, 차에서, 상점에서 항상 고객이 접속할 수 있는 디지털 기반 구조이다." JC Penney는 지난해 1.5 조 달러의 e-커머스 판매량이 2015년 2.5 조 달러로 증가할 것이라고 보고 온라인 수준을 강화하려는 프로젝트를 수행하고 있다. 이것은 향후 5년의 계획한 판매 성장의 5분의 1인 셈이다. Ullman는 "디지털에 우리가 집중한 만큼… (중략) 우리는 산업에서 살아남는 자 만이 이 분야에서 리더가 될 수 있다고 생각하기 때문이다" 라고 말했다.

FT *Source*: E-Commerce FT Series. In the first of a two-part series, Jonathan Birchall looks at the 'Online challenges facing retailers - stores tap into shoppers as mobiles ring the changes', *Financial Times*, 11 May 2010.

12.3 편재성과 u-상거래: 상거래의 근본적 변화를 위한 전략

u-상거래는 오늘날 유비쿼터스 커뮤니케이션 네트워크를 기반으로 한 새로운 유형의 상거래이다. 여기서 'u'는 위로 향하는(über), 유비쿼터스(ubiquitous), 보편적인(universal) 그리고 근본적인(ultimate)이라는 단어와 관련이 있다. 이들 각각의 단어들은 u-커머스 현상을 표현한다. 본 절에서는 전자상거래에서 u-상거래까지의 진화를 살펴보고, u-상거래가 가지는 주요 차별점을 살펴본다. 또한 본 절에서는 마케팅의 새로운 형태와 관련이 있는 u-상거래 프레임워크(u-commerce framework)를 토대로 상거래의 유형을 제시하고자 한다.

12.3.1 u-상거래란?

초기 대다수가 수용하고 있는 u-상거래[11]에 대한 정의는 '기존 상거래를 뛰어넘는 가치를 제공하기 위해, 기업과 다양한 이해관계자들 사이에서 개인화되고 지속적인 커뮤니케이션을 지원할 목적으로 유비쿼터스 네트워크를 사용하는 것'으로 되어 있다. 보다 구체적으로, u-상거래는 무선 커뮤니케이션 채널이 TV, VoIP 그리고 사용자들과 상호작용이 가능한 기타 기술들과 통합함으로써 기존의 전자상거래를 뛰어넘는 것을 의미한다.[12] 이것은 유선과 모바일 상거래에 이미 기여하고 있는 시장의 진화에 새로운 단계로 표현된다. 그러나 독특한 특징이라는 측면에서, u-상거래는 상거래의 근본적인 진화로 간주될 수 있다. 명실공히 상거래에 IT 발전을 적용하는 것은 물리적 시장의 한계를 무너뜨리게 하고 있다. 전통적인 마케팅의 근간이 되는 '시간과 공간' 패러다임(space–time' paradigm)은 전자상거래 영역에서 가상과 현실(virtual–now)로 진화하고 있다.[13]

가까운 미래에 u-상거래의 실체는 물리적 시장과 전자시장을 통합하게 하는 실제 유비쿼터스 공간(혹은 u-공간)을 필요로 하게 될 것이다.

본 절을 마무리하기 위해서는 시장의 진화에 대한 종합적인 관점이 제시되어야 한다(그림 12.9 참조). 여기서는 세가지 유형의 시장이 존재하는데, (1) 전통적(물리적)시장 혹은 마켓플레이스(marketplace), (2) 전자시장 혹은 마켓스페이스(market space), 그리고 (3) 유비쿼터스 시장 혹은 u-스페이스(u-space)가 그것이다.

12.3.2 u-상거래의 주요 특징

u-상거래는 편재성(ubiquity), 보편성(universality), 개인화(personalization) 그리고 일치(unison)를 제공하여 기존의 인터넷 시대를 초월함으로써 전자거래의 발전을 위한 새로운 패러다임으로 간주된다. 이들 네 가지 주요 특징들은 u-상거래에서 자주 인용되는데[14], 다음과 같이 정의된다.

- *편재성(ubiquity).* 이 특성은 12.1.3절에서 모바일 상거래를 소개할 때 제시된 바 있다. 포괄적으로 편재성은 언제 어디에서나 존재하는 모든 것들을 의미한다. 시장의 맥락에서 보면, u-상거래는 인간의 간섭 없이(예, 자동으로 처리되는 교환) 언제 어디에서나 교환을 할 수 있는 가능성을 의미한다. 앞서 언급한 바와 같이, 인터넷과 모바일 기기가 상업적 교환과 거래 발전에 제약이 되어 왔던 공간 영역을 무너뜨리는 데 기여했다는 점은 분명한 일이다. IT와 커뮤니케이션 기술이 진화를 거듭할수록, 새로운 현실이 출현하게 될 것이다. 즉, 이동성이 기기에 연결되는 현재 상태를 벗어나 개인 혹은 소비자들이 속해있는 맥락의 내재적 특성에까지 들어오는 편재적 컴퓨팅(omnipresent computation)이 실현된 것이다[15]. 따라서 u-상거래를 통해 개인은 자신의 일에 거의 노력을 기하지 않더라도, 상호 연결된 개체로부터 도움을 받게 되는 복

그림 12.9 시장의 진화: 전통적 시장에서 유비쿼터스 시장까지

마켓	정의	주제	시장을 주도하는 기술
마켓플레이스	전통적 물리적 시장	물리적 지역으로부터 추출된 가치가 존재하는 면대면 인간의 상호작용을 통한 제품과 서비스의 교환	차량, 기차, 비행기, 선박 등의 건설 및 기계
마켓스페이스	정보적 시장	정보가치가 있는 컴퓨터 상호작용을 통해 제품과 서비스의 교환	컴퓨터
u-스페이스	마켓플레이스와 마켓스페이스를 초월하고 통합한 시장	물리적인 것과 정보적인 것이 네트워크를 통해 추출된 가치가 증폭, 감쇠, 맥락, 초월되어 제공되는 형태	유비쿼터스 네트워크

Source: R.T. Watson et al., 'Marketing in the age of the network: from marketplace to u-space', *Business Horizons*, 2004, vol. 47, no. 6, p. 36.

합적인 네트워크가 될 것이다. 이러한 편재적 컴퓨팅 네트워크는 사람들에게 보여지지 않으며, 전자적 개체와 기기 주변에 둘러싸인 사람들은 이러한 맥락 안에서 익숙해질 것이다.

- *보편성(universality).* 이동성(mobility)이 유비쿼터스 상거래의 출현에 기여했지만, 커뮤니케이션 표준 사이에서 발생한 호환성 문제는 u-상거래를 활성화하는데 어려움을 주었다. 그러나 보편적인 통신규약(protocols)을 통한 커뮤니케이션 표준의 융합이 현실화되면서, 유비쿼터스 네트워크에 모든 전자기기의 연결이 가능해졌다. 그 결과 전자상거래의 보편성과 편재성은 사용자들의 지역과 맥락에 관계없이 사용자들의 현실이 되고 있다.
- *개인화(personalization).* 대량 개인화(mass personalization)은 Dell.com(맞춤화된 PC)나 Levis.com(맞춤 청바지)과 같은 일부 전자상거래업체들이 보유한 가치명제의 중요한 특징이었다. 이러한 대량개인화 방식은 각 쇼핑객들의 선호도에 맞춰 공급업체들이 조정을 유도하였고 그 결과, 시장 세분화의 하나로 각 고객들의 선호를 대응할 수 있었다. 대량 맞춤화(mass-customisation)가 다양한 방식과 각기 다른 수준으로 구현되고 있지만, u-상거래는 이것을 충분히 의미있는 곳으로 이동시키고 있다. u-상거래의 교환은 특정소비경험을 둘러싸는 환경이 알려지고 설명되는 상호작용 시간, 사용자의 지역, 사용자들의 선호도(예, 자신들이 분명히게 신호를 밝히거나 과거경험으로부터 자동적으로 발생되는 선호), 사용자들의 가능한 역할(예, 작업자, 관광객, 아버지 등)과 같은 손안에 있는 맥락저 요소들을 설명하고 있어 기존 상거래와 다르다고 볼 수 있다.
- *일치(unison).* 일치는 PC, 랩탑, 테블릿 혹은 모바일 폰과 같은 개인의 전자기기들의 통합을 의미한다. 모든 기기들은 실시간으로 상호 연결되어 운영될 것이다. 이로 인해, 사용자가 자신의 기기를 사용하게 되면, 다른 기기의 업데이트를 자동으로 수행하게 한다. 즉, 사용자의 모든 기기가 일치하게 되는 것이다. 전자기기간의 동기화(synchronization)는 디지털 가전상품이나 가전제품(예, 냉장고)까지 확장되어, 개인의 전자기기 영역에 포함되게 된다.

12.3.3 전자상거래에서 u-상거래까지: 명백한 진화

u-상거래는 모든 상거래 유형의 통합을 통해 IT기반 상거래의 명확한 마지막 단계로 여겨진다. 본 절에서는 u-상거래를 통합으로 가는 중간단계로 제시하고 있으며, u-상거래의 출현에 기여한다고 보고 있다(그림 12.10 참조).

그림 12.10 IT기반 상거래의 진화

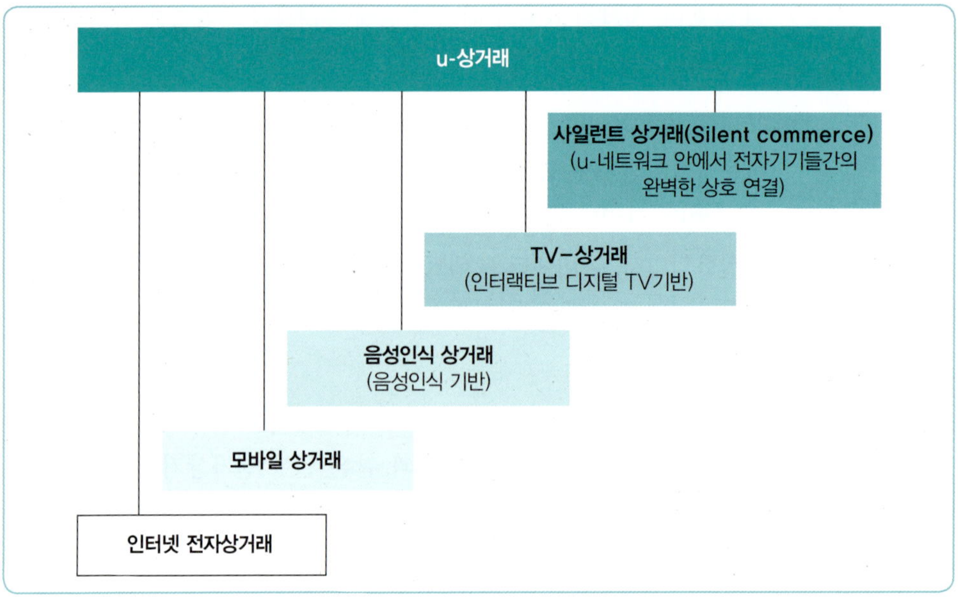

Source: Adapted from H. Galanxhi-Janaqi and F. Fui-Hoon Ha, 'U-commerce: emerging trends and research issues', *Industrial Management + Data Systems*, 2004, vol. 104, no. 8/9, p. 745.

12.3.4 u-상거래의 유형과 마케팅의 새로운 형태

전략차원의 관점에서 마케팅의 새로운 유형은 u-스페이스 관련 문헌에서 제안하고 있다.[16] 그림 12.11에서 제시된 바와 같이, u-스페이스는 두 차원으로 구조화되어 있다. 수평축에서는 상호작용하는 시간과 공간이 명시(specified)되거나 편재적(ubiquitous)일 수 있다. 수직축에서는 고객의 의식(consciousness)의 정도가 무의식(unconscious)에서부터 의식초월(Ultra-conscious)까지 걸쳐져 있다.

그림 12.11의 각각의 사분면은 u-스페이스 상에서의 마케팅 방향이나 특정형태를 의미한다. 시간과 장소가 명시되어 있는 시나리오라면, 맥락적 마케팅(contextual marketing)이 적용된다. 반대편 시나리오에서 기업은 사용자의 시간과 공간의 제약을 초월할 수 있는 마케팅 프로그램을 구현하는 것이 필요한데, 이 방식은 *초월마케팅(transcension marketing)*으로 알려져 있다. 의식 차원과 관련하여, 만약 고객이 인식을 초월한 상태라면, 소비경험과 관련된 개체와의 의식적 상호작용을 향상시키기 위한 목적으로 *증폭마케팅(amplification marketing)*을 추천한다. 반면에 무의식적 시나리오에서는 소비현상과 상호작용하는 고객의 의식적 필요를 감소시킴으로써 가치를 만드는 감쇠마케팅(attenuation marketing)을 추천한다(FT 기사 '새로운 세계에 방문한 것을 환영합니다' 참조)

마케팅 접근법을 적용했던 앞서 언급한 u-스페이스 차원은 유비쿼터스 상거래의 네 가지 유형으로 정의되곤 하는데 하이퍼리얼(the hyper-real), 포스트-휴먼(the post-

그림 12.11 u-스페이스: 상거래 유형과 관련 마케팅 유형

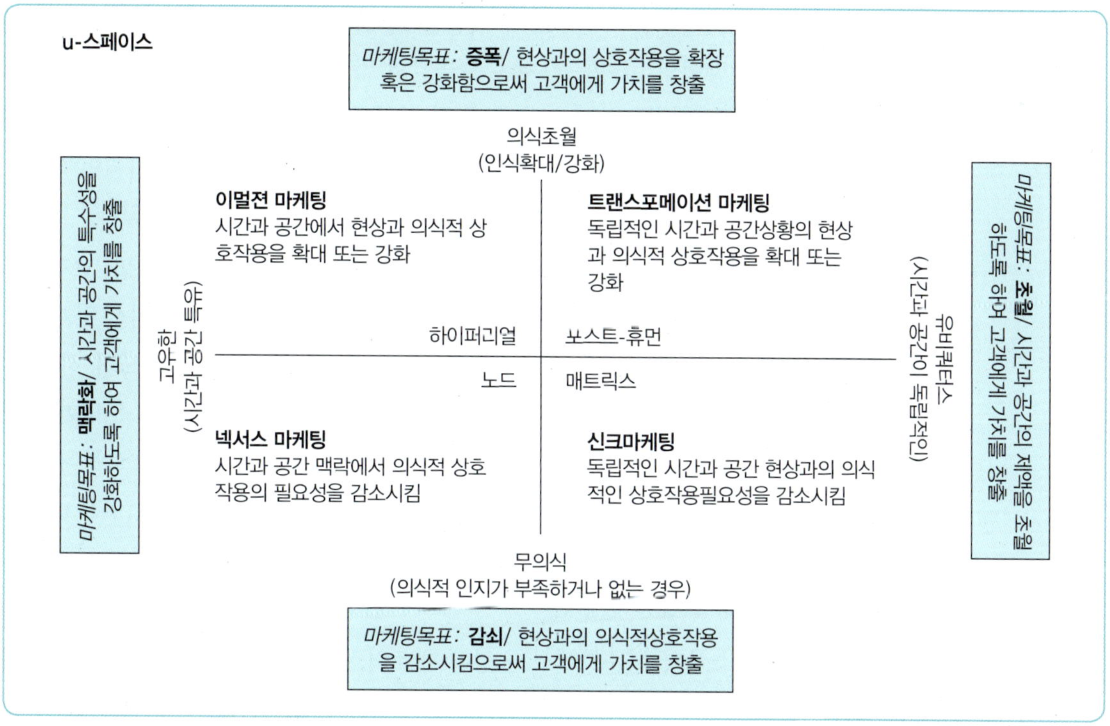

Source: R.T. Watson et al., 'Marketing in the age of the network: from marketplace to u-space', *Business Horizons*, 2004, vol. 47, no. 6, p. 37.

human), 매트릭스(the matrix), 그리고 노드(the nodc)가 그것이나. 그림 12.11에서 살펴본 바와 같이, 각 분면은 두 가지 u-스페이스 차원의 조합으로 형성된 것을 나타내고 있다. 따라서 마케팅 접근법 중 하나를 각 차원에 적용한다는 것은 이치에 맞지 않다. 그러나 앞서 제시한 네 가지 상거래 유형에 맞는 마케팅 접근법을 혼합(hybridizes)하여 혼합 지역에 일치시킬 수는 있다. 결국, u-스페이스에서 혼합된 마케팅의 네 가지 유형은 이멀전 마케팅(immersion marketing), 트랜스포메이션마케팅(transformation marketing), 신크마케팅(sync marketing), 그리고 넥서스 마케팅(nexus marketing)이 된다. 마케팅 유형과 관련된 u-스페이스에서 상거래의 각 유형을 간략히 살펴보면 다음과 같다.

- *하이퍼리얼(The hyper-real).* 이 유형은 고유한 지역 안(within unique locations)에서 인식을 초월(ultra-consciousness) 한 특징으로 표현되는 소비경험을 통해 형성된다. 기술이 고객의 의식적 감각을 강화시키는 데 활용되기는 하지만, 일반적인 경험이 보편화되어 있어, 주로 기업과 고객간의 교환에서는 명시된 시간과 공간이 존재한다. 예를 들어, 그랑프리 경주를 시청할 가능성이 있는 포뮬러 원(Formula 1) 팬이 자신이 좋아하는 운전자의 경험을 사진으로 남기고자 조종석에 앉는 것이 있을 수 있다.
- *포스트-휴먼(The post-human).* 이 상거래 유형은 유비쿼터스 방식(즉, 시간과 공간의 제약이 없는 상태)에서 특정현상에 대한 소비자 인식의 개선(improvement of the

consumer's consciousness of a certain phenomenon)으로 특징지어진다. 이 상황에서는 트랜스포메이션 마케팅이 주도적 역할을 한다. 기존 지역기반의 학습방식과 비교해서, 지식 전달방법의 변화를 가져온 오늘날의 가상학습(virtual learning)이 예가 될 수 있을 것이다. e-러닝(e-learning)을 통해 시간과 공간의 제약이 사라지고 사용자들은 언제 어디서나 필요로 하는 학술 서비스에 접근할 수 있게 되었다. 더욱이 새로운 학습도구가 도입되면서 사용자들의 e-러닝경험에 대한 의식은 강화되고 있다.

- *매트릭스(matrix).* 시간과 공간의 제한은 지나칠 정도로 느슨한 상태이지만, 고객교환은 의식적 방법으로 항상 이루어진다. 매트릭스의 아이디어는 커뮤니케이션 하부구조가 고객의 과업이 자동적이고 비맥락적(de-contextualised)으로 실행하도록 하고 있다. 이러한 실행은 명시적인 시간이나 장소에 의해 좌우되는 것이 아니며, 분명한 고객행동에 의해 작동되는 것도 아니다. 따라서 여기서 행동은 고객의 의식으로부터 나온 결과가 아니라, 일부 IT애플리케이션의 자동 반응에 의해 이루어지는 것이다. u-스페이스에서 4사분면은 시간과 공간에 걸쳐 자동적으로 업데이트와 통합되는 과정으로 구성된 신크 마케팅을 활용하게 된다.
- *노드(the node).* 이 상거래 유형에서 운영은 매트릭스와 마찬가지로 자동적이고 무의식적으로 행해진다. 그러나 이러한 운영은 특정 시간과 공간 맥락과 관련이 있다(즉, 고객이 특정 맥락에 있을 때 자동으로 처리과정이 시작된다.) 여기 3사분면에서는 특정맥락에서 현상과 의식적으로 상호작용할 고객의 필요를 감소시키도록 설계된 과정인 넥서스 마케팅을 수행한다. 예를 들어, 다음과 같은 미래상황을 생각해보자. 하이퍼마켓에 한 사람이 들어왔다. 이 사람의 모바일 기기가 사용자가 필요로 하는 제품의 니즈를 확인하기 위해 통합된 데이터베이스에 바로 접속한다. 이 경우, 고객의 냉장고로부터 전달받은 데이터피드(data feeds)를 통해 자동적으로 데이터베이스가 업데이트된 것으로 정의한다. 다음으로, 고객은 모바일 기기를 통해 자신이 필요할지 모르는 상품에 대한 알림을 전달받는다. 이 과정의 모든 단계는 소비자의 개입 없이 자동으로 수행된다.

새로운 세계에 방문한 것을 환영합니다

휴일에 카페에 앉아서 와인 한잔을 즐기고 있다고 상상해보자. 당신은 와인에 대해 더 알고 싶어하고 집에 가져갈 와인을 더 주문할 것이다. 스마트 폰을 꺼내, 라벨 사진을 찍고, 바로 웹사이트에 포도원과 품종에 대한 정보를 함께 업로드 할 것이다. 그리고, 당신이 구입한 와인을 클릭하면 구매할 수 있는 e-커머스 사이트와 링크를 걸어둘 것이다. 당신 앞에 광장에 세워진 역사적 기념건축물이 무엇인지 궁금해서 핸드폰의 Wikipedia 페이지에 접속한다. 그리고 메뉴를 살펴보며 당신이 사용하고 있는 언어로 쓰여있는지 찾는다. 스마트 폰을 줘면, 글자는 당신에게 번역해 준다.

모든 것들이 이미지 인식 기술과 스마트 폰이나 태블릿 PC와 같은 휴대기기 사용과 함께 증강현실이 가능해지고 있다. 이러한 기술발달은 인터넷을 연결하는 방식의 변화뿐만이 아니라, 글자를 입력하고 정보를 찾는 것을 넘어, 우리에게 사물과 장소를 실시간으로 연결해 주는 것이다. 또한, 기업은 소비자와 상호작용하는 방법의 변화를 가져다 줄 수 있었다.

최근 수많은 광고들은 무엇이 가능한지를 보여주고 있다. 아이폰, 아이패드, 구글 안드로이드 폰을 가지고 있는 영국 소비자들은 영화 Bridesmaids의 홍보자료를 가질 수 있다. 예컨대, 그들의 스마트 폰에서 이미지를 단순히 클릭하면 되었다. 영국 검색 기술 회사인 Autonomy가 개발한 Aurasma Lite 애플리케이션을 다운받으면, 기기는 자동적으로 영화 예고편을 보여주었다.

Financial Times는 6월, iPad에 설치하여 볼 수 있는 애플리케이션을 Wally yachts와 합작하여 홍보하였다. 이미지가 보트 경주의 영상으로 변화하는 것이었는데, 화면을 터치하면, 홍보를 위한 페이스북 페이지로 연결되었다.

미국에서는 구글이 비슷한 서비스를 실험하고 있었는데, 그것은 구글 고글스(Google Goggles)이다. 책, 로고, 상품과 같은 사물들을 인식하여, 사용자를 검색결과로 연결해 주는 것이었다. 예를 들면, 로스앤젤레스의 J. Paul Getty Museum은 사람들이 스마트 폰을 통해 그림들을 볼 수 있도록 하고 온라인을 통해 더 많은 정보를 주었다.

구글은 또한, Buick, Disney, Diageo, T-Mobile, Delta 항공사와 함께 마케팅 활동을 위한 검색 기능을 활용한 시도를 수행하였다. 이것은 시각검색이 고객들을 직관적으로 연결해 주는 것으로써 기업에게 어필할 수 있었다. 즉, 구글은 또 다른 방식의 검색 엔진을 제공할 수 있었다. 이것은 왜 구글이 끊임없이 이 분야에서 연구하고 개발하는지를 보여주고 있는지를 설명할 수 있다.

레고(Lego)는 3년전, 상점에서 증강현실을 사용하기 시작하였다. 컴퓨터 키오스크 앞에 레고 박스를 들고 있는 고객은 화면을 통해 3차원 이미지를 볼 수 있었다. "우리는 이미 모든 레고 제품의 3D 포맷 이미지를 가지고 있다."라고 3D 디렉터인 Olav Gjerulfsen가 말했다. 우리는 부모들과 아이들에게 이전에 볼 수 없었던 기쁨(wow effect)를 보여주고 싶었다. 그리고 우리가 상품에 대한 정보를 더 많이 제공하는 것도 좋은 방법이었다" 레고는 경험과 동시에 더 많은 상품에 대한 증강현실 이미지를 보여주는 기술을 시작하고 있다. 이것은 고객과의 상호작용하는 창으로 개발될 것인데, 사람이 레고의 캐릭터로 변환시키는 것이다. "이것이 우리의 브랜드를 강화시키고 레고를 사용하려는 사람들로부터의 매출증가와 연결될 것이라고 생각한다."

Imano 디지털 미디어 그룹 가운데, Acrossair은 iPhone 애플리케이션을 만들어, 사람들에게 런던에서 가장 가까운 지하철역으로 가는 길을 보여준다. 이것은 핸드폰에서 스트릿 뷰의 이미지에 올바른 방향을 지시함으로써 이루어지는 데, 길의 이미지를 인식하는 기술보다는 GPS 시그널을 통해 핸드폰의 위치를 기반으로 이루어진다. 회사는 마케팅 캠페인을 넘어, 증강현실을 활용한 진단 도구로서의 의약 분야에도 관심을 두었다. 그들은 외과의사들을 위해 기술을 개발하는 중에 있다. 이것은 환자를 전체적으로 스캔한 이미지를 보여줌으로써 수술하는데 용이하게 하기 위함이다. "증강현실은 이제, 우리에게 매우 활용성이 높은 분야이다"라고 Imano의 회계 디렉터인 James Williams가 말했다.

회사들은 빠른 응답속도와 2차원 바코드로 알려진 QR 코드를 사용하는 예와 같이 인터넷 페이지로 이동하는 대안방안에 대해 고민하고 있었다. 인터넷 주소를 타이핑하는 것 말고, 소비자들은 스마트폰 카메라를 통해 검정-흰색으로 이루어진 사각형 이미지를 스캔하여 웹사이트에 접속한다. QR은 일본과 한국에서 유명하지만 다른 나라에서는 그렇지 않다. 2008년 Pepsi는 400ml 캔과 병에 QR코드를 붙여 게임, 벨소리, 대회를 인터넷 사이트에 연결해서 캠페인을 벌였지만, 성공하지 못했다. "QR코드는 사람들이 무엇을 해야할지 몰랐기 때문에 실패했다."라고 미디어 에이전시 Starcom MediaVest Group의 플랫폼 최고 관리자인 Oliver Newton이 말했다.

Autonomy의 최고 경영자 Mike Lynch는 그의 기술을 다르다고 했다. "Aurasma와 함께, 바코드는 필요하지 않다." 그는 덧붙여 말했다. "그것은 기술이 사용될 수 있는 방법을 확장한 것이다. 당신은 버스나 버킹험 장소에 바코드를 부착할 수 없다. 우리는 당신의 폰이 가리키는 무엇이든지에 따라 작동해야만 한다." 그는 사람들이 기술을 이해하는 데 오랜 시간이 걸리는 것을 알고 있었다. 따라서, Aursama와 함께하기를 바라는 홍보를 최소 "A"라는 로고를 사용하여 사람들에게 알렸고, Aurasma의 주요 목적은 많은 사람들이 애플리케이션을 다운받는 것이었다. "우리는 극복해야 할 행동의 변화가 있다." Lynch가 말했다. "우리는 아직까지 충분하지 않다. 이것은 긴 싸움이 될 것이다." 그 이유는 백만 건의 다운로드 수만 있었기 때문이다.

유니버셜 영화 Bridesmaids에서 Aurasma를 홍보하기 위해 사용한 광고 에이전시인 MediaCom의 최고경영자인 Steve Allan은 가상현실이 현재 유행일지라도, 기술을 적용하는데 있어서는 아직까지는 명확하지 않다. "사람들은 몇 년 간 증강현실 홍보를 만드는 데 노력해왔고 이것이 내가 지금까지 봐왔던 최고로 좋은 방법이다."라고 그는 말했다. "그것은 효과가 좋다. 수많은 기술들이 그렇지 않았다. 아직까지 기술에 대한 장벽과 도전해야 하는 부분이 있지만, 도전 중에서 애플리케이션을 업로드 하기 위한 많은 사람들을 참여하는 것이다. 규모는 많은 회사들이 갖고 있는 문제이다.

Newton은 동의한다. "증강현실은 여전히 색다른 홍보기법이다. 비록 투자 비용이 감소한다 할지라도 브랜드를 이끄는 클라이언트를 보호한다." 그 기술은 작업이 좀 더 필요할지도 모른다. 시각적 검색은 포스터와 같은 평평한 이미지에 가장 적합하고, 삼차원 객체에는 그렇지 않을 수도 있다. 그러나, Lynch는 충분한 기술향상을 곧 도래할 것이라고 주장했다. "현재, 기술적으로 1940년대 TV와 같다. 우리는 현재 최초를 보고 있으며, 아직 완성되지 않은 이 작품은 가장 강력한 매개체가 될 것이다.

FT *Source*: Extracted from Palmer, M. (2011) Welcome to a new reality, *Financial Times*, 25 July.

요약

- 이 장에서는 모바일 상거래의 개념과 모바일 가치 네트워크 내의 업체들에 대해 살펴보았다. 여기에는 무선 하부구조와 휴대기기를 위한 모바일 장비업체, 모바일 네트워크 운영업체, IT 가능자, 애플리케이션과 콘텐츠 제공업체 및 포털 사업자들이 포함된다.
- 이 장에서는 모바일 상거래 소비자와 비즈니스 서비스를 구분해 무선 응용프로그램의 많은 사용에 대해 설명했다. 소비자 서비스는 정보, 커뮤니케이션, 거래 그리고 엔터테인먼트 서비스로 분류될 수 있으며, 비즈니스 서비스는 모바일 공급사슬관리, 모바일 고객관계관리와 모바일 영업 서비스로 분류될 수 있다. 기업과 개인소비자차원에서 모바일 상거래 서비스와 애플리케이션의 상세한 구분도 제시하였다.
- 다음으로, 이 장에서는 전자상거래를 넘어서 모바일 상거래의 주요 이점에 대해 설명했다. 편재성, 편리성, 지역화 그리고 개인화는 가치창출이 가능한 무선 기술의 주요 핵심 능력이라 할 수 있다.
- 모바일 가치사슬 틀로 무선 기술이 어떻게 기업의 주 활동과 지원 활동에 영향을 미치는지를 설명했고, 다섯 가지 경쟁세력 모델로 이러한 기술들이 어떻게 산업 내 기업이 전략적으로 포지셔닝하는 데 영향을 주는지에 대해 설명했다.

- 그러나 모바일 상거래 기업은 모바일 온라인 서비스 사용과 고객신뢰를 향상시키는 것이 핵심이라는 점을 설명할 필요가 있다.
- 마지막으로, 전자상거래 진화차원에서 다음 단계로 간주되는 유비쿼터스 상거래 프레임워크를 간략히 제시하여 해당영역의 새로운 전략과 적용을 강조하였다

복습 질문

1 모바일 상거래의 가치 네트워크를 설명하고, 이들 네트워크 상의 업체들에 대해 설명하라.

2 모바일 상거래 응용 프로그램을 세분화하기 위해서는 어떠한 분류체계가 사용될 수 있는가?

3 전자상거래에 비해 모바일 상거래의 우위는 무엇인가?

4 가치사슬에서 두 가지 지원활동과 두 가지 주요활동을 선택하고 어떻게 무선기술이 해당 활동에 영향을 미치는지를 설명하라.

5 무선기술이 산업경쟁강도를 어떻게 높이거나 낮추는지를 설명하라.

6. u-상거래 프레임워크와 이와 관련된 시장 접근법에 대해 설명하라.

토론 질문

1 모바일 상거래에서 모바일 네트워크 운영업자가 어느 정도 역할을 해야 하는지를 설명하라.

2 실제 오프라인에서 모바일 상거래의 이점에 대해서 설명하라.

3 고객관계관리를 위해 무선 기술을 사용하는 기업의 예를 들고 무선 기술이 어떻게 가치를 추가하는지 설명하라.

4 특정 산업을 선택하고 해당산업에서 무선 기술이 어떻게 신생기업에 영향을 미치는지를 설명하라.

5 기업이 현재 모바일 상거래의 난제를 어떻게 관리하는지를 생각해보라.

권장 도서

For an in-depth portrayal of mobile services, see D. Steinbock, *The Mobile Revolution: The Making of Mobile Services Worldwide*, Kogan Page, 2005.

For more information on the categorisation of mobile content, also see F. Müller-Veerse et al., *UMTS Report – An Investment Perspective*, Durlacher Research, 2001.

For a detailed presentation of the u-commerce framework, see R.T. Watson, L.F. Pitt, P. Berthon and G.M. Zinkhan, 'U-commerce: expanding the universe of marketing', *Journal of the Academy of Marketing Science*, 2002, vol. 30, no. 4, pp. 333–47.

관련 사이트

www.mmaglobal.com is the website of the Mobile Marketing Association, which strives to stimulate the growth of mobile marketing and its associated technologies.

www.ecommercetimes.com is an online magazine, which also provides in-depth coverage of mobile commerce topics.

www.fiercemobileit.com is a website that provides frequent updates from the mobile content and mobile marketing sector.

참고 문헌

1 R. Dholakia and N. Dholakia, 'Mobility and markets: emerging outlines of m-commerce', *Journal of Business Research*, 2004, vol. 57, pp. 1391–1396.

2 S. Balasubramanian, R.A. Peterson and S.L. Jarvenpaa, 'Exploring the implications of m-commerce for markets and marketing', *Journal of the Academy of Marketing Science*, 2002, vol. 30, no. 4, pp. 348–361.

3 F. Müller-Veerse et al., *UMTS Report – An Investment Perspective, Durlacher Research*, 2001, p. 23.

4 N. Sadeh, *M-Commerce: Technologies, Services and Business Models*, John Wiley, 2002, p. 52.

5 B. Anckar and D. D'Incau, 'Value creation in mobile commerce: findings from a consumer survey', *The Journal of Information Technology Theory and Application*, 2002, vol. 4, no. 1, pp. 43–64.

6 C.S. Jensen et al., 'Location-based services – a database perspective', Proceedings of the 8th Scandinavian Research Conference on Geographical Information Science (ScanGIS 2001), As. Norway, 2001, pp. 59–68.

7 C. Tode, 'Starbucks is worldwide leader in mobile payment transactions', *Mobile Commerce Daily*, 31 January 2012.

8 D. Steinbock, *The Mobile Revolution: The Making of Mobile Services Worldwide*, Kogan Page, 2005.

9 K. Siau and Z. Shen, 'Building customer trust in e-commerce', *Communications of the ACM*, 2003, vol. 46, no. 4, pp. 91–4.

10 C. Condos et al., 'Ten usability principles for the development of effective WAP and m-commerce services', *Aslib Proceedings*, 2002, vol. 54, no. 6, pp. 345–55.

11 See R.T. Watson et al., 'U-commerce: expanding the universe of marketing', *Journal of the Academy of Marketing Science*, 2002, vol. 30, no. 4, p. 336.

12 See H. Galanxhi-Janaqi and F. Fui-Hoon Ha, 'U-commerce: emerging trends and research issues', *Industrial Management + Data Systems*, 2004, vol. 104, no. 8 ÷ 9, pp. 744–55.

13 See L. Berthon et al., 'Postmodernism and the web: metha themes and discourse', *Technological Forecasting and Social Change*, 2000, vol. 65, no. 3, pp. 265–79.

14 Some of these ideas have been extracted from R.T. Watson et al., 'U-commerce: expanding the universe of marketing', *Journal of the Academy of Marketing Science*, 2002, vol. 30, no. 4, pp. 336–8.

15 D. Amor, *The e-Business (R)evolution: Living and Working in an Interconnected World*, 2nd edition, Prentice Hall, 2001.

16 Contents of this section are an adaptation of the original framework proposed by R.T. Watson et al., 'U-commerce: expanding the universe of marketing', *Journal of the Academy of Marketing Science*, 2002, vol. 30, no. 4, pp. 338–44.

PART 3

e-비즈니스 전략 구현을 위한 로드맵

개요

이 단원에서는 e-비즈니스 전략 구현을 위한 로드맵을 제공하며, 다음의 이슈를 다룬다.

- 비젼
- 목표
- 가치 창출
- 목표세분화
- 프라이버시, 윤리 및 법적 이슈
- 외부 피트니
- 조직 모델
- 수익과 비용 모델
- 전략 조정

Chapter 13

e-비즈니스 전략 구현을 위한 로드맵

이 장의 개요

13.1 우리 회사의 사명은 무엇인가?

13.2 우리의 e-비즈니스 전략을 위한 목표는 무엇인가?

13.3 우리가 e-비즈니스 전략을 통해 제공하고자 하는 가치는 무엇인가?

13.3.1 우리가 목표로 하는 경쟁우위의 유형은?

13.3.2 제공 제품과 서비스에 있어 우리가 보유하고자 하는 범위는 얼마나 되는가?

13.4 목표로 할 고객 세분화는 무엇이며, 각 세분화의 가치제안은 무엇인가?

13.5 우리가 고려해야 할 윤리적 문제, 프라이버시 우려와 보안위험에는 어떤 종류가 있는가?

13.5.1 윤리적 문제와 프라이버시에 대한 우려 다루기

13.5.2 보안위험에 대해 설명하기

13.6 우리는 e-비즈니스 전략을 단독으로 구현해야 하는가 아니면 외부 파트너와 같이 구현해야 하는가?

13.7 어떤 조직 구조가 e-비즈니스 활동을 가지는가?

13.8 우리의 비용과 수익모델은 무엇인가?

13.8.1 e-비즈니스 활동의 비용구조는 무엇인가?

13.8.2 e-비즈니스 활동의 수익구조는 무엇인가?

13.9 e-비즈니스 전략을 기존 전략에 어떻게 일치시켜야 하는가?

관련 사례 연구

사례 연구		주요 초첨
4	**American Well**	e-비즈니스 스타트업
12	**ICT strategy in Tunisia**	국가적 ICT 전략을 위한 로드맵
20	**NTT DoCoMo**	비즈니스 트랜스포메이션

학습 성과

이 장을 학습한 후,

- e-비즈니스 전략 수립 로드맵을 위한 9개 단계를 설명할 수 있어야 한다.
- e-비즈니스 전략 틀의 각기 다른 부분과 로드맵의 개별 단계를 연계할 수 있어야 한다.
- e-비즈니스 전략 수립 로드맵을 위한 각 단계와 관련된 주요 사업 및 경영문제를 이해할 수 있어야 한다.

소개

이 장은 여러분이 자사의 e-비즈니스 전략을 개발하고 구현하는 데 있어, 다음과 같은 요소들을 반영한 로드맵을 제안하고 있다. (1) 비전(vision), (2)비즈니스 목표(business objectives), (3) 고객가치창출(customer-value creation), (4) 시장세분화와 목표시장(market segmentation and targeting), (5) 프라이버시, 윤리 및 법적 이슈(privacy, ethical and legal issues), (6) 수직적 경계(vertical boundaries), (7) 조직모델(organisational model), (8) 수익과 비용모델(revenue and cost model), 그리고 (9) 전략조정(strategy alignment)(그림 13.1 참조).

e-비즈니스 전략 틀을 제시한 후에 이러한 실천 로드맵을 제안하는 목적은 무엇인가? 구조적 관점(a structural perspective)에서 e-비즈니스 전략 틀이 전략 수립 요소들에 대한 윤곽을 제시한 반면에, 이 로드맵은 e-비즈니스 전략을 수립하고 구현하는 것과 관련된 각 단계를 프로세스 위주 관점(process-oriented perspective)에서 제안한다는 점에서 차이가 있다.[1]

서로 다른 관점에도 불구하고, 로드맵과 전략 틀은 밀접한 관계가 있다. 이 로드맵은 기업의 e-비즈니스 전략을 개발하기 위한 실천적인 방법을 제공한다. 만약 전략수립에 있어 어느 부분을 깊게 다루고, 시장 내에서 어느 위치에 있어야 할지를 고려하지 못하다면, 당신은 주요한 문제를 간과하는 동시에 상대적으로 중요성이 낮은 문제를 과잉 분석하는 위험을 범할 수 있다.

13.1 우리 회사의 사명은 무엇인가?

앞서 언급한 바와 같이, 사명(mission)은 전략 수립의 시작점을 의미한다. 사명은 기업의 전략적 의도를 반영하며, 기업의 미래상을 가리킨다.[2] 일부 기업들의 사명보고서(mission statement)를 예로 살펴보자.

> 우리는 성장잠재력이 있는 북유럽(Nordic)과 발트(Baltic) 금융시장에서 선도적인 금융서비스 그룹으로서의 가치를 확보할 것이다. 우리는 업계에서 최고가 될 것이며, 모든 시장과 경쟁하기 위해 우리의 제품 영역에서 최상의 수익성장을 보여줄 것이다. 우리는 e–비즈니스 기반 금융서비스와 솔루션에서 세계 최고 수준의 다채널 유통망을 보유할 것이다.[3]
>
> **노디어 은행(Nordea Bank)**

> 우리는 지구상에서 가장 많은 선택의 기회 제공하고 가장 고객중심적인 기업이 되어, 고객이 온라인

그림 13.1 e-비즈니스 전략 구현을 위한 로드맵은 9개의 서로 관련된 이슈를 설명한다

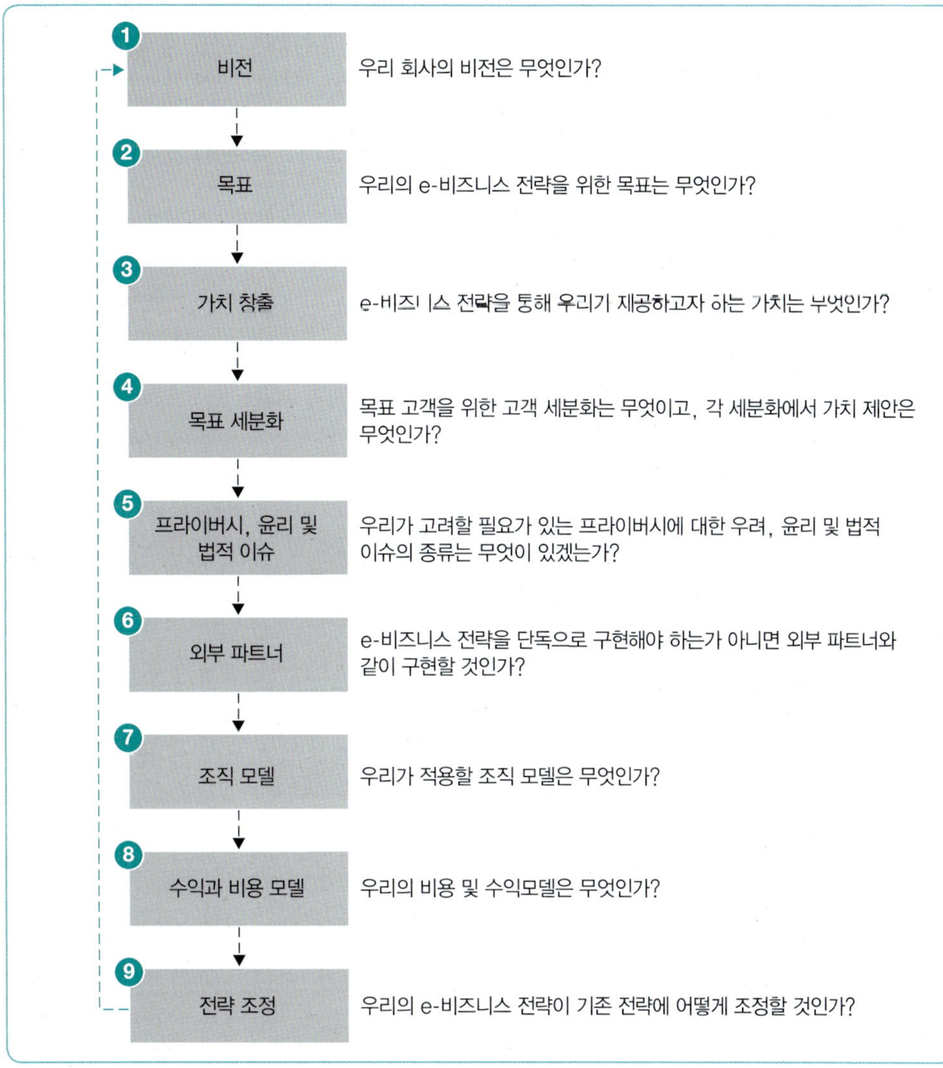

에서 구입하고자 하는 어떠한 제품도 찾을 수 있게 할 것이다.[4]

아마존 닷컴(Amazon.com)

구글의 사명은 세계의 정보를 체계화해, 보편적으로 이용할 수 있는 유용한 정보로 제공하는 것이다.

구글(Google.com)

우리는 사람들에게 개인의류를 만들고, 구입하고, 판매하는 세계적인 창조적 의류 플랫폼이 되기를 원한다. 우리는 디자이너, 소비자, 쇼핑 파트너, 이해관계자와 함께 산업에서 존경받기를 원한다. 우리는 호머 심슨(Homer Simpson)에서 살바도르 달리(Salvador Dalí)에 이르기까지 모든 사람들을 위한 온라인 창조 경험을 구축하고자 한다. 우리는 사명을 달성하기 위해 우리의 커뮤니티를 격려하고 공개적으로 의사소통하고자 한다. 우리는 재미있기를 원하고 정직, 배송, 혁신이 이루어지는 업무 환경을 고취시키길 원한다.

스프레드셔츠 닷컴(Spreadshirt.com)

> 오픈 BC는 신뢰를 기반으로 전문가들과의 관계구축에 최선을 다하고자 한다.'No two people are more than six degrees apart'라는 이론을 기반으로, 회원들에게 그들의 연락처를 보여주어 회원들이 믿을 수 있는 네트워크로 성장하도록 한다. 우리는 적극적이고 생산적인 커뮤니티로서, 지속적으로 실제 가치를 창출하기 위해 모든 국가, 언어 그리고 산업에 걸쳐 노력하고 있다. 오픈 BC는 지속가능한 세계를 위한 장벽을 넘고 있다.
>
> **오픈BC 닷컴(openBC.com 현재, Xing.com)**

> 우리는 단순히 엘리베이터 기업만이 아닌 전 세계적인 모든 기업 중 서비스 우월성 측면에서 리더가 되기를 원한다. 우리는 뛰어난 서비스를 통해 전체 고객으로부터 확신을 얻을 것이다.[5]
>
> **오티스 엘리베이터(Otis Elevator)**

> 우리는 커뮤니케이션을 뛰어넘어 모바일 폰 애플리케이션을 확장해 라이프스타일 인프라를 창출하는 데 기여하고 있다. 우리의 목표는 라이프스타일 서비스 제공자로서의 역할을 통해 고객에게 봉사하는 것이다.[6]
>
> **NTT 도코모(NTT DoCoMo)**

기업의 사명을 수립하는 목표는 세 가지이다. 아래와 같이, 사명보고서는 사업이 어디서, 어떻게 경쟁하기를 원하고, 왜 원하는지에 대한 1~3개의 핵심 질문을 설명하고 있다(그림 13.2 참조).

- *사업범위의 정의(어디?).* 이 질문은 넓은 의미에서 기업이 경쟁을 원하는 지역과 제품 모두에 대한 영역을 설명한다. 이 결정은 자원을 우선적으로 할당하는 데 지침을 제공하기 때문에 본질적으로 중요하다. 예를 들어, 오픈 BC는 명시적으로 사명보고서에 '기업은 항상 온라인화되기를 원하며, 전 세계, 모든 언어, 모든 산업에 걸쳐 자원을 활용하기를 원한다'라고 언급하고 있어, 사업 범위에서 광범위한 정의를 제시하고 있다.
- *고유 역량의 정의(어떻게?).* 이 질문은 기업이 추구하고자 하는 역량이 무엇인지를 설명한다. 역량 문제에 대해 스프레드셔츠는 '우리는 재미있기를 원하고 정직, 배송, 혁

그림 13.2 사명보고서는 여러 가지의 다른 목적을 보유한다

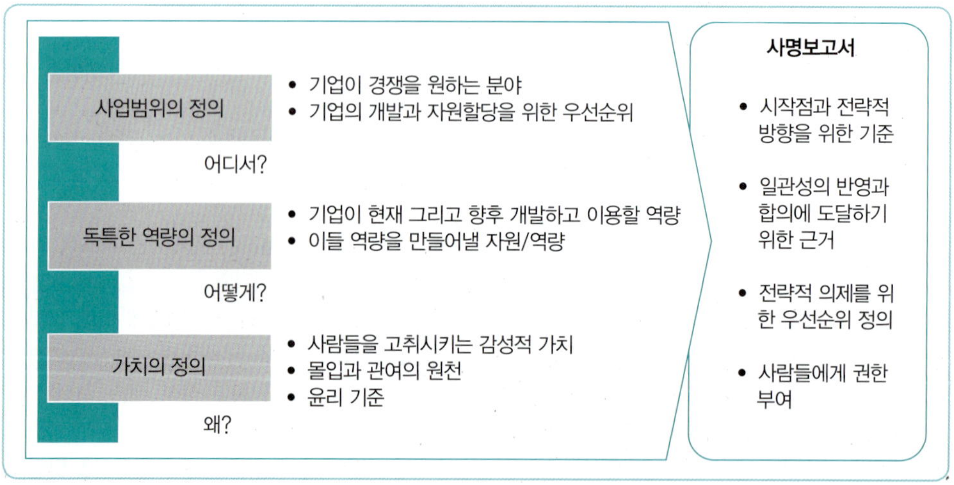

신이 이루어지는 업무 환경을 고취시키길 원한다'는 내용을 사명보고서에서 강조하고 있다. 이를 통해 스프레드셔츠는 사명을 충족시키기 위해 필요한 다른 유형의 역량들을 설명하고 있다.

- *가치의 정의(왜?).* 기업이 제시하는 가치는 사람들이 성취하려는 목표를 보유하는 데 도움이 되며, 그 결과 업무에 대한 몰입(commitment)과 관여(involvement)를 강화시킨다. 또한 가치의 정의가 행동으로 이어지는지에 대한 윤리적 기준을 정립하는 데도 도움이 된다. 스프레드셔츠의 사명보고서에는 '우리는 재미있기를 원하고 정직, 배송, 혁신이 이루어지는 업무 환경을 고취시기길 원한나'는 차원이 설명되어 있다.

사명보고서는 가치 정의의 세 가지 차원을 설명하고, 지침을 제시해 전략을 논의하는 시작점으로서의 역할을 한다. 가치에 대한 정의는 사명보고서 상에서 전략적 의제를 위한 우선순위를 설정하는 데 도움이 되기 때문이다. 사명보고서 상에서 명시적으로 부여하는 윤리적 기준은 사람들이 직접적으로 이행할 권한을 부여한다.

그러나 조직의 모든 구성원이 지지할 수 있는 사명보고서의 수립은 어려운 일이다. 그럼에도 불구하고, 사명보고서에는 기업의 구체적인 특성과 직원들을 고려할 필요가 있다. 또한 기업의 운영과 관련해 광범위한 맥락을 통합할 필요가 있다. 예를 들어, 우리가 미래에 활용(leverage)할 수 있는 주요 기술개발은 무엇이 있는가? 우리 사회에서 인구통계는 어떻게 변화되고, 이것이 장기적인 측면에서 우리 회사에 어떤 영향을 주는가? 등이다. 이러한 질문에 대한 답을 찾는 데는 3장에서 언급했던 거시적 환경을 분석하는 것이 도움이 된다.

13.2 우리의 e-비즈니스 전략을 위한 목표는 무엇인가?

사명보고서가 기업이 나아갈 방향을 수립하는 데 중요한 역할을 한다면, 성공적으로 비전에 도달하기 위한 노력을 측정하는 것 역시 중요한 일이라 할 수 있다. 이를 측정할 지표로는 수익(revenues), 시장점유율, 이익(profits) 또는 고객만족 수준과 같이 측정이 가능한 정량적인 목표들을 들 수 있다.

사명보고서의 유형에 따라 목표는 달라질 것이다. 그러나 공통된 점은 목표가 다르더라도 모두가 측정할 수 있고 정량화할 수 있다는 점이다. 목표가 정당화될 때, 직원들은 제시한 목표에 도달하기 위해 노력하고 목표에 도달하기 위해 수정을 할 수 있게 된다.

수직적 전자시장인 코비신트의 예를 생각해보자. 창립 자동차 업체, 제너럴 모터스(General Motors), 포드(Ford)와 다임러 크라이슬러(DaimlerChrysler)는 온라인 협업(online collaboration), 전자구매조달(e-procurement), 전자공급사슬관리(e-supply chain management)를 통한 목표수익이 연간 60억 달러라고 언급한 바 있다.

13.3 우리가 e-비즈니스 전략을 통해 제공하고자 하는 가치는 무엇인가?

13.3.1 우리가 목표로 하는 경쟁우위의 유형은?

이 질문에 답할 때, 당신은 왜 고객이 우리의 제품이나 서비스를 구입하길 원하는지 확인할 필요가 있다. 낮은 가격이나 높은 품질 또는 두가지 모두로 인해 구입할 수 있다.

만약 당신의 기업이 주로 가격으로 경쟁했다면, 당신은 산업 내에서 비용선도기업(cost leader)이 되기 위해 노력할 것이다. 저가 비용 항공사인 이지제트(easyJet)는 비용선도기업의 대표적인 사례다. 이지제트는 인터넷을 기업 전략의 한 부분으로 통합시켜 고가의 티켓 사무실과 판매 대리점 비용을 줄일 수 있다.

다른 대안으로는 경쟁자에 비해 차별화 우위를 가지려고 노력하는 것이 있다(5.2절 참조). 예를 들어, 당신은 높은 수준의 편리성, 광범위한 제품선택, 높은 서비스 품질, 우수한 브랜드 명을 제공해 차별화를 모색할 수 있다. 또한 당신은 고객을 위한 혜택을 창출하기 위해 조직에서 이미 사용 가능한 정보를 활용할 수 있다.

당신이 두 가지 옵션 중에서 무엇을 선택하든 (1) 이들 간의 지속성을 목표로 삼고, (2) 고객의 혜택을 증가시키기 위한 활동을 강화하고, (3) 비용절감을 위한 전반적인 노력을 최적화해 각기 다른 활동 간의 강력한 적합(strong fit)을 창출하는 것이 중요하다(5.4절 참조).

마지막으로, 당신은 아마존 닷컴이나 테스코 닷컴과 같이 비용선도와 차별화 우위 모두를 목표로 할 수 있다. 그러나 이렇게 하는 것은 비용 또는 차별화 우위를 어느 하나도 보유하지 못하는 어중간한 위치(stuck in the middle)의 위험을 수반할 수 있다.

당신이 만약 새롭고 매력적인 시장공간을 열 수 있는 방법을 찾는다면, 가격과 차별화 차원 모두에서 당신의 경쟁자를 압도할 가능성은 높아진다(7장 참조). 예를 들어, 당신은 대체산업(substitute industries), 전략집단(strategic groups), 보완재(complementary products) 또는 비관련 산업(unrelated industries)을 살펴봄으로써 전통적인 방식으로 수행되는 사업에서 탈피할 수 있다.

13.3.2 제공 제품과 서비스에 있어 우리가 보유하고자 하는 범위는 얼마나 되는가?

당신이 제공하는 가치의 두 번째 핵심 차원은 당신이 제공하는 제품과 서비스의 제공 범위(breadth)과 관련이 있다. 이 제공 범위는 목표시장 세분화의 정도에 따라 다르다(4.2절 참조). 만약 당신의 기업이 광범위한 시장영역을 원한다면, 당신은 고객들의 요구를 충족시키기 위해, 해당 시장에 광범위하고 다양한 제품을 제공해야 한다. 예를 들어, 자동차 제조업체인 폭스바겐(Volkswagen)의 경우, 모든 목표 고객들을 대상으로 서로 다른 모델들을 제공하고 있다. 이와는 반대로 두카티(Ducati)와 같이 당신의 목표 세분화가 좁고 잘 정의된 선호도를 확인할 수 있다면, 제공하는 제품의 수를 제한하는 것이 적절할 것이다. 규모 확장을 고려할 때, 당신은 상반관계(trade-offs)에 대해 고려해 볼 필요가 있다. 내부통제의 상실과 고객관점에서 브랜드 네임의 희석이라는 단점이 있는 데 반해, 시장 접근성 및 판매증대라는 장점이 있다.

게다가 자체적으로 제품규모를 확장하는 기업은 인터넷을 활용해 상호 보완자(complementors)와 함께 파트너십을 수립할 수 있다. 여기서 중요한 질문이 있다. 현재 제공하는 제품과 서비스 이외에 당신의 고객이 구입을 원하는 것은 무엇인가? 온라인 여행업체인 이북커 닷컴(ebookers.com)은 날씨안내, 환전정보, 자동차 대여 서비스와 여행보험에 대한 웹사이트와 링크되어 있다. 아마존 닷컴은 제품 또는 서비스 제공 범위에 대한 내용이 사명보고서에 고스란히 담겨져 있다. 신규 및 중고 도서를 포함해 자신들의 제품과 직접적인 경쟁을 할지도 모르는 소매상들까지 모두 아마존 닷컴의 온라인 플랫폼 상에서 제품을 판매할 수 있도록 초대했다.

13.4 목표로 할 고객 세분화는 무엇이며, 각 세분화의 가치제안은 무엇인가?

가치창출은 당신의 고객이 누구일지에 대한 결정과 긴밀하게 연결되어 있다. 목표시장에 대한 결정은 두 단계로 볼 수 있다. 첫째, 당신의 잠재적인 시장에서 세분화할 기준을 선택할 필요가 있다. 선택한 기준은 세분화 성과(segmentation outcome)에 상당한 영향을 미칠 것이다(3.4절 참조). 예를 들어, 당신은 연령이나 소득 또는 고객유형(소비자, 기업 및 정부/공공부분 고객 등과 같은)에 따라 시장을 세분화할 수 있다.

시장 세분화(market segmentation)를 토대로 당신은 세분화의 요구에 특별히 부합할 수 있는 제품과 서비스를 제공할 목표를 세우고 세분화할 시장을 결정할 필요가 있다. 이 책의 사례 연구에 있는 일부 기업들은 목표 세분화를 어떻게 선택하는지 살펴보자. 예를 들어, 테스코 닷컴은 초기에 온라인 식료품 서비스제공을 초기에 고소득 구매자를 목표로 한 바 있으며, 이 후에 대중 시장(mass market)으로 확대해 나간 바 있다. 또한 스프레드셔츠는 주로 맞춤화된 티셔츠와 관련상품을 판매하기 위해 온라인 상점을 만들고 싶어하는 기업가들을 목표로 하였다.

13.5 우리가 고려해야 할 윤리적 문제, 프라이버시 우려와 보안위험에는 어떤 종류가 있는가?

13.5.1 윤리적 문제와 프라이버시에 대한 우려 다루기

윤리는 개인이 자신의 행동을 선택하는 데 있어 올바른 것과 그릇된 것에 대한 원칙을 의미한다.[7] 인터넷의 확산은 관리자들이 자신의 일상업무에서 다루어야 할 새로운 윤리적 문제를 야기시켰다. 이 과정에서 가장 중요한 것은 프라이버시 문제로, 온라인과 오프라인 세계에 모두 존재하며, 타인이나 조직의 감시 또는 간섭으로 인해 발생한다.

e-비즈니스 관리자는 프라이버시 문제를 주로 두 가지 중요한 수준에서 다루어야 한다. 구체적으로, 당신이 고객에 대해 수집된 정보로부터 수익을 얻고자 하는 요구와 프라이버시를 보호할 요구 간의 상반관계(trade-off)를 관리할 필요가 있다. 인터넷은 고객에 대한 데이터를 수집하고 목표시장을 조정할 수 있는 기회를 제공한다. 서로 다른 유형의 고객정보와 관련해 고객정보에 대한 다음과 같은 데이터를 전부 또는 일부 수집하는 것은 흥미로운 일이다.

- *연락정보(contact information)*는 성명, 우편주소, 이메일 주소가 포함된다. 이 정보는 일반적으로 온라인 형태로 수집된다.
- *프로파일 정보(profile information)*는 고객의 연령, 성별, 직업 등의 개인적 특성에 대한 정보를 포함한다. 이러한 유형의 정보를 획득하기 위해서는 기업이 항상 사용자들에게 일종의 인센티브를 제공해야만 한다. 예를 들어, 테스코는 고객들이 클럽카드를 등록할 때 다이어트 선호도에 대한 정보나 누구와 함께 살고 있는지에 대한 정보를 제공하도록 하고 있다. 클럽카드 소유자들은 온라인과 오프라인 쇼핑 시 판촉 제공품을 받게 된다.
- *단일 사이트에서의 행동정보*. 아마존 닷컴과 같은 단일 사이트의 구매 이력이나 클릭스루 패턴(click-through patterns)을 포함한다.
- *여러 사이트에서의 행동정보*. 인터넷 사용자가 서로 다른 웹사이트를 통해 어떻게 항해하는지에 대한 정보를 포함한다.

데이터는 고객을 보다 이해하려할 때 관련성이 있으며, 주로 데이터 마이닝 기법을 사용해 고객정보를 분석한다. 고객세분화에 대해서 이미 3.4절에서 보았듯이, 당신이 알면 알수록 특정 제품광고를 목표고객에게 전달할 가능성은 높아진다.

데이터 수집활동과 데이터마이닝 모두 고객의 프라이버시 침해 위험이 있다. 특히, 개인의 상세한 정보를 도출하기 위해 컴퓨터로 다중 소스로부터 얻은 데이터를 통합 및 활용할 때 그럴 가능성이 높은데, 이러한 절차를 프로파일링(profiling)이라고 한다.

또 다른 차원에서 e-비즈니스 관리자들은 직원들의 웹 서핑 또는 이메일 교신자 등과 같은 온라인 활동을 어느 정도 수준에서 감시해야 하는지 결정할 필요가 있다. 기술적 진보는 지속적으로 모든 수신 및 발신 트래픽을 모니터할 수 있게 되었다. 모니터링 활동의 궁극적인 목표는 업무와 관련이 없는 활동으로 직원들이 시간낭비하는 것을 예방하고 생산성을 증가시키는 데 있다. 그러나 직원들은 프라이버시를 보호하고자 하는 경쟁적인 목표를 가지고 있다.

이러한 두 가지 측면에서 상충되는 목표는 서로 다른 목표 간의 상반관계를 관리할 윤리적 선택의 기본적인 근거가 된다. 아래에서 윤리적 결정을 내려야 할 때 당신이 고려해야 할 몇 가지 핵심적인 문제를 정리했다.[8]

윤리적 갈등은 자유(freedom), 프라이버시(privacy) 또는 재산권 보호와 같은 높은 가치를 수반하는 경우에 일어난다. 높은 차원의 가치가 무엇인지를 명확히 이해하는 것은 윤리적으로 책임 있는 결정을 하기 위한 첫 번째 단계라 할 수 있다. 높은 수준의 가치를 이해한 후에야 대립되는 목표 간의 딜레마를 명확하게 제시하는 것이 가능해진다. 예를 들어, 고객 데이터를 수집하는 목표와 고객의 프라이버시를 유지하는 목표가 그것이다. 또한 결정한 선택에 의해 영향받는 사람이 누구인지를 명확히 이해할 필요가 있다. 예를 들어, 이러한 이해관계자들은 고객이 될 수도 있고, 소비자 권리 단체가 될 수도 있으며, 테스코와 같은 기업이 될 수도 있다. 마지막으로, 결정을 해야 할 때, 당신은 그 결정이 윤리적인지 아닌지를 스스로 질문해야 할 것이다.

- 만약 누군가가 당신에게 개인적으로 영향을 미치는 결정을 했다면, 당신은 동일한 방식으로 다룰 것인가? 그렇지 않다면, 당신이 결정한 선택은 윤리적일 가능성이 없다.
- 조직 내 모든 사람들이 그러한 방법으로 행동한다면, 그것은 적절한 것인가? 당신이 속해 있는 조직이나 사회가 생존 또는 번영할 수 있는가?
- 시간이 경과되면서 이러한 행동을 반복될 수 있는가? 한 번 발생한 행동은 문제가 되지 않을 수 있다. 그러나 향후에 이러한 결정이 지속되면, 장기적인 효과는 받아들일 수 없다는 것이 분명해질 수 있다.

13.5.2 보안위험에 대해 설명하기

인터넷의 가장 큰 자산은 개방성이지만, 반대로 기업과 고객의 보안에 대한 가장 큰 위험이라는 이슈가 동시에 존재한다. 금융거래 정보의 경우, 포착, 감시, 저장, 처리되는 수 많은 컴퓨터를 통과하기 때문에 외부 침입에 취약할 수 있다. 도난된 신용카드로 인해 수많은 문제들이 발생하기도 한다. 이러한 온라인 환경에서 위협은 강도, 주거 침입, 횡령, 불법 침입, 악의적인 파괴와 훼손과 같은 오프라인 환경에서의 위협과도 유사하다.[9]

오늘날 e-비즈니스 기업과 고객들이 직면한 가장 많은 보안 위협에 대해 간단하게 살펴보자.[10]

- *악성 코드(malicious code)*는 바이러스(viruses), 웜(worms) 또는 트로이 목마(Trojan horses)와 같은 보안 위협을 말한다.
- *피싱(phishing)*은 금융정보를 통해 금전적 이득을 취하려는 목적으로 제3자가 사기적 시도(deceptive attempts)를 하려는 것을 말한다. 이것은 악성코드와 관련된 것이 아니라 허위진술 및 사기에 의존하고 있다는 것이 특징이다. 피싱 공격으로 가장 잘 알

LinkedIn, 철저한 보안관리를 맹세하다

다수의 비즈니스 실무자들이 사용하는 소셜 네트워크 서비스인 LinkedIn은 6.5 백만명 회원의 암호가 러시아 해커 사이트에 포스팅 된 이후에 새로운 보안 방법을 강구하였다.

LinkedIn은 "솔팅(slating)"이라는 기술을 사용한 비밀번호 저장 암호화 정책을 향상시켰고, 해커들이 암호를 풀기 어려워졌다고 말했다. "회원들의 계정 및 암호가 침해당했다는 보고서는 없다"라고 LinkedIn이 블로그에 올렸다.

사설 보안 전문가와 연방수사국(Federal Bureau of Investigation: FBI)은 보안침해에 대해 조사하였다. "조사 결과, 모든 회원들의 암호가 위험할 정도로 불안정하다"라고 했다.

1억 6,000만 명의 회원을 가지고 있는 LinkedIn은 광범위할 정도의 보안적 침해가 있을 줄 몰랐다. 모든 회원들에게 이와 같은 문제점에 대해 수요일에 밝히도록 하겠다고 언급했다.

보안 컨설턴트는 LinkedIn 공격과 비슷한 문제가 지난 주, 온라인 데이트 서비스인 eHarmony에서도 나타났다. eHarmonoy의 규모는 크고 성숙기에 접어든 조직이기 때문에 보안의 취약점이 드러났다.

LinkedIn은 솔팅의 기술적 기법없이 해시드 암호(hashed passwords)를 저장했었다. 솔팅(salting)은 임시 문자를 더해 보안층을 높이는 방법으로 암호의 첫 부분이나 끝부분에 위치한다.

"LinkedIn이 왜 솔팅기술을 쓰지 않았었는지…… 이것은 더 많은 기술이나 자원 지식을 사용하는 것이 아니다." 보안회사인 Sophoes 의 고위 보안 담당자인 Chester Wisniewski가 말했다.

"우리는 단순히 암호보다는 더 많은 정보를 도둑맞는 것인 셈이다. 암호는 사용자 이름과 이메일 주소를 함께 공유하고 있기 때문이다."라고 Wisniewski가 언급했다.

그러나, 하루하루 보안 침해가 있음에도 불구하고 컨설턴트들은 얼마나 많은 기업들이 데이터 보안에 취약한지에 대해 놀랐다. 최근 영국 IT 매니저들로부터의 수거된 LogRhythm 설문에 따르면, 절반 이상의 기업들이 과거 5년 동안 보안에 대한 IT 예산 비중을 늘리지 않았다는 것이다. 심지어 IT 직원들의 27%는 자신의 기업 내에 데이터 침해가 있었는지에 대해 모르고 있었다.

IT 보안에 대한 무관심은 곧 기업에 수백만 달러의 수익을 잃는 비용일 것이다. 상대적으로 규모가 작거나 성공한 스타트업 기업은 다소 보안분야에 전문적인 시스템을 사용하지 않을 수도 있는데 이를 보완하기 위해 시스템을 지속적으로 업데이트 하라고 Winsnewski가 말했다.

전문가들은 철저한 보안이 꼭 비싼 것을 의미하는 것이 아니라 예방하지 않는 것이 비용이 든다고 조언하였다. "타협은 일어날 것이고, 방어는 항상 해야만 한다는 것이 비즈니스"라고 LogRhythm의 국제 시장부서의 디렉터 겸 부사장인 Ross Brewer가 말했다.

"오늘날의 보안 전략은 사후에 반응하는 것이 아니라 사전에 행동하는 해야 한다."라는 원칙으로 기업은 항상 IT 네트워크에서 일어나는 모든 일들을 지속적으로 감시해야 한다." 덧붙여, "IT 인프라를 통한 어떠한 신원 불분명한 활동에 대해 실시간 신원확인, 관계, 치료를 실시해야 할 것이며, LinkedIn과 같은 서비스를 믿고 이용하는 고객의 정보를 보호하기 위해 포괄적인 관점으로 접근해야 할 것이다.

FT *Source*: Mahmudova, A. and Taylor, P. (2012) LinkedIn vows to tighten security after password breach, *Financial Times*, 11 June.

려진 예는 단기간 동안 수백만 달러를 저장할 은행계좌를 구하려는 나이지리아의 rich uncle로부터 온 이메일이다. 이 이메일에서 십만 달러를 송금하려는 요청에 일부 사람들은 바보처럼 자신들의 은행계좌 정보를 제공한다.

- *해킹(hacking)* 및 *사이버 파괴 행위(cyber-vandalism)*는 컴퓨터 시스템에 무단으로 접속을 시도하는 개인의 행동을 말한다. 이들은 웹사이트와 컴퓨터 시스템의 보안 절차 상 약점을 찾는다.
- *신용카드 사기(credit card fraud)*는 인터넷상에서 가장 두려운 사건 중의 하나다. 신용카드 사기에 대한 두려움은 많은 사용자들에게 온라인에서 자신의 신용카드 정보를 제공하는 것을 꺼리게 한다. 그러나 사실 이런 사기 유형은 전체 온라인 신용카드 거래의 2%가 안 되며, 사용자가 생각하는 것보다 훨씬 적다.[11]
- *스푸핑(spoofing/pharming)*은 해커가 자신의 실제 아이디를 허위로 제시하거나 가짜 이메일 주소를 제시했을 때 발생한다. 해커가 웹사이트를 스푸핑하면 의도했던 웹 링크와는 다른 곳으로 연결되는데, 이것을 파밍(pharming)이라고 한다. 익명의 사용자가 일단 가짜 웹사이트에 접속하게 되면, 해커는 주문을 수집하고 처리하면서 실제 사이트로부터 주요 사업내용을 훔칠 수 있다.
- *서비스 거부(denial of service, DOS)*는 쓸모없는 트래픽을 발생시켜 웹사이트를 공격하는 대규모 이메일을 말한다. 이러한 이메일 공격의 목적은 웹사이트를 폐쇄하는 것이다. 일단 성공하면, 사이트가 폐쇄되어 있는 동안 고객들은 사이트를 통해 자신들의 사정을 알릴 수 없다. 더 중요한 것은 공격받은 웹사이트에 대한 복구비용이 상당해진다는 점이다. 2007년 4월에 DOS의 일종인 바이러스가 에스토니아(Estonia)의 가장 중요한 웹사이트를 공격한 적이 있다. 당시 공격받은 웹사이트에는 대통령, 의회, 거의 모든 정부기관, 두 개의 가장 큰 은행과 통신전문기업이 포함되어 있었다. 결국 정부는 비상조치를 내리고, 상당한 경제적 손실을 초래하면서 외부로부터 웹사이트 접속을 차단해야만 했다.

보안 위협을 막기 위해 많은 방법이 존재한다. 암호화(encryption), 방화벽(firewalls) 또는 가상 사설 네트워크(virtual private networks, VPNs)와 같은 기술적 조치가 대표적이다. 반면에 기업들은 자신들의 시스템에 대한 외부 공격의 위험성을 최소화하는 절차와 정책을 구현하고 있다. 이러한 조치들에는 명확한 온라인 인증(online authentication) 및 시스템에 대한 사용자 권한(authorisation for users of the system)이 포함되며, 외부인이 어떻게 웹사이트를 이용하는지에 대한 일상적인 평가도 수행할 수 있다.[12]

13.6 우리는 e-비즈니스 전략을 단독으로 구현해야 하는가 아니면 외부 파트너와 같이 구현해야 하는가?

e-비즈니스 활동의 통합 정도를 결정할 때, 당신은 가치사슬에 대해 분석할 필요가 있고, 내부에서 어떤 e-비즈니스활동이 수행되어야 하는지를 결정할 필요가 있다. 또한 외부 업체에 어느 활동을 아웃소싱할지도 결정해야 한다(9장 참조). 적절한 의사결정은 기업 내에 개인활동과 높은 거래비용 간의 강력한 연계가 주요 요인이 된다. 구입결정('buy' decisions)을 선호하는 이유에는 높은 규모의 경제(high economies of scale), 높은 자본 요건(high capital requirements), 전문화된 노하우(specialised know-how), 그리고 개방시장의 높은 효율성(higher efficiency of the open market) 등이 포함된다.

예로 든다면, 적절한 자체생산 또는 구입 결정(right 'make-or-buy' decision)은 경쟁우위의 주요한 원천이 될 수 있다. 예를 들어, 과거 테스코 닷컴(Tesco.com)의 성공은 외부 경쟁자로부터 차별화하기 위해 내부에서 수행되는 내부활동과 외부업체로부터 조달받아 비용을 절감하는 것 간의 적절한 균형을 찾는 능력에서 부분적으로 찾을 수 있었다.[13] 예를 들어 디자이너, 사진작가와 출판업자 등 40명의 전문가 팀으로 이루어진 미디어 센터를 테스코 다이렉트가 내부구축(internal build-up)한 것을 생각해 보면 쉽게 이해할 수 있다.

13.7 어떤 조직 구조가 e-비즈니스 활동을 가지는가?

당신은 e-비즈니스 활동을 위해 적절한 조직 구조를 선택할 필요가 있다. 스펙트럼의 한쪽 끝에서 이것은 완벽하게 e-비즈니스 활동이 당신의 기존 조직에 통합됨을 의미한다(9.2 참조). 이 스펙트럼의 다른 한쪽 끝은 독립적인 기업 또는 스핀오프(spin-off)와 같은 형태를 의미한다.

스핀오프의 설립 장점으로는 더 많은 집중(greater focus), 더 빠른 의사결정과정, 그리고 높은 기업문화 정도와 같은 요인들이 있다. 온라인 기업의 가치평가가 다시 급상승하고 주식공개활동(IPO activities)이 활발해지면서, 벤처 캐피털에 대한 접근도 온라인 운영을 분사화(spinning off)시키는 주된 요인이 되고 있다.

그러나 전반적인 분위기는 e-비즈니스 활동이 기업의 기존 운영에 통합되는 방향으로 기울어져가고 있다. 두카티와 테스코의 예를 설명한 것처럼, 기업들은 고객들을 온라인 채널로 유인하기 위해 기존의 구축된 브랜드를 활용할 수 있다. 또한 개인의 선호도에 따라 고객들이 온, 오프라인 상호작용 중에서 선택해 다채널 제공품을 제공받을 가능성이 생기게 된다. 이는 교차판촉활동(cross-promotions), 공유정보시스템과 통합된 고객서비스를 위한 기회를 열어준다. 고객들이 인터넷에서 구입한 제품을 물리적 상점에 반환하는 것이 예가 될 수 있다.

13.8 우리의 비용과 수익 모델은 무엇인가?

e-비즈니스 활동과 관련된 중요한 마지막 문제는 재무적 측면이다. 이를 위해 당신은 비용구조와 수익구조 관점에서 기업의 비즈니스 모델을 분석할 필요가 있다.[14]

13.8.1 e-비즈니스 활동의 비용구조는 무엇인가?

비용구조를 결정하기 위해서 당신은 생산, IT, 마케팅, 영업이나 사후서비스와 같은 가치사슬의 개별 부분을 고려하면서, 비용 추진요인을 분석할 필요가 있다(5.2절 참조). 운영규모가 늘어나면 비용은 어떻게 변할 것인가?(7.1절 참조) 이것은 가치사슬 상에서 비용을 낮추는 데 인터넷을 어떻게 이용할 것인가와 같은 질문이다.

투자자의 관심이 e-비즈니스 벤처의 수익성으로 이동하면서 비용 통제에 대한 중요성이 더 커졌다. 궁극적으로 e-비즈니스 벤처의 비용구조는 경상비를 극복하고 이익을 발생시키기 위해 기업이 반드시 벌어야만 하는 총 수익마진(gross profit margin)을 결정한다. 그러나 높은 고정비용, 마케팅 비용으로 인해 고비용으로 사업을 시작한다면, 이는 사업기회의 스펙트럼을 제한하는 것이다. 분명한 것은 당신이 필요로 하는 비용구조와 이익구조를 결정한다는 것이다. 예를 들어, 비용집중구조의 경우, 아무리 가능성이 매우 높더라도 작은 규모의 시장을 목표 시장으로 정하기 어려울 것이다. 왜냐하면 충분한 수익이 발생되지 못할 수 있기 때문이다. 시장이 당신의 기대를 충족시키지 못한다면 당신의 e-비즈니스 전략을 조정하는 것 또한 어려울 수 있다.[15]

결국 필요한 규모를 결정하기 위해서라도 당신은 e-비즈니스 활동의 비용구조를 분석할 필요가 있다. 이는 가치사슬에서 각 활동과 그 비용추진요인들을 분석하는 것이 될 것이다. 만약 자재창고나 웹사이트 개발의 경우처럼 비용이 고정되어 있다면, 높은 수준의 규모의 경제를 나타낼 수 있다. 즉, 당신의 사업운영이 비용절감 혜택을 확보할만한 충분한 규모가 되어야 할 것이다.

기업이 원하는 만큼의 판매량을 발생시킬 수 있어야 규모의 효과를 얻을 수 있다는 점을 기억하라. 웹밴(Webvan)의 사례(1.2.3절의 FT 기사 '웹밴의 10억 달러짜리 실수' 참조)와 같이, 초기 인터넷 붐이 있던 시기의 많은 기업들은 규모의 경제를 위해 고객수요에 대한 이해 없이 신속하게 사업을 운영하는 경향이 있었다. 웹밴이 독자적인 기술 플랫폼을 보유하고 다수의 물류센터 하부구조를 구축한 이후에는 서로 다른 시장 조건에 선택한 전략을 맞추기가 어려웠다.

13.8.2 e-비즈니스 활동의 수익구조는 무엇인가?

e-비즈니스 활동의 수익구조를 결정하기 위해서는 수익발생에 대한 다른 대안을 분석할 필요가 있다. 대안은 당신이 운영하는 사업의 유형에 따라 다르며 다음과 같은 원천들이 포함될 수 있다.

- P2P 전자상거래의 경우에는 광고수익과 사용료가 있다.
- C2C 전자상거래의 경우에는 정보 공시 및 거래 수수료가 있다.
- B2B 전자상거래의 경우, 호스팅 서비스 수수료, 회원 수수료, 거래 수수료 또는 구독료가 있다.
- B2C 전자상거래의 경우, 거래수수료, 광고수익과 구독료가 있다.

수익원천을 분석하는 것 이외에도, 당신은 협상으로 가격을 내릴 수 있는 고객의 능력정도, 경쟁강도, 대체제품 및 진입장벽 등에 크게 좌우될 수 있는 사업모델의 지속가능성 여부를 평가할 필요가 있다(3.2절 참조).

수익을 유지하기 위해서는 상호 배타적일 수 없는 두 가지 옵션을 고려해야만 한다. 첫 번째 옵션은 변화에 맞춰 e-비즈니스 활동을 지속적으로 재설계하여 시장 밖으로 밀려나는 것을 회피하는 것이다. 인터넷이 성숙기에 접어들면서 근본적인 변화로 기존의 사업모델이 전복될 가능성은 희박해졌다(1.2절 참조). 최근에 들어 구글, 아마존 닷컴, 이베이와 같은 인터넷을 활용해 혁명적인 사업을 하고 있는 기업의 성장은 여전히 놀랄 만하다.

두 번째 옵션의 목적은 고객 고착(customer lock-in, 7.2절 참조)을 창출하는 것이다.

- 고객들의 요구를 반영하는 기업의 *고객화된 웹사이트*를 구축할 수 있다. 예를 들어, 세컨드 라이프(Second Life)에서는 건물 하부구조를 구축하고 주민을 만드는 것 등을 포함해 고객들 자신의 가상세계를 건설할 수 있다. 테스코 닷컴(Tesco.com)에서는 온라인 쇼핑객들이 향후 구매를 위한 쇼핑 목록을 저장할 수 있다.
- *데이터마이닝 기법*을 활용하면, 고객정보(연령, 성별, 소득 등)와 클릭스트림 패턴(click-stream patterns)을 분석하고 다른 유사고객과의 과거 구매기록을 비교하는 것이 가능해진다. 데이터마이닝 기법을 통해 수집된 정보는 특정 목표 서비스에 사용될 수 있으며, 개인의 선호도를 토대로 한 제품제공도 가능하다. 노디어, 테스코, 이베이 및 YOC와 같은 상당수 기업에서는 고객충성도를 구축하기 위해 데이터마이닝 기법을 사용하고 있다.
- *네트워크 효과*를 활용해 제품이나 서비스를 이용하는 고객 수를 증가시킴으로써 고객들에게 가치를 더 제공할 수 있는 방법을 찾아야 할 것이다(7.4절 참조). 가장 인기 있는 방법은 온라인 사용자가 특별하게 관심이 있는 주제에 대해서 다른 사람들과 상호작용할 수 있는 기회를 주는 사회적 연결망 커뮤니티(social networking communities)를 구축하는 것이다(11장 참조).

13.9 e-비즈니스 전략을 기존 전략에 어떻게 일치시켜야 하는가?

오프라인 활동에 온라인 활동을 일치시키는 방법을 결정한다는 것은 이미 기존 사업을 운영하고 있으면서 온라인 시장으로 확장하기를 원하는 기업들에게만 관련이 있다. 기존 전략과 e-비즈니스 전략의 일치는 브랜딩, 제품 및 서비스 제공, 가격결정, IT, 다채널관리와 같은 문제처럼 전략적 의사결정을 요구한다. 여기에서 다음과 같은 질문을 할 수 있다. 이러한 각각의 문제에서 물리적인 운영과 인터넷 운영에 대해 무엇을 고려해야 하는가? 예를 들어 브랜딩의 경우, 물리적 세계의 브랜드를 만든 후 인터넷 활동을 위한 브랜드를 만들어야 하는가 아니면 서로 다른 브랜드를 각각 사용해야 하는가?

채널관리 문제와 관련해서 온라인 채널을 추가할 때, 당신은 온라인 채널과 기존의 물리적 채널을 어떻게 일치시킬 것인가에 대해 결정해야 한다(9.2절 참조). 이러한 문제는 다음과 같은 세 가지 문제를 포함한다. 오프라인에서 제공하는 것과 비교하면 온라인에서 제공하는 제품과 서비스는 무엇이 다른가? 제품을 판매하기 위한 온라인에서의 가격결정 전략은 무엇인가? 어떻게 온라인과 오프라인 채널 간의 갈등을 사전에 또는 사후에 해결할 수 있겠는가?

오프라인에서 제공하는 것이 동일한 제품 서비스 범위로 구성되어 있을지라도, 대부분은 (1) 제품에 대해 완전히 다른 포트폴리오를 구성하거나 (2) 기존의 오프라인 제공의 일부와 새로운 제품 및 서비스의 조합을 통해 구성한다.

온라인 및 오프라인 채널에서 판매되는 제품이나 서비스에 대한 가격결정 전략은 다음의 세 가지 주요 선택사항이 있다(아래에서 인터넷 기반의 식료품 소매점을 예로 들었다).

- 첫째, 가격 절감보다는 다른 부분에 가치가 있다는 메시지를 전달하기 위해 일반상점과 온라인에 *동일한 제품가격*을 적용하는 것이다.
- 둘째, 많은 온라인 쇼핑객들을 유인하기 위한 방법으로 온라인에서 *가격을 낮추는 방법*을 활용한다. 이 방법은 금전적인 보상을 통해 빠르게 고객 임계치(critical mass)를 확보할 수 있다는 장점이 있다.
- 셋째, 제품의 주문, 포장, 그리고 배달과 관련된 추가 비용을 반영하기 위해 높은 *비용*을 부과하는 방법이 있다.

금융서비스의 경우, 노디어는 차별화된 가격결정 전략을 사용했다. 고객들은 기존의 오프라인 은행지점보다 온라인에서 거래를 할 경우 은행거래에 대한 수수료를 현저히 낮게 지불할 수 있다. 이러한 방식은 노디어가 인터넷 뱅킹 서비스로 고객을 유인하는 데 큰 도움이 되었다.

만약 오프라인과 온라인 채널이 동일한 고객집단에서 경쟁한다면, 이는 제살깎기 효과(cannibalisation effects)로 인해 갈등이 초래될 수 있다. 만약 오프라인 채널이 중요하고 채널 간 갈등이 높을 가능성이 있다면, 두 채널 간의 이점을 조정할 수 있는 방법을 찾거나 조기에 갈등을 설명하는 것이 무엇보다 중요하다. 예를 들어, 통합된 수익센터를 창조하거나, 두카티의 경우와 같이 온라인 직접 판매 채널을 지원하는 딜러에게 금전적 보상을 제공하는 것이 그것이다.

요약

- 첫째, 이 장에서는 e-비즈니스 전략 수립을 위한 로드맵 측면에서 전반적인 내용을 제안했다.
- 이 로드맵과 관련해 아홉 가지의 각 단계를 상세히 설명하고 이 책에 포함되어 있는 일부 사례와 예를 서술했다. 이들 단계는 다음과 같이 구성된다.

1. 비전을 정의한다.
2. 정량화할 수 있는 사업목표를 설정한다.
3. 가치창출을 위한 특정 고객가치를 결정한다.
4. 목표시장과 고객 세분화를 선정한다.
5. e-비즈니스 활동의 프라이버시, 윤리적, 법적 문제를 설명한다.
6. e-비즈니스 활동을 위한 수직적 영역(이를 내부에서 자체적으로 수행하는지 또는 외부조직과 파트너십을 통해서 수행하는지)을 결정한다
7. 사업의 규모와 범위를 포함한 e-비즈니스 활동의 조직 구조를 정의한다.
8. e-비즈니스 벤처에서 예상하는 비용 및 수익구조의 개요를 설명할 사업모델을 구축한다.
9. 온라인을 오프라인에 추가하려는 기업을 위해서는 기존의 오프라인 전략과 e-비즈니스 전략이 잘 맞게 배치되어야 한다.

복습 질문

1. E-비즈니스 전략 수립 로드맵과 관련한 아홉 가지 단계는 무엇인가?
2. 온라인을 오프라인에 추가할 때 기업이 고려해야 할 전략적 이슈는 무엇이 있는가?
3. 채널 간의 브랜딩과 제품 가격결정에 대해 기업이 할 수 있는 결정은 무엇인가?
4. 온라인과 오프라인 채널 갈등을 해결할 수 있는 기업의 고려사항은 무엇인가?
5. e-비즈니스 활동을 위해 기업이 고려할 수 있는 수익 흐름은 무엇인가?

토론 질문

1 당신에게 익숙한 실제 사례를 통해 e-비즈니스 전략 수립의 아홉 가지 단계를 설명하라.

2 오프라인에서 온라인으로 이동할 때 기존의 기업들이 직면하는 도전과제는 무엇인가?

3 온라인에서 판매되는 제품의 세 가지 가격전략에 대해 비판적으로 접근해보라.

4 하나의 e-비즈니스 활동을 선택하고, e-비즈니스 전략 로드맵을 위한 아홉 단계를 통해 전략을 수립하라.

권장 도서

N. Venkatraman suggests a five-step approach for developing e-business strategies in 'Five steps to a dot-com strategy: how to find your footing on the Web', *Sloan Management Review*, 2000, Spring, pp. 15–28.

D. Chaffey presents general questions related to e-business strategy processes and implementation in *e-Business and e-Commerce Management*, FT/Prentice Hall, 2011, pp. 235–306.

C. Christensen and M. Raynor provide a detailed account of how to choose different strategy development processes depending on the type of innovation at hand in *The Innovator's Solution*, Harvard Business School Press, 2003, pp. 214–31.

D. Palmer and M.L. Stoll offer a detailed analysis of the ethical issues associated with e-business in 'Ethics in e-business: emerging issues and enduring themes', in F.J. Martinez-Lopez (ed.), *Handbook of Strategic e-Business Management*, Series PROGRESS in IS, Springer, 2014.

참고 문헌

1 For an excellent discussion of different forms of strategy formulation processes, see C. Christensen and M. Raynor, *The Innovator's Solution*, Harvard Business School Press, 2003, pp. 217–34.

2 See also R. Grant, *Contemporary Strategy Analysis*, Blackwell, 2003, pp. 29–30, and G. Johnson, K. Scholes and R. Whittington, Exploring Corporate Strategy, 7th edition, Prentice Hall, 2005.

3 Taken from Nordea company website.

4 Amazon.com, Annual Report 2002, Part I, p. 1.

5 Ari Bousbib, CEO of Otis Elevator, quoted in the Otis case study contained in the case studies part of this text.

6 Quotes from, respectively, Masao Nakamura, President & CEO of NTT DoCoMo, and Yuichi Kato, President & CEO, NTT DoCoMo Europe, both cited in the NTT DoCoMo case study contained in the case studies part of this text.

7 K. Laudon and J. Laudon, *Essentials of Management Information Systems*, Pearson, 2005, p. 153.

8 Ibid., pp. 157–8.

9 See K. Laudon and G. Traver, *E-Commerce*, Prentice Hall, 2007, p. 252.

10 Ibid., pp. 257–68.

11 See CyberSource Corporation, *7th Annual Online Fraud Report*, 2006 edition.

12 See K. Laudon and G. Traver, *E-commerce*, Prentice Hall, 2007, pp. 257–68.

13 C. Christensen and M. Raynor, *The Innovator's Solution*, Harvard Business School Press, 2003, pp. 170–1.

14 The term 'business model' has been widely used, entailing many different elements. To keep things simple, we decided to include only costs and revenues in it. For a more extensive definition of the business model concept, see D. Straub, *Foundations of Net-Enhanced Organisations*, John Wiley, 2004, pp. 237–9.

15 For an insightful discussion of how companies should manage their cost structures during different stages of growing a new business, see C. Christensen and M. Raynor, *The Innovator's Solution*, Harvard Business School Press, 2003, pp. 216–31.

PART 4

Case studies

A(Apples: 사과)부터 Z(Zoom lens: 줌 렌즈)까지
테스코(Tesco)의 다채널 판매 영역의 확장

> 테스코(Tesco)의 성공 비결은 절대적으로 강력한 브랜드를 소유한 상황에서, 다년간의 판매 노하우를 인터넷의 힘과 결합시킨 것이다. 우리에겐 물리적인 상품이든 서비스든, 우리가 팔 수 있는 대상과 팔 수 있는 공간에 대한 제약은 사실상 존재하지 않는다.
>
> (**로러 웨이드게리**, CEO, 테스코 닷컴)

로러 웨이드게리(Laura Wade-Gery)는 하얀색 화물 배달 트럭으로부터 뛰처니와 시계를 쳐다봤다. 배날 삭업은 제시간에 완료했다. 또한 기존의 닷컴(dot.com) 사업에 추가된 온라인 비식품 사업인 '테스코 다이렉트'의 봄 카탈로그 출시도 제시간에 완료했다. 서로 다른 판매 채널을 통한 주문과 처리 옵션을 통합하는 것은 끊임없는 도전이었고 로러는 적어도 하나 이상을 마음에 두고 있었다. 영국의 몇몇 지역에서는 매장 내 피킹(in-store-picking, 매장 내에서 주문 물품 뽑아내기: 역주) 모델이 한계에 거의 도달했으며 이를 대체할 수 있는 처리 모델을 구상해야 했다.

배달 운전사가 생수, 채소, 냉동 식품, 와인 그리고 캘리포니아산 샤르도네를 하나 값에 두 개를 주는 '하나 사면 하나 더(1+1)' 광고 전단지를 내리기 시작하자 로러는 잠시 주위를 둘러 보았다. 그것은 화려하지도 소박하지도 않은 전형적인 영국 북쪽에 위치한 교외 지역의 모습이었다. 1980년대 로드 맥루린(Lord MacLurin)에 의해 경기가 호전된 이래, 주요 오프라인 기업들이 그랬던 것처럼 그녀의 서비스는 다양한 방식으로 영국 국민의 요구 사항을 완벽하게 충족시켜 왔다.

테스코-식료품 업계 강자의 역사

1956년, 첫 번째 테스코 셀프 서비스 슈퍼마켓이 개조된 극장 건물에 개점했다. 1950년대와 1960년대의 테스코는 주로 기업 인수를 통해 성장했다. 1957년에는 70개의 윌리엄슨(Williamson) 점포를, 1959년에는 200개의 해로(Harrow) 점포를, 1960년에는 212개의 어윈(Irwin) 할인점을, 그리고 1964년에는 찰스 필립스(Charles Pillips) 점포를 인수했다. 그 결과, 1960년대의 테스코는 전부 600개의 체인점을 운영하게 되었다. 1961년, 1만 6,500제곱피트의 판매 공간을 기반으로 레스터Leicester에서 개점한 테스코는 유럽에서 가장 큰 점포로서 《기네스북 기록》에 이름을 올렸다.

This case study was written by Sebastian Mauch, Research Associate at INSEAD, under the supervision of Albrecht Enders, Assistant Professor at the School of Management at Friedrich Alexander University, Nuremberg, Tawfik Jelassi, Professor of e-Business and IT at the School of International Management at the Ecole Nationale des Ponts et Chaussees, Paris, and Charles Waldman, Senior Affiliate Professor of Marketing at INSEAD. It is intended to be used as the basis for class discussion rather than to illustrate effective or ineffective handling of a management situation.

1970년대와 1980년대에 고객들이 상품에 대해 높은 품질과 다양한 선택권을 기대하기 시작함에 따라, 테스코의 '박리다매' 전략은 더 이상 성공적이지 못했으며 판매 실적은 극도로 악화되었다. 이와 같이 형편없는 성과의 주요한 원인은 고객들이 테스코가 판매하는 상품과 회사 자체에 대해 부정적인 이미지를 가지기 시작했다는 것이다. 테스코가 오로지 낮은 가격에만 집중하면서 점포들의 수익은 저조해졌고, 고객들에게 제공되는 상품 또한 불충분하고 썩 좋지 않은 품질을 가진 것으로 인식되었다.

그러나 맥루린이 은퇴하던 1997년 초쯤에는, 테스코는 영국에서 가장 크고 가장 이윤이 높은 슈퍼마켓 체인점이 되어 있었다. 그는 우선적으로 상위 고객 집단을 유도하기 위해 대형 점포를 짓는 데 엄청난 돈을 투자했다. 동시에, 다양한 지역 범위의 점포와 시장 세분화된 고객 집단을 위해 영업과 유통에 새로운 기술과 시스템을 도입했다.

인류의 또 다른 발명품인 인터넷의 등장은 소매 산업의 규칙을 바꾸기 시작했다. 테스코가 고객의 새로운 요구 사항을 충족시키고 고객에게 최대한 맞추려고 노력해 왔음에도 불구하고 인터넷이 고객과의 새로운 의사 소통 방식을 제공하기 전까지 그것은 쉬운 일이 아니었다고 로러 웨이드게리는 회상한다.

> 테스코는 기본적인 고객의 요구 사항을 받아들이는 것으로 시작했다. 1990년대 초반, 고객들이 "내가 구매한 식료품을 집으로 배달해 준다면 정말 좋을 것 같아요"라고 말했기 때문에 테스코는 카탈로그와 통신을 통한 주문을 시험 삼아 해보기 시작했다. 매우 비효율적이고 운영은 엉망인 상황에서, 인터넷 기술의 도입은 높은 비용 효율과 뛰어난 운영 효과를 보장하는 배달 업무를 가능하게 했다.

테스코의 오프라인 사업

테스코의 현재 CEO인 테리 레이히(Terry Leahy)는 20년 이상 회사를 위해 일했다. 테스코의 최근 성공에 있어 그의 리더십 역량은 큰 역할을 했다. 치열한 경쟁 상황과 식품 사업에서의 낮아진 가격에 대응하기 위해 테스코는 판매 상품의 범위를 확장했다. 테스코의 가장 큰 점포들은 현재 진열대의 40~50%를 의류, 가정용품과 같은 비식품 품목으로 채우고 있다. 2000년, 테스코는 소비자 가전, 텔레비전, DVD 플레이어, 그리고 휴대폰을 팔기 시작하면서 소매업에서 새로운 지평을 열기 시작했다.

2006년, 테스코 그룹의 전체 매출은 10.9%가 증가해 466억 파운드를 기록하는 한편, 전체 세전 수익은 20.3%가 증가해 26억 5,300만 파운드를 기록했다. 영국 내 매출은 기존 점포와 신규 점포로부터 각각 5.6%, 3.4%가 증가해 총 9%가 증가한 356억 파운드를 기록했다. 영국 내 수익은 19억 1400만 파운드까지 올라갔으며, 전 세계 매출은 17.9%가 증가해 110억 파운드까지 성장했는데 이 중 5억 6,400만 파운드가 수익이었으며 이는 전년도 대비 18%가 성장한 것이었다. 테스코는 모든 사업 부문에 대해 전 세계적으로 45만 명의 직원을 채용하고 있다.

네 가지 핵심 전략 요소

테스코는 네 가지 핵심 전략 요소에 기반해 2000년 이후 성장을 위한 장기 전략을 펼쳐오고 있다. 네 가지 핵심 전략 요소란 영국 내 핵심 사업을 키우는 것, 국제적인 규모로 사업을 확장하는 것, 식품 사업 수준으로 비식품 사업을 강화하는 것, 그리고 고객들의 요구사항에 맞춰 새로운 소매 서비스를 제공하는 것이다. 그러한 전략은 엄청난 진취성과 결단력을 통해 추진되고 있다.

- **영국 내 핵심 사업 육성**: 영국 내 비즈니스는 5,500만 제곱피트(510만 제곱미터)의 연합 영업 구역을 가진 1,800개 이상의 조밀한 점포망들로 구성되며 테스코 그룹 총 매출의 75%를 차지한다. 대략 25만 명의 사람이 영국 사업부에서 근무한다. 테스코는 다양한 형태의 새로운 쇼핑 공간을 만들면서 기존 점포들을 확장하려고 계획 중이다. 테스코는 영국에서 2,600만 이상의 강력한 고객 기반을 보유하고 있고, 1,100만 이상의 가구가 테스코의 회원 카드를 보유하고 있다.

- **사업의 국제화**: 테스코 그룹은 영국 밖에서 12개의 유럽과 아시아 시장을 관리하고 있으며 800개 이상의 점포들을 소유하고 있다. 10만 명 이상의 직원들이 1500만 고객들에게 서비스를 제공하면서 일하고 있다. 현재 테스코 그룹이 움직이는 물리적 공간의 반 이상이 영국 밖에 존재한다. 미국 시장에는 2007년에 진입했다.
- **비식품 사업의 강화**: 비식품 사업의 매출은 영국 내에서만 68억 파운드다. 테스코는 영국 내 식품 사업에서 20%의 시장점유율을 가지고 있는 데 반해, 영국 내 비식품 사업에서는 7%의 시장점유율을 가지고 있다. 영국 국민의 1/4 정도만이 다양한 비식품 상품을 제공하는 테스코의 가외 점포를 이용하고 있다.
- **새로운 소매 서비스의 제공**: 테스코 그룹은 테스코 자산 관리(Tesco Personal Finance, TPF), 테스코 닷넷(Tesco.net), 그리고 테스코 통신(Tesco Telecom)과 같은 추가적인 서비스 영역에 진입해왔다. 테스코 통신의 경우, 영국의 이동 통신사인 O2와 협업 하에 제공 중인 새로운 가상 이동 통신망[MVNO(Mobile Virtual Network Operator), 네트워크 인프라를 실질적으로 소유하지 않은 채 이동 통신 서비스를 제공하는 것: 역주] 서비스에서의 100만 고객을 포함해 현재 총 150만 고객에게 서비스를 제공하고 있다. TPF가 테스코 그룹의 전체 수익에 6,500만 파운드를 기여하는 것에서 보는 바와 같이, 이러한 일련의 새로운 서비스들은 엄청난 수익 창출의 잠재력을 보여준다.

다섯 가지의 서로 다른 점포 구성 방식

테스코는 방대한 범위의 고객들을 상대로 하는 서비스 제공을 목표로 하고 있으므로 다양한 형태의 시장 접근 방식을 취한다. 1970년대에 독창적인 대형 슈퍼 형태를 창안한 후, 1990년 초반 이후부터 테스코는 4개 이상의 서로 다른 점포 형태로 시장에서의 입지를 차별화해왔다.

- **홈플러스(Homeplus)**:영국에서 이러한 새로운 점포 형태는 7개의 점포로 시작했는데, 의류를 포함한 광범위한 비식품 품목들을 제공하고 있다. 테스코 다이렉트테스코의 온라인 비식품 사업부: 역주나 점포들의 집결지(collection point)를 통하면 더 많은 상품들을 이용 가능하다. 3만 제곱피트 이상의 영업 공간을 가진 점포들은 독립적으로 존재하거나 소매산업단지 내에 위치해 지역별 테스코 푸드(Tesco Food)가 제공하는 품목을 보완해준다.
- **테스코 엑스트라(Extra store)**: 1997년에 처음 도입된 가외 점포테스코의 일반 점포보다 규모가 큰 점포: 역주들은 6만~12만 제곱피트 범위의 가장 큰 점포 형태로 운영된다. 이와 같은 교외 지역의 대형 슈퍼마켓은 일반적인 슈퍼마켓에서 제공하는 상품의 보완재로서 다양한 비식품 상품들을 제공한다.
- **테스코 익스프레스(Express store)**: 이러한 점포들은 3,000제곱피트 이상의 영업 공간을 가진다. 이러한 형태는 1994년에 처음 도입되었으며 현재는 신선한 농작물, 와인과 증류주 그리고 매장 내 제과점으로부터의 빵과 과자류를 포함하는 7,000개 이상의 상품 품목들을 판매하는 700개 이상의 점포들이 있다. 이러한 점포들의 다수가 주유소를 보유하고 있다(테스코는 영국의 가장 큰 독자적인 휘발유 소매업자 중 하나다).
- **테스코 메트로(Metro store)**: 첫 번째 지하철 점포는 1992년에 개점해 마을과 도시 중심가 지역에 테스코의 편리함을 제공함으로써 시내 중심가 쇼핑객들과 지역 사회의 요구를 만족시켜왔다. 지하철 점포는 도시락(이미 만들어져 있어서 데워 먹기만 하면 되는 식사용품)과 샌드위치를 포함하는 맞춤형 식품들을 제공한다.
- **슈퍼스토아(Superstore)**: 이러한 점포들은 적어도 2만 6,500제곱피트의 영업 공간을 확보하고 2만 5,000~3만 SKUs(Stock Keeping Units, 재고 유지 단위)를 진열한다. 이는 가장 오래되고 인정받는 점포들로서, 현재 총 1,320만 제곱피트(이는 영국 진

열 공간의 53.7% 점유율을 차지)의 영업 공간을 가지는 433개의 대형 점포들이 영국 내에 존재한다.

식료품 잡화점 소매업에서의 경쟁

영국의 식품 소매 산업은 매우 복합적이고 경쟁적인 형태를 나타낸다. 테스코 외에 다른 선두 사업자는 아스다[Asda(미국 회사 월마트(Wal-Mart)가 소유한 회사)], 모리슨스[Morrisons (2004년에 세이프웨이(SafeWay)를 인수한 회사)], 세인스버리스(Sainsbury's) 그리고 서머필드(Somerfield)가 있다(그림 1과 그림 2 참조). 리들(Lidl)과 알디(Aldi)와 같은 할인점 사업자들이 시장 세분화의 최하위 부분으로 들어오면서 기존 시장에 가격 압력을 더했다.

전통적인 시내 중심가 기반의 소매업자들은 테스코 및 다른 대규모 소매 체인점들로부터 경쟁에 대한 엄청난 압박을 받는다. 대형 점포들이 작고 특화된 점포들을 몰아내고 시내 중심가의 쇼핑을 장악할 것이라는 공포감이 감돌면서, 테스코의 주된 사업은 다양한 측면에서 비난을 받고 있다. 비평가들은 신경제재단(nef)의 정책 책임자인 앤드루 심스(Andrew Simms)가 비유했던 것처럼 미래의 소매업이 크고 특색 없는 체인점들에 의해 장악될 위기에 처해 있다고 주장한다.

> 체인점들은 굶주리고 무차별적이며 종종 반사회적이고 파괴적인 형태로 경제 산업 사회에서 급속히 퍼지는 종이 되었다. …… 브리튼 섬은 현재 미국 스타일화되고 있고 체인점이 주도하고 있으며 복제된 소매업이 장악하고 있다. ……

지방 정부 당국은 테스코가 건축 허가와 같은 절차를 피하기 위해 시내 중심가에 위치한 기존 소매 사업 영역을 인수하면서 뒷문 전략(back door tactics)을 사용했다는 혐의를 제기했다. 이에 대해 테스코는 어떤 소매업자도 궁극적으로 고객들이 선호하는 것을 거슬러 움직일 수는 없다고 주장한다. 테스코(Tesco Plc)의 대외 협력 및 법무 담당 책임자인 루시 네빌 롤페(Lucy Neville-Rolfe)는 다음과 같이 말한다.

> 앤드루 심스……의 공격이 보여주는 것은 심스가 현대 소매업에 대해서보다 동식물군에 대해서 더 많이 안다는 것을 입증한다. 테스코는 고객들의 요구와 바람을 충족시킬 때 비로소 번성할 것이다. 심스의 문제는 심스가 사람들이 자유롭게 선택하는 것을 좋아하지 않는다는 것이다.

그림 1 영국 식품소매사업과 테스코의 발전

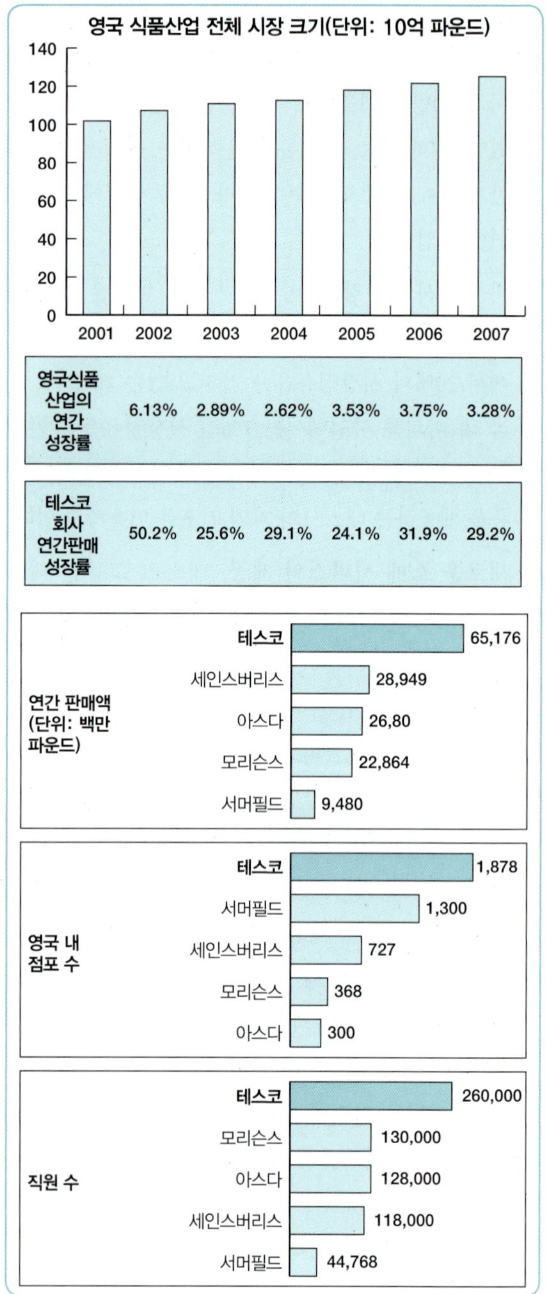

Source: Datamonitor 2007, company reports.

그림 2 영국 온라인 식품 판매 웹 사이트의 페이지 순위와 일일 방문 비교

힛와이즈(Hitwise) 영국 온라인 퍼포먼스 어워드 '쇼핑 항목 – 식료품과 술'	
순위	도메인
1	www.tesco.com/superstore
2	www.asda.co.uk
3	www.asda.com
4	www.sainsburys.com
5	www.sainsburystoyou.co.uk
6	www.waitrose.com
7	uk.aldi.com
8	www.tesco.com/winestore
9	www.lidl.co.uk
10	www.ocado.com

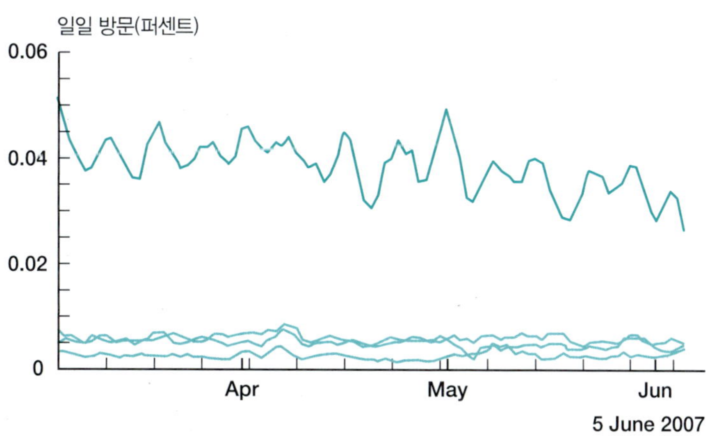

Source: www.alexa.com.

테스코 닷컴에서 쇼핑하기

> 우리는 웹사이트가 쇼핑하는 데 필요한 기본적인 활동들(필요한 상품들을 발견하고 자세히 살펴본 후 최종 선택하고 구매하기까지의 활동들)만 제대로 지원하면 된다고 생각한다. 그래서 우리는 웹사이트를 가능한 한 간단한 형태로 가져가기로 결정했다.
>
> (**로러 웨이드게리**, CEO, 테스코 닷컴)

웹사이트 등록

테스코 닷컴(Tesco.com)을 통해 식료품을 온라인 상으로 구매하고 싶은 사용자들은 배달 정보와 개인 정보를 입력해 회원 가입을 해야 한다. 이때 사용자들이 보유한 테스코 클럽카드 회원 카드의 상세 정보를 입력하라고 권장하는데, 이는 테스코 오프라인 매장에서의 과거 구매 이력을 활용하기 위함이다. 이런 방식으

로 처음 방문하는 온라인 고객들은 별도의 절차 없이 평소대로 쇼핑을 즐길 수 있다. 고객들이 클럽카드 번호를 가지고 있지 않거나 노출시키고 싶어하지 않는다면 시스템은 새로운 가상 회원 번호를 생성해 이를 기반으로 고객들의 쇼핑 이력을 추적하고 포인트를 제공하게 된다.

웹사이트 접속

고객들은 테스코의 온라인 서비스에 접속하기 위해 다양한 방법을 쓸 수 있다. 2001년 이후 고객들은 테스코닷컴의 모바일 상거래(mobile commerce), 휴대폰을 이용한 상거래 방식: 역주를 이용해 왔다. 테스코 닷컴은 마이크로소프트(Microsoft)와 제휴해 테스코 접속(Tesco Access)서비스를 개시함으로써, 손에 쥐고 쓸 수 있는 컴퓨터와 WAP 기반의 무선 전화를 사용하는 이용자들이 온라인 쇼핑을 할 수 있는 환경을 제공하고 있다고 테스코 닷컴의 CEO인 존 브로웨트(John Browett)는 설명했다.

> 새로운 테스코 접속서비스를 개시한 이래로, 테스코의 고객들은 언제 어디서나 인터넷, 디지털 TV 또는 포켓 PC 등 어떤 기기를 통해서도 자유롭게 쇼핑이 가능하다.

테스코 접속 서비스는 테스코 닷컴의 정규 서비스로 포함되었다. 2007년 7월부로, 사용자들은 각자의 이용 계정 환경에서 자신이 이용하는 테스코 닷컴의 화면형태를 직접 선택할 수 있다.

웹사이트 둘러보기

웹사이트는 온라인 쇼핑 절차를 간소하게 하는 몇 가지의 기능을 제공한다.

- **급행 쇼핑객(Express Shopper)**: 고객들은 평소 오프라인 매장에서 그러하듯 테스코 닷컴의 웹사이트에서 쇼핑 품목에 대한 리스트를 작성할 수 있다. 이때 웹사이트 시스템은 고객들의 희망 사항과 부합되는 상품을 검색해 보여준다. 고객들은 간단하게 원하는 상품을 선택하고 쇼핑 리스트에 있는 다음 품목으로 이동한다.
- **도시락 박스 툴(Lunchbox Tool)**: 바쁜 부모나 완성된 점심 식사 주문을 희망하는 고객들을 타깃으로 한 도구로 고객들은 자신이 원하는 샌드위치를 원하는 대로 만들 수 있다.
- **즐겨찾기(My Favorites)**: 이 기능은 고객들이 최근에 구매한 모든 품목 리스트를 보여준다. 고객들은 재구매하기를 원하는 어떤 품목이든 마우스만 클릭하면 된다.
- **온라인 요리책(Online Recipe Book)**: 고객들은 특정 요리에 필요한 재료들을 찾아보고 이를 구매하기 위해 마우스를 클릭한다. 상품들은 고객이 집에 이미 가지고 있는 것과 특정 요리를 위해 특별히 필요한 것들로 나뉜다.
- **유기농 박스(Organic Box)**: 테스코는 미리 포장된 유기농 상품을 서로 다른 크기로 제공한다.
- **계절별 선택(Season's Choices)**: 이것은 크리스마스, 바비큐 파티 또는 일반 파티와 같은 특별한 행사를 위한 품목들을 보여준다. 고객들은 특정 상품 리스트를 선택한 다음, 쇼핑 바구니에 추가하기를 원하는 상품들에 체크 표시를 한다.

비록 이러한 기능들을 모든 고객들이 사용하는 것은 아니지만, 테스코 닷컴의 쇼핑객인 케이트 쿡(Kate Cook)은 이러한 기능들 중 일부를 이용한다.

> 나는 '즐겨찾기' 기능을 아주 좋아한다. 이 기능을 이용해서 매주 점심 시간마다 10~15분씩 100유로 치에 해당하는 주문 리스트를 작성한다. 또한 손님을 저녁 식사에 초대할 때, 나는 간단한 식사 준비를 위한 '요리책' 선택 항목을 체크하거나 바비큐 준비를 위해 '계절용 선택항목을 체크한다. 두 아이의 엄마인 나의 동료는 아이들을 위한 '도시락 박스' 기능을 좋아한다. 당신이 일년 내내 일주일에 5번씩 아이들을 위해 샌드위치를 만들어야 한다면 메뉴에 대한 아이디어가 고갈되기 마련이니까요.

예를 들어 잘 익은 바나나를 선호하는 등, 고객들이 상품에 대한 선호도가 있다면 각 상품의 바로 옆 페이지에 나타나는 특별한 메모 기능을 이용해 고객들에게 알려줄 수 있다(그림 3 참조). 상품의 재고가 바닥난다면 고객들은 적절한 대체품을 선택하거나 해당 상품을 취소하든지 선택할 수 있다. 고객들이 대체품을 좋아하지 않는다면 배달되자마자 배달 운전사에게 돌려줄 수 있으며, 이미 계산된 돈은 환불된다.

웹사이트 점포들은 고객이 온라인 점포를 떠날 때마다 가상의 쇼핑 카트를 저장함으로써 고객들이 다음에 테스코 닷컴을 방문했을 때 서로 다른 가족 회원들이 이전에 저장한 쇼핑 리스트를 쉽게 검색할 수 있게 해준다. 테스코는 또한 온라인과 오프라인 사업의 경험을 통합하고자 시도 중인데, 이렇게 되면 클럽카드 회원들이 카드 번호를 입력해 웹사이트에 접속하고 오프라인 점포에서 최근 구매한 이력을 온라인에서 확인할 수 있다.

배달 계획 잡기와 지불하기

테스코 닷컴의 가격은 테스코의 오프라인 점포들과 동일하다. 온라인 고객들은 매장 내 할인, 판촉 행사 그리고 하나 값에 두 개를 주는 '하나 사면 하나 더 (1+1)'와 같은 특별한 행사를 하는 상품들을 이용할 수 있다. 고객이 주문을 하는 시점에 이러한 특별한 행사가 유효하다면 웹사이트 화면에 그것에 대한 정보가 보일 것이다. 비자(Visa), 마스터카드(MasterCard), 스위치(Switch), 아메리칸 익스프레스(American Express) 그리고 테스코 클럽카드 플러스(Tesco Clubcard Plus)와 같은 신용 카드 또는 직불카드를 이용해 지불 가능하며 상품 포장이 완료되면 계좌에서 돈이 인출된다.

처음 2년간 테스코는 주문한 양과 배달 시간에 관계없이 모든 홈 배달에 대해 5유로의 정액 요금을 부과했다. 현재 배달 요금은 요일마다 다르게 적용되어, 주초에 이뤄지는 배달 요금은 가장 싸고 저녁이나 주말에 이뤄지는 배달 요금은 더 비싸다.(그림4 참조) 고객들은 오전 9시와 오전 11시 사이에 있는 2시간 단위의 배달 시간 중 한 타임을 선택한다. 고객들은 이러한 차등 배달 요금 부과 모델에 만족하는 것 같다고 온라인 쇼핑객인 케이트 쿡은 말했다.

> 테스코는 항상 제시간에 배달해 준다. 나는 지난 4년간 테스코 닷컴에서 일주일에 한 번씩 쇼핑을 해왔는데, 딱 한 번 배달이 10분 정도 늦게 되었지만 주문한 금액의 10유로를 깎아주는 것으로 충분한 보상이 이뤄졌다. 사실 대부분은 배달이 제시간보다 빨리 이뤄진다. 종종 내가 회사에서 돌아오면 배달용 차량이 벌써 내 집 앞에 도착해서 배달 운전사가 나를 기다리고 있다.

주문한 품목들은 표시된 대체품과 함께 플라스틱 가방에 배달되고, 고객들은 대체품을 받자마자 이를 살펴보고 수용하거나 거절할 수 있다. 오염물과 쓰레기를 줄이기 위해 테스코는 홈 배달 시 사용하는 비닐봉지의 사용을 줄이고 있다. 최근 보고에 의하면, 테스코 닷컴은 주문된 32개 상품당 11개의 비닐봉지를 사용했다

그림 3 테스코 닷컴 웹사이트에서 물품 선택하기

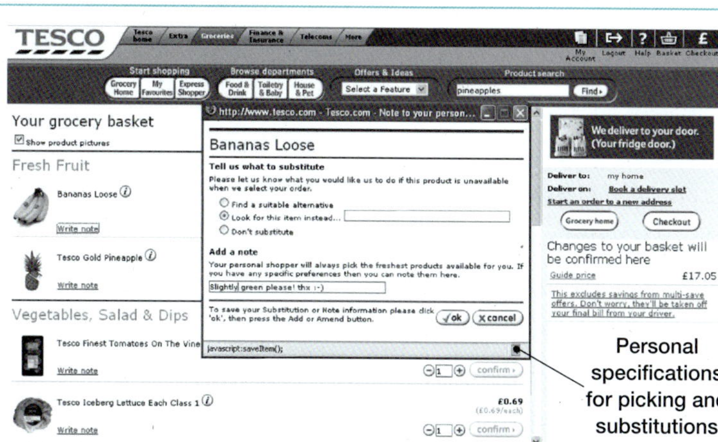

Source: Tesco.com.

그림 4 테스코 닷컴에서 배송일시 선택하기

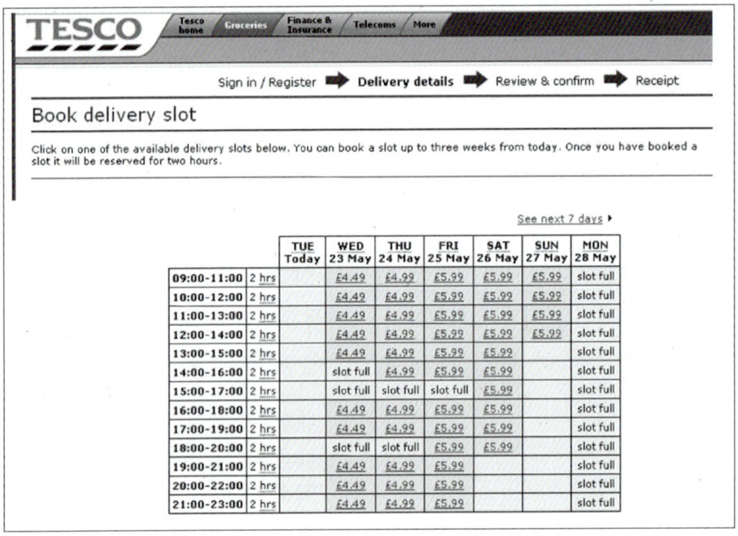

		TUE Today	WED 23 May	THU 24 May	FRI 25 May	SAT 26 May	SUN 27 May	MON 28 May
09:00-11:00	2 hrs		£4.49	£4.99	£5.99	£5.99	£5.99	slot full
10:00-12:00	2 hrs		£4.49	£4.99	£5.99	£5.99	£5.99	slot full
11:00-13:00	2 hrs		£4.49	£4.99	£5.99	£5.99	£5.99	slot full
12:00-14:00	2 hrs		£4.49	£4.99	£5.99	£5.99	£5.99	slot full
13:00-15:00	2 hrs		£4.49	£4.99	£5.99	£5.99		slot full
14:00-16:00	2 hrs		slot full	£4.99	£5.99	£5.99		slot full
15:00-17:00	2 hrs		slot full	slot full	slot full	£5.99		slot full
16:00-18:00	2 hrs		£4.49	£4.99	£5.99	£5.99		slot full
17:00-19:00	2 hrs		£4.49	£4.99	£5.99	£5.99		slot full
18:00-20:00	2 hrs		slot full	slot full	£5.99	£5.99		slot full
19:00-21:00	2 hrs		£4.49	£4.99	£5.99			slot full
20:00-22:00	2 hrs		£4.49	£4.99	£5.99			slot full
21:00-23:00	2 hrs		£4.49	£4.99	£5.99			slot full

Source: Tesco.com.

고 밝혔다(다른 온라인 소매업자들은 훨씬 더 많이 사용한 것으로 나타남). 테스코는 최근에 '비닐봉지를 사용하지 않는 옵션(no-bag option)'을 발표했는데, 이는 주문한 식료품 및 잡화를 잘 정돈될 수 있고 재사용 가능하며 배달 운전사에 의해 회수될 수 있는 플라스틱 박스에 담아 배달하는 것을 의미한다. 비닐봉지를 선택하지 않는 고객들은 추가적인 클럽카드 로열티 포인트를 받는다. 약 40%의 고객들은 이미 '비닐봉지를 사용하지 않는 배달'을 선택하고 있다.

테스코 닷컴 비즈니스 모델

테스코가 처음 배달 서비스를 시작했을 때, 고객들이 전화, 팩스 그리고 인터넷을 통해 주문하는 것은 이미 가능했었다. 그러나 그러한 주문 시스템은 각각의 주문이 수작업으로 접수되어 부정확하며 너무 느린 것으로 드러났으며, 이로 인해 잦은 오류와 고객 불만을 야기했다. 피킹(picking) 시스템이 수작업이고 종이 기반이어서 피커(picker)들이 주문 리스트를 들고 점포 내를 둘러본 후 제품진열대에서 주문한 아이템을 가져와야 했고 결과적으로 배달 비용은 매우 비싸졌다. 로러 웨이드게리는 식료품 및 잡화의 배달 초창기 시절에 경험한 일을 이렇게 이야기했다.

> 정말 끔찍했다. 전화 주문을 받은 후, 수작업으로 그것을 기록해 팩스를 통해 품목이 선택될 점포로 보냈다. 이 때 종종 일종의 사건이 발생해, 고객이 그레이프프루트(약간 신맛이 나고 큰 오렌지같이 생긴 노란 과일)를 주문했는데 배달받는 것은 양배추가 되기도 했다.

이러한 초창기의 어려움들을 극복하기 위해 테스코는 배달 서비스를 상당 부분 자동화하는 한편 주문 절차를 개선하고 간소화하기 위해 인터넷을 유일한 주문 채널로 통일하기로 결정했다. 테스코는 온라인 쇼핑의 배달 형태를 고심하는 시점에서 두 개의 접근 방식, 즉 자체적인 물류 창고를 만들 것인지 아니면 영국 내 점포들을 유통의 중심점으로 활용할 것인지 중 하나를 선택해야 했다. 두 전략 모두 위험 요소는 존재했다. 거대한 물류 창고를 짓는 것은 수백만 파운드가 소요되는데 테스코는 검증되지 않은 서비스에 대해 돈을 쓰는 것이 부담스러웠다. 한편 점포 활용 시에는 점포에서 식료품을 고르고 포장하는 것이 통로를 막아 결과적으로 점포 고객들을 불만스럽게 하는 결과가 나타날 것이었다. 이

그림 5 테스코 닷컴 주문 처리 모델 개발

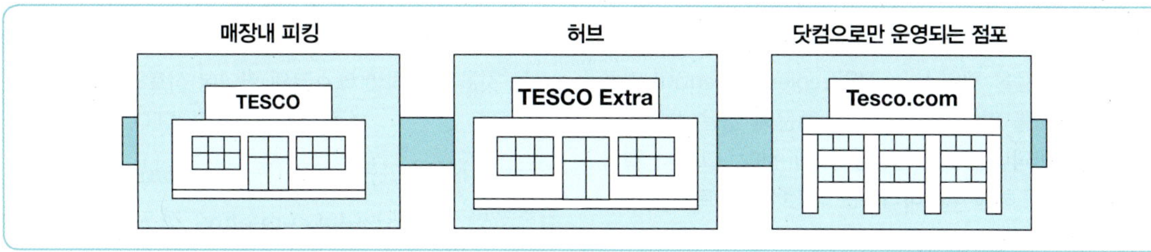

Source: Tesco.com.

런 이유로 테스코의 비즈니스 모델은 매장 내 피킹을 수행하는 가장 단순한 처리 모델을 가지고 천천히 진화했다(그림 5 참조).

매장 내 피킹

테스코 닷컴의 CEO인 로러 웨이드게리는 궁극적으로 매장 내 피킹(in-store picking) 모델을 선택한 근거를 다음과 같이 설명했다.

> 처음에는 많은 사람들이 매장 내 피킹 모델을 보고 "미쳤어. 이건 맞지 않아"라고 말했다. 그들은 무의식적으로 물류창고 모델이 정답이라 여겼다. 그러나 배달에 소요되는 처리 비용에 대해 생각해봐야 한다. 이러한 고민을 통해 영국 내 지역 곳곳에 조밀하게 분포하는 우리의 대형 점포들을 찾는 고객 가까이에서 고민해야 될 필요가 있음을 알았다. 그래서 사실 매장 내 피킹 모델은 밖에서 보이는 것처럼 전략적인 방법은 아니다. 단지 선택해야만 하는 방법일 뿐이었다.

고객들에게 오프라인 매장에 대한 경험을 자연스럽게 확장시켜주는 것은 회사 차원에서도 이익이라고 테스코 다이렉트의 운영 개발 책임자인 대니얼 로버츠(Daniel Roberts)는 말했다.

> 테스코 닷컴을 통해 주문이 들어오면, 우리들은 테스코 점포로 가서 그 주문을 접수할 것이다. 그래서 효용, 상품의 품질 그리고 점포를 쇼핑하면서 보는 다른 측면에 대한 우리의 경험은 거리를 걷는 누군가의 경험과 같은 것이다. 본질적으로 테스코 닷컴의 피커(picker)들은 실질적으로, 테스코 닷컴의 효용에 대한 판단 도구가 테스코 전체의 효용을 판단하는 도구가 될 정도로, 테스코 피커들의 안목은 단골 손님의 안목과 동일하게 취급된다.

테스코 닷컴은 영국의 300개 점포들에 대해 주당 약 25만 개의 주문을 접수한다. 영국 국민의 94%가 테스코 점포에서 25분 이내 반경 범위에 살기 때문에 지역 점포들로부터의 배달은 25분 이상 걸리는 경우가 없다. 고객들의 쇼핑 활동을 방해하지 않기 위해서 테스코는 매장 내 피킹 모델을 몇 년에 걸쳐 개선해 왔다. 피킹(picking)은 오전 6시에 시작되어 오후 2시까지 계속된다. 그 이후 시간은 직접 식료품 쇼핑을 하는 고객들이 점차 증가하기 때문에 피킹 직원의 수는 점차 줄어든다. 이런 식으로 피킹 직원에 의한 매장 내 피킹과 고객들에 의한 쇼핑 활동의 하루 중 최고점은 통로가 막히는 것을 피하기 위해 비동기화된다. 개선된 피킹 알고리즘을 사용하는 것은 점포 내에 쇼핑 카트가 고르게 분포하게 함으로써 혼잡을 줄일 수 있는 또 다른 방법이다.

일 단위 운영의 가장 큰 어려움들 중 하나는 들어오는 주문을 정확히 예측하는 것이다. 전국 단위의 수요 예측은 상당히 쉬운 편인 반면, 개별 점포 단위의 예측은 오후 2시 이후의 밀린 피킹 작업으로 인해 거의 불가능하다.

매장 내 피킹을 최적화하기 위한 모든 노력에도 불구하고 점포들은 결국 극복하기 힘든 한계에 직면한다. 또 다른 병목들(bottleneck)은 주문된 상품이 저장되고 배달 차량에 적재되는 장소인 뒷보관소(backroom)와 배달 차량들을 수용할 수 있는 이용 가능한 주차 공간의 크기였다고 대니얼 로버츠는 설명했다.

> 우리가 가진 한 가지 문제점은 특히 크리스마스에 발생하는 혼잡이다. 우리는 몇 개의 점포 내에 정말로 많은

카트를 보유하고 있기 때문에 고객들과 다른 피커들의 이동 시 혼잡을 발생시키고 이런 곳에서 병목현상을 볼 수 있게 된다. 또한 그 주위를 피해 일할 수 있을지라도 부족한 물품을 채워 넣는 작업(replenishment)이 빠른 피킹 속도를 따라잡을 수 없기 때문에 많은 상품들의 재고가 바닥나는 병목현상을 보게 된다. 그래서 결국 아이디어와 해결책이 바닥나는 시점에 다다르게 된다.

배달 허브의 건설

테스코의 주문 처리 작업은 3만 제곱피트부터 12만 5,000제곱피트에 이르기까지 다양한 크기를 가지는 영국 내 약 300개 점포들을 기반으로 이뤄진다. 어떤 점포들은 단지 2~3대의 배달 차량만을 운영하는 반면 큰 점포들은 최대 20대까지 배달 차량을 운영할 수 있기 때문에 배달에 관한 제약 사항들은 경우에 따라 달라진다. 전체 배달 차량은 1,800대다. 테스코는 배기 가스가 없이 배터리로 가동되는 '녹색 차량(green vans)'을 만들어 환경적인 문제를 해결하고자 한다. '녹색 차량' 중 15대가 런던과 슈루즈버리(Shrewsbury)의 친환경 시범 점포에서 운행되고 있다. 일반적인 배달 차량과 같은 양을 운반할 경우, '녹색 차량'은 최대 시속 50마일(시속 80킬로미터)로 운행 가능하며 한 번 충전으로 100마일(160킬로미터)까지 이동할 수 있다.

테스코는 종종 실제로 필요한 것보다 더 큰 대형 점포를 건설해 왔다. 이러한 테스코의 가외 점포들 중 일부는 피킹 직원과 배달 차량을 확충하고 이러한 점포들 뒤에 맞춤형 주문 처리 구역을 마련함으로써 배달 허브(hub)로서의 기능을 수행해 왔다. 이들은 더 넓은 공간을 제공함으로써 혼잡한 대형 점포가 가지는 문제점을 해결한다.

닷컴으로만 운영되는 점포

영국의 몇몇 지역에서는 점포 기반(store-based) 모델을 확장할 수 있는 한계에 부딪혔다. 그러나 서비스에 대한 고객의 요구 사항을 고려해 우리는 온라인 사업을 확장할 수 있는 방법을 찾기 위해 노력했다. 이것이 약 1년 전에 우리가 '닷컴으로만 운영되는(dot.com-only) 점포'를 세웠던 이유다. 외부에서 볼 때 그것은 우리의 경쟁자들 중 일부에 의해 세워진 것과 같은 자동화된 물류 창고들 중 하나처럼 보이지만 내부에서 보면 그것은 단지 테스코 점포일 뿐이다. 그리고 본질적으로 이 점포는 고객들, 금전 등록기 그리고 계산대 직원이 없는 것을 제외하면 테스코의 거대한 점포와 동일하다.

(**로러 웨이드게리**, CEO, 테스코 닷컴)

영국의 남부에 있는 크로이돈(Croydon)에 위치한 '닷컴으로만 운영되는(dot.com-only) 점포'는 2006년 2월에 처음으로 개점했다. 그것의 규모는 2만~5만 제곱피트 범위의 테스코 슈퍼 스토어의 크기와 비슷하다. 그것은 런던 근방의 몇몇 혼잡한 테스코 점포들이 당면한 한계점을 최소화해 주는 한편, 특별한 장비를 갖춘 피킹 카트(그림 6 참조)와 점포에서 오랫동안 개선되어 온 물류 이송 절차 노하우를 포함한 매장 내 피킹 모델에서의 모든 사업 경험을 테스코 닷컴에서도 활용할 수 있도록 매우 실용적으로 디자인되었다. '닷컴으로만 운영되는 점포'는 두 가지의 장점을 결합해 커다란 물류 창고의 널찍함을 가지면서 매장 내 피킹을 수행하는 다소 혼합된 방식으로 서비스를 제공한다.

닷컴 운영 모델을 점포로 통합하기

테스코는 고객들뿐만 아니라 주문 처리가 수행되는 오프라인 점포들에도 집중해야 했다. 점포 매니저 입장에서는 테스코 닷컴의 운영을 그들의 기존 비즈니스에 통합하는 것이, 처음에는 엄청난 침범이며 점포 매니저들에 대한 도전처럼 보인다. 그러나 이러한 서비스 통합은 제곱피트당 판매 실적 개선에 중대한 영향을 미친다. 판매 실적은 점포의 성공을 결정하는 핵심 요소들 중 하나이기 때문에 점포 매니저들은 서비스 통합을 원한다. 테스코의 온라인 사업에서 발생되는 운영 마진은 오프라인 사업에서 발생되는 운영 마진(약 5.7%)과 비슷하다. 그러나 영국 점포들이 9%의 판매 실적 성장세를 보이는 것과 비교해 볼 때 온라인 점포는 최대 30%까지 훨씬 높은 판매 실적 성장을 준다는 것을 알아야 한다. 로러 웨이드게리가 확신했던 것처럼, 온라인 주문을 처리하는 것은 추가적인 부담이라기보다는 차라리 또 하나의 기회처럼 보인다.

점포 매니저는 온라인 사업으로 인해 꽤 많은 추가 업

그림 6 카트 선택 인터페이스

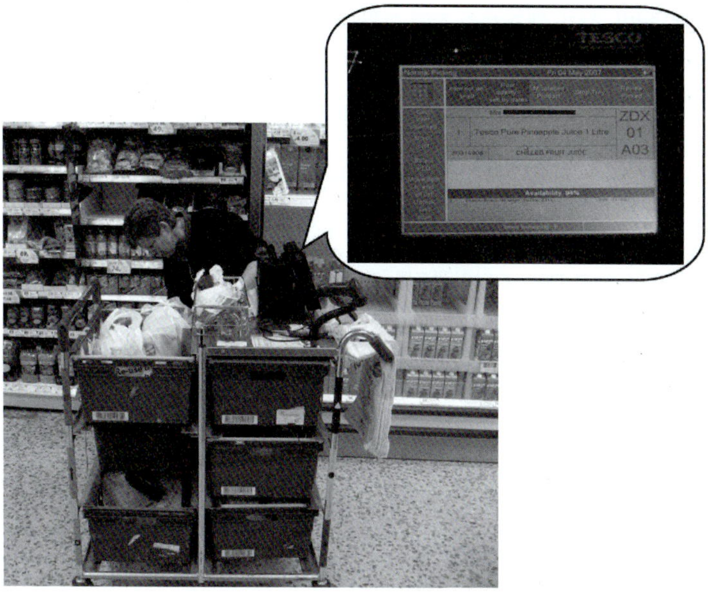

Source: Tesco.com store visit.

무를 해야 하는데, 왜 그는 점포 뒤편에서 이렇게 복잡하고 초를 다투는 중요한 사업을 운영하고 싶어하는가? 그에 대한 대답은 바로 온라인 사업이 상당한 판매 실적의 향상을 가져다 주기 때문이라고 할 수 있다. 그리고 소매업자로서 제일 중요한 것은 그것이 어디로부터 발생하든지 상관없이 무조건 판매를 극대화하는 것이다. 닷컴 운영으로 인한 점포의 총 판매 기여도는 단지 4%정도에 불과할지라도 그것은 매년 25~30%의 꾸준한 성장률을 보이고 있다.

온라인 식료품 잡화점 소매업의 수익성 강화 –테스코 닷컴의 비용 관리

온라인 사업을 운영하고 이를 기존 비즈니스에 통합하는 것은 추가적인 작업 부담과 복잡함을 발생시키고 주요 사업과 테스코 닷컴 사업 각각에도 분리된 비용들이 발생한다. 과거에 몇몇 분석가들은 테스코 닷컴이 단지 주요 사업에 편승하고 있다고 주장해왔다. 테스코 닷컴은 3개의 서로 다른 형태의 비용들을 구분해 관리한다.

- **직접비**: 주문 처리에 소요되는 직접비를 다루는 일은 상대적으로 쉽다. 테스코 닷컴은 피킹 인력, 배달 차량, 운전사, 장비, IT 시스템 등을 직접비에 포함시킨다.
- **간접비**: 점포 바닥을 청소하는 데 들어가는 비용, 피킹 시간 동안 보충 작업을 하는 데 들어가는 비용 등 테스코 닷컴을 운영함으로써 발생되는 추가 비용이 간접비에 포함된다.
- **순수 오프라인 비용**: 가령 점포 내 식당 운영을 위한 비용은 테스코 닷컴과 어떤 식으로든 공유될 수 없을 것이다.

로러 웨이드게리에 따르면, 테스코 닷컴은 닷컴(dot.com) 사업과 오프라인 사업 사이에서의 비용을 분리하는 것에 관한 한 매우 실용적인 접근 방식을 따른다.

> 우리는 우리에 의해 발생되는 순수 비용 또는 추가 비용과 어쩔 수 없이 발생하는 비용 사이에 확실한 구분을 짓는다. 이에 대한 좋은 예로, 우리가 사업을 시작했을 당시 점포 내 저장 공간에 위치한 좁은 복도에 약 600파운드를 들여 마련한 금속 막대로 칸막이를 짓고 운영을 했다는 점을 들 수 있다. 그래서 우리가 전기, 난방, 여러 개발에 대해 엄청난 비용을 청구했을까? 아니, 우리는 그러지 않았다. 이제 우리는 냉동고, 냉각 장치, 적당한 규모의 공간 등 닷컴 운영 시 필요한 것에 대한

디자인 표준을 가지고 있다. 그 비용은 최대 25만 파운드로 보고 있는데, 그것은 우리에 의해 자체적으로 발생된 비용과 추가적인 난방, 전기, 재고 보충 작업 그리고 환경 미화를 통해 발생된 부분도 포함하며, 그것에 대해서는 기꺼이 지불한다.

성장하는 비식품 사업: 테스코 다이렉트의 개시

당신이 식품 사업을 하는 한 당신의 경쟁자가 누구인지는 명확하다. 지금 당신은 단지 테스코 다이렉트를 포함하는 다국적 소매 사업자들하고만 경쟁하는 것이 아니라 이베이(e-bay), 아마존(Amazon) 등 순수하게 인터넷을 기반으로 하는 사업자들과도 경쟁하고 있다. 게다가 가전제품을 판매하는 점포를 소유하고 있으면서 그 물건을 온라인에서 판매하기로 결정한 푸트니(Putney)의 조 블록스(Joe Bloggs)와도 경쟁하고 있다.

(**스티브 로빈슨**, CEO, 테스코 다이렉트)

테스코 슈퍼마켓들의 상품 범위에 비식품 품목들을 추가한 것은 1997년에 테스코가 첫 번째 테스코 엑스트라를 개점해 대규모의 사업을 시작하면서부터다. 이러한 교외 지역의 대형 슈퍼마켓은 소량의 의류를 포함한 4,000여 종의 비식품 품목을 취급한다. 몇몇 기존 슈퍼마켓들은 추가적인 쇼핑 구역을 확충하거나, 그럴 만한 공간이 부족한 몇몇 상점에서는 점포 일부에 중이층다른 층들보다 높이를 낮게 해 두 층 사이에 지은 층: 역자주을 설치해 테스코 엑스트라로 전환했다. 테스코는 오프라인 비즈니스를 비식품 영역으로 확장하는 것에 한계가 있다는 것을 인식했고 고객들이 더 많은 주문과 배달 채널을 원하고 있음을 알게 되었다.

테스코가 온라인 기반의 비식품 비즈니스로 진입한 것은 1998년에 우편 주문 회사인 그라탕(Grattan)과 설립한 합작 투자 회사를 통해서였다. 테스코는 거대한 고객기반뿐만 아니라 고성능 IT 시스템도 동업자인 그라탕에게 공개했고, 주문 처리 작업은 그라탕에게 위탁했다. 이런 방식으로 합작 투자 회사는 2006년까지 지속되었다. 본질적으로 테스코는 자신이 소유한 고객들로부터 접수된 비식품 주문을 그라탕에게 넘겨줌으로써 주문 처리가 전문가에 의해 이뤄지게 했고, 여기에서 발생하는 이익을 서로 나눠 가졌다. 그러나 그라탕 합작 투자 회사는 고객 규모와 수익을 확장하는 데 있어서, 취급하는 상품의 범위와 운영의 유연성 측면에서 한계에 부딪쳤고 테스코는 결국 온라인 비식품 비즈니스를 스스로 운영하는 것이 더 낫겠다고 결정했다.

테스코는 10년간 온라인 식료품 잡화점 비즈니스에서 쌓은 전문 지식을 활용하는 한편, 스티브 로빈슨을 포함한 두 명의 임원급 전문가를 팀으로 영입해 '테스코 다이렉트(Tesco Direct)'라는 새로운 브랜드를 내걸고 비식품 비즈니스의 경쟁력 강화 작업에 착수했다. 로빈슨은 이전에 영국 내 가장 강력한 소매업자 중 하나인 아르고스(Argos)에서 재무 책임자로 근무했었다.(그림 7 참조) 2006년 9월, 테스코 다이렉트는 크리스마스 시즌에 맞춰 문을 열기로 하였고 이 축제 기간의 판매 급증과 그라탕 투자 합작 회사의 늘어난 업무들은 비교적 쉽게 처리되었다.

조직 구성

테스코 닷컴의 개시와 달리, 테스코 다이렉트는 기존 조직 구조에 통합되어 운영되었다. 스티브 로빈슨은 다음과 같이 설명했다.

2005년 7월, 내가 테스코에 합류했을 당시 "좋아요, 내가 그 사업을 추진하기 위해서는 400명의 인력과 완벽히 독립된 사업 단위가 필요합니다."라고 말하지 않았다. 대신에, 테스코는 이미 오프라인 비즈니스에서 비식품 사업에 관한 많은 전문 지식을 축적해왔으며 매우 성공적인 온라인 사업체로서 시장에서의 입지를 굳혀온 것으로 알고 있다. 그래서 우리는 기본적으로 이러한 노하우에 편승해 추가적인 작업 부담을 처리하고 그 프로젝트를 수행하는 데 필요한 멀티 채널에 관한 지식을 확보하기 위해 비식품과 닷컴 비즈니스에 인력을 충원했다.

테스코 다이렉트 팀은 주요 사업의 광고 팀과 밀접하게 협업했다. 테스코 엑스트라에서 이용 가능한 몇몇 상품의 범위는 카탈로그에도 역시 포함되기 때문에 오프라인 비즈니스 영역의 담당자들은 전 세계에 분포하는 공급자들과 거래하며 서로 다른 채널들을 함께 고려해야 했다.

그림 7 영국 최대 온라인 소매 사이트의 일일 방문순위 비교

IMRG/힛와이즈 영국'인기 상점 목록'2007				
순위	2월 7일	5월 6일	이름	도메인
1	1	1	Amazon UK	www.amazon.com
2	3	4	Tesco.com	www.tesco.com
3	2	3	Argos	www.argos.com
4	4	5	Play.com	play.com
5	7	6	Amazon.com	www.amazon.com
6	6	7	Expedia.co.uk	www.expedia.co.uk
7	10	10	Apple Computer	www.apple.com
8	5	8	easyJet	www.easyjet.co.uk
9	11	9	RyanAir.com	www.ryanair.com
10	9	11	British Airways	www.britishairways.co.uk

Source: www.imrg.com, www.hitwise.com.

적합한 가치사슬의 개발

테스코는 고객 경험에 상당한 영향을 미치는 가치사슬의 모든 업무가 테스코 자체에서 수행되어야 한다고 믿었다. 멀티 채널 기반의 소매업에서 근무한 경력이 있는 로빈슨이 알려주는 핵심적인 통찰력들 중 한 가지는 순수한 인터넷 기반의 주문은 충분하지 않다는 것이다. 그는 오히려 최첨단과는 거리가 먼 카탈로그 기반의 소매업자에 의해 꽤 오랫동안 활용되었던 고객 경험을 확보하는 것을 목표로 했다.

2006년 9월, 서비스 개시 때는 인쇄된 소량의 카탈로그를 가지고 시험 삼아 운영했지만 2007년 3월, 테스코 다이렉트 카탈로그의 다음 호는 수백만 부를 인쇄했다. 그것은 봄과 가을, 1년에 두 번 인쇄되어 전국에 걸쳐 있는 점포들에게 2,000장 단위로 배포되었는데, 여기에는 테스코 닷컴으로부터 접수된 주문 상품 뿐만 아니라 연중 계절 상품과 특별 행사용 상품을 위한 전단지도 포함되었다.

그런데 1,000페이지 이상의 카탈로그를 발행하는 것은 조금 심각한 공급 문제를 야기했다. 온라인 비식품 비즈니스를 발전시키는 데 참여한 대부분의 사람들은 카탈로그 제작을 위한 모든 디자인 작업 과정이 출판사에 위탁되어야 한다고 확신했기 때문에 그 당시에 테스코의 핵심 경쟁력으로 출판 능력을 생각지도 않았던 것이다. 이런 생각을 가진 테스코 팀 앞에 로빈슨이 나타났을 때는 모두 놀랐다.

> 우리가 그 주제에 대해 논의했을 때, 나는 즉시 안 된다고 말했다. 당신이 인터넷 또는 카탈로그를 통해 무엇인가를 판매하고자 한다면 반드시 자체적인 사진 기술 및 디자인 역량을 보유해야 한다. 그것은 사람들이 상품을 보고 만지는 점포에서의 경험과는 다른 것이다. 자체적인 출판 시설을 보유하는 것은 우리가 갖춰야 할 정말로 중요한 전략적 역량이었으며 그것이 내가 성취한 일이었다.

로빈슨은 아르고스(영국 내 가장 강력한 소매업자 중 하나: 역주)와 다른 소매업체에서 카탈로그를 제작한 경험이 있는 디자이너, 사진사, 출판사를 포함하는 40명의 출판 전문가로 구성된 팀을 이끌고 미디어 출

그림 8 테스코 닷컴 제품 범위

Source: Tesco.com website.

판 센터를 설립했다. 팀 구성원 모두를 테스코의 다른 사업부서와 가까운 빌딩 하나에 모여 일하도록 한 것은 또 다른 중요한 혜택을 제공했다고 로빈슨은 설명했다.

> 이런 사람들 모두를 우리와 가까이에서 일하게 한 것은 정말 중요한 일이었다. 웹 디자인 파트의 동료가 카탈로그의 원본 사진을 본다면 우리에게 그것은 프린트로 인쇄해야 하는지, 아니면 웹용으로 개발해야 하는지 등에 대해 즉각적으로 말해줄 것이다. 이런 식으로 우리는 즉시 자료를 수정할 수 있고 한 번에 모든것을 해결할 수 있다는 이득이 생긴다. 즉, 그것은 우리로하여금 많은 돈과 시간을 절약하게 해준다.

적절한 상품들과 주문 처리 방식의 선택

테스코 다이렉트는 로빈슨이 아르고스에서 쌓은 경험 덕분에 소비자의 관심을 끌 수 있는 상품 범위를 바로 결정할 수 있어서 다른 경쟁자들보다 유리했다. 1만 2,000 SKUs (재고 유지 단위) 이상의 상품 범위는 정원용품부터 걸음마를 배우는 아이용 장난감에 이르기까지 다양했다(그림 8 참조). 로빈슨은 과거의 경험만 활용하는 것으로 만족하지 않고 새로운 아이디어를 통해 히트를 쳤다.

> 승마는 영국에서 엄청나게 인기 있는 스포츠다. 그러나 아직 멀티 채널 기반의 소매업자 중 어느 누구도 승마 장비를 갖추지 않았다. 우리가 해냈다. 우리는 심지어 수영장과 정원 창고까지 판매하기 시작했다.

온라인 사업을 운영하는 것은 테스코가 식료품 잡화점 비즈니스에서 했던 것을 온라인에서도 할 수 있다는 것을 의미했다. 테스코는 '우수하라~더 우수하라~가장 우수하라(good-better-best)'라는 경영 철학을 확장해 개별 상품의 기본 가격 또는 표준 품목 뿐만 아니라 많은 상품들을 값싸고 고급스러운 형태로 변형한 품목 또한 제공했다(그림 9 참조).

상품들을 인쇄된 카탈로그 또는 온라인을 통해 제공하는 것은 어떤 특별한 어려움도 존재하지 않았던 반면, 주문을 처리하는 것은 확실히 어려웠다. 테스코 다이렉트 운영이 비식품 소매 사업의 자연스러운 확장으로 비춰진 반면에 주문 처리는 검증된 매장 내 피킹 방식이 있어야 완수될 수 있었다고 로빈슨은 설명했다.

> 식료품 잡화점에서는 공급 사슬을 거치는 동안 식품을 신선하게 유지하는 것이 과제이고, 그래서 배달 시간을 최소화할 수 있도록 모든 것이 어디서든 이용 가능해야 했다. 한편 비식품 사업은 전혀 그렇지 않았다. 나는

그림 9 테스코 닷컴 유통형 브랜드

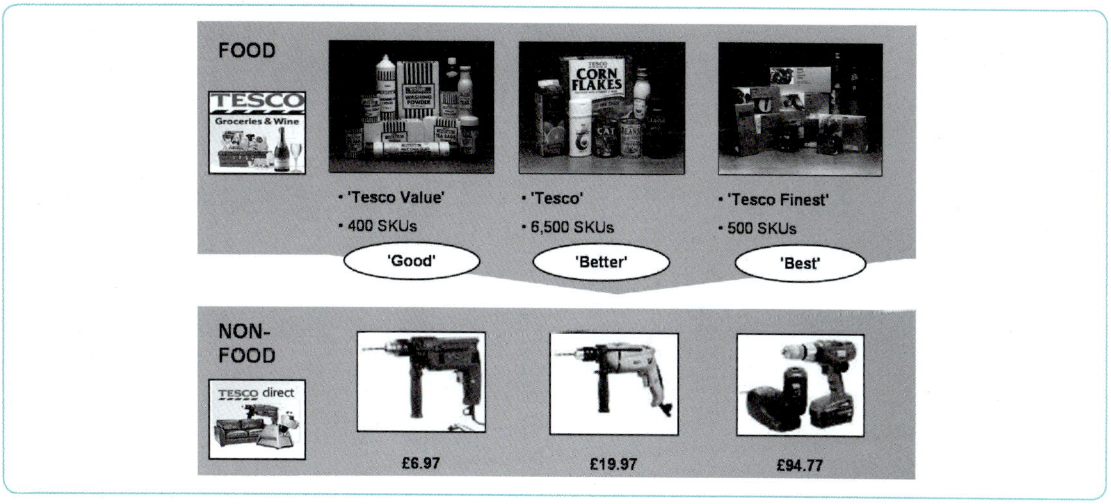

Source: Tesco.com.

> 5,000파운드짜리 TV를 가지고 있을 수 없었다. 왜냐하면 TV는 6주에 1대 정도 판매되는데 이것이 어디에서 판매될지는 예측할 수 없다. 그래서 결국 연말이 되면 아무도 원하지 않는 엄청난 수의 구식 TV를 가지고 있을 수 밖에 없을 것이다. 이러한 제품은 정말 중앙 집중 형태로 관리하는 것이 타당하다.

'1인 상품(one-man product)'은 디벤드리(Daventry)에 위치한 중앙 물류 센터에서 처리하는 소비재 가전들과 멀티미디어 상품들과 같은 더 작은 품목들로 구성된다.(그림 10 참조) 가구와 백색 가전 제품 같은 '이인 상품(two-man product)'은 전용 물류 창고를 활용해 물류 업무 전문가를 통해 유통된다. 많은 품목들을 갖추는 것이 비록 추가적인 비용을 발생시킬지라도 그것은 현명하게 지출되는 돈이라고 로빈슨은 확신했다.

> 영국에서 구매한 모든 소파 중 80%가 검은색, 갈색, 또는 베이지 색이다. 우리는 5~10일의 배달 시간을 보장하기 위해 이러한 모델들의 선택권을 제한했다. 비록 선택권은 적지만 선택의 범위가 다양하지만 60일의 배달 시간을 참아야 하는 큰 가구 점포들보다 훨씬 빠르게 제품을 받을 수 있다. 그것은 일종의 도박이었지만 결국 영국 내 소매업의 구도를 변화시켰다.

가장 큰 품목들을 제외하고는, 식료품 잡화점 비즈니스와 동일하게 고객들은 두 시간 단위로 배달 시간을 선택할 수 있다. 혹은 점포로 직접 가서 품목들을 가져올 수 있다. 이 경우 현금 구매가 가능한 데다(현금 구매는 여전히 선호되는 지불 방식으로 저소득 고객층에게는 특히 인기가 높음) 바쁜 고객들은 배달 시간을 미리 정하거나 배달 시간에 얽매이지 않아도 되므로 더 많은 선택의 자유를 얻는다. 테스코가 제공하기 위해 애쓰는 선택의 자유에 관한 또 다른 예로, 모든 품목들을 전화 및 다수의 대형 테스코 슈퍼마켓에 설치된 테스코 다이렉트의 접수처에서 주문 가능하다고 로빈슨은 설명했다.

> 실제 사람과의 상호 작용을 제공할 수 있는 것은 아마존 또는 이베이와 같은 순수 인터넷 기반 사업자들과 우리를 명확히 차별화시키는 점이다. 우리가 자체적인 물리적 점포망을 활용하고 고객들이 우리와 거래하기 위한 방법을 선택하도록 하는 것은 타당한 일이다.

테스코 다이렉트에서의 가격 책정

서로 다른 주문과 배달 채널이 서로 다른 비용을 발생시킬 수 있기 때문에 가격 책정은 어렵다. 그러나 고객들은 배달 채널별로 다른 가격을 지불하려 하지 않는다. 지금 가격은 단독 점포들에서 지역 단위로 별도 수행하는 계절용 처분 품목 또는 인터넷 비즈니스의 과잉 재고 품목을 제외하면 5파운드의 배달 수수료를 뺀

그림 10 비식품 상품의 고객주문 처리 과정

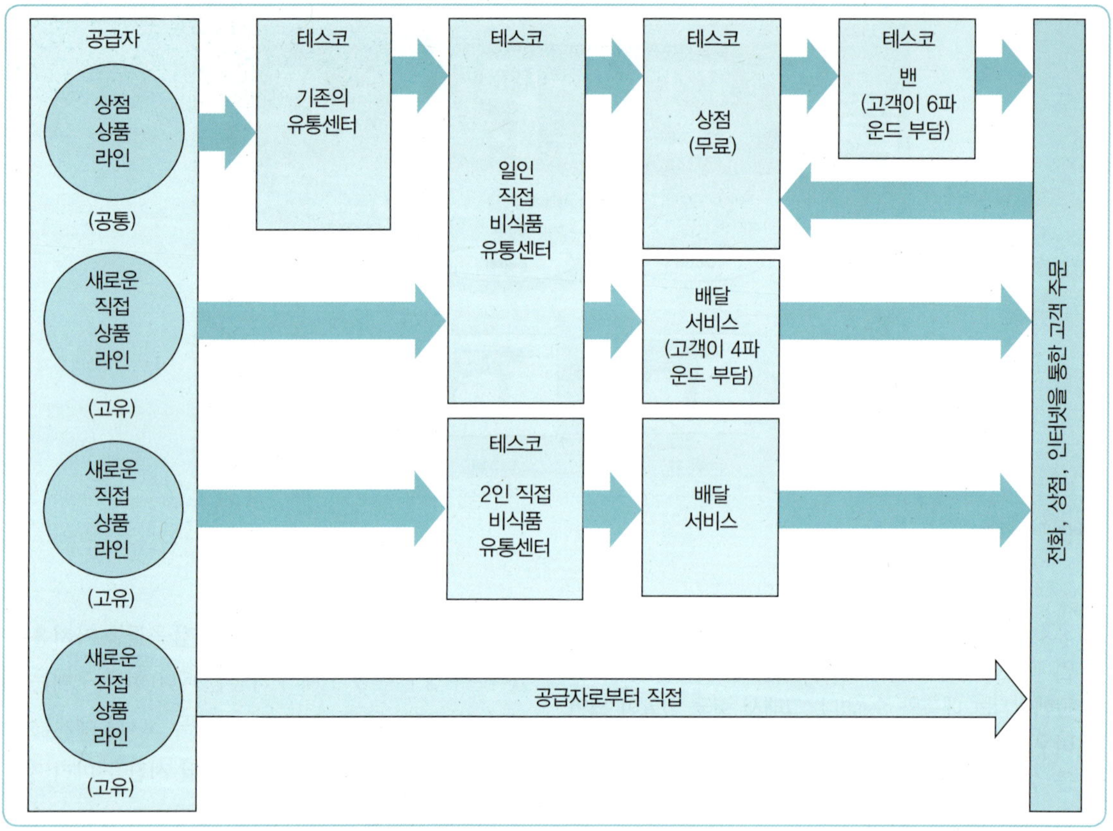

Source: Tesco.com.

을 경우 개별 채널에서 동일하다. 이러한 가격은 단지 비용 편의를 통해 서로 다른 채널들 간에 균형을 이룬(cost-benefit trade-off) 결과라고 로빈슨은 설명했다.

> 일반적으로 우리는 웹에서도 점포에서와 같은 가격으로 상품을 제공하는 정책을 펼친다. 그러나 몇몇 점포들은 여름 시즌이 끝난 후에 예를 들어 정원 가구가 과잉재고로 남게 된다. 이러한 품목들을 모두 공급 사슬을 통해 돌려보내는 것은 그다지 비용 효율적이지 않을 것이다. 대신에, 점포들은 웹에서 제공하지 못하는 더 낮은 가격으로 상품을 제공함으로써 재고를 처분할 수 있다.

다른 경쟁자들은 차별화된 가격 정책 모델을 시도해왔다. 예를 들어 아르고스는 원래 100파운드가 넘는 주문건에 대해서는 무료 배달을 원칙으로 했다. 나중에 이러한 한계 주문가격은 135파운드로 상승했다가 이러한 무료 배달이 없어지기 바로 직전에는 150파운드까지 증가했다. 하지만 테스코 다이렉트는 고객들이 그들의 물건을 직접 점포에서 가져가게 하는 옵션이 있었기 때문에 이러한 모델을 적용하기 어렵다. 구매액에 따른 무료 배달을 선택할 수 있게 하면 고객관점에서는 추가적인 유용성이 제공되지만, 테스코 관점에서 더 적은 품목들에 대해서 총 수익에 나쁜 영향을 일으킬지 모르는 추가적인 복잡성과 비용을 발생시킬 수 있다.

클럽카드–테스코가 가진 비장의 무기?

> 클럽카드를 활용하는 것은 매우 쉬운 일이다. 그것은 소비자들에게 교육을 제공하고 자율권을 부여하며 보상하는 것이다.
>
> (**앤드루 맨**, 마케팅 책임자, 테스코 클럽카드)

1995년, 테스코는 자체적으로 고객들의 요구를 분석하는 동시에 단골 쇼핑객들에게 혜택을 제공하고자 첫 번째 고객 로열티카드를 출시했다. 현재 테스코는 1,300만 클럽카드 회원을 보유하고 있다.

쇼핑객들의 이름과 주소와 구매한 상품 내역은 기록되는 한편 광고용 캠페인과 다른 판촉 활동을 위해 활용되기도 한다. 예를 들어 테스코가 애완 동물을 위한 보험 상품을 출시했을 때, 온라인 점포에서 최근에 개 사료와 고양이용 깔개를 구매했던 고객들을 골라 목표 대상으로 정할 수 있었다. 테스코는 주문 상품을 배달할 때 고객이 주문한 상품 내역을 인쇄 전단지를 함께 배포한다. 예를 들어 채식주의자를 위한 식품을 주문한 고객들은 'BBQ 계절별 영업 개시'에 관한 전단지를 받지 않을 것이다. 클럽카드 소지자들 중 선택된 고객들에 대해서는 매장 내 수집된 내용을 바탕으로 클럽카드 이브닝(Clubcard evenings)을 실행한다. 테스코에서 와인 또는 치즈를 구매한 고객들은 와인 시음을 위한 저녁에 초대될지 모른다. 샴푸나 화장품을 구매했던 쇼핑객들은 헤어 관리 행사에 초대될지 모른다고 테스코의 대변인인 카렌 마셜(Karen Marshall)이 설명했다.

> 그것은 우리와 거래한 고객들에 대한 작은 감사의 표시다. 주요 목적은 고객들에게 더 나은 서비스를 제공하는 것이다. 게다가 더 나은 서비스를 제공하기 위한 방법을 찾기 위해, 우리는 쇼핑객들에게 개인적으로 연락을 취해 정보를 얻는다. 이것은 대량 판매 시장에서는 생각하기 어려웠던 것이다.

테스코는 또한 클럽카드 회원들에게 요리 비법, 신상품 출시에 대한 세부 내용 그리고 특정 인구 통계학 집단에 맞춤화된 정보가 실린 월간 잡지를 보낸다. 개별 월간 호는 아이가 아직 어린 가정들, 학생들 또는 어르신들과 같은 목표 시장 그룹의 관심사와 생활 방식을 반영한다. 게다가 분기별로 우편물이 모든 참여 가정들에게 보내지는데, 이는 영국 내 연간 총 우편물 양의 6% 이상을 차지한다.

테스코 닷컴을 개시한 후 처음 2년 동안 클럽카드라는 아이디어는 엄청난 가치를 창출했다고 로러 웨이드게리는 회상했다.

> 특히 테스코 닷컴을 시작한 첫 1년 동안 우리는 신규 고객들로부터 오프라인 매장에서 정기적으로 구매하는 많은 품목들을 쉽게 찾을 수 없다는 지적을 많이 받았다. 그래서 지금은, 만약 처음으로 온라인을 통해 구매하는 쇼핑객이 이미 클럽카드를 소지한 고객이라면 우리의 시스템은 그것을 인지하고 자동적으로 그 고객이 슈퍼마켓에서 일상적으로 구매하는 품목을 보여주는 쇼핑 리스트를 덧붙여 보여줄 것이며, 이는 신규 온라인 고객이 그들이 원하는 물건을 훨씬 쉽게 찾을 수 있도록 할 것이다. 게다가 우리는 얼마나 많은 온라인 쇼핑객들이 또한 테스코를 빈번하게 방문하는 쇼핑객들인지 그리고 얼마나 많은 고객을 다른 체인점들에서 끌어오는지를 추적할 수 있다.

테스코 닷컴을 시작한 이후 곧 테스코 닷컴의 고객들 다수가 온라인과 오프라인 양쪽 모두를 방문하고 있음이 밝혀졌다. 로러 웨이드게리는 이것을 테스코가 온라인 채널을 처음으로 추가했을 때 예견했던 두려움 중 하나인 카니발라이제이션(cannibalization, 비슷한 채널/상품의 도입이 궁극적으로 자사 상품 매출의 감소를 가져오는 현상: 역주)의 근거로 인식하기보다는 비즈니스 모델의 특성으로 받아들였다.

> 가정을 위해 식료품 잡화점에서 쇼핑을 하는 모든 사람들은 일주일 내내 신선한 식료품 및 잡화를 구매하는 것이 얼마나 어려운 일인지를 안다. 그래서 사람들은 몇몇 신선한 상품들과 마찬가지로 저장 품목들을 구매한 다음 일주일에 한두 번씩 신선한 채소, 과일 또는 고기를 고르기 위해 테스코 점포로 다시 간다. 이것은 다음 두 가지 이유에서 좋다. 첫째, 이러한 행동을 통해 테스코 오프라인과 온라인의 쇼핑 경험이 얼마나 양립할 수 있는지를 볼 수 있기 때문이다. 둘째, 이러한 고객들은 전체적인 주문 규모 측면에서 볼 때 우리의 가장 가치 있는 고객들이기 때문이다.

테스코가 고객들의 습관들에 대해 수집한 엄청난 양의 정보로 인해, 사생활과 정보 보안 이슈에 대한 우려가 제기되기도 한다(만약 저장된 정보가 악용되는 경우를 감안했을 때). 테스코는 오로지 고객군별로 맞춤화된 정보로 고객들에게 더 나은 서비스를 제공하기 위해서만 그 정보를 사용한다고 주장하고 있다.

미래에 대한 전망

우리가 판매하는 것과는 관계없이, 고객들이 테스코 닷컴에 대해 다음과 같은 4가지 중요한 말을 해 줬으면 한다.

- *"나는 테스코가 그 물건을 취급해 줄 것을 알아요."* 그래서 나는 테스코가 고객이 원하는 것은 대부분 취급하고 있다고 알려졌으면 한다.
- *"나는 테스코가 나에게 엄청난 가치를 제공한다고 믿어요."* 그래서 우리는 고객들에게 최고의 가치를 제공하고 있음을 확신해야 한다.
- *"테스코는 내가 쉽게 쇼핑을 하도록 해 줘요."* 우리는 다른 형태의 고객들에 대해 다른 상품 진열창을 창조할 수 있기를 원한다.
- *"나는 생각할 필요가 없어요. 그냥 쉽게 되거든요."* 우리의 프로세스들은 아주 자연스럽게 진행되고, 끊임없이 진행되며 새롭게 디자인될 필요가 있다.

(**로러 웨이드게리**, CEO, 테스코 닷컴)

로러 웨이드게리는 하얀색 화물 배달 트럭의 조수석으로 되돌아갔다. 일정은 한 군데만 남기고 거의 완료되었다. 그녀는 전자 배달 장치를 바라봤다. 그녀는 몇 개의 저지방 식품들, 탈지 분유, 많은 신선한 채소, 과일 그리고 식이요법 정보뿐만 아니라 맞춤 식단 계획서가 들어있는 주문들을 배달하려던 참이었다. 이것이 고객들 사이에서 인기가 높아져가는 테스코의 다이어트 서비스임에는 의심할 여지가 없었다.

2004년, 테스코는 온라인 다이어트 비즈니스인 'e-다이어트(e-diets)'와 협업해 온라인의 '체중에 신경을 쓰는 사람들(Weightwatchers)'과 본질적으로 동일한 서비스인 테스코 다이어트(TescoDiets)에서 기술을 사용하는 것을 허가하는 합의서에 서명했다. 사용자들은 그들의 이전 다이어트 이력, 식단 계획서 그리고 그들이 달성하고자 원했던 목표들을 가지고 맞춤화된 기록을 받아볼 수 있다. 그런 다음 테스코 닷컴을 통해 집으로 배달받고자 하는 적절한 쇼핑 목록을 클릭할 수 있다. 최소한 10주 가입은 필수고 회비는 주당 2.99파운드다.

로러 웨이드게리는 그 모델을 통해 테스코가 가지는 이익을 다음과 같이 설명한다.

> 이것은 인터넷을 활용해 테스코의 핵심 비즈니스와 실질적으로 가장 근접한 신규 비즈니스를 창출한 매우 좋은 사례다. 인터넷을 활용한 비즈니스는 비용이 적게 드는 환경, 매우 규모가 크고 환상적인 저비용 비즈니스에서 뛰어난 효과가 있다. 당신들은 온라인 지원을 받을 수 있고 포럼을 통해 서로를 도울 수 있다. 대체로, 온라인 다이어트 비즈니스는 매우 규모가 크고 자본이 거의 필요 없으며 배달 비용 또한 매우 저렴하다.

사무실로 돌아가서, 그녀는 테스코의 온라인 소매업의 프로세스와 향후 계획에 대해 생각해 보았다. 지리적 경계와 제품 측면에서 한계에 부딪힌 문제들이 다소 다급해 보였다. 그녀의 목표는 지리적 경계와 제품을 확장시키는 계획을 세우는 것이다. 주문 처리 모델은 물류창고 처리 모델의 초기 실패 이후 천천히 적용되어졌다. 그러나 테스코 다이렉트 사업이 시작되면서 순수 매장 내 피킹 방식은 불가능해졌다.

CASE STUDY 2

전자금융부터 e-비즈니스까지, 노디어(Nordea)
세계 최대 규모의 온 • 오프라인 겸업 은행

'노디어' 기업의 배경

"우리의 철학은 첨단 기술(high tech)과 고객과의 긴밀한 접촉(high touch) 둘 중 하나가 아닌 두 가지 모두이다."

(**보 헤럴드**, 노디어 전자 금융 대표)

바쁜 평일의 점심시간 헬싱키의 노디어 본점을 찾는 고객들을 다른 대도시의 은행들에서 일반적으로 볼 수 있는 것과는 매우 다른 광경과 마주하게 된다. 다른 경쟁 은행에서 쉽게 찾아볼 수 있는 카운터 앞이 긴 줄이 없다는 것이다- 심지어 바쁜 피크 시간에도 말이다.

지난 20여 년 간, 노디어 전자 금융 대표 보 헤럴드는 꾸준히 인내심을 갖고 은행을 전자 시대로 움직였다. *비즈니스 위*(*Business Week*)이 말하길: '플래시, 팡파르, 그리고 거대한 야망은 잊어라. 스칸디나비아의 이 작은 그룹 [노디어] 는 조용히 세계에서 가장 성공적인 온라인 뱅킹을 구축하였다.' 이제 노디어에서 전자 금융이 현실이 되었으니, 헤럴드의 다음 도전은 e-비즈니스로 도약하는 것이다:

"우리는 전자 금융에서 e-비즈니스로 이동하고 있다. 우리는 같은 시장으로 움직이는 것이 아니다(we are not moving into market places as such). 우리는 우리의 전자 금융 서비스를 e-비즈니스 가치사슬에 가지고 가려는 것이다. 우리는 e-비즈니스를 위한 원동력이다."

기업 연혁

노디어는 네 스칸디나비아 국가의 여러 은행들이 합병하여 생겨난 은행이다. 핀란드 내 국내 합병은 소련의 붕괴와 세계 경제 침체로 인해 발생된 1990년대 초 경제 위기 이후 가속화되었다. 이러한 경제 위기는 핀란드의 목재 기반 경제를 긴장시켰고, 은행들로 하여금 강제적으로 비용을 절감하게 하였다.

합병은 수년간에 걸쳐 진행되었다(그림 1). 1997년, 스웨덴의 노드뱅켄(Nordbanken)과 핀란드의 메리타(Merita)가 메리타 노드뱅켄(Merita Nordbanken)을 설립하기 위해 합병하였다. 1999년, 덴마크의 유니단마크(Unidanmark)는 TRYG를 인수하였고, 후에 베스타(Vesta)와도 합병을 하였다. 2000년에 유니단마크(Unidanmark)와 메리타(Merita), 그리고 노드뱅

This case study was written by Albrecht Enders, Research Fellow at INSEAD (Fontainebleau), under the supervision of Tawfik Jelassi, Affiliate Professor of Technology Management at INSEAD, and Charles Waldman, Senior Affiliate Professor of Marketing at INSEAD. It is intended to be used as the basis for class discussion rather than to illustrate effective or ineffective handling of a management situation.

This case study was made possible by the cooperation of Bo Harald, Head of Electronic Banking at Nordea.

그림 1 스칸디나비아의 은행들의 합병을 통한 노디어(Nordea) 은행의 설립 과정

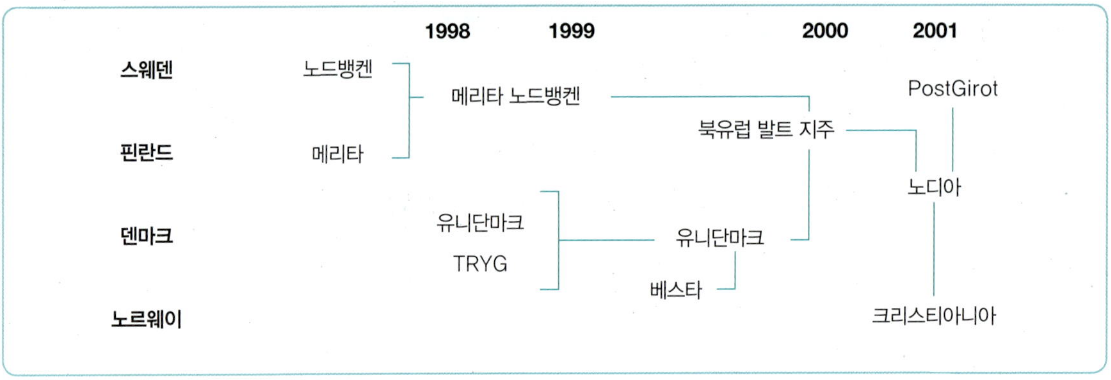

Source: Nodea Bank

켄(Nordbanken)은 북유럽 발트 지주(Nordic Baltic Holding)이라는 이름으로 합병이 되었고, 북유럽 발트 지주가 2000년에 노르웨이 크리스티아니아 은행(Norwegian Christiania Bank Og Kreditkasse)와 합병하며 지금의 노디어(Nordea) 은행이 되었다.

2002년 말 인수 합병 과정의 완성 단계에서 노디어의 시가 총액은 126억 유로를 달성하였고, 이는 노디어를 북유럽 지역에서 다섯 번째, 유럽에서 열다섯 번째로 큰 은행으로 만들었다. 그리고 오늘날, 노디어는 약 2,620억 유로의 총 자산 규모로, 북유럽에서 가장 큰 금융 그룹으로 자리매김하였다. 노디어의 북유럽 은행 산업 시장점유율은 핀란드에서 40%, 덴마크에서 25%, 스웨덴에서 20%, 그리고 노르웨이에서는 15%에 달한다. 생명 보험의 시장점유율은 핀란드에서 35%, 덴마크에서 10%, 노르웨이에서 9%, 그리고 스웨덴에서 6%를 차지하고 있다. 오프라인 금융업은 가장 중요한 산업 분야로 손꼽히는데, 2002년 노디어의 수입 중 74%를 차지하였다. 기업과 기관의 금융 업무는 19%, 자산 관리 4%, 투자 금융 2%, 그리고 group treasury는 1%를 차지하였다.

그림 2 노디어(Nordea) 고객과 e-banking 진화

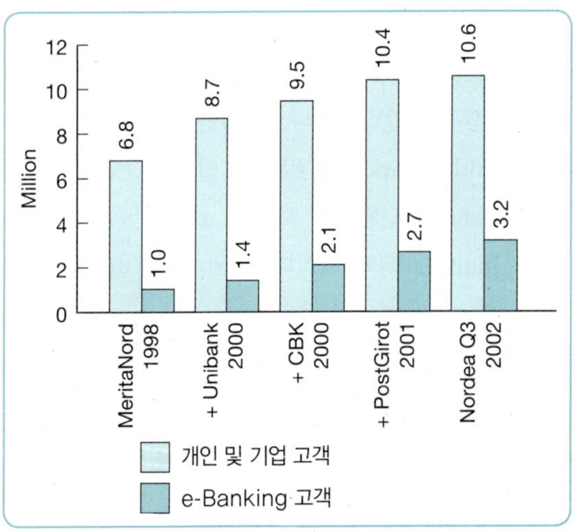

Source: Nodea Bank

2002년 말, 노디어는 은행들이 가장 큰 자산으로 여기는 개인 고객들을 1,060만 명이나 보유하게 되었다. 이는 북유럽 국가들의 총 인구 중 45% 정도의 사람들은 노디어에 주거래 계좌나 2차 계좌를 갖고 있다는 것이다. 적어도 320만 고객들은 전자 금융의 활발한 사용자들이다(그림 2). 그리고 이러한 오프라인 금융산업과 더불어 노디어는 95만 기업 고객들 역시 유치하고 있다. 노디어는 북유럽과 발트 지역을 통틀어 3만 5천명의 직원들을 고용하고, 1,260개의 분행을 갖고 있다(그림 3).

자신의 목적과 목표를 제시하기 위해 노디어는 '노르딕 아이디어'와 '노디어 비전'을 세웠다. '노르딕 아이디어'는 아래와 같이 말한다:

- 우리는 Nordic 생각들을 나누고 교환한다.
- 우리는 업무에 있어서는 Nordic하고 서비스를 제공

그림 3 노디어 유럽 지점 네트워크

Source: Nodea Bank

할 때는 인간적이고 지역 특성에 맞게 한다. 우리는 Nordic하게 생각하고 현지식으로 행동한다.

- 우리의 시장은 합작 컨셉트, 제품, 그리고 서비스를 개발하기에 충분히 가치 있는 사이즈의 시장이다.

노디어의 미래를 향한 비전은 아래 세 가지 조건들을 바탕으로 세워졌다:

- 우리는 북유럽과 발트 지역의 금융 시장에서 상당한 성장 가능성을 지닌 금융 서비스 그룹의 리더로 평가될 것이다.
- 우리는 우리가 경쟁하고자 하는 모든 시장과 제품군에서 최고의 자리에 오르거나 우세한 수익 성장을 보일 것이다.
- 우리는 세계 최고 수준의 온라인 금융 서비스와 솔루션에 선두적인 다채널 유통망을 가질 것이다.

노디어의 인터넷 뱅킹으로의 접근

보 해럴드는 노디어의 인터넷 뱅킹에 있어서 가장 중요한 건설자여 왔다. 그는 법학과 경제학을 공부한 뒤 1975년 핀란드의 유니언 뱅크의 일원이 되었고, 이어 1977년엔 룩셈부르크 그리고 1980년엔 아시아에 유니언 뱅크의 첫 번째 해외 지사를 설립하였다. 그의 업무 과제는 은행 거래를 하는 데 있어 컴퓨터의 사용이 불가결하게 하였다:

> 내가 집을 떠나왔을 때 나는 지불 승인을 내리기 위해 컴퓨터를 사용하기 시작하였다. 1984년 PC 뱅킹의 시작은 나에게 축복과도 같았다. 먼 거리에서도 일을 보는 것이 훨씬 수월해졌기 때문이다.

유니언 뱅크는 전자결제 시스템을 도입하였고 1982년부터 수표를 단계적으로 폐지하기 시작하였다.

> 내 생각에 우리의 성공 비결은 일찍 시작한 것이었다.

> 우리는 1982년 과거 전화 음성명령 시스템으로 시작하였다. 1984년에는 전화식 모뎀을 장착한 PC 뱅킹을 추가하게 되었다. 그것은 형형색색의 인터넷에 비하면 흑백과도 같았지만, 그것은 분명히 의미 있는 시작이었고 우리에게 귀중한 경험을 선사하였다.

해럴드는 이른 시작을 한 것이 원가 절감에도 도움이 되었다고 말한다. 해럴드는:

> 일찍 시작하고 천천히 증축해 나가면 인터넷 뱅킹은 절대 돈이 많이 들지 않는다…하지만 당신이 만약 모든 것이 이미 진행 중인 도중에 갑자기 정신이 번쩍 든다면 굉장히 비싸질 것이다. 왜냐하면 그때가 되면 당신은 비싼 컨설턴트에게 조언을 구하고, 결국 당신의 경쟁자들보다 더 빛나기 위해 온갖 비싼 부가적인 기능들을 모조리 구입해야 할 테니 말이다.

인터넷의 등장과 함께 보 해럴드는 메리타 은행의 인터넷 서비스 대표가 되었고, 그에게는 비용을 절감하고 분행의 직원들이 더 마진이 많이 남는 복합적인 금융 상품들을 파는 데 집중하게 할 수 있게끔 웹에 가능한 한 많은 기업들을 올리라는 미션이 주어졌다.

노디어의 인터넷 뱅킹 전략은 여러 단계에 걸쳐 진화하였다. 가장 첫 번째는 고객들 사이에서 'e-habit' (인터넷을 사용하는 습관)을 만드는 것이었다. 이를 달성하기 위해서 가장 필요한 것은 고객들과 면대면 접촉이 잦고 고객의 신뢰를 보람으로 생각하는 35,000 분행 직원을 끌어들이는 것이었다. 그리고 더불어 노디어는 인터넷 뱅킹을 이해하고 사용하기 쉽게 만들어 고객 만족도를 최상으로 올리기 위해 많은 노력을 하였다. 그 이면에는 웹사이트가 65세의 노인 고객도 이해하기 쉽게 디자인 되어야 한다는 원칙이 숨겨져 있었다.

해럴드가 설명하길:

> 나는 한 중요 고객 기업의 CEO를 만났었다. 그는 이전에 절대 컴퓨터를 사용하지 않을 것이며 절대 은퇴하지 않을 것이라고 말했었다. 78세가 된 지금, 그는 은퇴하기로 결정하였다. 그리고 나에게 와서 말하길: '이제 내가 은퇴를 하고 나니, 나는 내 은행 거래를 해주던 비서가 더 이상 없다, 그러니 이제는 내 스스로 해야 된다. 그리고 나는 솔로 서비스 (노디어의 온라인 뱅킹 시스템)을 사용하기 시작했는데 굉장히 좋았다.' 이제 그는 우리의 전자 금융 서비스에 완전히 매료되었다. 그는 심지어 그의 연배에게 솔로 서비스에 대해 이야기하고 다닐 정도이다. 그들은 모두 솔로 서비스를 직접 체험해 보았고, 그들 역시도 만족스럽다는 반응을 보였다. 이렇게 진행되는 것이다: 먼저, 우리의 고객들이 (온라인 뱅킹의) 신봉자가 되고 그 후 전도사가 되는 것이다.

두 번째 단계의 목표는 여러 뱅킹 채널들을 통합함으로써 고객들을 서로 연결하는 것이었다: 인터넷 뱅킹, 모바일 뱅킹, 지점 기반 뱅킹, 연락 센터와 함께 전자 지급결제, e-빌링, e-ID, e-salary 그리고 전자 명세서와 같은 여러 인터넷 기반 서비스를 제공하는 것. 모든 인터넷 서비스들은 노디어의 인터넷 은행인 '솔로'에 집중되었고, 솔로는 다음과 같은 은행 서비스들을 제공하였다: 계정관리, 본인 소유 계정간의 이체, 국내외 명세 지급, (국내외) 주식, 상호기금과 채권 투자, 전자 서명된 신용 기관들, 그리고 생명 보험과 일반 보험 등.

세 번째 단계의 목표는 인터넷 뱅킹 서비스를 좀 더 개인화하고 자료들을 이용해 서비스를 고객맞춤화 하는 것이었다. 하지만 보 해럴드는, 노디어에서 새로운 제품이나 서비스를 개발할 때: '우리는 고객에게 직접 질문하는 것을 피한다. 대신 우리는 동료들과 각 지점에서의 그들의 경험을 이용한다.'고 말하였다.

인터넷 뱅킹을 위해 최고 경영자들의 지지를 받는 것이 항상 쉽지만은 않았다고 보 해럴드는 이야기한다:

> (최고 경영자들에게 지지를 받는 것은) 둘 중 하나이다. 당신의 CEO가 처음부터 끝까지 인터넷 뱅킹을 지원할 수 있는 힘을 갖고 있든지, 아니면 당신이 모든 것을 도맡아 할 수 있게 해주든지. 나는 우리 선대 CEO들이 딱히 인터넷 뱅킹 사업에 관심이 있었다고 말할 수 없다. 만약 당신에게 전자 상거래 사업을 밀 만큼 힘이 있는 누군가가 있다면, 그땐 CEO가 직접 나서지 않아도 된다. 사실 나는 CEO들이 뭔가에 꽂히기 시작하면 조금 두려워진다. 그들은 자칫하면 지나치게 느껴질 정도로 큰 영향력을 갖고 있다. 분명 그것은 은행 어딘가에 심어져 있을 것이고, 나는 운이 좋게도 노디어에서 그 역할을 할 수 있었다. 그래도 내가 예전에 더 많은 지지를 받았다면 더 좋았겠지만 말이다. 그랬더라면 우리가 좀 더 빨리 도약할 수 있지 않았을까!

노디어와 다른 북유럽 은행들이 자신들의 인터넷 뱅킹 노하우를 쌓고 있을 때, 그들의 온라인 고객들은 동시에 인터넷 뱅킹에서의 성공에 중요한 다른 자산들을 쌓았다. 이러한 자산들은 'e-trust' (전자상 은행 채널들의 보안과 신뢰성 측면에서)과 'e-habit' (은행 거래를 위해 습관적인 인터넷 사용)을 포함한다.

노디어의 인터넷 선두자리를 지켜라: 인터넷 뱅킹에서부터 인터넷 비즈니스까지

e-trust와 e-habit은 노디어가 인터넷 뱅킹 서비스를 위해 쌓아온 능력들을 인터넷 비즈니스 솔루션에도 사용할 수 있게 하였다. 사실 해럴드는 인터넷 뱅킹만으로는 더 이상 타 경쟁자들로부터 노디어를 차별화 시킬 수 있는 전략이 아니라고 믿는다:

> 인터넷 뱅킹 서비스들은 이제 구식이다. 모든 은행들이 다 인터넷 뱅킹 서비스를 제공한다. 진짜 중요한 것은 인터넷 비즈니스를 위한 인터넷 뱅킹 서비스를 개시하는 것이다. 정말 놀랍도록 큰 시장이나! 은행들은 자신들의 행보를 함께하고 있지만 굉장히 느리다. 그래서 나는 걱정이 된다, 은행들이 인터넷 비즈니스에서 꽤 큰 수입을 얻을 수 있는 기회를 놓치게 될까봐.

노디어는 인터넷 뱅킹을 위해 쌓아왔던 능력들을 인터넷 비즈니스에도 적용시키기 시작하였다. 보 해럴드가 설명하길:

> 여기서 숨은 원칙은 우리의 기술을 다시 재사용하려 노력한다는 것이다. 예를 들면, 우리는 계좌 파일을 전송할 수 있는 기술이 있다, 그렇다면 청구서 파일 전송도 가능하지 않겠는가?

현재 노디어가 개인과 기업 고객들에게 제공하는 인터넷 비즈니스의 주 서비스들은 전자 신분 증명, 전자 서명, 전자 청구서, 전자 급여, 그리고 전자결제가 있다.

전자 신분 증명

노디어의 전자 신분 증명 서비스들을 통해, 노디어의 고객들은 정부 기관들이나 다른 참여 기업들에서 자신들의 신분 증명을 웹사이트 상에서 할 수 있다. 후자의 경우, 핀란드 재무부는 공식적으로 고객들이 만약 신뢰할 수 있는 신분 증명을 필요로 한다면, 은행의 신분 증명 기준을 따를 수 있고 또 따라야 한다고 발표하였다. 예를 들어, 자신이 퇴직 전까지 얼마를 더 모아야 하는지 알기 위해 국가 연금 시스템에 접속하고 싶어하는 시민들의 경우를 놓고 보자. 우선, 그들은 전자 신분 증명 서비스를 제공하는 여러 핀란드 은행들의 링크와 함께 국가 연금 웹사이트를 방문할 것이다. 그 후 그들은 그 중 한 은행을 고를 것이고, 각각의 웹사이트를 방문해 일회용 비밀번호를 입력하여 신분 증명을 할 것이다. 등록을 하는 도중, 그들은 신분 증명이 되어있는 상태에서 국가 연금 서비스를 포함한 다른 서비스들로 넘어갈 수도 있다. '이 국가 연금 사이트는 방문자들이 하루에 2000번도 넘게 방문한다', 보 해럴드가 말하길:

> 우리의 전자 신분 증명 서비스는 너무나도 믿을만해서 핀란드의 우체국에서 자체 신분 증명 서비스를 폐지했을 정도이다. 그들 역시도 은행을 이용하는데 이는 우체국만을 위해 신뢰할 수 있는 신분 증명 서비스를 도입하기에는 너무나도 비용이 크기 때문이다. 그런데 그들이 왜 굳이 스스로 해야 하겠는가?

전자 서명

전자 서명은 사실 '우연치 않게' 탄생하였다. 보 해럴드가 소네라(Sonera) (핀란드의 가장 큰 통신사 운영자)의 실무자들에게 고객들이 온라인으로 대출을 받을 수 있다고 말하자, 그들이: '이봐요, 만약 당신의 시스템 상에서 대출을 위해 서명을 할 수 있다면, 전화 가입 계약도 똑같이 사인할 수 있어야겠네요.' 그리고 몇 주 후, 노디어는 소네라와 계약을 맺게 되었는데 이는 관심 있는 고객들에게 신분 증명은 물론 계약에 사인까지 할 수 있는 솔로 인터넷 뱅크 웹사이트를 보내주어 온라인 전화 가입을 가능하게끔 하는 것이었다. 이 시스템은 후에 전자 서명 시스템을 원하는 다른 영역의 사업들로도 확장이 되었다.

전자 청구서

노디어의 전자 청구서 서비스를 통해, 기업들은 전자 청구서를 은행으로 보내고, 은행은 이 청구서를 인터넷 뱅킹 가입에 동의한 고객들에게는 바로 전달하고 그렇지 않은 고객들에게는 자동적으로 프린트된 우편 청구

그림 4 청구서 처리를 위한 노디어 스위치보드

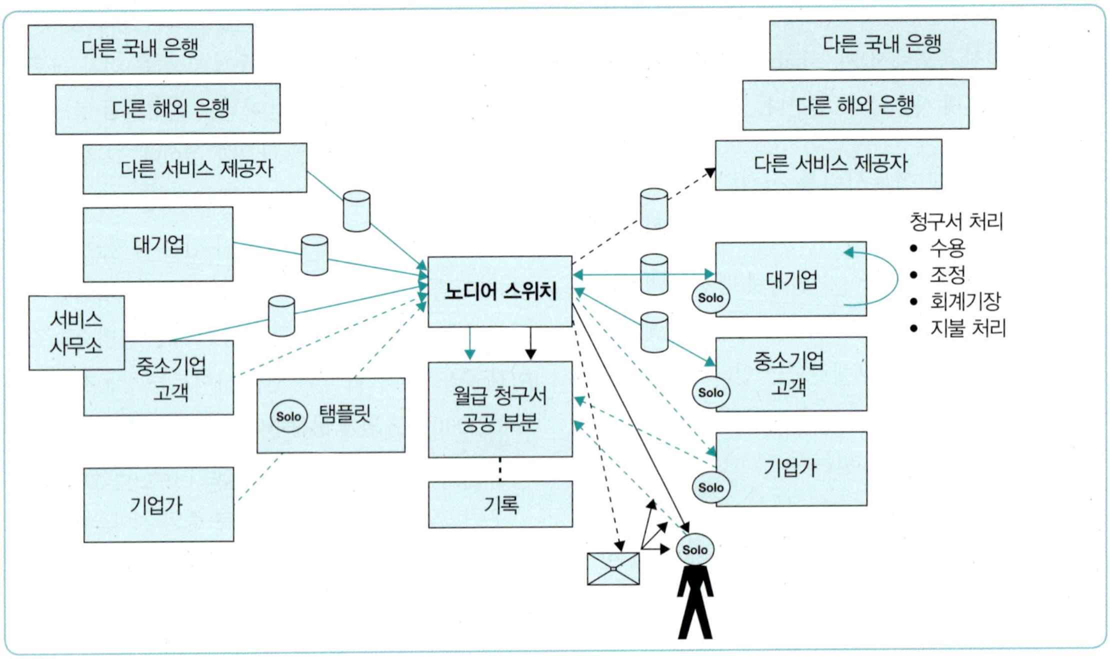

Source: Nordea Bank.

서를 보낸다(그림 4). 인터넷 뱅킹 연결로 청구서를 받은 고객들은 다음과 같은 질문을 받는다: '이 청구서의 납입액을 수납하시겠습니까?'; 그들은 단 한 번의 마우스 클릭만으로 지급을 승인하고 청구된 금액을 납입하게 된다. 이 서비스는 1998년 핀란드의 주요 통신사들이 고객들에게 인터넷으로 청구서를 보내는 데 처음 사용되었다. 보 해럴드가 덧붙이길:

유럽에선 매해 종이 청구서에 500억 달러라는 비용이 든다. 결국 누가 그 금액을 지불하겠는가? 결과적으로, 언제나 그 몫은 고객들의 것이다. 우리는 전자 명세서로 넘어가면서 그 부분을 해소시킬 수 있다. 스웨덴에서 우리는 Nordea switch에 청구서 파일을 보내고, Nordea switch에서 그 것을 개인과 큰 기업 고객들에게 송부한다(예를 들면 통신사에서 고객들에게 청구서를 보내는 것처럼). 미래에는 분명 다른 은행들에서도 같은 서비스를 볼 수 있을 것이다. 이것에 대해 놀라운 점은 만약 당신이 경영자라면 당신이 온라인 상에서 고지서 수납을 할 수 있고 그뿐만 아니라 청구서를 쉽고 빠르게 보낼 수 있다는 점이다. 청구서를 보내는 쪽에서는 전혀 걱정할 것이 없다. Isn't that the obvious way? 우리는 이런 청구서를 이미 핀란드와 스웨덴의 다른 은행들에도 보내고 있고, 곧 덴마크와 노르웨이, 그리고 후엔 나머지 유럽 국가들에도 보내게 될 것이다.

전자 급여

전자 급여 기능을 통해, 기업들은 손익계산서(income statement)를 직원들의 온라인 은행에 바로 보내고 이를 통해 우편을 통한 급여 내역서를 보낼 필요를 없앨 수 있다.

만약 당신이 충분히 큰 직원 규모를 갖고 있다면, 10,000명이라고 하자, 그럼 종이로 된 급여 내역서가 아닌 전자 급여 내역서를 보내는 것은 너무나도 타당하다. That's where getting to a critical size really starts to matter.

전자결제

전자결제 기능은 솔로 플랫폼의 온라인 사업자들이 채무를 변제할 수 있게 하는 청구서 기능에서 진화된 기능이다. 이는 고객들로 하여금 솔로 마켓의 아무 상점에 가서 주문을 하고 클릭 한 번으로 전자 명세서를 요청할 수 있는 전자결제 시스템을 이용할 수 있게 한다. 클릭으로 결제를 승인한 후, 해당 금액은 즉시 판매자의 계좌로 이체된다. 이러한 방식은 두 가지 혜택을 준다: 판매자는 종이로 된 명세서를 고객들에게 보낼 필요가 없게 되고, 또한 구매자가 지불했는지의 여부에 대해 걱정할 필요가 없게 된다. 노디어는 판매자 측에서 사기를 칠 가능성에 대해 고객들에게 확신을 주기 위해 솔로 마켓에서 상품을 판매하는 2,000여 명의 모든 판매자들을 대상으로 신용 조사를 하고 있다. 보 해럴드가 말하길:

기업 고객들에게 있어 솔로 마켓의 가치는 소매 구매자들이 늘어남에 따라 기하급수적으로 커지고 있다.… 우리는 현재 꽤나 큰 규모의 소매 고객들을 유치하였고 그에 따라 여러 가지 물품의 구입을 희망하는 사람들도 늘어났다 – CD와 스테레오 시스템에서부터, 주방 용품 그리고 자전거까지. 이것이 바로 우리가 온라인 마켓에서 필요한 것이다. 이런 전자상거래로의 이동의 일환으로써, 우리는 은행들이 주요 부분들을 충당하는 공급 체인의 진화를 발견할 수 있다. 미래에 이는 인터넷 뱅킹을 이용하는 가장 큰 중요한 이유가 될 것이다, 왜냐하면 각각의 기업들과 정부 기관들이 점점 디지털 공급 체인으로 변하고 있고 은행은 그곳에서 고객 신분 조회, 실시간 다이렉트 결제, 송장작성, 전자급여(e-salary), 전자 연금(e-pension), 그리고 전자 서명이라는 역할을 맡고 있기 때문이다.

노디어의 은행 채널들(banking channels)

1984년 온라인 뱅킹을 선보인 이후, 노디어는 지속적으로 인터넷 뱅킹, TV 뱅킹, 무선인터넷이 가능한 이동통신, 디지털 TV와 같은 고객 인터페이스를 내놓았다(그림 5).

보 해럴드에 따르면:

> 채널을 추가할 때, 은행의 가장 주된 목적은 가치를 더하는 것이어야 한다… 하지만 고객으로 하여금 모든 채널들과 서비스들이 비슷하게 보이고 느껴져서 일관성 있는 사용 경험을 느끼게끔 하는 것 역시도 중요하다. The key is to have one core to our electronic bank and then to keep adding doors to it.

핀란드의 노디어 고객 카이사 주하니 (Kaisa Juhanni)는 노디어의 믿을 수 있는 멀티 채널 서비스를 가장 큰 자산으로 꼽는다:

> 나는 지점에서 줄 서서 기다릴 필요 없이 빠르고 즉각적인 접속을 할 수 있다는 것이 마음에 든다. 또, 집, 사무실, 핸드폰 등 시간과 장소에 제약 없이 업무를 볼 수 있게 하는 유연성 역시도 마음에 든다. 솔로 시스템은 또한 매우 믿을 수 있다. 솔로 시스템은 아마 지난 6년 반 동안 한 번 정도밖에 다운된 적이 없었던 것 같다. 마지막으로, 노디어는 핀란드에 매우 큰 규모의 사용자 집단을 갖고 있어서 내가 그들에게 송금을 할 때 지체 없이 입금할 수 있다.

ATM과 pay terminals

현금 자동 입출금기(ATM)와 pay terminal들은 현금 출금과 다른 거래에 큰 역할을 수행하고 있다. 하지만, 카드 결제와 인터넷 거래가 더 중요해짐에 따라, 현금 자동 입출금기와 현금이 전반적으로 덜 중요해지고 있다(표 1). 보 해럴드가 설명하길:

> 덴마크 조직에서 우리는 1인당 카드 결제량이 세계 최고 수준에 달해있다; 두 번째로 높은 곳은 우리의 핀란드 조직이다. 사실, 핀란드는 GNP(국민총생산)에 비해 가장 낮은 현금을 보유하고 있다. 그 결과로, 현금 자동 입출금기(ATM)의 중요도는 점점 떨어진다. 우리가 실험실로 보고 있는 핀란드에서 올해 초 우리는 엄청난 발전을 보았다. 2002년에 비해 현금 인출이 우리 은행 지점들에서는 15-16% 정도, 그리고 현금 자동 입출금기에서는 8% 정도가 줄었다. 이는 굉장히 좋은 결과였다 왜냐하면 현금 자동 입출금기는 매우 비싸기 때문이다: 돈을 그곳에 보관해야 하고, 안전하게 지켜야 할뿐만 아니라 가끔은 ATM 기계가 고장 날 때도 있다. 현금은 사실 어떤 것의 대가로 지불함에 있어 가장 비싼 방법이다. Pay terminal에서의 거래 역시도 급격하게 줄어들고 있다. 우리는 이런 terminal들을 사용하는 사람들에게 사용료를 물고 있기 때문에 올해 terminal 사용자들은 꽤 급격하게 줄어들 것이다. 현금 자동 입출금기와 마찬가지로 pay terminals들은 꽤나 돈이 되지 못한다. 사실, 나는 앞으로 5년 이내에 그것들을 다시 보고 싶지 않다. 사람들은 길거리에서 자신들의 청구서를

그림 5 노디어의 은행 기기의 진화

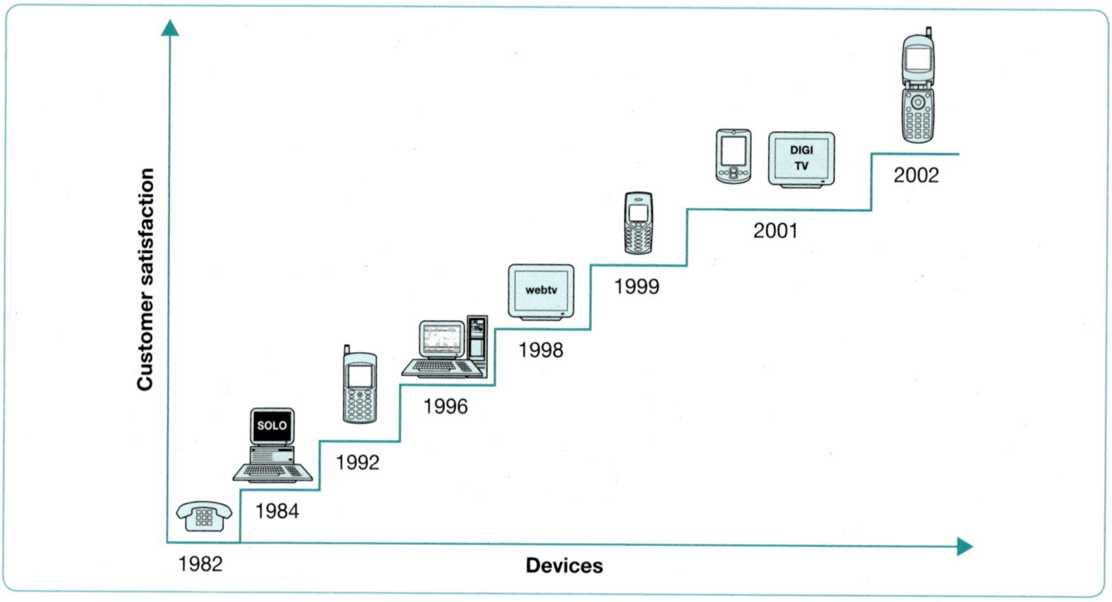

Source: Nordea Bank.

수납하고 있어야 할 게 아니라 집에서 해야 된다. 애초에 왜 사람들이 현금을 쓰는 것일까? 비위생적이고 갖고 다니기에 안전하지 못할 뿐만 아니라 위조 지폐에 대한 위험도가 큰데 말이다. 비상식적이다!

모바일 뱅킹(m-Banking)

노디어의 무선 서비스는 1999년 WAP 전화와 함께 시작하였다. 무선 인터넷이 가능한 전화들로 노디어의 고객들은 자신들의 계좌와 신용카드 거래내역을 살필 수 있고, 계좌 간에 자금을 이체시키고, 국내외로 명세서 지불을 할 수 있으며, 주식을 사고팔고 고객 메일을 읽을 수 있다. The WAP service extends to the mobile phone Norea's Internet services originally available through Solo. 2000년에 노디어는 핸드폰을 통한 주식 거래와 은행 이체 서비스를 내놓았고, 이와 더불어 고객들이 자신의 노디어 계좌에 돈이 인출되는 방식으로 영화 티켓을 살 수 있게 하였다. WAP에 인터넷 서비스를 도입시키면서 노디어는 500,000유로보다 적은 비용이 들었다; 주로 이는 무선 서비스에 서버를 추가하는 것을 요구했다. 하지만 해럴드는 무선 은행 서비스에서 큰 가능성을 보고 있다:

나는 노키아(Nokia)와 함께라면 핀란드가 휴대폰 기술에 있어서 언제나 세계 선두에 설 것이라고 굳게 믿는다. 나는 최근 알랜드 공항 (스톡홀름)에서 기차를 탔는데 그때 한 무리의 청소년들이 자신들의 휴대폰을 사용하는 것을 봤다. 이들이 바로 우리의 미래 고객들이다.

2002년 1월, 노디어는 Telia나 Sonera 혹은 Radilinja의 무선 통신 네트워크에 연결되어 있고 GPRS 핸드셋을 소지하고 있는 핀란드 고객들에게 좀 더 개선된 버전의 모바일 결제 시스템을 제공함으로써 자신의 무선 서비스를 확대시켰다. 이 서비스는 노키

표 1 핀란드 내에 가계 거래

	거래량 (100만)				% 변화
	1999	2000	2001	2002	1999–2002
수동거래	184.9	163.9	141.0	125.3	−32.2
지불 단말기	35.5	35.6	34.3	31.7	−10.7
카드 지불	234.3	263.1	306.9	363.0	+54.9
ATMs 인출	197.9	202.5	207.2	204.4	+3.3
자동이체	69	75.3	78.5	81.5	+18.1
Solo payments	32.7	58.2	78.2	97.6	+198.5
합계	754.3	798.6	846.1	903.5	+20

Source: Nordea Bank.

아와의 합작을 통해 런칭한 모바일 거래를 위한 듀얼 SIM 핸드셋이 있었기에 가능하였다. 휴대폰에 두 개의 슬롯이 장착되어 있는데: 하나는 SIM 카드를 위한 것이고, 또 다른 하나는 노디어에서 모바일 결제를 위해 만든 무선 식별 모듈(Wireless Identification Module)을 기반으로 한 신용 카드를 위한 것이다. 해럴드는 고객들이 자신의 은행 서비스 제공자를 고르는 데 있어서 자유로워야 한다고 믿는다:

> 식료품을 가구점에서 사진 않는다, 그렇다면 왜 당신의 은행 서비스를 휴대폰 operator에게서 사야 하는 것인가? 또, 요즘 같은 때에 두 개의 칩을 넣는 핸드셋을 만드는 것은 별로 큰 일이 아니다.

PC 뱅킹

> 웰스 파고, 씨티 은행 그리고 뱅크오브아메리카에서는 우리의 인터넷 은행 '솔로'와 비슷한 수의 고객을 보유하고 있다. 하지만 2002년에 1억 2,400만 건에 달하는 거래량을 따라올 수 있는 은행은 아무도 없다! 이 숫자는 아마 전에 언급하였던 세 은행들의 거래량을 모두 합친 것의 두 배 정도 될 것이다.
>
> **(보 해럴드)**

노디어의 온라인 뱅킹은 1980년대 중반에 노디어가 고객들이 거래를 일터의 컴퓨터로 하는 것이 가능하게 하면서 시작되었다. 해럴드가 설명하길:

> 1980년대 중반에 사람들은 집에 컴퓨터가 없었다, 그리고 만약 있었더라도 모뎀이 없었을 것이다. 그래서 우리는 대기업 고객들에게 물었다: '당신의 직원들이 사무실에서 컴퓨터를 사용하여 자신의 은행 계좌에 접속하게 할 수 있게 허락하면 안되겠습니까? 그렇게 한다면 분명 많은 시간과 비용을 절약할 수 있을 것입니다 왜냐하면 사람들이 더 이상 은행 지점을 방문하지 않아도 될 테니까요.' 그 후로부터, 사무실에서의 액세스는 우리 인터넷 뱅킹에 매우 중요한 요소가 되었다.

해럴드가 강조하길, 온라인 금융과 오프라인 금융은 단 한 번도 노디어에서 경쟁이 된 적이 없었다. 대신, 그 둘은 오히려 상호보완적이었다:

> 우리의 가장 큰 성공 요인들 중 하나는 우리가 1982년에 이미 온라인 금융을 우리의 지점 사업의 일부로 만들었다는 것이다. 우리는 그것을 단 한 번도 경쟁자라 여긴 적이 없었다. 온라인 금융은 결코 별개의 이익 중심점이 아니다. 큰 규모에 도달하기 위해서는 매우 중요하다. 그러나 지점의 직원들의 지원이 없다면, 절대 그 목표에 도달하지 못할 것이다.

하지만, 지점 또는 콜센터 소속 직원과의 직접적인 온라인 상의는 절대 최소로 유지되었다:

> 노디어는 의식적으로 인터넷 상에서는 아무런 상의도 받지 않으며 전화 상으로도 매우 조금만 받았다. 인터넷 비즈니스에서 성공하고 당신의 고객들에게 자신감과 신뢰를 보여주기 위해서는 제공하고자 하는 것을 최대한 간결하게 유지해야 한다. 이는 어렵겠지만 필수적이다, 그리고 만약 당신이 제공하는 것이 충분히 간결하다면, 지시사항들을 인터넷 상에 제공하느라 비싼 값을 치르지 않아도 될 것이다. 어차피 복잡한 (금융) 상품들에 대해서 고객들은 지점을 방문하게 될 것이다. 그러나 이러한 전자 채널로의 거래 이동은 오프라인 지점 서비스의 발전에 쓰일 사원들을 제공할 것이다.

노디어의 핀란드 고객인 Tuukka Seppa는 노디어의 금융 서비스들에 푹 빠져있다:

> 내가 진정으로 좋아하는 것은 인증 절차의 단순함과 웹사이트 그 자체이다. 그리고 두 노디어 계좌 간의 거래가 즉시 이루어지는 서비스를 제공하는 것 역시도 매우 도움이 된다.

오늘날 노디어의 모든 인터넷 뱅킹 활동들은 점점 인기를 끌고 있는 온라인 뱅킹 서비스인 솔로를 통해 이루어진다(표 2). 이는 아래의 통계들에서 보여진다. (figures correspond to the highest month of usage):

- *학생 대출*: 84%의 학자금 대출은 모두 종이를 사용하지 않는다. 학생들은 자신의 신용 등급에 대한 정보를 온라인 상으로 제출하고 한 시간 이내에 컴퓨터화된 등급 시스템에 따라 대출이 승인된다. 승인이 된 후, 학생들은 자신들의 고객 번호와 일회용 비밀 번호를 입력함으로 서명을 하게 된다.
- *주식 주문*: 모든 주식 주문의 80%에 해당하는 주문이 솔로를 통해 이루어진다.
- *뮤추얼 펀드*: 65%의 뮤추얼 펀드는 솔로로 관리받는다.
- *대외 지급*: 59%의 개인 또는 소규모 사업 대외 지급

은 솔로를 통해 이루어진다. 고객들은 수령인의 계좌 번호를 자신의 컴퓨터(또는 휴대폰)에 입력하고 그 금액은 최대한 빠르게 국제 이체됨 — 최장 하루 정도 소요된다. 수수료는 지점에선 15 유로, 그리고 온라인 지불은 7 유로이다.

- *예금 통화*: 30%의 예금 통화는 솔로를 통해 이루어진다.
- *외국환 거래*: 35%의 외국환 거래는 솔로와 함께 발생한다
- *자동차 대금*: 25%의 자동차 대금은 솔로를 통해 이루어진다.
- *주택 저당*: 24%의 주택저당은 인터넷을 통해 들어온다.
- 보 해럴드는 2005년 노디어의 도전을 이렇게 요약한다: '언급되었던 모든 수치들은 모두 80% 또는 90%가 되어야 한다. 그것이 바로 우리 은행의 도전이다.'

TV 뱅킹

TV 기반 금융 서비스는 1996년 일반 가정의 텔레비전에 되어있는 셋톱 박스의 사용을 통해 시작되었다. 이 박스를 통해 노디어의 고객들은 노디어의 금융 시스템에 접속할 수 있었고 간단한 은행 거래를 할 수 있었다. 이 서비스에 숨겨져 있는 아이디어는 컴퓨터를 싫어하는 사람들이 텔레비전으로 이메일을 쓰고 계좌 잔액을 확인하리라는 것이었다. 하지만, 결과로 보여지듯, TV 뱅킹은 큰 기대에 부응하지 못했다. 보 해럴드가 말하길:

> 확실히, 모든 가정에는 텔레비전이 있기에 이론상으로는 이게 당연히 잘 되어야 할 것이다… 하지만 우리는 그저 사람들이 모든 가족들 앞에서 이메일을 확인하거나 은행 업무를 보고 싶지 않을 것이라고 생각한다. 이는 너무나도 개인적인 업무이기에 거실의 텔레비전이 이와 잘 부합하지 않는 것이다. 때문에 우리는 이 채널에 더 투자를 하지 않았다. 우리는 전자결제를 위한 기본적인 서비스들만 제공할 뿐이다. 하지만 이는 TV와 PC의 지속적인 융합에 따라 바뀔 수도 있을 것이다.

표 2 노디어 온라인 사용자의 변화

	1월-7월 00	1월-7월 01	1월-7월 02	1월-7월 03
로그온				
덴마크	6 091 418	8 924 759	11 721 765	14 659 759
핀란드	17 495 518	20 582 125	24 671 753	28 199 328
노르웨이	1 595 000	3 562 704	4 528 822	6 118 581
스웨든	4 640 100	11 562 033	16 738 683	22 863 322
노디어	29 822 036	44 631 621	57 661 023	71 840 990
온라인 결제				
덴마크	2 773 192	5 186 359	7 220 065	8 781 289
핀란드	20 774 000	26 293 637	30 712 994	35 626 067
노르웨이	2 150 000	4 121 013	5 236 914	6 641 027
스웨든	6 660 147	18 845 501	25 202 502	31 401 953
노디어	32 357 339	54 446 510	68 372 475	82 450 336

Source: Nordea Bank.

지점 기반 금융

최근 몇 십 년 동안 노디어의 지점들의 역할들이 바뀌었다. 과거에는 은행 창구 직원들이 대부분의 시간을 손으로 거래들을 입력하는 데 사용했었지만, 이는 이제 눈에 띄게 줄었다(표 1). 2003년에 보 해럴드는 200만 건의 수기 거래를 더 줄일 것으로 기대한다:

> 만약 매 거래에 1분이라는 시간이 소요된다고 했을 때, 고객들이 온라인 뱅킹을 이용하기 시작한다면 당선은 이 시간을 이용해 무엇을 할 수 있겠는가? 지점 직원들에게는 고객들에게 조언을 해 줄 수 있는 시간이 주어질 것이다. 우리는 지점들을 고객들과 개인적인 유대감을 형성하는 데 주로 사용한다, 이는 개인적인 신뢰를 요하는 큰 결정들을 내려야 할 때(예를 들면 보험에 가입이나 연금 계획) 중요하다. 어떻게 보면 뱅킹은 local 하지만 또 한편으론 언제나 큰 비용을 들인 지점을 요하지도 않는다. 때론 그냥 사무실 정도면 충분하다. 그곳에서 이체 서비스를 제공할 필요는 없지만, 개인적인 판매나 개인적인 유대감을 형성하는 것은 절대 대체될 수 없을 것이다. 이를 달성하기 위해서 그 무엇보다 가장 중요한 것은 인터넷과 지점 뱅킹을 절대 별개의 이익 중심점으로 두지 않는 것이다 왜냐하면 그 둘은 서로를 먹여 살려야 하기 때문이다. 둘 사이에는 경쟁이 아닌 협력만이 존재해야 한다. 첨단 기술(high-tech)과 고객과의 긴밀한 접촉(high-touch)을 동시에 이루고 조절하는 것이야 말로 성공의 중요한 열쇠이다.

그렇기는 하지만, 핀란드에 있는 노디어 지점의 수가 지난 10년 간 급격하게 줄어들었다 — 1991년 1300개

지점에서 2000년에 400개까지 줄었다. 같은 기간 동안 직원의 수는 22,000명에서 10,600명으로 반보다 적게 남을 정도로 줄었다(그림 6). 영향력이 강하고 힘이 센 노동 조합으로부터 이러한 감원에 동의를 구하는 것은 언제나 쉬운 일은 아니었다고 보 해럴드는 상기시킨다:

> 우리는 노조와 길게 이야기 해야 했고 또한 아무도 실제로 해고된 직원이 없었기에 very generous packages를 나누어 주어야 했다… 하지만 그와 동시에 우리는 솔로가 지금까지 고객 만족을 높이는 데 기여하였고 더 나아가 미래에 노디어를 더 경쟁력 있고 안정적인 기관으로 만들 것이라는 것을 보여주려 노력하였다. 우리는 노조에 핀란드가 현재 인터넷 뱅킹에 있어서는 완전히 세계 선두에 위치해 있고 이를 유지하기 위해서는 우리의 기업 구조를 변화시킬 필요하기 있다는 것을 보여주었다. 마지막으로 우리는 이런 반복적이고 적은 임금의 수기 작업들을 사람들에게 하게 하는 것보다는 좀 더 창의적이고 흥미로운 일을 할 수 있게 교육하는 것이 더 가치 있을 것이라고 말했다.

오늘날 노디어는 북유럽 지역에서 1,288개의 지점을 운영하고 34,600명의 직원(전일 종사 노동자)을 고용하고 있다. 핀란드의 지점들뿐만 아니라, 스웨덴에는 265개 지점과 8,500명의 직원들, 노르웨이에는 151개 지점과 4,400명의 직원들, 그리고 덴마크에는 348개 지점들과 9,400명의 직원들이 있다고 보 해럴드는 말하였다:

> 우리는 오랜 기간 동안 지점 수를 줄여 왔다, 부분적으로는 합병 덕분이었고 지금은 인터넷 덕택이다… 핀란드는 줄곧 지점수가 필요 이상으로 많았었지만 지금은 거의 평균 이하로 떨어졌다. 미래는 이러한 지점들이 일하는 방식을 바꾸는 데 있다: 우리는 현재 쇼핑 센터와 같은 곳에 창구 직원이 없는 지점들을 열고 있다. 이는 지점을 거래를 위해 사용하는 것이 아니라 상품을 판매하고 제공하는 데 사용하려는 것이다. 지점 직원들은 고객들에게 부가 가치를 제공해야 한다. 그들은 결코 판에 박히고 특색 없는 일을 해서는 안 된다.

마케팅

인터넷 금융에서의 이른 시작 때문에 노디어는 다른 온라인 은행들에 비해 인터넷 계획을 홍보하는데 적은 비용을 투자하였다. 1996년부터 2001년까지, 노디어는 180만 유로를 핀란드 인터넷 계획의 마케팅에 사용하였다. 이 금액은 새로운 고객을 직접적으로 끌어들이는 데 사용되기보다는 90만 지점 고객들을 인터넷으로 옮기게끔 하는 데 사용되었다.

그의 거대한 규모 때문에 노디어는 대중 시장을 겨냥한 접근 방식을 취한다. 보 해럴드가 설명하길:

> 만약 당신이 우리처럼 규모가 큰 은행이라면, 분명 모든 고객들을 대상으로 타겟으로 삼기에는 비용이 부족할 것이다…. 그리고 수익이 될 만한 고객과 그렇지 않은 고객 사이에 명확한 구분이 있다는 것은 오해이다. 물론 지점에 매일 방문하는 고객들이 존재하는 것은 사실이다. 그들은 수익을 올리는 데 도움이 되지 않지만, 그들을 쫓아내는 데 방법이 없기에 당신은 그냥 시도조차 하지 않을 것이다. 또 다른 수익이 되지 않는 고객들이 전형적인 특징 중 하나는 나이가 어리다는 것이다. 하지만 곧 그들도 주택 담보 대출과 퇴직 연금을 필요로 할 것이다. 좀 더 높은 연령대의 고객 층을 본다면, 분명 수익성이 적은 고객들을 많이 찾기 어려울 것이다. 이와 같이 수익성에 대해서 논하고 싶다면, 고객들에 대해 동적인 시각을 가져야 할 것이다.

마케팅 활동에 있어서 노디어는 두 종류의 고객들을 차별화 한다:

- *인터넷 신봉자들*: 이러한 고객들은 수년간 인터넷을 사용해 왔고 인터넷을 이용해 정보를 찾고, 쇼핑을 하고, 금융 거래를 하는 것에 노하우와 신뢰를 갖고 있다. 그들에게 있어서 온라인 뱅킹은 일반적이고 일상적인 일이다; 친구들과 굳이 이야기를 꺼낼 필요도 없는. 따라서 마케팅의 관점에서 본다면 이러한 고객들은 '불모지'로 보여진다.
- *인터넷 비신봉자들*: 이러한 고객들은 이제 막 인터넷 서핑을 시작하였다. 이들은 인터넷 뱅킹의 사용을 시작하는 데 필요한 노하우와 신뢰를 쌓기 위해 꽤나 많은 설득이 필요하다. 친절한 지점 직원들이 이런 불안함을 해소하는 데 가장 적합하다. 하지만 한번 온라인에 발을 들이기 시작하면, 이러한 고객들은 자신의 성과에 놀라고 그를 자랑스럽게 여겨 친구들에게 이야기를 전달하고자 한다. 우선 그들을

그림 6 핀란드 내의 노디어 직원과 지점의 변화

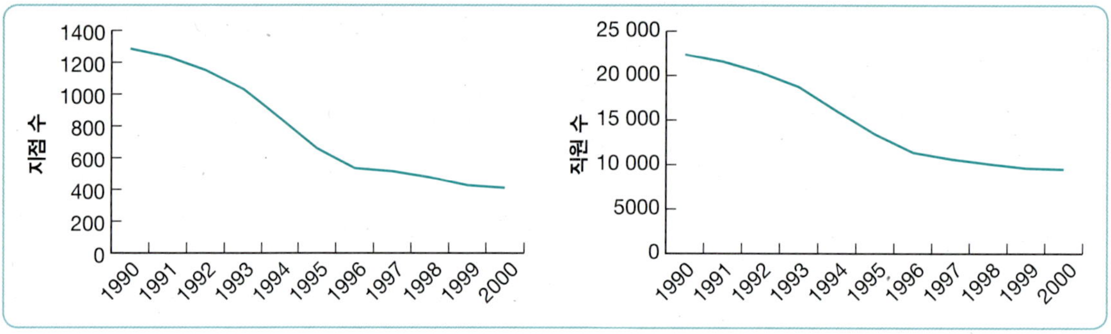

Source: Nordea Bank.

> 신봉자로 만든 후 그들은 다음 절차인 전도사가 된다 — 고객들이 더 많은 고객들을 입수하는 바이러스성 마케팅의 효과라고 해럴드는 강조한다: '언젠가 일정 규모의 고객들을 확보하면, 그들이 바로 당신에게 최고 영업 팀이 되어줄 것이다.'

해럴드가 말하길 노디어에서 비신봉자들을 신봉자들로 바꿀 때 지점의 중요성은 과소 평가될 수 없다:

> 한 열정적인 직원이 고객을 응대하는 것을 상상해 보라, 그가 '근데 왜 인터넷 뱅킹은 사용 안하십니까? 거의 모든 사람들이 사용하고 있는데' 라고 말하고는 설득력 있게 계약을 성사시킨다… 지점 네트워크의 가치는 완전히 놀랍다. 이것이 바로 당신이 직원들로 하여금 이 일을 좋아하게 만들어야 하는 이유이다. 그러지 않는다면 그들은 기업을 온라인 채널로 끌어들일 수 없을 테니까.

스칸디나비아에서의 높은 관통율을 달성했지만, 해럴드는 아직도 은행의 인터넷 금융의 가능성을 높게 산다, 특히 고령자들을 사이에서:

> 당신이 세계에서 가장 큰 인터넷 은행이라 할지라도, 분명 60세 이상 노년 고객층에서 할 것이 아직 많을 것이다. 우리는 evenings들을 주최해야 될 사회적 책임을 느낀다 — 특히 노년층이 인터넷 사용법을 배우는 외곽 지역에서는. 그런 분들을 위해서, 우리는 노인 모임을 소집한다. 우리는 원래 100 명을 위해 핀란드의 동쪽에서 한 모임을 만들었었다. 마지막엔 1,500명의 사람들이 참가를 원했다. 그 연령대의 누군가가 자신들의 자식들과 손주들에게 이메일을 보낼 수 있다는 사실을 알게 된다면 그건 정말 큰 소식일 것이다. 더 빨리 시작할수록 더 좋다. 그리곤 그들은 온라인 커뮤니티나 토론회의 일원이 될 수 있다. 핀란드는 단체의 나라이다; 단체가 모든 것에 대해 존재한다, 심지어 샴 고양이를 위해서도. 그들이 좋아하는 것이 무엇이든, 모든 것을 인터넷 상에서 찾을 수 있다. 그리고 그들은 전자결제, 전자 명세 그리고 전자 신분 증명을 필요로 한다. 이러한 모든 서비스들은 당신의 샴 고양이 단체를 관리하기 위해서도 필요한 것이다! 그러면 이 노년층의 사람들은 자신의 삶에서 더 많은 것을 얻게 될 것이다, 왜냐하면 이렇게나 큰 창문이 새로운 차원의 세계를 그들에게 열어주었기 때문이다. 그리고 인터넷 금융은 그의 한 부분을 차지한다.

노년층을 인터넷 금융으로 타겟팅 하는 반면에, 젊고 인터넷에 친숙한 연령층에게 이러한 서비스를 마케팅 하는 것은 노디어의 계획에서 높은 우선 순위를 갖지 않는다. 보 해럴드가 말하길:

> 나는 30대 이하의 사람들에게 마케팅 비용을 전혀 사용하지 않을 것이다; 전혀 그럴 필요가 없다… 15세만 되면 인터넷 뱅킹을 시작할 수 있다; 이 사람들에게 메시지를 전달하려면, 그들에게 무엇이 가능한지를 알려주어야 한다. 여기에는 돈을 투자할 만한 가치가 있다. 하지만 18세에서 30 또는 40세까진, 딱히 그렇게 투자할 필요가 없다. 대신, 나는 나의 모든 자금을 60세 이상의 연령대에 투자하겠다.

가격 책정(Pricing)

인터넷 뱅킹은 결코 무료가 아니다, 왜냐하면 모든 거

래에는 비용이 발생하게 마련이니까. 서비스를 사용하지 않는 사람들이 아닌 사용하는 고객들이 이 비용을 지불해야 한다. 만약 은행들이 나와서 자신들의 인터넷 뱅킹 서비스가 무료라고 말한다면, 그들은 분명 거짓말을 하는 것이다. 단지 누가 이 비용을 지불하느냐가 문제이니까.

(보 해럴드)

노디어의 소매 고객 운임은 고정되어 있는 요소들과 가변적인 요소들로 구성되어 있다. 사용 여부와 별개로, 가장 기본적인 서비스는 한 달에 2유로이다. 신용 카드 잔액 조회 서비스는 추가로 40센트, 모바일 WAP 서비스는 30센트의 요금이 부과된다; 이런 비용들은 이제 더 이상 청구되지 않는다. 주식 거래를 원하는 고객들은 가장 기본적인 버전에 매달 4유로를 지불해야 하고, 좀 더 고급 서비스는 20유로까지도 비용이 청구된다. 노디어의 경쟁사들은 좀 더 저렴한 편에 속한다. 예를 들어, E*Trade는 거래당 노디어의 1/4 가격인 10유로의 비용에 서비스를 제공한다. 그러나 노디어의 요금은 그래도 합리적인 편이라 생각된다고 40세의 소프트웨어 엔지니어 매그너스 그랜(Magnus Grann)씨는 말한다: '노디어의 비용은 차별적으로 느껴질 만큼 높은 편은 아닌 것 같다.'

그러나 다른 고객들은 노디어의 가격 정책에 반대의 목소리를 내기도 한다. 노디어의 핀란드 고객인 Tuukka Seppa씨가 말하길:

> 노디어는 확실히 싸지 않고 각각의 서비스에 모두 일정한 요금을 부과한다. 예를 들어 나는 내 투자에 접속하는데 매달 일정 추가 요금을 지불해야 한다는 사실이 너무 싫다.

Tomas Bauer, 노디어의 스웨덴 고객은 심지어 더 나가서 이야기한다:

> 내 생각에 노디어의 가격 책정 정책은 좀 수상하다. 나는 사실 노디어가 저축 예금 계좌를 개설하게끔 나를 속이고는 시장 수준보다 아주 조금 높은 이자율을 제공했었다고 생각한다. 1년 후 노디어는 이자율을 상대적인 시장 수준보다 무려 1% 가까이 떨어 뜨렸다.

평균적으로, 온라인 서비스에 대해, 노디어는 한 고객당 2유로가 조금 넘는 수익을 창출하고, 이는 매 달 총 70만 유로에 달한다. 이러한 수익들은 온라인 뱅킹 채널의 모든 비용을 충당하고 또한 (밝혀지진 않았지만) 이윤을 만든다.

기업 고객들은 서비스의 등급에 따라 20에서 5000유로를 지불한다. 온라인 마켓의 일원이 되기 위해선, 사업자는 200유로의 연결 비용을 내야 하고 매달 20유로씩 내야 한다. 매 거래마다 35유로의 추가 부담금이 발생한다. 신용카드와 대조적으로 거래 비용은 구매량에 좌우되지 않는다. 이는 신용카드의 경우 고객이 대금을 지급하고 판매자가 돈을 받는 동안의 기간 — 최대 30일까지 — 을 은행이 자금을 지급해야 되기 때문이다. 솔로 직접 결제는 직불 카드의 개념과 비슷하기에, 대금이 다시 지급 되는 데 걸리는 중간 시간 공백이 없다. 판매자들은 더 이상 청구서를 우편으로 보내지 않아도 된다는 점에서 혜택을 받는다. 더 나아가, 이전에 대금 지급을 기다렸던 것과 달리 지금은 선적을 하기도 전에 실시간으로 대금을 받기 때문에 신용 위험을 줄일 수 있다.

> 우리는 우리의 온라인 금융 실행의 수익성에 관심을 갖고 있다. 우리가 새로운 application을 소개할 때 지키는 가장 기본적인 원칙은 바로 추가된 가치를 무료로 제공하지 않는다는 것이다. 우리의 고객들은 인터넷 뱅킹을 사용하기 위해 다달이 비용을 지불한다. 만약 브로커리지, 신용카드 사용 알림, 또는 WAP과 같은 추가적인 서비스를 사용한다면, 비용은 증가한다. 고객들은 만약 그것으로부터 혜택을 얻고 있다고 생각이 든다면 그 비용을 기꺼이 지불한다. 예를 들어, 만약 송금이 더 간편하고 좋다면 말이다. 이 시점에서 발생하는 추가적인 가치는 무료가 될 수 없다. 많은 기업들이 이제 조금씩 그 사실을 알아차리기 시작했다.

뱅킹 서비스들의 가격 산정 방식은 고객들을 어떤 방향으로 조종하는 데 효과적인 도구로 사용될 수도 있다. 보 해럴드는 자신의 개인적 경험에 대해 이야기한다:

> 1983년, 우리는 그 당시 이는 매우 인기가 있었으며 나의 아내도 이 매우 잘 썼던 수표들에 10센트라는 수수료를 부과하기 시작했었다. 이 비용이 부과 되자마자 그녀는 더 이상 한 장의 수표도 사용하지 않았다. 정확히 말하자면 수표 책이 아예 사라져 버렸다 왜냐면 사

람들에게 수표는 10센트의 가치조차도 없었던 것이었기 때문이다. 대신, 사람들은 직불 카드를 사용하기 시작하였고, 지급 단말기로 결제 시에도 직불 카드를 사용하였다. 그 같은 사람들이 이후 직장에서 컴퓨터로 거래하기 시작하였다…… 미국에서 사람들은 대략 500억 정도의 수표를 쓴다. 그 종이 양이 모두 은행들에 항공 우편으로 운송된다. 이 모든 거래를 하려면 매해 750억 달러 정도의 비용이 들고, 무엇보다도 이는 환경 문제가 된다. 이는 많은 시간과 비용이 든다. 만약 당신이 비용들에 대해 확실한 가격표를 붙이지 않는다 해도, 그 비용을 결국 지불해야 할 것이며 당신의 고객들의 활동들에 대해 통제할 수 없을 것이다. 고객들에게 진정 어떤 비용이 발생하는지에 대해 보여주는 것은 그들로 하여금 이성적인 선택을 할 수 있게 한다 왜냐하면 그들이 이 비용들을 지불하기 때문이다.

노디어는 온라인으로 고객들을 끌어 모으기 위해 지점들과 인터넷 뱅킹에 비슷한 가격 구조를 도입하였다. 예를 들면, a foreign currency wire가 온라인에서는 $7이지만 지점에서는 $14이다. 청구서 지불도 온라인에서는 무료이지만, 지점에서는 한 청구서 당 $3.50이라는 비용이 발생한다.

고객 인증

노디어의 고객 인증 절차는 1980년대 초부터 시작되었다. 은행과의 모든 연락에 있어서, 인터넷을 통해서든 전화나 콜센터를 통해서든, 고객들은 한가지 인증 번호를 사용한다: 일회용 비밀번호(OTC). 이러한 카드에 프린트되어 있는 OCT들은 고객들이 이체 시에 쓰는 거래 번호와 비슷하다. 위에 언급된 여러 전자 매체들 중 아무 하나를 통해 자신들의 은행 계좌에 접속하려면 고객들은 OTC를 지니고 있어야 한다. 보 해럴드는 노디어의 인증 방식이 다른 곳들의 인증 방식들에 비해 가장 뛰어나다고 생각한다:

> 노디어에 연결하기 위해서, 고객들은 처음 계좌를 개설했을 때 주어졌던 자신들의 번호를 소지하고 있어야 한다. 계좌를 개설하는 것은 고객이 은행 지점을 직접 방문해 신분 증명을 할 수 있는 서류를 가져 올 시에만 가능하다. 다른 은행들, 특히 인터넷 은행들은 별로 철저하지 못하다. 거기서 당신이 해야 하는 것은 고객들의 주소를 볼 수 있는 전화 명세서를 발송하는 것뿐이다. 이는 위조하기도 쉽고, 돈 세탁도 더 빨리 할 수 있게 한다.

그리고 그는 OTC의 다른 장점들에 대해서도 언급한다:

> 일회용 비밀번호와 신분 확인 번호를 이용하여 그들[고객들]은 어디서나 방문할 수 있고 기존 은행 거래보다 더 많은 것을 할 수 있는 인터넷 비즈니스 시장에 안전한 접속을 할 수 있다. 예를 들면, 그들은 자신들의 전기와 통신 공급 회사와 계약을 맺고, 온라인으로 credit을 구매하거나, 변호사를 선임할 수 있다. 더 나아가, 그들은 더 이상 카드 리더기나 프로그램의 pedantic한 설치를 할 필요가 없다. 이러한 순간에, 우리는 굉장히 흥미로운 상황에 놓여있다 이는 재무부에서 앞으로 전자 신분 증명을 요하는 공공 부문의 미래 거래들은 모두 인터넷 뱅킹 플랫폼을 이용할 것을 권고했기 때문이다. 다시 말해, 이러한 믿음이 우리의 서비스들을 지탱해 주는 것이다. '당신의 연금에 대해 고민이 있으십니까? 그렇다면 여기를 클릭하세요.' 우리 — 그리고 핀란드의 다른 은행들 — 은 신분 증명과 서명을 제안할 가능성이 있는 사람들 모두에게 OTC를 제공한다. 수백만의 고객들이 이미 이 코드를 가지고 있고, 그리고 그들에게는 다른 기업들이나 정부 기관과 소통할 수 있다면 이는 그냥 부수적인 서비스에 불과할 것이다.

그러나, OTC가 모두에게 있어서 인기 있는 것은 아니다. 카이사 주하니(Kaisa Juhanni)라는 노디어의 핀란드 고객이 말하길: "내가 노디어의 온라인 뱅킹에서 정말 싫어하는 점은 바로 서비스에 접속하기 위해서는 항상 pass-code 리스트를 가지고 다녀야 한다는 점이다."

미래를 위해서 노디어는 고객들이 칩이 장착된 스마트 카드를 이용해 컴퓨터나 휴대폰에 로그인 할 수 있게 하는 공개키 설비(publickey infrastructure)의 개발을 계획하고 있다.

기술

노디어에서의 기술적 플랫폼의 진화 — 노디어의 모든 인터넷 뱅킹 절차의 중심 — 는 각기 다른 기술 플랫폼을 갖고 있는 여러 개별 은행들에서 큰 영향을 받았다. 예를 들면, 핀란드의 메리타 은행에서는 고객들이 브라우저와 간단한 비밀번호 시스템을 통해 시스템에 쉽게 접속할 수 있도록 한다. 반대로 스웨덴의 노드뱅켄에서는 고객들이 온라인에 접속하기 전에 특별한 소프트웨어를 설치하고 스마트 카드 리더를 미리 가지고 있어야 한다. 합병이 끝난 후, 노디어는 아래의 것들을 포함한 매우 복잡한 IT 기반시설과 맞닥뜨리게 되었다:

- *생산*: 4개의 메인 생산 센터들과 다수의 플랫폼들
- *어플리케이션*: 대략적으로 9,000개의 어플리케이션들
- *네트워크*: 네 개의 별도 지점 네트워크들

이때부터 노디어는 자신의 활동들을 간소화 하기 위해 여러 IT 시스템들과 조직 구조를 합치는 노력들을 해왔다. 예를 들면, 1985년부터 실시되었던 실시간 처리 시스템은 조정될 필요가 있었다. 기업의 입장에서, 이러한 변화들은 그룹 처리와 기술 구성에 대한 중요도의 증가를 반영하였다(그림 7). 전자 뱅킹, 생산과 생산 주체들은 소매 은행에서부터 옮겨왔다. 기업과 단체 은행 단위들은 글로벌 운영 서비스들을 넘겼고, 그룹 직원들은 그룹에 IT를 넘겼다. 여러 요인들이 융합과 비용 효율화의 집중, 고객들에 집중하는 사업 분야의 시간 할애, 그리고 변화 운영에의 투자와 같은 기술적 기능들을 한 곳에 집중시키는 데 일조하였다.

오늘날, IT비용은 전체 비용의 20%에 달하고, 분기당 평균 약 200백만 파운드이다. 이 비용은 거의 개발 비용(47%)와 생산 비용(53%)으로 나누어진다. 노디어는 IT를 운용하는 철학은 다음과 같은 사항을 담고 있다.

- IT 개발과 생산을 위한 *포괄적인 지배구조와 통제구조*
- *비즈니스 기반의 개발*, 비즈니스는 '무엇'을 결정하고 IT는 '어떻게'를 결정한다.
- *개발의 엄격한 우선순위*는 통합지원과 비용의 효율성에 따른다.
- *공통의 노르딕 플랫폼이 점진적 창출*은 통합된 생산과 어플리케이션을 포함한다.
- *통합을 위한 비즈니스 케이스 기반의 접근*은 모든 시스템의 통합이 이익으로 직결되지 않음을 가정한다.

그림 7 IT와 프로세스 통합을 지원하기 위한 비즈니스 구조의 변화

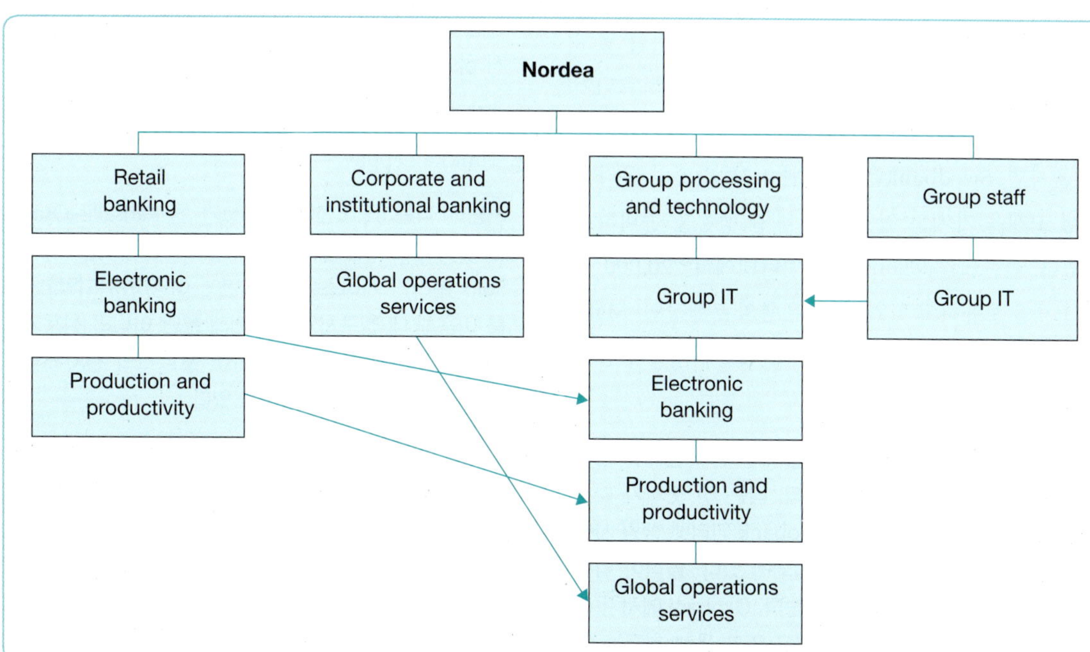

Source: Nordea Bank.

전반적인 IT비용에 있어서, e-뱅킹의 비용은 낮았다. 1981년부터 노르디어의 피니쉬 암은 e-뱅킹 기술에 전체적으로 총 19백만 파운드를 투자했다. 그러나 오늘날 투자는 더 높아져야 하는데 17개의 다른 e-뱅킹 시스템이 있고, 노르이어 그룹은 이러한 시스템을 유지하고 향상시켜야 하기 때문이다. 주요 비용은 e-뱅킹 시스템의 통합 시스템 개발 비용으로, 이 통합시스템은 고객 비즈니스 운영과 컨설팅, 그리고 시스템 개발에 특화된 피니쉬 회사인 TietoEnator와 하게 추진한다. 매년 e-뱅킹의 비용은 두 자리 백만 파운드 범위에 있다.

1990년 후반 닷컴이 최고조에 이르렀을 때, 노르디어는 유럽의 다른 은행에게 이 기술을 팔 생각을 했었다. Harald는 다음과 같이 이야기한다.

> 우리는 그러지 않았다. 모든 은행들이 매우 달랐고, 너무나 많은 노력의 비용이 들기 때문이었다. 은행은 복잡한 사업이고 만약 당신이 진짜 최고의 자산 회수를 원한다면, 당신은 고도의 감성과 고도의 기술을 가지고 있어야 한다. 우리는 돈을 벌어야했지만, 우리의 기술을 팔기에 여력이 충분하지 않았다. 사실 우리는 우리의 에너지를 우리 고객에게 집중하기로 했었다.

경쟁

노르이어가 노르웨이 지역에서 지배적인 성과를 달성했더라도 스웨덴과 핀란드의 많은 은행들이 노르디어와 경쟁하고 있고, 이는 e-뱅킹에서도 마찬가지이다. 예를 들자면, Swedbank은 2002년 1.3백만명의 온라인 은행 고객을 가지고 있었고, 모바일 뱅킹을 준비하고 있었다. 핀란드의 Okobank은 인터넷에서 720,000 유통 고객을 보유하고 있었다. 이 은행의 부행장인 Matti Korkeela은 e-은행이 제공하는 서비스의 품질이 중용하다고 믿었다.

> 우리는 시스템의 활동적인 사용자가 우리 인터넷 은행 고객의 80%로 추정하고 있었다. 나는 이 숫자가 다른 경쟁자보다 높다고 믿었다. Okobank 인터넷 뱅킹 사용자들이 다른 은행보다 더 몰입되어 있다. 솔직이 나는 순수한 인터넷 뱅킹을 믿지 않는다. Okobank에서 우리는 다양한 서비스 컨셉을 가지고 있고 은행 창구는 여전히 중요한 역할을 한다.

2002년에 웹기반의 은행 거래가 48%나 증가 하였다. 총 110백만 청구서의 40%가 온라인으로 처리되었다. Rabobank, Enskilda Banken과 Svenska Handelsbanken와 같은 다른 경쟁자들도 정교한 e-뱅킹 서비스를 하고 있었다. Bo Harad는 다음과 같이 이야기한다.

> 정말 가격 경쟁이 없었었다. 비용 절감의 방법은 두가지가 있었다. 첫 번째, 당신은 청구서를 지점에서 많은 수수료를 내고 처리하는 것이다. 그러나 온라인에서 하면 오직 한달에 한번 부과된다. 두 번째, 경쟁은 주택대출로 옮겨졌다. 모든 비용절감이 대출에서 일어났는데 1.6%에서 0.8%로 조정되었다. 대부분의 은행이 같은 방식으로 했고, 고객에게는 항상 이익이 될 수 있었다.

노르디어에서, 순수한 온라인 은행은 중요한 위협으로 보이지 않았다.

> 우리는 수수한 e-사업자들을 위해 많은 서비스를 가지고 있지 않았다. 그들은 우리보다 싼 데 원했고, e-은행은 개별 판매 능력이 없었으며, 고객기반이 아니었다. 나는 지점의 가치와 가치를 사람들에게 확신했고, 그들과의 신뢰있는 관계를 맺었다. 우리의 비전은 고도의 기술과 고도의 감성적 접근이다. 그것은 우리를 사이버 공격에서 피해를 줄일 수 있었고, 전통적인 은행이 e-경제의 중요한 역할을 할 것이라 믿었다. 믿었고, 브랜드를 만들었다. 오늘날 아무도 아마존닷컴과 같은 은행을 만들고자 하지 않는다. 우리의 비즈니스에서 이것은 맞지 않고 너무나 비용이 많이 든다.

오랫기간 노르디어의 고객들은 은행의 주요한 자산이다. Tuukka Seppa는

> 처음에 나는 1976년에 Merita가 된 Kansallis-Osake-Pankki (KOP)은행의 고객이었다. 개인적인 이유로 Solo 온라인 서비스를 1995년에 이용하게 되었고, 이를 이용해 내 청구서와 계좌거래 뿐만 아니라 신용카드 대금도 처리했다. 나는 Finnish 포트스의 전자메일을 통해서 인정 접속을 이용하고 있다.

노르디어의 새로운 경쟁자는 어디에 있는가? 소프트웨어 회사일까? 국제은행(Citibank 또는 Deutsche Bank)일까? Harald는

> 경쟁기업들은 지격기반도 아니고, 우리와 같은 비용-수입 비율을 가지고 있지 않다. 모바일 폰 가입자 수가 많은 통신회사가 경쟁자가 될 것이다.

성장기회

국내 시장에서 노르디어는 그들의 지점 네트워크를 운영했는데, 그것은 성장의 기회를 제한했다. Harald는

> 우리는 핀란드에서 크게 성장할 수 없다. 스웨덴에서 우리는 두 번째로 큰 은행이다. 덴마크와 노르웨이에서 우리는 여전이 개인과 기업을 대상으로 하는 작은 은행으로 성장할 여지가 남아 있다. 에스토니아와 같은 인접한 시장에서 우리는 세 번째로 큰 은행이며 잠재적인 성장세를 가지고 있다. 폴란드에서 우리는 네 개의 은행과 합병했고 미래를 위한 성장을 고려해야 할 시점이다.

지점 네트워크 없이 순수한 e-뱅킹으로 다른 유럽 시장으로 진출은 노르디어의 실제 선택이 아니다.

> 낮은 이율을 고려하는 순수한 온라인은 테크놀러지를 선호하는 사람들에게 매력적일 수 있다. 이들은 새롭운 것을 쉽게 받아들이지만, 이들을 대상으로 한 시장은 매우 작다. 우리의 경험으로 강력한 브랜드 네임과 튼튼한 지점 네트워크를 가지고 있지 않다면, 고객에게 친밀하게 개인적으로 다가가야 한다는 것이다. 여전히 큰 시장에 접근하는 것은 문제이다. 즉, 우리는 남부 프랑스에 가서, 우리는 노르디아이고, 우리의 웹사이트에시 은행일을 하라고 했었다.

지역적으로 확장하는 대신에, 노르디어의 주요한 다른 성장분야는 서비스였다.

> 우리의 핀란드 시장에서조차 우리는 우리가 전에 하지 않았던 서비스 제공으로 크게 확장할 수 있다. 이러한 서비스들은 지점을 통한 것이 아니라 인터넷으로 제공되는 것들이다. 예를 들자면, 고객들은 은행에 가지 않고도 모바일을 통해서 신용카드 사용내역을 확인할 수 있다.

노르디어에는 두 개의 e-비즈니스 기회가 있다. 첫 번째, 미래 고객 관계 관리이다. 예를 들자면, 고객 계좌가 변화한다는 것은 거다란 입금 금액의 변화, 주소 혹은 신상의 변화이고 이를 데이터베이스를 통해서 은행에게 알려준다. 거기에는 여러 개의 질문이 따라간다. 이 변화가 재정, 장기지불, 보험, e-서비스에 어떤 의미를 갖는가? 이 질문에 기반한 답에 따라, 노르디어는 지점에서 면대면 또는 이메일로 정보를 제공할 계획을 세운다. Harald는 이것이 미래를 위한 대체적인 가치라고 보았고, 이를 토대로 미래를 준비하길 원한다.

> 발생된 데이터 마이닝만으로는 충분하지 않은 것이 그것이 과거의 것이라는 것이다. 사실 우리는 고객에게 직접적으로 다음에 무엇을 할 것입니까? 당신 인생의 다음 계획은 무엇입니까?라고 물어봐야 했다. 예를 들면 핀란드의 남자에게 일어날 수 있는 가장 중요한 일은 차를 구매하는 것이다. 우리는 고객들이 우리에게 그러한 사실을 말해주고, 우리에게 물어봐주길 원했다. 우리가 무엇을 해야 할까요? 사적인 부분은 무엇을 해야 할까요? 공적인 부분에서는 무엇을 해야 할까요? 그는 새로운 자동차를 보러 갈 것이다. 우리의 Solo 파트너는 그에게 새로운 자동차를 팔 수 있다. 그는 새로운 차를 구입하고 계약서에 서명한다. 이것은 e-서명을 통해서 이루어진다. 그는 차값을 지불할 것인데, 이것이 곧 리스대출의 기회이다. 그는 자동차를 점검받을 것이고 이는 또한, Solo 마켓플레이스에서 우리 파트너 중의 한 명을 위한 새로운 기회기도 하다. 물론 우리는 이러한 서비스에 대해 생각하면서 중요하게 고려하는 것은 항상 데이터의 프라이버시이다. 프라이버시는 매우 민간한 문제이다. 노르디어는 결고 어떠한 정보도 은행 외부에 누구와도 공유하지 않는다. 고객은 자발적으로 이 정보를 누구와 공유할 것인지 결정한다. 첫 단계에서 판매자에게 아무것도 알려주지 않고 개인정보를 보호할 수 있다.

두 번째 주요 기회는 e-비즈니스에서의 위험 관리 서비스이다.

> 전자 세계에서 비즈니스 파트너들은 서로를 잘 알지 못한다. 동시에 시장 변동성은 매우 높기 때문에 큰 문제들이 일어날 수 있다. 그래서 아무도 믿을 수 없다. 이러한 문제를 고려해서 직접 지불하거나 신용도를 살펴본다. 오늘날 대부분의 기업들은 많은 사람들이 위험 관리를 한다. 그들은 백만분의 십을 시용정보와 보험에 지불하여 신용 하락을 막는다. 일반적으로 이렇게 잘 운용되지만 다음과 같은 의문이 생긴다. 얼마나 지불해야 하는가? 은행업무지식과 이미 만들어진 신용정보 그리고 이것을 청구 프로세스에 통합할 수 있다면 많은 비용을 줄일 수 있을 것이다. 우리는 미래에 이것을 가능하게 할 계획이다. 모든 기업들이 은행을 가지고 있고 일반적으로 은행은 기업을 위한 신용 평가를 만들고 신용등급을 매긴다. 이러한 은행들은 전문적인 정보를 가지고 있고 누구나 할 수 없는 최상의 신용평가를 할 수 있다. 만약 모든 은행들이 이러한 평가를 인터넷을

기반으로 한 거래 관련 은행 보증을 통해서 전자적으로 가능하다면, 기업은 많은 비용을 줄 일 수 있을 것이다. 이 것은 e-비즈니스 운용의 윤활유가 될 것이다. 이것은 아직 미흡한 생각이지만 매우 간단하고 자명한 것을 잘 살펴야 한다. 이것이 세상이 작동하는 방법이다. 결코 완벽하지 않더라도..

미래 전망

성공적인 e-은행과 e-비즈니스 출발에도 불구하고 노르디어의 주가는 지난 몇 년 동안 평균 이하로 2002년보다 28% 떨어졌다. 부분적으로 이것은 은행의 전체 수익이 4% 떨어지고 비용이 2% 증가했기 때문이다. 그러나 Harald는 다른 중요한 요인은 투자자들이 e-은행 활동이 가치가 없다고 생각하는 것이라고 믿었다.

e-뱅킹에 대하여 아는 투자자들은 우리가 세계의 최고라는 것을 안다. 닷컴 버블 동안 우리는 투자 은행가들과 분석가들이 매일 여기에 있었다. 나는 그들에게 설명하기 위하여 나의 모든 시간을 소비할 수 없었다. 그들은 나에게 '당신의 현재 주가 가치보다 열배나 더 평가가 되려면 은행이 아닌 IT기업이 되어야 한다'라고 말했다. 실세로 우리의 주가평가 꽤 낮았었다. 그러나 지금 얼마나 많은 분석가들이 우리를 주목하고 있는가? 내가 불평하는 것은 분석이 아니다. 지금 일어나고 있는 사실에 왜 그들은 관심이 없는 것인가? 그들은 오직 세상을 놀라게 할 만한 것에만 관심이 있다. 중요한 문제는 사람들이 짧은 시간에 새로운 기술에 대하여 과대평가하는 경향이 있고, 장기간에 영향력에는 과소평가하는 경향이 있다.

미래와 관련하여 그는 e-뱅킹과 e-비즈니스의 중요성이 장기적인 관점에서 봐야 한다.

e-뱅킹에 익숙하게 만들기 위해서는 사회적으로 유럽 시장이 더 경쟁적이 되어야 한다. 우리는 그것을 두려워하지 않는다. e-은행 서비스는 사람들을 미국과 동양과의 경쟁에서 더 생산적으로 만들었다. 우리의 높은 비용과 노동력에 기인하여 우리는 생산성의 향상되는 것을 두려워하지 않는다. 이것을 성취하기 위하여 중요한 것은 오랫동안 우리가 만들어온 전자적 습관이 국가적 자원이 되는 것이다. 이것은 미래의 핵심이 된다. 그럼에도불구하고, 미래를 예측할 수 없지만 오직 그것을 실현할 수 있고 노이아가 그렇게 하길 원한다.

Ducati (Italy) vs. Harley-Davidson (USA)
비즈니스 프로세스의 혁신과 가치 네트워크의 관리

Dacati의 75주년을 축하하는 2001년, 몇몇 행정지도자들은 최근 구조조정이 회사의 재포지셔닝을 성공적으로 했는가를 궁금해 했다. 이것의 일부로서 이탈리아 오토바이 업체는 초기의 제조 분야에서의 강점에서 벗어나, R&D와 마케팅-영업에 집중하는 것을 선택했다. 더불어, 이 회사는 2000년 1월 새로운 오토바이, 의류, 악세서리의 독점적 온라인 판매를 결정하면서, 인터넷을 본격 도입하기에 이른다. 이것은 당시 매우 위험한 선택이었지만, 결과는 기막히게 성공적이었다. Ducati.com의 사장 겸 CEO인 Federico Minoli와 Ducati Motor Holding 이사회 의장은 기쁜 선언을 했다.

> 2000년 1월 1일 이후로 공식적인 판매 네트워크의 개입과 도움에 힘입어, 인터넷 전략의 유효성을 입증하면서 2500대 이상의 오토바이를 판매했습니다. 이 성공을 발판으로, 우리는 자사 브랜드와 상품의 가치에 더욱 확신을 가지게 되었습니다.

두가티: 회사 소개

Ducati Motor Holding SpA[1]는 고가의 고성능 오토바이 회사였다. 이탈리아 Bologna에 기반을 준 중소기업이었던 회사는 1926년 이래로 성장을 했고, 십 년간 World Superbike Championship에서 끊임없이 우승을 하며 레이스 위주의 오토바이를 생산하게 되었다. 1996년 Ducati의 모기업이었던 Caviga는 재정 위기에 직면했고, 그것은 DMH가 보유한 주식의 51%를 미국에 근거를 둔 Texas Pacific Group(TPG)와 이탈리아의 Deutsche Morgan Grenfell Capital에 매각하는 것으로 이어지게 되었다. 새로운 경영진은 생산 효율성, 순매출과 순이익의 신상을 목표로 하는 전환 프로그램에 착수했다. DMH의 CEO인 Carlo di Biagio는 '우리는 아직도 이전의 파산과 실추에서 벗어나지 못했고, 우리는 이러한 뒤쳐짐에 대항하여 1996년 이래로 열심히 일하고 있다.'고 말했다. '현재 우리의 상황은 다르다. 조만간 투자자들이 그것을 알게 될 것이라고 생각한다.'

2001년 무렵, 회사는 비용을 절감하기 위해 생산의 90%를 외주제작에 맡기고, Ducati 오토바이의 기술적인 기반을 제공하기 위한 플랫폼 전략을 소개하며 가치 사슬 활동을 재건설하기에 이른다. 모든 모델을 순서대로 기초적인 엔진 배열(L자형 2실린더 엔진), 튜뷸러 트레슬 프레임과 많은 일반적이고 소포품 부품을 공

1 SpA(Societa per Azioni)는 결합 주식회사이다.

The case was made possible by the cooperation of Ducati Motor SpA (Italy).

유했다. 또한, ST2를 제외한 모든 모델은 오직 2개 타입의 엔진(2-valve 또는 4-valve)중 한 가지 모델만을 사용했는데 이는 조립을 쉽게 만들며 제조 과정의 비용을 줄여준다. 게다가 DMH는 소매점의 수를 줄이고 그 것을 대체할 다 상표 판매자를 Ducati-designed 상점에 배치함으로써 분배 구조를 재건설했다. 이러한 개조 후에 DMH는 R&D와 Design 센터, 조립 부대, 그리고 마케팅과 영업 부서를 구성했다. 후원과 세부 계획들은 또한 외부 조달 되었다.

Ducati의 강점 중의 하나는 브랜드와 제품 혁신 능력이었다. 회사는 성공적으로 기존의 제품 라인을 혁신했고, 새로운 오토바이 모델과 악세서리, 의류를 소개했다. 이러한 새로운 상품들은 전통적인 판매 구조를 통해서 뿐만 아니라 인터넷으로 독점 판매되기도 했다.

Ducati 최초의 전자상거래 활동은 2000년 1월 1일에 착수되었다. 이때는 한정판으로 제작된 모델인 €15,000였던 MH900e이 인터넷에서 독점적으로 판매되면서 시작된 것이었다. 2000년 1월 이전, 생산이 아직 채 계획되지 않은 시점에도 불구하고, 판매 시작 31분 만에 그해 생산될 모든 MH900e 모델이 품절되었다. 산업계 전체에서, 이러한 경우는 처음이었다. '이미 팔린 것을 생산하라'는 것은 Ducati의 새로운 표어가 되었고, 차례로 독립적인 온라인 판매처인 Ducati.com이 2000년 3월 6일에 개설되었다.

자사가 유통망을 직접 관리하는 나라에서 Ducati는, 판매의 핵심적 판단 수치가 되는, 오토바이 등록 수의 상당한 증가를 경험했다. 2001년 Ducati는 5년 연속의 기록적인 이익 달성을 발표했다. 그 수치는 €10.5 million에 달했다(표 1). 같은 기간 회사는 €407.8 million의 수입과 함께 38,969대의 오토바이 판매를 달성했으며 EBITDA[2]는 10% 증가, €66.1 million에 이르러 수입의 16.9%를 차지했다. 2001년 Ducati는 서부 유럽 시장 지분의 6.4%를 보유하게 되었다.

2001년 4월, DMH은 높은 기준의 주식 분야인 Mercato Telematico Azionario of Borsa Italia SpA의 일부인, STAR[3]에 가입한다.[4] Ducati는 STAR의 자격요건을 만족시키는 처음 20개의 이탈리아 회사에 포함되어 있었다. 따라서 회사는 금융시장에서 더 큰 투명성을 확보하고, 증가된 유동성을 통해 주주 가치를 향상시키기 위해 노력했다.

표 1 두가티 재무 자료 (100만 유로)

	1999	2000	2001
총 수입 (오토바이, 악세서리, 의류, 부품 등)	294.5	379.5	407.8
악세서리 / 의류	37.1	55.9	61.4
총 이익	118.0	150.6	166.5
등록 (unit)	32,135	38,130	38,969
세전영업현금흐름	50.8	60.0	66.1
감가상각	(24.3)	(29.6)	(34.6)
금융비용	(14.3)	(19.4)	(12.1)
비경상항목	4.5	6.7	(28)
소득세율 및 소수주주지분	(7.8)	(7.2)	(8.9)
순수익	8.9	10.5	10.5
순부채	112.3	97.4	112.9
총 주주자산	131.1	143.1	154.6
총 순자본	243.4	240.5	267.5
순부채/총순자본(%)	46.1	40.5	42
순부채/세전영업현금흐름	2.2×	1.6×	1.7×

Source: Adapted from Ducati documents, July 2001 and January 2002.

할리데이비슨: 기업 소개

또 하나의 주요 오토바이 제조업체는 미국에 근거지를 두고 있는 Harley-Davidson이다. 이 업체는 유랑용, 여행용 오토바이의 시장을 공략하고 있다(그림 1). Ducati와 마찬가지로, Harley-Davidson은 오토바이, 부품, 악세서리, 의류, 잡화를 판매한다. 회사는 두 가

2 EBITDA는 earnings before interest, taxes, depreciation and amortization의 약자로, 이자(interest), 세금(tax), 감가상각(depreciation), 이자지급(amortization)을 제하기 전의 이익을 말하는 것이다.

3 STAR은 Gegmento Titoli con Alti Requisiti의 약자로, 높은 필요조건의 주식 분야를 의미한다.

4 Mercato Telematico Azionario of Borsa Italia SpA는 스크린으로 중계되는 주식 교환 시장으로서, 이탈리아에 있으면서, 경제의 전통적인 구역에서 성공적으로 작동중이며 투명성과 유동성, 회사 통제력 등의 필요조건을 만족시키는 소규모 혹은 중간 규모의 자본 회사를 상대로 한다.

그림 1 Ducati motocycle의 시장 경계 확대: 성능과 효율 중심에서, 안락함과 라이프스타일을 중심적인 오토바이로의 변화

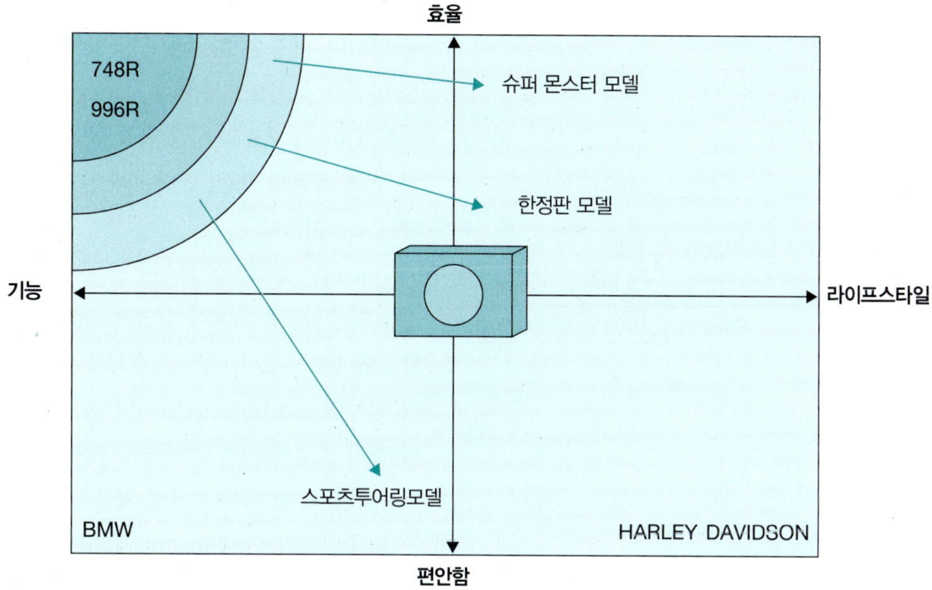

Source: Adapted from Ducati document, September 2001.

지 사업 분야에서 활발한 활동을 펼치고 있다. Harley-Davidson Motor Company와 Buell motorcycle Company[5]와 함께 오토바이, 그와 연계된 제품들을 만드는 것이 하나이고, 다른 하나는 Harley-Davidson Financial Services(HDFS)와 함께하는 재정적 서비스이다. 이중 후자는 Harley-Davidson과 Buell의 판매업자와 고객들에게 도 · 소매 융자와 보험 프로그램을 제공한다. 이것은 대출, 보험, 옵션, Harley-Davidson Extended Service Plan과 Harley-Davidson Visa card를 포함한다.[6]

1981년 6월, Harley-Davidson의 고위 임원 13명은 기존의 모회사 AMF로부터 Harley-Davidson Motor Company를 매입했다. 그것은 Harley-Davidson Motor Company의 자본을 담보로 한 차입금에 의한 기업 매수였다. 당시 회사는 '저 품질과 낮은 신뢰도'라는 평판으로 손해를 보고 있었고, 혁신적인 제품 디자인과 개발이 절실히 부족한 상태였다. 이 회사의 혁신은 전체 노동자의 40%를 감축, 9%의 임금 삭감, 그리고 새로운 상품의 개발과 함께 시작되었다. 20년 후, 100주년을 기념하면서, Harley-Davidson은 높은 브랜드 인지도, 혁신적인 디자인, 개발 역량을 토대로, 세계적이고 성공적인 오토바이 제조업체로 우뚝 솟아있었다. 2001년 Harley-Davidson은 Forbes지에 의해 올해의 회사로 선정되었으며, 미국에서 가장 존경받을 만한 기업으로 묘사되었다.

2001년 Harley-Davidson은 16번 연속으로, 기록적인 수입과 순수익을 보고했다. 회사의 수입은 US$3.4 billion에 달했으며, 이전 해보다 15.7% 상승한 수치였다(표 2). Harley -Davidson 오토바이 부문 수입은 US$2.6 billion로 17.1% 상승했다. 회사의 순이익은 US$438 million로 25.9% 상승한 수치였다. Harley-Davidson의 금융 서비스의 순이익은 회사 전체 14%

5 Buell motorcycle Company는 스포츠 오토바이와 함께 오토바이 부품, 악세서리, 의류를 생산한다.

6 Harley-Davidson Extended Service Plan은 오토바이 수리 부문을 보험한다.

표 2 할리데이비슨 재무 자료 (US$ 100만)

	1999	2000	2001
총 수입 (오토바이, 악세서리, 의류, 부품 등)	2453	2906	3363
상품 판매 비용	1617	1915	2183
총 이익	836	991	1180
금융 서비스 수입	133	140	181
금융 서비스 이자, 운영비	105	103	120
금융 서비스 운영 수입	28	37	61
순 수입	267	348	438
	2000	*2001*	*(%)Change*
수입			
총 오토바이(Harley-Davidson and Buell)	2304	2692	16.8
오토바이 부품과 악세서리	448	507	13.3
일반 잡화	151	164	8.3
기타	2.6	0.2	(92)
등록 (unit)	204,500	234,461	14.6
Harley-Davidson 오토바이	10,189	9925	(2.6)

Source: Harley-Davidson Annual Report, 2001.

를 차지하는 US$61 million에 달했다.

2002년 3분기, Harley-Davidson은 2001년 3분기에 비해 31.8% 증가한 US$1.14 billion기록적인 수입과 수익을 발표했다. Harley-Davidson의 CEO인 Jeffrey L. Bleustein는 '우리가 1년간 지속되는 100주년 기념 사업을 시작했을 때, 우리는 수입과 소득에서 새로운 기록을 달성하며 자신의 가장 거대한 1/4분기를 맞이했다.'고 말했다. '100주년을 기념하는 제품이 3분기의 뛰어난 실적을 거두게 한 주요 원동력이 되었으며, 미래의 증가하는 수요에 대한 커다란 도약판의 역할을 하게 될 것이다.'[7]

Ducati의 경영 전략

> 2002년의 도전적인 기업 환경에도 불구하고, 우리는 혁신적인 상품과 브랜드 구축을 위한 활동에 적극적인 투자를 지속하고 있다. 이는 지속적이고 강한 미래의 성장에 자리 잡기 위한 것이다.
>
> **(Carlo di Biagio)**

1996년 회사의 혁신 이후로, Ducati는 다음의 목표들을 향했다. 제품의 효율성 증진, 오토바이와 연계된 높은 마진의 사업으로의 확대, Ducati의 브랜드 영향력 강화, Ducati 제품의 시장 확장, 회사의 핵심시장 포지션 강화, 유통망 개선, 인터넷과 전자상거래 활동의 개발이 그것이었다.

Ducati는 끊임없이 배우면서 자사의 제품과 처리과정을 향상시키는 과정에 있었지만, 회사는 이미 목표를 달성했다고 믿었다. 생산 효율성을 증진시키기 위해서, 회사는 Ducati Improvement Process(DIP)를 포함한 몇 가지 프로젝트를 소개했다. 높은 마진의 판매, 예비 부품과 같은 오토바이 관련 제품들, 악세서리와 의류는 2000년 €55.9 million에서 2001년 €61.4 million으로 9.8% 증가했다. 회사는 의류와 악세서리 판매를 통해 브랜드 이미지 구축 또한 강화해나갔다. Ducati는 Sports Touring Model, special Monster model, S4 Fogarty와 같은 한정판 모델을 통해, 높은 효율과 성능을 갖춘 오토바이로 시장 경계를 확장했다(그림 1). 동시에 회사는 최신품 996R과 같은 모델로 역량을 집중시키면서, 핵심 시장 포지션을 강화했다.

2002년 2월 무렵, 회사는 전 세계적으로 92개의 Ducati 점포를 가지게 되었다. 이러한 소매점들은 회사가 유통망에 영향력을 행사할 수 있게, 고객과의 긴밀한 접촉을 유지하기 위해, 이익은 증가시키면서 리드타임을 줄이는 것을 돕기 위해 고안된 것이었다. Ducati는 또한 한정판 오토바이, 악세서리, 의류, 기념품 등을 오직 인터넷에서 독점적으로 판매하고 있었다. 온라인에서 판매되는 몇몇 물건 중 특히 오토바이의 경우, 대리점 망을 통해 고객에게 전달되었다. 온라인 상품들은 소매점에서는 취급되지 않는 것이 보통이었다. 온라인에서는 리모델링되거나, 고전적인 오토바이, 수

7 www.Harley-Davidson/investor relarions/pressrelease, 15 October 2002.

그림 2 Ducati의 가치 네트워크: Ducati 기업 내부적 활동, 네트워크 활동과 외부 조달 활동

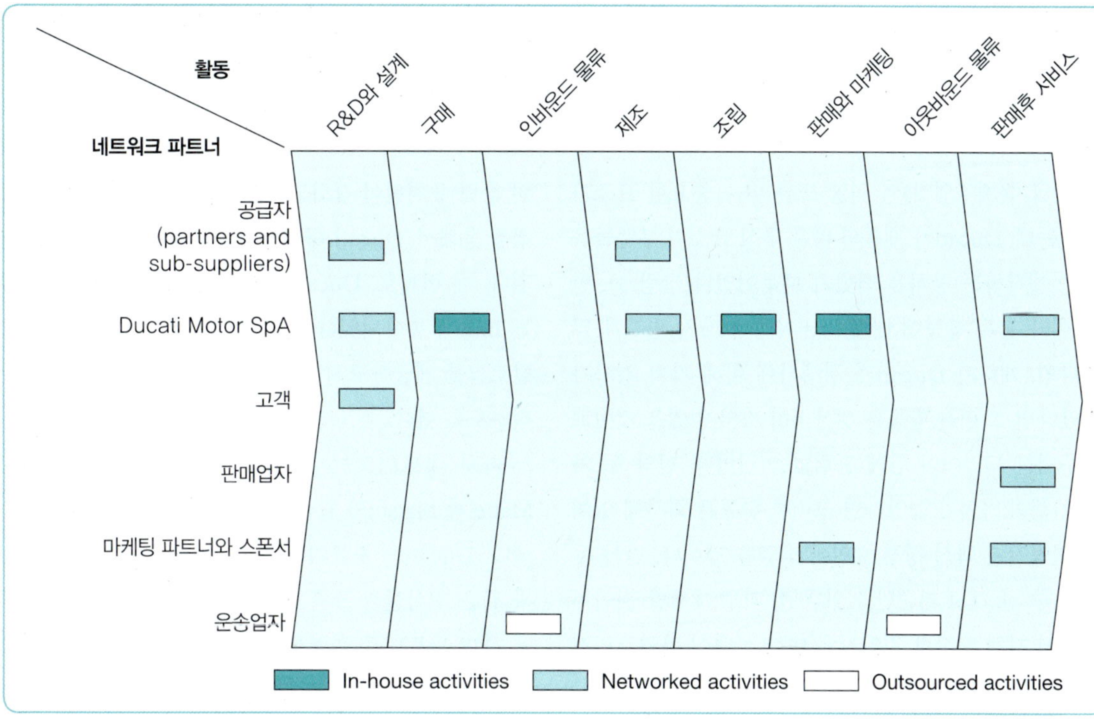

Source: Based on information provided by Ducati.

집가의 애장품들도 제공했다. 애장품의 경우, 소매점에 아직 입고되지 않은 신제품의 한정판, 또는 기능이 향상되거나 디자인이 변화된 모델들의 한정판이 포함되었다. Ducati는, 판매량을 늘리고 끼워 팔기를 늘리는 식으로 대리점을 손상시키기 보다는, 온라인 판매를 강화하려고 노력했다.

이탈리아에서의 온라인 판매가운데 최고의 실적을 거뒀던 MH900e 모델의 성공적인 온라인 판매 발표 이후에 DMH의 주가는 11.7% 상승했다. DMH의 Head of Investor Relations인 Christopher Spira는 '그때는 인터넷 버블이 최고조에 달했을 때입니다.'라고 회고했다. 인터넷은 DMH 조직 전략의 필수적인 부분이 되었다. 2001년 무렵, 회사는 분리되어 있는 Ducati.com 운영을 실제적인 부분으로 통합시키기 위한 시도를 진행한다. 수많은 시행착오 끝에, 회사는 e-business 전략을 만들어낼 수 있었고, 변화하는 사업 환경에 재빨리 적용하도록 노력했다.

Ducati의 사업 모델은 근본적으로 좁은 가치 경로를 통해서 운영하던 것에서 벗어나 가치 네트워크를 조직하는 방향으로 변화했다. 이러한 방식은 온라인과 오프라인의 처리과정과 사업 협력자를 통합하는 것이었고(그림 2), 가치 사슬은 고객, 공급자, 대리점 운영자, 마케팅 협력자와 후원자들을 포함한다. 협력자, 후원자의 마케팅 조직을 통해서, Ducati는 자사 브랜드의 노출과 인지도 상승을 시도했다.

그 결과, Ducati는 그들의 고객과 온라인, 오프라인 모두에서 긴밀한 관계를 구축했고 그들의 요구에 대해서도 보다 잘 이해할 수 있게 되었다. '인터넷은 당신과 고객의 관계를 변화시킨다.'고 Federico Minoli가 덧붙였다. '당신의 고객은 마케팅 부서의 일원이 된다. 고객들은 그들이 원하는 오토바이가 무엇인지 당신에게 말할 것이다.' 실제로, 회사는 고객을 귀중한 정보의 원천으로 여기고, 마케팅 전략을 수립할 때 그들의 관점과 선호를 우선으로 고려한다. 예를 들자면, Ducati는 회

사가 World Grand Prix Championship에 참가해야 하는 것인지에 관해 Ducatisti[8]를 대상으로 온라인 설문조사를 실시했다. 4500명의 긍정적인 반응들이 이러한 주요 행사에 참여해야 한다는 경영진의 의견에 동의했다.

공급자(제조업자)의 역할 또한 더욱 중요한 요소가 되었는데, Ducati가 제품의 많은 구성 요소와 부품들을 외주 제작하는 방식을 택했기 때문이었다(그림 3). 만약 이와 같은 활동에 대해 소비자들의 가치 평가가 낮았다면, 게다가 Ducati가 경쟁사에 비해 가치 평가가 낮았다면, 그러한 활동은 생산력이 거의 없었을 것이고 외주제작 되었어야 함에 틀림없을 것이다. 만약 두 가지 기준의 가치가 높았다면 그러한 활동은 회사에 있어서 결정적인 핵심 경쟁 요인이 되었을 것이다. 만약 두 가지 중 한 가지 기준만 높았다면, 외주 제작할 것인지 아니면 자체 제작할 것인지에 대한 선택이 자연스럽게 만들어졌을 것이다.

Ducati와 생산자와의 관계는 일반적으로 장기적 협력에 근거한 것이었고, 가치 사슬 활동에 생산자를 연계한 형태였다. R&D, 디자인, 제조와 조립.

그림 3 자체제작과 외주제작의 의사결정 matrix

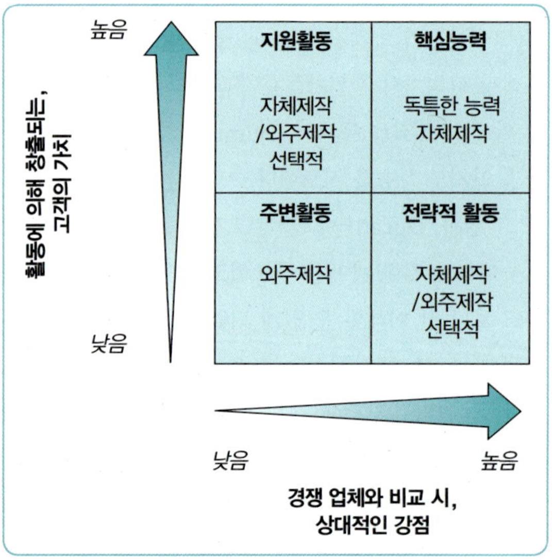

Source: Datamonitor 2007, company reports.

효율성을 높이기 위해서 Ducati는 Electronic data interchange(EDI)를 통하여 전기적 통합을 설립하기 위해 노력하고 있었다.

이러한 유통망을 통해, Ducati는 자사의 온라인, 오프라인의 관계를 강화시켜나갔다. 첫 번째로는 기술적인 훈련과 지원이 강화되었다. 두 번째로, Ducati의 상점을 통해서, Ducati 대리점의 주인에게 거래가 만들어졌다. 세 번째로, Ducati 상점은 소위 Softway라 불리는 B2B에 통합되었다. 그리고 그것은 부품에 관한 카탈로그를 제공하고 주문을 받고 과정을 전기적으로 추적하도록 했다.

가치 네트워크는 또한 Virgin Entertainment, Mattel과 Maisto와 같은 마케팅의 협력과 후원을 포함했다. Ducati는 오프라인 상으로, Royal Dutch Shell과 같은 회사들과 스폰서를 맺고, 그들과의 유통 계약을 하며 파트너로 관계를 다졌다. 온라인으로 Ducati.com은 다양한 업체와 파트너가 되었는데, 그 중 이탈리아 전자통신 업체인 Infostrada는 Ducati World Superbike Championship의 주요 스폰서였고, 통신망을 구축하는데 있어서 기술적으로 적극 후원하였다. Ducati.com은 방문자들을 파트너의 웹사이트로 보내기 위해 다이나믹한 협력 기회를 제공했고, 파트너의 브랜드 노출을 증가시키고, 더 많은 사람들에게 내용을 제공하기도 했다.

가치 관계로 맺은 파트너들이 Ducati의 가치 활동에 점진적으로 통합되어 가면서, 의사소통은 더욱 더 중요해졌다. Ducati의 과거 활동과, 인터넷으로 제공된 가능성들을 제고해 보며, Carlo di Biagio가 말했다: '우리는 더욱 더 많이, 더 원활하게, 더 빨리 의사소통을 했어야 했었습니다... 일단 당신이 파트너와 인터넷에 기초한 관계를 맺는다면, 당신은 그들을 버릴 수 없습니다.' DMH는 순차적으로 고객들에게 최신 제품인 M4 Fogarty가 실린 주간 뉴스를 제공했다.

8 Ducatisti는 Ducati의 직원들이나 Ducati의 오토바이를 소유한 Ducati의 지지자들을 말한다.

Harley-Davidson의 경영 전략

> 사람들이 당신의 제품을 사는 것은 한 가지 사실에 불과하다. 그러나 그들이 자신의 몸에 당신의 이름을 새기는 것은 다른 문제이다.
>
> **(Harley-Davidson Inc)**[9]

Harley-Davidson이 성공을 거둘 수 있었던 요인 중 하나는 자사의 제품과 시장을 이해할 수 있는 능력이었다. 경영자들은 브랜드가 무엇을 상징하는지, 고객의 'heart, soul and mind'[10]에 어떻게 호소할 것인지 알고 있었다. 회사는 또한 대리점들과의 원만한 관계를 형성하는 것 또한 목표로 했다. Harley-Davidson의 혁신 프로그램의 시작은 회사의 핵심 고객에 초점을 맞춰, CEO들과 법률가들, 의사들을 포함 · 확대하는 것이었다. 2002년 William Bartels California 판매권의 70%의 고객들이 'rubs(Rich Urban Bikers)'였다. 또 다른 프로젝트는, Harley-Davidson 판매업자들을 돕는데 초점을 맞추기 위해 1983년 설립된, Harley Owners Group에 의한 것이었는데, HOG는 고객들을 끌어들이고, 관리하였다. 2001년, 115개국 이상의 국가에 걸쳐 660,000명 이상의 HOG 멤버들이 있었다.

당시의 경영 환경에도 불구하고, Harley-Davidson은 2002년 오토바이 생산을 증가시키겠다고 발표했다. 2001년 234,500개에 비해 12% 상승한 263,000개로의 증가였다. 2003년에는, 2002년 보다 다시 10% 많은 289,000개 생산을 목표로 잡았다. 2003년 회사의 100주년을 축하하면서, 회사는 자사의 목표가 '다음 100년 동안의 지속적인 성장'[11]이라고 선언했다. 더욱 자세히 살펴보면, Harley-Davidson은 자사 제품에 대한 수요를 늘리고, 수입보다 빠른 속도로 수익을 증가시키는 것을 목표로 생산 증대를 시도했다. Harley-Davidson은 자사의 성공 요인을 제시했는데, 그것으로 언급된 것들은 강력한 브랜드 인지도, 훌륭한 제품과 서비스, 공급업자와의 상호 이익이 되는 관계, 그리고 하부조직에 의한 경험에 의거한 경영 조직 등 이었다. 장황한 100주년 기념식과 함께, 회사는 브랜드 노출을 늘리고 가족과 동료들과 함께 축하하며, 새로운 고객들에게 다가갔다. 몇 가지 행사들이 계획되었고, 'Open Road Tour', 'Ride Home', 'Celebration', 'Party' 등 다양한 이름들이 붙여졌다.

2002년 생산 능력을 증가시키기 위해, Harley-Davidson은 500여 명의 추가적인 인력을 고용했지만 여전히 수요를 충족시킬 수 없었다. 사실, 회사가 그러길 원치 않았다. 심지어 몇몇 상인들은 공장도가(MSRP)에 20%의 프리미엄을 부과하거나, 제품을 18개월 이상 기다릴 것을 강요하기도 했다. 참을성 없는 고객들은 자주 기다리는 것을 거부했고, 이는 Harley-Davidson의 시장 점유율이 1997년 48%에서 2001년 44%로 떨어지게 하는 결과를 낳았다. '회사의 실제 수익과 자본 유입은 생산에 의해 가로막혔다.'라고 미국의 보증과 중개의 투자은행 Bear Sterns의 Joe Yurman이 말했다.[12]

2002년 Harley-Davidson은 48개국에 1,300개 이상의 소매점을 보유하게 되었다. 추가적으로 쇼핑몰이나 교통량이 많은 곳에 위치한 위성 상점들은 고객이 기어나 수집품들을 찾기 쉽게 되어있었다. 2002년 초기 9개월 동안 오토바이 판매는 19%가량 상승했다. Bleustein은 '어려운 경제 상황에서도 악세서리와 오토바이 의류 부문의 판매가 더욱 희망적일 것이라는 사실은, 우리 제품의 수요에 관한 확고한 자신감을 심어준다.'

물리적이고 가상적인 가치 네트워크 혁신

> 나는 Ducati의 성직자와 같고 나의 종교는 혁신이다. 우리는 넓은 의미에서 혁신을 지속하고 있다. 이것은 우리가 우리의 제품, 처리과정, 조직 그리고 온라인 사업 방식마저 혁신하는 것을 의미한다.
>
> **(Carlo di Biagio)**

9 Harley-Davidson은 매년 타투 contest에서 기대되는 이벤트를 후원한다.

10 'Marketing: the five best companies', www.forbes.com/2002/08/01/0801marketers.html

11 www.herley-davidson.com/investor relation/resources/events and presentations

12 http://www.forbes.com/best/2001/0910/008.html, 2001년 9월 10일

> Harley Davidson의 성공은 하룻밤사이에 일어난 것이 아니다. 그것은 과거와 현재 세대의 기반 위에 지어진 것이었다. 그리고 우리는 미래에도 성공을 계속해서 이어나갈 것이다.
>
> **(Harley Davidson Inc., Annual Report, 2001)**

R&D와 설계

Ducati에서 새로운 오토바이를 개발하는데, 조직의 개편 이전에는 일반적으로 7년 걸리는 것이 보통이었다. R&D와 디자인은 긴 시간의 활동을 포함하는 것으로서 한 번에 아주 작은 활동 하나를 수행하면서도 R&D, 디자인 부서뿐만 아니라 제조업체와, 외부 디자이너와 공급업자의 개입을 모두 필요로 하는 것이었다. Christopher Spira는 이러한 과정이 어떻게 변화하였는지 설명했다.

> 이러한 linear한 과정을 통해, 한 개의 회사는 자신이 마친 것을 다른 unit으로 보내며, 한 번에 아주 작은 일을 해낸다. 오늘, 우리는 마케팅 부서와 같이, 프로젝트의 끝까지 책임지는 cross-functional 전문가를 가지고 있다. 그들은 프로젝트의 초기부터 일하며, 새로운 제품 개발 과정의 끝까지 함께한다.

Ducati의 새로운 제품 생산 방식은, 네트워크에 기초한 디자인 방식이었다. 이 방식은 회사가 오토바이 기본 모델을 개발하는 시간을 7년에서 4년으로 단축시켰다. R&D와 디자인 부문을 시작으로, 주어진 과정아래 모든 관계된 내부 · 외부 부서의 참여를 바탕으로 몇 단계의 과정이 즉각적으로 수행되었다. 이러한 과정은 일반적으로 공급업자나 하부 공급업자는 물론 R&D와 디자인, 제조, 품질 관리, 판매, 마케팅을 포함한 것이었다.

2000년 Ducati는 R&D와 디자인 부문에 전체 판매액의 3.4%인 €13 million을 투자했다. 이 수치는 이전 해에 비해 32% 증가한 것이었다. 38명의 엔지니어를 포함한 150명의 인력이 R&D와 디자인에 몰두했다. '우리는 또한 우리 고객을 R&D 사업에 참여시킬 수 있는 공간을 웹사이트에 갖추고 있다'고 Christopher Spira가 말했다. 기술자들은 조립을 위한 디자인에 최신 CAD[13]와 CNC[14] 기술을 활용했다. '우리는 모델 라인에, 레이싱을 위해 만들어진 부분을 사용할 수 있다'고 그가 덧붙였다. '2년에서 3년이라는 시간동안, 모든 혁신들이 모델라인을 지나갔다.' R&D와 디자인 혁신은 맨 처음엔 레이싱에서 도입되었고, 후에 모델라인에서 사용되었는데, 최신 모델로 시작해 순차적으로 덜 유명한 모델까지 통합되어 갔다.

구매

Ducati

1996년으로 거슬러 올라가보면, Ducati와 공급자들 사이의 관계는 팽팽했다. 공급자들은 신뢰하기 어렵고 변덕스러운 방식으로 부품을 제공하고 있었고, Ducati는 자주 지불기한을 넘기기 일쑤였다. 따라서 Ducati에게는 공급업자와의 신뢰를 구축하는 것이 중요했다. 회사는 철저하게 자신의 구매전략을 조사하기 시작했다. 2002년까지 부품과 구성요소 생산의 90%를 제조업자나 하부 제조업자에게 외주제작의 형태로 맡겨졌고, 모든 부품들은 Ducati로 직접 인도되는 방식이었다. 4단계로 구성된 부품과 제조업자들의 위계구조는 이전의 균일한 체계를 대체하기 위해서 고안된 것이었다. 하부 제조업자들은 또 다른 제조업자나 Ducati의 조합에게, 또는 Ducati에 직접 공급했다(그림 4). 이들 역할의 중요성을 인정하면서, 제조업체들과의 장기적인 협력관계를 구축해나갔다. 비용 절감을 위해, Ducati는 좋은 품질의 물건과 서비스를 최적화된 과정을 통해 일정하게 공급해줄 것을 요청했다. 1998년 이후로, 회사는 제조업자의 수를 26%를 줄인 175개로 감소시켰다. 반대로 물품 대금은 59% 늘린 €196 million으로, 오토바이 생산은 43% 늘린 40,016개로 증가시켰다.

몇 가지 기준들이 제조업체를 선정하는데 사용되었다. 첫 번째로, 물품과 서비스는 경쟁적으로 가격이 매겨짐과 동시에 최상의 업무처리의 질과 연계되어야 하는 것이었다. 두 번째는, 회사의 경영 철학과 가치를 공유해야 한다는 것이다. 이러한 필요조건들은 Ducati가 일관성 있고 신뢰할만한 공급, 직원들에 대한 신용, 견

---

13 CDA는 computer-aided design을 의미한다.
14 CNC는 computer-numerical control을 의미한다.

그림 4 Ducati의 공급 관리 모델

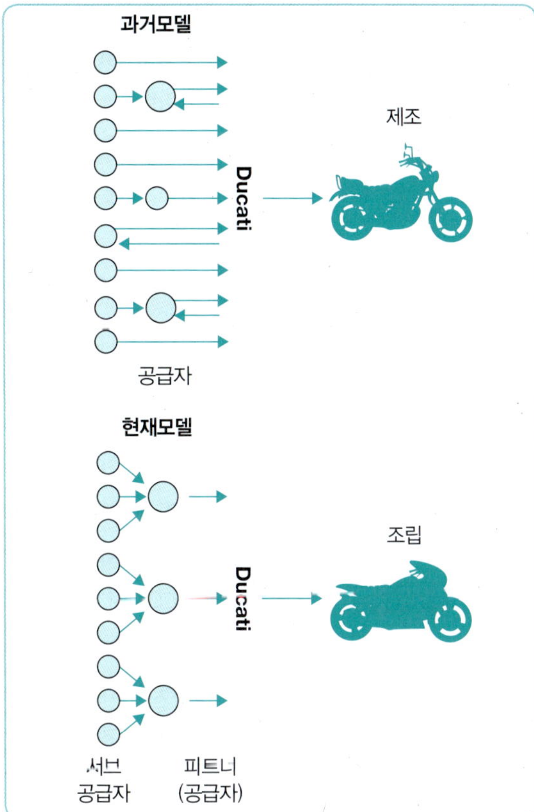

Source: Adapted from Ducati documents, September 2001.

고한 재정과 사업적 연속성을 지니는 것을 가능하게 했다. 세 번째로 제조업자들은 규모의 경제를 통해 이익을 얻을 수 있을 만큼 충분히 거대해야 했고, R&D와 생산 기술, IT infrastructure에 투자가 가능해야 했다. 네 번째, 제조업체는 끊임없이 생산과정과 효율성을 향상시켜야 했다. 마지막으로, 제조업자는 혁신적이면서도 개인화된 방식으로 이를 수행할 수 있어야 하고, 수요에 대해 유연하게 대처할 수 있어야 했다. 또한 발주에서 배달까지 걸리는 시간을 줄여 신속한 인도가 가능해야 했다.

몇 가지 작업들이 Ducati의 공급 조직망을 향상시키기 위해 진행되었다. Ducati Evolution and Supply Management Optimization(DESMO) 사업은 원료의 흐름을 확인하고 하부 공급업자로부터 협력 공급업자로, 그들로부터 다시 Ducati의 생산-조립 부서로 정보를 전달하는 것이었는데 이는 outbound와 inbound의 세부 전략을 포함하는 것이었다. 목표는 다음과 같았다. (1) 모든 회사와의 의사소통 전략의 표준화; (2) 비용 분석을 통한 지출 절감; (3) 제품과 서비스의 질 향상.

Ducati의 B2B 전자상거래 활동은 제한적이었다. 회사 대부분의 시스템이 맞춤제작 방식이었기 때문에, 때문에 회사는 전자화된 시장을 활용하는데 기민하지 못한 상태였다. 그러나 Ducati는 표준화된 제품을 위한, 자사 고유의 e-markerplace 구축에 착수하는 계획을 세운다. 점화전, 체인, 타이어와 램프 등의 다른 부분들은 Motocluster에 의해 구매할 수 있었는데, Motocluster은 오토바이 산업을 위해 세워진 온라인 조달 시스템으로 Ducati의 전 Head of Purchasing이었던 Giuseppe Narducci가 설립한 것이었다.

회사에 더욱 중요했던 것은 주요 공급업자와 연계된 전자 자료 교환 (EDI, electronic data interchange)이었다. 조정자는 다섯의 공급업자와 함께, Ducati의 IT 기술을 바탕으로 전기적으로 그들을 통합하는 것을 목표로 전자 웹에 기반한 EDI 프로젝트를 수행했다.

Harley-Davidson

Harley-Davidson에서 구매는 이미 전통적 혹은 인터넷에 기반한 EDI를 통해 온라인으로 이루어지고 있었다. Harley-Davidson의 모든 공급자들은 EDI 교환 상대가 되기를 기대하고 있었다. EDI는 효과적이었고, 비즈니스 업무를 처리하고 서류를 최소화하여 비용을 절감시키는 방법이었다.

1996년, Harley-Davidson은 회사의 공급망 처리를 재설계하게 된다. 연간 US$1 billion에 달하는, 제품의 절반 이상이 외부 공급업자에 의한 부품으로 만들어지는 상황에서 효율적인 공급망 관리는 Harley-Davidson의 생산과 재정 개선을 위해 중대한 사안이었다. 회사는 공급업자를 4000개에서 800개로 80% 절감했다. 제품 개발에 드는 시간이 30% 줄었고, 공급자의 75% 이상이 불량품을 100만개 당 평균 10,000개에서 48개로 줄였다. 이것은 낭비를 대폭 줄였고, 조립 라인의 중단 시간 또한 감소시켰다. 이러한 재설계로 인해 Harley -Davidson의 경영 이익은 1997년 15%에서 2002년 18.4% 증가했다.

2002년 할리 데이비슨의 온라인 플랫폼은 여전히 구축되고 있는 상태였다. 초기에 조차, 회사는 6개월간의 지불내역이나, 52주 동안의 다섯 개 미국 공장 각각의 부품 수요 예측과 같은 정보에 관한 조심스러운 접근만을 허용했다. 공급업자들은 구매 주문 조건이나 기간, 전자상거래 정보, 포장과 선적의 필요조건, 품질 보증 기준과 Harley-Davidson의 소식에 관한 상세한 정보를 얻을 수 있었다.

생산과 조립

> 하루에 200대 이상의 오토바이를 생산하게 된, 이러한 역사적인 성취는 최종 목표가 아니며, Ducati 지지자들의 요청을 만족시키고 Ducati를 향상시키는 자극이 될 뿐이다.
>
> **(Massimo Bordi)**

Ducati의 혁신 프로그램의 일부는 린(lean) 생산, 조립 방식을 도입하고 주요 생산 지표를 향상시키는데 그 목표를 두고 있었다. (1) 불량품을 감소시켜 오토바이 제품의 질을 향상시키는 것; (2)연속 생산 serial production 개발을 통한 비용 절감; (3) 조립 라인에서의 결함을 줄여 배달 서비스의 향상. 회사는 다양한 도구를 사용했는데, 그러한 도구들은 Kaizen[15]/Ducati Improvement Process(DIP), zero-defect concept, the one-piece-flow principle, 생산 신뢰성을 보증하고 기계 작동 중단시간을 줄이기 위한 총 생산성 유지 정책 등이었다.

회사의 급진적인 프로세스 개혁에 덧붙여, Ducati는 또한 점진적인 개선도 수행했다. 철저한 개혁이 장기적이고 높은 비용의 계획과 실행의 과정을 필요로 하는 반면에, 1999년 소개된 Ducati Improvement Process(DIP)는 하향식과 반대되는 상향식 접근법과 순차적인 단계 프로그램을 사용해 지속적인 회사 프로세스의 성장을 목표로 했다. 내부 생산 체계를 최적화하고 공급업자와의 프로세스를 동조화시키기 위해, DIP는 3단계로 나눠 행해졌다(그림 5): 샵플로어(운영적 방향), 기업내부 기능(전술적 방향), 기업전체(전략적 방향).

15 일본어 'Kai'는 '변화'를 의미하고, 'zen'은 '더 나은 것'을 의미한다.

그림 5 두가티 향상 프로세스 (DIP): DIP 프로젝트의 발전

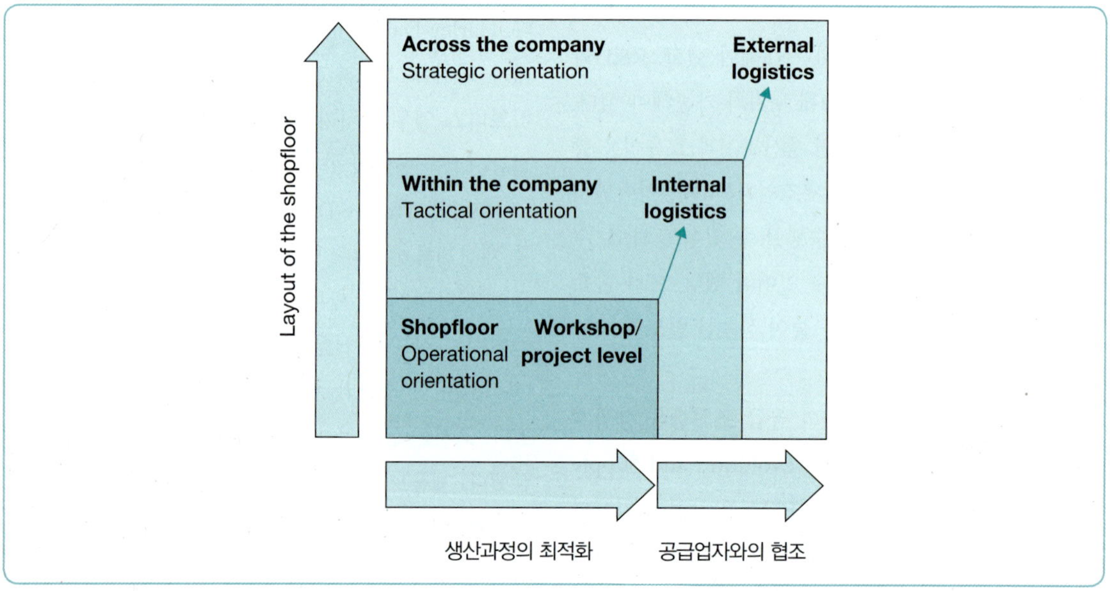

Source: Tesco.com store visit.

그림 6 Ducati의 효율성에 도입된 Kaizen과 one-piece flow의 효과: Alberi Motors 작업장

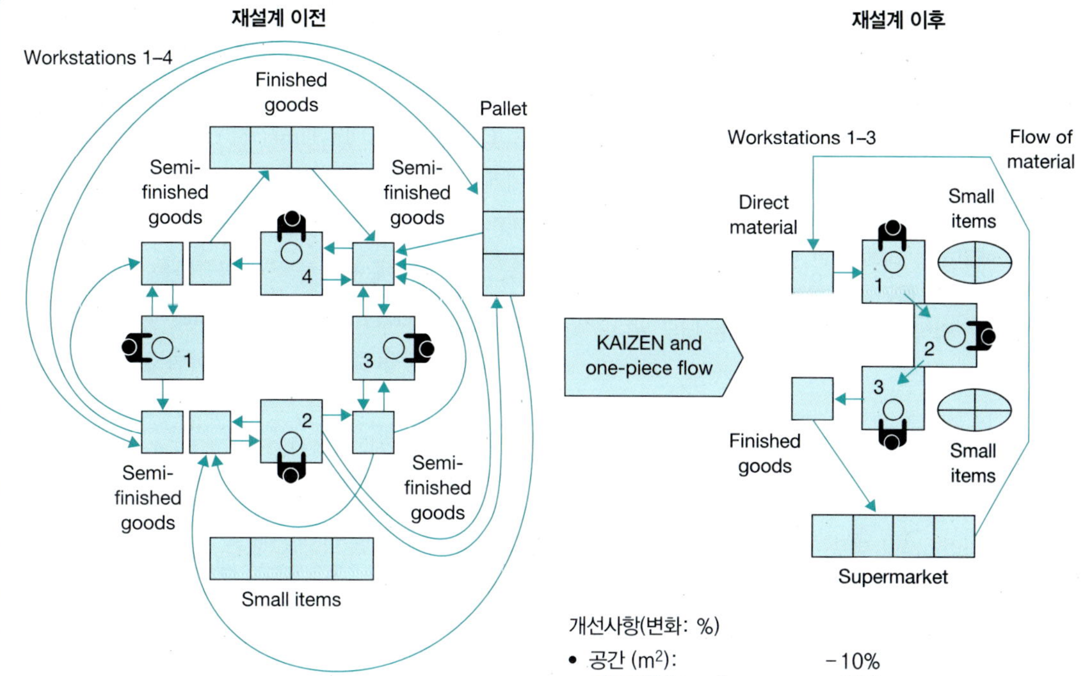

개선사항(변화: %)

- 공간 (m^2): −10%
- 리드타임 (days): −50%
- 품질 (불량품의 수): −21%
- 직업 길이 (km/day): −20%
- 재료 길이 (minutes): −34%
- 생산 소요 시간: −27%
- 필요한 조작자 수: −16%
- 조작자 훈련: +100%

Source: Adapted from Ducati documents, July 2001.

제조 과정에서 DIP 활동은 98%의 부품 활용성을 달성하고 교체 과정 시간과 waiting 시간을 줄이는데 목표를 둔다. 조립과정에서 회사는 buffers를 제거하고, 조립에서의 재고와 조립시간을 줄이고, 생산 기준을 제시하기 위해 노력했다. DIP 활용을 통해, 작업 길이(km/day)를 20%, 재료 길이(minute)를 34%, 리드타임을 50%, 결함 부품을 21%줄이고, 인력을 16% 절감하도록 생산과정이 재설계되었다(그림 6).

재고와 투입, 리드타임, 필요 공간을 줄이기 위해 Ducati는 생산과 one-piece 플로우 동기화를 적용시켰다. 결과적으로, 최대의 부품과 구성품들은 회사 자체에서 그리고 공급자들에 의해서도 즉각 제조되었는데 이는 항상 조립 준비가 될 수 있도록 만들기 위해서였다. 생산 과정의 재설계 이후, 종업원 수는 980명으로 변화하지 않았으나, 오토바이의 일일 생산량은 1996년 25개에서, 2001년 225개로 증가했다.

2002년 6월, Ducati는 999개의 Testastret 모델을 소개했다. 이전의 998개 Testastret 모델 이후, 회사는 조립을 능률화하고 있었고 구성 부품도 30%가량 줄였다. 바이오가스, 광전지, 풍력, 태양열, 농림과 삼림에서 얻은 바이오매스 등 깨끗하고 재생 가능한 에너지 자원이 모두 생산에서 사용되었다.

2002년 무렵, 유통망에서 Ducati에게 생산의 기초를 구성하게 하는, 회사 오토바이 판매 예상을 제공했다. 회사가 하나의 오토바이를 제작하고 조립하는데 통상 37일이 걸렸던 반면에, 최적화된 프로세스는 단 2일

만을 필요로 했다. 일단 생산되면, 오토바이는 DMH에 보관되고, 소매점으로 선적되었는데 이는 일반적으로 발주이후 4개월이 걸리는 것이 보통이었다. Carlo di Biagio는 생산에 있어서의 주기적인 제한을 설명했다.

> 생산을 계속하는 것이 가능하다고 생각하지 않는다. 시장에서는 실제로 이러한 방향으로 압력이 많이 존재한다는 사실을 알고 있다. 공급 수량을 비롯해 주문중인 상품을 배달하는 데에 관한 여러 불평들이 존재한다. 소비자가 3월에 물건을 주문할 때, 회사가 6월에 상품을 인도하는 방식은 요즘 같은 시기에는 너무 늦다.

물류

회사의 혁신 프로그램과 함께, Ducati는 경영 전략과 맞추기 위해, 자사의 세부 계획도 재설계했다. inbound와 outbound 세부 전략은 non-con 활동들로 간주되었고, 그들은 전문화된 회사에 의해 외주제작 되었다. Ducati는 여전히 사내의 세부 계획을 수행하고 있었는데, 그것은 생산 부품과 완료품이 창고를 통해 외부 조달되지만, 생산 라인에 부품과 구성품을 자체적으로 공급하는 것이었다. Director of Manufacturing인 Giovanni Giorgini은 설명했다:

> Ducati는 12월에 3월의 80%나 적게 판매했다. 재고를 관리하는 회사는 일 년 내내 직원을 고용했다. 경기의 하락과 상승에 따라 쉽게 비용과 이윤이 맞아떨어졌다. 그러나 우리는 3월의 공장 근로자가, 12월엔 창고 작업자가 되게 할 수는 없었다.

Ducati Improvement Process(DIP)의 일환으로 회사는 2000년 몇 가지 프로젝트에 착수했는데, 이는 세부 전략들을 최적화하기 위한 것들이었다. 프로젝트는 공장 내부에서 원료의 이동과 지출을 감소시키고, 배달의 정확성을 증가시키는 것을 포함하고 있었다. 자사의 존속과 비용절감 잠재력을 바탕으로 하는데 우선순위를 두고 있었고, 2004년 말까지 실행 계획이었다. 회사는 첫 번째로 내부 원자재의 유통을 향상시킬 방법을 찾았다. 예를 들어, 이전에는 인도된 부품이 조립 이전까지 사흘간 창고에 단순 방치되었지만, 이제는 인도된 당일 사용될 수 있었다. 두 번째로, 세부 계획 관리 과정이 소개되었다. 세 번째, 운송업자에 의해 유입되는 물자의 수송이 능률화되었다. 부품과 구성품 배달의 정확성이 75%에서 97%로 향상되었다는 것을 사례로 들 수 있다. 게다가 내부의 품질 통제 기능이 공급업자에게까지 전이되었다.

Ducati는 Just-In-Time(JIT) 조달 과정을 공급업자에게, 또한 하부 공급업체에게도 주입시키려 애썼다. JIT에 바탕이 되는 논리는, '공급의 역할은 필요한 것을, 필요할 때에, 필요한 곳에 공급하는 것'이 라는 것이다. 이것은 lead time과 down time, 사용 공간, 불량품과 수리품 등을 줄이는 것, 더 나아가 완전 제거하는데 목표를 두었다.

더욱이, 회사는 생산과 조립 단계에서 부품의 공급을 push system에서 pull system으로 변화시켰다. Kanban이라 불린 이 시스템은 생산 라인 옆에 부품이 들어있는 상자를 갖추는 것으로 구성되어 있었다. 일단 박스가 비워지면, 공장 근로자가 구매 주문을 넣는 것이었다. 이것에 기초하려 kit가 창고에서 준비되어 즉시 조립라인으로 전달되는 것이었다(그림 6).

마케팅과 판매

Ducati의 타켓 고객이 중간 나이 30세 이하의 강건한 남성이라면, Harley-Davidson의 고객 중간 나이는 45세였다.(표3) Ducati 소비자의 2001년 가구당 평균 소득은 Harley-Davidson의 US$78,300 보다 낮았다. 두 회사의 소비자들은 모두 brand-layal 고객이다. Harley-Davidson의 재구매자가 41%인 반면에, Ducati는 65%였다. 또한 Harley-Davidson의 여성 구매자(전체 구매자의 9%)는 Ducati(5%)보다 높았다.

Ducati

Ducati는 자사 제품을 공급하는데 두 개의 유통 채널을 사용했다. 하나는 대리점 망을 사용하는 것이었고 다른 하나는 인터넷이었다. Federico Minoli는 다음을 말했다:

> 우리는 우리가 인터넷으로 고가의 복잡한 제품을 판매할 수 있다는 것을 증명할 수 있다. 그리고 인터넷은 우리에게 우리가 대표하는 한 나라 시장의 잠재력을 더욱

표 3 할리데이비슨 고객의 인구통계학적 프로파일

	1997	1998	1999	2000	2001
성별					
남자 (%)	93	93	91	91	91
여자 (%)	7	7	9	9	9
평균연령 (years)	44.6	44.4	44.6	45.6	45.6
가구 당 중간 소득 (US$1000s)	74.1	73.6	73.8	77.7	78.3

Harley-Davidson 구매자들,
2001: 41%는 이전에 Harley-Davidson을 소유한 적이 있었고; 31%는 경쟁사의 오토바이 구매자 였고;
28%는 오토바이의 첫 구매자 이거나, 적어도 5년간 오토바이를 소유한 적이 없었다.

Source: 'Demographics' on Harley-Davidson Investor Relation website

잘 이해하고 평가하는 기회를 제공했다.

2000년 1월 1일, MH900e 모델의 성공적인 첫 번째 판매이후 회사는 온라인에서만 독점적으로 두 개의 추가 한정판을 판매했다. Christopher Spira는 이와 같이 지적했다:

> MH900e 모델은 순수한 수집가의 아이템이다. 그것은 정서적인 가치를 지니고 있다. 한 대당 €15,000라는 가격은 인터넷 판매의 시작이었고, 실험이었다는 측면에서 아주 공격적인 것이었다. 우리는 아주 특별한 아이템의 구매에 대해 아방가르드 적인 것을 제공하고 있다. 어떤 반응이 나올지에 대해 알지 못했고, 가격이 구매에 방해조건이 되지 못한 다는 사실을 확인하고 싶었을 뿐이었다. 실제로, MH900e의 온라인 판매는, 마케팅과 브랜드 구축의 관점에서 주된 관심사인 수익성면에서는 좋지 않았다. 우리는 MH900e 모델을 계속 판매할 수 있었을 것이지만, 그것은 당신이 절대 묻지 말아야할 문제 중 하나이다.

Ducati의 두 번째 온라인 독점 판매는 2000년 9월 12일에 새로운 한정판 모델인 996R로 시작되었다. 이 모델은 대당 가격이 €26,000에 달하는 것이었다. 한해 총 생산량인 350대가 하루 만에 품절되었다. 1년 후인 2001년 6월 21일, 세 번째 온라인 판매도 이전 해 만큼의 성공을 거두었다. 3일 만에 €18,000의 한정판 모델 S4 Fogarty의 한해 생산량 380대가 매진된 것이다. Christopher Spira는 'Fogarty S4와 함께, Monster S4 모델을 기반으로 하여 몇 가지 성능을 추가하면서, 색감도 변화시켜 관측할 것이다.'라고 말했다. S4 Fogarty에 더하여, 2001년 모든 오토바이 모델이 Ducati의 소매판로를 통해 판매되었다.

오프라인에서 판매된 모든 오토바이에 대해, 판매업자들은 12-15%의 수수료를 받았다. 그러나 판매업자들이 고객들에게 온라인을 통해 판매한 모든 오토바이에 대해, 상인들은 5-10%의 수수료를 받았다. 이러한 혼란에 대해 Carlo di Biogio는 이렇게 대답했다:

> 판매업자들은 Ducatisti들에 다가가기 위해 인터넷을 사용해야 한다는 사실에 동의한다. 특별 한정판 오토바이에 대해 그것을 인터넷을 통해 판매하는 것은 정당하다. 일반적인 오토바이에 대해서는 일반적인 유통 채널이 더욱 가치를 증가시킨다고 확신하는데, 이는 결국 소비자의 오토바이를 준비하기 위해서 기계공의 더러운 손을 필요로 하기 때문이다.

2002년 9월, Ducati는 Bianchi와의 협력 작업에서 탄생한 오토바이를 온라인에서 판매한다고 선언했다. (Bianchi는 이탈리아의 125년 된 고성능의 레이싱 오토바이 제조업체이다.) 개인 고객의 요구에 맞춘 200개의 unit을 포함한 €5,500의 한정판 시리즈는 2002년 11월 5일부터 12월 3일까지 한 달 동안 Ducati.com에서 독점 판매되었다.

Harley-Davidson

Harley-Davidson은 고객을 감정적으로 관계시킴으로써, 자사 제품을 판매하고 마케팅 하는데 강점을 가지고 있다. 오토바이가 고객을 감화시키는 호소 중 일부를 HOG의 멤버 중 한사람인, Walter Durandetto가 설명했다:

> 만약 당신이 Harley를 타고 온다면, 사람들은 당신을 더욱 주목하게 될 것입니다. Harley는 가장 빠른 오토바이는 아니지만, 가장 좋은 소리를 냅니다. Harley-Davidson은 여전히 신화이자 전설입니다. 나와 함께 성장한 세대 누구나 가지고 싶어 했습니다. 지금, 나는 Harley-Davidson 두 대를 가지고 있고, 나의 많은 친구들도 하나씩은 가지고 있습니다. 우리는 함께 여행을 떠납니다. 그것은 오토바이 이상의 그 무엇입니다. 그것은 우리들 자신이고, 우정입니다.

2001년 회사의 오토바이 부문 수입은 전체 판매 중 78%를 차지하며, US$2.6 billion에 달했다. 부품과 악세서리 부문 수입 또한 13% 증가해, 전체 판매 중 15%를 달성하며 US$500 million을 넘어섰다. 일반 잡화 부문도 8% 성장, 총 판매의 5%를 차지하며 US$164 million을 기록했다. 2001년에는 HONDA의 미국과 캐나다 시장 점유율 21%에 앞서, 시장점유율 44%를 기록했다. 유럽에서, Harley-Davidson은 6.7%의 시장 점유율을 가지고 있다. Custom Vehicles Operation(CVO)이지만, Harley-Davidson은 또한 한정판 오토바이도 판매했다.

Harley-Davidson의 금융 서비스는, 전 세계 300,000 오토바이 소유자들을 보증하는, 가장 거대한 특수 오토바이 보험 회사이다. 회사는 또한 오토바이 임대 사업도 하고 있는데, 미국 32개 주에서 뿐만 아니라 캐나다, 코스타리카, 프랑스, 독일, 뉴질랜드와 영국 등지에서도 실시하고 있다.

Harley-Davidson의 웹사이트에서는 모든 오토바이 모델을 전시한다. 웹사이트에서 각 오토바이의 기술적인 디테일을 설명해놓고, 사이트 방문객들이 다양한 Harley-Davidson의 모델들을 비교할 수 있게 해놓았다. 이것은 금융과 보험 선택을 제공하면서도, Harley-Davidson 제품의 정서적인 면을 강조하는 것이다. 또한 엔진의 역사에서부터 오토바이 라이더의 조언에 이르기까지 여러 사실과 그림으로 'Harley lifestyle'을 묘사해놓고 있다. HOG 멤버들은 Harley-Davidson 웹사이트의 오토바이 협회에 가입할 경우 15%의 할인을 받는다. 게다가, Harley-Davidson은 대리점 상인들과 기술적인 조언, 서비스 게시판과 판매 정보에 대해 의사소통하기 위해 인터넷을 적극 활용한다. 상인들 또한 주문을 할 수 있고, 품질 보증을 받고, 오토바이의 서비스 기록에 관한 정보를 얻을 수 있다.

2002년 10월, Harley-Davidson은 고객 웹사이트인 Harley-Davidson.com에서 4500여개의 악세서리 목록을 조회하는 데 편리함을 증진시켰다. 사이트의 악세서리 부문은 모델과 연도로 조직되어 있어서, 사용자들은 1984년 이후의 Harley-Davidson 모든 모델의 악세서리 목록을 살펴볼 수 있다. '고객들은 연중 사용가능한 기어와 악세서리부터, 100주년 기념 한정판 제품에 이르기까지 완전한 조합을 온라인으로 볼 수 있다.' 라고 Harley-Davidson의 e-Commerce Operations Manager, Jeanne Winiarski가 말했다. 예를 들어, 고객이 특정 바이크의 이름, 연도와 모델을 검색하면 trousers, boots, gloves, eyewear 등 그 모델을 위해 디자인된 다양한 악세서리 목록에 접근할 수 있다.

Harley-Davidson의 고객에게, 온라인 카탈로그는 새롭고, 최신의 악세서리에 관한 정보의 대부분을 얻을 수 있는 근원이다. 2001년에 온라인을 통한 악세서리 구매가 가능해졌지만, 회사는 여전히 고객들을 판매 대리점으로 보내는 것에도 주의를 기울였다. 온라인 웹사이트에서는 이렇게 언급했다:

> Harley-Davidson 제품을 원하면, 대리점으로 가세요. 그것은 당신을 컴퓨터 밖으로 끌어내어 당신에게 좋을 것이고, 실제 세상을 보게 할 것이다. 아마 쇼핑을 적게 하게 할 것일지도 모른다.[16]

대안적으로, 고객들은 두 가지 모두를 결합할 수도 있다. 한정판을 온라인으로 구매하면서, 그것들을 인쇄하거나 Harley-Davidson 판매업자에게 이메일로 보낼 수 있는 'wish list'에 추가할 수도 있다. 기어, 악세사리, 기타 수집 가능한 것들은 집이나 직장의 편리한 곳에서 온라인으로 구매 가능하다.

판매후 서비스

Ducati.com의 온라인, 혹은 오프라인에 있는 일반 판매점의 말단 고객에 가까워지기 위한 전략을 추구한다. 높은 이윤의 after-sales 부문은, 매년 회사 전체 판매액의 높은 비중을 차지한다. 2001년 Ducati의 예비 부품, 악세서리, 의류 등의 온-오프라인 판매는 €62 million에 상당했다. 즉, 총 수입의 15%이고, 1999년의 12.6%, 2000년의 14.7%와 비교할 수 있다. 몇 개 지역에서, Ducati는 고객의 필요와 위치에 기반을 둔 'flying

---

16 www.Harley-Davidson.com

doctor'이라는 기술적인 지원을 제공하기도 했다.

딜러 아룰렛에서 두가티는 여유부분을 위해 93%에 달하는 여유수준을 가지고 있었다. 이것은 전략적 플랫폼을 가능하게 하였다. 딜러는 소프트웨이를 이용하여 부품을 주문할 수 있었다. 소프트웨이는 15,000 부품이 넘는 온라인 카달로그 리스트이다. 아울셋은 전자적으로 연결되었고, 각 딜러들은 주문된 부품들을 온라인을 통해서 확인하였다. DHL과 SAIMA와 같은 운반서비스 회사와의 파트너십을 맺고, 24~48시간 이내에 전세계의 딜러아울렛에게 배송하였다.

두가티닷컴을 통해서, 기업은 고객서비스 수준을 한 단계 높였고 온라인 커뮤니티를 만들었다. 웹사이트의 트래픽이 늘어나자 웹사이트 콘텐츠들이 풍부해졌다. 예를 들자면, 2001년에는 이탈리안 모터사이클 잡지인 *motocilissmo*와 협력하여 두가티는 이틀안에 여성들이 오토바이를 배울 수 있는 코스에 대한 5개에 걸친 시리즈를 통해서 커뮤니티를 강화하였다. 이 코스의 등록비용은 100유로로 레슨비용과 숙박과 식사가 포함되었다. 잡지에 소개된 이후에 600명의 여성이 150명 모집에 지원하였다.

할리데이비슨의 온라인 커뮤니티에 대한 접근은 이와는 달랐다. HOG를 위한 채팅방은 제외하였는데, 기업의 이미지와 맞지 않았기 때문이다. 기업의 웹사이트는 시작되었다. '자동차 운전자들을 위한 채팅룸이 있습니다. 우리는 몇 천 명의 친구들과 국립 공원 가운데서 이야기하는 것을 좋아합니다'

미래전망

Ducati

> Ducati의 미래 우선순위는 분명하다. 우리는 여전히 미국에서의 경영을 혁신하면서, 전 세계에서 우리 브랜드를 구축하는데 초점을 맞추고 있다. 그리고 무엇보다도 우리의 성장을 추진해나가는 데 있어 제품을 혁신하는 것이 중요시된다.
>
> **(Carlo di Biagio)**

1996년 개혁 프로그램에 착수한 이래로, Ducati는 공급업자, 고객, 스폰서들과 성공적인 부가가치 통신망을 구축했다. 이러한 가치 network를 통해, 회사는 제품과 서비스의 질을 향상시키면서도 효율성을 증진시키는데 조점을 맞췄다.

Ducati의 '새로운' 핵심 경쟁력은 조립라인과 마케팅, 영업 부문은 물론 R&D와 디자인이었다. Ducati의 온라인 활동은 소비자와, 판매업자, 공급업자와의 관계를 강화시키는데 기여했다. 그러나 DIP를 통한 점진적인 향상에도 불구하고, Ducati는 불균등한 공급의 품질, 재고 물품 부족, 더 많은 재고 수요 등으로 어려워하고 있다. 이러한 문제를 없애기 위해, Ducati는 불안정한 생산 계획 시스템의 대체를 계획하고 있다. 과연 이러한 계획이 계절적인 수요의 변동에 따르며, 생산을 향상시키는데 도움이 될 수 있을까? Ducati가 그들의 파트너와 함께 신속하게 복합적인 프로젝트를 수행할 수 있을까? Ducati의 핵심적 활동이 된, 제조의 외주제작 결정이 과연 옳은 결정이었을까? 어떻게 직원들이 Ducati의 기업 문화와 프로세스 변화를 인지할 수 있을 것인가? 새로운 비즈니스 프로세스를 관리하면서 사람들의 지적 수준이 Ducati 미래의 성공에 방해물이 되지는 않을 것인가? 회사는 B2B 선사상거래 기회를 완전하게 개발할 것인가, 아니면 나머지가 장기적인 목표가 될 것인가? Christopher Spira가 언급했다:

> 우리는 고객들이 자신의 오토바이에 무엇이 갖춰지길 바라는지 말하며, 인터넷으로 주문하는 단계에 도달하기를 고대합니다. 우리는 아직 이러한 단계에 닿지 못했으며, 아마도 그것을 성취하기까지는 긴 시간이 필요할 것입니다.

만약 가능하다면, Ducati는 언제 대중 맞춤형 모델을 사용할 수 있을 것인가?

Harley-Davidson

Harley-Davidson은 앞으로의 100년 동안, 지속적인 성장의 야망 아래에서 실제로 성공할 수 있을 것인가? 오토바이 브랜드에서 리더쉽을 보유할 수 있을 것인가? 자사의 인적 자원을 효과적으로 관리할 수 있을 것인가? Harley-Davidson의 全 CEO이자 現 이사회 멤버인 Rick Teerlink는 말했다:

Harley-Dadvison에게는, 여전히 자신의 모든 것은 아니지만, 정신이 포함된 자신의 몸이 쓰여지기를 원하는 사람들이 있다.[17]

이 케이스는 스위스의 St. Gallen대학의 박사과정인 Stetanie Leenen과 퐁텐블루의 INSEAD에서 기술경영 소속교수인 Tawfik Jelassi가 작성하였다. 이 케이스는 경영 환경의 효과성이나 비효과성을 설명하기보다는 수업의 토론자료로 만들어졌다.

17 *Harvard Business Review*, 2000, 7-8월 호, p.52

CASE STUDY 4

American Well
인터넷으로 실시간 의사를 만나다

2009년 11월 이른 아침, Ido Schoenberg는 동생인 Roy Schoenberg와 함께 Washington, D.C.행 비행기를 탑승하기 위해 만났다. 온라인 건강 관리 회사, American Well의 공동 창업자인 두 형제는 World Health Care Innovation and Technology Conference(WHIT)에서 발표하기 위해 워싱턴행 비행기에 올랐다. 워싱턴에서 열리는 이번 컨퍼런스는 건강 보험 개혁에 대한 열띤 논쟁을 다루고, 기조 연설자로 Bill Clinton이 참가하기로 되어 있었기 때문에 큰 이목을 끌었다.

비행기가 떠오르자 미국 혁명 등 많은 의미 있는 사건들이 일어났던 보스턴의 아름다운 풍경이 창문에 비추어졌다. 90분이라는 짧은 비행이였지만, Roy와 Ido의 마음에서는 또 다른 희망이 샘솟기 시작했다.

3년 전, Ido와 Roy는 건강 관리 체계에서 의사와 환자간의 소통방식에 궁극적 변화를 위해 American Well을 설립했다. 일반적으로 환자들은 의료서비스를 받기 위해 두 가지 선택을 할 수밖에 없다. 응급실 또는 유사한 급성 케어 시설을 이용하거나, 주치의의 일정에 맞추기 위해서 병원에 방문하는 것이 그 두 가지 방법인데 American Well의 이전의 방법에서 벗어나 실시간으로 인터넷과 전화를 통하여 의사와 환자를 연결해 주는 것이 목표였다.

이러한 비젼을 가지고 American Well은 회사 설립 이후, 미국 내의 주요 건강 보험 회사(또는 건강 보험 제공 업체)에 제공하기 위한 기술 플랫폼을 개발을 성공적으로 이룩해 내었다. 그 예로 하와이의 Blue Cross Blue Shield는 미국의 주 중 첫 번째로 서비스를 제공한 이후 지금까지도 서비스 플랫폼을 잘 구현하고 있다.

많은 건강 보험 회사에게 서비스를 제공하기 위해 전국적인 서비스를 시행하는것은 회사에 이득이었기에 Ido와 Roy는 새로운 서비스 플랫폼을 구상하였고, American Well은 선점효과를 노려 “Team Edition”이라는 새로운 서비스를 제공하기 시작하였다.

이는 환자와 의사 사이의 연결을 도와줄 뿐만 아니라 1차 진료 의사들과(PCPs) 전문의사들을 연결시켜 준다. Team Edition은 환자가 오프라인이나 온라인을 통해서 방문하는 즉시 주치의와 전문의를 연결해주기 때문에 더 이상 전문의나 주치의를 만나기 위해 오랜 시간을 보낼 필요가 없어졌다.

Professor Elie Ofek and Dr. Ron Laufer, Adjunct Professor, Indiana University Kelley School of Business, prepared this case. HBS cases are developed solely as the basis for class discussion. Cases are not intended to serve as endorsements, sources of primary data, or illustrations of effective or ineffective management.

Ido와 Roy는 American Well의 고객을 새롭게 분류하였다.

American Well의 플랫폼은 효율성과 수익을 높일 수 있는 잠재력을 유지하면서 회사 기존 활동을 통해 미국 이외의 건강 보험 회사와 연결되어 국제 시장의 진출을 노려 볼 만하다고 Roy와 Ido는 생각하였고, American Well의 플랫폼이 의료 산업을 넘어선 무한한 잠재력을 갖추고 있다고 믿어 의심치 않았다. 하지만 한 가지 의문점이 들기 시작하였는데 '과연 새로운 시장에 자원을 투자하고 제품 출시를 서두르는 것이 의료 시장의 리더로 발돋움하는 데에 도움이 될 것인가?'였다.

미국의 건강관리 체계

2009년 미국의 건강 관리 비용은 2조 5,000억 달러로 추정되며, 2018년까지 4조 3,000억 달러로 증가하여 국민 한 명당 관리비용은 13,100달러에 도달할 것이라고 예상되고 있다. 2009년의 의료 비용은 총 GDP의 17.6%를 차지하고(다른 나라보다 더 큰 비율을 차지함) 공공 정책 의제에서 강력하게 개혁의 논쟁이 된 시스템의 단편화와 복잡성이 반영되었다. 만성 질환(예를 들어 암, 당뇨, 심장병 등)은 각종 장애의 원인이며 10명 중 7명이 질병으로 인해 사망에 이른다. 향후 20년 동안 발생할 것으로 예상되는 중요한 인구통계학적 변화에 대응하기 위해 건강관리 제공업체들은 만성질환의 발생률에 초점을 맞추어 조사하고 있다. 향후 20년간 65세 이상의 비율은 전체인구의 20%를 차지할 것으로 예상된다.(미국의 건강의 내역은 그림 1, 2를 참조)

이용객

미국 건강관리 시스템의 주요 사용자들은 환자, 업체, 공공 또는 개인 사용자, 공급업체(치료 약물과 의료 기기 등의 제품에 대한) 등이 있다. 다른 공급 업체의 하위분야로는 의료 IT(Information Technology) 업체, 사모 펀드, VC(Venture Capital) 기업(재무적 의료 벤처기업, 학술 및 다른 기관의 연구원) 등을 아우르며, 제공업체는 병원, 요양원, 건강 클리닉뿐만 아니라 의사나 다른 의료 전문가 등의 치료와 제공 요소 등을 포함한다. 대략 5,500여 개의 병원중 약 90%는 급성 치료

그림 1 2008년 미국의 건강지출자금 출처 (단위: 십억달러)

	2008
민간부문	
소비자 부담금	$277.8
민간의료보험	$783.2
기타개인(사회공헌요소)	$171.1
공공부문	
연방정부	
노인의료보험제도	$469.2
저소득층 의료보장제도	$201.3
타 연방	$146.4
국가 및 지방	
저소득층 의료보장제도	$143.0
다른 주 및 지역	$146.8
총 보건 지출비	$2,338.7

Source: Adapted from "National Health Expenditure Data–Historical–NHE Web Tables (Table 3)," Centers for Medicare and Medicaid Studies, http://www.cms.hhs.gov/NationalHealthExpendData/02_NationalHealthAccountsHistorical.asp#TopOfPage, accessed December 2009.

Note: Numbers may not add to totals due to rounding.

그림 2 2008년 미국의 건강 지출비 유형 (단위: 십억달러)

	2008
병원 치료비	$718.4
의사, 임상, 기타 전문서비스	$561.9
치과서비스, 기타 개인건강 관리비	$169.3
방문 건강관리	$64.7
방문 간호관리	$138.4
처방약	$234.1
내구성 의료장비, 비 내구재, 의료제품	$65.5
정부관리 및 공중보건업무, 민간보험순비용	$229.0
투자연구, 구조, 장비	$157.5
총 보건 지출비	$2,338.7

Source: Adapted from "National Health Expenditure Data–Historical–NHE Web Tables (Table 2)," Centers for Medicare and Medicaid Studies, http://www.cms.hhs.gov/NationalHealthExpendData/02_NationalHealthAccountsHistorical.asp#TopOfPage, accessed December 2009.

Note: Numbers may not add to totals due to rounding.

그림 3 지역병원에서 지불인의 지불-비용 비율(1980~2007)

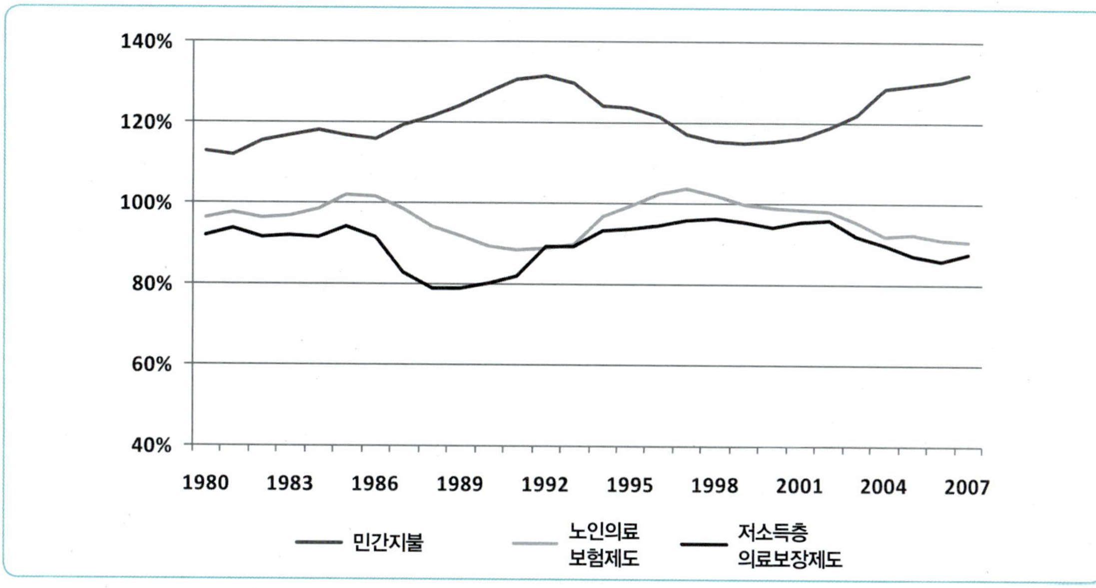

Source: "Fast Facts Costs/Insurance–Community Hospital Payment-to-Cost Ratios, by Source of Revenue, 1980–2007," Kaiser Family Foundation, http://facts.kff.org/chart.aspx?ch=179, September 16, 2009, citing American Hospital Association and Avalere Health analysis of 2007 American Hospital Association Annual Survey data, for community hospitals, Trendwatch Chartbook 2009, Trends Affecting Hospitals and Health Systems, Table 4.4, p. A-35, accessed December 2009.

**Note*: Ratios illustrate the extent to which each payors' reimbursement to hospitals covered the hospitals' cost of providing patient care. They cannot be used to compare payment levels across payors, however, because the service mix and intensity vary. Medicaid includes Medicaid Disproportionate Share payments.

에 초점을 맞추고 있으며, 나머지는 재활, 정신치료, 특별 치료 등을 전문으로 환자들을 치료하고 있다. 기관 업체는 양로원, 노인 요양 시설, 가정 의료 업체, 기타 업체 등을 포함한다.

대략 99만 명의 의사들이 종사하고 있으며, 그들 중 40%가 1차 진료 의사(PCPs)이다: 그들은 일반 전문 내과 의사로서 담당 환자의 신체적 · 정신적 문제에 대해 처음 진료하는 역할을 맡고 있으며, 250만 명의 간호사, 74,000명의 내과 보조의, 14만 7,000명의 간호 실무자 등은 비 의사 제공업체에 포함되어 있다. 몇몇 내과의들은 병원에 고용되어 일하고 있으며, 대부분의 내과의들은 내과 업무 이외의 진료를 제공하며 개인영업을 하고 있는 것이 일반적이다. 가정 주치의들은 연평균 16만 8,000달러(시간당 81달러), 간호사들은 6만 7,000달러(시간당 32달러), 약국은 10만 7,000달러(시간당 51달러)를 취득한다.

환자 치료에 대한 제공과 지불

환자에게 제공되는 치료의 유형과 질은 건강보험의 유무와 (있는 경우) 지리적 위치 등 여러 가지 요인에 의해 결정된다. 일반적으로 건강보험에 가입한 환자들은 주치의와 상담하거나, 필요에 따라 전문의(예를 들어, 심장병 전문의, 피부과 전문의, 외과 등)에게 진료받을 수 있도록 1차 전문 진료의(PCP)가 준비되어 있나, 보험에 들지 않은 환자들은 보통 응급실에서 기본적인 치료를 제공받는다.

전문가의 지역적 부족현상 때문에(예를 들면, 정신건강, 산부인과) 환자의 상태에 따라서 경험하는 치료에는 차이가 확연히 발생하며 농촌의 경우가 특히 심하다. 낮은 인구밀도와 의료제공업체의 부족, 개인 고용과 숙련된 기술이 필요하지 않은 직업 (적은 금액의 건강보험이 제공되는 직업)이 많다 보니 의료에 대한 격차가 벌어졌다.

환자 진료 자금에 대한 미국의 시스템은 공공(연방

및 주립)과 개인 지불이 있는데 이는 매우 복잡한 형태를 띄고 있다. 진료 범위, 세부사항, 프리미엄 제한, 보상 수준(Medicia에 대한), 그리고 이외의 것들은 환자 상태에 따라 보험회사에 부과된다.

2008년에는 보건 비용의 53%가 건강보험 회사와 개인 및 자선 납세자로부터 지출되었다. 건강보험회사는 여러 수준의 건강 보험을 제공했다. 개인 보험의 경우 개인적으로 구입한 보험이나 고용주를 통해 혜택을 받을 수 있는데 50명 또는 그 이상의 직원을 가진 기업과 그보다 작은 회사의 경우라도 적게나마 의료보험을 제공해준다. 고용주가 후원하는 보험의 형식은 다양하지만, 일반적으로 직원이 보험료의 일부를 지불(보험회사에 정기적으로 지급)하고 고용주가 나머지 금액을 지불해주는 형식으로 지원되고 있다. 2009년 집계된 고용주 후원 보험의 연평균 비용은 개인 4,800달러(직원 부담 17%), 가족 포함 13,400달러(직원 부담 27%) 수준이였다.

보건 지출의 나머지 47%는 공공 부문에 투자되는데 주로 Medicare(미국인 65세 이상을 대상으로 한 연방 프로그램)와 Medicaid(자격 저소득층 및 장애인 주민에 대한 주립 프로그램), 재향군인회(군인의 경우)와 SCHIP(State Children's Health Insurance Program-국가 아동 건강 보험 프로그램)에 산정된다. (그림 3은 1980~2007년 사이 다른 지불인에 대한 지역사회 병원의 지불-투자 비율을 보여준다.)

대부분의 건강 보험을 들지 않은 65세 미만의 환자들은 미국인 17%에 이르며 개인적으로 보험금을 지불해왔거나, 보험없이 지내왔다: 2008년 조사에 따르면 미국인의 14%가 의료 비용문제 때문에 의사를 만날 수 없다고 답하였는데 이는 그들의 보험이 높은 공제 금액(보험 비용이 지불되기전 전 일시불로 지불해야 함)을 가지고 있고 적용이 되는 달러의 양이나 서비스에 제한이 있기 때문이었다.

건강관리 IT의 배경

American Well의 새로운 서비스 모델은 '온라인 진료'이며, 건강관리와 관련된 정보를 수집 · 관리 후 전달할 수 있는 통신 및 컴퓨터 기반의 발전으로 실현 가능해졌다. 그 예로 의사들을 위한 컴퓨터 의사 결정 지원 및 주문 입력 시스템이나, e-건강기록 또는 e-의료기록(EHR-Electronic Health Record 또는 EMR-Electronic Medical Record), 건강 정보를 검색하기 위한 도구(예를 들면 웹 MD) 등이 있다. 건강관련 웹사이트를 사용하는 환자는 2000년 이후 꾸준히 증가하여 2006년 설문조사에서는 응답자의 80%가 건강관련 정보를 인터넷을 통해 검색해본다고 응답하였다.

전자교환기는 빌-페이 서비스, 예약 일정, 진료 결과 통보 등을 포함하는데 이러한 IT 기술의 혁신은 관리 비용을 줄이는데 탁월한 도움을 주었다.(그림 4는 개인 보험 관리 비용 데이터를 나타내고 있음)

전자통신을 통한 환자-의사 간의 상호작용

2000년대 중반에는 환자와 의사가 e-메일과 보안 메시징(또한 e-방문이라고도 함)과 같은 전자통신방식으로 더욱 편안하게 대면할수 있게 되었다.

2006년에는 대부분 이러한 서비스가 보편화되어 있지 않았었기 때문에 당시의 설문조사 결과에 따르면 응답자의 74%가 e-메일을 사용하여 의사와 소통하기를 원했으나 그중 4%만이 e-메일을 사용하여 소통을 할 수 있었다. 그 후 의사들의 온라인 통신사용은 증가하였는데 미국에서 진행된 한 설문조사에 따르면 인터넷을 이용하는 의사들 중 환자들과 온라인을 통해 의사소통을 하는 의사들은 2001년 23%에서 2008년 36%로 증가하였다고 한다.

온라인 통신을 활용할 때 환자들의 방문 횟수와 전화상의 문의를 줄일 수 있다는 것을 일부 데이터들을 분석한 결과 알게되었다; 대형 의료 시스템인 Kaiser Permanente의 2007년 연구에 의하면 e-메일을 사용하는 환자는 병원 방문이 약 7~10% 줄며, e-메일 통신을 제공하는 의사들은 전화를 14% 정도 적게 받는다는 것이 연구를 통해 밝혀졌다.(그림 5는 2009년 소비자들의 PCP e-메일링에 대한 태도를 수치화하였다.)

그러나(2008년 4월 기사에 언급된 내용에 따르면) 많은 의사들은 e-메일을 통해 환자와 접촉하고 싶지 않

그림 4 개인당 의료보험 관리비용 (1988~2008, 단위: 달러)

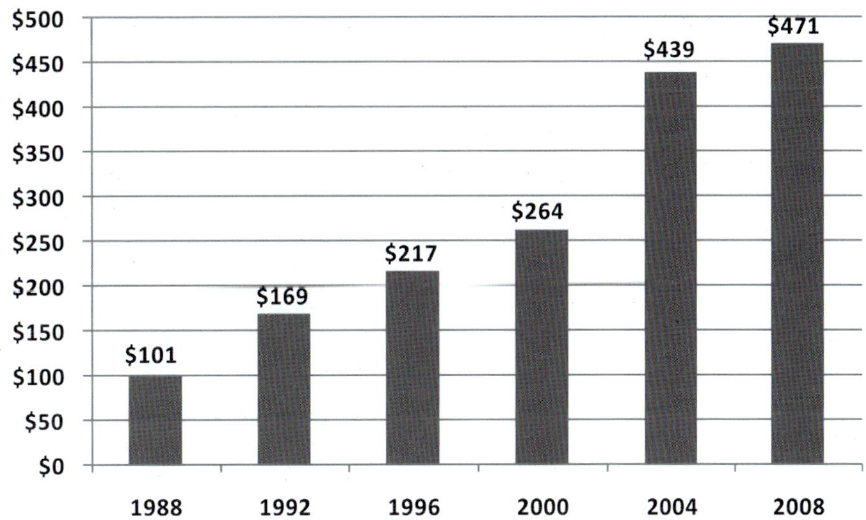

Source: Adapted from "Fast Facts–Costs/Insurance–Private Health Insurance Administrative Costs Per Person Covered, 1986-2008," Kaiser Family Foundation, http://facts.kff.org/chart.aspx?ch=217, January 7, 2010, citing the KFF calculations NHE data from Centers for Medicare and Medicaid Services, Office of the Actuary, National Health Statistics Group; and private health insurance enrollment data from Centers for Medicare and Medicaid Services, Office of the Actuary, National Health Statistics Group, accessed February 2010.

**Note*: Data show the net cost of private health insurance per private enrollee (including Blue Cross/Blue Shield, commercial insurance, HMOs, and self-insured plans), as calculated by the Centers for Medicare and Medicaid Services (CMS). Net cost of insurance is the difference between premiums earned and benefits incurred, and includes insurers' costs of paying bills, advertising, sales commissions, and other administrative costs; net additions/subtractions from reserves; rate credits and dividends; premium taxes; and profits or losses. Private enrollment is estimated by CMS using the National Health Insurance Survey and the Current Population Survey.

다고 답하였다:

> 의사들의 업무량이 늘어남은 물론이며 대부분의 보험 회사들에게 이러한 노력을 보상받지 못한다. 또한 암호화된 웹사이트를 통해 e-메일을 주고받고 있지만 해커들에 의해 환자 개인 정보가 유출될 수 있다는 위험이 있으며 긴급한 환자들에게 신속하게 응답하지 못하는 불상사가 벌어질 수도 있다. 그리고 차후의 법적 책임에 대한 일들 역시 꺼리는 이유 중의 하나로 손꼽힌다.

HIPAA

의료 IT 혁신이 시장에서 성공할 수 있었던 요인은 바로 HIPAA(Health Insurance Portability and Accountability Act)에 있다.(HIPAA: 건강 보험 양도 및 책임에 관한 법률, 1996년 환자 정보를 전송하는 e-채널의 사용 증가에 따른 개인 정보 보호 및 보안 위험을 해결하기 위해 제정된 법률) 이 법률은 보험제공업체, 보험회사 기업 건강보험, 정부지불인 그리고 의료정보센터에 적용된다(타 기관의 건강 관리 업무를 처리하는 기관들 포함). HIPAA의 Security Rule은 e-건강 정보를 보호하기 위한 국가적인 기준이며, Privacy Rule의 경우 환자 정보를 어떻게 사용하고 공개하는지를 명시하고 있다. 1996년 이후, HIPAA는 기술적인 발전에 발맞추어 개정되었지만 IT기술 사용자들은 HIPAA법률의 준수여부와 개인정보의 부정적인 사용에 대해 우려하고 있다.

지불

새로운 기술의 활용은 의사의 선택과 환자를 위해 사용된 전자통신 비용을 지불할 지불인의 의지에 달려 있다. 의사들은 일반적으로 각 진료에 따라 차등적 가격을 책정하고 있다. 그리고 이는 분류와 청구서 지급의 목적으로 연방정부의 지불인 기관들과 AMA(American Medical Association-미국 의학 협

그림 5 설문을 통해 현재상태를 가정주치의에게 이메일로 상담할때의 장점을 조사하여 표로 나타냄

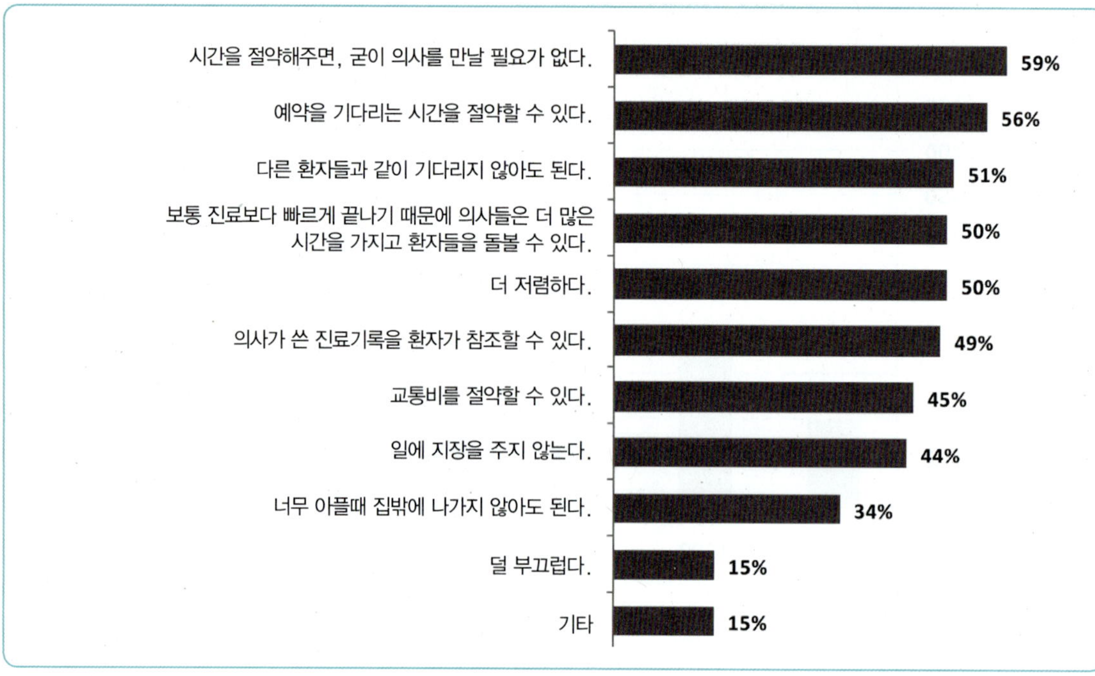

Source: "Hassle-Free Healthcare, Delivered Digitally," November 9, 2009, via eMarketer Digital Intelligence, citing "Consumers Would Embrace Email Communication with Their Doctor," Lightspeed Research press release (Basking Ridge, NJ, September 29, 2009), Chart 2, p. 2, http://www.lightspeedresearch.com/pdf/LSR_PR_ConsumersWould EmbraceEmailCommunication.pdf, accessed December 2009.
Note: n = 1,000

회)에 의해 "코드화"되었다.

AMA는 각각의 의료 서비스에 대한 설명 문구를 숫자 코드로 할당받았으며, 서비스의 성격이 바뀜에 따라 정기적으로 새로운 코드를 생성하고 있다. 지불인들은 코드가 없으면 서비스를 변제할 의무가 없기 때문에 새로운 코드의 발급은 의료 IT 혁신에 매우 중요한 부분이었다. IT 플랫폼의 코드는 2009년 일부 의료 제공의 형태로 발행되었으며, 이러한 의료 제공 방식을 사용하는 건강 보험 회사의 수는 증가하고 있다. 하지만, 대부분의 보험회사들은 개인 정보 보호 문제와 더불어 정확한 수요를 예측할 수 없어 온라인 서비스를 선호하지 않는다.

현재의 의료 규정 개발

원격-의료 서비스

"원격-의료"란 용어는 치료와 개선을 목적으로 하며 건강과 관련된 전자교환 기능을 포함한 프로그램과 서비스를 뜻한다. 이러한 서비스를 제공하는 회사들은 아래와 같다.

RelayHealth

Georgia에 기반을 둔 RelayHealth는 1999년에 설립되었으며, 환자와 의사의 소통을 원활하게 돕는 온라인 솔루션을 제공한다. RelayHealth를 통해서 환자들은 치료 일정을 예약할 수 있으며, 건강 기록을 업데이트 하고, 진료 결과를 요청하며, 처방전 갱신 및 추천 진료에 대한 서비스를 제공받을 수 있다. 응급 환자가 아닌 경우 환자 본인의 증상을 온라인 설문조사를 통해 의사에게 전달할 수 있으며 8시간 이내에 의사들은 이를 토대로 병원에 방문해야 할 필요가 있는지 환자들에게 알려준다. RelayHealth는 환자와 의사가 보안 e-메일(HIPAA 규정 준수)을 사용할 수 있는 여건을 제공해주고 있으며 2006년 의료 IT 및 자동화 공급 업체인 McKesson Corporation를 인수하고, 2009년 여러 병원들을 상대로 50개의 건강관리 시스템 계약을 체결하였다.

Medfusion

1996년 North Carolina 설립된 Medfusion은 HIPAA을 준수하여 온라인 기반 플랫폼인 Virtual Office Suite(가상 진료실)서비스를 제공하고 있다. 의사와 환자들의 커뮤니케이션을 촉진하며, 전화 또는 온라인을 통해 환자와 의사를 연결해주고 있는데 이 서비스는 진료 예약, 청구서 지불, 처방전 갱신 및 기타 서비스를 포함하고 있다. 또한, Medfusion은 RelayHealth처럼 상호작용형 설문조사 방식을 통해 가상 진료 서비스를 제공하고 있다. 2009년 Medfusion는 미국 전역의 백만명 이상의 환자들과 2만 8,000명의 의료진을 바탕으로 4천 개 이상 의료 사례를 축적하였다. [Medfusion 제공] "우리는 환자분들과의 소통과, 고객들의 요구를 충족시켜 드리기 위해 최선의 노력을 다하고 있습니다. 셀프 서비스 기술은 환자 스스로가 자신의 치료를 도울 수 있는 기술입니다."라고 2009년 CEO Steve Malik는 발표하였다.

TelaDoc

2002년에 설립된 TelaDoc 356일, 24시간 콜센터를 활용하여 의사와 환자들을 연결하고 있다. TelaDoc은 환자들이 PCP를 이용할 수 있을 때(예를 들어, 일반 사무시간 후), 출장 시 단기 처방전이 필요할 때, 그리고 PCP에 의해서 제공된 약들에 대해서 조언이 필요할 때 본 서비스를 이용하라고 한다. 비용은 1회 38달러 이하이며 TelaDoc에 가입한 160만 명 이상의 "회원"들은 온라인 계정 또는 전화를 통해서 의사에게 상담받을 수 있다. 환자의 가정 전문 주치의들은 환자들의 상태와 EHR(전자 건강 기록)을 검토한 후 1시간 이내 온라인에서 확인할 수 있도록 환자 개인의 EHR을 업데이트한다.

Cisco TelePresence

1984년 설립된 Cisco는 네트워킹 기술로 유명한 글로벌 기업이다. Cisco는 실시간 화상회의 및 협업 기술인 TelePresence를 의료기기와 결합하여 HealthPresence를 개발하였는데, 이 기술을 통해 환자는 의사에게 의료장치를 통해 수집된 정보(혈압과 같은)를 실시간으로 평가받으며 의사와 실시간으로 상담을 할 수 있다. 2009년 Cisco는 UnitedHealth Group(미국 60만 명의 의사와 5천여 개의 병원과 네트워크를 구축하고 있는 건강 보험 회사)과 HealthPresence 기술 기반으로 네트워크를 구축하였다.

편리한 "오프라인" 치료

NP-간호 실무자

NP는 1960년대 농촌지역의 PCP 문제를 해결하기 위해서 고안되었다. 간호실무자들은 일반 간호사들보다 더 많은 훈련을 받은 인재들이며, 의사와 같이 다양한 업무를 수행할 수 있는 자격이 주어져 있다. 2009년 NP는 병원, 응급실, 개인 병원, 소매 병원, 양로원, 학교 등 다양한 장소에서 업무를 수행하고 있는데 임상치료부분에서는 건강 증진 및 교육, 질병 예방, 상담 부분의 업무를 맡고 있다. NP는 매년 약 6억 명의 환자들을 방문하여 그들의 치료를 돕고 있다.

MinuteClinic

MinuteClinic은 대형 약국이나 식료품 체인 매장(예를 들면 CVS, QFC, Cub Foods 등)뿐만 아니라 쇼핑몰, 기업 및 정부기관 등에 주로 배치된 보건진료 제공업체이다. 2009년 MinuteClinic은 치료, 예방 접종 등의 의료 서비스를 제공하기 위해서 25개 주에 위치하고 있으며 진료실은 저녁시간을 포함하여 일주일 내내 열려 있었기에 환자들은 따로 예약을 할 필요가 없다. 방문 진료시 일반적으로 15분이내에 진료가 가능하며 진료 보조인력이나 간호실무사들이 경미한 질병이나 부상을 가진 환자들을 돌보아 62달러 이하의 비용이 든다.

RediClinic

RediClinic 역시 MinuteClinic과 같이 사전 예약이 필요 없으며, 일상적인 건강 문제뿐만 아니라 예방 접종, 건강검진을 제공하는 작은 보건소라고 할 수 있다.

RediClinics는 대부분 Texas에 기반을 둔 식료품 및 약국 체인인 HER에서 영업하고 있으며, 진료 보조인력이나 간호실무사등이 직원으로 일하고 있다. "지난 30년간 조사한 결과 간호 실무자가 하는 제공하는 1차 진료 서비스의 품질은 의사와 비교하여도 손색이 없을 정도였다."라고 RediClinic의 CEO인 Webster Golinkin은 말하였다. 환자들은 귀 염증과 감기 등을 치료하기 위해 평균 79달러 지불하는데, CEO인 Golinkin은 "이는 응급실에서 치료받는 사람들보다 훨씬 더 편리하고 저렴하게 진료받을 수 있는 것."이라고 말하였다.

Take care clinic

Take Care Health Systems은 편의점과 약국 체인 Walgreens의 자회사로 미국 전역에 위치한 Walgreens 안에 위치하고 있으며, Take Care Health Systems은 Take Care Employer Solutions(근로자 대상 진료 솔루션)을 통해서 현장 기반의 의료 서비스를 관리하고 있다. 2009년 Walgreens에 위치한 340개 이상의 Take Care Clinics과 현장 기반의 의료 센터 370를 보유하고 있다. 일반적으로 예약할 필요가 없으며 65달러의 비용이 드는데 Take Care Clinic은 "당신의 생활에 적합한 의료서비스를 제공합니다."라는 슬로건을 내걸고 있다. 2009년 12월에는 소비자의 건강을 직접적으로 관리할 수 있는 "소매 병원" 산업의 성장을 널리 알리기 위해 Walgreens 약국과 Tack Care Clinics는 H1N1 플루 바이러스 예방접종을 제공하기도 하였다.

American Well의 기업 근간

사업을 시작하기 전 Ido Schoenberg는 이스라엘의 Tel Aviv Sackler School에서 의학 공부를 했었으며, 1996년 Ido와 그의 아내 Phyllis Gotlib와 함께 건강관리 소프트웨어 회사인 iMDsoft를 공동으로 설립하였다. iMDsoft 회사는 건강관리의 특성과 관리에 영향을 줄수있는 IT 기술을 염두하여 설립한 회사로서 처음에는 성인, 소아 및 전문분야(예를 들면, 화상, 심장병)에 집중하였고, 중환자들을 관찰해 나가면서 전문가를 위한 시스템을 개발하였다. 이전에는 의사와 간호사가 지속적으로 환자를 관찰하여 그 자리에서 바로 정보를 취합해 독립적인 임상 측정을 포괄적인 임상 평가로 바꾸었었다. iMDsoft의 소프트웨어는 독립된 측정값을 통합해 의사결정의 정확도를 높이고 오진을 줄임과 동시에 고가의 서비스들 중의 하나인 재무적 성과의 향상을 도왔다. 그리고 수술과정(수술 전 준비와 수술 후 회복을 포함)과 일반 병동을 충당하기 위해 제품 라인을 확장시키기도 하였다.

2000년 Ido는 회사를 떠났지만, 과학 자문위원회의 의장 역할로 계속 경영에 도움을 주었고, 아내인 Gotlib는 '병원전체 급성 관리 정보시스템'의 글로벌 리더가 되기 위해서 회사를 계속 이끌어 나갔다.

2001년 Ido는 CareKey, Ido의 형제인 Roy가 신생기업 투자자로부터 투자자본을 받아 설립한 회사의 CEO가 되었다. Harvard 의과 대학을 졸업한 Roy는 Harvard 대학에서 공중 보건분야의 석사 학위를 받았으며, 임상 컴퓨팅 센터에서 연구활동을 하기 전에 이스라엘에서 내과 의사로 일했었다. Roy는 또한 학자로서 British Medical Journal(영국 의학 저널)에 '개인 건강 기록(Personal Health Records-PHRs)의 온라인 시스템 관리'라는 논문을 투고하기도 했다.

두 형제는 환자와 건강 보험 회사들 사이의 상호작용을 돕기위해 CareKey를 구상하였다. CareKey는 먼저 환자들에게 인터넷 기반의 PHRs를 제공하기 위해 특정 개인 건강 관리 방식과 건강 관련 문제를 결합하고, 환자들의 건강 보험 부분에 대해 간호사와 기타 직원들 간에 효율적인 소통을 이끌어내었다. 또한 CareKey의 플랫폼인 episode-of-care모델(각각의 서비스에 비용을 지불하는 모델)은 질병의 예방 및 조기 발견을 통해 회원들의 장기적인 건강 비용을 최소화시킴과 동시에 건강보험 회사에 많은 도움을 준다. CareKey는 온-디멘드 플랫폼 방식으로 건강보험 회사의 업무상 소통을 돕고, 환자들의 개인정보를 직접 제공해 의료 서비스의 격차를 좁혔다. Roy와 Ido는 5년간 경영한 CareKey를 초기 기업 파트너 중 하나인 TriZetto Group에 매각하였고, 2009년 말 4,500만

명 이상이 CareKey 시스템을 사용하고 있다. (사명은 CareAdvance로 변경됨) CareKey를 매각한 뒤, Ido와 Roy는 건강관리의 격차에 대해 자주 논의하였고, IT를 활용한 알맞은 가격과 양질의 건강관리만이 그 격차를 해소할 수 있는 유일한 방법이라고 결론지었다.

온라인 관리 : 개념과 현실

두 형제는 2006년에 American Well을 설립하였는데 의장과 기업 CEO로서 Ido는 회사의 사업 전략과 업무를 총괄하였으며 Roy는 American Well 시스템의 사장 겸 CEO로서 제품 개발 및 운영을 담당하였다. 두 형제는 그들의 기술이 가정과 직장에서 이루어지던 기존의 의료 서비스를 확장시킬 수 있을 것이라고 믿어 의심치 않았기에 실시간으로 환자와 의사를 연결해주기 위한 중계 시스템을 구상하였다. 시스템에 등록된 의사들은 로그인 할 수 있다. 환자들은 시스템에 로그인한 뒤 신용카드 정보를 입력하고 상담받고 싶은 의사의 유형을 선택한후 즉시 온라인 상담을 받을 수 있다. 이때 선택된 의사는 환자의 의료 기록을 받고, 전화 또는 인터넷(비디오나 라이브 채팅 옵션을 포함)을 통해서 환자와 상담을 진행한다. "이전 건강관리 서비스는 예약과 장소가 필수요소였다. 하지만 American Well은 다대다 플랫폼을 통해 예약 없이 어떠한 장소에서도 진료가 제공될 수 있도록 의료시장을 선도해나갈 것이다." 라고 Ido는 설명했다. 새로운 시스템은 여러 이용자들에게 서로 다른 제안을 하기 위해서 설계되었으며, 환자들을 고려해 즉시성, 편리성, 품질, 저렴한 가격, 선택에 초점 맞추어 개발하였다. American Well이 직접 환자의 상태를 보지 않고 효과적으로 환자의 건강상태를 파악할수 있겠는가에 대한 회의적인 시점도 존재하였었지만, 동시에 American Well만이 제공할 수 있는 새로운 이점들 역시 부각되었다. 사전에 예약을 할 필요가 없으며 환자 본인이 원하는 장소에서 진료를 진행할 수 있고,(웹캠을 사용한 전화 또는 인터넷 연결이기 때문) 새로운 형태의 개인정보보호를 제공하기 때문에 환자들의 잠재적인 수치심을 없앨 수 있었다.(예를 들면, 우울증 증상이 있는 대부분의 사람들은 사회적 낙인이 염려되어 치료를 받지 않으려고 하기 때문) 또한 American Well의 시스템을 사용하는 환자들은 의료제공업체를 선택할 수 있는 즐거움을 느낄 수 있으며, 진단을 받은 후 연달아 2번째 상담을 요구할 수도 있다.

American Well은 환자들의 경험 또한 개인화 하였는데, 환자들은 자신의 온라인 의료 정보를 관리 툴을 사용하여 의료기록 등에 접근하고, 관리할 수 있다. (그림 6는 환자 경험에 대해서 보여주고 있다.)

의사들에게 제공되는 가치제안은 환자들과는 사뭇 다른 내용을 포함하고 있다. Roy와 Ido는 임상의로서 의사들이 병원을 경영하기 위해서는 사무실 임대 및 사용, 직원 고용 및 교육, 상호작용 시스템 설정, 필요한 보험 구입 등이 필요하다는 것을 알고있다. American Well 시스템은 유연한 인프라와 의사들을 제공하여 많은 제반시설 확충의 필요성을 줄여줄 것이라고 Roy는 설명하고 있다.

병원에서 지루하게 일해야 했던 의사들은 평소보다 적은 시간을 병원에서 보낸 후 재택근무로 돈을 벌 수 있다. 즉 평소와 같이 일을 하더라도 돈을 더 벌 수 있는 기회를 얻을 수 있다는 것이다. 젊은 의사들은 일찍 퇴근해 학교나 유치원에 아이들을 마중 나갈 수 있으며, 진료시간이 끝난 저녁에도 추가적으로 일을 할 수 있다. 비단 젊은 의사들 뿐만 아니라 은퇴한 의사들도 일을 할 수 있다는 장점이 있다.

고객 선택

DTC(Direct-to-consumer, 고객과 직접 연결)모델은 American Well이 운영하는 전국적인 시스템으로 환자와 의사들에 가치를 고려하여 둘 사이를 직접적으로 연결시켜주는 역할을 한다. 마케팅부의 부사장인 Yael Glassman은 이렇게 설명하였다, "DTC를 통해 우리의 서비스를 제공하게 된다면 사용자의 경험을 완벽하게 통제할 수 있을 것이다. 또한 한 가지 기능으로 우리를 정의할 수 없을 것이며, Online Care를 위한 공간임을 언급할 필요도 없어질 것이다." B2B 기업인 American

그림 6 스크린샷으로 나타낸 American Well의 진행과정

American Well은 환자들이 집에서 의사들과 상담할 수 있도록 돕는다. 예약을 위해 미리 전화해야 할 필요도 없으며 핸드폰이나 인터넷을 사용하여 바로 의사들을 선택할 수 있다. American Well에 가입되어 있는 많은 의사들 중 소비자는 원하는 의사를 고를 수 있으며 의사들의 프로필 동영상도 확인할 수 있다. 환자들은 그들이 편한 시간대를 정해 상담을 시작할 수 있다.

몇몇 환자들은 자신의 신체증상과 상태에 대해 정확히 설명하지 못할 때가 있는데 자신의 증상을(예를 들어 두통) 의사가 올바르게 확인할 수 있도록 도움을 주어야 한다. 이 때 American Well은 가장 적절한 환자 가이드라인을 제시해주고 의사와 좀 더 자세한 대화를 할 수 있게 돕는다. 이러한 지원을 통해 환자와 의사는 시간적 효율을 극대화할 수 있다.

온라인 채팅, 라이브 웹 회의, 또는 핸드폰으로 상담이 연결되면 환자들은 관련된 의료 정보와 과거에 나눈 대화들을 의사와 공유할 수 있다. American Well은 모든 내용을 기록하여 치료의 연속성을 보장하고, 일차 진료의사들에게 이러한 내용을 보고한다.

Source: Company documents.

Well은 건강 보험 회사를 대상으로 사업을 진행하기 때문에 상당한 이점이 있다. 보험회사에 판매할 수 있는 서비스가 프렌차이즈 모델과 유사하기 때문이다. (Selling to insurers would be similar to a franchise model) "최종적으로 환자의 상태나 건강 보험에 따라 차이가 있을수 있지만, 각 건강 보험 회사에 자사의 플랫폼과 인터페이스를 적용할 수 있다."라고 Glassman이 설명 하였다.

하지만 DTC모델을 실현하기 위해서는 경기침체와 변덕스러운 의료법안과 같은 환경적 요소 역시 고려해야한다. Obama 대통령은 건강관리 시스템을 개혁하기 위해 노력하였는데 이러한 정책 추진이 그의 재선을 도왔다고 해도 과언이 아니다. 하지만 재취임 11개월이 지난 지금, 의료개혁은 여전히 불분명한 상태이다. 이러한 정부의 태도를 틈타 대부분의 건강보험회사들은 지출동결을 이루어내었고, 건강관리 서비스 산업을 지배하기 시작하였다.

보험회사들은 산업 내의 지출 동결 여파를 걱정하였지만, 이러한 문제의 해결책으로 American Well의 서비스가 증대될 것이라고 예측하였다. American Well은 환자와 의사의 사이의 거대한 정보 "수집기" 역할을 하는데 환자의 의료 기록에 대한 접근을 용이하게 하며, 온라인 의료 상담을 직·간접적으로 후원할 수 있다(이 서비스 사용을 촉진할 수 있는 고용주들을 통해서). 건강 보험 회사는 재정적으로 튼튼하기 때문에 개별 환자보다 더 좋은 고객 채널이며, 마케팅 활동을 통해 Online Care를 사용하는 의사와 환자를 늘릴 수 있는 내부자원도 보유하고있다.(그림 7과 8은 각각 주요 건강 보험 회사의 2008년 매출액과 당기순이익을 보여주고 있다.) 건강 보험 회사에 American Well이 제안

그림 7 의료관리 공기업들의 수익 순위 (단위: 백만달러)

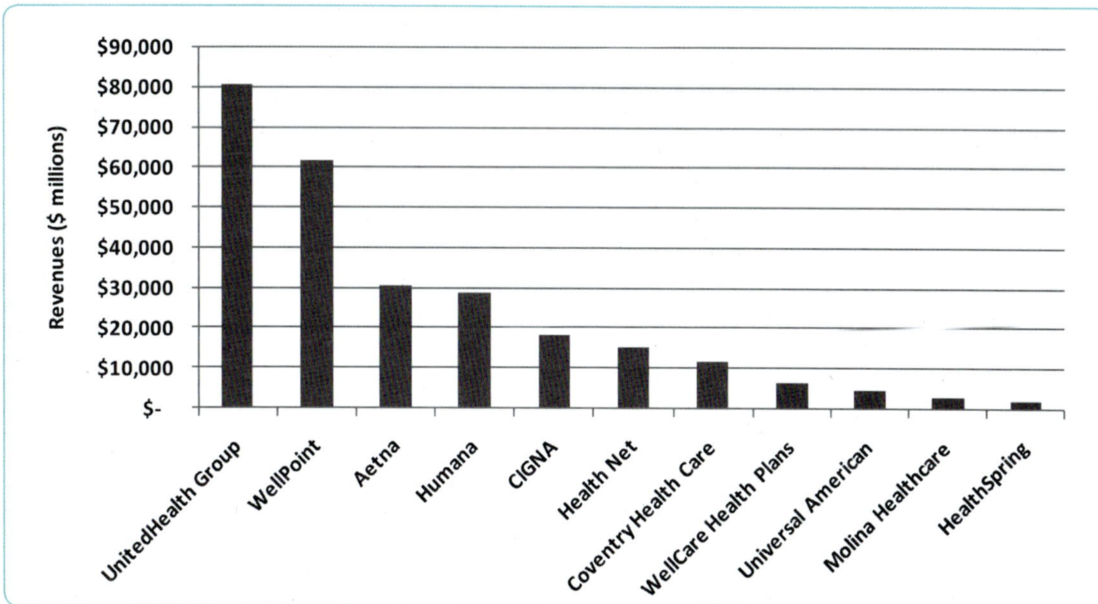

Source: Adapted from Phillip M. Seligman, "Healthcare–Managed Care–Industry Profile," April 16, 2009, Standard & Poor's Industry Surveys via NetAdvantage, accessed February 2010.

그림 8 의료관리 공기업들의 순수익 (2008년, 단위: 백만달러)

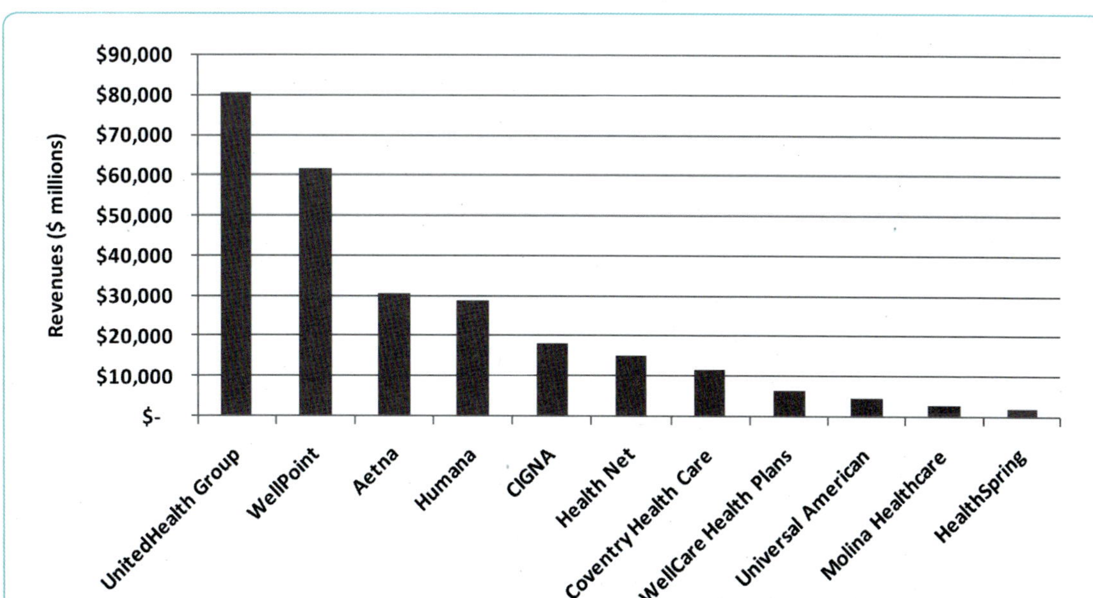

Source: Adapted from Phillip M. Seligman, "Healthcare–Managed Care–Industry Profile," April 16, 2009, Standard & Poor's Industry Surveys via NetAdvantage, accessed February 2010.

그림 9 상업의료보험의 비용과 온라인케어로 절약되는 금액 추정

보험 통계에 따르면 온라인케어는 매월 기존 36.06달러의 9.3%인 3.36달러를 절약할수 있다고 한다.

서비스	회원 1000명당 사용율	서비스당 이용비용	매달 멤버들이 사용해도 되는 금액
첫 예상비용			
응급시설이용료	161.05	$933.58	$12.53
응급실의료비	142.59	142.25	1.69
중환자실방문비	2,762.99	82.33	18.96
O/P 정신과 방문	286.81	100.92	2.41
긴급방문치료	79.81	71.26	0.47
	3,433.25	$126.05	$36.06

Source: Adapted from Art Wilmes, FSA, MAAA, "What if Healthcare Worked Like iTunes?" *The Actuarial Digest*, Summer 2009, p. 10.

하는 가치는 좀 더 경제적인 편이다. 사무실에 직접 방문하는 비용보다 온라인 방문이 좀 더 경제적인데, 건강 보험에 따라 보험 회사들은 회사 방문, 지리적 위치, 기타 요인들의 복합적으로 책정하여 주치의들에게 돈을 지급하였다. 주치의들은 평균적으로 새로운 환자는 100달러, 기존 환자는 75달러의 돈을 받았었고, 전문가들은 주치의들보다 엄청난 수준의 수익을 얻었었다.(수백에서 수천 달러까지)

환자의 건강 보험에 따라서 다양하겠지만 1차 진료 방문에 대한 일반적인 코페이(copay-환자 부담 비용의 부분)는 약 15~20달러이며, 전문가 방문 비용은 약 25~30달러이다. 응급실에 방문할 경우, 치료의 복잡성에 따라서 의사와 병원에 돈을 더 내야 하는데 X-레이 또는 CT촬영과 같은 여러 가지 테스트와 수술에 따라 수백에서 수천달러가 필요할 수도 있다. Actuarial Digest의 2009년 분석에 따르면 Online Care는 매달 환자 1명당 3.36달러를 절약할 수 있다고 한다. (그림 9에서 설명)

Roy는 그 상황을 상세하게 설명했다:

> 건강 보험 회사에 우리가 제안하고 있는 가치중의 하나는 비용 절감이다. 10분간 25달러의 비용이 소모되는 온라인 상담 금액은 병원 방문과 응급실 이용 금액보다 상당히 적다. 가장 저렴한 치료로 절감효과를 이끌어낼 수 있으며 전문의사와 실시간으로 상담을 진행하기 때문에 건강 상태를 빠르게 파악하고 치료할 수 있다. 환자는 빠른 치료를 할 수 있고, 보험회사는 훨씬 비용이 덜드는 합병증을 미연에 방지할 수 있는 것이다. 다른 가치 제안들은 회원들을 유인할 수 있는 요소로 건강 보험 회사의 강점이 될 수 있을 것이다. 건강 보험 회사는 소중한 자산과 의사 네트워크를 보유하고 있지만 다른 방법으로도 수익을 창출할 수 있다. American Well의 플랫폼은 돈을 지불한 사람들에게만 온라인 상담을 제공하는데, 건강 보험 회사들은 이를 활용하여 매우 합리적으로 느껴지는 40~50달러 사이의 요금을 부과하여 이전에 얻지 못했던 수익을 창출해 낼 수 있다.

> 설문을 통해 현재 상태를 가정의와 주치의에게 이메일로 상담할 때의 장점들을 조사하여 표로 나타내었다.

Ido가 덧붙여 설명했다: "또한 건강 보험 회사가 제공하는 Online Care는 비회원들이 네트워크를 체험해 보는 기회를 가지는 것만으로도 상당한 전략적 이점을 얻을 수 있다. 비회원들에게 이러한 서비스를 제공함으로써 새로운 고객들과의 대화를 통해 서비스의 장점을 알릴 수 있기 때문이다."

> 건강 보험 회사에서 근무하는 간호사가 환자를 불편한 시간에 불러 방법들을 설명해주는 것보다, 우리 회사의 시스템을 사용하여 실시간으로 온라인 세션을 진행하는 것이 환자들에게 더 편할 뿐 아니라 다른 공급자들과 차별화된 모습을 보여줄 수 있는 좋은 기회이다. 의사가 환자에게 특정 검사 및 서비스를 권할 때, 환자들이 세션에 대한 가이드라인을 미리 숙지하고 있다면 환자들의 검사 순응도가 보통 환자들보다 높다고 한다. 또한 환자들은 치료 이전과 이후 개인화된 콘텐츠에 접

근할 수 있으며 고용주들은 기존 모델보다 더욱 정밀하게 표적화된 치료 및 관리 유형에 후원할 가능성이 더 높다.

역사적으로 건강 보험 회사들의 대중적인 이미지는 그다지 좋지 않았는데, Ido는 Online Care를 제공함으로써 이미지를 회복할 수 있을 것이라고 생각하였다. 보험 회사들은 서비스를 충분히 제공받지 못하는 사람들과 먼 지역에 살고 있는 개인, 장애인 환자, 의료 서비스에 대한 접근이 어려워 자주 보험 업계를 욕하는 무보험 가입자들을 비롯한 비회원들에게 편리하고 저렴한 Online Care를 제공함으로써 자사의 이미지를 개선할 수 있다. 또한, 보험회사는 사람이 꽉 찬 응급실과 같은 현재의 다양한 의료문제를 적극적으로 해결하고자하는 진정성을 나타낼 수도 있다. 마지막으로, 건강 보험 회사들은 가장 해결하기 어려운 문제 중의 하나인 의사들과의 인센티브 조정에 Online Care를 활용할 수 있다. 의사들은 각 진료 때마다 일반적으로 가격을 책정했기 때문에 환자들의 진료 차수를 늘렸었다. 이러한 편법으로 보험회사들은 더 많은 비용을 지불했어야 했는데 Online Care를 활용하여 후속 진료를 진행하게 된다면 건강 보험의 비용이 감소하게 된다. American Well은 보험회사와 의사들이 Online Care를 활용함으로써 비용을 절감하고 서로 간의 윈-윈 전략을 창출해 낼 수 있을 것이라고 생각한다. 또한, Online Care는 더욱 매력적인 방법을 제공하여 PCP들과 제공자들의 관계를 유지하고 향상시킬 수 있다.

대부분의 중견 · 대기업들은 최소한의 비용으로 매력적인 복지와 건강보험을 제공하기 위해 위해 보험회사와 협상을 진행한다.

American Well은 기업들에게 이러한 가치를 제안한다: 첫 번째, American Well은 편리한 서비스를 제공함으로써 직원들의 만족도를 향상시킨다. 두 번째, 빠른 진단으로 건강 문제를 사전에 발견할 수 있기 때문에 직원들의 높은 생산성을 유지하고, 치명적인 질병과 휴가로 인해 발생할 수 있는 비용을 줄여준다. 세 번째, 웹캠이 장착된 컴퓨터와 키워스크를 현장에 설치하여 직원들에게 서비스를 제공한다. 이러한 American Well 서비스를 통해 직원들은 의사를 직접 만나러 가야 하는 번거로움과 시간을 절약할 수 있다.

Ido가 덧붙여 말하였다: "고용주에게 Online Care는 중요한 가치를 제공해 주고 있다. 그렇기 때문에 '갱신' 기간에는 American Well 서비스를 제공하는 건강 보험이 고용주들에게 훨씬 더 매력적으로 느껴질 것이다."

American Well의 가치 포착하기

American Well이 비즈니스 모델로서 활용되기 위해서는 선행적인 수익과 고정 수익이 만나는 지점이 명확해야 하기 때문에 Online Care를 제공하는 건강 보험회사는 "주소화된 피보험자"(개인 회원들과 비회원)들과 연간 유지 보수 및 지원 비용(일회성 비용의 비율)과 발생하는 연간 호스팅(컴퓨터 서버에서)의 비용을 고려해야 한다. 이 수입원들은 이용률과 관계가 없지만 American Well은 모든 Online Care 의 대가로 2~7달러의 수익을 얻고 있다(10분 이상 지속된 진료는 비례하여 책정된다). 또한, 건강 보험 회사가 IT나 마케팅 맞춤형 지원을 계속하고자 한다면, American Well은 컨설팅 처럼 프로젝트 단위별로 서비스를 제공할 수 도 있다.

계획 실행

Ido와 Roy는 새로운 회사 자금을 조달하기 위해 노력했다. Ido가 그때의 일을 회상하며 말하였다:

> "salami financing"은 초기, 중기 그리고 말기 단계로 미래목표에 초점을 맞춰 관리를 하는데, 나는 저런 단계에 개의치 않고 경영하는 것이 목표였다. 각각의 단계들은 경영에 불안과 혼란을 야기하기 때문에 회사를 좋지 않은 방향으로 이끄는 요인이 될 수 있다.
>
> 자금은 많으면 많을수록 좋은 것이다. 우리는 개인적으로 부유한 투자자들로부터 자금을 조달하였는데, 그들의 대부분은 이전의 우리 회사에도 투자를 했던 사람들이다. 자금조달은 순간적으로 결정하는 것이 아니라 관계를 맺는 것이라고 생각해야 한다. 그래서 투자자를 찾을 때는 사업가와 마음이 맞는 사람을 찾아야 할 필요가 있다. 첫 번째는 10일, 두 번째는 1주일이 걸려 투

> 자된 자본을 2배로 만들었다. 그러나 이런 성과들은 투자자들과의 장기적인 관계 덕분이며, 우리는 투자자들과 거래조건을 두고 따로 협상하지 않는다.

담보금융조달을 할 때 우리 회사는 플랫폼 구축이라는 벅찬 일에 돌입했다.사업계획에서의 많은 아이디어가 새로운 기술 솔루션을 요구했었는데, 대부분이 지적 재산권의 개발로 미래의 경쟁에서 우위를 차지할 수 있는 기회였다. American Well은 의사와 환자 간의 통신을 용이하게 돕는 기술 플랫폼(전화, 화상통화, 실시간 온라인 채팅 등)과 음성 메시지 남기기 또는 e-메일 메시지 기술 등을 개발하기 위해 7,000만 달러를 투자했다. 이러한 플랫폼을 이용하면 환자는 의사와 실시간으로 온라인 대화를 할 수 있으며, 클릭 한 번으로 다른 의사들과 상담을 이어갈 수 있다. 또한, 환자들은 특정 의사의 대기인원을 확인할 수 있으며, 상담을 원한다면 대기인원에 자신을 추가할 수도 있다. 그 후 환자의 차례가 되었을때 American Well은 전화나 e-메일로 의사와 상담이 가능하다는것을 알려준다. Ido가 설명했다:

> 기존의 진료는 단순히 시간을 낭비할 뿐만 아니라 잘못된 서비스를 제공하고 있었다. 오늘날 대부분의 환자들은 간호전문가를 찾아가며, 종종 맞춤화된 진료나 도구를 사용한 조언을 받기 위해 의사가 있는 병원에 진료를 받으러 간다. American Well은 사전에 진료도구와 의료의 필요성, 그리고 추천되는 진료들을 환자에게 미리 명시하며, 차등적인 가격을 책정하여 매우 합리적이다.

American Well은 사전에 사업의 장애물을 이해하고 해결해야 한다. 그중 하나인 의료 과실에 대한 문제는 의사들에게 부담이 큰 장애물이다. 기업개발부의 부사장인 Matt Jarman은 이렇게 설명했다:

> 우리는 이런 문제를 해결하기 위해 Online Care에 대한 의료과실 보험을 개발하여 보험회사와 함께 일하고 있다. 일번적으로 Online Care를 통한 의료과실이 아니여도 우리의 플랫폼을 사용하는 의사들을 포함하는 보험이다. Online Care로 인한 의료과실 보험청구가 실제로 더 많을 것 같지만, 실제로 의사를 방문하여 진료를 받는 환자들에게도 종종 발생하는 문제로 의사와 환자의 온라인 진료를 더욱 활성화한다면 이런 문제들을 최소화할 수 있을 것이라고 생각한다.

플랫폼이 완성될 즈음, Ido, Roy, Russella는 의료산업에 새로운 개념을 제시하기 시작하였다. Russella의 회상에 따르면:

> 처음에 우리는 대형 건강 보험 회사의 경영진들을 만나기 시작했다. 우리에게 몇 가지 질문을 했었는데 그 첫 번째가 과잉이용에 대한 우려였다. 의료서비스 자체를 새로운 쇼핑으로 받아들여 과소비할 수 있지 않느냐는 것이였고 두 번째는 의사네트워크를 구성할 수 있는가에 대한 우려였다. 세 번째는 직접진료 없이 처방할 수 있겠는가였다. 우리는 이 모든 문제에 대한 답을 제시하였는데 그 예로 모든 의료 상황에 Online Care를 사용할수 있는 것이 아님을 강조하였다. 실제로 우린 업계에서 Online Care의 가장 적절한 진료상황을 연구하는 회사로써 보험 가이드라인을 제시하는 것이 주 업무였기 때문이다. [그림 10은 치료에 대한 선택적 사례를 보여준다].

American Well은 의료 산업 관련 컨퍼런스에 자주 참석하였는데 Roy와 Ido는 과거의 경력과 혁신적인 건강관리의 전문가였기 때문에 종종 연설의 기회가 주어졌다. 2007 WHIT 컨퍼런스에서, Ido와 Roy는 손님으로 초대되어 HMSA(Hawaii Medical Service Association-하와이 의료 서비스 협회)의 임원과 BCBS(Blue Cross and Blue Shield)의 회원을 만났다. Ido와 Roy는 CareKey에 있을 때 이미 BCBS와 안면이 있는 사이였는데 하와이야말로 American Well 서비스를 시작하기 위한 이상적인 환경이라고 생각했다. 첫 번째, 독특한 지리적 위치 때문에 하와이에서는 제대로 된 진료를 받기 힘들었다. 그렇기 때문에 HMSA는 회원들을 위해 다른 지역에서 의사를 데리고 와 진료를 진행했었다.

Ido는 하와이에서 회의를 가진 후 경영자를 설득해 2009년 1월 HMSA는 American Well의 Online Care 플랫폼을 처음으로 사용하는 건강보험회사가 되었다.

중요한 결정을 앞두고 앞으로 나아가다

2009년 가을, 하와이에서의 첫 출시와 다른 고객들을 위한 제품 출시로 American Well은 분주하였다. 미네소타의 BCBS는 미국에서 첫 번째로 American Well

그림 10 온라인 치료를 통해 잠재적으로 처리가 적합한 상황들

급성적 상황

단순한 전염병
편도선염, 수술이 필요 없는 아데노이드 인두염 또는 인두염
알레르기성 비염
수술이 필요 없는 기타 귀/코/인후 감염
수술이 필요 없는 단순한 귀/코/목의 염증 조건
합병증이 없는 급성 기관지염
단순 감염성 폐 질환
기타 급성 기관지염
위염 또는 십이지장염, 간단한 모닐리아 질염
가벼운 화상
화상이나 찰과상을 제외한 경미한 피부 외상
수술이 필요없는 골절 또는 탈구 이외의 주요 정형외과 외상
경미한 정형외과 외상
수술이 필요없는 활액낭염과 건염
다른 경미한 정형외과 외상
감염성 질환에 노출
예방 접종. 감염이나 질병에 대한 접종 및 노출이 아님
약물 중독 및 독성

지속적 관리

에이즈
에이즈 없는 양성 혈청 반응
합병증이 있거나 없는 인슐린 의존성 당뇨병
비 인슐린 의존성 당뇨병
여성성 동맥질환
남성성 동맥질환
통풍
고지혈증
단순한 비만
수술이 필요 없는 병적 비만
경미한 우울증
경미한 불안 장애나 공포증
일반적인 편두통
섭식 장애
심리 장애
합병증이 없는 알콜 중독
일반적인 편두통
합병증이 있거나 없는 울혈성 심부전증

지속적 관리 (계속)

합병증이 있거나 없는 양성 고혈압
수술이 필요 없는 만성 부비동염
합병증이 있거나 없는 천식
합병증이 있거나 없는 만성 기관지염
만성 폐기종, 폐기종
수술이 필요 없는 식도염증
간단한 궤양
과민성 대장 증후군
수술이 필요 없는 열공 탈장
수술이 필요 없는 단순 또는 복잡한 치질
합병증 없는 성인 류마티스 관절염
수술이 필요 없는 부분적 관절염

보험사와 관련 없는 지속적 치료요법
비 HIV 바이러스 치료
HIV/에이즈 바이러스 치료
나병 치료
전염병
당뇨병 치료
고요산혈증/통풍 치료
발기 부전 치료
고지혈증 치료
영양 치료
췌장 효소 대체 요법
호흡 효소 결핍증 치료
갑상선 호르몬 대체 요법
테스토스테론 대체 요법
체중 감장 요법
내분비학
콜로니 자극 치료
혈액학
불안/공황 장애 치료
우울증 치료
중독/정신 장애 치료
정신병/정신 분열증 치료
정신 의학
항 경련제 치료
알츠하이머 치료
편두통 치료
다발성 경화증/ALS 치료

지속적 관리 (계속)

보험사 관련 없는 지속적인 치료 요법:
파킨슨 증후군 치료
신경학
녹내장 치료
안과학
항응고 요법
항 혈소판 치료
항 부정맥세 지료
고혈압 / 심장 질환 요법
심장학
불소 치료
부비동염 / 비염 치료
이비인후과
천식 치료
기관지 확장제 치료
폐기종 / COPD 치료
호흡기학
염증성 장 질환 치료
과민성 장 질환 치료
산 소화성 질환 치료
소화기
양선 절립선 비대증의 치료
요실금 치료
비뇨기과
질 항진균 치료
산부인과
여드름 치료
곰팡이 / 피부치료
국소 레티노이드 치료
피부병
관절염 / 항 염증 치료
골다공증 / 뼈 질환 치료
골격 근육 경련 치료
정형학 및 류마티스
피임 요법
호르몬 대체 요렵
예방 및 관리
불면증 치료
통증 치료
격리된 징후와 증상

Source: Compiled from Arthur L. Wilmes, FSA, MAAA, "An Actuarial Analysis of Online Care—Appendix: Chart F.5," Milliman, pp. 1-17.

그림 11 각 도시별 새로운 환자가 예약을 위해 평균적으로 기다리는 시간 (2009년)

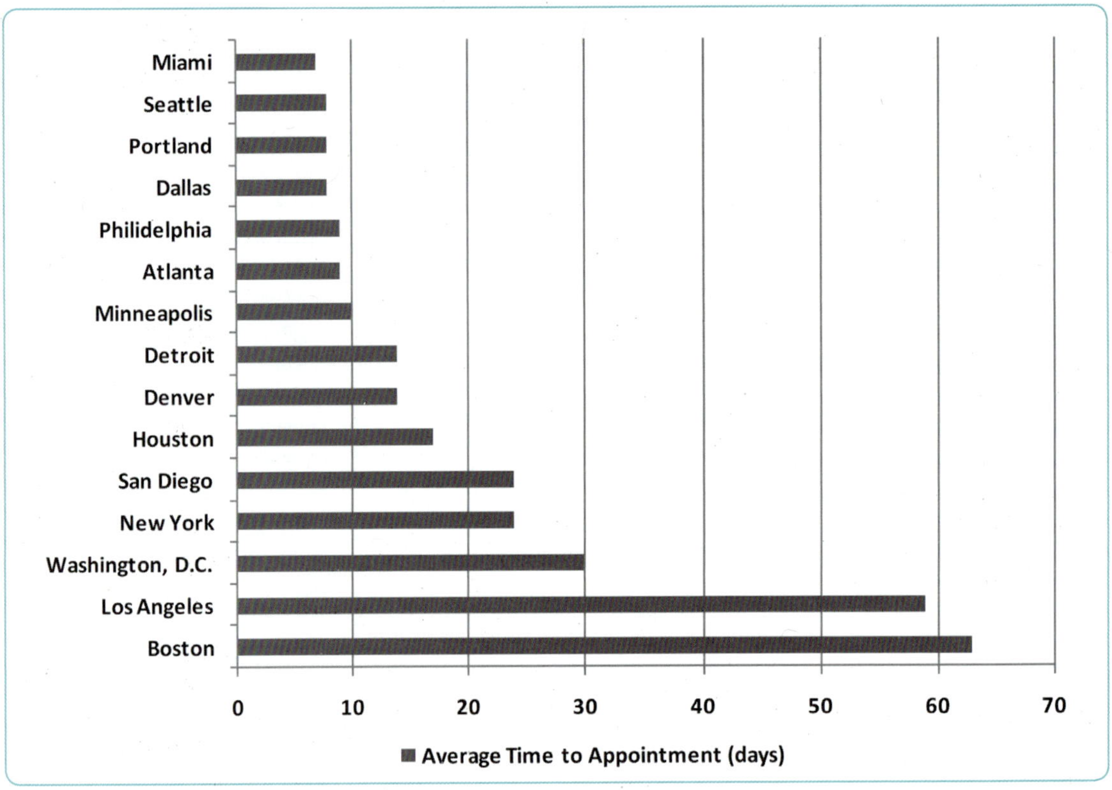

Source: Adapted from "2009 Survey of Physician Appointment Wait Times," Merrit Hawkins & Associates, p. 9, http://www.merritthawkins.com/pdf/mha2009waittimesurvey.pdf, accessed February 2010.

*Data reflect results of phone survey of physician offices (10-20 per metropolitan area) conducted by Merrit Hawkins & Associates from September 2008 to March 2009.

과 계약한 건강보험 회사인데 American Well의 플랫폼을 기반으로 한 최초의 가상 현장 보건소를 설치하여 1만 명의 직원과 가족회원들을 위한 상품을 출시하였고 그 후 고용주들과 일반 소비자들이 사용할 수 있는 상품을 순차적으로 계발하였다.

또한 미국 군인과 그의 가족들에게 의료 혜택을 제공해주고 있는 TriWest 의료 연합은 심리학자와 정신과 의사를 회원들과 연결하는 방법으로 American Well 플랫폼을 활용하였고, 유나이티드 헬스 그룹인 Optum Health는 텍사스에서 시범적으로(계획을 전국적으로 확대) "실시간 진료"를 시행하는 데 있어 American Well 기술을 사용할 계획이다. American Well은 미국 전역의 건강 보험 회사와 여러 기업들과 사업적 논쟁이 있었는데, 건강보험의 현재와 미래를 생각한다면 American Well 솔루션의 잠재력은 엄청날 것이라고 Glassman이 설명했다:

> 우리는 고객들을 위한 제품을 출시하기 위해 플랫폼을 통해 긴밀하게 협력하고, 지식과 경험 그리고 자원을 제공하고 있다. 그 예로 환자들과 의사들을 미디어를 통해 연결해주고 있으며, 혁신적인 인사관리를 통해 채널관리 및 컨설팅 서비스를 꾸준히 제공해나가고 있다.

경영자들은 촉망받는 발전과 전개에 부응하기 위해 American Well을 확장할 수 있는 사업을 계획중이다.

제품 개발

Roy와 Ido는 American Well의 차세대 제품을 개발하였는데 Team Edition이라고 불리며 의사와 건강관리

체인이 상호 작용할 수 있는 가치를 제공하여 혁신을 이루어내는 것이 목표이다. 보통 전문가의 진단이 필요한 환자들은 자신의 PCP로부터 추천을 받고 예약 가능 여부에 따라서 전문가를 만나는 것이 일반적이며 전문가와 환자 주치의 사이의 전문적인 커뮤니케이션은 방문 보고서를 통해 진행되는데 길게는 몇 주 정도가 소요된다. Team Edition을 활용하면 주치의와 환자는 온라인으로 전문가와 대면할 수 있는데 이런 방식을 통해 환자가 처음 주치의를 만나 처방받는 사이클 타임이 주 또는 월 단위에서 분 단위로 감소한다.

또한 Team Edition은 진료의 질을 높여준다. 합병증이 발생하기 전 초기에 의료문제를 해결하여 환자에게는 더 나은 삶을 제공하고, 건강보험 회사는 상당한 비용절감을 이루어 낼 수 있다.(그림 11과 12는 각각 가정 전문 의사와 3개 분야의 전문가에게 진료를 받을 때 평균 대기시간을 보여준다.) Team Edition은 대부분의 주에 배치되어 의료 라이센스 장애물을 완화할 것이다. 대부분의 주는 허가를 받은 의사들만이 진찰을 할 수 있도록 제한하고 있는데 PCP들은 일반적으로 미국의 전 지역 어디에서나 전문가들과 함께 환자들에게 무료로 상담을 진행해줄 수 있기 때문에 Roy와 Ido는 Team Edition을 통해 사업을 자연스럽게 확장할 수 있을것으로 예상하였다. 이는 회사 기존 플랫폼을 활용하여 이해관계자들의 가치를 더해주고 나아가서 Online Care의 선두주자라는 궁극적인 목표를 향해 회사를 이끌어 나갈 것이다. 하지만, 한 번의 상담에 여러 서비스를 제공하는 것은 특정 건강 보험 회사의 체계를 복잡하게 만들어 핵심 제품의 적용을 지연시킬 수 있기 때문에 적절한 출시시기를 확정하기 어려웠다.

시장의 기회

지금까지 Ido와 Roy는 건강 보험 시장에만 집중 하였지만, 건강관리 가치 사슬을 통해 여러 잠재 고객들 발견하였다. 그들은 전송 네트워크(병원, 보건소 체인, 다른 시스템의 제공자들)를 통해 비용의 효율성을 최적화하고 더 나은 고객 서비스를 제공함으로써 American Well 플랫폼의 수익을 향상시킬 수 있을것이라고 믿었다. 예를 들어 병원 응급실에 Online Care 키오스크를 설치하여 환자들이 차례를 기다리는 동안 미리 온라인을 통해 의사들과 상담할 수 있다. 이런 사전 상담을 통해 병원 직원들은 환자를 진찰하기 전 환자의 상태에 대한 사전 정보를 얻을 수 있으며 신속한 진찰을 통해 병원의 전반적인 효율을 향상시킬 수 있다. 이와 유사한 방법으로 환자들은 병원에 가기 전, 집에서 의사들과 상담할 수도 있다. 상대적으로 여유로운 의사들은 Online Care를 활용하여 초과하는 진료 수요를 분담할 수 있고, 거리가 멀어 병원에 방문하기 어려운 환자들과 관계를 형성할 수 있다. 또한 소매 보건소들은 Online Care 키오스크를 설치하여 서비스를 증가할 수 있는데, American Well은 연구를 통해 소매 클리닉 등 전용 의료 현장에서 받을 수 있는 치료(Online Care 포함)에 대한 환자들을 선호도를 공개하였다.

일반적으로 소매 보건소에서 가장 직급이 높은 임상 의료인은 간호 전문가들이다. 그렇기 때문에 온라인 서비스를 통해 의사들과의 상담을 제공한다면 의료의 정당성을 부여하고 환자들의 인식을 개선할 수 있다. 만약 전문 간호가 환자들의 문제를 해결할 수 없는 상황이거나 환자들이 의사의 의견을 직접 듣고 싶다면 Online Care 플랫폼을 활용하면 된다.

약사들은 또 다른 잠재 고객으로서 약품 사용량, 잠재적 부작용, 위험 약물 간의 조합 등 유의해야 할 전문지식을 제공하였다. 하지만, 많은 환자들은 전문지식이 없기 때문에 약을 사는 것을 어려워하며 약을 사는 과정에서 약사들에게 해야 할 질문들을 종종 잊어버리곤 한다. 만일 약사들이 American Well을 온라인으로 활용한다면 환자들은 시공간의 제약 없이 약사들과 자유롭게 상담할 수 있을 것이다.

American Well은 서비스를 국제적으로 확대하고자 하는데 이미 호주, 독일, 영국의 고객들은 American Well에 상당한 관심을 가지고 있다. 세계로 나아가기 위해서는 조직 구조의 전반적인 변화가 필요하다. 그 일환으로 개인 정보 보호와 건강 정보의 온라인 전송

그림 12 각 도시별 새로운 환자가 심장전문병원, 피부과, 산부인과의 예약을 위해 평균적으로 기다리는 시간 (2009년)

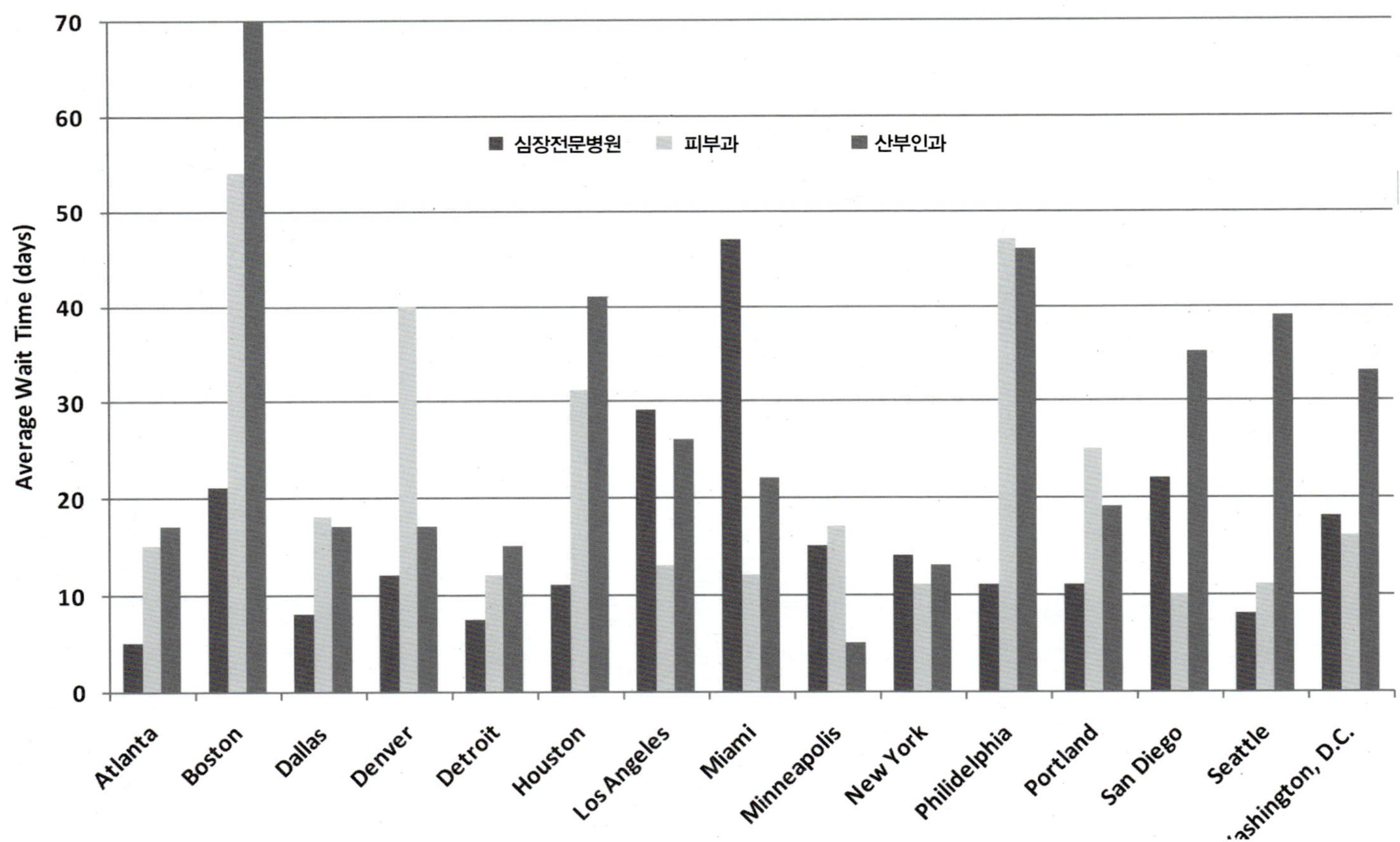

Source: Adapted from "2009 Survey of Physician Appointment Wait Times," Merrit Hawkins & Associates, p. 8, http://www.merritthawkins.com/pdf/mha2009waittimesurvey.pdf, accessed February 2010.

*Data reflect results of phone survey of physician offices (15–20 per metropolitan area) conducted by Merrit Hawkins & Associates from September 2008 to March 2009.

및 관리 규정에 대한 서비스를 각 시장에 맞게 조정해야 할 필요가 있다.

하지만 보험 및 전송 네트워크 시장은 비회원이 건강 보험 회사를 통해서 American Well의 플랫폼을 사용하는 경우 보험 회사는 수익을 얻게 되지만 이 환자들이 병원, 소매 보건소, 약국 등을 통해 의사나 약사들을 만난다면 보험 회사는 손해를 보게 될 것이다.

방향의 변화?

Ido와 Roy는 이러한 질문들을 생각하면서 워싱턴 D.C.에 도착하였다. Team Edition 서비스는 환자와 공급자 모두에게 건강관리 제공 시스템의 가장 큰 문제점인 비용을 절감시키고, 건강관리 네트워크에 중요한 가치를 제공할 것이다. 핵심 서비스는 현재 제한으로 활용되고 있는데 이러한 문제를 해결하기 위해 American Well은 추가적인 채용(2009년 말, 100명의 직원으로 운영) 및 자금이 필요하다. Ido와 Roy American Well의 모델의 본질(초과 수요와 과잉 용량의 실시간연결)이 건강 관리 산업을 넘어 전문 지식(법률 자문, 회계 서비스, 심지어 종교 상담)이 필요한 다양한 산업에서 응용될 수 있다고 믿는다.

Ido와 Roy는 진퇴양난의 고비에서 같은 수익을 유지하고자 하였고, 심사숙고하여 최대한의 기회를 추구함에 있어서의 이익과 단점을 생각해 보았다: 새로운 벤처에 초점을 맞추어 자원을 전환할 때 기업 최초의 온라인 케어 원격설치가 약화될 수 있었다. American Well이 너무 오래 기다리지 않았다면, 다른 회사는 이런 기회를 잡을 수 있었을까? 그들은 우수한 고객만족도를 유지하는 것이 가장 중요하다는 것을 동의하였다. 그리고 '처음 맛보는 실패만큼 좋은 것이 없다'고 결론 내렸다.

IBX (Northern Europe–북유럽)
간접적 제품과 서비스 B2B 전자구매를 직접적으로 확장

IBX의 수석 부사장 및 독일 프랑크푸르트 IBX의 전무이사인 Peter Lageson은 IBX의 짧은 기간 동안의 급격한 성장에 놀라움을 금치 못했다. 출시한 지 5년 만에, IBX는 구매 서비스 제공 업체 시장부문에서 선도적인 위치를 달성했으며, 때론 SRM(Supplier Relationship Managemet-협력사 관계 관리)이라고 불리며, 세계적 기업인 IKEA, LEGO, Volvo와 협력했다. 간접 자재 및 서비스 분야의 솔루션 제공 업체–과거에는 수평 플랫폼이라고 불림–으로 선도적인 위치를 잡았고, IBX의 다음 도전 목표는 전략적으로 직접적 자재를 판매하는 것이었다. Legason은 IBX의 비즈니스 모델이 또 다른 산업에서 직접 자재와 수직 세그먼트에서 요구사항을 충족할 수 있다고 확신했다. 그가 말하길:

> 우리 기업의 산업적 경험, 그리고 Ericsson과 같은 다른 유럽계 대기업과의 협력은 수평시장에서 자사가 성공할 수 있게 만들었다. 이러한 성공은 직접적 자재 판매를 선택하는데 중요한 믿음을 주었다. 예를 들면, 현재 세계에서 세 번째로 큰 건설회사인 Skanska와 함께한 사업이 우리에게 잘 발달 된 솔루션의 집합, 검증된 비즈니스 모델과 함께 수직 세그먼트를 진행함에 있어서 우리 사업에 도움을 줄 수 있는 많은 경험을 제공한다.

배경 : B2B 전자 플랫폼

인터넷이 출현하기 훨씬 이전에, 기업 간의 전자 통신 체례를 확립하기 위한 여러 시도가 있었다. 영국의 Prestel(1979)과 독일의 BTX(1983)와 같은 시스템은 소소한 성공을 거두었고, 후자는 1996년 말에는 120만 명 이상의 사용자가 있었다. 그런 와중에 프랑스 통신사에서 만든 Teletel/Minitel 시스템(1982)은 거의 9백만 개 이상의 단말기와 계약을 맺었으며, 1999년 말에는 약 2,500만 명 이용객이 있었다. 이 시스템은 데이터베이스, 항공 또는 기차표 발권, 소매 기업에 메일 주문 등의 다양한 분야에 접근할 수 있었다.

그러나, 인터넷의 출현으로 인해 살아난 시스템이 있었다. 전자 데이터 교환(EDI, Electronic Data Interchange), EDI는 1960년대 후반 운송 및 수송 산업에서 개발되었다. EDI는 전자 문서의 B2B 교환을 기준으로 만들어졌다. EDI는 사용자들의 많은 수용(현재 EDI를 사용하는 단체는 약 12만 5,000개)에도 불구하

This case study was written by Fernando Endara, Master of International Business student, under the supervision of Albrecht Enders, Assistant Professor of Strategic Management, Harald Hungenberg, Chaired Professor of Strategic Management (all three from University of Nuremberg), and Tawfik Jelassi, Dean and Professor of e-Business and IT at ENPC (Paris). It is intended to be used as the basis for class discussion rather than to illustrate effective or ineffective handling of a management situation.

This case study was made possible by the cooperation of Peter Lageson, Senior Vice President, IBX.

고, 초기에는 예상만큼 성공하지 못했다. EDI의 데이터를 인코딩하기 위해 VAN에 의존하였는데, 이 네트워크는 다른 네트워크와 서로 호환되지 않았기 때문에 시스템의 복잡성이 증가했다. 각 기업들은 개인적인 EDI 표준과 수직적 통합을 가졌으며 수직적 통합의 경우 단지 개인적 B2B 플랫폼과 교환의 형태만 발전시켰다.

웹 페이지를 사용하는 기업들이 늘어나면서, 새로운 공급 업체 및 제품에 대한 검색 도구로서 인터넷이 기능을 제공해 주었기에 이를 통한 조달 에이전트들이 1996년부터 생겨나기 시작했다. HTML (HyperText Markup Language) 기준의 대체 방법으로 XML(Extensible Markup Language)이 나타났을 때, 텍스트나 제품에 대한 e카탈로그를 포함한 다른 정보 유형의 조합이 새롭게 가능해졌다. MRO (Maintenance, Repair, Operation) 제품으로 알려진 도구들은 간접 재료의 구매 과정을 최적화시키고 자동화하는 방법이었기에 대기업들은 신속하게 이를 채택하였으며, 이로 인해 구입비용을 줄일 수 있다. 대기업들의 이런 의도를 반영한 목표로, 데스크탑 구매 시스템(DPS, Desktop Purchase Systems)이 생겨났다. DPS는 웹 기반 카탈로그를 통해서 요청자가 자신의 책상에서 직접 자재 주문을 할 수 있으며, 사전에 자격을 갖춘 공급 업체와 연결을 해준다. 이런 플랫폼은 구매자와 MRO 공급 업체 사이의 수평적 통합을 강화시켰다.

한편, EDI는 웹 기반 EDI로 발전하여, 웹 브라우저 거래를 가능하게 하고 EDI 인프라를 경험하지 못했던 사람들과 접촉할 수 있게 해주었다. 웹 EDI와 XML의 혼합물이 자동 데이터 처리를 지원하고, B2B 플랫폼의 진화를 촉진시켰다고 알려졌다. 이런 기술은 온라인 입찰뿐만 아니라 쌍방향 경매와 같은 새로운 거래 메커니즘에 대한 가능성을 열어주었으며, 기계와 제품의 부품과 같은 상품을 직접 조달 자동화를 통해 가능하게 하였다(그림 1 참고). 거래 구조도 양측(n:m)에서 다자간(n:1:m) 관계로 변화를 가져왔으며, 따라서 네트워크 효과를 발생시켰다. 이는 물류, 보험, 지불 서비스와 같은 상호보완적인 전자 서비스를 통합하기 위해 소위 개방형 플랫폼이라고 불리는 ASP와 같은 제 3자의 사용을 허용한 것을 뜻한다. 향상된 사용자 인터페이스와 함께, 이런 플랫폼의 대부분은 구매자와 판매자의 ERP 시스템과 통합이 되기 시작했으며, 따라서 확장된 공급사슬 관리 시스템의 역할을 한다.

B2B 플랫폼은 거래되는 상품의 유형을 기반으로 하여 수평 및 수직 플랫폼으로 분류가 된다(그림 2 참고):

- **Horizontal platforms(수평 플랫폼)** 수평 플랫폼은 산업분야에서 간접 상품이나 MRO 항목을 취급한다. 이런 상품은 사무용품 및 유지 보수 제품(예를 들면 전구)을 포함하며, 기업의 제조 프로세스에 전략적으로 적합하나 경쟁 우위를 높이기 위해서 중요하지 않다.
- **Vertical platforms(수직 플랫폼)** 수직 플랫폼은 화학이나 자동차 산업과 같은 개별 산업에서 운영되는 산업별 플랫폼이다. 수직 플랫폼은 일반적으로 고객에게 전달되는 최종 제품에 사용이 되는 직접 제품 교환에 초점을 맞춘다. 이런 직접 제품은 철강, 시멘트, 전자 부품 등 최종 제품에 사용되는 원료 등을 포함한다. 이런 플랫폼들의 예로는 Vodafone과 같이 IT 제공자에 대한 공급망 솔루션을 제공해주는 E2Open이 있다. 뿐만 아니라, 산업 내에서 아직 간접 상품에 중점을 두고 있는 수직 플랫폼도 있다.

특히 특정 산업에서는, 구매자와 판매자가 B2B 플랫폼으로 운영이 되고, 본인들의 공급 업체와 구매자들에 비해서 자신들의 영향력을 증가시킬 수 있는 선택을 한다. 또한, 거래 과정에서 더 중립적인 기초를 제공하는 타사 플랫폼도 있다. 2000년도에 닷컴버블 사태가 발생하여 많은 B2B 플랫폼(mondus.com 같은)과의 거래는 중단이 되었으며, 어떤 경우는 자신들의 비즈니스 모델을 재구성하거나 다른 회사에 인수가 되었다.

그러나, 기업 간의 빠르면서 안전한 다목적 통신 기술의 진보와 조달 및 소싱 프로세스 최적화, 전자구매 솔루션과 B2B 플랫폼을 통한 저축의 증가는 더 매력적으로 다가왔다. 전자구매(ePurchasing)는 공급망 관리와 동등한 전체 구매 프로세스를 의미한다. 이 프로

그림 1 조달제품의 전략적 타당성과 자동화 가능성

전략적 타당성: 고 ↑ ↓ 저

A-Goods	투자 구매	직접 자재 구매
특징	핵심 비즈니스 요구사항 부드러운 개별 요구사항 높은 가치/소품종	생산 요구사항 일반 구매 선두 제품 구분 다품종
예	기계 건물	타이어 변속장치
시스템	입찰시스템 eRFI/eRFP/eRFQ	직접 자제 B2B 솔루션 역경매

B-Goods	잡화 구매	MRO 구매 (C-Goods)
특징	기타요구사항 불규칙한 수요 가치 및 품종 다양	개인 요구사항 일반 구매 선두 제품 구분 낮은 가치
예	단일 회사 차량 단일 사무 용품	MRO 제품/C-제품 제품 관련 소형 부품
시스템	자동화하기 어려움	데스크탑 구매/전자 카탈로그

자동화 가능성: 저 ← → 고

Source: Michael Nenninger and Oliver Lawrenz, *B2B-Erfolg durch eMarkets*, 1st edition, Vieweg Verlag, Braunschweig/Wiesbaden, 2001, p. 4.

그림 2 수평적, 수직적 전자 비즈니스 플랫폼의 특성

	전자 플랫폼에서 판매되는 제품의 유형	제품의 배송
수평적 플랫폼	• 사무용품(문구용지, 필기구, 사무 용품 등) • 항공 티켓, 호텔 예약 • 다른 비 산업 관련 제품 및 서비스	• 일반적으로 택배회사를 통해 제공 (UPS, FedEx, DHL 등)
수직적 플랫폼	• 원료(나무, 강철, 시멘트, 원료, 액화가스 등) • 최종 제품을 위한 제품(부분, 요소, 전자시스템 등)	• 특정 물류를 필요로 함, 교통 및 이행 메커니즘

세스는 소싱(지출 관리, 공급업체의 인식 및 경락을 포함), 조달 및 지불로 세분화 된다.

유럽위원회(European Commission)가 2005년에 출시한 시장 조사 사업인 e-business w@tch에 따르면, 유럽 기업의 약 25%가 총 구매량의 5% 이상을 온라인으로 소비했다고 조사된다. IT 서비스, 관광, 자동차, 출판 및 기계 산업은 가장 활발한 온라인 구매자가 있는 서비스이다.

같은 조사에 따르면 10개의 산업의 모든 기업의 평균 26%가 같은 모습을 보이며, 항공 및 자동차 산업이 전자 소싱 솔루션 같은 방법 사용에 각각 63%, 39%로 가장 높은 참여율을 보였다. 가장 자주 사용하는 소싱 프로세스는 제품 및 서비스 주문(81%), 공급 업체 찾기(67%), 견적 및 제안에 대한 실행 요청(67%), 그리고 비용 및 데이터 분석(51%) 순으로 나타난다(그림 3 참고).

B2B 플랫폼의 성장 속도에 관한 신뢰성 있는 예측은 없지만, 4개의 유럽 기업에 대한 ERP 시스템 구현률과 전자 소싱 솔루션 선택 사이의 차이를 관찰해본 결과, 중 · 대기업에서 미래에 이런 솔루션에 대한 요구가 증가할 것으로 생각된다(그림 4 참조).

그림 3 특수 소프트웨어 솔루션에 의해 지원 받는 조달 프로세서

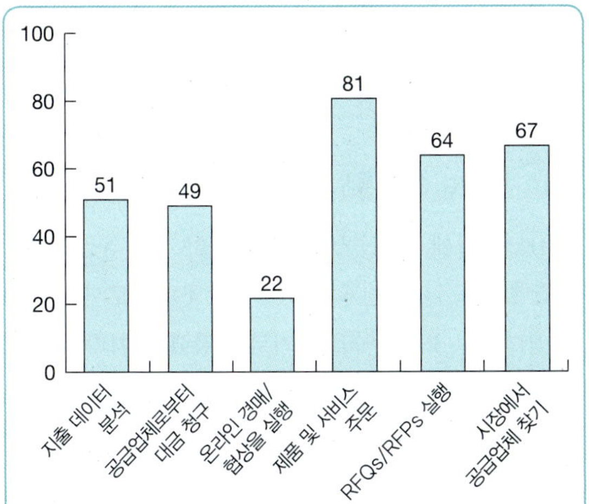

Source: e-Business W@tch, The European *e-Business Market Watch: The European e-Business Report*, European Commission, November 2005, p. 30.

IBX의 역사

최초의 아이디어

1999년, Christer Hallqyist, Björn Böhme 그리고 Peter Lageson은 회사를 설립하고 혁신적인 전자 조달 플랫폼을 개발할 아이디어를 가지고 Ericsson을 떠났다. Ericsson의 전자 조달 시스템 'Click-to-buy'(15,000명의 사용자와 70여 개의 공급업체를 성공적으로 운영)를 벤치마킹하여, 새로 형성된 팀은 Ericsson의 외부형태와 유사한 독립형 플랫폼을 개발하고 싶었다. 목표는 하나의 플랫폼으로 구매자와 공급자 플랫폼을 통합하는 것이다 – 최초에는 'Bizface'라고 불렀다. 1999년 12월, Bizface는 Ericsson에 근접하게 성장했으며, 70여 개의 공급업체에 관리 비용을 감소시키는 제안을 발표했다. 'Click-to-buy' 공급업체는 간접 자재 및 서비스 공급업체이며, 일반적으로 지역 내의 다른 대기업에 공급을 했다. Ericsson의 경우, 전체 공급 센터에 Bizface를 아웃소싱하고 스웨덴의 다른 대기업과 이를 공유하는 것은 다른 대기업들과 비용을 '공유'하는 시도로서 좋은 해결책처럼 보였다. Ericsson은 아이디어를 수용하고 솔루션에 대한 투자에 관심을 나타냈으며, 사업 계획을 개발하기 위해서 2000년 1월 Bizface에게 질문했다. Bizface의 설립자들은 고위 관리 경험이 필요했기에 Hans Ahlinder를 설립팀에 합류시키기 위해 설득하였다. Ahlinder는 2000년 Gambro의 CEO였으며, Ericsson 소싱부문의 전 수석 부사장이었다. 1월 말에, Ericsson은 Brizface가 현재와 미래의 공급업체와 함께 'Click to buy'의 공급 센터를 개발하고 운영은 계속하기 위해서 인수를 한다는 협정과 투자에 합의하고 의향서에 서명을 했다. 이 시기에 B2B 플랫폼 사업의 많은 기업들이 자신들 각각의 비즈니스 아이디어로 Ericsson과 계약을 위해 노력했었다. Peter Lageson는 IBX의 최종 성공을 위해 Ericsson의 중요성을 생각했다:

> 우리는 전자 조달 기술의 세계 최초 채택자인 Ericsson이라는 황금알을 가지고 있다.

시장 소프트웨어 공급 업체인 CommerceOne은 북

그림 4 지점과 회사규모에 따른 ERP 시스템과 전자조사 솔루션을 사용의 차이

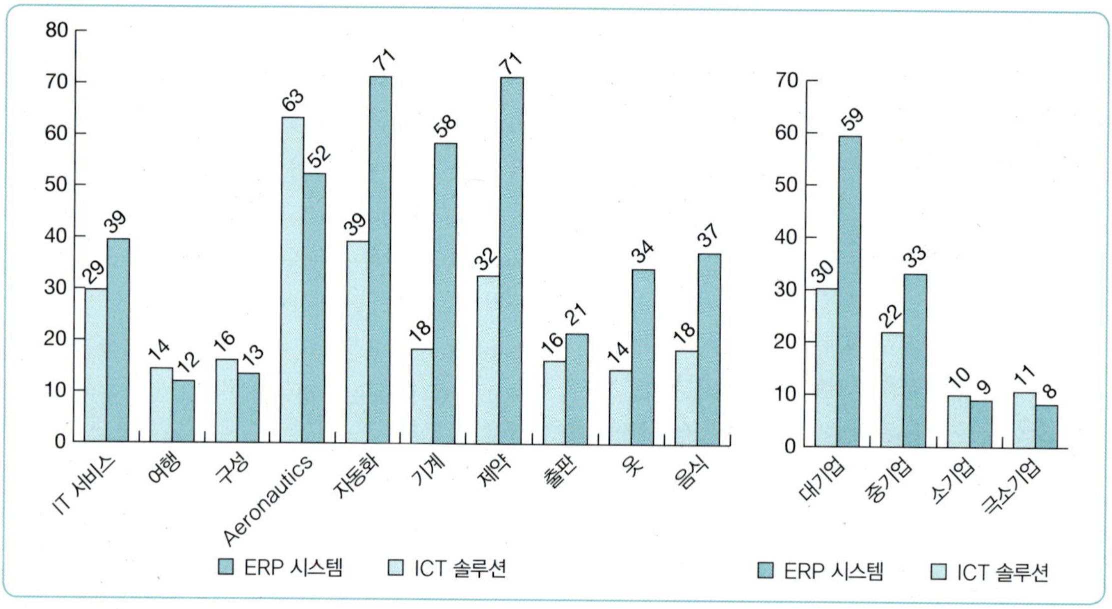

Source: e-Business W@tch, The European *e-Business Market Watch: The European e-Business Report*, European Commission, November 2005, Annexe, p. 6.

유럽 지역에서 '프렌차이즈 파트너'를 찾고 있었다. 본질적으로는 CommerceOne는 독점 라이센스 취득에서 서로 비싼 값을 매기는 것에 관심이 있는 기업을 찾는 것이다. 3개의 기업이 참여했다: Bizface/Ericsson, 벤처 캐피탈 회사인 b-business partner와 제휴를 맺은 SEB, 그리고 CommerceOne는 세 번째 주도권을 가졌다. Bizface는 CommerceOne을 포함한 받아들일 수 있는 기술 공급자로 평가받기 시작했다. CommerceOne은 Bizface/Ericsson과의 협상의 크기를 실감한 뒤, SEB와 b-business partners, 두 기업에게 설명을 부탁했다.

SEB는 Ericsson을 계획에 참여시키기 위해 설득하려고 노력하였으며, Ericsson, SEB 그리고 b-business 사이의 치열한 협상을 이끌었다. 그러나 마침내, Bizface 팀이 주도권은 가져갔다. Bizface는 이 협상에서 2가지 사실을 유지했다: Ericsson과 전자 조달, B2B 플랫폼에서의 경험의 계약. 2000년 7월, Ericsson, SEB, b-business partners와 Bizface는 통합 비즈니스 거래소(IBX-Integrated Business Exchange)라 정한 전자시장을 공동 설립하기로 합의했다.

IBX는 시장에서 기술 플랫폼의 모든 것을 실현할 수 있다는 평가를 받기 시작했다. 이는 모든 플랫폼 회원을 가져갔기 때문에, 이런 움직임은 CommerceOne를 놀라게 하였다. Ariba, SAP, Oracle 그리고 다른 기업들로부터 솔루션을 평가 받은 후, IBX는 SAP와의 새로운 전략적 파트너십 때문에 CommerceOne의 MarketSite 플랫폼 기술을 가져오기로 결정했다. IBX는 2000년 12월 18일 처음 거래를 했다.

Pan-Nordic과 통합

2001년 5월에, IBX는 플랫폼으로 33개의 공급업체를 연결했으며, 2001년 6월, Volvo는 구매자로서 플랫폼에 참여하고 3년 계약을 맺기로 결정했다. 따라서, IBX 오너 그룹 이외에 처음 고객이 된 것이다. IBX는 목표를 명확히 했다. 성공하기 위해서는, 북유럽 지역의 선두 주자가 되어야 한다.

이 목표를 달성하기 위해, IBX는 북유럽 국가에 로컬 기업을 구축하기 전에 '닻'으로 사용하기에 적합한 파트너를 찾는 데 초점을 맞췄다. 덴마크 의료 회사인 Novo Nordisk는 2001년 9월 27일 IBX를 통해 첫 번째 거래를 했고, 덴마크의 주주 및 고객 그리고 '닻'이 되었다. 2000년, IBX는 노르웨이에 '닻'이 되어줄 노르웨이의 대기업과 회담을 가졌지만, 실패하였다. 그럼에도 불구하고, 2001년 12월 5일, 전체 노르웨이 공공 부문에 대한 시장을 구축하고 운영하는 5년 계약을 노르웨이 주와 체결했다. IBX는 2001년을 6개의 구매 기업과 135개의 네트워크 제공 업체와 계약을 맺는 것으로 마무리했다.

IBX는 덴마크 제약회사인 Nycomed와 계약을 맺고, 핀란드의 에너지 공급 업체인 Fortum는 구매자로 가입을 하여 2002년에도 꾸준히 성장했다. 이러한 거래를 통해서, IBX는 스웨덴, 덴마크, 노르웨이, 핀란드에서 첫 번째 설정 작업 목표를 달성했다.

그 후, IBX는 SAP와 덴마크 은행 소유의 전자 마켓인 Emaro를 구입하여 유럽 전역으로 확대할 수 있는 좋은 기회를 확인했다. 협상은 2002년 중반에 시작했지만, 궁극적으로 SAP의 내부구조 변화로 실패했다. Deutsche Bank이 각각 이탈리아와 스페인의 구매 기능을 분석할 수 있는 전자 조달 연구를 할 것인지 IBX에 물었다. 그러나, IBX는 장기적 관계에 대해선 구체적으로 생각하지 않았다.

SAP와 IBX는 거대한 북유럽 조합을 위해서 가치 제안을 가져가기 위해 그들의 보다 깊은 관계를 맺기로 결정했다. IBX 판매는 CommerceOne Procurement 사용 대신에 MySAP SRM 전자조달을 기반으로 한 IBX 전자조달 솔루션으로 구성되어 있다. IBX는 23개의 구매 기업과 250개의 공급업체와 계약을 맺으며 2002년을 마감했다. 2003년 초기, 내부 구조 조정의 몇 달 후, IBX는 Oslo 지방 자치 단체와 계약을 성사했으며, 나중에 Arla Foods와 Bang&Olufsen과도 계약을 성사했다. 후자 두 기업은 IBX-SAP 공동 솔루션에 매료되었다. 2003년이 끝날 무렵, IBX는 1,020만 유로의 매출에 도달했으며, 이는 전년 대비 38% 성장한 수치였다.

2004년, IBX는 스웨덴 건설 회사인 Skanka와 중요한 계약을 맺었으며, 이는 IBX가 건설 산업으로 나아갈 수 있는 문을 열었다. 이 거래는 이전의 계약들과는 달리 건축 자재의 중요한 흐름과 Skanska의 하청업체들과의 관계를 모두 포함하기 때문에 IBX의 큰 도전이었다. 따라서 실제로 생산 공정이 필요하였다. 이 새로운 계약은 IBX 비즈니스 모델을 수평적 'MRO 상품과 서비스'에서 수직적 '직접 자재 흐름' 차원으로 확장을 이끌었다.

유럽 전역에 걸쳐 확장

> Deutche Post와 Lufthansa 그리고 다른 독일 고객들과 함께 우리는 북유럽 지역 이외의 업체에서도 판매를 할 수 있다고 지금 증명해야 한다.
>
> (**Lars Thunell**, IBX의 이사징 겸 SEB의 CEO)

2004년, IBX는 프랑스 시장을 확보하기 위해서 열심히 노력했지만, 새로운 기업의 주요 고객으로 유입되는 소유주들의 의지가 부족했기 때문에 실패했다. 비록 프랑스에서 올바른 사업 운영을 위해서 상당한 노력이 필요할 것이란 걸 주의과정을 통해서 명백하게 알게 되었지만 이번 실패로 인해 큰 실망감을 가지게 되었다.

30%의 기대 성장률과 함께, IBX는 2004년 봄에 상장 및 추가자금 490만 유로를 확보했다. 이 자금은 유럽으로 사업 확장을 지원하고 새로운 제품과 능력을 개발(특히 수직 세크먼트에서)하여 가치 제안을 확장시키기 위한 자금이다. IBX는 Skanska가 대표하는 비즈니스 도전에 대처하기 위한 최고의 소프트웨어 솔루션을 찾기 위해 집중 선택 과정에 들어갔다.

2004년 중반, IBX는 Lufthansa와 Deutsche Post에 의해 설립된 독일 전자 조달 서비스 제공업체인 trimodo와 제휴를 맺어 유럽에 사업 범위를 효과적으로 넓혔다. IBX와 trimondo는 Deutsche Post와 독일에서는 trimondo가 Deutsche Post를 지원하고 20개 이상의 나라에 있는 5,000여 개의 Deutsche Post 제공업체에 대해서는 IBX가 책임을 진다는 계약을 체결했다. trimondo의 CEO인 Torsten Breuer는 설명했다:

> 제품 및 서비스 포트폴리오 확장뿐만 아니라 지리적 범위의 확장과 함께, 우리는 많은 측면에서 고객 서비스를 향상시킬 것이다 [……] IBX와 Deutsche Post의 국제적 출시를 위한 실제 협력은 매우 성공적이며, 우리의 직원들은 고객 가치를 극대화하기 위한 국제 공동팀 구축을 기대하고 있다.

동시에, Volvo는 프랑스, 벨기에, 미국에서의 볼보의 사업을 포함한 글로벌 구매 솔루션을 확장하기 위해 IBX와 협력했다. Volvo의 자회사인 Renault와 Mack Truck 또한 이 계약에 포함되어 있다. Volvo의 전자 조달 매니저인 Ola Hansson는 이 이유를 언급했다:

> 스웨덴에서, 우리는 긍정적이고 만족스러운 결과를 얻었고, 따라서 우리는 IBX의 솔루션을 전 세계적으로 사용하기로 하였다. 2005년과 2006년 사이에, 3개의 시장으로 확장 후, 우리는 다른 여러 국가에서 시스템을 소개할 계획이다.

2005년이 끝날 무렵 스웨덴의 Saab, 핀란드의 Finnair, 노르웨이의 Ost, 덴마크의 Lundbeck 등과의 계약 맺으면서 북유럽 지역에서 IBX의 위치를 강화했다.

2005년 4월, IBX는 trimondo를 인수하면서, 프랑크푸르트에서 35명의 직원을 더 얻었고, 480만 유로의 수익을 얻으면서 독일에서 입지를 굳혔다. 2005년 후반기에, LEGO 그룹은 전자상거래 솔루션 공급과 LEGO 그룹의 전자 구매 시스템 개발에 대한 컨설팅 서비스를 받기 위해서 IBX와 3년 장기 계약을 체결했다.

2005년 12월, IBX는 글로벌 가구 유통 업체인 IKEA와 중요한 계약을 하였다. 이 거래는 전자 소싱, 전자 조달, 그리고 이에 대한 완전한 온디멘드 솔루션을 포함하고, 글로벌 구현을 위한 IBX 공급 업체 네트워크에 접속할 수 있다. IBX 스웨덴 매니저인 Pontus Björnsson는 이 계약의 중요성을 지적했다:

> 이 계약은 대기업들이 점점 자신들의 소싱과 조달의 위한 온디멘드 솔루션을 선택하는 동향을 보이기 때문에 IBX에게는 특히 중요하다.

IBX는 2005년은 2,030만 유로의 매출, 2006년은 2,260만 유로에 대한 주문을 받았으며, 이미 2006년에 14%의 성장률을 보장받았다.

비즈니스 모델

기업 비전

IBX의 비전은 다음 4가지 중요 요소를 가지고 있다:

- IBX는 유럽에서 소싱 및 조달에 대한 지식의 원천이 되는 효율적인 구매를 위한 서비스 및 솔루션의 선도적인 공급업체가 되는 것이 목적이다.
- IBX 높은 효율로 현재 구매 기능을 변경하여 고객들을 지원하고자 한다.
- IBX는 고객이 그들의 "최고의 제품" 전자 소싱, 전자 조달 솔수션과 서비스 포트폴리오를 통해서 기업계약에서 준수사항을 지키고 좋은 가격과 운영비용 절감을 할 수 있기를 기대하고 있다.
- IBX 고객에 대한 신뢰와 전문성을 구매 과정에 포함하여 광범위한 경험을 가진 숙련된 조직과 관리팀을 통해서 구매 범위를 엄격하게 하고 그 선을 유지하려고 한다.

IBX가 직면한 중요 문제점은, 비즈니스 모델의 경우 투자자의 재무적 수익 기대를 만족시키는 기업이 채택이 된다는 것이다. Peter Lageson가 강조하길:

> 우리가 고객과 함께 하는 토론은 프로젝트를 설계하는 방법을 전하는 것이다. 이것은 기술적 문제가 아니다; 왜 IBX를 선택했느냐도 아니다. 대신에 당신은 우리의 사업 모델이 대체할 수 있는 다른 솔루션(소싱과 조달)보다 빠른 변화를 통해서 당신을 이끌기 때문에 IBX를 선택할 것이다.

IBX는 신속하고 가격 효율적인 목표를 달성하기 위해 고객의 구매절차를 변형한 솔루션 포트폴리오를 개발했다(그림 5 참조). Peter Lageson는 통합 솔루션에 검색기능을 더하는 것의 중요성에 대해서 말했다:

> 구매 조직은 만들거나 구매하는 결정 문제에 직면했다. 소프트웨어를 운영하고 자체적으로 플랫폼을 공급업체에 연결하는 것을 설정하여 소프트웨어를 구매할 수 있다. 대안적으로, 통합된 솔루션의 일부로 서비스를 구입할 수 있다. 일반적으로 구매 조직은 핵심 사업 부분이 아니기 때문에, IBX의 의도는 12~18개월 동안 구매 조직에 필요 없는 구매팀을 늘리지 않음으로 비용을 30~40% 더 저렴하게 만드는 것이다.

그림 5 IBX 모듈

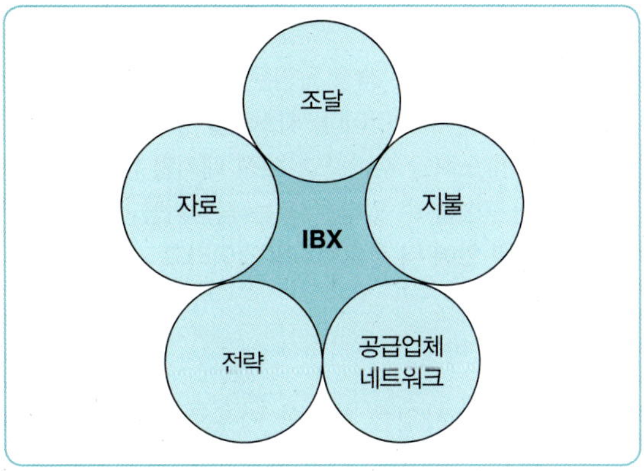

Source: IBX.

이 포트폴리오는 콘텐츠, 연결 핵심으로 시작하였다. 이후, 온디멘드 솔루션(ASP의 도구로 간주되는 전자조달 및 전자소싱)과 변환 기능 및 서비스(공급 활성화, 구현, 소싱 및 컨설팅 서비스와 같은)를 추가했다. 다음은 온디멘드 솔수션과 포트폴리오의 결과이다:

- **IBX Procure(IBX 조달)**: 이 모듈은 MySAP 기술을 기반으로 한 IBX 전자조달 솔루션과 IBX 검색엔진을 포함한다. IBX 전자조달 솔루션은 최종 사용자가 모든 사용가능한 터미널에서 공급업체의 카탈로그에 등록된 문서들을 선택하고 구매하는 것이 가능하다. 구매 주문은 모든 승인 단계와 해당 비용 센터에 영향을 미치는 제품 배달 방식을 자동으로 선택된 공급업체에 알리는 방식으로 진행된다. 검색엔진은 공급 업체 커뮤니티에 인터페이스역할을 한다, 구매조직이 다른 검색 옵션 중 공급업체 이름, 지역, 상품 분류 등의 원하는 항목을 검색하여 필요한 제품을 찾는다. 이는 또한 제품 카탈로그, 최종 사용자 요청, 무료 문자 주문, 공급 업체 웹 상점 방문 등을 포함한 콜-오프 방법을 지원하는 단일 조달 채널을 제공하도록 설계되었다. Lageson은 단일 채널의 중요성을 강조한다:

  우리는 공급업체에 단일 접점을 주고 싶다. 그로인해 그들은 콘텐츠를 배송하고, 주문을 받고 모든 비즈니스 프로세스에서 하나의 비즈니스 파트너를 가질 수 있다.

- **IBX Source(IBX 원천)**: Emptori에 현제 기반을 둔 이 모듈은 조달 계획, 요청 정보(eRFI/eRFQ/eRFP), 입찰, 번들 구매를 역경매에 이르기까지 여러 가지 기능을 제공한다. Lageson이 설명하길:

  제품 전략은 완전한 Source-Procure-Pay 능력의 다음 단계에서 콘텐츠와 연결 핵심에 이르기까지 성장시켜, 전체 온디멘트 공급업체 관계 관리(SRM-Supplier Relationship Management) 솔루션이 된다.

- **IBX Pay(IBX 지불)**: 대부분 trimondo의 전자조달 기술을 기반으로 한 이 모듈은 IBX 전자 송장과 IBX Easy Payment 도구로 구성되어 있다. 첫 번째, 전자 송장 인터페이스는 구매 조직과 공급업체를 연결하였고, 작업 및 승인 사례를 줄였다. 두 번째 도구는 공동 구매 주문에 대한 모든 송장의 타당하게 하며, 원하는 경우 하나의 계정으로 여러 청구서를 받을 수 있다.
- **IBX Strategy(IBX 전략)**: IBX 전략은 조직적 모델, 가장 좋은 수행 프로세스, 소싱과 조달 전략, 이런 전략들을 구현해본 경험이 있는 숙련된 팀으로 구성된다.
- **IBX supplier network(IBX 공급업체 네트워크)**: 이 네트워크는 약 12,000개의 글로벌 공급업체, 1,400개의 카탈로그 공급업체와 1,000만 종류의 제품으로 구성된다. 이는 IBX 검색 엔진에 연결된 내부 전자 조잘 솔루션이나 IBX 완전 전자 조달 솔루션을 사용할 것이다.

수익 모델

IBX 비즈니스 모델은 구매자 중심이며, 구매자를 대신하여 작업(구매를 돕는 작업)을 하는 노력에 주요 초점을 맞춘다. IBX는 현재 소싱, 조달, 지불 비즈니스 과정을 IBX 온디멘드 솔루션을 활용하여 효율적으로 변환시켜 고객에게 도움을 준다. 예를 들어, 구매자가 조달 프로세스의 변환을 지원받기 위해 IBX를 선택할 때, IBX는 구매자가 선호하는 공급 업체를 기반으로 평가하거나 숙련된 컨설턴트팀을 통해 평가하기 위해 고객을 돕는다. 이후, 회사의 기존 구매 절차는 실행 가능한 콜 오프 방식(카탈로그, e-농장 등)으로 공급되는 반면 이 시스템을 최적화하고 조달 플랫폼으로 옮겼다. 결론적으로, IBX란 기차는 플랫폼과 공급업체를 활성화하고 연결시킨다. IBX 계정 총 매출액의 90%는 구매자 측면에서 발생하는 수익이다. 판매자 부분 매출은 나머지 부분이다. Peter Lageson이 설명하길:

> 우리의 의견은 자동화된 구매 프로세스에 의해 생성되는 가치들의 대부분이 구매자에게 이동한다는 것이다. 이는 왜 구매자가 서비스에 대해서 비용을 지불해야 하는지에 대한 이유이다.

IBX 매출 모델의 대부분의 구성요소는 회비와 컨설팅 수수료 구성되어 있으며, 총수익의 80% 이상이 구독을 반복하여 생성되는 소위 말하는 반복 수수료에서 발생된다. 하지만, IBX는 컨설팅 수수료가 3~4년 후에 총수익을 25% 이상 증가할 것으로 기대하고 있다.

가입 수수료 설정에서 주 비즈니스 동인은 (a) 사용자의 수와 (b) 공급업체의 수가 있으며, 고객들은 IBX를 통해서 접근하길 원한다. 또한 IBX는 장기 계약(5년 이상)에 대한 할인보상을 하고 공급업체 활성화와 훈련에 대한 추가적인 비용(연회비에 포함되어 있음)을 청구하지 않는다.

80개의 회사 중 15개의 회사가 플랫폼을 통해서 구매하며, 이 수치는 총 수익의 80%를 차지한다. 이 15개의 회사에는 Ericsson, IKEA, Deutsche Post, 그리고 IBX와 10만 명 이상의 사용자가 등록된 글로벌 기업들이 포함되어있다. Peter Lageson 설명하길:

> 지금 이 순간, 주요 성장 동인은 대기업 시장으로 우리의 회사를 옮기는 것이다. 시스템을 구현하는 것은 큰 변화 관리 노력을 수반하고, 오직 대기업 많이 이 시점에 이를 구현할 수 있다. 우리는 중앙시장과 공공 부분이 3~4년 안에 더 흥미로워질 것이라고 기대한다.

금융 발전과 비용 구조

IBX 2000년에 사업을 시작한 이후로 꾸준히 30%의 성장률을 보이고 있다. 2005년에, IBX의 EBIT는 긍정적이었으며 EBITDA는 180만 유로에 도달했다. 이 해에 총 매출은 약 2,030만 유로로, 2004년에 비해 약 700만 유로 이상 증가한 것이다(그림 6 참고). 작년에 비해 60% 이상의 성장은 trimondo의 인수와 IKEA와 같은 주요 계정의 추가로 인해 많은 부분이 설명될 수 있다. Peter Lageson가 추가적으로 말하길:

> 이는 우리의 전략이다: 우리는 대략 30%의 유기적 성장을 계속하고 동시에 약 30%는 유럽에서 기업 인수를 추가하고 싶다.

3~5년 계약에 가까운 회사들이 도와준 구독 모델 덕분에, IBX는 2006년에 2,260만 유로의 주문재고를 확보하고 있다. 이 2005년에 비해 14%의 성장을 보장함을 말한다. 2006년 예산은 약 2,700만 유로에 해당하고 EBITDA는 320만 유로로 예상된다. 주 매출 요소인 주

그림 6 IBX의 2002~2005년 수익과 EBITDA

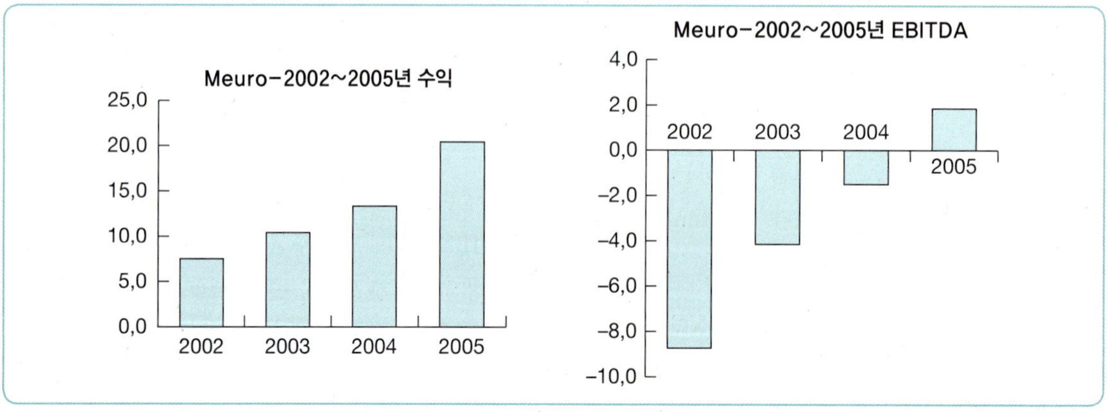

Source: IBX.

반복 및 비반복 요금은 각각 80%와 20%만큼 차지하고 있다. 매출의 모든 유로를, IBX는 60센트의 비용으로 보고했다; 다음과 같은 비용 구조를 따른다:

• **IT 운영** (하드웨어, 소프트웨어, 제3자 비용)	10.7%
• **외부 비용** (컨설턴트, 법률 지원)	10.7%
• **마케팅**	3.8%
• **인건비**	74.8%
• **종합**	100.0%

거래량

> 사실, 우리는 2005년에 120만 개의 구매주문을 받고 44억 유로를 처리했으며, 그 증거로 우리는 매우 성공적인 방법을 사용해 조달 지출을 잡아 고객을 도울 수 있다. 우리는 구매량을 고정하는 수단이 있었으며, 이는 고객이 준수사항을 지키게 하고 궁극적으로 유지할 수 있게 만들었다.
>
> (Peter Lageson)

이 엄청난 거래량은 IBX에 추가적인 사업 기회를 제공한다: 전자 구매 시스템을 이용하여, 필요한 금전적 자원을 결합하면서 거래를 진행하는 반면 모든 구매자 요청은 구매 조직 내에서 관련된 관리 사례에 승인된 후 각각의 공급업체에 도달한다. 이는 공급업체가 발행한 모든 송장이 필요한 자금에 의해서 백업되도록 보장하며, 공급업체에 대한 재무적 위험을 감소시킨다. 이 거래 정보는 IBX 고객에 대한 추가적인 팩터링 서비스를 만들어 주기 때문에 금융기관에 판매될 수 있으며, 더 빨리 제공이 되면서 혜택으로 작용할 것이다. IBX는 기대하고 있다 4~5년 안에 이 개념이 실행될 것이라고 기대하고 있다.

비즈니스 모델의 구현

'닻' 마케팅 전략을 사용하려 IBX 브랜드를 구축)

> 우리는 마케팅을 시도하려는 야망이 있다. 우리의 마케팅은 주로 의사 결정자들 사이의 관심을 만들어내게 설정되어 있다. 그러나, 정말 좋은 판매 사례는 IKEA처럼 입소문을 통해서 오는 것이다. 이 사업의 본질은 신뢰가 매우 중요하다는 점이다. IKEA 브랜드에서 얻을 수 있는 효과를 보면 마케팅 관점에서 매우 훌륭하며, 당신은 언제 문을 통과한지도 모를 정도로 회사에 초대를 받았을 것이다.
>
> (Peter Lageson)

IBX의 시작 단계에서 Ericsson과의 협력은 성공적인 시작을 위한 거래량을 확보한 것뿐만 아니라, 시장에서 IBX의 이미지를 강화시켰다. Ericsson과의 연합을 통해서 IBX는 처음부터 신뢰를 받았다. 스웨덴에서 Ericsson이 가지는 평판이 좋은 현지 구매 조직이 갖는 장점을 인식한 후 플랫폼의 이미지를 보증하기 위해서 IBX는 나머지 북유럽 지역에 '닻' 전략을 구현하였다. IBX의 주주로 참여한 덴마크의 Novo Nordisk와 핀란드의 Fortum, 노르웨이 정부와 같은 고객을 통해서, IBX는 북유럽 지역의 신뢰성과 견고한 초기 거래량을 확보했다.

닻 전략의 초기 성공을 바탕으로, IBX는 Deutsche Post와 Lufthansa에 작은 참여율을 제공하여 독일 시장에 진출하기로 결정했으며, 후에 tirimondo 인수를 하였다.

거래 기반 수익 모델과 회비 기반의 수익 모델 사이에서 선택

채택할 수익모델의 유형을 결정할 때, IBX는 2가지 대안 사이에서 선택을 했다:

- **거래 기반 모델**, 플랫폼을 통해 발생하는 모든 거래에 대한 수수료를 청구하는 방식; 또는
- **회비 기반 모델**, 사용자가 특정 기간 동안 이루어지는 거래량에 관계없이 플랫폼 사용에 대한 연회비를 지불

고민 끝에 IBX는 회비 기반의 모델을 선택했다. 거래 모델은 처음에는 고객들이 실제로 사용하는 서비스에 대한 비용만 지불해서 매우 매력적으로 보일 수 있지만, 만약 협상된 거래량의 비율에 따라 수수료를 지불한다면 플랫폼 사용자에 따라 높은 수익을 얻을 수 있기 때문에, 고객들은 솔루션 사용의 장기비용이 매우 높고 조절하기 어렵다고 생각한다. 대부분의 고객은 일

반적으로 제작과 구매 결정 사이에 놓이게 되면 회비 모델의 경우 장기적인 비용 효율이 생기는 알고 싶어 한다.

회비 모델은 IBX에 두 결정적인 이점을 제공했다. 첫 번째, 실현되지 않을 수도 있는 거래량이 아닌 수수료를 지불받은 이후로 더 나은 현금흐름을 제공한다. 두 번째, 장기 가입자들 때문에 현금 흐름이 안정적이고 예측 가능하다. 궁극적으로, 회사를 세울 수 있는 보다 든든한 기반을 만든 것이다.

추가적으로, 구매 조직은 가입 비용을 지불하기 때문에, 공급 업체는 그들이 선택하지 않은 기술에 투자할 압력을 느끼지 않아도 된다; 사실은 새로운 프로세스에서 구매자와 공급자의 능력을 증가시킨다. Peter Lageson가 설명하길:

> Lufthansa, IKEA, Skanska 그리고 Ericsson과 함께라서 즐거운 것은, 그들은 전체 투자를 하고 후원을 하며 필요한 변화를 위해서 경영층이 몰입한다는 것이다. 이 몰입의 유형은 성공을 위해서 절대적으로 결단력이 있는 것이다.

따라서 IBX는 구매율로 요금을 매기는 거래 기반 모델(mondus.com이 사용하고 있는 다른 플랫폼)의 장점은 단지 피상적이란 것을 명확하게 알게 되었다. Deutsche Post나 IKEA 같은 거대한 구매량을 가지고 있는 대기업들은 공급업체의 IBX의 거래 수수로 때문에 가격이 증가하는 것을 보고 싶어 하지 않는다. 또 거래 기반 수수료는 관련 당사자들이 이 수수료를 지불하기 꺼려서 플랫폼과의 거래를 끊을지도 모르는 위험을 증가시킨다. Peter Lageson이 덧붙이길:

> 우리는 사람들이 우리 제품을 구매하고 구매 조직은 중개를 허용하지 않을 것이란 걸 알았다. 심지어 그들 중 일부는 말했다: 왜 내가 지속적으로 제3자에게 1~2%의 비용을 내야 하는가? 따라서, 거래 모델이 있더라도, 당신은 특정 시점에 구매자에 의해서 한도 부과에 대해서 강요받을 것이다. 현실적으로 당신은 결국 회비 모델로 돌아올 것이다.

사용자들 사이의 준수사항을 만들다

> 전통적으로 구매 부서는 협상 및 계약을 관리하지만 이는 잘못된 생각이라고 본다. 만약 당신이 기본협정을 끝내고 합의 가격을 10% 낮췄을 때 , 당신이 100% 준수하고 있으면, 이는 단지 10%의 절약만을 얻을 수 있다. 그러나 만약 당신이 단지 50%만 준수했다면, 이는 5%의 절약을 얻을 수 있다. 궁극적으로 나머지는 독립 구매하면 당신은 아무런 절약 없이 종료하게 된다.
>
> **(Peter Lageson)**

전자 조달 시스템의 출현 전에, 일반적으로, 최종 사용자는 회사가 공급업체에 주문한 MRO 제품을 받았다. 제품 공급업체는 선호하는 회사가 아니거나 심지어 회사에 등록되지 않은 경우도 있었다. 이런 제공업체가 일반적으로 선호하는 제공업체보다 높은 가격을 가지고 있기 때문에, 소위 말하는 독립적이고 비계약으로 구입하는 것은 회사의 예상 지출을 증가시킨다.

자동화된 프로세스의 도입이 비계약 거래를 어렵게 만들고, 절약을 증가시켰기 때문에 따라서 왜 전자조달이 기업들에게 인기가 많아졌는지를 설명할 수 있다. 하지만, 특히 기업이 동일 제품에 대해서 둘 이상의 공급자와 거래할 경우 모든 사람들이 시스템을 통해서 구매를 하는 것이 가장 저렴한 업체에서 구매를 한다고 단정 짓지 못한다는 것을 IBX가 정확하게 알아차렸다. 그래서, 프로세스 효과는 20%까지 절감 가능한 반면, 계약 준수사항 증가의 예상 절감 가능성은 80%나 90%로 늘리는 것이 가능하다. Lageson 설명하길:

> 일반적으로, 기본협정을 마감한 뒤, 이 계약이 최종 사용자가 예상대로 계약업체에서 구매를 한다는 것이 확실하게 보장되지 않기 때문에 선호하는 공급 업체는 구매 조직 내부의 아이디어를 '출시'했다. 하지만, 공급업체는 회계를 통해서 삶과 죽음의 상황을 알기 때문에, 준수사항이 조달 시스템 안에서 보장되거나 적어도 증가된다면 경쟁은 늘 것이며, 그리고 가격에서 엄청난 효과를 얻을 것이다.

그러므로, IBX는 가장 낮은 가격을 제공하지 않은 공급업체라도 고객이 선택할 수 있는 모델을 개발하기로 결정했다. 이 모델은 '초록, 노랑, 그리고 빨강' 이름 지었으며, 가격 수준과 구매조직과의 폐계약에 따라서

공급업체의 등급을 매겼다, 설명하면:

- **Green suppliers(초록 공급업체)** 승인된 가격의 선호하는 공급업체로 구성;
- **Yellow suppliers(노랑 공급업체)** 특별한 제품 없이 선호하는 공급업체 포함; 그리고
- **Red suppliers(빨강 공급업체)** 즉석에서 마련된 모든 공급업체

이 모델은 2가지 주요 장점이 있다. 첫 번째, 구매 조직의 구매량에 맞춰 점차적으로 일반 공급업체에서 선호하는 공급업체로 지출을 옮길 수 있게 해준다. 두 번째, 기업 구매행동의 점진적인 변화는 동시에 2가지 상황을 겪지 않도록 해주었다. (1) 수동에서 전자식으로 구매행동을 변경 (2) 이전 공급업체에서 선호하는 공급업체로 패턴을 변경. 최대 80%의 수준으로 높인 준수사항의 장점은 독립구매의 감소 수준에 반영되지 않을 뿐만 아니라 공급업체에 대해서 홍정 협상을 할 수 있다는 점이다.

공급업체는 새 계약에 더 관심이 있기 때문에 협상서는 합의된 구매량은 실제로 고정시키는 것이 좋다. 대기업이 구매량을 함께 관리하더라도 공급업체는 구매자들이 바라는 영향력수준에 도달하지 못하게 방해하고 이미 기본협정에서 이들의 준수사항이 얼마나 높은지를 알기 때문에 IBX가 고객들에게 번들 구매 계약을 못하게 한다. Peter Lageson이 덧붙이길:

> 그러므로, 기업들은 반드시 전자 조달 시스템 구현을 종료하는 것과 공급업체도 기업이 모든 구매를 한 업체에 할당하지 않는 것을 알기에 구매행동을 재구성하는 것에 초점을 맞춰야 한다.

경쟁

간접 경쟁

IBX는 직접 경쟁자들과 마주쳤다. 그러나 산업 내의 다른 기업들도 결국 간접적 또는 미래의 경쟁의 위협을 나타낸다. Ariba, Sap, Oracle과 같은 기업들은 3가지 주요 전자 조달 소프트웨어 공급 업체이다. 그들은 작동 수준에 대한 어떠한 절충도 없이 지역 기준으로 B2B 플랫폼을 통해 그들의 소프트웨어 라이센스를 판매하는 전략을 추구한다. 그럼에도 불구하고, Ariba는 소프트웨어 서비스 제공 업체가 되거나 제3자 플랫폼이 되기 위해 소프트웨어 공급업체로 변경하는 데 흥미를 보였다. 그래서, IBX와 같은 기업의 직접적인 경쟁자가 되었다. 다른 작은 전자 조달 소프트웨어 제공업체나 틈새 솔루션 제공업체(POET나 Healey-Hudson 같은)들은 경쟁보다는 상호보완적인 역할을 하길 원했다. 이것은 B2B 플랫폼이 어떤 기능을 제공하는지와 완벽한 솔루션 포트폴리오를 필요로 하지 않는 회사에서 대부분 사용하고 있다고 제안한다.

IBX에 따르면, SAP나 Oracle 같은 ERP 제공업체도 전자조달 솔루션 시장의 성장 가능성을 인정했다. 이들의 주요 장점은 기존의 고객 특히, 전자주달의 관심 증가를 보이고 있는 대기업들과 광대한 울타리로 구성되어 있다는 것이다. 플랫폼 운영에 대한 그들의 부족한 경험은 다른 B2B 플랫폼 운영자들과 소프트웨어 제공자들과 전략적 제휴를 극복하고 있다. 사실, 이런 공급업체들은 공급자 네트워크와 파트너십을 체결하고 공급사 관계 관리(SRM, supplier relationship management) 솔루션의 통합된 부분을 전매하거나 추천한다.

직접 경쟁

B2B 플랫폼 시장에서 IBX, cc-hubwoo, Perfect Commerce 그리고 Quadrem를 포함한 4개의 선구 공급업체가 네트워크가 있다. 이들은 공급업체 권한에 대한 서비스와 호스트 검색엔진과 전자조달을 연결한 솔루션을 제공한다. 추가적으로, 그들은 주문서에 대한 종단 간 규칙, 승인 및 송장뿐만 아니라 콘텐츠 관리도 제공한다. 이 4개의 기업은 비즈니스 모델에 따라 묶을 수 있다. Quadrem은 cc-hubwoo 공급업체 중심의 거래 기반 모델인 반면 IBX와 Perfect Commerce는 구매자 중심의 회기 기반모델을 사용한다(그림 7 참고).

지역 측면에서 IBX의 주요 경쟁자는 유럽에서는 cc-hubwoo(특히 독일과 프랑스)인 반면에, Perfect Commerce와 Quadrem은 각각 북미와 아시아 시장

그림 7 주요 B2B 플랫폼

● = 100%	소프트웨어	전문가 서비스	ASP			내용과 연결	시장		
			자료	조달	지불		미국	유럽	아시아
cc-hubwoo	○	◔	◔	●	◔	●	◑	●	●
IBX	○	◑	●	●	◑	●	◔	●	◔
Perfect Commerce	◑	◔	●	◕	◑	●	●	◔	◔
Quadrem	○	◔	●	◕	◕	●	◑	◑	●

Source: Johan Beer, 'Leveraging the network: on demand and end-to-end', *Efficient Purchasing*, vol. 1, issue 1, 2005, pp. 50–51.

에서 사업을 한다. Quadrem은 또한 유일하게 수직 플랫폼으로 차별화를 뒀고, 광산, 철강, 광물 등 산업 전문으로 사업의 95%를 이 산업에 집중하고 있다. Peter Lageson이 Quadrem의 포지셔닝을 상세히 설명하길:

> Quadrem은 수직 플랫폼의 가장 성공적인 예로 보인다. 하지만 그들은 또한 간접 재료보다 민감한 직접 재료의 흐름에 초점을 맞추기도 한다.

닷컴 버블 시기와 그 후에 미국 시장에서의 경쟁은 많이 증가했으며, 많은 미국 플랫폼은 높은 가격 수준의 혜택이 있는 유럽 시장에 진출을 시도했다. 예를 들면 Perfect Commerce의 사례인데, 2006년 2월 7일, 예전의 e비지니스의 스타 CommerceOne이 인수되었다는 발표였다. 이 전략은 소프트웨어 공급업체에 의해 개발한 전자조달 솔루션으로 Perfect Commerce을 허용했을 뿐만 아니라, 이렇게 획득한 고객 데이터베이스를 통해 유럽으로 사업을 확장할 수 있었다.

성장의 관점에서, IBX와 Quadrem은 매출 기준으로 매년 꾸준하게 약 30%의 성장률을 보인 반면, Perfect Commerce는 10%보다 작은 성장률을 보였고 cc-hubwoo는 3%를 보였다. 비록 cc-hubwoo는 IBX보다 성장률은 낮지만, 합병이 아닌 고객 확보를 통해서 성장하고 있다는 것은 언급할만한 가치가 있다. 시장 관계자들은 지속적인 통합을 기대하고 있다; 따라서, IBX는 이미 베네룩스와 영국 시장으로 향하고 있다. Peter Lageson이 설명하길 :

> 이것은 국제적 게임이다. 우리는 더 이상 지역 수준에서 경쟁하지 않는다. 이전에, 3~400만 유로의 매출액을 올리고 많은 고객을 가진 지역 기업들이 많이 있었다. 오늘날, 우리는 Ariba와 cchubwoo들과 맞서고 있으며, 주변에는 Quadrem과 Perfect Commerce가 보이며, Accentures와 IBM이 있는 세상으로 가고 있다. 이는 몇 년 전에 비해 다른 수준의 경쟁이다 ; 훨씬 국제적으로 되었다. IBX의 성공은 많은 요소들의 조합이다 : 적절한 시간, 적절한 사람, 적절한 설립회사, 적절한 투자자, 적절한 비즈니스 모델, 그리고 궁극적으로 실수를 적게 했다.
>
> **(Peter Lageson)**

IBX는 강력한 사업을 지원하기 시작했다. 인터넷 거품의 붕괴에도 불구하고 많은 B2B 계획을 이끌어나가 IBX는 생존하고 성장했다. Peter Lageson는 IBX의 선도적인 시장 위치는 B2B플랫폼의 가장 결정적인 기능에 대한 회사들의 끊임없는 집중의 결과로 만들어졌다고 확신했다. 그가 부연 설명하길:

> 구매와 유동성에 대한 깊은 지식은 예나 지금이나 성공의 요소로서 가장 중요하다. 다음날 아침 우리는 Ericsson으로부터 거의 10억 유로의 거래량과 약 80개의 제공업체와 사업을 할 준비를 했다. 이것은 실로 유동적인 것이다.

유동성은 거래량을 보장하지 않고, 결국 IBX의 보장된 매출을 말한다. 또는 시장에 따라서 품질을 표시하는 방식이다. 특히 닻 전략을 통해서 유동성을 추구함으로써, IBX는 다양한 시장의 문을 열었다. 또한 IBX의 성공은 기업 능력의 많은 부분이 적절한 파트너와의 전략적 제휴 때문이다. IBX는 Accenture와 IBM 같은 기업들과 협력할 수 있는 기회를 잡았다. 하지만, IBX가 입증한 경쟁상황에서 협력을 끝내야 했던 몇 가지 측면이 있었다. IBX의 위치를 받쳐주는 파트너로 SAP를 선택했다. 둘은 서로의 역할을 보안했다: SAP는 소프트웨어를 제공했고 IBX는 구매 프로세스에 대한 솔루션과 깊은 이래를 제공했다. Deutsche Post Corporate Procurement의 Standards& Tools 부분의 수장인 Stefan Geilen이 말하길:

> 조달 프로세스 분에서 높은 세계적 역량과 포괄적인 SAP 경험 때문에 우리는 IBX와 같이 일하기로 결정했습니다.

산업지식 또한 IBX의 성공에 중요한 역할을 했다. 전문지식을 통해, IBX는 복잡한 상황을 관리하고 해결했으며, 매년 필요한 작업을 처리하고, 고객 신뢰를 얻었다. Peter Lageson에 따르면, 브랜드에 대한 까다로운 부분이 산업 지식으로 바뀔 수 있다. IBX는 브랜드와 고객 신뢰의 강도가 점점 더 중요해진다고 생각하여 소싱과 조달부분 지식의 근원이 되기를 원했다. Lageson이 설명하길:

> 오늘날 IBX는 더 이상 소유주들에게 이존할 필요가 없다. 그러나, 초기 몇 년 동안, 그들은 품질과 유동성을 보장했다. 우리의 브랜드는 현재 효율적인 구매를 위한 산업간 솔루션 및 서비스 제공업체로 자리 잡았다. 우리는 가장 큰 산업에서, 세계에서 가장 유명한 기업들과 일을 한다. 우리는 IKEA, Ericsson, Lufthansa, 그리고 Deutsche Post의 신뢰를 얻었다. 우리가 새로운 시장과 새로운 산업으로 지속적인 확장을 하기 위해서 그들의 지지는 대단히 가치가 있다.

IBX는 구매자 중심 플랫폼으로 시작했으며, 이는 공급자에게는 목적이 없으며 중립이라는 것을 의미한다. 그러나, 중립은 초기에 구매자 측면에서 문제가 되었으며, 많은 구매자 조직은 IBX가 Ericsson에 특혜를 줄 것이라고 생각했다. Peter Lageson이 이야기하길:

> Volvo가 [플랫폼에] 들어왔을 때, Ericsson과 비슷한 크기였다. 시장은 IBX는 어떤 대기업도 선호하지 않았다는 것을 알았다. 이 문제의 해결은 고객으로 가입한 새로운 기업들과의 신뢰를 높이는 데 도움을 줬다,

IBX가 악용할 수 있었던 핵심 성공 요소를 벗어나, 외부 조직은 IBX가 구매자와 판매자 양 측면에 여러 혜택을 제공했기 때문에 플랫폼이 참여하기로 결정했다.

IBX 플랫폼 구매자에 주어지는 주요 장점, 혜택은 아래와 같다:

- **Contract compliance effect(계약 준수 효과)** 멋대로 제품을 구매하는 사람들을 대하여 전자조달 솔루션 사용에 가장 중요한 혜택이다. IBX는 50%에서 80%로 약 30%의 평균 준수 수준을 높이기 위해 관리하고 있다. 이는 (1) 각 구매 조직과의 기본협정에서 잠재적인 절약(가격 삭감)을 실현한다, 그리고 (2) 보장된 구매량 때문에, 제공업체에 비해서 구매자의 협상력이 더 높아진다.
- **Process optimization(프로세스 최적화)** IBX의 전자조달 솔루션 덕분에 잠재적인 절감이 20%정도 증가했다. 이 최적화는 구매 관리 비용을 주문 당 70~90유로에서 30~40유로로 줄여준다,
- **Process transparency(프로세스 투명성)**, IBX 플랫폼 사용을 통해서 생긴다. 구매 중개인은 전체 구매 프로세스를 추적할 수 있으며 배송 및 내무 유통과 같은 다른 측면을 통제한다. 추가적으로, IBX는 특히 제어하기 어려운 상품(전문 서비스)에 대한 구매 패턴에 따른 통계치를 제공하고 더 최적화할 수 있는 프로세스 영역을 식별하는 데 도움을 준다.
- **High interoperability(높은 상호 운용성)**. IBX는 XML 메시징 기술로 플랫폼 운영을 지원하여 SAP 기술을 사용하지 않고 다른 시스템이 연결할 수 있게 한다. 이는 Oracle 기반의 ERP 시스템을 사용한 Skanska의 사례에도 해당한다. 전후방 공급사슬 통합은 모든 구매 조직이 데이터 프로세싱, 구매 주문 통합, 주문 변경 및 송장 작업을 할 때 안심할 수 있게 제공한다.
- **Price reduction through online negotiations(온라인 협상을 통한 가격 인하)**. IBX의 전자 소싱 솔루션은 구매자들에게 역경매 이벤트에서 낮은 가격으로 살 수 있게 도와주며, 공급업체들은 더 나은 가격과 조건을 제공함으로써 구매량을 확보하기 위해 경쟁한다. 이런 이벤트는 오프라인 방법과 비교했을 때 소싱 사이클 기간을 거의 30%로 감소시키고 온

라인에서 발생한다. IBX에 따르면, 역경매 이벤트로 고객은 구매하려는 부분이 이전에 공급되었었는지 아닌지에 따라 5%에서 40%까지 비용을 절감할 수 있다.

- **Bundled volume purchases(번들 대량 구매)**. IBX는 또한 구매자들이 경매 이벤트에 참여하게 해주며, 구매 조직은 더 나은 가격 수준을 맞추기 위해서 구매량을 대량으로 한다.

구매자 중심의 B2B 플랫폼으로서, IBX는 주요 고객인 구매 조직을 위해 부가가치를 만들려고 노력한다. 그럼에도 불구하고, 플랫폼을 사용하는 공급업체들을 위한 몇 가지 중요한 혜택들이 있다; 다음에서 포함한다:

- **Reduced cost of sales(판매 비용 절감)**. 공급 업체 혜택은 구매 주문의 오류 비율을 줄여주는 자동 구매 주문 시스템이다. 부정확하거나 불완전한 데이터가 40%만큼 높기 때문에 이 시스템은 필요하다.
- **Deeper market insight(깊은 시장 통찰력)**. 공급업체는 고객의 요구와 시장의 변화를 모니터링 할 수 있는 추가적인 통계와 정보를 제공받는다. 공급자는 시장 요구를 식별할 수 있다. 공급자는 시장의 요구를 식별할 수 있으며, 그에 맞춰 가격 수준을 설정할 수 있고 신생 기업과 저가 공급업체에 신속하게 대응할 수 있다.

IBX의 다음 도전: 유럽과 직접 수직 시장으로 비즈니스 모델 확장

2004년 약 5만 4,000명의 직원을 가진 세계 최대 건설회사 중 하나인 Skanska와 5년 계약이 끝이 났다. 물류흐름을 아웃소싱을 통해서 연간 250만 유로의 연평균 수입을 얻었을 뿐만 아니라 IBX 비즈니스 모델에 대한 큰 도전을 수반했다. Skanska는 IBX가 건설업계의 뚜렷한 요구에 따라서 수직 직접 자재 솔루션을 구축할 수 있다고 신뢰했다.

HOCHTIEF와 함께, Skanska는 이미 AED global이라는 기획에서 일하고 있었으며, 전자 조달 프로그램은 운영하지 않았다. IBX는 원하는 구매 과정에 대한 이해를 얻었으며, 건설 산업이 고도의 프로젝트 중심이란 것을 알게 되었다(그림 8 참고). 건설 산업은 프로젝트 소싱을 통한 구매량의 약 80%를 다룬다. 제조업계는 기본 협정에서 같은 비율로 조달을 받는데 건설 산업은 다른 회사들과 대조적으로 프로젝트 소싱을 통한 구매량이 약 80%에 이른다. 건설산업의 특정 요구를 충족시키기 위해, IBX는 정보, 제안, 견적 요청뿐만 아니라 온라인 경매 실행 등의 요구사항을 들어주기 위해 특정 프로젝트 중심의 요청 솔루션을 구축하였다. 이 기술을 바탕으로, IBX 소스 솔루션을 개발하고 Skanska를 통해서 출시했다. 이 거래를 통해서, IBX는 직접 및 간접 자재 흐름에 대한 수직 B2B 플랫폼을 통해 성공적으로 건설 산업을 정통했다.

거버넌스 문제를 다루다

처음부터, IBX는 Covisint, Eutilia 그리고 Forrest Express에서 발생한 다른 수직 B2B 기획에 대한 거버넌스 문제를 알고 있다. 특히, Covisint는 Ford, General Motors와 DaimlerChrysler가(나중에 Renault, Nissan과 Peugeot Citroen도 참여) 중요한 부품 가격 인하 후 교환을 하고, 뿐만 아니라 자동차 산업에서 전자상거래 플랫폼이 사실상 기준이 되었기에 설립하였으며 Covisint는 심각한 거버넌스 문제에 직면했다.

이 플랫폼은 5,000억 달러의 구매량을 중개하기 위해서 1999년 만들어졌다. 2003년 12월 자유 시장에서 판매되기 전, Covisint는 이미 자동차 제조 업체에서 3억 5000만 달러의 투자 자금을 받았다. 궁극적으로, 유동성 및 오너의 협상력에 대해서 칭찬을 받았던 이 플랫폼의 실패는 놀라운 일이 아니었다. 2002년 12월, 자동차 산업의 전무사인 Gerry Kobe는 다음과 같이 기록했다:

> 오늘날 B2B 교환은 몸부림치고 있다. 투자는 거의 사라졌다; 공급업체는 조작된 온라인 경매에서 OEM 업체에 열중하며, 중개 판매는 기대의 부분으로 경쟁으로 인해 경매 서비스 스스로 가치를 깎고 있다. Covisint는 인력을 35% 줄였고, 작고 저렴한 사무실로 재배치 하였다.

그림 8 Skanska에 대한 IBX 솔루션 개관

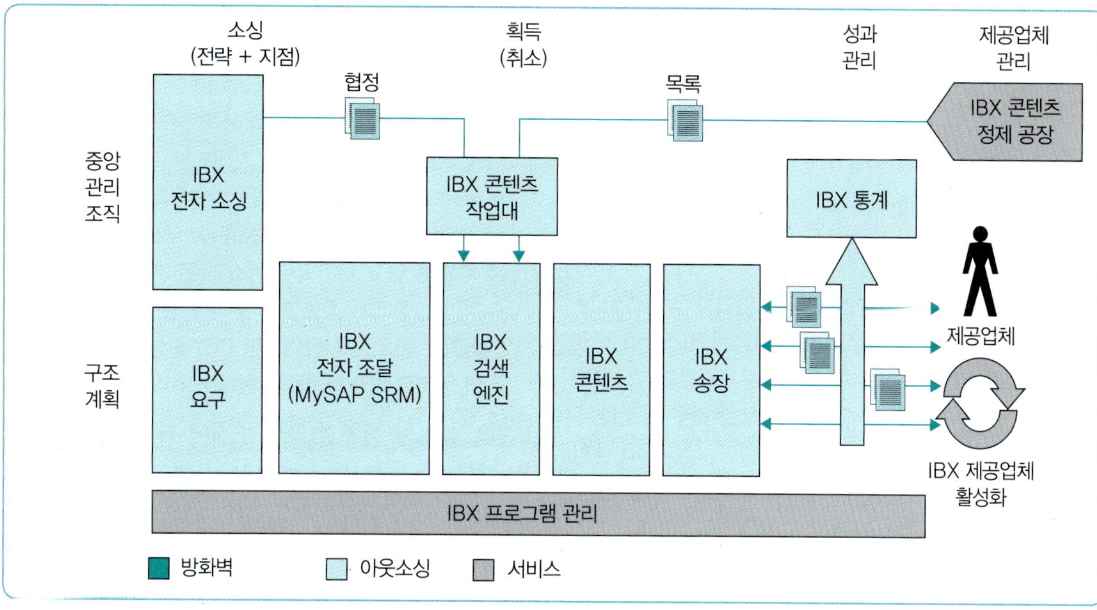

Source: IBX.

Covisint는 천천히 죽어가고 있다. 이는 간단히 알 수 있다.

이런 표준화된 포털의 발전은 여러 문제로 예상보다 디 복잡해졌다. (1) 3개의 거대한 설립자 사이의 거버넌스 문제 (2) 기술 표준 선택 문제 (3) Covisint 솔루션의 내부 프로세스 적응 문제. 또한, OEM 업체들은 공급 업체가 플랫폼의 개발에 직접 참여하는 것을 허용하지 않는다. 그 출시 단계에서 Covisint가 공급업체의 기존 IT 시스템과 일치하지 않았기 때문에 심각한 기술 충돌 결과가 발생했다. 이런 상황은 자동차제조업체가 1차 공급 업체의 예기치 못한 반응을 이끌어 내며 불신을 성장시켰다. Bosch GmbH, Continental AG와 INA Werk Schaeffler oHG는 2000년 4월 컴퓨팅 플랫폼으로 SuppyOn에 들어갔다.

결국, Covisint는 목표를 달성하지 못했다. 중간으로 자리매김하면서, 오직 구매자 측에서만 비용을 감소시켰다. 중매자의 위치를 고수하면서 회비뿐만 아니라 거래 수수료도 부과하여 오직 구매자 측면의 비용만 감소시키고 공급업체에게는 가치에 비해 큰 비용을 발생시켰다. 비록 많은 구매 조직 플랫폼에 참여했지만, Covisint는 거래의 '임계 질량'을 달성하기에 충분한 공급 업체를 유지하지 위한 관리를 못했다. 동시에, 기초 기술 통합을 마스터하기 위해 무능력함은 공급업체 측면으로 교체비용을 만들어내는 데 방해가 되었다.

Covisint의 접근 방식과 달리, IBX는 Ericsson의 전자 조달 거래 및 공급자 네트워크에 대해 처음부터 완전한 책임을 가졌다. 이것은 IBX는 공급자와 구매자 모두에게 서비스를 주문 제작해 줌을 의미하고, 따라서 고객 중심의 B2B 플랫폼을 만들었다. 구매 경험이 없는 개발팀을 고용하거나 요구사항을 회기 끝에 가져가 구매 부서에게 강요하는 것과 같은 협력은 대부분 수직 B2B 플랫폼에서 일어나지 않는다. 또한, IBX는 간접 재료 계약으로 시작했으며, 전략적 관점에서 봤을 때 직접 재료만큼 민감하지 않았기 때문에 간접 재료 계약으로 시작했으며, 특히 두 재료가 같은 업계에서 경쟁을 했다면 구매조직이 강력한 차별화 요소를 나타냈을 것이다.

IBX는 건설 산업에서 공급자와 구매자의 독특한 요구에 대처할 수 있는 전자조달 및 전자소싱 표준을 설정하기 위해 Skanska와 협력하였다. IBX는 적절한 프로세스에 강력한 비전을 개발하면 경쟁 건설 업체의 플랫폼 거버넌스 문제를 피할 수 있을 것이라고 확신했다. IBX의 의도는 모범 사례나 구매프로세스 또는 우선 순위 문제에 관한 어떠한 논점도 제어할 수 없게 하여 주문 제작 기능을 가진 검증된 사업 모델을 제공하는 것이다. Peter Lageson에 의하면, IBX는 건설 업계에 강력한 메시지를 남겼다:

> 우리는 Skanska와의 경험 덕분에 변화를 받아들일 수 있었지만, 우리는 인정받고 80% 검증된 비즈니스 모델을 가지고 있다. 우리는 올바른 프로세스를 알고, 그래서 우리는 인수를 할 수 있었고, 필요한 경우 반격과 주문 제작을 하고 20%를 남길 수 있었다. 우리들의 생각에 자신이 있기 때문에 이 방법이 우리가 새로운 잠재 고객과의 신뢰를 만들 수 있다고 희망하고 믿는다.

다음 단계

IBX는 아직 그들이 성취한 위치에 만족하지 못하고 있다. IBX CEO인 Hans Ahlinderis이 말했다:

> 우리는 유럽에서 확장을 계속할 계획이다. […] 우리는 분명히 트렌드를 읽을 수 있다. 구매는 더 높은 기업 관리 의제로 인해 성정할 것이고, 우리가 운영하는 모든 시장에서 구매와 관련된 서비스에 대한 많은 수요가 있을 것이다. 2005년은 IBX에게 놀라운 해였고 2006년은 지속적인 큰 성장이 기대되는 해이다. 성공적인 trimondo 인수와 IKEA 같은 기업들과 한 전략적 거래는 우리 사업 모델을 검증해준다. 우리의 노력은 정말로 수익을 냈고 우리의 서비스와 온디멘드 솔루션은 지속적인 성장에서 중요한 부분이다. […] 독일과 스칸디나비아는 중요한 시장이지만 이것을 넘어, 우리는 프랑스와 영국으로의 확장을 원한다.

분명히 IBX는 여전히 많은 도전에 직면해 있다. 사업 모델이 수직 B2B 플랫폼 움직임의 도전에 대처할 수 있는지와 성공 요인이 수평적 시장에만 적합한지에 대한 여부는 두고 봐야 할 일이다. 어떤 면에서는, 판단은 아직 이르며, 시장이 말을 해줘야 할 것이다.

세이텍 (스페인)

IT 가치 재고안과 조직 재설계를 통한 비즈니스 혁신

> 많은 변화가 있었다. 경쟁 심화 정도는 잔혹할 지경이 되었고 마진은 점점 더 압박을 받는다. 우리의 경쟁자들은 다른 사고방식을 갖는다. 그들은 마치 차를 사듯 기업들과 합병을 하고 인수를 한다. 그들은 매우 산업적으로 사고한다. 현재 시장은 비용에 의해 좌지우지 되는데 우리는 비용에 있어 우위를 갖고 있지 않다. 우리는 아직도 업계에서 (1위를 하기엔) 너무나도 작다.
>
> **(Juan Amias Gorostiza**, 세이텍 사업 개발 이사)

위의 말을 끝내자마자 Juan Amias는 플립 차트로부터 몸을 돌려 모여있는 세이텍의 집행위원회를 바라보았다. 그는 그 공간에 있던 모든 사람들이 잠시 동안 생각하고 있던 바로 그것을 입 밖에 낸 것이다. 기업은 스스로의 경쟁적 포지셔닝을 강화하기 위해 방법을 강구해야 했다. Juan Amias가 덧붙였다:

> "기업가적 프로세스는 아이디어에서 개념으로, 개념에서 실행으로, 실행에서 더 발전하고 성장하는 지속 가능한 사업으로 움직인다. 우리는 지속 가능한 사업을 갖고 있지만, 우리는 기업가가 앞으로 회사를 어떻게 경영할 것인지 결정 해야 하는 기업가의 길에 놓여있다. 세이텍은 지금과 같이 가족과 지인들을 통해 성공적으로 경영될 수 있지만, 이 회사를 가치로 놓고 이야기 할 때 제어의 문제가 대두된다. 회사를 팔면서 바로 제어권을 놓아버리거나, 아니면 성장 자체에 스스로 도박을 걸어보는 것이다. 그러나 이도 결국 제어를 잃고, 조직 구조를 바꾸고, 새로운 사람들을 들이게 하는 결과를 초래한다. 이는 다시 말해 사내 많은 사람들의 역할에 변화가 필요하다는 것을 뜻한다."

기업가 Juan이 말하고자 했던 것은 회사를 초창기부터 이끌어왔던 세이텍의 창업주인 Luis Rodriguez-Ovejero Alonso였다. 세이텍이 지난 20 여 년 간 향유해 왔던 급성장에, Luis는 회사를 더욱 전문화시켜야 된다는 긴급함을 느꼈다. 그러나, 이는 세이텍이 가업과 같은 구조에서 벗어나 좀 더 전문적인 회사로 탈바꿈할 때에만 가능하다, Juan Amias가 요약하길:

> 우리는 무언가를 해야 하고 가장 근본으로 돌아가야 한다. 우리는 재능이 있다; 우리는 시장도 있고 고객도 있다. 우리는 또한 잘 알려진 (브랜드) 이름도 있고 호의도 있다. 근데 우리가 어떻게 이러한 무형의 자산들을 현금화 할 수 있을까? 우리는 돈과 전문가 위원회가 필요하다. 우리는 재무통제자와 우리에게 "이거는 할 수 있

This case study was written by Matthias Promny, Research Assistant, under the supervision of Tawfik Jelassi, Professor of e-Business and IT at the School of International Management at the Ecole Nationale des Ponts et Chaussees, Paris. This case was made possible through the cooperation of Luis Rodriguez-Ovejero, CEO of Satec, Juan Amias Gorostiza, Director of Business Development at Satec, and Juan Calleja, Director of Satec International. This case study is funded under the Phillip Law Scholarship by the European Case Clearing House (ECCH). It is and intended to be used as the basis for class discussion rather than to illustrate effective or ineffective handling of a management situation.

고, 이건 할 수 없어."라고 말해줄 CFO도 필요하다. 우리는 전략이 필요하다!

세이텍은 지금 횡단보도 앞에 서있고 스스로를 재정비해야 될 필요가 있다고 느낀다. 예전 스페인의 기업 고객들에게 슈퍼컴퓨터를 되팔던 빛나던 지난 날들은 지나갔다. 기업은 이제 유럽과 북아프리카를 좌지우지하는 몇몇 국가들에서 IT 통합자로서 활동한다. 경영 관리 역시 창립자가 이끄는 기업 형태에서 전문가가 주축에 서는 형태의 다국적 기업으로 바뀌었다.

회사 개요

1987년, Luis Rodriguez-Ovejero Alonso는 스페인 마드리드에 본적을 두고 있는 가업으로 세이텍을 설립하였다. 독립형 컴퓨터 시스템의 소매상이 되기 시작한 때부터, 세이텍은 통합적이고 맞춤화 된 IT 제품과 서비스의 제공자가 되었다. 세이텍은 커뮤니케이션이 중시되는 산업에서 엔지니어링을 네트워크화 하는 데 집중하고 텔레포니카(Telefonica)와 인드라(Indra) 같은 기업들과 경쟁한다.

세이텍은 컴퓨터 시스템들과 텔레커뮤니케이션 장비와 소프트웨어를 포함하는 솔루션을 고객들에게 제공한다. 이러한 솔루션들은 각기 다른 종류의 하드웨어, 기술적 환경과 응용을 요하는 프로젝트의 통합과 실행을 가능케 한다. 기업 고객들에게, 세이텍의 추가적 가치들은 그들의 특정 니즈에 맞춰진 완전한 실행 솔루션이다.

세이텍의 현 제품과 서비스 포트폴리오는 인터넷 기반 어플리케이션, IT 시스템, 보안, 실행 지원 서비스, 인터넷 비즈니스, 소프트웨어 개발, 관리 서비스 그리고 e-러닝이 있다. 기술 통합자와 어플리케이션 개발자로서, 세이텍은 현재 다섯 나라에 기반을 두고 있다: 스페인, 포르투갈(Convex Consultoria e Integracao de Sistemas라는 자회사를 통해), 모로코[인텔콤(Intelcom)의 대부분의 주식을 보유함으로써], 알제리아[텔레마티스(Telematis)의 대부분의 주식을 보유함으로써], 그리고 튀니지아[넷트콤(Netcom)을 통해]. 더 나아가, 세이텍은 인터호스트(InterHost), 데이터 센터 엔지니어링 솔루션과 호스팅에 집중하고 있는 회사에서 중요한 역할을 하고 있다.

전체적으로, 세이텍은 현재 1,000명이 넘는 직원을

그림 1 세이텍의 주요 단계

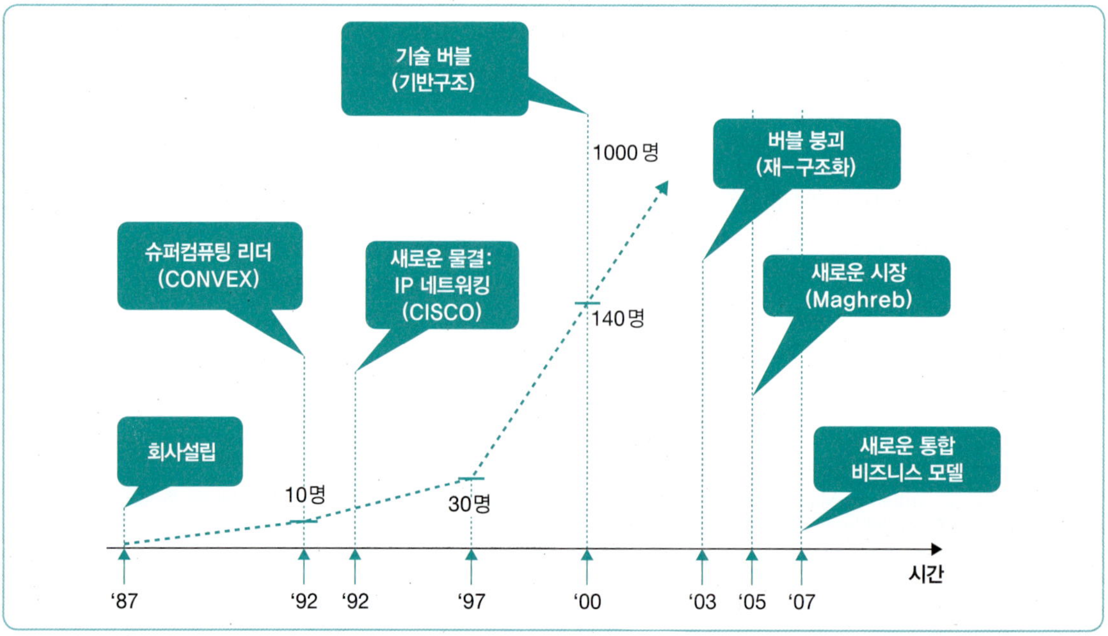

Source: Company presentation.

고용하였고, 그 중 85%는 대졸 사원들이다. 그룹을 형성하고 있는 여러 개별 회사들은 통일된 전략과 주식 분배 구조를 갖고 있고 동일한 관리 팀에 의해 지휘된다.

슈퍼컴퓨터 소매업에서부터 IT 통합 서비스까지

세이텍은 지난 22년 간의 역사 동안 많이 변화하였다; 세이텍의 진화는 끊임없는 혁신이 두드러졌다. 그림 1에서는 지난 시간 동안 세이텍의 주요 이정표를 보여준다. Juan Amias가 말하길:

> 스페인에는 슈퍼컴퓨팅에서 네트워크로, 어플리케이션으로, 서비스로, 그리고 현재까지 계속 성장하는 기업들이 많지 않다. 우리는 가장 변화를 많이 하는 기업들 중 하나이다. 우리가 전략에 대해서 이야기할 때, 가장 중요한 논점은 혁신의 속도와 제품의 수명 주기이다. 서비스업은, 10년이고; 원유는, 5년이고; 하지만 IT는, 3년이 채 안 된다. 굉장히 짧은 기간이지 않은가!

컨벡스(Convex) 슈퍼컴퓨팅

세이텍을 몇 명의 친구들과 설립하기 이전에, Luis Rodriguez는 제어 데이터 회사(Control Data Corporation)에서 일했고 컴퓨터 산업에 관해 깊은 지식을 갖고 있었다. 그는 '컨벡스'의 새 슈퍼컴퓨터의 보급이 거대한 사업 기회가 될 것이라고 믿었다. 상품으로서, '컨벡스'는 당대 슈퍼컴퓨터들에 비해 월등히 뛰어났다. 가격도 저렴했고, 작동시키기에도 덜 복잡했으며, 이에 따라 자라나는 고객 세그먼트에 좋은 가치를 선사하였다.

이러한 시작 직후, 세이텍의 고객 층은 크게 성장하였고 유럽에서 컨벡스(Convex) 배급의 가장 큰 시장 점유율을 차지하였다. 그 성공은 절대 시장의 수요에 대한 적절한 타이밍 때문만은 아니었다; 세이텍의 강한 IT 경쟁력 역시도 이유 중 하나였다. 슈퍼컴퓨터들이 성능으로 평가되기 때문에, 세이텍은 컨벡스 컴퓨터들을 이용해 프로세싱 시간을 대폭적으로 줄일 수 있었다. 벤치마킹 테스트에 있어서도, 세이텍은 고객들에게 컨벡스의 혜택들에 대해 설명할 수 있었고, 이에 많은 새 계약들을 체결할 수 있었다. 이 시기에, 세이텍은 10명의 직원들을 고용하였고 세이텍의 첫 고객들은 페더럴 익스프레스(Federal Express)와 스페인 국립 기상 예측 기관(the National Weather Forecasting Agency of Spain) 등이 있었다.

IP 네트워킹과 시스코(Cisco)

> 당신이 이렇게 비싼 컴퓨터를 구매한다면, 당신은 가동을 최적화 시키고 (프로세싱 능력을) 공유하고 싶을 것이다. 공유라는 것은 소통을 뜻했고 그때에 고객들은 시스코(의 상품들)에 대해 커뮤니케이션을 원했다. 그것이 바로 우리가 시스코와 파트너십을 맺게 된 것이었다, 간접적이고 고객에서 발단이 된 수요.
>
> **(Juan Amias)**

세이텍은 스스로를 고객의 니즈를 이해하는데 매우 집중하고 있는 테크놀로지의 리더라고 생각한다. 이러한 고객에 대한 집중이 CEO Luis Rodriguez와 그의 관리팀이 시스코의 성공적인 커뮤니케이션 어플리케이션을 적용하고 컨벡스 슈퍼컴퓨터의 소매업에서부터 통합된 IT 솔루션을 판매하는 것으로 이동하게 하였다.

1997년, IT 네트워크로의 고객의 투자에 대한 결과로, 세이텍의 매출이 급격히 증가하였고, 이는 회사로 하여금 대대적으로 추가적인 IT 전문가들을 채용할 수 밖에 없게 하였다. 이러한 IT 전문가들은 새롭고 믿을 수 있는 IT 네트워크의 빠른 설치에 대한 고객들의 니즈를 만족시켜야 했다.

닷컴 거품(dot.com bubble)의 붕괴

1990년대에, 세이텍은 10명에서 140명으로 성장했고 연간 이익이 20% 마진의 7000만 유로에 달했다. 그러나, 2001년 닷컴 거품(dot.com bubble)의 붕괴와 그에 따른 IT 시장의 하락세가 상황을 바꾸어 놓았다.

> 우리에겐 큰 문제가 있었다. 고객들에게 판매하는 서비스의 퍼센트는 사실 얼마나 많은 가치를 그 프로젝트에 진정으로 더했는지에 대한 지표이다. 그 시기에, 텔레커뮤니케이션 사업의 제품/서비스 비율이 80/20이었다.
>
> **(Juan Amias)**

2001년에 세이텍의 연간 매출은 중대한 재정적 손실을 야기하며 4300만 유로까지 떨어졌었다. 회사는 생존하기 위해 발버둥쳤고, 특히나 이는 당시 많은 기업들이 그러하였듯, 윗선 경영자들은 직원들을 해고하고 싶지 않아 했기 때문이었다. Juan Amias가 말했다: "우리는 단 한 명의 직원도 해고하지 않았고 임금 역시도 2000년에 여전히 최고치였다. 우리는 큰 문제가 있었던 것이다!"

그 당시, IT 공급자 디멘션 데이터(Dimension Data)와 몇몇 벤처 자본가들은 세이텍을 구매하는데 관심을 가졌다. 회사에 대해 많은 비논리적인 평가가 있었는데, 2001년에는 돈이 2002년에는 고객이 부족하다는 것이었다. 흥미롭게도, 외부적인 상당한 주의는 몇 가지 세이텍 내부적이고 조직적인 이슈들을 수면위로 올라오게 하였다.

> 그들은 세이텍이 지난 3주 간 시스코에 얼마나 빚을 졌는지에 대해 우리에게 물어봤지만, 세이텍은 그 질문에 대답을 할 수 없었다. 투자자들이 말하길: "당신들은 우리에게 지금 7000만 유로의 사업을 하고 있으면서 그런 간단한 질문에 답할 수 있는 (IT 기반) 시스템조차도 없다고 말하는 겁니까!" 사실, 우리는 시스템을 경멸했다 왜냐하면 시스템은 창의성과 모든 것을 제한하기 때문이다. 세이텍은 마치 높이 더 높이 올라가려고 하는 로켓과 같았다. 그래서, 판매에 있어서는 걱정할 필요가 없었다 왜냐면 수요는 너무나도 높았고 그 수는 연말에 항상 crunched되었다. 세이텍은 분기가 없었다; 세이텍은 해(years)가 있었을 뿐이다!
>
> **(Juan Amias)**

지리적 확장과 사업의 재고안

닷컴 거품의 붕괴로 인한 회사의 갈등에도 불구하고, 세이텍은 상당한 기업 가치를 가지고 있었을 뿐만 아니라 머그레브 국가들로도 확장할 수 있었다. 2003년, 세이텍은 거대한 성장을 하고 있던 모로칸 IT 기업 인텔콤(Intelcom)에 투자하였다. 그러나, Luis Rodriguez는 두 기업의 사고방식과 경영 스타일의 차이를 직시하였다. 몇 차례의 전략 회의 후, 경영 팀은 세이텍에는 컴퓨터 기반 재무 관리 시스템이 필요하다고 결론지었다. 루이스가 말했다:

> "그 당시, 우리는 ERP 시스템을 도입하였다. 우선, 우리는 SAP 시스템을 구매하였고, 그 후엔 오라클 (Oracle)의 것이었다. 우리는 ERP에서 최고라 불리는 플랫폼들 중 하나를 도입하였다. 그러나, 우리가 참으로 숫자들을 믿기엔 5년(2002년에서부터 2007년까지)이라는 시간이 걸렸다. 우리는 현재 우리가 실행 중인 모든 국가들에서 이 시스템을 배치하고 있다. 영업 대표들은 종이를 이용하는 것 대신 시스템을 보면서 커미션을 계산한다. 사람들은 시스템을 신뢰하고 또 이것이 잘 실행된다."

새로운 ERP 시스템은 굉장한 성공이었다, 하지만 아직도 풀려야 될 문제들이 많았고, 특히 세이텍의 비즈니스 모델에 관한 것이었다. 이 이슈는 경쟁과 소비자의 협상력 증가에 따라 더 긴급한 일이 되었다. 따라서 세이텍과 그 외에게 눈에 띄기 더 어렵게 되었다, 그들이 제품을 뛰어넘는 완전히 차별화 되는 서비스를 제공하지 않는 한. 더 나아가, 큰 다국적 기업들은 고객들의 청구 순환 사이클을 연장시켜주거나 후방 통합을 가능케 하는 거대 자본 자원이 있다.

비즈니스 모델

고객 IT 프로젝트와 계약들은 세이텍의 비즈니스 모델에 있어서 가장 중요한 부분이다. 프로젝트는 통상적으로 일회성이고 일정한 시간 동안 지속된다 (예를 들면 6개월). 그 기간 동안, IT 장비 (컴퓨터 서버, 라우터, 그리고 소프트웨어와 같은 것들)는 고객들의 장소에 설치가 된다. 계약은 되풀이 된다, 보통 한 해 정도 지속되고 IT 유지 보수와 지원으로 구성되어 있다. 이러한 계약들은 프로젝트의 숫자에 의해 가동된다: 만약 프로젝트가 없다면, 계약도 없고 프로젝트가 많을수록 더 많은 지원 계약이 발생한다. 계약들은 고객들이 설치된 기술이 원활하게 가동될 수 있게 보증을 받는 것에 사인하는 보험 정책과 비슷하다. 계약의 가격은 사용된 기술과 그것을 유지하기 위해 필요한 스킬에 따라 책정이 된다.

그림 2에서 이러한 프로세스를 보여준다; 이 그림에서는 프로젝트에 있어서 IT 장비들이 어떻게 공급자들로부터 공급되고 세이텍에 의해 설치가 진행되는 것인지 보여준다. 이러한 계약들은 설치된 IT 네트워크들이

그림 2 세이텍 비즈니스 모델

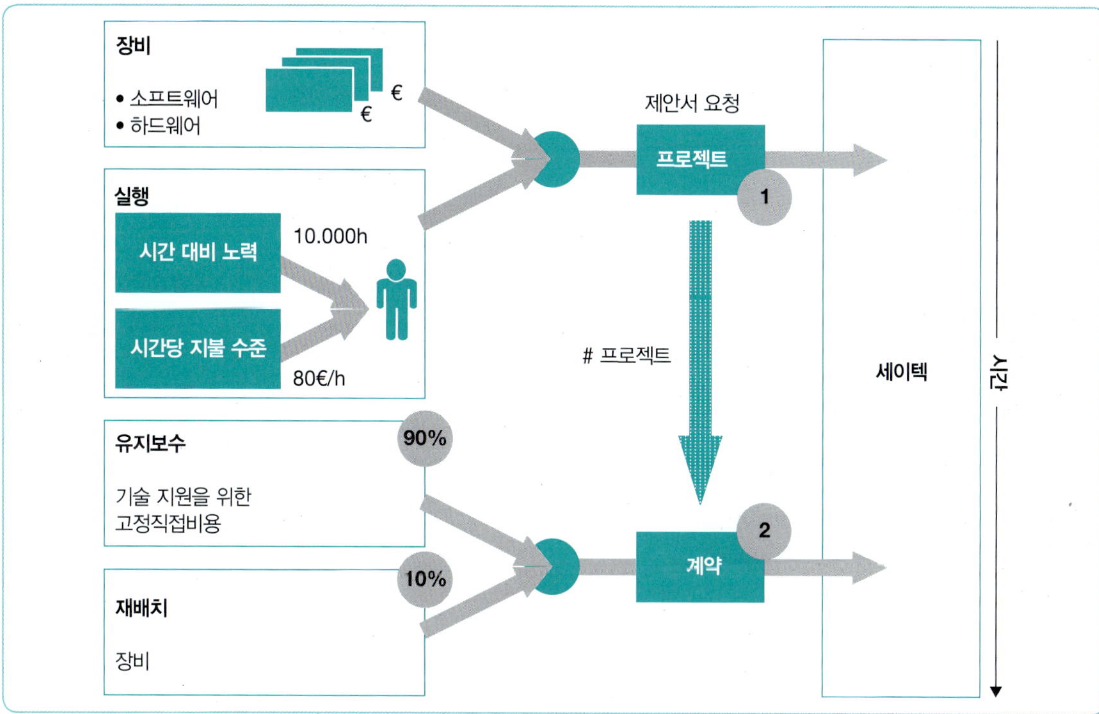

Source: Company presentation.

기술적으로 잘 유지되고 파손이나 오작동의 경우에 부속들이 대체될 수 있게 보장해 주는 것이다. 계약에서의 매출 중 90%는 유지보수와 관련이 있다. 제품 마진의 감소로 인해, 유지보수 계약이 거의 모든 수익을 창출한다.

최종 소비자 시장이 세이텍의 성공 여부에 강한 영향을 끼친다 해도, 회사는 제품과 서비스를 최종 소비자에게 직접 전달하지 않고 대신 특정 고객 시장 니즈에 맞춰 전달해 주는 텔레콤 오퍼레이터에게 전달한다. 소비자 시장이 텔레콤 오퍼레이터를 통해 더 많은 어플리케이션을 요구할수록, 세이텍에 더 많은 일이 생긴다(그림 3). 그러나 부속품들의 가격은 결국 최종 소비자의 제품의 가격을 결정한다.

부속품 시장은 글로벌한 시장이고 공급자들은 운용되는 나라에 따라 그리고 특정 시장 (텔레커뮤니케이션, 라디오 방송 서비스 등)에 따라 같은 제품을 제공한다. 총괄책임자는 보통 실행자에게 프로젝트를 판다. 기업 고객에게 600,000유로의 비용을 청구하는 세이텍의 전형적인 프로젝트는 공급자에게서 공급받은 IT 장비들(라우터 등)에 쓰이는 300,000유로 그리고 서비스에 300,000유로 (예를 들면, 시간당 30유로씩 10,000시간)로 구성되어 있다. 총괄책임자는 시스코에서 구매하고, 세이텍과 같은 경우에는, 공급받은 부속품들을 마진을 붙여 재판매 한다. 성숙 시장에서는 마진이 10% 내외였던 것에 비해, 떠오르는 시장에서는 20에서 25%에 달한다. 더 나아가, 몇몇 총괄책임자들은 시스코(Cisco)나 주니퍼(Juniper)와 같은 특정 부속 공급자들에 대해 전문화 되어있다.

예를 들면, 유망한 기업 고객이 IT 네트워크가 필요하다고 요청 제안을 보낸다고 하자. 그럼 세이텍은 네트워크 설치에 필요한 비용과 설치에 얼마만큼의 시간이 걸릴 것인지를 포함한 제안을 할 것이다. 시간당 가격은 어떤 종류의 기술이 사용되는가에 달려있다. 만약 (시스코 라우터와 같이) 매우 평범한 기술이 사용된다

그림 3 공급자들에서부터 최종소비자까지

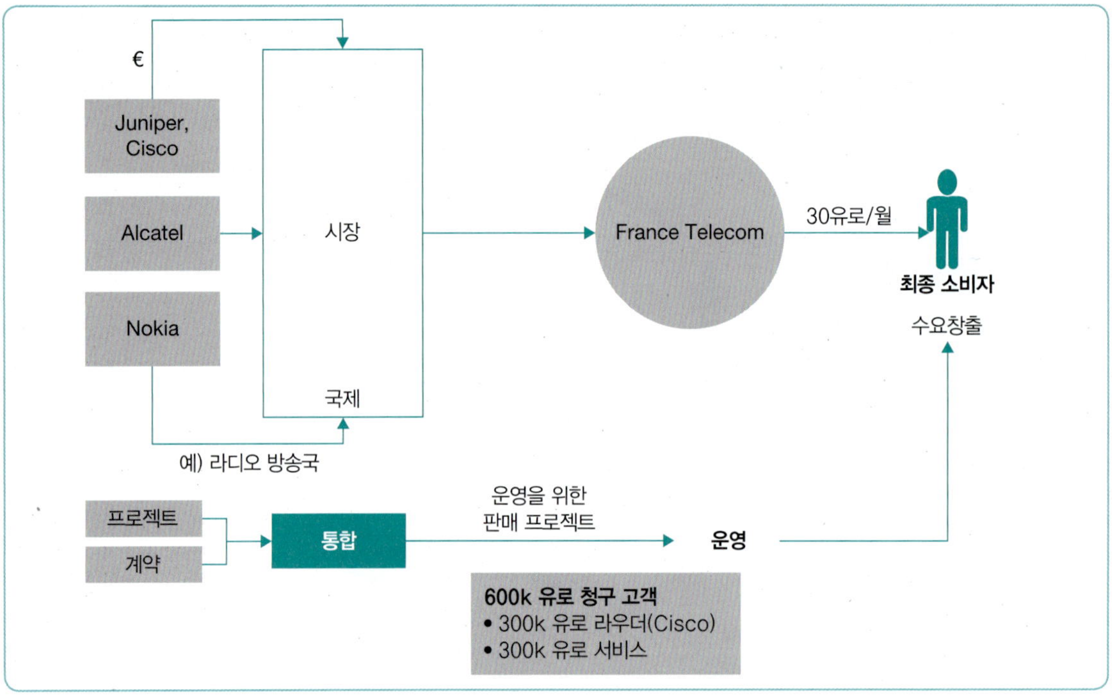

Source: Company presentation.

면, 좀 더 복잡한 기술이 사용되는 때에 비해 고객은 더 저렴한 가격에 제공받을 것이다.

> 세이텍은 시스코에서 구매하는 다른 총괄책임자들과 함께 경쟁하고 있다. 만약 시스코가 (세이텍의 경쟁자들이 아닌) 세이텍이 고객의 프로젝트를 수주 받을 것이라 생각한다면, 마진을 지키려고 할 것이다. 시스코는 가격에 x%를 (때때로는 90%까지) 요구할 것이기에, 흥정을 해야한다. 만약 시스코가 세이텍이 장비의 가격이 너무 높아 고객의 프로젝트를 받지 못할 것이라 생각한다면, 그들은 가격을 낮출 것이다. 이는 세이텍을 위한 것이지 다른 경쟁자를 위한 것은 아니고, 역으로도 마찬가지이다. 시스코는 정확히 얼마에 팔 예정인지에 대해 말하지 않는다. 마진이 적은 사업에 있어서, 판매자가 바로 시장을 지배하는 사람이 된다.
>
> **(Juan Amias)**

시스코(Cisco)에의 의존에서부터 소싱 다양화까지

세이텍은 경쟁자들에 비해 IT 기술자들에 대한 인증에 더 많은 투자를 하였고, 이에 아주 훌륭한 능력 있고 인증된 IT 엔지니어 그룹을 세울 수 있었다. 시스코가 CCIE들을 인증하기 시작하였을 때, 이는 이 인증의 가치를 떨어뜨리게 되었다. 정해진 시간 내에 라우터를 조립할 수 있는 좀 더 인증된 IT 엔지니어들이 세이텍 소속의 IT 엔지니어들의 가치를 낮춘다, 그리고 이는 곧 세이텍이 제공하는 서비스들에 대해 가격을 낮게 청구하는 결과를 낳는다. Juan Amias가 말했다: "우리는 전적으로 시스코에 의존하고 우리의 고객들은 시스코의 제품들을 가졌다 … 사실, 그들은 자주 말했다: '우리는 라우터를 위해 시스코를 불렀다', 하지만 사실 그들은 우리를 부른 것이다! 그렇지만 그들에게 있어서 우리는 그저 시스코에서 온 사람들일 뿐이었던 것이다."

시스코의 credit line 상황들이 악화되자, 세이텍은 (알카텔 (Alcatel)과 같은) 새로운 공급자들에 대해서 생각하기 시작했고 세이텍의 매출에 있어서 시스코의 지분은 95%에서 70%까지 떨어졌다. 그래도 아직은 세이텍이 이전에 설치한 IT 인프라에 대한 유지보수에 상당한 양의 일이 관련 되어 있다는 사실 때문에, 시스코가 주 공급자의 역할을 지속하고 있다. 더 나아가, 새로운 공급자들(알카텔)과 주니퍼네트웍스가 세이텍 기술자들 오히려 기술적으로 더 복잡하게 만들었다. Juan Amias에 따르면:

> 우리의 기술자들은 좀 더 많은 것을 알 필요가 있고 그 지원은 시스코보다는 더 많은 것을 요구한다. "당신들의 CCIE들은 당신이 다른 브랜드를 판매하기 시작하는 순간부터 그들의 가치를 잃는다. 그들은 자신들의 머리부터 다시 재정비 해야 하지만 사고방식을 바꾸는 것은 어려울 뿐만 아니라 시간도 오래 걸린다."

오늘날, 시스코에 대한 의존도는 예전만큼 높지 않다. 세이텍은 좀 더 균형 잡힌 포트폴리오를 갖고 있다. 세이텍은 새로운 IT 플랫폼과 기술적으로 복잡한 어플리케이션에 투자하였다. 더 나아가, SOA, 웹 서비스, 그리고 mobility가 세이텍의 서비스 포트폴리오에서 중요한 역할을 차지하기 시작했다. 세이텍은 자신의 기술, 고객, 서비스, 그리고 공급자들을 다양화하였다. 유동성을 확보하기 위해, 세이텍은 함께 일하는 은행의 수를 늘리기도 하였다. 과거엔 세이텍의 자금 중 80% 가까이가 두 은행에 예치되어 있었다; 오늘날에는, 세이텍은 스페인의 각기 다른 지역의 27개 은행과 거래를 하고 있다.

Juan Amias에게:

> 문제는 제품의 마진율이 25%에서 12%로 떨어졌다는 것이다; 이는 50% 감소나 마찬가지다! 그래서 우리는 서비스에서 돈을 만들어야 한다. 대규모 서비스 배치에 있어서, 우리는 고객의 프로젝트를 관리해야 하지만 우리는 프로젝트 매니저가 없다. 시간내에 배송하는 일들을 예측하기 위해서 우리는 프로젝트 경영 방법을 시행해야만 했다.

고객들은 자신의 프로세스를 세이텍에 설명하고 맞춤형 솔루션을 바란다. 세이텍의 과제는 이를 기술적으로 작동할 수 있게 하고, IT 스테프들의 전문성과 보증을 높여야 했다. 이러한 이중의 능력은 세이텍이 프로세스에는 능하지만 기술적 전문성이 떨어지는 다른 컨설팅 회사들에서 차별점을 갖는 부분이다.

경쟁

세이텍(Satec)의 경쟁이 IT 총괄책임자들이나 (텔레포니카(Telefonia)와 같은) IT 서비스 제공자들로만 이루어져 있는 것은 아니다. 통적 텔레콤 오퍼레이터들의 후방 통합이라는 주요 위협 또한 존재한다. 더 나아가, 낮은 제품 마진이 (세이텍(Satec)과 같은) IT 총괄책임자들로 하여금 서비스를 더 높은 마진에 제공하게끔 하고, 결과적으로 이는 IT 컨설팅 회사와 경쟁하게 한다.

후방 통합의 위협

세이텍(Satec)은 텔레포니카(Telefonica)에 비해 검증된 시스코(Cisco) 전문가들을 보유하곤 했다, 그러나 경쟁자들이 점점 더 이런 기술을 획득함에 따라, 통합자는 스스로를 차별화 시킬 수 있는 능력을 점점 더 잃는다. 스페인과 프랑스에서는 공급자들이 직접 고객들을 찾아가기도 하고, 오퍼레이터들은 모든 기술적 활동에 점점 참여하기 시작한다.

오퍼레이터들의 후방 통합은 세이텍과 같은 기존의 IT integrator 기업들에게는 위협이 된다(그림 4). 예를 들면, 스페인의 텔레포니카 시스테마스 (Telefonica Sistemas)와 독일의 티-시스템즈 (T-Systems)는 통합 서비스를 제공하는 반면, 모로코의 국립 텔레콤 오퍼레이터인 Maroc-Telecom은 카사넷(Casanet)을 소유하고 있다. 후방 통합에 대한 근거로는 더 빠른 '시장까지로의 시간'과 더 높은 지식이 있다. 오퍼레이터가 고객을 얻고 싶어할 때(예를 들면 스페인 재무부라든지), 기술적 전문성이 떨어져 프로젝트를 기술적으로 설명하는 데 어려움을 겪는다. 그러나 integrator는 기술적 지식이 있다. 티-시스템즈(T-Systems)와 같은 기업들은 돈을 잃을 수도 있지만, Deutsche Telekom은 주요 오퍼레이터 사업에서 수익을 창출할 것이다. 그러나 Integrator의 독창적인 판매 제안은 제품에 대한 독립적인 관점이다. Integrator는 (주니퍼나 시스코와 같은) 특정 부속품 공급자에 국한되어 있지 않고 범세계적인 공급처를 갖고 있기 때문에, 고객들은 이를 내부에 의존하는 integrator에 비교해 더 큰 장점으로 본다.

IT 시장 포지셔닝

과거에는, 가장 큰 마진은 제품을 통해 창출되었다. 고

그림 4 후방통합의 위협

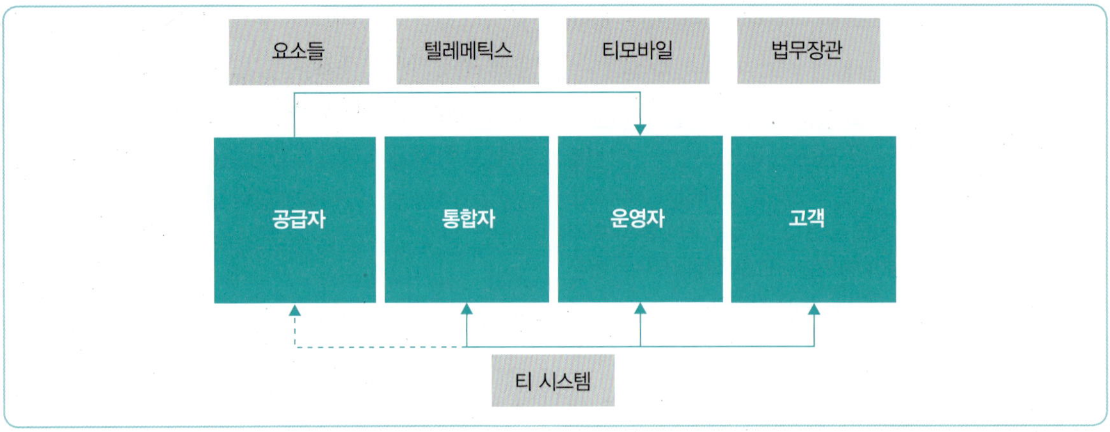

Source: Company presentation.

> 객들은 서비스에 비용을 지불하는 것에 익숙하지 않았다; 서비스는 제품에 더해져 무료로 제공되어야 마땅하다 생각했던 것이다. 오늘날에는, 사업은 실행과 고객의 기술적 만족에 더 집중하고 있다. IT 네트워크가 아무 문제 없이 가동되고 있는가? 고객들은 Plug-and-play (아무런 장치나 준비 없이 바로 실행할 수 있는) 솔루션을 원한다; 그들은 버튼 하나만 누르면 시작되길 원한다. 이는 재능의 문제이다. 만약 당신이 충분히 재능이 있다면, 당신은 이를 통해 부와 자신을 위한 충분한 가치를 창출해 낼 것이다.
>
> **(Juan Amias)**

시장에서의 위치를 유지하고 가치 증진의 잠재성을 키우려면, 세이텍(Satec)은 고객에게 좀 더 다가가야 한다. 상품/서비스 믹스에서의 서비스 수익 퍼센트는 대단히 중요하다. 세이텍(Satec)은 가치를 더한 제품의 재판매자 역할을 수행해왔다. 하지만, 최고의 가치는 컨설팅 비즈니스에서 실현될 수 있었다. 산업과 특히 세이텍(Satec)의 목표는 서비스중심의 사업으로 좀 더 다가가는 것이다(그림 5).

- **Box Movers**는 스페인의 아피나(Affina)나 마요리스타스(Mayoristas)와 같은 제품 재판매 업자를 말한다. 이러한 기업들은 더 큰 규모의 판매고와 강한 자본력을 갖고 있다. 그들은 보통 복잡한 프로젝트에 가담하지 않는다. 하지만 고객들에게 매력적인 financial terms를 제공함으로써 자신들을 차별화한다. 비즈니스 모델은 간단하다. 대량의, 좋은 물류 그리고 효과적인 재무부에 달려있다. 고객들은 보통 180에서 360일 사이에 지불을 한다. 하지만 부품 공급자들은 box mover에게 30일 이내에 결제 대금을 청구할 수도 있다. 그렇기에 많은 영업 자본이 필요한 것이다. 더 나아가, box movers의 영업직들은 기술에 능한 사람들이 아니다. system integrators의 보증된 엔지니어들과 다르게 세이텍(Satec)은 이 세그먼트에서 경쟁하지 않는다.
- **Corporate Resellers**는 IT 장비를 배송하는 것 외에 또 다른 특정 서비스를 제공한다(offer a certain type of service layer on top of delivering the IT equipment). 이러한 맥락에서, 비록 차별 우위가 되지 않을지라도 IT 장비의 제작 구성과 유지는 중요하다. Corporate reseller들에 가장 핵심적인 성공 요인은 큰 회사 전용 계정을 얻어내는 것이다. 스페인에서 새로운 가게를 열 때, 소매 체인들 (예를 들면 El Corte Inglés와 같은)은 컴퓨터만 필요한 것이 아니라 rolling out IT 인프라도 필요하다. Corporate reseller가 그러한 일을 하고 뒤지니의 세이텍(Satec)은 아직도 corporate reseller이다. 지금은 그곳에서 integration이 필요하진 않지만, 세이텍(Satec)은 더 많은 서비스를 제공하고 뒤니지

그림 5 IT시장 포지셔닝

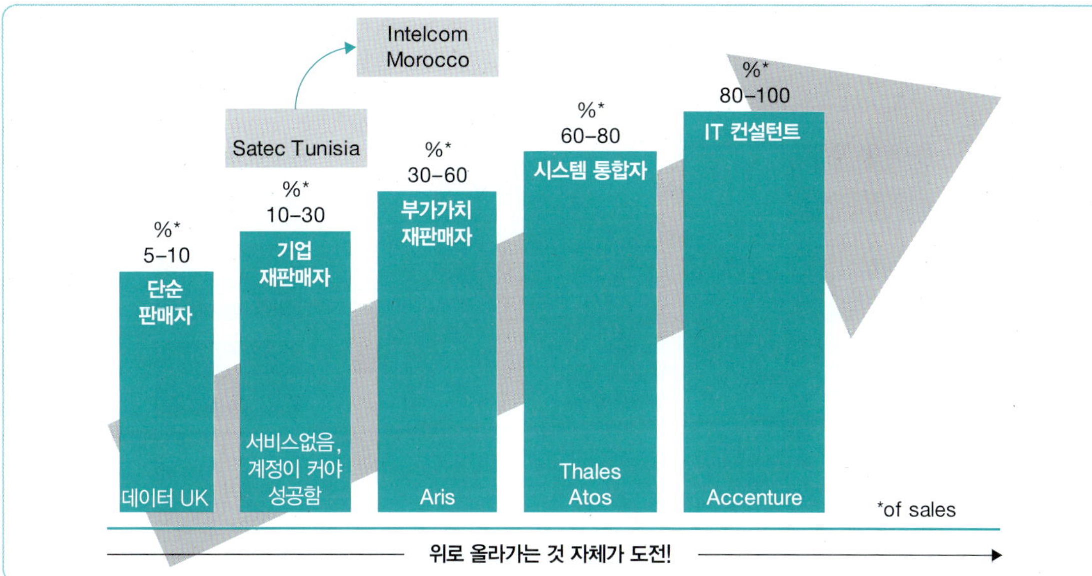

Source: Company presentation.

세이텍을 integrator로 승급시키려는 움직임을 보이고 있다.

- **Value-Added Resellers**는 제 3자의 기술보다 우위에 있는 가치를 제공한다(offer value on top of the technology of a third party). 대부분 그들은 기술과 공급자로서 특화되어있다. Value-added reseller가 예를 들어 시스코(Cisco)와 주니퍼(Juniper)의 제품을 동시에 권하는 일은 거의 보기 힘들다. Value-added reseller들은 여러 기술들을 통합하고 관련 IT 활동들을 관리한다. 그러나, 이는 보통 그들이 다루는 기술 안에 속해있다.
- **시스템 통합자**는 관련된 기술과 상관 없이 integration이 잘 이루어졌는지를 확인한다. 그들은 그냥 단순히 부속품을 파는 것이 아니라, 그 것들을 사용한다. 예를 들면, Thales and Atos는 시스템 통합자이다. 그들은 자신의 세일즈에 제3자의 기술을 어느 정도 포함시킨다. 서비스 부분의 규모가 제품 부분의 규모보다 더 크긴 해도, 전형적인 시스템 통합자의 프로젝트는 50%의 제품과 50%의 서비스로 이루어져 있다.
- **IT 자문회사**는 맞춤형 서비스 솔루션을 제공한다. 그들은 컨설팅, BPR, 그리고 고객의 솔루션 계발을 제공한다.

System Integrator에게 있어, 지속가능한 위치에 도달하는 유일한 방법은 컨설팅 서비스로 움직여 고객에게 더 가까이 다가가는 것이다. 이는, 그러나, 비즈니스 모델의 변화를 의미한다. 그림 6은 지속가능한 서비스 포지셔닝을 이룩하기 위해 필요한 요인들을 보여준다.

세이텍(Satec)과 같은 System Integrator들은 기술에 크게 의존하고 있다. 이는 요구되는 영업 자본의 규모뿐만 아니라 관련된 기술적 위험도 증가시킨다. 그림 6은 기업의 기술적 그리고 인적 측면을 보여준다. IT 네트워크, 플랫폼, 그리고 어플리케이션이 기술의 세 가지 층을 대표하는 반면, 텔레콤과 시스템 엔지니어와 더불어 비즈니스 컨설턴트는 기업의 인적 측면을 대표한다. 자문 회사, 예를 들면 액센츄어(Accenture)는 IT 네트워크나 플랫폼을 설치하지 않는다; 그들의 성공은 프로젝트의 구성과 관리에 달려있다.

액센츄어(Accenture)가 100% IT 컨설팅 회사인 반면, 텔레마틱스(Telematics)는 IT 네트워크 설치에

그림 6 기술 중심 vs. 기업 중심의 기업

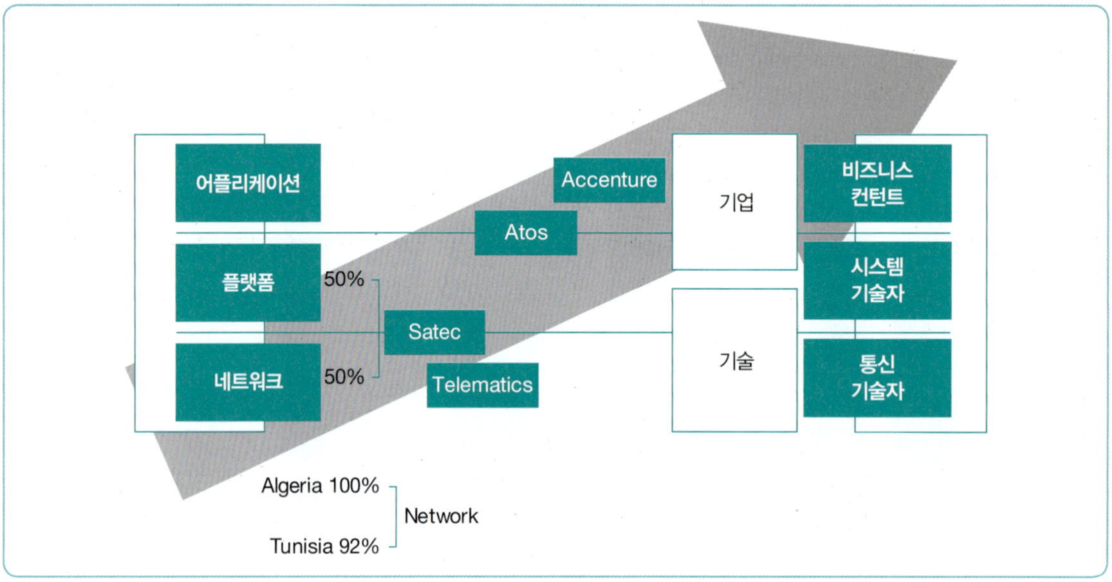

Source: Company presentation.

100% 가담하고 있다. 세이텍(Satec)의 사업은 50% 네트워크와 50% 플랫폼이다; 어떤 한 기술에 주력하면 할수록, 그것에 더 의존하게 될 것이다. 그러나, 비즈니스 컨설턴트들은 기술을 이해할 필요가 없다. 그들은 문제가 무엇인지 그리고 고객의 요구가 무엇인지를 이해하고, 솔루션을 제공한 후 발생한 변화를 관리하면 된다.

기술과 구조(organization)의 차이는 세이텍(Satec)의 운영에 결정적이다. 세이텍(Satec)은 고객들에게 효과적인 기술 솔루션을 제공하고자 항상 기술에 집중해왔다. 기업이 커감에 따라, 기업의 목표와 사업에의 접근이 진화하고 변화해야 한다는 것은 의심의 여지가 없다.

기업가적 경영에서 전문적 경영으로

> 우리는 기업가적 처리의 끝에 와있다. 1,000명이 넘는 직원과, 유럽과 아프리카 5개 국에서의 성공적인 운영과 더불어 세이텍(Satec)은 더 이상 작은 기업이 아니다. 우리의 직원들도 우리가 이곳에 친목을 위해 있는 것이 아니라는 것을 알아야 한다; 우리는 프로페셔널리즘을 위해 이곳에 있는 것이다.
>
> **(Juan Amias)**

세이텍(Satec)은 최근 기업가 중심의, 가족 경영 형태에서 전문 팀 경영의 기업으로 향하고 있다. 이러한 변화는 새로운 경영의 접근과 조직 적응을 필요로 한다. 기업은 새로운 기업 구조 도입과 전문적인 조직의 필요성을 느낀다. 그러나, Luis Rodriguez가 말하길 한 가지 큰 난관은, 사내 기술 부문과 상업 부문의 지속적인 충돌이다:

> 우리는 가치로 향하는 시장의 요구를 이해하지만, 그것을 기업 내로 끌어 오는 것은 굉장한 노력이 필요하다. 사람들은 그러한 노력에 관심이 없다; 그들에게 이익을 창출하거나 제품을 만드는 것보다 기술적인 문제를 해결하는 것은 도전이었다.

Juan Calleja, 세이텍 인터내셔널의 책임자는 이러한 이슈에 덧붙이며 말했다:

> 이윤을 창출하는 것은 중요한 사안이다. 엔지니어들은 행동으로 실천한다; 그들은 돈에 대해 말하지 않는다. 우리는 이러한 엔지니어들을 통합시켜야 하고 그것이 바로 우리가 지금 하고 있는 일이다. 우리는 직원들에게 돈에 대해 이야기 하는 것은 회사에 도움이 되는 것이라 설득해야 하며 거기서 오는 강한 저항을 이겨내는

것은 우리의 몫이다.

조직적 변화

우리는 스페인에 10개 그리고 해외에 5개 기업체를 갖고 있다. 넓게 퍼져있는 사람들과 함께 일하는 법을 배우는 것은 굉장히 어렵다. (……) 어떤 기회들은 튀니지나 모로코의 헬스 케어 부문에서 생겨날 수도 있다. 우리는 튀니지의 대혼란 속에서도 꽤나 잘 해내고 있다. 그 곳에서 모든 것을 다 관리하기는 힘들지만, 우리는 혼란 속에서 살아 남을 순 있다. 만약 우리가 너무 많은 organisation을 갖고 있다면, 우린 속박되었다고 느낄 것이다.

(Luis Rodriguez)

세이텍(Satec) 소속의 부서들은 모두 굉장한 변화를 겪었다. 스페인 전역에 새로운 지역과 새로운 영업소가 있다: 아스투리아스와 갈리사이(스페인의 북서쪽), 카스틸라(중부), 발렌시아(동부), 안달루시아(남부), 그리고 카나리아 섬. 그림 7은 세이텍(Satec)의 조직 구조를 보여준다. 회사의 경영진은 CEO Luis Rodriguez, Teresa Taubmann (마케팅과 정보통신 담당), 그리고 Miguel Angel Vences (기술 부서 담당)으로 이루어져 있다.

Luis Rodriguez는 기업 내에서 사업의 굉장히 세부적인 것들을 건드리는 것으로 유명한데, 더불어 이러한 것들의 전략적 부분들도 관리하는 것으로 유명하다. 그에게 주어진 도전은 이중적이다: (1) 전략과 실행의 트레이드 오프를 찾아 내는 것; 그리고 (2) 그의 일 중 일부를 관리팀의 팀원들에게 배분하는 것이다. 예를 들어 Juan Calleja는 2년 넘게 세이텍 모로코(Satec Morocco)의 총괄로 일해 왔지만 그의 의사결정권에 한계가 있다고 느낀다. 이는 그의 기업가적 태도에 걸림돌이 되었다.

Teresa Taubmann의 commercial 팀은 매출의 80%를 담당하고 있고 오퍼레이터, 행정, 그리고 은행들과 교류한다. Teresa의 영업 인력은, 그러나, 문제에 부딪힌다. 과거엔 영업 담당들이 고객에게 제공하는 솔루션에 대해 확실한 이해를 하고 있었으나, 현재의 광활한 기술의 범주 내에서, 그들은 솔루션의 기술적인

그림 7 세이텍의 조직 구조

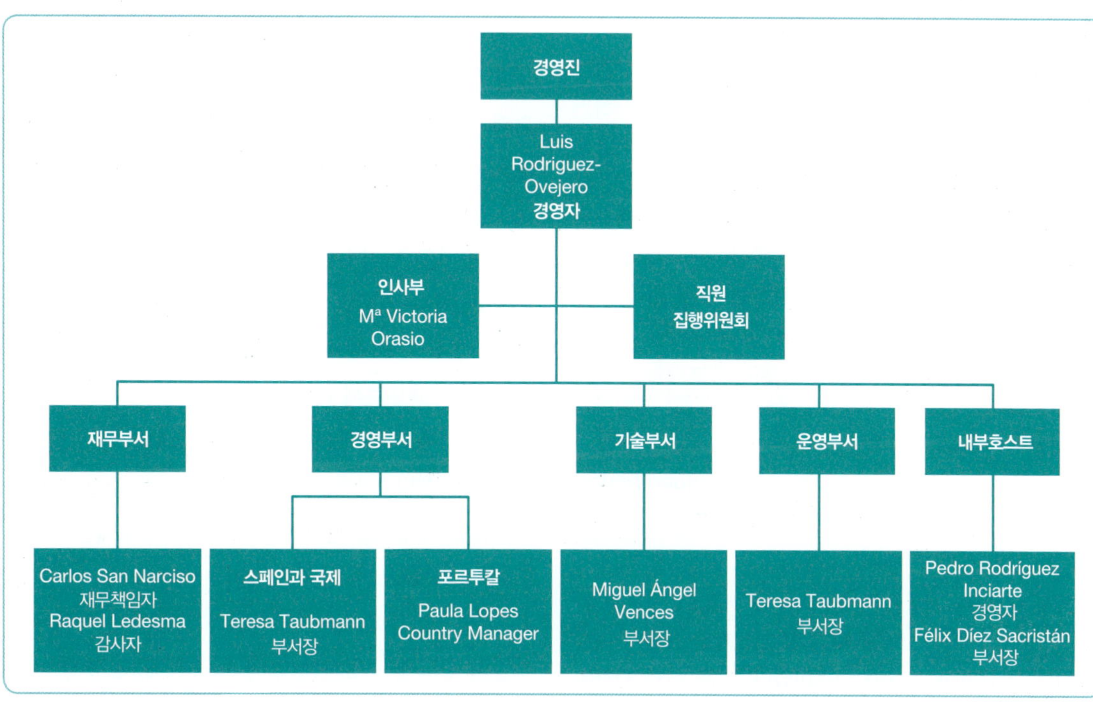

Source: Company presentation.

부분에 대해 완벽한 이해를 하는 데 어려움을 겪고 있다. 과거엔, 영업 담당자들은 리드를 생성해 내야 했었는데, 오늘날 세이텍(Satec)은 그들을 고객들과의 가격 협상 이외에 솔루션의 기술적 타당성을 평가할 수 있는 주요 계정 관리자가 되길 바란다.

Miguel Angel Vence의 기술 팀은 세이텍(Satec)의 서비스 솔루션을 계발하고 설치한다. 이 팀은 점점 더 다양한 배경과 기술을 가지고 있는 사람들로 구성되고 있다. 그들의 난제는 증가하는 제품의 복잡성을 관리하고, 회사의 캐시카우를 대표하는 오퍼레이션의 유지보수와 지원을 효과적으로 처리하는 것이다.

세이텍(Satec)의 가장 큰 약점은 재무부에 대한 약한 투입이 적다는 것이다. 세이텍(Satec)은 고객들이 고지서를 지불할 준비가 되었다고 할 때 고객들에게 대금을 청구한다. 세이텍(Satec)은 그들이 대금 청구를 해야 할 때 하지 않는다. 비록 CFO가 회계와 재무제표의 준비, 결제의 관리와 더불어 은행과 세무부와의 계약에 관여하고 있어도, 그는 집행 위원회의 일원이 아니다. 그렇기에, 이 위원회는 항상 어떤 것이 재무의 관점에서 가능하고 어떤 것이 가능하지 않은지 불확실하다.

> 우리의 문제는 관리이다; 이는 조직 차원에서의 관리를 말한다. "세이텍(Satec)에서는 판매하거나 생산하거나 둘 중 하나이다. 새로운 서비스나 어떻게 관리할 것인지에 대해서는 고민하지 않는다. 한 가지 목표는 회사의 관리 능력을 증대시키는 것이다. 설립자 중심에서 전문가 팀 중심의 경영으로의 움직임은 너무나도 복잡하다. (…) 세이텍(Satec)은 발전된 경영 관리를 통해 추가적인 가치를 창출해 낼 수 있을 것이다. 우리는 Teresa Taubmann과 Miguel Angel Vences를 도와야 한다 왜냐면 그들이 바로 플랫폼을 판매하고 계발하는 이들이기 때문이다.
>
> **(Juan Amias)**

세이텍(Satec)의 미션과 가치

> 회사 내 모든 사람들은 어려서부터 서로의 친구여 왔다. 이 회사에선, 그렇게 하고 있고 실제로 그렇게 되고 있다. 초창기엔, 모두가 가족이었다. 다들 형제 지간이었다. 이렇게 함으로 좋은 점은 기업 문화에 있어서는 리스크가 줄어든다는 것이다.
>
> **(Juan Amias)**

내부 팀을 강화하기 위해, 세이텍(Satec)은 공통된 비전과 화합을 추구하는 기업 문화를 만들려고 한다. 세이텍(Satec)은 명확한 임무와 독특한 기업문화, 강력한 가치와 공통의 목표가 전문성을 향상시키고 새로운 직원들을 통합시키는 데 도움이 될 것이라 믿는다. 세이텍(Satec)의 미션은 다음과 같다:

> 우리의 산업과 지역 사회에서 모두 리더가 되는 것을 목표로, 재능, 무결성, 그리고 팀워크를 촉진시키는 문화 내에서 고객의 비즈니스의 진화와 효율성과 생산성에 기여하는, 혁신적인 IT 솔루션 및 서비스를 통해 가치와 성장을 이룩하는 것.

Juan Amias에게 있어서, 세이텍(Satec)은 integrator이다. 그가 말하길:

> 우리에게는 세 가지 선택지가 있다: 가장 가격이 낮은 integrator이거나, 가장 혁신적인 integrator이거나, 혹은 가장 고객에게 가까운 integrator가 되는 것이다. 후자는 공감을 요하고 고객을 이해해야 하며 그들에게 여러 가지 많은 것들을 제공해야 한다. 목표는 고객의 투자에 대한 몫을 키우는 것이다. 우리는 그들의 IT 시스템 지원을 통해 고객들이 더 많은 돈을 벌 수 있도록 도와준다.

고객들의 투자에 대한 몫을 증대시키는 것과 더불어, Juan Amias는 새로운 재능을 발굴하는 것에 대한 중요성을 강조했다. 그에 따르면, 스페인 전역에서 데려온 IT 기술자들은 비슷한 기술 수준을 갖고 있다. 마드리드에선, 가장 뛰어난 재능 있는 사람을 데려오려고 다국적기업들 간의 경쟁이 치열하다. 인력은 비싸고 이직률은 높고 고용주에 대한 충성심은 낮다. 이 문제를 극복하기 위해, 세이텍(Satec)은 지역 내에 계발 센터를 짓기 시작했다. 이러한 센터들의 지리적 근접성 덕에, 사람들을 좀 더 쉽게 끌어올 수 있었다. 수 년 전만 해도 세이텍(Satec)의 인력 80%가 마드리드에 기반을 두고 있었다면, 오늘 날에는 기업의 45%의 인력만이 스페인의 수도에서 일하고 있다. 비슷하게, 점점 더 많은 직원들이 마드리드가 아닌 지방에서 채용되고 있다.

> 회사는 많은 가치와 무형 자산들을 갖고 있다. 그러나 우리는 이것들을 유로화로 바꿀 수 없다. 우리는 어떻게 해야 되는지 모른다. 우리는 비즈니스 계발 팀이 마케팅 계획을 어떻게 세워야 하는지 알고 있고 우리의 인력 역시 MBA과정을 밟은 만큼 어떻게 해야 할지 알고 있다고 믿고 있다.
>
> (Juan Amias)

세이텍(Satec)에선, 아직도 변화에 대한 강한 저항과 회사가 다국적 기업으로 변했다는 것을 받아들이지 않으려는 세력이 있다고 Juan Calleja는 설명했다:

> 내가 우리는 다국적 기업이라고 말하면, 사람들은 비웃는다. 이 회사 내에는 자신감이 부족하다. 우리에겐 미션과 가치가 있다. 왜 이 회사는 도대체 앞을 내다보기 힘든 것인가? 내가 어떻게 갈지도 모르면서 어디에 가고 싶다고 말하는 것과 같다. 야망이 없는 것이다. 또한, 가족 비즈니스에서는, 숫자에 대해 말하는 것이 어렵다 왜냐면 사람들은 누군가 자신들을 평가한다고 생각하기 때문이다. 그러나 그것은 단지 숫자에 불과하다. 우리는 이렇게 큰 비즈니스에서 너무나도 작은 관념을 갖고 있는 것이다!

해외 확장

세이텍(Satec)의 해외 확장은 회사가 어떠한 범위까지 지식을 전달하고, 새로운 시장에 진입하고 적극적인 변화 관리 프로그램을 계발할 수 있는지를 보여주었다. Luis Rodriguez는 더 나아간 성장의 기회들을 본다:

> 시장으로 본다면, 우리는 스페인 전체 시장의 40%를 대표하는 마드리드, 동북, 서북, 그리고 중앙 스페인 지역에서 강하다. 다른 지역엔 우리는 진출해 있지도 않다, 그리하여 우리는 잡아야 할 거대한 내수시장이 거기에 있는 것이다.

포르투갈은 매출에 있어서 스페인 동북지역과 비슷한 규모이다, 그러나 2008년, 모로코가 포르투갈과 알제리를 이미 넘어섰다. Luis Rodriguez가 설명하길:

> 마그레브 국가들에선, 우리는 크게 성장하고 있는 IT 네트워킹 부분만을 완수하였다. 그러나 우리는 시스템과 어플리케이션 부분 사업을 하지 못하였다. 이 시장은 굉장한 기회이다, 왜냐하면 이는 성장 시장이기 때문이다. 우리에게 있어서, 문제는 기술이 아니다. 우리의 문제는 (그 곳에서 일하는) 사람들의 사고방식을 바꿔야 한다는 것이다.

북아프리카, 프랑스와 유럽으로의 뒷 문

북아프리카는 세이텍(Satec)에 중요한 사업 지역이 되었다. 모로코에서, 세이텍(Satec)은 2008년 2,000 만 유로의 이익을 창출해 낸 100명이 넘는 직원들을 보유하고 있다. 알제리에신, 세이텍(Satec)은 50명의 직원과 1,000 만 유로의 매출을 내고 있다. 튀니지에선, 세이텍(Satec)은 50명의 직원과 2008년 700만 유로에 달하는 매출을 올렸다. 포르투갈은 2500만 유로 그리고 스페인은 7000만 유로의 가치를 갖고 있는 반면, 이렇게 마그레브 전체는 세이텍(Satec)에 연간 매출 4000만 유로에 달하는 지역이 되었나. 이러한 매출은 세이텍(Satec)이 큰 규모의 하드웨어 계약을 따내느냐에 크게 좌우된다. Juan Calleja는 세이텍(Satec)의 성장이 인수를 통해 이루어졌다고 말한다:

> 마그레브에서, 우리는 goodwill을 샀다. 예를 들어, 우리는 모로코에서 기술적 역량을 산 것이 아니라, 시장으로의 진입권을 산 것이다. 알제리와 튀니지에서도 마찬가지다, 우리는 pre-sales와 영업을 모두 하고 모든 것을 아웃소싱 하는 회사들을 구매한 것이다. 당신은 회사에 주요 corporate account와 계약을 가져 올 진입권이 필요하다.

Juan Amias는 세이텍(Satec)이 해외 확장을 통해 얻은 배움을 강조했다:

> 우리는 하기 어려운 것을 해냈다. 우리는 국제 핵심 개발 팀에 투자하였다. 어떤 기업을 인수할 것인지는 아무도 모른다. 그저 기회를 포착하고, 검토하고, 로컬 파트너들을 상대해야 한다. 그리하여 우리는 어떻게 회사를 인수하고 어떻게 계약과 주주들의 합의를 도출해내는지 배웠다. 그 전엔, 우리에겐 그저 나열뿐이었다면, 이제는 강한 합의에 이르렀다. 이러한 것들은 너무나도 복잡하다, 특히 외국어로 그들을 상대해야 할 땐 더욱 말이다.

세 개의 마그레브 국가를 각각 상대할 때 세이텍(Satec)이 겪었던 큰 문화적 차이에도 불구하고, 세이텍(Satec)은 튀니지, 알제리, 그리고 모로코에서 오늘날 강한 입지를 다지고 있다. 이러한 확장의 관점에서, 세이텍(Satec)은 다국적 기업처럼 사고하는 법을 배웠다. 마그레브 지역으로의 확장은 새로운 문화로의 길을 열어주었고, 이는 미래 새로운 문화권 외국 기업 실체들과의 통합을 용의하게 만들 중요한 사실이다. Luis Rodrigue는 세이텍(Satec)의 국제 시장 진출에 대해 언급하였다:

> 최악의 것은 끝났다. 우리는 이제 a reasonable 'need structure'가 필요하고 그것을 어떻게 운영할 것인지를 배워야 한다. 그리고 우리는 국제적 입지를 활용하고 다른 지역 간의 시너지를 발생시켜야 한다. 우리는 우리의 능력을 전달하는 데 자신이 있었고, 그 기회에 뛰어들 야망과 시간, 그리고 자본이 있었기에 모로코에 갔다. 경쟁자들이 왜 이러한 마그레브 시장을 주목하지 않는지 놀라울 따름이다. 나는 정말 이해가 가지 않는다.

지금으로선, 마그레브 지역에서 IT 네트워크 설치는 가장 주요한 수익원이다. 세이텍(Satec)은 이 시장에서 좀 더 확실한 입지를 다지기 위해 어플리케이션의 개발에도 더 깊이 들어가려고 애쓴다. 세이텍(Satec)은 지금 적극적으로 시장을 개척하고 미래 고객의 니즈를 위한 솔루션을 지금 고민하는 것이 중요하다고 믿는다.

새로운 시장의 개척

> 마그레브에서 세이텍(Satec)에서 진행하고 있는 프로젝트들은 우리가 스페인에서 진행하고 있는 것만큼, 혹은 그 이상으로 성공적이다. 몇몇 고객들은 우리의 모로코에서의 경험에 관심을 갖는다 그리고 우리는 심지어 프랑스(에서의 사업)도 생각하고 있다. 물론 이는 굉장히 도전적이고 거대한 시장이다, 그렇기에 우리는 뒷문으로 진입해야 할 것이다.
>
> **(Luis Rodriguez)**

세이텍(Satec)은 모로코에서 IT 네트워크 설치와 메시징 어플리케이션을 개발하는 작은 프로젝트를 시작했다. 세이텍(Satec)은 시장에서 최고로 인식되는 기업은 구전효과를 통해 시장을 장악할 수 있을 것이란 걸 깨달았다. 서비스 지향적 비즈니스에선, 언어는 핵심 요소이다, 왜냐하면 언어는 문화를 전파하기 때문이다. Juan Amias가 덧붙이길:

> 우리는 멕시코로 가려 노력한다, 하지만 이 국가가 (스페인과) 같은 언어를 사용한다고 해도, 문화의 관점에서 말은 다른 의미를 갖는다. 멕시코는 크고 이미 많은 기업들이 설립되어있다, 그렇기에 우리는 소비자들을 끌어오기 위해선 설득하는 자세로 다가가야 한다. 단일 전략이란 없고 변화에의 적응은 매우 복잡하다.

성공을 만드는 것은 언어와 문화적 근접성과 더불어 그 과정을 견뎌낼 인내이다. 더 나아가, 일을 다르게 진행할 수 있는 용기이다. Juan Amias가 덧붙였다:

> 우리는 일을 서면 상의 규칙대로 하지 않는다. 위험 투자가와 이야기를 하면, '우리는 일을 이렇게 저렇게 합니다'라는 말을 듣게 된다. 어쩌면 실제로 그러한 매뉴얼이 존재하고 그것을 사용하는 것이 바람직할 수도 있다, 하지만 우리 회사에는 그러한 매뉴얼은 존재하지 않는다. 우리는 어떠한 정해진 매뉴얼대로만 일을 해결한 적이 없다. 만약 규칙대로 하자면, 언어가 통하지 않는 곳에는 가지 않는 것이 맞다. 정말 매뉴얼대로 하고 싶다고 한다면, 끝까지 가도 그 어떤 기준도 알수 없을 것이다. 실제는 생각한 것보다 더 많은 수익 창출의 기회가 있기 때문이다. 그것이 매뉴얼이 쓰여져야만 하는 이유이다.

Luis Rodriguez에게 있어서:

> 많은 것들이 변해야 한다. 알제리에도 시장이 있을 것인가? 물론이다! 창 밖을 보아라; 그들은 해야 될 것이 많다. 투자의 측면에서 알제리에 가는 것은 안전할까? 물론이다! 바로 이 모퉁이 너머에 있다; (마드리드로부터) 비행기로 한 시간 거리에 있다. 그러나, 사람들은 알제리에 대해 편견을 갖고 이야기한다. 스페인의 가장 큰 가스 공급자는 알제리이다. 나는 우리의 투자가 옳았고 이를 통해 많은 것을 배웠다고 생각한다. 우리는 또한 포르투갈을 통해 포르투갈어를 사용하는 국가들로의 기회가 있고, 우리는 어쩌면 모잠비크나 앙골라 같은 다른 (사업) 기회들을 대표하는 곳으로 갈 수도 있다.

미래 전망

세이텍(Satec)은 변화를 위협보다는 기회로 보려 한다. 경쟁에서 뒤처지지 않고 스스로를 차별화하기 위해, 세이텍(Satec)은 통신뿐만 아니라 IT 시스템 및 응용 프로그램에서의 전문 지식과 경험을 활용하는 것을 목적으로 한다. 이를 달성하기 위해, 세이텍(Satec)은 지속적인 변화 프로세스를 시행해야 할 필요성을 느낀다.

> 오늘날 소비자와 공급자가 (이전보다) 협상력을 지닌다 할지라도, 잠재 고객들은 몇 년 전보다 IT에 더 관심을 갖고 있다. 오늘날, 그들은 IT가 성공적인 비즈니스의 핵심적 요소라는 것을 알고 있다. 이는 사람들이 15년 전엔 생각하지도 못했던 마케팅과 비슷하다. 이제 IT의 중요성은 내재화되었고, 이는 우리에게 더할 나위 없이 좋은 기회로 비추어진다.
>
> **(Juan Amias)**

높은 진입 장벽에도 불구하고, 세이텍(Satec)은 다음과 같은 사업 부문들을 미래에 가능성 있는 성장 시장들로 보고 있다: 의료보건정보 사이버교환(e-health); 환경과 물 치료(environment and water treatment); 방어(defence); 그리고 유동성(mobility). 예를 들어, 스페인에서 의료 서비스는 지역 정부에 의해 관리되고 산업은 높은 전문 기술에 의해 놀아간다. 스페인의 고위 관직자들은 예산과 프로젝트 집행에 강력한 권한을 가지고 있다, Juan Calleja가 말했다:

> 스페인은 거의 연방 국가이다. 예를 들어, 카탈로니아(Catalonia)는 독일의 어느 연방 정부보다도 더 큰 자치권을 갖고 있다. 이는, 실제로, 스페인의 자치구들끼리의 경쟁을 야기시킨다; 모든 지역이 다른 지역들에 비해 더 뛰어나기를 원하기 때문이다.

더 나아가, 공공부문 행정 총예산의 65%는 시민들과 전자 정보 교환을 통해 점점 더 많은 교류를 하고 있는 지역들에 의해 관리된다. 몇 십 년 전만 해도, 스페인은 도로 건설에 대규모 투자를 했다면, 지금 스페인의 고위 관직자들은 전국을 이을 정보의 고속도로를 설비하는 데 노력한다. 전자 행정(e-administration)이 대부분 지역적이라는 것과 시민 중심 접근의 트렌드는 세이텍(Satec)에 큰 미래 시장이 될 것이다.

Luiz Rodriguez는 소비자들의 고정 및 유선 회선 인터넷에의 응용이 성장한다면, 세이텍(Satec)의 비즈니스도 성장할 것이라 믿는다. 그가 말하길:

> 시스코(Cisco)는 놀라울 정도로 성공적이었다, 그러나 우리는 또 다른 파트너십을 찾고 있다. 오늘날, 시스코(Cisco)는 더 이상 기술의 선두주자가 아니다; 마케팅에서 선두 자리를 차지하고 있다. 시스코(Cisco)는 네트워킹을 했었다. 오늘날, iPod이 보여줬듯 사용자가 바로 리더이다. 예를 들어, AT&T는 애플(Apple)의 iPhone 덕분에 놀라운 순이익을 남길 수 있었다. 또한 유튜브(YouTube), 페이스북(Facebook), 그리고 트위터(Twitter)와 같은 웹사이트는 이미 수 천 만의 사용자들을 매료시키고 있고, 그에 따라 데이터 트래픽은 기하급수적으로 늘고 있다.

Juan Calleja가 결론지었다:

> 이제 큰 병목(bottleneck) 문제가 있다. 이는 스페인의 모든 IT 네트워크를 파괴하고 있다. 사람들은 더 많이 다운로드 하길 원한다. 우리는 인터넷의 수용성을 키우고 네트워크를 더 많이 개설해야 한다. 디지털 TV는 확실히 나오고 있고 현재의 백본(backbones)은 사용자의 수요를 다 감당하지 못한다. 우리는 PC를 다시 만들거나 하진 않을 것이다. 우리는 플랫폼 외에 어플리케이션과 서비스를 판매할 것이다. 언젠가는, 시스코(Cisco)의 고객들이 인터넷을 통해 어플리케이션을 구매할 것이다.

CASE STUDY 7

오티스 엘리베이터

IT를 통해 비즈니스 변화를 추진하다

은행에서 일하는 것보다 훨씬 더 지루하고 안전하며 모험성이란 찾아볼 수 없는 기업으로 경비원만 있으면 되는 오티스 엘리베이터를 들 수 있다.

Tom Wolfe, *한 남자의 모든 것*(New York: Farrar, Straus and Giroux, 1998), p.31

20번가의 북동쪽 코너에 있는 빨간 벽돌로 된 작은 탑이 있는 빅토리아풍 아파트는 뉴욕의 최초 조합형 아파트(cooperative apartment)이다. 고급스러운 로비가 살짝 보인다! 현관은 스테인드글라스와 민튼(Minton) 타일로 장식되어 있고 건물에는 오티스에서 제공하는 서비스 중 가장 오래된 1883년식 수력 승강기가 설치되어 있다.

Gerard R. Wolfe, *뉴욕 : 15가지 걷기 투어 방법* (New York: McGraw-Hill, 2003), p.261

2004년 초, 오티스 엘리베이터의 사장 아리 부즈베(Ari Bousbib)는 모회사인 유나이티드 테크놀로지(United Technologies, UTC)에 관한 발표를 마무리 지었다. 2003년 연간 보고서에 강조된 바와 같이, 지난 12개월은 오티스에게 있어 성공적인 시간이었다.

오티스는 암테크 엘리베이터 서비스(Amtech Elevator Services)를 인수함으로써 우리회사 역사상 두 번째로 큰 합병을 하게 되었다. 암테크는 미국 전역에 대학교, 호텔, 병원, 공항 그리고 컨벤션 센터 등의 고객을 두고 있다. 전체적으로 오티스의 이익은 10억 달러에서 79억 달러로 뛰었다. 운영 이익은 3억 달러에서 13억 8000만 달러로 늘어났으며 영업 이익 마진은 1%가 오른 17.4%까지 치솟았다.

오티스는 엘리베이터, 에스컬레이터 그리고 무빙 워크 사업에서 세계에서 가장 큰 제조회사이자 설치회사 그리고 서비스 제공자였다. 오늘날 그 운영 환경이 변하고 있다고 부즈베는 말한다. "우리는 더 이상 기계를 제조하지 않습니다. 우리는 물건을 움직입니다. 차별성의 중심은 실행 계획과 서비스 지수를 두 자릿수까지 올리는 것입니다." 오티스는 더 이상 구시대 기업이 아니었다.

몇 년 전 부즈베는 연례 리더십 회담을 개최했을 때 오티스의 다음 비전을 정했다. "엘리베이터 기업들 사이에서 뿐만 아니라 전 세계의 모든 기업 중 가장 인정받는 훌륭한 서비스를 제공하는 기업이 되자." 최고의 서비스를 실현하기 위해서 오티스는 활동 평가 비교 기준을 표준화된 업무, 원활한 프로세스의 진행 그리고 고객과의 상호관계와 관련된 모든 내부적 활동들의 지

Professor F. Warren McFarlan and Research Associate Brian J. DeLacey prepared this case with the assistance of the Global Research Group. HBS cases are developed solely as the basis for class discussion. Cases are not intended to serve as endorsements, sources of primary data, or illustrations of effective or ineffective management.

표를 갖춰서 고객 서비스를 제도적으로 하는 UPS를 정했다. 이러한 목표 달성은 오티스만의 문화를 바꾸는 데에 많은 도움을 줄 것이 분명했다.

부즈베의 표현에 따르자면, 회사는 단순히 엘리베이터만을 제공하는 것이 아니라 고객에게 통합적인 해결방법을 제시해야 한다. 이 말은 디자인부터 공급 그리고 유지를 위한 새로운 도구의 제조까지 고객 중심의 관점에서 이루어져야 하며 나아가 이 모든 기능들이 한 개의 소비자 중심적인 비스니스 모델로 통합되어야 한다는 것이다. 오티스 엘리베이터는 톰 울프(Tom Wolfe)의 표현과 다를 바가 없는 기업임을 증명했다.

기업 배경

오티스 엘리베이터는 1853년 '엘리베이터 브레이크 안전장치'를 개발한 기업의 설립자인 엘리샤 그레이브스 오티스(Elisha Graves Otis)로부터 명명되었다.(그림 1 최초의 엘리베이터 승객 참조) 오티스의 사업 핵심은 디자인, 생산, 설치 그리고 서비스와 엘리베이터 관련 제품들인 에스컬레이터와 무빙 워크였다. 1880년에 오티스라는 용어는 가장 실용적이며 인상적인 발명품인 승객용 엘리베이터와 동의어로 여겨졌다.

UTC의 회장이자 최고 경영자인 조지 데이비드(George David)(오티스에는 1975년에 입사해 1986년부터 회장을 역임)는 오티스의 최근 업적에 대해 "오티스 엘리베이터는 지난 3년간 어려운 경제 상황에서도 불구하고, 정말 뛰어나며 놀라운 결과를 보여주었다"고 말했다.

1997년부터 1999년까지 부즈베는 UTC의 전략 기획 부사장으로 있었으며, 1999년부터 2000년까지 UTC의 부회장으로서 기업 전략과 개발을 도왔다. 그의 나이 39세였던 2000년에 부즈베는 오티스의 책임 부사장과 최고 운영 관리자를 역임했다. 2002년에 부즈베는 오티스의 회장으로 선출되었다. UTC에 오기 이전 그는 해외 관리와 기술 컨설팅 회사의 파트너로 있었다. 부즈베는 파리의 Ecole Supérieure dex Travaux Publics에서 기계공학 박사학위를 받았고 콜럼비아 대학교에서 MBA과정을 마쳤다.

2004년 오티스는 전 세계에 150만 대의 엘리베이터와 10만 대의 에스컬레이터를 설치했다. 오티스는 세계에서 가장 높은 20개의 건물 중 10곳에 자사의 엘리베이터를 설치했고 140만대가 넘는 엘리베이터와 에스컬레이터가 현재 시공 중에 있다. 오티스는 200여개의 국가와 지역에 제품을 판매했다. 엔지니어링 본사는 코네티컷의 파밍턴에 위치해 있고 첨단 시설을 갖추고 있으며 일본, 프랑스, 독일, 스페인, 한국 그리고 중국에도 위치해 있다. 6만 명 직원들의 90%가 미국이 아닌 해외에서 근무하고 있다. 오티스는 북미와 남미, 서유럽 그리고 중동, 북유럽과 동유럽, 중앙 유럽, 북아시아, 남아시아 그리고 일본까지 총 일곱 개의 지역으로 나누어 사업을 분배했다.

이익은 2000년에 60억 달러에서 2003년 말에는 80억 달러까지 치솟았고 이 중 80%는 미국이 아닌 곳에서 발생했다. 10%에 맴돌았던 회사의 영업이익률 return on sales은 2000년에는 13%까지 올랐고 5%의 성장을 보이며 2004년도 1분기에는 18%에 이르렀다. 마진율이 커질수록 생산율과 이익도 늘었다. 오티스는 25년 전 합병 때부터 한결같이 안정적이며 꾸준하게 UTC의 이익(profit)에 기여를 했다. 2000년도부터 2003년까지 오티스가 UTC에 공헌한 이익은 25%에서 35%로 상승했다. 오티스의 판매와 수익 성장은 UTC의 실적 향상을 돕는 데 많은 역할을 했고 2004년도에는 2003년도보다 14%가 오른 350억 달러의 이익을 거두었다.(그림 2 UTC의 주식 실적 참조)

엘리베이터 산업: 경쟁과 시장

오티스의 주요 '하드웨어'경쟁자로는 다국적 기업인 히타치(Hitachi), 키네텍(Kinetek), 콘(KONE), 미쓰비시 전자(Mitsubishi Electric), 쉰들러 홀딩(Schindler Holding), 테이텅(Tatung), 티센 크루프(ThyssenKrupp), 그리고 도시바(Toshiba)가 있다. 산업 경쟁자들은 주로 이익 마진을 5%에서 10% 정도를 내는 기업들이다.

그림 1 최초의 엘리베이터

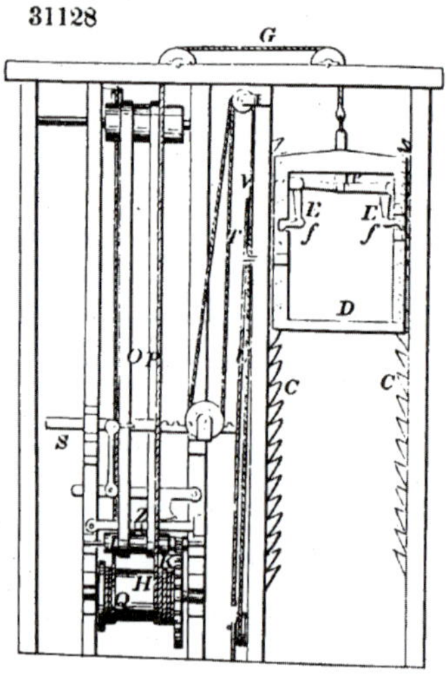

엘리샤 그레이브스 오티스의 이야기는 창의성, 기회, 그리고 기업에 관한 교과서에 나올 법한 것이다. 빅토리안 아메리카의 다른 전설속 영웅들과 함께, 오티스는 전형의 하나로 자리잡았다. 용커스에 있는 작은 공장에서 싸구려 침대들을 만드는 모습을 상상해 보라. 젊은 엘리샤 오티스는 침대를 높이고 낮추는 시스템의 숙련공이자 발명가였던 무미건조한 자신의 미래에 대해 생각하고 있었다. 그때 뉴욕 허드슨 가에 사는 뉴하우스 씨(Mr.Newhouse)가 들어왔고, 상품을 이동시키는 문제에 오티스의 안전한 엘리베이터를 적용시킬 수 있냐고 물었다. 오티스는, 실제로, 침대틀을 높이는 것이 아니라 물건을 운송시킬 수 있는 두 대의 엘리베이터를 만들 수 있었다. 2년 뒤 뉴욕에는 27대의 오티스 엘리베이터가 설치되어 있었고, 명성과 부의 기반이 마련되었다. 오티스는 그의 안전한 엘리베이터에 대한 실험을 1853년 뉴욕 크리스탈 궁전 전시장에서 개성 넘치고 극적인 방식으로 선보였다. 그는 스스로 엘리베이터 플랫폼에 올라갔고, 관중들과 들뜬 저널리스트들이 보는 앞에서 서스펜션 코드를 끊었다. 하지만 아무 일도 일어나지 않았다. 래크와 안전장치 피니언으로 인해 그는 무사할 수 있었기 때문이다. *안전합니다, 여러분!* 최초의 승객용 엘리베이터는 브로드웨이에 있는 호그우트 백화점(E.V.Haughwout and Co.)에 1857년 설치되었는데, 이 엘리베이터는 마을의 이야깃거리이자 선망의 대상이 되어 수많은 관광객을 모았다.
오티스 콜렉션.

BROADWAY: THE STORE OF MESSRS. E. V. HAUGHWOUT AND CO.

Source: F. Warren McFarlan and Donna B. Stoddard, 'Otisline (A),' HBS Case No. 186-304, revised 1990 (Boston: Harvard Business School Publishing, 1986).

그림 2 유나이티드 테크놀로지의 주가
2003년 1월 1일~2004년 1월 1일

Source: Company documents.

작은 건물 프로젝트의 경우 청부업자, 설계자 또는 건물 주인이 엘리베이터 시공자를 선택한다. 더 큰 프로젝트의 경우 주로 이 모든 세 관계자가 결정 과정에 참여한다. 구매자는 안전 능력을 바탕으로 엘리베이터의 성능과 건물 규격, 가격, 명성 그리고 과거 실적을 고려해 엘리베이터 회사를 선정한다.

엘리베이터 서비스 기업은 건물 주인 또는 소유 관리사와의 관계, 질 그리고 가격에 의해 선택을 받는다. 건물이 낡고 차용자의 경쟁이 늘수록 서비스의 비용은 중요한 고려 대상이 되고, 가장 낮은 가격을 제시한 입찰자가 대부분 서비스 계약을 따낸다. 많은 엘리베이터 생산자들이 장기 서비스 계약의 경우 할인을 해준다. 일부는 새 엘리베이터와 몇 년간의 무료 서비스를 묶어서 제공하며 고객을 유지하고 유치하려 노력하고 있다. 새 엘리베이터를 판매하는 것은 건물의 수명 주기에 직접적으로 영향을 받지만 엘리베이터 서비스 시장은 이제까지 매우 안정적이었다. 설비된 엘리베이터가 늘어날수록 매출에서 서비스가 차지하는 비중이 새 제품을 판매하는 것보다 늘어가고 있다.

서비스 시장은 꾸준한 수요와 낮은 진입장벽, 그리고 높은 수익률 때문에 많은 기업들이 몰릴 수밖에 없다. 1,000개가 넘는 엘리베이터 서비스 기업이 존재하는 가운데 엘리베이터 제조자와 많은 작은 기업들이 압도적으로 엘리베이터 서비스에 집중하고 있다. 이런 기업들의 대부분은 마이크로프로세서 기반의 조절 장치를 사용해 평범한 기술을 사용한 제조자의 엘리베이터를 서비스하고 있었다.

미국과 서유럽 국가들의 엘리베이터 시장은 성숙한 상태였고 새 엘리베이터의 판매는 주로 신흥 경제국에서 이뤄지고 있었다. 중국은 특별히 주목받는 시장이자 성장의 원동력이었다. 2002년도에는 중국에서만 6만 2,000대의 엘리베이터와 에스컬레이터가 설치되었다.

2000년부터 2004년까지 오티스는 중국 엘리베이터 시장을 취득하면서 빠르게 성장했다. 오티스의 경쟁사 콘(Kone)은 "중국은 세계 엘리베이터 산업의 성장 원동력이다"라고 했다. 중국 시장에서 오티스와 콘의 경쟁사로는 쉰들러, 미쓰비시, 그리고 히타치가 있다. 중국 시장은 서비스가 이익의 75%를 차지하는 성숙한 시장과 달리 매출의 거의 전체가 신제품 판매에서 생겨난다.

오티스라인® 고객 서비스 센터– 초기에 IT를 활용하다

1980년대 초 전무이사이자 최고 운영권자인 조지 데이비드의 촉구에 의해 오티스는 기계공 파견을 위해서 통합된 고객 서비스 시스템을 구축했다. IT 부서는 24 × 7 콘셉트의 OTISLINE 고객 서비스 센터를 시행하기 위해 다양한 기능영역과 함께 노력했다. 과거 서비스 직원들은 지역 사무실에 떨어져 있었고 서비스 진행 상황, 대처 시간 또는 제품의 판매 축적에 대해 포괄적인 시각을 가질 수 없었다.

새롭게 설치된 메인 프레임을 통해 운영되는 오티스라인 고객 서비스 센터는 160명의 파견 직원을 통해 24시간 고객의 질문에 빠르게 응대했다. 다양한 오티스에 관한 정보들이 통합되었다. 빠른 응대는 중요한 사안이었다. 고객 서비스 경험은 전체 고객 응대를 할 때 5초를 넘기는 경우가 2%를 넘기면 안된다는 점을 확인시켜줬다.

오티스라인 고객 서비스 센터는 엘리베이터 서비스 산업의 관리 역량 가능성을 높였고 고객에게 더 나은 서비스를 제공하게 되었다. 이전까지만 해도 서비스 문제들은 아주 심각한 상황이 아닌 이상 관리 임원들은 모르는 경우가 대부분이었고 이러한 이유 때문에 고객 불만과 서비스 계약 취소가 잇따랐다.

오티스는 오티스라인 고객 서비스 센터로부터 다양한 관리 단계에서 신고를 받았다. 예를 들어, 어떤 엘리베이터에 관해 한 달에 2번이나 3번의 신고를 받는 경우 지역 매니저에게 통보되었다. 90일 안에 8번이상 신고를 받는 경우, 지역 부사장에게 전달이 되었다. 중요한 안건들은 지사장에게 전달되었다. 신고를 줄이고 제품의 신뢰도를 높임으로써 고객 만족도를 높이고 관리 계약 취소를 줄이려는 의도가 있었다. 오티스라인 고객 서비스 센터는 미국에서 처음 시작해서 다른 지역의 오티스 지사로까지 확대되었다.

오티스라인 고객 서비스 센터를 통해 매니저들은 서비스 운영 사업을 성실하게 운영하는 데에 필요한 정보를 얻을 수 있었다. 기술의 도움으로 인해 오티스는 기업을 새롭게 재건할 수 있었고 불필요한 단계들을 제거해 고객, 직원 그리고 임원 간의 커뮤니케이션 속도를 높였다.

1980년대의 또 다른 중요한 IT 애플리케이션은 REM® 엘리베이터 모니터링이다. 이 애플리케이션은 마이크로프로세서 기반의 엘리베이터를 모니터하고, 시스템 조정과 수행 통계를 다른 컴퓨터로 이관하는 역할을 한다. 엘리베이터가 컴퓨터를 통해 본사로 고장이 난 것을 알리면, 컴퓨터는 서비스 정비사들이 수리를 위해 파견을 보내기 전에 문제를 살펴보고 고장 보고서를 제공하는 역할을 했다.

REM 엘리베이터 모니터링 정보를 통해 서비스 정비사들은 고장이 없는 엘리베이터도 점검을 하는 최고의 역량을 발휘해 소비자가 고장을 인식하기 전에 문제를 해결할 수 있었다.

오티스라인 고객 서비스 센터의 콘셉트는 고객의 엘리베이터 관리 산업에 대한 기대에 중대한 영향을 끼치며 계약 취소율을 낮추었다.

다음 변화 단계를 위한 준비

부즈베는 서비스 기업은 끊임없는 관리를 통해 제품이 고장나지 않게 해야 한다는 것을 깨달았다. 부즈베는 "우리는 엘리베이터를 관리하고, 고객들에게 서비스를 제공한다"라는 문장을 좋아한다. 이 뜻은 오티스가 세계적인 수준의 서비스를 제공하기 위해 다양한 서비스 문화를 포용하려고 했고, 세계적인 수준의 서비스를 실현하기 위해 프로세스를 발전시키려 노력했다는 것이다. 오티스는 오티스라인 고객 서비스 센터와 REM 엘리베이터 모니터링 같은 서비스지원 도구를 넘어 단순히 사업 유지를 위해서뿐만 아니라 새로운 기구 디자인, 공급 사슬, 새로운 기구 배달 그리고 장비 설치 같은 기존 과정까지 재정의하려 했다. 부즈베는 "엔지니어링과 제조 기업으로서 우리는 고객 서비스 과정에 똑같이 중심을 두고 있지 않다…… 우리는 서비스 기업이라는 사실을 더 잘 인식시키기 위해 기업 문화를 바꿔야 했다. 이러한 새로운 과정들은 회사의 모든 운영에 속해 있어야 했다"고 말했다.

2002년 초, 부즈베는 주문-전달 주기를 5년 안에 5배 향상시키기 위해 BHAG라고 부르는 새로운 장비 사업 주기에 집중하기로 했다. 기록에 따르면, 이 전체 작업과정은 고객과 다른 여러 조건들에 의해 8개월에서 18개월이 걸렸다. 부즈베의 목표는 소요 시간을 줄이고 제품 배달의 질과 서비스를 모든 고객에게 한결같이 제공하는 것이었다(표 A 참조).

이러한 발전은 동시 다발적으로 이루어진 엔지니어링, 공급 사슬, 그리고 판매와 장비설치 과정의 변화를 통해 이루어질 수 있었다. 덧붙여 장족의 발전을 이루게 한 대표적인 온라인 물류(e*Logistics™)프로그램이 개발되었다.

엔지니어링

오티스는 1995년부터 150개 이상의 기업을 합병시켰다. 각각의 기업들이 자신들의 제품과 운영 방식을 갖고 있었다. 이러한 다양한 제품들은 오티스 가족이 되기 위해 표준화되어야 했다. 동시에 오티스는 지역 중

표 A 5배 향상된 주문-전달 주기

전체 사업과정의 단계	경과 시간의 비율 (현재 %)	주기 시간 단축 (목표 요소)
프로젝트 제안	3	10×
판매 처리	8	4×
주문 완료	30	5×
현장 설치	41	12×
마감 작업	18	2×
전체	100	5×

Source: Otis internal documents.

심의 제품 전략을 해외에서도 사용하게 만들어야 했다. 이러한 점은 전체적인 비효율성과 복잡함을 초래했다. 오티스는 국제적 요소들의 범위를 한정짓고 국제적인 시스템과 지역적인 방법의 통합을 추진했다. 그 결과, 모든 엔지니어링 센터는 재구성되고 중앙센터로 통보되어 글로벌 차원에서 엔지니어링 기능을 수행할 수 있게 했다.

2001년 오티스는 제품 형태를 대대적으로 수정하고 무엇보다도 디자인 과정을 바꾸기 위해 SIMBA™라는 프로그램을 시작했다. 이 프로그램의 목표는 모든 오티스 엘리베이터 시스템을 만들 수 있는 표준화된 인터페이스와 모듈 기반 형식의 모듈 프로그램/부품 그리고 하부 시스템을 제공하는 것이었다.

SIMBA 프로그램은 모듈의 수를 줄이고 가치사슬에서 프로젝트 비용을 감소시켰다. 이로 인해, 새로운 모터 디자인과 같은 특별한 엔지니어링 프로그램들은 500개에서 50개까지 줄일 수 있었다. 스탠퍼드 대학교에서 공대 이학석사이자 MBA를 마친 톰 색스(Tom Saxe)는 1987년 오티스에 입사해서 2003년 엔지니어링 부사장이 되기 전까지 운영 총괄자와 제조 부서 관리자, 그리고 엔지니어링 분야에서 다양한 직책을 수행한 바 있다. 색스는 "한때 오티스는 72개 종류의 모터를 생산했다. SIMBA프로그램 덕분에 나중에는 10개까지 디자인 수를 줄일 수 있었다"고 회상했다.(그림 3 오티스의 최신 엘리베이터, 그림 4 전형적인 오티스 엘리베이터의 주요 하부시스템 참조)

새 프로세스의 일부 가운데 모든 고객에게 사용할 수 있는 기본적인 전문 용어를 고수하는 것도 포함된다.

- 프로젝트(project): 고객 프로젝트를 완성하는 것(대부분의 경우 단일 계약)
- 계약(contract): 모든 엘리베이터나 에스컬레이터에 대해 고객과 상의
- 제안(proposal): 엘리베이터나 에스컬레이터의 모든 가능한 배치 방법
- 그룹(group): 비슷한 엘리베이터, 에스컬레이터를 뜻함(예를 들어, 고층에 인접한 엘리베이터들은 한 그룹에 속함)
- 유닛(unit): 각각의 엘리베이터와 에스컬레이터를 뜻함
- 필드 모듈(field module): 조정기, 기계, 프레임, 모터 등(대부분의 경우 모델에 따라 20~60개 정도)
- 하부 시스템(subsystem): 필드 모듈의 논리적 그룹(대부분의 경우 한 유닛당 10~15개 정도)

공급 사슬

1990년 대에 오티스는 진사적 품질 관리(total quality management, TQM) 전문가인 이토 유즈루(Yuzuru Ito)박사에게 조언을 받는 내용을 시행했다. UTC 독점 프로그램인 경쟁우위 확보 프로그램(Achieving Competitive Excellence, ACE)은 문제 해결의 표준적 모델과 도구로 설계되었으며 직원들이 문제를 분석하고 해결함과 동시에 지속적으로 향상시킬 수 있게 도왔다.

1995년 오티스의 52개 공장은 제조 과정을 합리화해 2003년에는 26개가 되었다. 제조공장은 가장 낮은 가격에 고품질제품을 만들 수 있는 곳으로 옮겨졌다. 오티스는 두 가지 고민을 했다. 가치사슬에서 부속품을 생산할 것인가 하지 않을 것인가, 그리고 만약 생산한다면 어디서 작업을 할 것인가였다. 이전에 제조했던 제품의 일부는 아웃소싱되었다. 2001년 부즈베는 공급관리 기능과 제조 기능을 전략의 핵심 동인인 하나의 글로벌 공급 사슬과 물류 관리 기능으로 통합하는 재편

그림 3 북미 시장에 선보인 오티스의 Gen2™ 엘리베이터 시스템

3년전 오티스는 Gen2™을 선보이며 세계 엘리베이터 시장을 놀라게 했고 이로 인해 북미의 저-중층 높이의 건물에 사용되는 국제적인 제품이 되었다. 오티스 엘리베이터는 유나이티드 테크놀로지(NYSE:UTX) 사에 종속된 기업이다.

Gen2 엘리베이터는 지난 150년 동안 선보인 오티스의 신제품 중 가장 빨리 판매된 기록을 갖고 있다. 이 신기술의 특징은 최초로 강철 코팅된 납작한 벨트를 이용해 엘리베이터를 들어올린다는 것이다. 벨트들은 1~2 인치(30~60 mm) 넓이로 10분의 1인치밖에 안되는 두께지만(3 mm) 1800년부터 사용되어 왔던 전형적인 강철로 짜인 두껍고 무거운 케이블보다 더 튼튼하고 오래가며 더 유연하다.

결과적으로 이 기술은 혁신적이었고 Gen2 시스템은 기존 시스템의 4분의 1 사이즈밖에 되지 않았으며 분리된 기계실이 필요하지 않았음은 물론 더 우수하고 에너지 절약적이며 향상된 승차감을 선사했다.

Gen2™ 시스템의 강철 코팅된 납작 벨트는 신장성이 높은 강철 12가닥을 꼬아 검은 폴리우레탄으로 감쌌다. 이 벨트는 기존의 무거운 강철 밧줄보다 소음이 적게 나고 더 가볍다.

유연성이 강한 벨트는 반지름이 4인치(100 mm)밖에 안 되는 도르레를 감고 있는데 이것은 기존 로프의 기술로 가능했던 사이즈의 20% 밖에 차지하지 않는다. 압축된 도르레는 엘리베이터 기둥이나 승강구에 사용될 정도로 작기 때문에 에너지 절약적인 기어가 없는 기계에 사용된다.

Gen2의 디자인은 중-저 높이의 건물에 사용된 오티스의 최초 기어가 없는 기계 기술의 방법이었고 기존 고층 건물에서만 볼 수 있었던 기어가 없는 간결함, 승차감, 신뢰, 그리고 에너지 절약을 고객에게 제공했다.

Gen2 시스템의 커뮤니케이션 구조의 중심에는 컴퓨터 기반 시스템으로 작동을 측정하고 검사하는 REM® 조정 모니터링 시스템이 있었다. REM 데이터는 꾸준히 엘리베이터 시스템의 작동을 추적하고 확인하며 사소한 결함으로 인해 문제가 생기거나 고장이 나기 전에 오티스에게 알려주는 역할을 했다. 이러한 시스템은 오티스 정비사들이 대부분의 경우에 고객과 탑승객이 문제를 발견하기 이전인 적절한 시기에 엘리베이터 수리를 할 수 있게 했으며 엘리베이터의 수명을 연장했다.

Gen2 시스템은 5,000파운드까지의 탑승 인원을 싣고 분당 350피트의 운행을 할 수 있으며 30피트 높이의 건물까지 설치가 가능하다.

Source: Otis Elevator Newsroom, May 8, 2003, www.otis.com

성을 한다고 발표했다.

톰 울프의 표현처럼, 많은 직원들이 아직도 오티스를 제조회사로 생각하고 있다. 부즈베는 이런 고정관념을 바꾸고 사원들에게 정해진 품질 조건의 중요성을 알리고 싶어했다. 어떠한 엘리베이터 부품도 자체적으로 생산해내야 할 전략적 이유가 없었다. 그는 오티스의 많은 이들을 놀라게 한 "나는 우리가 아무것도 만들지 않아도 된다는 결론을 내렸다"는 말을 남겼다. "우리가 부품을 만드는 유일한 이유는 비용과 물류 때문이다."

공급사슬 부서의 책임자 빈센트 델라 발레(Vincent Della Valle)는 엘리베이터의 문, 차체, 카펫, 전구 그리고 다른 특징들을 포함한 외관을 담당하고 있다. 그의 조직은 공급 사슬의 생산부터 완성까지 소요되는 시간을 국제적 수준까지 끌어올리기 위해 많은 노력을 했다. 가장 손쉬운 방법은 엘리베이터 모델의 수를 한정해서 국제적으로 판매하는 것이었다. 그렇지만 소비자의 욕구, 설계 기준, 그리고 미적 수준의 판단으로 인해 이러한 것은 불가능했다. 델라 발레는 "우리는 전 세계에 동일한 엘리베이터를 판매할 수 없다는 것을 깨달았다. 공급 사슬 부서의 가장 큰 문제는 다양한 국가에 있

그림 4 엘리베이터 하부 시스템

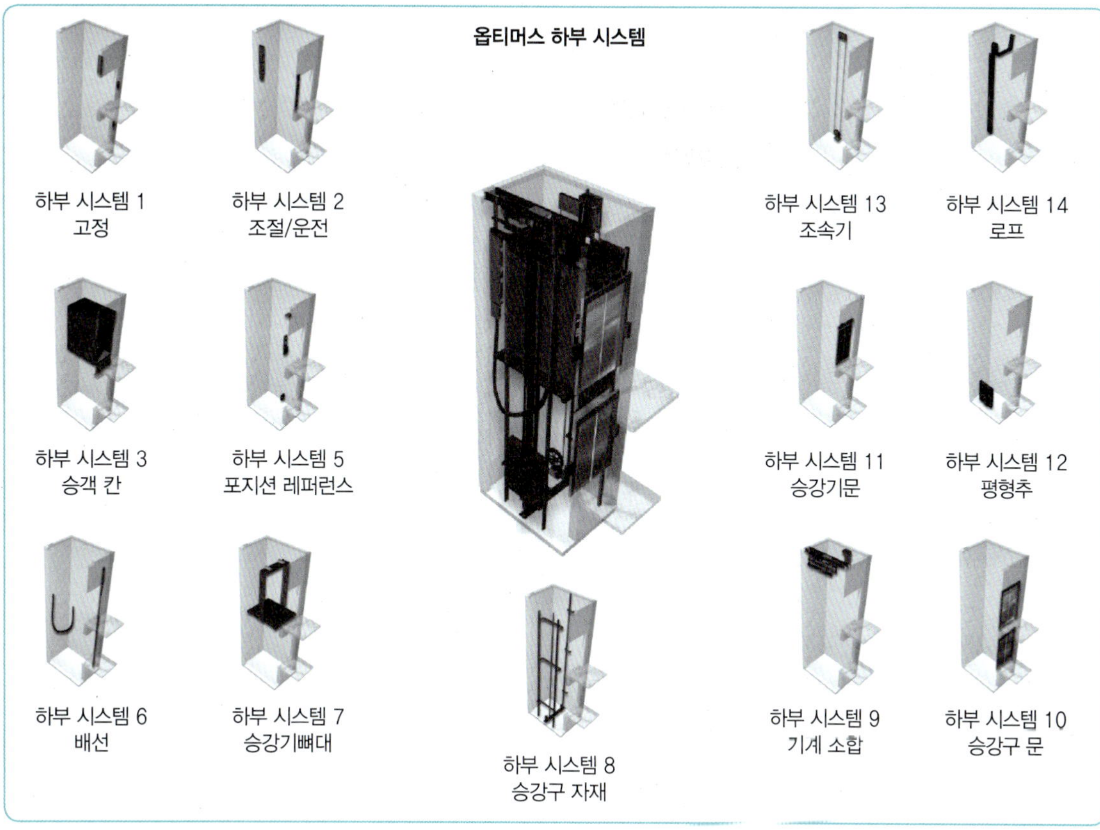

Source: Otis company documents.

는 국제적 공급자들을 조정하는 일이었다. 우리는 공급자들과 함께 공격적으로 배달 시간을 조정해야 했다. 온라인 물류는 중요한 요소였다."

판매와 현장 운영

토니 블랙(Tony Black)은 플로리다의 아틀랜틱 대학교에서 공학박사 학위를 받고 다든 경영대학원(Darden School of Business)에서 MBA를 마치고 1991년 오티스에 입사한 후 국가 사무소에서 회계 관리를 했었고 후에는 현장 운영의 관리자로 있었다. 2001년부터 블랙은 전 세계 지점의 품질과 현장 업무 책임을 맡았다. 그는 최초로 SIP(Sales and Installation Process) 시스템을 도입한 장본인이다. ACE 프로그램의 경험을 바탕으로 블랙의 팀은 오티스의 판매와 현장 운영에 대한 가장 좋은 사례들을 모았다. 그에게 있어 가장 중요한 목표는 오티스 제품의 설치시간 단축, 현대화 작업 그리고 평균 40달러의 유지 비용 등을 더한 6,500만 시간의 연간 노동을 합리적으로 개선하는 것이었다.

가장 성공적인 판매 부서에서 최고의 사례들이 발견되었고 이러한 사례들은 기업의 표준으로 설정되었다. 예를 들어 입찰 전 점검표는 모든 판매 주문자의 필수사항이 되었다. 이러한 예는 고객의 욕구를 파악하는데 도움을 주는 중요한 요소가 되었고 판매와 설치 팀들이 판매과정에서 고객의 제안을 초기에 함께 상의할 수 있게 해주었다.

온라인 물류-정보의 변화

정보 변화의 가장 중요한 역할을 한 프로젝트는 온라인 물류 정보 변화 프로젝트(e* Logistics information transformation project)였다. 이 프로젝트로 IT 시스템이 기업의 전체적인 사업 과정을 재설계하는 일을 관리하게 되었다.

프로젝트 팀은 판매, 현장 업무의 전문가와 함께 공정 개발과 시스템 개발을 이끈 IT 프로젝트 관리자로 구성되었다. 프로젝트 팀은 부즈베가 책임을 맡았고 일주일에 두 번씩 회의를 하는 조정 위원회에 직접 보고를 했다.

줄리아노 디 프란체스코(Giuliano Di Francesco)가 오티스의 공학부로 합류했다. 그는 2001년 온라인 물류 프로그램의 총 책임자로 임명되기 전까지 공학부서, 제조부서 그리고 물류부서에서 다양한 직책을 역임했다. 그는 원래 예정된 프로젝트 발표에 참여했었다. 첫 번째 단계는 계약 견적, 가격 경쟁 그리고 온라인 주문으로 인해 개발이 더딘 개별 IT 신생 기업들을 하나로 통합하는 일이었다.

디 프란체스코는 온라인 물류 프로그램을 판매와 공장 그리고 웹을 통한 현장 운영의 연결고리로 보았다. 이 프로젝트에 사용된 기술은 열린 표준, 인터넷 기반 커뮤니케이션, 작업 흐름 도구 그리고 기존의 ES를 통한 백 엔드(back-end)통합 등이다. 사실 모든 기술은 오티스의 로제타넷(RosettaNet) 같이 오티스의 소프트웨어 자원과 데이터 인터페이스 기준에 기반해 만들어지고 독점되어 있었다.

부즈베는 오티스가 '무한한 정보망'이 되고 온라인 물류 프로그램 정보 변화의 주요 촉진자의 역할을 하게 되리라는 관점을 갖고 있었다. 부즈베는 목표를 이렇게 그렸다.

> 과거 우리는 물리적 재산을 관리하는 것에 초점을 맞췄었다. 진화의 다음 단계는 엘리베이터와 에스컬레이터 시스템의 생산과 운영 그리고 설치와 관리 과정의 실현에 참여하는 모든 직원 간의 정보 흐름을 관리하는 일이다. 이 단계는 정보의 흐름이 생산 흐름을 좌우하는 회사 전체를 재정비하는 단계이다. 이러한 과정은 현재의 기술, 네트워트, 월드와이드웹(World Wide Web)과 최신 컴퓨터와 소프트웨어 도구들이 있기에 가능한 일이다.

오티스의 「2001년 세계 사업 현황 보고서」는 두 가지 목표를 강조했다. '첫째, 혁신, 품질, 비용과 속도 개선을 위한 지속적인 변화 추구 둘째, 제품과 서비스 관리를 주력으로 한 사업 경쟁력을 고객 불만 관리와 최종적으로는 물류/정보 관리로 바꾸는 일.'

디 프란체스코에 의하면,

> 지속적인 변화를 위해서는 온라인 물류 프로그램과 변화된 비즈니스 프로세스가 정착될 수 있게 해야 한다. 처음엔 사업 이사들이 SIP로부터 프로세스의 성장을 보지만 이후에는 고작 몇 명의 직원들이 떠나면 이익은 바닥을 치고 예상했던 것과 맞지 않는다. 온라인 물류 프로그램을 통해 SIP의 최고 사례가 기업에 적용되었고 지속적인 변화를 위해 제도화되었다.

사실 기업의 모든 사람들이 온라인 물류 프로그램을 가치사슬이 새롭게 변화된 후부터 프로그램을 사용하고 싶어했다. "새로운 구조물 사업 전체에 우리가 끼치는 영향, 이것이야말로 나와 우리 팀원들에게 힘을 주는 원동력이다"라고 디 프란체스코는 말했다.

주요 프로세스들과 온라인 물류 프로그램에 상응되는 요소들은 다음과 같다.

프로젝트 제안서

신규 고객과의 협상을 시작하는 단계에서 SIP는 예비입찰 과 관련된 확인목록을 제공한다. 이 과정은 간단한 사항을 기입하는 일이었다. 온라인 물류 프로그램 도입으로 판매 관리자와 현장 설치 관리자들은 규정된 예비입찰 과정의 일부분인 프로젝트를 검토하고 승인하는 일을 해야 한다(과거에는 현장 설치 감독관들은 엘리베이터의 부품들이 작업장에 도착하기 전까지는 판매 주문 정보를 알 수 없었다). 새로운 프로세스는 모든 것이 전자화되어 있었으며 최종 사용자들에게 확인되는 프로젝트의 규모와 비용들은 집행하기 편리했다. 완벽하게 자동화된 신규 프로세스는 예상에 대한 확률을 높임으로써, 고객과의 평생 거래를 이끌었고, 괄목할만한 시장발전을 만들어냈다.

프로젝트 제안서의 다른 요소들은 다음과 같다.

1 *고객계정에 관한 정보를 수집해라.* 대부분의 오티스 회사들은 복잡한 고객 관리 시스템(Customer relationship management syetem, CRM)을 갖고 있지 않다. 북미는 메인프레임 시스템이 있었고 프랑스는 시벨Siebel을 사용했다. 많은 국가의 기관들이 단순한 PC를 이용한 데이터베이스에 의지하거나 아무것도 이용하지 않았다.

2 *엘리베이터의 외형을 결정하라*(제안된 엘리베이터의 세세한 사항들을 모두 정리하는 일). 유럽, 아시아, 그리고 북미에 있는 오티스 지사들은 메인프레임이나 PC를 통한 간단한 스프레드 시트의 외형결정(configuration) 시스템에 의지하고 있다. 사실 대다수의 지점들이 여전히 요구사항들을 종이에 적어 제출하고 공장에서 고객의 제안에 따른 외형 관련 일들을 해주는 것에 의존하고 있다.

3 *제안서 준비*. 일부 국가들은 제안서 작성을 위해 엘리베이터와 공학 설계도 설치를 포함한 선적 부분을 향상시켰다. 일반적으로 사업 원형은 존재했지만 어떤 국가에서도 손쉽게 버튼을 누르기만 하면 제안서를 준비하거나 공장과 직접 연락을 할 수 있게 할 만큼 통합된 서비스까지는 제공하지 않았다.

온라인 물류 프로그램이 도입되기 전에 처음 두 요소들은 최소한의 자동화 방법을 사용했고 세 번째는 대부분 수동이었다. 데이터들은 여러 시스템에 퍼져 있었고, 공유를 위해서는 대부분 다시 작성을 해야 했다. 온라인 물류 프로그램은 이 모든 과정을 자동화하였고, 데이터를 통합하였다. 기술들은 기본적인 단계들부터 작동되었고 주문 변경을 관리하는 일은 수월해졌다. 웹 기반의 프론트 엔드/백 엔드 데이터베이스, 그리고 개개인의 사용자들이 맡은 역할에 따라 시스템을 사용할 수 있는 작업흐름 기술을 갖춘 이 기술은 오티스가 2년에 걸쳐 개발했다.

마지막으로 온라인 물류 프로그램은 제안서의 정보들을 직접 오티스의 재정 시스템에 입력한다.

판매 과정

고객이 제안서를 받아들인 순간부터 주문은 예약되고, 확정되고, 작업이 예정된다. 예전에는 이러한 과정들이 일일이 손을 거쳐야 했지만, 온라인 물류 프로그램으로 인해 필요한 모든 주요 서류들은 관리자들 사이에서 전자적으로 공유가 가능해지면서 모든 일의 흐름이 자동화되었다.

이로 인해, 주문 예약과 데이터를 표준화된 인터페이스를 통해 직접적으로 여러 오티스 재무 시스템에 입력하는 일이 절정에 이르게 되었다(하이페리온(Hyperion®)은 전 세계의 자료를 모아서 기업 시스템에 저장하는 방식을 취했다).

계약이 성사되면 현장 설치 관리자가 고객을 만나고 계약된 현장 설치 기간을 점검하는 사항이 의무화되었다. 가장 중요한 점은 공장이 주문을 접수하기 전에 현장 설치 관리자가 현장을 방문해 작업 현장의 업무 능력과 준비성을 평가하고 납품 기일을 맞출 수 있을 것인지에 관한 견해를 기록하는 것이다. 이러한 일은 소요시간을 관리하고 제조 단계를 줄이고 오티스 가치사슬의 불필요한 사항들을 제거하는 일에 기여했다.

긴 판매 과정 동안 오티스의 직원들은 꾸준히 고객들이 주문을 재설계할 수 있게 도와주었다. 온라인 물류 프로그램은 기록을 수정하는 일을 수월하게 하면서 동시에 전체 공급 사슬을 알아보기 쉽게 했다.

주문 처리

부즈베는 공급 사슬 부서에게 이렇게 말했다. "궁극적으로 우리의 장기적인 목표는 제조 중심적인 사업에서 물류와 정보 관리로 전환하는 것이다."

변화의 중심에는 많은 CLC(contract logistics centers)의 설립이 있었다. CLC들은 판매 기관으로부터 주문을 받고, 시간에 맞춰 배달을 하고, 현장에서 시스템을 마무리하는 역할을 했다. CLC는 제조를 하는 것이 아니라 오티스 공장, 제조자, 현장에 대한 평가, 그리고 제품 향상 과정을 포함한 공급 사슬을 관리했다. CLC는 또한 시장 분석, 소비자의 욕구 조사 그리고 제품의 외형을 만드는 일을 했다.

CLC도입 이전 판매 대표자들은 오류가 날 수 있고 부피가 매우 클 수밖에 없는 방법이지만, 각국에서 공장으로 직접 팩스를 보내거나 서류를 소포로 부치는 방법을 통해 주문을 했었다.

CLC가 최초로 설립되었을 때는 단순히 제조 환경만 갖췄던 하위시스템 통합관리자(Subsystem integrators, SSIs) 간의 모든 물류와 정보를 관리하고 있었다. 향후 SSI는 기존의 하위 시스템에서 오티스 소유의 기업 또는 아웃소싱된 공급자인 저가 제공자가 될지도 모른다.(그림 4 참조) CLC 또는 SSI의 전체 가치사슬의 내부 업무 소요시간을 줄여야 한다는 주장이 있었다. 몇몇 부분에서는 발전이 빠르게 이뤄졌다. 일본은 내부 업무 소요시간을 제품당 일주일까지 줄였다. 다른 지역의 경우 몇 주 그리고 몇 달이 걸리는 상황이 당연하게 여겨졌고 이는 특별 관리 대상에 포함되었다. 오티스는 적기공급 생산방식(just-in-time) 모델을 통해 현장으로 제품을 배송하는 일을 더욱 단축하고 있다.

CLC에서 사업의 생산 제휴자로부터 받은 지식이 풍부한 자원으로 구성되었으며 제조 과정이 재설계되면서 자주 교체되었다.

CLC는 오티스의 Next Step™ 에스컬레이터나 Gen2™ 엘리베이터와 같은 시장에서 중심이 되었다. 초기에 CLC는 한 곳의 SSI에서만 주문을 했지만 공급사슬이 활발해지고 온라인 물류 프로그램을 통해 국가 간의 연결이 쉬워지기 시작하면서 마침내 저가지만 자사가 요구하는 질과 배송 소요시간을 충족시키는 어떠한 SSI에서도 주문을 할 수 있게 했다.

CLC의 방침에 따라 SSI는 부품과 모듈을 현장으로 가는 경로에 있는 교차지점인 유통센터(distribution center, DC)로 배달했다.

네트워크 기술(인트라넷과 인터넷)은 CLC 공급 사슬의 모든 주문을 확인하는데 편리하게 했다. 이로 인해 CLC는 재고와 자재를 세계 어디에서든지 공급할 수 있었다. 5년 전까지만 해도 이것은 불가능한 일이었다.

CLC의 주요 임무는 현장 설치 감독, 고객 그리고 판매 책임자와의 커뮤니케이션이다. 다른 업무로는 견적 산출, 세부화, 프로세싱, 제품 관리, 계약 엔지니어링과 레이아웃, 고객 서비스, 계약 확인, 저장, 출항, 양륙, 산정 그리고 전체적인 현장 품질(field quality)이다.

CLC와 DC의 직원들은 지역, 제품 기능(product responsibility), 그리고 국가와 언어에 따라 다르게 고용되었다.(그림 5 CLC의 운영상황, 그림 6 오티스에서 CLC의 주요 기능과 전체적인 가치 흐름 참조) 이 모든 활동들이 온라인 물류프로그램의 네트워크 연결망을 통해 향상되었다.

시스코(Cisco System)는 《*IQ 매거진*(*IQ Magazine*)》이라는 한 온라인 매체에서 오티스의 변화에 대해 이렇게 묘사했다.

> 2003년 4월, 기업의 150주년을 축하하면서 오티스의 회장 아리 부즈베는 이례적인 연설을 남겼다. "우리는 절대 제조 기업이 아닙니다. 회사가 연간 8만 대의 엘리베이터와 8,000대의 에스컬레이터를 판매하지만 오티스의 진짜 사업은 관리를 하는 일입니다. …… 오티스는 제조 기업의 선두기업으로서 단계별로 제품을 만들고, 판매하고 서비스하는 것이 아니라 이 모든 일을 하나의 통합된 과정으로 인식하며 자사의 소프트웨어 시스템 또는 컴퓨터 네트워크처럼 융합된 프로세스로 생각하는 기업 중 하나입니다."

현장 설치

이때까지만 해도 현장 설치 자동화를 위한 국제적 기준의 프로젝트 관리 도구에 대한 전례가 없었다. 현장의 환경 상태는 오티스가 조절할 수 없는 사안이었지만 엘리베이터 설치 준비가 완료되는 시점에 기반하여 부품을 언제 배달해야 할지는 예측할 수 있었다. 주문 처리 과정과 현장 감독을 하는 일이 예전에는 매우 허술했다. 장비들을 너무 일찍 주문하면 현장에 몇 주나 방치하게 되고 날씨나 훼손으로 인해 피해를 입을 수 있었다. 반면 주문이 너무 늦을 경우 중요한 공사들이 늦어질 수 있었다.

오티스의 현장 설치 관리자들은 많게는 100군데의 건설 현장을 맡았다. 이들은 배송을 받을 수 있게 준비된 현장과의 연락을 담당했다. 온라인 물류 프로그램 덕분에 관리자들은 현장 진행상황에 대해 즉각 확인을 할 수 있었고 업무상황에 관한 이메일을 주고받을 수 있었다.

그림 5 CLC 운영상황

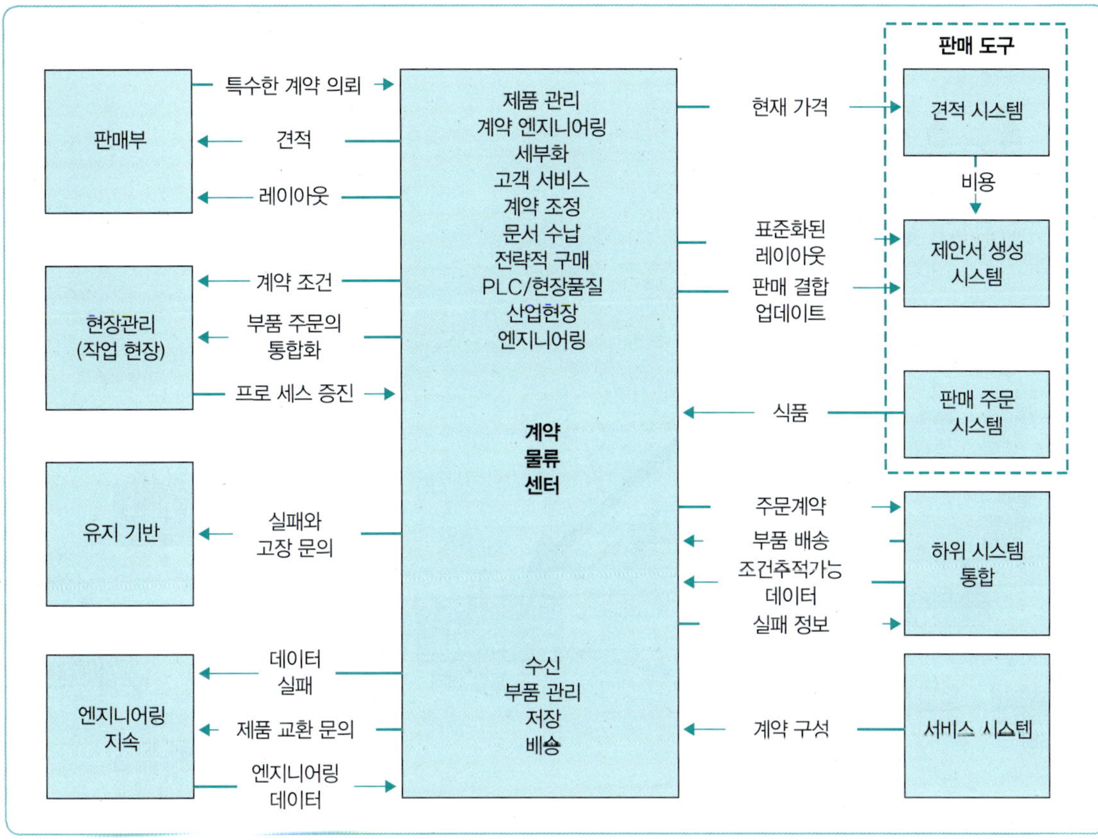

Source: Otis company documents.

온라인 물류 프로그램이 있기 전까지만 해도 전체적인 판매 사이클 시간을 개선하기 위해 몇 단계의 과정들이 필요했었지만 이러한 과정들을 돕는 장치는 일관적이지 못했다. 블랙은 "온라인 물류 프로그램은 자동화된 이메일 알림 기능과 업데이트를 이용해 부조화를 없애고 SIP의 중요한 단계를 강조하여 사업에 긍정적인 영향을 끼칠 것이다"라고 강조했다.

배달로 인한 비효율적인 비용과 시간의 압박을 없애기 위해, 오티스는 *push* 시스템(제품이 완성되는 대로 현장에 보내는 방식)을 *pull* 시스템(자동 응답 장치와 현장으로부터 직접 주문이 들어오거나 제품이 필요하다고 판단되는 경우 현장 설치 관리자의 예상으로 판단하는 방식)으로 바꿨다. 온라인 물류 프로그램으로 인해 모든 연관된 부서들은 현장이 최적의 상태일 때 배송을 할 수 있게 관리하는 일에 초점을 두었는데, 이것은 최후까지 주문을 미루거나 주문과 배송에 태만해지는 상황을 방지하기 위해서이다. 또한 SIP로 제조 흐름을 관리하고 재고를 줄이는 데 많은 도움을 주었다.

온라인 물류 프로그램은 현장 설치 관리자들의 현장 방문에 대한 이메일 알림 예약 기능을 선보였다. 이 프로그램은 오티스가 종합 물류 건설업자들과의 계약을 유지하는 데 도움을 줬다. 온라인 물류 시스템은 기업이 현장으로 물건을 배송하기 전에 현장으로부터 일정한 양의 정보를 받는 것을 필요로 했다.

주문 내역들은 CLC에 미리 알릴 수 없었다. 주문이 판매 대기행렬에 있는 동안 계좌 대표자는 제품 옵션을 추가적으로 판매할 수 있었다. 건축 프로젝트가 진화하면서 주문이 CLC로 전달되기 전에 새로운 엘리베이터 거울, 조명 시설, 다양한 고급 마감재 같은 장식물들이 추가될 수 있었다. 이 덕분에 소비자와 생산자 양쪽에

그림 6 오티스에서 CLC의 주요기능과 전체적인 가치흐름

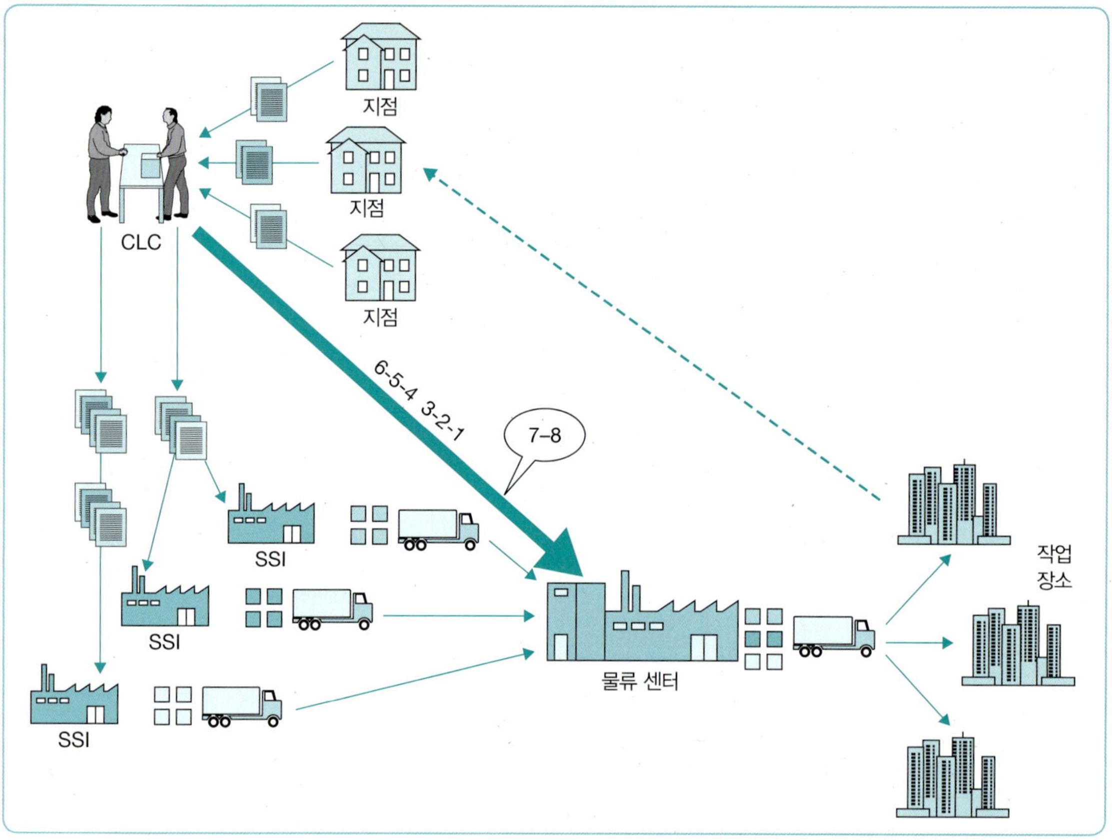

Source: Otis company documents and casewriter adaptation.

서 주문 변경 관리에 드는 비용을 낮출 수 있었다.

주문 과정의 가시성이 향상되고 배송 날짜 조절 능력이 증진되면서 각 프로젝트가 성공을 거두며 이익을 가져다 주자, 현장 설치 관리자들은 더 많은 권리를 갖게 되었다. 이러한 변화에 대해 어떤 사람은 "우리는 현장 설치 관리자들이 소방대원이 아니라 사업 관리자가 될 수 있게 해야 한다. 이 일은 엄청난 문화적 변화일 것이다"라고 언급했다.

새로운 프로세스는 재정을 갉아먹는 숨겨진 원인들인 분실, 도난, 파손 그리고 잘못된 위치에 배치된 재료들을 제거하는 데 도움을 주었다. "SIP는 현장 설치 팀들이 현장의 작업 진도에 따라 배송 날짜를 관리하게 했다. 하지만 온라인 물류 프로그램은 과정을 올바르게 자리잡도록 할 것이다"라고 블랙은 말했다.

마무리 작업

이 작업의 궁극적인 목표는 오티스 설치기업이 오티스 서비스와 엘리베이터를 고객의 요구에 맞게 관리해주는 기업으로 전환하는 것이다. 이 단계는 모든 기계 정비 문의를 살펴보는 업무와 최종 계산서를 작성하는 일을 다룬다. 이 과정은 지리적 변수 또는 계약에 의해 크게 달라지지만 대체적으로 고객과의 만남과 관련이 있으며 최종 견적서를 살펴보거나 주문을 수정하는 일과 연관되어 있다.

관리자는 작업을 끝마치는 대로 온라인 물류 프로그램을 통해 재빨리 여러 고객들의 계약과 청구서를 만들어냈다. 이 과정을 통해 더 정확한 주문 수정 청구서, 더 많은 새 장비 유지 계약 그리고 더 신속한 수급을 기대했다.

오티스의 정보 기술

CIO 론 비버(Ron Beaver)는 1989년 오티스에 입사했다. 그는 2001년에 판매와 마케팅 CIO로 일했었다. 비버는 전 세계로부터 직접 보고를 하는 7개의 지사 IT 대표자들과 함께 국제 IT를 담당했다. 각 지사의 IT 감독들은 오티스의 7개 지사, 북미와 남미, 남유럽과 중동, 북유럽과 동유럽 그리고 영국과 중유럽, 북아시아, 동아시아 그리고 일본 중 한 지사의 회장에게 직접 보고를 해야 한다.

지사의 IT 대표자들은 인프라 아웃소싱을 협정한 CSC의 도움을 받아 지역 시스템과 작업에 대한 책임을 갖는다. 이들은 자신들만의 지역 개발 팀과 기술 보조 서비스를 소유하고 있다.

비버는 "우리는 1,000개가 넘는 지사를 운영하는 80억 달러 규모의 거대 기업이다. 기업으로서 우리는 합병을 통해 성장한다. 전 세계에 50개의 재무 시스템과 15개의 각기 다른 제조 시스템을 갖추고 있다"고 말했다. 오티스의 기반은 미국에만 약 1,000개의 지역/근거리 네트워크와 600개의 광역통신망(WANs)을 갖추고 있고 세계적으로 400개의 WANs을 가지고 있다. 또한 3,000개의 애플리케이션을 보조하는 30 종류의 라우터와 스위치가 있다. 오티스의 세계적 네트워크는 일년에 6만 건의 주문을 처리하는데 이것은 결과적으로 30만 개에 가까운 계획서를 처리하는 것이다.

오티스는 다른 프로세스 엔지니어링인 ACE 또는 SIP 비용에서 온라인 물류 프로그램에 대한 IT 투자비용을 발생시키지도 않았거니와, IT 투자 이익이 다른 초기사업과정 변화와 연관된 이익의 한 부분을 차지하지도 않았다. 이 모든 것들은 하나였다. 왜냐하면 이익 요소들은 긴밀하게 연결되어 있어 비용처럼 따로 볼 수 없다고 생각했기 때문이다.

비버는 250명의 협력업체 직원뿐만 아니라 450명의 오티스 IT 직원들도 직간접적으로 관리하고 있었다. 그는 주요 IT 사업의 경비를 담당하고 있었다.

디 프란체스코의 관리하에 약 70여명의 비버 부서 직원들이 온라인 물류 프로젝트를 담당하였다. 비버는 기존 시스템과 온라인 물류 프로그램의 통합을 다음과 같이 설명했다. "한 개의 재정 또는 제조 시스템을 가지려는 오티스의 목표는 단기간 내에 이뤄질 수 없다. 그렇기 때문에 전사적 자원관리는 짧은 시간 내에 이익을 얻기 위해 꼭 필요한 일이다."

비버의 부하직원들은 온라인 물류 프로그램에 사용되는 미들웨어(middleware) 중계인의 역할도 했다. 거의 모든 방식이 오티스에게 맞춰져 있으며 일부 개발 활동들은 오티스 소유의 인도 소프트웨어 회사에서 진행되었다. 내부적으로 판매되는 모듈들은 마이크로소프트의 .NET이라는 개발 도구를 이용해 만들어졌다. 공급사슬과 필드 시스템(field system)은 JD Edwards ONEWORLD® 소프트웨어를 중심으로 구축되었다. 시스템 접속, 보안 그리고 연결은 UTC 직원용 검색을 통해 이루어졌다.

온라인 물류 프로그램의 남은 과제

비버에 따르면, 온라인 물류 프로그램은 몇 가지 기술적인 문제를 갖고 있다.

> 첫 번째는 온라인 물류 프로그램을 데스크톱으로 옮기는 일이다. 우리는 1,000개의 지점에 2만 대가 넘는 PC를 가지고 있다. 그렇기 때문에 인프라를 표준화하는 능력과 광역 네트워크, 기업 내 통신망에서 애플리케이션의 작업 수행을 분석하는 일 등은 매우 중요하다.
>
> 지난 2년간 우리는 국제적인 기반의 애플리케이션을 가능케 한 눈부신 기술 발전을 이루었다. 하나의 조절기라도 잘못되거나 인터넷 브라우저 구성이 잘못된다면 애플리케이션은 사용될 수 없다. 우리는 이제 한국, 일본, 중국 또는 러시아 같이 세계 어느 곳에서라도 운영 시스템(operating system)을 운영할 수 있다.

여기에는 또 다른 많은 인적 문제들이 있었다. 전 세계에 있는 1,500명의 판매 관리자들과 1,500명의 현장 설치 관리자들이 이 시스템 사용을 희망했다. 이 시스템을 사용하기 위해 사용자들은 주요 기술과 훈련 과정을 거쳐야 했다.

2003년에 네덜란드, 프랑스, 독일 그리고 영국에서 있었던 시범 프로젝트는 매우 성공적이었다. 특히나 영국은 판매 순환 시간이 길었으나 온라인 물류 프로그램을 통해 주문을 받는 평균 판매 순환 시간을 6개월에서 3개월로 단축했다(초기 전체 순환의 반이 표 A에 설명되어 있다). 새로운 국가별 관리자, 적극적인 관리팀, 영향력 있는 SIP 부서, 현지 혁신(local initiatives), 그리고 다른 프로그램 등 성공에 기여하는 많은 요인들이 있었지만 모든 사람들은 순환 시간 단축을 이루는 일에 온라인 물류 프로그램이 핵심적인 역할을 했다고 보았다.

오티스는 온라인 물류 프로그램이 설치되고 눈에 띄는 이익을 얻을 때까지 약 6개월이 걸린다는 사실을 시범 프로젝트를 통해 깨달았다. 정보 입력과 시스템 초기화에는 2~3개월이 걸리고 기술과 도구 훈련 과정을 마치는 데는 한 달이 걸리며, 직원들이 완전하게 새로운 사업 과정에 적응하는 데까지는 3~4개월이 걸렸다.

본격적으로 유럽과 중국으로부터 자료를 얻는 작업은 2005년으로 계획되었다. 2006년에는 나머지 기업들이 시스템을 효율적으로 사용할 것이다. 투자의 이익과 수요에 따라 지역들의 우선순위가 결정되었고 사업 시스템 기반 개발이 가장 더딘 지역이 우선이 되었다.

새로운 시스템의 채택과 성공 확률은 온라인 물류 프로그램과 판매 보고 사원들부터 판매 관리자까지 판매율을 바탕으로 판매자당 판매한 개수를 포함한 여러 지표를 사용했다. 공급 사슬은 물류 프로그램의 결과로 인한 공장 회전율(factory turns)과 소요시간의 향상을 보여주었다. 온라인 물류프로그램을 통해 지역 내 현장 설치 소요 시간은 현저하게 줄어들었지만 모든 현장 설치 관리자들이 시스템을 사용할 수 있게 시스템을 확산시키는 일이 가장 큰 과제로 남았다.

다음 변화

오티스의 변화는 관리자들과 모든 사원들의 어마어마한 노력으로 이뤄질 수 있었다. 일부 중요한 개선 프로그램들은 동시에 병행되기도 했고 함께 노력해 이익을 배로 늘리기도 했다.

블랙은 "온라인 물류 프로그램의 롤아웃(rollout)은 SIP의 숙련 정도에 따라 결정난다. 우리가 SIP를 마치지 못한 상태에서 온라인 물류 프로그램을 시작했다면 더 오랜 시간이 걸렸을 것이다"라고 언급했다.

> 일부 롤아웃은 변화에 대한 사람들의 적응력에 따라 달라진다. 북미의 경우, 우리는 휴대용 컴퓨터laptop를 현장 설치 관리자들에게 넘겨주었다. 그들은 대부분 평범한 계층의 비노동조합원인 월급쟁이들이었다. 그들의 약 30%만이 컴퓨터에 능숙했다. 이런 방식은 사람들이 기계를 사용할 줄 아는 경우에만 쓸모가 있다.

부즈베는 시범 국가인 유럽에서의 온라인 물류 프로그램이 발전해 선전한 일에 만족했다. 약 300명의 인원들이 몇 년간이나 온라인 물류 프로그램을 연구한 결과였다. 부즈베는 세계적으로 IT 투자를 완벽하게 하기 위해서 얼마나 많은 일들이 남았는지 깨달았다. 2004년 초에는 오티스의 모든 주요 제품들을 몇몇 지역에 있는 CLC를 통해 주문할 수 있게 되었다. 온라인 물류프로그램이 세계적으로 활용되기까지 계획은 계속 진행되고 있었다.

온라인 물류 프로그램은 전체 사이클을 거친 신규 주문량을 세는 간단한 작업으로 프로그램의 활용도가 높아졌다는 사실을 알 수 있었다. 예를 들어, 영국의 경우 2003년에 판매된 제품 중의 5%를 차지했다. 하지만 영국은 2005년부터는 주문의 100%를 온전하게 온라인 물류 프로그램에만 의지하고 싶어했다. 오티스는 모든 주문을 온라인 물류 시스템을 통해서 처리하게 되는 국제적 전환날짜를 아직 정하지 않았다.

2000년에서 2003년까지 오티스의 수입과 운영 이익이 증가했다. 반면 동시에 영업자본은 두 배 가까이 늘어났다. 정보 순환의 향상이 자금 흐름에 막대한 긍정적인 영향을 끼친 것이다. 부즈베는 UTC와 오티스를 신중히 연구했다. "우리는 뛰어난 인재와 비교할 수 없는 가치를 갖고 있기 때문에 어떤 기업보다도 최고의 기업이 될 수 있다. 우리가 맡은 사명은 이 기업 전체를 바꾸는 일이다. 우리가 처음 CLC와 SSI 그리고 온라인 물류 프로그램 활용을 제안했을 때 이것은 혁신의 일부에 불과했다. 하지만 오늘날의 결과는 이러한 전략의 성공을 증명한다."

재구매 요청비율에서 알수 있듯이, 오티스는 시간이 지나면서 제품의 질과 취소율은 직접적인 관계가 아님을 깨달았다. 오티스는 제품 신뢰도에 대한 기대를 조금만 넘는다면 고객이 유지 계약을 해지하는 이유는 제품의 질 때문이 아니라 서비스의 질에 만족하지 못하기 때문이라는 결론을 내렸다.

온라인 물류 프로그램이 선전하는 가운데 부즈베는 오티스가 최고의 서비스기업이 되기 위해, 엘리베이터 사업뿐만이 아니라 최고의 서비스 기업들과 경쟁할 수 있는 새로운 사업에 착수하기 위한 과제를 관리자들에게 주었다. "서비스의 일인자가 되기 위한 최고 서비스를 향한 노력은 또 다른 작은 혁신을 필요로 한다. 하지만 이 과정은 우리를 어떤 기업보다도 최고의 기업으로 만들 것이다."

모회사인 UTC(United Technologies Company)는 온라인 물류 프로그램의 성장과 오티스의 최고의 서비스를 향한 새로운 도전에 매우 흥미로워하며 관심을 보였다.

CASE STUDY 8

TopCoder (A)

크라우드소싱을 이용한 소프트웨어 개발

2009년 12월, TopCoder Inc의 창립자이자, CEO인 Jack Hughes는 에너지회사의 dynamic power pricing system에 관한 소프트웨어 개발 프로젝트 리뷰에 열중했다. 창립한 지 8년이 지난 지금도, Hughes는 여전히 프로젝트의 세부사항들을 점검하는 일을 즐기고 있다. 자회사의 종업원들이 한 줄의 코딩도 할 필요 없는 고품질의 소프트웨어를 개발한다는 점에 자부심을 느꼈다. 더불어, 회사는 225,000명 이상의 TopCoder 고객사를 위한 소프트웨어 모듈을 설계하고, 글로벌 프로그래머 커뮤니티를 운영하고 있는데, 유명 언론사에서는 본 프로세스를 *크라우드소싱*(*Crowdsourcing*)이라 부른다.

Huges는 이 프로젝트의 성공에 기뻐했다. 이 소프트웨어 코드는 버그가 없었고 첫날부터 작동이 잘되는 결과를 냈다. 이는 소프트웨어 시장에서 극히 드문 일이다. Huges가 가장 인상 깊게 여긴 것은 6개 대륙 11개 나라에서 온 65명의 참가자가 'Critical Pricing System'에 대한 57개의 컨텐츠 개발을 수행한 것이다(그림 1). 2009년 현재, TopCoder는 AOL, Best Buy, Eli Lilly, ESPN, GEICO와 Royal Bank of Scotland를 포함한 45개 이상의 고객사에게 소프트웨어 솔루션을 지속적으로 공급하고 있다.

지난 8년간, Hughes는 소프트웨어 시장의 지속적인 변화를 수용하기 위해 TopCoder의 비즈니스 모델을 변화 시켜왔으며, 동시에 독특한 경쟁중심의 소프트웨어 개발 방식을 밀고 나갔다. 그는 Top Coders를 다른 소프트웨어 회사에 도움을 주는 차별화된 비즈니스 모델에서 전통적인 IT 컨설팅 서비스와 경쟁을 통하여 개발자들이 고객사의 문제를 해결할 수 있게 지원하는 주문형 소프트웨어 회사로 변화시켰다.

경쟁을 더욱 강조한 이 변화는 소프트웨어 개발에 관련된 모든 측면을 아우르는 변화이지만, TopCoder의 프로젝트 규모가 점차 커지고 있다는 문제로도 볼 수 있다. 문제라는 것을 의미한다. Hughes는 경쟁기반 비즈니스 모델이 점차 증가하는 상황에서 어떻게 경쟁자, 고객사 및 참가자를 감당할 수 있는지에 대해 생각해야만 했다. Huges는 자신의 목표를 2억 달러 수준의 수익을 내는 것으로, 이는 2008년보다 1,800만 달

Professor F. Warren McFarlan and Research Associate Brian J. DeLacey prepared this case with the assistance of the Global Research Group. HBS cases are developed solely as the basis for class discussion. Cases are not intended to serve as endorsements, sources of primary data, or illustrations of effective or ineffective management.

그림 1 에너지 기업의 강력한 가격 책정 시스템 구축에 참여한 TopCoder 멤버 현황

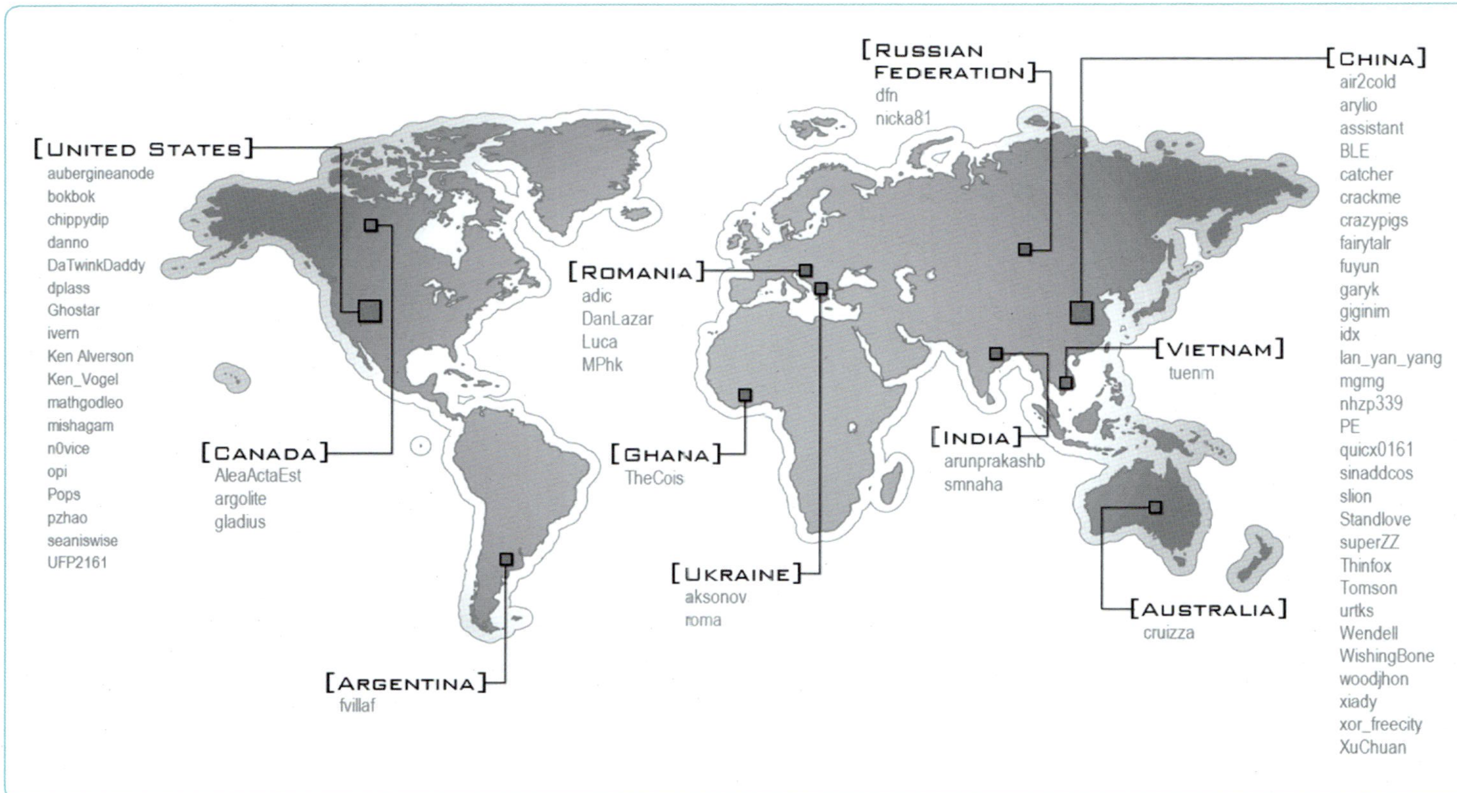

Source: Company documents; developed via a TopCoder Studio competition.

러 높은 수치이다. 그는 이 경쟁이 TopCoder의 소프트웨어 솔루션을 만들 참가자의 수요를 높이는 데 도움이 될 것이라 믿었다. 그러나 과연 2억 달러의 매출액이 합리적인 목표인가? 그의 가정이 믿을 만한가? 만약 그렇다면, 대략적인 규모의 매출액을 올리는데 얼마나 걸릴까?

배경설명 및 현황

2001년 그가 TopCoder를 설립하기 전, Hughes는 주문형 소프트웨어 개발회사인 Business Data Service를 1985년에 설립하고 Tallan이라 1991년에 개명했다. Tallan은 2000년에 CMGI에 매각되기 전, 약 600여명의 직원과 함께였다. Hughes는 그 거래를 성사시키고 Tallan에서 배운 경험은 TopCoder의 비즈니스 모델에 중요한 영향을 미쳤다. Hughes가 Tallan에서 일하는 시간을 즐겼지만, 회사가 어려움을 겪었던 부분이 존재했다. 예를 들면, 채용은 비용이 많이 들며 어려운 과정이었다. 왜냐하면 자격을 갖춘 프로그래머를 찾는 일은 많은 시간을 필요로 했고, 프로그래밍 능력을 잘 갖춘 인재를 찾아내기도 어려웠기 때문이다. 기술의 지속적 발전으로, 프로그래머들의 기술은 고작 몇 년의 제품화 기간이 지나면 구식으로 변했으며, 이러한 현상은 잦은 인력 교체로 이어졌다. 게다가, Hughes는 Tallan의 목표를 극대화하기 위하여, 컴퓨터 프로그램의 기본적인 요소들을 각 어플리케이션 수에 맞춰 새롭게 만들기보다는 재사용을 선택함으로써 고객사의 비용과 시간을 절감시킬 수 있는 방법이 있을 것이라 믿었다.

Huges는 프로그래머들의 "커뮤니티"를 만들어 자신이 찾은 문제들을 해결하는 방식의 새로운 조직형태를 구성했다. 프로그래머들은 개발하거나, 이미 테스트가 된 개발적 요소들을 사용하거나, 이용할 만한 것들을 찾음으로써 경쟁을 하고 또한 연계활동을 한다. 새로운 프로젝트를 위한 소프트웨어의 재사용 아이디어는 TopCoder가 제공하는 핵심솔루션이 되었다. Hughes는 회사가 "양면 플랫폼(twosided platform)을 제공하는 소프트웨어 개발회사가 되기를 바랬다. 플랫폼의 한 쪽은 소프트웨어 개발이 필요한 회사나 고객사이다. 그들의 직원과 함께 프로그래밍을 하는 형태이다. 그리고 플랫폼의 다른 쪽은 커뮤니티 멤버들이며, 그들 사이에서 경쟁하며 비용과 기술들의 순위를 매기는 형태의 솔루션을 개발하는 형태이다. TopCoder는 플랫폼 호스트, 디자인, 그리고 커뮤니티 멤버와 고객사 사이의 규칙들을 준수하게 도와주는 중간자의 역할을 한다. TopCoder의 재무담당자(CFO)인 Pete Bourdon는 회사가 다섯 가지 중요 업무에 탁월해야 한다고 하였고, 이 다섯 가지는 회사는 거대한 고객의 소프트웨어 프로젝트를 업무 요소별로 나누는 것, 진행중인 고객사의 프로젝트 명세서를 받아들이는 일, 적절한 상을 결정하는 일, 일관성을 유지하는 일, 편견 없이 승자를 뽑는 일, 그리고 개발의 마지막 단계에서 버그를 수정하는 일이다.

2001년부터 2003년까지 TopCoder는 수준 높은 프로그래머들을 초기에 모으기 위하여, 기존에 설립된 소프트웨어 회사들에게 월드와이드 웹(World-Wide web)기반 프로그래밍 대회를 후원하도록 독려하였다. 스폰서십은 TopCoder 경쟁 플랫폼에 대한 유명세와 합법성을 높여주었다. 그리고 전 세계의 뛰어난 프로그래머들을 발굴할 기회를 제공했다. 이 대가로, Sun Microsystems와 Google을 포함한 스폰서들은 이 대회를 광고와 새로운 인력 채용의 장으로 활용할 수 있었다. TopCoder의 재무 부회장인 Tanya Horgan는 TopCoder는 스폰서십 기간 동안 $5,000~$10,000정도의 상을 각 대회 토너먼트 승자에게 제공함으로써, 참가자들을 독려했고 커뮤니티의 확장을 도와왔다고 설명했다. 게다가, 매 컨테스트마다 참가자들은 그들의 과제에 대한 결과를 글로벌 인재풀과 비교하여 객관적으로 수치화된 점수를 제공받았다. 그리고 이 점수들은 TopCoder와 다른 인재 커뮤니티들에게 제공되었다.

2004년 말까지, TopCoder 커뮤니티는 50,000명이었다. 초반 커뮤니티 활용을 통한 매출 증가를 위해서, TopCoder는 새로운 인재들을 찾는 회사들에게 최고 수준의 커뮤니티 멤버들을 매칭해주는 취업알선 회사로서 일했다. 그러나, Hughes는 만족하지 못했다: "나는 TopCoder가 헤드헌팅회사로 되어가는 것이 진절머리 난다. 이는 내가 꿈꾸던 회사의 모습이 아니다."

2005년부터 TopCoder는 이 커뮤니티를 소프트웨어 요소와 어플리케이션 발전에 활용하기 시작했다. Hughes는 높은 점수를 받은 멤버들을 경쟁시켜 자사의 소프트웨어 플랫폼을 디자인하고, 새롭게 개발하게 함으로써 새로운 모델을 시험했다. 결과물은 TopCoder 사사의 내부 개발 시스템보다 높은 품질과 비용을 상당부분 절감시켰다. 이로 인해, Hughes는 복잡한 소프트웨어 시스템은 경쟁을 통해서 발전시킬 수 있다는 긍정적인 증거를 얻게 되었다.

TopCoder의 초반 비즈니스 모델은 커뮤니티 멤버들과 계약, 경쟁을 지속하고, 컨설팅 서비스를 제공함으로써 고객에게 솔루션을 개발해주는 것이었다. 회사는 소프트웨어 개발 단계를 상호 연결한 7개 분야로 나누었는데 1) 컨셉화(Conceptualization), 2) 구체화(Specification), 3) 구조화(Architecture), 4) 구성요소 개발(Component Production), 5) 어플리케이션 제작(Application Assembly), 6) 인증(Certification), 그리고 7) 배포(Deployment)가 그것이다. 대부분의 이익은 컨설팅 서비스로 이루어졌다. TopCoder는 회사 플랫폼의 구조화 그리고 고객 문제의 명시화, 개발요소의 설계확정, 경쟁심의 극대화, 개발요소의 조립 그리고 최종 솔루션의 제공 등 플랫폼 매니저의 노력을 고객에게 청구했다.

곧, TopCoder는 고객을 위한 소프트웨어를 개발하기 시작했다. 회사는 재사용이 가능한 개발요소들을 소프트웨어의 개발단계부터 발견하고 개발요소의 목록을 수집했다. 이러한 소프트웨어 개발요소는 TopCoder의 가치제안으로 고객에게 매우 중요한 부분이 되었다. 수많은 주문제작 어플리케이션은 기존의 개발요소 목록과 경쟁을 통해서 만들어진 개발요소의 결합 형태로 제작되었다.

TopCoder의 하이브리드 컨설팅 모델은 수익을 높이는데 크게 기여했지만, Hughes는 여전히 만족하지 못했다: "나는 시간당 서비스(hours-based service)의 접근법은 비효율적인 모델이라고 본다". 2007년과 2008년, TopCoder는 2천만달러의 매출액을 기록했지만 플랫폼 매니저 비용은 여전히 높았다 (그림 2). 비용을 완화시키려고 노력했던 2007년에 TopCoder는 구성요소 설계와 조립을 위한 경쟁방식을 선보였다. 새로운 경쟁을 위한 준비가 되었으며 플랫폼 매니저에 의해 전통적으로 처리되던 업무는 이제는 커뮤니티에 의해 처리되었다. 2008년, 회사는 구조화, 세분화, 배포, 그리고 버그 수정과 같은 소프트웨어 개발 경진 대회를 추가시켰다.

2009년 초반, TopCoder는 하이브리드 컨설팅 모델에서 경쟁을 통한 소프트웨어 개발업역량에 집중하는 형태로 빠르게 변화했다. 플랫폼 매니저의 시간에 대한 비용을 지불하는 것 대신에, 고객은 소프트웨어 개발에 요구되는 난이도와 TopCoder 플래폼을 사용해 경쟁

그림 2 분기별 클라이언트 수, 수익, 플랫폼 관리자 수, 플랫폼 관리자 비용

	2007				2008				2009			
	1분기	2분기	3분기	4분기	1분기	2분기	3분기	4분기	1분기	2분기	3분기	4분기
클라이언트 수	32	32	34	25	24	38	37	47	46	47	38	35
수익($MM)	4.66	4.50	3.80	5.35	5.80	5.50	4.85	2.60	2.25	1.92	1.82	2.45
플랫폼 관리자 수	51	51	44	52	52	46	44	36	20	19	18	16
플랫폼 관리자 비용 ($MM)[a]	1.23	1.24	1.12	1.30	1.36	1.19	1.13	0.91	0.53	0.49	0.46	0.40

Source: Company statistics.
[a]Includes Platform Managers' salaries, benefits and other expenses.

을 참가하는 참가자 수를 기반하여 계산된 플랫폼 사용료를 매달 지불하도록 했다. 또한, 이 플랫폼 사용료에는 고객이 무제한으로 TopCoder의 카탈로그에 있는 1,400개가 넘는 개발요소에 접근할 수 있는 권한을 제공하는 서비스가 포함되었다. 고객의 프로젝트 중 대략 60%는 카탈로그 안에 있는 재사용이 가능한 개발요소로 개발이 가능하다. 2009년 말 하이브리드 컨설팅 모델에서 경쟁형 모델로 변화하려는 이러한 움직임은 다수의 플랫폼 매니저의 필요성을 감소시켰고 35개의 고객을 관리하는 16명의 프로젝트의 매니저가 그만두게 되었다.

2009년, TopCoder는 알고리즘과 클라이언트 소프트웨어 개발 형태, 두 가지 형태로 플랫폼 대회를 운영했다 알고리즘 대회는 새로운 멤버를 영입하거나 기존의 멤버를 유지하는 형태로 운영된다. 이러한 경쟁형태는 멤버들이 어려운 프로그램을 도전하여 창의적인 소프트웨어 솔루션을 개발하기를 원했다. 모든 멤버들은 자동화된 컴퓨터 스코어링 시스템(computer scoring system)을 통해 업무가 할당된다. 이후, 이들의 성과에 따라 TopCoder 등급을 부여받으며, 일부 알고리즘 대회의 우승자에게는 상금을 지급한다.

두 번째 형태의 경쟁은 고객의 요청에 따라 소프트웨어 어플리케이션을 개발하는 것이다. TopCoder의 플랫폼 매니저는 '게임플랜(Game Plan)'을 발전시키는 직원으로 일하거나 소프트웨어 개발의 프로젝트의 로드맵(road map)을 제시하는 역할을 한다. 첫 단계는 TopCoder의 커뮤니티 안에서 일반 고객의 문제는 해당문제를 개념화(conceptualization)하는 대회를 통해 제공하게 된다. 이것은 참가자가 공식적으로 고객사의 직원에게 그들의 요구사항을 상세히 묻고 사업조건 및 높은 수준의 사용 케이스(high-level use cases)를 제공한다 이후, 향후 개발을 위한 그들의 요구사항이 가장 잘 반영된 최고의 제안서를 채택한다. 어플리케이션에 필요한 서류, 어플리케이션 와이어프레임 (예를 들어 어플리케이션의 논리흐름), 그리고 스토리보드 (유저의 경험들에 대한 구체적인 사례)등의 구체화(specification) 대회가 시행된다. 세분화 대회의 결과가 전반적인 시스템과 구성요소의 디자인 수준이 결정되는 여러 구조화(architecture) 대회에 반영된다. 이 시점에서 TopCoder의 플랫폼 매니저는 카탈로그에서 선택된 개발요소 또는 디자인과 개발 경쟁을 통해 개발된 새로운 요소들을 구성하여 클라이언트와 함께 일한다. 구성요소개발(component production) 단계 이후, 모든 연관성 있는 개발요소들은 어셈블리(assembly) 경쟁을 통해 개발작업 시스템의 목적에 맞게 구성된다. 제작 과정을 거친 후에는 인증(certification)과 테스팅 대회, 마지막 배포(deployment)단계를 거친다. 게임플랜(Game Plan) 실행단계 여러 곳에서 TopCoder는 '버그 레이스(Bug Races)'를 운영하며 고객의 세밀한 주문에 반응하고, 예상치 못한 에러에 대비하기 위해 개발 유연성을 유지한다. TopCoder는 국내를 비롯한 해외에서도 효력을 발휘할 수 있는 8개의 온라인 프로그래밍 대회 특허권을 가지고 있다.

승자를 결정하고 고객에게 제공될 소프트웨어의 품질을 측정하기 위해서, TopCoder는 커뮤니티기반의 동료평가 시스템을 사용한다. 특히, 전문가와 경험 많은 TopCoder 커뮤니티 멤버들이 점수를 매기며 최후에 선택될 승자를 뽑기 위한 세세한 스코어 보드를 사용한다. 각 경쟁의 승자는 금전적인 상을 수상하는 것뿐만 아니라 모든 참가자들은 자신의 성과에 맞는 업데이트된 점수를 받는다. 만약 어플리케이션에서 로고와 그래픽이 필요할 경우 TopCoder는 스튜디오(studio) 대회를 개최하는데, 이 경우 승자는 고객이 선택한다.

TopCoder 커뮤니티의 성장과 구성에 대한 평가

TopCoder는 2001년부터 2009년까지 매년 평균 25,000명의 새로운 컴퓨터 프로그래머를 자신들의 커뮤니티에 가입시켰다. 간략한 온라인 등록 신청서를 작성하면, 전세계 누구라도 소프트웨어 개발 경쟁에 참여할 수 있다. 2009년 봄을 기준으로, TopCoder의 커뮤니티는 200,000명의 멤버를 보유하게 되었다(그림 4). 평균적인 커뮤니티의 규모는 커졌지만, 커뮤니티 안의

그림 3 샘플 게임 플랜(sample game plan)

단계/시간	Timeline																# of 콘테스트	예상비용
	4/27	5/4	5/11	5/18	5/25	6/1	6/8	6/15	6/22	6/29	7/6	7/13	7/20	7/27	8/3	8/10		
	MT WT F	MT WT F	MT WT F	MT WT F	MT WT F	MT WT F	MT WT F	MT WT F	MT WT F	MT WT F	MT WT F	MT WT F	MT WT F	MT WT F	MT WT F	MT WT F		
컨셉화																		
로고-토너먼트																	0	$ -
컨셉 대회-토너먼트	x x x x x																1	$ 4,500.00
와이어프레임 토너먼트		x x x x x															1	$ 3,000.00
스토리보드-토너먼트			x x x	x x x x x	x												1	$ 3,500.00
어플리케이션 개발																		
시스템 구조화																		
시스템 구조			x x x	x x x x x	x x												1	$ 4,500.00
구성요소 디자인					x	x x x x x	x										1	$ 2,300.00
구성요소 개발							x x x	x x x x x									1	$ 2,050.00
카탈로그 구성요소																	0	$ -
시스템 어셈블리									x x x x	x x x x x	x						1	$ 4,900.00
〈기능적〉 모듈																		
모듈 구체화					x	x x x x x	x x x x										1	$ 4,000.00
모듈 구조화								x x x x x	x x x x x								1	$ 4,000.00
구성요소 디자인										x x x	x x x x x						3	$ 6,900.00
구성요소 개발												x x x x	x x x x x				3	$ 6,600.00
카탈로그 구성요소																	0	$ -
모듈 어셈블리														x x x x	x x x x x		1	$ 4,900.00
프로토타입 어셈블리							x	x x x x x	x x x x								1	$ 4,900.00
테스트																		
시나리오 테스트						x x x x x	x x x x x										2	$ 3,900.00
케이스 테스트								x x x	x x x x x	x x							2	$ 3,900.00
버그 색출														x x x	x x x x x		1	$ 2,750.00
배포																		
배포						x x x x x	x x x x x	x x x x x	x x x x x	x x x x x	x x x x x	x x x x x	x x x x x	x x x x x	x x x x x	x x x x x	20	$ 4,000.00
업데이트																		
버그 추적		x x x x x	x x x x x	x x x x x	x x x x x	x x x x x	x x x x x	x x x x x	x x x x x	x x x x x	x x x x x	x x x x x	x x x x x	x x x x x	x x x x x	x x x x x	30	$ 4,200.00
																	Total	$ 74,800.00

Source: Company documents.

그림 4 커뮤니티 성장추이

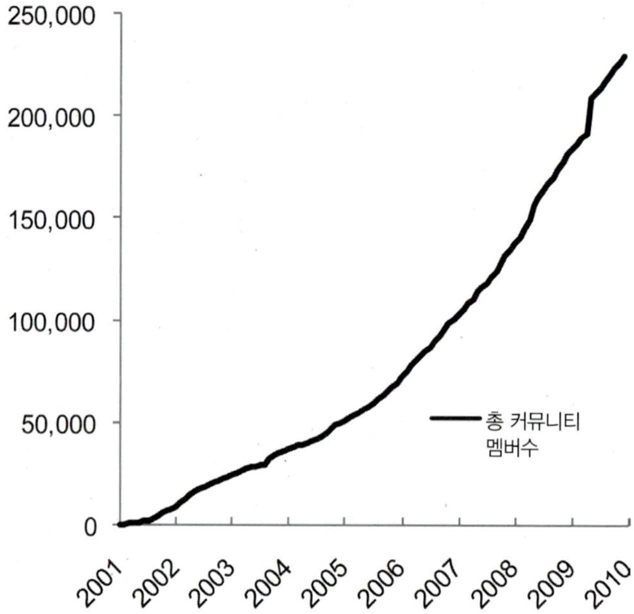

Source: Company statistics.

실제적으로 경쟁에 참여하거나 포럼에 참여하는 참가자 수는 적어졌다. 다수의 커뮤니티 멤버는 TopCoder에 멤버로 등록되었지만, 어떠한 경쟁대회에도 참여하지 않았다. 사실 2009년까지, 오직 35,000명의 개인들이 대회에 참여했다. TopCoder의 최고 기술책임자인 Mike Lydon에 의하면, 커뮤니티의 82.5%는 TopCoder의 플랫폼에 관심을 갖고 등록한 사람들 그리고 조건이 맞으면 잠재적으로 TopCoder의 개발에 도움이 줄 '잠재적인 인재풀(latent pool)'이라고 했다.

TopCoder의 경쟁대회에 한번 참여했던 사람들은 TopCoder 커뮤니티 내에서 두 번째 그룹으로 분류되었는데 그들은 더 이상 참여를 하지 않았다. Lydon는 이들 경쟁자들이 2008년 이후로 TopCoder 의 가치가 떨어져 TopCoder를 떠났다고 말했다. TopCoder의 경쟁에 참여했지만 이기지 못했던 경쟁자들을 '롱테일(long tail)'이라고 보았다. 이 집단은 주로 배움을 목적으로 참여했다. TopCoder의 주된 목표 중에 하나는 롱테일(long Tail)을 늘려 기술적인 부분이 미숙한 경쟁자들이 계속해서 성장할 수 있게 하여, 이들이 커뮤니티의 기여도를 높이게 하는 것이었다. 최근, TopCoder의 가장 가치 있는 경쟁자 그룹은 매일 이기는 승자그룹이다. TopCoder의 엘리트 프로그래머들의 능력은 세계최고 수준이지만, 그 수는 전체 TopCoder 내 멤버의 0.5% 밖에 안되는 수치이다.

TopCoder 커뮤니티의 핵심멤버는 경쟁의식으로 가득 찬 20대 미혼 남자이다. TopCoder에 6년간 참여한 베테랑 Michael Paweska에 의하면, "TopCoder에서 성공하기 위해서는 '당신은 경쟁자 입니까?' 자신이 경쟁을 즐기는 사람인지와 경쟁 안에서 성장 할 수 있는지에 대해 스스로 답할 수 있어야 하며 경쟁을 두려워해서는 안 된다. 더불어 장시간 일 할 수 있는 유연성을 갖추고 있어야 한다." TopCoder는 미국, 캐나다, 한국 그리고 일본과 같은 선진국과 중국, 러시아, 폴란드, 인도, 우크라이나와 같은 개발도상국의 경쟁자에게 참여를 유도한다. 호주에서 공부한 중국인 TopCoder 커뮤니티회원인 Wu Yanbo는 대부분 낮은 수준의 상금

그림 5 2008-09년의 클라이언트 경진대회의 평균 대회 등록, 제출, 상금

대회유형	2008			2009		
	대회별 등록 수	대회별 제출 수	대회별 상금 액	대회별 등록 수	대회별 제출 수	대회별 상금 액
컨셉화	n/a[b]	n/a[b]	n/a[b]	17.57	3.60	$1,314
구체화	n/a[b]	n/a[b]	n/a[b]	14.20	1.94	$1,017
구조화	16.3	1.64	$1,590	19.34	1.75	$1,095
구성요소 디자인	9.83	2.85	$899	16.26	1.94	$559
구성요소 개발	15.4	2.69	$733	25.59	2.56	$465
어셈블리	16.09	1.12	$1,628	18.38	1.18	$913
스튜디오	27.55	14.57	$795	27.57	20.04	$1,015

Source: Company statistics.
[a]Prize per contest = Prize for 1st & 2nd places and reserve for Digital Run.
[b]n/a - Data not available for most of 2008.

이 걸린 경쟁에 참여한 경쟁자는 개발도상국이라고 했다. Wu에 의하면, 높은 상금이 걸린 대회에서 선진국 회원들이 참여할 수 있는 수준의 상금이 아니기 때문에 이들은 그 시간에 다른 곳에 더 유용하게 쓸 가능성이 높다고 하였다.

2001년부터 멤버인 Justin Gasper는 전통적인 소프트웨이 회사에서 일하는 동시에 TopCode 플랫폼에서 실험을 시작했다. 그는 TopCoder에서 상금을 획득한 이후, 2005년 퇴사를 결심하고, 수당 40~50시간을 TopCoder에 열중했다. Gasper는 "TopCoder는 나에게 정규직 직장과 같았다. 나는 현재 직장이 없다". Gasper는 TopCoder의 정기대회에서 이기는 우승자 가운데 한 명이며, 'Global Elite' 프로그래머 중 한 명이다. 아키텍처(architecture) 경쟁대회에서 Gasper는 69.23%의 승률을 갖고 있다 TopCoder의 경쟁자는 어떤 경쟁대회와 어떤 유형의 대회에 참여할 지를 결정할 수 있다(그림 5).

프로필 및 평가

TopCoder 커뮤니티 내 개별 프로그래머들은 자신의 이름, 경쟁대회 경력, 그리고 기본적인 자신의 정보를 가지고 있다. 다른 파트 맴버의 프로필은 각 컨테스트별로 수치화된 점수로 볼 수 있는데, 이것은 체스플레이 등급 시스템인 그랜드마스터 시스템을 본 따 만들었다. 빨간 등급 또는 2,200점 이상은 커뮤니티 내에서 엘리트 등급과 높은 수준의 스킬을 갖고 있는 것을 의미한다. 노란색, 파란, 그리고 초록색 등급은 적절한 기술 등급을 나타낸다. 각국 경쟁자들의 순위, 전체 커뮤니티 순위, 경쟁에서 성공한 비율 그리고 *신뢰도*(*reliability*)를 나타내는 경쟁에 참여한 비율 그리고 경쟁에서 통과된 솔루션의 제공징도 등이 프로필에 나타난다. 또한, TopCoder의 멤버들은 그들의 상금액수를 프로필에 공개할 수도 있는 선택권을 가지고 있다(그림 6).

회원들의 동기부여

2001년과 2009년 사이에, TopCoder는 2천만 달러를 상금과 동료평가비용을 커뮤니티 개발자들을 위해 사용했다. 그러나 상금은 TopCoder의 커뮤니티 안에서 공정하게 분배되지 못했다. 상위 5%들이 80%의 총 상금을 받았으며, 대다수의 TopCoder 커뮤니티 멤버들은 적은 돈을 받거나 심지어 받지 못하기도 하였다. 일부 경쟁자들은 엄청나게 성공했다. 예를 들어, 2006년부터 2008년 사이, Paweska는 매년 20만~30만 달러를 벌었다, 그 동안 Gasper는 매년 평균적으로 10만 달러를 벌었다. Wu는 "상금은 가장 매력적인 것이다. 그리고 중국 현지기업에서 일하는 친구의 수입과 동등할 정도로 상금이 괜찮은 편이다. 비록, 경제가 좋지 않았고, TopCoder가 상금을 줄였지만, 나는 매달 천달러 가량

그림 6 Example of a member profile

Statistics — Member Profile

argolite

Algorithm Rating:	1263
Conceptualization Rating:	not rated
Specification Rating:	not rated
Architecture Rating:	1317
Design Rating:	1529
Development Rating:	1213
Assembly Rating:	not rated
Test Suites Rating:	not rated
Marathon Matches Rating:	not rated
Total Earnings:	$815,272.92
Member Since:	06.04.2002
Country:	Canada

[Send a message]
[Forum post history]
[Achievements]

Quote:

""The greatest trick the Devil ever pulled was convincing the world that he didn't exist." - Keyser Söze"

Algorithm | Conceptualization | Specification | Architecture | **Design** | Development | Assembly | Test Suites | Marathon Matches

Design Competitions

Rating:
1529

[competition history]
[current contests]
[reliability detail]

Percentile:	67.2414
Rank:	19 of 58
Country Rank:	1 of 4
Volatility:	352
Competitions:	345
Reliability:	100%
Maximum Rating:	2224
Minimum Rating:	922

Submission Details

	Java	.NET	Total
Inquiries	204	140	345
Submissions	192	128	321
Submission Rate	94.12%	91.43%	93.04%
Passed Screening	192	128	321
Screening Success Rate	100.00%	100.00%	100.00%
Passed Review	191	127	319
Review Success Rate	99.48%	99.22%	99.38%
Appeals*	1375	724	2110
Appeal Success Rate*	53.09%	48.07%	51.33%
Maximum Score	99.27	98.50	99.27
Minimum Score	47.33	66.77	47.33
Average Score	91.78	91.61	91.73
Average Placement	1.54	1.38	1.48
Wins	115	87	202
Win Percentage	59.90%	67.97%	62.93%

* only includes appeals from projects posted on or after March 16, 2006 (TopCoder did not previously collect the relevant data)

Rating History | Rating Distribution

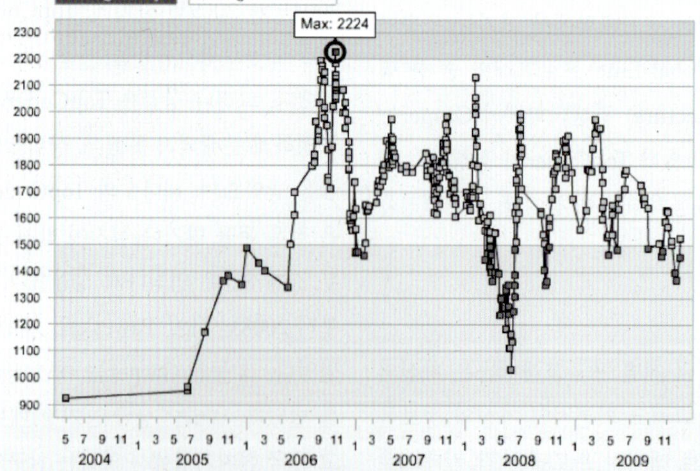

Source: http://www.topcoder.com/tc?module=MemberProfile&cr=287614 - 12/23/2009.

의 돈을 쉬는 시간을 통해 벌 수 있다". TopCoder는 일반적으로 각 대회마다 두 개의 최고 제안서에 주어지며 최고의 프로그래머에게 가장 많은 비율의 상금이 제공된다.

대회 별 상금을 제외하고, 다른 방식으로 멤버들에게 제공되는 수입방식은 디지털런(Digital Run)이 있다. 디지털 런 시스템은 각 대회 별 가장 높은 랭킹에 선정된 참가자들에게 대회순위와 성과를 기반으로 포인트를 제공한다. 매달 말, TopCoder는 참가자들의 종합 포인트를 집계하고 최고 높은 점수를 가진 참가자에게 몇 천 달러의 보너스 상금을 제공한다. Paweska는 디지털 런의 성공에는 최고수준의 프로그래머 자질과 밤새 일을 진행시킬 수 있는 능력이 갖추어야 한다고 설명했다. Gasper와 같은 참가자는 TopCoder에서 할당 받은 계약제 프로젝트를 통해 돈을 번다고 하였다.

현금으로 받는 상 이외에, 다양한 커뮤니티 멤버들은 TopCoder의 등급제가 중요하다고 말한다. 왜냐하면 그것이 객관적인 능력의 척도를 제공하기 때문이다. 다양한 종류의 기술, 빠른 생각, 독립적으로 배울 수 있는 능력, 높은 수준의 노동력, 그리고 세부적인 일을 챙기는 능력들을 요구하기 때문에 높은 점수를 유지하는 것은 쉽지 않다고 Wu는 설명한다. Wu에 따르면, TopCoder의 등급제는 프로그래머의 향후 직업에 중요한 영향을 미친다고 하였다. 예를 들면, 높은 점수를 갖고 있는 Wu의 친구는 Google에 입사를 했으며 Gasper는 TopCoder 랭킹은 자신의 신분 상징 그리고 다수의 프로그래머들의 신망을 상징한다고 했다. "만약 당신이 빨간 등급이면 다른 사람들은 당신을 우러러 볼 것이다". 그리고 상당수 일류 소프트웨어 회사들이 회사에 입사 전 잠재적인 기준으로 삼을 것이다. 그러나 다른 사람들에게는 등급제 시스템이 크게 중요하지 않을 것이다. 예를 들어, Gasper에게는 대회 우승을 통한 상금 획득이 등급 시스템보다 더 중요하기 때문이다.

등급제의 중요성에 대한 다양한 의견이 있지만, 대다수의 커뮤니티 멤버들은 TopCoder에서 제공하는 다양한 배움과 성장의 기회가 경쟁에 있음을 동의한다. 사실, 수많은 프로그래머들에게 TopCoder의 경력은 종종 실패로 작동하기도 한다. 그러나 장기적으로 대회 평가와 동료 평가는 그들의 성장을 돕는다. Gasper는 "나는 내 첫 번째 대회에서 완벽하게 실패했지만 평가자들은 내가 정확하게 어디서 틀렸는지 지적했다 '이 부분이 당신이 틀린 부분 입니다.' …당신은 거짓을 할 수 없다. 왜냐하면 당신은 당신보다 뛰어난 프로그래머들에 의해 평가받기 때문이다. 평가자들은 당신들이 상처받는지에 대해 신경 쓰지 않는다. 그들은 직설적이다. 만약 그들이 당신의 잘못된 디자인을 봤을 경우, 그 디자인을 당신이 보는 앞에서 찢어버린다."라고 했다. Paweska는 평가자들에게 피드백을 받는 것이 중요하다는 점에 동의했다. 그리고 커뮤니티 멤버들은 평가자로 활동하며 배움의 기회를 얻을 수 있다. 과학자와 개발자들에게 있어서, Wu는 알고리즘 대회는 부분적으로 그들의 연구능력을 갈고 닦는데 도움을 주며 비판적 사고를 증대 시키는데 도움을 준다고 믿는다. 모든 사례에 있어서, 동료에 의한 지속적인 배움은 참여의 가장 중요한 이유가 된다.

Gasper는 전통적인 정육면체 형태의 사무실 근무(cubicle farm) 대신에 웹-기반 플랫폼을 활용한 자택근무에 대하여 설명하였다. "나는 TopCoder가 주는 유연성이 좋다. 나는 매일 30분을 차를 몰고 일하러 갈 필요가 없다. 그리고 같은 일을 집에서 할 수 있다. 만약, 골프를 치러 나갈 경우에는 나는 그럴 수 있다. 나의 가장 비생산적인 시간인 2~6시 사이에 일할 필요도 없다." Paweska 또한 공감하며, 상사가 자신의 옆에서 감시하지 않는 TopCoder에서 일하는 것을 좋아했다.

근무 시간을 설정하는 것은 편리하였지만 도전적이었다. 경쟁자들은 참여자들의 개인 수준을 적극적으로 관리해야만 했다. Gasper는 자신의 노력으로 꾸준히 수입을 높이려는데 노력했지만 여전히 생활은 그대로였다. "만약 받는 돈에 비해 터무니없이 많은 일이 있다면, 그만둘 것이다… 나는 문제를 해결할 가치가 있는지 알고 있다. 이 기술을 수많은 경쟁의 참여로부터 나온다."

경쟁자로서의 "커뮤니티"

Wu는 "회사가 경쟁적이지만, TopCoder에서의 경쟁은 절대 무례하거나 형편없지 않다. 그들의 동일한 대회에서 경쟁할 때라도 사람들은 서로 돕는 것을 좋아한다"라고 언급했다. TopCoder 포럼들은 협력(collaboration)이 핵심이다. 포럼에서 경험이 적은 커뮤니티 멤버들이 어떤 문제에 대해 도움을 요청하면 경험 많은 참가자로부터 간단한 피드백을 얻는다.

TopCoder에서의 대화와 관계는 소프트웨어 개발에 관한 시야를 넓혀 준다. Hughes는 특별히 눈여겨볼 공통적인 강점과 더불어, 다른 커뮤니티 멤버에게 소프트웨어 개발 외적인 부분을 도와주었다. "커뮤니티 멤버 중 한 명이 사망하였을 때, 많은 커뮤니티 멤버들이 그들의 몇 주 분량의 상금을 그의 아내에서 전달하여 고인에 대한 슬픔을 위로했다. 그리고 그 성금은 몇 만 달러에 달했다."

TopCoder는 매년 커뮤니티 내에서 최고의 재능있는 인재를 뽑아, 네바다, 라스베거스로 보내 TopCoder Open (TCO)에 참여시킨다. 세계 최고의 프로그래머를 증명하는 것 이외에, TCO는 커뮤니티 멤버에게 전문적이면서 사회적인 네트워크 구축 기회를 제공한다.

TopCoder의 커뮤니티는 성격을 알아볼 수 있는 독특한 문화가 있다. Wu는 "이 커뮤니티는 수많은 커뮤니티와 마찬가지로 자신의 문화를 가지고 있다. 분명히, 멤버들 사이에서 끊임 없이 만들어 낸 것이며 내가 커뮤니티에 가입했을 때, 그곳에는 이미 경쟁과 포럼에 적극적으로 제안하고, 흥미를 유발하며 중요한 이슈들을 제공하고 더불어 활동적으로 참여한 멤버들이 커뮤니티를 이끌고 있었다" 일부 케이스는 커뮤니티 리더의 명성은 TopCoder의 영향력을 넘어선다. 예를 들어 폴란드 출신의 Tomasz Czajka 는 2006년 TCO에서 우승한 이후로 '락 스타'가 되었고 그의 석고상은 Warsaw (바르샤바; 폴란드의 수도)게시판 도처에 있다.

고객사의 관점

고객사들은 고품질의 소프트웨어 개발을 위한 비용과 시간을 효율적으로 사용하기 위해서 TopCoder를 찾아왔다. TopCoder는 소프트웨어의 발전을 원하는 큰 회사와 그리고 중소기업들을 상대로 서비스하는 위치에 있다. TopCoder의 고객이자, LendingTree.com의 전 부회장인 Keith Moore는 사이즈에 관계 없이, 작업을 5명이 하거나, 커다란 아웃소싱을 통해 어떠한 회사든지 TopCoder로부터 이점을 얻을 수 있을 것이라 믿었다. 많은 CIO를 위해, 소프트웨어 개발 및 훌륭한 인재 고용은 가장 중요한 문제이며, 기한을 놓치거나, 비용 초과에 대한 사용분은 흔하게 겪는 과정이다. 하버드 경영대학의 CIO이자 TopCoder의 고객인 Stephen Laster에 따르면, "전통적인 IT회사는 3년마다 48%의 인력을 교체한다. 이 프로세스는 많은 비용을 수반한다. 이와 같은 문제가 우리의 아웃소싱 컨설턴트에게도 존재한다. 우리가 컨설팅 팀을 선택할 때, 20명으로 구성된 팀을 선별하기 전에 60명의 프로그래머들을 시험해 본다. TopCoder와 함께라면, 나는 그들의 성과에 돈을 지불하며, CIO는 그들이 그 일을 하도록 두었다."

2009년부터, TopCoder는 기존 고객에게 고품질의 소프트웨어 솔루션과 뛰어난 고객화 서비스를 제공하며 강력한 관계를 유지하고 있다. TopCoder의 첫 번째 프로젝트를 수행한 이후, 고객 중 82%가 재 구매를 요청했다. 그들은 여러 강점을 가지고 있었다.

혜택

더 좋은 아이디어

프로젝트에 몇 천만 달러를 투자하기 전, TopCoder 멤버들은 개발 초기단계에서 나쁜 아이디어를 발견하여 더 좋은 방식의 접근을 제공하는 개념화(conceptualization)를 운영한다. 고객사들은 자신들의 비즈니스 문제를 커뮤니티에 소개할 때, 멤버들은 수백 가지의 질문을 한다. AOL의 前 기술 고문인 Nic Perez는 커뮤니티의 질문들이 "우리가 어떠한 문제를 가지고 있는지도 모르는 사항에 대한 통찰력을 주었다."라며, "질문들을 미리 제시함으로써 비용을 절감할 수 있었다."고 말했다. 또한 온라인 포럼을 활용하여 클라이언트는 모든 경쟁자들의 질문을 한번에 대답할 수 있어 반복적인 노력을 피할 수 있었다. 유사한 사례로 클라이언트들은 커뮤니티에서 해당 프로젝트에 대한 성공, 혹은 실제 시장에서 사용가능한지에 대한 다양한 관점의 우려 때문에 프로젝트 아이디어 전체를 폐기한 바 있다.

TopCoder의 경쟁 기반 개발 시스템은 지속적으로 엄청난 창의적인 아이디어와 해결책을 생산했다. 북미의 가장 큰 배관용품의 판매 및 유통업자인 Ferguson Enterprises의 E-commerce 팀의 솔루션 아키텍쳐인 Darren Smith에 의하면, "우리는 커뮤니티에서 다양한 관점을 얻었다. 이는 정말 놀라울 만한 일이었다. 당신은 무엇을 얻어갈 지 절대 알지 못할 것이다. 창의성 부분은 우리에게 마케팅 팀으로 달려가 '우리가 이전에 고려하지 못했던 x, y, z을 할 수 있을 것이다'라고 말했다. 그들은 우리가 미쳐 고려하지 못하거나, 우리가 하지 못할 것 같은 비교적 솔직한 솔루션을 제공하여 우리 사업에 가치를 더했다."라고 했다.

고품질, 비용, 속도 그리고 유연성

고객사들은 TopCoder의 엄격한 평가와 산업 평균보다 뛰어난 서류작업에 대해 칭찬한다. 그의 구글 톡(Google Talk) 인터페이스를 AOL 인스턴트 메시지로 사용하게 했던 경험을 반영하여, Perez는 TopCoder와 그들의 커뮤니티가 버그없이 코드의 제공에 대한 강력한 열망과 그리고 심지어 가장 복잡한 시스템이라도 항상 100개 이하의 버그가 발견된다고 설명했다. Perez에 따르면, 동일한 크기의 프로젝트를 AOL 내부적으로 개발할 경우, 5~8배의 버그가 더 나타났을 것이라고 했다.

웹기반 스타트업을 하는 TopCoder의 또 다른 고객사는 대규모 IT컨설팅 회사에 35만 달러를, 소규모 IT 컨설팅회사 20만 달러 또는 개인 사업자에 8만달러를 그들 회사의 웹사이트를 만들 때 사용할 뻔했다. TopCoder를 사용하여 그 스타트업 고객사는 단지 3만 5천 달러를 사용했다. 그들은 "3만 5천 달러는 비용도 아니다. 더 이상 이러한 곳은 없다."고 했다. 또 다른 고객사는 "TopCoder가 다양한 유형의 소프트웨어 개발 경험을 바탕으로, 대형 IT컨설팅 회사의 반값에 해당하는 수수료를 제시했다."고 말했다.

커뮤니티를 활용해 해결하기 어려웠던 문제를 처리하며, TopCoder는 다른 소프트웨어 개발업체보다 속도 면에서 빠르다는 점을 홍보했다. 이것은 버그에 대한 추적과 시스템을 통한 검사로 이루어지며 다른 개발회사가 10일 동안 진행해야 하는 버그 검사 문제를 72시간만에 끝냈다. 그러나, 속도가 다른 소프트웨어 개발 단계와 혼합 되었다고 보고된 적이 있다. 몇몇 클라이언트들은 TopCoder의 속도는 대형 IT컨설팅 회사와 비슷하다고 말했다.

TopCoder의 유연한 소프트웨어 개발 용량을 공급하는 능력은 고객사들에게 특별하다. 특히, TopCoder의 클라이언트는 그들의 비즈니스 요구사항의 변동을 프로그래머를 고용하거나 해고 없이 개발능력을 확장하거나 축소할 수 있다. 한 고객에 의하면, 기본적인 자체 개발(in-house) 컴퓨터 프로그래머의 비용은 혜택, 병가, 휴가를 포함해 일년에 12만 달러이지만, TopCoder와 일하게 되면, 고객은 직원의 혜택과 휴식시간을 고려하지 않아도 된다고 하였다.

우려

CIO가 TopCoder의 기술적인 능력과 잠재적 비용 절약 능력에 감탄했지만, TopCoder 고유의 소프트웨어 개발 모델과 함께 일하는 것에 대해 종종 의구심을 갖고 있었다.

지적 자산 및 보안

TopCoder의 법무 책임자인 Ira Heffan에 따르면, "TopCoder 모델에 익숙하지 않은 새로운 고객들이 IP와 보안에 대한 초기 저항은 당연한 것이다. 이들이 우리의 문서화 작업과 커뮤니티 멤버와 함께 작업하는 프로세스에 익숙해질 때까지, 그들이 IP와 보안을 함께 공유하는 것은 잠재적인 불안으로 간주할 것이다."라고 했다. 예컨대, 일부 고객들은 TopCoder의 커뮤니티 멤버가 지적 재산권에 관한 아이디어, 비즈니스 계획, 운영 등을 경쟁사에 노출 시킬 것이라는 점에 대해서 우려할 수 있다. 게다가 일부 고객사들은 어떤 개발요소가 IT시스템의 필수적인 요소가 됐을 때, 개발요소들을 만든 커뮤니티 멤버들이 사용을 못하도록 막거나, 로열티를 내라고 요구할 것이라는 걱정을 한다. 최근 어떤 클라이언트들은 커뮤니티 멤버가 제공한 솔루션을 도둑맞거나 저작권이 있는 형태거나 공개 소프트웨어 프로젝트에서 복사해 왔을 우려를 하고 있어서 잠재적인 지적재산권 분쟁에 대해 민감하다.

TopCoder는 고객사들의 근심을 고려하면서 위험인식 수준을 낮추기 위하여, 커뮤니케이션 단계를 활용하여 극복하고자 하였다. 이를 위해, TopCoder는 보안 취급에 관한 자세한 규정과 지적 재산권 할당에 관한 규정, TopCoder의 소프트웨어 개발을 위한 모듈러 접근방식에 관한 규정을 담고 있는 서류를 작성했다. 더불어, TopCoder는 클라이언트의 회사 이름을 경쟁 기간 동안에 익명으로 진행했으며 민감한 정보의 노출을 막기 위해서 테스트데이터를 사용할 당시 클라이언트와 함께 작업했다. 클라이언트의 요청이 있을 시, 커뮤니티 멤버들이 경쟁에 들어가기 전, 모든 경쟁자들은 경쟁간 비밀 유지 서약서에 서명해야 했다.

동료평가 프로세스는 코드 및 품질을 보안하는 다른 의미를 지닌다. 동료평가의 심사와 선별은 TopCoder의 직원이 그들의 사전 성과로 결정하게 되는데 TopCoder의 클라이언트도 소프트웨어 개발의 뒤 편에서 경쟁에 대한 의견을 낼 수 있고 보안과 품질을 평가 할 수 있었다. TopCoder의 구획화된 소프트웨어 개발 프로세스는 개인이 악성 코드를 프로그램에 몰래 삽입하는 것을 어렵게 해놨으며, 개인 경쟁은 단지 전체 프로그램 중 일부분이다.

문화적 변화

많은 고객들은 TopCoder가 문화적으로 자신들의 회사와 일하기 어려울 것이라 여긴다. 특히, CIO들은 내부 직원들이 TopCoder를 그들의 직업적 보안을 위협할 존재라고 여긴다고 믿는다. 한 클라이언트는 "TopCoder는 CIO의 꿈이지만, 프로그래머들에게는 최악의 악몽이다. 만약 이 사업이 지속되고, 프로그래머들의 고품질 작업이 TopCoder로부터 나오는걸 본다면, 그들의 두려움은 건물 밖으로까지 표출될 것이다" TopCoder를 사용하는 것이 회사의 규모와 프로그래밍을 위한 직원 비용을 감소할 수 있지만, 회사는 TopCoder의 개발 프로세스를 가이드할 직원인 'big thinking' 을 위한 사람들이 필요하다. TopCoder 클라이언트의 매니저들은 소프트웨어 개발 프로세스에서 그들의 통제력을 잃을 수 있다는 점을 알아야 한다. Smith는 "우리는 경쟁을 준비했다. 그러나 그들은 전체 프로세스를 관리한다. 우리의 프로젝트 매니지먼트 그룹은 결정된 서비스 수준 협약(Service Level Agreement)에 따라 TopCoder의 매니저와 함께 작성되어 전달한다." 어떤 클라이언트는 소수의 커뮤니티 멤버들이 경쟁이전 Q&A단계에서 지나치게 강압적이고 무례한 행동을 하는 것을 보곤 한다.

코딩에 대한 도전

TopCoder는 회사 내부 개발에 관련된 모든 작업을 수행하지만, 여전히 클라이언트들의 기존 시스템에 TopCoder의 서비스(제품)을 통합하는 작업과 보안 관련 코드를 검토하고, 시스템이 변함에 따라 코드를 변화시키는 일에는 여전히 내부직원이 필요하다. 예를 들어, Ferguson의 Smith의 팀에서는 TopCoder의 서비스(제품)을 검수, 테스트, 프로세싱하는 업무를 하며 버그, 다른 보안적 위협이 없는지를 확인하는 작업에 많은 시간을 투자한다. TopCoder의 클라이언트는 특정 경쟁에서의 아이디어 검사 및 여러 번 우승한 솔루션으로의 접근방법에 대해 시간을 보낸다.

TopCoder의 커뮤니티에 적절한 유형의 문제를 찾는 것과 적절한 양의 문제를 제공하는 것이 또 다른 클라이언트들이 가지고 있는 문제이다. Moore가 이것을 표현하기로는, "당신은 지나치게 원하지 않거나, 너무 적은 양의 디테일을 원하지 않는다. 당신은 혁신을 망가뜨리기를 원치 않으며 당신의 시스템 안에서 그 솔루션이 확실히 작동하기를 원한다." 클라이언트들은 TopCoder의 커뮤니티 안에서 적절한 해답을 찾아내기 어렵거나 불분명한 문제, 너무 복잡한 문제, 또는 너무 많은 양의 문제를 제공하여 해결해주기를 요청하면 경쟁 참가자가 감소하는 것을 발견하게 되었다. 또한, 클라이언트들은 커뮤니티 멤버들의 경쟁기간이 2주 정도 지속될 경우에는 최선을 다하지만, 만약 프로젝트 마감 기간이 너무 길어질 경우, 참가자들은 흥미를 잃거나 답변을 제출하지 않는다는 것을 알게 되었다.

TopCoder 경영

공급측면

TopCoder의 관리 업무는 독특하다. TopCoder 내부 직원의 관리와 함께 회사의 매니저들은 20만명이 넘는 커뮤니티멤버들을 감독해야 한다. 그리고 소프트웨어 개발의 경쟁 프로세스 전체를 감독해야 한다. 부회장인 George Tsipolitis에 의하면, 회사 성공의 핵심은 효율적인 프로세스 매니지먼트에 있다. "당신이 커뮤니티를 관리하고 있을 때, 당신은 개인을 관리하는 것이 아니라, 전체를 관리하는 것이다. 우리는 개인을 통제할 수 없다. 우리는 프로세스의 참가자를 통제할 뿐이다". 클라이언트와 직원들은 회사의 지속적인 가치가 커뮤니티 참가자들이 지속적인 참여와 커뮤니티의 성장을 발전을 위한 TopCoder의 능력에 있다고 믿고 있다. Lydon은 "처음부터, 우리는 커뮤니티에 집중했습니다. 우리는 그들이 용서하지 않을 것을 알고 있습니다. 만약 당신이 잘못된 일을 할 경우, 당신은 매우 비판 받게 될 것입니다" 라고 위협했다.

매력

TopCoder는 다양한 경쟁을 동시에 진행하고 다양한 고객의 솔루션을 한번에 개발하기 위해서 최소한의 비판적 능력과 코딩을 할 수 있는 능력들을 필요로 한다. 새 멤버를 커뮤니티에 이끌기 위한 TopCoder의 기본적인 방법은 알고리즘 도전에 대한 매력과 도전정신이다. 때로는 TopCoder는 때때로 구글의 키워드 검색을 이용한 디자인 경진대회(Design contests)와 같은 온라인 플랫폼 대회를 마련했다. 인재들을 이끌어 낼 세 번째 메커니즘은 회원발전의 날(Member development days)이다. TopCoder 직원 팀에 의해 기획되며, 중국과 다른 국제 대학교에서 열린다. 이날은 학생 대표가 학교 주변에 TopCoder 시스템에 대해 게시한다. 이 날의 기본적인 목표는 높은 매출액을 생산할 개발 및 디자인 대회에 참가를 독려하는 것이다. 중국에서 이 행사가 진행되는 동안, 천명이 넘는 새로운 커뮤니티 멤버가 TopCoder에 등록했다. Bourdon은 TopCoder가 한번에 필요한 최소한의 인재를 다양한 종류의 소프트웨어 개발 경쟁대회를 통해 필요한 기술을 갖고 있는 20만명이라는 한계치를 넘겼다고 하였다.

규범

커뮤니티가 성장함에 따라, TopCoder는 커뮤니티의 규범을 설정하는데 집중해야 했다. 대회의 관리자로서, 회사는 대회의 진실성, 공정성 투명성, 그리고 품질에 관하여 높은 수준을 유지해야 했다. 예를 들어, TopCoder의 인사과는 철저하게 경쟁 참가자 그리고 부정행위가 없는지에 대해 모니터링을 했다. 다른 참가자의 솔루션을 도용하거나, 대회 동안 아이디어를 공유하거나, 등록되지 않은 코드를 사용한 커뮤니티 멤버는 즉시 대회 참가권한을 박탈시켰으며, 가끔 커뮤니티에서 쫓겨나기도 했다.

만약, 대회 우승자에 대한 불분명함이나 인정하지 못하는 경우가 있을 경우, TopCoder는 추가적인 비용을 지불하여 대회를 다시 개최한다. 경쟁의 진실성에 있어서 Tsipolitis는 TopCoder가 규율과 절차를 지속적으로 유지하는 것을 강조하고 있다고 설명했다 "이길 방법을 찾지 못한 두 번째 참가자는, 참가를 멈춰야 한다. 그래야 우리는 대회 중간에 규율이 바뀌는 것을 막을 수 있다." TopCoder는 모든 대회와 참가자들의 통계, 동료 평과 그리고 데이터 웨어하우스(data warehouse) 안의 솔루션을 보관함으로써 대회의 투명성을 보장한다. Topcoder 웹사이트를 통해 등록된 커뮤니티 멤버들은 해당 데이터에 접근할 수 있다.

진실성과 공정성은 TopCoder의 회사 동기와 커뮤니티 보상철학에서 기인하였다. 특히, TopCoder는 돈을 버는 의도를 넘어선 커뮤니티이다. TopCoder가 회사의 방향 또는 경쟁 절차를 바꾸기로 결심했을 때,

Hughes는 포럼에 정보를 올리고 그의 결정으로 이루어진 사업적 이유를 설명했다. Hughes는 회사가 커뮤니티의 노력으로 보상을 받게 됨에 따라 커뮤니티 멤버들에게 적절한 보상은 필수라고 생각했다.

지배구조

TopCoder의 이사진이 최종 결정에 관한 책임을 가지고 있지만, 그들은 커뮤니티 멤버들의 관점에서 자주 협업하지는 않는다. Lydon는 "우리는 커뮤니티를 우리가 진행하는 모든 것에 대한 운전자라고 여기고 있습니다. 만약 다수의 멤버로부터 반대가 있다면, 우리는 항상 그것을 고려해야 합니다. 또한 우리가 무엇을 할 지 모른다는 문제에 직면한다면, 멤버들 간의 의견이 분리될 것입니다."라고 설명했다. 커뮤니티 멤버인 Gasper도 비슷한 관점을 이야기 했다. "TopCoder는 포럼에 아이디어를 빠르게 제공하여 그들의 즉각적인 피드백을 받으려는 경향이 있다. 75%의 시간이 커뮤니티의 의견을 듣는데 사용된다. TopCoder는 또한 그들의 사업에 관한 관심을 고려해야 한다. 때로는 커뮤니티와 사업적인 관심이 맞지 않을 수 도 있기 때문이다"

만약 경쟁자들이 동료평가에 만족하지 않는다면, TopCoder는 이들의 결정에 대한 의견을 제시하도록 해주어야 한다. 90%가 넘는 대회에서 적어도 하나의 의견은 존재하기 때문이다. 만약 멤버가 의견을 피력한다면, 동료 평가 위원들은 그들의 의견에 동의할지 거절할지에 대한 이유를 제시해야 한다. 만약, 참가자와 위원들의 불일치가 남아 있다면, TopCoder의 직원들은 조사를 해야 한다. 또한 참가자는 직접적, 개인적으로 TopCoder의 인사과나 TopCoder의 포럼을 통해 불만을 서면으로 통보할 수 있다.

TopCoder의 매니저는 반드시, TopCoder 커뮤니티를 방해하거나 기분 나쁘게 하는 것들과 관련된 결정을 내려야 한다. 예를 들어, 2008년 여름과 가을, TopCoder는 대회 상금과 동료 평가위원회에 지급되는 비용을 삭감시켜야 했으며, 알고리즘 대회의 개최 횟수도 줄여야 했다. 이기간 동안, 일부 TopCoder 참가자들은 커뮤니티를 떠났고 참가 수준이 극단적으로 감소하였다. Gasper는 상금의 감소가 멤버들이 작성한 평가의 품질과 연결되었다. 즉, 이것은 최고의 평가자들이 좋은 품질을 제공하기 위한 추가적인 작업을 요구하는 일은 금전적 보상이 적은 상태에서는 더 이상 이루어질 수 없었기 때문이다.

자원배분

TopCoer의 또 다른 관리직들은 커뮤니티의 자원을 분배하고 대회 참가자들을 관리하는 일이다. Lydon는 "우리는 대회에 참가하고자 하는 인원들을 분배할 방법에 대해서 찾아야 한다."라고 설명했다. 일반적인 소프트웨어 개발회사와 달리, TopCoder는 특정멤버에게 업무와 프로젝트를 배정할 수 없다. 참가자들을 관리하는 매니저로서, TopCoder의 목표는 평가 비용을 줄이고, 경쟁을 통해 서로의 노력을 자극하며 클라이언트들이 만족할 만한 해결책을 한 개 이상 찾는 것이다. 이상적인 프로젝트와 참가자 수를 만족하려면, Topcoder는 상금액, 대회시간 및 대회기간, 동시에 진행되고 있는 대회의 수, 문제의 난이도와 대처방법을 조절해야 한다. 대회에 참가하는 이상적인 참가자 수를 정할 때, TopCoder는 참가자의 신뢰도를 고려해야 한다. 또한, 만약, 이상적인 수준의 참가자가 참여하지 않을 경우를 대비해서 TopCoder의 직원들은 직접적으로 커뮤니티 멤버들에게 접근하는 방식을 택해야 한다.

TopCoder 매니저가 대회 참가자들에게 영향력을 불어 넣을 수 있지만, 그들은 커뮤니티 안에서 보스처럼 행동하는 것은 옳지 않다고 믿고 있다. Hughes의 커뮤니티 관리 철학은 "우리는 커뮤니티를 소유하지 않는다. 우리는 그들이 원할 때 커뮤니티에 머물기를 바란다. 그들이 진정 원해서 이곳에 있을 때, 우리는 더 좋은 결과를 얻을 수 있다."이다.

유지

TopCoder 임원들은 커뮤니티 멤버를 유지하는 동시에 향후 대회에 참가할 참가자들을 격려한다. 한 명의 고객이라도 이 분야에 대해 걱정한다면: "나는 커뮤니티가 변덕쟁이라 생각한다. 커뮤니티 멤버가 내가 이것

그림 7 대회 유형별, 년도별, 참가자수 및 년도별 공식 대회 멤버수

	2005			2006			2007			2008			2009		
대회 유형	매달 평균	매년 제출자	매년 대회	매달 평균	매년 제출자	매년 대회	매달 평균	매년 제출자	매년 대회	매달 평균	매년 제출자	매년 대회	매달 평균	매년 제출자	매년 대회
알고리즘 대회															
단독[a]	1,319	5,287	81	1,930	7,525	105	2,638	8,994	113	2,945	10,433	66	2,558	9,616	51
마라톤 매치[b]	500c	500c	1c	273	1,532	20	281	1,588	30	253	1,621	29	314	2,150	35
클라이언트 소프트웨어 개발 대회															
컨셉화										7[c]	11[c]	9c	6	34	70
구체화										5[c]	7[c]	16c	6	32	71
구조화							1[c]	4[c]	4[c]	4	29	65	9	36	145
구성요소 디자인	33	157	362	45	225	615	61	243	698	38	144	488	20	93	300
구성요소 개발	58	316	287	88	451	484	135	605	780	91	434	733	41	204	337
어셈블리							7	47	86	10	59	191	20	104	416
디자인 대회															
스튜디오				65[c]	223[c]	17[c]	81	453	118	66	279	451	102	429	456
합계[d]	1,370	5,565	730	2,146	8,517	1,224	2,867	10,072	1,825	3,198	11,487	2,023	2,911	11,122	1,881

Source: Company statistics.

a. 75분 프로그래밍 콘테스트

b. 3~30일 동안 계속되는 프로그래밍 콘테스트

c. 연단위 데이터의 일부를 활용하는 콘테스트는 당해 중순 또는 말이 될 때까지 공식적으로 시작하지 않았음

d. 주어진 시간동안 참여자의 고유 수를 의미함. 열은 추가하지 않음

을 왜 해야 하는지에 대해 자문 할 수 있다. 예를 들어, 만약 우리의 사업과 동일한 회사가 나타났을 때, 그리고 그 회사에서 2배의 상금을 제공한다면 어떻게 해야 할까?" 이러한 문제를 대비하기 위해서, TopCoder는 커뮤니티 멤버들에게 일정한 작업량에 따른 상금을 제공하고자 노력한다. 또한, TopCoder는 가능한 커뮤니티 멤버들에게 상당한 혜택을 제공하여 포럼 안에서 의견을 제안할 수 있도록 하였다. 더불어 동료 평가자로서 참여를 요청하고, 대회의 문제를 리포트하며 커뮤니티에 최대한 많이 참가해 TopCoder 내부 시스템을 발전시키도록 독려한다.

TopCoder의 커뮤니티 멤버들은 TopCoder 커뮤니티에 대한 충성도의 정도가 각기 제각각이다. Pawesk는 TopCoder에서 제안하는 모든 종류의 기회들을 감사히 여긴다. "나는 약간의 충성도를 갖고 있습니다. 내가 커뮤니티에서 떠나기에는 많은 시간이 필요할 것 같습니다. 내가 할 수 있는 프로젝트가 없을 때, 그때 떠날 것 입니다". Gasper는 커뮤니티 안에서 자신의 위치에서 바라본 비중이 다르다고 말했다. "나는 TopCoder에 매우 높은 충성도를 갖고 있지 않거나 거의 없다". 또한, "수입대비 일보다 수입대비 자율성이 더 중요하기 때문에, TopCoder에 있는 것입니다."

수요측면

플랫폼 매니저

TopCoder의 다른 분야의 매니지먼트는 대회기반의 소프트웨어 개발 프로세스를 통해 클라이언트를 유도한다. 이것은 회사의 플랫폼 매니저의 책임하에서 진행되며, 그는 적절한 커뮤니티 참가자를 유도하고, 대회 상금을 제안하며, 대회 기간동안, 피드백을 수집하여 프로젝트 현황을 클라이언트들에게 알려주는 작업을 수행한다. 게임플랜(Game Plan)에서 다음 단계를 시작하기 이전에, 플랫폼 매니저는 진행되었던 대회의 결과물을 바탕으로 한 다음 대회의 필요한 요구사항을 조절 한다. 제품이 클라이언트에게 전달된 후에는 TopCoder의 플랫폼 매니저가 지원 서비스의 역할을 수행한다. 만약 솔루션에 기술적인 문제가 발생했을 때, 플랫폼 매니저는 개발 요소를 개발한 커뮤니티 멤버에게 연락하여 그들과 함께 그 문제를 해결한다.

대부분 기업고객들은 플랫폼 매니저가 프로젝트의 성공의 중심축이라 생각한다. LendingTree와 같은 거대 클라이언트는 플랫폼 매니저가 일주일에 3~4일정도 상주해있으며, 내부팀들과 매일 미팅을 수행한다. 프로젝트 매니저의 가장 주된 업무는 클라이언트의 기대와 클라이언트들의 고민을 임원들에게 보고하는 역할이다. 커뮤니티가 경쟁을 통해 프로젝트의 요소들을 결합시키지만, 프로젝트의 말미에는 플랫폼 매니저는 또한 작은 소프트웨어들의 조각을 결합하는 전문가로서 일해야 한다. 개발 요소들의 조합은 클라이언트들이 모든 요소 조각들이 적절하게 작동하는지 검수하는 시간을 줄여준다. Ferguson의 Smith는 TopCoder의 인사팀이 현장에서 그들의 팀의 결합시키는 역할을 한다고 여겼다.

TopCoder 다이렉트(direct)

그러나, 개개인의 플랫폼 매니저는 TopCoder의 과도한 비용과 이윤의 원인이었다. 2009년에는 TopCoder의 일반 플랫폼 매니저가 혜택을 포함해 매년 10만 달러의 비용이 발생하였다. Tsipolitis에 의하면, 플랫폼 매니저의 시간은 잘 사용되지 않는다. "우리의 플랫폼 매니저들은 보모처럼 시간을 쓴다"라고 그는 언급했다.

잠재적인 비용의 증가를 피하기 위해서 TopCoder는 클라이언트와 프로젝트가 있어야만 했다. Hughes는 클라이언트가 회사의 플랫폼을 방해 받지 않고 사용하는 "TopCoder Direct"를 제안했다. 이러한 셀프 서비스 모델에서, 플랫폼 매니저는 클라이언트에게 대회 기반의 소프트웨어 개발 프로세스인 TopCoder의 플랫폼을 사용하는 방식에 대해서 교육시키고 있다. Hughes는 경험 많은 커뮤니티 멤버 또는 TopCoder의 플랫폼에 익숙한 외부 컨설턴트로의 플랫폼 매니저의 책임감의 변화를 구상하고 있다. 클라이언트 직원을 도와주는 역할로서 공동 조종사와 같은 사람을 의미한다. Hughes는 플랫폼 매니저의 프로젝트에 사용하는 시간은 40시간에서 2시간으로 줄일 수 있을 것이라고 보았고, 결국, 클라이언트와 TopCoder의 시간과 돈을 감축시킬 수 있을 것이다.

미래

2009년 겨울까지, 경쟁기반인 소프트웨어 서비스를 제안하는 TopCoder의 비즈니스 모델을 사용하는 경쟁자가 없었다. 대신, RentACoder, Elance, oDesk와 같은 회사들은 클라이언트와 프리랜서 소프트웨어 개발자의 연락책이있다. 클라이언트가 솔루션에 대한 비용을 지불하는 TopCoder와는 다르게, 이들은 하나 또는 다수의 프로그래머를 선별해 그들의 문제를 풀게 하는 "재능을 사세요(buy talent)"의 접근법을 사용했다. TopCoder와 가장 비슷한 uTest는 클라우드소싱을 활용해서 웹, 핸드폰, 데스크탑, 게임 어플리케이션의 버그를 잦고 기능적 사용감을 검수하였다. 그러나 소프트웨어 개발과는 관련성이 없다. Hughes는 직접적인 경쟁의 부족은 기술적인 어려움과 완벽히 발달된 형태의 커뮤니티와 플랫폼을 건설하는 데 비용이 연결되어 있다고 했다.

2008~2009년 세계경제위기 이후, Hughes는 TopCoder가 성장할 준비가 되었다고 믿었다. 영업담당 직원들은 경쟁 규모와 매출액을 높여 예측가능하고, 전략적인 파트너십을 고려하고 있었다. 그러나 상당한 도전과 불확실성이 아직 남아 있었다. 특히, Hughes는 커뮤니티와 회사가 수요의 증가를 지속할 수 있을 지에 대해서 의문을 갖고 있었다.

주주들은 다양한 의견을 보였다. 영업 부회장인 Mike Morris는 끝없는 잠재성을 보았다. "만약 세일즈의 성장이 선형(linear)의 형태로 보인다면, 멤버의 성장은 지수의 형태로 성장할 것이다. 커뮤니티 멤버의 공급은 끊임없이 성장 할 것이다. 만약 당신이 적절한 양의 돈을 사용한다면, 우리는 필요한 프로그래머를 충분히 충당할 수 있을 것이다". 커뮤니티 멤버인 Paweska와 Wu는 대회에 조금 더 투자한다면 기존 멤버들의 참여도가 더 활발할 것이라는 것에 동의했다. 그러나, Pawesk는 주어진 업무보다 대회의 수가 많다면, 경험이 부족한 참여자들 사이에서 상금을 위한 경쟁은 코드품질의 저하로 이어질 것이라고 하였다. 게다가, Lydon는 TopCoder의 규모가 크게 지속되었던 2007년, 리뷰 품질은 몇 달 동안 과도기를 겪었다. 수많은 대회에 참석 가능성이 높아질수록, 일반 리뷰어들은 평가해야 하는 일이 아닌, 대회에 참여하기 원할 것이다. 게다가, 소수의 클라이언트들은 수 많은 경쟁에 따라 TopCoder가 성장하는 것을 걱정했다. 소수의 경쟁자를 이끄는 것과 대회를 지속적으로 개최하고 지속성을 유지하는 것이 훨씬 더 어려운 것이 증명 되었다. 이것은 우리의 뛰어난 시스템에 치명적으로 작용할 것이다.

또한 Hughes는 클라이언트 서비스에 대해 걱정했다. 만약 TopCoder의 고객들이 기하급수적으로 늘어날 경우, TopCoder의 직원들은 모든 고객들의 질문과 걱정에 응답해야 하는 고난에 직면할 것이다. 규모가 큰 클라이언트의 경우, 플랫폼 매니저의 추가 투입 비용이 요구된다. 그러나 TopCoder의 COO인 Rob Hughes는 너무 많은 플랫 폼 매니저는 회사를 여타 다른 IT 컨설팅 회사랑 다를 바가 없는 회사로 만들 것이라고 우려했다. 그리고 이것은 우리의 독특한 비즈니스 모델이란 장점을 잃어버리는 것이다.

Hughes가 TopCoder의 성장은 성공적이었지만, 회사의 경쟁적인 포지션에 대해서는 불확실해 하고 있다. 특히, Hughes는 만약 새로운 경쟁 기반의 소프트웨어 회사가 출현해도, 커뮤니티 멤버들이 계속해서 TopCoder와 함께 할지에 대해 의문을 품고 있다. 만약 엑센추어(Accenture)와 같은 회사가 TopCoder와 같은 방식으로 소프트웨어 개발을 시작한다면 어떻게 될까? TopCoder의 커뮤니티가 지금처럼 지속될 것일까?

CASE STUDY 9

Appirio
클라우드를 사용하는 신생기업

Appirio의 CEO인 Chris Barbin의 뛰어난 리더쉽 덕분에 회사는 예상보다 빠르게 고객과 직원을 늘려갔으며, 총 매출(Top-line)과 순이익(Bottom-line) 목표를 모두 달성했다. Appirio는 *CIO Magazine*에 클라우드 컴퓨팅에 대한 논문을 투고하여 무역언론에서도 우수한 평가를 받고 있다. 그가 예상했던 대로, 대기업을 비롯해 중소기업까지 오늘날에는 클라우드를 사용한 IT 운영이 보편화 되었다. 그는 Appirio를 4,000만 달러의 가치를 가진 회사로 성장시키기까지의 위험요인들을 회상하였다.

그는 Glenn Weinstein의 말에 주목하였다: "내가 가장 두려워하는 것은 격변하는 상황이다. – 예를 들자면, 클라우드로 운영되는 일부 기업들의 신용카드(4백만 고객의) 정보를 잃는 것과 같은 것인데, 난 그런 것이 몹시 두렵다."

독특한 클라우드 기반의 구현은 보호와 안전성의 이점을 동시에 지니기 때문에 잠재 고객이 존재할것이라고 확신했었으나, 그는 어느날 이런 의문이 들었다. "과연 클라우드 컴퓨팅으로 비용을 절감하고 IT운영을 유연하게 도울 수 있을까?"

지난 4년 동안 Appirio는 Google과 Saleforce.com와의 전략적 제휴를 고려했었지만 클라우드 이동의 속도와 위험을 예측하기는 어려웠다. 현재 Appirio는 대기업과 중견기업에 클라우드 서비스와 컨설팅을 제공하는등의 큰 변화를 계획하고 있다.

Appirio

Appirio는 클라우드 IT 시스템을 이용할 때 시스템 및 소프트웨어에서 기업들이 더 많은 가치를 창출할 수 있다는 전제하에 설립되었다. 현재의 IT 모델을 제공하는 기업들은 소프트웨어 라이센스와, 시스템 구현, 하드웨어, 업데이트, 호스팅, 지원 및 유지보수 등을 다루고 있다. 하지만 일반적으로 많은 비용이 요구되는 시스템 및 기술 투자는 기업 핵심 비즈니스와 직접적으로 관련은 없다.

최근 개발된 클라우드 컴퓨팅기술은 소프트웨어의 기술 및 전달 측면에서 전문가들이 집중할 수 있게 돕고, 회사를 떠나서도 비즈니스 운영을 할 수 있는 것에

This case was prepared by Bala Iyer, Associate Professor of Technology Operations and Information Management, and Erik Noyes, Assistant Professor of Entrepreneurship, of Babson College, based on published sources. It was developed as a basis for class discussion rather than to illustrate effective or ineffective handling of an administrative situation. It is not intended to serve as an endorsement, source of primary data or illustration of effective or ineffective management.

초점을 두어 이전의 모델과는 확연한 차이를 보인다. 이러한것들을 실현하기 위해, Appirio는 기업의 클라우드 시스템을 위한 제품과 서비스를 제공하였다.

Appirio의 리더십 팀

Appiro의 설립자들은 SAP, Borland, WebMethods와 같은 전통적인 소프트웨어 회사에서 근무한 이력이 있으며, 현재 기업 내에서 IT, 컨설팅, 기술 지원을 맡고 있다. Appirio의 CEO와 CIO인 Chris Barbin와 Glenn Weinstein는 향후 IT 시장에서 민첩성과 경쟁력을 목표로 성장하고자 하였으나 복잡한 IT 시스템 개발 및 업데이팅 비용은 너무나 버거웠다. 대부분의 글로벌 IT 기업들은 기존의 소프트웨어를 활용하고, 유지하고, 운영하는 데에 70~80%의 시간이 소요되는데 그도 그럴 것이 소프트웨어를 업그레이드 하거나 패치와 핫픽스를 진행하는 데에 몇 주 또는 몇 달이 걸리기 때문이다. 하지만 클라우딩 기술을 활용하면 대규모 IT 시스템 구현시 비용을 절감할 수 있으며 광범위한 수용성 덕분에 소프트웨어(SAS)를 기업에서 활용할 수 있다. 이러한 예시로 Salesforse.com를 들 수 있는데 판매 관리와 고객 관계(CRM)를 클라우드로 관리하여 저렴하고 쉽게 확장할 수 있다는 이점을 가진다.

Chris Appirio는 4가지 핵심 가치를 기반으로 창립되었다: "첫 번째, SAS는 IT의 중요한 혁신 트렌드가 될 것이며, 두 번째로 5~10년 후, 우리의 IT 모델의 장점이 실현되기 시작할 것이다. 세 번째, 기업은 클라우드의 가치 제안에 대한 교육을 시행해야 할 것이며 마지막으로, CIO들은 클라우드 컴퓨팅에서 올 수 있는 이점과 비용 절감을 실현하기 위해 우리의 지도와 지원이 필요할 것이다."

Appirio는 이러한 기술의 촉매재가 되길 원했기에 2006년 창립 당시 SAS와 클라우드 소규모 기업을 목표로 했다. 당시에는 Appirio 같은 기업은 존재하지 않았지만, 지금의 Appirio는 중 · 대기업에 클라우드 컴퓨팅을 제공하기 위해 존재한다.

클라우드 컴퓨팅

Burton Group은 클라우트 컴퓨팅에 대해 다음과 같이 정의한다:

> 학문, 기술 및 비즈니스 모델의 집합으로 언제든지 IT 서비스를 사용할 수 있게 돕는다.

국립 표준 기술 연구소는 클라우드 컴퓨팅을 다음과 같이 정의한다:

> 클라우드 컴퓨팅은 최소한의 관리와 노력으로 서비스를 빠르게 공급하거나, 변경할수있는 컴퓨터 자원을 공유하며 (예를 들면, 네트워크, 서버, 저장 장치, 응용 프로그램 및 서비스) 언제든지 네트워크 접근을 편리하게 돕는 모델이다.

클라우드 컴퓨팅은 하나의 정의로 단정 짓긴 어렵지만 기업이 클라우드 컴퓨팅을 도입해 공유함으로써 파생되는 가치는 크다. 부록 A는 소프트웨어와 유사한 클라우드 컴퓨팅의 5가지 핵심층의 개요를 보여준다.(이런 설계는 시스템 사용자가 더욱 데이터를 얻기 쉽게 돕는다.)

또한 클라우드 컴퓨팅은 4가지로 분류할 수 있는데 기업들은 이 중에서 그들에게 가장 적합한 클라우드 유형을 선택할 수 있다: 공공, 전용, 커뮤니티, 또는 하이브리드의 차이는 부록 B에 자세히 설명되어 있다.

Appirio의 초기

2006년 Appirio는 클라우드 컴퓨팅을 발전시키겠다는 사명과 비전을 가지고 설립되었다. Chris, Glenn, 그리고 CSO(Chief Strategy Officer)인 Narinder Singh는 15개월간 초기자금 10만 달러로 벤처 회사를 설립하였다. 그들이 첫 번째로 진행한 일은 Google 클라우드에서 온라인 협업 사이트를 늘리는 것이였다. Chris가 회상하였다: "예전부터 핵심가치를 이루기 위해 죽기 살기로 많은 회의를 진행했었는데 이런 활동을 통해 우리는 우리가 원했던 핵심가치의 실현을 도울 수 있었다." 우리는 집단 인터뷰와 합의를 통해 처음 직원을 고용했고, 클라우딩 컴퓨팅의 독특한 문화를 구축하기 위해서는 비슷한 열정과 비전을 가진 사람이 필요하다고 판단하였다. 그래서 2만 5,000명 이상의 지원자중 회사의 인재상에 걸맞은 사원들을 채용하여 유연한 인적자원 시스템을 구축하였다.

Appirio는 설립 초기부터 회사의 운영과 성장을 위해 클라우드를 전략적 가치로 삼았다. 경영자들은 1만 명 이상의 사람들이 클라우드를 활용해 회사를 설립할수 있을 것이라고 예측하였는데 Glenn, Nainder, Chris 의 목표는 비용, 복잡성, 경직성이 없는 차세대 IBM 시스템 솔루션 회사를 만드는 것이었다.

Chris는 설명하였다: "JP Moargan Chase이나 Morgan Stanley의 핵심활동은 영업이다. 지금은 영업에 클라우드 기술을 활용하고 있지 않지만 CRM 시스템은 클라우드를 통해 비용을 절감하고 각종 유연성을 제공할 수 있는 시스템 중 하나로 손꼽히고 있다."

Appirio는 go-lives로 사업 진행상황을 측정하였다. go-lives 의미는 클라우드 프로젝트를 성공적으로 고객에게 다가가게 하는 것을 말한다. 수백여 개의 go-lives를 통해 Appirio는 고객들의 많은 경험을 바탕으로 비용을 절감하고 혁신성과 유연성을 증대시켰다. 고전적인 IT 모델을 가진 IBM과 Accenture와의 차별을 위해 Appirio 경영진들은 빠른 서비스 제공에 초점을 맞추었다. Chris는 웃으며 인터뷰에 답하였다: "폭포(높은 곳에서 낮은 곳으로 내려가는 방식)형식의 구현 시스템은 일반적으로 8가지 단계로 실행되며, 결과는 만족스럽지 않을 수도 있다. 그렇기에 우리는 클라우드 업계에서 파일럿 프로그램을 통해 4~6주 안에 가치와 기능을 설명하는 것을 목표로 하였다."

성장 단계

Narinder, Glenn, Chris는 사업 초기의 연간매출을 1,000만 달러로 설정하였는데 스스로들에게 특별한 도전이 될 것이라고 생각했기 때문이다. 그들은 Salesforce와 Google과의 관계를 포함하여 중요한 전략적 파트너십을 발견하고 개발하는 데에 집중하였고, 빠르게 목표치에 도달하여 4,000만에서 1억 달러의 기업으로 성장하는 것을 새로운 목표로 삼았다.

Appirio의 운영과 사업적 기회는 클라우드에 달려있다. leadership team은 에디슨이 전기를 발견한 후 보편화되기까지 걸린 20년의 시간처럼 클라우드로의 이동의 과도기가 있을 것이라고 예상하고 있다. 그때까지 Appirio는 새로운 시장을 위해 노력할 것이며, 초기의 기업으로써 이 성장하는 산업에 대한 교육과 전도의 필요성을 실감하고 있다.

Accenture와 IBM 같은 거대한 IT 기업들과의 경쟁 구도에서 Appirio는 클라우드 회사로 우뚝 서는 것이 목표이지만 클라우드 서비스와 컨설팅은 물론이며 모든 서비스와 시스템을 제공하고 있는 IBM과 Accentuer를 제치고 클라우드만을 제공하는 신생기업을 선택할지는 의문이었다.

Appirio의 CIO

Glenn은 회사 초기부터 CIO였으며 컨설팅과 IT 분야에 모든 노력을 쏟아부었다. 그는 자신의 시간의 10%를 IT 부분에 할애하였기 때문에 설립 초기 Appirio의 IT 직원들은 FTE(full-time equivalent) 0.1로 업무를 진행하였고, 1년 반 정도 이 체제를 유지하였었다. 2011년, Glenn은 그의 시간의 25%를 고용 계약 및 컨설턴트로서 사용해 두명의 전임 IT 종사자를 고용했다. 그중 한명은 "교통 경찰"과 같은 시스템 관리자였다.

Glenn는 Appirio를 사용하기 때문에 절대 자체 서버를 가지지 않을 것이며, 직접 설치한 소프트웨어에 의존할 것이라고 말하였다. 이러한 원칙은 IT를 기반으로 한 의사결정을 돕는 데 많은 영향을 주었는데 초기 많은 기업들과 마찬가지로 고객들에게 Appirio만의 경영철학을 부스트트랩 모드에 따라서 설명하였다. 2011년까지, 250명의 직원이 수천 명의 고객들을 관리했으며, Appirio는 서버와 소프트웨어 없이 사업을 꾸려나갔다. 이를 증명하기 위해 leadership team은 방문객들에게 서버룸을 보여주는데 복사기 뒤의 "서버룸"에는 아무것도 없이 텅 비어 있다. 원래 신생기업들은 시스템 관리에 호스팅 된 소프트웨어의 ASP 모델을 사용하는 것이 관습이었지만, Appirio는 재무에 QuickBooks

Online, CRM에 Salesforce.com, 협업 및 생산 분야에서는 Google Apps, 그리고 HRM에서는 Workday와 같은 시스템을 채택하여 사용하고 있다. Appirio에서 제공하는 새로운 시스템을 사용하면 확장성 또는 구매 및 소프트웨어 업데이트의 문제에서 자유로워질 수 있다.

몇 년 전까지만 해도 직원들의 집에 컴퓨터를 설치하고 네트워크에 연결하는 방법을 설명하는 것이 IT 부서의 책임이어서 Appirio는 IT 부서 직원들에게 노트북을 제공하고 유지할 필요가 없다고 생각하였다. 하지만 현재에는 직원들 스스로 자신들만의 홈 네트워크를 유지하고 상당한 전문지식을 가지고 소프트웨어를 사용하고 있기 때문에 직원들을 위해 특정한 예산범위 내에서 노트북을(예를 들면, MAC, Windows 기계, 또는 기타) 지원하고 있다.

보편적으로 IT 산업에서 효율성을 측정하는 기준은 총 수익에서 IT 비용이 몇 %를 차지하는가를 중점으로 보는데 시장조사 기관인 Gartner의 보고서에 따르면 Appirio는 수익 비율대비 IT부문에 낮은 투자를 함으로써 10억 달러 규모의 회사와 동등한 효율성을 얻었다고 한다.(Appirio의 수익대비 IT 지출 비율은 2% 아래이다.) 요즘은 비즈니스의 요구사항이 좀 더 복잡하고 정교하게 바뀌는 것이 추세여서 Appirio와 같은 규모의 회사들은 일반적으로 7% 이상을 IT에 지출하고 있지만, Appirio의 IT 지출 비율은 총 수익의 3% 미만일 것으로 예상된다.

Appirio의 낮은 IT 비용의 비밀은 수천 명의 고객들과 비용을 나눠 독점적으로 소프트웨어와 플랫폼 서비스를 제공하는것이다. Appirio는 3명으로 시작하였지만 운영 첫 번째 년도에 1000명을 고용한 기업이 되었다. 그들은 100명, 아니 그 후의 1000명의 직원을 지원하는 IT 기반 시설을 위해 신중하게 설계에 임했다. 그 일환으로 기반 시설(infrastructure)이라는 용어를 재정의하고, 하드웨어와 네트워킹 개념으로 해석하였다. Appirio는 IT 기반 시설을 논리 다이어그램 화면들의 집합과 같이 기업들에 의해 물리적으로 명시된 독립체라고 보았다. Appirio 팀은 시스템을 어떻게 구현할지에 대해 자세히 언급하진 않았지만 CRM과 재무의 통합과 직원과 고객의 정보를 노출하는 방법에 대해 이야기하였다. 대부분의 사람들은 IT란 다른 사람의 하드웨어에서 구현되는 것이라 생각하여 클라우딩서비스의 기반 시설인 Google 네트워크의 존재를 모를 수도 있다. 하지만 Appirio의 정보들은 Google의 호스팅 센터, Salesforce.com 호스팅 센터, Amazon.com의 서버에 유용한 도구이다.

"교통 경찰"로서의 IT

Appirio는 분산된 의사결정 모델을 활용하여 IT 프로젝트를 실행하였는데 비용이나 구현에 필요한 인력들은 독점적인 요소였기 때문에 게이트키퍼나 프로젝트의 승인 없이 traffic cop의 역할을 수행할 수 있었다. (traffic cop은 IT 분야의 역할을 제한하기보다는 경영진들과 일선의 전략을 구축할 수 있도록 돕는다.)

예를 들어 대부분의 기업들은 외주업체의 제안으로 마케팅 자동화 시스템을 선택하고 있지만, Salesforce.com의 온라인 마케팅 담당자는 이벤트와 같은 새로운 프로그램을 traffic cop을 통해 진행할 수 있다. 이는 사용자 중심의 클라우드 접근 방식으로, 마케팅 디렉터의 개발과 노력에 직원들이 시스템 개념을 덧붙여 구축한 것이다. Appirio는 모든 직원이 기술적으로 정통한 덕분에 타 기업들과는 달리 이를 쉽게 달성할 수 있었다.

이는 전략적 우선순위가 확인되었을 때 마케팅 직원들이 Salesforce.com을 사용하여 응용 프로그램을 구현할 수 있음을 뜻한다. 그들은 다른 사람들을 방해하지 않고 traffic cop의 역할으로서 시스템을 모니터링할 수 있는 IT가 필요했다. 그래서 Appirio의 IT는 문지기 역할에서 다양한 시스템을 "단속"할 수 있는 시스템으로 변화하였다.

IT는 프로젝트를 수행하기 위한 기술적 지원을 제공하였는데 이런 접근 방식은 IT에 치중한 큰 회사들과 근본적으로 달랐다. 기업들은 IT에 의존하여 많은 시간을 투자하지만 때론 실패하기도 한다. 이럴 땐 제

3자에게 도움을 받아 IT 기업과 시스템 호환해 자신들만의 시스템을 구축할 수 있는데 큰 회사들의 경우 전형적으로 3~6개월 내에 추진된다. 이런 프로젝트들을 분기 내에 진행하는 것은 매우 어렵지만 Appirio의 프로젝트는 굳이 높은 수준으로 구현하지 않아도 되기 때문에 포트폴리오 추적 시스템을 사용할 필요가 없다.

새로운 기술을 통한 구축

Appirio는 새로운 IT 서비스 제공 모델로서 시장에서 독보적인 위치를 차지하고 있으며 체계적인 컨설팅 서비스도 제공한다. 회사 설립 당시 Google App을 통해 e-메일과 달력 서비스를 제공하였는데 처음에는 독립적으로 실행되는 프로그램들이었지만, 이후 비즈니스를 돕는 시스템과 응용프로그램들을 통합해 나가기 시작했다.

Appirio는 단순히 Google App을 사용하는 것이 아니라 Google App 환경의 모든 첨단 기술과 아이디어들을 본격적으로 활용하기 시작하였다. 사용자 컨퍼런스, 소셜 미디어 사이트, 대면 회의와 같은 기술을 제공하는 공급업체들과 깊고 다양하게 연결되어 기술을 모방하는 Appirio의 전략 덕분에 고객들은 최고의 서비스를 제공받을 수 있었다.

최근에는 인적 자본 관리 시스템에 Workday를 채택하였다. Workday는 PeepleSoft와 같은 기업들이 20년 전 만든 소프트웨어 서비스 공급업체인데 Appirio는 Workday를 구현할 뿐만 아니라, 그들의 판매와 전문 관리 서비스 시스템을 통합하였다. 이러한 실험과 예시들을 통해 Appirio는 고객들에게 사업의 구조를 좀 더 쉽게 설명할 수 있다.

클라우드에서 가치 얻기

Appirio는 총수익의 3% 미만을 IT서비스에 투자하여 혁신적이고 미래지향적인 기업으로 운영할 수 있었다. Appirio는 다음과 같은 것을 제공한다:

- 판매직원들에게 도구와 장비 제공
- 수집, 결합, 마케팅 자료의 용도를 변경할 수 있는 교육
- 재무 측정 하는 방법
- 영업 파이프 라인 및 예측
- 제품 및 서비스 매출 향상 방법 교육

Appirio는 상대적으로 작은 회사이지만, 활동 수준은 대기업에 버금가기로 유명하다. 그들은 직접 개방성과 클라우드 플랫폼 사용의 용이성을 높일 수 있는 기술을 구현하여 목표한 생산율에 도달할 수 있었다. 이 혁신적인 접근 방식은 IT 팀을 해체하고 70~80%를 정비 모드의 팀으로 재구성하는 것이다. 또한 Appirio는 사람들이 IT로 인한 제약을 느끼지 않게 하기 위해 벌집 형태로 서비스를 관리하였는데 이는 Appirio가 IT 유지 보수를 하지 않기 때문에 가능한 일이다.

미래의 방향

Appirio는 같은 환경에서 빠르게 성장하는 플랫폼을 가진 Google과 Salesforce.com를 파트너로 선택하였다. Google App은 300만 명 이상의 비즈니스 사용자들을 보유하고 있으며 963개에 달하는 Salesforce.com의 응용 프로그램들은 누적 65만1천여 번 이상 다운로드 되었다. 하지만 이 두 플랫폼들은 클라우드 솔루션을 제공받길 원하는 기업들의 요구를 모두 충족시켜주지 못했다. 이에 Appirio는 어떤 플랫폼을 지원해 주어야 할까? 어떻게 파트너를 선택해야 할까? 기업으로서 성공적인 성과를 거두기 위해 어떤 통계방식을 써야 할까? 등의 질문이 남아 있다.

집에 도착하다

향후 몇 년은 Appiro에 있어 중요한 시기일 것이다. 기업들은 다양한 범위에서 유연한 클라우드 시스템을 구축하였고, 그들에게 맞는 IT 솔루션을 개발하기 위해 기업 리더에게 권한을 주었다. leadership team은 IT 전략의 핵심을 구축하기 위해 무엇을 해야 하는지 설명하였다. Appirio는 미래의 비전을 공유하는 유일한 기업으로 클라우드 컴퓨팅만을 순수하게 제공하였다. 비용이 많이 드는 현장시스템 제공 기업들은 이점을 많이

잃었고, 클라우드 서비스와 컨설팅 시장에는 많은 신생 기업들이 생겨났다. 어떻게 해야 Appirio는 지속적인 성장과 차별성을 보장할 수 있을까? 많은 사람들이 믿는 대로 클라우드 컴퓨팅의 전망은 밝을까? 클라우드 이후에는 어떠한 기술이 흥할까? Appirio가 결정한 방식이 과연 미래에는 경쟁력이 있을까?

전체적으로 사업 전망은 밝지만 세계 경제의 침체속에서 IPO(기업공개)라는 목표를 이루긴 쉽지 않았다. CIO들은 다른 사람들보다 기술변천에 민감할 수 밖에 없지만 클라우드의 수용은 조금 더 기다려야 할 것이다.

산업 성장에 영향을 주는 치명적인 문제들은 어떻게 해결할 것인가? 기회가 많을 때 위험 역시 많은 것처럼 클라우드 컴퓨팅 산업은 Chris와 그의 팀원들의 기대처럼 빠르게 성장했는가? 클라우드 사업으로 이동하여 IBM과 Accenture 같은 대기업으로 성장할 수 있을까?

IBM은 하드웨어서비스의 일부로 클라우드와 컨설팅과 서비스를 제공하고 있는데 "모든 IT 관리자들은 지금까지 IBM에 고용되기 위해 해고되지 않았다."라는 우스갯소리는 현실을 반영하고 있다.

클라우드 컨설팅만으로 영업하는 것이 가능할까? Appirio팀이 원하는 방향으로 서비스 산업이 발전되었는가? 고객들이 "전통적인" IT 시스템 서비스를 선호할까? Appirio의 핵심 가치는 회사가 목표한 기업들과 기술을 이해하고 있는 사람들에게 강력한 이점으로 다가갈수있을까 ?

Chris는 Appirio가 Accenture처럼 성장할 잠재력을 정말 가지고 있을까에 대해 잠시 생각하였는데 Appirio는 셀 수 없이 많은 벤처기업들의 한 예시일 뿐, IT 분야의 크고 작은 사업들은 무한한 기회를 품고 있다.

그림 1 Appirio의 서버없는 IT 기반구조

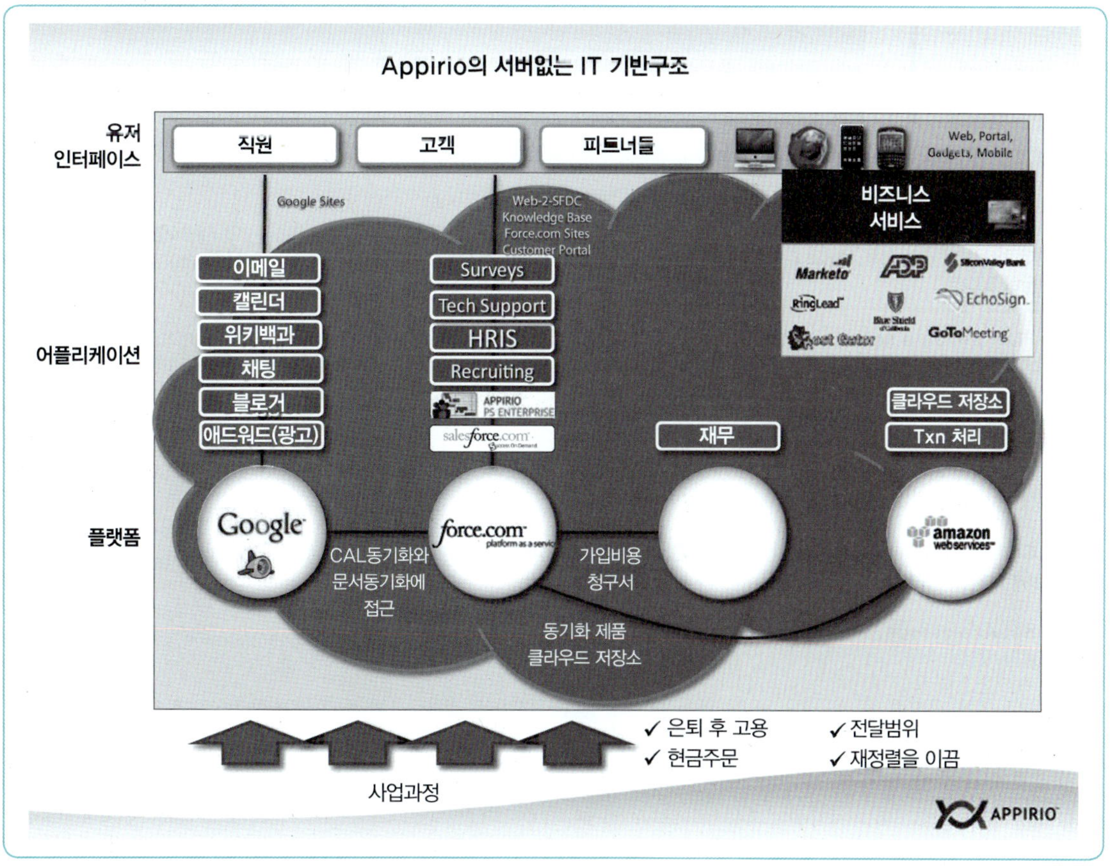

Source: "Serverless Enterprise," Appirio, Inc. Web Site, http://www.appirio.com/company/philosophy.php, accessed April 2011.

부록 A

이 모델의 단계를 통해 제공 업체의 기능을 식별할 수 있으며, 잠재고객들은 각 단계에서 상호운용성을 테스트 하여 공급 업체들을 비교할 수 있다.

그림 A 클라우드 컴퓨팅의 단계

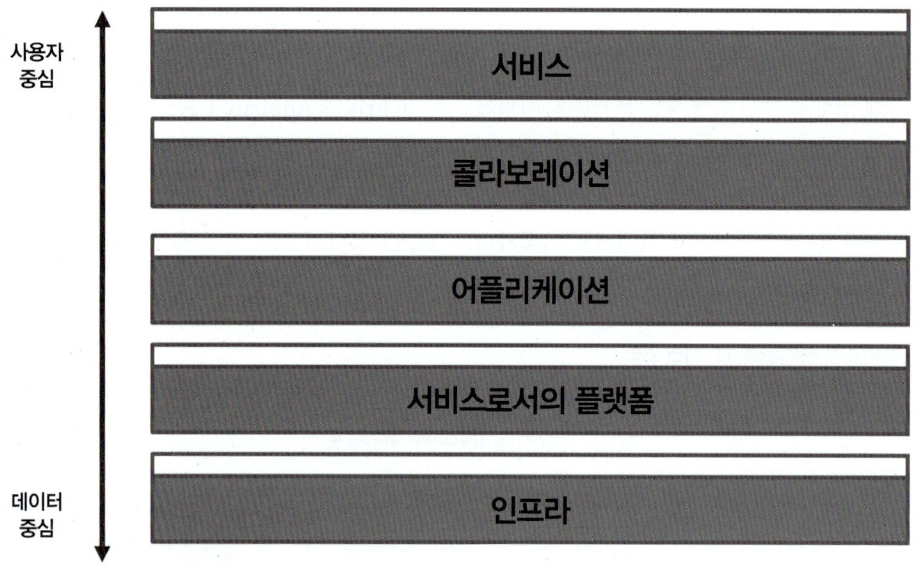

1. **Infrastructure clouds.** 아마존과 같은 공급업체들의 서비스는 개발자들에게 필수적인 것이다. 이 서비스는 개발자의 통제 하에 메모리와 전용 서버와 같은 기능을 수행한다. 이를 제공하는 회사들로는 Amazon EC2, VMware, AT&T, Citrix 등이 있다.

2. **Platform as a service.** 개발자는 다른곳에 의뢰할 필요없이 높은 수준으로 응용 프로그램을 구축 할 수 있으며 일반적으로 구글과 Salesforce.com과 같은 업체들이 프로그래밍 언어로 새로운 어플리케이션을 개발할 수 있는 개발환경을 제공하고 있다. 인기 있는 플랫폼으로는 Microsoft's Azure, Apple's iOS, Salesforce.com's Force.com, Google's App Engine 등이 있다.

3. **A pplication clouds.** 가장 인기있는 유형으로 Google Maps, Salesforce.com, Google Docs에 의해 제공된다. 사용자들은 온라인으로 이 서비스들을 사용할 수 있다.

4. **Collaboration clouds.** 소셜 미디어와 같은 애플리케이션에 초점을 맞춘 응용 프로그램으로 Facebook, LinkedIn, others 등이 있다.

5. **Service clouds.** 회사에 컨설팅 및 통합 서비스를 제공하는 단계를 포함하는데 대표적으로 ppirio, Boomi, Opsource 등이 있다.

Source: B. Iyer and J. Henderson, "Preparing for the Future: Understanding the Seven Capabilities of Cloud Computing." MIS Quarterly Executive, vol. 9, pp. 37-51, 2010.

부록 B

국립 연구소는 클라우드의 표준 및 기술을 네 가지로 정의하였다 :

1 **Public cloud(공공 클라우드)**. 일반 대중 또는 대형 산업 기업에서 활용할수있는 클리우드 기반 시설이며 EC2(Elastic Compute Cloud)를 판매하는 기업이 소유하고있다. 예를 들자면 Amazon을 꼽을 수 있는데 전세계적으로 EC2기반시설을 제공하여 기업들이 업무 수행에 필요한 응용 프로그램을 실행할 수 있도록 돕는다.

2 **Private cloud(전용 클라우드)**. 오로지 기업에서만 운영되는 기반 시설로, 기업 또는 제 3자에 의해서 관리 될 수 있으며 On-Off 방식을 전제로 한다. 공용 클라우드에 대한 기술적 성숙도와 보안문제 때문에 일부기업들은 전용 클라우드를 채택하였다.

3 **Hybrid cloud(하이브리드 클라우드)**. 2개 또는 그 이상의 클라우드로 구성되는 기반 시설로 표준화 또는 독점화 기술로 데이터와 응용 프로그램 사이에서 휴대성을 가질 가능성이 높다. 한 개의 클라우드를 사용한다면 대부분의 대기업은 어려움을 겪을것이다. 이때 하이브리드 솔루션이 필요하다.

4 **Community cloud(커뮤니티 클라우드)**. 여러 기업과 공유되는 기반 시설으로, 공유 문제를 해결하고 특정 커뮤니티를 지원한다. 커뮤니디 클라우드는 참여하는 기업 및 제 3자에 의해서 관리되며, On-Off 방식을 전제로 한다. SETI 프로젝트를 좋은 예로 들수있는데 SETI는 다른공간의 신호를 수신하기위해 여분의 기기를 가정용 컴퓨터에 연결할수있는 소프트 웨어를 개발하였다. 미래에는 컴퓨터와 관련없어 보이는 법이나 및 금융 시비스에 대한 전문 클라우드들도 개발될 것이다.

ITC e-Choupal(e-쇼팔)
인디아 지방에서 기업의 사회적 책임

2006년 8월 인디아의 선도적 컨글로메리트 기업 중의 하나인 ITC의 국제 비즈니스부서의 책임자인 Sivkumar는 인디아 수상의 독립의 날 연설을 들었다.

"독립 후 60여년 동안 인디아는 대단한 길을 걸어왔습니다. 그러나 떨쳐내려고 했던 가난은 여전히 우리와 함께 이습니다. 우리는 우리의 땅에서 아직 배고픔을 떨쳐내지 못하고 있습니다. 우리는 아직 문맹에서 벗어나지 못햇습니다. 우리는 인디아 전역에 건강삶을 확신할 수 없습니다.

[. . .] 우리 농부들은 많은 부분에서 어려움이 있는 것처럼 보였고, 그들의 땅에서의 농사로 충분한 생계를 유지하는 것이 어렵다. 내가 비다르다를 방문했을 때, 곤경에 빠진 농부들은 나에게 깊은 인상을 주었습니다. 그들을 절망으로 밀어넣는 농업공항은 해결해야 합니다. 우리는 어떻게 우리가 풍요로운 삶은 농부들에게 줄 수 있는지 생각해봐야 합니다."

(인디아 수상, **Manohan Singh 박사**)

Sivkumar는 이 연설에 대하여 생각하면서, Misrod를 생각했다. Misrod는 가장 인디아다운 도시였다. 이 곳 농부들을 조건이 충분하지 못했지만, 최대한 개발에 힘섰다. 농업공급망체인에 참여함에 따라, ITC는 최악의 조건에 놓이게 되었다. 그러나 그들의 제약된 공급망체인과 관료주의에 의해서 위협받았기 때문에 많은 것을 할 수 없었다. 그러나 *e-쇼팔*은 2000년에 들어서면서 모든 것을 변화하였다. 농업 공급망의 제약을 줄이기 위한 ITC의 대응에 확신을 갖자 *e-쇼팔*은 농업사업을 개조하였을 뿐만 아니라 인디아 농업의 삶도 바꾸어 놓았다.

새로운 계획 하에서, ITC는 작은 인터넷 판매처를 만들었다. 이 판매처를 통해 농부들은 기존의 시장을 대체할 수 있는 투명하고 효율적인 마케팅 수단을 얻었다. ITC와 농부 사이에 직접적인 채널을 제공하여 공급망의 비효율을 성공적으로 줄이는 중간상인의 역할을 수행할 수 있었다. 농부들은 같은 생산으로 더 많은 돈을 벌 수 있었고, 따라서 헤어나오기 어려웠던 빈곤으로부터 생활기준을 향상시킬 수 있었다.

CEO인 Sivakumar는 국무총리의 연설에서 다음과 같은 내용을 들었다.

"국가로서 우리가 직면한 이중적인 문제는, 우리가 급진적인 발전과 향상을 도모하면서도, 사회의 어느 부분도 발전으로부터 제외되어서는 안 된다는 것이다. 성장으로 창출된 부는 주변시된 그룹의 복지를 위해 쓰일 수 있어야 하며, 고용을 창출하여 미래 세대에게 나은

Saurabh Bhatnagar prepared this case under the supervision of Professor Ali Farhoomand for class discussion. This case is not intended to show effective or ineffective handling of decision or business processes.

그림 1 ITC 다각화된 비즈니스 포트폴리오

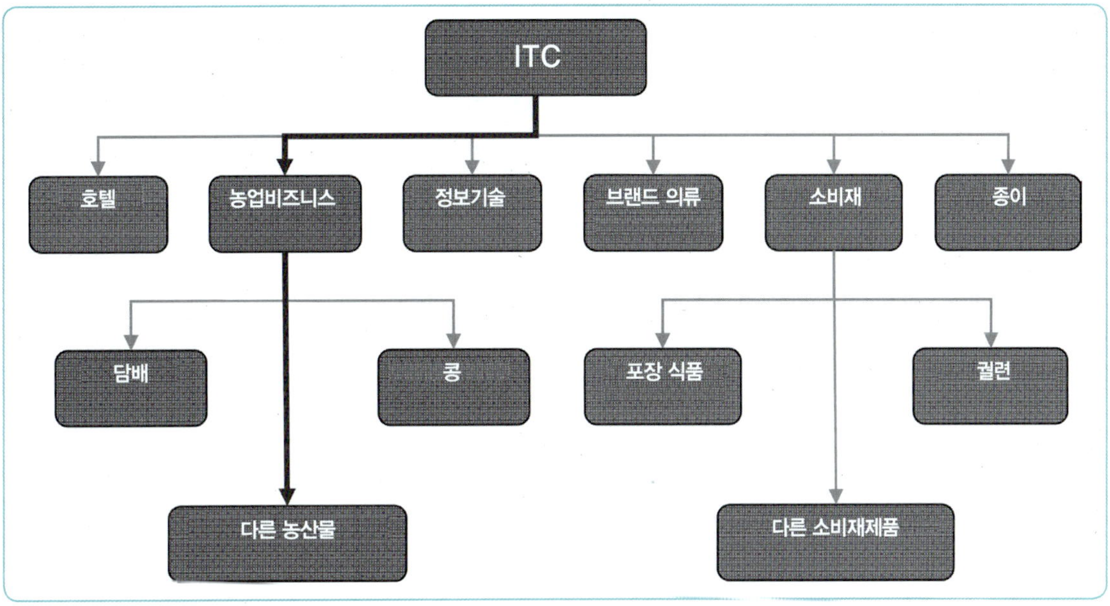

Source: Corporate website.

여건을 제공할 수 있어야 한다."

(**Dr Manmohan Singh**, prime minister of India)

검증된 인력부족부터 물리적 인프라 부족에까지 이르는 전략적인 어려움에서 Sivakumar은 어떻게 농촌지역의 고립문제를 해결할 수 있었을까? 또한 지속 가능한 발전을 위해 e-Choupal의 규모를 어떻게 키울 수 있었으며 그러한 발전은 ITC에게 어떤 의미였을까?

그는 어떻게 회사의 기본적인 골격을 유지하며 e-Choupal의 서비스를 빠르게 구현할 수 있었을까? ITC가 다른 기업과의 연계를 하며 시너지를 창출할 수 있을 것인가? e-Choupal이 무엇을 더 할 수 있을까?

ITC의 역사와 국제 비즈니스부서

ITC는 1910년 상장되어, 2007년 7월 기준 주가총액 미화 180억 달러, 연 매출 미화 47억 5,000만 달러에 달하는 인도의 선두 기업이다. 포브스 선정 '세계 대기업'과 아시아 50대 기업, 세계의 명망 있는 기업에 선정되기도 하였으며, 인도의 사기업 중 세전 이익 3위로 꼽히기도 하였다.

브랜드 가치 컨설팅업체인 Brand Finance에 의해 인도의 가장 가치 있는 브랜드 10위에 꼽힌 ITC는, 담배, 호텔, 농업, 포장음식, 유통부터 정보기술에 이르기까지 수익을 다각화하였다. 97년부터 2006년에 이르기까지 ITC는 다양한 부문에서 미화 28억 달러의 영업이익을 기록하는 국내 교역이익의 60%에 달하는 최대 해외무역 수익업체였다.

1990년에 설립된 IBD의 목표는 ITC의 농업 경쟁력을 통해 대두제품, 쌀과 같은 곡물, 밀과 밀을 이용한 식품, 렌틸콩과 해산물, 커피에 이르는 제품을 홍보하는 것이었다. 시간이 흐르자, IBD의 밀 공급 전문성을 이용하여 ITC는 국내시장에 밀 제품을 시판시켰다. 시장 진출 2년만에, 그들의 국내 제분 브랜드인 Aashirvaad는 50%의 시장지배력을 자랑하는 인도 최고의 제분기업으로 성장하였다.

2006년까지 16년의 기업 운영에서, IBD는 미화 6억 달러의 회사로 성장하였을 뿐만 아니라, 회사의 사명이라 할 수 있는 '국민 우선'의 원칙의 기수가 되었다.

디지털과 물리적 인프라 그리고 인력자원의 혁신적인 조합은 우리 회사가 낮은 가격, 그리고 광대한 성취 가능성을 통해 농업경제와 더욱 합작할 수 있게 합니다.

"국민 우선", 국가는 기업 이전에 고려되어야 한다는 다짐은 ITC에게 비단 시장을 넘어선, 기업의 자부심이 되는 약속입니다.

(**Y.C. Deveshwar**, chairman of ITC)

e-Choupal의 탄생

비즈니스의 이론

IBD가 ITC 계열사의 핵심사업이었지만 그 과정이 순탄치만은 않았다. 국내외의 거대한 수요가 있었음에도 불구하고, 오랜 기간 동안 IBD는 이와 같은 시장 기회에 효과적으로 대응하지 못하고 있었다. ITC의 연 매출 미화 19억 달러에 대비하여 영업 8년차인 1998년까지 IBD는 미화 1억 1,200만 달러의 한계 수익만을 창출하고 있었다.

기업은 국제 시장에서 경쟁할 때 빠르고 결단적인 선택이 요구된다. 이러한 경쟁 속에서, ITC는 의사결정을 더디고 비효율적으로 만드는 오래된 정부 규제인 Agriculture Produce Marketing Committee (APMC) 법에 의해 규제를 받고 있었다.

1960년대에 입법된 APMC에 의거, 기업들은 계획시장인 만디스의 등록된 커미션 기업들을 통해서만 제품을 제한적으로 구매할 수 있었다. 따라서, 농부들은 수확 후 자신들의 제품을 커미션 업체들을 통해 경매할 수 있는 만디스로 가져가야 했다.

이들의 중개업자들은 농부와 가공업체 사이의 유일한 채널이라는 점을 이용하여 다수의 소규모 도매를 하나로 모아서 가공업체에게 유통하였으며, 따라서 품질 또는 가격의 투명성은 존재할 수 없었다. 더불어 Mandis 장터는 마을로부터 멀리 떨어져 있었기에, 그들은 납품 이후에는 받게 될 판매가와는 상관없이 팔아야 한다는 부담에 시달리고 있었다.

아래 그림 2와 같이, 농장에서 공장에 이르는 제품 공급망은 길고, 전통적인 형태를 띠고 있었다.

이는 아래 그림 3과 같이 계속적인 조달로 인한 비용이 많이 발생하기 때문이다. 더불어, 농부들에게는 낮은 제품가격을 안겨주었다.

비록 ITC가 중개업자에게 국제 시장가격에 맞춘 유통을 요구해도, 업자는 지속적으로 저가에 작물을 조달하였으며, ITC에는 요구된 가격에 납품하여 차익을 챙겼다. 이와 같은 패러다임의 납품 과정은 중간업자로 하여금 이익을 가로채고 사실상 ITC의 조달 과정을 가로막는 결과를 낳았다. 농부와 가공업체 중간의 유일한 존재로서, 중개업자들은 지속적으로 정보비대칭을 형성하고, 마켓의 신호들을 가로막으려 했다.

그들은 가격을 마음껏 조정하였을 뿐만 아니라 농부들에게 제품과 제품의 질에 대한 상응하는 대가를 지불하지도 않았다. 따라서 농부들은 더 나은 품질을 개량하고자 하는 목표나 계획을 포기하곤 했다.

그러나, 교역 인프라의 결합에도 불구하고 결과적으

그림 2 전통적인 콩 공급망 체인

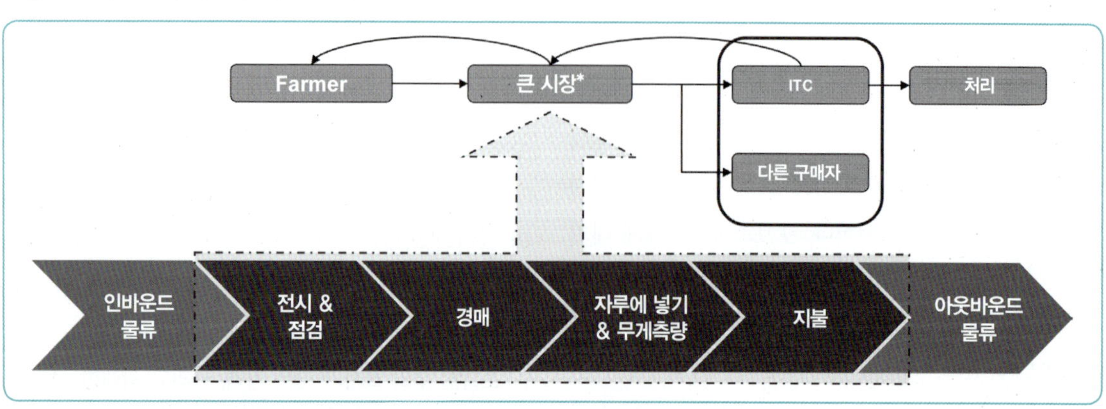

Source: ITC e-Choupal Initiative Ravi Anupindi.

그림 3 큰 시장 체인에서의 거래비용

			1볼톤당 Rs.	US$	Rs.	US$
	큰시장에 카트 운송	=	120	2.9	370	9.13
	노동력	=	50	1.2		
	수수료	=	150	3.6		
	유통손실	=	50	1.2		
기계처리에서 발생된 것	에이전트 수수료	=	100	2.4		
	포대 비용	=	75	1.8	335	8.27
	공장까지 운송	=	120	2.9		
	큰시장 처리	=	40	0.9		
			Total		705	17.4

Source: S. Sivakumar (2004) "e-Choupal Experience sharing", http://blog.lib.umn.edu/chri1010/symposium/sivkumar.pdf (accessed on 26 March 2008).

그림 4 e-쇼팔체인에서의 거래비용

			1볼톤당 Rs.	US$	Rs.	US$
농부에 의해서 발생된 것	큰시장에 카트 운송	=	120	2.9		
	노동력	=	50	1.2	120	2.9
	수수료	=	150	3.6	370	9.13
	유통손실	=	50	1.2		
기계처리에서 발생된 것			50	1.2		
	수수료	=	100	2.4		
	포대 비용	=	75	1.8	215	5.1
					335	8.27
	공장까지 운송	=	120	2.9		
	허브에서의 처리와 저장	=	40	0.9		
	현금지출비용	=	50	1.2		
			Total		335	8.0
					705	16.9

Source: S. Sivakumar (2004) "e-Choupal Experience sharing", http://blog.lib.umn.edu/chri1010/symposium/sivkumar.pdf (accessed on 26 March 2008).

그림 5 수정된 공급체인

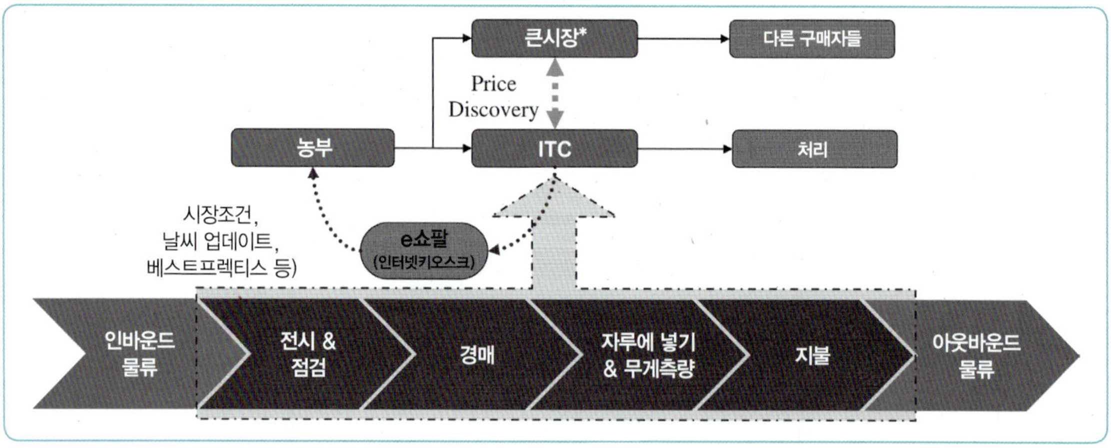

Source: ITC e-Choupal initiative as described in an interview with Ravi Anupindi.

로 교역 시스템이 작동하도록 하게 했다는 점에서 중개업자들의 역할은 중요한 역할을 했다고 할 수 있다.

이상과 같은 현상은 농업 비즈니스의 평범한 순환 상태였다. 주요 이해관계자로 ITC와 같은 가공업자, 그리고 농부들이 비효율적인 사이클 속에서 계속적으로 부적절한 시스템으로 고통 받고 있었던 것이었다. 이와 같은 잠재적인 위험들과, 브라질 그리고 미국 생산자들과의 심화되어가는 경쟁 속에서, ITC는 전체 가치 사슬에서 나오는 경쟁력과 우위만이 국제 시장에서의 경쟁력으로 작용할 수 있을 것이라는 생각을 했다. 중개업자가 주도하는 조달 과정의 영향력을 상쇄시키기 위해 Sivakumar과 IBD는 e-Choupal이라는 디지털 혁명을 계획했다.

APMC와 같은 규제의 장벽을 극복하기 위해, 관료 지도층에게 e-Choupal이 농업사회에 더 많은 이득을 안겨 줄 것이라는 것에 대해 정치적으로 설득할 필요가 있었고, Madhya Pradesh 지역의 Misrod 마을에 e-Choupal을 처음으로 시범 도입하였다. 2000년에 e-Choupal을 시작한 이래로, ITC는 조달 과정에서의 주된 이점을 전달해 줄 수 있는 "발전된 공급망"이라 일컬어지는 작은 인터넷 키오스크를 마을에 열었다.

농부와 ITC 자사 사이에 직접적인 채널을 형성함으로써, e- Choupal은 ITC가 불필요한 중개와 복수의 처리 과정을 없앨 수 있도록 했다.

이제 농부들은 sanchalak과 직접적으로 연결될 수 있었으며, 농부들의 제품에 관련된 기록이나 수치를 위해 ITC가 마을에 연락하는 경우, 곧바로 연계된 ITC 허브에서 곡물을 전달받고, 농부는 지불을 받을 수 있었다. ITC가 미리 지급하는 방식을 통해 절약한 운송료와 수수료를 통해 농부들은 더욱 부유해질 수 있었다. 물자의 흐름에서 가치를 창출하지 않는 과정들을 제거함으로써, 전통적인 농장-공장 간의 사이클은 아래 그림 5와 같은 완전한 변화를 맞이하게 되었다.

중개업자의 퇴출과 반복적인 운송, 저장과 같은 과정을 줄임으로 인해 농부에게 더 많은 이익을 전달할 수 있었다. 농장은 거래비용의 50%를 줄일 수 있었으며, ITC는 e-Choupal 시대 이전과 대비하여 20% 가량의 비용을 줄일 수 있었다. 추가적인 이점으로, ITC가 제품의 질을 직접적으로 관찰할 수 있게 됨에 따라 발전된 현대 농업기술을 도입하여 생산하는 농장들에게는 인센티브를 제공하고, 그에 따라 ITC가 매입하는 제품들의 양과 질 모두를 향상시킬 수 있었다.

애초 e-Choupal은 대두 조달 과정을 위해 고안된 시스템이었으나, 곧 그것이 가져오는 긍정적인 영향들로 인해 밀을 포함한 다른 상품의 조달 과정 네트워크에도 적용되었다. e-Choupal은 ITC의 비즈니스뿐만

그림 6 List of awards won by ITC for e-Choupal

The Golden Peacock Global Award for Corporate Social Responsibility in Emerging Economies for 2005. 환경과 삶의 변화에 미친 영향에 대한 상을 e-쇼팔에서 수상하였다.

The Corporate Social Responsibility Award 2004. e-쇼팔 활동을 위한 에너지 자원 교육에 대한 이 상은 지속적인 개발에 대한 촉진과 기업 분야에서 지속적인 사회적 책임에 대한 상이다.

첫 **World Business Award 2004**, 국제상공회의소, 국제비즈니스리더 Wales 의 HRH 왕자, 그리고 미국의 개발 도상국 프로그램에서 주는 상이다. 이 상은 지속적인 생계 수단을 창출하고 개발도상국의 부의 향상을 위해 의미있는 노력을 한 주목할만한 기업에게 주는 상이다.

Enterprise Business Transformation Award 2004, 아시아 퍼시픽을 위한 상으로 Infosys Technologies and Wharton School of the University of Pennsylvania 만든 상이다.

PC Quest's **IT Implementation Award** 2004, "Best Project" 분야에서 수상하였다.

Golden Peacock Innovation Award 2004.

NASSCOM "빠르게 움직이는 고객, 제품, 기업에서 최고의 IT 사용자(Best IT User in Fast Moving Consumer Goods Companies)"로 NASSCOM 상을 2003년에 수상하였다. 이 상은 정보기술과 비즈니스 프로세스에서의 성공적인 통합을 이룬 괄목할만한 ITC 에게 주는 상이다.

Seagate Intelligent Enterprise of the Year 2003 award, 이상은 정보기술에서 가장 혁신적인 사용에 주는 상이다.

아니라, '기술 접목을 통한 농촌의 빈곤 · 고립 감소'라는 더 큰 사회적 목적 또한 전달하였다. 그 공로를 인정받아, e-Choupal 프로젝트는 아래와 같은 많은 수상기록을 남기게 되었다. 2007년 기준, e-Choupal은 3만 8,000개의 마을에 6,500개의 설비를 통해 약 350만의 농부들에게 서비스를 제공하게 되었다.

사회적 편익

e-Choupal의 비즈니스 이론은 이타적 동기를 내포하고 있지 않다. 그러나 커뮤니티에게 영향력을 부여하는 과정에서 ITC는 e-Choupal이 브랜드 인지와 실제 수익 향상에 도움이 될 뿐만 아니라 심오한 사회 경제적 변화를 불러일으킬 수 있음을 깨달았다. 도입 시기에는 농장에게도 대안이 있었다. 비록 e-Choupal이 제공하는 거래가격이 가까운 *mandi*에서 거래되는 주된 가격과 비슷했지만, 그림 4에서 살펴본 바와 같이 발생하는 많은 처리 비용들을 방지할 수 있다는 점 자체가 농장들에게는 수익을 증대시킬 수 있다는 것을 의미했다. 또한 e-Choupal을 통한 거래는 농장에게 제품의 질에 상응하는 보상을 받을 수 있도록 보호장치 역할을 하였다.

"e-Choupal의 도입은 농장이 가장 필요로 하는 것이 무엇인가에 기초하고 있으며, 그것은 바로 시장에의 접근이다. 효율적으로 시장에 접근할 수 있다면, 공급자인 농장의 권리에 대한 인식 또한 따라올 것이다."

(**S. Sivakumar**, chief executive of ITC-IBD)

*e-Choupal*은 십수 년간 지속되어온 거래 방식을 변화하는 기폭제가 되었다. 물리적인 거래에서 발생하는 정보의 흐름을 분리하여 농장이 그들의 판매에 관련된 의사결정을 할 수 있도록 하였다. e-Choupal을 통해 농장은 그들의 생산과 가격에 대한 지식과 정보를 무료로 제공받을 수 있었다. 이 방식으로 농부들은 마을을 떠나기도 전에 가격을 사전에 알 수 있어서 유연한 판매 정책을 펼칠 수 있었다.

e-Choupal은 지금까지의 판매 과정에서 힘이 없던 농장과 농부들을 자신감 넘치고 강력한 사업가로 변화시켰다. 경매과정과 지불방식에 대한 우려 또한 사라지게 됐다.

"Mandi에서의 판매자들은 수레에서 수레로 이동하며 하나씩 경매를 하였다. 그들은 한번에 Rs. 0.05, 0.10, 0.25씩 가격을 조정했다. 우리는 우리의 가치에 부끄러움을 느끼곤 했다. 우리가 가져온 작물은 Rs 25,000 - 50,000의 가치가 있었으나, 증대되는 가격은 Rs. 0.25에 불가했다. 우리는 분노를 느꼈으나, 대응할 방법이

> 없었다. 대안이 없었기 때문이다."
>
> (Indian Farmer)

그들은 제품을 검수하는 데 1분도 채 소요하지 않았다. 농부들은 경매에 이르는 전 과정을 매우 형편없고, 수준 낮다고 인식하고 있었다. 이와 같은 눈으로만 하는 검수 과정에는 밀도, 유·수분 함량과 같은 품질 조사에 적절한 과학적 검사 기준이 적용되지 않았기 때문이다. 따라서 가격이 실현되는 구조에 대한 불만이 매우 컸다.

결과적으로, 더 나은 종자나 더 높은 농업 기준은 보상을 받을 수 없었다. 이는 농장들로 하여금 높은 가격과 좋은 품질이 아닌 낮은 생산성의 악순환에서 빠져나오지 못하게 하였다(그림 7 참조).

뿐만 아니라, 농장들은 수금 과정에서도 어려움을 겪고 있었다.

> 상품의 무게를 잰 후, 우리는 대금을 지급받기 위해 기다려야 했으며, 이는 매우 어려운 수금 과정이었다. 중개업자는 우리에게 일정 부분만을 지급한 채, 나머지를 줄 때까지 계속 기다리게 했다. 아주 힘든 시간이었으며, 다시는 이렇게 힘든 시간이 오지 않았으면 한다.
>
> (Indian Farmer)

농부들의 지위의 취약점을 이용하여, 많은 중개상들은 저울의 눈금을 조작한다든지, 지불을 미루는 방식을 통해 농부들에게 정당한 대가를 지불하지 않았다. 그러나, 농부들은 다른 선택의 대안이 없었고, 따라서 이런 곤경에 처할 수밖에 없었다. 그러나 e-Choupal을 통해 ITC는 더욱 투명하고, 많은 대안들로 농촌 업계를 이끌었다. e-Choupal은 다음과 같은 방식으로 수립되었다.

The website (echoupal.com)

ITC는 자회사인 ITC Infotech Limited를 통해 echoupal.com를 만들었다. 웹사이트를 통해 비료, 종자, 살충제에 관한 정보와 이를 사용할 시기, 그리고 사용하는 시기와 방법에 관한 정보를 제공했다. 더불어, 농부들은 위 정보들을 실시간으로 얻을 수 있었다. 농업 영역에서 날씨와 최근 기술 정보를 제공하는 것과

그림 7 낮은 생산성 순환고리

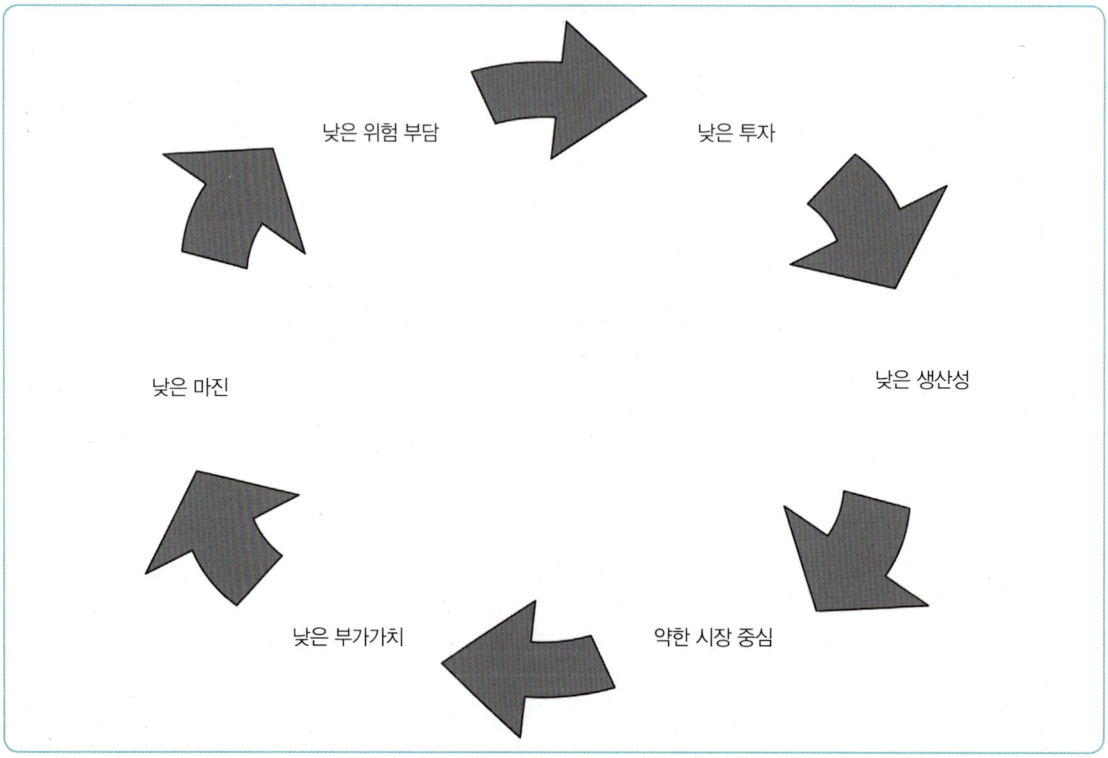

더불어, 웹사이트는 다변하는 곡물 거래 가격과 같은 가격을 제공하여, 가격 관련된 정보비대칭성을 해결하여 생산과 판매의 계획을 수립하고, 결과적으로 수익을 극대화할 수 있었다. 일화적인 증거로, 농부들은 시카고 상공회의소 같은 국제교역의 미래 이율 또는 금리를 미리 예견할 수 있다는 기대를 하게 되었다.

Sanchalak

Sanchalaks는 판매점의 매니저였다. 이들은 지역에서 선발된 농부들로, 글 또는 컴퓨터에 익숙하지 못한 농부들과 컴퓨터 사이의 인터페이스 역할을 담당했다. e-Choupal 활용에 있어 농부들을 도와주는 것 이외에도, sanchalaks 는 농부들이 제품 가격을 선정하는 것 또한 도왔다. ITC는 이들로 하여금 제품을 평가할 수 있도록 교육을 시켰으며, 이를 위한 장소를 제공하였다. 위에서 보았듯이 mandi 의 경우 농부들은 마을을 떠난 후에 판매를 하므로 거래를 성사시켜야 한다는 압박에 시달렸다. 그러나 이제는 키오스크에서 전달받은 가격을 보고 ITC에 판매할 것인지, 또는 더 좋은 가격이나 기회를 위해 판매를 기다릴지를 선택할 수 있게 되었다.

IBD 처리 센터 (Choupal Saagars)

e-Choupal 의 대도시 거점 방식인 Choupal Saagars은 40 choupals과 트랙터를 운용할 수 있는 공간을 제공한다는 점에서 *mandi*의 대안으로 떠올랐다. 이곳에서 농부들은 전자 무게 측정 시스템을 통해 정확한 거래를 할 수 있었으며, 지불 또한 즉각적이고 확실해졌다. 더불어, '고객관리'라는 새로운 거래의 국면을 맞이하게 되었다.

농부들은 시간단위로 한 번에 지급을 받았다. 보통 2시간 내에 지급이 완료되었다. 과거 mandis에서 마냥 기다려야 했던 과거와는 달리, 안심하고 귀가할 수 있었다. 곡물저장소를 꾸리는 것 이외에도 Choupal Saagars은 농부들에게 비료, 종자, 제충제와 같은 다른 농업 제품도 판매하였다. e-Choupal의 도입으로 ITC는 농경 사회의 경제적 측면뿐만 아니라 상인들간의 친목을 돕는 방법을 통해 사회적인 변화도 꾀할 수 있었다. 이와 같은 사회적 경제적 시도의 결과를 인식하고 있었기에, 상인들은 새로운 모델로 더 쉽게 흡수되었다. 몇몇의 중개상들은 *samyojaks*라는 조정자로 고용되었다. 이들의 역할은 새로운 e-Choupal 장소를 섭외하거나, 저장고의 물류를 담당했다. 또한 Choupal Saagars의 역할을 대항하기도 하였다.

ITC에서 기업의 사회적 행동

> 기업의 사회적 책임이란, 기업이 경제 성장과 더불어 윤리적으로 사업을 진행하여 노동자와 그들의 가족, 나아가 지역사회와 사회 전체의 삶의 질을 향상시켜야 하는 것을 의미한다.
>
> (World Business Council for Sustainable Development)

인도의 국내 총생산의 20% 가량을 농업이 담당하고 있었던 반면(그림 8 참조), 농부들은 경제적 이득, 수도 접근성, 구직능력과 관련된 교육 그리고 복지와 같은 핵심적인 이득과는 거리가 멀었다. 정책적 비효율, 그리고 무관심은 농부들의 경제력 성장을 저해하였다.

그림 8 인디아의 거시경제 그림

거시경제지표	1993	1998	1999	2000	2001	2002	2007
명목국내총생산 ('000'년대의 US$ 측정)	273.93	414.32	444.35	450.68	481.42	500.99	695.78
농업 (% of GDP)	28.16	25.42	23.85	22.74	22.76	23.15	19.6
산업 (% of GDP)	23.88	24.33	23.53	24.23	23.59	26.35	30.6
서비스 (% of GDP)	38.9	42.05	43.59	44.16	44.85	50.5	49.9

Source: Economic Intelligence Unit.

이러한 문제점을 인식하였기에, 농업과 관련된 회사, 또는 사회는 기업의 이러한 사회적 의무와 기업의 주주에게 속하는 경제적인 목적을 모두 달성하고, 균형을 맞추기 위한 노력을 꾸준히 하였다. e-Choupal을 통해 ITC는 다양한 수요를 만족시키고, 수렴하여 지속 가능한 모델을 창출할 수 있었다.

> 모든 상업 조직에서 가장 먼저 고려되어야 할 것은 바로 투자자에게 가치를 창출, 전달하는 것이다. 때로는 사회를 고려하지 않거나, 무시한 채 사회적 비용을 지불하면서도 이와 같은 기업의 목표를 달성할 수 있을 것이다. 그러나 우리가 그러했듯, 기업과 사회의 목적을 동시에 달성할 수 있다면 그보다 더 흥미롭고 지속 가능한 비즈니스는 없을 것이다.
>
> (**S. Sivakumar**, chief executive of ITC-IBD)

e-Choupal은 조심스럽게 유네스코의 Millennium Development Goals과 유사한 형태를 띤 ITC의 사회적 기업 책임 활동인 Sunehra Kal과 융합되었다. (MDG 관련 아래 그림 9 참조) e-Choupal의 물리적 인프라는 물자와 서비스의 유연한 전달과 물자 흐름 모니터링을 위해 쓰였다. Sanchalaks에서 ITC는 지역의 전문성과 사회적 수용성을 모두 추구할 수 있는 추진력을 얻을 수 있었다. Sanchalaks 현장을 통해 ITC는 여러 계획, 제도들을 지속적으로 관찰할 수 있었다.

Sivakumar는 이에 대해, "투명성, 신뢰는 중요한 문제이다. 많은 제도들은 시도되지만, 때로는 잊혀지기도 한다."라고 말했다.

e-Choupal을 통한 초기 교육

> ITC가 교육을 시작한 중점적인 이유는, 더 많은 아이들이 학교에 다니고, 교육 과정을 마치게 하기 위함이었다. ITC는 기존 정부의 초등 교육 네트워크를 더욱 장려하는 분위기를 활성화하고, 지원하여 교육 자원에의 접근성을 높이고자 하였다.
>
> (ITC website)

인도의 농촌지역은 구직과 연계될 수 있는 교육과 지식에 대한 기회로부터 오랜 시간 소외되어 있었다. 농촌지역의 아이들은 농업과 관계되지 않은 직업이나 기회에 대해 알 수 없었다는 뜻이기도 하다. 교육 결핍으로 인해 인도 인구의 66%가량이 국가 성장에 기여할 수 없게 되었다. 인도정부는 문맹문제를 핵심 당면 문제로 선정하고 'Education for All'을 지향하는 *Sarv Shikhsha Abhiyan*이라는 교육 프로그램을 런칭했으나, 여전히 해결하지 못하고 있었다. 여전히 약 1,340만 명의 학생의 교육 접근성을 개선해 나아가야 한다(그림 10 참고).

'Sarv Shikhsha Abhiyan' 프로그램을 보완하기 위하여 ITC는 e-Choupal망을 접목하여 디지털 컨텐츠와 가상훈련 세션을 시범 운영 해보았다. 훈련세션은 취약 학생들에게 부차적인 학습을 제공하여, 학습성취를 고취시키고 교육 이탈을 줄이고자 하였다. 디지털 매체를 활용한 교육은 많은 NGO들을 통해 직업교육에서부터 과외 활동에 이르기까지 다양한 형태로 제공되며 전인적인 학생들의 발달을 꾀하고 있다. 키오

그림 9 밀레니엄 개발 목표

a. 극단적인 가난과 굶주림 근절: 2015년까지 굶주림에서 고통받는 사람들의 비율을 절반으로 줄이기
b. 초등교육의 의무교육화: 2015년까지 모든 소년과 소녀들이 초등교육을 이수할 수 있게 하기
c. 성평등화와 여성에게 권한 부여하기: 초등과 중등교육에서 성에 대한 차이 인식 줄이기는 2015년까지, 2015년 이후에는 모든 수준 향상
d. 어린이 사망률 줄이기: 2015년까지 5%이하로 어린이 사망률 줄이기
e. 모성보건 향상: 2015년까지 산모사망률을 3/4 비율까지 줄이기
f. HIV/AIDS, 말라리아 및 다른 질병 퇴치: 2015까지 HIV/AIDS 확산을 막고, 다른 질명과 말라리아 발생 줄이기
g. 지속가능한 환경 보장: 2015까지 안전한 마실 물에 대한 접근이 어려운 사람의 비율을 절반으로 줄이기
h. 개발을 위한 글로벌 파트너 찾기: 향후 규칙기반, 예측가능하고 차별이 없는 증권과 재정 시스템을 개발하기

Source: UNESCO (Date unkown) "World Water Assessment Programme", http://www.unesco.org/water/wwap/facts_figures/mdgs.shtml (accessed on 16 May 2008).

그림 10 초등교육 제공

초등교육 – 즉시		2010 계획	
보조받은 학교의 수	134	보조받은 학교의 수	1,000
교재제공	50,260	교재제공	50,000
추가 학습센터	775	추가 학습센터	1,000

Source: ITC company website: http://www.itcportal.com/sets/rural_frameset.htm (accessed 13 May 2007).

스크를 통해 교육 환경을 조성함과 더불어 ITC는 SLC 센터를 설립하여 유니폼, 교재와 같은 학용품을 제공하기도 하였다. "가장 많은 인터넷 정보 이용량을 보이는 것은 e-Choupal이 아니라 인터넷 뉴스 포털이다." Sivakumar이 말했다.

마을 사람들을 세상과 연결하는 역할을 통해 ITC는 인도의 농촌지역의 미신, 과학 혁신에 대한 사회적 터부로 비롯된 사회악과 같은 문맹을 일깨우는 역할을 했다. 또 다른 예로는 e-Choupal은 아이들이 시험 결과를 다운받는 것, 최근 영화 후기를 보는 것부터 채팅과 안부인사 전달까지 도시 아이들이 하는 모든 일들을 해볼 수 있다는 것이다. 농촌마을의 정보 부족, 특히 어린이 계층의 정보 접근의 어려움은 이제 과거의 문제가 되었다.

여성 파워

> 사람들을 일깨우기 위해서는, 우선 여성을 계몽시켜야 한다. 여성을 움직인다는 것은 가정을, 마을을 나아가 사회를 움직이고 결국 내일의 인도를 건설할 수 있다는 뜻이다.
>
> (**Jawahar Lal Nehru**, India's first prime minister)

인도의 많은 농촌 지역에서, 여성들은 아직도 가장의 그늘에서 가사에 제한된 노동을 분담하고 있었다. ITC는 e-Choupal 네트워크를 통해 정보와 시장과의 연계를 주도하며 잠재적인 여성의 능력을 끌어내기 위해 노력했다. 많은 비정부기구와의 협력을 통해 ITC는 여성들이 농촌에서 할 수 있는 농업 이외의 다른 서비스에 종사할 수 있도록 하였다. 이러한 시도를 통해 ITC는 여성들에게 경제적 능력을 부여하였다.

ITC는 또한 소액 대출을 통해 가축 산업을 장려하였다. 보통, 여성들이 가축을 관리하였으며, 수익을 취할 수 있었다.

여성들이 단순한 가사노동자에서 경제적 생산자로 변화함에 따라 가정의 경제력을 보완할 수 있었으며, 더불어 아이들의 복지에도 더 많은 투자가 가능함을 발견하였다. 사업과 사회발전을 융합함에 따라 ITC는 손익을 증가시켰을 뿐만 아니라 브랜드자산, 종사자들의 애사심, 충성심과 좋은 평판과 같은 눈에 보이지 않는 많은 이득을 얻었다.

e-Choupal을 통한 의료복지 서비스

2004~2005년의 인도의 경우, 의료복지를 위한 예산은 총 GDP의 0.9%도 채 되지 않았으며, 전체 의료비의 80%가 예산범위를 초과하여 발생했다. 따라서 빈곤계층이 의료비용을 감당하는 것은 큰 어려움이 따랐다.

다양한 기술의 발전에도 불구하고 인도의 농촌지역에 기초 의료복지 서비스를 제공하는 것은 매우 어려웠다. 결과적으로, HIV/AIDS와 결핵, 그리고 장티푸스와 같은 전염질병들은 여전히 쉽게 전파되었다. 비록 정부기관이 농촌 지역의 의료수요를 감당하고자 하였으나 역부족이었다. 농촌의 발전과 재건설을 위해 의료서비스의 발달과 접근성 개선은 필수적인 전제조건이었다.

ITC는 아직 시범단계에 불과했던 2007년, e-Choupal 서비스의 확장을 통해 의료 서비스를 제공하기로 하였다. ITC는 다양한 헬스케어 기업들로 하여금 e-Choupal을 플랫폼 시스템으로 활용하도록 하였고, 이를 통해 의료서비스의 많은 제약을 완화시키는 방법을 고안했다. ITC는 농촌 인구에게 예방과 치료를 위한 의료서비스를 제공할 수 있는 3단계의 Choupal 헬스케어 모델(그림 11참조)을 개발하였다.

1단계: the Choupal

많은 질병과 죽음은 적절한 치료 시간과 정보를 가지고 있다면 피할 수 있다. 따라서 예방의학에 대한 정보와 많은 건강 위험에 대한 정보를 알려야 한다. 훈련된 응급구조원, 마을의 건강담당자와 sanchalak으로 구성되는 Choupal Health Champion을 통해 중요한 건강 결정요인들을 제공하였다. 이를 통해 많은 만성질환을 줄일 수 있었다. 그들의 책임은 다음과 같다.

- 기본적인 건강, 의료 서비스 제공
- Choupal Saagar doctor의 지도에 따라 적절한 약과 헬스 키트를 투여
- 예방의학에 관한 관심과 주의 촉구
- 주민들의 의료 수요를 수렴, Choupal Saagar doctor에게 정보 전달
- Choupal Saagar doctor를 통한 원격의료
- 간략한 해부 실험 운영
- Choupal Saagar의 감독 하 근무

2단계: the Choupal Saagar

치료가 필요한 주민은 Choupal Saagars에서 서비스를 받을 수 있었다. 모든 Choupal Saagars은 다음을 갖추고 있다.

- 의사와 조무사를 통한 클리닉서비스
- 현미경과 멸균처리기, 기본적인 시약들과 키트
- 일반적인 제품에서 유명상품에 이르는 약들과, 이를 조제 투약할 약사
- 협약 병원과 주민을 연결해줄 수 있는 원격의료 센터

3단계: 병원 네트워크

작은 클리닉은 기본적인 의료 케이스를 다룰 수 있었으

그림 11 ITC 3계층의 Choupal 헬스케어모델

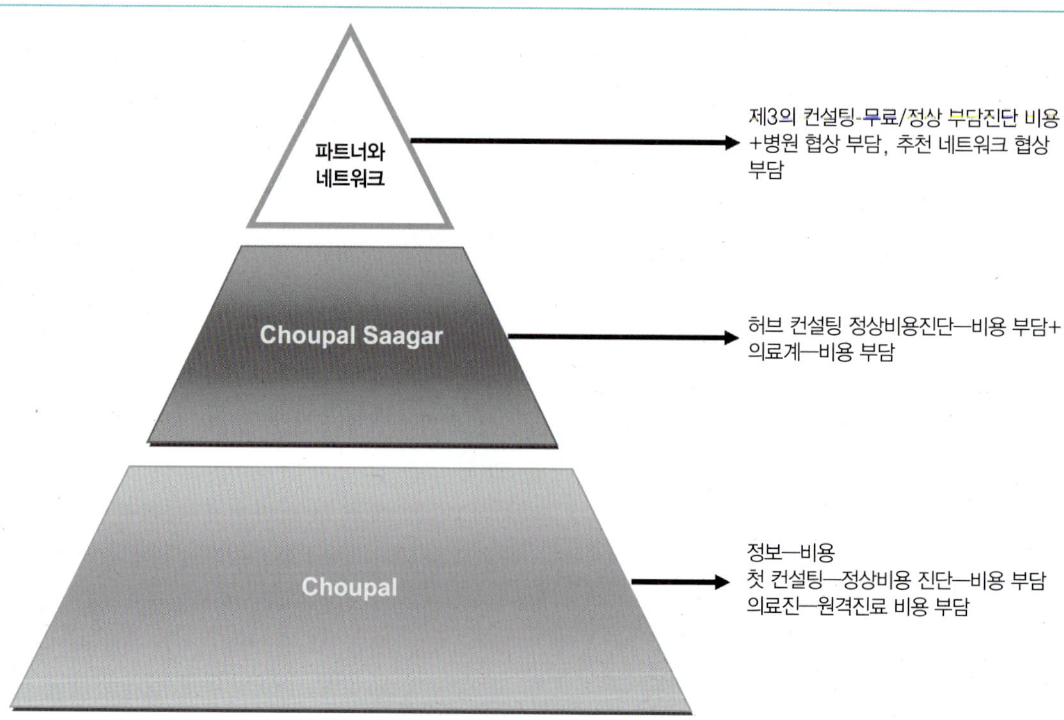

Source: Rural Healthcare Services through e-Choupal, ITC Presentation.

나, 크고 복합적인 질병의 경우 이와 같은 병원으로 연계되었다. 이러한 복합적인 의료 네트워크는 Choupal Saagar로 이어져 있었으며, 클리닉은 원격의료 장비와 서비스로 다음을 제공하였다.

- 텔레링크를 통한 전문의의 의료조언
- 전문의 혹은 수준급 의료담당자의 관리
- Choupal Saagar doctors를 위한 필요 의료정보 제공

정보의 확산을 더욱 심화시킴에 따라 ITC는 커뮤니케이션을 위한 다양한 채널을 제공하고 알리게 되었다. 기본적인 외판활동을 넘어서 ITC는 신문과 홈페이지를 통해 의료 사업을 소개하였으며, Agriwatch와 협업하였다(그림 12 참조).

e-Choupal의 미디어적 역량은 중요한 건강이나 사회 메시지를 전달하는 곳에도 쓰였다. 더불어 ITC는 'Choupal Radio.'라는 이름의 새로운 라디오 방송국을 개국하였다. Choupal Radio는 질병과 증상, 그리고 예방 수단에 관한 정보를 전달했다. 또한 전문의를 불러 주민들의 질문에 답을 해주었다. 그들은 지역사회의 책임을 다하였을 뿐만 아니다. 그들은 또한 "적시의, 효율적이며, 양질의 의료서비스를 먼 농촌지역의 주민들에게까지 전달하였다." 빠른 속도로 정보를 전달하는 기술의 가치를 목격한 후 ITC는 2008년까지 전역에 의료서비스를 내놓는 것을 모색하였다.

영향

> 우리가 취약 계층을 사회가 견뎌야 하는 짐 또는 희생자라고 생각하는 것에서 벗어나 그들을 회복력을 지닌 창조적인 기업가들이며, 가치를 의식하는 소비자라고 생각하는 순간 새로운 기회가 나타날 것이다.
>
> **(C.K. Prahalad)**

원거리에 해당하는 농촌 지역의 구석구석까지 서비스를 제공하는 것에 기업들은 많은 부담을 느꼈고, 따라서 이들의 수요를 무시하였다. 하지만 e-Choupal 을 통해 ITC는 패러다임을 바꾸어놓았다. ITC는 효율적인 유통 플랫폼을 조성하여 7억의 규모에 달하지만 진출하기 힘들었던 인도의 농촌 시장을 개방하였다.

e-Choupal이 제공하는 가치 제의를 검토한 후 다수의 기업들이 Choupal 네트워크를 그들의 제품에 적용하기 위해 줄을 섰다. 따라서 공급망을 개선하기 위해 시작된 프로젝트는 이제 ITC에게 그림 13과 같은 새로운 사업 기회를 창출하고 있었다.

Choupal Saagar을 통한 유통

농촌에서의 상품 유통사업의 성공에 힘입어 ITC는 Choupal Saagar가 농촌 인구의 모든 유통 서비스를 수용할 수 있는 발전을 계획하였다. 첫 번째 Choupal Saagar 유통팀인 Madhya Pradesh은 Sehore 지역에서 2004년 8월 첫 발걸음을 떼었다.

> 피라미드의 하층부에 속하는 수많은 사람들의 생활을 발전시키는 것은 숭고한 노력이고 헌신이다. 더불어 이를 통해 수익을 창출할 수도 있다.
>
> (C.K. Prahalad)

'교외의 대형 슈퍼마켓'이라고도 불리는 Choupal Saagars 트랙터로 이동이 가능한 거리 내의 지역들의 허브역할을 담당했다. 마을사람들은 가공센터에 그들의 곡물을 저장하기 위해서뿐만 아니라 하이퍼마켓에서 물품을 구매하기 위해 Choupal Saagars을 방문하기도 하였다. 110여 개에 달하는 기업들의 물품을 저장하면서 Choupal Saagars은 대기업의 효율적인 마케팅 채널이 되었다.

제품

치위생 제품, 유명 브랜드 잡화에서부터 트랙터, 오토바이에 이르기까지 같은 매장에서 판매되었다. 상품과 더불어 여러 복합적인 서비스 또한 제공되었다. 이를테면, 농부들은 토양 점검부터 은행업무, 보험까지 처리할 수 있었다. Choupal Saagar의 주요한 사업으로는 석유를 가정용 취사 연료로 전환하는 정유사업을 꼽을 수 있다. 이는 벌목과 같은 환경 파괴를 줄였을 뿐만 아니라 농촌 여성들의 건강에도 긍정적인 영향을 미쳤다. 이와 같이 e-Choupal 네트워크의 시너지 속에서 작용하는 쇼핑센터들은 ITC의 농촌 유통 전략에 있어 중요한 인프라 역할을 하였다. 따라서 ITC는 2007년에 이르러서

그림 12 ITC 건강 뉴스레터

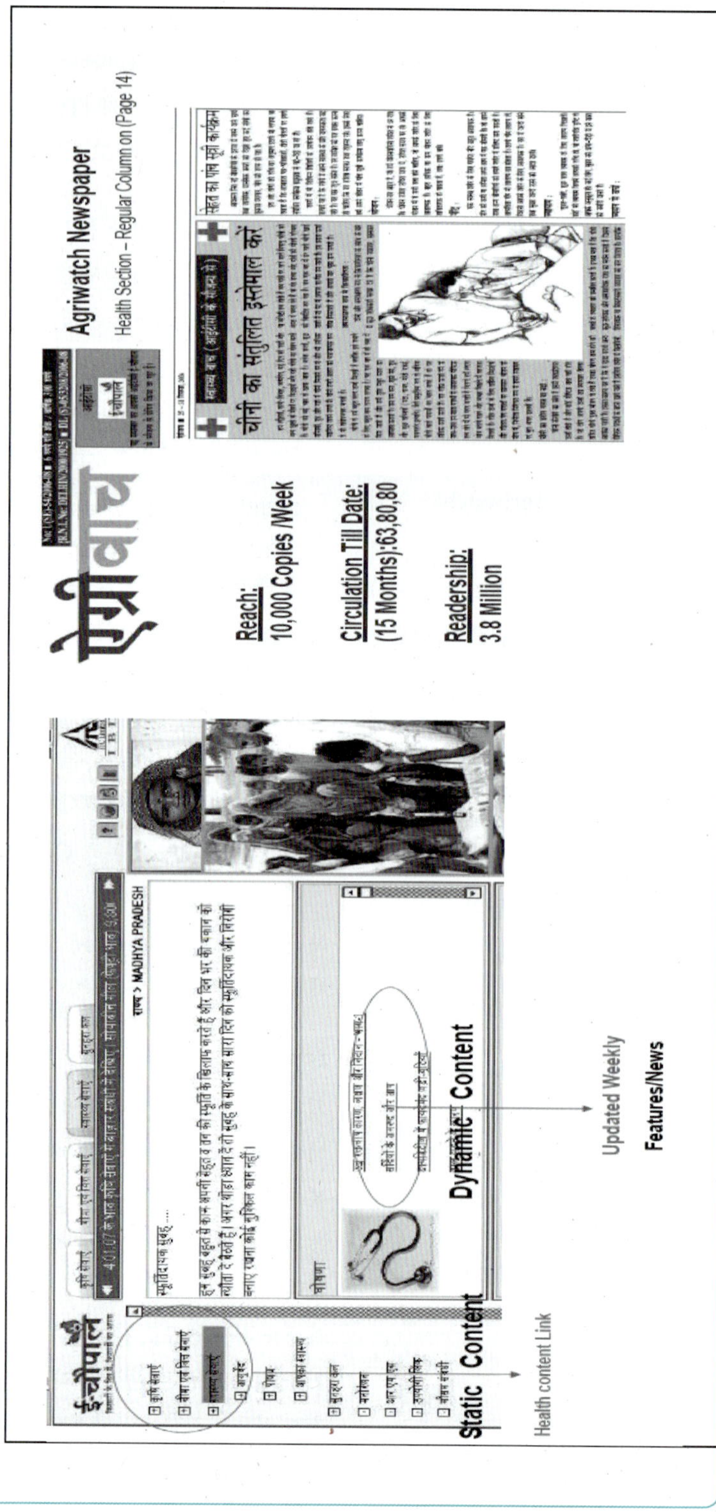

Source: Rural Healthcare Services through e-Choupal, ITC Presentation.

그림 13 확장된 선도적 고객 유통 능력이 확장된 e-쇼팔

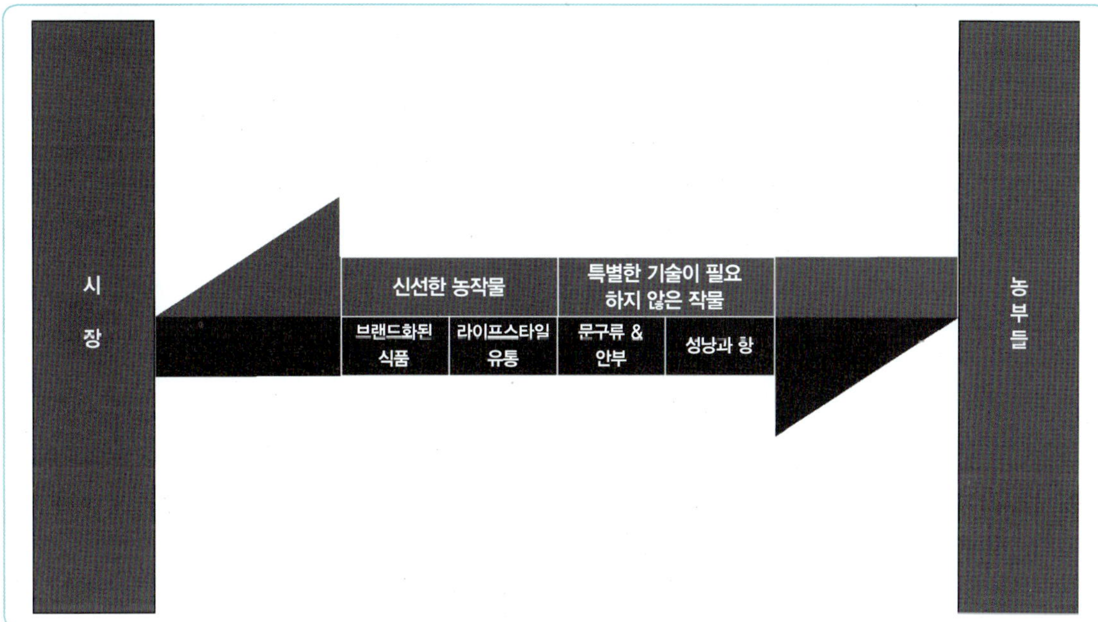

Choupal Saagars의 수를 24까지 줄일 수 있었다.

재정상품 마케팅

> 1993과 2003년 사이 10만 248명에 달하는 농부가 자살하였다.
>
> (**Sharad Pawar**, union agriculture minister of India)

경제적인 어려움은 인도 농부들로 하여금 극단적인 선택을 하게 하였다. 비록 정부가 다각적 측면에서 많은 계획을 시도하였으나, 시기 적절한 신용 조달이 가장 큰 어려움이었다. ITC는 이를 기회로 포착, 신용 사업을 시작하게 되었다.

Kisan 신용카드

Kisan Credit Card ("KCC")는 인도 정부에 의해 제공되는 신용기금으로, 인도 농부들에게 저리에 자금을 대출해준다. 그러나, 도서지역에까지 조달하는 것은 어려움이 따랐으며, 유통과 관련된 문제도 존재하여 이 카드가 농부들의 생활에 침투하지 못했다. 결과적으로 많은 농부들은 천문학적인 액수의 이자를 요구하는 마을의 고리대금업자에게 돈을 빌리곤 했다.

> e-Choupal 네트워크를 이용하여 은행은 두 가지를 할 수 있다. 먼저 그들은 거래 비용을 줄일 수 있었다. 은행이 하던 업무는 이제 우리에게 아웃소싱되었고, 우리가 가지고 있는 농촌 인프라를 통해서 우리는 은행보다 더욱 낮은 비용으로 할 수 있었다. 두 번째로, 우리는 소비자와 대출자에 대해 더 많은 지식을 가지고 있다. 그들의 신용 내역뿐만 아니라 어떠한 농업기술을 사용하고, 자산을 지니고 있는지에까지 이르는 구체적인 정보도 가지고 있기 때문이다. 따라서 우리는 신용에 대한 평가나 대출금의 쓰임에 대해 더 잘 알 수 있었다. 따라서 가격과 질적인 면 모두 향상될 수 있다.
>
> (**S. Sivakumar**, chief executive of ITC-IBD)

제3자 대출

KCC의 유통과 더불어 ITC는 e-Choupal 채널을 통해 제3자 대출을 마련하였다. 농부들은 개인의 사업 접근성 증가, 농업 기구의 발달, 매출채권 회수율 증가로 처분할 수 있는 수익이 늘어나자 더 크게 생각하기 시작했다. 이들의 열망을 지원하기 위해 ITC는 많은 금융기업과 은행을 통해 신용서비스를 확대하게 되었다. 신용서비스는 Choupal Saagar를 통해 제공되었으며, 단순화된 시스템을 통해 대출자들은 원스톱 서비스를 즐

기게 되었다.

신용

시즌 초에 비료나 종자와 같은 초기 투입 물자를 생산하는 기업들은 농부들이 그들의 제품을 사는 것을 보조하기 위해 대출을 해주곤 한다. 하지만 이들은 언제나 대출에 대해 매우 신중했다. ITC는 이를 적용하여 2단계로 구성된 더욱 견고한 e-Choupal 담보대출을 출시했다. 바로 "channel credit"이다.

위 대출은 다음과 같은 단계로 구성되었다.

농장은 기업의 외상을 sanchalak에게 주고, sanchalak은 이를 외상으로 농부들에게 판매한다. 부채의 상환 의무는 아직 농부에게 속해 있지만, sanchalak을 통해 상품을 판매하여 부채를 해소할 수 있었으며, 기업은 sanchalak의 지식을 통해 대출금 수령자의 신용에 대한 평가를 할 수 있었다. Sanchalak는 대출자와 같은 마을 출신이기에 대출에 대한 신용 위험을 기업이나 은행보다 더 정확히 파악할 수 있었다. ITC가 서비스를 시작하기 전 5년간 검토를 거듭했으나 2007년 약 15%의 시장을 점유하였으며, 2009년까지 100% 점유를 목표로 하였다.

보험

> 더 많은 수확과 수익을 위해 나는 더 많은 투자를 해야 한다. 하지만 만약 내가 실패할 경우를 어떻게 대비할 수 있을까?"
>
> (Indian Farmer)

이는 많은 인도 농부들의 걱정이고 한탄이었다. 90%의 작물 유실은 기후에서 비롯되었기 때문이다(그림 14 참조). 농업의 40%만이 개간 사업을 통해 이루어지고 60%에 달하는 농장들은 오로지 날씨에 의존하였다.

그림 14 작물 손실의 주요원인

원인	손실 비
가뭄/낮은 강우	70%
홍수/높은 강우	20%
다른 것들*	10%

* includes storms, earthquakes, disease, pests, negligence etc.

Source: Parchure, Rajas (2002) "Varsha Bonds & Options: Capital Market Solutions for Crop Insurance Problems", http://www.utiicm.com/Cmc/PDFs/2002/rkparchure%5E36.pdf (accessed on 26 May 2008).

비록 1972년 이래로 공적 작물 보험을 제공받았지만, 효과는 미미했다. 이 정책은 높은 행정비용과 더불어 농업에 대한 무지로 자리 잡는 데 오랜 시간이 소요되었다. 시골의 농장주들은 그들이 신청한 비용을 보상받는 데 1년여의 시간을 기다릴 수 없었고, 따라서 정부의 계획은 퍼질 수 없었다. 양질의 제품과 더 많은 수확을 위해 보험이 필요하다는 인식을 통해 ITC는 보험회사와 협력하여 기후 보험을 제공하기로 하였다.

Sanchalak의 지식을 통해 ITC는 작물과 구역, 그리고 시기에 따른 기후보험 상품을 만들었으며, 위험을 커버할 수 있었다. 이 또한 *e-Choupal* 네트워크를 이용하여 제공되었으므로 유통, 서비스 비용은 매우 낮았으며, 농부들도 쉽게 접근할 수 있었다.

이제, 농부들은 기후로 인한 리스크를 제3자에게 분산시킬 수 있었다(그림 15 참조). 이와 같은 보험상품은 정부기관에서도 제공하고 있었으나, 기관 구조가 불안정하고 손해 배상 절차나 조건이 명확하지 않으므로 농부들은 이를 이용하지 않았다. 이를 방지하기 위해 ITC는 45일간의 조정 절차 기간을 만들었으며, 배상신청에 관한 정보를 제공하였다. 네트워크를 통해 보험의 중요성은 옹호되었다. ITC는 다양한 매체를 통해 결혼이나 질병에 들어가는 평균 비용을 알려주는 방식으로 생명보험의 중요성을 설파하였다.

ITC는 인도 생명보험사와의 협력을 통해 생명보험, 연금, 장애 보험과 농지를 소유하지 못한 목돈에 이르는 복합적인 보험상품을 제공하였다. 농부들의 제품의 양과 질을 향상시키고, 적절한 가격과 시장을 선정하는 것, 그리고 보험정책을 통해 ITC는 인도의 농부들에게 많은 현금수익을 안겨주었다.

ITC의 정보기술

*e-Choupal*은 ITC 정보기술에도 긍정적 영향을 미쳤다. 많은 정부와 다국적 기업들이 ITC의 모델을 아프리카, 라틴 아메리카와 동남아시아에도 적용코자 하였

그림 15 날씨 보험 설명

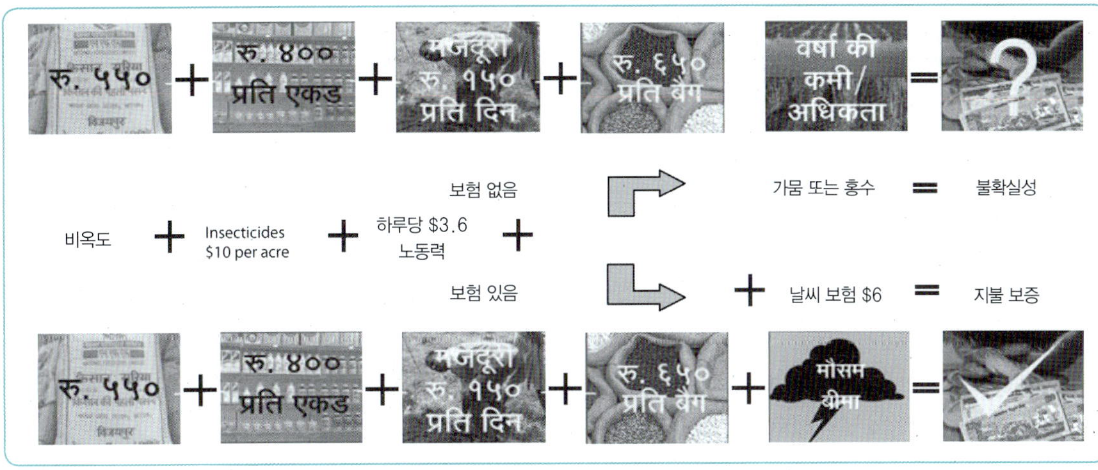

으나 인도 사업확장에 초점을 맞춘 IBD는 정중히 사양하였다. 대신, *e-Choupal*의 핵심 인프라를 기반으로 한 기술, 사업컨설팅을 모두 제공하여 새로운 수익 경로를 만들어냈다.

도전

*e-Choupal*을 인도의 농촌지역에 도입하는 것은 쉽지 않았다. 통신망, 연료 공급도 제한적이었으며 문맹률 또한 높아 인도의 농촌지역에 기술을 적용하는 것은 아주 어려웠다. ITC는 인터넷을 설치할 뿐만 아니라 VSAT을 구입하여 전기 공급과 전화를 연결하였으며, 농부들에게 정보의 유익함과 키오스크의 운영을 가르칠 튜터를 제공하였다.

추가적인 문제는 정부의 오래된 관행과 관련되었다. 바로 비즈니스 모델과 정부의 매입을 결합하는 것이다. 또 다른 심각한 문제는 교역상의 로비이다. *e-Choupal*이 그들의 유통 독점을 위협함에 따라 교역상들은 간부급 정부 관리들을 매수하여 문제를 일으키려 했다.

이와 같은 우여곡절에도 불구하고 ITC는 미화 12억 달러의 투자를 통해 2007년까지 2만 개의 *e-Choupal* 키오스크를 설치하고, 700명의 Choupal Saagars를 배치하는 것을 목표로 하였다. 이 수치는 단순히 폭발적으로 성장하려는 전략이 아니라 ITC가 적용되어 증가한 서비스를 고려한 결과이다.

이제 *e-Choupal* 네트워크는 단순한 상품을 조달하는 운영과정을 넘어, "농촌 인도지역의 삶의 질 향상"을 목표로 하는 약속이 되었다. 그러나 서비스 지역을 넓혀가는 과정에서 ITC는 몇몇의 주요한 문제점을 직면하게 된다.

첫 번째 문제는 늘어만 가는 서비스를 수요에 응하기 위한 디지털 인프라를 구축하는 것이었다. 대부분의 디지털 미디어는 지역언어로 제공되었고, 동시에 web 형식은 표준화하여 접근성을 높여야 했다. Sivakumar는 이에 대해 "비용을 통해 극복할 수 있는 문제"라 언급하였다.

두 번째 문제는 ITC의 허브와 대변자인 물리적 인프라(Choupal과 Choupal Saagars)를 갖추는 것이다. 전기와 같은 기본적인 인프라가 갖추어지지 않았기에, ITC는 처음부터 시작해야 했다. 몇몇의 제한을 극복하기 위해 혁신적인 방법을 도입하였으나, 경제적인 투자가 불가피했다. ITC는 추가적인 개발과 투자를 감당할 수 있는 새로운 사업을 찾기 위해 끊임없이 노력했다.

세 번째는 ITC가 직면한 가장 심각한 문제로, "인적 자원을 갖추는 것"이었다. ITC의 사업은 농부들에게 완전히 새로운 경험이었기에, 그들을 대변할 sanchalaks과 samyojaks은 서비스 전반과 기업에 대한 완전한 이해가 있어야 한다.

그림 16 e-쇼팔의 ITC 계획

단계	2007	2012
주 범위	9	15
도시 범위	38,500	100,000
e-쇼팔 설치	6,500	20,000
권한이양된 e-농부들	3.5 m	10 m

> 가장 많은 투자가 필요한 자원은 바로 사람이었다. Choupal을 관리할 사람을 선발하는 것은 어렵지 않았다. 하지만 일을 담당하는 사람의 능력에 따라 비즈니스 성과는 달라졌다. 농부를 sanchalak 또는 samyojak으로 고용하는 것이 첫 번째 문제였다. 또한 한 사람이 농업, 보험, 신용부터 건강에 이르기까지 복합적인 업무를 담당하도록 하는 것이 문제였다.
>
> (**S. Sivakumar**, chief executive of ITC-IBD)

몇몇 문제는 기술적 · 경제적인 대안으로 가능했으나, 다른 것들은 보다 넓은 관점이 필요했다. ITC에게 가장 중요한 문제는 어떻게 사람을 고용, 교육, 발달시킬 것이며 나아가 지속적으로 기업과 함께 성장하여 브랜드에게 해가 되지 않도록 하는 것이었다. 그 다음 문제는, 물론 미래에 대한 계획이다. 이미 설비된 프레임을 통해 또 어떤 가치를 전달할 수 있을까?

Sivakumar는 이를 고민함과 동시에 늘어나는 대중들의 비난 또한 고려하였다. ITC는 그림 16과 같이 성장, 확장해 왔으나 사회의 몇몇 분야는 혁신에 비해 서비스 확장이 느리다고 지적하고 있다.

ITC는 어떻게 사람들에게 *e-Choupal*은 기업의 사회적 책임이기 이전에 하나의 수익 사업 모델임을 인식하게 할 수 있을까? CSR의 효과를 어떻게 측정할 수 있을까? 나아가 사회공헌과 기업의 수익성이라는 과제 속에 어떻게 균형을 잡을 것인가? *e-Choupal*을 통한 유 · 무형(수익 · 비 수익성)의 성과를 측정할 수 있는 가장 좋은 지표는 무엇일까?

CASE STUDY 11

에스토니아 전자 정부
세계 최고의 정보 사회 구축

인터넷이 나라로 거듭난다면, 그것은 에스토니아일 것이다.

(**Mark Malloch Brown**, 유엔 개발 계획 관리자)

E-stonia라는 국가는 스마트하게 자신을 브랜드화 하고 있으며, 끊임없이 상호 연결되고 있다. 에스토니아에서 운전을 하는 사람들은 무료 인터넷 액세스 포인트를 가리키는 크고 푸른 도로표지판 "@"를 심심치 않게 볼 수 있다. 에스토니아는 기차와 시외버스에도 무선인터넷 설비를 갖추고 있다(그림 1 참조).

에스토니아의 1인 인터넷 접속률은 영국과 독일을 넘어서는 수치이다. 90%에 가까운 은행업무가 전화나 온라인을 통해 이루어지고 있으며, 정부 부처와 기관들은 온라인 매체를 이용하여 정보를 교환을 하고 있다.

에스토니아는 공공 부문 IT 개발에 있어 10년간 국가 예산의 약 1%만을 투자하고 있지만 'wireless miracle'이라 위상을 떨치고 있으며, 유럽뿐만 아니라 전 세계로부터 전자정부 챔피언으로 인정받고 있다.

에스토니아 정부는 정보화 사회의 개념을 포함한 공공 부문의 IT 솔루션을 채택하여 전자 서비스와 시민 능력 개발, 그리고 공급의 적절한 균형을 유지하고 있다. 에스토니아의 인터넷 개발의 성공과 비밀에 대해 에스토니아의 정보사회 단위의 수장이자, 경제 및 통신 내각을 맡고있는 Karen Rits은 이렇게 말했다:

> 우리는 항상 정보 사회로의 개발을 지지하는 정당들의 정치적 지원이 있어왔다. 한정된 자원을 가진 작은 나라였기에 비용과 효율성을 비롯해 가능한 한 투명한 방향으로 운영하기 위해 노력하였다. 에스토니아는 자체적으로 수익을 창출하는 동시에 국민 개개인을 위한 전자서비스를 제공해 왔다.

국가 배경

유럽에서 가장 작은 나라 중 하나인 에스토니아는 유럽의 발트해 동쪽 해안 북동부에 위치하고 있다. 네덜란드와 국토 크기는 비슷하지만 인구수는 132만 명으로 약 12배 정도 작다. 그러나 에스토니아는 동유럽 중 가장 개발된 국가 중의 하나이며 국민들 역시 국가를 위해 근면 성실히 일하는 나라이다. 구 동구권 유럽 국가들과 마찬가지로 에스토니아는 17년 전 처음부터 다시

This case study was written by Maria Štšekotovitš, Master of International Business student, under the supervision of Albrecht Enders Assistant Professor of Strategic Management, Harald Hungenberg, Chaired Professor of Strategic Management (all three from University of Nuremberg, Germany), and Tawfik Jelassi, Dean and Professor of e-Business and IT at the School of International Management of Ecole Nationale des Ponts et Chaussees (ENPC, Paris). It is intended to be used as the basis for class discussion rather than to illustrate effective or ineffective handling of a management situation.

This case study was made possible by the cooperation of Margus Puua, Head of the State Information Systems Department at the Estonian Ministry of Economic Affairs and Communications.

그림 1 기차안의 Wifi 인터넷 구역

Source: wifi.ee.

시작할 수 있는 기회가 주어졌다. (베를린 장벽 붕괴 직후)1990년대 초반, 정부 관계자의 평균 나이는 30세였다. 에스토니아는 그 후 계획 경제에서 자유 시장 체제로의 변화를 시도하였고, 구소련 권의 나라에서 가장 빠르게 체제변환에 성공하였다.

에스토니아 정부는 시장의 자유화, 커런시 보드의 도입, 0%의 세율, 이익의 재투자, 현명한 민영화, 외자 개방 정책, 무역 관세 철폐, 쉽고 저렴한 벤처 기업 법인 설립 등 여러 중요한 결정을 내렸다. 에스토니아의 자유 시장 체제로의 전환은 (2004 유럽연합에 참여하기 전까지) 시간이 지남에 따라 매우 성공적으로 재평가되고 있다.

에스토니아는 일찍부터 정보 통신 기술(ICT)과 생산성 사이에서의 명확한 연결고리를 인식하고 있었다. 이런 연결고리들은 핀란드의 주요한 기술 혁신으로 나타났고(ex: 노키아) 멕시코 만을 가로질러 에스토니아로 전달되는 헬싱키의 무선 tv피드로부터 관찰할 수 있었다. 당시 에스토니아의 국민들은 PC는 물론, 휴대 전화도 가지고 있지 않았던 시절이였다.

핀란드와 스웨덴 기업들은 과거 에스토니아에 진입하여 값싼 노동력의 이점을 누렸다. 1992년 에스토니아 정부는 에스토니아의 통신회사인 ETC 지분의 49%를 Sonera와 Telia에게 매각하였는데 이 통신 사업자들로 인해 에스토니아는 시장의 혁신의 기반을 마련할 수 있게 되었다. 이 회사들은 모바일 휴대 전화 네트워크를 설치하고, 광섬유 회선을 구축하였다. 또한 Swedish Swedbank와 SEB는 1990년대 중반, 에스토니아의 Hansa Bank, United Bank (이후)주식을 완전히 취득하여 강력한 뱅킹시스템의 개발에 기여하였고, 인터넷뱅킹 서비스를 도입하였다.

정부는 IT와 인터넷을 미래 경제의 중요한 동력으로 인식하여 1994년 이후 IT 개발에 연간 국가 예산의 약 1%를 투자하고 있다.

정부는 ICT 부문의 성장 가능성을 믿고 IT 친화적인 기업문화 확립에 힘써왔고, ICT 분야의 외국인 투자를 촉진시키기 위해 엔지니어들의 개인사업과 벤처 설립을 도왔다. 또한, 시민들의 ICT 사용을 촉진시키기 위해 교육에 많은 투자를 진행해왔다.

전자정부 아카데미에서 감독을 맡고있는 Ivar Tallo는 이렇게 말했다:

> 우리는 한정된 자원으로 최고의 투자를 해야 한다. 그렇기에 다음 세대가 노동시장에서 필요로 할 ICT 기술에 대해 지원해주고자 한다.

1998년에 진행된 기술인지도 및 홍보 캠페인인 Tiger Leap 프로그램은 "인터넷은 컴퓨터가 아니라 사람을 연결합니다."라는 슬로건을 내세워 시작되었다. Lennart Meri의 전 대통령 후원 아래, Tiger Leap 사업은 기술을 통한 교육시스템의 재편을 목표로 삼았고 그 활동의 일환으로 교내에 컴퓨터를 설치하고 인터넷을 연결하였다.

수준 높은 전문가 수요에 대응하기 위해 정부는 2001년 정보기술 전문학교 설립과 동시에 민간부문 ICT 인프라 개발을 위한 몇 개의 사업을 진행하였다.

민간 기업은(은행, 통신 사업자, 및 ICT 기업 포함) 금융프로젝트 'LOOK@WORLD'와 같은 인터넷 사용자를 늘리기 위한 프로젝트를 진행하였는데 2001년 이 프로젝트 덕분에 에스토니아 성인의 약 10%가 기본적인 PC사용법과 인터넷 스킬을 익히게 되었다.

지난 10년간 에스토니아의 국민들은 급격한 기술 변화를 경험하고 있다. 인구의 90%는 온라인 뱅킹을 사용하며, 86%가 인터넷으로 소득세를 제출하고 있다. 또한, 모든 국민이 한 개 이상의 휴대전화를 소유하고 있으며 이를 주차요금 청구서를 지불하는 데에도 활용하고 있다.

에스토니아의 ICT는 인도 유명 대학들과 비교해 보았을 때에도 전혀 전문성이 뒤처지지 않는다. ICT는 국가 경제 성장에 크게 기여하였고, 2001년부터 평균적으로 9.1%씩 증가하고 있다. 또한 시민들의 긍정적인 태도와, 기술 습득을 향한 의욕들은 에스토니아의 IT 혁명에 성공적인 요소로 작용하였다.

전자 정부 수립

에스토니아 전자 정부의 역사는 1990년대 초부터 시작된다. IT 전략의 개발 및 구현을 담당하고 에스토니아 내각의 경제&커뮤니케이션(Department of State Information Systems (RISO))부서의 책임을 맡고 있는 Margus Püüa가 말하였다:

> 소련 [연합] 이후 우리는 처음부터 모든 구조를 재구축해나가야만 했다. 이때 다른 나라들은 IT 시스템에 거대한 문제를 안고 있었는데 처음부터 아무것도 없었던 우리들에게는 이러한 문제점들이 크나큰 장점으로 다가왔다. 다른 나라들은 이전 버전을 위해 새 버전으로 바꾸어주어야 할 필요가 있었지만 우리는 거대한 시스템을 개발하면서 최신기술을 바로 적용하여 사용할 수 있었다. 처음에는 각 부처의 일을 집중화 시스템을 통해 구축하였지만, 분산형 개발을 통해 문제를 빠르게 해결할 수 있었다. 각각의 부처가 분산되어 개별적으로 작업을 진행하고 특별하게 필요한 부분은 그에 맞는 정보 시스템을 개발하는 방식으로 전체적인 시스템을 구축하였다.

1990년대 말까지 각 부처는 다양한 IT 응용 프로그램을 개발하였다.

> 프로그램들은 다양한 이용자들이 사용할 수 있도록 분산된 데이터 자원을 정보 시스템과 데이터베이스에 통합하여 연결할 필요가 있었다. 이는 온라인 인증을 통한 정부와 시민의 상호작용 및 문서교환을 위한 안전한 메커니즘과 환경을 필요로 하였다. 처음부터 이런 비전을 염두해 두고 사업을 시작하였다고 단언할 순 없지만, 비교적 빠른 시간 내에 에스토니아는 체계적인 구성요소를 개발하였다.

1998년 에스토니아의 의회('Riigikogu')는 '국가 정보 정책의 원칙'를 승인함으로써 정보화 사회가 되기 위한 정책적 결단을 내렸다. 정보 정책은 공공 부문의 ICT 인프라와 전자 서비스의 개발을 이끄는 '등대'가 되었고, 개발은 세 개의 단계로 진행되었다. 첫 번째는 정부기관의 현대화와 관련된 것이다. 이는 문서관리를 전산화하고 문서 전체의 라이프사이클을 재설계 하는 것이 포함 된다.(서명등록, 처리, 보관 및 보존 등)

두 번째 단계는 공공 부문 데이터베이스의 현대화이다. 그 예로 X-ROAD 프로젝트와 같이 권한을 부여받은 사용자들이 쉽고 빠르게 데이터베이스에 접근하여 정보를 검색할 수 있는 시스템 구현 등이 있다.

세 번째 단계에서는 전자 ID Card, 전사 서명, 전사 포털, TOM, 전자 세금 보드, 공공 도서관의 디지털화 등을 포함한 여러 프로젝트의 개발을 목표로 하였다. 이는 에스토니아의 인터넷 기반 ICT 인프라 개발에 많은 도움이 되었다.

2002년까지 전자 정부를 구현할 수 있는 기술적 인프라는 구축되어 있었지만, 시민을 위한 전자 서비스는 아직 개발 중에 있었다. 처음에는 단순한 정보제공에 그쳤지만, 정보 교환을 통해 지금의 정부는 통합 전자 서비스를 제공하는 수준에 이르렀다고 Margus Püüa는 설명하였다.

1994년 최초의 정부 웹 사이트가 개설되어 시민들에게 공개 정보를 제공하기 시작하였다. 1998년에는 'Estonian State Web Centre'라고 불리는 새로운 포털이 정부기관의 모든 웹 페이지를 총체적으로 통합하여 시민들이 필요로 하는 양식의 다운로드를 도왔다.

또한 에스토니아의 법률 공식 데이터베이스인 'State Gazette'가 온라인으로 제공되었고, 정부 통신국은 정보활동과 내각의 결정을 돕기 위해 가상 브리핑 룸을 개설하였다.

2003년의 전자시민 프로젝트는 정부와의 상호 정보교환을 가능하게 하기 위한 통합 ICT 환경조성을 목표로 한다. 또한 시민포털을 도입하기 위해 시민, 기업, 행정을 위한 전자서비스 개발에 착수하였다. 에스토니아의 ICT 혁명은 싱글인터페이스로 다른 정보시스템과 포괄적인 전자서비스의 통합인프라 구축을 가능하게 하였다.

2004~2006년에는 'Principles of the State Information Policy'가 개정되어 모든 국가기관의 전자서비스 도입은 주요정책 중의 하나로 자리 잡게 되었다. 공공부문의 변화를 꾀하는 한편, 정책 수립자들은 시민들이 인터넷에 접근할 수 없다면 전자서비스는 실현될 수 없다는 것을 깨달았다. 이런 자명한 사실들은 인터넷 환경개발에 많은 영향을 미쳤다. 문제를 해결하기 위한 일환으로 2001년, 전국의 공공 도서관에 무료 인터넷을 제공하기 위한 최초의 Wi-Fi 핫스팟이 설치되었다.

그 후 5년간 공공 인터넷 액세스 포인트(PIAPs)는 1,100곳을 넘어섰고 무료 인터넷은 우체국, 쇼핑센터, 페리 터미널, 버스 정류장, 회의실, 고등학교, 대학, 주유소, 바, 카페, 심지어 성에서까지 이용이 가능해졌다. 정부는 인프라 개선을 위한 '빌리지 로드 3'(인터넷 지자체 및 공공 도서관을 연결: 2001 프로젝트의 후속)이라는 프로젝트를 시작하였다. 지속적인 농촌 지역의 인터넷 연결 프로젝트를 통해 에스토니아 전 영토에서 인터넷을 사용할 수 있는 환경을 조성하기 위해 노력하였다. 2005년부터 시작된 국가 광대역 전략은 2007년까지 전국 모든 가정에 인터넷을 더 싸고, 빠르게 제공하는 것이 목표다.

높은 인터넷 보급률은 전자 정부 응용 프로그램의 배포 및 사용에 큰 도움을 주었다. Linnar Viik 기술 컨설턴트는 설명하였다.

> 인터넷은 도시보다 시골에서 더 실용적이다. 과거에는 행정잡무를 보기 위해 먼 길을 떠나 많은 시간과 노력을 할애해야 했지만 현재에는 그럴 필요가 없다. 전자정부는 에스토니아 국민들에게 실용적이다. 전자 서비스 접근 및 이용을 촉진할 수 있는 무선기술의 발전과 WiMAX는 인터넷보급을 달성하기 위한 발판이 되고 있다.

전문가 및 전자 정부 아카데미 이사인 Ivar Tallo는 회상하였다.

> 처음에는 크나큰 방해요소가 존재했었다. 요즘은 모든 국가들이 전자 정부 전략에 대해 논하고 있지만 그때의 에스토니아는 전략조차 가지고 있지 않았었고, 정보화 사회의 발전은 NGO와 민관의 협력에만 의존하고 있었다. 국가의 ICT 전략이란 가까운 장래를 위한 마스터 플랜이다. 이익단체는 국가정책에 영향을 미칠 수 있도록 하는 수단일까? 혹은 ICT 도입 정책에 동참하는 것일까? 이러한 질문은 정책을 만드는 의회구성원이냐 혹은, ICT 옹호자이냐에 따라 달라진다.

정부를 위한 ICT 전략 과정을 수립하는 Ivar Tallo는 국가 ICT 전략을 만드는 과정이 전략 자체보다 중요하다고 말하였다:

> 이런 전략들은 의사 결정자들의 ICT 중요성에 대한 인식 향상에 도움이 된다. 에스토니아의 정책 결정자들은 공공부문의 행정이 핵심임을 깨닫고, 개발을 위한 전제조건을 재조정하였다. [...] 그 후 공식적으로 'ICT 마스터플랜'을 개발하여 몇몇의 정보정책 원칙을 정의하고, 프로젝트 기반의 개발방식을 채택해 추진하였다.

EU의 조사에 따르면 에스토니아의 전자 정부 서비스의 가용성은 EU가 50%에 불과하였을 때 76%에 다다랐고, 2006년 전체인구의 29%인 16~27세 사이의 사람들과 70%의 기업들이 정부기관과 상호작용하기 위해 인터넷을 사용하였다. 새로운 전자 서비스를 이용하여 에스토니아의 시민들은 정부 기관과의 온라인 커뮤니케이션의 이점을 실현하고 있으며 이용자들은 점점 증가할 것으로 기대된다.

ICT 인프라: 전자 솔루션의 초석

에스토니아의 정보화 사회 초석은 일반적으로 'X-Road'로 알려진 전자 인프라이다. 시민을 위한 통합 전자 서비스는 디지털 서명이나 ID 카드를 활용하여 전통적인 비용을 감소시킨다.

데이터 교환의 초석: X-ROAD

X-Road 프로젝트는 에스토니아의 전자 정부 구조를 개발한 틀이다. 2001년 경제 통신부는 인터넷을 활용하여 정부의 데이터베이스 및 정보시스템을 연결할 목적으로 X-Road 프로젝트를 시작하였다. 또한, 그와 동시에 국가의 표준화된 데이터베이스 사용을 위한 소프트웨어 및 하드웨어의 조직 방법이 개발되었다. 인터넷에서의 데이터베이스 조회를 성공적으로 시작한 후 X-Road는 모든 XML-format 형식의 전자문서를 안전하게 보낼 수 있게 되었고, 이것은 전자정부의 근간이 되었다.

기술적으로 X-Road 아키텍처는 일부 서버 소프트웨어뿐만 아니라 다양한 데이터베이스 및 정보 시스템으로 구성되어 있다(그림 2 참조). X-Road는 모든 정부 기관에 설치된 표준 소프트웨어이며 보안 서버 시스템을 활용하고 있다. 인증기관은 특별한 하드웨어 모듈을 활용하여 모든 보안 서버를 인증하고 있는데, 인증된 보안 서버의 데이터는 중앙 서버를 통해 다른 보안 서버에 다시 전송된다.

보안 서버는 암호화된 메시지를 송수신하여 해독하고 메시지 로그를 컴파일한 후 서비스를 이용하는 기관의 유효성을 최종적으로 판단한다. 로컬 및 중앙 모니터링 부스는 X-Road 시스템을 모니터링하고 보안 서버의 실제 상태를 확인함으로써 사용 서비스에 대한 통계 정보를 생성한다. X- Road는 다른 정보 시스템과 데이터베이스가 정보 센터와 직접 상호 작용하여 시스템의 운용성이 보장된다.

다양한 부처와 시스템 데이터베이스 관리: 외부의 사람들이 접속하여 정보를 복제할 수도 있지만, 기관에

그림 2 X-로드 시스템의 개관

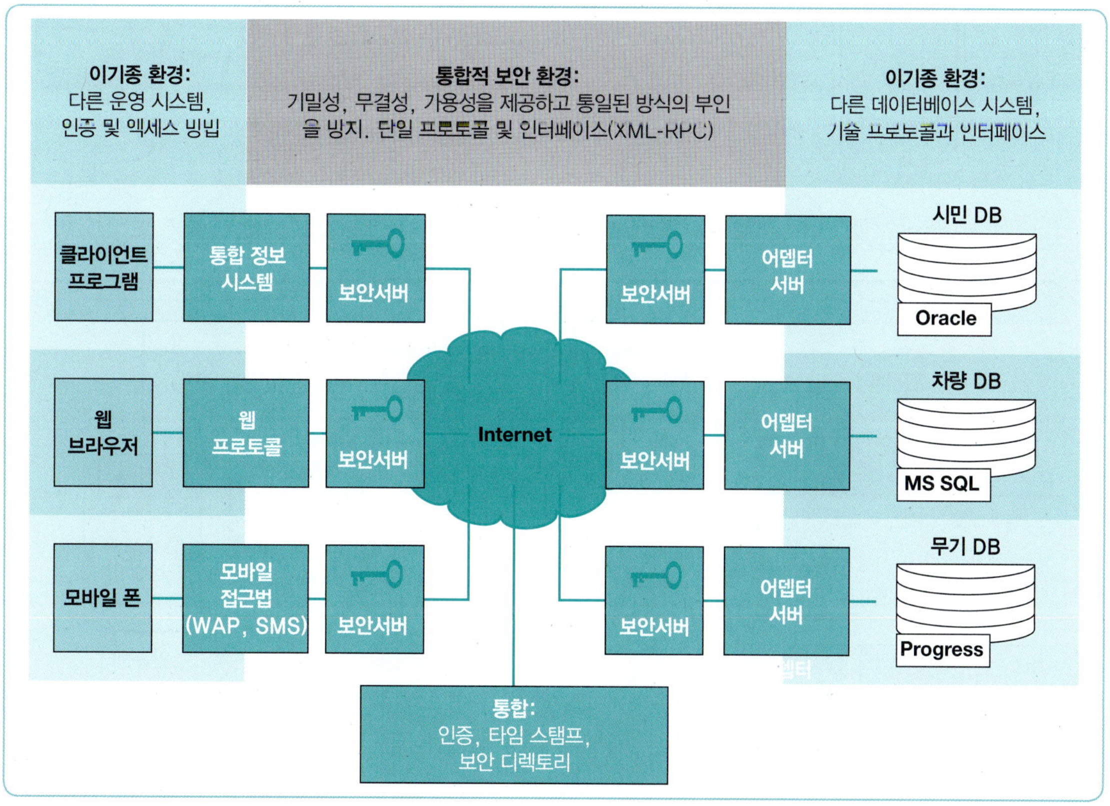

Source: Cybernetica Ltd.

속한 사람들만 사용할 수 있게 하거나 저장된 데이터를 업데이트 할 고유한 권한을 지정할 수 있다. X-Road는 공공 및 기업 부문의 부처 및 데이터 통합을 위한 새로운 서비스를 제공하기도 하는데 평균 1,000~10,000 유로의 가격으로 수주하여 시스템을 개발해준다.

X-Road는 대규모 정부 기관, 법인과 사용자의 데이터를 인터넷에서 검색할 수 있도록 도와준다. 모든 시민은 개인 포털을 통해 이 시스템을 사용할 수 있는데, 포털을 사용하기 위해서는 국가의 주요 상업은행이 인증한 전자 인증 또는 ID Card가 필요하다. 특정 데이터의 소유와 (정보 접근과 사용량 측면에서) 그룹사이의 권리와 책임은 명확하게 법률로 기록되어 있다.

그림 3은 에스토니아 정부 정보 시스템의 개요를 잘 보여주고 있다. 지금까지 X-Road는 (인구 사업자 등록, 차량 운전 면허증, 여권, 토지, 건물, 선박, 의료 보험, 연금 등)69개의 데이터베이스들을 상호 연결하는 역할을 하고 있으며 700개 이상의 전자 서비스를 제공하고 있다. X-Road는 파일럿 시스템일 뿐 아니라 모든 에스토니아의 시민, 공공기관 및 민간 기업을 아우르는 거대한 정보능력을 갖춘 시스템이다. 차후 시스템 확장이 가능하며 에스토니아의 공공 핵심 구조의 근간을 이룬다.

ID CARD

에스토니아 정부는 1997년 전자 서비스 구현에 있어 시간과 비용을 절감하기 위해 국가 ID Card 프로젝트를 시작하였는데 이 카드는 디지털 서명 및 전자증명 등 개인 식별을 돕는 역할을 한다.

2001년 12월 18일 Riigikogu는 ID Card를 신분증으로 강제 전환하였다. 그래서 오늘 날에는 해외여행을 위한 여권만이 유일한 종이문서로 남아 있다.

그림 3 에스토니아의 정보 시스템

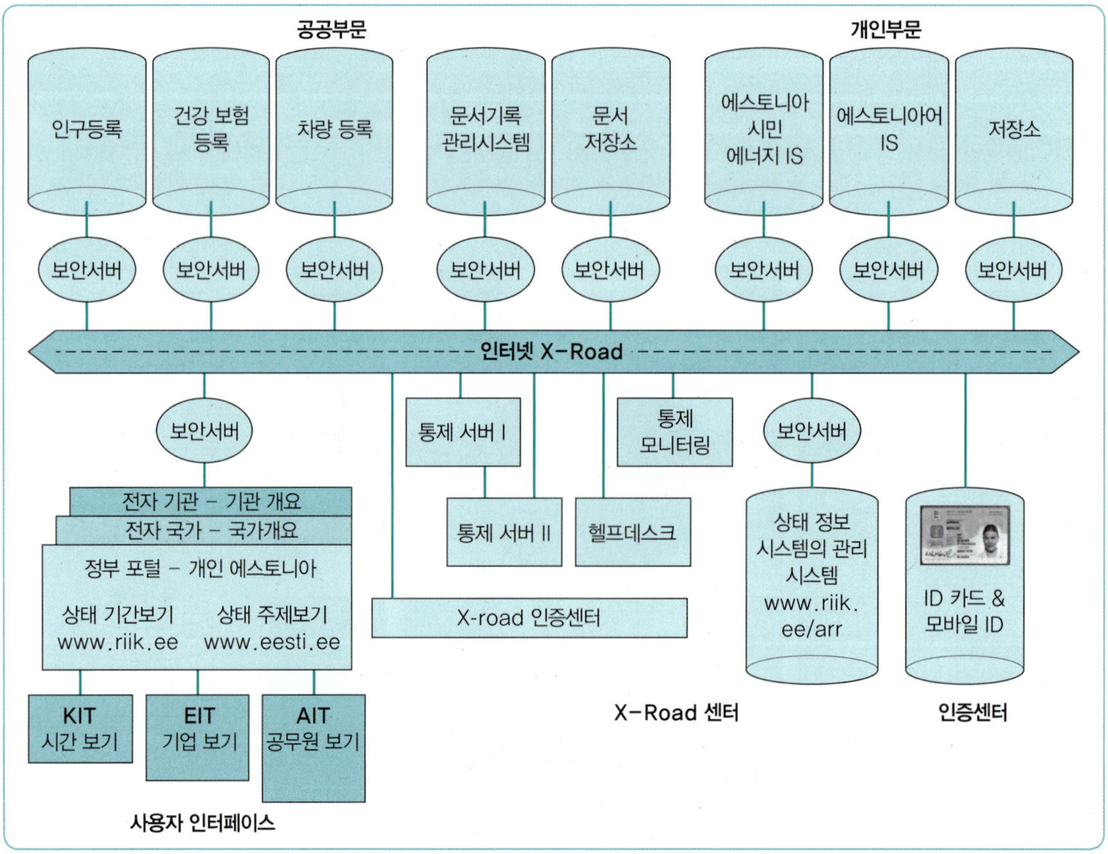

Source: Cybernetica Ltd.

2002년 1월에 발행된 첫 번째 ID 카드는 에스토니아 시민과, 최소 1년 이상 거주가 허가된 외국인에게 발행되었다. 2002년과 2007년 중반 사이에 발급된 카드의 수는 만 명을 넘어 섰으며, 지금은 에스토니아 인구의 80% 이상이 지금의 ID 카드를 보유하고 있다.

ID 카드는 시민 또는 거주자의 식별을 위한 개인정보가 포함되어있다(그림 4 참조).

카드 양면에 사진과 자필 서명을 제외한 데이터들은 특별한 전자 칩에 저장되어 있다. 모든 정보는 정보시스템에 저장되고 카드는 데이터베이스에 접근하기 위한 도구로써 활용된다. 추가적으로 각각의 ID 카드에는 2개의 X.590 증명기능이 있는데 하나는 사용자 인증이며 나머지 하나는 디지털 서명이다. 인증서에 관련된 두 개의 개인정보는 별도의 PIN 코드로 보호되어 있고, 에스토니아의 법률에 따라 카드 분실 시 검증 인증서를 데이터베이스에 접속하여 인증서의 사용이 일시중지 시킬 수 있다. 인증서는 소유자의 이름과 개인 코드(11 자리 국민 ID 코드)를 포함하고 있다. 이름이 중복될 수는 있지만 ID 코드는 각각 다르기 때문에 공공장소뿐만 아니라 민간부분과 개인과 개인 사이에서의 사용이 가능하다. 또한 인증서에는 정부에서 할당해준 이메일 주소가 포함되어있다. 예시: Surname@eesti.ee.

에스토니아 시민 이행위원회(CMB)는 에스토니아의 ID 카드 제도를 관할하고 있지만 프로세스 자체는 CMB와 다음의 두 민간단체 간의 민관 파트너십을 통해 관리되고 있다.

- 인증 센터 주식회사(Legal name AS Sertifitseerimiskeskus, hereinafter 'SK') – 2001년 에스토니아의 주요 은행(한자 은행, 유나이티드 은행)과 통신 기관(에스토니아 전화와 EMT)이 합작하여 설립한 회사인 SK는 ID Card, 디지털 서명 및 에스토니아 PKI 인프라 요소에 관련한 개발을 담당하고 있다. SK는 ID Card의 인증 및 디지털 서명 인증서 발급도 책임지고 있다.

그림 4 에스토니아의 ID 카드와 주요 요소

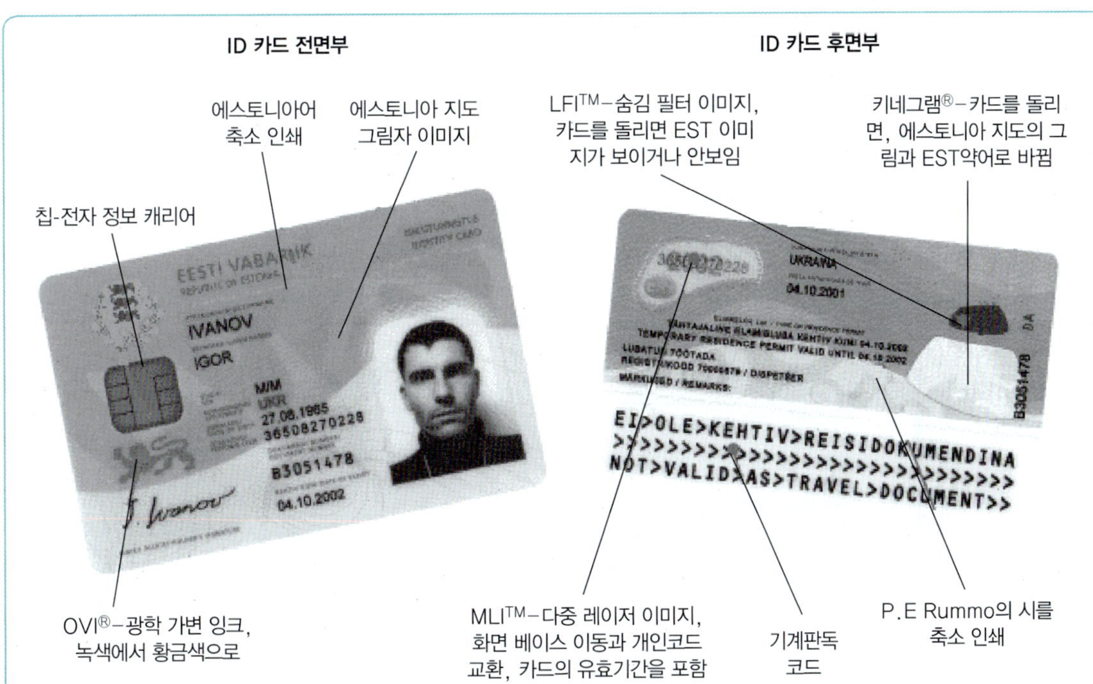

Source: www.id.ee.

- TRUEB Baltic AS – 스위스에 본사를 둔 TRUEB Baltic AS 는 TRUEB financial 금융 기관의 자회사로 ID 카드 제조를 맡고 있다.

SK와 그 파트너들은 DigiDoc라는 안전하고 신뢰할 수 있는 디지털 서명 아키텍처를 개발하였다. DigiDoc은 ETSI의 기술 사양인 TS 101 903에 기초하고 있으며 또한 XAdES이라고도 불린다. 이 프로그램을 통해 디지털 서명의 생성, 처리, 전송 및 검증 가능하며, 파일 암호화 / 복호화가 가능하다.

DigiDoc은 OCSP로부터 응답받은 전자서명의 시간을 포함하고, 사인된 문서를 저장한다(그림 5 참조). OCSP에게 요청을 하여 특정 파트를 다시 수행함으로써 이러한 서명을 만드는데, 이렇게 작성된 문서는 "디지털 서명된 파일을 볼 때 해당 인증서가 유효했다."라는 의미를 포함한다. 에스토니아의 정부 기관들은 디지털 사인된 문서를 사용하는 것이 법적 의무이며 "타임스템프 기능"은 정부기관에 문서를 보내거나, 법정에서 중요한 역할을 수행한다. 2003년 지방법원은 법정 시스템에서 디지털 서명을 사용할 수 있도록 하였다.

DigiDoc은 디지털 서명을 쉽게 하기 위해 기존 응용 프로그램에 통합할 수도 있다. 에스토니아사람들은 ID Card와 DigiDoc을 사용하여 자유로운 형식으로 디지털서명을 주고받을 수 있다. DigiDoc 클라이언트와 DigiDoc Portal은 최종 사용자를 위한 표준 응용 프로그램으로 무료 사용이 가능하다. 이 기술은 에스토니아의 표준으로 자리 잡았고 200만 개 이상의 디지털 서명이 DigiDoc을 통하여 이루어졌다. 또한 민간 부문과 법원, 중앙 정부 및 지방 자치 단체 등 공공 기관 대부분이 이 프로그램을 사용하고 있다.

법인은 조직에서 발행한 인증 및 디지털 서명 인증서가 포함되어 있는 칩, 카드뿐만이 아니라 사용자를 지정하는 단계에서 SK의 '비즈니스 ID' 제품을 사용할 수 있다. 일부 조직에서는 이 제품을 디지털 우표로써 활용되기도 한다. 2007년 5월 모바일 ID 서비스가 시행되었는데 이 서비스는 매우 안전한 식별이 가능하다. 사람과 디지털 문서에 대한 서명이 휴대전화를 통해 가능하게 되면서 거래는 더욱 자유롭게 이루어지게 되었다. 이 서비스는 SIM Card를 전제로 하여 오늘날 대부분의 휴대 전화 모델에서 작동할 수 있다.

디지털 서명의 인증 방법 및 제공 등의 주요한 기능

그림 5 타당성 확인 시트

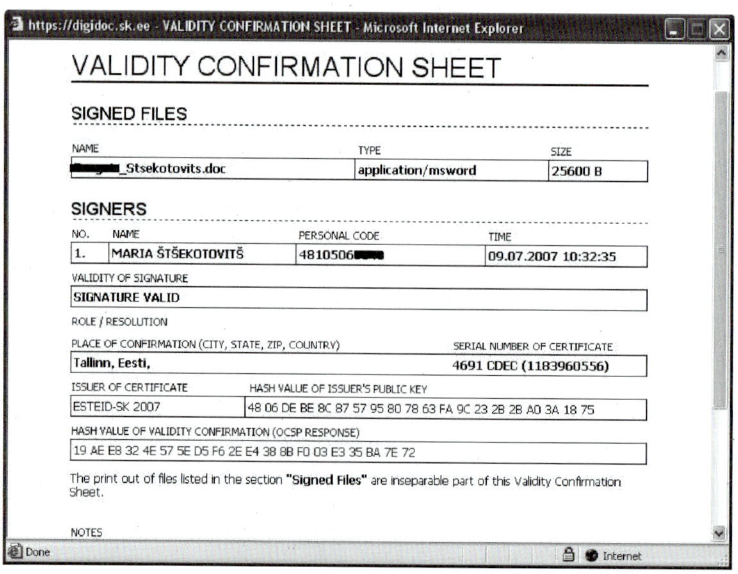
https://digidoc.sk.ee - VALIDITY CONFIRMATION SHEET - Microsoft Internet Explorer

VALIDITY CONFIRMATION SHEET

SIGNED FILES

NAME	TYPE	SIZE
_Stsekotovits.doc	application/msword	25600 B

SIGNERS

NO.	NAME	PERSONAL CODE	TIME
1.	MARIA ŠTŠEKOTOVITŠ	4810506	09.07.2007 10:32:35

VALIDITY OF SIGNATURE
SIGNATURE VALID

ROLE / RESOLUTION

PLACE OF CONFIRMATION (CITY, STATE, ZIP, COUNTRY): Tallinn, Eesti,
SERIAL NUMBER OF CERTIFICATE: 4691 CDEC (1183960556)

ISSUER OF CERTIFICATE: ESTEID-SK 2007
HASH VALUE OF ISSUER'S PUBLIC KEY: 48 06 DE BE 8C 87 57 95 80 78 63 FA 9C 23 2B 2B A0 3A 18 75

HASH VALUE OF VALIDITY CONFIRMATION (OCSP RESPONSE): 19 AE E8 32 4E 57 5E D5 F6 2E E4 38 8B F0 03 E3 35 BA 7E 72

The print out of files listed in the section **"Signed Files"** are inseparable part of this Validity Confirmation Sheet.

NOTES

Done | Internet

Source: Screenshot from digidoc.sk.ee.

이외에, 에스토니아의 시민은 많은 ID Card의 응용 프로그램을 사용할 수 있다.

- (in Tallinn and Tartu) 대중 교통 전자 티켓 구입
- 인구 레지스터에서 자신의 정보 읽기
- 건강 보험 상태 확인
- 전화 요금 확인
- 전자 서명과 메일 암호화
- 드라이버의 권한 확인
- 기타 기능을 Card (암호와 직불 Card)에 통합

ID Card는 매우 안전한 인증 메커니즘이라고 Margus Püüa는 자랑스럽게 설명했다:

> 에스토니아에서는 ID Card와 인구 등록 인증서 사이의 긴밀한 연결고리가 존재한다.

이 인증서를 사용하는 경우 에스토니아는 국가수준으로 그 사람을 보장하는데 이것을 자격 인증서라고 하며 세계에서 몇 안 되는 나라만이 이러한 서비스를 제공하고 있다.

과거, 사람들을 처음 만날 때 서로를 파악하기 위해 우선 만남을 가졌어야 했다. 하지만 인증서를 교환함으로써 서로 어떤 사람인지 파악할 수 있으며 이로써 신뢰감을 형성할 수 있다. ID Card는 식별보증을 제공해 주기 때문에 이를 믿고 신뢰관계를 구축해 나갈 수 있으며 시민들의 참여를 유도하는 해결책으로 발전하는 중이다.

초반의 목적은 개개인이 자신에 관련된 문서를 저장하며, 정부 또한 그들에 대한 데이터를 보유하고 검색할 수 있는 안전한 환경의 개발이었다.

포털은 온라인 서비스에서의 단일 진입점이며, 시민 포털(KIT)은 다음과 같은 3가지 역할을 수행할 수 있다. 포털로 제공되고 있는 개인의 가상오피스는 다양한 시민들의 업무 수행을 돕는다. 또한 정부와 기업 그리고 다른 시민들 간의 소통을 돕는 창구역할을 하기도 한다. 정보시스템과 시민과의 교류는 개인적인 정보시스템(가상사무실)을 통해 이루어진다. 국가정보시스템(또는 시스템에 연결되어있는 기업들)은 시민의 가상사무실과 사무처리 상태를 반영해 보여준다. 간단한 신청으로 여러 애로사항을 해소해주는 서비스 덕분에 에스토니아 국민들은 현실의 사무실을 떠나지 않고도 일을 처리할 수 있게 되었다.

시민들의 IT환경은 다음과 같이 향상되었다.

- **E-Forms.** 400개 이상의 공식 신청서와 약 80개의 문서형식을 제공한다. PDF 형식으로 인쇄할 수 있으며, 온라인으로 직접 작성하여 제출할 수 있다. 또한 CMB에서 발행받은 문서 조건에 따라 새로운 여권을 쉽게 우편으로 받아볼 수 있다.
- **Direct X-Road services.** 국가 데이터와 레지스트리를 포함하여 시민들이 그들의 정보를 스스로 찾아볼 수 있다. 또한 건강보험을 직접적으로 조정할 수 있으며, EU 건강 보험증의 신청과 같은 경우에는 화면 밑의 버튼을 눌러 바로 신청할 수 있다. 사용자의 필요에 따라 거주등록 또는 육아 휴직급여의 신청, 운전면허의 유효성 등을 조정할 수 있다. 학생들은 X-Road 포털의 일부인 입학 정보 시스템(SAIS)에서 입학원서를 제출할 수도 있다. 또한 개인 데이터(국적, 교육, 모국어, 활동 분야) 등을 입력하면 서로 의견을 공유할 수 있는 기능이 있다.

50세인 Anna Ivanova는 X-Road 시스템을 사용하여 활발히 의견을 공유하고 있다:

> 지금 소유하고 있는 자동차의 종류, 자식의 수, 출신국가, 그리고 지금 거주하고 있는 아파트 등 중요한 정보가 한곳에 저장되어 있기 때문에 이러한 일이 가능하다고 생각한다. 개인데이터가 악용되지 않는다면 데이터가 어떻게 사용되는지 확인할 수 있어 좋은 아이디어라고 생각한다.

- **디지털 서명환경.** 디지털 서명 환경은 매우 실용적이라고 Raini Ots, Tallinn는 이야기하였다.

> 법원에서 일하는 사람으로서 절차에 따라 모든 기한을 엄수하는 것은 매우 중요한데 이 서비스를 통해 도시 외각에서도 ID Card로 가상사무실에 로그인한 후 디지털 서명문서를 업로드 하는 방식으로 고객의 항소장을 법원에 제출할 수 있게 되었다. 또한 디지털 서명된 문서를 수신하거나 11자리 개인코드를 입력하여 문서를

전송할 수도 있다.

- **위치기반 서비스.** 시민들은 시스템을 활용하여 정부 기관 및 민간기업의 정보를 검색할 수 있다. 그 예로 에스토니아 에너지 주식회사는 계획적인 전력공급 중단에 대한 정보를 미리 공시하며, 시 당국은 재공사 또는 복구를 위한 폐쇄 도로 정보와, 대중교통 노선변경에 대해 게시한다.
- **알림.** 긴급 경보에서 차량의 면허갱신 통지에 이르기까지 시민들은 문자 메시지(SMS)를 받아볼 수 있다. MargusPüüa의 말에 따르면 학생들에게 가장 인기 있는 서비스 중 하나는 알림 서비스라고 한다. 3년간 진행된 서비스로 스토니아의 학생들은 시민 포털에서 국가시험의 결과를 확인할 수 있고, 이메일과 SMS로 결과 보고서를 받아볼 수도 있다. 올해 전체학생의 80%가 이 서비스를 사용하고 있는 걸로 집계되었다.
- **공식 메일 주소.** 공식 주소(Forename.Surname@eesti.ee)는 변하지 않는 반영구적인 주소이며, 국민과 정부 사이의 주요 소통 채널이다. 시민들은 전자메일 계정에 들어오는 메시지와 시스템을 설정할 수 있다.
- **선거 정보.** 시민들은 선거투표소에 가지 않고도 전자투표공간에 접속하여 선거 시간 중 투표를 할 수 있다.

시민 포털은 주로 에스토니아의 상업 은행의 인터넷 응용프로그램과 연결되어 있기 때문에 일반적으로 2시간 이내 발생하는 세금과 송금 등의 특정서비스에 대해 지불을 할 수 있다. 시민포털에 액세스 하기 위해선 ID Card 또는 전자뱅킹 핀이 필요하지만, 디지털 문서의 서명은 ID Card를 통해서만 이루어진다. 시민과 에스토니아에 거주하는 외국인은 인구 레지스터에 보관된 데이터를 기반으로 시민의 포털을 운영하고 있다.

Entrepreneur portal(EIT)은 상업 등록을 기반으로 하여 비즈니스 이용자의 거래 서비스를 돕는 프로그램이다. EIT는 2005년부터 개발되었는데 현재 가장 인기 있는 서비스는 알코올 판매 허가 응용 프로그램이다.

에스토니아의 시민들은 '가상 사무실' 이외에 별도의 승인을 필요로 하지 않는 정보포털들을 사용할 수 있다. **정부 포털**(www.riik.ee)은 몇몇의 부서들을 통합하여 포함하고 있는데 시민과 비즈니스 이용자에게 제공되는 유일한 접근 지점으로서 국가기관의 기능과 공개된 정보를 제공한다. X-Road를 활용한 포털의 목표는 지리 정보 시스템 및 모바일 솔루션을 기반의 정보와 서비스를 제공하는 것이다.

정보 포털(www.eesti.ee)은 국가 기관의 대처 요령 이외에, 에스토니아에 사는 사람들의 권리와 의무에 대한 실질적인 정보를 제공하고 있다. 법적 도움을 받을 수 있는 소비자의 권리와 일과 기업과의 권리에 대한 주제를 다루고 있는 이 포털은 관련된 양식과 법적 행위의 출처를 제공함과 동시에 문제해결에 유용한 링크와 웹페이지를 게시해 두었다.

또한 포털은 (성별, 아이, 소년, 중년층, 노인, 또는 특별한 요구를 가진 개인인지의 여부에 따라)시민의 생애주기에 관련된 콘텐츠를 제공한다고 MargusPüüa는 말했다.

> E-서비스는 시민들의 참여를 도모할 수 있는 유일한 방법이기 때문에 문제를 해결할 수 있어야 한다.

다른 기관과의 협력을 통해 통합된 전자 서비스의 예로는 육아 휴직 급여가 있다.

> 몇 년 전만 해도 육아 휴직 수당을 받기 위해서는 5개의 기관에 직접 들러야 했었다. 총 18개의 데이터들은 5개의 정보시스템에 합산된 후 마지막으로 처리되었었는데 오늘날에는 단 3분 만에 하나의 마우스 클릭으로 해결할 수 있게 되었다.

육아휴직급여 서비스 같은 경우에는 정보 시스템과, 사회보험위원회, 인구레지스터 등록, 건강보험 기금, 세금 및 세관 정보 시스템 등 5개의 기관과 실시간 상호작용 통해 진행된다. 이런 자동화된 시스템은 시간과 돈을 절약할 수 있다. 또 통합된 전자정부 시스템에서 가장 인기 있는 기능으로는 휴대전화 비용 지불서비스와 시험결과를 알려주는 문자 발송 등이 있다.

초기 2007년에 도입되어 인기를 끌고 있는 또 다른 통합 전자 서비스로는 온라인 사업자 등록이 있다. 예전에는 적어도 자본금이 2,555유로 이상이며 새롭게 사업을 시작하는 자영업자와 같은 민간회사만이 등록할 수 있도록 제한되었었다. 사용자는 새로운 회사의 데이터를 시스템에 입력하고 디지털 서명을 사용하여 관세를 지불한 다음 전자 뱅킹을 사용하여 자본을 공유하면 된다. 이후 레지스터 및 정보 시스템 센터(RIK)에 온라인 신청서를 제출하면 최소 12분 이내, 또는 늦어도 다음 영업일까지는 등록이 완료된다.

에스토니아 공공 부문의 모범 사례

에스토니아는 세계에서 가장 작은 나라 중에 하나인데 관리상의 부담을 덜기 위해 효율성 제고와 최적화에 힘써왔다. 온라인 솔루션은 정부와 국민들을 가깝게 할 수 있는 절호의 기회인데 에스토니아는 비교적 짧은 시간 안에 인상적인 전자 정부 시스템을 개발해내었다.

전자 내각

> 에스토니아는 지구상에서 제일가는 최첨단 전자내각 가지고 있다. 이 내각은 단지 근사하고 멋질 뿐만 아니라 효율성 촉진을 통해 비용도 절감할 수 있다.
>
> (*뉴스위크* 2002년 3월 11일)

2000년 8월, 에스토니아 정부는 각료들이 ID Card로 업무를 수월하게 진행할 수 있도록 정교한 PC 단말기와 무선키보드로 내각 미팅 룸을 갖추었다(그림 6 참조). 공식 문서의 디지털 서명 사용과 함께, 이 새로운 전자 환경은 종이 서류가 필요 없다. 각료는 그들의 초안 법안과 규정에 의견과 제안을 첨부하면서 온라인 투표를 진행함으로써 하루 종일 걸리던 진행 시간을 절반 정도로 감축시켰다. 별도의 보관이 필요했던 임원회 공식기록은 더 이상 종이로 인쇄하여 보관하지 않지만 국민들은 정부 웹사이트를 통해 다운로드 받을 수 있다. 또한 (Stenbock 하우스에서 매주 목요일 정오에 열리는)총리의 기자회견은 인터넷을 통해 실시간으로 접할 수 있으며 시민들은 라이브 또는 언제든지 그 내용을 확인할 수 있다. 새로운 Web 기반 문서 시스템은 국무회의 준비 과정과 절차를 자동화하였으며 장소에 제약 없이 각료들이 회의에 참석할 수 있도록 돕는다.

주 총리는 말했다. 전자내각 시스템은 각료들의 의사결정을 훨씬 더 투명하게 만든다. 프로젝트에 대한 총 투자금액은 20만 유로였지만 이 시스템을 사용함으로써 연간 19만 2,000유로가 절약되고 있다. 이 기술을 통해 공무원들은 종이 없는 업무환경에서 과업을 수행할 수 있게 되었으며, 그 결과 국민들은 필요한 업무 행정을 공무원을 거치지 않고 직접 처리할 수 있게 되었다.

전자 민주주의

2001년 6월 내각 총리대신 Mart Laar's의 책임 하에 정부는 'Today I Decide'(TOM, or '*Täna Otsustan Mina*')라는 직접 민주제 포털제작을 추진하였다. 이 프로젝트의 목적은 다양한 사람들의 의견을 취합해 정부의 행정에 영향을 미칠 수 있는 도구를 제작하는 것이었다. ICT와 인터넷을 통해 사용 가능하며 에스토니아와 국민 또는 주민들 사이에서의 의견을 이끌어내기 위한 첫 번째 시도였다. 에스토니아의 외무장관인 Kristiina Ojuland는 에스토니아의 민주주의를 꽃피우는 시발점은 TOM일 것이라고 이야기하였다.

> TOM은 누구든지 정부에게 하고 싶은 말을 쓸 수 있도록 설계되었다. 각 부처는 그들의 문제점들을 국민의 제안을 통해 알 수 있지만 엉뚱한 투고들도 종종 있는 등 부정적인 측면도 존재한다.

TOM 포털은 에스토니아 법률에 수많은 변화를 주

그림 6 전자 내각 회의

Source: The State Chancellery.

도하고 있다. 2001년부터 2004년까지 IT 고문으로 내각총리대신에 재직한 Tex Vertmann이 말했다.

> 의회는 국민의식에 반하는 무기 법률을 제정하였다. 학생과 시위참가자들이 더 이상 칼이나 총을 휴대할 수 없게 되었는데, 이에 반대하여 시위 참가자들과 학생 사교 클럽의 멤버들이 길거리로 나와 자신의 무기를 휴대를 촉구하는 시위를 진행하였다. 하지만 이 사안은 이미 법률로 제정된 것이어서 요구는 기각되었다.

2007년 4월 TOM은 6,800명의 회원을 보유하고 있었으며 방문자의 수는 그보다 훨씬 더 많았었다. 하지만 TOM은 도입 이후 초기설계단계의 단점과 정부의 리더십 변화, 그리고 정치적 관심의 부족으로 점점 인기를 잃어가는 중이다. MargusPüüa는 TOM은 재미있는 아이디어이지만 시민들은 법을 만드는 데 있어 다른 역할을 해야 한다고 생각한다:

> 시민들이 법 제정에 참여하고자 하는 접근방법이 달라야 한다고 생각한다. 정치인들은 그들의 생각과 질문들을 끊임없이 시민들에게 물어봐야 한다. 하지만 TOM은 아직 이러한 기능을 수행할 정도는 아닌 것 같다.

전자 투표

> 많은 국가의 전자정부는 허상에 가깝다. 그러나 발트해에 있는 작은 국가 에스토니아에서는 실시간 민주주의가 실현되고 있다.
>
> (**클라크 보이드**, BBC 뉴스)

2005년 10월 전국 시정부 선거 당시 에스토니아는 전 국민이 인터넷에서 투표를 할 수 있는 세계 최초의 국가가 되었다. 시민들은 투표 시간 내에 자신이 투표하였던 결과를 바꾸어 재투표하는 것이 가능하며, 앞으로 예정된 선거일의 투표를 미리 할 수도 있다. 에스토니아의 국가 선거 위원회의 사무국 회원인 Arne Koitmäe는 이렇게 말하였다:

전자투표는 국민들의 투표 참여를 높이는 것을 목표한다. 전자 투표의 참가 여부를 관리하지는 않지만 국민들에게 또 다른 책임감을 심어준다. 전자투표는 투표자의 (ID Card 포함)안전 인증 후 가능하다. 웹사이트에 인증 후 암호화된 시스템을 통해 투표결과와 디지털 서명을 함께 첨부해 전송함으로써 투표권을 행사할 수 있다. 전자 투표 시스템은 종이투표의 모든 특징들을 포함하고 있다(그림 7 참조). 이전 세대들은 전자투표에 대해 회의적이지만, Liisa Lumiste와 같은 젊은 사람들은 열렬히 지지하고 있다.

전자투표는 매우 실용적이고 편리하다. 가장 중요한 것은 '어떻게'가 아니라 '어디서' 당신의 표를 행사할 수 있는가이다.

2005년 지방선거의 전자투표수는 총 투표수 중 9,287표였는데, 이는 전체 7%중 1%를 차지하는 수치였다. 상대적 낮은 비율이였지만 시스템 및 절차/보안 문제가 거의 없어 성공적으로 투표가 치러졌다. 그 후 2007년 3월의 의회 선거 때에는 94만의 에스토니아 유권자중의 3.4%가 전자투표로 표결하게 된다.

representative of e-Estonia인 Peeter Marvet은 말했다:

> 온라인 투표는 관리를 촉진하기 위한 수단일 뿐 민주주의의 본질을 변모시키지 않는다. 역설적일지도 모르겠지만 전통적인 민주주의의 부재를 시대에 걸맞게 진보할 수 있는 기회일지도 모른다. 나의 신념은 다른 사람과 공유되며, 새로운 기술들은 공공 영역의 투명성에 기여해 지금보다 더욱 민주적인 사회가 될 수 있을 것이다.

RISO의 MargusPüüa는 지방행정에서도 전자투표 메커니즘을 활용할 수 있다고 생각한다.

> 지방에서는 빠르고 저렴하게 모두의 의견을 알 수 있다. 시민들은 국가 수준의 일보다 그들의 유치원, 학교, 이웃, 식료품점, 그리고 집안에서 무엇이 일어나는가에 대해 관심이 더 많다. 그래서 시민들은 항상 자신의 주위에서 일어나는 일들을 알고자 하며, 의견을 표현하고자 하는 욕구가 존재한다.

e-Tax Board

세무 · 세관위원회(TCB)의 이사회는 2000년 정부는 e-Tax라는 시스템을 국민들에게 제공하기 시작했다. 시간이 경과함에 따라 전자 세금위원회의 서비스는 시민들에게 가장 인기 있는 전자 솔루션으로 입지를 다질 수 있었다. 2007년에는 개인 소득세 신고의 86%가 인터넷 응용프로그램을 통하여 수납되었다.

건설회사 Tallinn에 재직 중인 Priit Rebane씨는 전자 세금시스템 도입 후 세금 내는 것이 매우 편리해졌다고 이야기한다:

> 예전에는 세금을 내러 가기 위해 직장상사로부터 양해를 구해야만 했다. 오후 5시까지 운영되는 창구 앞에는 항상 수백 명의 사람들이 줄을 서있었고, 세무 컨설턴트와 이야기하기 위해선 적어도 몇 시간을 기다려야 했기 때문이다. 세금을 환급받기 위해 급여 및 사회 세금 출처와 수십 개의 문서들을 보여야 했고, 환급금은 몇 달 후에나 들어왔다. 지금은 e-Tax Board를 통해 전체 프로세스를 단 몇 분 만에 끝낼 수 있으며, 은행 인증서 및 ID Card로 로그인하면 월급과 사회세금, 연금공제, 실업보험 등의 메인 목차가 이미 시스템에 입력되어 있다. 또한 추가적으로 아들의 교육비를 지불해야 할 때는 지불을 위한 정보를 기입한 후 전송 버튼을 누르기만 하면 된다.

전자 세금위원회의 주요서비스는 다음과 같다.

- 개인 소득세 신고, 세금 독촉장, 민간인에 대한 사회적인 세금 균형
- 소득세 및 사회 세금 신고, 부가가치세(VAT) 반환, 법인에 대한 부가가치세 환급 청구
- 세액 결정, 세금의 균형과 계산, 요청 및 응용 프로그램 및 세금 채무 정보제공

e-services의 확장은 e-Tax Board 인기상승에 중요한 역할을 하였다. 더 많은 정보를 요구했던 세금프로세스를 간소화하고 빠른 서비스를 제공하였고 자동 체크단계를 추가하였다. 또한 이 시스템은 5일 이내의 세금환급을 가능하게 하였다. TCB는 EU공통의 시스템을 갖춰 기업들의 상호 운용성을 보장하기 위해 유럽의 위원회와 협력하여 관세와 소비세를 위한 전자 어플리케이션(전자 세관이라 불리는)을 개발하였다. 2006년 5월 세관 신고 처리를 위해 TCB를 도입하였고, 5개월 후 기업의 세관 신고는 100% 온라인을 통해 제출되었다. 에스토니아의 납세자들은 안정적이고도 혁신적인 시스템중의 하나로 TCB를 꼽는다. 어플리케이션의 개발을 위해 15만 유로를 투자하였지만 이후 TCB는 상당한 시간과 비용을 절감하고 있다. 2007년에는 수작업으로 통상 6개월 걸릴 45만 5,000건의 개인 소득세 전자 환급을 135일 단축시켰다.

서비스 담당자인 Dimitri Jegorov 부국장은 이렇게 말하였다:

에스토니아는 세계적으로 전자 세무환급이나 세관신고에 있어 선도국가이다.

보안 및 개인 정보 보호 문제

에스토니아의 전자 정부 보안 및 개인 정보 보호는 (법률제정과 표준에 대한 기준 제정, 데이터베이스 서비스에 대한 보안과 절차 등) 국가가 제공하는 것에만 의존해왔었다.

이에 정부는 안전한 전자 서비스를 제공하여 온라인 사용자와의 신뢰관계를 구축하고, 계발된 ICT 기술과 응용 프로그램을 테스트하기 위한 새로운 방법들을 고안할 필요가 있었다. Kristiina Ojuland 외무 장관은 말했다:

> 우리는 해커를 고용해 전자투표시스템을 테스트하곤 한다. 또한 시스템 보안을 위해 사용자가 외부의 위험으로부터 자신의 PC를 안전하게 보호할 수 있도록 한다.

Margus Püüa는 말했다:

> 방화벽이나 바이러스 백신 프로그램을 사용하는 사람들의 수가 증가하고 있지만, 아직 그 수가 많지 않다. 또한 많은 사람들이 자신의 암호설정에 있어 부주의한 것이 사실이다. 피싱은 개인 정보를 훔치는 [해커]들의 여러 방법 중 하나라는 것을 명심해야 한다.

2006년부터 정부는 온라인 쇼핑을 진행할 때 사이버 범죄자들로부터 컴퓨터를 보호하고, 인터넷 사기를 방지하기위한 특별한 웹사이트를 개설하여 제공하였다.

이것은 경제통신부와 에스토니아에서 가장 큰 은행 통신 사업자가 협력해 만든 "2009년 컴퓨터 보호(Computer Protection 2009)"라는 첫 번째 프로젝트이다.

Look@World 기금에 의해 수행되었던 사업은 2009년까지 세계에서 가장 안전한 정보화 사회를 만드는 것을 목표로 하고 있다. 이에 따라 정부는 전자 서비스 이용을 위한 안전한 ID Card 기반의 인증과 몇 개

의 하위프로젝트를 추진하였다.

지난 몇 년간, 에스토니아는 전자 서비스를 위한 "테스트 사이트"였다. 일부 IT 기업들은 다른 나라에서 서비스를 시행하기 전에, 에스토니아에서 시험적으로 자사 제품을 사용해 보곤 한다. Margus Püüa는 설명하였다. 에스토니아에서는 모든 것을 테스트해볼 수 있다.(나쁜 목적을 가지고도 말이다.) 실험에 성공한다면 다른 곳에서도 작동할 것이기 때문에 대부분의 사이버 공격은 에스토니아에서 테스트되고 있다! 정부는 2006년 5월 CERT Estonia를 출시하여 개인 정보 보호 및 네트워크 보안을 강화하고 있다. 이 장치는 사용자의 보안 인식 수준을 높이고, 네트워크 보안 사고로 인한 피해 최소화와 예방을 목표로 한다.

2007년 4월 일련의 DDoS 공격은 에스토니아에서 중요한 대통령 웹 사이트, 의회, 정부 부처, 정당 등의 컴퓨터뿐만 아니라 은행, 언론사, 통신사들의 시스템을 파괴하였다. 정부는 긴급 조치로 외부와 정부 웹 사이트의 접근을 차단하였는데, 이러한 조치는 거대한 경제적 손실을 포함한 심각한 결과를 불러일으켰다. 전문가들은 3주간의 전례 없었던 피해를 통해 중요한 교훈들을 얻게 된다. 이 사태 이후 사이버 방어전에서 우수한 협력 센터를 설립하여 사이버 테러리즘의 법적 문제를 다루고 있다.

직면한 과제와 대책

에스토니아 정부는 통합된 전자 서비스를 만들기 위해 몇 가지 난관을 극복하였다. 기본적인 전자 정부 인프라 개발을 위한 주요과제는 정보 시스템, 레지스트리 및 인터페이스의 상호 운용성 보장하여 시민, 기업 및 기타 조직 서비스를 단일 포털로 통합하는 것이었다. 또 하나의 주요 과제는 ID Card 이용의 촉진이었다. 이미 ID Card를 보유하고 있는 95만 명의 시민들 중 60,000명의 시민만이 모바일 인증에 ID Card를 활용하고 있었다. 그렇기에 정부는 ID Card의 광범위한 사용을 위해 ID Card가 사람들의 습관 속에 녹아들 수 있도록 노력하였다. 또한 다른 나라와의 디지털 서명 표준 조율과, 범 유럽 정보 시스템과 X-Road와의 상호 운용성을 확보하는 것이 큰 과제로 떠오르고 있다. 2004년 주 및 지방 정부 기관과 민간부문 IT 전문가의 도움으로 '정부의 IT 구조와 상호 운용성을 갖춘 프레임워크'를 정교히 하였고, 프레임 워크 정책과 사양을 준수하기 위한 지침을 정의하였다. 조직 간의 계약이나 기술적인 상호 운용성 외의 (데이터 교환을 위해 다른 시스템과의 상호 작동을 원활하게 하는)주요 관심 영역은 의미론적 상호 운용성이 있다.

후자가 의미하는 IS 기능은 다른 응용프로그램임에도 불구하고 자신의 다양한 소프트웨어 시스템을 응용하여 수신된 데이터의 문맥을 읽어 적절하게 사용하는 것을 뜻한다. RISO는 이러한 문제점 해결과 데이터 식별을 용이하게 하기 위해 의미론적 저장소 생성에 초점을 맞추었다. 정부는 ID Card의 보편화된 사용 환경을 조성하기 위해 PKI에게 주요 인증 기술 방법을 고안하게 하는 등(예: 암호 기반 Card) 단계적으로 여러 사업을 진행하였다. 이 사업은 인터넷 기반의 의회 선거, 온라인 세금 신고 및 ID Card를 사용하지 않는 사람들을 위한 온라인 송금 금액의 축소 등을 포함하고 있다. 'Computer Protection 2009' 프로젝트는 Card 리더의 가격을 5유로로 낮춰 유통하였고, 무상으로 전자뱅킹응용시스템을 사용할 수 있도록 하였다. 프로젝트가 시행된 이래 2007년 ID Card의 이용자수는 목표로 삼았던 10만 명의 2배로 늘어났고, 2009년까지 40만 명의 Mobile-ID 이용자를 확보하는 것이 목표이다. 에스토니아는 현재 다른 유럽 정부와의 디지털 서명을 표준화하고, 국경 및 조직의 상호 운용성을 달성하기 위한 여러 시스템을 관리하고 있다. 2003년에는 에스토니아와 핀란드의 디지털-문서 법적 구속력에 관한 합의에 도달하였다. 2007년 균일화된 전자 인승시스템의 기준을 마련하기 위해 인접한 라트비아, 라투아니아와 함께 대형은행, 통신사업자, 인증 서비스 공급을 위한 the Baltic WPKII를 설립하였다. 유럽 연합(EU)은 회원국들의 정부와 기업 애플리케이션 사이에서의 디지털 ID 예의주시하고 있으며, 국경 없는 디지털 서명 문서의 사용을 위한 표준을 조율하고 있는 중이다.

에스토니아 정부는 X-Road사업을 전개하고 있으며 범 유럽 정보 시스템과 X-Road를 통합하는 것을 목표로 삼고 있다. 이 목적을 달성하기 위해 에스토니아는 IDA eLink, GUIDE, Electronic Exchange of Social Security Information (EESSI), Schengen Information System과 같은 일부 시범 사업에 참여하고 있다.

향후 전망

2006년, 에스토니아 정부는 2007~13년을 위한 새로운 개발 계획을 승인하였다. 이 계획은 IT기술을 활용해 종이 없는 행정을 제공함으로써 시민들의 삶의 질을 향상시키고, 참여를 확대하고자 한다. 또한 "원 스톱" 개념을 도입해 시민과 기업을 위한 공공 부문의 전자 서비스의 개발과 접근을 돕기 위한 별도의 서비스 공간 개발을 목표로 하였다.

Margus Püüa는 국민들의 사회적 행복을 증진시키기 위해서는 IT를 활용한 인터넷 연결이나 각종 전자 서비스의 개발뿐만이 아니라 새로운 기술력을 갖춘 프로세스와 업무절차를 수립해야 한다고 말하였다. 또한 MargusPüüa는 가장 큰 문제로 새로운 기술 응용프로그램의 구현이 아니라, 이것을 둘러싼 법적 규제라고 하였다.

Margus는 향후 기존의 X-Road와 공공 전자 서비스 제공의 새로운 접근법인 PKI 인프라의 중요성을 인식해야 한다고 말했다:

> 전자정부 2.0에서는 공무원에게 작성된 여러 문서와, 출처들을 제출했어야 하는 번거로움을 해결하는 것이 목표였다. 전자정부 3.0에서는 공무원에게 갈 필요 없이 인터넷으로 전자 서비스에 접속해 문제를 스스로 해결할 수 있게 될 것이다.

CASE STUDY 12

튀니지의 ICT
지식 기반 경제를 구축하기 위한 전략적 도구

정보 통신 기술(ICT)은 세계화와 시장 규제완화라는 조건하에서 경제 개발의 도구로 사용될 수 있다. 튀니지 정부는 이를 국가 개발 계획의 핵심으로 삼았는데 ICT기술을 급변하는 경제 상황 속에서 새로운 부가가치를 생산할 수 있는 원동력으로 간주한 것이었다.

튀니지는 국가 전략으로 ICT를 구현하고자 하는 최초의 아프리카 국가이다:

1 국가 전체 통신 인프라 현대화.
2 민간 부문 지원과 기업의 경쟁력 강화를 위한 디지털 경제 규제 수립.
3 교육, 훈련, 연구 기관의 재편을 통한 인재개발.
4 ICT 분야의 국제 협력 및 파트너십 강화.

2002년부터 통신 분야의 규제가 완화되어 국가 통신 기관을 만들고 전자 서명 및 전자 문서 교환 시스템을 공공부문에 사용하였다. 튀니지는 1998년 세계 정보 사회 정상 회의(WSIS)를 튀니지에서 개최할 것을 유엔에 제안하였고, 두 번째로 개최된 2005년 세계 정보 사회 정상 회의에서 국가 경제와 사회 발전에서 ICT의 역할을 강조하였다. (1) 테크노 파크를 중심으로 한 다양한 부분의 교육, 연구, 민간 부문 간의 시너지 강화 (2) 기업들의 ICT 이용을 촉진시키고, 경제적으로 저렴하게 업데이트할 수 있는 프로그램을 국가주도로 제작

1 튀니지의 ICT 전략과 지식 기반 경제 구축에 대한 개요를 설명한다.
2 튀니지의 ICT 성장과 경쟁 도구로서의 역할을 강조하고 있다.
3 정부 주도의 디지털 문화 생성방법과, ICT 액세스 제공, 그리고 ICT 개발을 위한 신뢰할 수 있는 환경 구축에 대한 방법을 설명한다.
4 지식 기반 경제의 구축을 위한 교육 및 테크노파크의 중요성을 논의하고자 한다.
5 이 사례를 통해 도전적인 ICT의 전략들과, 미래 ICT에 대한 전망을 튀니지의 경험을 통해 배울 수 있다.

ICT: 튀니지 성장과 경쟁력의 강력한 도구

지식 기반 경제의 육성을 위한 ICT의 중요성은 해마다 강조되어 왔다. 지난 몇 년간 기업의 지식 관련한 예산은 매년 증가하는 추세인데 이는 경제적인 측면에서의

Professor Tawfik Jelassi, Dean of the School of International Management at the Ecole Nationale des Ponts et Chaussées (Paris) prepared this case study as a basis for class discussion rather than to illustrate either effective or ineffective handling of a business situation.

ICT의 공헌을 잘 보여주고 있다. 1997~2005년간 지식 경제 지수는 기업의 ICT 사용으로 인해 연간 4.3%의 성장률 기록하였다. (연평균 성장률은 약 9%) 기업의 ICT의 활용은 비즈니스 프로세스의 통합과 시장 경쟁력 강화를 돕는다.

튀니지의 정책과 활동 결과 국가 GDP의 ICT 부문 점유율은 1997년 2.6%에서 2008년 10%로 성장하였고, 2011년에는 13.5% 성장할 것으로 예상된다. 튀니지의 성과가 반영된 긍정적인 평가로는 2009~2010 네트워크 준비 지수(NRI)가 매긴 세계랭킹 39위, 북아프리카 랭킹 1위 등이 있다. 2001년에서 2008년 사이에 ICT 부문에 대한 투자는 연간 8.1% 증가하고 있는데 지난 3년간 sectorwide 부분에 있어서는 15% 증가하였고, ICT 관련 활동에 26.6%가 증가하였다. 정부의 ICT 벤처 설립을 위한 인센티브 지급은 연평균 400개의 개인 기업 설립과 디지털 문화 창출로 이어지고 있다.

2007년, 튀니지는 아프리카에서 네 번째로 ICT와 ICT 지원 서비스를 수출하였는데 수입은 4억 9,600만 달러 수출은 5억 7,200만 달러를 기록했다.

기업은 내부 효율과 전반적인 효율성을 높이기 위해 온라인 서비스를 사용하고 있다. 이는 정부와 기타 기관에서 제공하는 것으로, 기업은 사업 활동에 ICT를 통합하고 있다. 이러한 서비스를 위해 2007년 튀니지 기업의 80%가 인터넷에 연결되었고, 2008년에는 88%, 2009년에는 90%가 연결되었다. 또한 조사 대상 기업의 47%가 자신의 웹 사이트를 가지고 있는 것으로 집계되었으며, 2007년에는 32% 2008년에는 37%로 증가하였다.

2009년 튀니지 연구소가 진행한 경쟁력/질적 연구에 따르면 ICT 부문에서 공업 기업(42%)에 비해 은행, 보험, 관광 서비스 기업의 54%가 자신의 웹 사이트를 가지고 있는 것으로 조사되었다. 이러한 증가 추세는 그 어느 때보다 온라인 서비스에 대한 중요성이 강조되고 있는 현실과 ICT를 활용하고자 하는 최고경영진의 의지를 잘 나타내고 있다(BOX 1 참조).

디지털 문화 만들기

이 단락에서는 전국에 디지털 문화를 창조하기 위해 실시하였던 방안들을 설명하고자 한다. 정부는 모두를 위한 ICT 액세스 방법을 강구하였고 최첨단의 ICT 인프라를 구축함과 동시에 ICT 개발을 위한 신뢰할 수 있는 환경을 만드는 데 초점을 두었다.

모두를 위한 ICT 접근

튀니지는 정보 사회 구축에서의 ICT의 중요성을 인식하고, 성별과 지역을 뛰어넘어 국민 모두가 사용할 수 있도록 전략을 시행하고 있다. 모두에게 공평한 디지털 기회를 제공하기위해 다음과 같은 노력이 이루어지고 있다:

- (CRIPE로 알려진)어린이를 위한 전국 IT 센터와 지역 센터를 확립하여 전국의 5~15세 어린이 교육을 실시한다. 또한 특별한 도움을 필요로 하는 장애아동을 위해 각 CIPEH(Centre d'Informatique pour Enfants Handicapés)와 IT 센터를 설립하였다.
- 틈새시장에 초점을 맞추어 영세 기업까지 공략한 결과, 유치원 활동을 위한 보조 교재로도 사용되고 있나.
- 초등학교와 고등학교 그리고 대학교까지 모든 고등교육기관과 인터넷을 연결하였다.
- 대학 도서관과 커뮤니티 아트센터(209곳 중 161곳), 시립도서관(318곳 중 203곳), 청소년 클럽(296곳 중 294곳)이 인터넷에 연결되었다.
- 전국 공공 인터넷 접속 센터의 커뮤니티인 아트센터(209곳 중 79곳)를 통해 컴퓨터와 멀티미디어에 대한 창의력을 향상시킨다.
- 농촌지역 젊은 사용자들을 타겟으로 한 교육도구, 게임 등이 구비된 모바일 컴퓨터 실험실 버스를 활용하여 ICT 접근성을 늘린다.
- 가정용 PC의 보급률을 향상시키기. 튀니지 컴퓨터의 수는 2004년 47만 2,000대에서 2008년에는 99만 7,000대로 증가하고 있는데, 이러한 성장의 원인

BOX 1

기업의 프로그램 업그레이드는 주요한 비즈니스 가치를 얻기 위한 필수요소이다.

이 기술들은 오늘날의 치열한 경쟁 시장에서 회사들이 품질, 서비스, 비용, 제품을 time-to-market 할 수 있게 돕는다. ICT 응용 프로그램은 고객, 공급 업체 및 비즈니스 파트너와 기업을 연결하는 공유 프로세스와 조직 간 시스템을 구축을 도와 내부 효율성을 증진시킨다. 튀니지의 ICT 사업 경쟁력 향상에 중요한 역할을 수행중인 프로그램으로는 "Programme de Mise à Niveau"나 PMN로 주로 알려진 "Enterprise Upgrading"이 있다. 이 프로그램은 ICT 기술을 수용한 기업의 컴퓨터 하드웨어 비용의 50%, 소프트웨어 비용의 70%, 기술지원비의 70%를 지원해준다.

PMN의 구체적인 사업으로는 하드웨어 구비비용을 충당과 각종 커뮤니케이션 설치, ICT 어플리케이션을 개발 등이 있다. 다음은 PMN이 지원하는 소프트웨어 카테고리이다:

- 관리 소프트웨어(CRM, ERP, 회계, 재무, 마케팅, 생산)
- 기술 소프트웨어(CAD, CAM 및 계산 소프트웨어)
- 공동 문서 관리 소프트웨어(워크플로우, 디지털 문서 관리 및 보관)
- 네트워크 소프트웨어(네트워크 관리 및 방화벽)

2009년 5월 현재 약 2,800개의 기업이 PMN의 틀 안에서 총액 2.94 억 디나르의 ICT 투자를 계획 중이다. 이 수치는 소프트웨어 관련된 177 만 디나르의 투자를 포함하고 있다.

은 국가가 주도한 '가정용 PC' 사업 덕분이다. PC의 보급률은 2004년 7%에서 2008년 13.1%로 증가하는 추세이다.

- 국가의 전자 관리시스템은 시민과 기업들을 전자서비스의 형태로 통합하였다. 이로써 시민의 참여를 강화하고 비용절감과 공공부문의 효율을 향상시켰다.
- 280개의 의료 센터를 연결하는 광대역 인프라의 구축과 원격 의료 등 고부가가치 서비스를 개발하여 국민의 보건 의료 시스템을 현대화하였다.

ICT 개발을 위한 신뢰할 수 있는 환경조성

이른 1999년 튀니지는 전자상거래 및 온라인 서비스 육성을 위해 정보 시스템의 보안을 향시키고, 사이버 위협으로부터 사용자를 보호하는 것을 목표로 국가 사이버 보안 전략을 수립하였다. 첫 번째 방법으로는 1999년 제정한 사이버 범죄의 정의와 IT 해커에 대한 법률이 있다. 그 후속 대책으로는 컴퓨터 보안(ANSI)과 튀니지 컴퓨터 긴급 대응 팀(TunCERT)과 같은 국립 기관의 설립이 포함되어 있다. ANSI는 정부와 기업 조직의 의식을 높이고, 정보 시스템의 보안을 그들을 지원하는 역할을 맡고 있다. ANSI는 아프리카에서 Forum of Incident Response and Security Teams (FIRST)로부터 첫 번째로 인증받은 운영센터이다.

UNCTAD의 네트워크 센터의 우수 멤버이며, 또한 이슬람 컴퓨터 회의 긴급 대응 팀(OIC-CERT) 조직의 Vice President로 활약하고 있다. 2000년에 설립된 국립 전자 증명은 전자 서명을 인식하기 위한 기술적, 법적 틀을 제공해 오고 있다.

또한, 2001년 우편서비스를 위한 지역 전자 결제 시스템인 E-dinar와 2005년 안전한 온라인 뱅킹 솔루션인 "SPS"(안전한 결제 서버)를 신뢰할 수 있는 IT 환경, 전자 상거래, 전자 금융 등 기타 온라인 서비스의 발전을 위한 초석으로 삼았다.

그 결과 2009년 11월 기업 소득세의 80% 이상이 전자 서명을 사용하여 온라인으로 지불되고 있으며 모든 학생들은 온라인으로 대학등록을 할 수 있게 되었다.

안정적이고 빠른 속도를 위한 최첨단 ICT 인프라 구축

고품질의 ICT 인프라는 지식 기반 경제를 구축하기 위한 중요한 요소이다. 1990년대 이후 튀니지의 투자는 고성능 네트워크를 포함한 최첨단 인프라 구축을 가능하게 하였다. 이 인프라는 초당 10기가비트(Gbps)를 전송할 수 있는 나라 전체의 멀티링크 네트워크이며, the national Internet protocol/multiprotocol label switching (IP/MPLS) backbone은 초고속인터넷 전송이 가능하게 돕는 역할을 한다. IP backbone에 연결되어 있는 산업과 비즈니스 영역은 최대 1Gbps 속도의 데이터 및 인터넷 전송이 가능하며, 고등교육, 헬스 케어 및 전자정부를 위한 ICT 네트워크는 가상 사설망(VPN) 및 IP backbone은 광섬유 링크로 설계되었다. 튀니지에 설치된 네트워크는 상호 운용성을 갖춘 몇몇의 기술을 제공하고 있는데, 그 예로 worldwide interoperability for microwave access (WIMAX), very small aperture terminal (VSAT), asymmetric digital subscriber line (ADSL), symmetric digital subscriber line (SDSL) 등이 있다.

농촌을 포함한 모든 지역의 휴대전화 보급률은 98.8 %에 이를 정도로 많은 사람들이 광대역 네트워크 혜택을 받고 있으며, 이러한 네트워크는 주로 DSL이나 광섬유 기술의 도입을 통해 급속도로 확대되고 있는 추세이다. 또한, 인구의 3명중 1명이 인터넷을 사용할 정도로 인터넷 이용자수가 급성장한 것을 볼 수 있는데, 연결비용과 이용가격이 큰 영향을 미쳤다. 연결 비용은 2008년 45%에서 2009년 25%로 감소하였고, 이용가격은 2007년 미화 61.5달러의 가격에서 2009년 미화 27달러 수준으로 하락하였다. 또한 국제사회와의 연결을 위한 '한니발 시스템'의 일환으로 튀니지는 유럽과 초당 3.2테라 비트(Tbps)에 달하는 자체 해저케이블을 부설중이다.

이 용량들은 이탈리아와 튀니지를 잇는 Keltra 케이블과 "South-East Asia–Middle East–West-Europe 4" SMW4라는 해저 광섬유 컨소시엄에 의해 제공되었다. 여러 해저 케이블을 사용하여 국제적으로 연결되면서 국가의 IP / MPLS 및 여러 기술 액세스 네트워크를 저렴한 가격에 국내 및 국제 링크를 제공할 수 있게 되었다. 국제 인터넷(그림 1, 2 참조), 2008년 11.25Gbps에서 2009년 11월, 27.5Gbps에 도달하였다.

인증된 인적 자본과 지식 기반 경제 구축

이 단락에서는 자격을 갖춘 인적 자본과, 지식 기반의 경제가 핵심요소임을 알 수 있다. 독립 이후 튀니지는 부족한 전문 인력 수요를 해소하기 위해 교육으로 숙련된 인력양성을 위해 교육에 힘쓰고 있으며, 과학 연구와 기술 혁신을 촉진의 중요성을 국가차원에서 강조하고 있다.

교육에 투자

1956년 독립 이후, 튀니지는 그 사회 경제적 발전을 위한 핵심요소로 교육을 꼽고, 투자하였다. 이러한 전략은 1987년 11월부터 진행되고 있다.

여성의 권리 강화는 공공 정책의 특징이 되고 있으며 국가 예산(GDP의 약 7.5 %)의 1/3이 교육에 지출되고 있는 상황이다. 2009~10년 통계에 따르면 튀니지의 4명 중 1명은 학교나 대학과 같은 교육시설에 다니고 있는 것을 알 수 있다.(10 만 명의 인구 중 2.5만 명) 과반수의 여학생으로 구성된 집단은 교육과 직업훈련으로 나누어지기 때문에 최근 등록된 2.1만 명의 6~16

그림 1 튀니지의 인터넷 사용자 (단위 : 백만%)

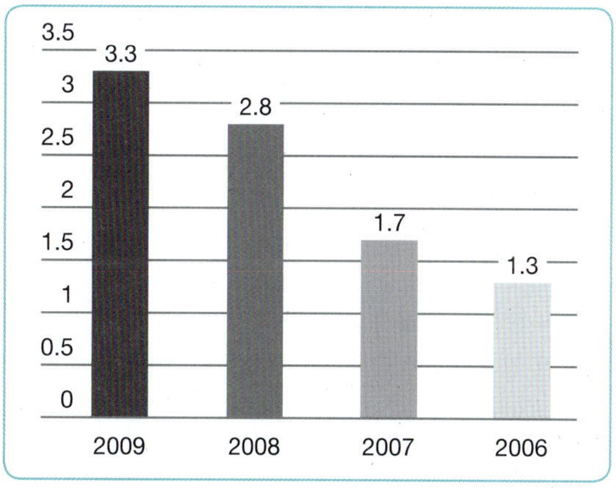

Source: Ministry of Communication Technologies, Tunis.

그림 2 혁신적인 튀니지의 국제 인터넷 대역폭 (초당 기가비트)

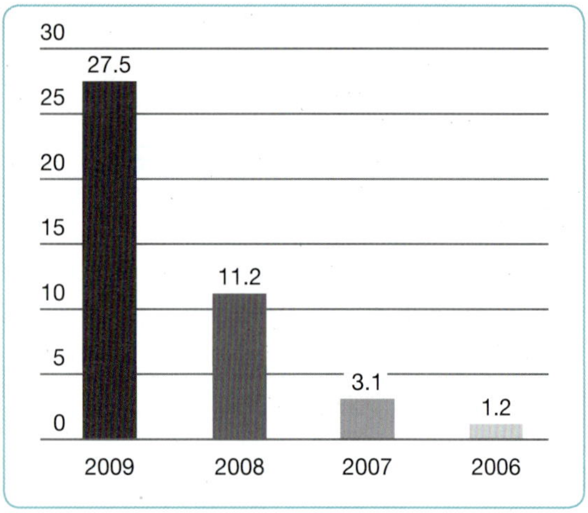

Source: Ministry of Communication Technologies, Tunis.

세의 연령그룹 중 90%는 교육을 받고 있지만, 이전 집계된 40만 명의 19~24살 연령그룹의 교육률은 40%이다. 국제은행 보고서에 따르면 튀니지의 초등 · 중등 교육 개혁 교육, 주식, 효율성과 품질과 같은 접근 수치들은 MENA에서 중요한 위치를 차지하고 있다고 한다.

지난 수십 년 동안 튀니지의 고등교육은 급속도로 진화하였다. 오늘날에는 14개의 대학과 200개의 고등교육기관이 1,000개 이상의 학습프로그램과 진로를 제공함으로써 학생들의 다양한 부분을 충족시켜 주고 있다.

1986~87년 4만 명에 불과하였던 학생 수는 2007~08년 35만 명에 육박하며, 과학 및 공과대학에 재학 중인 학생은 1992~93년 10%에서 2007~08년 25%로 증가하는 추세이다.

또한 고등교육을 마친 졸업생수는 지난 20년간(1987~2007년 기준) 5,200명에서 6만 명으로, 약 12배 증가하였다. 이러한 교육은 국가의 경제 발전에 기여하는 요소로 작용한다.

ICT 교육 프로그램

글로벌 경제상황과 국가통합, 그리고 증가하는 대학 졸업자들의 고용을 위해 튀니지는 몇 가지 주요 개혁을 진행 중이다. 이러한 개혁은 경제부문의 성장에 따른 규제완화와 지속적인 투자에 의한 R&D, 전국의 신기술 파크 개발과 지식기반 경제발전을 위한 공공 및 민간부분의 협력 등이 포함된다. 이를 위해 ICT 연구 프로그램은 기술과 능력에 초점을 맞춰 외국인 직접 투자(FDI)를 유치하고자 한다. 2007~08년 사이 약 4만 6,000명의 학생(전체 학생 인구의 13%)들은 ICT 연구 프로그램을 등록하였다. 이렇게 증원된 인원들은 디지털 교육 자원과 e 러닝 프로그램을 제작하고, 튀니지의 가상 대학 설립에 배치되었다. 또한 지난 10년간 (1997~2007) 엔지니어링 프로그램의 졸업생들은 1,500명에서 4,500명으로 약 3배가량 증가하였고, 2007년에 졸업하는 ICT 전문가는 전체 엔지니어 중 30%를 차지한다.

과학적 연구와 혁신

1996년 새로운 연구 정책 지침과 법령을 발표 한 이래, 튀니지의 과학적 연구는 순조롭게 진행되고 있다. 30개의 전문 연구 센터와 연구 기관뿐 아니라 교원과 박사 과정 및 석사 수준의 학생을 포함해 약 2만명으로 이루어진 140개의 그룹 연구소와(주로 대학 내에 위치) 630개의 연구 단위가 있다. 과학 연구와 기술 혁신을 위한 예산은 현재 GDP의 1.25%를 차지하며 2014년에는 전체 GDP의 약 1.5%에 달할 것으로 예측되고 있다.

과학-산업 간의 연계와 R&D 기술 혁신 강화를 위한 인프라로는 기술센터와 첨단기술 기업 인큐베이터, 그리고 전국에 위치한 10개의 테크노파크가 있다. 정부는 2009년 경제부분에 연구결과를 전송하고 증진시킬 목적으로 과학-이노베이션 기관을 설립하였다.

테크노 파크: 학제의 합의

1990년대부터 시작된 지식 기반 경제를 구축하기 위한 튀니지의 노력은 고등 교육과 연구를 중점으로 국가주도하에 계획적으로 진행되었다.(2002~6년: 10번째 2007~11년: 11번째 개발) 이러한 큰 틀 안에서 정부는 지속 가능한 경제 발전을 위해 12개의 테크노파크를 전국에 설립하였고, 학제 혁신과 시너지 창출에 성공하였다.

위의 방법은 기술 기반의 개발을 가능하게 하고, 하이테크 산업을 위한 토대를 제공한다. 테크노 파크 기술 공원은 과학 기술 교육 훈련 프로그램과 R&D 프로젝트를 주관한다. 이러한 활동은 튀니지 부가가치 제품 생산과 서비스와 직접 투자에 대한 국가의 매력도를 높일 수 있다. 테크노 파크 전략을 성공적으로 이끌기 위해서는 이해 관계자들 간의 적절한 현장통제와 좋은 실험과 학습, 그리고 조직의 접근성과 공유가 필요하다.

EI-Ghazala는 튀니지와 북아프리카 최초의 ICT테크노 파크이다. 1999년 설립된 이후 많은 고부가가치를 생산해낸 신흥 기업들과, 다양한 기업이 입주해있다. 주로 엔지니어를 채용하는 90개의 기업과 1,700명 이상의 직원들이 테크노 파크에 속해있다. 이 기업들은 (예를 들어, 네트워크 엔지니어링, 컴퓨터 시스템과 서비스 공학, Web 기술, 진자 시스템 공학 등)활동의 넓은 범위를 가지고 있으며, ST-마이크로일렉트로닉스, 알카텔-루슨트, 에릭슨, SATEC, 마이크로소프트 등의 주요 ICT 기업들이 포함되어 있다.

EI-Ghazala는 2002년부터 사이언스 파크(IASP) 국제 협회의 회원이 되었고, 유럽 비즈니스 혁신 센터 네트워크(EBN)로부터 비즈니스 혁신 센터라고 불리고 있다. 또한 인도의 STPI뿐만 아니라 프랑스의 System@tic-Paris와 같이 세계적인 수준의 테크노파크와 제휴중이다. EI-Ghazala의 교육 · 연구 시설은 엔지니어링 프로그램들의 통신기술의 제공을 포함하고 있는데, 기술자 양성을 위한 통신의 기술 연구소(ISET'Com)와 교육과 문서를 포함한(CIFODE'Com) 및 전기 통신의 연구 센터(CERT) 등이 있다. 연구는 주로 ICT에 관련된 넓은 범위를 포함하며, 7개의 연구기관과 Sup'Com으로 연결되어 있는 조직에서 250명 이상의 연구자들이 참여한다.

EI-Ghazala는 Ennahli과 Manouba 지역에 ICT 테크노파크를 설립하였으며, 전국에 15개 지역에 (in Gafsa, Kef, Kasserine, Monastir, Siliana, Kairouan, Sousse, Tozeur, Kébili, Tataouine, Zaghouan, Béja, Jendouba, Medenine and Sidi Bouzid 순으로) 테크노파크를 설립할 예정이다(그림 3 참조). 2014년 하이테크시설은 총 50만m^2에 이를 것이며 ICT 분야의 육성과 지역 개발 및 통합에 기여할 것이다.

또한 정부는 300개의 산업 및 서비스 지역을 연결하기위한 광섬유 통신망 프로그램을 실시하였다. 2008년 이 사업의 일환으로 은행, 상업, 공업 기업을 대상으로 안전한 기업서비스 제공을 위한 100M/s의 MPLS 네트워크가 설치되었다. 2009년 Divona/Orange-France Telecom은 무선전화와 인터넷 네트워크뿐 아니라 제2, 제3세대 휴대전화 서비스의 개발을 위한 통신 라이선스와 통화음질의 부문을 강화하고자 한다.

ICT 투자와 비즈니스 환경

오늘날 튀니지는 지중해 지역에서 매력적인 수송 및 물류 플랫폼을 제공하고 있다.(9개의 국제공항과, 7개의 바다 선적 공항, 2,400킬로미터의 철도, 2만 킬로미터의 도로 등이 갖추어져 있음) 또한 자유 구역, 심해 항구, Skhira 항구, 물류 플랫폼 네트워크, 새로운 바다와 항공운송, 국가의 중심에 위치해 연평균 20만 가까이 수용할 수 있는 Enfidha 공항 등이 있다.

튀니지는 국제 무역 촉진을 위해 외국인 투자자들을 위한 보증과 몇 가지 개혁을 시작하였다. 이러한 개혁을 통해 튀니지는 아프리카에서 사업하기 좋은 첫 번째 나라가 되었고, 열 번째로 사업수립의 기간과 절차가 짧아 새로운 사업을 진행하기 좋은 나라 열한 번째 나라가 되었다. 그 결과 하드웨어에 관련된 투자비용(즉 데이터, 정보 및 소프트웨어)은 2009년 첫 7개월 동안 2008년 똑같은 기간보다 10% 이상 늘어나 2008년 59%에서 2009년 63%로 증가하였다.

ICT 서비스의 부가가치

이 단락에서는 ICT 서비스를 통해 부가가치를 생산하고자 하는 튀니지의 노력에 대해 서술하였다. 튀니지의 글로벌 ICT 시장에서의 위치와 최첨단 IT 서비스를 제공하기 위한 국가 적 전략을 점검해 보고자 한다.

글로벌 ICT 시장에서 튀니지 위치

2005년 세계정상회의인 정보 사회(WSIS)를 튀니지에서 성공적으로 개최한 이후 매년 ICT4ALL 국제 포럼을 통해 튀니지의 ICT 및 비즈니스 프로세스 아웃소싱(BPO) 분야에서의 국제적인 입지를 강화해 왔다. 이를 통해 ICT 분야의 국가 경쟁력을 키우고 해외 기업과의 제휴를 통해 R&D 및 엔지니어링 일자리를 창출하고 있다. 그 결과 2009년 A.T. Kearney report NIR 순위에 들게 되었다.

최첨단 IT 서비스를 제공하기 위한 국가 전략

튀니지는 ICT 개발을 앞으로의 경제 성장과 국제 경쟁력 구축을 위한 촉매로 삼고, ICT 분야의 선두주자로 우뚝 서기 위해 국가주도의 지속적인 개선과 주의를 기울이고 있다. 공공부문에 ICT 분야 기술을 전반적으로 적용한 결과 2009~10년 Davos 경쟁력 보고서에서 세계최초 ICT 기술을 정부시스템에 활용한 나라 10위 안에 들게 되었다.

덕분에 GDP에서 ICT가 차지하는 비율은 현재

그림 3 튀니지의 테크노 파크, 사이버 파크와 인큐베이터

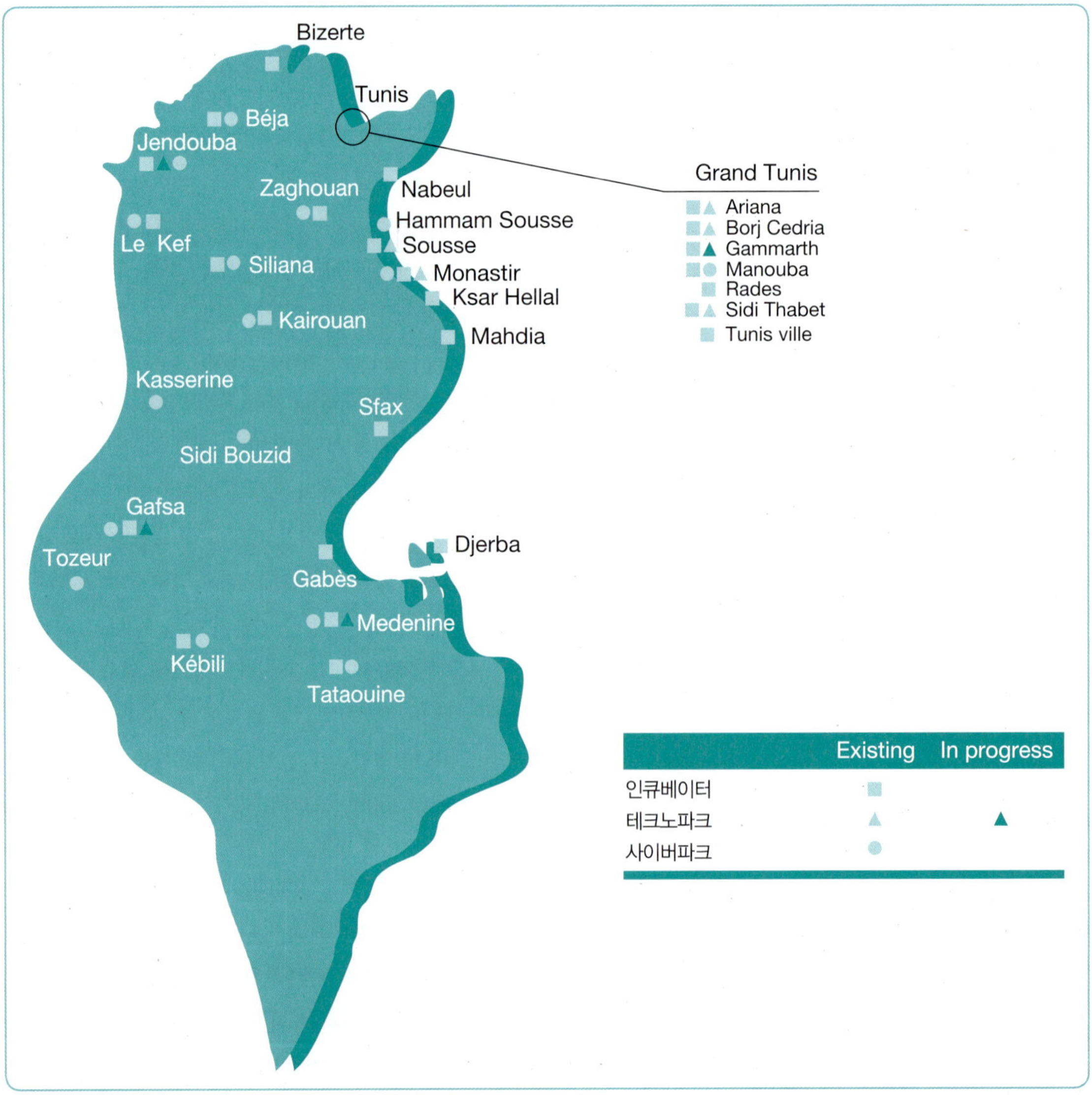

Source: Ministry of Communication Technologies, Tunis.

BOX 2

튀니지 TradeNet – 전자 "one-stop shop"을 위한 TradeNet

튀니지 TradeNet은 대외 무역 거래를 돕기 위해 개발되었다. 이 프로그램은 대외 무역 거래에서 이해관계자들을 연결해주는 IT 네트워크인데 정부기관, 중앙은행과 기타은행, 기술적인 추적서비스, 항만 당국, 해상 및 항공화물, 운송물류 취급 및 회사 등이 연결되어 있다. 2001년 이 프로그램을 활용하여 행정 및 기타 대외무역절치가 완전히 디지털화되어 사무처리가 없어졌으며 24시간 서비스를 제공할 수 있게 되었다. 2006년 이후 TTN은 상품이 포트에 머무는 시간을 15일에서 3일으로 줄였으며, 이해관계자들은 상품이 도착하기 전에 미리 알 수 있다. 2009년 TTN은 아프리카 경제위원회 주체의 공공-민간 파트너십 부분에서 1등상을 수상하게 되었다.

BOX 3

TrainPost: e 러닝 및 직업 훈련

TrainPost위한 플랫폼은 전 세계 우편 연합 회원국의 직원의 능력 향상을 목적으로 개발된 지리 교육 플랫폼이다. 이 프로그램은 서비스와 관련된 무역의 과정을 설명하고 주제를 통합한 다기능 플랫폼이다. 2004년 이후 7개의 TrainPost 지리교육 과정은 전 세계 148개국 우편 서비스에 종사하는 3,012명의 관리자들을 위해 구성되었다. 지원되는 언어는 아랍어, 영어, 프랑스어 등이 있으며 다음 항목을 포함하고 있다: 단말기와 수송비, 소포 우편, 우표 수집, 서비스 품질, 유니버설 우편 서비스, 우정 개혁과 발전, 편지 포스트, 우편 보안, 우편 시장, 세관 등.

TrainPost는 e 러닝과 거리 교육에 적합한 디지털 콘텐츠로써 2009년 세계 정상 회의 상을 수상했다.

11%이며, 지난 3년 사이 7%나 증가하는 모습을 보이고 있다. 튀니지는 ICT 기반의 부가서비스를 개발하기 위해 지난 10년간 노력을 지속해왔다. 주로 정부와 민관 파트너십을 통해 이루어졌고, 국제적인 인정을 받은 전자서비스(TradeNet, TrainPost 및 금융 전자 통관)와 같은 경우 다른 나라에서도 이 프로그램을 활용하고 있다.(BOX 2-4에 참조)

또한 미화 30억 달러를 들인 "Tunis Telecom City" 프로젝트는 튀니지의 핵심 사업으로 성장하게 될 것이다. 튀니지의 국제적인 목적은 벤처 기업을 위한 창업 보육 외에도 벤처 캐피탈과 자금, 최첨단 교육과 연구 등을 포함한다(BOX 5 참조).

튀니지 ICT 전략을 실현하기위한 과제

이 단락에서는 ICT 전략을 구현하는 데에 있어 튀니지가 직면하고 있는 주요 과제를 검토한다. 또한 전자 콘텐츠를 개발 시의 문제점을 알아보도록 한다.

ICT 부문의 과제

튀니지는 ICT 전략을 구현에 있어 몇 가지 한계에 직면하고 있다.

1 기업에 재정 지원과 세제 혜택 등의 지원에도 불구하고, 소프트웨어 및 애플리케이션 개발 혁신의 부재.
2 IT 아웃소싱, BPO 및 IT 서비스 대상에서 글로벌 시장에서의 경쟁과 외국인 투자 및 국제 기업 유치

BOX 4

Télé-compensation – 튀니지 금융 전자 통관 제도

금융 전자 통관 시스템을 기반으로 주식 교환을 돕는다.

- 주식 데이터의 전자적 교환을 도움(스캔한 수표 혹은 어음)
- 온라인 상담을 통해 6개월간 전자 보관됨(갱신 가능)
- 모든 금융 통관 거래에 인쇄된 문서를 사용하지 않음

입금이나 출금을 돕기 위해 1999년 12월부터 사용된 전자 통관 시스템은 현재 튀니지 중앙은행, 21 은행, 국립우체국에서 사용되고 있으며, 중앙아프리카 은행과 아랍 국가에서도 이 시스템을 활용하고 있다.

(모로코, 이집트 등)

3 국가의 빈약한 기술플랫폼: 이를 보완하기 위해 통신, 산업 시스템, machine-to-machine 솔루션, 임베디드 소프트웨어, 모바일 서비스, 콘텐츠 및 디지털 미디어, 정보 시스템 및 인프라의 보안을 위한 소프트웨어 개발을 시작하였음.

4 정부의 노력에도 불구하고 온라인 서비스의 질의 개선과 교육 기관, 공공 기관, 전국의 사이버 카페를 활용하는 방안을 모색하기도 하였지만 디지털 격차를 줄이지 못했고, ICT 이용 보편화가 활발히 이루어지지 못하고 있음.

5 ICT 부문의 R&D 활동을 강화하는 정부의 인센티브에도 불구하고 많은 ICT 기업들은 세계시장에서 어려움을 겪고 있음(한정된 재원과 ICT에 대한 민간 투자가 부족하기 때문).

6 ICT 분야의 R&D와 기업 후원 프로젝트에 있어 대학과 민간 협력이 잘 이루어지지 않음.

BOX 5

튀니스 텔레콤 시

튀니스 텔레콤 시는 Ithmaar Bank와 Abu Dhabi Investment House (ADIH), 그리고 Global Finance House (GFH)의 비전 3 컨소시엄에 의한 30억 달러의 투자이며 2만 6,000개의 일자리를 창출한다.

- 국제전자 통신대학과과 함께 경영대학이나 공과대학은 전기통신대학에 초점을 맞춤.
- 통신전문 벤처기업설립을 지원하기 위해 벤처 캐피탈 기관 설립.
- 국제 주식 교환은 통신 분야를 접목해 개발함.
- 집적 회로, 반도체, 소프트웨어 분야 등 새로운 제품을 개발하기위한 기술과 디자인 개발.
- 인터넷뿐만 아니라 데이터와 휴대 전화의 제품 및 서비스와 같은 새로운 프로토콜을 연구.
- 비즈니스 프로세스 아웃소싱(BPO) 시설, 컨설팅, 아웃소싱 센터. 비 기술 기업에 전문적인 지원과 백오피스 서비스 제공.
- 데이터를 관리하고 문서를 복구하는 데이터 복구 센터(데이터 분야에서 아프리카와 중동 지역의 중심이 됨).
- 멀티미디어와 관리센터를 연결한 위성기반의 모바일 응용프로그램 개발.

BOX 6

ICT4ALL Forum – 국가적인 ICT 이벤트이며 튀니지에서 2006년부터 개최되어 왔다

아프리카와 MENA 지역의 ICT4ALL Forum은 다양한 이해 관계자가 어우러진 높은 수준의 세계적 포럼이다. 포럼에서는 ICT 부문에 대한 투자와 파트너십 추진, 또한 지식 기반 경제의 발전을 통한 성과와 실현을 WSIS에 공헌하는 것을 목표로 하고 있다. 주로 UNCTAD와 국제 전기 통신 연합(ITU)과 공동으로 구성되어있는 ICT4ALL는 이러한 경쟁력을 강화하기 위한 도구로 ICT 아프리카에 대한 투자와 ICT의 민관 파트너십 및 ICT 혁신 등의 주요 문제를 해결하고, ICT 성장을 위한 이벤트 및 국제 기술 전시회를 개최한다. 2009년의 ICT4ALL은 투자 및 파트너십을 촉진하고 더 나은 성장을 위해 52개국, 23개의 국제기관, 200개 이상의 글로벌 ICT 기업에서를 포함하여 1,800명의 참여를 목표로 하고 있다. 2010년에는 유엔의 밀레니엄 개발 목표에 관련하여 튀니지의 의제 및 행동 계획의 중간 평가가 진행될 예정이여서 튀니지에게는 중요한 포럼이 될 것이다.

전자 콘텐츠 개발 과제

튀니지가 그 ICT 전략을 실시할 때 직면하게 되는 문제는 디지털 콘텐츠의 개발이다.

1 의식 부족: 많은 중소기업(SME)들은 웹 사이트를 가져야 할 필요성을 지각하지 못하고 있다. 그리고 웹사이트 개설에 대한 투자 역시 부족한 실정이다.

2 빈약한 디지털 마케팅: 중소기업이 웹 사이트를 개설하더라도 불확실한 출처와, 충분한 업데이트를 해주지 않아 유명무실하다.

3 국제경쟁을 위한 웹호스팅 서비스 제공: 지역에서 제공하는 호스팅 서비스를 선택하면 해외에서도 사용할 수 있는 뛰어난 웹 호스팅 솔루션을 제공받을 수 있다.

4 실행 가능한 비즈니스 모델의 부재: 튀니지 기업들은 지금까지 온라인 광고를 활용해 본 적이 없기 때문에 이 분야의 콘텐츠 제공 업체에 대해 관심이 부족함.

지역 전자 콘텐츠 서비스의 개발을 촉진하기 위해 몇 가지 정책이 시행중이다.

1 수출 기업을 위해 웹 사이트 개발 비용의 70 %를 국고 보조금으로 제공

2 무료 도메인과 무료 Web 호스팅을 제공하며 웹 사이트 개발 장려를 위해 시민 사회 단체에 공적 보조금 지급

3 다른 분야(예를 들어, 교육, 정부, 문화 등)에서 최고의 전자 콘텐츠를 꼽아 디지털 우수상을 수상함

2010년 3G 서비스를 제공하는 세 번째 통신사업자의 등장으로 e-content를 개발과 이에 관련된 모바일, e 커머스, M-정부, 모바일 TV 등과 같은 다양한 서비스의 필요성이 증대될 것이다. 이와 관련되어 incumbent operator Tunisie Télécom은 벤터 금융 기업인 “DIVA Sicar”를 설립하였고, 두 번째 모바일 사업자인 Tunisiana는 e-content 개발을 위한 투자 펀드를 개설하였다.

향후 전망

튀니지는 고등교육 시스템을 개편함으로써 글로벌 시장에서도 인정받을 수 있는 수준의 졸업생을 배출해 내고자 한다. 이를 달성하기 위해 11회 개발계획(2007~11년 동안)의 우선순위를 고급기술을 갖춘 우수한 인재육성으로 꼽았다. 이러한 인재들은 국가의 사회경제발전을 촉진하고 지식 기반의 경제구축에 기여할 것이다. 이 계획은 고등 교육 부문에 대한 정책 지침에 대해 공학연구뿐 아니라 기술적, 과학적 전문성을

위해 외국어 교육을 강화하는 등 정보화 사회에서의 대학의 역할과 사명을 재정립하였다. 공학 교육은 2014년까지 대학원 엔지니어의 수를 두 배로 늘리는 한편, 국제적으로 인증받은 기술, 언어, 경영 등의 기업가전문지식을 엔지니어들에게 교육시킬 예정이다. 또한, 향후 5년간 2만 명의 경영자와 기술자를 위한 인증을 프로그램이 진행될 것이다. 2009~2014 사이에 있을 국가 주도의 야심찬 프로젝트는 ICT 부문에 큰 변화를 가지고 올 것이다.

- 광대역 액세스 제공.
- 고품질의 디지털 콘텐츠 개발과 지상파 디지털 텔레비전 제공.
- ICT 투자를 통한 국가 통신 인프라의 발전과 지식경제기반의 고용 촉진(BOX 7 참조).

튀니지의 교훈

- 꾸준한 교육의 투자와 인적 자본의 개발은 ICT 전략을 실행하기 위한 기술과 능력을 키우는 핵심요소이다.
- 전국의 디지털 문화 창조: ICT 액세스는 정보화 사회를 구축하기 위한 전제 조건이다.
- 테크노파크 네트워크 설치와 같은 정책은 교육, 연구, 자금, 그리고 ICT 기반의 제품과 서비스의 상용화를 돕는 시너지효과를 창출하였다.
- 투자 진흥을 위한 법적 기반을 구축하고 인센티브를 활용하여 해외 직접 투자를 유치하는 것이 중요하다.
- 정부의 ICT 부문에 대한 지속적인 지원과 지식 기

BOX 7

튀니지에서 진행한 ICT부문의 국가적인 프로그램 (2009~2014)

2009년에서 2014년 시행된 국가 프로그램으로, 튀니지 ICT 부문의 기술 국가 경제 발전의 초석을 다지기 위한 구체적인 목표는 다음과 같다.

- **광대역 인터넷 개선을 위해 1만 명의 신규 가입자를 충원한다.**
  - 고속 인터넷을 제공하기 위해 최첨단의 통신 네트워크를 사용
  - 2014년 초당 **100기가바이트**에 도달하는 것을 목표로 **국제 인터넷 대역폭을 늘림**
  - 제3세대 휴대 전화 네트워크 작업 실시
- **튀니지의 국민들과 학생들에게 디지털 기회를 제공한다.**
- **지상파 디지털 텔레비전을 확립한다.**
  - 2014년까지 모든 지역을 아우르는 것을 목표로 함
  - 고속 무선 통신 및 무선 광대역 인터넷(예를 들어, WIMAX 등)의 미래 서비스 개발
  - 정밀 기술을 활용하여 최신 방송 기술 개발
- **지식기반경제를 구축**, 튀니지의 문화와 유적에 관련 콘텐츠와 웹 사이트를 만들고 각 협회(웹 2.0)에 만 디나르의 보조금을 제공한다. 다양한 시각을 반영하고 현대적인 기술을 활용하여 국민들의 참여를 이끄는 것을 목표로 한다.
- **튀니지의 인터넷 도메인(TN)을 개발한다.**
- 디지털 경제를 메인으로 국가 기관을 설립하여 투자촉진과 테크노 파크를 육성하며, 디지털 활동 및 원격 서비스를 개발한다.
- **공공 인터넷 서비스 센터**가 제공하는 서비스의 질적 향상을 도모한다.
- 연구와 혁신을 통한 통신 사업자와 ICT 기업의 판매액을 (현재 0.15%에 비해)**0.5%로 상향 조정**하여 목표치로 삼는다.

반 경제의 창조는 로컬 ICT 챔피언 육성에 중요한 원동력이다.

참고문헌

ITCEQ (Tunisian Institute for Competitiveness and Quantitative Studies), 2009. 'Report on the Knowledge-based Economy', Tunis.

Jelassi, T. and Enders, A., 2008. *Strategies for e-Business –Creating Value through Electronic and Mobile Commerce*. 2nd edition. London: Financial Times/ Prentice-Hall.

A.T. Kearney, 2009. 'The Shifting Geography of Offshoring – The 2009 A.T. Kearney Global Services Location Index', available at www.itida.gov.eg/Documents/Global_Services_Location_Index_2009.pdf/

UNCTAD (United Nations Conference on Trade and Development), 2009. 'Information Economy Report', New York and Geneva: United Nations.

World Bank, 2008. 'The Road Not Travelled: Education Reform in the Middle-East and North Africa', MENA Development Report, Washington, DC: World Bank.

World Bank, 2009. 'Doing Business 2010', Washington, DC: World Bank.

CASE STUDY 14

부즈앨런의 지식경영

Toward a culture of knowledge sharing and collaboration

소개

2008년 7월, 부즈 앨런 해밀턴(Booz Allen Hamilton, BAH)은 회사의 두 주요 사업인 미국 연방 정부 컨설팅 사업과 기업 컨설팅 사업을 분리했다. 미국 연방 정부 컨설팅 사업은 BAH라는 회사명을 그대로 유지했고, 기업 컨설팅 사업은 부즈앤컴퍼니(Booz & Company)라는 새로운 이름으로 사업을 지속하게 되었다.

분리 이후, 부즈앤컴퍼니는 회사의 브랜드, 문화, 가치를 재정립하여 글로벌 경영 컨설팅 기업으로써의 강점과 경쟁우위를 강화해야 했다. 부즈앤컴퍼니의 CEO 슈미트 바니지(Shumeet Banerji)는 철저한 최첨단의 아이디어로 명성을 높이기 위해 "가장 앞선 선견지명"을 하나의 전략과 포지셔닝으로 삼았다. 이 전략의 핵심은 기업 전반에 걸쳐 지식경영을 실현하는 것이다. 바니지는 90년 된 "새로운" 기업의 비전으로 경쟁전략에서 지식을 관리하는 것의 중요성을 강조했다. 이를 기반으로 부즈앤컴퍼니의 가장 좋은 생각들을 모든 기업고객 계약에 끌어오는 것이다. "우리 기업의 CEO 슈미트 바니지는 역량을 중시하는 전략을 부즈앤컴퍼니에 도입하여, 기업의 지식을 확보하고 이를 전문가들에게 연결하여 기업고객들에게 가능한 최고의 결과를 보장하기 위해서는 최첨단의 KM 시스템(Knowledge Management System: 지식경영시스템)을 구축하는 것이 아주 중요하다고 역설했다."(마티아스 분트 박사, 파트너, 2008년 8월.)

파트너이자 기업 마케팅 담당자 배리 자루젤스키(Barry Jaruzelski)는 10여 년의 전략 컨설팅 경험과 기업에서 3년간의 지적자본(intellectual capital)을 개발한 경험을 가진 아드리엔 크라우더(Adrienne Crowther)에게 접근하였다. 크라우더는 부즈앤컴퍼니의 지식경영 계획의 책임직을 수락했고 지식공유와 협업(knowledge sharing and collaboration, KS&C) 책임자의 역할을 다음과 같이 정의했다:

- 공유와 협업의 문화를 심기 위한 계획(agenda)을 개발하기
- 최첨단의 지식경영시스템을 만들어 출범하는 것을 선도하기
- 연계성, 조직성, 의사소통을 개선하기 위한 대사(ambassador)로서의 역할을 수행해 기업 전반에 걸친 혁신을 도모하기

크라우더와의 초창기 논의에서, 바너지는 부즈앤컴퍼니의 KM 활동이 타 기업과는 차별화되는 역할을 할 것이라 했지만 선진 KM 시스템을 사용하고 있는 산업에서 KM 시스템으로 차별화한다는 것은 힘든 도전이었다.

한 달 후(2008년 8월), 토마스 스튜어트(Thomas A. Stewart)가 부즈앤컴퍼니의 CMKO(chief marketing and knowledge officier: 최고 마케팅과 지식 책임자)로 합류했다. 그는 하버드 비즈니스 리뷰의 전 편집자, 상무이사를 역임했고 지적자본과 지식경영 분야의 베스트셀러 저자였다. 폭넓은 전문지식을 갖춘 스튜어트는 기업의 마케팅, 지적자본, 지식경영의 리더로 임명되었다. 스튜어트는 크라우더와 함께 부즈앤컴퍼니 내에서 KS&C 문화를 확산하기 위해 필요한 변화를 이끌게 된다.

부즈앤컴퍼니 – 소개

1914년, 에드윈 부즈(Edwin Booz)는 부즈앤컴퍼니를 설립했다. 이 기업은 회사들의 골머리를 앓게 하는 중요한 전략적 문제들을 해결해줄 수 있는 서비스와 전문지식을 제공하는 최초의 전략컨설팅회사였다. 그는 이 기업을 설립하며 경영 컨설팅 전문직이라는 새로운 직종을 창출했다.

시간이 흘러 여러 파트너들과 손을 잡은 부즈앤컴퍼니는 BAH로 출범하였다. BAH는 기업과 정부 모두에 서비스를 제공하는 가장 거대한 국제 경영 컨설팀회사 중 하나로 성장하였다. 초기에는 기업 컨설팅이 정부 컨설팅보다 사업규모가 컸다. 그러나, 1990년대에는 미국 정부가 사업 중 많은 부분을 아웃소싱하기 시작하면서 그 결과, BAH의 (전략 컨설팅과 달리 많은 부분이 아웃소싱인)정부 컨설팅 사업은 기업 컨설팅 사업의 네 배까지 규모가 커졌다. 기업 컨설팅 사업과 그보다 규모가 훨씬 큰 미국 정부 중심의 정부 컨설팅 사업을 고려했을 때 BAH는 두 가지의 차별화된 비즈니스 모델을 운영하는 것이 확실했다. 카릴그룹(The Carlyle Group)의 제안을 수락해, 2008년에는 두 사업이 분리되었다. 계약의 일환으로, 카릴그룹은 24억 달러를 지불하여 BAH의 이름을 유지하며 정부 관련 사업을 운영할 권리를 위임하기로 하였다. 부즈앤컴퍼니는 BAH의 기업 컨설팅 사업으로부터 나와 출범하게 되었다.

2008년은 1930년대 이후 최악의 경제위기였다. 컨설팅 시장은 20~30% 위축되었고 전례 없는 과잉공급이 일어났다. 이러한 경제위기에도 불구하고, 부즈앤컴퍼니는 현상을 유지했고 새로운 CEO 바너지가 제시한 "가장 앞선 선견지명"과 '모든 기업고객에게 필수적인 이점을 제공하자'라는 전략을 계속 수행했다.

오늘날 부즈앤컴퍼니는 포괄적인 전략 컨설팅 서비스를 전세계적으로 제공하는 최고의 컨설팅펌 중 하나이며 기업고객들에게 시장의 난관을 극복하고 지속적인 성장 전략을 제시한다. 부즈앤컴퍼니는 전세계에 60개의 지사를 두고 있으며 3,300여 명의 직원들이 기업고객에게 컨설팅을 제공하고 있다. 사업 분리는 두 회사 모두에게 각자의 비즈니스 모델에 다시 집중할 수 있는 기회가 되었고, 부즈앤컴퍼니에게는 앞으로 어떤 기업이 되고 싶은지에 대한 답을 찾는 계기가 되기도 했다. 부즈앤컴퍼니가 전략적인 포부를 달성하기 위해선 기업의 문화를 정의할 필요가 있었다. 그와 동시에, 오래되면서도 새로운 부즈앤컴퍼니는 더 구체적인 사업을 수행하기 위한 기업의 인프라를 재건할 수 있는 기회를 갖게 된 것이다. 지식경영은 그러한 기회 중 하나였다.

부즈앤컴퍼니 – 지식경영 역사

부즈앤컴퍼니는 유서 깊은 지식경영 유산을 기반으로 한다. BAH는 1997년에 전문적인 KM 시스템을 구축한 첫 경영 컨설팅펌 중 하나였다. 이 KM 시스템은 KOL(Knowledge On-Line: 온라인 지식시스템)이라고 불렀다. KOL은 오늘날 기업에서 쓰이는 전사콘텐츠관리(enterprise content management, ECM)의 선구자였다. KOL은 기업의 글로벌 지적자본을 확보하고 저장하며 이를 검색할 수 있는 도구이다. 1990년대 말에서 2000년대 초 사이에 지식경영 기술이 발전하자, 커뮤니티 사이트를 통해 사내 팀끼리 정보를 공유할 수 있는 기능이 추가되었다. 2003년에는 시장이 또 한번 성장하여, 포탈 기술을 통해 ECM과 커뮤니티 사이트를 통합할 수 있게 되었다. 급속도로 성장하는 정부 컨설팅 사업으로 인해 지식경영 인프라가 커지자 BAH는 전사적 포탈 아이셰어(iShare)를 구축하였다. 이는 KOL, 커뮤니티와 팀 사이트, 파트너와 직원들의 프로필을 모두 포함했다. KOL이 기업 사업 지식을 최대한 효과적으로 활용하는 데 성공적인 역할을 했다고 평가받는 반면에, 아이셰어는 대체로 몇 가지 결함에 의해 한발 후퇴했다는 평을 받는다.

마이크로소프트의 셰어포인트(SharePoint) 기술의 첫 출시작에 기반을 둔 아이셰어는 인터넷이 격변하고 있던 2005년도에 출시되었다. 구글 검색, 소셜네트워킹 웹사이트, 등의 웹 2.0 어플리케이션이 성장하고 있었으며 빠르게 반응을 얻고 있을 시기였다. 기술적인 측면에서 보았을 때 아이셰어는 형편없이 설계되었다. 검색기능은 직관적이지 않았고 관련 있는 검색결과를 불러오지 못해 전반적인 소비자 만족도가 낮았다. 사용자 인터페이스도 복잡하여 익히는 데 상당히 많은 훈련과 도움이 필요했다. 또한, 플랫폼의 반응속도 역시 인터넷 사이트와 비교했을 때 느렸으며 팀 페이지를 개발하고 유지하는 데 많은 도움이 필요했다. 아이셰어는 전반적으로 웹 2.0의 특성인 쌍방향성이 부족하였다. 이는 특히 BAH의 기업 컨설팅 사업측에 손해를 입혔고 그들은 필요한 정보에 빨리 접근할 수 있는 KOL을 그리워했다. 아이셰어는 빠르게 도태되어 움직임이 없는 창고가 되어 결과적으로, 직원들은 아이셰어를 사용하지 않게 되었다. 그 대신에 콘텐츠를 시스템에 업로드하는 대신 하드드라이브에 저장하는 것에 익숙해졌고 기업 프로젝트에 도움이 될만한 콘텐츠를 요청하는 전체메일을 보내며 콘텐츠를 찾는 방식에 익숙해졌다. 이러한 차선책들이 활발히 사용되자 전체메일 발송과 사내 네트워크가 실질적인 KM 시스템이 되었다. 이로 인해 BAH는 네트워크가 부족한 젊은 사원들은 과도한 업무를 하게 되고 새로운 기업고객과의 계약에서 제안서 시장 대응 시간이 경쟁사들에게 뒤떨어지는 위험을 안게 되었다. 아이셰어가 기업 사업에서 실패했다는 것을 인지한 부즈앤컴퍼니는 오래된 BAH의 유산을 버리고 자사의 지식경영 계획을 새로이 만들게 되었다.

크라우더는 자신의 새로운 역할을 부여받았을 때 부즈앤컴퍼니의 KS&C 역량을 재건할 수 있다면 부즈앤컴퍼니의 목표달성에 중대한 영향을 끼칠 것을 예감했다. 긍정적인 변화를 기대하면서도 그녀는 여러가지 중요한 문제들에 신경이 쓰였다:

- 기업의 브랜딩 재작업과 재건설할 때 적극적으로 고위 경영진들의 지원을 얻을 수 있을까?
- 그녀가 최고의 도구를 만드는 데뿐만 아니라 기존의 이메일 시스템을 고치는 데 도움을 줄 수 있으면서 필요한 역량까지 골고루 갖춘 팀을 만들 수 있을까?
- 기업 문화의 변화에 대한 직원들의 관성을 이겨내고 수용의 티핑 포인트(tipping point)를 넘어설 수 있을까?

아이셰어 환경을 직접 겪어본 그녀는 직원들의 업무 편의성을 높이는 더 직관적인 시스템을 만들지 않는 한 그녀의 노력은 물거품이 될 것이라 예상했다.

지식공유와 협업 체계

KS&C팀을 만들다

크라우더가 지식공유 계획을 정의하고 이끄는 역할의 적임자인 몇 가지 이유가 있었다. 그녀는 책임자로서 조직 내 관심과 임원진들의 존중을 받을 수 있을 만큼 높은 보직에 있었다. 그리고 경영 컨설턴트로서의 경험과 사내에서 맡았던 직책들 덕에 그녀는 기업 전체를 아우르는 네트워크를 보유하고 있었다. 또, 회사 내에서 의사소통 능력이 좋고 활기 있는 사람으로서 일을 제대로 처리할 수 있는 사람이라는 평판을 갖고 있었다.

크라우더의 첫 번째 임무는 기존의 KM 팀의 역량을 파악하는 것이었다. 그녀는 5명으로 이루어진 작은 팀이지만 지식경영 경력이 있고 전략적인 팀을 받았다. 폴리 칼러(Polly Kahler)의 지식경영 경력이 20년에 달했고 부즈앤컴퍼니의 지식경영 노고를 알고 있었던 반면, 다른 팀 멤버들은 웹사이트 구축과 콘텐츠 업로드에 주

그림 1 기업 전반에 지식경영 지원하기 – KS&C 팀에서 제공하는 서비스

KS&C 팀 헌장	
• 기업 전반에 걸친 지식공유와 협력 계획의 촉진 • 지식 인프라의 디자인, 출범, 유지, 개발 감독 • 기업 전반의 연계성, 조직성, 의사소통의 촉진을 도모	
컨설팅 서비스	**기술적 서비스**
• 팀에게 지식연합을 제공하여 공유와 협력의 문화를 재건하고자 노력 – 팀 단위 지식 공유 전략을 함께 개발 – 최고의 사내 팀 협력 사이트를 구축하고 UI 지원을 제공 – 새로운 프로세스와 블로그, 위키 등의 웹 2.0 어플리케이션 사용을 장려 • 분기별 기업 지식 척도 제공 • 인사이드부즈 사용의 가장 좋은 방법에 대해 교육 • 새로운 기능과 프로세스에 대한 기업내의 홍보 및 소통 • 인사이드부즈의 콘텐츠가 의미 있고, 최신임을 보장 • 스태프의 불만을 이해하기 위한 협력	• 인사이드부즈의 기반이 된 셰어포인트 2007 플랫폼과 다른 지식 공유 도구 관리 및 유지 • 인사이드부즈닷컴의 성과수준이 항상 높을 수 있도록 보장 • 플랫폼 버그와 기능 향상 대응 • '기본적인' 팀 사이트를 제공해 팀들의 참여와 책임감 도모 • 기업의 (재무와) 분류체계 유지 • 대량의 정보 이동, 콘텐츠 수집과 업데이트 노력 관리 • '플랫폼/제품' 로드맵이 지속적일 수 있도록 유지 • 플랫폼 수리와 개선을 담당하는 외부 개발자 관리

력했다. 이 팀은 전반적으로 프로젝트와 영업 관리 역량, 사용자 인터페이스에 대한 전문지식, 직원들의 일상적인 업무 어려움에 대한 충분한 이해가 부족했다.

크라우너는 18개월만에 컨설팅 역량과 기술 역량을 가진 글로벌 가상팀(virtual team)을 구축하였는데, 이 팀은 지식경영 플랫폼을 운영, 유지하고 회사 전반에게 뛰어난 지식경영 도움을 줄 수 있도록 구축된 것이다(그림 1). 기술적 도움을 받기 위해 크라우더는 최고정보책임자 릭 보울린(Rick Boulin)과 협력 기술 담당자이자 KS&C 기술 팀장 빌 드살보(Bill DeSalvo)와의 강한 업무상의 유대관계를 구축했다.

글로벌 CoP 출범

2008년 9월, 크라우더는 CoP(community of practice)라는 글로벌 포럼을 출범해 Next Gen(Next Generation) 지식공유 플랫폼의 디자인과 개발과 관련한 아이디어 테스트와 피드백을 받았다. CoP 참가는 100명을 넘었으며 다양한 직급, 부서, 지역을 아울렀다. 관심 있는 사람이라면 누구든지 참가할 수 있었다. 크라우더는 지식경영 관련 질문을 받을 때마다 CoP에 초대하며 대답했다. CoP 회원들은 비록 Next Gen에 대한 직접적인 의사결정권은 없었지만 매달 진행되는 CoP 회의에 콘텐츠, 디자인, 도구, 기능과 관련된 중요한 데이터를 제공했다. CoP는 플랫폼의 이름을 "인사이드부즈(insidebooz)"로 결정하는 데 참여했고 새로운 시스템을 테스트하는 공간으로 사용되었다. CoP 회의의 참가율은 높았으며 플랫폼이 출범한 이후로 중요한 서포터즈로서의 역할을 수행했다.

Next Gen 계획의 구체화

CoP를 진행한 후 크라우더는 기술적, 문화적 솔루션을 구체화하고 플랫폼 프로그램을 디자인하기 시작했다. 이 당시에 그녀는 두 명의 부즈앤컴퍼니 IT 직원의 전문지식과 두 명의 연구, 교육, 개발 분야의 유럽인 전문가들의 도움을 받아 팀의 역량을 극대화할 수 있었다. 길잡이로서 지식경영 체계(그림 2)를 구축했는데, 다음과 같은 내용이 포함되어 있다:

1 전략
2 프로세스
3 조직
4 기술

그림 2 다음 세대 지식경영 체계

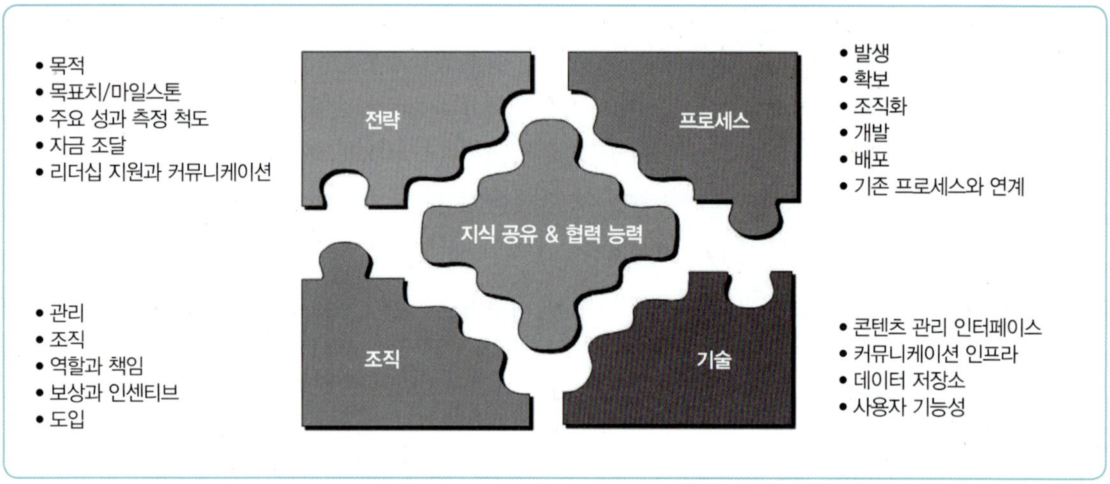

그림 3 KM 가치제안

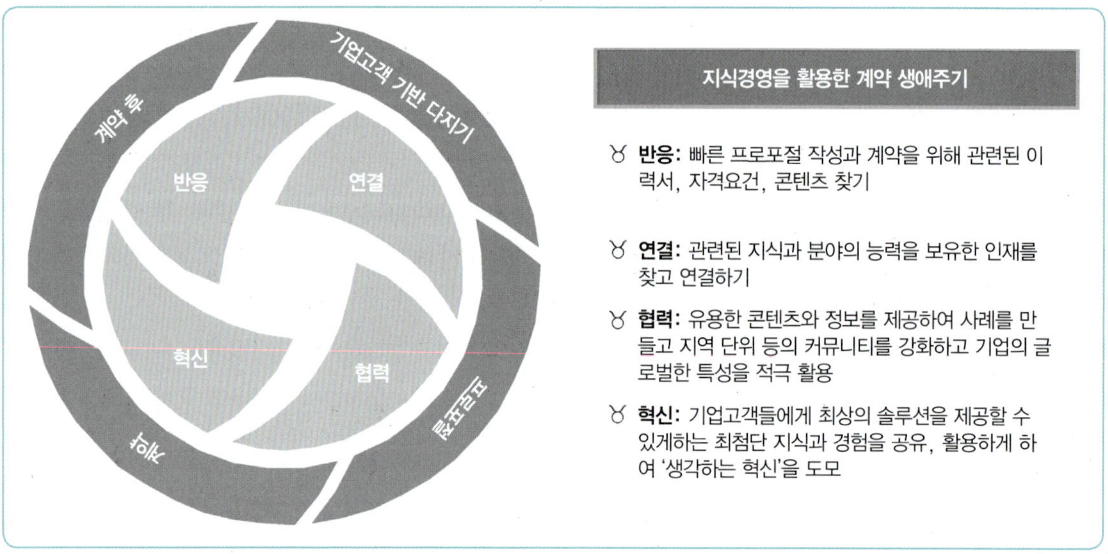

(1) 크라우더는 팀의 전략을 반응, 연결, 협력, 혁신 이 네 가지의 지식경영 가치요소에 기반해 구축했다(그림 3). 먼저 새로운 시스템은 기업고객 요구에 빠르고 효과적으로 반응해야했고, 컨설턴트들이 기존의 지적자본을 최대한 활용해 빠르게 대응할 수 있도록 해야 했다. 둘째, 부즈앤컴퍼니 직원들과 전문가들이 서로 연결할 수 있도록 하는 촉진제가 되어 사내 네트워크를 개선하고 확장할 수 있어야 했다. 셋째, 협력, 커뮤니티 형성, 모임, 아이디어와 콘텐츠 공유를 조장해 조직의 유동성을 확대해야 했다. 넷째, 온라인 포럼과 전문가 커뮤니티를 통해 혁신을 조성해야 했다. 이러한 가치요소들이 종합적으로 작용해 최고의 콘텐츠를 부각시키고 공유되게 함으로써 기업고객들에게 필수적인 이점을 제공하는 것에 초점이 맞추어졌다.

처음에는 효과적인 반응과 연결 요소를 개발하는 것에 집중했다. 크라우더와 그녀의 팀은 KS&C를 기업의

DNA중 일부로 유입시키려 했다. 개발, 확보, 바로 사용 가능한 양질의 지적자본의 확산뿐만 아니라 콘텐츠를 사람에게 연결하고 사람들을 중심에 두어 새로운 연결고리를 찾는 것을 장려했다. 이는 효율성과 일관성을 증대시킬 뿐만 아니라 법률적, 규제적, 경제적 리스크를 최소화할 수 있었다. 장기적으로 보았을 때, 플랫폼은 혁신을 조성할 수 있어야 했다. 특히 전문가 네트워크와 기업가 정신의 확산을 통해 가능할 것이라 보았다. KS&C 문화가 시장을 주도하는 혁신적인 선견지명을 이끌 수 있도록 한다면, 이 시스템은 직원들이 기업을 최대한 활용할 수 있도록 도와줄 것이다.

(2) 크라우더와 그녀의 팀은 기업 프로세스 관찰을 통해 직원들의 기존 업무 프로스 측면에서 접근해서 계획해야 한다는 것을 깨달았다. 그들은 지식경영에 기반한 아예 새로운 프로세스를 만들기보다는 쉽고, 간편한 컨설턴트용 포탈을 개발해 기존의 컨설팅 업무 생애 주기 안에서 공유와 협업을 할 수 있게 하고 싶었다(그림 4).

KS&C 팀은 Next Gen 플랫폼이 회사의 비즈니스 프로세스 중 일부로서 그 안에서 제공되는 콘텐츠와 지식만큼은 좋을 것이라 생각하고 있었다. 그리하여 그들은 네 가지 프로세스의 필요성을 느꼈다. 두 가지는 출범에 앞서 준비할 것이었고 두 가지는 관련된 정보를 유지하는 것에 관한 것이었다:

1 회사 전반에 걸친 새로운 인재 전문 지식 시스템 출범
2 (현재 하드드라이브에 저장되어 있는)공유 가능한 콘텐츠를 수집할 수 있는 프로세스 개발
3 계약 종료 후의 지적자본을 지속적으로 수집할 수 있는 프로세스 구축
4 가장 적절한 직원 정보가 항상 인사이드부즈에서 접근 가능할 수 있도록 연말 평가 형식에 이력서(resume)와 전문지식 정보 갱신을 의무화

(3) 조직 측면에서 크라우더와 그녀의 팀은 몇가지 주제에 집중했다. 첫번째, "내뱉은 말을 실천할 수 있는" 기업단위, 지역단위, 실무 고위직들의 하향식 지원을 보장할 수 있는 것이 필수적이었다. KS&C는 이전보다 보강되어 바너지의 분기별 칠판 회의에서 중요한 주제가 되었다. 또한, 선임 파트너 니코 캐너(Niko Canner)는 담당 후원자가 되어 크라우더와 그녀의 팀에게 자문을 해주었다. 실무 측면에서는 가이드라인, 템플릿, 지식공유 방법 교육, 백업데이터 수집과 업로드 방법, 팀 사이트 사용법 등의 상향식 과제에 초점을 맞추었다. 또한, 크라우더는 지역과 실무 고위지들과 함께 각각의 팀의 지식 담당자를 선발했다. 그런 후 KS&C 팀의 연락치를 제공해 기업고객 담당 직원들과 자신의 팀 사이의 관계를 강화하기 위해 애썼다.

(4) 드살보와 크라우더는 기존 KM 시스템을 경험

그림 4 컨설팅 업무 생애주기

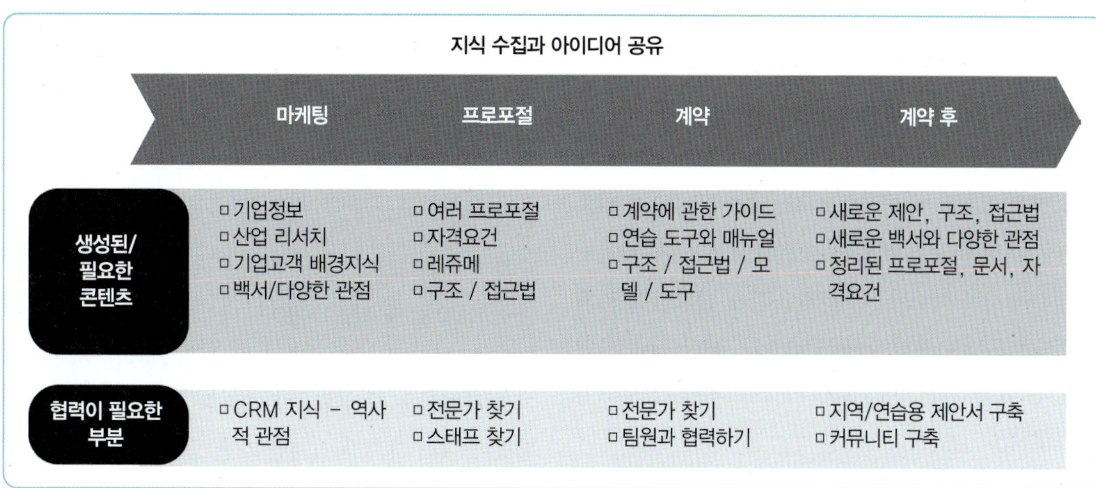

했던 것을 비추어보며 새로운 포탈 개발의 틀이 될 원칙을 만들었다. (BAH 플랫폼을 이용함으로써 생기는 손실을 최소화하기 위한)새로운 시스템의 출범 속도뿐만 아니라 내부 호스팅과 지원에 드는 비용과 복잡함을 피하여 호스팅 해야한다고 보았다. 크라우더의 팀은 최소한의 맞춤화(customization)가 필요하며 쉽게 운영, 유지할 수 있고 후속 출시작에 불편함을 끼치지 않는 솔루션을 찾아 나섰다. 드살보는 여러가지 세부 솔루션을 이용하는 것보다 회사 전반에 걸쳐 통일된 플랫폼을 이용해 일관성을 증대하는 한편 맞춤화와 통합 조건 기준을 최소화하고자 했다.

Next Gen이 진행될 동안 크라우더는 CoP와 스튜어트에게 정기적으로 보고했고 임원진들에게도 가끔 보고를 했다. 그녀는 KMAC(knowledge and marketing advisory committee: 지식과 마케팅 자문위원회)와 더 많이 소통을 했다. 이 위원회는 기업고객을 대면하는 파트너들로 이루어져 있어 KS&C를 위에서 후원해주었고 전략적인 문제들에 관한 조언도 해주었다. 기존의 BAH 지식경영팀은 IT부서 내에서만 보고를 했던 반면, BAH와 분리된 이후 KS&C 팀은 마케팅 조직과 연계되어 고위직 후원과 뚜렷한 연결고리를 갖게 되었다. KM 팀에서 오랫동안 근무했던 칼러는 다음과 같이 강조했다: "마케팅 조직과 연계된 이후, 우리는 CMKO가 지식공유의 근본적인 혜택을 이해한다는 것을 알 수 있었습니다. 우리는 이제 KMAC의 직접적인 후원을 받으며 CEO까지 맞닿아 있습니다."(2008년, 12월)

인사이드부즈의 필수요건 재정의

지식경영 체계 등의 필수요건을 모두 충족하자 크라우더와 그녀의 팀은 인사이드부즈닷컴이라 불리게 되는 Next Gen 솔루션의 기술적 요건에 대해 더 구체적으로 정의하기 시작했다. 기술적 요건을 탐색하기 위해 직원의 필요사항 파악, 외부 벤치마킹, 내부 기준선 설정, 기술 솔루션관련 외주업체 미팅 등의 네 가지 작업을 진행했다.

2008년 10월, 두 명의 사용자 디자인 워크샵이 개최되었는데 하나는 미국, 하나는 유럽에서 열렸다. 그 결과, KS&C 측면에서 기업이 부족한 점과 컨설턴트들의 일상업무를 향상시킬 수 있는 것에 대한 중요한 통찰력을 제공했다. 다음과 같은 질문들을 답할 수 있게 되었다: 당신의 업무 중에서 무엇을 가장 효율적으로 진행해야 합니까? 품질을 어떻게 평가할 수 있을까요? 콘텐츠를 확보하는 과정이 어땠으면 좋을까요? 당신은 전문가를 어떻게 찾고, 어떻게 연결합니까? 기술이 이것을 어떻게 더 편리하게 해줄 수 있을까요? KS&C 팀은 경쟁사들의 활동을 파악하기 위해 인터뷰를 진행했고 회사 전반에 걸쳐 지식경영 주제에 관한 설문조사를 실시했다. 직원 3명 중 1명은 인사이드부즈의 설계에 도움이 될 만한 매우 상세한 피드백을 제공했다. 회사에게 더 실질적인 가치를 제공하기 위해 Next Gen 시스템은 방대한 양의 적절한, 양질의 콘텐츠가 전문가들에게 연결되어야 한다. 지식을 지속적으로 업데이트하는 프로세스와 함께 전문가들이 다른 사람들에게 노출될 수 있도록 개발해야 했다.

내부 기준을 설정하는 과정에서 기존 사내 지식경영 계획을 관찰했다. 기존 계획이 충분히 성공하지 못했던 이유에 대한 한 가지 가설은 '회사가 전 과정에 깊이 관여하지 않았고 임원진들이 지식경영 주제에 대한 관심이 전반적으로 없었기 때문이었을 것이다'였다.(IT팀이 디자인 단계에서부터 주도했다.) KS&C 팀은 새로운 플랫폼 개발, 디자인, 출범, 유지에 전념하는 방향을 잡았고 이를 위해 경영 요건을 기술 기능성으로 변환하는 작업 등 많은 애로 사항들을 겪었다.

플랫폼의 맞춤화를 개발자들과 함께 작업하며 2008년 11월까지 약 50여개의 사용자 사례가 만들어졌다. 컨설턴트들은 이러한 사례들을 통해 '이렇게 이것을 완수하면 좋겠다라'고 말하기 전에 '이것이 되었으면 좋겠다'를 설명할 수 있게 되었다. 디살보는 사례를 이용하는 것의 장점에 대해 다음과 같이 요약했다: "시스템의 기본 사항들을 설정하는 데 필요한 정보들을 수집하는 방법이 여러 가지가 있지만 가장 중요한 것은 경영 요건을 제대로 아는 것이다. 우리는 시나리오 기반 사례를 토대로 시스템이 완수해야 할 것들뿐만 아니라 시스템의 사용자들이 완수해야 할 것에 대해 전체적으로 이해할 수 있게 되었다."(2008년 10월)

같은 달, 2008년 11월에 또 다른 중요한 결정이 있었다. 외부 업체와의 면담을 통해 KS&C 팀은 마이크로소프트 셰어포인트 2007을 자사의 플랫폼 기술로 택한 것이다. 광범위한 협력을 위한 기술이기에 상당한 맞춤화가 필요할 것이라 예상되었지만 여러 개의 소프트웨어를 엮어서 만드는 것보다는 수월할 것이라 판단되었다. 또한, 셰어포인트 2007은 사내의 다른 마이크로소프트 기반 제품들과 잘 통합되었다.

인사이드부즈의 외관과 느낌에 대한 정의

IT쪽에서 근무하던 다니엘 패노프(Danielle Phaneuf)는 2008년 10월부터 2009년 3월까지 KS&C 팀에 매진하였고 그 이후부터 자문역을 맡았다. IT 관련 프로젝트를 지휘한 경험이 있던 그녀는 포탈 개발의 프로젝트 매니저 역할을 했고 시스템 디자인과 개발을 감독했다. 사내 개발자들이 한 명도 없었기 때문에 전체 외관과 기능은 외부 개발자들에게 맡겨져 2009년 1월에 개발이 시작되었다.

KS&C 팀은 기존의 인트라넷 모범사례를 참고하여 포탈의 외관과 느낌을 정의했다(그림 5). 그들은 쉽게 이용할 수 있고 부즈앤컴퍼니 브랜드 가이드라인에 부합하는 만족스러운 디자인의 웹사이트를 원했다. 웹사이트는 적절한 사람들과 콘텐츠에 대한 접근을 제공하면서도 매력적이어야 했다.

- 홈페이지(그림 6)에는 부즈앤컴퍼니의 최신 소식과 함께 모든 직원이 경영 블로그를 하도록 유도하는 장기 목표하에 지식에 대한 블로그 공간이 제공되었다.
- 사용자들은 모든 페이지의 상단에서 자신의 프로필(전문분야, 이력서) 접근, 문서 업로드, 검색, 도움 요청이 가능했다.
- 팀과 커뮤니티 사이트(그림 7)에서는 기존 콘텐츠를 협력하며 발전시킬 수 있도록 하였다.
- 검색 기능은 문서 미리보기, 관련된 콘텐츠, 그와 관련된 팀 정보를 보여준다.
- 문서 업로드(그림 8)는 편리했으며 제대로 된 곳에 문서를 업로드해 위치를 추측할 필요가 없었다.

그림 5 인트라넷 우수사례

인트라넷 우수사례
• (콘텐츠나 기술이 아닌)사람을 중점으로 두기
• 비즈니스에 결합하기
• 보편적인 접근방식을 제공하기(예: 가입양식 1개)
• 매끄러운 기업경험 만들기 – 정보, 사람, 콘텐츠 정보를 한곳에
• 범국가적인 상호작용 지원
• 간단하고 쉽게 사용할 수 있도록 설계
• 시각적으로 매력적으로 만들기

외부개발자와의 협력은 엄청난 어려움과 지연을 불러왔다. KS&C 팀은 곧 셰어포인트 유저 인터페이스를 예상보다 많이 맞춤화해야 한다는 것을 깨달았고 사용자 친화적인 플랫폼과 맞춤화 최소화 중 하나를 선택해야 했다. 아이셰어의 실패가 기억 속에 선명했기 때문에 그들은 사용자 편의성을 앞세우는 것에 주저하지 않았다. 프로젝트를 강력하게 감독했음에도 불구하고 플랫폼 맞춤화에는 많은 고난이 있었고, 결국 인사이드부즈의 출범시기를 2009년 봄에서 2009년 가을 초로 늦추게 되었다.

회사 전반의 분류체계 구축

개발 지연에도 불구하고 또 다른 획기적인 기록을 달성했다. 바로 2009년 6월에 회사 전반의 분류체계를 최종적으로 결정했다. 크라우더는 이 때도 회사 임원진들과 긴밀하게 협력했다. 지난 지식경영 계획들과 달리 처음으로 재무, 인사관리, KS&C를 통합하는 일관성 있는 분류체계를 구축했다.

2009년도에 컨설턴트 업무를 그만두고 KS&C 팀에 합류한 펄 나티(Pearl Nartey)는 분류 체계 통합의 혜택을 다음과 같이 설명했다: "각각의 사건과 팀에서 자신들의 분류체계를 만들고난 이후 KS&C 팀은 각각의

그림 6 인사이드부즈 홈페이지

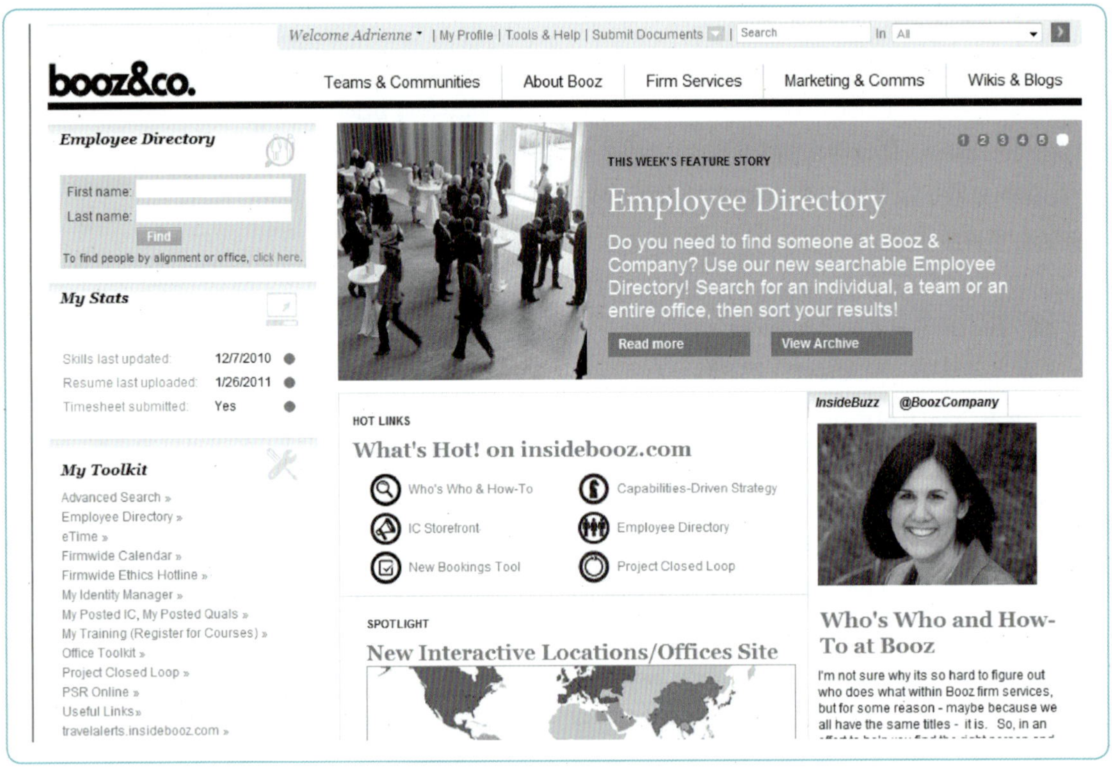

그림 7 팀 사이트 예시

그림 8 문서 업로드

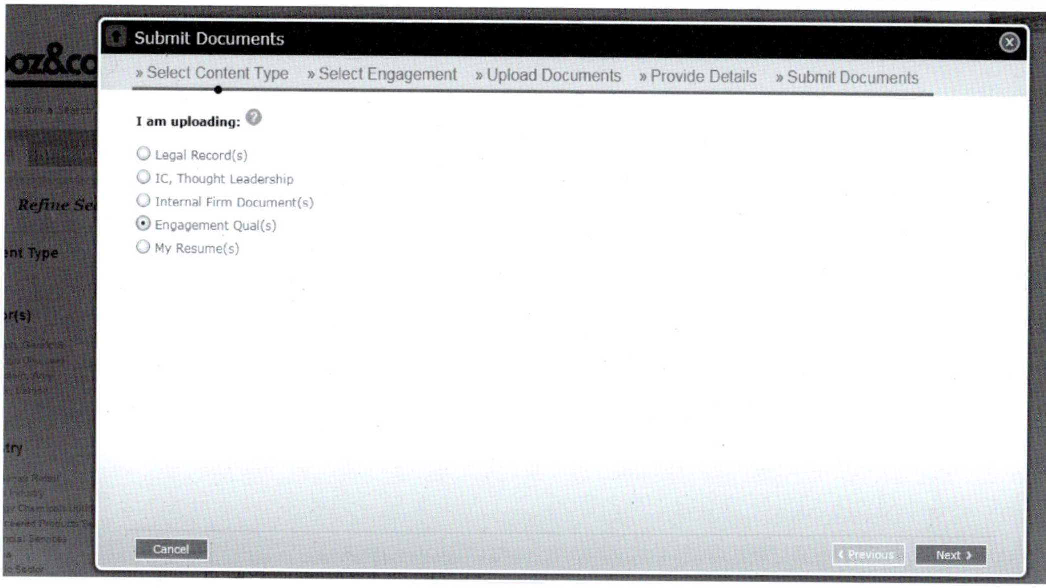

팀과 협력하며 일관성 있게 오래된 분류체계를 새로운 것으로 바꾸어야 했다. 결국 예전에 지역별로, 사건별로, 콘텐츠와 전문지식별로 가지고 있던 분류체계를 모두 통합하였다. 통합 분류체계가 없다면 정보를 발견하고 검색하는 것이 어려웠을 것이다."(2009년 6월) 결과적으로 이 분류체계는 전체 포탈의 지도와 같은 역할을 수행했다.

회사의 분류체계가 지속적으로 수립되자 크라우더는 재무팀과 협력해 앞으로의 모든 변경사항이 전 지역에서 승인되고 인사관리, 재무, KM 시스템에도 동시에 이용될 수 있는 프로세스를 설계했다. 결과적으로, 기업의 전문지식 분야 표현을 전 세계적으로 통일할 수 있었다.

출범 준비

격려

2009년 봄, 크라우더는 인사부장과 긴밀하게 협력해 신입 직원들의 평가서 형식을 개정했다. 스튜어트가 말했듯이 "사람들이 시스템을 이용하게 하려면 사람들의 평가 요소 중 하나를 시스템 이용과 관련된 것으로 만들어야 한다. 시스템 이용 정도뿐만 아니라 시스템 기여도도 평가되어야 한다."(2009년 6월)

기업고객 담당 직원들은 이제 매년 평가 과정에서 자신의 이력과 프로필/전문분야를 최근에 업로드했는지 체크해야 했다. 또한, 협력과 지식공유 능력도 평가하여 제출된 문서 개수를 통한 양적 평가뿐만 아니라 전문가와 콘텐츠를 활용하는 능력에 관한 질적 평가도 받게 되었다.

콘텐츠

인트라넷 도입의 황금률은 '콘텐츠가 왕이다.'라는 것이다. 활기찬 콘텐츠 없다면 직원들이 검색을 했을 때 원하는 것을 찾지 못해 불만족하고 다시 돌아오지 않는다는 것이다. 인사이드부즈의 핵심 가치요소는 직원이 고객 요구에 빠르게 반응하여 제안서를 제대로 제시할 수 있게 하고 계약을 시작할 때 관련된 정보를 잘 찾을 수 있도록 하는 것이다. 그러므로, 이전 과거 사례에서 제안서뿐만 아니라 직원 이력서, 기본적인 자격요건, 체계, 방법론을 쉽게 접근할 수 있어야 한다. 나티는 복합적인 콘텐츠수집 작업을 담당했다. 그녀는 다음과 같이 얘기했다: "우리는 지식 기업이기 때문에 우리 포탈은 콘텐츠만큼은 좋아야 한다. 이를 위해 우리는 하드드라이브에 저장되어 있는 수많은 콘텐츠를 수집해야 한다는 것을 깨달았다. 이와 관련하여 전 산업과 팀의 방대한 콘텐츠를 수집하는 프로세스를 구조화하는 것은 정말 중요하다."(2009년 1월)

이것이 성공하기 위해서는 각 사례별로 단계마다 중요한 점들을 정의하는 명확한 프로세스를 구축해야 했다. 크라우더는 실무 고위직들과 협력해 승인과 지지를 얻어냈다. 나티는 지난 3년간 기존의 KM 시스템에 업로드되지 못했던 콘텐츠를 수집하는 프로세스를 신속히 구축했다. 각 사례별로 지식 팀이 선별되어 KS&C 팀의 팀원과 협력해 콘텐츠를 수집하고 태그했다. 이는 각 문서에 걸맞은 기업전반의 분류체계 요소를 정의하는 것과도 연관이 있었다. 나티는 수집된 콘텐츠를 기반으로 문서를 처리하는 작업(예를 들면 고객 기밀 정보 삭제 등)과 인사이드부즈에 업로드하는 프로세스를 구축했다.

실무의 인재들을 동원하고 독려하여 수집프로세스를 추진하는 것은 매우 어려운 일이었다. 이 프로세스는 예상보다 더 많은 시간이 걸렸지만, KS&C 팀은 2009년 늦여름쯤까지 수천 개의 문서를 수집, 태그, 처리하고 업로드하는 데 성공했다.

매력적인 사이트

기존 콘텐츠를 수집하는 과정을 더 복잡하게 하는 것은 카첸바크 파트너즈(Katzenbach Partners)와의 통합이었다. 이 회사는 2009년 1월에 인수된 뉴욕 기반의 컨설팅 회사였다. 부즈앤컴퍼니는 인수를 통해 기업의 지식과 역량을 보완할 수 있었다. KS&C 팀의 과제는 카첸바크의 지적 자본과 지식경영 경험을 효과적으로 통합하는 방법을 찾는 것이었다. 카첸바크는 부즈앤컴퍼니에 비하여 규모가 상대적으로 작았지만 최근에 최신식 KM 시스템 허브+(HUB+)를 구축했다. 허브+는 비공식적인 지식경영 도구가 개발되어 있었는데, 팀 사이트 내의 위키(wiki), 사용자 추천 검색 결과, 클라우드 태깅(cloud tagging), 표준 분류 체계가 아닌 자신의 키워드에 따라 분류하고 문서 찾기 및 업로드에 쓰이는 폭소노미(folksonomy) 등이 있었다. 규모가 더 작았기 때문에 카첸바크는 기업고객 이름으로 구조화할 수 있었다.

허브+는 웹 2.0 기능을 적극적으로 활용했고 카첸바크에서는 기업고객 이름 기반의 구조가 효율적이었다. 그러나 카첸바크는 부즈앤컴퍼니에 비해서 기업고객과 더 다양한 종류의 계약을 체결했었다. 부즈앤컴퍼니는 허브+와는 달리 매우 규모가 크기 때문에 문서 처리에 더 많은 공식화된 정책들이 있었고, 이로 인해 카첸바크 직원들은 이러한 정책들이 매우 번거롭다고 느꼈다. 크라우더는 카첸바크 콘텐츠를 더 매력적으로 통합해야 하는 문제에 직면했다.

인수할 때 부즈앤컴퍼니는 카첸바크 센터라는 씽크탱크(think tank)를 설립하여 조직, 리더십, 문화, 인적 자원 분야의 혁신을 이루고자 했다. 일로나 스테픈(Ilona Steffen)이 이곳의 책임자로 임명되었는데 그녀는 부즈앤컴퍼니의 분류체계 구축에 중요한 역할을 했었다. 인사이드부즈의 출범이 곧 도래하자 스테픈은 이를 카첸바크 콘텐츠를 활용할 수 있는 절호의 기회로 보았다. 그녀는 팀을 구축해 카첸바크의 KM 시스템, 특히 사용자 추천 검색 결과를 검토하게 하였다. 350여 개의 문서가 채택되었고 부즈앤컴퍼니의 공식 형식으로 처리되어 인사이드부즈에 업로드되었다.

이 콘텐츠를 쇼케이스(showcase)하기 위해서 스테픈과 그녀의 팀은 KS&C 팀과 협력하여 허브+ 협력 도구를 인사이드부즈에 적용시켰다. 먼저 업데이트가 쉽고 직관적인 카첸바크 콘텐츠용 위키기반의 사이트를 구축했다. 이를 통해 구 카첸바크 컨설턴트와 부즈앤컴퍼니 컨설턴트들로부터 특정 주제 기반 콘텐츠를 공유하는 가장 좋은 방법을 만들었다. 이는 바로 콘텐츠와 미리보기의 "최고" 부분을 강조(highlight)할 수 있는 기능, 교육 영상 쇼케이스, 필요에 따라 콘텐츠를 정리할 수 있는 기능(마케팅, 제안서, 계약 초기 – 그림 9) 등을 활용한 매력적인 사이트였다. 이러한 카첸바크 센터의 위키 사이트는 쇼케이스 사이트가 되었다. 이는 KS&C 팀에게 전환점이 되었다. 위키 기반 사이트는 지식이 저장되는 공간일 뿐만 아니라 강조, 공유, 생성될 수 있는 곳이었다.

이러한 접근은 부즈앤컴퍼니의 '광범위한 주제의 선구자가 되자.'라는 비전을 구현하는 의미 있는 일이었다. 지적자본의 생성과 발전을 돕고 확장함으로써 카첸바크 센터는 기업의 모범사례가 되었다. 머지않아 다른 팀들도 자신들의 최고 콘텐츠를 위키 형식으로 강조하고 싶어했다.

연결

2009년 늦여름쯤 포탈의 출범이 다가오자 스튜어트와 크라우더는 '내 프로필 기능'을 먼저 출범하기로 결정했다. 공식 출범 이전에 프로필 정보를 채울 수 있을 뿐만 아니라 기업 내에서 관심과 흥미를 유도할 수 있었다. 비록 이 플랫폼은 최신식의 소셜네트워킹, 마이크로 블로깅 기능을 탑재하지는 않았지만 내 프로필 기능을 통해 직원들은 자신의 전문 분야를 3점 평가 척도로 표시하고 표준 형식의 이력서와 개인정보를 업로드할 수 있었다(그림 10). 또한, 기본 인적 사항(이름, 번호, 조수), 집필한 콘텐츠, 계약 내역 등의 정보를 담을 수 있었다.

새로운 계획에 대한 반응을 유도하는 효과뿐만 아니라 기업 내의 전문가들을 연결하는 강력한 도구로서의 역할도 기대할 수 있었다. 계약 체결 협상 전에 온라인 이력서와 전문분야를 활용해 팀 구성을 할 수 있다. 프로필 접근을 통해 부서, 기술, 직급별로 사람을 찾고 사진, 이력서, 연락처를 볼 수 있게 되는 것이다. 출시가 임박했을 때쯤에는 직원의 60% 정도가 프로필을 채웠다.

인사이드부즈의 출범과 첫 경험들

2009년 8월에서 9월 동안 스튜어트는 인사이드 부즈의 네 가지 핵심가치 요소인 반응, 연결, 협력, 혁신과 관련된 재미있는 동영상을 포함한 이메일 4개를 발송했다. 이러한 짧은 동영상들은 곧 출범할 새로운 지식경영 플랫폼에 대한 흥미와 관심을 고조시켰다. 2009년 10월, 인사이드부즈가 출범되었다.

그림 9 Katzenbach Center 위키 사이트

부즈앤컴퍼니의 CEO 바너지는 사내 업무와 협력의 새로운 접근 방식인 차세대 지식경영 플랫폼 인사이드부즈의 출범 축하 이메일을 발송했다. 그는 시스템의 새로운 기능과 KS&C 팀의 노고를 강조하며 이것이 첫 단계일 것이라고 예고했다. 바너지는 기업의 KS&C 역량을 발전시키기 위해서 시스템을 일상적으로 써야 하는 필요성에 대해 강조했고 기존의 업무 진행 방식을 변경하도록 장려했다. 웹기반 세미나 "시작하기" 세션이 그 후에 진행되었고 크라우더가 2009년 12월에 전세계 파트너와의 회의에서 플랫폼의 시연 제의를 받자 임원진의 격려가 이어졌다.

초기 반응은 대체적으로 긍정적이었다. 스테픈은 다음과 같이 말했다: "나는 인사이드부즈가 우리를 지식경영 분야에서 가장 최고의 수준으로 끌어올릴 것이라 기대한다. 우리는 몇 년 전에 그 위치에 있었던 것 같지만 그 기세를 유지하지 못했다. 내가 생각하기에는 인사이드부즈를 기반으로 곧 그 위치로 올라갈 수 있을 것 같다."(2010년 6월) 2010년 4월에 KS&C 팀에 합류

그림 10 나의 프로파일 스크린샷

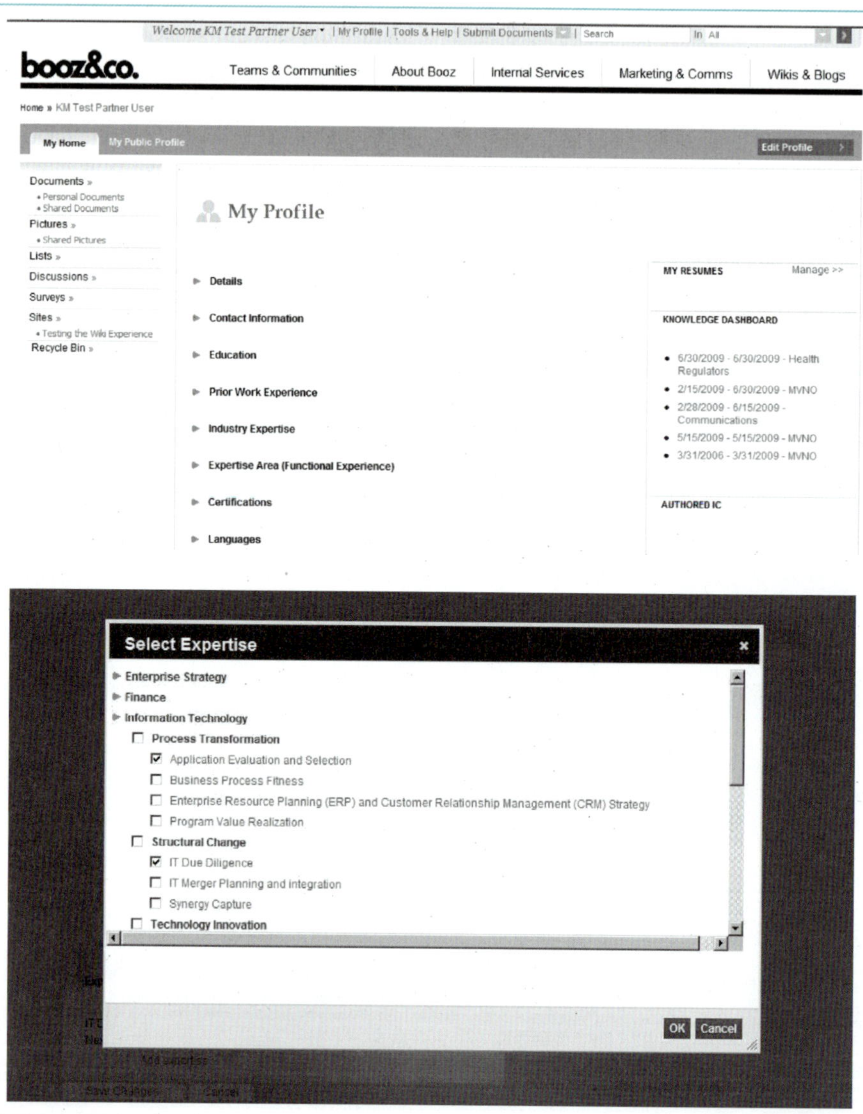

그림 10 *(계속)*

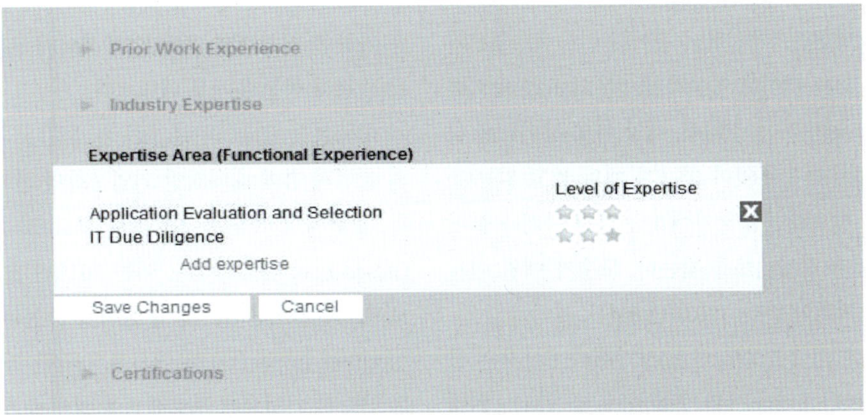

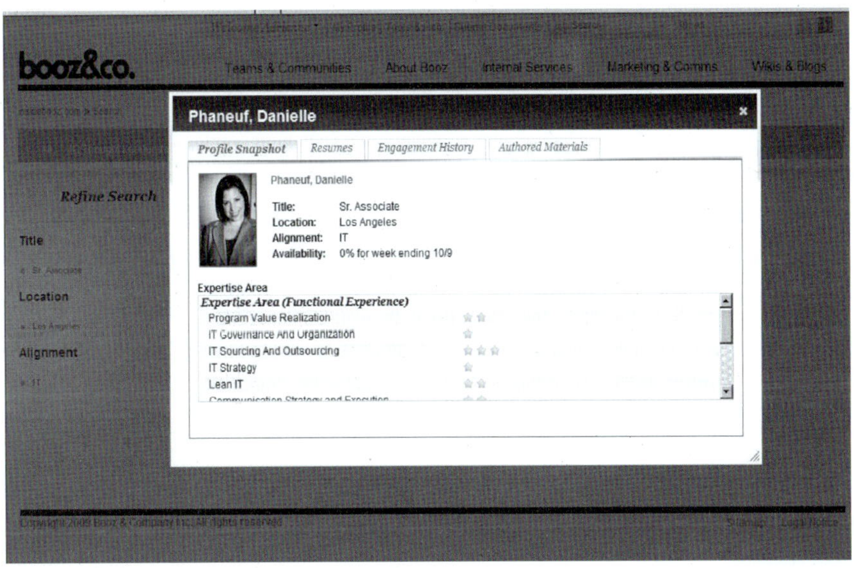

한 에제딘 자흐자(Ezzedin Zahzah)는 새로운 시스템의 커뮤니티 요소를 극찬했다: "인사이드 부즈는 우리 기업의 지적자본 창고에 그치지 않는다. 수천 개의 유용한 문서와 콘텐츠뿐만 아니라 커뮤니티 사이트와 분야별 그룹은 지역 간의, 팀 간의 지식공유와 협력을 활발하게 한다."(2010년 6월)

수많은 새로운 사용자 중 한 명인 건강 분야의 파트너 분트(Bünte)는 다음과 같이 주장했다: "우리는 최첨단의 매우 유용한 시스템을 만들어냈다. 인사이드부즈는 문서관리 시스템에 그치지 않고 사람들, 콘텐츠, 방법론을 연결하는 '연결시스템'에 가깝다."

인사이드부즈는 현재 두 가지의 핵심 과제에 직면하고 있다. (1) 성능이 예상보다 매우 낮았다. 페이지에서 페이지로 이동하거나 기본 검색했을 때 결과를 가져오는 시간이 너무 길었다. (2) 대중적으로 수용되는 티핑 포인트에 도달하기까지는 아직도 가야 할 길이 멀다. 인사이드부즈의 새로운 시스템이기 때문에 새롭게 추가되는 컨텐츠가 충분하지 못했고 일상적으로 인사이드부즈를 사용하는 사람들이 적었다. 결과적으로, 기업고객 담당 직원들은 내부 네트워크를 통해 정보를 찾거나 전체메일 발송을 통해 콘텐츠를 구했다. 스테픈은 크라우더와 스튜어트가 필요로 하는 행동변화를 다음과 같이 요약했다: "완전한 수용이란 인사이드부즈가 표준 행동이 되는 것이고 일상적인 업무의 표준 방식이 되는 것이다. 내가 하는 것처럼, 매일 아침 사이트에 들어간다. 홈페이지에 무엇이 있는지 매일 보고 읽는다. 내가 무엇이 필요하면 누군가에게 전화를 하거나 물어보기 전에 먼저 웹사이트를 찾는다. 모두가 매일 이용하는 도구가 되어야 한다."(2010년 6월)

스튜어트는 과거를 회상하며 생각했다: "이것은 실패할 수도 있다. 그러나 계약 종료 이후 추가되는 콘텐츠의 비율과 사용률의 점진적인 증가는 성공의 척도를 보여줄 것이다."(2010년 7월)

크라우더는 시스템의 근본적인 가치를 증명해야 전문가와의 연결율, 관련된 컨텐츠 발견율을 증대시킬 수 있다는 것을 깨닫게 되었다. 스튜어트가 강조했다시피 "지식경영은 네트워크의 대체제가 아니다. 지식경영은 네트워크를 자동화시키고 네트워크에 깊이를 더하며 네트워크의 성장속도를 높인다."(2010년 7월)

오늘날의 상황과 앞날을 내다보다

계획이 시작된 지 2년이 지난 이후 크라우더와 그녀의 팀은 기업의 선견지명 강화, 시장 대응 시간 단축, 혁신과 기업가 정신 증대를 위해 KS&C 솔루션 개발에 막대한 노력을 쏟아부었다.

크라우더와 스튜어트 세가지 분야에 집중했다:

1 인사이드부즈를 회사 문화에 깊이 물들인다. 특정 행동 습관을 변경하는 방법을 찾고 인사이드 부즈를 부즈앤컴퍼니의 일상 업무에 유입시킨다.

2 심도 있으면서 사용가능한 콘텐츠를 담은 파급력이 높은 사이트를 구축한다. 카첸바크 센터의 위키를 예시로 삼아 다른 팀들에게 모범사례를 보여줄 수 있다.

3 진전 상황을 명확히 보여줄 수 있는 수치를 구축하고 각각의 KS&C의 가치요소와 기업성과를 비교한다.

초기에는 인사이드부즈의 기술적 성능이 사용률에 커다란 장애물이었다. 최고 정보 책임자 보울린은 성능 문제를 일으키는 원인을 찾는 프로젝트를 시작했고 수용 가능한 최저 성능의 목표(웹페이지 로딩 시간 기준)를 설정해 성능 문제를 해결했다.

대중화는 조금 더 복잡한 과제였다. 부즈앤컴퍼니의 출범과 함께 대대적인 기업문화의 변화도 시도되었다. 첫번째 결과물은 *프로젝트 클로즈드 루프*(*Project Closed Loop, PCL*)였다. 이는 2010년 초에 출범된 프로젝트 관리도구였는데 팀 효과성 증진과 컨설팅 효과성(client impact)을 향상시키기 위한 것이었다. PCL은 각각의 기업고객 프로젝트의 생애 주기 동안의 일련의 대화로 이루어져 있는데 이는 컨설팅 효과성, 팀원 성장성(individual team member development), 기업 효과성(firm impact)의 예상 수치 설정에 도움을 주기 위해 설계되었다(그림 11). 크라우더는 기업문화 팀과 긴밀히 협력하여 PCL이 직원들로 하여금 인사이드부즈에 적응하여 계약 전과 계약 후에 콘텐츠를 최대한 활용할 수 있도록 했다. PCL은 가이드와 표준형식을 이용하여 직원들에게 계약을 체결하는 법과 관련된 콘텐츠를 확보하는 법을 보여주었다. 이는 프로젝트의 모든 부분에서 올바른 대화가 진행될 수 있도록 보장하는 프로세스다. 예를 들면, 계약이 시작될 때 어떤 콘텐츠가 이미 존재하는지, 어떻게 활용될 수 있는지에 대해 논의를 해야 한다. 프로젝트가 끝난 이후, 팀들은 기업고객들이 얻은 결과에 대해 숙고해야 하며 부즈앤 컴퍼니를 위해 가장 최상의 지식 확보 방법에 대해 생각해보아야 한다."(기업 문화팀 팀원 캐롤린 크로니, 2010년 6월)

지식공유에 관한 전반적인 진행상황을 추적하기 위해서 크라우더와 그녀의 팀은 PCL과 *지식 척도*(*knowledge metrics*)를 설계했다. 이 척도는 기업, 지역, 팀 수준으로 제공되었으며 종료된 계약으로 부터 수집된 콘텐츠, 프로필, 업데이트된 이력서, 전반적인 사용률에 초점이 맞추어져 있었다. 크라우더는 분기별 척도 업데이트를 임원진, 지역 고위직, 실무 고위직에게 전송했으며, 이후에 지식공유 향상 방편에 대해 이

그림 11 프로젝트 단계

프로젝트 시작	프로젝트 생애주기 계속되는 프로젝트 제공	프로젝트 중간점	프로젝트 완료
• 기업고객, 기업, 개개인에게 성공이 어떤 모습일지에 관해 얘기하는 킥오프 세션; 공통적인 기대; 어떻게 우리가 열망을 달성할지; 업무를 진행하며 이런 목표에 대한 대화를 지속할지	• 중요한 미팅과 서비스를 제공한 후에 '업무 중' 피드백을 팀원들과 함께 주기적으로 진행	• 킥오프에서 거론된 비전, 기업고객 기준, 열망과 현재까지의 성과를 팀 내부적으로 비교하여 평가	• 프로젝트 킥오프 과정에 대한 끝맺음 대화
• 관련된 지적자본에 관한 논의 – 어떤 지식을 활용할 수 있을지, 지식격차가 어디에 있는지, 어떻게 채울 수 있는지		• 지식에 대한 팀의 터치포인트 – 기업 전문가들이 최대한 활용되고 있는가, 기업과 공유되어야 하는 지적자본이 창출되었는가?	• 지식수집에 대해 결정: 자격요건 개발, 고가치 시석사본 정리, 인사이드부즈에 업로드, 인사이드부즈에 업로드되어 있는 지적자본에 코멘트, 프로필과 레쥬메를 필요시에 업데이트
• 팀장과 팀원 간의 기대에 대한 1:1 면담		• 각각의 팀원에게 1:1 피드백 진행	• 팀원 개개인과 완료된 프로젝트 검토 회의

들과 개인적으로 논의했다. 그녀는 가능하다면 경쟁심을 부추기려고 했으며 굼뜬 사람들도 최고의 성과를 낼 수 있도록 격려했다. 사이트 수, 사용률, 이력서와 프로필 업데이트 등 대부분의 수치는 긍정적이었으나 대다수의 계약 후 콘텐츠는 인사이드부즈에 처리되어 업로드되지 않았다.

크라우더와 그녀의 팀은 계속하여 직원들이 더 많은 컨텐츠를 처리하고 업로드할 수 있게끔 유도하는 데 집중했다. 크라우더는 지속적으로 전세계 실무진들과, KMAC, 문화팀과 긴밀하게 연락했다. 임원진들이 지식공유의 중요성을 이해했지만 PCL의 제안처럼 모범 선례를 보여주거나 책임을 추궁하지 않았다. 변화는 진화하는 과정이고 기업의 DNA에 완전히 통합될 때까지는 시간이 걸린다. 특히나 부즈앤컴퍼니는 전 세계적인 대규모 기업이기 때문에 더욱 시간이 걸린다. PCL과 같은 계획은 기업에서 올바른 방향으로 새로운 행동을 이끄는 의미있는 선례가 되었다.

크라우더와 그녀의 팀은 Next Gen으로 인해 지속적인 진화가 시작되었다는 것을 알았다. 시장도 급속히 진화하고, 친구나 동료들과 상호작용하기 위한 기술들도 변화하고 있었다. 크라우더는 이미 소셜네트워킹과 스마트폰 앱을 현재 플랫폼에 도입시키는 방법을 조사하고 있었다. 그러나 새로운 기능이 가장 큰 도전과제가 아니었다. KS&C 팀은 인사이드부즈의 확산하기 위해 일관성 있는 KS&C 행위의 소통과 촉진에 집중하고 있다. 성공한다면, 그들은 새로운 부즈앤컴퍼니를 위한 차별화된 역량을 구축할 것이다.

CASE STUDY 15

Spreadshirt(스프레드셔츠)
인터넷 대량 맞춤생산

서론

> Spreadshirt은 임의적 투자계획과 시장침체로 특정 지어지는 비현실적인 비즈니스 모델을 가지고 있다.
>
> (**Jury statement** at the NUK Business Plan Competition in February 2002 in Cologne[Germany])

Cologne 행사로부터 5년이 지난 오늘, 법원의 Spreadshirt에 대한 판결은 의구심이 든다. 특히 Spreadshirt는 현재 유럽시장을 선도하고 있고 5백만 개의 맞춤 제품군을 판매하여 세계 Top3 안에 들었음에도 말이다. 2006년 매출액은 1,500만 유로를 기록했고, 직원은 현재 유럽과 미국에 250명이 근무하고 있다.

회사 배경

아이디어

Spreadshirt의 CEO이자 설립자인 Lukasz Gadowski는 언제나 창업에 관심이 있었다. 그는 대학생활 3학기만에 첫 회사를 차렸다. 그는 University of Paderborn에 재학하며 경영과 정보기술 전공했고, 세계에서 가장 큰 학생 자문회 중 하나인 Campus Consult에서 일했다.

> 나는 Campus Consult에서 일하는 첫날부터 굉장히 열심히 했다. 그래서 학교수업에 많은 시간을 쓰진 않았다. 대신 자문 프로젝트를 수행하고, 내부 세미나에 참석했고, 임원단으로 활동했다. 하지만 특히 자문 프로젝트를 통해 업계가 실제로 어떻게 돌아가는지 배우게 되었다.
>
> (**Lukasz Gadowski**, CEO Spreadshirt)

Gadowski는 다른 Campus Consulters(멤버들은 자신들을 그렇게 불렀다)들과 시장조사를 하고 웹사이트와 콘텐츠 관리시스템을 개발하고 판매하였다. 그들은 유한회사를 설립하였고, 통제 소프트웨어를 도입하고 판매를 시작했다. 그러나 장기적인 성공은 힘들어 보였다. 한 학기 후 Gadowski는 모바일 상거래회사를 설립하였지만 성공적이지 못했다. 시장상황은 닷컴버블이 터진 직후라 좋지 못했다. 그는 오랫동안 생각해왔던 아이디어를 떠올렸다:

> 2000년에 우리의 첫 클라이언트는 Hesse에서 작은 날염회사를 운영하고 있었다. 이 프로젝트를 통해 프린팅 기술과 그 쪽 업계에 대해 알게 되었다. 그리고 나서 Spreadshirt의 아이디어가 확 떠올랐던 것이다. [중략]

This case study was written by Sebastian Bartz, International Business Master student, under the supervision of Dr Albrecht Enders, Assistant Professor of Strategic Management, Harald Hungenberg, Chaired Professor of Strategic Management (all three from University of Nuremberg), and Tawfik Jelassi, Dean and Professor of e-Business and IT at School of International Management of Ecole Nationale des Ponts et Chaussees (ENPC, Paris). It is intended to be used as the basis for class discussion rather than to illustrate effective or ineffective handling of a management situation.

This case study was made possible by the cooperation of Lukasz Gadowski, Chief Executive Officer, Spreadshirt and Konrad Marx, Country Manager (Germany, Austria, Switzerland), Spreadshirt.

> 나는 또한 사람들이 적합한 책들을 사이트에 올리게 해 주는 아마존 제휴프로그램에도 영감을 받았다. 만약 그게 책에서도 통한다면, 셔츠에 통하지 않을 건 또 뭔가?
>
> **(Lusasz Gadowski)**

자신의 강점은 IT보단 경영학에 있다는 것을 깨달은 Gadowski는 처음에 University of Mannheim에서 경영학을 공부했지만, 나중에는 창업 전문으로 유명한 Leipzig 경영대학원에서 학위를 땄다.

설립

2001년 여름, Spreadshirt라는 이름의 웹사이트가 처음 개설되었다. Gadowski는 그 이름의 기원을 이렇게 설명한다:

> 웹사이트 이름을 이렇게 지은 이유는 인터넷을 통해 셔츠를 퍼뜨리는 비즈니스 모델이었기 때문이다. 더욱이, 회사 자체가 파트너 상점을 통해 퍼지면서 입소문을 타기도 하기 때문이다. 나는 사람들이 단지 들어와서 셔츠만 구매하는 포탈을 원한 것이 아니라, 수천 명의 작은 창업자들이 나의 플랫폼을 이용해서 상점을 차리고 그들만의 제품을 만들었으면 좋겠다.

그러나 웹사이트의 초기 버전은 사용사들이 사신들만의 상점을 차리는게 불가능했다. Gadowski가 직접 일일이 손으로 처리해야 했기 때문에 가장 중요한 고객들에게만 집중해야 했다. 예를 들면 한 달에 페이지 방문수가 10만 번 이상인 점주만 Spreadshop에 상점을 개설할 수 있었다.

2001년 말에, Spreadshop의 초기 창업자 중의 하나인 Michael Spiess가 Gadowski와 합류하여 Leipzig에 Spreadshirt GbR을 설립했다. 그 이후로 Gadowski가 마케팅과 사업과정을 맡는 동안 Spiess가 IT개발 부분을 책임졌다. 2002년 5월, 완전 자동화된 버전의 웹사이트가 처음으로 개설되었다. 이제 사람들은 Spreadshop에서 직접 상점을 차리고 그들이 직접 디자인한 제품을 팔 수 있다는 사실에 관심을 가지기 시작했다. 이는 그 다음 몇 년 동안의 계속되는 성장으로 이어지는 촉진제였다. 이러한 성장에 자금이 더 필요했던 Gadowski는 투자자금을 더 모으기를 시도했다:

> 한 해 동안, 나는 여러 business angel들을 만나면서 우리의 비즈니스 모델을 납득시키려 노력했다. 그러나, 단 한 번도 성공하지 못했다. 대부분은 당사자들을 만나기도 전에 비서가 "더 이상의 인터넷은 사절입니다"라고 하며 딱지를 맞았다. 완전 시간낭비였다.

성장

Spreadshirt의 성장에 대한 자금은 내부적으로 조달되어야 했다. 결국 사업은 시작할 때부터 손익분기점을 찍었다. 또한 그의 혁신적인 비즈니스 모델은 2002년 10월 Saxony 사업계획 대회에서 입상하였다.

> FutureSAX 2002 상은 우리에게 매우 중요했다. 왜냐하면 이로 인해 초반부터 대중에게 엄청난 스포트라이트를 받았기 때문이다. 더욱이, 2004 HP Business Vision Award는 우리의 첫 국제대회 수상이라는 점에서 의미가 있었다.
>
> **(Lusasz Gadowski)**

Gadowski가 2003년 6월에 HHL에서의 공부를 끝낼 때 쯤에는, Spreadshirt가 이미 5,000개의 상점 파트너가 등록을 신청한 시점이었다. 주문 물량과 매출이 기하급수적으로 늘어나면서 Gadowski와 Spiess는 더 많은 직원을 고용하였는데 특히 고객 서비스 부분에 많은 직원을 배치시켰다. 지원자들은 플래카드와 인터넷 광고를 통해 모집하였다. 첫 면접을 진행할 당시에는 사무실이 없었기 때문에 HHL의 강의실에서 면접이 이루어 졌다. 모든 지원자는 서비스 이메일을 쓰거나, 수수께끼 같은 문제나 수학 문제들을 풀고, 티셔츠를 디자인하는 등의 여러 가지 테스트를 통과해야 했다. 많은 학생들이 역동적이고 성공적인 벤처에서 일할 수 있는 기회가 주어졌다는 것에 감사했다. Leipzig에는 학생들이 할 수 있는 폭넓고 다양한 일들이 없기도 했기 때문이다.

2004년 5월, 25,000개가 넘는 상점 파트너들이 생겼고, Spreadshirt는 Leipzig의 서쪽에 있는사무실 바로 옆에 130 제곱미터 평방에 생산시설과 물류센터를 그들의 생산시설과 물류시설을 세웠다. 이는 전 사업 관계자들로부터 회사를 독립시켰으며 제조, 포장, 배달의 과정을 48시간 이내에 이루어지는걸 가능케 하였다. 또한, 온라인 맞춤제작 및 주문 도구인 Spreadshirt Designer가 독일어로 처음 출시되었고 그 뒤에 영어, 불어, 스페인어, 네덜란드어, 이탈리아어, 노르웨이어와 스웨덴어로 출시되었다. 이제 대부분의 유럽과 북미 고객들은 상점을 열거나 비슷한 상품을 가지고 있는 상점을 검색할 필요 없이 Spreadshirt에서 그들만의 제품을 맞춤 제작할 수 있게 되었다.

그 해 말에, HHL 전 동기인 Michael Petersen은 회사로 돌아왔고, McKinsey에서 일을 마친 후 Gadowski와 Spiess가 있는 이사회에 가담하였다.

> 나는 HHL에서 Michael을 알고 있었다. 우리는 자주 함께 일했고 서로 잘 맞는다고 느꼈다. Michael은 그의 학업을 마친 후 Spreadshirt에 가담하기로 이미 계획되어있었다. 그러나, 그는 우리 사업의 미래에 대해 약간 회의적이었고, 목표를 이루지 못할 것이라 생각했다. 그가 McKinsey에서 오퍼를 받았을 때 그는 수락했지만 우리는 계속 연락을 했다. 그가 McKinsey에 들어가기 전에 두 달동안 우리를 도와줄 수 있었다. 그는 회사에 대한 잠재력을 분명히 느꼈고, 언젠간 다시 돌아올 것을 절대 잊지 않았다.
>
> [**Lukasz Gadowski**]

그와 동시에, Spreadshirt GmbH의 100% 자회사로 Kentucky의 Louisville에 Spreadshirt 주식회사가 설립되었다. 2005년과 2006년에는 많은 상을 수상했고 시설들을 재배치하는 해였다.

- **Lukasz Gadowski의 개인 수상실적**
  - 2005, 올해의 Saxony's 창업자 챔피언
  - 2005, 중부독일의 오늘의 기업가
  - 2006년 올해의 인터넷 기업가
- **Spreadshirt의 수상실적**
  - 2005, 독일 인터넷 상
  - 2005, 미래 SAX 비즈니스 계획 경쟁
  - 2005, 저명한 독일의 창립자 수상
  - 2006, Red Herring 100유럽상(유럽의 가장 혁신적인 100개 기업)
- **시설 재배치**
  - 2005년 봄, Spreadshirt Inc. 캔터키 루이즈빌에서 펜실베이아 그린버그와 피츠버그로 옮김
  - 2005년 가을, Spreadshirt. Inc. 생산능력을 향상사기 위하여 타우샤로 새로운 생산시설과 물류시설을 이주
  - 2006년 봄, Shreadshirt Inc. 는 1,200m2 크기에 인접해 있는 빌딩에 기업에 모든 부서들이 자리잡고 있는 근처에 라이프치이의 헤드쿼터를 이주하였음

2006년 7월, 업계의 유럽 기업 최초로 몇 백만 유로의 벤처 자금을 투자받는 London의 Accel Partners와 계약을 성사시켰다. Gadowski는 자신의 블로그에 이에 대한 흥미로운 코멘트를 남겼다:

> 우리는 사실 벤처 자금이 필요가 없었다. 정확히 말하면 그렇게 많이는 말이다. 하지만 해외진출과 상품개발을 동시에 추진하는 상황을 고려하면 이해가 가기도 한다. 그러나, 대부분의 투자자금은 사업위기가 오거나 사업인수와 같은 기회를 잡는 비자금으로 사용될 것이다.

2006년 10월, "성장하는 사업가"라는 조직에서 가장 강력하게 성장하는 유럽 상위 500개의 중견기업 리스트를 새로 발행했다. 리스트는 28개의 유럽국가에서 KPMG와 마이크로소프트로부터 스폰 받는 가장 성공적인 기업을 포함하고 있다. 전체적으로 500개의 상위 기업들은 57%의 직원 수 증가와 67%의 사업 성장률을 보여주었다. Spreadshirt는 그 리스트에서 상위 1%를 기록했고 독일에서는 1위를 기록했다. 2002년에서 2005년 사이, Leipzig의 온라인 판매점은 매출이 100,000유로에서 800백만 유로로 증가했고, 직원은 2명에서 200명으로 증가했다.

> Spreadshirt가 유럽에서 가장 강력하게 성장하는 상위 5개 기업에 선정되었다는 사실은 매우 인상적이다. 이 상을 수여하면서 독일에서도 성공적인 사업이 가능하다는 것을 보여준다.
>
> [**Rezzo Schlauch**, Spreadshirt의 감사회 의장]

2006년 말에, Spreadshirt는 유럽과 미국에 3개의 생산공장과 4개의 마케팅 및 판매사무실, 그리고 한 개의

그림 1 스프레드셔츠 생산설비와 사무실

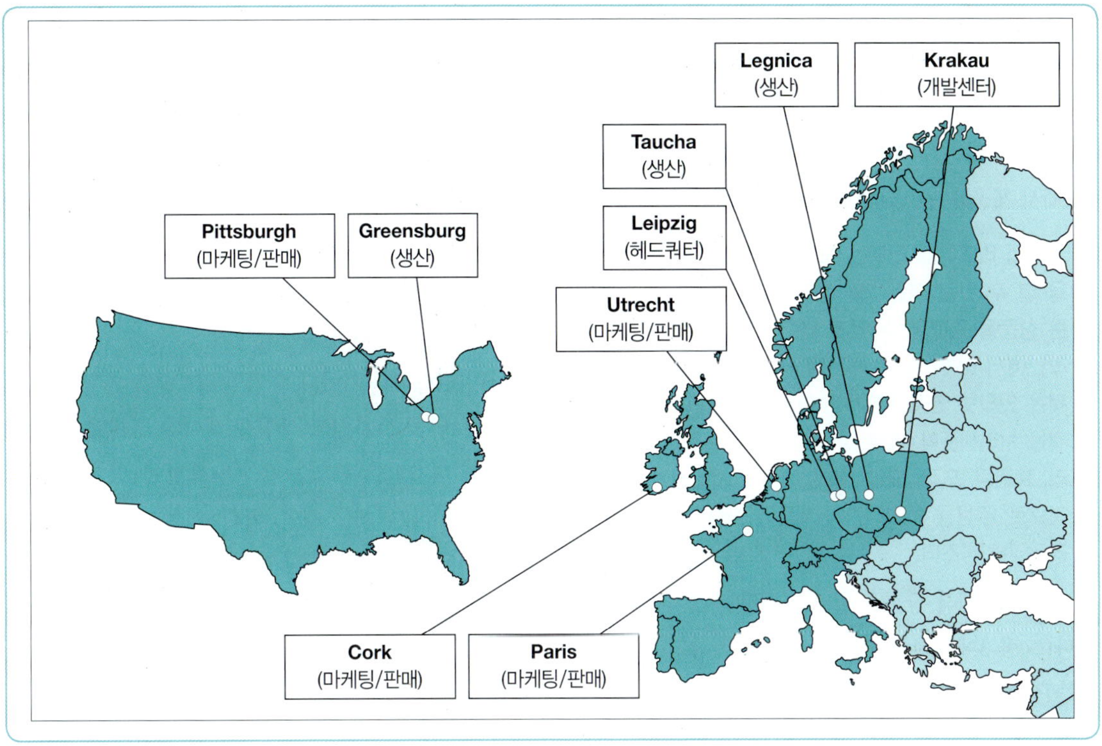

Source: Own illustration.

개발센터를 보유하게 되었다.

사업분야

그림 2를 보면 Spreadshirt 사업분야의 개요를 알 수 있다. 왼쪽 부분을 보면 대량 맞춤생산에 대해 나와있고, Spreadshirt의 메인 사업분야일 것이다. 그러나 나머지 세개의 사업분야(특히 La Fraise) 또한 회사의 성공에 크게 기여했다.

Spreadshirt.net

수상 실적까지 보유한 Spreadshirt의 비즈니스 모델은 얼핏 보면 셔츠와 관련 제품들을 생산하는 흔히 볼 수

그림 2 스프레드셔츠 비즈니스 영역

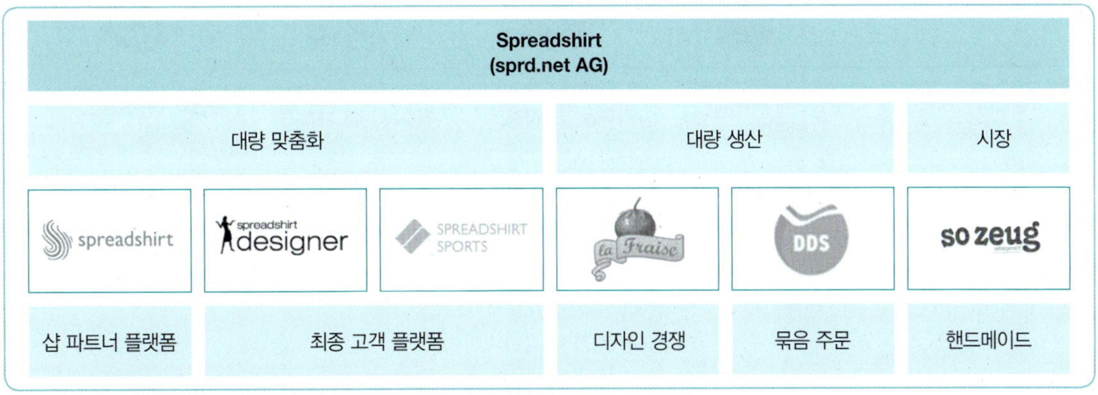

Source: Own illustration.

있는 전통 날염 상점들과 비슷해 보이지만 굉장히 많이 다르다. 그러나 Spreadshirt는 인터넷을 사용해 사실상 그 누구나 창업자가 되어 상품을 팔 수 있게 하였다. Gadowski의 말을 빌리자면 “사용자들이 하고 싶은 것을 다 하게 하는” 사업이다. 그는 초반부터 spreadshirt.net에서 제공하는 소위 Spreadshop 시스템을 언급했다:

> 우리의 비즈니스 모델은 모든 사람들이 자신만의 상점을 열 수 있는 모든 가능성을 열어두고 몇 분 만에 맞춤 상품을 판매할 수 있게 해준다. 상점관리는 모두 온라인에서 이루어지기 때문에 사업을 시작할 때 필요한 것은 인터넷 연결선뿐이다. Spreadshirt가 나머지 모든 것을 처리해준다. 예를 들면 상점 소프트웨어나, 재고관리, 프린팅, 포장, 배달, 결제, 에프터 서비스가 있다. 그러므로, 주문을 처리하면서 제품당 창출되는 매출이 우리의 가치창조다.

Spreadshop에서 상점을 열고 운영하는 절차는 다음과 같다(그림 3에 가시적으로 나와있다). 상점을 개설하려는 점주는 사업을 시작해서 자신의 상품을 팔기 전에 온라인으로 등록을 해야 한다. 현재 80개 종류의 제품군과 몇 백 개의 디자인 중에 고를 수가 있다. 추가적으로, 점주들은 자신만의 벡터와 디지털 프린팅을 업로드 할 수 있다. 마지막으로, 점주들은 모든 맞춤상품에 대해 마진을 설정할 수 있다. 예를 들면, Spreadshirt의 판매가와 동일하거나 더 위로 책정할 수 있다(현재 남자 Contrast Tee는 12.90 유로, 머그잔은 9.90 유로, 텍스트나 프린팅 하나당 3.00 유로). 제품 종류로는 (그림 4를 보면 예시가 나와있다) 클래식 티셔츠, 캐쥬얼, 트렌드복, 스포츠웨어, 악세서리와 머그잔, 마우스패드, 뱃지, 가방과 같은 선물용품들이 있다. 수수료 수준은 제한이 없으며 분기마다 수익의 일부분을 지불한다. 또한, 파트너들은 자신의 상점을 색이나 글씨체 등을 개성 있게 디자인할 수 있는 옵션을 택할 수 있다.

2006년 12월에는 개인, 협회, 기업, 스포츠팀, 예술가들을 포함해 20만 개의 상점 파트너를 확보했다. 이러한 사람들은 대부분 웹사이트를 통해 온라인 프로모션을 하거나 단순히 웹사이트로 추가수입을 목적으로 하는 웹마스터 등 특정 니치분야에 관심이 있었다.

Spreadshop으로 기본 상점을 개설하고 매출을 성공적으로 올렸다면, 파트너 점주는 프리미엄 상점으로

그림 3 스프레드샵의 오픈과 운영의 프로세스

Source: Spreadshirt.

그림 4 스프레드셔츠 상품 모음 예시

Source: Own illustration.

업그레이드를 고려해볼 수 있다. 매월 10유로로, 프리미엄 점주는 다음과 같은 혜택을 누릴 수 있다:

- 13개의 언어로 상점을 운영할 수 있다.
- 상점 내에 Spreadshirt의 광고 없이 운영이 가능하다.
- 프린팅 디자인을 무제한으로 업로드 할 수 있다.
- 청구서나 배달 인수증에 상점의 로고를 넣을 수 있다.
- 한정판 상품을 판매할 수 있다.
- 우수 고객들에게 할인을 해줄 수 있다.

Harry Potter, BoingBoing, Eurosport, Ryanair, Napster, Tiscali, LinkedIn, Texas Instruments, RTL, Coca-Cola 등이 Spreadshirt의 가장 유명한 상점 파트너들이다.

Spreadshirt.net의 성공은 점주나 사용자들이 다루기 쉽다는 점과 완전히 무위험 수익기회를 제공한다는 점에 기인한다. 기본 상점 파트너들은 고정 비용이 전혀 없기 때문에 상품을 하나도 팔지 않아도 상관 없다. 지불해야 하는 것은 개인이 선택한 종류의 수수료뿐이다. Spreadshirt가 그랬던 것처럼, 모든 기본 상점들은 개장하자마자 손익분기점에 도달한다는 것이다. 오직 프리미엄 상점들만이 추가 기능들에 대한 월 이용료를 지불한다.

Spreadshirt Designer/Spreadshirt Sports

Spreadshirt Designer 프로그램은 온라인 유저들이 개점을 할 필요 없이 맞춤의류, 악세서리, 선물을 만들 수 있게 해준다. 직접 만든 디자인과 텍스트는 Spreadshirt의 어떤 제품에도 프린트될 수 있다. 또한 on-demand 솔루션으로 최소 주문수량이 존재하지 않는다. 회사는 그 누구도 Spreadshirt Designer를 쓸 수 있는 고객을 구분 짓지 않는다. 선물을 찾는 그 어떤 사람도 사용할 수 있기 때문이다.

Spreadshirt Designer의 특별한 형태가 Spreadshirt Sports다. 여기서의 제품군은 스포츠에 관심있는 사람들에게 맞추어져 있다. 여러 다른 종류의 티셔츠 종류 중에서, 사용자들은 저지, 반바지, 양말 등 기존 Designer 프로그램에 없는 제품들도 Spreadshirt Sports에서 찾을 수 있다.

그림 5 중요한 파트너의 스프레드 샵의 스크린샷

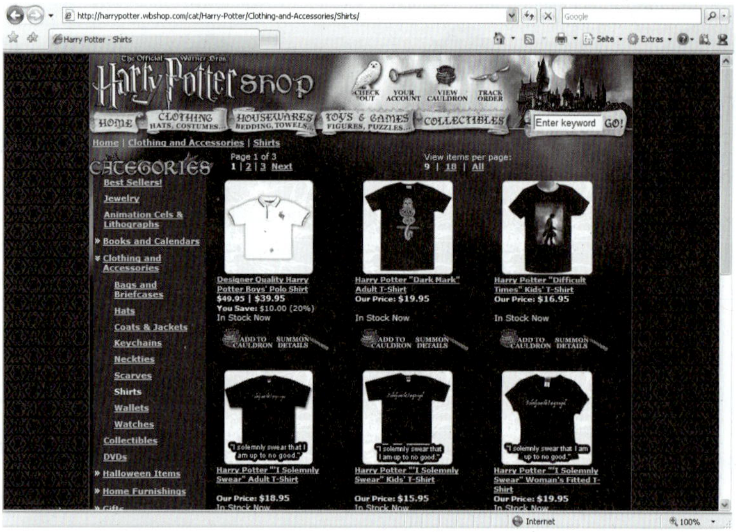

Source: Screenshot taken from http://harrypotter.wbshop.com.
Screenshot taken from http://www.spreadshirt.com/shop.php?sid=3533.

Spreadshirt의 D-A-CH 국가 관리자인 Konrad Marx는 Spreadshops 옆에 Designer와 Spreadshirt Sports를 갖추고 있는 것에 대한 중요성을 이야기한다:

> 상점 파트너 플랫폼은 Spreadshirt 사업의 핵심이다. 이것이 우리가 과거에 급성장을 할 수 있었던 이유다. 그러나 디자이너 샵 또한 중요하다. 내부적으로 우리는 그들을 독립적으로 우리의 맞춤 상품들을 홍보하는 'own shop'이라고 부른다. 그들은 매출의 40%를 차지하고 있다. 그러나 그들은 한 가지 큰 단점을 가지고 있는데 온라인 셔츠 디자이너 플랫폼은 시장에 널리고 널렸다는 점이다. 때문에 그들 모두 마케팅 광고로 고객들을 확보하고 그들이 단골이 되어 재방문 하기를 바랄 수밖에 없다. 반면에 상점 파트너들은 그들이 알아서 사업을 한다. 그들은 자신의 제품이 팔리기를 바라고 우리는 그 플랫폼을 제공해주는 것뿐이다.

위에 나와있는 세 가지 사업분야는 그림 6에 나와있는 처리과정을 거친다. 개별 주문을 받은 후, 프린팅 기술에 따라 생산준비과정을 거친다. Flex/flock 프린팅의

그림 6 스프레드셔츠의 대량 맞춤화 이행 프로세스

주문수령	준비	입고	생산	물류	고객서비스
• 제품과 소비자 요구사항 디지털 수령 • 지불 수령 • 생산팀에 전달	• 적합한 프린트 기술 준비 • 기술: 플렉스, 플록, 디지털, 오프셋, 트렌스퍼	• 재고의 최적화 • 재고품절 위험 최소화 • 최소의 자본 투입	• 소비자의 요구사항을 반영한 제품생산 • e.g. 셔츠에 소비자의 요구사항 프린트	• 매력적인 운송 조건 • 독일 우편이나 DHL을 이용한 배송	• 다양한 언어 서비스 • 현재 원어민에 의한 이메일 서비스 제공

Source: Spreadshirt.

경우, 색을 입힌 플라스틱 호일에 페인팅이 그려 넣어지고 호일 부분을 분리시킨다. 창고에서는 페인팅과 그에 맞는 상품을 모아서 첫 번째 품질검사가 이루어진다. 그리고 나서, 페인팅이 그 상품에 넣어진다. 예를 들어 Flex/flock 페인팅의 경우 엄격히 관리된 열과 압력상태에서 옷 위에 페인팅을 누른다. 두 번째 품질검사 때에는 Spreadshirt의 직원이 공정의 결과물을 꼼꼼히 체크하고, 필요하면 조치를 취한다. 그러면 맞춤상품은 포장되고 배달될 준비가 되는 것이다. 해외 고객에프터서비스는 Leipzig 본사에서 원어민이 담당한다.

The Derby/La Fraise

Derby는 2006년 5월 Spreadshirt가 도입한 지속적인 온라인 티셔츠 디자인 경연대회다. 모든 아마추어 및 전문 디자이너들이 자신만의 페인팅을 업로드 하고 인기투표에 부쳐진다. 매 2주 마다 수상한 디자인들은 소정의 상금이 주어지고, 한정적으로 생산되고 Derby 온라인 상점에서 대중들에게 판매된다. Derby 상점의 고객들은 브랜드를 따지지 않는 패션지향적인 개인들로 뭔가 특별한 상품을 원하는 사람들이다.

이 사업을 진행한 지 불과 2주 만에 Spreadshirt는 베를린에 "The Derby Store"라는 오프라인 상점을 열어서 Derby를 강화하기로 결정했다. 이 이후로 Derby의 수상을 받은 디자인 셔츠는 온라인에서 주문할 수 있을 뿐만 아니라 오프라인 상점에서도 구매가 가능하게 되었다. Lukasz Gadowski CEO는 이렇게 설명한다:

> The Derby Store는 우리를 경쟁사로부터 차별화시키는 또 하나의 유통채널이다. 더욱이, The Derby의 상점 파트너들과 디자이너들은 오프라인 상점을 좋아했다. 이제 우리는 그들의 페인팅을 오프라인에서도 선보일 수 있게 된 것이다. 우리는 사실 이 오프라인 채널을 더 욱 확장시킬 수도 있다. 하지만 그건 지금 당장 우리의 최우선순위가 아니다. 특별한 기회가 올 때만 추가적으로 더 매장을 열 계획이다.

2006년 7월, Spreadshirt가 아껴두었던 벤처자금을 쓸 곳이 확실히 나타났다. 유럽 1위 온라인 티셔츠 디자인 경연대회인 La Fraise를 인수하는 것이다. Patrice Cassard는 2003년 Saint-Etienne에 있는 자신의 아파트에서 La Fraise를 런칭했다. 고작 1만 유로로 시작한 이 사업은 주로 괴짜들이나 사냥 커뮤니티 사람들에게 맞는 티셔츠를 판매하였다. 사업 시작 후 얼마 지나지 않아, 온라인 상점과 블로그를 방문한 커뮤니티 디자이너들로부터 작품들을 받기 시작했다. 그것이 디자인 경연대회의 탄생으로 이어졌다. Cassard는 그 과정을 이렇게 설명한다:

> 디자이너들은 자신들의 작품을 웹사이트에 바로 제출한다. 그리고 그 다음 주에 방문자로부터 투표를 받는다. 투표기간이 끝날 때쯤, 몇 가지 기준들로 또 평가를 진행한 후 입상한 디자이너들에게 1,000유로의 상금을 지급하고 500개의 한정판을 프린팅한다. 우린 보통 한 달에 16개에서 20개 정도의 디자이너를 뽑는다.

이러한 비즈니스 모델은 사용자들이 직접 콘텐츠를 개발하고 주위 사람들에게 "야, 내가 만든 디자인에 투표 좀 해줘라. 고맙다!"라는 식으로 말하면서 새로운 사용자들을 끌어오는 바이럴 효과를 톡톡히 누릴 수 있다. 또한 사용자들이 직접 투표함으로 인해 그들의 운명에 영향을 끼쳤다고 느끼기 때문에, 생산되는 셔츠마다 남다른 애착이 생긴다. 이러한 바이럴 효과를 극대화시키기 위해서는 디자인의 퀄리티가 뒷받침 되어야 한다. 다행히 7만 명이 넘는 사용자들로 이루어진 적극적이고 전문적인 커뮤니티 덕분에 디자인은 보통 아주 멋있기도 하고 웃기기도 하며, 아주 디테일했다. Cassard는 커뮤니티가 왜 그렇게 적극적으로 컨텐츠를 개발하는지에 대한 이유를 알고 있다:

> 한 가지 이유는 이 대회가 시장에 비교적 일찍 진출한 것이다. 또한 웹사이트 자체도 굉장히 심플하고 재미있다. 마지막으로, Patrice 자신이 매우 인기 있는 La Fraise의 "두목 블로그"를 직접 운영하고 커뮤니티를 활성화하는 재능을 가지고 있다는 점이다.

Godowski 에 따르면, La Fraise 의 성공 요인은 여러가지가 있다.

> 하나는 상대적으로 초기시장이였다는 데 있다. 또한 웹사이트가 정말 간단하고 만족스러웠다. 마지막으로 그러나 앞에 이야기한 것과 마찬가지로 La Frasie의 가장

유명한 'boss blog'를 만든 커뮤니티 만드는 재능을 가진 Patrice cassard도 있었다.

Spreadshirt와 몇 번의 미팅을 한 후, Cassard는 2006년 7월 자신의 회사를 Spreadshirt에 매각하는 계약서에 서명하였다.

> Patrice가 La Fraise를 우리에게 매각하는 동기는 아마 다른 것을 시도하려는 데서 온 것 같다. 게다가, 창업을 하는 것과 사업을 매일 운영하는 것에는 매우 큰 차이점이 있다. 후자는 조직, 행정, 물류 부분에서 다른 수요가 발생한다. 많은 사람들이 이를 골치 아파한다.
>
> [Lukasz Gadowski]

그러나 Spreadshirt에게는 온라인 티셔츠 디자인 경연대회라는 새로운 시장 세그먼트로 진출하기 위한 중요한 한 수였다. 또한 La Fraise는 Spreadshirt의 상점 파트너 사업을 더욱 발전시킬 것이다. 디자이너가 자신의 작품이 시장에서 먹히지 않는다면, Spreadshop에서 자신의 작품을 판매할 확률이 높다. 이렇게 Spreadshirt에게는 추가적인 파트너가 생기는 것이고 추가 매출 창출원이 생기게 되는 것이다.

> Patrice가 우리에게 La Fraise를 매각하기로 결정한 것에 대해 영광으로 생각한다. 이는 응당 큰 자신감의 표시다. 커뮤니티 사업을 인수합병 하는 과정은 아주 까다롭다. [중략] 그래서 Patrice가 이번 건을 발표한 후 약간의 혼신이 있었지만 그의 탁월한 "블로그 운영"으로 잘 마무리지었다.
>
> [Lukasz Gadowski]

잠시 동안, Spreadshirt는 The Derby와 La Fraise 두 대회 모두 진행하는 방향으로 고려하고 있었다. 그러나 결국 둘 중 하나는 도태될 것이 뻔했다. 사용성과 대중성을 고려했을 때, La Fraise가 더 나은 플랫폼이었기 때문에 The Derby는 단계적으로 폐지하였고 대신 La Frasie를 국제적으로 확장시켰다.

DDS

DDS는 대량주문 서비스로, 모든 종류의 상품들이 제공되고 25개 이상 주문부터 서비스 이용이 가능하다. 아이러니하게도 Konrad Marx는 이러한 사업에 전혀 뛰어들거라 생각치 못했다고 한다:

> 우리는 경쟁이 치열한 기존 날염사업에 뛰어들 계획이 전혀 없었다. 세상에는 수 천 개의 날염 회사들이 있었고, Leipzig에만 서른 개가 넘었다. 보통 고객은 10개 정도의 회사에 가격입찰에 부친다. 그러나 우리는 200개가 넘는 대량주문이 폭주했고, 심지어 놀랍게도 고객들이 우리의 가격제안을 바로 받아들이기도 했다. 결국 우리는 새로운 사업부문을 따로 만들기로 결정했고, 많은 직원들을 고용하여 2004년 초에 DDS를 만들었다.

DDS에서 처리되는 주문(보통 기업들로부터의 주문)은 회사 자체의 생산능력으로 이어지지는 않았는데, 이는 주문시간과 유동성이 중요한 소량 주문을 위해 어느 정도 남겨 놓고 제휴를 맺은 날염 파트너에 외주를 맡기기 때문이다. 같은 이치로 La Fraise의 한정판 제품들도 대량 맞춤제작이 필요 없었다. Spreadshirt는 엄청난 구매물량으로 섬유 공급업체와의 협상에 있어서 강력한 위치를 점하게 되었다. 결국 Spreadshirt는 가격경쟁력까지 갖출 수 있게 되었다.

> 우리는 아마 독일의 섬유 정제회사 중 가장 좋은 구매조건을 가지고 있을 것이다. 그러므로, 소형 날염 상점들은 우리와 경쟁 자체가 되질 않는다. 더욱이 우리는 상점 파트너들로부터 대부분의 주문이 들어오기 때문에 적극적으로 고객확보에 나설 필요도 없다. 우리의 경쟁사들은 이렇게 방대한 고객 네트워크를 갖추고 있지 않다. 그리고 또 한 가지 이로운 부가효과가 있다. 왜냐하면 DDS에서 처리하는 주문은 보통 물량이 엄청나기 때문에 상품주문을 처리할수록 회사는 더욱 성장하게 되기 때문이다. 예를 들면, 최근에 우린 General Motors에 15,000장의 셔츠를 팔았다.
>
> [Konrad Marx]

Sozeug

Sozeug는 2006년 3월에 오픈한 수제 상품을 사고 파는 독일 온라인 플랫폼이다. 하지만 설립자인 Hannes Diedrich에 따르면, Sozeug는 이미 알려진 eBay나 Amazon같은 온라인 시장과는 아주 다르다고 한다. 디자이너, 예술가와 같은 사람들은 Sozeug에서 단순히 상품을 매매하는 것에 그치지 않는다. 그들은 자신들에게 포커스를 맞추고, 서로 소통하고 행동을 취한다. 이는 95 cluetrain theses의 첫 번째 논지인 "시장은 소통이다"와 정확히 들어맞는다. 사람들은 코멘트를 남기거나 서로에게 메시지를 보낼 수 있다. 온라인에서 판매되는 물품, 다시 말하면 생산자는 하이퍼링크로 통한다. 결국 통상적인 수직적 구조가 좀 더 융통성 있는 방식으로 대체된 것이다. 매출은 상품을 판매하면서 창출되는 것이 아니라 판매액의 7% 수수료로 이루어지는 것이다.

Diedrich는 베를린에 있는 많은 디자이너들이 작은 가게를 운영하면서 자신들이 수작업한 제품들을 기껏해야 주시장에 판매하는 것을 보고 Sozeug의 아이디어를 떠올리게 되었다. 그는 한편으로는 이것에 사업성이 충분히 있다고 생각했고, 다른 한편으로는 온라인 플랫폼을 사용하면 훨씬 대규모로 수요와 공급을 연결시킬 수 있다고 생각했다. 또한 그는 Etsy에 대해 알아내었고, 독일에 비슷한 사업을 시작하기로 다짐했다. 2006년 10월 Diedrich는 그의 기업블로그에 "Friendly Takeover"라는 제목의 글을 게재하였다:

> Spreadshirt가 sozeug.net을 인수하는 것에 대해 기쁘게 생각한다. [중략] Spreadshirt의 노하우와 지식은 sozeug.net의 더 나은 미래를 보장해줄 것이다. 이미 굉장한 사업계획이 진행 중에 있다.
>
> [Hannes Diedrich]

어떤 이는 Spreadshirt가 자신들의 사업과는 아무런 연관성이 없는 회사를 인수했는지 의구심이 들 것이다. 게다가, Sozeug는 전통적인 온라인 쇼핑객들과는 관련성이 없어 보일 수도 있다. 그러나 Sozeug는 Spreadshirt가 관심 있는 커뮤니티층을 확보하고 있다. Sozeug는 미래의 소셜 쇼핑객들의 모습을 단적으로 보여주고 있는 것이다.

조직

조직구도

Spreadshirt의 조직구도는 그림 7에 나와있는 것처럼 매트릭스형 구조다. 두 번째 경영단계는 기능적, 지역적 전문분야를 나타낸다. 그러므로 모든 조직 내 부서

그림 7 스프레드셔츠의 조직도

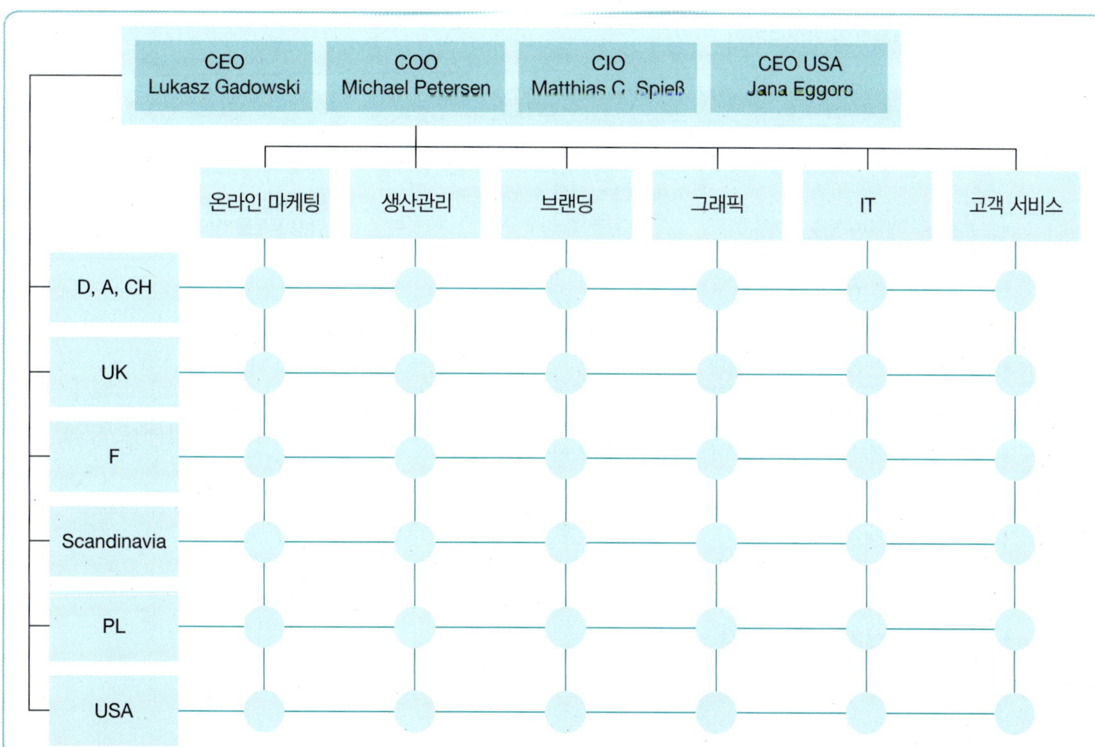

Source: Own illustration.

원들은 지역 책임자나 국가 책임자 또는 둘 다에게 보고를 하게 되어있다.

흥미롭게도, Spreadshirt는 명시적인 조직차트를 가지고 있지 않다. Konrad Marx에 따르면, Spreadshirt는 딱히 조직차트가 필요가 없다고 한다.

> 모든 직원 개개인의 직무는 우리 인트라넷에 저장되어 있다. [중략] 전체 조직차트는 원한다면 적어놓을 수도 있다. 누가 어떤 직무를 가지고 있는지, 그리고 누가 누구에게 보고하는지 읽을 수도 있다. 그 외에 것들은 단지 필요가 없다.

Spreadshirt에는 "자가책임방침"이라는 것이 존재한다. 모든 이들은 원하는 만큼의 직무와 책임을 갖는다. 인트라넷에는 언제나 프로젝트 제안서가 포스팅 되어 있다. 그 누구나 원하는 프로젝트를 맡을 수 있다. 그 다음, 지역책임자나 국가 책임자가 예산을 책정할 뿐이다. 프로젝트가 전문적으로 운영만 된다면 중도 포기도 가능하다. 그러나 프로젝트가 잘 진행되지 못 할 경우, 다른 이가 넘겨받을 수 있다.

오픈 로고 프로젝트(Open Logo Project)

2005년 12월, Spreadshirt는 기업 디자인을 새롭게 하기 위해 오픈 로고 프로젝트(Open Logo Project)를 진행하였다. 이름에서 알 수 있듯이, 디자인 개발 과정은 다른 기업들이 전문 디자인 대행사와 비밀리에 진행하는 것과 다르게 진행되었다. 대신, Spreadshirt는 블로그 플랫폼을 개설하고 모두를 디자인 제안에 참여하도록 하였다. Spreadshirt의 브랜드 전도사라고 불리우는, Andreas Milles는 이러한 결정에 의견을 내비쳤다:

> 우리의 새로운 기업 디자인에 대해 우리는 long-winded bids를 원하지 않았다. 결과적으로, 우리는 여러 파트너를 얻었다. And what's more obvious than resorting to the ideas and the joy to create of our online community?

Milles가 말하듯, OLP는 전문 디자이너나 아마추어 디자이너들로 구성되어 있는 10만 명의 샵 파트너들을 대표하는 거대한 국제 Spreadshirt 공동체를 대상으로 하였다. 시작 사인을 주기 전, Spreadshirt는 프로젝트에 관한 몇 가지 가이드라인을 제시하였다(그림 8).

그림 8 오픈 로고 프로젝트의 가이드라인

	로고/트레이트마크	컬러도안	텍스트로고
목적	• 로고는 라벨처럼 기능하고 보여야 한다. • 로고는 우리의 국제성을 보여주고, 국제적임 감각을 나타내야한다. • 로고는 스프레트 셔츠가 무엇인지 보여준다.	• 스프레트 셔츠의 국제적 감각을 특성화하고 보여줄 수 있는 분위기의 컬러를 선택한다.	• 국제적인 텍스트 로고를 개발한다. • 내부적인 폰트와 광과와 불만처리를 위한 폰트를 정의 한다.
요구사항	• 최상의 국제적인 인지도 확보를 위해 독립적인 아이콘으로써 기능할 수 있어야 한다. • 다양한 미디어에서의 유용할 수 있어야 한다: 최적화된 통합 • 불만사항에 대한 간결하고 유여한 조합의 가능성을 제시한다. • 긍적적 부정적 표현에 대한 옵션을 보여준다. • 간단한 컬러 생산 가능성을 보여준다.	• 다양한 미디어와 신뢰할 수 있는 국제적인 어플리케이션에서 활용한다. • Pantone/CMYK/RGB 컬러 시스템을 명확하게 한다. • 스프레트셔츠의 가치를 표현한다: 신뢰성, 스피트, 생동감	• 로고와 어울려야한다. • 국제적이어야 한다. • 기억할 수 있고 독립적으로 기능할 수 있어야 한다.

Source: Spreadshirt.

OLP의 목표와 요구조건들을 명시하는 것 외에, Spreadshirt는 제출을 어떻게 진행할 것인지 그리고 우승자들은 어떠한 상을 얻게 될 것인지에 대해 설명하였다.

> Spreadshirt는 모든 응모자들 중 최대 10명의 우승자를 선발할 것이다. 5,000유로 (6,000 달러)의 상금이 우승자들에게 분배될 것이다. 더불어, 가장 독창적인 디자인에는 특별상이 수여될 것이다. 상이 수여되기 전 모드 저작권은 Spreadshirt에 귀속될 것이다. 그 전에는 모든 디자인은 응모자의 소유이다. Spreadshirt의 직원들은 경쟁에 참여할 수 없다.
>
> **(Andreas Milles)**

디자인 모집 기간은 2006년 2월에 마감하였다. 프로젝트에 대한 반응은 굉장하였다: 두 달 사이에, 600명의 참가자들이 1,100개의 디자인을 제출하였다. 모든 제안서들은 공동체의 평가를 위해 공식 웹사이트에 게재되었다. 평균적으로 하루 1,500명의 사용자가 이 사이트를 방문하였다. 다른 블로그에도 OLP는 140여 회나 포스팅이 되었다. 그렇기에 Spreadshirt는 수 백 명의 사람들이 적어도 블로그 중 한 곳에서 프로젝트를 접했을 것이라 여겼으며, 이는 곧 프로젝트의 대성공을 의미했다.

디자인 모집 기간에 이어, OLP팀은 방대한 양의 제안서들 중 앞서 공지했던 대로 최대 10개의 작품으로 추리는 힘든 작업을 하였다. 결국, 6개의 컨셉트가 최종에 오르게 되었다.

> 우리는 미래에 Spreadshirt를 대표할 만한 가능성이 있다고 생각되는 6개의 초안을 선정하였다. 우리는 좀 더 많은 디자인을 선정할 수도 있었다 왜냐하면 우리는 다수의 정교한 컨셉트들을 받았기 때문이다. 그러나 우리는 결국 결정을 내려야 했다: 우리는 참신하면서 다이나믹하고, 매우 명료하면서 강한 로고의 초안 3개를 골랐다. 그와 더불어, 우리는 매우 흥미로우면서 미래에 발전될 가능성이 있는 3개의 초안을 더 골랐다.
>
> **(Andreas Milles)**

이 여섯 가지 디자인은 그 후 국제 커뮤니티의 선호도 조사를 위해 여러 포럼과 웹블로그에 발표되고 논의되었다. 2 주 후, 25%의 지지율로 수상자가 결정

그림 9 *손가락지문* - 오픈로고프로젝트의 당선디자인

Source: Spreadshirt.

되었다: 맥심 콜린(Maxime Colin), 프랑스 리옹 출신의 주니어 미술 감독이었다. 모순적이게도, 콜린은 Spreadshirt가 불과 몇 개월 후 인수한 La Fraise에 왕성하게 기여하는 디자이너였다. 그는 커뮤니티뿐만 아니라 Andreas Milles도 좋아한 지문(The Fingerprint)라는 제목의 디자인을 제출하였다. (그림 9): '(투표의) 결과는 우리를 흥분시켰다. 지문(The Fingerprint)은 Spreadshirt에 대한 최고의 은유이다.'

콜린의 로고는 Spreadshirt의 주요 사안들과 Spreadshirt의 비즈니스 모델을 모두 포함하는 컨셉트였다: 우선, 지문(The Fingerprint)은 Spreadshirt의 매스커스터마이제이션 접근이 가능케 하는 독창성을 정확하게 보여주는 상징성을 가지고 있다. 동시에, 기업명의 첫 글자인 'S'를 나타낸다; 혹은, 콜린이 말하길: '그것이 바로 디자인과 단어를 잇는 논리적 연결고리 이다.' 셋째, 이 로고는 또한 바이럴 효과를 상징하는데, 마치 물의 표면에 무언가 닿았을 때 퍼져 나가는 물의 형상을 닮았다. 곡선들이 이 로고를 –많은 신생 기업들이 선호하듯- 더욱 다이내믹해 보이게 한다. 콜린은 1,000유로의 상금과 2,500유로 상당의 디자인 태블릿을 수여받았다.

> OLP를 통해 우리는 우리의 고객들이 우리에 대해 어떻게 생각하고, 또한 그들이 Spreadshirt에 대해 무엇을 중요시하는지 알게 되었다. 내가 OLP에서 가장 좋았던 점은 바로 흥미로운 국제 커뮤니티가 형성되었다는 점이다. (Andreas Milles)

초안은 후에 아무 때에나 임의적으로 사용될

그림 10 *스프레드셔츠*에서 사용된 손가락지문의 5개 버전

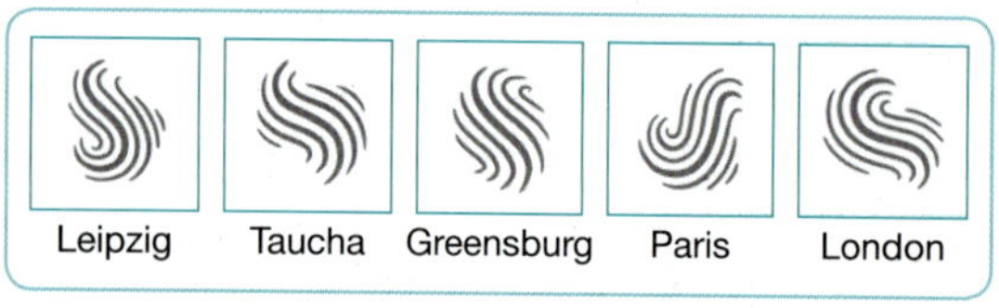

Source: Spreadshirt.

수 있는 네 가지 추가적 버전(그림 10)의 지문(the Fingerprint)로 변형되었다. 이러한 버전들에 각기 부여된 이름만이 그것들을 구분하였다.

기업 전략

Spreadshirt의 장기적 목표는 '맞춤화 된 제품의 글로벌 마켓 리더가 되는 것'이다. Spreadshirt가 이미 지난 몇 년간 급격하게 성장하며 유럽 시장의 리더가 되었던 점으로 미루어 본다면(그림 11), Spreadshirt는 이미 목표에 한 발짝 다가섰다. Gadowski는 Spreadshirt가 2010년 내에 세계적으로 최고의 자리에 오를 것이라 기대한다.

> 성공은 여러 가지 요소에서 기인한다: 우리는 그저 다를 뿐이고 계획한 대로 잘 실행에 옮길 뿐이다. 우리는 미래에 대한 강력한 비전을 가지고 있고 또한 고객의 참된 가치에 대해 고민한다. 우리는 좋은 소프트웨어와, 무엇보다도, 완벽한 인력을 갖고 있다. 이것이 아마도 수많은 기업들은 실패했으나 우리는 살아남은 이유일 것이다. […] 또한, 시작부터 우리는 적절한 고객 세그먼트에 접근하였고, 그들에게 상업적이지만 무언가를 남길 수 있는 메시지를 전달하였다.
>
> **(Lukasz Gadowski)**

Spreadshirt의 사람들

Gadowski에게 Spreadshirt의 사람들이야 말로 차이를 만드는 핵심이었다. 이 때문에 그에게 Spreadshirt에 부합하는 사람을 찾는 일이 가장 우선시 되어야 했다.

> 우리는 우리 직원들에게 정말 많은 것을 기대한다 – 면접 때와 직무에 있어서. 우리의 모토는: '좋은 것은 충분히 좋지 않다' 이다. 이는 모든 사람들이, 서비스직들 포함, 평범 이상의 노력을 보여야 한다는 것을 뜻한다. 특히 첫 2년 간은, 우리는 우리 직원들에 대해 매우 엄격해왔다. 나는 심지어 자신의 일을 꽤 잘 수행하는 사람도 해고한 적이 있다. 그래서 내가 생각하기에, 오늘날에도, Leipzig에 있는 사람들 중 몇몇은 내가 정신 나간 사람이라고 생각하는 사람들이 있을 것이다.
>
> **(Lukasz Gadowski)**

Gadowski는 그렇기에 사업 초기 단계에 기업이 이례적일 정도로 우수한 인재들을 고용하지 못한다면, 가능해질 때까지 기다려야 한다고 믿는다. 스타트업이 보통의 사람들과 일하지 말아야 하는 아주 좋은 이유인 것이다:

> 완벽한 사람들은 (기업의) 규율을 바꿔놓는다. 절대로 처음부터 필요한 만큼의 규율을 다 설정할 수 없다. 그

그림 11 스프레드셔츠의 성장 요약 (2002 – 2006)

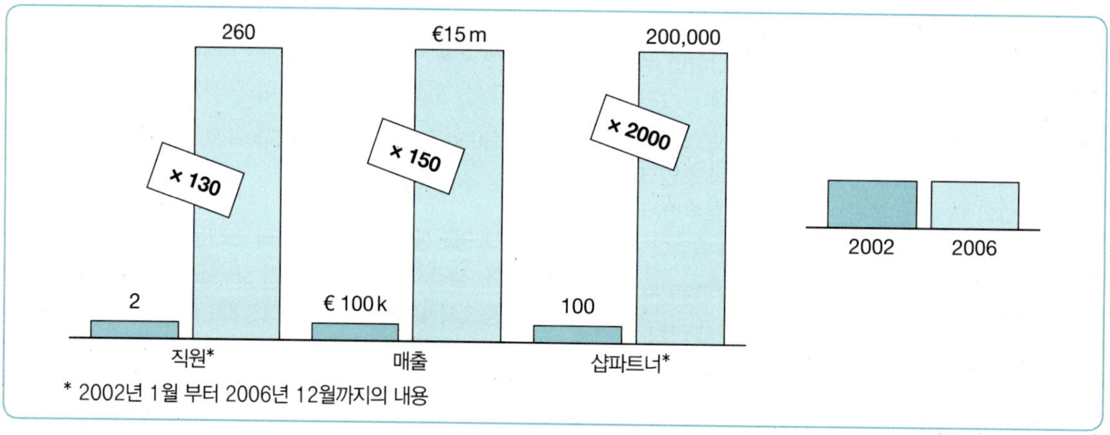

Source: Own illustration.

> 렇기 때문에 완벽한 사람들을 고용해야 하는 것이다.
>
> **(Lukasz Gadowski)**

완벽한 인재를 찾기 위해 Spreadshirt는 여러 단계의 고용 프로세스를 만들었다. 들어오는 지원서를 분석하였고 미래가 밝은 사람들은 바로 전달되었다. 면대면 면접을 시행하기 전, 전화 면접을 통해 면접자의 기본적 사회 적합도를 평가하였다. 면대면 면접의 첫 단계에는 인사 팀의 직원과 두 세 명의 부서장이 면접관으로 참여한다. 만약 면접자가 유망하다면, 며칠 후 계열사 대표와 경영진 소속의 몇 명이 진행하는 두 번째 면접을 진행한다. 그 후, 최종 결정이 재빨리 내려지고 이는 지원자에게 알려진다. 비록 최근 Spreadshirt가 완벽한 인재들의 빈 곳을 채우는 데 고전하고 있지만, Leipzig가 잘 교육된 노동력을 제공하고 있다.

> 때때로 벤처 사업가들은 회의적이며 나에게 묻는다: 'Do you get the talent in Leipzig?' 그들은 실리콘 밸리에서만 사업을 할 수 있을 것이라 생각하는 모양이다. 이는 정말 말도 안 되는 소리이다!
>
> **(Lukasz Gadowski)**

새 직원이 팀에 합류하고 난 후, 소위 Spreadshirt 아카데미라 불리는 프로그램이 업무에 필요한 주요한 역할 교육을 담당한다, 입무 소기에 바로 시식을 습득할 수 있게. 이 프로그램은 멘토가 조합할 수 있는 여러 모듈을 제공한다. 매 모듈은 Spreadshirt의 다른 사람들과 교류할 수 있는 과업들로 구성되어 있다. 몇몇 도입 과정은 단순히 비밀번호를 입력해 로그인 하는 과정을 포함한다. 다른 모듈들을 예로 들면 Spreadshirt의 제품들과 경쟁자들에 대한 지식을 시험하는 평가도 있다. 더 나아가, Leipzig 지사에 새로 들어온 직원들은 커스터마이제이션이 어떻게 진행되는지를 배우는 소위 *Production Day*라 불리는 과정을 밟는다. 그들은 전 과정의 매 단계에 참여한다, flex and flocks 플라스틱 호일에 주제를 정하는 것부터 선적을 위한 패키징까지.

직무 동기부여가 중요한 만큼, Spreadshirt는 정기적으로 바나 다른 장소에서 비공식 모임을 갖는다. 그곳에서, 직원들은 업무 관련 외의 이야기를 나눌 수 있는 시간을 가진다. 좀 더 전문적인 주제들은 최근 뉴스와 미래 목표가 언급되는 월간 회의에서 다뤄진다. 잦은 부서별 그리고 부서 간 미팅 세션에서도 좋은 커뮤니케이션의 동기부여적 측면이 보장된다. 더 나아가, 회사는 금전적 측면에서도 동기를 부여하려 한다: 대부분의 Spreadshirt 직원들은 기본급 외에 성과급도 받는다. 영업 사원의 경우, 실적에 따른 성과 측정이 쉽다, 하지만 다른 직원들은 아래 여섯 가지 기준에 따라 360도 피드백을 받는다:

- 책임감
- 결과/효과
- 효율성
- 준비, 정리정돈
- 혁신, 그리고
- 리더십

그리고 향후에는 직원들 간에 공유할 공간도 생기고, 기업에 대한 자부심이 강화될 것이다.

Spreadshirt 프로세스와 과정

> 내가 Spreadshirt에서 정말 좋아하고, 또 다른 곳에서는 쉽게 볼 수 없는 점은 바로 다른 SME에 비해 관리 프로세스가 월등히 뛰어나다는 점이다. 특히나 구직자들이 우리를 그저 스타트업으로 생각하고 많은 것들이 혼란스러울 것이라 예상하고 온다. 하지만, 그들은 곧 놀라움을 금치 못하게 된다.
>
> **(Konrad Marx)**

예를 들면, 프로젝트 관리는 Spreadshirt에서 굉장히 중요하다. 무엇이든 하루 이상 걸리는 일이라면 위키 플랫폼에 기반을 두고 있는 회사 인트라넷에 프로젝트 계획을 세워야 하고, 프로젝트의 주 변수들을 명시해야 한다:

- 프로젝트 팀과 리더
- 프로젝트 목표
- 추진 일정
- 기한
- 외부 접촉(external contacts)
- 내외부 의존도, 그리고
- 발생 가능 위험

그림 12 스프레드리포트 스크린샷

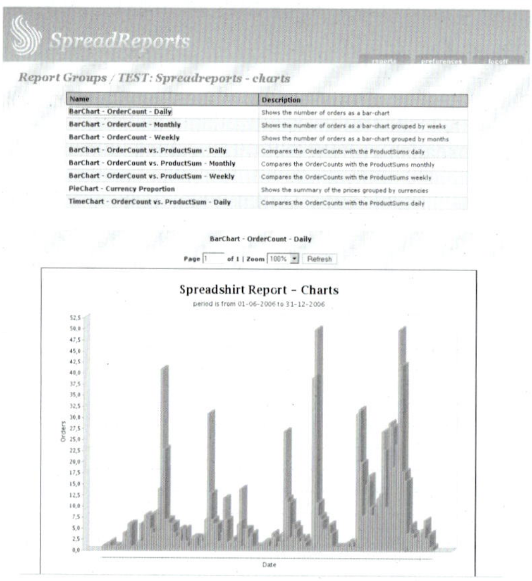

Source: Spreadshirt.

그간 강의를 통해 배웠던 것을 공유하기 위한 보고 역시 의무적이다. 더 나아가, Spreadshirt는 정교한 계량 시스템을 도입하였다. 예를 들면, 마케팅 개요(Marketing Overview)는 마케팅 채널의 사용과 효율성에 제어를 가능하게 한다. 콕핏(Cockpit)은 매 달 관련 있는 key performance indicator를 정기적으로 제공하는 데 사용된다. 추가적으로, (오픈 소스 SQL에 기반을 두고 있는) 스프레드 리포트(SpreadReports)는 Spreadshirt의 데이터 베이스에 다양한 질의를 서포트한다.

경쟁적 우위

> 우리의 경쟁적 우위는 단순히 더 나은 서비스 수준에 있다. 그 어떤 경쟁자도 우리만큼 빨리 배송할 수 없다. [⋯]주문된 제품들의 80% 이상은 24시간 이내에 선적을 위해 준비된다; 나머지 아무리 늦어도 48시간 내에 준비된다. [⋯]비결은 바로 우리의 말미에 존재한다. 바로 우리의 사람들, 우리의 프로세스, 그리고 우리의 관리이다.
>
> **(Konrad Marx)**

스태프의 능력과 기술을 이용하는 Spreadshirt는 강력한 Spreadshop 플랫폼을 기반으로 질과 시간의 차별화를 추구한다. 잘 설계된 프로세스는 회사로 하여금 이행 시간의 단축을 성공적으로 성취할 수 있게 해준다. 또한, Spreadshirt는 시장과 사업 분야의 확장도 진행해왔다. 그림 13은 2002, 2004, 그리고 2006년 침투했던 시장을 보여준다.

동유럽의 마이크로 머천다이징 시장에 진입하기 위해 Spreadshirt는 2005년 겨울 폴란드 시장의 선두주자인 Butik을 인수하였고, 이를 통해 동유럽 shop partners가 Spreadshop 플랫폼에서 운영하게끔 하였다. Lukasz Gadowski는 이 움직임의 전략적 중요성을 강조한다:

> 우리는 Butik을 전략적 이유에서 인수하였다. 우리는 직접적 경쟁자가 인접 국가에서 완전히 다른 비용 구조와 확대 전략을 펼치며 성장하는 것을 원치 않았다.

그림 14는 유기적 성장 혹은 새로운 사업을 획득을 추구하는 Spreadshirt의 다양화 전략을 보여준다. 이 전략은 2004년과 2006년에 DDS, Spreadshirt Sports, the Spreadshirt Designer, The Derby의 설립과 La Fraise와 Sozeug의 인수와 더불어 시행되었다.

Gadowski에 따르면, 비즈니스 파트너를 고르는 것은 Spreadshirt가 어떤 산업에 뛰어들고 싶은지에 달렸다. 그러나, 사업 분야가 어느 정도 연관성을 갖기 위해서는, 특정 기준에 맞아떨어져야 한다. 아래와 같은 것들이 있어야 하는데:

- 시장
- 사용자 생성 콘텐츠의 개입
- 커뮤니티
- 대량 맞춤화, 그리고
- 오락 브랜드

핵심 사업 경쟁

Spreadshirt의 독일 주 경쟁사는 Shirtcity이다. 바바리안에 기반하고 있는 이 회사는 2002년에 설립되었고 Spreadshirt의 모든 핵심 사업에서 활발히 활동 중이다: 온라인 샵 플랫폼, 최종 고객 비즈니스 그리고 디자인 컨테스트까지. 그리고 심지어 대량 주문 서비스도

그림 13 스프레드셔츠 세계 시장 진출 역사

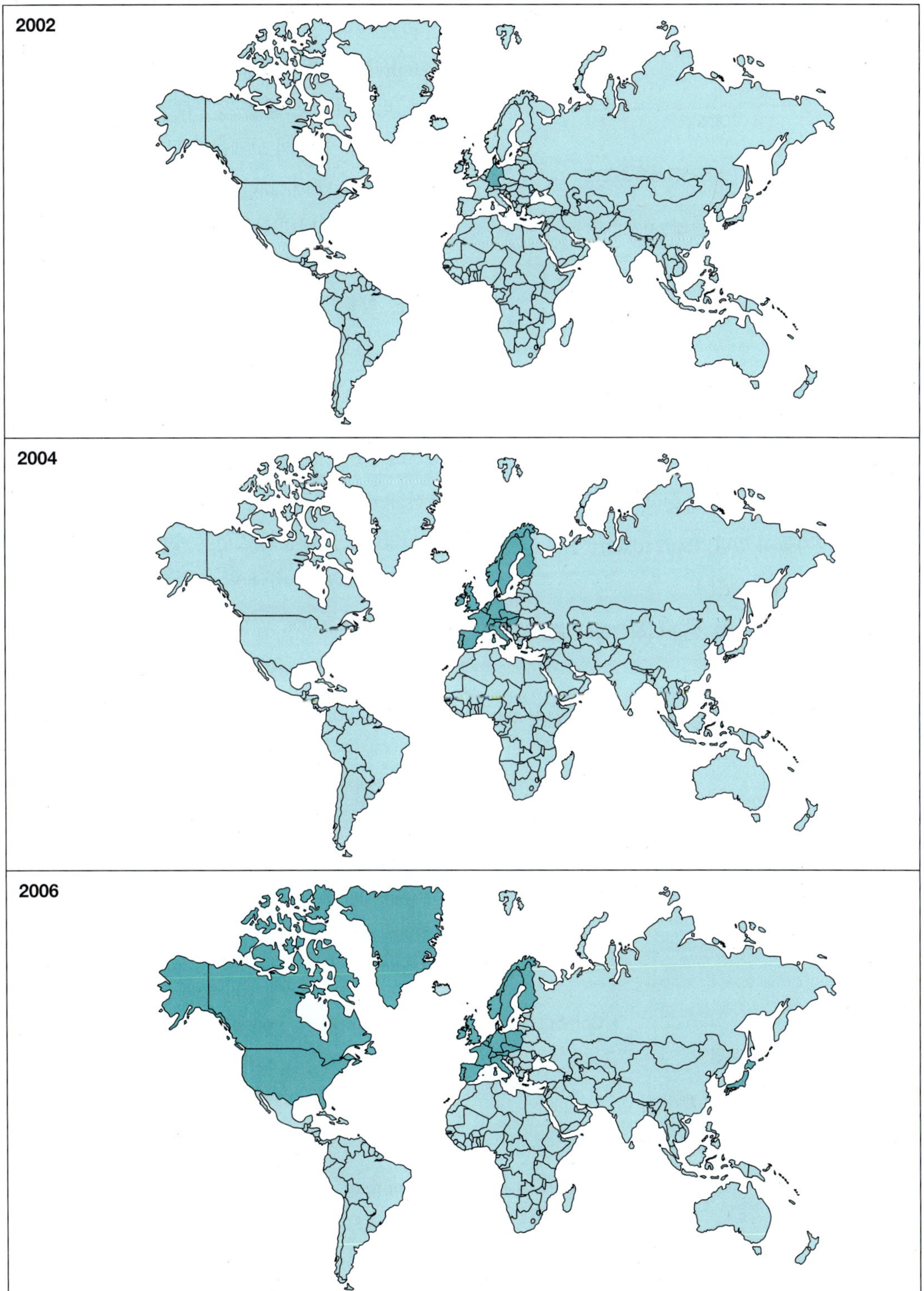

Source: Spreadshirt.

그림 14 스프레드셔츠 다각화 전략

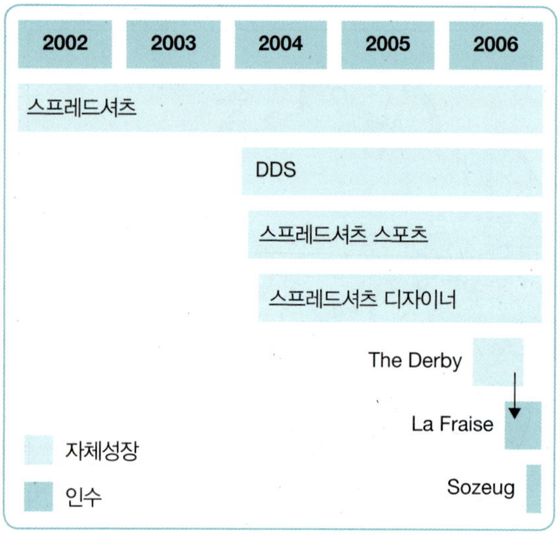

Source: Own illustration.

있다. 그러나, Gadowski에 따르면, 유심히 살펴야 할 더 중요한 경쟁자들이 있다. (Spreadshirt의 주요 경쟁자들은 그림 15의 표에 있다.):

> 초반에 우리는 Shirtcity를 조금 의식했었다. [⋯]하지만 오늘날, 우리는 오히려 미국의 Cafepress와 Zazzle에 주목하고 있다.

캘리포니아 포스터 시티에 본사를 두고 있는 Cafepress는 1999년에 설립되었다. Spreadshirt와 유사한 비즈니스 모델로 성공한 첫 번째 기업이었다. Cafepress는 각각의 고객들이 인터넷으로 맞춤화된 상품들을 제작, 구매, 그리고 판매할 수 있게 하는 주문제작 프린트와 인터넷 상거래 서비스를 제공한다. 회사는 250만이 넘는 가게 주인들의 네트워크를 갖고 있는데, 이들은 의류, 가정 사무 용품, 포스터와 카드 등 3,500만 개의 특별한 제품들을 생산해냈다. 현재, (Dilbert, Wikipedia, 그리고 Startrek과 같은) 50 여 개의 주요 계정들은 Cafepress 플랫폼을 그들의 판촉 프로젝트에 사용하다. 거대한 규모에도 불구하고, Cafepress는 아직 유럽과 아시아 시장에 진출하지 않았다. 웹사이트는 영어로만 제공되고 업무 수행은 켄터키에서만 이루어진다. 그러나 미국 밖 고객들의 배송지까지 배달해주는 해외 주문은 가능하다. Spreadshirt와 다르게,

그림 15 전통적 영역과 사업 영역에서 스프레드셔츠 주요 경쟁자

	샵 파트너 플랫폼	최종 소비자 플랫폼	디자인 경쟁
독일, 오스트리아, 스위스	• **Shirtcity** • Personello • eQuisto	• **Shirtcity** • Personello • Shirtalarm • Shirtinator	• **Shirtcity** • Cajong
유럽 (D, A, CH 제외)	• Comboutique	• Comboutique • TShirtStudio • Divao	• Teetonic • Split the Atom • StyleTax • Koalala
미국	• **Cafepress** • **Zazzle** • Printfection	• **Cafepress** • **Zazzle** • Printfection	• **Threadless**

Source: Own illustration.

Cafepress는 디자인 컨테스트도 대량 주문 서비스도 제공하지 않는다.

Spreadshirt의 두 번째 주요한 경쟁자인 Zazzle은 사람들로 하여금 '유니크한 흥미와 열정을 […]제작하고, 공유하고 기념하게'하는 온디맨드식의 제작과 인터넷 상거래 서비스라는 유사한 비즈니스 모델을 갖고 있다. Zazzle은 1999년 자동화된 제작 시스템으로 온디맨드식 제품을 생산하는 것으로 시작하였다; 그러나, 2003년이 되이시야 온라인에 진출하였다. 오늘날, 소비자들은 zazzle.com에서 이미 나와있는 디자인과 제품들 중에서 골라 쇼핑하거나, 그들만의 맞춤화된 제품을 만들거나, 또는 판매될 때마다 10%의 커미션을 받는 조건으로 그들의 제품을 갤러리에 게재할 수 있다. 웹사이트에 따르면, Zazzle은 '의류, 포스터, 카드, 스탬프, 그리고 기다 등등을 만들어내기 위한 혁신적인 생산, 견고한 커뮤니티, 온라인 상 가장 많은 맞춤화에 사용될 수 있는 디지털 이미지와 고객에게 임파워를 줄 수 있는 타의 추종을 불허하는 개인화 도구를 합한 것이다.

La Fraise의 가장 주요한 국제 경쟁자는 2000년 설립된 Skinny Corp의 초기 프로젝트인, Threadless이다. 오늘날, 시카고에서 계속 진행중인 디자인 컨테스트는 아마 세계에서 가장 유명한 것일 것이다. La Fraise의 설립자 Cassard가 Threadless에서 영감을 받았기에, 두 컨셉트는 매우 유사하다. Threadless에서 접수된 디자인들은 7일 간 평가되고, 보통 2,000에서 3,000표 가량을 받는다. 그리고는, 상위 4~6개의 디자인들이 추려지고, 한정된 수량만큼 인쇄된 후, 인터넷 상에서 판매된다. 선정된 디자이너들은 최대 2,000 미국 달러의 현금과 상을 수여 받게 된다. Threadless가 매우 미국 중심인 것처럼 보이지만, 사실 Threadless의 가장 크고 활발한 커뮤니티는 세계적이다: 전체 주문의 35-40%, 그리고 수상작의 50%가 해외에서 온다. 2006년의 총 매출은 2,000만 미국 달러로 예상되었고, 매달 8만 장의 셔츠를 판매할 것이라 예상하였다.

미래 예측

Spreadshirt의 미래 사업 전략은 다음 네 가지 요소에 집중한다:

- 아시아 시장 정복
- 오프라인 모델의 지속
- 새로운 사업 분야 개척, 그리고
- 소규모 인수를 통한 성장

아시아 시장으로 확장하기 위해서, Spreadshirt는 2007년 베이징에 자가 생산 시설을 갖추려고 계획 중이다. 이로 인해, Spreadshirt는 2008 전세계 시장 침투 목적을 달성함에 있어 (지금 그러하고 있듯) 일본에서도 활동할 수 있을 뿐만 아니라, 중국, 대만, 그리고 대한민국에서도 사업 영역을 확장할 수 있을 것이다(그림 16). Gadowski에 따르면, 2010년에는 Spreadshirt의 총 매출 중 40%는 유럽에서, 35%는 북아메리카에서 그리고 25%는 아시아에서 발생할 수 있을 것이다.

Spreadshirt는 시장 내 입지를 지키고 더욱 강화하기 위해 끊임없이 프로세스와 제품을 발전시키고 있다. 이목은 the Spreadshop 플랫폼에 집중되었다. 2007년 1월부터는, 대규모 판매자 계정뿐만 아니라 프리미엄 샵 운영자들도 Spreadshirt Designer 인터페이스를 자신들의 웹사이트에 연동시킬 수 있고, 이는 구매자들의 맞춤 요소를 증대시킨다. 또한 온라인 소셜 네트워킹 플랫폼을 활용해 수만 Spreadshop들을 연결시키는 것도 계획하고 있다. 현재, 샵 파트너들은 그들만의 프로필을 만들고 메시지를 주고받는 것이 가능하다. 그러나, 최종 목표는 참가하는 모든 판매자들의 컨텐츠가 모두에게 제공될 수 있게 하는 중앙 데이터베이스를 구축하는 것이다. Konrad Marx가 설명하듯, 이는 모든 판매자에게 가치를 증대할 것이다:

> 스스로가 판매자이며, 당신의 사이트에 거의 아무도 방문하지 않는다고 상상해보아라. 이제는 당신의 모든 디자인을 전체 커뮤니티에 게재할 수 있다. 만약 누군가 당신의 디자인 제품을 구매하면, 수익금은 당신과 판매 샵 간에 나뉜다.

이러한 새로운 시작들로 Spreadshirt는 웹 2.0 기업으

그림 16 Spreadshirt's future market penetration goal

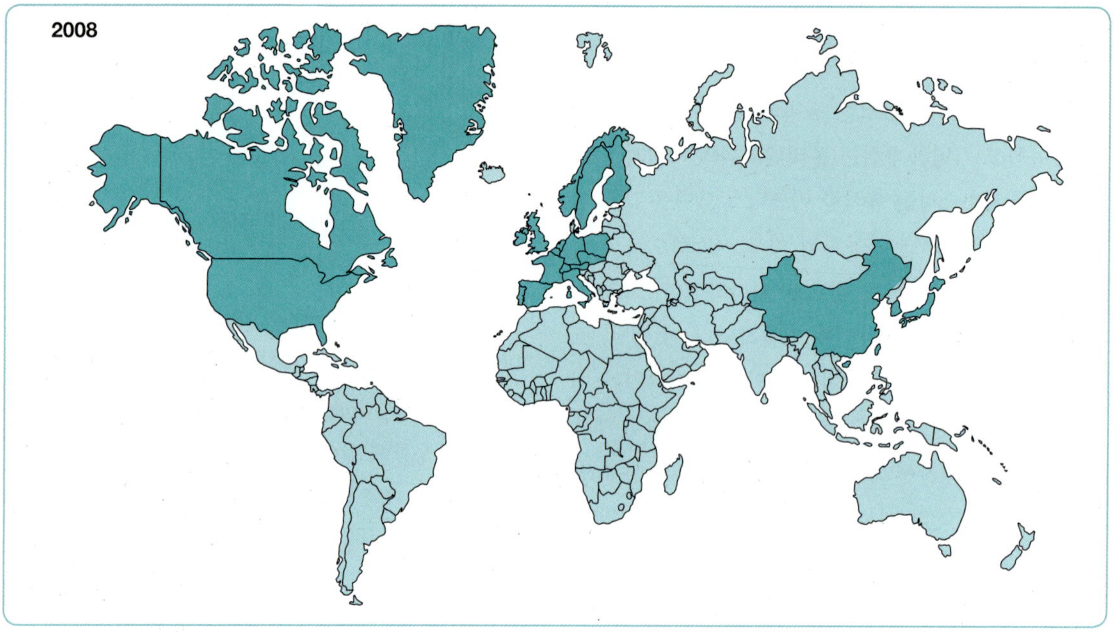

Source: Own illustration.

로 거듭나려고 한다. 그림 17은 이런 비즈니스 모델로 발생한 네트워크 효과와 더불어 초기 Spreadshirt의 1.0 사업 모델과 전통적인 셔츠 가게에 비교했을 때의 독창적 요소들에 대해 보여준다. 이와 같이, 각기 다른 비즈니스 형태를 위한 다양한 성공요인을 가지고 있다.

맞는 기술만 있다면, 기존의 가게들도 오프라인에서든 온라인에서든 고객들에게 대량 맞춤화 된 제품들을 제공할 수 있다. 그러나 Spreadshop 기술을 통해, Spreadshirt 1.0은 회사의 경영 본부를 온라인 상에 퍼뜨리며 전염 효과를 이용하고 있다. Konrad Marx는 이것이 실행에 있어 어떻게 작동하는지 설명한다:

> 당신이 해리 포터의 팬이라 가정하자. 당신은 어느 날 모든 이들이 개인 상거래를 위해 사용할 수 있는 Spreadshirt 플랫폼을 통해 공식 온라인 샵이 운영된다는 것을 알게 된다. 그리하여 당신은, 예를 들면 축구 유니폼과 같은 당신만의 물건을 팔기 위해 샵을 열기로 결심한다. 그 후, 당신의 팀원 중 한 명이 그 아이디어에 관심을 보이며, 그의 애완견 협회를 위한 샵을 열고, 또 그의 친구들에게 이에 대해 알린다.

이러한 접근 방식을 통해, 모든 샵 파트너들은 기업가가 되고 그들의 아이디어와 디자인을 자신들의 사회 환경 내에서—혹은 구글 광고를 통해 더 발전시키며—육성시킬 수 있다. 마지막에는, 이러한 움직임들이 Spreadshirt의 더 큰 매출로 이어진다 왜냐하면 모든 일은 이들을 통해 이루어지기 때문이다. 더 나아가, Spreadshirt Designer 도구는 유저들로 하여금 그들만의 컨텐츠를 개발할 수 있게 하는데, 이 역시도 매출 증대에 기여한다.

Spreadshirt의 다음 단계는 사람들이 허브뿐만 아니라 서로 소통할 수 있는 소셜 네트워크의 효과에 의해 주도되는 웹 2.0 비즈니스 모델을 발전시키는 것이다. Spreadshirt 2.0의 다른 한 가지 주요 핵심은 creativity generation(창의 발전)인데, 이는 사람들이 창의적이지만 이를 발산 할 수 없었다는 가정에 기반한다. Spreadshirt 2.0은 사용자들이 그들의 창의성을 표현하고 자신의 디자인을 만들 뿐만 아니라, Spreadshop의 네트워크를 통해 자신들의 제품에 대한 시장을 찾을 수 있게 해준다. 이런 소셜 네트워크를 통해, 샵 파트너들은 잠재 고객들에게 자신들의 상

그림 17 비즈니스 모델의 성공적인 요소

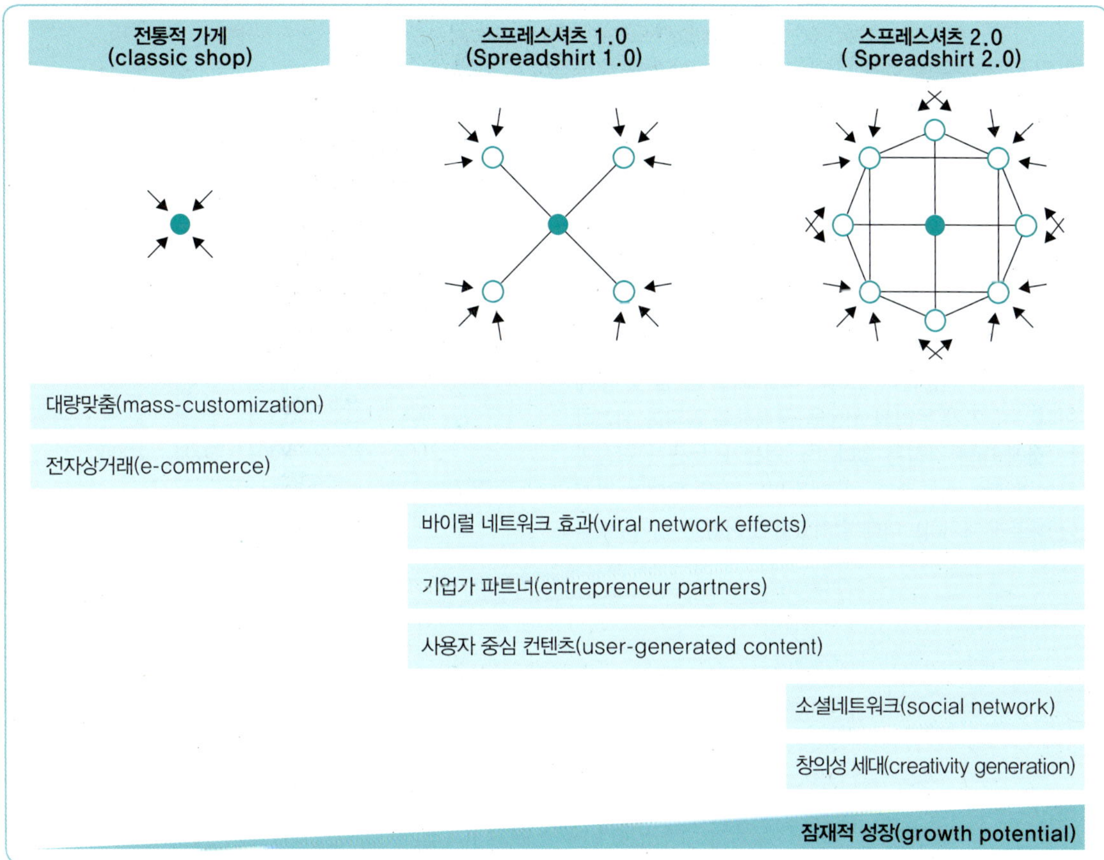

Source: Spreadshirt.

품과 디자인에 대해 알리고, 다른 이들과 경험을 나누며 특정 디자인을 추천하고, 스스로 정한 마진에 따라 제품을 판매하고 Spreadshirt가 나머지 일을 맡게 한다-모든 일은 아무런 선불 수수료 없이 진행된다. Spreadshirt 1.0이 개인의 창의성을 보여줄 수 있는 쇼룸이었다면, Spreadshirt 2.0은 방문자들과 잠재 고객들을 끌어들일 수 있는 마케팅 플랫폼인 것이다.

성장 기회에 있어서 기존 전통적인 형태의 가게들보다는 Spreadshirt 2.0이 확연히 더 크다. 고객에 가치를 창출하는 수 만의 Spreadshop 파트너들을 비롯해 훨씬 더 많은 개인들이 시장 내에 존재한다. 이 모든 사람들은 매출을 증대하기 위해 자신들의 샵을 홍보하는 데 충분한 동기를 가지고 있고, 이는 곧 Spreadshirt의 더 큰 매출에 기여한다. 그런 이들을 소셜 네트워크를 통해 연결하는 것은 더 큰 성장 기회를 의미한다. 커뮤니티 내 커뮤니케이션은 유행이 더 빨리 그리고 더 멀리 퍼질 수 있게 하고, 이는 다시 Spreadshirt의 매출 증대로 이어진다. 사용자들은 자신들의 디자인과 제품에, 또는 Spreadshirt에 추천도 할 수 있게 될 것이다. 동료들은 서로를 그 어떤 회사의 슬로건 보다도 더 신뢰하게 될 것이다.

더 나아가, Spreadshirt은 미래 성장 가능성을 다음과 같은 것들에서 본다:

- 샵 파트너들을 교육하는 것-특히 셀프 마케팅에 있어서
- 스스로의 브랜드를 지속하는 것
- La Fraise의 디자인 컨테스트를 홍보하는 것, 그리고

- 더 많은 기업 고객들을 유치하는 것, 특히 중소 규모의 기업들

위와 같은 조치들을 통해, Spreadshirt는 시장에 대한 포커스와 혁신 동력을 유지하며 2007년과 2008년 각각에 해외 매출을 배가시키는 것을 목표로 한다(2006년까지의 매출 현황, 그림 18). 회사의 미래에 대해, Gadowski는 말한다:

> '우리가 앞으로 어떻게 기업 구조를 발전시키고, 높은 질적 수준을 유지하며, 제품 계발을 도모할 것인지'와 같은 내적인 질문들이 오히려 나를 매일 밤 잠 못 들게 한다. 누군가가 우리의 시장을 공격하고 입지를 위협하는 것에 대한 걱정은 없다. […]언젠가, 누군가 혁신과 함께 등장할 수도 있다. 하지만 모든 것은 우리가 얼마나 빠르게 대처하느냐에 달려있을 것이다.

그림 18 스프레드셔츠 판매 성과(EUR 100만)

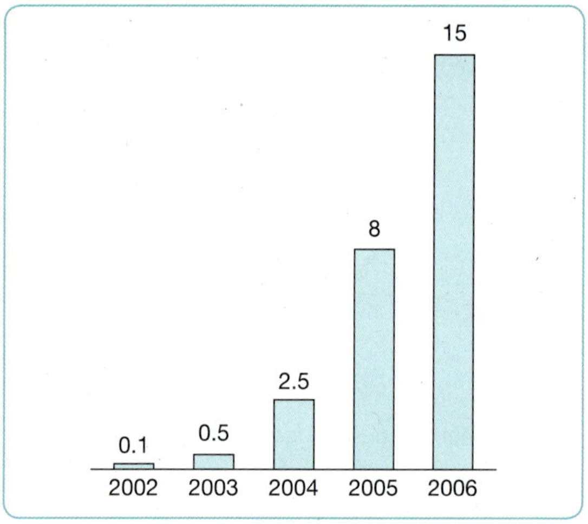

Source: Spreadshirt.

CASE STUDY 16

디지털 데이비드가 물체 골리앗을 만날 때: 브로크하우스와 위키피디아 사례

As storm clouds gather

2004년 6월, 매우 화창하고 맑은 날이었다. 유서 깊은 브로크하우스 회사(Brockhaus Company)의 CEO 유리크 그란제이어(Ulrich Granseyer)는 그의 사무실 밖을 내다보며 깊은 한숨을 쉬고 있었다.

그와 그의 회사는 지난 몇 년간 역경을 헤매고 있었다. 디지털 방식의 백과사전이 출현하자 마이크로소프트(Microsoft)의 *엔카타*(*Encarta*)와 같은 새로운 경쟁자가 시장에 진입했다. 1996년 엔카타의 첫 출시 이후, 디지털 방식의 백과사전은 급속도로 시장 점유율을 늘려가며 막강한 경쟁자가 되었다. 브로크하우스가 자사의 전자제품 개발에 막대한 투자를 했음에도 불구하고 이를 반격하기는 어려웠다. 하지만, 브로크하우스의 전자백과사전이 최고의 독일 교육 미디어 제품 부문의 디지타 어워드(Digita Award)를 처음으로 수상하며 그 동안의 노력이 결실을 맺는 듯했다. 1997년에서 2002년 사이에 어워드를 4개나 수상한 *엔카타*를 처음으로 이긴 것이다.

따뜻한 여름날 위엄 있게 펄럭이는 브로크하우스, 메이어스(Meyers), 두덴(Duden)의 로고가 그려진 세 깃발을 바라보며 그란제이어는 "정말 힘들었지만 우리는 드디어 해냈다!"라고 생각했다. 그는 독일 위키피디아(Wikipedia)의 창립자인 매티어스 쉰들러(Matthias Schindler)와 그의 동료들을 만날 때까지 단 몇 분밖에 여유가 없었다.

그란제이어의 동료이자 뉴미디어 부서의 담당자 번크레이시그(Bernd Kreissig)는 전자백과사전 부서의 창설자들을 만나는 것이 얼마나 시급한 일인지 줄곧 강조했었다. 마침내 미팅이 확정되었으나 때는 이미 늦었다. 위키피디아 창립자들이 벌써 정문을 통과하고 있었기 때문이다.

그가 책상 위에 있는 몇 장의 서류를 챙긴 뒤 창문을 닫으려고 하던 때 갑자기 차가운 바람이 실내로 불어왔다. 하늘을 바라보니 어두운 먹구름이 다가오고 있었다. 아주 멀리 있어 얇은 선처럼 보였음에도 빠른 속도로 다가오고 있다는 것을 느낄 수 있었다.

그는 "오후에 비가 좀 내리겠군"이라 생각하며 창문을 닫고 미팅에 참석하러 나섰다. "무슨 결과가 나오는지 봐야겠지." 그러고선 위키피디아를 만나러 사무실에

Johannes Muck, Marcel Persang and Michael Schweikart prepared this case under the supervision of Professors Albrecht Enders of IMD and Andreas Konig and Harald Hungenberg of the University of Nuremberg as a basis for class discussion rather than to illustrate either effective or ineffective handling of a business situation.

서 나섰다.

독일 백과사전 시장

인터넷 시대가 도래하기 전, 대중적이면서 신뢰 가는 정보를 제공하는 것은 인쇄된 백과사전이 유일했다. 전 분야를 아우르는 정보가 알파벳 순으로 간략하게 수록되어 있는 백과사전은 특정 주제에 대해 알고 싶은 사람들에게 없어서는 안 될 자료였다.

제작

개인 컴퓨터가 보급되기 전, 브로크하우스 등의 출판사가 새로운 백과사전을 집필하는 데에는 10년에 가까운 세월이 걸렸다. 당시에는 새로운 문서를 집필하고, 기존 문서를 보완하고, 새로운 에디션을 제작하는 데 수십 명의 전문가들이 작업을 해야 했다. 그러나 1990년 초에 SGML(Standard General Mark-up Language) 편집 시스템이 도입되며 제작 과정이 대폭 변화하였다. 디지털 방식의 제작 환경은 편집자로 하여금 디지털 방식으로 컨텐츠를 생성하고 레이아웃을 디자인하는 것을 가능케했다. 편집자들은 SGML 기반 시스템을 사용하여 백과사전 제작에 소요되는 시간을 상당히 줄일 수 있었다. 2004년에는 새로운 개정판을 출판하는 데 단 3년의 기간밖에 걸리지 않았다. 뿐만 아니라, SGML 시스템을 이용하면 문서에 메타정보를 첨부할 수 있어 특정 문서를 종합적인 20권 세트에만 포함시킬지, 간결한 10권 세트 혹은 1권 에디션에도 포함시킬지 정할 수 있었다.

유통

트렌드의 변화에도 불구하고, 백과사전은 2004년에도 매우 전통적인 방식으로 유통되고 있었다. 판매되는 백과사전 중 반은 서점에서 판매되었다(그림 1 참고). 두 번째로 중요한 유통채널인 인터넷(Amazon, Buch.de, Buecher.de 등)은 총 판매의 9%를 차지했고, 북클럽(주로 Bertelsmann)은 7%, 창고판매(주로 Kauhfhof와 Karstadt)는 7%, 할인점(Ald, Lidl 등)은5%를 차지했다.

세일즈/경쟁자

2004년은 독일 출판 시장에 오래도록 기다렸던 큰 전환점이 되는 해였다. 3년 이상 하락세를 보였던 시장의 매출규모는 90억 7,600만 유로 수준에서 안정화되었으며 0.1% 소폭 성장했다. 그럼에도 불구하고 2001년 당시 94억 1,200만 유로와 비교했을 때 단기간에 큰 폭으로 시장규모가 줄어들었다. 그 중 백과사전 시장은 전체 독일 출판시장의 1.2%를 차지한 1억 1,120만 유로

그림 1 유통 채널

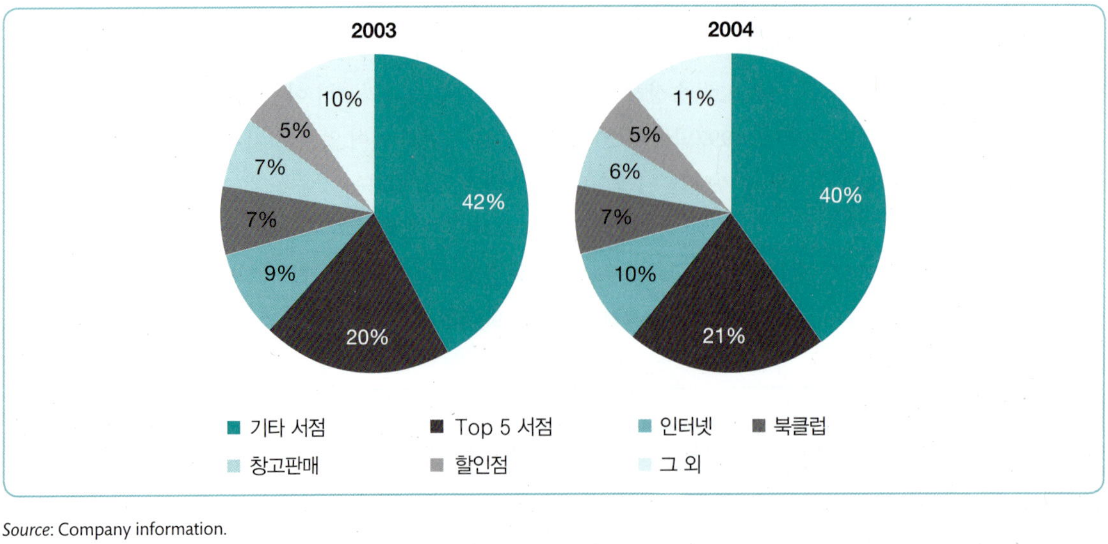

Source: Company information.

정도로 매우 작은 부분을 차지했다.

독일 백과사전 시장에서 브로크하우스는 절대적인 강자였다. 독일 백과사전 시장에서 브로크하우스는 절대적인 강자였다. 연간 매출은 5,380 만 유로에 달했으며 시장점유율의 50%를 차지했다. 브로크하우스와 다른 경쟁사들 사이에는 커다란 격차가 존재했다. 그 중 독일의 주요 미디어 회사이자 브로크하우스의 주 경쟁자였던 베르텔스만(Bertelsmann)의 백과사전 매출은 860만 유로였으며 웰트빌드(Weltbild)의 매출은 500만 유로였다.

브로크하우스의 역사

199년간 백과사전 사업을 한 브로크하우스 회사의 기반은 백과사전 제작과 상업화였다. 브로크하우스는 1805년 프리드릭 아놀드 브로크하우스(Friedrich Arnold Brockhaus)가 설립한 후 삽시에 백과사전 출판사로 세계적인 유명세를 얻었다. 이는 브로크하우스가 미완성 상태의 백과사전을 구매하여 제작한 *브로크하우스 백과사전*(*Brockhaus Encyclopaedia*) 덕분이었다. 또한 *브로크하우스 백과사전*은 프랑스의 *Encyclopédie Française*와 같은 다른 나라의 백과사전의 기준점이 되었다.

19세기 20세기경에 백과사전 시장이 꽃피기 시작했고 상류층으로 간주되기 위해서는 백과사전을 소유하는 것이 필수적이었다. 서독의 첫 대통령 테오도르 호이스(Theodor Heuss)가 1955년에 쓴 글에서도 이러한 사실을 엿볼 수 있다:

> 나는 내 책상 바로 뒤에 브로크하우스 백과사전 전집을 두었고, 간결한 스몰 브로크하우스는 바로 왼편의 책상에 두어 빠르게 접근할 수 있도록 두었다… 연설을 준비할 때 정보의 정확성을 보장하기 위해 항상 백과사전을 사용한다.

거의 200년간 존재했던 브로크하우스는 상당한 규모의 조직변화를 몇 차례 겪었다. 한 차례의 중요한 조직변화는 1970년대에 일어났는데, 이는 치열한 경쟁에 적응하기 위해서였다. 당시에는 독일 대형 미디어 회사 베르텔스만 AG(Bertelsmann AG)가 백과사전 시장에 진입하였다. 또한, 1970년대에 시작된 불황은 전체 출판시장에 악영향을 끼쳤다. 이러한 복합적인 요소들로 인해 브로크하우스는 어려움을 겪었고 회사의 존재 자체가 위협받기 시작했다. 위기를 넘기기 위하여 브로크하우스는 비브리오그래픽 인스티튜트(Bibliographic Institute)와 합병하여 BIFAB(Bibliographic Institute F.A. Brockhaus)가 설립되었다. 결국 1984년 5월 17일, 브로크하우스는 178년 만에 독립성을 잃었다.

합병으로부터 4년 뒤 1988년 4월 6일, 새롭게 설립된 회사는 영국 미디어 거물 로버트 맥스웰(Robert Maxwell)이 적대적 매수를 시도함으로써 새로운 위기에 처했다. 당시 CEO였던 후버터스 브로크하우스(Hubertus Brockhaus)는 남은 몇 주 사이에 효과적인 방어막을 치기는 불가능하다고 느꼈다. 그리하여 그는 독일 주요 출판회사 Langenscheidt KG의 CEO 칼 에른스트 티엘비어-랑엔샤이트(Karl Ernst Tielebier-Langenscheidt)를 찾아가 합병을 제안했다:

> 한 시간 이후 Langenscheidt는 내게 다시 전화해 자신의 두 아들과 두 컨설턴트를 협상에 동행하고 싶다고 하며 내가 1 대 5로 협상하는 것이 괜찮은지 물어봤다. 이 협상에 걸려 있는 것을 생각했을 때 썩 내키지는 않았지만 기회가 될 수 있는 여지가 보였다. 내가 5명의 관심을 끌 수 있다면 대화가 끝난 후 대화에 참석하지 않았던 컨설턴트들이 제안을 조각내는 것보다는 결과가 훨씬 좋을 것이다.

협상은 잘 진행되었고, 모든 참여자들이 브로크하우스가 외국 투자자의 손에 인수되는 것을 방지하는 것에 동의했다. 랑엔샤이트는 백기사 역할을 하기로 결심했고 브로크하우스의 지분율 52%를 인수했다. 대신에 랑엔샤이트는 브로크하우스 이사회에서 결정적인 역할을 요구했으며 칼 랑엔샤이트는 브로크하우스의 새로운 CEO로 취임하였고 그의 두 아들은 이사진에 합류하였다.

2004년도의 브로크하우스

브로크하우스의 본사는 만하임에 위치해 있었고 라이프치히에 지사가 있었다. BIFAB AG의 2004년 매출규모는 6,510만 유로에 달해 2003년 매출에 비하여 30%

그림 2 BIFAB AG와 BIFAB 그룹의 판매 및 수익

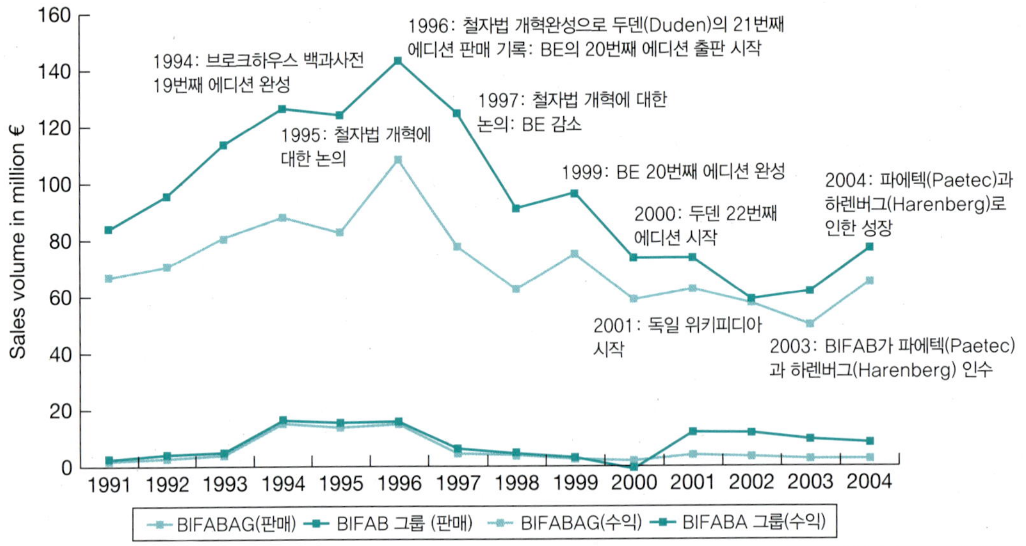

Source: Company information.

성장하였다(그림 2 참고). 이러한 수치는 수년간 하락세였던 브로크하우스 매출의 성공적인 성장세를 의미하는 듯 하지만, 대부분의 매출 성장은 교과서, 달력 출판사인 파텍(Paetec)과 하렌버그(Harenberg)의 인수 덕분이었다. 또한, 매출 성장세에도 불구하고 BIFAB AG의 연간 순익금은 250만 유로 정도로 유지되어 전년도에 비해 0.6% 소폭 감소하였다.

그 당시 브로크하우스는 그림 3에서와 같이 주요 20

그림 3 독일의 주요 20개 출판사

출판사명	2004년 매출 (100만 유로)
1. Springer Science+Business Media	543.9
2. Cornelsen Verlagsgruppe	339.1
3. Klett-Gruppe	332.4
4. Weltbild	220.7
5. Westermann Verlagsgruppe	214.4
6. Random House	195.7
7. WEKA Firmengruppe	195.0
8. Vogel Medien Gruppe	188.8
9. Wolters Kluwer Deutschland	184.9
10. Haufe Gruppe	152.0
11. C.H. Beck	130.0
12. MairDuMont	125.0
13. Deutscher Fachverlag	118.4
14. Rentrop Verlagshaus	113.9
15. Thieme	101.0
16. Langenscheidt	85.5
17. Wiley-VCH	79.5
18. BI/Brockhaus	76.7
19. Droemer Knaur	65.4
20. Verlagsgruppe Lübbe	59.4

Source: Company information.

출판사 중 하나였다. 그러나 이런 규모에도 불구하고 브로크하우스는 가업으로서 존재할 수 있었고 전통을 중시했다. 이는 이사진 모두가 운영에 개입하며 일상적인 업무를 살핀다는 것에서 확인할 수 있다. 후버터스 브로크하우스는 다음과 같이 표현했다:

> 전통은 값을 매길 수 없는 소중한 보물이다. 백과사전 전통을 보존하고 지속하는 것은 아주 멋진 업무이며 도전적인 책임이다.

일련의 근본적인 구조 조정 이후, 브로크하우스 6개의 부서[일반 백과사전, 두덴(독일어 사전), 주제별 백과사전, 달력과 연감, 교육과 학습, 브로크하우스 두덴 뉴미디어]로 나뉘었고, 각 부서에는 독자적인 이익 중심점이 존재했다.

일반 백과사전

일반 백과사전 부서는 잘 알려진 *브로크하우스 백과사전*(전 30권)의 인쇄본과 함께 1권, 3권, 6권, 10권, 15권으로 이루어진 짧은 백과사전을 담당했다. 또한, *메이어스 전세계 지도책* 등과 같은 백과사전 역시 포함되어 있었다. 일반 백과사전 부서는 독일 신문사 *제이트*(*Zeit*)와 공동제작한 전 20권 백과사전 *제이트-렉시콘*(*Zeit-Lexikon*)과 같이 다른 회사와 협력하여 출판한 백과사전도 출판했다.

두덴(Duden: 독일어 사전)

이 부서는 두덴과 이로부터 파생된 출판물을 담당했다. 두덴은 독일에서 가장 권위 있는 브랜드 중 하나였다. 독일 수상 오토 폰 비스마르크(Otto von Bismarck)가 두덴만이 독일어 맞춤법의 유효한 기준이라 선언한 이후 독일 맞춤법의 표준 참고서가 되었다. 두덴의 독일어 맞춤법에서의 중요성은 새뮤엘 존슨(Samuel Johnson)의 *영어사전*과 노아 웹스터(Noah Webster)의 *아메리칸 영어사전*과 같다.

1996년이 되며 이러한 독점이 흔들리기 시작했다. 그 해 독일 정부는 정부 맞춤법 방침과 부합하는 맞춤법을 포함한 모든 서적이 유효한 기준으로 인정된다고 공표했다. 그럼에도 불구하고 두덴의 시장 점유율은 90%에 달해 실질적인 독점자였다. 브로크하우스 경영진은 그 후로도 제품군에 *두덴 외래어 사전*, *두덴 철자법과 맞춤법*, *두덴 인용구와 속담* 등 다양한 파생품을 출판했다. 또한 두덴 이익 중심점에는 언어 컨설팅 부서가 포함되었는데, 이는 2004년도 구독자가 8만 명에 이르며 지역에서 가장 성공적인 서비스가 되었다.

주제별 백과사전

주제별 백과사전 부서는 다양한 특정 주제에 관한 백과사전을 출시했다. *브로크하우스 – 영양*, *브로크하우스 – 노벨상*, *브로크하우스 – 철학* 등의 백과사전이 있다. 또한, *브로크하우스 독일 역사*와 메이어스 브랜드의 지도책과 같은 다양한 주제에 관한 참고서 제작을 담당했다.

달력과 연감

달력과 연감 부서의 이익 중심점은 주로 인수한 달력 출판사 하렌버그에게 있었다. 이 부서에서는 80여 가지의 달력을 출판했으며 *하렌버그 악투엘 2005*와 같은 연감을 출판했다.

교육과 학습

교육과 학습 부서는 학교와 학습에 관한 모든 출판을 담당했다. 독일 교과서/학습서 시장은 학교에서 쓰이는 책으로 이루어진 "아침시장(morning-market"과 추가적인 학습서로 이루어진 "오후시장(afternoon-market)"으로 크게 두 분류로 나뉠 수 있다.

아침시장은 정부가 엄격하게 관리하기 때문에 정부와 연계한 조직들이 독점하고 있어서 BIFAB AG가 발을 들이기 힘든 시장이었다. 따라서, BIFAB AG는 보통 출판시장과 비슷한 오후시장에 먼저 집중했다. 시장 점유율이 확장되고 전문성을 쌓은 이후에서야 아침시장에 진출할 수 있었다. 이를 위해 기존의 아침시장 전문 출판사를 여러 개 인수하여 필요한 유통채널을 확보했다. 아침시장 서적들은 서점에서 판매되는 게 아닌 학교와 같은 교육기관으로 직접 유통되기 때문에 BIFAB의 성공에 아주 중요한 역할을 했다. 그리하여 교육과 학습 부서의 이익 중심점은 두덴 브랜드의 교과서와 참고서를 출판하는 것이 되었다.

브로크하우스 두덴 뉴미디어

브로크하우스 두덴 뉴미디어 부서는 디지털 컨텐츠와 뉴미디어에 관한 브로크하우스의 모든 활동을 총괄했다. 따라서 이 부서는 조직의 뉴미디어 관련 역량의 구심점이 되었다. 브로크하우드 두덴 뉴미디어 부서는 브로크하우스 백과사전, 두덴 등의 브로크하우스 인쇄물의 전자책 출판을 담당했다. 디지털형태로만 출판하는 제품도 존재했는데 마이크로소프트 워드와 같은 문서편집기에서 쓸 수 있는 맞춤법 검사 프로그램 등이 있다.

마이크로소프트와의 전쟁

브로크하우스의 마이크로소프트와의 전쟁은 두 시기로 나뉠 수 있다. 1993년부터 1996년의 첫 시기는 두 회사의 긴밀한 협력관계로 표현할 수 있다. 이와 상반되는 1996년부터 2004년의 두번째 시기는 전자백과사전 시장의 주도 위치를 두고 치열하게 경쟁하는 것으로 볼 수 있다.

첫 시기: 이상한 협력(1993-1996)

1990년대 초, 플로피 디스크에 담긴 전자백과사전이 독일 출판시장에 출현하며 미디어 풍경이 격동했다. 브로크하우스는 이러한 트렌드를 반영하기 위해 회사의 제작구조를 완전히 변경해야 했으며, 이는 회사에게 두 가지 큰 난제를 안겼다. 첫째로, 플로피 디스크 혹은 CD-ROM 형태의 전자백과사전을 출시하기 위해서는 모든 내용이 디지털화되어야 했다. 따라서, 브로크하우스는 컴퓨터 기반의 SGML 시스템을 도입했고 컴퓨터에 익숙하지 않은 편집자들의 강력한 반발을 샀다. 더 중요한 두 번째 문제는 전자백과사전은 새로운 제작과정이 필요한 추가적인 기능을 포함하고 있다는 것이다. 예를 들어, 문서와 문서를 연결하는 하이퍼링크 삽입, 검색 가능한 태그 삽입, 정밀한 검색 기능, 음성파일, 특정 문서를 위한 영상파일 등이 필요했다. 이런 기능들은 전통적인 백과사전 제작과정에서 존재하지 않았었고, 브로크하우스는 이에 필요한 역량을 기초부터 쌓아야했다.

브로크하우스 경영진은 디지털 콘텐츠의 출현이 커다란 문제에 봉착했음을 깨달았다. 그러나 인쇄시장에서의 성공 때문에 섣불리 기존 제작과정 기술을 버리고 새롭게 다가오는 디지털시대를 준비할 수 없었다. 크레이시그는 이렇게 설명했다:

> 출판사로서 우리는 우리가 알고 있는 것에 대한 큰 애착을 갖고 있었고 이것이 1990년대 초반의 문제였다. 그때까지의 성공 때문에 디지털화에 의한 어려움을 극복하기 힘든 위치에 있었다. 성공보다 더 혁신에 방해가 되는 것은 없다. 게다가 돈이 계속 들어오고 있었다.

그럼에도 불구하고, 브로크하우스는 기술변화에 대응하기 위해 뉴미디어 총괄 매니저를 고용하며 조직의 디지털화의 첫 단추를 꿰었다. 새로운 총괄 매니저 크리스토프 블라시(Christoph Bläsi)는 하이델베르크대학에서 언어학을 전공하고 해당 대학의 컴퓨터 언어학 의장 밑에서 일한 경력이 있어 자리에 적합한 인물이었다.

블라시가 고용될 당시 전 조직이 디지털 시대에 어떻게 적응할지 불확실한 상태였다. 그는 그 당시를 회고하며 이같이 말했다:

> 그들은 꽤 혼란스러워했으며 디지털 시대에 첫발을 내딛기 위해선 이 분야의 전문 스탭 기능이 필요하다고 생각하고 있었다.

블라시를 고용한 지 얼마 안 돼서 브로크하우스는 새로운 SGML 기반의 디지털 편집 시스템을 도입했고 이는 사전편찬 작업을 근본적으로 변화시켰다. 새로운 시스템을 도입하는 것 자체도 난관이었다. 이때까지 브로크하우스 내에서 전자출판에 대해 아는 사람이 없었다. 그리하여 편집자들은 시행착오를 겪으며 단기간 내에 새로운 시스템을 배워야 했다. 결과적으로 브로크하우스의 직원 대부분은 새로운 기술 도입을 꺼려했다. 그란제이어는 이렇게 설명했다:

> 이것은 직원들에게 완전히 새로운 것이기에 큰 저항을 불렀다. 이렇게 가야 한다고 생각한 사람들이 있었던 반면, 왜 이 도구가 필요한지 이해하지 못하는 사람들도 있었다. 그들은 작업시간이 더 오래 걸린다고 주장

> 했고 내용 외에 것들에 대해 힘을 쏟아야 한다고 했다. 몇 년이 지난 후(2000년 초)에야 새로운 편집 시스템이 완전히 받아들여졌다.

디지털화를 더 진행하기 위해서 브로크하우스는 거대 소프트웨어 회사인 마이크로소프트와 1993년부터 협력하기 시작했다. 경영진 임원이자 미국 유학 시절 이쪽 인맥을 쌓았던 플로리안 랑엔샤이트(Florian Langenscheidt)가 협력을 주도했다. 협력의 목표는 브로크하우스의 전자기술을 발전시켜 전자백과사전 시장 진입을 위한 교두보를 확보하는 것이었다.

마이크로소프트는 브로크하우스 디지털화 작업을 담당해야 한다고 피력했고 이로 인해 뉴미디어와 관련된 직원의 작업량이 대단히 늘어났다. 작업량 부하를 감당하기 위해 회사는 뉴미디어를 담당할 두 번째 직원번 크레이시그를 고용했다. 당시에는 인력 자원이 희소했고 브로크하우스 경영진은 디지털기반 솔루션 수요 증가를 감당하기 위해 임기응변으로 대응해야 했다. 크레이시그는 다음과 같이 설명했다:

> 우리는 전통적인 독일 방식으로 우리 자원을 이용했다. 한 명을 고용하면 부족할 때까지 기다린다. 부족하면 또 한 명을 고용하게 될 수도 있는데, 그렇기 위해서는 아주 오랜 시간 동안 논쟁을 한 후이다.

마이크로소프트와의 협력 결과는 1995년에 출시된 CD-ROM형태의 *렉시롬*(*LexiROM*)이다. 렉시롬은 세 가지 종류의 사전을 탑재하고 있었는데 이는 *메이어스 사전 3권*, *두덴* 독일어 맞춤법 사전 3권, *랑엔샤이트의 휴대용 영어사전*이었다. 브로크하우스의 전통제품군과 같이 서점과 온라인 소매업자가 가장 중요한 유통채널이었다. 상대적으로 적은 단어를 탑재하고 있었고 인쇄본에 비해 비쌈에도 불구하고 *렉시롬*은 첫 출시부터 성공적이었다.

이러한 성공적인 시작에도 불구하고 브로크하우스는 가장 유명한 브로크하우스 백과사전까지 디지털화하는 것에 대해 소극적이었다. 블라시는 이러한 소극적인 태도는 시장잠식 우려로부터 비롯되었다고 한다:

> 그들이 망설인 이유는 자신들의 일의 본질에 대한 극도의 걱정 때문이었다. 그들은 이게 디지털화되어 디스크에 압축된 후 엉뚱한 사람 손에 들어갈 경우 수백 년간의 작업이 사라질까봐 무서웠다.

1990년대 중반까지 더욱 방대한 전자백과사전에 대한 시장 수요는 늘어났다. 브로크하우스는 이에 대응하여 브로크하우스 백과사전 1권이 탑재된 *브로크하우스 멀티미디얼 컴팩트*(*Brockhaus Multimedial Kompakt*)를 1996년에 출시하였다. 그러나 이는 표면적인 대응일 뿐이었다. 브로크하우스 경영진은 디지털제품을 제작하는 것을 "진짜" 제품인 백과사전 인쇄본에 비하여 "한번 시도"해보는 것이라 생각했다. 또한, 의사결정자들은 시장잠식 우려 때문에 새로운 기술 도입에 소극적이었다. 그들은 (1996년도 당시)전자 제품의 매출 비중이 브로크하우스 전체 매출의 5%밖에 차지하지 않는다는 점을 지적했다. 크레이시그가 전하다시피 브로크하우스 경영진들은 자사의 대응력에 자신이 있었고 따라서 다소 방어적인 전략을 취했다:

> 우리는 신중하고 경제적인 태도를 취했고 다음 모토를 따랐다: 우리가 다른 사람들에 비해 1년 늦게 시작해도 우리 회사의 규모를 기반으로 시장 밑바닥에서 부터 쉽게 성장해 2년 이내에 독식할 수 있을 것이다. 출판 시장의 경우 이런 전략은 적합했을 수 있었지만 디지털 시장에서는 치명적인 전략이었다. 그곳은 진입가능한 시장이 1년 후에 사라진다.

두번째 시기: 가혹한 경쟁(1996-2004)

합작품 *렉시롬*의 성공에도 불구하고 마이크로소프트는 3년만에 브로크하우스와의 협력을 중단했고 독자적인 디지털 백과사전 *마이크로소프트 엔카타*를 편찬하기 시작했다. 독일 전자백과사전 시장에서 1996년도에 첫 출시된 엔카타는 제품 특유의 내용 덕분에 시장에 커다란 영향을 끼쳤다. 엔카타는 2만 7,000개의 문서뿐만 아니라 1만 개 이상의 사진, 음성, 영상 등의 미디어 요소와 뛰어난 검색기능을 탑재했다. 또한, 가격 역시 200마르크 정도로 브로크하우스의 *렉시롬*의 가격 400마르크에 비하여 상당히 싼 편이었다. 마이크로소프트는 *엔카타*를 제작하기 위해 *펑크&와그날스 백과사전*(*Funk & Wagnalls Encyclopaedia*)에 대한 비독점 권

그림 4 브로크하우스 멀티미디얼

판(Edition)	단어 개수 (백만)	키워드	이미지	오디오/비디오
1999	5.4	140,000	4,200	9
2000	6.3	165,000	12,000	10
2001	10.5	172,000	13,000	11.5
2002	14.4	190,000	145,000	13
2003	16	195,000	160,000	16
2004	17	315,000	195,000	18

Source: Company information.

리를 취득하여 문서 내용의 기반을 다졌다. 따라서 전혀 전자백과사전에 대해 문회한이었던 마이크로소프트는 이 시장에 대한 경험을 빠르게 습득할 수 있었다.

제대로 된 첫 CD-ROM 백과사전로써 엔카타는 출시하자마자 성공적이었다. 이는 브로크하우스에게 상당한 충격을 안겼다. 크레이시그는 다음과 같이 회상했다:

> 그러고선 엔카타가 나왔다. 엄청났다. 엔카타는 렉시롬보다 값쌌고 더욱 더 성공적이었으며 우리없이 만들어진 것이었다… 우리는 충격을 받았었다. 독일에서 가장 잘 팔리는 백과사전이 이제 마이크로소프트에서 만든 CD-ROM이라는게 말이 안 됐다. 우리의 본질까지 타격을 받았다.

브로크하우스 경영진은 즉시 *엔카타*에 대응할 수 있는 전략을 모색하기 시작했다. 하지만 모든 의사 결정자들은 전자백과사전의 출시는 브로크하우스의 기존 제품군에 영향을 끼칠 것이라는 것을 대단히 의식하고 있었다. 따라서, 그들은 인쇄본 제품군을 위태롭게 하지 않기 위해서 전자백과사전이 인쇄본보다 비싸야 할지에 관한 토론을 끝없이 했다.

이사회는 브로크하우스 두덴 뉴 미디어의 대표 크레이시그와 한스 헉-블란도프에게 의견을 구했다. 크레이시그와 그의 동료는 이렇게 얘기했다:

> 우리가 시장의 규칙을 따른다면 할 수 있습니다. 우리는 더 많은 인력과 금전이 필요하고, 더 중요한 것은 제품의 가격이 인쇄본 가격에게서 영향을 받으면 안 된다는 것입니다. 가격이 인쇄본과 같을지 더 비쌀지에 대한 논의가 더 이상 지속되면 안 됩니다. 가격은 시장에

> 의해서 결정될 것이고, 이번 경우에는 경쟁자가 이미 시장에 진입했습니다. 우리가 그 가격보다 더 비싸면 안되며 가장 비싸도 마이크로소프트와 같은 가격을 책정할 것입니다.

이후 몇 년에 걸쳐 브로크하우스는 마이크로소프트의 *엔카타*에 대항하고 시장 주도주 위치를 되찾을 수 있는 제품을 개발하는 데에 열렬히 노력했다. 결과물은 1998년 말에 출시된 *브로크하우스 멀티미디얼*(*Brockhaus Multimedial*)이었다. *브로크하우스 백과사전 15권*이 담긴 CD-ROM이었다(그림 4 참고).

*브로크하우스 멀티미디얼*은 출시되자마자 빠르게 입지를 다졌지만 여전히 가장 성공적인 전자백과사전은 *엔카타*였다. 1997년에서 2002년 사이에 최고의 독일 교육 미디어 제품 부문의 *디지타* 어워드를 4번이나 수상했다. 그러나 4년이 지나자 *브로크하우스 멀티미디얼*은 마이크로소프트의 *엔카타*와 동등한 수준으로 오를 수 있었고, 2003년에는 경쟁사를 제치기 시작했다. 마침내 2004년에 *디지타* 어워드를 수상함으로서 백과사전시장에서 시장 주도주가 되었다. 그러나 이러한 결과는 크레이시그가 설명하다시피 엄청난 노력의 결실이었다:

> 엔카타를 따라잡기 위해서 피나는 노력을 해야 했다. 매우 지치는 일이었고 몇 년이나 끄는 작업이었다. 우리가 선두주자가 되어 매출과 이익의 첫 몫을 가져가는 것이 훨씬 현명한 선택이었을 것이다. 하지만 이는 돌이킬 수 없었다.

다가오는 위키피디아와의 전쟁

브로크하우스의 모든 인력이 마이크로소프트와의 경쟁에 몰입하고 있던 2000년도에 인터넷 사업가 지미 웨일스(Jimmy Wales)는 혁신적인 아이디어를 생각해냈다: 만약에 인터넷 사용자들이 백과사전을 온라인으로 읽을 수 있을 뿐만 아니라 편집도 하고 아직까지 다루어지지 않은 분야의 새로운 문서까지 생성할 수 있으면 어떨까? 이것이 새로운 시대의 서막, 위키피디아의 출생이다.

위키 원칙

> 위키피디아는 자유 라이선스에 기반해 전 세계의 수 천 명의 기고자들이 사용 가능한 모든 언어로 채우는 종합 백과사전이다.
>
> **(지미 웨일스)**

위키피디아의 핵심은 위키 원칙을 이용하는 것이다. 사용자들이 웹사이트의 콘텐츠에 접근할 수 있고, 새로운 콘텐츠가 생성될 수 있고, 기존 콘텐츠가 수정되거나 삭제될 수 있다는 것이 이 원칙의 배경이다.

수많은 사람들이 위키피디아에 기여하고 싶어하기 때문에 이러한 웹사이트를 성공적으로 운영하기 위해서는 기본 원칙에 충실하는 것이 핵심 조건이다. 그 중에서도 모든 문서가 따라야하는 4가지의 기본 원칙이 생겨났다: (1) 위키피디아는 백과사전적인 내용만을 담는다, 2) 모든 문서는 중립적인 태도를 가진다, (3) 모든 문서는 대중에게 허가되어 있다, (4) 기고자들은 서로를 존중한다. 위키피디아에는 편집국이 존재하지 않았기 때문에 이러한 원칙이 지켜지는지 모니터링할 중앙 위원회가 존재하지 않았고 문서의 질과 신뢰성을 보장할 수 없었다. 또한, 문서의 내용에 관한 의견차이가 생기면 커뮤니티 내에서 자유롭게 토론하여 해결되었다.

독일 위키피디아

독일 위키피디아는 영문 위키피디아가 생긴 6개월만인 2001년 5월에 설립되었다. 이러한 구상이 빠르게 수용되고 여러 언어권으로 확산되었지만, 문서량은 천천히 증가했다(그림 5 참고). 출시된 지 1년 후 독일 위키피디아는 단 2천 건의 문서를 포함하고 있었으며 브로크하우스 백과사전 제20판의 26만 건에 비교하면 꽤 시시한 숫자였다. 2004년 6월이 되어서야 독일 백과사전의 문서량이 10만 건에 달했다.

인터넷에 대한 해박한 지식을 갖고 있던 크레이시그 덕분에 브로크하우스는 위키피디아가 출시된 것을 처음부터 알고 있었다. 그러나, 초반의 더딘 성장세와 문서의 낮은 품질 때문에 브로크하우스는 위키피디아의 출현이 딱히 상관할 만한 것이라고 생각하지 않았다. 오히려, 브로크하우스에서 일하는 사람들은 백과사전

그림 5 독일 위키피디아 웹사이트의 문서의 개수

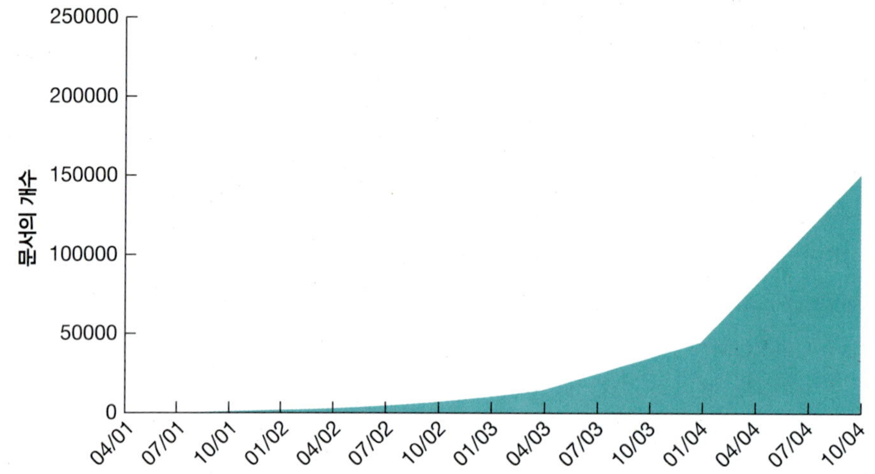

Source: Company information.

의 필수 조건은 정보의 신뢰성이라고 생각했기 때문에 위키피디아를 백과사전이라고 취급하지도 않았다. 브로크하우스의 대변인 클라우스 호로크는 이렇게 얘기했다:

> 사람들이 위키피디아를 백과사전이라고 부를 때 거슬린다. 왜냐하면 그것은 백과사전이 아니기 때문이다. 백과사전이 되기 위한 필수 조건은 보증되고 검증된 내용과 증명된 출처이다. 그리고 위키피디아에는 이런 조건이 당연히 부합되지 않는다.

위키피디아의 출력은 무료 온라인 백과사전이 되는 것이었으므로 제대로 된 수익구조가 없었다. 위키피디아 사용자들은 모든 문서를 무료로 접근할 수 있었고 문서 생성과 수정 역시 무료였다. 또한, 위키피디아의 웹사이트에는 배너, 스폰서 링크 등의 광고가 하나도 포함되어 있지 않았다. 그 대신에 위키피디아 회사는 개인 기부금과 다른 회사들의 후원을 통해 재정을 충당했다.

지폴리스(Xipolis) – 브로크하우스의 온라인 백과사전

브로크하우스는 독일에서 초기에 온라인 백과사전 분야에서 경험을 쌓은 회사들 중 하나이다. 전자백과사전 시장의 활동영역으로 인식하여 당연하게 추가되어야 한다고 봤다. 브로크하우스는 인터넷 사용자들이 급증하고 있다는 것이 중요한 변화라는 것을 빠르게 알아챘고 1997년도에 홀츠브린크 네트워크(Holtzbrinck Networks)와 함께 Xipolis.NET GmbH Munich를 합작투자하여 설립했다.

긴 시간 동안의 개발 이후 홀츠브린크와 브로크하우스는 회사들이 온라인으로 지식을 제공할 수 있는 플랫폼을 지향하는 지폴리스 웹사이트를 2001년도에 출시했다. 브로크하우스는 브로크하우스 백과사전 15권의 내용을 인쇄본과 같은 구성으로 웹사이트에 실었다. 문서의 요약본은 무료로 이용할 수 있었으나 완전한 내용을 보기 위해서는 구매해야 했다. 브로크하우스는 신용카드 결제, 정교한 포인트 제도, 구독제 등 여러 결제시스템을 시도했다.

그러나, 대다수의 사용자들은 온라인 콘텐츠에 돈을 지불할 의사가 없었기 때문에 이러한 방식 중 성공한 것은 하나도 없었다. 이는 당시의 대부분의 웹사이트가 배너 혹은 팝업 광고로 비용을 충당해 무료로 이용할 수 있었기 때문이다. *지폴리스*의 성장세가 둔함에도 불구하고 브로크하우스는 귀중한 콘텐츠를 무료로 제공하고 광고로 매출을 올릴 생각조차 하지 않았다. 대신, 유료 콘텐츠 수익모델을 엄격히 고집했다. 호로크는 이렇게 회상했다:

> 우리는 우리 콘텐츠를 무료로 공유하고 싶지 않았다. 품질은 비싼 것이고 우리는 항상 유료 콘텐츠 정책을 펼쳐왔다.

결과적으로, 사용자 수는 지속적으로 적었고, 이 프로젝트는 매년 수백만 유로의 손해를 초래해 브로크하우스와 홀츠브린크 네트워크가 감당해야 했다.

고비를 넘길 수 있을까?

위키피디아 사람들을 만난 이후, 그란제이어는 그의 사무실로 돌아왔다. 그는 그의 의자에 앉아 2시간 동안 일어났던 일에 대해 숙고했다. 이 모든 일이 그를 당황스럽게 했다. 신뢰성이 보장되어 있지 않고 아무 사용자나 편집할 수 있는 온라인 백과사전을 쓸 사람이 있긴 할까? 그에게는 절대 상상할 수 없는 일이었다.

그는 다시 창밖을 내다보았다. 자신이 생각한 것보다 훨씬 빨리 많은 것들이 급변하고 있었다. 밖은 점점 어두워졌고 굵은 빗방울이 쏟아내리는 어두운 비구름들이 하늘을 뒤덮었다. 위키피디아 사람들이 주차장에서 빨간색 차에 올라타는 것을 보며 그는 아침에 위엄 있게 펄럭이던 세 깃발이 이제 비에 젖어 축축 처져있는 것을 볼 수 있었다.

의자 뒤에 기대며 그는 회의에서 들었던 얘기를 다시 생각하기 시작했다. 그는 혼자서 중얼거렸다. "위키피디아가 정말 우리에게 위협이 될 수 있을까? 아니면 그냥 인터넷광들을 위한 작은 장난감일 뿐일까? 위키피디아의 출현에 대응을 해야 할까? 만약 그렇다면 우리는 어떻게 해야 할까? 위키피디아와 같은 비영리조직과 협력해야 할까?" 그는 비를 뚫고 자신의 자가용을 향해 걸음을 재촉하며 계속 답을 찾고 있었다.

Nettwerk
음반산업에서의 디지털 마케팅

50년전, 음악인들의 가장 큰 포부는 주요 음반회사와 계약을 체결하는 것이었다. 당시 거대 음반 회사들 중 하나와 계약하는 것은 아티스트로서의 성공과도 직결되곤 했다. 그러나 2009년까지 대부분의 음반회사의 수익과 영향력은 감소되고 있었다. 메이저 음반회사의 지원없이 밴드가 활성화될 수 는 없는 것인가?

Nettwerk는 독립음반 회사, 출판기업, 음반 관리 회사이다. 2009년 7월에 창업자인 테리 맥브라이드(Terry McBride)는 새로운 아이디어를 산업에 불어넣기 위한 라디오헤드(Radiohead)를 관리하는 파트너인 브라이언 메시지(Brain Message)와 협력하게 된다. 폴리포닉(Polyphonic)이라는 이름 하에 그들 스스로 책임질 밴드를 만들기 위해, 2천만달러의 초기 자본을 투자한다. 파트너들 중 한 명은 빌보드 메거진(Billboard magazine)에 다음과 같이 말한 바 있다. "밴드를 위한 벤처캐피털 기업은 상당히 많다"

레코드 음악의 자금조달과 프로모션을 위한 대체 구조는 수 많은 성공 없이도 지속적으로 시도된 바 있다. 2009년, 이들 투자자들이 희망을 가졌던 것은 디지털화 된 음악과 인터넷이 통합되어 새롭고 저렴한 방법으로 음악을 홍보할 수 있겠다는 신념이었다. 맥브라이드와 그의 파트너들은 투자자들에게 매력적일 수 있는 디지털 음악 마케팅을 배우려는 준비가 되어 있었다.

그러나 투자자들의 처음 반응은 반신반의했다. 뉴욕의 벤처캐피탈리스트는 "포트폴리오가 작다는 것은 엔터테인먼트 상품에 대한 수익이 일반적으로 변덕스럽다" 고 언급한 바 있다. 그렇다면, 유명하지 않은 음반기업이 다시 이 실패에 접근하고 있는 것인가?

음반산업

음반산업은 예술과 비즈니스간의 조심스러운 동맹으로 구성된다. 아티스트, 뮤지션, 작곡가들은 레코드 음악을 홍보하고 판매하기 위해 배급사 형태의 비즈니스 사람들에게 의존하게 된다. 음반 배급사는 두 종류가 있는데, 메이저 社(major)와 독립 社(independent)가 그것이다.

2009년 메이저 社는 유니버설 뮤직 그룹(Universal Music Group), 소니뮤직 엔터테인먼트(Sony Music Entertainment), 워너뮤직 그룹(Warner Music Group), 그리고 EMI 그룹으로 구성되어 있다. 각 메이

Johannes Muck, Marcel Persang and Michael Schweikart prepared this case under the supervision of Professors Albrecht Enders of IMD and Andreas Konig and Harald Hungenberg of the University of Nuremberg as a basis for class discussion rather than to illustrate either effective or ineffective handling of a business situation.

저 社는 다수의 음반회사를 보유하고 있으며, 이들 음반회사들 중에서는 과거 자신들이 독립 社였던 적이 있었다. 예를 들어, 유니버설 뮤직 그룹은 A&M, Decca/London, Deutsche Grammophon, Island, MCA, Motown, Polygram 등을 만든바 있었다. 과거 10년간 합병을 통해 8개의 배급사가 4개로, 메이저사의 수가 감소하였다.

독립社(인디, indies)의 경우, 메이저 음반사 체계 이외에서 운영되는 음반회사였다. 일반적으로 독립음반사의 음반 공개는 다른 메이저 음반사에 비해 덜 상업적이었다.

말그대로 싱어송라이터, 가라지 록(garage rock)과 같은 전문화된 수천여개의 인디 음반사가 있었다. 인디는 주로 특정장르에 대한 열렬한 팬이 있는 음반의 틈새시장에 집중하곤 했다. 다른 메이저가 한달에 여러 차례 앨범을 만든다면, 인디의 일부는 일 년에 여러 차례 음반을 출시할 수 있는 누구나 손쉽게 접할 수 있는 산업이었다. 일부 인디 음반사에서 판매량이 수백만장이 팔리는데 반해 이보다 영세한 인디 음반사의 판매량은 한자릿수부터 수 만개의 판매량까지 뛰기도 한다. 일부 인디 음반사는 메이저사와 함께 배급 계약을 체결하기도 하였지만, 나머지 인디 음반사는 그렇지 않았다. 배급계약을 체결하지 않은 인디 음반사는 소매업체에 레코드 상품을 전달해야 했기 때문에 더욱 모험적이었다. 특히, 베스트바이(Best Buy), 월마트(Wal-Mart), 타켓(Target) 등의 빅 박스(big box)라고 하는 소매업체로 음반소매업체가 계약을 위해 이동하면서 더욱 모험적이게 되었다.

레코드판 시절 이래로, 음반산업은 물리적인 상품 판매를 통해서 많은 수익을 얻었다. 이러한 관행은 법과 문화가 습관화시켰다. 작곡가가 노래를 만들면, 해당 작곡가는 저작권 보유자가 된다. 노래를 상업화하는데 비용이 많이 들었기 때문에 작곡가는 평상시에 자신의 노래를 불러줄 아티스트를 찾아야 했고 레코딩해 줄 수 있는 메이저 음반사나 독립 음반사에 판매했다. 일단 노래가 레코드되면, 누구나 무료로 복사할 수 있지만, 매번 복사될 때마다 로열티(mechanical royalties)를 저작권자에게 지불해야만 했다. 2009년에 5분여 남짓한 노래 1곡은 9.1센트였으며, 1분 초과시 1.75센트의 추가 요금이 지불되었다.

노래가 라이브 또는 방송에 나올 때 추가 로열티를 받게 되는데, 이때의 로열티를 공연 로열티(performance royalties)라고 하며, 저작권 보유자에게 해당 로열티가 지급되게 된다. 그러나 이러한 상황은 동영상이나 광고 등에서 노래가 몇 번이나 불려졌는지를 추적하는데 어려움이 있다. 이 경우, 모여진 로열티는 저작권 보유자에게 전달되는데, 이것을 동기화 로열티(synchronization royalties)라고 한다(그림 1). 그러나, 메이저 사의 최대 수익의 원천은 로열티뿐만 아니라 소매점에게 판매한 앨범 수도 포함되었나.

아티스트와 뮤지션들은 전통적으로 앨범 판매량으로 수익을 창출하였다. 투자자나 멘토 역할을 하는 음반사는 한 앨범을 레코딩하기 위한 한명의 아티스트와 계약하거나 잠재력이 높아 보이면 몇 년에 걸쳐 다수의 앨범을 계약했다. 음반사는 투어, 뮤직비디오 제작, 홍보 및 스튜디오, 엔지니어와 프로듀서에 대한 비용을 포함한 자금을 아티스트에게 제공한다. 아티스트로 계약된 상품의 소매가격의 비율은 6%에서 18%까지 아티스트의 흡입력(pulling power)에 따라 다르게 측정되고 음반사가 고정비용을 제한 후에 이루어졌다. 음반시장에서 대형 음반사의 높은 지출비용은 일반적이었으며, 백만 장의 앨범이 팔려야 손익분기점을 넘을 수 있었다. 아티스트는 매니저를 고용하여 음반사와 협상을 하였고, 일반적으로 아티스트의 총 수익의 15% 지출하였다.

대형음반사들은 성공이 보장된 아티스트를 스카우트 함으로써 그들의 앨범을 제작하고 마케팅 계획을 세우며 라디오나 비디오 음악 프로그래머와의 관계를 돈독하게 만들면서 자원으로 통합시켰다. 인디(Indies)는 스카우팅 기능이 있지만 다른 서비스를 구입하여 활용하여 전체적인 통합된 형태를 보여지지는 않았다. 그 결과, 인디는 대형음반사와 다르게 더 유연하며 창의적

그림 1 음반산업에서의 로열티 흐름

경제학자들은 음악을 무형의 지적재산권으로 보았다. 일단 노래 한 곡이 작성되고, 레코드화되고, 공공 장소에서 공연이 이루어진다면, 정보와 같을 정도로 적게 보았다. 경제학자들은 특정인이 이 정보를 한 단위를 소비할 때, 다음 사람들을 위해 이용 가능한 양이 줄지 않는다는 의미에서 비경쟁 상품(nonrival good)으로 용어화하였다. 일단 이러한 상품이 생산되면, 추가적인 생산을 위한 투자에 필요한 경제적 자원이 더 이상 필요치 않다. 따라서 정보의 생산자는 경쟁자가 비용부담 없이 복제하는 것을 취약하게 만들었다. 정부는 이를 경쟁자와 소비자의 비용 없는 복제로부터 생산자를 보호하기 위해 저작권법을 활성화하는데 필요한 지적 재산권을 만들 수 있는 경제적 인센티브로 보았다. 그러나 음악은 또 다른 문제에 직면하게 되었다. 소비자들은 레코드 음악을 개인이 듣기 위해 너무 많은 비용을 지불하는 것을 꺼려하였다. 많은 판매량에 비해 아티스트에 전달되는 수익은 매우 작았다.

해결책은 창조상품에 타이틀(title)을 만들기 위한 저작권법의 체계와 로열티를 수집하고 배포하기 위해 타이틀 보유자를 대신하여 행동하는 아티스트 노조에 의해 협의되는 협약서였다. 로열티의 각 클레스(class)가 만들어질 때마다 사용된 기술에 이름을 붙여 세 종류의 로열티가 존재하였다.

메커니컬 로열티(mechanical royalties)

미국 저작권 법에서 서로 다른 종류의 지적 재산권을 이용하지 못하는 특별한 권한을 음악에 부여하고 있다. 일단 음악이 기계적으로 표현 된다면, 작곡자의 승인 없이도 누구나 음악을 레코드 할 수 있지만, 법령에서 제시된 것에 의해 저작권을 소유하고 있는 사람에게 로열티를 지불해야만 한다. 따라서 노래 한 곡이 레코드 될 때마다 레코딩 당사자(recording party)는 저작권 보유자에게 비용을 지불해야만 하는데, 이를 메커니컬 로열티라고 불린다. 2009년에 메커니컬 로열티 이용금액은 카피 당 8센트였다. 법은 저작권자에게 높은 요율이 아닌 낮은 요율을 받아들이도록 허락하였다.

저작권자는 법령의 지배 받지 않는 수준에서 노래를 만드는 데 기여하는 당사자들에게 비용을 지불하기 위해 추가 협약서를 가지고 있다. 대개 이들 당사자들은 노래하는 아티스트와 작곡자들이었다. 작곡가들은 일반적으로 메커니컬 로열티의 절반을 받았다.

반면, 아티스트의 수입은 메커니컬 로열티와는 관련이 없었다. 아티스트는 레코딩에 대한 권장소매가격의 비율만큼을 받았는데, 아티스트의 명성에 따라서 6%~18%사이에서 정확한 비율이 결정되었다. 메이저사는 앨범을 만드는 아티스트에 미리 지급된 100%의 비용을 만회하게 된다. 마케팅과 비디오 생산비용을 위한 만회율은 대개 50%였다. 이러한 비용이 만회되고, 아티스트가 수익을 만들어내기 전까지는 아티스트가 적어도 100만장의 앨범을 판매해야만 했다.

통상적인 방법으로 인터넷 판매를 위해 만들어진 복제는 법령에 준한 메커니컬 로열티를 발생시킨다. 아티스트와 메이저사간의 협상은 오프라인 미디어에서 판매된 노래보다 인터넷으로 다운로드 된 음원이 약 20% 정도 낮은 로열티로 이루어진다. 그러나 인터넷 레코드 음반사는 레코드 음반사와 아티스트 간의 음악 다운로드에 대한 판매에서 비용(디지털 법 관리비용, 대역폭 수수료, 거래 수수료, 메커니컬 로열티, 마케팅 비용 포함)을 제한 이익을 동일하게 나눌 것으로 제안하였다.

공연 로열티(performance royalties)

노래가 라이브나 라디오, 텔레비전에서 공연되는 횟수 혹은 상점에서 배경음악이 나오는 횟수만큼 레코드 당사자들은 저작권 보유자에게 저작권법의 일환으로 로열티를 지불해야 하는 의무를 가지게 되었다. 이러한 로열티를 모으는 것이 성가신 일이기에 저작권 보유자들은 저작권 운영 등의 조직체인 공연 권한 조직(performance right organizations, PROs)을 만들었다. 이 조직은 로열티 비율을 정하거나 공연자로부터 지불금액을 모으는 역할을 담당한다. PROs는 공연의 양을 측정하기 위해 설문을 진행하였고, 각 멤버들을 대신하여 공연자의 각 클래스에 맞는 로열티율을 협상하였다. 그리고 로열티를 모으고 멤버들에게 노래사용의 대략적인 비율에 따라 분배하였다.

미국에서 최초 저작권 법은 1914년의 ASCAP였다. 협회에서는 모든 회원들이 받아들일 수 있는 금액을 책정하는데 있어 문제에 직면하였다. 1939년에 회원들은 BMI를 형성하기 위해 낮은 금액 혹은 보다 유연한 금액을 받아들이기로 하였다. 고정가격에 대한 소송과 주장의 기간이 지난 후에 PROs는 안정적인 독점형태가 되었다.

다소 독단적일지라도, 공연로열티는 멤버십, 공연기획사, 작곡가로 구성된 두 조직간에 동등하게 나누었다. 출판사의 로열티 클레임(royalty claim)은 자유롭게 거래되는 자산이 되었다. 예를들어, 1985년 마이클 잭슨(Michael Jackson)은 4천7백5십만 달러에 250개의 비틀즈 타이틀을 포함하여 ATV 뮤직이라는 한 출판사의 자산을 사들였다. 2000년에

그림 1 *(계속)*

합병한 AOL/타임 워너(Time Warner)는 라이센스 수입으로만 해마다 수백만 달러를 벌어들이는 세계에서 가장 유명한 노래(Happy Birthday to You)의 판권을 취득하였다.

동기화 로열티(synchronization royalties)
동기화(synchronization)라는 용어는 초기에 음악이 필름에 동기화 되었을때의 동영상을 일컫는다. 이 용어는 필름 제작자, 광고주, 혹은 직접적으로 저작권 협상을 위해 출판사를 이해하고 있는 오디오 및 비디오 저작물을 보유한 대규모 사용자로열티 수표(royalties payable)로 묘사되었다. 계약은 두 개의 형태 중에서 하나를 체결하는 것으로, 니들 드롭계약(Needle drop contract)은 LP판, 음반의 수, 그리고 사용 건수별로 미리 한번에 지급하는 것이다. 대안적으로는 로열티 무료 계약(royalty free contract)도 존재한다. 출판사가 특정 노래의 활용에 대한 고려없이 음악 도서관(Music Library)에 접근하기 위한 단일 수수료 협상을 한다. 아이튠즈(iTunes)를 통한 판매를 위해 애플(Apple)과 출판사간의 계약이 이 모델에 해당된다.

Source: Compiled by casewriter from industry records.

일 수 있었다.

대형음반사에서 한가지 서비스는 통합하지 않았는데 그것은 라이브 공연을 예약하는 일이었다. 콘서트 프로모션 기업에 아웃소싱(outsourcing)하였는데 대형장소에서 이루어지는 작업을 관리하기에는 전문적인 서비스가 필요했기 때문이다. 그 중 하나가 라이브 네이션(Live Nation) 이며, 이 산업에서 지배적인 위치를 차지하고 있는 기업이다.

20세기 후반에 음반산업은 대형음반사를 앞세워 번창하였다. 1984년 음반 판매량은 컴팩트 디스크의 등장과 함께 자극제가 되었다. 레코드 판으로 음악을 듣던 소비자들은 컴팩트 디스크 포맷으로 교체하고 1999년 미국의 음반 수익이 145억 달러를 기록하였다(그림 2, 3).

기존산업의 주춤, 그리고 새로운 산업의 형성

1999년 음반산업의 최고점을 기록하였지만 이미 1991년 MP3가 디지털 오디오의 표준 포맷이 세계적으로 도입되고 있었다. 그 뒤, 컴팩트 디스크(compact disc)를 사용할 수 있는 소프트웨어 제품들이 등장하기 시작하면서 과거 포맷은 파괴되고 디지털 파일로 교체되어 음악을 감상할 수 있게 되었다. 컴팩트 디스크의 판매량은 팬(fan)들 사이에서 음악을 복제하고 공유하면서 감소하기 시작하였다. 1999년 오디오 파일 공유는 인터넷 현상으로 변화하였다. Shawn Fanning이라는 대학생은 컴퓨터 저장장치에 개별로 보유한 MP3 파일을 넵스터(Napster)라는 소프트웨어를 이용하여 시스템 내의 사용자들과 공유 및 교환하여 사용하였다. 피어투피어(peer-to-peer) 방식의 파일 공유는 음악 저작권과 관련하여 문제화 되었으며 이로 인해 컴팩트 디스크의 판매량은 무너지기 시작하였다. 2008년까지 매년 음반 판매량은 4억 2,800만 개로 2000년대와 비교해서 절반에 못 미치는 수준이었다.

음악산업이 침체화됨에 따라, 새로운 아티스트들의 수요를 감당하기에는 대형음반사의 이용 가능한 자원은 점점 소멸되어 갔다. 다양한 음악을 보유하고 있는 Tower Record, Musicland, Virgin Megastores와 같은 음악 소매업체는 컴팩트 디스크 판매량의 부진으로 사업을 축소화시켜야만 했다. 반면, 월마트(wal-mart)나 베스트바이(Best Buy)처럼 빅 박스(big box) 소매업체는 베스트셀러(bestseller)만을 판매하였다. 새로운 아티스트나 지역 아티스트와 같은 도전적인 음원 리스트를 보유한 라디오 방송국은 대중적인 감각의 프로그램을 다루는 Clear Channel과 같은 네트워크 채널에 점유율을 빼앗겼다. 주요 마케팅 채널인 음악채널 MTV는 하루 동안의 뮤직비디오 반복 횟수를 세 시간으로 줄였으며 라디오와 TV에서의 "푸쉬(push)" 나 방송 홍보 없이 음반산업은 곤경에 빠지게 되었다.

그림 2 형태에 따른 음악산업 판매량 (US 백만달러)

	1998	1999	2000	2001	2002	2003	2004	2005	2006	2007	2008
컴팩트 디스크	$11,416	$12,816	$13,215	$12,909	$12,044	$11,233	$11,447	$10,520	$9,373	$7,452	$5,471
카세트	$1,420	$1,062	$626	$363	$210	$108	$24	$13	$4	$3	$1
뮤직 비디오	$508	$377	$282	$329	$288	$400	$607	$602	$451	$485	$219
다운로드 음원	$0	$0	$0	$0	$0	$0	$138	$363	$581	$802	$1,023
다운로드 앨범	$0	$0	$0	$0	$0	$0	$46	$136	$276	$425	$569
모바일	$0	$0	$0	$0	$0	$0	$0	$422	$774	$879	$816
구독	$0	$0	$0	$0	$0	$0	$0	$149	$206	$201	$188
기타 다른 포맷 및 수익원	$273	$282	$197	$144	$74	$114	$84	$92	$94	$123	$193
	$13,617	$14,537	$14,319	$13,746	$12,616	$11,854	$12,345	$12,297	$11,758	$10,370	$8,480

Source: Created by casewriter using data from the Recording Industry Association of America.

그림 3 형태에 따른 음악산업 판매량 (단위당 백만 달러)

	1998	1999	2000	2001	2002	2003	2004	2005	2006	2007	2008
CD	847.0	938.9	942.5	881.9	803.3	746.0	767.0	705.4	619.7	511.1	384.7
싱글CD	56.0	55.9	34.2	17.3	4.5	8.3	3.1	2.8	1.7	2.6	0.7
카세트	158.5	123.6	76.0	45.0	31.1	17.2	5.2	2.5	0.7	0.4	0.1
뮤직 비디오	27.2	19.8	18.2	17.7	14.7	19.9	32.8	33.8	23.2	27.5	12.8
DVD 오디오	0.0	0.0	0.0	0.3	0.4	0.4	0.3	0.5	0.1	0.2	0.0
SACD	0.0	0.0	0.0	0.0	0.0	1.3	0.8	0.5	0.3	0.2	0.1
다운로드 음원	0.0	0.0	0.0	0.0	0.0	0.0	139.4	366.9	586.4	809.9	1033.0
다운로드 앨범	0.0	0.0	0.0	0.0	0.0	0.0	4.6	13.6	27.6	42.5	56.9
모바일	0.0	0.0	0.0	0.0	0.0	0.0	0.0	170.0	315.0	361.0	338.4
구독	0.0	0.0	0.0	0.0	0.0	0.0	0.0	1.3	1.7	1.8	1.6

Source: Created by casewriter using data from the Recording Industry Association of America.

디지털 음악의 촉진과 화폐화

애플사의 아이튠즈 스토어(iTunes store)는 2003년 출시되었으며 음반산업에서 첫 번째 한줄기 서광 같았다. 음반 산업에서의 자산과 같은 저작권을 무시하는 Napster와는 달리, 애플은 공유하기 위한 로열티 지급을 성사시켰다. MusicNet과 같은 기업이 이러한 방법을 추구하려고 노력했지만, 대형음반사와의 수익구조 모델을 개발하는데 실패하였다. 애플의 스티브잡스는 애플의 음반 시장이 하찮을 만큼의 작은 시장점유율을 가지고 있었기 때문에 대형음반사와의 협상이 가능할 것이라고 확신하였다. 하지만, 애플의 음반 다운로드 소프트웨어는 2년만에 애플 제품으로부터가 아닌 95%의 PC에서 수용되었다. 그 이후, 애플社의 한 곡 당 가격정책이 음반산업의 저작권에 대한 해답을 제시하게 된 것이었다.

2009년 중반, 아이튠즈는 미국에서 가장 큰 단일 음원 소매업체가 되었지만, 시장에서 아이튠즈는 지배적인 채널로 알려져 있지 않았기 때문에 월마트(wal-mart)나 베스트바이(Best Buy)처럼 빅 박스(big box) 소매업체가 음원 판매량의 65%를 차지하였다(그림 4). 디지털 소매업체의 성장에도 불구하고 2008년도에 디지털 음원 다운로드의 95%도 채 미치지 못했다.

소비자 구매행동의 변화는 라이브 콘서트 사업의 새로운 활력으로 이어졌는데 투어(tour)의 수익은 2008년 40억 달러로 전년대비 13%가 넘게 상승하였다. 또한, 투어 이후에 음악이 영화, 텔레비전 프로그램, 광고, 비디오게임, 벨 소리로 활용되면서 수익이 창출되었으며, 심지어 노래방의 음원 저작료도 수익 창출에 포함되었다. 디지털 음악의 생성으로 인한 문제해결은 소송이 아닌 혁신적이었다.

이러한 새로운 수익창출은 대형 음반사들이 아티스트들과 계약을 시작하게 된 계기가 되었다. 그들 사이에서 전통적인 앨범 콘서트를 대신해 “360 거래(deal)”라고 불렸다. 이것은 콘서트, 팬클럽과 상품들에 대한 수익공유 권리를 기획사에게 주는 것을 의미하고 기획사가 콘서트를 기획한다면, 콘서트 홍보자들은 앨범을 출시할 수 있었다. 콘서트 홍보 업체인 라이브 네이션(Live Nation)은 2006년 Jay Z, U2, Madonna와 같은 유명 아티스트들에게 360거래를 제안하기 시작하였다. 예를 들어, 라이브 네이션(Live Nation)은 Madonna에게 5천만 달러를 현금으로 지급하고 10년 동안 그녀의 콘서트를 단독으로 홍보할 수 있는 권리를 가지며, 그녀의 차기 세 앨범에 대한 5천만 달러, 보너스 1,750만 달러를 선지급하였다. 이러한 계약 조건은 Madonna에게 투어, 상품, 저작권, 보증 수익을 포함한 음반산업의 기준에 맞춘 것이었다.

그림 4 2009년 상반기, 채널 및 소매업체의 미국 음반 판매량

소매업체	디지털 채널 (2009년 전체 음반의 35%를 차지한 디지털 채널)	오프라인 매장 (2009년 전체 음반의 65%를 차지한 오프라인 매장)
iTunes	69%	0%
Walmart	3%	20%
Amazon	8%	10%
Best Buy	n.a.	16%
Target	n.a.	10%

Read as: iTunes sold 69% of all the music sold through digital channels, and digital channels accounted for 35% of all music sold in the U.S.
Source: The NPD Group press release, http://www.npd.com/press/releases/press_090818.html, accessed September 18, 2009.

음악 팬들에서 새로운 아티스트를 소개하기 위한 라디오와 텔레비전을 대체하는 방법으로 뮤직비디오를 공유할 수 있는 YouTube나 MySpace가 빠르게 확산되었다. Pandora, Spotify, Last.fm 과 같은 수 많은 인터넷 방송은 청취사에게 ‘당신이 과거의 음악 감상 형식을 좋아했으면 이것 또한 좋아할 것이다’라는 원리로 스트리밍 형태로 음원을 전송하였다(그림 5). 다른 인터넷 벤처들은 대형음반사의 서비스를 아웃소싱하는 형태로 제공하였는데 Topspin은 밴드가 온라인에서 활동할 수 있도록 관리를 도와주는 회사였다. TuneCore 는 iTunes와 Amazon.com과 같은 디지털 음악을 온라인 서비스로 배포하였다.

마케팅을 목적으로 이러한 도구를 활용한 몇몇 아티스트 산업은 사업적인 측면에서 매우 흔한 방법이었다. 2007년 가장 호평받는 영국 락 밴드인 Radiohead는 대형음반사 EMI와 계약을 파기하고 “In Rainbows”라는 앨범을 팬들을 웹사이트에서 다운로드 받는 형식으로 출시하였다. 2007년 10월부터 12월까지만이 웹사이트를 통해 이용이 가능하였으며, 그 이후에 소매 업체에서 구입할 수 있었다. 2007년 10월에 방문한 “In Rainbows”의 웹사이트 이용자는 120 만명이었으며, 그들 가운데 60%는 구입하지 않았지만, 나머지 40%는 6 달러를 지불하였다. *뉴욕타임즈*의 “Under a typical

그림 5 음악청취자들에게 새로운 아티스트 소개를 위한 방법

웹캐스터(webcaster)라고 불리는 온라인 음악 배포 업체는 1990년 말 닷컴시대부터 존재하였다. 당시, 데스크탑 컴퓨터가 사용자들의 주요 접속방식이었고, 수 많은 서비스들이 저작권에 대한 법을 지키지 않음으로써 소송관련 문제가 발생하였다. 2000년대 중반, 모바일 서비스로 통합되고 온라인 및 Wi-Fi 접속이 가능한 스마트폰과 아이팟(iPod) 기기가 등장하면서 "앱(app)"이 등장하였다. 이러한 음악-스트리밍 서비스는 아티스트와 서비스 업체, 음반사와의 계약을 통해 수백 만개의 음원을 가지게 되었다. 또한, 이것은 청취자가 감상할 수 있는 음원에 대한 콘텐츠 저작권(digital rights management:DRM) 계약을 목적으로 한다. 콘텐츠 저작권 계약은 아티스트와 레코드 음반사에게 로열티가 지불된다. 2009년 온라인 및 모바일 음악 서비스가 유명해졌는데 메이저 미디어 회사로는 MTV, Yahoo!, AOL이 있으며, 회원가입을 기반으로 한 온라인 음악서비스를 실험적으로 진행하였지만, 낮은 수익률로 폐쇄해야만 했다. 다수의 사용자를 보유한 몇몇의 웹캐스터도 서비스에 대한 수익창출은 더디기만 했다.

Pandora

Pandora는 2001년 Music Genome Project에서 탄생한 온라인 음악 추천 서비스이다. Music Genome Project는 400여개의 특정 음원이 데이터 베이스 내의 알고리즘을 이용하여 할당되었다. 사용자는 Pandora.com 에 접속하여 음원을 하나 선택하면 Pandora가 비슷한 성향의 음원을 선택하여 추천해주는 방식이었다. 만약 Pandora가 추천한 음원을 사용자가 즐기지 않는다면 시스템은 이를 계산하여 사용자의 음원 스트림에 나타나지 않을 것이다. 사용자는 iTunes나 Amazon 서비스를 통한 Pandora 음악을 구입할 수 있었다. 사용자들 사이에서 매우 유명하고(2009년 10월 하루 3,100만 명의 가입자와 65,000명의 신규 사용자수 존재), 투자자로부터의 펀딩에도 불구하고 Pandora는 수년 동안 자금 운영에 흔들리며 파산에 이르렀다.

Slacker

Slacker는 2007년 3월에 온라인 음악 서비스를 출시하였고 2009년 초, 모바일에서도 음악을 들을 수 있었다. 블랙베리(Blackberry)를 시초로 iPhone에 무료 어플리케이션 형태로 제공하였으며, Slacker는 3백만개의 음원, 장르기준 100개의 방송, 아티스트 기준 10,000개의 방송을 제공하였다. 사용자들 또한 자신만의 방송을 만들거나 공유할 수 있었다.

Spotify

Spotify는 2006년 스톡홀름에서 개발되었으며, 사용자에게 온라인 음악을 무료 또는 유료로 온디맨드(on demand) 형식으로 제공한다. 사용자는 아티스트, 앨범, 플레이리스트를 살펴보거나 특정 트랙(track)을 선택할 수 있다. 2009년 Spitify는 스웨덴, 노르웨이, 필란드, 스페인, 프랑스 그리고 영국에서 이용 가능하게 되었으며, 8백만명 이상의 사용자를 기반으로 이루어져있다. 325,000의 Spotify 사용자는 유료 가입자라고 밝혔다.

Shazam

Shazam은 2002년 모바일 폰 중심의 음악 인식 서비스로 레스토랑이나 매장의 어떤 특정 장소에서 들리는 음악을 사용자에게 알려주는 서비스이다. Shazam Tag Chart로 알려진 태그(tag)의 데이터베이스를 이용하여 노래를 분류한다. 2009년 Shazam 는 60개국에서 이용가능 했으며, 3천 5백만명의 사용자를 보유하게 되었다. 매일 백만개 이상의 음악이 세계 각국의 사용자들에 의해 태그 되었다. 프리미엄 (유료) 다운로드는 통신국의 음악 스토어에서 제공했다.

Last.fm

2002년 영국의 컴퓨터 사이언스를 전공하는 학생으로부터 온라인 음원 스트리밍과 소셜 네트워크를 통합한 형태인 Last.fm이 시작되었다. 주요 서비스는 "오디오스크로블러(audioscrobbler)"라는 데이터베이스로 그것은 사용자가 음악적 성향이 비슷한 사람들로부터 음원을 추천받는 엔진의 기능을 하거나 음악적 취향이나 흥미가 비슷한 다른 사용자들과 음원을 공유할 수 있도록 한 것이다. 2006년 5월, CBS 기업은 Last.fm을 2억 8천만달러에 매수하였고, 2009년을 기점으로 Last.fm은 200개국의 3천만명의 사용자를 보유하게 되었다.

Source: Casewriter research.

recording contract"를 기고한 음악 평론가 Jon Pareles는 "하나의 밴드는 비용을 제외한 이후의 앨범 판매량의 15%를 받는다. 중개업체 없이, 그리고 다운로드를 위한 비용 없이, 앨범 당 2.26달러는 Radiohead의 이점으로 해결하게 되었다."라고 기술했다.

Nettwerk

Nettwerk은 25년 역사를 바탕으로 다양한 음악적 장르에서 활동하고 있는 Coldplay, Barenaked Ladies, Datarock, Avril Lavigne, Old Crow Medicine Show, and Sarah McLachlan 과 같은 아티스트트들을 관리하는 가장 큰 독립된 대형음반사 중 하나이다. 2009년까지 Nettwerk은 캐나다, 미국의 네 개 도시, 영국, 독일 지점을 가지고 있었으며, 로스앤젤레스와 벤쿠버 지점은 50여명의 직원과 Nettwerk Music Group 의 협력 직원 500여명을 포함한다면 가장 크게 관리하고 있었다(그림 6).

그림 6 2008년 Nettwerk의 아티스트

2008년 Nettwerk의 65명의 아티스트들에 대한 당해 순수익은 다음과 같다.
9명은 1백만달러를 초과하는 수익을 창출하였다.
11명은 1십만달러~1백만달러의 수익을 창출하였다.
45명은 1만달러~1십만달러의 수익을 창출하였다.

Source: Company records.

1980년대 벤쿠버의 University of British Columbia의 공대생인 Terry McBride으로부터 Nettwerk가 탄생하였다. 그는 학교 내에서의 라디오 방송국과 클럽 디제이로 활동하면서 영국 및 유럽 음악에 대한 열정을 사람들과 공유하였다. 그 이후, 에이전트 예약, 콘서트 홍보 및 관리자로써 지역 밴드 활동도 참가하였다. 1984년 그의 친구인 Mark Jowett와 함께 Nettwerk Records의 이름으로 독립 음반사를 설립하였고 일렉트로닉, 댄스, 인더스트리얼 장르에서 활동하는 아티스트들과 계약하였다. 그와 계약한 밴드들은 캐나다, 미국, 유럽에서 인기 있었지만 라디오와 전문보도자료 없이, 콘서트의 투어와 상품 판매로 유지해야만 했다.

1985년 새로운 음반사를 위한 돌파구로 Halifax, Nova Scotia, Jowett의 음악적으로 잘 훈련된 10대 소녀 Sarah McLachlan를 발견했다. Nettwerk는 그녀와 음반사, 출반사, 아티스트 매니저, 상품에 대한 권리 계약을 하였다. 그녀의 비현실적 그리고 섬세한 팝 사운드는 1980년대의 어떠한 라디오 포맷에 적합하지 않아 국가 라디오을 통한 에어플레이를 설치해야만 했다.

국가 라디오를 활용할 능력 없이는 Nettwerk는 Sarah McLachlan에 대한 인식과 매력을 지역시장에 하나, 하나 만들어 나아가야만 했다. 1988년 첫해에 열개의 지역 시장을 매료시켰다. Nettwerk 팀은 소도시 대상의 지역 콘서트 투어를 시작으로 소매업체에 연락을 했다. "우리는 2주 안에 이 지역에서 행사할 아티스트를 보유하고 있으며 우리가 생각하고 있는 아티스트는 당신의 고객들을 매료시킬 것이다."라고 말했다. 그들은 소매업자에게 포스터를 상점에 걸어 놓아 달라고 요청하며 McLachlan은 팬들을 만나서 앨범에 사인을 해주며 하루를 보냈다. 그 뒤, 팀은 다른 소도시로 이동하였으며 3개월에서 6개월 안에 다시 방문하는 스케줄을 가졌다. 비용은 구전 홍보를 위해 하나의 지역시장 당 몇 천 달러로 적게 측정되었다.

McLachlan의 두 번째 앨범이 시장에 진입하고 매해 팬들이 생겨났다. 1993년 McLachlan의 "Fumbling Toward Ecstasy" 세 번째 앨범이 나왔을 때, 출시 그 해에만 백 만장이 팔렸다. 그녀의 성공은 30대를 위한 락음악, 하나의 새로운 국가 라디오 형태, 그리고 Sheryl Crow, Sting, and Chris Isaak와 같은 아티스트들을 창조하는데 도움이 되었다. 1997년 출시된 McLachlan의 네 번째 앨범인 "Surfacing"는 빌보드 차트에 진입하였고 천백만 장이 팔려나갔다. 더불어 그래미 상을 받았다. 그녀가 당시까지 출시한 음원으로 구성된 새로운 음반의 출시는 음반사의 매우 중요한 수익을 가져다 주었다.

Nettwerk의 McLachlan 진로 관리에 대한 성공 이야기는 아티스트들에게 매력적으로 다가왔다. 1995

년 Warner Music과 계약한 캐나다 포크-팝(folk-pop) 밴드인 Barenaked Ladies는 McBride를 매니저로 영입하여 미국 시장에 문을 두드렸다. McBride는 밴드의 새로운 앨범에서 노래하나를 선택한 뒤, 한번에 한 도시씩 홍보했다. 밴드멤버는 "테리는 음반사의 역할마저 할 정도로 열정적으로 일을 했다" 라고 기억했다. Barenaked Ladies는 라이브 쇼로 공연하고 그들이 방문했던 도시에는 팬들이 생겼다. 1998년 밴드의 네 번째 스튜디오 앨범인 "Stunt"은 5백만장이 넘게 팔렸다.

Nettwerk팀은 그들의 도시 마케팅 역량을 개발하였으며 이것은 단순히 대학 라디오 음악 감독, 클럽 소유주, 소매업체만을 알게 되는 것뿐만 아니라 팬들도 알 수 있는 기회였다. 그들은 특정 장르 음악의 커뮤니티 내에 유행선도자(테이스트메이커)들을 구별해 낼 수 있었다. 유행선도자가 다녀간 곳은 다른 사람들이 따라갔다. McBride는 그들을 집단의 리더라고 불렀으며 그들이 원하는 아티스트에 관한 내부정보, 선 출시될 음원들, 진보된 투어 스케쥴 정보 등으로 같은 욕구를 만족시켜주었다. 유행선도자들은 아티스트와 앨범, 콘서트 참여를 독려하는 역할을 하였다.

디지털 변화로의 Nettwerk 반응

2002년 봄, Terry McBride는 회사의 급진적인 변화를 제안하였다. 그는 동료들에게 Nettwerk는 컴팩트 디스크 사업을 중단하고 디지털 음악 시장에 집중해야 한다고 했다. 회의장에 있던 많은 사람들은 이러한 발언이 위협적이다고 느꼈다. 회사가 설립된 지 18년 후, 팀은 어떻게 홍보하고, CD판매와 아티스트들을 시장에 진입하게 하는지, 음악 사업의 방향을 어떻게 잡아야 할지 알고 있었다. McBride가 설명한 것은 매우 위험해 보였다.

McBride는 P2P 네트워크에서 파일공유의 대중성이 음반 산업 전체를 통합하는 새로운 모델이라고 주장하였다. 팬들의 음악감상 습관이 변화하였는데 앨범 형태가 아닌 단일 음원으로 음악을 소비하기 시작하였고 음반 산업에서도 이를 받아들여만 했다. 디지털 음악의 불법 복제는 판매량에 타격을 주었다. 단일 음원 및 앨범에 대한 2,500만 장, 그리고 500만 장, 100만 장으로 점차 줄어들었다.

성공적으로 진행되었던 Nettwerk의 도시시장에 대한 서비스는 점차 네트워크가 전세계적으로 연결되면서 McBride는 "한 도시에 밴드를 알리는 것보다 글로벌하게 분산된 세분화된(nich) 시장을 공략한 이익창출이 중요하다"라고 말했다.

이 시장에 대한 목표는 팬들이 그들의 시간을 자신들에게 쏟게 만드는 것이었다. 그 결과, 미디어 투자는 라디오에서 텔레비전으로 변화하고 종이형태에서 웹(Web)으로 이동하였다. "나는 MTV 보다 상위 500명의 블로거들에게 시간과 투자를 지원하는 것에 더 흥미를 느낍니다. 더불어, 블로거들이 장기적으로 MTV보다 더 효과가 있을 것이라 생각하며, 블로거들 사이에서의 리더를 찾아 그들 열정을 바탕으로 한 마케팅을 합시다. MTV는 돈으로 하는 마케팅입니다."

팬들의 미디어 사용 변화에 뒤떨어지지 않도록 Nettwerk는 소셜 네트워킹 사이트(social networking site)인, MySpace를 만들고 아티스트와 팬 페이지 홍보를 시작하였다. Barenaked Ladies의 2006년 앨범인 "Barenaked Ladies Are Me"를 위한 음악작업 당시, 앨범에 대한 정보를 밴드의 MySpace 페이지에 제공하는 것은 너무 자연스러운 일이었다. Nettwerk는 밴드가 스튜디오에서 막 레코드한 순수(unmixed) 오디오 트랙을 올리고 팬들이 음악 파일을 다운로드 할 수 있도록 초대하여 그것을 활용(mix)할 수 있도록 했다. 그리고 McBride는 "청중이 음반회사이다" 라고 했다. 팬이 Facebook, Twitter와 같은 새로운 소셜 미디어로 움직이면 Nettwerk 역시 그들과 함께 하였다.

통합이라는 Nettwerk의 접근법은 McBride가 말한 "저작권 붕괴"이다. 전통적으로 아티스트들은 음반산업에서 정한 각각의 활동에 대해 독립적인 로열티를 받는 계약으로 이루어지지만, 붕괴된 저작권 상황에서는 모든 권리는 판매, 음악 상품에 대한 판촉, 라이선스가 필요하며 가능한 한 단순한 사업구조가 되었다.

Nettwerk의 공동 창업자, Mark Jowett는 "저작권 붕괴"는 우리에게 영화나 모바일에 빠르게 대처할 수 있도록 하였고, 새로운 형태의 배포방식의 패러다임(변화)을 다루는데 가능하다" 라고 언급했다.

McBride의 철학 가운데 중요한 다른 하나는 2004년 말, Wired Magazine's의 Chris Anderson로부터 영감을 얻었는데 그것은 "롱 테일(long tail)"이다. 그는 마케터들에게 예전에는 음악적 취향이 적은 소비자 집단에서의 이익을 창출하기 어려웠는데 이를 극복할 가능성으로 디지털화(digitization)를 제시하였다. 인디 음반사들을 대형 음반사에서 포기한 수요가 거의 없는 시장에서 작업을 진행하였는데 McBride는 이 부분에서 기회를 본 것이다. 그는 이것을 "다람쥐 꼬리(squirreling tail)"라 부르며 틈새시장을 위한 수요로 부디의 이익 창출을 의미했다. 다람쥐(squirreling)는 디지털미디어의 타켓팅 파워를 의미한다.

다람쥐 꼬리(squirreling Tail)

텔레비전 활동

Nettwerk가 관리한 포크 팝 듀오, Weepies는 다람쥐 꼬리의 수혜자 중 하나이다. 이 팀은 2001년 매사추세츠 주, 캠프리지의 Club Passim에서 만나 남편과 부인으로 이루어진 부부 팀이다. Weepies의 어쿠스틱 사운드는 텔레비전 쇼 프로듀서를 매료시켰으며, Grey's Anatomy, Scrubs, How I Met Your Mother, and Gossip Girl, Sex and the Citydml 에피소드에도 등장하였다. 이 팀의 음악은 JC Penny, Old Navy와 같은 세계적 소매업체의 공휴일 광고에서도 들을 수 있었다. Nettwerk가 Weepies의 소셜 미디어 팬 페이지와 커뮤니케이션을 확장함으로써 이러한 활동을 사람들이 인식하기 시작하였으며, 이들은 Weepies와 관련된 텔레비전 쇼나 소매업체의 소비자 팬들로 구성되었다. Sex and the City 영화가 런던과 오스트리아에서 방영되었을 때, Facebook 팬 페이지에 음악을 홍보하였고, 2008년 Weepies'의 저작권과 앨범 판매량으로 산출된 순수익은 400,000달러를 넘어섰다.

광고 활동

Nettwerk의 뉴욕 지점에서는 경영진 대상의 광고를 규칙적으로 진행하며, 밴드와 광고 캠페인의 요구 수준을 맞추었다. 노래 하나가 광고에 사용될 때, 밴드가 독립 아티스트일 경우, 2만 달러에서 6만 달러 사이의 수익을 받았다. 더 유명한 밴드일 경우에는 150만불 이상의 수익을 벌었다. 2006년, Liberty Mutual Insurance의 광고 에이전시는 Hem 이라는 잘 알려지지 않은 밴드를 고용하여 7개의 '책임'이라는 캠페인 광고의 노래를 제공했다. Nettwerk는 구글 검색에서 음원을 발견하는데 도움을 주기 위해 Hem의 웹사이트에서 Liberty Mutual Insurance의 경력을 추가하고 보험업자에게 그들의 웹사이트에 Hem의 이름을 올려주기 요청하였다. 더불어, 아이튠즈, 아마존 디지털 스토어, Rhapsody 이외의 다른 디지털 음원 다운로드 사이트에 홍보하였다.

Cause-related marketing

Nettwerk의 두 명의 아티스트인, Sarah McLachlan 와 State Radio는 Nettwerk의 대의명분에 내한 착취를 변호하지 않았지만, 사회적인 대의명분의 중요한 역할을 하였다. 그것은 대중의 잣대에 주저하지 않았음을 의미했다. Sarah McLachlan는 휴머니즘부터 동물보호까지 처음부터 후원하였다. 2006년 그녀는 동물학대보호(Prevention of Cruelty to Animals :ASPCA)를 위해 American Society의 후원에 참여하였다. McLachlan의 애처로운 노래, 천사(Angel)보다 방치된 강아지나 고양이의 이미지가 특징적이었다. McLachlan은 대중에게 직접 카메라를 들고 후원하는데 앞장섰다. 그 광고는 McLachlan의 음악에 두 번 이상 사용되었으며, YouTube에 업로드 되어 Nettwerk가 그녀의 노래와 앨범을 홍보하기 위해 광고를 구입했다. 그 캠페인은 ASPCA를 위해 3천만달러가 모였다. "Sarah는 예전 30분 걸렸던 것을 2분만에 가능하게 했다" 라고 ASPCA의 개발 및 커뮤니케이션 담당 부회장인 Jo Sullivan가 말했다. "그녀는 우리가 기금을 조성하는 방식을 완전히 바꾸었다."

State Radio는 구전적인 역할이 큰 정치적 사안의 밴드였다. 리드싱어인 Shad Stokes는 대학을 다니는 것 대신에 일년 동안 Zimbabwe에서 살면서 Zimbabwe의 어린 아이들을 돕기 위한 Elias Fund에 대한 창조의 영감을 가진 활동가이다. Nettwerk의 인터넷 마케팅 팀은 Stokes를 홍보하고, State Radio의 "Trive"를 성공시키기 위해 Facebook과 다른 소셜미디어에 광고함으로써 대의적인 후원을 지원하였다. 밴드는 2008년 콘서트로 많은 수익을 얻었고, 민주당전당대회(Democratic National Convention)에서 정치적 성향을 가진 락밴드 Rage Against the Machine와 함께 연주하였다. 2009년 보스턴 레드 삭스의 공식 핫도그인 Kayem은 State Radio의 노래를 그들의 광고에 사용하였다. Nettwerk의 Dalton Sim은 "이 밴드는 라디오에서 연주하지 않았다. 이와 같은 광고를 함으로써 그들의 노래를 사람들에게 더 좋은 방식으로 들려주었고 그들은 인터넷에서 노래를 찾는다." 2008년 State Radio의 저작권, 공연, 앨범 판매량의 순이익은 30만 달러였다.

Niche tastes: the case of yoga

McBride는 요가수업을 참여하는 동안에 들려오는 음악에 아주 매료되었다. "kirtan"이라고 알려진 음악이었고 아티스트는 McBride 의 요가선생님인, Wade Imre Morissette였다. 요가선생님은 인도에 대해 공부했었고 15년 동안 그 수업을 가르쳤다. 그의 쌍둥이 형제인 Alanis Morissette 와 함께 음악가였는데 Kirtan 음악을 시작하는 것은 쉽지 않았다. McBride 는 "난 음악 사업가야!" 라고 말할 정도로 그의 관심을 갖게 한 "Sargam Scales of Music" 앨범을 찾았고 Morissette가 요가 관련 학회 및 스튜디오 작업을 위해 전 세계를 방문하는 동안 자신이 직접 출시한 앨범이었다. 2006년 말, McBride는 Morissette을 찾아내 Nettwerk 의 Nutone 음반사와 함께 세 앨범에 대한 계약을 체결하였다. 그는 Krishna Das, Jai Uttal, kirtan 아티스트를 추가하였고, 2008년 요가 매거진의 탑10 요가 음악가로 명단에 올렸다. 그들 가운데 여덟 팀은 Nutone 음반사 소속이었다.

프로모션

아티스트들은 크리스마스 시즌에 홀리데이 노래를 모아 출시한다. Barenaked Ladies의 앨범인 "Barenaked for the Holidays"은 2004년에 처음 출시한 이후, 매우 유명해졌으며 빌보드 앨범 차트에도 64번째에 올라가 있었다. 2008년 홀리데이 시즌에 "Barenaked for the Holidays"을 디지털 버전으로 Amazon.com 프로모션 금액인 2.99 달러로 출시하였다. 이런 소식은 Facebook과 같은 소셜 미디어와 밴드의 웹사이트를 통해 바로 홍보되었다. 4년 전의 시즌 앨범의 판매량은 2008년 판매량보다 높았는데 그 이유에는 수익이 디지털 음원이었던 까닭이었다.

주기적으로 출시가 오래된 앨범에 대해서 기회가 있는 곳이라면 언제든지 홍보하였고, Nettserk는 총 수익의 50%를 차지할 정도로 대형 음반사보다 높은 수치였다.

Polyphonic 벤처기업

2009년, 음반 산업에 기이한 현상이 나타났다. 소비자는 음악에 대해 더 이상 열정적인 모습을 보이지 않았고 이전만큼 풍부한 음악이 아니었다. Nielsen Soundscan이라는 산업 평가기업이 2000년에 비해, 2008년에는 4 배나 많은 음반이 출시되었지만, 음반 산업의 수익은 기대수준 이하라고 발표했다. 105,000의 새로운 앨범이 2008년 출시되었고, 12달러의 금액으로 1,000장 많은, 6,000장이 소매업체에서 판매되었다 (그림 7).

주요 음반사들 가운데, 레코딩하는 기술을 이용해 수 많은 음원을 변환시켜 제공하는 것은 음반산업계에서의 어쩔 수 없는 상황에서 비롯된 도전과 같은 계약 조건이었다. Nettwerk의 McBride는 그것을 책임지는 한 사람이었다. "우리는 우리가 가야 할 곳이 어딘지 절대 알 수 없는 벼랑 끝에 항상 서 있다. 지금까지 우리의 운영방식과 비효율성에 대한 걱정 없이 마지막 1달러까지 환수해 보상할 방법을 찾지 않았다. 우리는 더 이상 사용하지 않는 프로세스를 최적화하는 방법을 알고 있기 때문에 음반산업에서의 격동의 시기는 우리에게 기회이다."

음반산업에서의 다른 회사들 또한 이러한 변화를 감지했다. Radiohead 와 Kate Nash를 관리하는 영국 음반 회사인 ATC 매니지먼트의 Brian Message는 "최근 음반산업에 꽤 많은 변화가 있었습니다. 우리의 사업 모델이 수수료 20%와 투자금액이 없었지만, 최근 많은 투자액이 필요로 하며, 아티스트와의 관계 또한 많은 변화에 직면해 있습니다. 더 이상 어떠한 규칙이 없습니다. 유연성이 해답입니다."라고 했다.

2009년 7월, McBride과 Message는 Polyphonic이라는 새로운 벤처를 기획하였다. "우리 모두는 대형음반사들의 8만개 또는 10만개의 음반 판매량을 가지고 있던 아티스트들이 추락하는 것을 보았다", "음반판매량, 여러 도시를 투어 할 수 있는 아티스트가 누구인지를 빨리 찾는 것이 가장 좋은 사업이며, 이것이 벤처의 밑바탕이 될 것이다."

Polyphonic은 2천만 달러를 투자 받아 음반사와 아직 계약하지 않았거나 과거에 음반사에서 나온 밴드를 대상으로 레코딩, 비디오 제작, 투어 비용과 마케팅, 및 홍보 비용에 대해 각 밴드에게 30만 달러씩 분배하는 제안을 했다. 음반출판, 투어, 상품판매, 음반 판매량을 비롯한 저작권으로부터의 순이익은 아티스트와 50대 50으로 나누고, 좀더 유명한 아티스트에게는 더 좋은 조건을 제시하였다. 일반 음반사와는 다르게, Polyphonic은 마스터 레코딩의 저작권을 소유하지 않았다. 밴드는 음반 배포, 홍보 및 마케팅을 위한 서비스를 구입해야 할 필요가 없었다. 아티스트들은 계약된 10년동안 Polyphonic가 그들의 음반을 자유롭게 사용할지라도 저작권에 대한 소유를 유지할 수 있었다. 아티스트들의 매니저는 Polyphonic에 그들이 누구와 함께 일하고 싶은지에 대한 '성공사례' 서비스의 구체적인 사항을 포함한 사업계획을 제출하였다. 아티스트들은 그들의 마음에 든 사람과 제안된 서비스를 무료로 이용 가능하였다. 그들은 음반배포부터 시작하여 프로모션, 상품판매까지의 작업을 외주할 수 있었고, 그들이 원하는 서비스를 각각 선택할 수 있었다.

그림 7 앨범 판매량 수익 (2008)

연간 판매량 앨범 순위	앨범 당 평균 판매량
Top 10 albums	2,000,000
Albums 11 to 20	1,500,000
Albums 21 to 30	1,200,000
Albums 31 to 40	900,000
Albums 41 to 50	800,000
Albums 51 to 100	600,000
Albums 101 to 500	150,000
Albums 501 to 1000	40,000
Albums 1001 to 2500	12,000
Albums 2501 to 5000	2,000
Albums 5001 to 120,000	50

Source: Casewriter estimates based on a variety of published sources including Billboard, Recording Industry Association of America, Nielsen Soundscan, and NPD Musicwatch.

음반 기술에 오랜 경험을 가지고 있는 뉴욕 벤처 캐피탈의 파트너, David Pakman는 이 노벨을 엔터테인먼트의 벤처 투자처로 충분히 생각하지는 않았지만 마음에 들어 했다. 그는 앨범 하나 당 7달러의 로열티로 측정하였고, 앨범 판매량의 두 배를 전체 수익으로 잡았다. Polyphonic은 20명의 아티스트 그룹과 매년 3년짜리 계약을 진행한다면, 그는 2천만 달러의 투자로 27만 달러의 수익을 버는 것이다. 그렇지 않다면, 아티스트들은 좀 더 잘해야 할 것이다. "이 사업모델에서의 또 다른 도전은 이러한 포트폴리오 상태에서 밴드에게 수익이 돌아가는 현금흐름이 초기 창립자에게 10년이상 아무런 혜택이 돌아가지 않는 것이다." Pakman은 Polyphonic이 음반산업의 사기를 진작시킬 수 있을 것이라고 강조하였다. "전형적인 대형 음반사의 계약은 음반제작사와는 다르게 아티스트들에게 측정된다. 아티스트들은 그들이 무언가를 얻을 수 있는, 투어, 메이크업 등에 대한 비용이 없는 최상의 조건을 찾았는데, Polyphonic의 계약은 이러한 인센티브에 대해 균형적인 권리를 가지고 있다."

아티스트와 투자자 사이의 인센티브 조건은 음반산

업을 살릴 수 있는 방향으로 충분히 조화롭게 이루어지지 않는다. 하지만 디지털 도구가 팬들의 열정에 부정적인 영향을 미치고 성공의 수를 불균형하게 만든다면, 아마 오래된 실무 경험 없이도 예술이 호황을 이루는 날이 올 것이다.

리사 체리와 MyMajorCompany(MMC)

스타를 만드는 크라우드펀딩

2012년 6월 제네바. 리샤는 여전히 믿기지가 않는다. 수년동안 가수가 되기 위해 많은 노력을 해 왔다. 구걸도 해봤고 거짓말도 했고 파리에서 런던까지, 그리고 뉴욕에서 몬트리올까지 문을 두드렸었다. 지금까지 여러 기회들이 있었지만 항상 그녀의 첫 앨범을 출시하기에는 부족했다. 리샤는 아이티계(Haitian descent) 출신으로 제네바에서 태어나서 제네바 음악 아카데미를 졸업하여 고전적인 음악훈련을 받은 음악가이다. 리샤는 혼자 곡을 썼다. 벌써 소셜 네트워크와 제네바 및 파리에 그녀의 목소리와 카리스마에 반한 열성팬들이 생겼다. 그녀의 음악과 무대는 사람들의 마음을 사로잡았다. 하지만 기존 음반사들은 아무 반응이 없었다.

2010년. 그녀는 파리의 음반사 MyMajorCompany

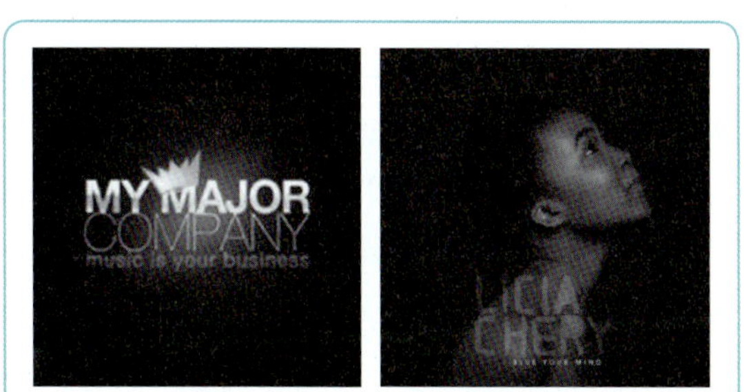

(MMC)에 도전했다. MMC는 떠오르는 음악가들을 위한 플랫폼으로, 자신의 음악을 온라인으로 포스팅할 수 있게 도와준다. 기존의 음반사와는 달리 MMC는 신인 예술가들에게 직접 투자하지 않고 크라우드펀딩 플랫폼(Crowdfunding platform: CFP)을 제공한다. 아마츄어 투자자들(소위 프로듀서라고 부르는)이 리샤와 같은 능력의 소유자들에게 10유로 정도의 적은 금액을 투자할 수 있도록 해준다. 마이크로 투자사들은 금전적으로는 앨범을 통한 미래 수익에 대한 지분을 가질 수 있을 뿐만 아니라 그들이 투자한 예술가들과 감성적으로 연을 맺게 된다. MMC는 마이크로 투자자들의 공동 출자 금액이 만유로(10,000)가 되면 공식적으로 모금이 성공했다고 보고 더 이상의 투자를 받지 않는다. MMC는 모은 투자액으로 예술가들을 생산해 낸다. 사실, 뮤직 커뮤니티(군중: crowd)는 그들의 투자를 통해 누구를 지지할 것인지 결정하고 MMC는 군중들의 바램을 실행하는 사람이 되는 것이다.

2010년 3월 4일, 그녀의 곡이 MMC 플랫폼에 올라온 지 75일도 안 되었을 때, 리샤는 987명의 팬이 10만 유로를 투자했고 MMC와 계약을 맺어 첫 앨범을 제작

Professor Benoit Leleux, Stephan Schmidheiny Professor of Entrepreneurship and Finance, prepared this case with the assistance of Catherine Daar (CommNation) and Victor Lugger (MyMajorCompany) as a basis for class discussion rather than to illustrate either effective or ineffective handling of a business situation.

하게 되었다. 꿈이 시작된 것이다.

하지만 꿈을 이루는 데는 시간이 걸렸다. 곡을 쓰고 전문적으로 이를 레코딩하고, 앨범을 출시하고 마케팅을 하는데 거의 18개월이 걸렸다. 마침내 2012년 6월 11일. "Blue Your mind"이 세상에 나왔다.

하지만 많은 질문이 남는다. 리샤는 어떻게 이런 지원을 계속해서 받을 수 있을까? 크라우드 펀딩은 첫 출발을 하기에 좋은 선택이었고 그 덕분에 앨범도 레코딩할 수 있었다. 하지만 음악을 계속하기 위해서는 그녀는 매일 현실적인 문제와 부딪혀야 한다. 어떻게 새로 시작한 경력을 유지할 수 있을까? MMC의 활동이나 도움을 대체할 수 있는 것은 무엇일까? 비록 첫번째 앨범을 얼마나 효과적으로 밀어줄지에 대해 명확하지는 않지만 계약상으로는 두번째 앨범에 대한 우선권을 주기로 되어있다. 이것은 향후 무엇을 의미하였는가? 이러한 재무모델은 작은 투자자/팬들이 하나의 큰 그룹을 유지할 수 있다는 것을 의미했다. 그녀는 투자자/팬들과 유대관계를 강화하고 유지하면서 감성적 보상(emotional returns)를 증가시키기 위해 무엇을 해야 할까? 현재, 그 투자자들은 '그들의' 앨범을 가게와 아이튠즈에서 보고 황홀해 했지만 이러한 흥분이 얼마나 오랫동안 지속될 수 있었을까? 향후 활동에 대한 대대적인 지원을 받을 수 있는 대형 음반사로 어떻게 옮겨갈 수 있을까?

뉴욕의 4월, 리디아는 와이클리프 진(Wyclef Jean)(2천만장의 앨범이 판매된 Haitian 아이돌가수)를 만났다. 그는 향후 같이 일하기로 약속을 했다. 리디아의 첫 비디오는 유튜브에서 수천번 클릭되는 등 웹에서 주목을 받았지만 이런 관심을 어떻게 계속 유지할 수 있을까? 이러한 관심은 압도적일 뿐만 아니라 중독성이 높아서 앞으로 어려운 시간들이 닥쳐올 것이라는 것을 경고하는 듯 하였다. 언제 어디서 다음 발을 내딛을 것인가? 어디에 출연하고 시간 배분은 어떻게 할 것인가? MMC는 놀랍게도 지난 몇 주는 소극적이었다. 사실 여름 뮤직페스티벌에 출연하게 해서 전국적으로 라디오 출연도 하며 음악 차트 및 판매순위를 올리는데 적극적으로 움직여줄 것이라 기대했었다. 그런 일은 일어나지 않았고 그녀는 다시 한번 혼자임을 느꼈다. 그녀의 음악과 앨범을 소셜네트워크를 통해 홍보를 할 방법을 찾아야 할까? 게릴라 프로모션 전략을 효과적으로 하려면 어떻게 해야 할까요?

크라우드소싱에서 크라우드펀딩으로: 친화성 자금조달의 성숙

크라우드소싱은 개별 사용자에게 특정한 서비스를 제공하기 위해 군중(일반적으로 인터넷을 통해 연결된 커뮤니티)의 힘을 이용한 활동을 의미한다. 공통의 관심사로 모인 커뮤니티는 획득하기 어렵거나 경제학적으로 이루기 힘든 것들을 이루게 도와주는 네트워크 외부성(network externality)를 만든다. 핵심 동력은 넓게 퍼져있는 웹 기술이다. 이것은 커뮤니티가 아무 비용없이 만들어지고 가상으로 개인의 관심과 에너지를 모을 수 있게 도와준다.

크라우드소싱을 이용한 수많은 서비스들 중에 자금조달이 가장 핵심이다. 크라우드펀딩(크라우드 파이낸싱 또는 파이퍼 펀딩)은 인터넷을 통해 연결되어 투자자들간 집단협업, 관심과 신뢰를 보여준다. 크라우드펀딩은 다양한 종류의 목적을 지원하는데, 예를 들어 P2P 대출, 시민 저널리즘(citizen journalism)(위키피디아나 위키릭스 비즈니스모델과 같은), 예술가 지원, 정치적 캠페인(political campaign)이나 스타트업 기업, 영화, 프리웨어 개발(모질라 재단)이나 연구 등에 대한 펀딩과 같은 피라미드의 밑부분의 금융활동을 포함한다. 크라우드펀딩은 또한 기업이 소량의 주식을 많은 투자자들에게 팔아서 자금을 조달하는 것을 의미하기도 한다. 이것은 오바마가 2012년 4월 5일에 법으로 허가한 United States of America JOBS Act에 의해 가능하게 되었는데, 이를 통해 작은 규모의 투자자들이 규제를 거의 받지 않고 공동 출자할 수 있다.

크라우드소싱은 온라인 또는 오프라인, 개인이나 기관, 비영리 또는 법인들이 프로젝트를 생성해서 참여자를 모으면 된다. 크라우드 회원은 그들의 능력이나 자금과 같은 자원을 제안된 프로젝트의 목적에 맞게 제안한다. 기여한 사람들은 만족, 사회적 인식, 경제적 보상 등을 얻을 수 있다.

크라우드소싱의 짧은 역사

문제를 해결한다는 크라우드소싱의 개념은 상대적으로 오랜 역사를 가지고 있다. 다루기 힘든 문제를 경쟁적으로 해결하고자 하는 근본적인 취지를 가지고 있다. *옥스퍼드 영어사전*을 만드는 과정에서 이러한 예를 찾아볼 수 있다. 1879년에 제임스 머레이(James Murray)가 시작한 것이었는데, 수천 명의 독자 자원자들부터 영어단어와 단어의 정의, 과거와 동시대의 정의, 사용 방법을 모아서 사전프로젝트의 편집자 팀에 제출하는 것이었다. 또 다른 예는 경도 대회(Longitude Prize)이다. 이것은 1714년 영국의회(British Parliament)에서 제안한 것으로 더 정확한 지구의 경도(longitude) 위치를 찾는 방법을 찾는 것이었다. 위도는 태양의 고도를 이용해서 쉽게 결정할 수 있는 반면, 경도는 해양(seafaring)을 고려해야 하기 때문에 어려운 문제였다. 그래서 이 문제에 대한 제대로 된 해결책을 제시한 사람에게 상금을 2만 유로(현재 287만 유로)를 준다고 제안하였다. 그림 1에 또 다른 동시대의 크라우드소싱의 예들이 나와있다.

크라우드펀딩이 새로운 현상은 아니다. 19세기, 프랑스 조각가 프리데릭-오거스트 바솔디(Federic-Auguste Bartholdi)는 미국이 자유권을 갖게 된 것을 축하하는 의미에서 프랑스가 미국에게 조각상을 선물로 줘야겠다고 생각했다. 그는 조각상을 디자인하고 이것을 홍보하였다. 이때 이 조각상이 평화의 여신상이라는 이름으로 맨하탄 남부의 항구에 자리 잡는 데에 프랑스와 미국의 초등학생을 포함하여 10만명의 도움을 받았다.

더 최근에는 크라우든 펀딩이 '친화성 자금조달(affinity financing)'으로 나타나기도 했다. 이것의 의도는 특정 프로젝트에 대해 감성적 연관성이나 친밀감을 나누고 싶어하는 투자자 그룹을 발견하는 것이다. 각 프로젝트는 재정적인 것뿐만 아니라 '감성적'인 보상을 제공한다. 만약 감성적 보상이 충분히 유의미하면 금전적 보상을 낮출 수 있게 되어 전반적으로 비용을 줄일 수 있다. 1990년에는 금융전산화 개발과 다른 구조적 금융 기구들이 친화성 자금조달 모델의 성장을 도왔다. 그 예로 1999년 '본드 채권(Bond bonds)'을 들 수 있다. 이탈리안 영화 제작사인 세키 고리(Cecchi Gori)는 제임스본드 영화와 비디오 판매로 얻은 수익을 돌려주는 것을 내용으로 하는 채권을 2억 8,000만 달러 발행했다. 짧게는 2000년에 데이비드 보위의 초기 앨범 판매에 대한 미래 수익에 근거하여 '보위 채권(Bowie bonds)'을 5,500만 달러 발행했다. 금융산업에서는 미래 현금흐름이 재포장되거나 증권화되어 수익흐름과 위험을 디각화 하길 원하는 두사자들에게 판매할 수 있었다.[11]

이러한 수익흐름을 증권화 한다는 개념은 기존 예술가와 신인들, 유명인 또는 무명인들에게 투자하는 기회를 제공하는 것으로 확대되었다. 예를 들어 2003년 영국의 F1 팬들은 저스틴 윌슨 회사(Justin Wilson plc)라고 불리는 "special purpose vehicle" (SPV) 을 통해 신인 저스틴 윌슨(Justin Wilson)의 떠오르는 능력에 투자할 기회를 제공받았다. 그것은 미나르디팀(Minardi)에서 저스틴의 자리를 지원하기 위한 투자였고 투자자들에게는 10년 동안 경주 수입의 일부를 가져갈 권리가 주어졌다.[12]

페이팔과 같은 온라인 지불 도구뿐만 아니라 페이스북과 링크드인과 같은 웹기반 소셜네트워크와 함께 크라우드펀딩은 광범위한 개념의 강력한 새로운 광고형태로 성장할 것이다. 과거에는 이러한 형태가 자선 모금을 모으는 것에 주로 사용되었고 오직 무형의 '기분좋음'과 같은 비금전적 보답을 제공하였다. 크라우드펀딩 플랫폼은 서로 다른 수많은 영역에서 영리목적의 거래를 포함하여 기술 벤처에서 부터 소액금융, 혁신에서부터 P2P 대출까지 다양한 범위의 거래를 지원하는 형태로 점진적인 발전을 거듭했다.

그림 1 크라우드소싱의 예

아마존의 미케니컬 터크(MTurk)플랫폼은 컴퓨터가 할 수 없는 특별한 일들을 대신 해주는 것이 필요한 사람들을 위해 만들어진 시장이다. 미케니컬 터크 웹 서비스는 기업들이 프로그램적으로 접근을 해서 작업을 할 수 있게 해준다. 작업이 필요한 사람 (요구자: Requesters)은 필요한 업무를 포스팅한다. 몇 개의 이미지에서 가장 좋은 것을 선택하게 하거나 제품 설명서를 입력하게 하는 것이 예가 될 수 있다. 해당 작업에 관심있는 플랫폼 사용자(제공자: providers)는 작업들과 요구자가 제안한 가격 등을 살펴보고 원하는 작업을 선택한다. 요구자는 제공자에게 자격 요건을 요구할 수도 있고 이러한 자격을 검증하기 위한 테스트를 하기도 한다. 제공자의 결과물은 요구자가 받아들일 수도 있고 거부할 수도 있다. 이러한 결과는 수락률(acceptance ratio)에 반영되고 제공자의 평판을 판단하는 기준이 되기도 한다. 세계 어느 지역에 있는 사람이든 제공자가 될 수 있지만 요구자는 미국기반이 있는 기관으로 제한하고 있다. 완료된 작업에 대한 댓가는 아마존닷컴에서 상품권을 주거나 제공자의 계좌로 돈을 보낸다.

Unilever

다국적 기업인 유니레버(Unilever)도 "문제를 나누면 반이 된다."는 보편적인 철학을 가지고 특정 비즈니스 문제를 풀기 위해 크라우드소싱을 이용한다. 예를 들면, 2012년 4월 유니레버는 지속 가능한 대외구매, 제작, 유통, 고객행동 변화와 같은 이슈들을 논의하기 위한 글로벌 온라인 이벤트를 24시간 동안 주체하였다. 유니레버는 또한 지속 가능한 생존 계획 수립을 위해 필요한 10가지 주요 사안들을 결정하기 위해 크라우드소싱 플랫폼을 만들었다.†

하이네켄은 개방혁신(openinnovation) 경쟁 플랫폼으로 아이디어 브루이(Ideas Brewery)를 만들었고 지속 가능한 재료, 운송, 재활용, 재사용에 관한 아이디어를 크라우드소싱하였다. 지구에서 가장 깨끗한 맥주공장이 되고자 개선노력을 하고 있는 하이네켄은 가장 좋은 아이디어를 낸 참가자에게 일만달러를 주었다. 참가자들의 아이디어에 대한 투표를 하여 투표수가 많은 것은 1등으로 결정하였다. 이를 위해 참가자들은 자신의 아이디어를 소셜네트워크를 통해 적극적으로 홍보하도록 하였다.‡

TOMTOM

온라인 서포트 포럼(unsourcing platform이라고도 불림)은 제품 및 기술 지원 비용을 절약하기 위해 기술관련 회사들에서 사용해 왔다. 이러한 크라우드소싱 모델에서는 웹 기반 P2P (peer-to-peer) 지원 포

* http://aws.amazon.com/mturk/

** http://en.wikipedia.org/wiki/Amazon_Mechanical_Turk

† http://www.guardian.co.uk/sustainable-business/crowdsourcing-crack-corporate-sustainability

‡ http://www.triplepundit.com/2012/04/heineken-askingdesign-greener-six-pack/

그림 1 *(계속)*

럼을 통해 어플리케이션 및 제품 사용자 커뮤니티가 문제와 해답을 만드는데 기여하였다. 문제해결에 대한 지원은 기업의 웹페이지나 소셜네트워크 (트위터나 페이스북)의 토론 포럼(discussion forums)에서 일어난다. 예를 들어, 위성 네비게이션 시스템 제조회사인 톰톰(TomTom)은 소셜네트워크 포럼을 이용하여 고객들을 지원하였나. 첫 날에는 회원들이 2만건을 해결하였다. 이것은 사용자 커뮤니티가 아니었다면 기업 내에서 이 문제를 해결하는데 들었을 약 15만 달러 정도의 금액을 절약하는 효과가 있었다.

시장조사회사인 가트너에서 추산하기로는 이러한 사용자 커뮤니티로 인해 기업이 줄일 수 있는 지원비용은 50%에 이른다고 한다. P2P 지원 모델의 장점은 프로세스가 사용자들에 대한 경쟁적인 도전형태가 된다는 것이다. 톰톰의 지원 시스템을 제공하는 기업인 리티움(Lithium)은 참여자들에게 동기부여를 하기 위해 도움이 되는 납변에 대해 포인트를 주고 도움을 주는 사람들은 커뮤니티 내에 지위를 주었다.** 이러한 포럼에도 한계는 있다. 특정 이슈에 대해서는 답변을 못하고 (예를 들어 과금과 지불과 같은 데이터에 접근을 해야지만 해결할 수 있는 문제들) 건강, 정부, 은행 영역과 같은 법적인 문제는 해결하기가 어렵다는 것이다.† 기업 명성에 해를 끼칠 수도 있다.

크라우드소싱 데이터 마이닝 사이트인 위키루트(WikiLoot)는 세계적으로 오래된 유물과 보물을 추적하는 것을 돕고 고고학의 툼레이딩 (무덤 도굴) 불법 기업과 맞서 싸우기 위해 공개되지 않은 훔친 수 천개의 사진과 글을 온라인에 올린다. 이러한 불법 기업들은 1년에 약 100억 달러 이상의 손실을 일으키는 것이라고 추정된다. 오픈소스 전문가들로부터 어떻게 위키루트를 구성할지에 대해 조언을 얻고 있고, 법률가들이 법적 문제를 도와주고 소셜미디어 전문가들은 일반 대중을 어떻게 참여시키고 잃어버린 보물들을 찾고 지역 박물관에 진열할지에 대해 컨설팅 해준다.‡

* http://www.tomtom.com/en_ca/

** http://www.economist.com/node/21556094?frsc=dg|a

† Ibid.

‡ http://www.guardian.co.uk/science/2012/jun/06/wikiloot-crowdsourcing-stolen-artifacts

크라우드 펀딩에 대한 산업 분석 개요

CFP(크라우드 펀딩 플랫폼: Crowdfunding platforms)는 다음과 같이 4가지로 구분된다.

- 주식기반 CFPs(Equity-based CFPs): 투자자가 주주로서 수익과 수익배분에 참여하는 형태로 운영됨.
- 대출기반 CFPs(Lending-based CFPs): 투자자가 미래 특정시점에 수입이자와 대출에 대한 상환을 받는 형태로 운영됨.
- 보상기반 CFPs(Rewards-based CFPs): 기업이 완제품을 만들 수 있도록 투자자가 제품이나 서비스에 자금을 사전에 지불하여 필요한 운전자본이나 개발기금을 제공하는 형태로 운영됨.
- 기부기반 CFPs(Donations-based CFPs): 자선정신에 기반한 형태[13]이다.

2007년에서 2012년 4월 사이에 CFP가 100개 보다 적은 수에서 452개로 증가하였다(그림 2). 연구 및 자문회사인 매솔루션(www.massolution.com)에 따르면 2012년 후반부에 84개가 더 늘어날 것이라 한다. 2011

그림 2 CFPs 세계변화 (2012년 4월)

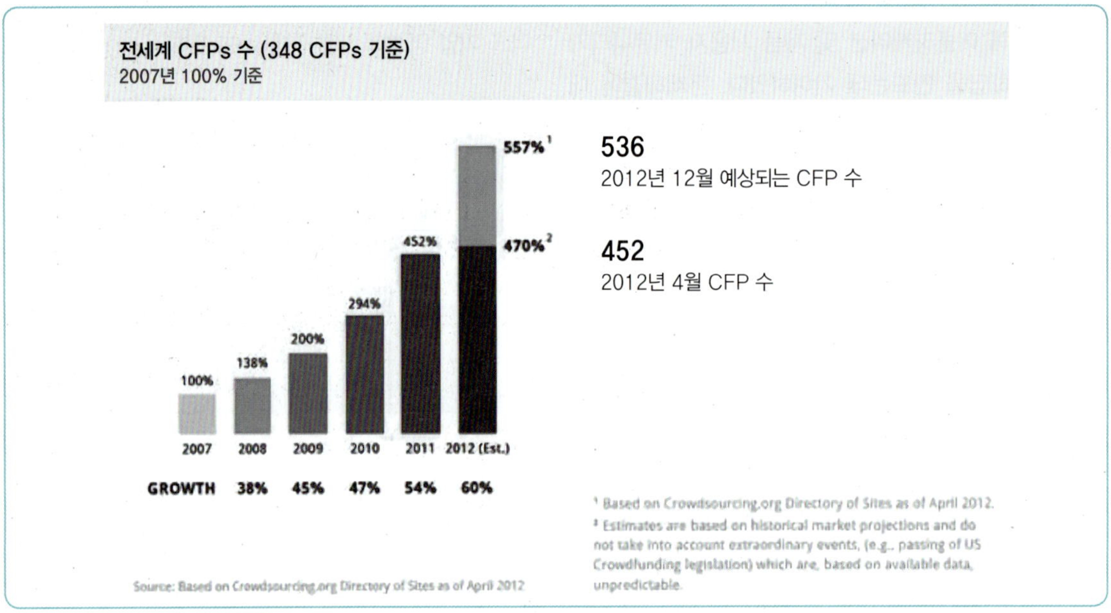

Source: Crowdfunding Industry Report, May 2012.

년 CFPs를 통해 모아진 가장 큰 자금이 북미지역에서 발생했는데 그 금액은 8억3천720만달러였다. 이것은 전세계적으로 그 해에 모금된 금액의 60%에 해당했다(그림 3). 북미는 크라우드펀딩이 가장 급격히 성장하는 지역이다. 5대 플랫폼이 유럽에서는 전체 투자의 95%에 해당하고 북미에서는 73%에 해당한다.[14] 총 펀드를 그림 4와 같이 카테고리로 나누어 보면 2012년에는 보상과 주식기반 CFPs가 급격히 성장하였고 기부과 대출기반의 CFPs도 우세한 것을 알 수 있다(그림 5). 한 일화로, 북미지역에서 평균 최소 크라우드펀딩 금액은 보상기반 프로젝트는 3달러, 자선은 8달러, 주식이나 채권 금융은 60달러였다.

전체 모금액의 49%(그림 5)를 모았던 기부기반 캠페인은 적은 금액이지만 목표달성확률이 높다. 주식기반 프로젝트는 전체의 18%, 대출기반은 22%, 보상기반은 11%를 모았다. 보상의 경우 지불이 평균적으로 약 50% 행해졌고 주식은 75%, 기부는 79%, 대출은 88%였다.[15]

CFP 비즈니스 모델

CFP는 4가지 기반(주식, 기부, 보상, 대출기반)형태와 비용구조(어떤 비용을 누가 내는가?), 목표 그룹(개인 vs. 커뮤니티, 그룹 vs. SMEs 등), 연합자본 여부(하나 또는 포트폴리오 형태), 최소 진입비, 투자자당 최대 투자액, 투자수익 실행(언제 그리고 어떻게 수익을 돌려줄 것인가), 공동서류검토회의 실행(중개인가 신용조회, 대출자 조회 등의 실질적인 확인 작업을 실행할 것인가?), 프로젝트의 범위(하나에 집중된 CFPs vs. 총체적인 CFPs)에 따라 달라진다.

MyMajorCompany(MMC) 구조대

MyMajorCompany 탄생

빅터 루거(Victor Lugger)는 파리에 본사를 두고 있는 MyMajorCompany(MMC)의 CFO이다. 그는 MMC의 탄생과 신인 예술가를 위해 참가했던 펀딩 플랫폼의 개발에 대해 다음과 같이 말했다.

> 2007년 3명이 대형 음악사에서 함께 일하면서 새로운 예술가를 지원하고 생산할 돈이 이 곳에는 없다는 새로운 사실을 깨달았다. 우리는 27세에서 30세였고 프로

그림 3 대륙별 총 CFPs 펀드 모금 (2011년)

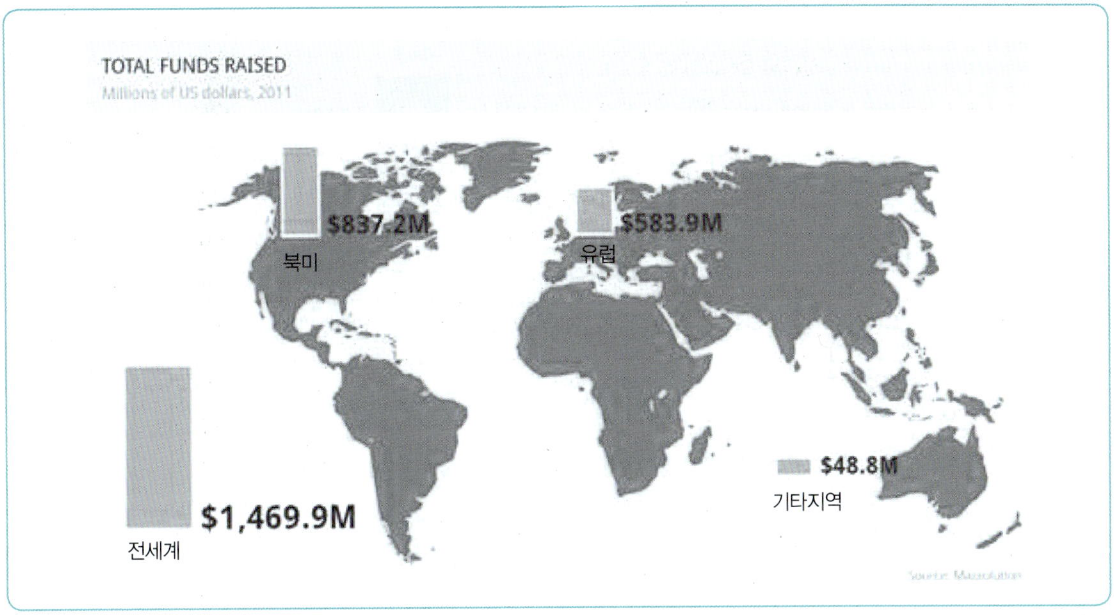

Source: Crowdfunding Industry Report, May 2012.

그림 4 카테고리별 CFPs 펀드 모금 변화 (2009년~2012년)

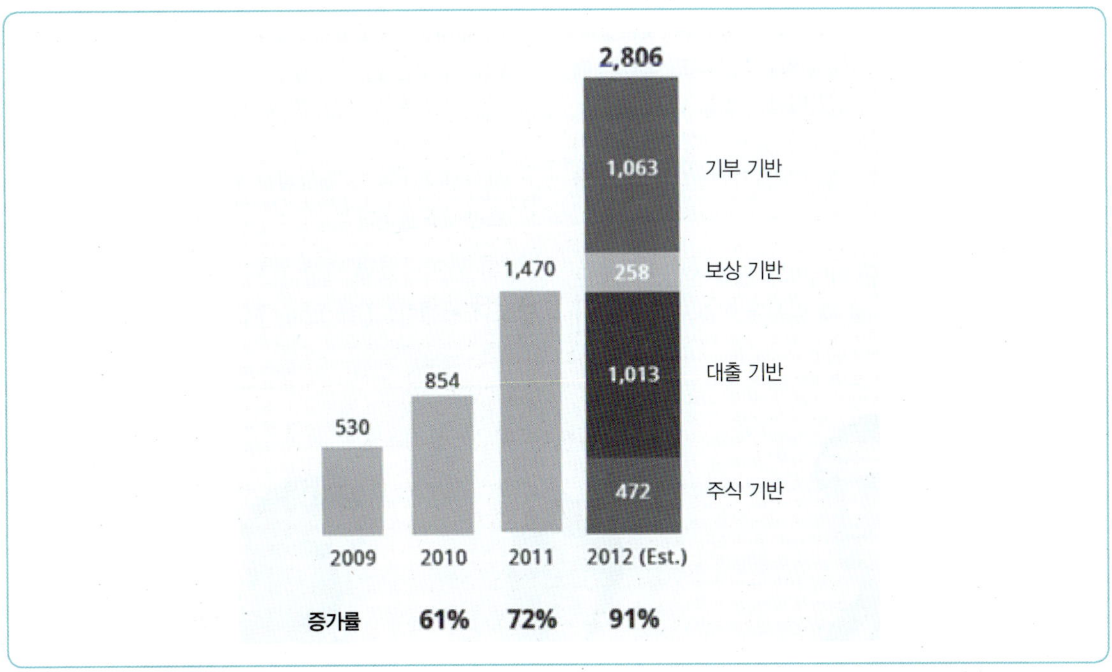

Source: Crowdfunding Industry Report, May 2012.

그림 5 카테고리별 CFPs 수의 변화 (2007년~2011년)

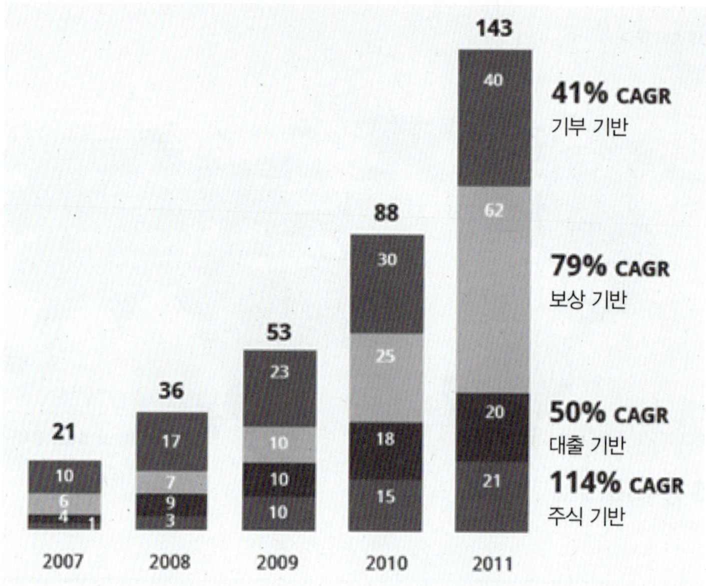

Source: Crowdfunding Industry Report, May 2012.

듀싱 작업을 눈앞에 두고 있었다. 우리가 잘 하는 일은 새로운 예술가를 발굴해 내고 기회를 주는 것이었다. 신인 예술가들에 대한 기대 수익은 너무나도 적었기 때문에 주요 회사들은 더 이상 이러한 일을 하지 않았다. 솔직히 말해서 그건 당신들도 잘 알 것이다. 2003년 이후 급감했던 음악 산업은 젊은 예술가들을 지원할 돈이 없었다.

하지만 절망적인 상황은 아니었다. 음악 산업에서 좋은 점은 예술가를 찾고 키울 때 당신은 아주 큰 정서적이고 감성적인 가치를 더할 수 있다. 만약 산업 자체에 돈이 없다면 그 돈을 기꺼이 지불할 열성적인 지지자나 팬을 찾으면 된다고 생각했다. 우리는 새로운 예술가를 발굴하기 위해 재정적으로 지원하는데 관심이 있는 사람들이 있다는 것을 알고 있었다. 만약 우리의 직업이 사라진다면 누가 괴로워할까? 불행히도 관중들, 크게 보면 대중들이다.[16]

3명의 파트너였던 미셀 골드만(Michaël Goldman), 안쏘니 마씨아노(Anthony Marciano), 세반 바시키안

MMC설립자 미셀 골드만(Michaël Goldman), 안쏘니 마씨아노(Anthony Marciano), 세반 바시키안(Sevan Barsikian)

(Sevan Barsikian)은 대안적 시나리오를 만들었다.

거대한 4대 음반사에 의해 새로운 예술가들이 발굴되고 홍보될 가능성은 0에 가까워졌고 결과적으로 신인 발굴과 개발은 작은 독립 음반사와 출판사들의 독립적인 영역이 되었다. 이것 마저도 해가 갈수록 줄어들고 있었다. 틀림없이 예술가들은 자체적으로 돈을 조달하여 작업할 수 있는 방법이 있다면 틀림없이 스스로 자립할 수 있을 것이다. 그래야만 젊은 예술가에게 벅찬 스타트업 단계가 효과적으로 해결될 수 있다….

음반사의 재정적 지원, 관리, 자원없이, 예술가들이 스스로 하기 모드(do-it-yourself)로 돌아가야만 해야만 했다. 소매채널에 접근하기 위해 기존의 배급업자를 통해 전문적인 레코딩과 작업을 해야 하는 것을 의미했다. 이론적으로는 가능하지만 경쟁환경에서 창조적인 결과, 상식있는 자본가들, 경영자를 동시에 가지고 있는 예술가는 상대적으로 적다. 이러한 기업들이 부딪히는 가장 힘든 도전 중 하나는 '수요 창출'이다. 재정적 성공은 결코 음반판매 하나만으로 되지 않는다. 예술가들은 그들 자신이 실제 브랜드가 되어 팬을 기반으로 홍보를 해야 하고 적극적이고 열심히 노력해야 한다. '광신자'에서 유래된 단어인 '팬'(fan)은 예술가와 그의 음악뿐만 아니라 콘서트 표와 상품과 같은 예술가와 관련된 광범위한 것들에 대해 돈을 지불해야 한다.

> MMC에서 우리는 신인 예술가를 키우고 대중들에게 수익을 나누는 단 하나의 재정적 위험만 안고 가고 싶었다. 왜 대중들은 이런 것을 할까? 아마도 합리적인 투자는 아닐 것이다. 하지만 이러한 프로젝트에서 감성적인 부분을 가져가는 기발한 생각이다.
>
> 우리는 벤쳐캐피탈처럼 운영될 것이다. 일반적으로 열 명 중 두 세 명의 예술가들만 성공한다. 주요 음반사들은 은행에 비유할 수 있는데, 둘 간의 차이는 재정적 힘이라 볼 수 있다. 은행은 프로젝트에 은행이 할 수 있는 최고의 수준으로 투자를 한다. 다시 말해, 상대적으로 확실한 방식으로 현금흐름을 만들어낸다. 우리는 벤쳐 자금을 산업으로 다시 돌려준다. 우리는 자금과 전문성을 가지고 새로운 벤처로 성공할 것이다.[17]

2007년 11월에 출범한 MMC는 인터넷 사용자들이 적은 투자금으로 미래 성공에 돈을 걸어 떠오르는 예술가들의 첫 앨범을 공동으로 제작하는 기회를 제공하였다. 이와 같이 MMC는 음악가들을 찾아내고 홍보하는 첫 플랫폼 중 하나를 만들었다. 원래 자체적으로 자금을 조성하는 기업은 자본을 엔젤머니를 이용하여 증식시켰는데 2008년에는 기업의 웹사이트를 통해 직접 받은 크라우드펀드가 커다란 투자자가 되었다.

> 예술가를 개발하는 우리의 360도적인 접근 방식은 음반 판매에 의존하는 기존 음반사를 넘어섰다. 오늘날 음악사의 비즈니스모델에서 예술가는 브랜드다. 음반사는 예술가의 브랜드를 출판, 캐릭터 상품, 라이브공연, 음반, 디지털 미디어, 광고 등에 이용해야만 한다.[18]

이러한 접근이 새로운 것은 아니다. 1998년에 Jay-Z와 마돈나와 같은 스타들과 함께 시작되었다. 하지만 그 스타들의 가격은 수백만 달러였다. 신인들은 이미 스타가 된 사람들과 같은 힘이 없었다.[19] MMC 설립자들은 그들의 예술가와 레파토리(artist and repertoire: A&R) 경험을 기존 음악 산업으로 가져왔다. A&R 매니저는 활발하게 신인들을 스카우트했고 데모 녹음 파일을 통해 신인들을 선별하였다. 또한 A&R은 예술가들이 녹음할 음악을 찾았는데, 특히 가수가 아닌 다른 사람들이 작곡한 곡들을 찾아 나섰다.[20] 이를 통해 MMC는 음악적 재능에 대한 감성적 매력에 대해 이해할 수 있었고, 산업의 경영측면에서 이러한 감각을 키울 수 있도록 도왔다.

> 이것은 IP(역자: 지적재산권)를 이용한 매우 1대1 거래 방식의 비즈니스이다. 이러한 권리를 합의하는 것을 즐겨야 한다. 왜냐하면 음악산업은 IP에 기초를 두기 때문이다.[21]

음악산업의 IP는 배급권 보다 광범위한 범위를 다룬다. 브랜드 등록상표, 상품디자인도 포함하는데 이러한 것들은 예술가와 음반사간에 거래상 정의된 핵심 법적 의무이자 권리이다.

MMC 비즈니스 모델

MMC는 기존의 음반사의 특징과 소셜미디어 인터넷 스타트업의 특징을 동시에 가진 하이브리드 비즈니스 모델을 가지고 있다. 이러한 하이브리드 비즈니스 모델은 "음악은 당신의 비즈니스"[22] 라는 슬로건을 내걸었다. 루거는 다음과 같은 말을 하였다. "크라우드펀딩은 예술가의 경제적 지원을 도와주었지만 MMC는 음반 산업의 규칙안에서 최고가 되어야 하기 때문에 전통적인 음악 산업에 견고하게 다리를 딛고 있어야만 했다."

> 이 산업은 데이터기반 산업이고 재무와 회계와 같은 중간 경영프로세스가 필요한 산업이다. 우리는 e-비즈니스에서 작은 수익을 가진 아주 경쟁력있는 사업을 하고 있다. 전통적인 음반 산업은 프로세스가 무겁고 심지어 이런 주요 프로세스가 제대로 관리되지도 못했다. 10개의 프로젝트 중 하나가 성공하여 그 한 명의 예술가로 인해 엄청난 돈을 벌 수 있다. 하지만 나머지 성공하지 못한 9명에게 "사업을 좀 더 잘해서 이익을 남겨라"라고 말할 수는 없다. 그런 식으로 일을 처리하지 않는다.
>
> 우리는 경영 전체를 아주 상호보완적으로 관리해야 했다. 창조성, 커뮤니케이션, IP관리에서 모두 우수해야 했고 온오프라인 양쪽 측면에서 프로세스를 모두 가지고 있어야 했다. 특히 인터넷 비즈니스에서는 데이터 기반으로 관리해야 했다.
>
> 기존 방식으로 좋은 음악을 제공하여 배급하고, 음악을 판매하고 음악에 대해 커뮤니케이션하는 것을 넘어서서 우리는 미디어, 배급하는 모든 것에서 돌파구가 필요했다. 그것은 마치 영화같았다. 우리는 규칙(rule)에 맞춰서 빠르게 제작과 개발을 하고 (크라우드펀딩) 자금조달에 하나의 혁신을 일으켰다. 그것이 우리의 유일한 모델이다. 양쪽 세계에서 최고가 되는 것!

MMC의 크라우드펀딩이 산업의 게임을 바꿨다.

> 기존의 음반사들은 자신들을 하나의 사모회사(private equity companies)로 생각했고, 그래서 모든 위험을 기업이 모두 떠 안았다고 루거(Lugge)는 설명했다. 위험이 적고 돈도 적게 버는 MMC의 크라우드펀딩 요소를 이런 음반사들에게 이해시키는데 1년이 걸렸다. 크라우드 자금투자자에게 상환하는 것이 그들에게는 이상해 보였다.

크라우드펀딩 투자자(또는 프로듀서)는 투자에 대한 정서적 보상에 높은 가치를 두었다. 돈을 잃었더라도 떠오르는 예술가와 관계를 형성했다는 것과 같은 정서적 보상이 어느 정도의 손해를 보상해 주었다. 예술가들과 만나고 일찍 발매 앨범을 받거나 오프닝 콘서트에 참석하는 이 모든 것들이 프로듀서들에게는 가치있는 것들이었다.

2007년 이후 MMC는 프로듀서들에게서 1,200만 달러 이상을 모금해 오고 있다. 플랫폼은 급속도로 다양해졌다. 2010년에는 책과 만화책, 2011년에는 독립 영화로 범위를 확장했다. 2012년에는 더 다양한 프로젝트를 가진 웹사이트를 개설하였다.

MMC는 다양한 방식의 보상-분배 방식을 시도해 보았다. 최근에 사용하는 방식은 초기에 프로듀서들에게 높은 보상을 제공하는 것이다. "비록 앨범이 만개밖에 팔리지 않았더라도 사람들에게 투자한 돈을 돌려주는 것이 중요하다."라고 루거는 말한다. 앨범판매가 증가하여 "플래티늄" 등급에 도달할 때까지 투자자에게 주어지는 보상금액은 줄어든다. "플래티늄" 등급은 10만개 이상 팔려서 프랑스의 Syndicat National de l'Edition Phonographique (SNEP)를 수상하는 것을 의미한다. 루거에 따르면, 앨범이 플래티늄 등급에 도달하면 그것은 MMC의 마케팅 덕분이라 할 수 있다. 따라서 프로듀서에게 주는 보상은 줄어들고 마케팅 활동에 더 많은 보상을 주는 것은 이치에 맞다. 하나의 프로젝트에 크라우드투자자들이 10만 유로 이상을 투자하고 성공의 기회를 최대화 하는 것은 MMC에게 자주 있는 일이었다.

예술가들에게는 첫 앨범을 만들기 위한 투자금을 유치하는 능력을 넘어서서 금융협약 자체가 아주 매력적이었다. MMC에서 제작한 CD앨범의 평균 판매 금액인 10유로에 대해, 배급자인 워너뮤직(Warner Music)은 30%, 앨범 제작사는 약 10%, 그 외 10%는 저작권 소유자, 또는 음악작가(만약 작가가 예술가가 아닌 경우)에게 준다. 남은 50% 중 10%는 예술가에게 주고, 남은 40%는 MMC가 사용한 비용(경영팀, 프로젝트 관리, 마케팅, 홍보, 웹사이트 비용 등)와 예술가에게 투자한 순수 프로듀서에게 돌아간다.

50명이 넘는 프랑스 예술가와 앨범들이 MMC에 의해 제작되어 많은 예술가들에게 기회를 주었다. 특히 구아르(Grégoire)는 347명의 프로듀서가 투자하였고 그 중 40명은 그의 뮤직비디오 "Toi + Moi"에 참여하였는데 구아르의 앨범은 150만개 이상이 팔렸다. 이르마(Irma)와 조이스 조나단(Joyce Jonathan)의 첫 앨범인 '*Sur mes gardes*'는 출시 후 5달만인 2010년 5월에 골드 등급에 올랐고 1년안에 플래티늄 등급에 올랐다.

크라우드펀딩의 발전

MMC는 크라우드펀딩 요소를 더 잘 이용하기 위해 그들의 비즈니스 모델을 개선하려는 노력 하였고 결국 더 많은 사람들이 참여하고 더 잘 작동하게 되었다.[27] 또한 인터넷으로 예술가들의 노출을 더 빨리 가시화시켰다. 디지털 커뮤니케이션과 디지털 미디어 전략은 더욱 효율적으로 커뮤니티를 만들고 팬과의 직접적인 많은 커뮤니케이션을 할 수 있도록 개발되었다.

금융모델(financial model)은 투자자/제작자들이 인지하는 가치와 MMC의 수익이 서로 균형을 이룰 수 있도록 조정되었다.

> 우리는 크라우드펀딩으로 큰 돈을 벌지 않는다. 프로듀서가 참여하고 음악 산업의 일부가 되는 것을 돕는 인터넷 기술을 이용하여 수익을 조정하고 비금융적 부상을 증가시켜서 가능한 적게 손해을 보려고 노력한다. 크라우드펀딩을 하게 되면 반드시 감정적 보상을 받게 된다. 진심으로 게임과 참여를 원하는 사람만이 참여하는 것이 맞다.

음악을 넘어서서: MMC는 예술 프로젝트 조력자

MMC는 출판, 만화, 그 외 다른 예술영역으로 확장하면서 정서적 보상이 이러한 영역에서 보장될 수 있는지, 만약 보장된다면 어떻게 보장될 수 있는지에 대한 의문이 생겼다. 높은 수준의 친밀감이 은둔한 작가나 특이한 만화작가와 형성되기는 어려울 수도 있다. MMC는 모든 프로젝트에 대해 높은 기대 수준을 가지고 있다. 모든 프로젝트는 3~5분 자료를 만들어서 어떤 목적으로 자금을 모으려는지 설명을 해야 한다. 2012년 5월 이후, MMC는 한때 5만개였던 프로젝트의 수를 천개로 제한하였다. 성공하는 것은 작지만 품질이 좋은 것이라 판단했기 때문이다.

> 우리의 모델은 킥스타터가 되는 것이다. 우리는 창조적이고 문화적인 프로젝트를 위한 글로벌 웹사이트를 가지고 있다.

세계적으로 흥미를 일으키고 프랑스어와 영어로 접속이 가능하지만(곧 스페인어와 독일어도 가능) 사이트를 보는 사람 중 95%가 프랑스어를 하는 사람들이다. MMC 프로듀서는 개인계정을 만들 수 있지만 커뮤니티로 귀속시킬 수도 있다. 프로듀서들은 평균적으로 140유로 이상을 투자하고 70유로를 받아간다. MMC이 2007년에 설립된 이후로 예술가들을 위해 1200만 유로가 모금되었다.

2012년 반년동안 MMC 웹사이트는 500만 유로이상의 투자금이 들어왔고 횟수로는 한 달에 평균 30만 번 정도를 받았다. 방문자들은 29분 동안 웹사이트에 머물렀고 천 명의 새로운 투자자가 매달 들어왔다.

> MMC는 e-비즈니스, 게임, 소셜미디어를 혼합한 것이다. 크라우드펀딩 플랫폼은 여전히 복잡하고 틈새시장이라 본다. 많은 돈을 투자하는 사람은 아주 적다. 그래서 우리는 많은 사람들이 적은 양의 돈을 투자하라고 독려한다. 100유로를 100명이 투자하기 보다는 10유로씩 1000명이 투자하는 그런 큰 커뮤니티를 만들고 싶다.

크라우드펀딩의 미래

> 크라우드펀딩을 주류로 만들기 위해 열심히 노력하고 있다. 크라우드펀딩을 오용할 수 있다는 두려움을 항상 가지고 있는데 이런 두려움을 계속 유지하려고 한다. 왜냐하면 이러한 두려움이 우리의 작업을 성공적으로 이끌어가는 원동력이 되기 때문이다. 우리는 유럽에서 시장을 주도하고 있다. 이러한 위치를 유지하려면 우리는 모범이 되어야 하고 오용을 막아야 한다. 규제가 만들어지기 전에 규제를 행할 것이다. 사실, 설립 후 4년 후 1200만건의 거래가 일어났지만 한 건의 부정도, 자금 세탁도 일어나지 않았다.

루거는 MMC가 예술가들을 위한 더 많은 서비스, 예를 들면 사람들과 상호작용할 수 있는 더 나은 도구, API, 팬들을 연결해주고 예술가들을 홍보하는데 도움을 주는 소프트웨어 도구들과 같은 것들을 개발하고 있다고 말한다.

크라우드소싱 아니면 집단사기?

크라우드펀딩이 자금조달의 주류로 자리매김하면서 몇 가지 의구심이 들었다. 크라우드펀딩이 실제로 젊은 예술가들에게 자금을 전달하고 새로 시작하는 기업들의 자금을 찾아주고 있는 것이 맞는가? 아니면, 재능은 있지만 자포자기한 예술가들에게는 희망의 끈을 제공하면서 작고 순진한 투자자들에게 돈을 갈취하는 관심끄는 장치에 불가한 것인가? 기존의 방식으로는 자금조달에 실패한 능력있는 사람들에게 크라우드펀딩이 정말로 할 수 있는 것이 무엇인가? 크라우드펀딩은 기존 음반사 파이낸싱, 벤처캐피탈, 엔젤 투자자들의 역할을 대신할 수 있는가? 크라우드 펀딩은 기업가들에게 새로운 제품을 출시할 수 있도록 충분히 지원해 줄 있는가?

유명한 신문사들에서 거절당한 사람들을 위해 파워풀한 도구로 크라우드펀딩 플랫폼을 소개하기 시작했지만 크라우드펀딩이 장기적 관점에서 할 수 있는 실질적인 역할은 여전히 불투명하다. CFP는 초기에 했던 약속들에 대해서는 기대에 부응하고 있거나 또 다른 인터넷 유행이 되었다. 1세기동안 존재했던 기존 은행과 증권사, 1958년에 세워진 워너 뮤직 그룹(Warner Music Group)과는 달리 CFP는 10년도 되지 않았고 존속여부도 명확하지 않다. 많은 나라에서는 담보권, 부채, 자산에 투자할 때 법과 규제를 엄격히 준수하길 요구한다. 사실, 엄격한 등록과 공개를 처리할 여유가 없는 신생기업들에게는 이러한 요건들이 일반적인 대중으로부터 자금을 지원받기 어렵게 만든다. 그래서 재정적 교양이 있는 부유한 투자자들을 중심으로 사업설명을 하게 되고 지원을 받게 된다. 작은 돈으로 투자하는 대부분의 사람들에게 흥미롭지만 위험한 신생기업들에게 투자하는 것을 어렵게 만드는 그 정부가 똑같은 위험을 가진 복권은 사라고 권하는 것은 아이러니가 아닐 수 없다.

이러한 제약을 인지하고 더 많은 재정적 기반을 제공하기 위해 프랑스, 영국, 미국과 같은 나라들은 작은 규모로 투자의 기회를 허용하는 법을 제안하고 있다. 예를 들어 버락 오바마 대통령이 2012년 4월 12일에 싸인한 JOBS Act는 투자자들이 수입의 일정 비율과 같은 조건 하에서 100만달러까지 투자할 수 있도록 하고 있다. 프랑스에서도 투자당 10만 유로의 제한이 있지만 MMC가 만든 플랫폼을 기반으로 한 대한 법적 근거를 마련하는 등 유사한 제도를 가지고 있다.

리샤 체리(Licia Chery)와 MMC

"눈을 크게 떠라. 그렇게 힘들지는 않다," 리샤 체리가 작곡하고 부른 노래에는 세상의 정의에 호소하는 혼이 담긴 글귀들이 담겨있다. 물론 이러한 말들은 리샤의 개인적 철학이기도 하다. 리샤는 어린 시절부터 눈에 띄었다. 피아니스트, 작곡가, 가수로서 음악에 대한 놀라운 재능이 발견되었다. 아이의 믿음과 천진함이 도전을 향한 여성의 지혜와 결합되어 그녀의 음악 경력은 쌓여갔다.

리샤 체리는 1985년 스위스 제네바에서 아이티계(Haitian) 부모 밑에서 태어났다. 18살까지 리샤는 동네에서 주목을 받으며 혼자서 앨범을 만들었고 자신의 음악을 하고 싶어 제네바 음악학교에 입학하였다. 때를 기다리는 동안 피아노와 음악 이론을 공부하면서 실력을 키워나갔다. 하지만 음악적 표현에 대한 갈구와 목마름은 피할 수 없었다. 부모님은 대학을 졸업하고 직장을 가지길 원했지만 리샤는 연인과 도망치듯이 학교를 뛰쳐나와 미국으로 도망쳤다. 그녀의 진정한 사랑, 음악을 하고 싶었던 것이다.

성공은 장담하기 힘들었다. 어느 날 뉴욕시티에서

배역 선정을 한다는 광고를 보게 되고 당장 짐을 싸고 달려갔다. 엘라 피츠제럴드(Ella Fitzgerald), 아레사 프랭클린 (Aretha Franklin), 빌리 홀리데이(Billie Holiday)와 마일스 데이비스(Miles Davis)와 같은 수많은 아이돌들이 있는 도시에서 하나쯤 자리를 내어줄 수 있었을 것이다. 오디션을 보고 지역공연에 선발되었다.

그러나 뉴욕시티에서의 첫 성공이 돈은 되지 못했다. 돈은 금방 떨어졌고 제네바로 돌아가 학교를 다녔다. 집에 왔지만 그녀의 사슴 같은 갈색 눈은 익숙한 세계와 새로운 세계를 모두 보고 있었다. 두 언어, 두 문화, 두 나라는 그녀의 가슴에 동시에 자라고 있었다. 리샤는 정치적 메시지를 전할 수 있는 음악의 힘을 발견하였다. 그녀의 다양한 경험이 창의적인 부분을 만들고 익숙한 배경을 가진 팬들에게 다가가는 방법을 찾기 시작했다. 리샤의 곡은 문화적 유산("Proud"곡)과 이민("M'pa ladan'l"곡)과 같은 글로벌한 주제를 가지고 있다. 제네바로 오고 난 뒤, 수많은 찬사를 받았지만 음악 경력은 진전이 없었다. 음반사의 도움이 절실했다.

2009년 3월, 리샤는 MMC 웹사이트를 찾아서 데모 레코딩을 제출하였지만 거절당했다. 그 당시 MMC는 웹사이트에서 '주목받는' 예술가들만 선택하는 폐쇄적인 시스템이었다. 리샤는 굴하지 않고 파리, 리옹(Lyon), 제네바 어디서든지 공연을 하였다. 2009년 12월, 리샤는 좀 더 개방된 MMC 웹사이트에 다시 한번 등록하였고 마침내 성공하였다!

하지만 사실 성공한 것도 아니었다. 리샤는 3만6천명의 또다른 도전자들이라는 벽에 부딪히게 된다. MMC 플랫폼을 이용하는 목적은 팬과 첫 앨범을 레코딩하기 위한 10만 유로를 확보하는 것이었다. 리샤는 디지털계의 세헤라자드(Scheherazade) (역자: 전설의 페르시안 여왕, 천일 밤마다 왕에게 재미있는 얘기를 들려주어 죽음을 면했음)가 되었다. 프로듀서가 되고자 하는 팬들로부터 매번 1,001개 이상의 메시지를 받았다.

2010년 3월 4일, 리샤는 10만 유로에 도달하였다. 987명의 프로듀서를 모으는데 75일밖에 걸리지 않았다. 리샤는 이 프로듀서들을 나의 '마케팅 군단'이라고 불렀다. 왜냐하면 프로듀서의 95%가 프랑스에 거주하면서 대부분이 남성이었고 나이는 25세부터 45세였기 때문이다.

> 나는 프로듀서들에게 내 음악이 당신과 같이 있길 바란다고 메시지를 남겼다. 나는 그들에게 뮤직 비디오를 보내주고 내가 TV에 출연하거나 비디오를 찍을 때마다 와서 참여해 달라고 요청하였다. 20명의 프로듀서는 직접 와서 응원해 주었다.

리샤의 개성은 복잡하지만 매력적이라는 것이다. 젊은 여성의 부드럽고 둥근 얼굴 윤곽 속에 만물을 꽤뚫어보는 혼이 담긴 눈을 광고 사진으로 이용하였다. 그녀는 교양있는 청중에게는 매력적일 수도 있고 매력적이지 않을 수 있는 조용하지만 장난기 어린 젊은 여성이다. 또한 그녀는 기업가적인 면모를 가지고 있다. 수많은 "no"라는 응답을 받으면서 "no"라는 말을 "지금은 아니다(not now)"라는 말로 받아들였다.

> 만약 MMC를 단순한 플랫폼이 아닌 기업으로 보았다면 당신은 실패한 것이다. 나는 이것을 일찍 깨달았다. 내 앨범을 녹음하기 위해 꼬박 1년 이상이 걸렸다. 이 시간동안 나는 공연을 하고 라디오 방송국에 가고 제네바에 내 이름을 알리기 위해 노력했다. 잡지사에도 갔고 인터뷰도 했고 TV에도 나갔다. 나는 MMC만 바라보고 마냥 기다린 것이 아니다. 앨범을 녹음하는데 또 다시 6개월이 걸렸다. 예술감독이 스튜디오로 와서 그의 생각을 듣거나 스튜디오 세션을 녹화해야 했지만 아무도 오지 않았다. 세상과 마주선 상당히 외로운 시간이었다. 아무도 나를 위해 무엇인가를 해 주지 않는다. 당신이 나가서 직접 해야만 한다.

실제로 리샤는 MMC의 초기의 무관심을 기회로 바꿨다. '본사'에서 아무도 리샤의 음악에 개입하지 않았다. 친구와 친척들을 홍보하는데 동원하고 앨범을 완성한 후 파리에서 쇼를 준비했지만 여전히 MMC는 오지 않았다. 그래서 이러한 것도 혼자의 힘으로 해결해 보기로 결심하였다.

2011년 12월에 MMC 마케팅팀과의 회의에서 리의 앨범은 2013년 1월이 되어야 출시될 것이라는 말을 들었다. 그 이유는 다른 예술가들의 일정이 이미 잡혀 있었고 리샤는 준비가 안 되어 있다고 생각했기 때문이다. 힘든 상황이 계속될 수 있다는 위기감을 가진 리샤로서는 마케팅팀의 답변을 받아들이기 힘들었다.

> 내가 뭐라고 말했는지 정확히 기억은 안 나지만 미팅이 끝나갈 무렵, 4달을 앞당겨서 2012년 9월에 앨범을 내기로 했다. 내가 이긴 거죠.

거기서 멈추지 않았다. 요청 끝에 첫 홍보 비디오에 사용할 새로운 사진과 비디오 작업을 시작했다. 프랑스 연예인에게 부탁해서 비디오에 출현해 달라고 했고 대부분 수락을 했다. 이 비디오를 프랑스 TV에 사용할 예정이었다. 마케팅 팀과의 미팅 후 1달이 지난 2012년 1월, 리샤는 TV 제작진과 MMC로 가게 되었다. 이런 역동적인 일들이 일어나면서 작업이 빠르게 진행되기 시작했다. 사람들이 리샤의 비디오를 좋아하게 되면서 음반사들이 움직이기 시작했고 사람들이 음반을 사고 싶어하면서 리샤에게 가격을 물어보기 시작했다. MMC는 갑자기 앨범을 2012년 6월에 출시하게 되었다.

> 그들에게 의존하는 것이 아니라 나한테 의존해요. 당신도 앉아서 기다리지 마세요.

MMC는 아주 중요한 첫번째 단계를 리샤가 하도록 허락했다. 이제는 주목받은 예술가로서 리샤는 음악업계에서 신뢰쌓고 다음 단계를 향할 힘을 얻었다.

소셜미디어 전략 세우기

성공한 예술가가 되기 위한 첫 관문은 팬들을 만드는 것이다. 브리트니 스피어스(Britney Spears), 레이디가가(Lady Gaga), 애니 디프란코(Ani diFranco) 몇 명만 예를 들어도 알 수 있다. 리샤에게 통할 수 있는 전략을 찾는 것이 가장 흥미로운 도전이다. 첫째, 음악적인 측면과 그 외 다른 측면에서 987명의 프로듀서의 니즈와 요구를 더 명확하게 파악해야 한다. 프로듀서들 중 몇 명은 *플리즈(please)* 비디오 클립(http://youtu.be/tl4UPfssbkI)에 참여했다. 이런 참신한 방법으로 그들은 참여를 원했다. 둘째, 성공을 어떻게 측정할 것인지 결정해야 한다. 단순히 재무적 척도로 할 것인가? 아니면 '만족도'라는 척도를 이용할 것인가?

재무측면도 여전히 이슈가 되었다. MMC와 두 개의 앨범을 만들어 왔지만 오직 첫번째 앨범에 사용한 비용을 충당할 정도의 수익을 벌었다. 10만 유로는 금방 없어질 것이고 더 많은 돈이 광고와 음악에 사용될 것이다. MMC가 그러한 자금을 지원할까? 만약 해준다면 어떻게? 효과는 있을까? 어떤 것도 장담할 수 없다. 두 번째 앨범을 어떻게 진행할 것인가? MMC는 필요한 자금을 크라우드펀딩으로 지원할 것인가 아니면 리샤가 다른 곳에서 자금 지원을 받아야 하나? 이러한 모든 일이 현재 MMC와의 계약이 존재하는 상황에서 일어날 수 있는 것들인가?

MMC를 통한 크라우드펀딩은 리샤에게 적당한 음반사로 갈아타야 하지 않을까 하는 의구심을 불러일으켰다. MMC 크라우드펀딩 플랫폼은 팬 기반을 제공하고 재정적 지원을 위한 포털을 제공했고, 이 덕분에 첫 앨범이 나왔다. 하지만 MMC가 다른 음반사와 다를 것이 없다는 생각이 들고 있다. 리샤는 MMC와 법적, 재무적 구조에 대해 협상하고, 팬들과 연락하여 팬들이 그녀를 지지하도록 설득하는 것이 필요해 질 것이다.

다른 예술가들이 취했던 성공적인 전략은 마이스페이스이나 유투브에 무료 노래나 뮤직비디오와 같은 컨텐츠 올려놓는 것이었다. 티저 샘플(teaser sample)을 보여주는 것도 흥미를 일으키게 하는 좋은 방법이다. 예술가 중심의 소셜 네트워크의 일원이 될 가능성이 높은 팬을 끌어들이고 추종자들이 타 친구들에게 예술가를 소개하는 방법을 제공하고, 블로그나 페이스북과 같은 소셜네트워크를 이용하는 것 또한 강력한 방법이다. 상업적인 성공을 위해 리샤는 하면서 신생 벤쳐기업처럼 다양한 역할을 수행할 준비를 해야 할 것이다.

그림 6 크라우드펀딩 플랫폼의 예(2012년 4월)

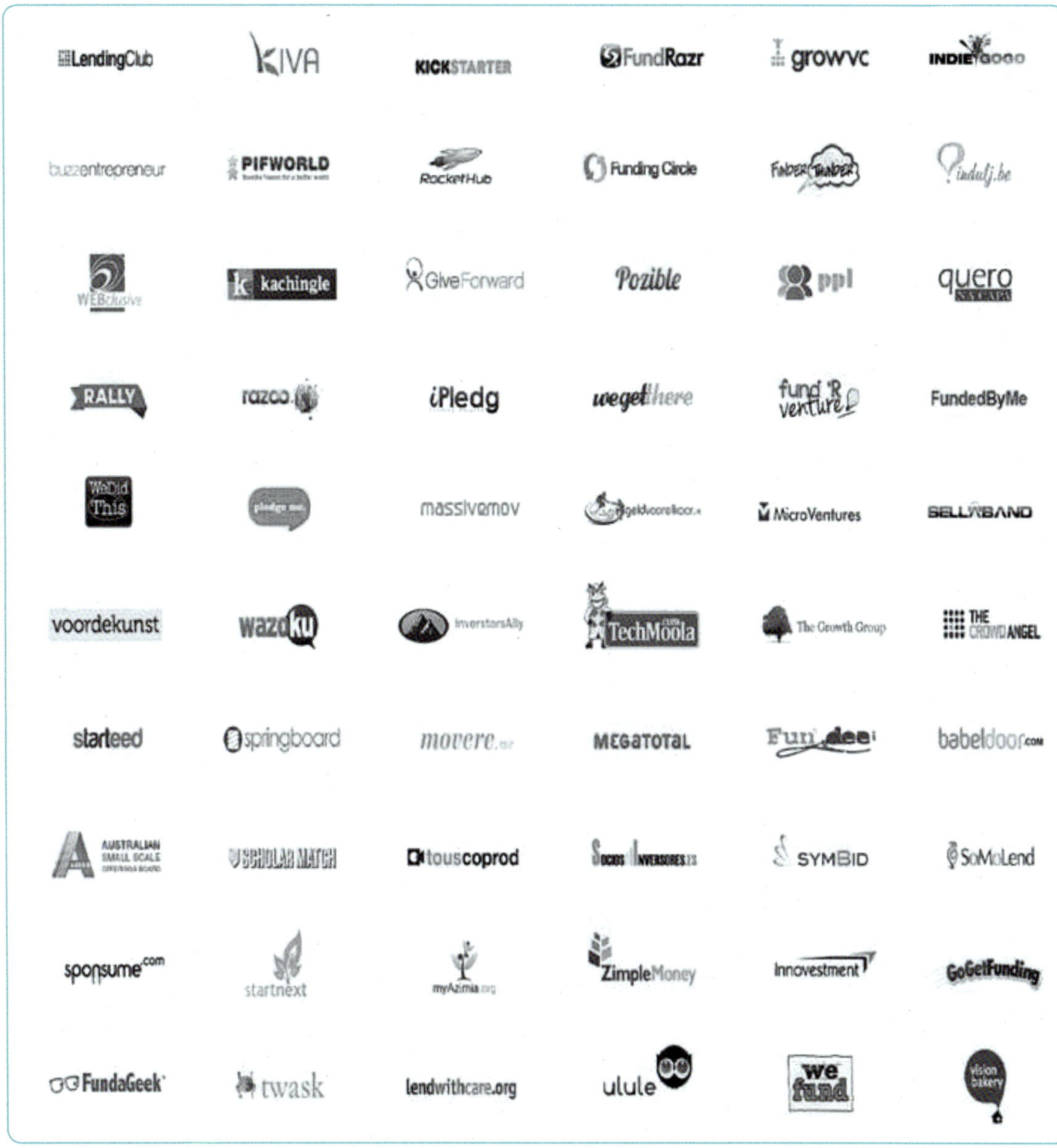

Source: Crowdfunding Industry Report, May 2012.

그림 7 주요한 CFP들의 사례들

키바(Kiva): 글로벌 소액금융 제공

키바(www.kiva.org)는 비영리 소액금융 조직으로, 개인 투자자를 초대하여 인터넷을 통해 기회가 필요한 사람들에게 25달러 정도의 작은 돈을 대출해 준다. 키바는 전세계적으로 142개의 소액금융 기관의 도움을 받고 있다. 키바는 이런 기관을 필드 파트너라고 부른다.[*]

2005년 이후, 220개국에서 약 120만 명이 자금을 빌려주고 77만 5,000명이 그 자금으로 도움을 받았다. 키바 프로젝트는 볼리비아(Bolivia)의 농부가 트래커를 구매하는 것을 도와주는 것과 같은 지역적인 문제들을 다룬다. 상환비율은 놀랍게도 99%에 달한다. 키바가 론칭한 이후 3억 2,300만 달러 이상을 빌려주었고 1인 평균 대출 금액은 270달러이다.

프라스퍼와 조파(Prosper and Zopa): P2P 대출

키바의 박애주의적 접근과는 달리, 2005년 프라스퍼(www.prosper.com)는 미국에서 P2P 대출 시장을 열었다. 프라스퍼는 높은 금액을 제공하는 대출금융을 제공하였다. 프라스퍼는 US에 거주하는 사람들을 중심으로 인터넷을 통해 돈을 빌려주고 빌려간다. 2,000 달러에서 2만5,000 달러 사이의 대출이 일어나고 이자는 6.6%에서 35.8%이다.[†] 2012년까지 프라스퍼닷컴은 130만 명에게 3억 5,300만 달러 이상이 대출하였다. 프라스퍼는 신용기록이 좋은 사람에게 신용대출을 해준다. 완벽한 신용도를 가지고 있지 못할 경우, 빌려주는 사람의 판단에 맡긴다. 프라스퍼는 일반은행이 통상적으로 요구하는 담보없이도 개인에게 돈을 빌려준다.

조파(Zopa, www.zopa.com)는 2005년 영국에서 출범하였다. 조파는 "zone of Possible agreement"의 첫 글자를 딴 것으로, 둘 간의 협의에 의해 범위를 결정한다는 의미를 가진다. 조파는 빌려주는 사람과 빌리는 사람 사이에서 "중간" 역할을 개척했다 할 수 있다. 이탈리아와 일본에서도 이 서비스를 론칭하였다.[‡]

킥스타터(Kickstarter): 혁신 후원자

맨하탄에 본사를 둔 킥스타터(www.kickstarter.com)는 2008년에 "창의적인 프로젝트에 세계에서 가장 큰 자금지원"을 하기 위해 설립되었다. 은행이나 벤처캐피탈과 같은 기존의 자금지원 기관들에서 지원받지 못했던 음악, 만화, 비디오 게임, 인디 영화와 같은 다양한 영역의 프로젝트들이 킥스타터 팬들에게 와서 펀드를 받는 것이다.

[*] http://en.wikipedia.org/wiki/Kiva_%28organization%29

[†] http://www.prosper.com/about/

[‡] http://techincollaborativeconsumption.wordpress.com/2010/10/14/zopa/

그림 7 *(계속)*

눈에 띄는 성공 스토리는 패블 전자-종이 시계(Pebble E-paper watch)이다. 캐나다 공학자 에릭 미기코브스키(Eric Migicovsky)는 전자-종이 시계(e-paper watch)에 대한 흥미를 끌어올리는 동시에 자금을 지원받고 싶었다. 전자-종이 시계는 블루투스로 연결된 스마트폰의 메시지를 보여주고 연결시켜주는 기기이다. 그의 발명품을 선전하기 위해 미키코브시키는 캐나다에 회사를 설립하였고 기술기업인큐베이터와 연결되어 실리콘밸리로 오게 되었다. 수년간의 노력끝에 미기코브스키는 37만 5,000 달러를 자금으로 얻게 되었다. 미기코브스키는 하드웨어디자인에 대한 자금 지원은 유행하고 있는 소프트웨어 기반 아이디어와 경쟁하면서 항상 손해를 봤다고 말한다.*

패블에 대한 킥스타터 펀딩 캠페인은 2012년 4월 11일에 올려졌고 10만달러의 목표를 가지고 있었다. 특히 패블 시계를 선주문 하면 가격할인을 해주는 제안을 투자자들에게 하였다. 2시간만에 캠페인은 관심을 끌었고 10만 달러를 달성하게 되었다. 2012년 5월 18일에 모금은 완료되었는데 6만 8,928명의 사람들이 1026만 2,844달러를 무금하는 전례없는 기록을 남겼다.

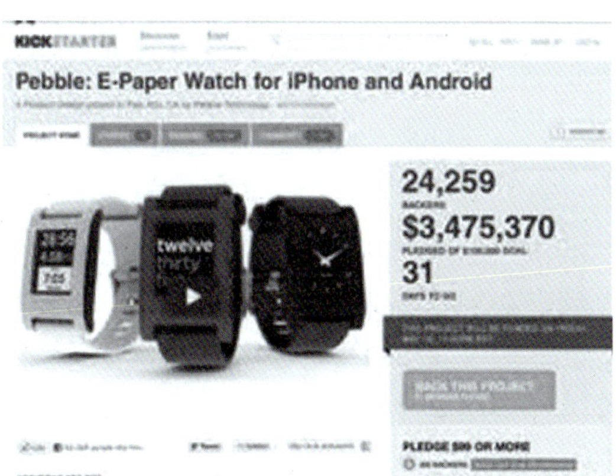

킥스타터를 통한 모든 계약은 5%의 수수료를 낸다. 프로젝트는 반드시 자금목표를 달성해야 하고, 만약 달성하지 못하면 자금은 투자자에게 다시 돌려준다. 모든 킥스타터 계약은 아마존 지불시스템(Amazon Payment)을 통해 처리되는데 이에 대한 수수료는 3%~5%이다.

인디에고고(Indiegogo): '모든 것이 다 되는' CFP

2008년에 설립된 인디에고고(www. Indiegogo.com)은 스스로 "세계적 펀딩 플랫폼"이라고 말한다. 음악, 자선, 소자본 사업, 영화 분야에서 10만개가 넘는 캠페인이 올라왔다. 공동 설립자인 슬라바 로빈(Slava Rubin)은 이 사이트에 대해 "누구나 어떤 아이디어에 대해서든 돈을 모을 수 있다"고 말한다.†

인디에고고 플랫폼은 펀딩 요청자가 페이팔(Paypal)에 계정을 만들고 기부의 수준에 따른 "특전(perks)"을 정하여 소셜 미디어 기반 광고를 하도록 지원한다. 수수료는 고정 수수료와 변동 수수료의 두 가지 주요 형태를 가진다. 변동 수수료 구조는 프로젝트의 최소 목표액에 도달했을 때 4%의 수수료가 책정되고 최소 목표액을 달성하지 못하면 9%의 수수료를 내고 남은 자금을 가져간다. 고정 수수료는 목표액에 도달하면 모금액의 4%의 수수료를 내지만 모금액에 도달하지 못하면 투자자에게 모두 돌려준다. 두 수수료 체계 모두 프로젝트에 대한 모금이 시작되면 처리 비용(약 3%)이 부과된다.‡

* http://articles.businessinsider.com/2012-05-07/tech/31606163_1_pebble-apps-eric-migicovsky

† http://en.wikipedia.org/wiki/Indiegogo

‡ http://www.indiegogo.com/learn/pricing

그림 7 *(계속)*

시드업스(Seedups): 대중을 위한 투자기관

시드업스(www.seedups.com)은 지분 크라우드 펀딩 플랫폼으로 북 아일랜드에 본사를 두고 있다. 2010년, 시드업스 플랫폼은 최고의 기술 벤처기관과 기술에 정통한 투자자들을 연결해 주고자 하였다.* 설립자 마이클 포크너(Michael Faulkner)는 크라우드펀딩 시장에서 지분 분야는 1년에 최대 20억 달러이 될 것이라고 예상했다.†

시드업스 지분 캠페인은 평균적으로 8만 4,597달러였다. 타 캠페인과 비교하자면, 대출기반 캠페인은 5,587달러, 보상기반 캠페인은 4,076달러, 기부기반 캠페인은 664달러였다.‡

마이마이크로인베스트(MyMicroInvest): 공동 투자 기회

벨기에의 와브르(Wavre)에 본사를 둔 마이마이크로인베스트(MyMicroInvest)는 웹 기반 투자 플랫폼을 제안하였다. 유망한 벤처들에 대해 개인과 전문 투자자가 협업하고 투자할 수 있다. 이 플랫폼은 신생기업 또는 성장하고 있는 소기업들에 대해 개인이 100유로 이상 쉽게 투자할 수 있게 해 준다.

---

* http://www.crowdsourcing.org/navigatesearch?q=The%20Crowdfunding%20Revolution

† http://www.seedups.com/blog/

‡ http://www.forbes.com/sites/suwcharmananderson/2012/05/11/crowdfunding-raised-1-5bn-in-2011-set-to-double-in-2012/

CASE STUDY 19

생명을 위한 노바티스 문자메시지

아프리카에서 생명을 구하는 말라리아 약의 품절을 방지하기 위한 민관협력사업

30초마다 어린이 한 명이 사망한다. 전세계 어린이의 40%는 말라리아가 풍토병인 곳에서 살고 있다. 매년 약 3~5억여명이 말라리아 감염으로 인해 약 1억 여명의 사상자를 낸다. 이중 대다수는 5세 미만의 아프리카 어린아이이다. 항말라리아약에 대한 저항력 증가, 만연한 빈곤, 부실한 보건 체세, 그리고 몇몇 지역의 사회불안으로 인해 아프리카의 말라리아 사망율은 증가할 것으로 보인다. 이 상황에서 비극은 바로 대부분의 사망을 예방할 수 있다는 것이다. 치료제가 존재함에도 불구하고 말라리아가 아직도 위협적인 이유는 공급망 문제 때문이다. 공급이 수요만큼 제공되지 않으며 치료제의 재고부족이 생명을 앗아간다.

노바티스의 전 최고 정보 책임자(CIO) 이자 현 '생명을 위한 문자메시지' 프로젝트를 총괄하고 있는 짐 배링턴(Jim Barrington)은 노바티스 말라리아 계획(Norvatis Malaria Initiatives)의 부사장 실비오 가브리엘(Silvio Gabriel)에게서 '최종거리(the last mile)' 문제에 대해 처음 들은 후 이 문제를 해결하기 위해 2006년부터 노력했다. 짐은 2008년 말에 자신의 시간과 노력 모두를 공급망 문제 해결에 쏟아붓기로 마음을 먹었다. 노바티스에서 최고 정보 책임자자리를 떠나도 된다고 허락을 맡은 후 그는 새로운 모험을 시작했다. 2009년 1월 19일, 그는 텅 빈 사무실에서 자신의 컴퓨터, 핸드폰, 책상, 의자만 곁에 있는 채 혼자 앉아 있었다. US 항공 조종사가 비행기 엔진에 새가 충돌한 사고 속에서 무사히 허느슨강에 비행기를 착륙시킨지 몇 일 만이었다. 짐은 당시 다음과 같이 생각했다고 했다:

> 저는 매우 의욕적이었습니다. 그리고 매우 흥분되었습니다. 이 문제는 제가 해결할 수 있는 문제라고 느껴졌습니다. 허드슨강에 비행기를 훌륭하게 착륙시킨 조종사에 대해 생각했습니다. 그리고 그가 이후에 자신의 삶, 자신이 한 모든 것, 훈련 기간이 모두 그 순간을 대비하기 위한 것이었다고 느껴졌다고 한 말을 기억합니다. 그 말에 공감을 합니다. IT에서 쌓은 제 모든 역량, 훈련, 경험을 이 프로젝트에서 십분 활용할 수 있을것이라 느껴졌습니다. 그 동안 배운 모든 것을 이 문제에 활용할 수 있다면 마법같을 것입니다.

Research Associate Anna Moncef prepared this case under the supervision of Professor Donald A. Marchand as a basis for class discussion rather than to illustrate either effective or ineffective handling of a business situation.

말라리아 질병

말라리아는 모기가 말라리아원충을 매개로 하여 사람에게 감염되는 전염병이다. *열대열원충*이 가장 대중적인 매개체이며 말라리아 감염률의 80%, 사망의 90%를 차지한다.

말라리아는 20억 여명이 거주하는100여개가 넘는 나라에서 직면하고 있는 공중보건문제이다. 열대, 아열대 지방에서 일어나는 말라리아는 주로 아메리카 대륙, 아시아, 아프리카 등지에서 감염된다. 매년 3억에서 5억명이 감염되는데 그 중 85%의 감염은 아프리카에서 발생하며 그 중 50% 이상은 나이지리아, 콩고, 에티오피아, 탄자니아, 케냐에서 발생한다.[1] 아프리카 지역의 말라리아 사상자는 전체 말라리아 사상자의 90%를 차지하며 그 중 85%는 5세 미만의 어린이다. 공중 보건 서비스 접근이 쉽지 않은 외진 지방에서 특히 사상자가 많다.

원인과 증상

말라리아는 감염된 *학질* 모기 암컷이 사람을 물면 말라리아 원충이 혈액 내로 유입되어 감염된다.[2] 말라리아 원충은 간으로 이동하여 6일에서 9일 간 성장한다. 그 후 원충은 간을 떠나 적혈구를 침략하여 세포가 터질 때까지 급속도로 성장하고, 세포가 터지면 원충이 나와 또다른 적혈구들을 침략하는 악순환이 반복된다.

증상이 나타날때까지 7일에서 21일이 걸린다. 발열 증상 (적혈구가 공격당하는 시기) 후에는 오한기(적혈구가 터지는 시기)가 오며, 발한, 두통, 관절 통증, 구토, 빈혈증, 경련 등의 증상이 함께 동반된다. 24시간 이내에 치료되지 않을 경우 *말라리아 원충*이 급속도로 진행될 수 있으며 몇 일 혹은 몇 시간만에 사망할 수 있다. 말라리아가 풍토병인 곳에서는 전체적인 사망률이 10%까지 높은 곳도 있다. 어린 아이와 임산부가 특히 취약하다.

말라리아는 어린이와 임산부의 빈혈증, 저출산, 조기출산, 영유아 사망율의 주 원인이다. 말라리아를 심하게 겪은 영유아와 어린이는 정신 장애와 뇌 손상까지 입을 수 있다.

경제적 부담

말라리아는 빈곤층에게 주로 타격을 입히는 질병이기도 하지만 가난의 원인이기도 하며 경제성장의 커다란 걸림돌이다. 매년 말라리아가 발생하는 나라와 발생하지 않는 나라간의 빈부격차가 심해진다.[3]

아프리카에서 말라리아로 인한 비용은 매년 약 120억 달러에 이를 것으로 추정된다. 이 비용에는 의료 서비스와 치료제, 공중 모기 관리 시스템, 교육과 연구, 질병으로 인해 못하게 되는 근무일과 수업일, 말라리아에 의한 뇌 손상으로 생산성 감소, 투자와 관광산업 손실 비용 등이 포함되어있다.[4] 말라리아 문제가 극심한 나라의 경우 공중 의료 서비스 비용의 최대 40%, 병원 입원의 30%~50%, 외래환자 진료의 최대 50%를 차지한다.[5]

말라리아와의 싸움

말라리아가 예방가능하며 완치가능함에도 불구하고 아프리카 국가들에게는 이를 통제하고 퇴치하는 것은 매우 어려운 과제이다. 지난 몇 년간 약간의 진척이 있었다. 2000년도와 비교할 때 아프리카의 9개국과 다른 29개국에서 말라리아 발병률이 절반 이하로 떨어졌다. 그러나 발병률이 가장 높은 국가들은 발병률이 미약하게 감소했다.[6]

말라리아 예방

말라리아는 예방약, 실내 살충제를 이용한 모기 박멸, 살충제를 입힌 모기장을 활용한 모기물림 예방을 통해 예방할 수 있다. 첫번째 방식은 말라리아 발병국을 방문하는 단기간 방문자들과 여행객에게 추천된다. 또한 전염력이 높은 지역의 임산부에게도 추천되는데 임신 기간 동안 최소 2번 치료제가 투여된다. 거주자들이 사용하기에는 실용적이지 못하며 몹시 비싸다.

말라리아 백신은 현재 개발 중이나, 효과적인 백신은 아직 시중에 나오지 않았다.

증상과 치료

환자의 혈액을 현미경으로 관찰하여 말라리아를 진단할 수 있다. 그러나 아프리카에서 이러한 혈액관찰은 어려우며 특히 실험실이 없는 외진지역에서 진단하기는 더 어렵다. 신속진단법은 또 다른 대안이다. 사용하기 쉬우며 혈액 한 방울로 몇 분만에 진단 결과가 나온다. 세계보건기구에서는 말라리아 치료를 시작하기 전에 신속진단법으로 진단할 것을 권고하나 신속진단법을 구할 여력이 없는 국가에서는 진단없이 증상만으로 판단하고 치료를 시작한다.

현재 시중에 나온 가장 좋은 말라리아 치료제이자 세계보건기구에서 권고하는 유일한 치료제는 아르테미시닌 기반 복합처방(ACT)이다. 이는 중국 전통요법에서 쓰이는 약초에서 추출한 아르테미시닌과 루메판트린과 같은 다른 약물을 결합해 만든 약이다. 증상 발현 24시간 이내에 쓰일 경우 매우 효과적이다. 세계보건기구에서는 말라리아 원충이 아르테미시닌에 내성을 키우기 시작했다는 징후가 있기 때문에 아르테미시닌 단일요법을 추천하지 않는다. 아르테미시닌에 내성이 생길 경우 아르테미시닌 기반의 다른 치료제들 역시 같은 위험에 노출되어 향후 말라리아 통제를 어렵게 하기 때문이다.

치료제 공급자

스위스 바젤에 위치한 제약회사 노바티스는 ACT의 전세계적인 공급자다. 2001년에는 코아템(Coartem)이라는 치료제를 이익을 취하지 않고 개발, 배포하는 프로그램을 시작했다. 2010년이 되자 3억 2,000만여 개의 치료제를 생산, 배포하였다. 신뢰할 수 있는 공급망을 구축하기 위해 미국과 중국에서 생산시설을 신설하였고 매년 1억 여개의 치료제를 공급할 수 있게 되었다. 2001년부터 생산효율성이 증대되어 치료제의 가격을 반값으로 낮출 수 있게 되어 환자들이 더욱 치료제를 이용하기 쉬워졌다.

노바티스는 연령별로 복용량이 다르기 때문에 이를 구별하기 위해 코아템의 포장지 색깔을 다르게 디자인했다. 2008년에는 어린이들을 위한 달콤한 체리맛이 나는 수용성 코아템 분산제를 개발하여 어린이들이 더 쉽게 복용할 수 있게 하였다. 이 코아템 분산제는 노바티스 및 값싼 항말라리아제를 개발하는 비영리재단인 '말라리아를 위한 의약품 벤처'(Medicines for Malaria Venture)과의 민관협력사업의 결과물이다.

말라리아 퇴치를 위한 기관과 자금

말라리아 퇴치에 핵심적인 기관은 ***말라리아 퇴치(Roll Back Malaria; RBM)*** 파트너십[8]이다. 이 기관은 전세계적인 말라리아 퇴치 협력을 위해 세계보건기구(WHO), 유엔개발협회, 유니세프 세계은행에서 설립하였다. 설립된 이후로부터 500여 개의 파트너와 함께 대응하고 있으며, 이들은 말라리아 발병국, 나자협력 개발 파트너, 민간부문, 기관, 당연직위원, 비정부 기구와 지역사회단체, 연구 학술 기관, OECD 원조국과 같은 여덟개 부문으로 나뉜다. 이곳은 말라리아 퇴치에 대해 핵심 관계자들의 합의를 이끌어내 상호협력하도록 중재하고 발병국에서 말라리아 퇴치를 적극적으로 할 수 있도록 지원한다.

RBM파트너십은 세계보건기구의 정책결정기구인 세계보건총회와 함께 말라리아 발병수와 사상자 수를 2010년까지 2000년도 수치의 50%, 2015년까지 75% 줄이기로 목표를 정했다. 이는 RBM파트너십에서 2008년 9월에 출시한 ***국제말라리아행동계획(Global Malaria Action Plan)***을 통해 더욱 강조되었고 이러한 목표치를 달성하기 위해 밟아야 하는 단계를 정의하였다. 또한 ***아부자 선언(Abuja Declaration)***[9]에서는 아프리카 국가들의 말라리아 부담을 줄이는데 2010년까지 반으로 줄이는데 헌신할 것을 선언했고, ***유엔 밀레니엄 개발 목표(United Nations Millennium Goals)***[10]의 6항에서는 HIV/AIDS, 말라리아 등의 질병 퇴치에 초점을 맞췄다.

말라리아 퇴치에 중요한 역할을 하는 또 다른 기관은 ***글로벌펀드(Gloal Fund)***[11]다. 글로벌 펀드는 2002년도에 HIV/AIDS, 결핵, 말라리아 예방과 치료에 필요한 자금을 유치하고 분배하기 위한 민관협력사업이다. 정부, 시민사회, 민간부문, 지역사회 간의 파트너십은 국제 건강 자금 조달의 새로운 방식을 제시했다. 글로벌 펀드는 양자, 다자협력 기관들과 긴밀히 협력해 이 세가지의 질병을 퇴치하는데 헌신했다. 전세계 말라리아 퇴치 자금의 75%를 유치해 5년간 18억 달러를 나눠주었다. 매년 투자가 유치되며 도움을 요청하는 프로그램들을 평가하여 후원금을 지원한다. 2010년에는 열번째 투자 모집을 하였는데 50개 원조국과 빌 앤 멜린다 재단 등의 민간재단들이 참여하여 기부하였다.

세계적으로 지원금이 증가하였음에도 불구하고(2003년도의 3억 달러에서 2009년도에는 17억 달러로 증가함) 많이 부족하다.[12] 2015년도까지 말라리아를 전세계적으로 퇴치하기 위해서는 매년 32억 달러가 필요할 것이라 예상된다.

노바티스에서의 문제 탐구

2006년 6월, 실비오 가브리엘은 바젤에서 열린 노바티스 IT 컨퍼런스에서 노바티스 IT 직원들이 환자들과 친밀감을 가질 수 있는 시간을 마련하였다. 그는 말라리아 문제와 치료 3일만에 질병 완치율이 95% 가까이 되는 코아템의 존재에 대해 얘기했다. 높은 완치률에도 불구하고 아프리카는 높은 사망률을 가지고 있고, 약을 구하기 힘든 문제에 대해 언급했다. 국가 내의 공급망은 제대로 작동하지 않고 있으며, 의약창고나 사설병원에서는 유료이지만 지방 보건소에서는 무료인 약들이 품절되는 일이 빈번하게 발생했다. 아프리카 국가들은 치료제 사용량을 제대로 예측하기 힘들었기 때문에 노바티스는 긴급 치료제 주문을 많이 받아야 했다. 이러한 급격한 수요를 충족시키기 위해서는 노바티스가 생산속도를 높이고 치료제를 모두 비행기로 제시간내에 운반해야만 했다. 노바티스의 유통기한이 기본 24개월인데 배송된 이후에 최소 18개월 이상이 남아있어야 했기 때문에 코아템의 재고율을 마냥 높일 수는 없었다.

최고 정보 책임자 자격으로 컨퍼런스에 참석한 짐 배링턴는 IT가 이러한 공급망 문제를 해결할 수 있을 것이라 생각했다. 그는 이 문제가 팀에게 적합한 도전일 것이라 생각하여 글로벌 IT 운영팀의 책임자 레네 지글러(René Ziegler)를 잠비아에 파견하였다. 잠비아는 노바티스가 코아템을 2001년부터 공공으로 제공하기 시작한 곳으로, 이 곳의 상황을 파악할 필요가 있었다.

레네는 잠비아의 보건복지부 장관을 만나 의약창고, 병원, 진료소 등을 방문했다. 그는 그곳의 의료 시스템을 살펴보았다. 그 중 특히 약품 유통, 소비 조사와 수요 예측, 이용 가능한 기술과 통신 기술을 눈 여겨 보았다. 레네는 재고품절 사태가 매우 심각한 것을 깨달았고 일관성있는 예측과 소비 조사가 진행되고 있지 않다는 것도 발견했다. 약품은 지면으로 산발적으로 주문되었다.

레네는 두 가지 핵심 요인에 대한 보고서를 작성했다. 첫째는, 정보 통신 인프라가 (특히 지방에서) 제대로 구축되어 있지 않다는 것이다. 컴퓨터를 쉽게 사용할 수 없었으며, 절전이 빈번하게 일어났고, 핸드폰 통신망이 충분치 못한 시점이었으나 빠르게 성장하고 있었다. 둘째는, 약품 배급이 각국 보건복지부의 관할이었기 때문에 노바티스가 국내 코아템 배급을 관리하기가 어렵다는 것이었다. 이러한 문제들에 대해 실질적인 해결책이 없다고 결론 내렸다.

솔루션 정의

2008년 3월, 짐은 ITX(IT Excellence)라는 임원진 개발 프로그램에서 이 문제에 관해 더 조사할 또 다른 기회를 발견했다. 실비오는 또 다시 참가자들을 동기부여시킬 수 있는 연설을 했다. 그 중 몇은 이야기에 감동하여 자발적으로 프로젝트팀 ITX를 구성했다. 선임 프로젝트 매니저 캐시 하인(Cathy Hein)이 주도로 하는 이 팀은 문제를 해결하고자 했다. 그녀는 이렇게 회상했다:

> 생명을 구하는데 도움이 될 수 있다는 개인적인 믿음은 여러 장애물들을 넘어설 수 있게 하는 힘이 되는 것 그 이상이었다. 우리가 말라리아와의 싸움에 힘이 되어 주고 있다는 생각 자체가 보상감을 느끼게 했다.

그들은 자국으로 돌아가 원격으로 프로젝트를 계속 진행하였다. 그들은 해야 할 다른 일들이 있었고 프로젝트를 위해 할애할 수 있는 자원과 시간이 한정적이었기 때문이다. 이러한 시점에, 레네와 짐은 실비오에게 핸드폰 SMS 기술[13]을 활용하는 것이 인프라가 열악한 아프리카에서 유일하게 가능한 IT 방안이라는 발표를 했다.

레네와 짐은 가치창조센터(Value Creation Centre)로부터 도움을 얻는 것을 논의했다. 가치창조센터는 노바티스의 주요 아웃소싱 파트너인 IBM과 노바티스가 제약회사의 IT 혁신을 이끌어내기 위해 합작하여 설립한 센터이다. 그들은 가치 창조 센터의 최고 혁신 책임자 샬롯 뉴턴(Charlotte Newton)과 IBM R&D 고객 매니저 조르그 스프렝겔(Jörg Sprengel)에게 노바티스에 관해 연락하였다. 샬롯은 프로젝트에 확신이 있었다:

> 기업 책임 프로젝트(Corporate Responsibility Projects) 는 사람들로 하여금 자기 자신의 내면을 들여볼 수 있도록 동기부여하며 진실된 마음으로 그 프로젝트에 기여하게끔 한다. 아기들을 살릴 수 있는 이 프로젝트가 그런 경우였다.

IBM팀은 ***Extreme Blue***이라는 방식을 제안하였다. 이는 10년간 문제를 탐구하고 해결책을 도출하는데 성공적이었다. 이 프로그램은 "기업 방식"의 생각에 오염되지 않은 신선한 생각을 할 수 있는 학생들의 도움을 얻어 진행되었다.

짐과 실비오는 이 프로젝트의 후원자가 되어 학생들의 비용을 부담하기로 합의하였다. IBM은 프로젝트를 주도하였다. 더 이상 지체할 시간이 없었다. 벌써 2008년 5월이 되었고 하계 인턴십 프로그램으로 8명의 학생을 고용해야 했다. 샬롯과 조르그는 즉시 사람들을 모집하기 시작했다. 다양한 배경과 국적을 가지도록 66명 후보 중에서 8명을 선별하였다. 결국 4명의 학부생과 4명의 졸업생으로 남성과 여성 비율은 1:1로 하였다. 그 중 3명은 말라리아에 걸린 경험이 있었다.

2008년 7월 1일 그들은 후원자와 ITX팀과 함께 12주 프로젝트를 시작했다. 그들은 먼저 '최종거리(the last mile)' 문제(그림 1참고)에 집중해 현존하는 공급망, 그리고 나이지리아와 탄자니아의 코아템 공급망 문제를 해결할 수 있을 만한 방안을 탐색했다. 보통 치료제가 비행기 국내에 도착하면 트럭이 치료제들을 중앙의약창고(central medical store)(그림 1의 MSD)으로 운반한다. 중앙의약창고에서 각 지역별 의약창고로 이동된 후에는 각 구역 창고, 그리고 최종적으로 보건소로 이동된다. 보건소가 많은 숫자의 마을들을 담당한다. 거리는 매우 멀었고 도로 상황도 열악한데다가 기후도 안 좋아 상황을 더 복잡하게 만들었다. 또한 공급망의 각 단계에서 정보가 제대로 교류되지 않았다.

샬롯과 조르그의 주도 하에, 학생들은 142개의 아이디어를 냈고 80개로 추린 후 42개를 재정리하여 10개의 해결책을 제시했다. 이 해결책들은 최종적으로 다음의 5개로 통합되었다: 문자기반 재고 관리, 말라리아 학교 계획, 유통 관리 서비스, 1년 프로그램, 커뮤니티 헬스케어 접근.

2008년 9월 학생들은 이 5개의 제안을 자세히 설명하는 그림들이 담긴 아름다운 포스터들을 가치평가와 함께 짐과 실비오에게 발표했다. 그는 문자기반 재고관리 아이디어를 최선의 해결책으로 선택했다. 이 아이디어의 핵심은 코아템을 제공하는 보건소와 약품을 배급하는 지역별 의약창고 간의 문자 기반 국내 예측 시스템을 만드는 것이었다. 차트기반 보고서 형식의 정보관리 시스템은 모든 시설의 재고량 정보를 제공하여 재고 예측과 계획뿐 아니라 재고 이동과 공급을 개선할 수 있게 하였다.

적합한 파트너 탐색

9월 말에 학생들은 대학으로 되돌아갔고 짐은 계속해서 이 프로젝트를 어떻게 진행할지 생각하였다. 2008년 12월이 되자 그는 회사의 최고 정보 책임자 자리를 내려놓기로 결정하고 노바티스의 최고 재무 책임자이자 그의 상사인 레이몬드 브루(Raymond Breu)에게서 은퇴 전 12개월간 특별 프로젝트에 온전히 집중할 수 있도록 후원해 줄 것을 약속받았다. 짐은 회상했다:

그림 1 최종거리(the last mile) 문제

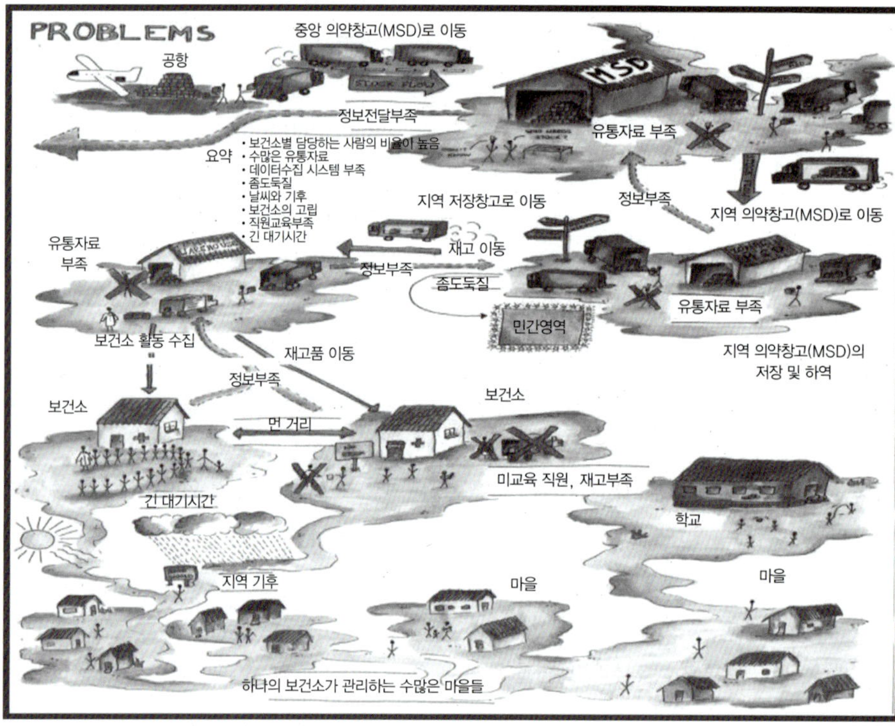

Source: SMS for Life project team.

이 프로젝트가 있기 전에 나는 이미 개인적인 이유로 최고 정보 책임자 자리에서 물러나기를 결심했었다. 레이몬드 브루는 그가 나에게 준 특 별 프로젝트를 내가 수행한다는 전제 하에 동의해 주었다. 하지만 이 프로젝트는 원래 내 머리 속에 계속 있었던 것이었고 미친 듯이 하고 싶었던 분야였다. 나는 그에게 이 일을 제대로 진행하고 싶다고 했고 정말로 되게 끔 할 수 있는지 보고 싶다고 했다. 그는 내가 할 수 있을 것이라 생각하진 않았다. 그는 매우 비관적이었다. 프로젝트는 자금이 필요했고 매우 정치적이었다. 그는 내가 관료주의에 휘말리게 될 것이라 생각했다. 하지만 그는 이렇게 말했다: 좋다. 해보고 한번 보자. 그리고 나는 했다. 그는 1월에 승인을 내렸고 나는 모든 일이 제대로 진행되기 전까지는 의도적으로 그에게 가까이 가지 않았다.

RBM(말라리아 퇴치) 파트너십에 참여

2009년 1월, 노바티스 바젤지부의 텅 빈 새로운 사무실. 짐은 RBM 파트너십의 최고 책임자 아와 마리 콜섹(Awa Marie Coll-Seck)에게 발표할 "생명을 위한 문자메시지" 프로젝트 제안서를 준비하는 일에 착수했다. 그의 생각은 RBM 파트너십의 주도 하에 프로젝트를 설립하여 노바티스의 영향권에서 벗어나 다른 파트너들과 제휴하기 위한 공신력과 합법성을 확보하는 것이었다. 2009년 2월 10일, 그녀와 그녀의 팀에게 제안서를 발표하자 그들은 프로젝트에 대해 매우 흥분했다. 그들은 주요 문제들을 해결하고자 한 것, 문제와 잠재적인 해결책이 제대로 정의된것에 대해 굉장히 만족했다.

기업 파트너 탐색

RBM 파트너십이 결정을 내리기를 기다리며 짐은 프로젝트 관리에 기반한 자신의 아이디어에 대해서 잠재적 기업 파트너들을 설득하기 시작했다. 각 파트너들은 약 20만 달러에 해당하는 전문 인력과 자금을 후원하는 것이다. 이를 통해 5~6명의 전문인력과 총 100~120만 달러에 해당하는 자금을 유치할 수 있을것이라 기대했다.

2009년 2월 말이 되자 짐은 노바티스에게서 자금과 자원, 프로젝트 매니저를 유치하고 IBM에게서는 로터스라이브 프로젝트 매니저 소프트웨어, 자금, 사라 리(Sara Lee)에게서는 고문 인력을 유치했다. P&G도 관심을 보였다. 사라 리와 P&G는 자사의 아프리카에서의 키위 구두 약(Kiwi Shoe Posich)과 비누 등과 같은 저가의 필수품들의 물류체계 경험이 있었기에 깊은 관심을 보였다. 짐은 통신회사와 시스템을 구축할 수 있는 IT회사, 시각화 또는 매핑 기술과 같은 기술이 필요했다. 그래서 세 개의 회사와 이야기하기 시작했다: 아프리카 17개국과 중동 6개국에서 영업하는 쿠웨이트 기반의 모바일 통신회사 자인(Zain), 31개국에서 영업하는 세계에서 가장 큰 다국적 모바일 통신네트워크 회사 보다폰(Vodafonc)[14], 지도 서비스가 흥미로운 구글. 그들의 대답과 잠재적인 협력방안은 꽤 달랐다. 하지만 한 가지 공통점이 있었다. 그것은 자기들이 모든 것을 파트너 없이 자력으로 하길 원했다는 점이다. 짐은 이렇게 회상했나:

> 지금까지 가장 열정적이었던 구글은 프로젝트에 여섯 명을 투입했다. 나는 그들이 가장 성공적일거라고 확신했다. 첫 만남 이후 나는 주 2회씩 이야기를 나눴지만 4월까지 별다른 기록물은 없다. 보다폰 팀과는 런던에서 처음 지적재산권 책임자, 과학 책임자, 기업 연구 책임자와 만남을 가졌다. 그 이후 그들은 나와 연락을 지속했고 내부적으로 프로젝트에 관해 논의할 때 잠깐씩 사라지곤 했다. 자인은 계속 조용했다.

그는 계속해서 프로젝트를 파일럿 해 볼 수 있는 잠재 국가를 탐색하기 시작했다. 탄자니아와 잠비아 두 개가 후보에 올랐다. 그는 각 국가의 보건복지부와 얘기하기 시작했다.

운영 위원회 설립

콜섹 교수는 4월에 프로젝트를 지지하기로 합의하였고 운영 위원회의 의장을 맡기로 했다. 위원회의 다른 회원들은 다양한 배경을 가지고 있었다:

- 탄자니아 국가 말라리아 통제 프로그램(NMCP) 매니저 알렉스 뮈타(Alex Mwita) 박사
- PSI 15부회장이자 세계말라리아통제 책임자 데스몬드 샤바세(Desmond Chavasse) 박사
- 스위스 열대 기관 마셀 태너(Marcel Tanner) 교수
- 노바티스 지속가능한 개발 기관 CEO 칼라우스 레이징거(Klaus Leisinger) 교수
- 노바티스 말라리아 계획의 EVP 실비오 가브리엘
- 생명을 위한 문자 프로그램 책임자가 된 짐 배링턴

2009년 4월 20일에 개최된 운영 위원회의 첫 모임에서 짐은 그의 잠재 파트너들에게 목표를 발표했다. 이 시기쯤에 그는 보다폰에게서 협력 동의서를 받았다. 보다폰은 소프트웨어 개발에 필요한 자금을 모두 후원하기로 했고 개발은 외부 소프트웨어 개발회사 매츠소프트(MatsSoft Ltd)[16]에게 맡기기로 했다. 또한, 수화기 보급비용과 문자 비용 등 프로젝트 파일럿관 연관된 모든 비용을 부담하기로 했다.

다른 파트너들은 아직 준비가 되지 않았었다. 구글은 제 시간 내에 내부 동의를 받을 수 없었다. 자인은 답이 없었다. 사라 리는 자금문제가 닥쳐와 필수업무들을 제외한 업무에 자금을 삭감했다. P&G와의 많은 논의를 했지만 결국 프로젝트에 참여하지 않겠다는 대답이 돌아왔다.

여러 파트너 회사에게서 후원금을 받겠다는 개념은 소수의 기업에게서 후원금을 받는 계획으로 변경되어 각자의 분야별로 지원하기로 하였다. 그들은 중앙에서 통제하는 프로젝트 예산을 없애고 각자가 알아서 여행비, 인력비를 부담하기로 동의했다.

준비 시작

파트너들이 확정된 후 시스템 방안을 기획하고 파일럿을 준비하는 업무가 시작됐다. 짐은 4월에 Extreme Blue에 참여했던 학생인 올림피아 웨레코브로비(Olympia Wereko-Brobby)을 고용하여 프로젝트 기획 업무를 돕게 했다. 팀의 다른 팀원들은 노바티스에서 온 파트타임 인력(미국 IT, 세일즈&마케팅 부책임

그림 2 탄자니아 지도 및 세 개의 파이럿 지역

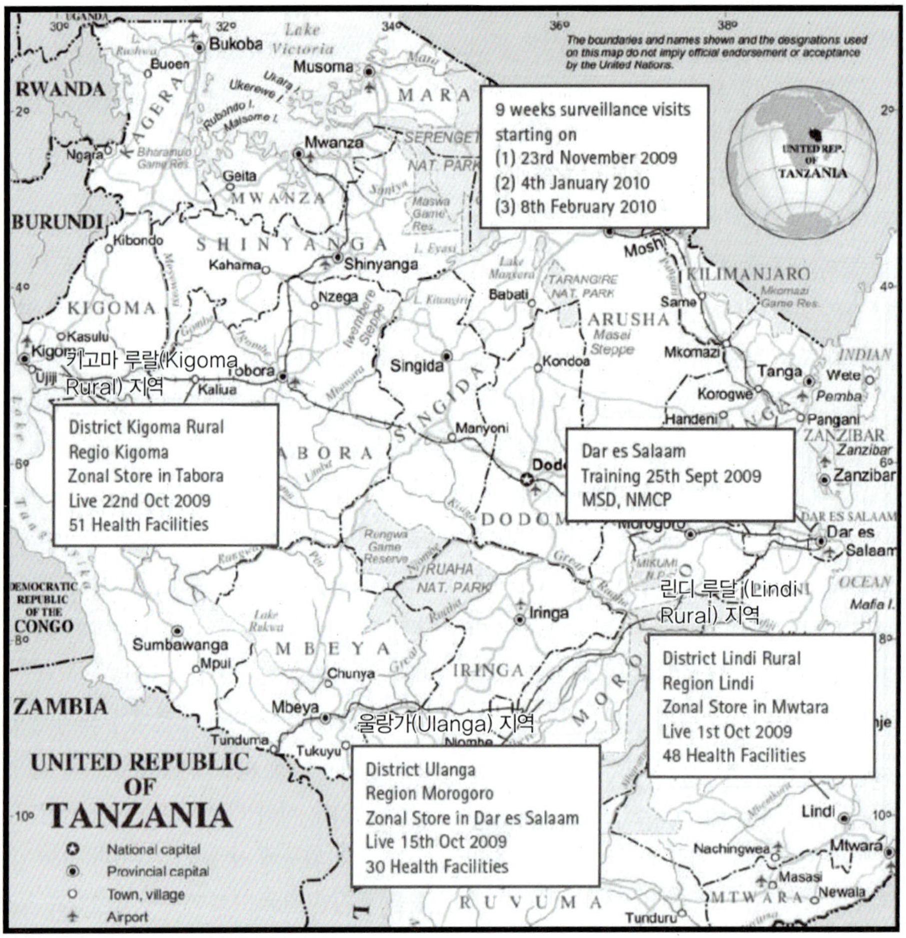

Source: SMS for Life Tanzania Pilot Project Report, p. 8.

자 타라 쿡(Tara Cook), 미국 헬스케어 준법감시부 최고 책임자 마티 푸테니스(Marty Putenis), 독일 IT 프로젝트부서 책임자 피터 부쉬(Peter Buesch))과 보다폰의 프로젝트 매니저 케빈 페리데이(Kevin Ferriday), IBM 프로젝트 매니저 피터 와드(Peter Ward)이었다.

잠재 파일럿 국가 탐색

위와 같이 구성된 팀은 프로젝트의 범위, 요구 기술, 목표 결과치를 재정리하고 프로젝트 세부사항들을 계획하기 시작했다. 5월, NMCP 대표자들을 만나기 위해 탄자니아로 3주간 떠났다. 대표자들 중에는 매니저 알렉스 뮈타 박사와 선임 헬스케어 사무국원 윈프레드 뫄퐁고(Winfred Mwafongo)가 포함되어 있었다. NMCP는 탄자니아에서의 "생명을 위한 문자메시지"의 운영자와 사용자가 될 기관이었다. 구성 팀은 NMCP가 지정한 세 구역인 린디 루랄(Lindi Rural), 키고마 루랄(Kigoma Rural), 울랑가(Ulanga)의 병원, 보호소, 제조실, 창고들을 방문하였다 (*세 구역의 위치에 대해서는* 그림 2 참고). 세 구역은 226개 마을과 129개 보건 시설의 120만 명이 넘는 인구를 담당하였다. 이 세 구역은 국가의 다른 지역을 대표하고 각각 다른 지역의 의약창고에서 배급받았기 때문에 지정되었다. 또한, 말라리아가 사망의 주 원인인 지역이었다. 그리고 결과치 측정에 영향을 줄 수도 있는 다른 파일럿 테스트가 진행되고 있지 않았다. 린디 루랄은 탄자니아의 평균 지역을 대표했고 울랑가는 외곽에 위치한 특성과 인력 및 기술 부족에 의해 가장 일하기 힘든 상위 10개 지역 중 하나였고, 키고마 루랄은 너무나도 방대해서 중점 도시 키고마에서 구역 의약창고까지 꼬박 하루를 운전해야 갈 수 있는 곳이었다. 또한, 가장 멀리 떨어진 보건소는 배로 12시간이나 가야 하는 거리였다.

팀은 이해 관계자들에게 파일럿에 대해 설명했다. 초안을 보여주며 참여 동의를 구했다. 또한 탄자니아에서 일하고 있는 몇 개의 비정부기구[17]들과 만나 그 곳의 헬스케어시스템에 대해 학습했다. 팀원들은 모든 이해관계자들의 피드백을 반영해 프로젝트를 수정하였고 수정된 해결방안이 성공할 것이라고 어느 정도 확신할 수 있었다. 팀이 영국에 돌아온 후, 매츠소프트는 시스템 개발에 착수했다.

6월 초, 짐은 잠비아로 가서 파일럿을 도입하는 것에 대해 논의했다. 보다폰 대신 구글 대표자들이 파일럿 진행 가능성을 탐색하는 여행에 함께 참여했다. 또

그림 3 교육 포스터

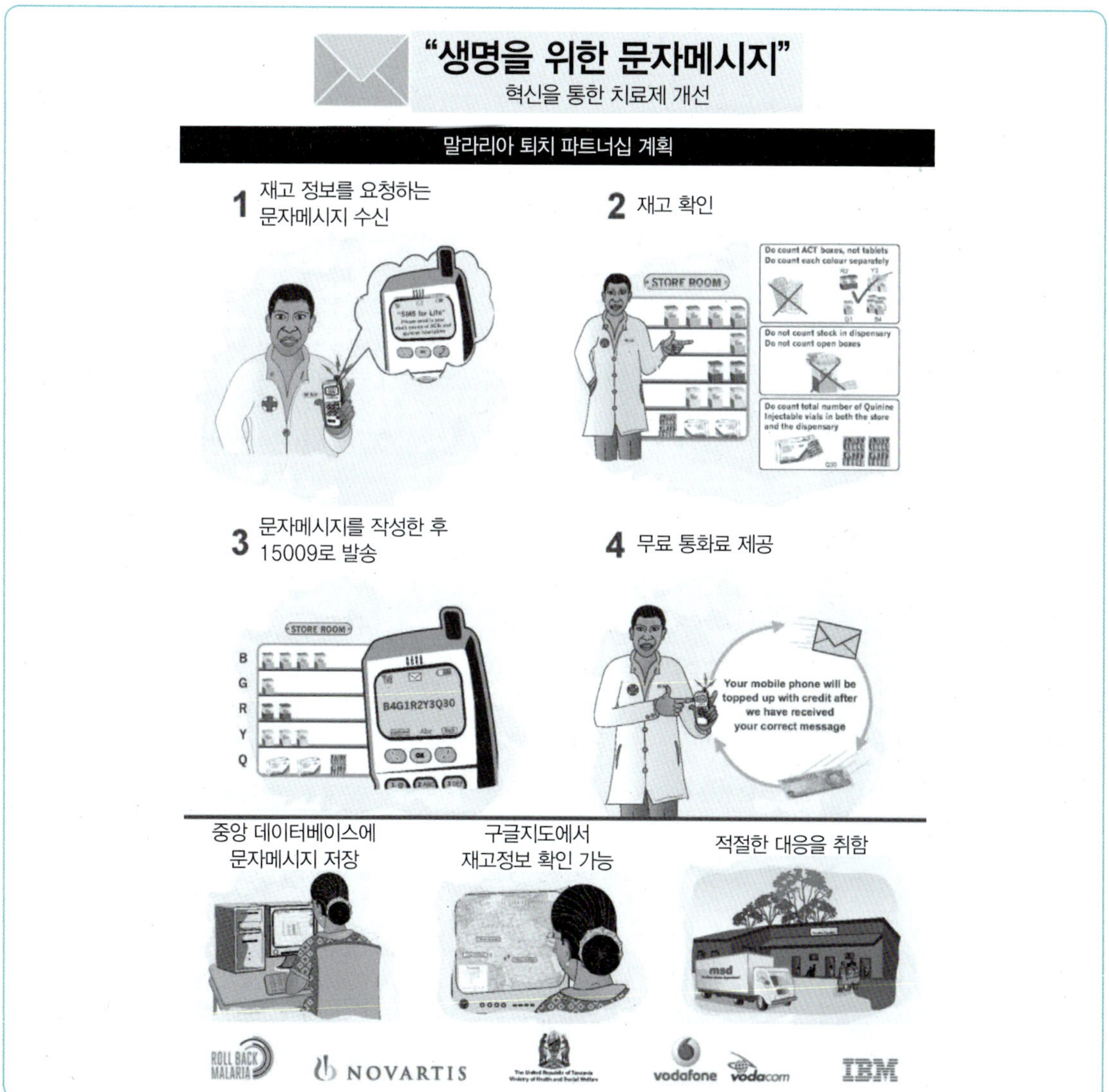

Source: SMS for Life project team.

한 자인 대표자와도 만났는데 자인은 프로젝트에 다시 관심을 갖게 되었다[18]. 여행에 다녀온 후 구글은 포기했다. Google.org 내부의 변화로 인해 전략이 수정되었고 진행되는 모든 프로젝트에 대한 재평가가 이루어졌는데 "생명을 위한 문자메시지" 프로젝트는 새로운 기준 요건을 충족하지 못했다. 잠비아 NMCP 책임자와의 추가 논의에서 잠비아에서는 다른 파일럿을 운영하지 않기로 합의하였다. 잠비아와 탄자니아의 헬스케어 시스템이 매우 비슷하기 때문에 탄자니아의 결과치를 이용하기로 한 것이다.

출범 카운트다운

2009년 여름 동안 팀은 탄자니아에서 파일럿을 출범하는 데에 모든 노력을 기울였다. 그들은 157명의 헬스케어 직원들의 영어 및 스와힐리어 교육 지원 준비, 벽보를 포함한 교육자료 제작(그림 3), RBM 파트너십 및 기타 파트너들의 로고가 삽입된 티셔츠 디자인 및 주문을 진행했다. 그들은 또한 RBM 파트너십 웹사이트에서 호스팅되는 프로젝트 웹사이트를 준비했다. 문자메시지/핸드폰 시스템, 인터넷 기반 보고서 시스템, 구글 지도는 준비 및 테스트가 완료되었다.

8월 5일, 두번째 운영 위원회 모임이 열렸다. 비록 탄자니아 보건복지부와의MOU에 싸인을 되어있지 않았지만 탄자니아에서 시작되는 파일럿을 성원했다.

해결책 파일럿

2009년 9월 말, 첫번째 교육 세션이 열렸다. 교육은 세 가지 다른 사용자 집단의 특성에 맞게 진행되었다: (1) NMCP와 MSD 직원들이 속한 중앙 관리층, (2) 지역 관리 사무국원, 지역 약사, 구역 MSD 대표들이 속한 지역 관리층, (3) 치료제 관리, 재고량 관리, 핸드폰 시스템 등록, 문자메시지 전송 등을 교육 받는 보건 시설 직원 (세부 교육 내용은 그림 4). 훈련을 거의 받지 못했던 보건 시설 직원들은 의약창고의 선진 사례에 대한

그림 4 사용자 집단 교육

사용자 집단	중앙 관리층	지역 관리층	보건시설 직원
지역	NMCP	지역	지역
참가자	NMCP MSD 추가적인 스태프	DMO (지역 관리 직원) MFP DP 구역 의약창고 대표	129개 보건시설의 보건 시설 직원 1명씩
언어	영어	영어	스와힐리어
기간	반나절	반나절	반나절
목표	프로젝트의 목표를 이해하고 지원하기 보고 시스템을 이용하는 법을 이해하기 제공된 정보를 기반으로 대응하는법을 이해하기	보고 시스템을 이용하는 법을 이해하기 제공된 정보를 기반으로 대응하는법을 이해하기 보건시설 직원을 교육하고 도우는법을 이해하기	보건시설 전화번호 등록하기 재고수준 세는법 이해하기 문자메시지 작성법 이해하기 세는법, 문자메시지 작성법과 발송하는 법 진행하기 재고관리 사례 이해하기

Source: SMS for Life Tanzania Pilot Project Report, p. 13.

그림 5 문자메시지를 통한 재고 파악

Y4: 노란 코아템, 아기용 5-15kg: 4 박스
B3: 파랑 코아템, 어린이용 15-25kg: 3 박스
R2: 붉은 코아템, 어린이용 25-35kg: 0 박스
G1: 초록 코아템, 35kg 이상 어린이용과 어른용: 2 박스
Q99: 퀴닌 주사량: 99

교육에 매우 만족해 했다.

10월 1일, 린디 루랄에서 첫 번째로 파일럿이 출범되었다. 울랑가에서는 10월 15일, 키고마 루랄에서는 10월 22일에 출범되었다. 파일럿은 2번의 사분기 주문과 배송 사이클을 감당하기 위해 21주간 운영되었다.

운영방식

해결책은 문자메시지 관리 어플리케이션과 인터넷 기반 보고서 도구 두 가지 요소로 이루어졌다. 모든 정보는 보다폰 매츠소프트 정보 센터의 중앙 시스템으로 수집되었다.

문자메시지 어플리케이션은 보건 시설의 위치와 보건 시설 직원들의 개인 핸드폰 번호를 저장하였다. 개인 핸드폰 번호는 정보를 보낼 수 있도록 인증된 직원들만 등록할 수 있다. 매주 목요일 오후 두 시에 시스템은 등록된 핸드폰 번호로 일주일 물품 주문 메시지를 전송했다. 보건 시설 직원들은 퀴닌 주사 재고량과 네 가지 종류의 코아템 재고량을 세서 그림 5과 같이 문자메시지로 답장해야 했다. 응답률을 최대한 높이기 위해서 문자메시지 비용을 전담하는 무료 핸드폰 번호가 개설되었다.

매주 금요일 오후 두 시에는 문자메시지 시스템이 응답하지 않은 모든 보건 시설 직원들에게 자동 알림 메시지를 전송했다. 오후 다섯시에는 재고량을 보고한 직원들에게 1,500 탄자니안 실링(지역의 평균 충전 금액)을 자동으로 충전해주었다. 늦은 답변들에게는 실링은 주지 않았다. 이는 보건 시설 직원들이 문자 메시지를 제 시간 내에 보낼 수 있도록 하는 동기부여 요소이자 일상 업무 외에 파일럿을 위한 추가업무에 대한 보상이었다. 건강 시설 직원들이 개인 핸드폰을 이용하기 때문에 충전금액은 개인적으로 이용할 수 있었다.

매주 월요일 오후 12시에는 시스템에서 문자메시지를 보내지 않은 시설에 대한 정보와 재고품절을 겪는 보건시설에 대한 정보를 DMO에게 전달했다. 인터넷기반 보고서 도구를 통해 안전한 보고서 웹사이트에 접근할 수 있었고 (그림 6) 이는 인터넷 혹은 블랙베리 모바일기기를 통해 접근할 수 있었다. 사용자들(특히 NMCP 지역, 중앙 관리층 직원)로 하여금 현재와 과거 재고량을 보건소 단위, 지역단위로 살필 수 있도록 했다. 구글 지도에 보건소를 표시하고 문자메시지 및 오류에 관한 통계를 보여주고 인터넷 기반 보고서 이용 통계(예를 들면 인터넷 도구가 몇번이나 접근되었는지)를 표시했다. 짐은 다음과 같이 얘기했다:

> 우리가 가지고 있는 기준들 중의 하나는 최소한의 필수 조건을 만족시키고 복잡함을 없앤 해결책을 기획하고 개발하는 것이었습니다. 아프리카는 외진 위치, 다양한 교육 수준, 문맹률 등으로 인해 일하기가 힘들기 때문에 이러한 것이 필요하다고 느꼈습니다. 우리는 매우 간단한 방안을 생각해 내야 했습니다. 그래서 간단한 문자메시지로 5개의 정보를 매주 수집하는 시스템을 기획하게 되었습니다.

그림 6 시스템에서 제공되는 웹기반 보고서 예시

Source: SMS for Life project team.

파일럿 지원과 모니터링

각각의 DMO는 재고 수준을 수정하는 결정을 내리는 사람을 지정했다. 이 사람은 블랙베리 기기를 제공 받아 시스템에 접근할 수 있었고 새로운 사용자 등록, 교육, 후속 지원과 함께 치료제를 주문하고 재고품절 대응 및 재분배하는 것을 담당했다. 지역 책임자에게는 파일럿을 진행할 동안 추가 업무에 대한 댓가로 추가적인 연봉이 지원되었다.

프로젝트 팀은 파일럿을 두가지 방식으로 모니터링했다. 인터넷 어플리케이션을 통해 온라인 정보를 매일 요약하여 볼 수 있었다. 또한, 팀은 파일럿 기간 동안 129개의 보건 시설 중 116개의 시설에 감시 방문을 진행했다. 그곳에서 그들은 실제로 센 재고량과 가장 최근의 "생명을 위한 문자메시지" 어플리케이션의 정보를 비교했다. 그들은 또한 보건 시설의 GPS 위치를 확인하는 한편 보건 시설 직원들의 질문에 대답하고 피드백을 모았다. 결론적으로, 팀은 파일럿 진행을 돕기 위해 총 370 인월(man month)이 필요했다. 이러한 후속 방문은 보건 시설 직원들의 프로젝트에 대한 인식과 중요성을 고취시키는데 매우 중요했다. 올림피아는 다음과 같이 회상했다:

> 교육에서 가장 중요했던 부분은 파일럿 기간동안 각각의 보건시설을 직접 방문하는 것이었습니다. 이 과정은 외진 지역으로의 매우 길고 힘든 여정을 동반했지만 중앙 교육에서 만났던 사람들과 다시 만나 그들의 일상적 업무 환경을 경험하고 그들의 프로젝트에 대한 피드백을 개인적인 공간에서 받는 것은 놀라운 경험이었습니다. 이러한 방문과 직원들의 피드백이 전국적으로 영향을 끼치게 된다는 사실이 보건시설 직원들에게는 큰 동기부여가 되었습니다. 저는 이것이 그들의 문자메시지 전송률과 정확률에 영향을 끼쳤다고 확신합니다. 이 프로젝트는 기술과 관련된 것뿐만 아니라 여기서 만난 사람들에게서 배운 것들이 매우 의미있었습니다.

2009년 12월 17일, 세번째 운영 위원회 회의가 열렸고 파일럿의 진행 상황과 초기 결과물에 대한 토의가 진행되었다. 또한, 보건복지부에게 파일럿 운영권을 2010년에 넘기는 것과 다른 아프리카 국가들의 도입 가능성에 대해 논의했다. 운영위원회에서는 이러한 것들을 위해서 세계기금, 세계보건기구, UNITAID와의 회의가 필요하다는 결론을 내렸다.

파일럿 결과

파일럿은 세가지 목표가 있었다:

1 재고 수준을 확인할 수 있으면 재고품절을 방지하기 위한 조치가 일어나게 되어 치료제에 대한 접근성이 개선된다는 것을 보여주기 위함

2 외곽지역의 사람들이 쓸 수 있는 간단한 도구로도 정보수집 인프라가 구축될 수 있다는 것을 보여주기 위함

3 민관사업 파트너십 모델의 효과성을 보여주기 위함

2010년 2월 말이 되자 파일럿이 끝났고 세가지 목표가 모두 달성되었다. "생명을 위한 문자메시지"는 신뢰할 수 있는 재고 수준 정보를 매주 제공했고 지역 관리층에서 이 정보를 기반으로 조치를 취하여 재고품절 발생율을 줄일 수 있었다. 파일럿 초기에는 세 개 구역 모두 5개 치료제 중 재고 품절률이 높은 것들이 한 개 이상 있었다. 하지만 파일럿이 진행되는 동안 모든 치료제의 재고품절율이 낮아졌다. 린디 루랄은 57%에서 0%, 울랑가는 87%에서 30%, 키고마에서는 93%에서 47%으로 낮아졌다(그림 7). 파일럿 초기에는 보건 시설의 26%에서 코아템의 재고가 아예 없었으나 파일럿이 끝날 때 쯤에는 이 수치가 0.8%로 줄어들었다.

21주간 진행된 세개 지역의 평균 응답율은 95%였으며 93% 이하로는 떨어지지 않았다. 정보 정확도는 94%였다. 사용자 그룹당 시스템 이용 횟수는 매일 1회 이상이었다.

팀은 최종 보고서[19]에서 탄자니아의 모든 지역과 다른 아프리카 국가, 아프리카 외 국가에서 이 솔루션을 도입할 것을 추천하였다. 이를 통해 중요한 약품 재고 수준을 가시화하기 할 수 있다. 또한, 이 솔루션은 질병 감시하는데 사용 가능하고 민관사업 모델이 사회 문제를 해결할 수 있도록 도울 수 있다.

파일럿 결과와 권고사항은 공식적으로 발표되었고 최종보고서는 2010년 4월 25일, 세계 말라리아의 날20

그림 7 파일럿 결과

	총합		린디루랄		울랑가		키고마 루랄	
	첫주	마지막주	첫주	마지막주	첫주	마지막주	첫주	마지막주
ACT (아르테미시닌 기반 복합처방)								
재고수준	2696	4411	541	1692	1422	1927	733	792
품절 %	77 %	24 %	55 %	0 %	87 %	22 %	93 %	47 %
퀴닌								
재고수준	12536	16981	6158	9694	4536	2273	1842	5014
품절 %	18 %	4 %	7 %	0 %	3 %	7 %	36 %	4 %

Source: SMS for Life Tanzania Pilot Project Report, p.28.

에 보건복지부 장관 데이비드 므와큐사 교수에게 전달되었다. 그는 이렇게 이야기했다:

> 이 시스템을 예전에 이용할 수만 있었다면 제 삶이 훨씬 더 편해졌을 것입니다. 이 말을 전하고 싶습니다: 감사합니다.

NMCP 매니저 알렉스 뮈타 박사는 다음과 같이 언급했다:

> "생명을 위한 문자메시지" 프로젝트는 현존하는 통신기술을 이용해 재품품절 문제를 해결할 수 있다는 가능성을 보여줬습니다. 핸드폰을 이용해 말라리아 치료제의 재고 수준에 대해 알리는 것은 공급망이 그 치료제에 대한 재고를 제시간 내에 주문하여 재고품절을 방지하도록 합니다. 결과적으로 말라리아 치료, 환자 만족도를 개선시켰고 파일럿 프로젝트가 진행되는 지역의 수백명의 목숨을 살렸을 것이라 생각합니다.

되돌아보며

팀은 다음과 같은 말을 최종보고서에 남겼다:

> 생명을 위한 문자메시지는 독특한 민관사업 파트너십 모델을 창조했다. 이를 통해 문제를 정확히 파악하고 기술적인 해결책을 기획하고 개발하여 일년 안에 탄자니아의 외곽 지역 세 곳에 도입할 수 있었다. 결론적으로, 공식적인 예산, 파트너간의 공식 계약서, 이해관계서가 하나도 없었다. 매우 작게 출발했지만 문제를 해결하기 위해 필요한 모든 전문지식, 전문기술, 영향력을 결합했다. 각각의 파트너는 적합한 자원을 후원했고 담당 부분의 프로젝트 비용을 부담해 프로젝트 단위의 예산을 유치하고 관리하는 부담을 덜 수 있었다. 또한, 이 모델을 통해 프로젝트 예산 분배와 복잡한 승인 프로세스를 배제함으로서 결과물을 더 쉽고 빠르게 효율적으로 얻을 수 있게 하였다.

짐은 파트너간의 협력에 대한 규칙에 대해 질문을 받자 이렇게 대답했다:

> 그들간의 협력은 완벽했습니다. 우리는 계약서가 필요 없는 팀을 구축하고, 예산도 필요 없었고, 공식적인 이해 계약서나 동의서를 필요로 하지도 않았습니다. 그 회사들의 선의는 정말 대단했습니다. 또, 프로젝트 비용의 주요 부분을 차지한 비행기 여행 비용을 할인해준 브리티쉬 항공과 같은 외부 파트너들도 협력에 참여했습니다.

그는 계속해서 프로젝트에 참여하게 된 그들의 동기부여에 대해 얘기했다:

> 가장 중요한 점은 우리가 달성하고 하는 것과의 감정적 관계를 구축하는 것이었습니다. 매츠소프트, 보다폰, IBM의 사람들은 말라리아에 대해 알았고 그들이 생명을 구하는 일에 직접적으로 연관되었다는 것을 인지했습니다. 이것이 바로 우리를 이끄는 힘이었습니다.

파일럿 이후의 전략

파일럿은 성공적이었으나 짐은 거기게 그치지 않았다.

세 가지의 문제가 해결되어야 했다:

- 어떻게 세가지 구역에서 파일럿이 계속해서 진행될 수 있도록 하고 '과도기(transitional period)' 에 필요한 자금을 유치할 수 있을까?
- 탄자니아 모든 지역에 확대하는데 필요한 지원과 자금을 어떻게 찾을 수 있을까?
- 어떻게 아프리카 전지역으로 확대시킬 수 있을까?

짐은 다음 단계에 대한 질문에 대해 이렇게 대답했다:

결국, 마지막 장애물은 자금 유치입니다. 우리는 세계기금, 세계보건기구, 유니세프, 빌앤멜린다 게이츠 재단 등의 후원자를 통해 엄청난 힘과 영향력을 얻을 수 있을 것이라 생각합니다. 후원자들은 치료제를 구매하는데 수백만 달러를 후원하고 있는데, 재고품절율이 76%에 달한다는 얘기를 들으면 낙심하지 않고 이에 대한 후원을 계속 할 것이라 생각합니다. 그러므로 저는 후원자들에게 재고품절 문제를 적은 자금으로 해결할 수 있는 가능성에 대해 인지할 수 있도록 얘기하려 합니다. 그러면 그들이 치료제 사금 투자 중 일부를 치료제 공급망 관리 문제에 투자할 수도 있을 것입니다.

NTT 도코모(일본)

모바일 폰 사업자에서 라이프스타일 제공자로의 변신

2007년 3월 7일, NTT 도코모의 사장인 유이치 카토(Yuichi Kato)와 경영진은 파리에 있는 NTT 도코모 유럽본부에서 일본전신전화(NTT)와 모바일 통신사업인 NTT 도코모(NTT DoCoMo)의 역사를 되돌아보았다. NTT 도코모는 일본 소비시장을 중심으로 혁신적이고 부가가치가 있는 모바일 폰 서비스를 제공하고 있었다. 가토 사장은 최근에 다소 놀랄 만한 발표를 했다.

> NTT 도코모의 목표는 라이프스타일 서비스 제공자로서 고객에게 봉사하는 것이다.

기업 배경

1985년에 일본의 통신 독점기업이었던 NTT는 일본 정부가 46%의 주식을 보유하게 되면서 민영화되었다. 1992년 일본 내 통신시장의 규제 철폐 이후, NTT는 모바일 전화부를 분사해 지배주주가 되었고, NTT 도코모의 초대 CEO로 코지 오보시(Kouji Ohbosh)가 임명되었다. 도코모(DoCoMo)라는 이름은 모바일 네트워크를 뛰어넘어 의사소통을 한다(Do Communications over the Mobile Network)는 뜻으로 각 영문자를 조합한 것이며, 일본어로 이 표현은 어디에서나(anywhere)와 동음이의어다.

5,200만 이상의 고객을 보유하고 있는 NTT 도코모는 일본통신산업에서 선도기업이며, 세계에서 두 번째로 큰 기업이다. 1999년 2월 무선 인터넷 서비스인 'i-모드(i-mode)'를 출시하면서 모바일 텔레콤과 무선 인프라 운영업체(모바일 음성)에서 IT-인프라(모바일 데이터) 업체로 진화하게 되었다. 2004년 7월에 소개된 '오사이푸-케이타이(Osaifu-Keitai)' 서비스는 단말기를 모바일 디지털 지갑으로 변화시킨 서비스로, 이러한 서비스는 이 기업이 점차 라이프스타일 제공자로 변신하는 것을 가능하게 했다(그림 1).

1G에서 2G 모바일 커뮤니케이션 기술로의 이동

수십 년 동안, 모바일 커뮤니케이션 기술은 놀랄 만한 발전을 해왔으며, 통신기술은 1세대 1G인 아날로그 음

This case study was prepared by Andre Achtstatter, MBA participant at the ENPC MBA Paris, and W. Henning Blarr, Research Assistant under the supervision of Tawfik Jelassi, Dean and Professor of e-Business and IT at the School of International Management of Ecole Nationale des Ponts et Chaussees (ENPC, Paris). It is intended to be used as the basis for class discussion rather than to illustrate effective or ineffective handling of a management situation.

This case study is made possible thanks to the cooperation of Mr Yuichi Kato, President & Chief Executive Officer of NTT DoCoMo Europe.

Source: Wikipedia.com.

그림 1 NTT 도코모 가입자와 모바일 폰 서비스의 진화

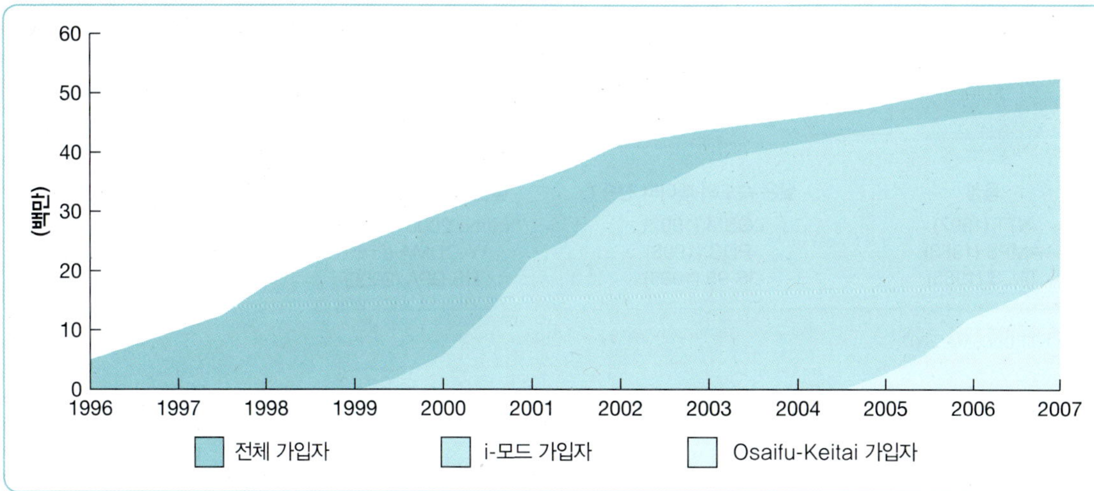

Source: NTT DoCoMo, 2007.

성 서비스에서 2세대 2G인 디지털 음성과 데이터 커뮤니케이션으로 빠르게 이동하고 있다. 아날로그 휴대폰 분야는 1979년에 NTT 도쿄에서 초기 모바일 폰 네트워크 노입으로 시작되었다. 당시에 모바일 폰은 높은 서비스 이용 수수료로 인해 부유한 사업자들만이 사용할 수 있었다. 당시 서비스는 차량 내에 사용하도록 맞춤화되었었고, 대여 기반으로만 이용할 수 있었다. 사용자들은 20만 엔의 적립금을 내고, 7만 2,000엔의 가입료, 2만 6,000엔 상당의 월 수수료, 그리고 사용 시 3분마다 280엔의 사용 부과료를 내야 했다. 이러한 과금 체계는 성공적이지 못했다.

2세대 모바일 통신 기술은 미국의 D-AMPS , 유럽의 GSM, 일본의 PDC를 포함한다. NTT 도코모는 모바일 폰 시장의 과잉규제, 낮은 통신 품질, 비싼 가입료, 그리고 무거운 단말기 등으로 대변되는 사업환경에서 서비스되었다. 1993년에 '모바(mova)'라는 이름으로 PDC 서비스를 실시했다. 이 서비스는 음성서비스, 통화대기(call waiting), 음성 메일, 3 방향 전화, 통화 전달(call forwarding), 데이터 서비스(9.6 Kbit/s 까지), 패킷 스위치 모바일 데이터(packet switc-hed wireless data)(28.8 Kbit/s 까지) 등이 포함되어 있다(그림 2).

NTT 도코모는 분당 95엔의 음성통화료를 부과했고, 기본 사용료는 매달 8,000엔으로 했다. PDC 서비스를 소개하면서, 가장 먼저 높은 전송 품질을 고객들에게 제공할 수 있었다. 이 서비스는 주변 잡음이나 통화 중단이 덜해 보다 나은 커뮤니케이션 서비스를 제공하는 것이 가능했다. 몇 달만에 PDC는 일본의 표준이 되었고 경쟁자들 역시 또한 PDC를 수용했지만, 수요는 규제기관에 의해 인위적으로 제한되었다.

무선 인터넷 서비스 창출

붕괴에 가까운 네트워크 하부구조

1979년 세계에서 첫 번째로 상업 휴대폰 서비스를 출시한 이후 15년 동안 단지 210만 명 정도의 가입자가 이 서비스를 이용했다. 1990년 중반에 2G 모바일 서비스, 시장 규제 철폐, 낮은 가입수수료와 단말기 비용 등과 같은 여러 요인들이 급격하게 변화하면서 상당수 고객들을 흡수할 수 있었다. 규제 철폐 이후 초기 3년 동안 모바일 폰 가입자의 수는 매년 두 배씩 증가했다. 1997년 NTT 도코모의 경쟁자인 KDD는 DDI와의 제휴를 발표하고 KDDI 그룹을 형성했다. 2년 후에 디지털 폰 그룹(DPG)과 디지털 투카 그룹 간의 합병으로 J-폰(J-Phone)회사가 출현하게 되었다.

일본 내 휴대폰 시장의 급속한 성장으로, 1997년

그림 2 모바일 폰 서비스의 세대별 특징

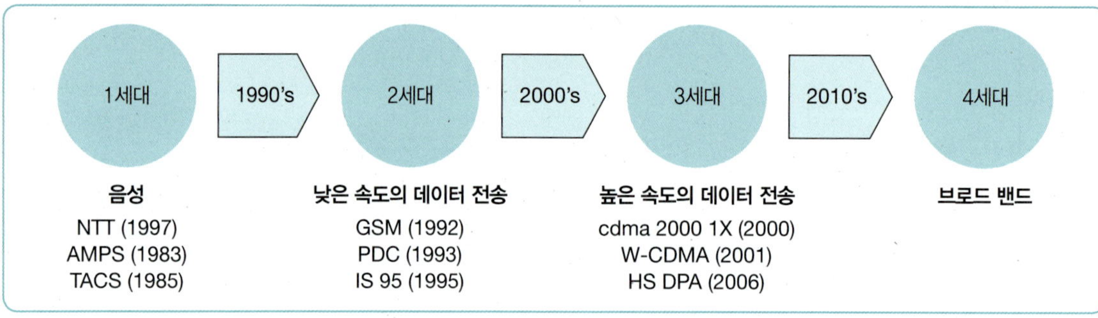

Source: NTT DoCoMo, 2007.

NTT 도코모의 네트워크는 붕괴에 가까웠으며, 통화 끊김과 낮은 송신 품질로 어려움을 겪게 되었다. 당시 NTT 도코모의 판단은 사용자들이 기존 네트워크로 음성 서비스를 제공하기보다는 데이터를 이용하도록 유인하는 것이었다. 만약, 그럴 수 있다면 완전히 새로운 네트워크 인프라를 구축하는 데 소요되는 투자결정을 미룰 수 있었기 때문이다. 이는 단말기의 기능이 휴대폰 제조기업에 대한 영향력 때문에 기업이 통제할 수 있는 하나의 요소가 되었던 것이다. 조사에 의하면 일본의 모바일 폰 사용자들은 평균적으로 8개월마다 한 번씩 단말기를 자주 교체하는 것으로 알려졌다. 그러나 일본의 다이얼 업 인터넷 접속비용은 대부분의 사용자들에게 매우 비쌌으며, PC 통과율은 매우 낮았다.

i-모드의 개발과 출시

1997년까지 대부분의 무선 데이터 서비스가 성공하지 못했지만, 그럼에도 불구하고, NTT 도코모는 잠재적인 미래시장을 믿었다. 1998년 10월에 아시아의 금융위기가 찾아온 이후, 도쿄 주식시장에서 기업공개(Initial Public Offering, IPO)를 했고, 니케 225 지수에 등록되었다. 1998년 12월에는 NTT 퍼스널 그룹으로부터 개인용 휴대전화시스템(PHS) 사업을 인수했다.

1997년 1월에 코지 오보시는 케이이치 에노키에게 대중 시장을 목표로한 단일 단말기를 이용한 새로운 모바일 데이터 커뮤니케이션 서비스를 설계, 개발, 출시하도록 요청했다. 새로운 서비스의 이름은 'i-모드'로, 'i'는 상호작용하는(interactive), 인터넷(Internet), 정보(information)를 상징한다.

초기에 i-모드 팀은 경쟁자인 J-폰(J-Phone)(J-Sky Web services)에서 제공하는 서비스와 유사한 SMS와 정보 서비스 출시를 고려했다. 이는 PC 인터넷 환경에서 개발된 새로운 사업모델을 고려하고 사이트의 수와 인터넷 사용자의 수 간의 상관관계를 반영한 것이다. 이러한 시도는 넷(net) 상에 콘텐츠가 늘어날수록 사용자의 수도 늘어날 것이기 때문이다. 그러나 일부 팀원들은 단순히 모바일 네트워크 상에 정보를 집어넣는 것은 기존 PC 기반 인터넷과 차별화되지 못한다고 보았다. 이들은 사용자들에게 새로운 서비스가 유용하려면, 일정 부분 가이드와 선택적 정보가 필요할 것이라고 생각했다. 그래서 나온 아이디어가 고객들이 단말기의 'i' 버튼을 클릭하면 즉각 사용자 친화적인 메뉴를 제공하자는 것이었다. 단순정보 카테고리와 항해하기 쉽게 구현된 메인 메뉴를 통해 상당수의 유용한 사이트에 접속할 수 있게 하는 것이다.

이러한 설계 아이디어를 토대로 i-모드 팀은 혁신적인 비즈니스 모델을 개발했다. NTT 도코모는 무선기술, 콘텐츠 품질 그리고 사용자 경험이 동시에 발전되는 것이 가능하도록 장비 제조업체, 콘텐츠 제공업체, 기타 업체와 긴밀하게 협업했다. 이러한 동기화(synchronization)를 통해 고객, 파트너, 주주들이 고려하는 목표를 융합시키고, 모든 이해관계자가 자신들의 가치를 극대화할 수 있었다. 또한 i-모드를 통해 접

그림 3 i-모드 서비스와 가입자 수의 진화

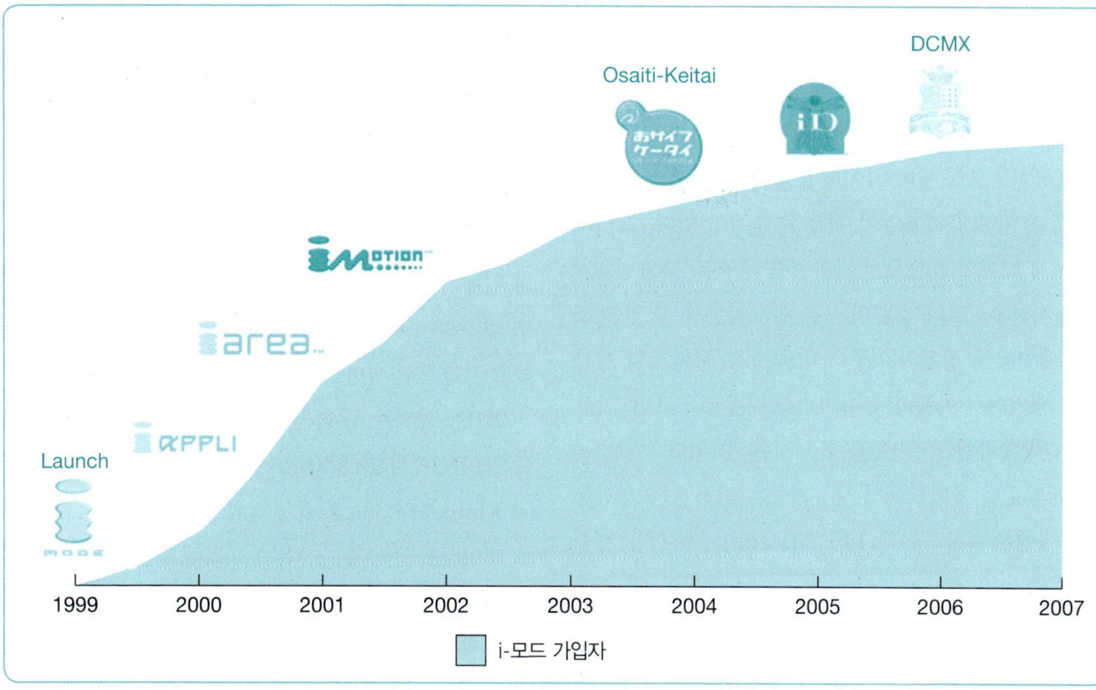

Source: NTT DoCoMo, 2007.

속할 수 있는 제품과 서비스의 품질을 향상시키는 것이 가능해졌다.

> 대화를 위한 휴대폰에서 사용을 위한 휴대폰으로의 전환은 휴대폰 시장이 어디로 가고 있는지를 알게 해준다. 비음성 서비스는 미래에 음성 커뮤니케이션 서비스를 능가할 것으로 확신한다.

1999년 2월 22일에 i-모드 서비스가 출시되었으며, 2000년 말까지 1,720만 사용자를 이끌어냈고, 2001년 말까지 3,020만, 2007년 3월까지 4,760만 가입자를 유인했다(그림 3).

i-모드 기술

i-모드 웹사이트는 HTML 표준의 하위개념인 'i-모드 호환 HTML'로 만들어졌다. 기존의 HTML 웹사이트에서 i-모드 포맷으로 전환하는 것은 단순한 변화만 가하면 가능하기 때문에 새로운 콘텐츠를 빠르고 쉽게 만들 수 있었다. 그 결과, i-모드 사이트의 수는 증가했고, 현재도 여전히 늘어나고 있는 추세다.

사용자에게 항상 켜져 있는(always-on) 네트워크 접속을 제공하기 위해 i-모드 팀은 로그온(log on)과 로그오프(log off) 기능을 제거할 수 있는 패킷 스위치 기반(packet-switched) 통신기술을 설계했다. 이는 i-모드 사이트 접속을 위해 요구되는 노력이 없음을 의미한다. 이것은 고객들이 주고받는 데이터의 양에 대해서만 지불할 수 있도록 함으로써 고객들의 비용을 낮추는 계기가 되었다. 개발 단계의 전 과정 동안, NTT 도코모는 세계를 주도하는 연구조직, 모바일 통신사업자, 장비 제조업자들과 교환할 수 있는 개방형 기술(open technology) 정책을 추구했다.

초기 i-모드 단말기는 보다 큰 LCD화면과 뚜렷한 'i' 버튼을 제외하고는 당시의 모바일 폰과 비슷했다. 화면은 최대 48개 일본 문자를 보여줄 수 있었다(최대 6줄까지 가능함). 단말기 소매가격은 여전히 운영업체에 종속되어 있었는데, 기존의 모바일 폰보다 약 25% 비싼 수준의 3만 5,900엔에서 4만 2,800엔 수준이었다. 사용자들은 i-모드 서비스에 가입하기 위해 월 300엔을 내야 했고, 그들이 가입한 각 사이트에 100엔에서 300

엔을 지불해야 했다. 음성 및 데이터 전송 요금은 사용량에 따라 추가됐다.

i-모드 서비스 확장

2G 기술 모바일을 사용했기 때문에 초기 NTT 도코모가 제공한 i-모드 서비스(이메일 및 문자 기반의 푸시형 정보)는 데이터 사용량이 적을 수밖에 없었다. 그러나 PC에서 모바일 폰으로의 자바기술 이전은 2001년 1월에 출시한 i-모드와 호환되는 폰에서 사용할 수 있는 소프트웨어로 구성된 'i-어플라이(i-appli)'서비스의 시작점이 되었다. i-어플라이 서비스를 다운로드하면, 사용자들은 모바일 폰 기능을 확장시킬 수 있다. 예를 들어, 게임포털 사이트에서 사용자들은 사용하는 게임당 월 525엔을 지불하는데, i-메뉴(iMenu)에서 이용 가능하다.

지역정보를 신속하고 쉽게 얻을 수 있는 i-에어리어(i-area)가 2001년 7월에 출시되었고 i-메뉴에 통합되었다. 이 서비스는 자동으로 사용자가 있는 위치와 관련된 i-모드 콘텐츠를 선택해 표시한다. 사용자들이 지역 정보를 선택하는 것이 아니라 기지국이 사용자들의 위치를 인식하고 날씨, 레스토랑, 도시정보, 지도, 가까운 ATM 등과 같은 지역 기반 콘텐츠를 제공하는 것이다. '이마도코 서치(imadoco-search)'(월 210엔)를 사용하는 사람들은 관심을 가진 사람의 정확한 위치를 추적하거나 예정된 검색을 할 수 있게 되었다.

IT 하부구조의 구축

3세대 모바일 통신 기술

> 음성통신 서비스는 감소하는 반면 데이터 통신은 증가했다. 이것이 전체 ARPU를 안정화시키고 있다.
>
> (**타츠로 하야카와**, 도코모 DoCoMo 유럽 지사장)

i-모드가 성공하기 전에 코지 오보시는 새로운 데이터 서비스 개발을 위해 노력하고 있었다. 비용이 재무 안정성을 위협하고 있었기에, 프로젝트의 일부 반대자들은 NTT 도코모가 시간과 자금을 낭비하고 있다고 생각했다.

그러나 시장에 진입한 첫 기업이었던 덕분에 i-모드 서비스는 처음 몇 달간 경쟁력을 누렸다. 선점우위를 차지하면서 NTT 도코모는 새로운 진입자의 위협을 최소화할 수 있었으며, 시장확장의 우위를 점할 수 있었다. 출시 직후 기타 무선 인터넷 제공이 가능해졌고, 그 중 일부는 기존의 서비스를 강화한 것이었다.

2001년 10월에 NTT 도코모는 '포마(FOMA)'라 불리는 3G 서비스 기반 W-CDMA를 출시한 세계 최초의 업체가 되었다. 3G 기술은 기존 데이터와 음성 서비스 위주의 모바일 폰 사용을 더욱 강화시켰으며, 수준 높고 차별화된 서비스를 가능하게 했다(그림 3).

2GHz 주파수 대역의 출현으로, 포마는 기존의 2G 표준 PDC에서 28.8 Kbit/s를 제공했던 것과 비교하면 64 Kbit/s부터 384 Kbit/s 범위 안에서 다운로드 링크로 데이터를 전송할 수 있다. 그러나 높은 단말기 가격, 짧은 배터리 수명과 빌딩 내 낮은 수신률과 같은 기술적 문제는 3G 단말기의 수요를 감소시켰다. 이후 2.5G 기술인 CDMA2000-1X를 활용해 2002년 4월 KDDI가 차세대 서비스를 출시했다. 144 Kbit/s 다운로드 링크로 다소 NTT 도코모의 포마보다는 느리지만, 기존의 네트워크를 활용해 저가격에 더 나은 단말기를 제공할 수 있었다. 일본에서 세 번째 모바일 통신업체인 소프트뱅크(SoftBank)는 2002년 12월에 WC-DMA 기반 3G 서비스를 출시했다.

모바일 멀티미디어

i-모드 출시 3년 후에, NTT 도코모는 기존의 모바일 폰 기능인 i-메뉴와 제휴해 차별화된 서비스를 제공했다. 망 하부구조의 강화가 중요해지면서 단말기의 지속적인 개선이 이루어졌고, 이는 기존 전화에서 소형 엔터테인먼트 기기로 이동하게 되는 계기가 되었다.

모바일 폰에 통합된 디지털 카메라 기술은 2002년 6월에 'i-샷(i-shot)' 서비스 제공을 가능하게 했다. i-모드 사용자들은 자신들의 폰으로 다른 도코모 폰은 물론 비(非) 도코모 폰 및 PC에도 사진을 전송할 수 있었다. i-샷을 위해 허가된 최대 용량은 100 kb에서 500 kb로 증가됐고, 사용자들은 높은 품질의 이미지를 전송하는 것이 가능하게 되었다.

모바일 폰에서 비디오를 전송하기 위해서, NTT 도코모는 2003년 1월에 'i-모션 메일(i-motion mail)'서비스를 도입했다. 기존 서비스와 비교했을 때, 'i-모션 메일'은 지속적인 15 fps 프레임 레이트를 제공해 보다 부드러운 화면을 볼 수 있었다. 비디오가 터미널을 통해 수신하는 단말기가 지원하는 크기(형식)로 전환되기 때문에, 이 서비스는 포마 폰, 비(非)포마 폰과 PC간의 비디오 교환을 제공한다. 이 호환성을 제공하기 위해 i-모션을 통해 전송되는 비디오는 서버에 잠시 저장되며, 수취인은 링크 메일을 받은 뒤 10일 이내에 비디오를 다운로드 받을 수 있다. i-샷과 i-모션 메일 서비스의 사용료는 각 서비스를 통해 사용된 데이터의 양에 따라 달라진다.

2005년 1월에 출시된 'i-채널(i-channel)'은 사용자들이 뉴스, 스포츠, 엔터테인먼트 또는 운세와 같은 다양한 채널에 접속할 수 있도록 해준다. 이는 아침부터 밤까지 매 2시간 간격으로 콘텐츠가 업데이트되는 푸시형 서비스(push-service)다. 이 서비스의 활용을 촉진하기 위해 새로운 단말기에 i-채널 버튼을 추가했다. RSS 피드와 비교하면, 제시되는 정보의 통신요금은 무료지만 상세 콘텐츠를 볼 때는 약 157.50엔의 추가 요금이 부과된다.

모바일의 한계를 뛰어넘어

1999년 코지 오보시와 케이지 타치카와(Keiji Tachikawa)는 NTT 도코모의 기업전략기획부를 중심으로 '비전 2010(Vision 2010)'이라는 프로젝트를 추진했고, 프로젝트의 목적은 모바일 멀티미디어 사용을 통해 모바일 통신 시장의 추가적인 성장을 유도하는 것이었다. 이 프로젝트는 매직(MAGIC)이라는 다섯 가지의 주요 개념을 기반으로 하고 있다. 모바일 멀티미디어(Mobile Multimedia), 언제나, 어디서나, 누구나(Anytime, Anywhere, Anyone), 글로벌 모빌리티 지원(Global Mobility Support), 통합된 무선 솔루션(Integrated Wireless Solutions)과 맞춤화된 개인 서비스(Custo-mized Personal Service)가 그것이다.

2002년 NTT 도코모는 개인 생활의 확대, 글로벌 기업 활동 지원 등 모바일 멀티미디어 서비스가 고객들에게 제공할 기회를 담은 비전 2010 영상물을 제작했다. 비전 2010에서 모바일 데이터 서비스는 인간의 생활, 특히 여성, 아이들, 노인, 장애인들의 요구에 초점을 두어 더욱 중요한 역할을 할 것이라고 제시하고 있었다.

네트워크 커뮤니티 학교에서 사용할 수 있고 3D 광센서 터치방식 전송이 가능한 모바일 원격학습시스템(Mobile Remote Learning System)도 비전 2010에서 제시하는 새로운 서비스 중의 하나다. 기타 서비스로는 전자상거래 구매를 촉진시키는 모바일 전자지갑(mobile digital wallet)을 포함하고 있는데, 이는 고객들이 소액 결제라도 온라인에서 지불할 수 있도록 해준다. 고객들의 입력정보는 전송점에서 최적화되는 것을 보증하고 있다. 모바일 타운 모니터링 시스템(Mobile Town Monitoring System)은 교통체증과 같은 도시 상황에 대한 실시간 데이터, 레스토랑에서 이용 가능한 좌석 정보 등을 고객에게 제공해준다. 모바일 의료검진 시스템(Mobile Medical Examination Systems)은 네트워크를 통해 병원 데이터베이스에 의사와 환자들을 링크시켜, 원격으로 신속한 의료진단을 할 수 있게 한다. 모바일 가상 실험실(Mobile Virtual Laboratory)은 모바일 네트워크 내 대량의 데이터베이스에 24시간 링크가 되어 있어 접속하기 어려운 장소에서도 모니터링 환경을 제공한다. 또한 모바일 네트워크는 공항에서 여권 통제 또는 비행 체크인에 있어 연락부재와 같은 일상적인 상황에 대한 모든 개인 데이터를 결합시켰다[이 서비스는 이후에 원 스톱 보딩 시스템(One-Stop Boarding System)이 됨]. 대중교통 시스템과 사용자 터미널이 버스와 링크되면서 효율적인 이동경로를 제시해주게 됐고, 사용자들이 탑승시간을 선택하는 것도 가능해졌다[이 서비스는 이후에 실시간 버스 시스템(Bus-On-Demand System)이 됨].

비전 2010 프로젝트는 NTT 도코모의 사회적 책임과도 연계되어 있다. 이는 글로벌 시장에서 기업의 브랜드를 강화시키는 동시에 궁극적으로 건강하고 안전한 사회를 만드는 데 공헌하는 것을 목표로 하고 있다. 비전 2010을 지탱하는 기술은 향후 새로운 세대의 무선 서비스를 창출하고 라이프스타일 서비스 제공자로 기업을 포지셔닝함으로써 NTT 도코모의 전략을 주도할 것으로 기대하고 있다.

라이프스타일 인프라 도구로서의 모바일 폰

시장 내 경쟁자 증가

> 만약 NTT 도코모가 단순히 음성과 데이터 서비스를 고수했다면, 내려가는 것 말고는 다른 길이 없었을 것이다.
>
> (**필립 수가이**, 니가타내 일본 국제 대학 마케팅 연구원)

2006년 12월 기준으로, 일본은 9,500만 명의 모바일 가입자들을 포함해 1억 2,800만 명의 인구를 보유하고 있으며, 모바일 보급률은 74%다(그림 4). NTT 도코모는 무선통신 시장의 선두기업이고, 뒤이어 KDDI와 소프트뱅크(이후 보다폰 KK를 인수함)가 각각 2, 3위를 차지하고 있다(그림 5).

2007년 3월 현재, NTT 도코모는 5,260만 명의 가입자를 보유하고 있으며, 이 중 1,710만 명은 2G 서비스(모바) 가입자고, 3,550만 명의 가입자들은 3G 서비스(포마) 이용자다. 5,260만 명의 가입자 중 4,760만 명은 i-모드 가입자고, 210만 명은 오사이푸-케이타이 가입자다. 2006 회계연도를 기준으로 영업이익은 336억 유로다. 2005년 3월 기준으로 시장점유율은 56.12%였으며, 2006년 12월에는 55.72%로 떨어졌고, 2007년 3월에는 54.41%까지 떨어졌다(그림 5).

KDDI는 2G(cdma One)와 3G(CDMA2000-1X) 네트워크를 제공하고 있으며, 2006년 12월 기준으로 2,660만 명의 가입자를 보유하고 있고, 시장점유율은 27.8%, 영업이익은 160억 유로다. 소프트뱅크 또한 2G(PDC)와 3G(W-CDMA) 네트워크 형태를 제공(그림 6, 일본 내 모바일 통신사업자의 기술적 비교 참조)하고 있으며, 2006년 기준으로 158만 명의 가입자를 보유하고 있다. 시장점유율은 16.3%고, 영업이익은 공개되지 않았다. 2005년 봄에 소프트뱅크는 2002년 17.6%에서 2006년 16.6%로 시장점유율이 감소해 일본 시장을 떠난 보다폰을 인수했다.

> 보다폰(Vodafone)이 일본 내에서 영업상 어려움을 겪은 이후부터 해외 기업들은 일본의 모바일 폰 시장에 진입하는 데 신중을 기했다.
>
> (**타츠로 하야카와**, 도코모 유럽 지점장)

거의 포화상태인 시장 내 경쟁으로 산업의 음성 서비스에 대한 사용자당 평균매출액(average revenue per unit, ARPU)이 2002년 12월, 월 6,320엔에서 2007년 월 4,720엔으로 감소하게 되었다. 세 모바일 네트워크

그림 4 일본내 성과

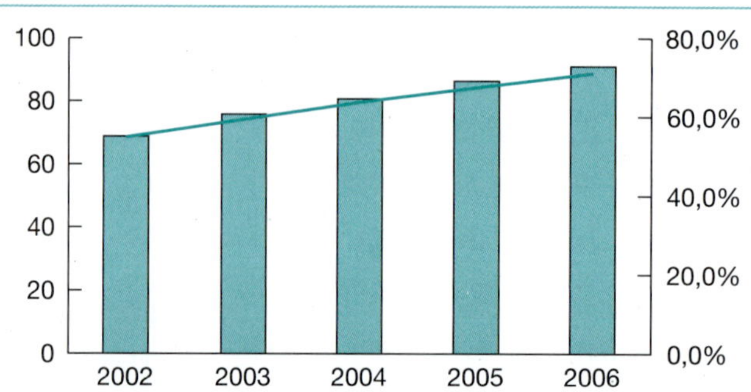

	2002	2003	2004	2005	2006
일본 인구	127,330	127,560	127,650	127,678	127,780
가입자 수	73.8	80.2	85.5	90.2	94.9
침투율(가입률)	58%	63%	67%	71%	74%

Source: Statistics Bureau, Ministry of Internal Affairs and Communication/Telecommunication Carriers Association.

그림 5 일본내 모바일 통신 시장의 경쟁자 점유율

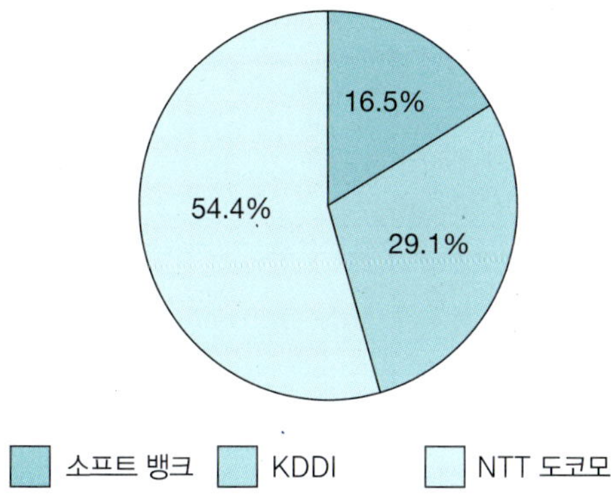

NTT 도코모	운영수익	336억 유로
	가입자	5220만 명
	ARPU	42.72유로
	전환율	0.93% / 월
KDDI	운영수익	160억 8000만 유로
	가입자	2720만 명
	ARPU	42.27유로
	전환율	1% / 월
소프트 뱅크	운영수익	N.A.
	가입자	1550만 명
	ARPU	35.61유로
	전환율	1.6% / 월

Source: NTT DoCoMo, KDDI, Softbank, 2007.

그림 6 일본내 모바일 통신 사업자의 기술 비교

		NTT 도코모	KDDI	소프트 뱅크
네트워크	2G	PDC	PDC, CDMA	PDC
	3G	W-CDMA	CDMA 2000	W-CDMA
	3.5G	HSDPA	EV-DO Rev.A	HSDPA
핸드셋	브랜드	자체 브랜드	자체 브랜드	자체 브랜드
	세그먼트 TV	✓	✓	✓
	GPS	✓	✓	✓
포털		i-모드	이지웹	야후! 케이타이
서비스	비디오 회의	✓	✓	✓
	음악 다운로드	✓	✓	✓
	e-지갑	✓	✓	✓
	데이터 표준율	✓	✓	✓
크레디트 비즈니스		i-모드	✗	✗
해외로밍(핸드셋 로밍)		149 국가와 지역	22 국가와 지역	173 국가와 지역

Source: NTT DoCoMo, KDDI, Softbank, 2007.

그림 7 일본내 모바일 통신시장의 신규진입자

신규진입업체	E-모바일	IP 모바일
네트워크	W-CDMA	TDD/TD-CDMA
출시일	2007년 3월 31일	2007년 봄
출시 5년 후 계획된 가입자의 수	505만	1,160만

Source: EMobile, IP Mobile, 2007.

제공업체는 고객이 2G에서 3G 서비스로 이동하는 것으로 보고했다. 고객들을 유인하기 위해서 모바일 네트워크 제공업체들은 정액요금제(음성과 데이터서비스를 포함)를 도입했으며, 이 요금제는 이익과 ARPU 성장을 더욱 어렵게 했다.

2007년 봄에 두 개의 새로운 업체가 시장에 진입했기에 경쟁은 더 치열해질 것으로 예상된다. 매력적인 거래와 판촉을 제공함으로써 이모바일(EMOBILE)은 500만 가입자를 모을 계획이며, IP 모바일(IP Mobile)은 향후 5년 이내에 1,160만 가입자에 도달하는 것을 목표로 하고 있다(그림 7).

새로운 도전에 대한 대응

> NTT 도코모는 고객들에게 통합된 서비스 모델을 서비스한다.
>
> (**유이치 카토**, 도코모 유럽 사장 & CEO)

NTT 도코모의 전략은 고객 관점의 경영에 초점을 두고, 지속적인 성장을 취하는 것이다. 이 회사는 2004년 마사오 나카무라(Masao Nakamura)의 지휘하에 보다 경쟁적 우위를 창출하기 위해서 비율구조, 단말기 구성, 네트워크 품질과 사후서비스를 지원할 공격적인 운영개혁이 요구되는 계획을 마련했다. 이러한 노력의 결과, 전환율(churn rate), 가입자 종료율이 0.77%로 감소했으나, 2006년 3사분기에는 0.93%로 다소 상승했다. 그러나 NTT 도코모는 여전히 시장에서 낮은 전환율을 보유하고 있다. 2005년에는 추가 가입자로 인해 48.7%라는 시장점유율을 보유하게 되었다. 그러나 이러한 수치는 2006년 초부터 9개월만에 34%로 하락했다. 주요 경쟁자인 KDDI는 시장점유율이 2002년 14.2%에서 2006년에는 48.1%로 증가했다. 이러한 증가 이유는 2006년에 모바 서비스에서 포마 서비스로 전환했기 때문이다. 포마 서비스 가입자의 전체 수는 3,211만 명으로 전체 가입자 수의 61.5%를 차지한다(그림 8).

고객중심 관리 정책의 첫 번째 목적은 포마 네트워크의 품질을 개선하고 기지국의 수를 확장함으로써 핵심사업을 강화하는 데 있다. 새로운 수익구조의 창출목적은 모바일 폰 시장의 쇠퇴를 보완하고 지속적인 성장을 돕는 데 있다. NTT 도코모는 새로운 수익원 창출과 핵심 모바일 폰 사업과의 시너지 창출을 위해 중요한 국내 및 해외 자본과 사업제휴를 기대하고 있다. 이러한 제휴는 다음의 다섯 가지 영역을 포함하고 있는데, 지불 및 상거래(payments and commercial transactions), 방송(broadcasting), 콘텐츠와 인터넷(content and Internet), 글로벌 서비스(global services), 그리고 모바일 폰 주변 기술(mobile phone peripheral technology)이 그것이다. 유이치 카토는 다음과 같이 말했다.

> 모바일 폰 산업은 혁신에 의해 변화한다. NTT 도코모의 전략은 새로운 서비스를 통해 시장에서 선점자(first-mover)가 되는 것이다. 우리는 일본 내 경쟁에서 한 달 정도 앞서 있다. 일본과 해외시장 간 기술적 차이는 1년 정도 된다.

2002년부터 2006년 사이에 NTT 도코모의 순이익 마

그림 8 일본내 mova와 FOMA 가입자 수

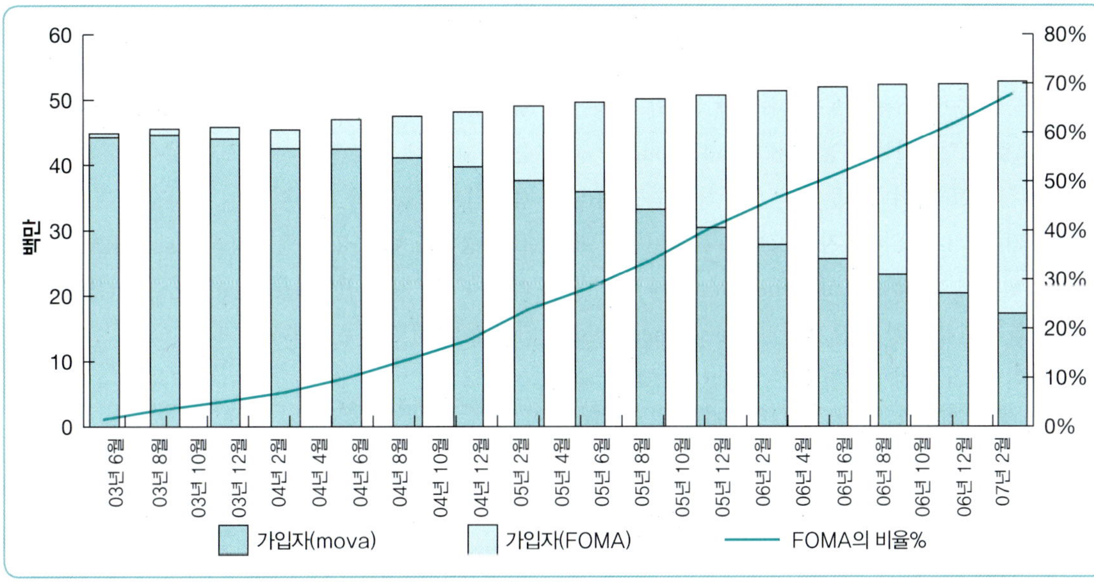

Source: Telecommunication Carriers Association, May 2007.

지우 다소 불안정했다. 2002년에는 22.49%, 2003년에는 4.42%, 2004년에서는 12.88%, 2005년에는 15.43% 그리고 2006년에는 12.81%였다. 당시 NTT 도코모의 재무성과는 주주들에게 돌아갔고, S&P평가는 AA-라는 등급을 부여해 안정적이라는 전망을 내놓았다.

핵심사업의 강화

> 우리는 계속해서 공격적으로 새로운 서비스를 제공하고 프로모션할 것이다.
>
> (**마사오 나카무라**, 사장 및 CEO, NTT 도코모)

모바일 폰은 소비자의 일상이 되었고, 그 사용은 커뮤니케이션 및 정보 도구에서 점차 자기 표현의 한 방식이 되어가고 있다. 이러한 시장상황에서 NTT 도코모는 신규고객의 요구와 기대를 충족시키기 위해 서비스와 단말기를 다양화했다.

고객요구에 맞춤화된 단말기

NTT 도코모는 핵심 고객집단을 유지하기 위해서 표준화된 단말기 모델 확장에 초점을 두면서 동시에 다양한 사용자의 요구를 충족시키기 위한 특별한 모델도 개발했다. 단말기는 잘 알려진 기업들이 제조했으나, 모든 기기들은 NTT 도코모 브랜드 네임을 사용하였는데 다음의 세가지가 고려되었다.

첫째, 도코모는 제품라인 구성, 출시 날짜, 여러 모델이 포함되어 있는 각 단말기 시리즈에서 요구하는 기능을 통일한다. 둘째, 각 단말기를 위한 상세 계획은 도코모와 각 제조업체가 논의해 최종 결정한다. 셋째, 단말기는 도코모가 제공하는 기술서(specification)에 따라 개발한다.

> 일본 고객들은 좋은 브랜드만을 신뢰한다.
>
> (**유이치 카토**, 도코모 유럽 사장 & CEO)

표준화된 단말기 모델은 10대에서 30대 중반 사이의 연령대로써, 모바일 폰 사용자의 핵심 세분화를 주요 타깃으로 하고 있다. 진보된 기능이 장착된 '9 시리즈'가 있는 반면, 디자인과 기능성이 균형을 이룬 '7시리즈'도 출시했다.

2004년 9월에 도코모는 3G 네트워크와 호환되고 사용하기 쉬운 라쿠라쿠 폰(Raku Raku Phone)의 첫 번째 모델인 포마 '라쿠라쿠 폰'을 출시했다. 라쿠라쿠 폰은 켄야 하라(Kenya Hara)에 의해 설계되었으며, 음성을 느리게 하는 기능(Slow Voice), 음성을 명확하게 하는 기능(Clear Voice)과 같은 특별한 기능을 제공하였다. 전자의 기능은 다른 사람의 음성속도를 느리게 하는 내재된 소프트웨어를 통해 이해도를 개선했고, 후자의 기능은 주변 소음 정도에 따라 벨소리와 음성을 자동적으로 조정한다는 기능이다. 'Read Aloud'는 전화를 건 사람 또는 이메일을 보낸 사람의 이름을 음성으로 알려주고 i-모드 페이지의 오디오 해독기능을 제공한다. 반면에 'Simple Mail Generation'은 이메일에 대한 빠른 답변을 위한 사전 메시지(pre-set messages)를 제공한다. 기본 라쿠라쿠 폰은 i-채널과 호환이 되며, 쉽게 읽을 수 있도록 큰 글자로 표시된다. 또한 도코모는 이와 같은 기본 시리즈 외에도 특정 고객집단의 다양한 요구와 선호도를 고려해 다양한 유형의 단말기를 제공했다.

혁신적인 모바일 서비스

> 아이가 납치되는 끔찍한 상황을 알게 되면, 적어도 누군가는 무엇인가를 조치를 취하려 한다. 그러나 기업은 이익마진에 대한 고려 없이 무엇인가를 하지 않는다.
>
> (**NTT 도코모 고객**, 도쿄, 2005년 11월)

일본에서 학생들을 대상으로 한 범죄가 증가하면서 2005년 3월에 NTT 도코모는 기업의 사회적 책임의 일환으로 키즈폰(Kids' PHONE)을 출시했다. 이 단말기에는 GPS기능이 포함되어 있어 사용자의 위치를 알려주고, 심지어 전화기가 꺼져 있는 상태에서도 이메일을 보낼 수 있는 범죄 예방 버저(buzzer)와 전화 기능이 연계되어 있다. 배터리 잠금장치는 제3자에 의한 배터리 파괴를 방지할 수 있다. 또한 이마도코 검색서비스를 이용하면 단말기는 사용자의 소재, 기기가 꺼져 있을 때 지역정보의 회수, 범죄 예방 버저가 작동했을 때 사용자가 있는 지역에서 보호자에게 메일 발송과 같은 추가 기능을 갖추게 된다. 키즈폰이 출시된 후 4개월 동안 17만 대가 판매되었다.

NTT 도코모는 2006년 4월에 기능을 다소 축소해 단순화한 '심퓨어 시리즈(SIMPURE series)'를 출시했다. 이 모델은 비용에 민감한 고객들을 대상으로 하고 있다. 2007년 4월에는 유명 디자이너인 스테파노 조반노니(Stefano Giovannoni) 및 NEC 단말기 제조업체와의 협력을 통해 개발된 새로운 3G 포마 기기를 출시했다. 조반노니는 'DoCoMo: New Vibes from Stefano Giovannoni- design for cellular phones.'라는 주제 하에 새로운 전시 부스도 디자인했다. 이러한 움직임은 도코모가 디자이너 기기 시장에 진입하는 것을 가능하게 했고, 같은 움직임이 모토롤라(Motorola)와 돌체 앤 가바나(Dolce&Gabbana), LG와 프라다(Prada)에서도 이루어졌다.

네트워크 업그레이드

> 더 높은 수준의 속도와 더 많은 용량은 미래 네트워크의 특징이다.
>
> (**신스케 쿠로다**, 도코모 유럽 관리자)

2005년 12월에 NTT 도코모는 'push-to-talk' walkie-talkie 기능을 일본에서 처음 도입한 모바일 통신 사업자가 되었다. 미스비시(Mitsubishi), 마스시타(Matsushita) 및 NEC와 같은 제조기업에서 제작한 단말기를 이용할 경우, 사용자들은 i-폰 버튼을 눌러 여러 사람들과 동시에 통화를 할 수 있었다. 고객들은 사용할 때마다 5엔씩 지불하거나 'all-you-can-use'에 가입하고 한 달에 1,000엔을 지불할 수 있다. 한번에 20명까지 이야기할 수 있기를 바라는 사용자들은 한 달에 2,000엔을 내면 업그레이드된 서비스를 이용할 수 있다. 게다가 NTT 도코모는 '엠존(MZone)'이라 불리는 무선 랜 서비스를 제공했다. Wi-Fi를 활용해 PDA나 모바일 PC에 최대 11 Mbit의 높은 속도로 데이터 전송을 할 수 있었다. 3.5G에서 4G로 이전하는 과정에서 NTT 도코모의 R&D 노력은 더 높은 수준의 속도와 더 많은 용량의 네트워크를 창출하는 것을 목표로 했다. 2006년 8월에 출시된 HSDPA(3.5G)는 W-CDMA(3G)와 같은 5 MHz 주파수 밴드를 사용하면서도 최대 14 Mbit/s의 속도를 제공했다(그림 11).

일본에서 새로운 파트너십의 형성

> 커뮤니케이션 기능을 뛰어넘어 모바일 폰 애플리케이션이 확장되면서, 우리는 라이프스타일 인프라를 창출

그림 9 모바일 지갑 : i-모드의 펠리카 서비스

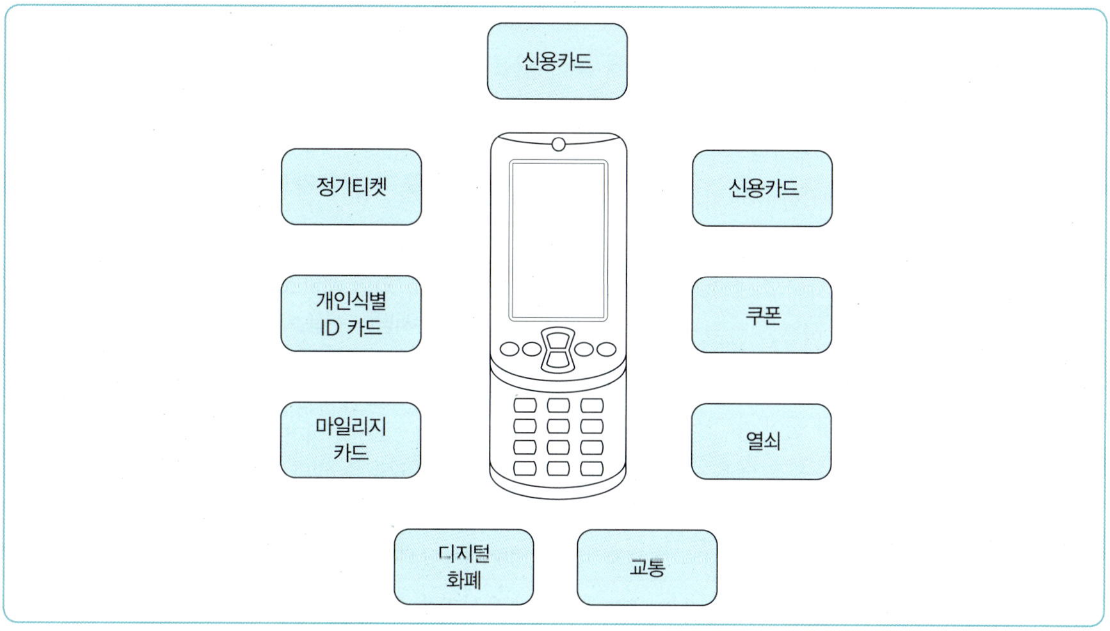

Source: NTT DoCoMo, 2007.

하는 것을 홍보하고 있다. 우리는 이전보다 다양한 영역의 사업파트너들과 협업을 고려하고 있다.

(마사오 나카무라, 사장 & CEO)

2004년 7월, NTT 도코모는 모바일 지갑 애플리케이션인 i-모드 펠리카 서비스(FeliCa service)를 출시했다(그림 9). 펠리카는 주로 전자화폐 카드로 사용되는 스마트 카드 시스템을 기반으로 소니(sony)사에서 개발한 비접촉성 기반의 RFID 마이크로 프로세서다. 초기에 홍콩의 옥토퍼스 카드 시스템(Octopus card system)에서 사용되었던 이 기술은 싱가포르, 일본과 같은 국가에서 다양한 카드로 통합되었다. 펠리카서비스는 운영을 위해 배터리가 필요한 부분은 외부 전원을 통해 이루어진다. 이 카드는 일정 범위 안에 들어왔을 때, 특별한 펠리카 카드 리더기를 통해 전원이 공급된다. 데이터 전송이 완료되면, 리더의 전원공급은 중단된다.

모바일 펠리카는 NTT 도코모와 소니의 자회사인 펠리카 네트워크스의 모바일 폰을 통해 사용된다. NTT 도코모는 '오사이푸-케이타이'라 불리는 모바일 펠리카를 기반으로 모바일 폰 개념을 개발하고, 비즈니스 파트너들과 광범위한 네트워크를 구성했다. 소니는 1996년에 펠리카 카드 선적을 시작해, 펠리카 기반 카드('스이카(Suica)'와 '에디(Edy)'같은)에 사용할 목적으로 대략 1억 6,000만 개의 마이크로 프로세서를 선적했다. 그리고 디지털 지갑 기능이 장착된 오사이푸-케이타이 모바일 폰에 사용될 4,000만 개의 모바일 펠리카 칩을 선적했다. 펠리카 칩이 장착된 단말기는 열차 승차권, 직불카드(디지털 지갑), 신용카드, 개인식별카드 등이 포함된 다양한 용도로 사용될 수 있다. 펠리카는 불과 몇 센티미터의 거리에서 인식이 가능하고, 전송완료 시간은 0.1초가 소요된다.

모바일 지갑 서비스

첫 번째 오사이푸-케이타이 지갑 서비스인 '에디'는 모바일 폰을 스마트 카드로 이용할 수 있도록 만들어졌다. i-어플라이를 통해 활성화되면, 전자화폐가 단말기에 저장되고 고객들은 단순히 상점이나 자판기의 리더기에 단말기를 흔드는 것으로 지불을 완료할 수 있다.

터미널 비용 외에도, 상점에는 거래비용의 2~3%가 거래 수수료로 부과된다.

에디의 보완재로 NTT 도코모는 2005년 11월에 '토루카(ToruCa)' 서비스를 출시했다. 이 서비스는 고객들이 식당, 극장, 음반상점, 아케이드 또는 기타 시설에 설치되어 있는 리더기 앞에서 단순히 자신의 폰을 흔드는 것만으로 관련정보를 얻을 수 있게 하는 서비스다. 예를 들어 사용자들이 오사이푸-케이타이를 이용해 상점에서 CD를 구입할 때, 이들은 도코모 폰을 상점의 리더기 앞에 대기만 하면 되고, 이를 통해 CD나 아티스트에 대한 추가정보, 예를 들어 아티스트의 레코드 라벨에서 제공되는 홍보 쿠폰 등을 얻을 수 있다. 리더기를 통해 얻은 정보는 i-모드 사이트에서 이용 가능하다. 또한 사용자들은 자신들이 찾고자 하는 정보를 맞춤화된 검색을 통해 알 수 있다(그림 10).

2006년 1월에 East Japan Railway CompanyJR East는 모바일 스이카(Mobile Suica)라는 서비스를 출시했다. 이 서비스는 사용자들이 모바일 스이카 단말기를 자동 요금출구 센서 주변에 단지 대기만 하면 통과할 수 있는 서비스다. 이 새로운 서비스는 모바일 폰 사용자들이 예약, 구매, 요금 정산과 같은 티켓 관련 거래도 수행할 수 있도록 해준다. 게다가 모바일 Suica-ready 폰은 JR East 철도역이나 이 서비스를 지원하는 다른 상점에서 물건을 구매하고 지불하는 데도 이용할 수 있다.

NTT 도코모가 신용카드와 모바일 폰 사업을 합병하다

> 우리는 인프라와 서비스를 개선하고 모바일 폰을 통해 모바일폰 시장이 신용 사용을 증진시킨 다면 시장이 매우 높은 수준의 성장잠재력을 가지게 될 것으로 생각한다. 구체적으로 우리는 1000억 엔의 영업수익을 기대하고 있다. 그러나 이러한 수치가 달성될 시점에 대해서는 아직 말할 수 없다.
>
> **(마사오 나카무라, 사장** & CEO, NTT 도코모)

2005년 4월에 NTT 도코모는 수미모토 미쓰이 카드사와 오사이푸-케이타이를 통한 새로운 결제 서비스를 홍보하기 위해 약 980억 엔을 투자하기로 합의했다. 이러한 투자는 모바일 신용 플랫폼인 'iD'와 소비자 신용서비스인 'DCMX'를 출시토록 했다. 신용사업 진출에 대한 아이디어는 두 가지 시장 트렌드의 결과다. 첫째는 오사이푸-케이타이 사용자 수의 증가이고, 둘째는 일본의 신용카드 시장 확대다. 일본 내 신용카드 시장은

그림 10 NTT 도코모 언론 공개

오사이푸-케이타이파트너십을 토대로 e-마케팅을 함께 하기로 한 맥도널드(McDonald)와 도코모

2007년 2월 26일, 도쿄, 일본—맥도널드 홀딩 컴퍼니[McDonald's Holdings Company(Japan)]. Ltd와 NTT 도코모는 금일 도코 모오사이푸-케이타이™ e-전자지갑 서비스(e-wallet services)를 기반으로 한 e-마케팅을 함께 프로모션한다고 발표했다. 이러한 발표에는 두 기업이 조인트 벤처 기업을 설립해 맥도널드에서 새롭게 계획한 멤버십 클럽의 e-마케팅 판촉을 관리하는 것이 포함되어 있다. 또한 모바일 폰 신용카드를 위한 도코모의 iD™ 플랫폼과 맥도널드의 상점에서 제공할 정보포착 서비스 토루카™의 소개도 향후 포함될 것이다.

맥도널드는 2007년 10월까지 멤버십 클럽을 추진해보다 강화된 멤버십 서비스를 제공하고 고객충성도를 유지할 계획이다. 기존의 멤버십 회원은 새로운 클럽에 가입할 수 있도록 초청될 것이다. iD 신용카드 결제를 위한 모바일 서비스와 토루카 정보 포착 서비스는 2007년 10월 초부터 일본 전역의 맥도널드 상점에서 소개될 예정이다. 조인트 벤처 기업은 맥도널드의 연간 14억 명의 고객층과 도코모의 5,200만 명의 모바일 폰 가입자를 통합하고 각자의 상대적인 브랜드와 노하우를 고려해 서비스를 신속하게 출시하는 것을 목표로 하고 있다. 2007년 7월에 기업이 세워질 예정이며, 총 3억 엔이 투입될 것이고, 지분은 맥도널도가 70%, 도코모가 30%다.

Source: NTT DoCoMo, 2007.

3,000엔 미만 소액결제에 있어 매우 강력한 잠재력을 보유하고 있었다. 이러한 시장규모가치를 NTT 도코모는 매년 5,700만 엔 규모로 추정했다.

NTT 도코모는 신용카드 사업에 참여하는 첫번째 단계로 2005년 12월 신용카드 플랫폼인 iD를 출시했다. 사용자들은 에디를 사용할 때와 같이 오사이푸-케이타이를 이용해 신속하게 결제를 할 수 있었다. 또한 iD는 개방형 모델 플랫폼이어서, 다양한 신용카드 기업들이 iD를 통해 모바일 신용서비스를 제공할 수 있게 한다. iD를 사용할 수 있는 장소의 수를 확장하기 위해, 도코모는 수미모토 미쓰이 카드사 및 유씨 카드사와 협력을 더욱 공고히 하고 2006년 4월까지 iD 터미널 32만 개를 설치했다.

NTT 도코모의 신용카드 서비스 출시는 신용카드 사업에 참여하는 두 번째 단계였다. 2006년 4월 이후부터 도코모는 소비자 신용 서비스인 DCMX 미니 DCMX Mini를 12세가 넘은 고객들에게 제공하고 있고, i-모드 웹사이트를 통해 신청을 받는다. 18세가 넘은 고객들에게는 일반적인 신용카드인 'DCMX'를 제공한다. DCMX 미니는 1만 엔을 월 상한으로 제공하고 DCMX는 20만 엔의 신용을 제공한다. DCMX 미니의 서비스는 미리 설치된 i-어플라이 소프트웨어를 통해 이용할 수 있다. DCMX의 결제는 사용자의 폰 사용료와 함께 월말에 이루어진다.

> 나는 이러한 유형의 서비스가 세계적 추세라고는 생각하지 않는다. 이러한 서비스들은 일본에 국한될 것이다.
>
> (**커크 부드리**, Dresdner Kleinwort Wasserstein 사의 통신전문가)

2004년 오사이푸-케이타이의 서비스 출발 이후, 가입자의 수는 4배가 되었다. 2007년 2월까지 NTT 도코모는 디지털 지갑 목적으로 단말기를 사용하는 1,900만 가입자를 보유하게 되었다.

도코모의 국제적 네트워크와 제휴

> 우리의 기본적인 국제전략은 i-모드 제휴를 확장하는 한편, 글로벌 로밍으로 사용자의 편의성을 강화하고, 모바일 사업자 및 관련 사업의 파트너십을 통한 투자로 수익기회를 높이는 데 있다.
>
> (**마사오 나카무라**, 사장 및 CEO, NTT 토모코)

글로벌 활동을 위한 목적으로, NTT 도코모는 2002년에 처음으로 런던 증권거래소(London Stock Exchange)에 등록하였고, 이후 뉴욕 증권거래소(New York Stock Exchange)에 등록되었다. 2004년 6월에는 마사오 나카무라(Masao Nakamura)가 도코모의 CEO로 임명되었다. 그는 도코모와 NTT에 35년간 근무했으며, 2002년 6월까지 부사장을 역임했다. 마사오 나카무라는 다음과 같이 말했다.

> 우리의 해외 i-모드 파트너들이 보유한 전체 가입자 수는 이미 2005년 12월 기준으로 600만 명을 넘었다. 또한 i-모드 서비스가 없는 시장에서 잠재성이 있는 새로운 파트너를 계속해서 고려하고 있다.

NTT 도코모는 i-모드 서비스를 전 세계에 제공하고 있고, 25개국에 600만 i-모드가입자를 보유하고 있다. 2002년 3월에 독일의 이플러스(e-plus)와 협력체결을 했으며, 2002년 11월부터 프랑스의 부이그 텔레콤(Bouygues Telecom), 2005년 9월부터는 러시아의 MTC와 협력체결을 했다. 게다가 i-모드 서비스는 호주, 그리스, 이스라엘, 스페인, 이탈리아, 네덜란드, 홍콩, 필리핀, 벨기에, 대만 그리고 싱가포르 등을 포함한 국가에서 이루어지고 있다. NTT 도코모의 국제전략은 지역 모바일 네트워크 운영사업자와의 전략적 제휴를 통해 i-모드서비스를 각 나라에 제공하는 것이다. 중요한 전략적 이슈는 NTT 도코모가 홍콩의 HTCL, 대만의 FET, 한국의 KTF, 필리핀, 괌, 북 마리아나 제도의 PLDT와 같은 국제적 운영사업자에 투자했다는 것이다.

NTT 도코모는 결제 및 상업거래 사업은 수미모토 미쓰이 카드사에, 그리고 방송 분야는 후지 텔레비전 네트워크와 같은 주요 공급업체에 투자를 했다. 이러한 투자를 통해 NTT 도코모가 공급업체의 제품생산에 영향을 미칠 수 있기를 희망하고 있다.

> 우리는 우리의 전략에 따라 그리고 상생할 수 있는 상황을 창출할 공급업체의 전략에 따라, 파트너를 선정한다.
>
> (**유이치 카토**, 사장 및 CEO, 도코모 유럽)

국제적으로 NTT 도코모는 유럽 전략을 발전시키기 위해 런던에 사무소를 개업했고, 유럽의 규제와 시장설문조사를 수행하는 파리, 그리고 i-모드 서비스를 유럽으로 확장하는 것을 관리하는 암스테르담(Amsterdam)에 각각 사무소를 두었다. 뉴욕 시 사무소를 통해 NTT 도코모는 미국에서의 기업전략을 조정하고 있다. 세계 로밍 서비스를 위한 도코모의 지원센터는 하와이에 위치하고 있다. 중국에서는 새로운 사업기회를 모색하기 위해 NTT 도코모 사무소가 베이징과 상하이에 있으며, 중국 정부 및 관계기관과의 연락을 담당하고 있다. 싱가포르의 도코모 사무실에서는 인도와 10개 ASEAN 국가의 모바일 커뮤케이션과 관련된 데이터를 수집하고 있다.

NTT 도코모는 캘리포니아에서 해외 R&D 센터 두 곳을 운영하고 있다(차세대 인터넷 기술과 국제 표준화에 집중하는 미국 도코모 커뮤니케이션 실험실과 모바일 커뮤니케이션 서비스에 적용할 수 있는 혁신적인 최신의 기술을 보유한 벤처기업투자를 찾고 있는 도코모 캐피털이 그곳이다). 독일 뮌헨에 있는 도코모 커뮤니케이션 실험실에는 35명의 연구원이 근무를 하고 있으며, 차세대 플랫폼 기술을 개발하는 데 중점을 두고 있고, 유럽의 연구 및 표준화 프로젝트에 참여하고 있다. 베이징에 있는 도코모 커뮤니케이션 실험실은 차세대 모바일 커뮤니케이션을 목적으로 한 핵심 무선기술에 중점을 두고 있으며, 중국의 표준화 활동에 참여하고 있다.

노하우와 기술이전은 도쿄에 있는 NTT 도코모의 본사와 해외지사 간에 양방향으로 진행된다. 특허권과 새로운 기술은 새로운 혁신제품을 구현하기 위해 일본으로 수입된다.

2007년 3월 말 기준으로 로밍 서비스와 같은 국제서비스는 149개국으로 확장되었으며, 음성통화지역과 SMS, 패킷 교환방식의 커뮤니케이션은 98개국으로, 화상통화는 36개국으로 확장되었다.

R&D에 강력한 집중

NTT 도코모는 글로벌 모바일 통신산업에서 선도기업이 되기로 결정했다. 2005년 회계연도에 NTT 도코모는 국내외 연구소와 개발센터를 통해 R&D 활동에 1,100억 엔을 투자했다. 이 회사는 모바일 통신의 새로운 잠재력을 지속적으로 개발해갈 것이다.

인간과 모바일 폰은 융합될 것이다

오늘날 이미 활용되는 새로운 기술은 인간의 손을 수신기의 한 부분으로 이용한다. NTT 도코모 요코스카(Yokosuka) R&D 센터에서 개발한 핑거 위스퍼 핸드셋 '유비-와(Yubi-Wa)'는 미래 커뮤니케이션 가능성을 위한 탐구고 의류처럼 착용할 수 있는 전화단말기에 대한 탐구다. 손목에 차는, 마치 시계와 같은 이 터미널은 음성을 작동기와 채널을 통해 진동으로 전환시키고, 이 진동은 뼈를 통해 집게손가락의 끝으로 전달된다. 이 손가락을 귓속에 넣으면, 진동은 음성으로 들릴 수 있다.

행동 음성 인식이라 불리는 또 다른 접근법은 단말기가 입 주변의 근육활동으로부터 모음을 인식하도록 되어 있다. 음성 인식은 근육에서 근전도 검사기록(electromyography)을 감지해 얼굴에 전극간격(electrodes)을 통해 알게 된다. 최근에는 일본어 중 5개의 모음(a, i, u, e, o)이 이 기법으로 인식될 수 있게 되었고, 네트워크에서 현재 자음(consonants)에 대한 연구가 진행 중이다. 뇌파, 체온, 근전도 검사기록과 같은 생리학적 정보의 분석은 정보를 어떻게 획득하고, 어떻게 활용하느냐에 따라 강력한 잠재력을 가질 수 있다.

캘리포니아 산호세 지역에 있는 NTT 도코모의 모바일 소프트웨어 연구소 부사장 나임 이슬람(Nayeem Islam)은 다음과 같이 말한 바 있다.

> 미래는 소프트웨어 시대고 하드웨어는 표준품(commodity)이다.

새로운 수준에 도달

2010년까지 NTT 도코모는 기존의 인프라에 지출되는 비용의 10분의 1로 '슈퍼 3G'라 불리는 네트워크 업

그림 11 도코모의 네트워크 발전 계획

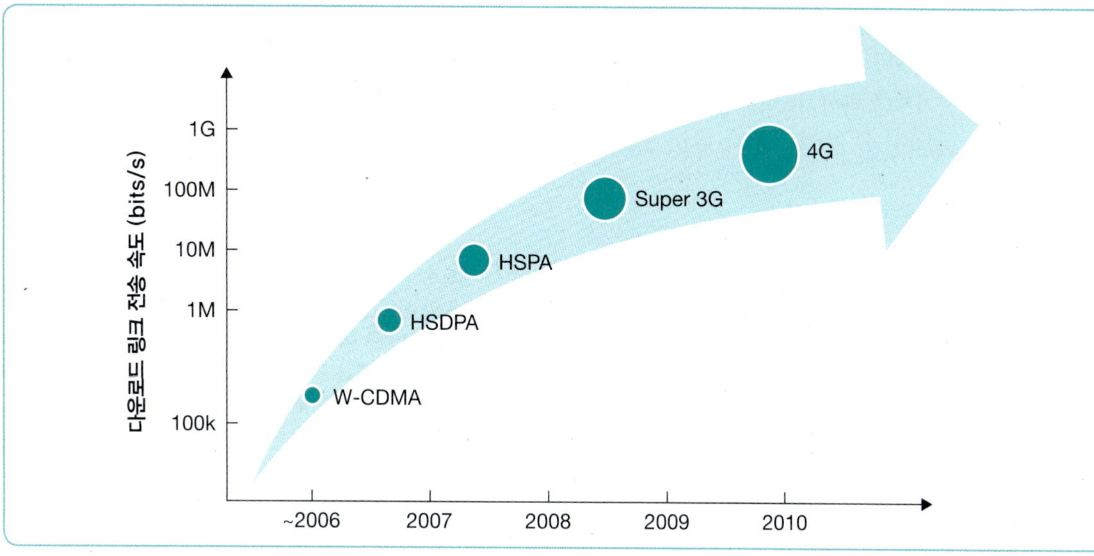

Source: NTT DoCoMo, 2007.

그레이드할 계획을 가지고 있다. 새로운 네트워크는 2007년 포마에 비해 업로드와 다운로드 속도를 최대 260배까지 높여줄 것이다. 초기 투자액은 1,000~2,000억 엔이 될 전망이다.

NTT 도코모는 최근에 4세대 모바일 통신기술(4G)을 위한 인프라의 연구를 수행하고 있다. 이 연구의 핵심은 VSF-OFCDMVariable Spreading Factor- Orthogonal Frequency and Code Division Multiplexing 기술로, 외부에서 최대 100 Mbit/s, 그리고 내부에서 1 Gbit/s 의 높은 전송속도를 제공한다. 이 획기적인 기술의 기능성은 이미 검증되었고, NTT 도코모는 실제 시험과 실험을 진행 중이다. 2005년 12월에 수행된 4G 실제 실험에서 NTT 도코모는 최대 2.5 Gbit/s 패킷 전송속도를 확인했는데, 이는 세계기록이라 할 수 있다. 2006년 12월에 기업은 100 MHz 주파수 대역폭을 사용해 다운로드 링크에서 5 Gbit/s 의 최대 패킷 전송률을 획득했다고 발표했다. 4세대 라디오 접속의 실제 시험은 카나가와(Kanagawa)의 요코스카(Yokosuka)와에서 이루어졌다. 2005년 12월의 실험과 비교했을 때, 주파수 스펙트럼과 관련된 효율성 또는 채널 대역폭으로의 데이터 전송비율이 25 bit/s/Hz에서 50 bit/s/Hz로 두 배가 되었다. NTT 도코모는 지속적인 R&D 활동을 통해 4세대 기술의 글로벌 표준화 확실히게 기여하는 것을 목표로 하고 있다(그림 11 참조).

불확실한 미래

> 우리는 항상 잠재적인 미래 기술과 시장을 주시하고 있다.
>
> **(유이치 가토**, 사장 겸 CEO, 도코모 유럽)

NTT 도코모는 i-모드와 오사이푸-케이타이의 출시로 모바일 폰의 목적을 음성 서비스에서 다효용 단말기로 이전시켰고, 자신은 모바일 네트워크 운영자에서 라이프스타일 제공업자로 변화하고 있다.

새로운 시장 포지셔닝과 업체 간 치열해진 경쟁으로 유이치 카토와 경영진은 NTT 도코모가 시장선도를 유지하도록 하려면 무엇을 해야 할지 고민하고 있다. 보다 구체적으로는 일본과 세계에서 선점우위를 유지하기 위해 기업이 제공해야 할 추가적인 제품과 서비스가 무엇인가? 새로운 고객가치를 창출하기 위해 4G를 장착하는 기술과 같은 기술적 변화를 어떻게 활용(leverage)할 수 있겠는가? 일본과 현격하게 기술적 차이가 있는 해외시장에서 수요를 어떻게 발생시키고, 고객들을 어떻게 교육시켜야 하는가? NTT 도코모는 모바일 서비스를 출시하기 위해 해당국가의 파트너에게 의존해야만 하는가? 더 나아가, 혁신능력을 개발하고 라이프 스타일 제공자 포지셔닝을 따라 높은 수준의 기술제품과 서비스를 마케팅하는 부분에 있어, NTT 도코모는 일본과 해외에서 가치제공의 타이밍을 적절하게 결정할 필요가 있고, 전략과 관련된 위험을 평가할 필요가 있다.

용어정리

0G 모바일 무선전화 시스템은 현재의 휴대전화 기술보다 앞서 나온 것이다. 휴대전화의 첫 세대로 이러한 시스템은 종종 0Gzero generation 시스템이라고 한다.

1G 무선 통신기술의 1세대로 1908년대에 소개된 아날로그식 모바일 폰 표준을 총칭한다.

2G 2세대 무선통신2G은 1990년대에 소개된 디지털 모바일 표준을 총칭한다.

2.5G 2G와 3G 휴대무선 기술 간의 중간단계라 할 수 있다. 해당 용어는 서킷 스위치 도메인(circuit switched domain)과 더불어 패킷 스위치 도메인(packet switched domain)을 구현할 수 있는 2G 시스템으로 사용된다. 2G와 3G는 공식적으로 정의된 반면, 2.5G는 그렇지는 않으며, 마케팅 목적으로만 사용된다.

3G 3세대 기술은 음성데이터(전화음성)와 비음성데이터(정보 다운로드, 이메일 교환, 인스턴트 메시징 등)를 모두 동시에 전송할 수 있는 능력을 보유한 모바일 표준을 총칭한다.

3.5G 초고속 다운링크 패킷 엑세스(HSDPA)는 데이터송신의 속도와 용량을 증가시키기 위해 UMT기반의 네트워크 로드맵을 제공하는 모바일 통신 프로토콜을 의미한다.

4G 4세대 기술에 대한 정의는 아직 없지만, 100 Mbit/s과 I Gbit/s를 제공할 IP기반의 통합시스템으로 갈 것이다.

M-PESA (케냐)
금융소외계층을 위한 모바일 금융서비스

케냐의 통신시장을 주도하는 사파리콤(Safaricom)의 CEO 마이클 조세프(Michael Joseph)는 방금 회사의 핵심 수입원 중 하나인 M-PESA(모바일의 M자와 돈을 의미하는 스와힐리어의 PESA의 결합어)의 시장 현황을 보고 받았다. 2007년 3월에 출시된 M-PESA는 매우 호평을 받고 있으며 1,200만 명 이상의 케냐 사용자들이 이용하고 있다. 그는 나이로비 본부의 고층 오피스에서 아래로 내려다보며 (케냐에서 택시로 쓰이는) 소형버스로 가득찬 와이야키 도로를 바라보고 케냐의 생활수준을 향상시키기 위해서 수많은 일이 필요하다고 확신하였다. 그는 M-PESA를 통해서 케냐의 빈곤층에게 그들의 사회경제적인 상황을 긍정적으로 바꿀 수 있는 서비스를 제공하는데에 헌신적이었다.

마이클 조세프는 사파리콤을 변화시키고 케냐에 영향을 미친 몇 가지 주요 성과들을 회상하면서 이제 자신이 물러나는 시점이 왔다고 생각했다.

> 저는 지난 10년간 사파리콤의 CEO였습니다. 저는 이제 회사의 통제권을 다른 사람에게 넘길 때가 되었다 믿습니다. 우리 팀이 성취한 결과에 대해 매우 자랑스럽습니다. 특히 시장 주도기업이 되어 폭넓은 사회적 책임 프로그램을 만들었습니다. 케냐에서 출시한 혁신적인 제품과 서비스도 자랑스럽습니다. 정말 흥분되는 10년이었습니다. 재능있고 열정적인 팀과 함께 일하고 서히 브랜드를 믿어준 1,600만 명 이상의 케냐인들이 있어 영광이었습니다. 우리는 5명으로 시작했고 오늘날의 회사로 일구었습니다. 후임자 없이는 제 아이같은 이 기업을 그냥 떠날 수는 없습니다.

사파리콤의 이사회는 52세의 로버트 콜리모어(Robert Collymore)을 회사의 새로운 CEO로 임명했다. 그는 통신시장에서 30년 넘게 일했으며 보다폰(Vodafone)에서 아프리카 지부장과 영국지부의 구매이사를 역임했었다. 그는 지난 4년간 사파리콤 이사회의 일원이었기 때문에 케냐의 통신시장에 매우 익숙했다. 마이클 조세프는 변화를 촉진시키기 위해서 자신의 팀과의 회의를 잡아 사프리콤과 M-PESA의 성공을 지속하기 위한 추천안을 밥 콜리모어(Bob Collymore)에게 설명하기로 결정했다.

금융서비스를 핸드폰으로 접근할 수 있도록 도와주는 M-PESA는 출시 이후에 전국적인 변화를 이끌어냈다. M-PESA는 핸드폰으로 소액결제, 송금, 전자화폐 저장을 가능케하는 모바일 온라인 서비스다. 가상화폐

This case study was written by Stephanie Ludwig, Research Associate, and Tawfik Jelassi, Professor of e-Business and Information Technology, at the School of International Management of Ecole Nationale des Ponts et Chaussees, Paris. It is and intended to be used as the basis for class discussion rather than to illustrate effective or ineffective handling of a management situation. The case was compiled from published sources and the author's own field research and interviews.

와 현금 간의 변환을 기반으로 모바일 통장에서 돈 입급, 출금을 가능케하는 기술이다. 이를 통해 웨스트 유니언, ATM기기, 우체국, 온라인뱅킹 등의 다른 대안보다 위험과 비용이 적은 금융거래를 할 수 있다는 점이 가장 큰 혜택이다.

핸드폰에서 핸드폰으로 돈을 보내는 것이 가능해 짐으로써 케냐의 금융서비스에 1,200만 명을 끌어들일 수 있게 되었다. 가상화폐를 보내고 받으면서 외곽지역에서 그들의 가족들을 지원하는 더 많은 것을 할 수 있게 되었다.

M-PESA: 포용적 비즈니스 모델(inclusive business model) 응용방안

> 정보통신기술을 촉매제로 활용한 사회경제적 발전은 국제 사회에서 오랫동안 지켜보고 있었던 것입니다. 정보통신기술은 미시적, 거시적으로 사회에 영향을 끼치며 우리의 사회적, 경제적, 환경적 과제를 해결할 수 있는 도구입니다.
>
> (세계 경제포럼)

성장과 발전의 동력인 사업들은 투자 증대, 일자리 창출, 기술 발전, 제품 및 기술 생산, 혁신 등을 통해 사람들의 삶을 향상시키며 개발도상국의 발전을 촉진시키는데 아주 중요한 역할을 한다. 개발도상국에서 민간부분의 자본도 중요한 몫을 차지한다. 세계적으로 투자와 자본금 흐름의 85%는 민간부문 투자이다. 세계적인 사업들은 개발도상국에서 지속가능한 해결책을 제시함으로써 수익을 얻는다. 포용적 비즈니스 모델은 빈곤한 개인을 공급자, 파트너, 직원, 소비자로써 가치 사슬에 통합시키고, 기업은 사회적 투자 혹은 공공 이익을 제공할 수도 있다.

마이클 조세프와 수많은 세계적 기업가들은 다음과 같은 부분을 수용하는 포용적 비즈니스 모델 접근을 이용했다.

- 기업 운영, 혁신, 위험관리는 지역 사회, 경제, 환경적인 문제를 인지하고 해결하는 것에 초점을 둔다.
- 사회 계층 피라미드 중 하단 계층에게 제품, 서비스, 여가 기회에 대한 접근성 제공에 투자하는 것은 미개발된, 성장가능성 있는 시장에 투자하는 것이다. '그 다음 수십억'이라 불리는 이 사람들은 세계적으로 매년 2조 3,000억 달러에 달하는 규모를 가졌을 것이라 예상된다. 기업 운영 측면에서 저소득층에게 일자리와 임금을 주고 질적 생산성을 높여 다시 소비자층으로 끌어올릴 수 있다. 또한, 장기적인 수요가 있는 잠재시장으로 이동시킬 수 있다.
- 지속가능한 시장을 만들기 위해선 공공부문과 민간부문에서 인프라(예를 들면 전력, 이동통신, 수도공급, 청결, 하수처리 등)와 기술에 장기적으로 투자해야한다.

사회경제적 발전을 가능케하는 정보통신기술

정보통신기술은 삶의 질 개선과 사회경제적 발전을 도모하는 효과적인 수단으로 쓰일 수 있다. 정보통신기술에 대한 투자와 도입으로 인한 기대효과는 다양하다. 정보통신기술로 발전을 더 효율적으로 할 수 있을 뿐만 아니라 더 많은 사람들을 접근할 수 있게 되어 빈곤층의 일상생활에서 이에 의한 직간접적인 효과를 체감할 수 된다. 또한 이러한 기술은 지리적, 시간적 장애물을 제거하는데 도움이 된다. 이 기술을 통해 농촌, 외곽 지역의 거주자들이 도심지역에서 주로 일어나는 경제활동에 참여할 수 있게한다. 파급효과가 높은 프로젝트가 성공하기 위해서는 환경을 활용할 수 있는 엄중한 정보통신기술 전략이 필요했다.

지난 10년간 전세계 정보통신기술은 모바일 기술을 기반으로 발전했다. 핸드폰은 현재 가장 빠르게 도입되고 있는 기술 중 하나이며 현재 가장 인기있고 광범위한 개인 기기이다. 전세계 인구가 70억인데 핸드폰 이용률은 약 46억에 달한다.

변화를 이끄는 매개체라고 불리우는 핸드폰은 솔루션과 서비스를 통해 개발도상국 사람들에게 효과적으로 도움을 주고 있다. 컴퓨터와 인터넷이 그랬듯이 핸드폰 역시 저가의 기기와 지속적으로 확장하는 네트워크망을 바탕으로 통신과 데이터전송의 수단으로써 매일 약 200만 명의 신규가입자를 끌어들이고 있다. 시장

그림 1 케냐 도심지역의 금융 접근성

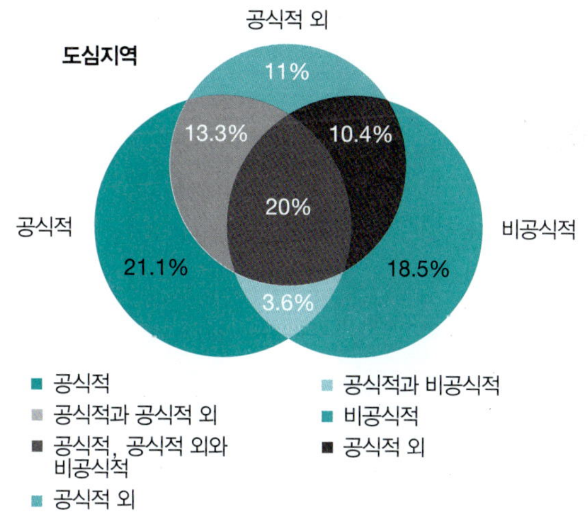

Source: Financial Sector Deepening Kenya, 2009.

경쟁 심화, 규세 완화, 상향식 혁신 등은 이를 더욱 촉진하는 요인들이다. 다양한 목적으로 다음과 같은 새로운 서비스들이 만들어지고 있다.

- 원격 모니터링, 인식 개선을 위한 헬스케어관련 서비스
- 핸드폰 기반 교육과 훈련
- 농산물 관련 시장가격 제공
- 재해관리 및 날씨 알림 기반 지속가능한 개발과 환경
- 농촌 기업 개발, 고용 교환 등의 솔루션
- 송금, 보험 등의 농촌 금융

M-PESA: 사회 혜택을 받지 못하는 계층을 목표로 하는 대중시장, 기술 기반 서비스

> 혁신적이고 성공적인 M-PESA 계획은 금융을 포함한 경제활동을 성장시킬 수 있는 거대한 잠재력을 갖고 있다. 서비스의 도달율과 영향력은 상상 이상이었으며 케냐 내에서뿐만 아니라 해외의 통신회사들도 M-PESA의 성공에 감명을 받아 유사한 서비스를 출시했다.
>
> (**톰 스탠디지**, 이코노미스트 디지털부 편집자)

M-PESA 프로젝트는 2003년에 시작했다. 처음에는 보다폰에서 개발을 시작되었으며 영국 국제개발부(Department for International Development; DVID)에서 공동투자했다. 멀리 있는 수취인에게 이체할때 통신료를 보내는 아프리카 관습에서 초기 아이디어가 출발한 것으로 보인다. 사람들은 주로 상인들과 구두계약으로 통신료를 팔아 현금을 받았다.

M-PESA의 초기 개발을 위해 보다폰은 영국 캠브릿지에 위치한 기술컨설팅회사인 사젠티아(Sagentia)의 소규모 팀과 계약을 맺었다. 이 팀은 비즈니스 프로세스를 디자인하고 M-PESA를 위한 소프트웨어를 개발했고 파일럿 테스트와 출시 이후의 운영 및 기술 지원을 제공했다.

M-PESA의 파일럿테스트는 2005년 10월부터 6개월간 250명의 이용자에게 제공되었다. 테스트 동안에 사용자들은 M-PESA를 이용해 케냐의 소액금융기업 파울루(Faulu)의 대금을 지불하는 서비스를 제공하였다. 파일럿 테스트 사용자들의 사용 패턴을 분석한 끝에 시스템의 디자인을 수정하여 개인간(Peer-to-Peer) 이체서비스를 제공하는 것으로 바뀌었다.

사파리콤은 M-PESA를 2007년 3월 6일에 출시했다. 케냐의 전 69지구의 750개 상점에 도입되었다. 사파리콤은 시작부터 충분한 이용자수를 확보하기 위해서 전국망을 구축하는 것을 목표로 했다. 이용자는 지

그림 2 케냐 도심지역의 핸드폰과 은행업무 이용 비율

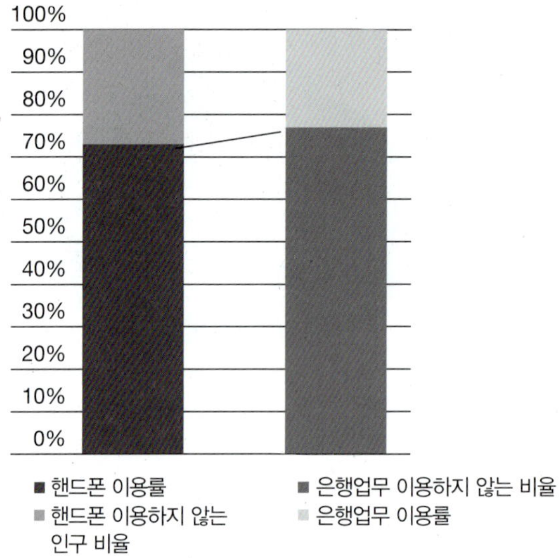

Source: Financial Sector Deepening Kenya, 2009.

속적으로 증가했고 출시 1년 후에는 M-PESA 회원은 백만 명에 달했다. 사젠티아 팀은 밤낮으로 시스템 문제를 해결하는 것에 매달려서 M-PESA 출시 몇 달 후에는 초기 시스템 관련 문제를 거의 해결하였었다. 특히 2008년 초에는 M-PESA의 이용자수가 당초 예상보다 빠르게 증가하자 네트워크 과부하가(주로 금요일 밤과 같은 피크타임) 일어나 자금 이체가 며칠 지연되기도 하였다.

사파리콤의 슬로건 '핸드폰으로 페사를 보내세요'을 통해서 초기 제공 서비스에 대한 인지도를 고취시킬 수 있었다. 케냐인들은 빠르게 M-PESA에 가입했지만 이용 방법은 배워야만 했다. 작은 비율이지만 사람들은 송금을 잘못된 수취인에게 이체하기도 하였다. 그러나 초기의 느슨한 신원인증 요건과 등록되지 않은 심카드(Subscriber Identification Modul;SIM)를 이용하여 범죄자들은 협박, 유괴 몸값 지불 등과 같은 범죄에 M-PESA를 악용하기도 했다. M-PESA의 개발팀은 케냐에 특화된 서비스를 디자인하려 했다. 시스템에 대한 조사와 파일럿 테스트는 시장에 대한 이해를 넓힐 수 있고 미충족된 욕구를 파악하며 케냐 환경의 주된 외부 요소를 이해하는데 도움이 되었다.

케냐의 미충족 욕구 해결

시장기반 솔루션이 지속가능하며 포용력 있는 미래를 향해 다가가기 위해선 미충족 욕구, 지지적인 외부 환경, 법률적 · 제도적 · 금융 체계가 구축되어 있어야 한다.

케냐가 동아프리카 지역의 교역 · 금융 중심지 역할을 수행하긴 하지만 불평등 수준이 높으며 케냐 인구(약 3,900만 명)의 절반은 빈곤선 아래에서 있었다. 케냐의 전체 노동인구(약 1,750만 명)의 10%만이 공식적인 임금을 받았다. 예상 실업률이 약 40%에 달하며 비공식 부문(역자: 정부의 규제를 받지 않고 있는 금융서비스 분야)의 성장이 지속되고 있다. 소규모 창업의 장벽이 낮기 때문에 많은 사람들은 소규모 기업(micro and small enterprises; MSEs)을 설립하였다.

> 생산성과 수익성의 안정성과 증가는 삶의 질을 좌우하는 가장 중요한 요소이다.
>
> [**조나던 도너**, 선임 연구원, 마이크로소프트(남아프리카 공화국)]

공식적인 금융서비스 이용은 적었고 특히 농촌, 외곽지역에서 더욱 드물었다. 케냐인의 23%만이 은행계좌를 소유했다. 케냐 인구의 대부분은 비공식적 금융서비스

그림 3 M-PESA 광고: ZAP와 M-PESA의 비교 광고

Source: Safaricom, 2009; co-author's documentation 2009.

에 의존해야 하거나 아예 이용하지 않았다. 소액금융에 관한 얘기는 많았으나 기업의 3.4%만이 이런 서비스를 이용한다. 도심 거주자들은 공식적, 비공식적 서비스를 모두 이용했다(그림 1 참고).

2008년에는 도시 거주자가 케냐 전체 인구의 22%를 차지했으며 연간 도시화는 4%에 달했다. 주로 젊은 남성이 일자리, 교육을 위해 도시로 이주했다. 이러한 국내 도시로의 이주자는 농촌에 남아있는 가족과 지속적으로 관계를 유지하였다. 도시에서 일하고 받은 돈을 농촌의 가족에게 보내는 것은 케냐에서 매우 흔한 일이다.

2009년에는 핸드폰의 이용률이 도심지에서 70%에 달했고 전체 인구의 45%를 차지했다(그림 2 참고). 인터넷과 일반전화는 여전히 제한적이었다. 핸드폰의 이용률은 일반전화 이용률보다 훨씬 높았다.

> 오늘날 케냐는 다른 아프리카 국가에서와 마찬가지로 핸드폰을 소유한다는 것은 삶을 어떻게 살 것이냐에 관한 개인적인 결정에서 비롯된다. 케냐사람들은 커뮤니케이션을 효과적으로 할 수 있어야 돈을 벌 수 있다는 인식을 가지고 있다.
>
> (**아룬가**, **카호라**, 핸드폰의 파급효과 연구원)

M-PESA의 빠른 성장은 케냐의 완화된 규제의 덕이라 할 수 있다. 케냐의 규제기관(주로 중앙은행)은 통신회사가 금융기관이 아님에도 불구하고 자금 이체 서비스를 제공하는 것을 허용했다. 또한 법률적 제도도 존재하지 않았다. 은행조례에 따라 사프리콤은 은행이 아니기 때문에 케냐의 시중은행과 같은 엄격한 규제를 받지 않았다. 통신회사가 이체만 하는 것이라면 은행으로 분류되지 않았다. 남아프리카 공화국과 같은 다른 나라에서는 통신회사가 이용자로부터 돈을 입금받으면 은행으로 분류되었고 이에 따라 은행 인가가 필요했다.

M-PESA 이용자들이 실제로는 자신들의 M-PESA 계좌를 당좌 예금 계좌로 이용해 은행 계좌에서 M-PESA 계좌로 돈을 옮기자 시중은행은 이에 대한 우려를 나타냈다. 2010년 말, 케냐의 중앙은행은 이에 대한 사안을 다루기 위해 대중 금융 시스템의 핵심 요소가 되는 국가 결제 시스템 법률을 도입하기로 했다. 통신회사와 규제기관은 긴밀히 협력해 계획된 제품과 보안 문제에 관한 정보를 교류했다.

> 모바일 뱅킹은 미래의 뱅킹이 될것입니다. 시스템과 경제가 현금이 불필요해지는 것은 규제기관에서 정하는 것이 아니라 사람들이 정하는 것입니다.
>
> (**스테픈 므와라 누다티**,
> CBK 국가 지불 시스템부 책임자)

M-PESA 개발과 출시

새로운 서비스의 도입을 촉진시키는 주요 외부요소를 찾자, M-PESA 개발팀은 새로운 서비스의 마케팅 전략을 세웠다. M-PESA를 빨리 수용하고 사용하게 하기 위해서 출시 전, 출시, 출시 후 시기의 작업들을 완벽하게 수행해야 했다. 또한 개발팀은 제공 제품을 더욱 개선하고 마케팅 믹스를 효과적으로 구축해야 했다. 유통 네트워크와 가격전략을 세우고 제품 출시에 맞추어 브랜드 인지 확산과 이용자 교육을 포괄적인 커뮤니케이션 캠페인을 도입했다. 네트워크 효과의 역효과를 방지하기 위해선 초반에 빠르게 확산시켜 규모를 확장시키는 것이 중요했다. 그들은 또한 이용자가 많을수록 M-PESA 중개상이 늘어나고 이로 인한 이용자가 또 늘어나는 순환이 반복될것을 알고 있었다. 개발팀은 고객교육과 신뢰가 M-PESA 성공에 가장 중요한 과제일 것이라 믿었다.

M-PESA의 주요 요건과 기능

M-PESA는 통신료를 받거나 국내 계좌이체, 대리점에서의 입금/출금 서비스와 같은 기초적인 서비스를 제공하는 것으로부터 시작하였다(그림 3 참고). 이러한 서비스에 등록하기 위한 신원인증 절차는 간소해서 대부분 5분 내에 이루어졌다. 신용카드와 마찬가지로 가상화폐금액은 핀코드로 보호받았다. 케냐 이용자의 과반수(81%)는 M-PESA 이용이 매우 쉽다고 답했다.

이용자가 현금을 입금하기 위해서는 M-PESA 대리점에서 현금을 주고 가상화폐를 받는다(대리점에서 문자메시지로 가상화폐를 보냄). 입금 후에 이용자는 돈을 핸드폰에 저장할 수 있고 핸드폰번호, 송금액, 핀코드를 입력함으로써 다른 사람/단체에게 송금할 수 있다. 수취인은 문자 메시지를 통해 금전적 가치를 전달받는다. 이후에 M-PESA 대리점의 인출기에서 혹은 ATM기기에서 돈을 출금할 수 있다. 그림 4에 나타난 바와 같이, M-PESA 송금을 위한 핸드폰 메뉴 구조는 상당히 간단하다. 그림 5에 M-PESA 송금의 간략한 모델이 나와있다.

통신료를 판매하는 것은 통신회사의 주요 사업이었다. 언제 어디서나 돈이 입금되어있는 계좌를 이용해 통신료를 충전할 수 있게 되어 선불금을 내는 것은 더욱 쉬워졌다. 그 이전까지 핸드폰 이용자는 대리점을 방문해 선불카드를 구매해서 충전해야 했기 때문에 상점 영업시간을 지켜야만 하는 불편함이 있었다.

M-PESA 이용자들은 현금카드, 신용카드 없이도 ATM기기에서 출금할 수 있게되었다. 이용자는 핸드폰에 ATM기기에 표시된 등록번호를 입력하기만 하면 되었다. 그러면 ATM기기에 입력해야 하는 코드가 문자메시지로 발송되며 이용자는 그 번호를 입력해 출금할 수 있다. 사파리콤은 초기부터 페사포인트(PesaPoints)라는 독자적인 ATM 네트워크를 이용했지만, 시간이 지나면서 제휴를 맺은 은행의 ATM 네트워크를 활용할 수 있게 되었다.

'청구서 지불' 기능을 통해 전기요금, 학비 등의 정기적인 지불이 가능해졌다. 이 기능의 범위를 확대하기 위해서 통신회사는 소매상, 교통, 대출 상환 등 다양한 사업분야의 회사와 파트너십을 맺었다.

유통: 소비자 접점(touch points) 구축

사파리콤은 다양한 방식으로 유통 시스템을 구축했다. 본부 대리점이 중간에 위치하여 유동성 관리, 수수료 배분, 부대리점 계약 및 영입을 담당했다. 은행은 최고의 대리점이 되어 타 대리점에게 서비스를 제공하고 출금을 위한 ATM기기를 제공했다.

사파리콤의 19,500개의 대리점은(2010년 9월 기준) 대부분 통신료 판매점이거나 주유소, 약국 등의 소매상이었다. 대다수의 대리점은 자신이 살고 있는 지역에서 작은 가게를 운영했다. 그들은 현금과 가상화폐금액을 변환하고 모든 거래를 사파리콤 장부에 기록한다.

대리점이 되기 위해선 기본적인 경영 능력과 초기 자금이 필요했다. 이는 대리점이 이용자들의 가상화폐 금액을 개인 돈으로 변환해야 했기 때문이다. 또한 심카드 교체와 같은 라이선스 비용으로 1,250달러, 소규모 창업비 175달러, 지방자치세 175달러(슬럼가에 위치할 경우 면제) 등의 지출이 필요하다. 그러나, 통신료

그림 4 M-PESA 핸드폰 메뉴 구조

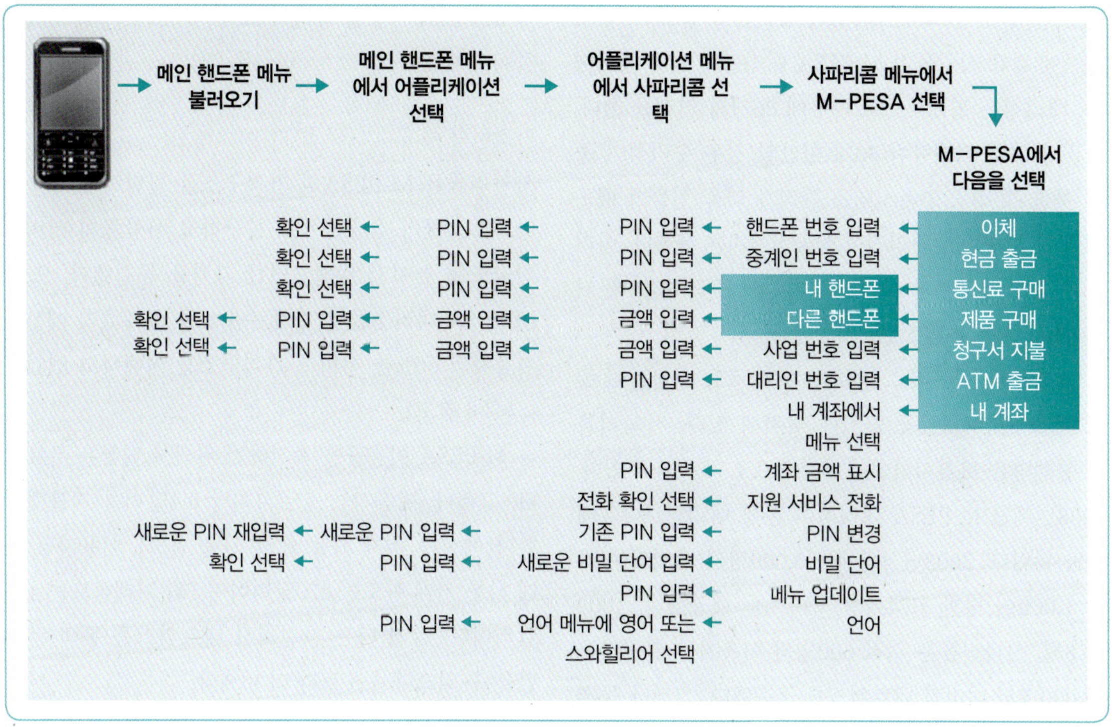

Source: GSMA, 2009.

그림 5 M-거래 (간단한 모델)

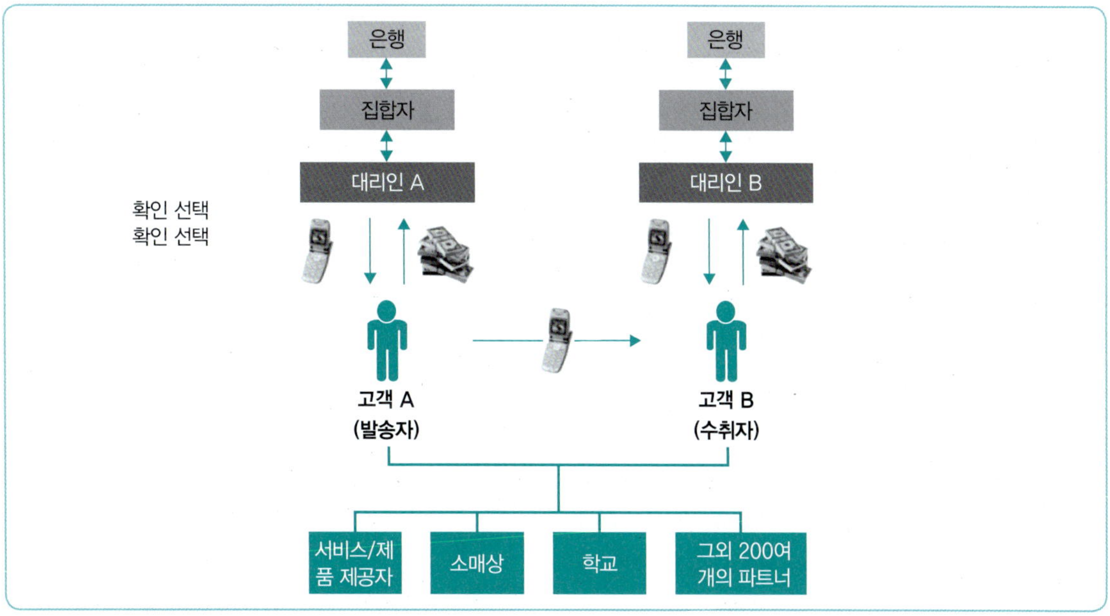

Source: Illustration by authors.

를 판매하는 것보다 3배가량 높은 거래당 0.09달러 매출을 올릴 수 있고 신규가입자 장려금을 받을 수 있기 때문에 많은 사람들이 M-PESA 대리점이 되고 싶어했다. 대리점은 평균적으로 하루에 86개의 거래를 했다. 그러나 하루 거래량이 30개 미만일 경우 수익성이 좋지 못한 것이다. 농촌지역은 관리가 더욱 힘들기 때문에 모든 M-PESA 대리점이 성공적이지는 못했다. 이러한 이유로 상당수의 대리점은 자신의 주력사업(예: 커피샵)과 함께 M-PESA를 제공했다.

대리점은 주로 버스 정류장, 우체국 등 사람들이 주로 돈을 송금하는 곳 근처에 위치해 있다. 사파리콤의 통신망은 도심지역에서 효과적으로 구축되어 있다. 2008년에는 M-PESA 대리점이 은행 대리점보다 7배가량 많았다. 2008년 4월에는 3,000명의 대리점이 각각 1,000여 명의 고객에게 서비스를 제공했다. 2009년 8월, 사파리콤은 각각 600명의 이용자를 관리하는 12,000명의 대리점 네트워크를 구축했다. 그러나 농촌지역에서는 서비스를 이용하는 고객이 별로 없기 때문에 충분히 확장되지는 못했다. 현금을 관리하는 문제는 이용자에게서 대리점으로 넘어갔다. 농촌지역의 대리점들은 가상화폐금액을 많이 받지만 현금은 적게 받기 때문에 출금거래를 처리하는데 어려움을 겪는다. 현금과 가상화폐금액의 균형을 이루기 위해선 본부 대리점이나 은행(최고 대리점 역할)과 실제로 거래를 해야 하는데 외곽지역에 있을수록 이를 위해 장거리 이동을 해야 한다. 또한, 현금이 누적된 인출기는 범죄자들의 타겟이 될 위험도 있다. 소규모 부대리점들은 절도, 현금 불균형을 막기 위해서 대규모 현금 변환 거래를 하지 않는것을 선호한다(따라서 이용자들은 대규모 변환이 필요할 경우 다른 대리점을 찾아가야 한다). 원칙상 네트워크망이 구축되지 않은 지역에는 대리점이 존재하지 않는다.

은행 고객은 은행 지점을 덜 찾게 되었고 은행계좌를 M-PESA로 변환했다. 저소득층을 타겟하는 은행들은 그들의 경쟁사와 전략적인 파트너십을 맺기 시작했다. 그들은 최고대리점이 되어 사파리콤이 그들의 ATM 네트워크를 활용할 수 있도록 했다. 또한, 고객에게 M-PESA 이용을 독려해 고객 서비스로 인한 비용을 줄이고자 했다.

가격전략

사파리콤은 M-PESA의 가격구조를 간단하게 구축했다. 높은 물가 상승률에도 불구하고 사람들의 서비스 친숙도를 높이기 위해 3년간 가격을 동결했다. 또한, M-PESA 대리점들이 거래 수수료를 공개했기 때문에 이용자의 66%는 서비스 가격구조를 이해하고 있었다(그림 6 참고).

M-PESA 이용율을 촉진하기 위해서 입금은 무료이다. 그러나, 발송자는 송금 1회당 0.4달러를 지불해야 한다(예시는 '실제 사용 예시' 칸을 참고). 이용자당 최대 하루 거래 한도는 870달러이며 1회 거래한도는 435달러이다. 각기 다른 통신회사 네트워크를 통해 돈을 받을 수 있으나 수수료가 더 비싸다.

M-PESA를 가입하지 않은 수취인도 돈을 받을 수 있으나 발송자가 금액을 더 지불해야 한다. 후자는 다른 통신회사 네트워크로 돈이 이체될 경우 추가수수료를 지불한다. 많은 케냐인은 다수의 통신회사의 심카드를 이용함으로써 추가수수료를 우회했다. 멀티심카드를 지원하는 핸드폰이 시중에서 구매할 수 있게 되자 이러한 방식은 더욱 빈번해졌다. 거래 후에는(아직 수취인에게 전달되지는 않았지만) 이용자에게 이체확인과 이체 후 잔고를 표시한 문자메시지가 발송된다. 출금 거래의 경우에는 거래금액의 비율에 기반한 수수료 대신 단계별 수수료 구조로 이루어졌다.

M-PESA는 케냐인들에게, 특히 외곽지역에 거주하며 하루에 1달러 미만으로 사는 자들에게 비싼 편이다. 소규모 송금은 다소 비싸지만 다른 송금방식의 가격, 속도, 편리함과 비교하면 아직도 상당히 매력적인 송금방식이다.

M-PESA 대리점의 유통 수수료는 소비자의 거래 수수료에서 바로 차감되며 사파리콤으로 보내지고, 대리점은 사파리콤으로부터 누적된 수수료를 받아 송금인

그림 6 M-PESA 가격 리스트

거래 종류	거래 금액 범위		수수료
	Min.	Max.	
수수료	100	35,000	0
등록된 이용자에게 이체	100	35,000	30
등록되지 않은 이용자에게 이체	100	2,500	75
	2,501	5,000	100
	5,001	10,000	175
	10,001	20,000	350
	20,001	35,000	400
등록된 이용자가 대리인에게서 현금 출금	100	2,500	25
	2,501	5,000	45
	5,001	10,000	75
	10,001	20,000	145
	20,001	35,000	170
등록된 이용자가 ATM에서 현금 출금	200	2,500	30
	2,501	5,000	60
	5,001	10,000	100
	10,001	20,000	175
등록되지 않은 이용자가 현금 출금	100	35,000	0
통신료 지불	20	10,000	0
청구서 지불	-	-	0-30

Source: Safaricom, 2010.

실제 사용 예시

호세는 하이다에게 마타투(택시비 더치페이비) 1달러를 M-PESA를 통해 송금하고 싶다. 호세는 0.4달러의 거래수수료 때문에 1.7달러를 송금해야 한다. 하이다는 1.3달러만 받을 것이다. 하이다가 돈을 출금할 때 수수료 0.3달러를 내야 하므로 최종적으로 1달러를 받는다. 그러므로, 로세는 거래금액의 55%를 수수료로 내게 된다. 하이다가 1,000달러와 같이 큰 금액을 거래할 경우 수수료는 상대적으로 싸진다.

의 수수료를 직접적으로 받았을 경우 발생할 수 있는 부정행위를 미연에 방지한다. 이용자가 입금거래에 수수료를 지불하진 않지만 M-PESA 대리점은 입금거래가 이루어질 때마다 작은 수수료를 받는다. 본부 대리점은 고객의 수수료 30%를 받으며 부대리점은 70%를 받는다. 그러나, 본부 대리점의 거래량이 부대리점보다 많기 때문에 수익이 더 많다.

커뮤니케이션 방식

M-PESA 개발팀은 빈곤층의 욕구에 맞춤화한 서비스를 제공하여 국가의 경제활동에 참여시키고자 하였다. 개발팀의 커뮤니케이션 전략은 강력하고 듬직한 이미지의 사파리콤 브랜드를 적극 활용했다. 이 전략을 통해 은행에서 소외된 타겟층이 M-PESA는 '자기와 같은 사람들을 위한 제품'이라는 인식을 갖게 할 수 있었다.

M-PESA의 인지도를 높이기 위해서 사파리콤은 옥외 광고판과 같은 인쇄광고물(42%), TV와 라디오 광

고(30%),와 가족 구성원과 친구간의 구전(30%)을 이용했다. 케냐인의 10%는 인맥을 통해 M-PESA 이용방식을 배웠다. 이러한 커뮤니케이션 활동 외에도 사파리콤은 서비스를 소개하고 잠재고객에게 설명하기 위해 광고 운영을 하였다. 사파리콤은 또한 대리점들에게 고객지원교육을 실시하게 했으며 고객과 대리점을 위한 핫라인도 구축하였다.

사파리콤은 대리점의 매장을 회사 브랜드 색깔인 초록색으로 칠하도록 요구해서 케냐에서 어디에서나 존재하는 서비스로 거듭났다. 또한 자선 프로젝트와 활동을 지속적으로 하기 위해 사파리콤 재단도 설립했다. 이러한 행위는 모바일 금융 서비스의 성공요소인 소비자 신뢰를 얻는데 도움이 되었다.

M-PESA 서비스 역량 확대

M-PESA의 초기 성공을 기반으로 ATM기기 출금에서 제품과 청구서 지불금 송금, 대규모 송금, 자금 회수을 비롯해 모바일 뱅킹으로까지 확장했다.

조직상으로 보았을 때 사파리콤은 M-PESA를 새로운 핵심 수익원으로 기획하며 구축하지 않았다. 도리어 고객 유지, 이용자당 평균 매출(ARPU) 증대를 위한 보조적인 수단으로 생각했다. 사파리콤에게 M-PESA의 주력사업은 통신료이다. 서비스를 이용하는 사람들은 흔히 돈을 이체하기 위한 목적보단 은행계좌의 대안으로 자금을 비축하는 용도로 이용했다. 이는 회사에서 예상했던 바가 아니었다. 사파리콤이 모바일 금융 서비스를 제공하긴 했지만 은행사업에 진입할 목표는 없었다. 2007년 3월부터 2009년 7월까지의 기간 동안 M-PESA 신규가입자가 매일 11,000명 이상에 달했다. 2009년까지, 사파리콤은 자사의 기존 고객의 40%를 M-PESA 이용자로 변환하는 데 성공했다. 케냐 사람들의 금융 거래 방식에 강력한 영향을 끼친 것이다.

대규모 송금 기능은 직원 임금 지불을 가능하게 했다. 특히 적은 임금을 받는 계약직들을 포함해 직원수가 많은 기업을 목표로 했다.

현금 회수는 적십자회와 같은 비정부기구, 도매업자와 같이 많은 고객을 보유한 기업들이 현금 유치와 이용을 효율적으로 할 수 있게 해 주었다. 수표를 대량으로 받지 않아도 되었기 때문에 판매자들에게 특히 도움이 되었다.

케냐의 거대 유통 체인점 우추미(Uchumi)와 나이바스(Naivas)에서 '누누아 나 M-PESA' (스와힐리어로 M-PESA로 구매하세요)이라 불리우는 된 제품 결제가 가능해졌다. 우추미 슈퍼마켓은 케냐에서 연간 매출액 기준으로 두번째 규모의 유통 체인점이며, 작년에는 약 2000만명의 고객이 1.2억 달러를 지출했다. 나이바스는 네번째로 큰 유통 체인점이다. 결제 방식은 일반적이다: 고객들은 자신의 신원을 보이고 M-PESA 메뉴에서 다음과 같은 명령을 내린다:

1 '제품 구매'를 누른다.
2 제품을 구매하는 조직의 상점 번호를 입력한다(모든 상점은 고유번호를 갖고 있으며 상점에 전시되어 있다).
3 지불하고 싶은 금액을 입력한(Sh100-35,000).
4 M-PESA 핀번호를 입력한 후 번호를 확인 후 OK 버튼을 누른다.

제품 결제 이후 고객과 슈퍼마켓의 판매원은 둘 다 확인 문자메시지를 받는다. 판매원은 거래를 완료하며 지면 거래영수증을 고객에게 제공한다. 현재 이 서비스는 수수료가 발생하지 않으나 향후에는 적은 수수료를 책정할 수도 있다.

> 이는 사프리콤과 파트너들이 케냐에서 현금이 불필요한 온라인 솔루션을 강화하기 위한 또 다른 노력의 산실이며 이 지역에서 이루어지는 첫번째 시도이다. 이는 우리 회사의 약속과 M-PESA의 '현금보다 좋은'이라는 열망과 같은 맥락에 있으며 우리 가입자의 삶의 질을 향상시킬 수 있는 혁신을 주도한다.
>
> **(마이클 조세프)**

이러한 파트너십을 통해 M-PESA는 모바일 송금 플랫폼에서 현금거래 기반의 케냐 상거래를 바꿀 수 있는 잠재력을 지닌 전자상거래 도구로 변모할 수 있었다. 사파리콤은 이제 통합적인 고객 간(end-to-end) 서비스를 기업, 중소기업, 가정, 개인에게 제공한다. 현재 200여 개의 급여 송금 파트너를 통해 다양하게

M-PESA의 비공식적인 이용 방법 예시

- 영업사원인 압둘은 출장이 예기치 않게 길어지자 상사에게 출장비를 받음.
- 존은 농촌에서 창업을 시작한 여동생을 지원하기 위해 돈을 자주 송금함.
- 메르시는 그녀의 딸의 학비를 송금하며 더 이상 학교까지 찾아가 지불하지 않아도 되어서 한달 월세값만큼 교통비를 아낌.
- 학생인 벤슨은 지역 정치인에게 비밀리에 자금 지원을 받음.
- 소 중개상인인 프랑시스는 근방에서 절도가 빈번하기 때문에 시장거래 이후 돈을 핸드폰에 저장함.
- 릴리안은 매주 진행되는 계모임에 참석하지 못할 경우 그 주 회비를 모바일로 송금함.
- 농부 존은 병든 소를 위한 치료제를 구매하기 위한 돈을 빌려 소가 죽었을 경우 발생하는 상당한 손실을 방지함.
- 주점 운영자 데릭은 밤에 현금이 떨어지기 쉬운 점을 감안하여 신고객을 유치하기 위해 M-PESA 결제를 받음. 가상화폐가 상대적으로 유형적이지 않기때문에 M-PESA를 이용하는 고객들은 다른 고객에 비해 더 많이 소비를 함. 데릭은 모든 고객에게 M-PESA 출금 수수료를 받지만 그가 총 금액을 출금할 때 수수료를 한번만 지불해도 되어 M-PESA가 그에게 또다른 수입원이 됨.
- 대리점 레오나드는 M-PESA 중개 서비스를 통해 키베라 슬럼가에 위치한 그의 작은 가게로 유입되는 인원을 늘려 약국 매출을 늘림.

M-PESA를 이용할 수 있다. 예를 들어, 비행기 이용객들은 M-PESA를 이용하여 M-PESA와 'M-PESA와 하늘을 날아요' 파트너십을 맺은 동 아프리카 항공, 에어케냐, 항공기 대여 서비스의 비행기 좌석 예약, 확인, 1,000달러 미만의 항공권 구매까지 할 수 있다. 그러나, 이를 이용하기 위해선 데이터이용이 가능한 핸드폰이 필요하다.

사파리콤의 협력사 외에도 M-PESA 고객들은 서비스를 다양한 방식으로 창의적으로 이용할 수 있다. 수취인(대부분 판매자)은 핸드폰 결제에 동의하고 핸드폰번호와 계좌번호만 제공하면 된다.

이용 패턴의 변화

M-PESA 출시 전까지 돈 송금은 봉투에 넣어 친구 혹은 가족(43%), 택배회사 혹은 버스회사(20%), 우체국 혹은 웨스턴 유니온(18%), 시중 은행(8%) 등을 통해 전달되었다. 2009년에는 케냐인의 47%가 M-PESA를 통해 송금했으며 이는 가장 위험하지 않은 방식(이용자의 26%), 가장 저렴한(32%), 가장 빠른(64%), 그리고 가장 접근하기 쉬운 서비스로 꼽혔다(그림 7 참고). 송금과 수취가 가장 많이 쓰이는 서비스였다(각각 이용률의 28%, 25%를 차지). 사파리콤의 주력 사업(통신료 판매)은 송금의 22%를 차지했다. 일상생활을 위한 저축(14%)과 응급상황을 위한 저축(7%)이 세 번째를 차지했다. 얼리어덥터들은 주로 농부, 공무원, 사업가였으며 남성, 다소 연령대가 높고, 교육 수준과 소득이 높은 경향이 있었다. 서비스가 성숙기에 접어들면서 다양한 계층의 소비자들이 M-PESA를 이용했다. 송금은 대체로 월 초(임금 지불)에 발생했다. 보통 멀리 떨어져서 사는 가족에게 송금되는 돈이있다. 2009년 3월이 되자 평균 이체 금액은 41달러에서 28달러로 감소했다. 케냐인의 84%는 M-PESA의 갑작스런 중단은 자신에게 굉장한 손실로 다가올 것이라 답했다.

M-EPSA의 유통 방식 조정

2010년 초, 마이클 조세프는 대리점을 모집하는 방식을 간단하게 바꾸기로 위해 '집합 모델'을 도입했다. 이를 통해 부대리점을 직접적으로 관리할 필요성이 없어지게 되었다. 약 10여 명의 대리점 집합자를 임명하여 대리점 채널의 최상위에 두고 각각의 집합자가 2,000명에서 4,000명의 집합자를 관리하게 했다. 사파리콤은 집합자를 현금 유동성과 본부 대리점으로써의 성과를 바탕으로 선별했다. 집합자는 더 높은 거래량으로 혜택을 보았기 때문에 (30% 대신) 20%의 수수료를 받았다. 이를 통해 부대리점은 70%보다 높은 80%의 수수료를 받을 수 있게 되었다(그림 8 참고).

그림 7 M-PESA 이용 패턴

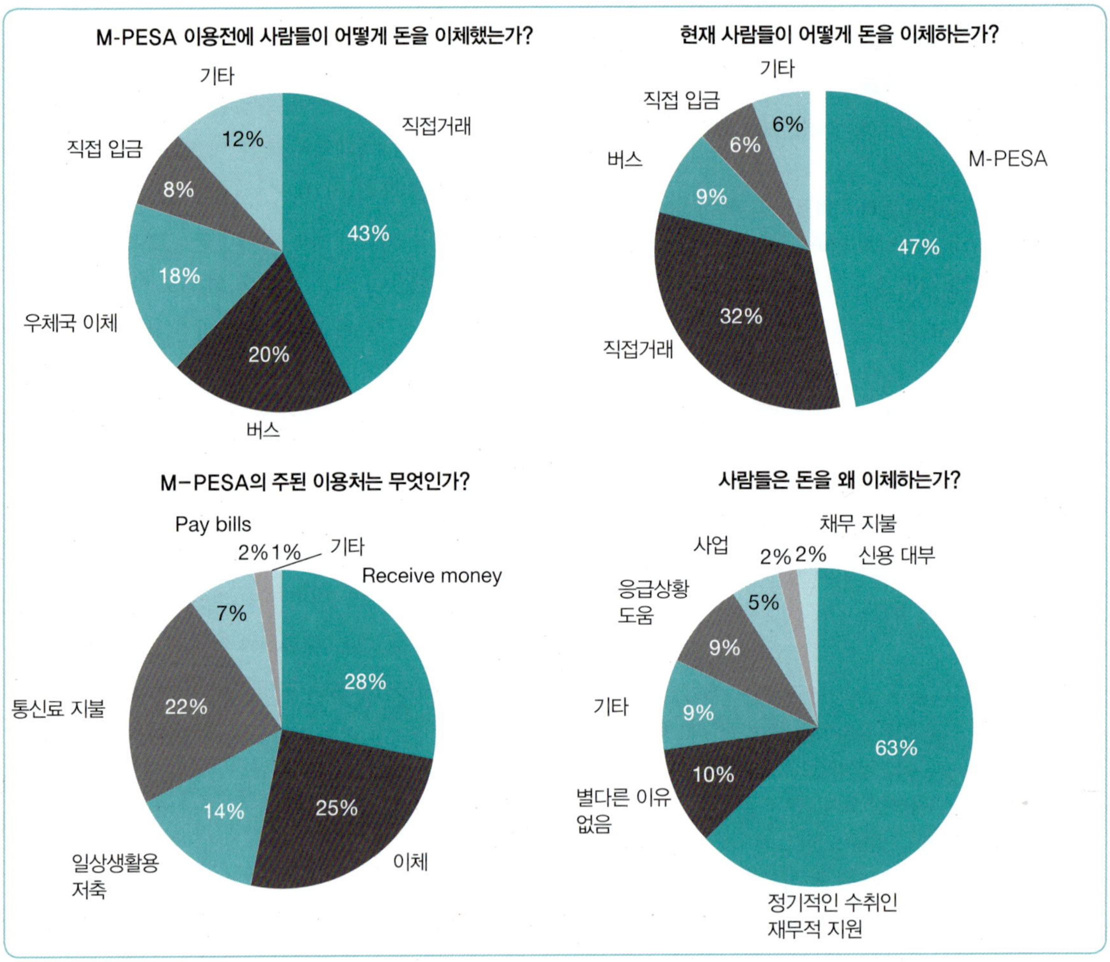

사파리콤은 대리점 단계에서 IT 시스템을 도입해 현재의 종이 서류처리 업무를 효율적으로 만들고 싶어 했다. 대리점은 종이 장부에 거래를 기록하는 대신 인터넷이 연결된 컴퓨터에 데이터를 입력하도록 했다. 그러나 대다수의 대리점은 컴퓨터를 소유하고 있지 않고 인터넷 접근이 어려울 뿐만 아니라 전기수급도 쉽지 않은 상황이었기 때문에 이러한 기술적인 요건은 대리점의 업무 비용을 늘리게 하였다.

케냐에서 M-PESA의 선도적 역할 유지

2009년 2월, 사파리콤의 주 경쟁사인 자인(Zain)은 M-PESA에 대응하기 위해 ZAP을 출시했다. 처음에는 500명의 대리점으로 시작했으나 6개월만에 전국적으로 4,000여 개의 대리점을 확보했다. 자인의 출시전략은 사파리콤과 유사했다. 그러나 M-PESA와 달리 ZAP은 추가적인 서비스였으며 ZAP 심카드가 필요했다. 2009년 8월, 3백만여 명이 자인을 이용했으며 그 중 30만 명이 ZAP에 등록된 이용자였다. 자인의 송금 이체료는 0.12달러 불과해 M-PESA의 기본 수수료보다 33% 저렴했다. 유사한 제품 라인 외에도 자인은 국제적인 지위를 바탕으로 전 세계 웨스턴 유니언 소재지에 송금이 가능했고 케냐, 탄자니아, 우간다의 ZAP 이용자에게 송금이 가능했다. 자인은 추가로 아프리카 3개국에 서비스를 출시해 현재 총 6개국의 1억 5,000만 명에게 송금 가능하다. 사파리콤과 자인은 각기 다른 시장 포지셔닝을 취했다. 자인은 현대적인 광고로 범아

그림 8 가치 사슬과 관계된 M-PESA 이용관계자의 역할

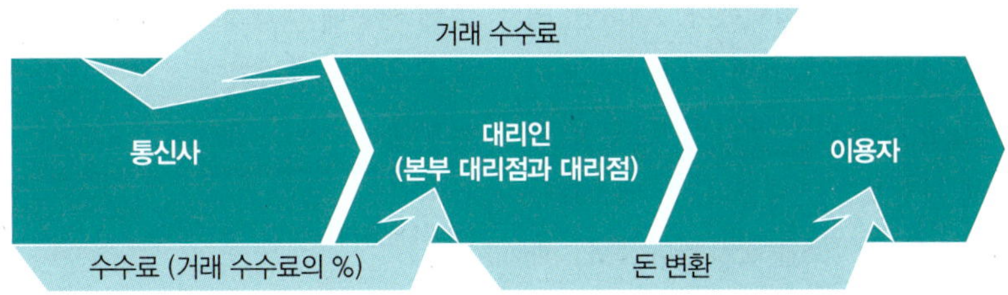

Source: Ludwig, 2010.

프리카와 부유층을 타겟한 반면, 사파리콤은 케냐의 대중과 빈곤층에 초점을 두었다(그림 3 참고).

유캐쉬(YuCash) [이코넷 와이어레스(Econet Wireless)/에써(Essar)]는 2009년 12월에 출시되어 5%의 시장 점유율을 달성했다. 사파리콤과 비슷한 방식으로 에써는 이퀴티 은행(Equity Bank)와 모바일 결제 시스템에 특화된 오보페이(Obopay)와 협력했다. 경쟁사의 소비자들은 문자메시지를 통해 유캐쉬로 거래를 할 수 있었으며 M-PESA와 ZAP 사용자들과 달리 유심카드가 필요하지 않았다. 또 고객에게 돈을 요구할 수 있게 하는 기능, 거래 증명서 접근 기능, 모바일 송금일 경우 개인 송금 메시지 작성 기능과 같은 차별화된 서비스를 제공하였다. 유(Yu)는 은행과 파트너십을 맺어 장려제도를 도입해 이용자들을 끌어 모았다. 유캐쉬는 현재 전국적으로 2500여개의 대리점을 보유하고 있으며, 1,500만 명의 유 가입자 중 5만 5,000여 명의 고객이 이용하고 있다. 유는 주로 젊은 고객층(18세~35세)를 타겟하며 경쟁력 있는 가격을 제공한다.

텔레콤 케냐(Telecom Kenya)의 오렌지(Orange)의 시장 점유율은 5%이다. 오렌지의 전략은 최상위 고객과 비즈니스 서비스에 목표를 둔다. 오렌지 머니(Orange Money)는 다른 아프리카 5개국에서 출시된 이후에 케냐에서 2010년 11월에 출시되었다. 오렌지는 M-PESA와 다르게 접근하여 통신회사의 송금 역량을 은행의 모바일 뱅킹 서비스와 결합했다. 오렌지와 이퀴티 은행은 전략적 파트너십을 맺어 기술적 솔루션을 구축하고 오렌지 머니의 유통을 보장하고자 했다. 오렌지 머니의 유통은 이퀴티 은행의 모바일 뱅킹 플랫폼에서 이루어지는 은행 계좌와 연동된 송금 서비스다. 사용자들은 핸드폰을 통해 상대적으로 높은 한도 금액(KES 100,000)까지 송금할 수 있다. 핸드폰과 연동된 공동브랜드 오렌지 머니 신용카드가 곧 선보일 예정이나. 이를 통해 이퀴티 은행의 ATM 네트워크에서 핸드폰 혹은 신용카드로 돈을 인출할 수 있으며 소매상에서 제품과 서비스를 결제할 수 있다. 두 파트너는 함께 2011년 말까지 2만 개 이상의 대리점으로 이루어진 합작 유통 네트워크를 구축할 예정이다. 오렌지 머니는 아프리카와 중동 19개국에서 출시될 예정이며 프랑스 텔레컴(France Telecom)이 영업하는 국가에서도 확장될 계획이다.

모바일 통신회사들은 수수료 인하, 프로모션 도입 등을 통해 공격적으로 경쟁하고 있어 더 많은 사람들이 저렴하게 서비스를 이용할 수 있게 되었다. 최소 이체 금액(1.2달러)와 이체 수수료(0.4 달러)가 더 저렴해진다면 더 많은 빈곤층이 소액결제를 이용할 수 있게 될 것이다.

M-PESA의 국제적인 확장

2009년 8월, 사파리콤은 '국제 금전 이체(International Money Transfer; IMT)'라는 새로운 서비스에 대해 출시 허가를 받았다. 이는 영국에서 케냐로 일방적인 이체가 가능하도록 하는 서비스로 케냐 이주민들에게 필요한 서비스이다. 사파리콤은 새로운 서비스를 통해 동아프리카 국가와 미국과 같이 케냐 이주민 사회

가 강력한 국가에 진출할 수 있기를 바랬다.

사파리콤은 IMT를 개발하기 위해서 보다폰, 웨스턴 유니언 및 관련된 규제기관과 협력했다. 2008년, 영국에서 대리점 역할을 수행하는 웨스턴 유니언, 프로비덴트 캐피털(Provident Capital), 켄티비(KenTV)와 함께 테스트와 3개월 파일럿을 진행했다. 이 테스트들은 인구 밀집도가 높은 19개 장소를 활용했다. IMT 파트너들은 송금인들이 돈을 입금할 수 있는 장소를 제공했다. 돈은 곧바로 수취인의 사파리콤 핸드폰으로 전송되었고 사파리콤 이용객들은 돈을 받았다는 문자메시지를 받았다. 등록된 이용자들은 케냐 전국에 있는 대리점에게 가서 출금할 수 있었고 등록되지 않은 이용자들은 웨스턴 유니언 지부에 찾아가야했다.

M-PESA를 통해 1회에 송금할 수 있는 최대 금액은 400달러이다. M-PESA를 통한 송금액은 매달 1,590달러를 넘길 수 없었고 송금인에게 6.5달러에서 10달러가 청구되었다. 반면 영국에서 케냐로의 은행 계좌이체 수수료는 16달러에 달했다. 웨스턴 유니언과 보다폰의 세계적 입지를 토대로 사파리콤은 송금 관련 IMT 서비스를 재빨리 우간다, 탄자니아, UAE, 미국과 같은 해외 국가에 제공할 수 있게 되었다.

보다폰과 글로벌 파트너십을 맺음으로써 사파리콤은 M-PESA를 국제적으로 출시할 수 있게 되었다. 2008년엔에는 로샨(Roshan)과의 파트너십을 통해 아프가니스탄에 출시한 후 보다콤(Vodacom)과 함께 탄자니아에 출시했다. 아프가니스탄의 'M-PAISA'는 은행을 이용하지 않은 인구의 97%에게 금융서비스를 제공했다. 이 서비스는 상호 음성 대답 시스템을 통해 다리(Dari), 파슈토어(Pashto), 영어로 이용할 수 있었고 (인구의 70%를 차지하는) 문맹 고객들에게 적합했다.

보다콤과 함께 2008년에 탄자니아에서 출시된 M-PESA의 신규가입률은 케냐보다 훨씬 느렸다. 출시 이후 14개월이 지난 2009년 6월, M-PESA는 고작 가입자 28만 명와 대리점 1,000개를 확보했다.비록 케냐와 탄자니아가 동아시아 이웃국가이지만 두 국가의 지리적, 문화적, 경제적 차이는 상당하다. 두 통신회사(케냐의 사파리콤, 탄자니아의 보다콤)는 서로 다른 전략을 취했다. 케냐의 유통망은 중간 규모의 통신료 대리점에 의존해 대리점을 관리했다면, 탄자니아에서는 기존의 통신 유통망과 분리하여 집합자 모델을 새로 구축하였다.

M-KESHO: 은행 혁명

> 케냐인들은 이제 핸드폰에 무인 저축 계좌를 소지할 수 있게 됩니다. 이 계좌가 M-PESA와 연동되면 우리는 아프리카와 개발도상국에서 은행 이용률이 가장 높은 국가가 될것입니다.
>
> (**제임스 므왕기**, 이퀴티 은행 CEO)

2010 5월, 사파리콤은 마이클 조세프가 얘기하길 '케냐에서 저축 문화를 확산할 수 있는 제품' M-KESHO를 출시했다. M-KESHO(모바일을 의미하는 M과 스와힐리어로 내일을 의미하는 KESHO의 결합어)는 이퀴티 은행과 협력해 출시되었다. 이퀴티 은행의 450만여명의 계좌주들과 M-PESA의 1200만 고객은 M-KESHO를 통해 두 서비스를 연결할 수 있게 되었다. M-PESA 계좌를 통해 이자를 누적하고 싶다는 고객들의 소원이 이루어진것이다.

M-KESHO는 아무 M-PESA 대리점을 통해 신청할 수 있는 이퀴티 은행의 이자가 붙는 저축 통장이다. M-PESA 지갑과 M-KESHO 계좌 간에 자유롭게 돈을 이동할 수 있으며 M-KESHO에서 다른 이퀴티 은행 계좌로 이동시킬 수 있다. 사파리콤의 M-PESA 대리점은 이퀴티 은행의 계좌주들을 위한 대리점도 겸하게 되었고 M-PESA 이용자들은 650개가 넘는 이퀴티 은행 ATM에서 돈을 인출할 수 있게 되었다. 이퀴티 은행은 또한 M-KESHO 계좌주들에게 개인상해보험제도를 제공한다. 2010년 11월에는 (신용위험관리 시스템 기반의) 즉시 대출 서비스도 추가로 제공되었다. M-KESHO의 고객층은 45.5만 명으로 늘었으나 그 중 17.6만 명만이 적극적인 이용자였다.

> M-KESHO는 다른 부가가치 서비스들과 비교했을 때 타 기관으로 옮기지 못하게 하는 높은 장벽이다.
>
> (**폴린 바우간**, M-PESA 매니저)

사파리콤은 시장 주도 자리를 유지하기 위해 부가 서비스를 출시했다. 먼저 지속 가능한 농업과 UAP 보험을 위해 신젠타 재단(Syngenta Foundation)과 함께 킬리오 살라마 (스와힐리어로 '안전한 농업')이란 서비스를 출시했다. 이 서비스는 1.1만 명 이상의 농부에게 농작물 손해가 일어났을 경우 금융 지원을 해주는 보험 서비스다. 두번째 서비스는 주아 칼리 상인협회 (Jua Kali Traders' Association)과 협력해 출시한 엠베일(Mbale) 연금 제품이다. 이 서비스를 통해 1.8만여명의 (연금 제품을 소지한) 비공식 부문의 노동자들이 돈을 입금해 미래를 위한 투자를 할 수 있도록 돕는다. 소지자들은 M-PESA를 통해 아무때나 돈을 입금할 수 있으며 0.25달러 등의 소액도 입금 가능하다.

오늘날의 M-PESA

2010년 10월, 마이클 조세프는 지난 3.5년간의 M-PESA의 지속적인 발전을 회상했다. 초기 난제들을 극복한 이후, 서비스들은 성숙기에 도달해 새로운 역량과 개선된 기능을 가지게 되었다. M-PESA의 포용적 시장 접근은 고객과 다른 이해관계자들에게 긍정적으로 사회경제적인 영향을 끼쳤다. 현재 위상은 다음 수치로 요약될 수 있다:

- 등록된 1,200만 명의 가입자(대부분 적극적으로 서비스를 이용)는 사프리콤 전체 고객층의 75%, 케냐 총 인구의 31%, 케냐 어른의 53%를 차지한다.
- 19,500개 M-PESA 대리점이 입출금 서비스를 제공하며 그 중 절반은 농촌에 위치해있다.
- 고객의 20%는 M-PESA를 통해 통신료를 내면서 예전보다 더 많은 전화를 한다.
- M-PESA 대리점을 통해 매달 약 6억 5,000만 달러 규모의 현금이 입출금된다. 평균 거래액은 30달러이며 그 중 50%는 10달러 미만이다.
- 2007년 출시 이후 2010년 7월까지의 M-PESA 누적 송금액은 총 65억 달러에 달하며 2010년 7월 한 달 동안만 4억 800만 달러 규모의 거래를 성사시켰다(1년 전에는 2억 4,700만 달러였음). M-PESA는 2010년 말까지 케냐의 총 GDP의 20%를 거래할 것이라 예상된다. 2010년 6월의 거래 건수는 총 전자상거래 건수의 70%를 차지했지만 총 거래 규모의 2.3%만을 차지한다.

2009년 회계 연도에는 M-PESA 매출이 9,440만 달러에 이르렀고 회사의 총 매출의 9%를 차지하여 중요한 핵심 수입원으로 성장했다.

- 모바일 온라인 금융 서비스는 현재 급격히 전세계적으로 성장하고 있다. 그러나, 경쟁사들은 M-PESA를 전세계적으로 우수한 사례로 꼽는다. 사파리콤의 국제적인 위상은 보다폰과의 파트너십을 통해 가능했다. 이 산업에서 M-PESA는 다음과 같은 광범위한 측면에서 의미를 가진다:
- 금융 소외 계층에게 관심을 가지고 국가 단위에서 기술을 활용해 사회경제적 발전을 도모하는 사례를 보였다;
- 사용량 기반의 비즈니스 모델을 개발하고 출시하는 방법을 실질적으로 성공시켰다. 전통적으로 변동 금리 방식을 적용하는 은행은 고객의 예금을 기반으로 고객의 수익성을 판단했으며 이는 빈곤층이 혜택을 볼 수 없는 구조였다. 반면, 통신회사들은 수많은 저소득층 고객들의 잦은 소규모 이체를 통한 수익 창출 잠재력을 인지했다;
- 저비용 거래 플랫폼 구축이 경제적으로나 사업적으로 중요한가를 보여주는 사례이다.

다른 모바일 서비스 제공자들의 조력자인 M-PESA

타 서비스 제공자들도 자신의 서비스에 대한 과금과 이체를 핸드폰을 통해 편리하게 제공하여 자신의 고객들에게 전체적으로 더 나은 서비스를 제공하기 위해 M-PESA사용을 늘려가고 있다.

예를 들면, 텍스티글(Txteagle)은 클라우드 기반의 가상 아웃소싱을 제공하는 회사이다. 텍스티글은 곧 케냐에서 가장 큰 규모의 고용주가 될 예정으로 약 1만명

그림 9 사파리콤의 매출 분석

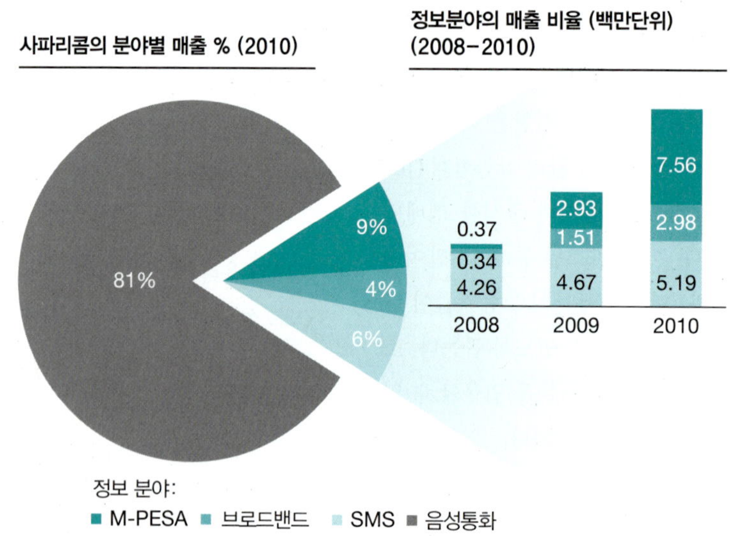

Source: NTT DoCoMo, 2007.

의 직원을 두고 있다. 텍스티글은 모바일 크라우드 소싱을 이용하여 어떠한 사업이나 조직이든 수백만 명의 원거리 고객이 사용할 수 있게 해준다. 또한 텍스티그는 시장 정보 제공과 온라인/모바일 설문조사 참여를 댓가로 지역 거주민들에게 단기 일자리를 제공한다. '아웃소싱된 직원'이 주로 통신료 혹은 온라인뱅킹으로 임금을 지급 받지만, 케냐에서는 M-PESA를 통해 현금을 받는다.

다음은 전략은?

CEO 마이클 조세프는 그의 안락의자에 편히 앉아 M-PESA의 과거와 미래를 생각했다. 서비스의 시장은 혁신적인 제품, 새로운 파트너십, 발전된 기술로 인해 급변하고 있었으며 지속적으로 경쟁적인 비즈니스 환경이 되어가고 있었다. 그는 사파리콤이 영광에 젖어 있으면 안된다고 생각했다. 사프리콤은 혁신 역량을 유지하고 지속적으로 부가가치를 케냐와 해외 고객에게 제공해야했다. 마이클 조세프는 수백만명에게 M-PESA 모바일 이체와 M-KESHO 모바일 계좌를 통해 금융 서비스를 제공하고 있다는 것을 잘 알고 있었다. 그러나, 케냐와 같은 개발도상국은 다른 부문에서 매우 뒤쳐져있다.

> 핸드폰이 전통적인 강자가 군림하던 금융 분야에 도전하여 변화시킬 수 있다면 다른 분야에서는 어떠할지 상상해 봐라.
>
> (**올가 모가위진스키**, 영국 에딘버그 대학 연구원)

사파리콤의 CEO는 핸드폰이 모바일 헬스, 모바일 농업과 같은 분야에 더 많이 쓰이기 시작할 것이라 믿었다. 사파리콤은 이미 M-PESA를 통해 '키리모 사라마' 재해 보험과 같은 서비스로 이러한 분야로의 진입을 준비하고 있었다. 사파리콤은 농촌 지역이 안전한 물을 먹을 수 있도록 도와주는 그룬드포스 라이프링크(Grundfos LIFELINK)(글로벌 펌프 제조사인 Grundfos의 부문)와의 파트너십을 통해 M-PESA 결제 수단을 제공하고 있었다.

M-PESA 고객 중 계좌를 소유하고 있지 않은 고

객이 25%밖에 없기 때문에 사파리콤에게 상호적으로 유익한 방안을 이끌어낼 수 있을지 고심했다. 그는 M-PESA가 케냐인들과 국제 산업 전문가 사이에서 유명하다는 것을 알고 있었다. 그렇지만 그는 일반 대중과 세계를 위한 사파리콤의 브랜드가 출시되어야 한다고 느꼈다. 그러나, 사파리콤은 세계적으로 확장하는데에 역량의 한계가 있었고 거대회사인 보다폰이 똑같은 제품을 출시해 경쟁사가 될 수 있는 상황이다.

그의 팀이 지금까지 훌륭히 일을 수행한 것을 염두에 두고 마이클 조세프는 자기 자신에게 다음 이사회에서 어떤 권고사항을 발표해야 할까 생각했다. 그는 사파리콤이 자사의 고객층과 매출을 유지하기 위해선 지속적으로 발전해야 한다는 것을 알고 있었다. 하지만 시장의 경쟁은 확실히 더 심화되었고 경쟁사들은 사파리콤의 경험을 학습했다. 케냐에서의 M-PESA 성공은 다른 국가에서 쉽사리 모방할 수 있는 것은 아니다. 최근에 밥 콜리모어와 얘기를 나눈 마이클 조세프는 그의 후임자의 낙관론에 동의했고 사파리콤의 성장 잠재성을 믿었다.

> 이사진의 지지 속에서 저는 사파리콤을 미래로 이끄는 것에 매우 자신있습니다. 케냐의 경쟁적인 모바일 산업 환경을 고려하여 저는 고객들에게 가치와 혁신을 전달하는 것, 직원들의 발전과 권한에 힘을 실어주는 것, 케냐 이해관계자들과 함께 저희의 특출난 브랜드를 강화시키는 것에 초점을 둘 것입니다.
>
> (**밥 콜리모어**, 새로 임명된 사파리콤 케냐의 CEO)

수많은 아프리카 국가와 세계의 다른 지역에 금융 소외 계층이 수백만 명이 된다. 그러므로 사파리콤과 다른 모바일 회사들에게는 모바일 금융 서비스와 다양한 모바일 관련 서비스를 제공하는 것은 하늘만이 한계이다…

부록

배경지식 1

한눈에 보는 사파리콤

> 사파리콤은 게임을 바꿨습니다: 원래 핑퐁이었던 것이 럭비로 변했습니다. 아직 공을 이용한 게임이긴 하지만 매우 다릅니다.
>
> (**위니프레드 카루구**, UNDP 성장하는 포괄적인 시장 계획의 선임 연구원)

사파리콤은 케냐의 통신 융합 솔루션의 선두 기업이다. 마이클 조세프는 2000년부터 사파리콤에서 일하기 시작해 2008년 9월에 이사진에 합류했다. 2,470명의 직원으로 이루어진 그의 팀은 음성과 데이터 서비스(문자메시지, M-PESA, 브로드밴드)를 제공한다. 사파리콤은 자사의 전국 GSM 900 네트워크를 기반으로 3G 네트워크, 위맥스, 섬유소를 통해 고속 데이터 통신을 제공한다.

케냐의 전 국영 독점 통신회사였던 우편 통신 회사(Kenya Posts & Telecommunications Corporation; KP&TC)의 부서로 시작된 사파리콤은 1993년부터 영업하기 시작했다. 사파리콤은 1997년 회사법에 따라 비공개 유한 회사로 전환되었다. 2000년, 세계에서 가장 규모가 큰 영국 보다폰 그룹이 사파리콤의 지분 40%를 인수하며 경영에 참여하였다. 2002년, 사파리콤은 주식회사로 전환되었다. 2007년도까지 케냐 정부에서 회사 지분의 60%를 소유하여 국영 기업으로 존속되었다. 2008년 3월, 케냐 정부에서 사라콤의 지분 25%를 매각하자 국영 기업법에 구애받지 않게 되었다.

오늘날 사파리콤은 동아프리카에서 시가 총액 기준(27억 6,000만 달러)으로 가장 규모가 큰 회사이다. 지역 개인 주주의 400억 주의 배당금은 2010년에 M-PESA를 통해 지급되었다. 사파리콤은 케냐의 통신 시장 지분율의 (2008년의 84%보다 감소한)77%를 차지하는 선두 기업이며 약 1,600만 명의 고객에게 서비스를 제공한다. 10억 6,000만 달러에 달하는 매출을 올렸다 (EBITDA는 4억 5,500만 달러). 2009년도에는 음성 매출이 총 매출의 81%에 달했고 데이터 서비스 매출이 나머지 19%를 차지했다 (그림 9 참고). 투자비(Capex)는 2009년도의 381만 달러(매출의 40.2%)에서 2010년도에는 216만 달러(매출의 20.8%)로 감소했다.

2008년에서 2009년 사이에는 사파리콤의 ARPU가 24% 감소해 6.3달러가 되었다. 그룹의 법인세 비용은

5,980만 달러에 달해 케냐에서 가장 세금을 많이 내는 기업이 되었다 (2008년도에는 7,610달러).

배경지식 2

케냐 정보통신기술 시장

> 케냐는 놀라울 만한 성장률과 굉장한 가능성을 보여준다.
>
> (**디어브라 맥헨리**, 피라미드 리서치의 애널리스트)

나이지리아(26%)와 남아프리카 공화국(19%)에 이어 케냐(7%)는 사하라 사막 이남의 아프리카에서 모바일 가입자 기준 세번째로 큰 통신시장이다. 2009년에는 1,740만명의 가입자가 있었으며 이용률은 46%에 달했다. 급진하는 모바일 인프라와 심화되는 통신회사의 경쟁 속에서 케냐의 모바일 가입자 수는 두자릿수로 성장할 것이다.

총 시장 매출은 42% 성장해 2008년도의 13억 9,000만 달러에서 2013년도까지 19억 8,000만 달러로 성장할 것으로 예상된다. 매출의 78%는 모바일 통신 부문에서 창출된다. 음성 서비스가 총 매출의 가장 큰 비중을 차지하며 2013년도까지 13억 달러로 성장할 것으로 기대되지만 모바일 데이터 부문 역시 급성장하고 있는 매출 구조이다. 모바일 데이터 부문은 3G 서비스 출시와 M-PESA와 같은 저기술, 저마진 모바일 데이터 서비스의 성장을 토대로 2008년도의 6,200만 달러에서 2013년도까지 2억 2,400만 달러로 성장할 것으로 기대된다.

CASE STUDY 22

Tunisiana
이동통신사의 선도

배경

최근 10년 동안 튀니지의 Tunis-Carthage 국제공항부터 La Marsa의 교외까지 이어지는 길이 변화하였다. 새로운 고가도로는 교통을 원활하게 도와주었다. 보행자 도로 또한 놓였다. "Berges du Lac"이라고 하는 쌍둥이 비즈니스 구역에는 새로운 건물들이 생겨나고, 마치 버섯과도 같은 형태를 띄고 있었다. 경제는 건설산업을 위해 존재하는 것처럼 보였다. 비즈니스 사무실들은 지역사회, 자국, 국제적 기업들의 혼합으로 이루어졌다. 옥외 광고판에는 이동통신의 광고와 핸드폰 공급자들이 만든 메시지가 있었다. 주요 도로 옆에는 커다란 US 대사관이 위치하고 있어, 미국이 여전히 지역사회에서 건재하고 있음을 알렸다. 길을 따라, 대사관 근처에는 군부대가 위치하고 있었고, 2011년 1월 Arab Spring을 시작으로 Ben Ali 정부의 뉴스를 기다리는 사람들의 집이 그곳에 있었다.

US 대사관 옆에 위치한 4층 건물 두 개는 국가 이동통신사와 최초의 사기업 이동통신사 Tunisiana의 본사이다. 2002년에 건립된 Tunisiana는 지역사회에서 이동통신 시장의 경쟁에 참여하기 위한 국가정책으로부터의 상품이었다. 자유 이집트당을 창립한 Naguib Sawiris의 회사인 Orascom 통신사는 쿠웨이트 통신사인 Wataniya와 함께했고 Tunisiana는 의도된 대로 시장에서 경쟁해야 했다.

국가

튀니지는 인구 1,100만 명의 북아프리카 국가이다. 16만 3,000 제곱킬로미터의 땅과 1,100km 해안으로 이루어져 있다. 지질학적으로 지중해연안에 있는 나라로 동쪽으로 알제리와 남쪽으로 리비아 사이에 위치해 있다(부록1 참조). 북쪽방향으로 60km 정도의 거리에 이탈리아 남쪽의 섬, 시실리(Sicily)가 있다. 짧은 거리임에도, 튀니지의 문화는 과거 프랑스의 식민지 시대로부터 영향을 받아 아랍 역사가 깊게 뿌리내리고 있다. 대부분이 아랍어를 사용하는 나라로, 일상에서 프랑스어를 아직 사용하기도 하며, 비즈니스 커뮤니케이션에서도 사용하고 있다.

1인당 국내 총생산은 9,600달러이며, 아프리카 국가들 가운데 가장 부유하다. 천연자원이 부족함에도 튀니지는 제조 수출의 허브가 되었고, 유럽인들 사이에서

This case study was written by Ken Campbell, CEO of Tunisiana, and Tawfik Jelassi, Professor of e-Business and Information Technology at the School of International Management, Ecole Nationale des Ponts et Chaussees, Paris. It is intended to be used as the basis for class discussion rather than to illustrate effective or ineffective handling of a management situation.

선호하는 여행지로 선정되었다.

1881년부터 프랑스의 보호국이였던 튀니지는 1956년 독립하면서 왕권 시스템을 폐지하였고, 공화국이 되었다. 이것은 1956년과 2011년 사이의 두 명의 선두자에 의해 이루어졌다. 첫 번째 튀니지 공화국의 카리스마 대통령인 Habib Bourguiba의 리더쉽으로 튀니지를 안전한 국가로 이끈 바 있다. 따라서 여성의 권리를 보호하게 되었으며, 의무교육의 발전의 토대가 되었다. 1987년 11월 7일, Zine El Abidine Ben Ali가 Bourguiba를 대통령 직에서 물러나게 하고 그의 임기 동안 그의 통제하에 나라 전체를 군림하였다. Ben Ali의 독재는 삶의 매순간마다 느낄 수 있었다. 특히, 사업의 중요한 결정권을 쥐고 있었으며, 그의 가족과 친구들이 어디에 있는지까지 관리하였다. 또한, 그는 정기적으로 강력한 내무부와 경찰을 앞세워 반대론자들을 제압하기도 했다.

쟈스민 혁명

2010년 12월 17일, Sidi Bouzid(튀니지의 중심 도시)에서 식품점 가판대의 젊은 사장인 Mohamed Bouazizi는 그의 작물들을 팔기 위한 허가를 받지 않았기 때문에 지역정부당국로부터 그의 가판대를 철거하라고 압박 받았다. 정부당국으로부터의 약자들을 괴롭히는 행위는 상거래에서 흔히 볼 수 있는 광경이었다. 그는 자신의 몸에 불을 붙였다. 그의 죽음은 Sidi Bouzid에 대한 분노로 표출되었으며, 이는 튀니지와 아랍국가들의 반항을 일으키게 되었다.

Tunis(튀니지의 수도)에서 거대한 시위가 이루어진 후, 나라 전체로 퍼졌다. 2011년 1월 14일, Ben Ali는 이러한 변화를 바래왔던 경찰과 군인들로부터 Saudi Arabia로 도망쳤다. 그의 정부는 무너졌고, Ben Ali의 축출로부터 민주주의의 움직임을 보이기 시작했다.

이동통신 산업

무선 통신의 출현이 있었던 1990년대 말까지 국영 거대조직이 글로벌 이동통신을 지배하고 있었다. 1998년부터 2004년까지 북아프리카는 적어도 6개의 신규 이동통신사업자가 모로코와 이집트 시장에 진입하는 것을 보았다.

2002년에 카이로(이집트의 수도)를 기반으로 한 Orascom 통신사가 시장에 출현하였다. Tunisiana는 최초의 민간 기업 통신사이다. 그들은 15년 동안 사용권을 4억 5400만 달러에 입찰했고, 5년 주기로 갱신하는 조건이었다. 당시 Tunisie Telecom(TT)라는 현재 통신사와의 경쟁은 필수였다.

2012년 말, 650만 명 가까운 가입자가 생겼으며 Tunisiana는 55%의 시장을 점유할 정도로 성장하였다. TT를 비롯한 새로운 통신사인 Orange(프랑스 통신사)와도 경쟁했다. Orange 는 2년동안 13%의 시장 점유율을 차지할 정도로 국제적인 기업이었다. TT는 유선 인터넷부터 모바일까지의 서비스를 제공하는 시장에서 지배적 위치를 선점하고 있었고, 무선 서비스의 시장점유율은 2012년 12월, 32%대로 급격하게 감소하였다(그림 1). 그러나 여전히 유선 인터넷 공급자로서 건재하였다(부록 2).

튀니지 정부는 인터넷 서비스 공급자(Internet Service Provider: ISP)에게 접속 권한을 판매하고 Tunisie Telecom의 인프라를 사용하도록 했다. 따라서, 인터넷 사용자는 TT로부터 유선을 공급받아야만 했다. 고객들은 ISP를 통해 인터넷 계정을 설치해서 집이나 사무실에서 사용하고, 인터넷과 데이터 서비스에 대한 이용료를 지불하였다. Ben Ali 정부는 5개의 ISP를 허가하였는데, 그 중 세 개의 ISP는 Tunet(Tunsiana), Topnet(TT), Planet(Orange)이며, 나머지 두 개는 GLobalnet과 Hexabyte이다(부록 3).

Ben Ali에 대한 혁명 이전에, 인터넷은 "Agence Tunisienne d'Internet (ATI)"라고 불리는 준-정부(quasi-government)에 의해 통제되었다. Agence Tunisienne d'Internet (ATI)는 모든 인터넷 트래픽을 관리 및 감독하였다. Ben Ali에 의한 인터넷 감시가 점차 줄어든 혁명 이후 ATI의 역할은 지속적으로 변해왔다.

2012년 10월, ADSL의 가입 건수는 506,380이 되었

그림 1 2003년부터 2013년사이의 모바일 사업자들의 시장 점유율 추이

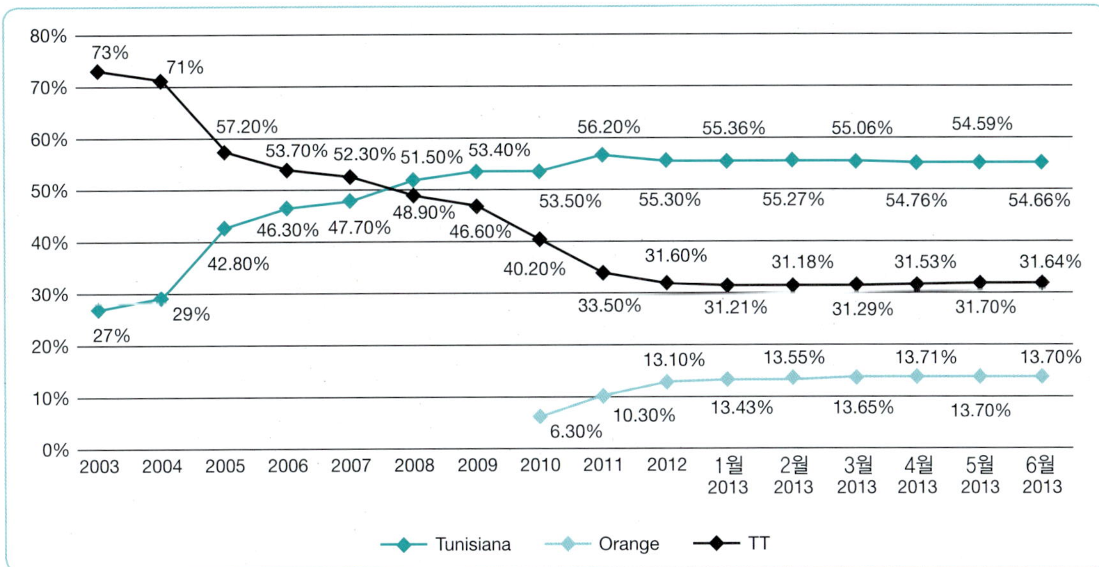

Source: Tunisiana internal data.

고, Tunet's(Tunisiana' ISP)의 시장점유율은 2010년과 비슷한 3.6%로 약 2만여 건 수준이었다(그림 2).

2012년 12월과 비교하여, 모바일 시장 전체 이익은 유선 173 백만달러와 ISP 39백만 달러를 포함한 1,629 백만 달러였다.

흐름의 변화

Tunisiana가 모바일 시장에서의 리더가 된 것은 10년 이상 공격적인 시장 활동과 네트워크 품질관리 및 확장에 끊임없는 투자의 결과였다.

2003년 시장에 진입할 당시, Tunisiana는 불안정한 네트워크 상황과 비즈니스 모델로 어려움을 겪고 있었다. Tunisian 규제기관(Instance Nationale des Télécommunications: INT)은 고객이 다른 통신사로 전화가 연결될 때 TT의 높은 접속 수수료를 고집하는 것을 지지했다. 그 결과, 높은 접속 수수료는 상대적으로 낮은 발신 수를 가져왔고, 높은 시장 점유율을 가진 공급자는 가족, 친구, 동료들을 동일한 공급자를 선택하게 함으로써, 금전적 이익을 취할 수 있도록 하여, 더 많은 이익을 취했다. 전세계 대부분의 통신 수수료의 규제가 불균형하고 TT를 선호하는 편향은 튀니지의 정부기관 및 정부기업의 정치적 동맹을 보여주는 하나의 지표였다.

그림 2 ISP 시장 점유율 -2013

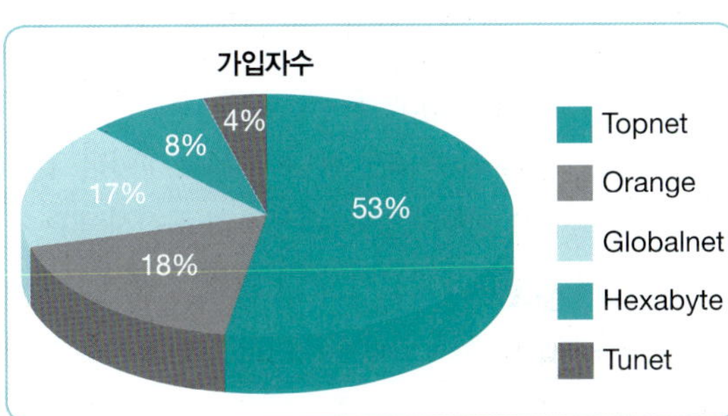

Source: National Agency for Telecommunications (INT), May 2013.

이러한 경제적 장점에도 불구하고, Tunisiana는 공격적으로 사업을 진행하였다. 기존 회사인 TT는 회사의 규모를 줄이고 의사결정 프로세스 속도를 낮춰 천천히 진행하였다. 자본 투자 역시, 서서히 진행하여 네트워크 용량 제한을 경험하게 하였다. 이를 통해 Tunisiana는 사업의 기반을 세우고 접속수수료에 대한 단점을 극복함으로써 시장점유율을 높여 이득을 취했다. 첫 번째로, 낮은 수입원을 가진 고객을 Tunisiana에 가입시키고 소규모 신생 사업자에게 금전적으로

영향을 미치는 방법을 시도했다. 이 후, 대기업을 대상으로 새로운 네트워크를 이용하도록 하여 2009년 Tunisiana는 시장의 경쟁자들보다 확고한 시장 점유율을 가지게 되었다.

Tunisiana는 "사람들의 브랜드(people's brand)"라는 브랜드 포지셔닝을 고집했다. 공격적인 가격정책과 향상된 네트워크 범위는 소비자들에게 기존의 것보다 더 자주 접속할 수 있도록 하였다. 역사적으로 모바일 커뮤니케이션 서비스는 부유한 사람들만이 사용할 수 있었지만, Tunisiana의 공격적인 가격정책과 프로모션으로 모든 사람이 이용 가능해 졌다. 이것은 Tunisiana가 효과적으로 모바일 커뮤니케이션 서비스를 민주화시켰다는 것을 의미한다. 튀니지 모바일 폰 수용 비율은 10년 동안 18.8%에서 123.7%로 상승하였다.

Tunisiana의 역할은 모바일 폰 산업을 넘어 삶의 영역까지 영향을 미쳤다. 자국의 운동선수나 스포츠 이벤트에 기부하는 역할을 수행하여 기업의 포지셔닝을 확고히 하는데 도움을 주었다. Runisiana의 "축구 아카데미" 프로그램은 젊은 청년들이 스포츠에 참여하는 것을 격려하기 위해 운영되었다. "스타트업 팩토리(Start-Up Factory)"라고 불리는 벤처 사업을 지원하는 사업도 하며, 투자가 필요한 튀니지 기업을 지원하기도 하였다.

혁명 동안에, Tunisiana는 한 발짝 더 나아가 TT(Orange가 출범이기 전)와 비교하여 소비자에게 이벤트를 통해 커뮤니케이션을 할 수 있는 네트워크 관리를 잘 유지하고 있었지만, 한 가지 문제가 있었다. 이벤트가 진행되는 동안 대부분의 상점들은 문이 닫혀 있었고, 통행금지 시간때문에 고객들이 통화 시간을 늘기기 위한 통화권(top-up)을 구매할 수 없었다. 추가 지불하는 것이 거의 불가능했다. 스트레스는 높았다. 사람들은 연인과 연락을 지속적으로 할 수 없었고, 이 나라에 무슨 일이 있는지 알아보려는 활동도 하지 않았다.

국가 통행금지의 첫째 날이었던 2011년 1월 14일, Tunisiana는 고객들에게 무료로 모바일 폰에 대한 추가비용이 없다는 전례 없던 결정을 했다. 그 다음날에도 계속되었고, 이것은 일주일 동안 계속되었다. 이러한 행동은 고객들에게 호의적으로 영향을 미쳤다. 고객들은 연인끼리 대화가 가능해졌으며, 회사에 대한 충성심이 생겼고, 사람들에게 Tunisiana가 튀니지 브랜드라는 것을 각인시키는 데 도움을 주었다.

Tunisiana의 주주와 정부

Tunisiana의 성공은 Ben Ali 정부의 주도하에서 혁명을 이끌었다. Tunisiana가 시장에 끊임없이 영향을 미치고 있었고 정부(Ben Ali 집안)는 통신사를 넘어 더 큰 수단으로 간주하고 있었다.

2010년 후반에 Orascom 통신사는 그들의 지분을 Qtel 에 매각하기로 했다. Qtel 은 소수의 지분을 가지기 위해 지역 파트너를 찾기 시작했다. 2011년 1월 4일, Qtel 이 Orascom 주식의 절반에 대한 획득 협상이 이루어졌고(결국 쿠웨이트의 자회사인 Wataniya를 통해 Qtel 의 지분은 50%에서 75% 증가하였음), Ben Ali의 아들 Sakher El Materi가 정부의 추천을 받아 Orascom의 주식 25%를 구입했다. 이로 인해, Sakher El Materi가 이 Tunisiana의 이사회 회장이 되었다. 열흘 뒤인 1월 14일, 혁명은 시작되고 Sakher El Materi는 나라에서 도망쳤다.

정부타도의 결과, 대통령 Ben Ali와 그의 가족들의 모든 자산은 압류되었으며, 부동산부터 고급 승용차, 미술품까지 다양했었다. 압류된 자산 중 가장 가치 있었던 자산은 Tunisiana의 25% El Materi 주식이었다.

3G와 미래

모바일 환경은 끊임없이 변화한다. 컴퓨터 커뮤니케이션의 등장, 그리고 인터넷의 등장, 음성 중심의 커뮤니케이션으로의 발전이 산업에 지속적으로 영향을 미쳤다. 이러한 산업의 이동은 3G가 1990년에 처음 출시되기 시작한 이래로 빠르게 발전하였고, 데이터 접속은 모바일을 통해 이루어졌다. 대부분의 통신사들은 가까운 미래의 커뮤니케이션이 음성 지원 기술인 "voice over IP"의 형태를 갖춰 100% 데이터로 변화할 것이라는 것이라고 예측하였다(표 1).

표 1 음성 데이터 수익 추이

통계	2012 1분기	2012 2분기	2012 3분기	2012 4분기	2013 1분기
튀니지 시장에서의 모바일 수익 (US 백만달러)					
• 음성	326.02	335.6	317.74	311.35	304.58
• 데이터	22.13	22.88	21.78	23.94	25.85
전체 수익에서 데이터 비중(%)	6.36	6.38	6.4	7.1	7.8

Source: Informa, 2013.

라디오 스펙트럼은 정부가 소유 및 권한을 가지고 있다. 그들은 회사나 개인이 누가, 언제 어떻게 주파수를 사용하는지에 대해 감독하며, 규정된 원칙과 상황 하에서 권한을 발휘한나(WiFi는 신호의 상노의 제한을 둠으로써 사용에 대한 권한이 필요 없음). 대부분 시장에서 3G 사용권에 대한 프로세스는 공개 경매 프로세스를 통해 이루어진다. 일반적으로 경매가격은 현재 통신사의 새로운 주파수에 대한 보안과 가격에 의해 결정되며, 3G 출시가 가능하다.

튀니지의 경우, Ben Ali 정부는 2010년 시장이 처음 생겼을 당시 모바일 커뮤니케이션 사용권을 Orange(프랑스 통신사)에 주었다. Orange Tunisie는 Marwan Mabrouk (Ben Ali의 아들)이 속한 기업협력단으로 사용권은 Ornage社 가 독점으로 3G 서비스를 1년 동안 제공하는 것이었다. 이것은 명백하게도 아들의 사업에 득이 되는 방향으로 시장에 진입하는 신규기업이 되도록 만들었다.

2011년 4월, 정부는 신성장 동력을 위한 사용권과 주파수 스펙트럼 없는 통신사업자인 TT에게 3G 사용권을 허락하였는데, 이것은 공개입찰 없이 이루어졌다.

2011년 10월 23일 첫 번째 혁명선거 이후인, 12월 Ennahda라고 불리는 중립의 이슬람교도들로 구성된 연립정부가 새롭게 탄생하였다. 당시, 새로운 정부는 국가 운영 경험이 매우 적었기 때문에, 정부는 튀니지 사람들에게 최초의 자유 선거를 시행했다. 프랑스의 Orange 디렉터로써 경험을 갖추고 있었던 Mongi Marzouk를 통신부의 새로운 장관으로 임명하였다.

Marzouk는 장관 직위를 수행하기 위하여 과거 직업을 그만두었다. 그는 풍부한 기술적 배경지식을 갖추고 있었으며, 산업에 대해 이해가 높았고, 어떻게 산업을 번창시킬지에 대한 명확한 비전을 가지고 있었다. Marzouk은 이 분야를 발전시키기 위해 적극적인 안건을 세웠다.

그의 최초 안건 가운데 눈에 띄는 것이 신규 3G 시용권을 발행하는 것이었다. 또한, 그는 유선 사용권을 함께 묶어, 모든 가격 입찰인에게 무선 및 유선 부분에 투자하도록 했다. 이것은 분명히 Tunisiana가 시장에서 동일한 경쟁력을 얻기 위한 수단으로 설계되었다. 사용권은 세 통신사에게 영향을 미쳤을 수 있다. 이전 정부와는 반대로, 모두를 위한 경매를 진행하였고, 국제 투자자 역시 새로운 시장 진입자로 참여하였다.

통신사업은 거대한 자금을 필요로 한다. 어떠한 시장에서든지 새로운 진입자는 네트워크를 형성을 위한 자금이 필수적인데 최초의 진입자를 위해 수백만 달러가 요구된다. 튀니지에서 네트워크를 진입으로의 새로운 시장 진입자에게는 세 경쟁자들과 경쟁하는데 있어 경제적으로 매우 벅찬 상황이었다.

2012년 2월 9일, 통신부 장관은 3G와 유선 사용료 관련 입찰을 위한 국제전화를 발부하였다. Tunisiana 팀은 별다른 특징 없는 회색 밴을 타고 통신부 건물에 차를 세웠다. 제출 당일 날 새벽, 다른 회사가 입찰서를 제출했는지 알기 위해 일부 직원들은 건물 앞에서 지켜보았고 마감 5분 전인 정확히 오전 11:55분에 다른 입찰 경쟁자는 보이지 않았다. Tunisiana의 CEO인 Ken Campbell(2011년 회사 경영에 참여)은 "봉투 B"를 그의 가방에서 꺼내 흰색 박스에 넣었다. 이것이 바로 Tunisiana의 금융입찰인 것이었다. 네 명의 남자가 장관 계단 쪽에 기술입찰로 무거운 상자를 내려놓았다. 입찰제안은 모두 제출되었다.

몇몇 다른 지역 통신사의 관심에도 불구하고, Tunisiana가 새로운 사용권의 입찰 제안을 한 유일한 기업이 었다. 2012년 4월 20일, 장관은 기자회견을 열어 주요 사항을 발표하였는데, 그것은 Tunisiana 회사만이 유일하게 입찰에 참여했다는 점이 믿기 어려웠다는 것이었다. 정부는 최소 가격을 제안하기로 결정하고, 몇 분 후, Tunisiana가 제출한 서류를 개봉하였는데 그들이 제안한 금액은 1억 6,100만 튀니지디나르(대략 1억 700만 달러)로 입찰 금액으로 충분하지 않았다.

입찰의 실패는 Tunisiana와 Qtel Group의 문제를 해결하는 것을 악화시켰다. 정부가 원하고자 하는 것이 무엇인가? 그들이 원하는 금액은 얼마였을까? Qtel과 Tunisinana의 회장단들의 토론이 이어졌다. Qtel Group의 CEO인 Nasser Marafih 박사와 Tunisinana의 회장 Tawfik Jelassi 박사는 입찰액을 높이기로 했다. Orange와 TT는 3G의 시작단계에서 이득을 취하기 위해 연합을 했고 실패는 용납되지 않았다.

과거에 Tunisiana가 3G 사용권 없이 시장에서 살아남는 동안, 다른 문제들이 발생했다. 시장이 성장함에 따라 Tunisiana 의 성공이 문제로 봉착하게 된 것이다. 제한된 2G 스펙트럼은 모든 가입자들에게 충분한 서비스를 제공하지 못하여 전화수신의 품질이 떨어지는 피크 시간에는 절반 가격으로 낮추어야만 했다. 3G의 새로운 스팩트럼은 새로운 데이터 서비스만을 위한 것뿐만 아니라 음성 커뮤니케이션에도 매우 중요하다. 3G 없이는 Tunisiana의 서비스 품질을 떨어질 것이고 고객들을 불만을 표출할 것이 예상되었다.

이 밖에도 유선 사용권에 대한 가치가 화두로 떠올랐다. Campbell과 그의 팀은 유선 사용권의 가치에 대해 분석하였다. 무선 스펙트럼이 현 비즈니스를 보호하는데 가치를 두고 있었지만, 무선은 그렇지 않을 수도 있었다. 보급률이 20% 미만에 유선 커뮤니케이션 서비스는 모바일에 밀려났었기 때문이다. 유선 사용권은 고대역폭 소비자 및 회사의 니즈를 만족시킬 수 있었지만 투자비용이 높고 비즈니스의 성공도 확실하지 않았다. 투자에 대한 회수는 최소 10년 이상 걸릴 것이라 예측했다. 애매한 규제 환경이 유선/인터넷 금액과 모바일 브로드밴드의 불투명한 미래에 영향을 미쳤다. Tunisiana 는 유선 사용권의 가치를 1,500만 튀니지디나르(TND)보다 적은 가치를 가지고 있다고 판단하였지만, 정부는 더 원했었다. 더불어, 그들은 낙후된 지역의 경제발전에 도움을 주는 것에 대한 총력을 다할 것을 약속하기를 바랐다(Tunisiana 혁명은 2010년 12월에 시작하였기 때문이다).

팀은 계획을 다시 잡았다. 2012년 4월 28일, 새로운 입찰을 제안하였다. 통신부 장관은 2012년 4월 4일 기자회견을 열고 입찰서를 공개하였다. 그는 Tuniisna의 이전 제안 금액보다 20% 높여, 새로운 입찰금액인 2,050만 TND를 발표하였다. 그는 최소 입찰 금액이 담긴 두 번째 봉투를 열었다. 그곳에는 1,900만 TND라고 써있었다. 결국, 사용권은 Tunisiana에게 돌아갔다.

새로운 전략

몇 주가 지나고 2012년 9월, Campbell은 Sousse(튀니지의 수스주 주도)의 리조트에서 이틀 동안 경영팀과 함께 보냈다. Tunisinana의 2013년 계획을 세우고 향후 미래를 바라보는 것이 목적이었다. 지금까지는 현재 비즈니스 운영을 어떻게 할지에 초점이 맞춰져 있었다. 3년에서 5년 동안의 사업이 어디로 갈지에 대한 논의는 거의 없었다. 측정된 1년 예산과 장기적인 비즈니스 계획은 매년 정권의 한 부분으로 남아 있어, 경영팀은 이번에 Tunisiana의 미래를 깊게 생각해 보기로 결정했다.

그들은 3G 사용권을 획득하고 최고 기술관리자인 Hatem Mestiri의 리더쉽 하에서 정신없이 움직였다. 그들은 시장에 역사적인 순간을 만들었다. 최고 광고관리자인 Taieb Farhat과 그의 팀은 2012년 6월 18일에 지역 호텔에서 화려하게 서비스를 출시하였다. 시민들의 호응은 있었지만 판매는 그저 그랬다. 3위의 시장 점유율은 그들이 예상했던 것보다 저조했다. 음성 트래픽은 3G로 옮겨가기 시작했고 혼잡했던 2G의 속도는 개선되었다.

거시경제 측면에서 통신 시장이 직면할 과제들과 통신업체의 성장 기회 가능성은 악화되어가는 수익과 미미한 핵심 사업의 성장에 장기적으로 영향을 미칠 것이라고 아주 분명해져 갔다. Tunisiana의 성장은 모바일 서비스의 시장성장과 함께 한다. 인플레이션의 압박은 비용과 임금의 증가로 이어졌고, 비용증가는 튀니지 시장의 후기 혁명을 혼란스럽게 만들었고, 모바일 시장은 새로운 틈새시장으로 진입하게 되었다. 이것을 "over-the-top(OTT)"라고 하고 성장은 느리지만, 회사는 성장을 위해 반드시 다른 접근법이 필요했다. 미래를 위한 새로운 전략은 개발되어야만 했다.

성공으로 가는 길

그들의 전략 관점으로부터 Qtel Group의 세 가지 테마에 대한 경영은 튀니지 상황과 밀접해 있었다.

1. 내적 토대를 위한 강화

57%에 근접한 이윤으로 Tunisiana는 Qtel Group과 시장에서 가장 수익률이 좋은 편이었다. 튼튼한 재정은 국내 시장에서의 수익률에 영향을 미쳤을 뿐만 아니라 튀니지에서 매력적인 국제 전화 수신 요금을 반영한 결과였다(부록 4). 반면, 규제 및 경쟁적인 환경에 대한 합의로 이윤을 감수시켜야만 했고 국내 접속률이 감소하면서 가격압박은 증가하였다. 이러한 상황에서 배당금을 증가시키고 현금 흐름을 완화하게 해야만 했다. 기업 경영을 기본부터 다시 시작해야 했고, 미래를 위해 린 생산(lean operation)과 대차대조표도 적합하게 다시 만들어야 했다.

어려움에 직면해 있는 경영문제를 벗어나 성장할 수 있을까? 비용절감이나 자본투자에 조금 더 힘써야만 할까? 타 통신사들과 인프라를 공유할 수 있는 기회가 있을까? SMS을 소멸시킨 WhatsApp이나 Viber와 같은 OTT 어플리케이션의 부정적인 영향을 완화시킬 수 있을까?

2. 고객경험의 차이

비즈니스가 성숙기에 접어들고, 기업들은 시장 점유율 확보를 위해 치열해졌다(부록 5). 경쟁은 더욱 심화되어 최고치에 다다랐다. 고객들은 다수의 SIM 카드를 구매하는데 있어 가격에 민감해졌고 가장 이득이 되는 통신사로 전환하는 현상이 빠르게 나타났다. 고객 충성도 프로그램이 중요해짐과 동시에 네트워크의 품질과 고객 서비스 운영에도 신경을 써야 했다.

상황이 이렇게 되자, Tunisiana는 2012년 중반, "고객 경험 프로그램"을 시작했다. 이것은 "고객접점"에서의 품질에 집중함으로써 고객 경험을 이해하는 것을 목표로 두었다. "접점"은 고객 충성도를 이끌 수 있다(부록 6). 더 나은 경험을 제공함으로써 통신업체를 자주 옮기는 고객을 줄일 수 있는 수단이며, 고객을 오랫동안 유지시킬 수 있는 방법이다. 그러나, 소비자에게 강력한 경험을 제공하는 것은 비용 없이는 불가능하다. 네트워크 품질 향상에는 시간이 걸리기 때문에 더 나은 경험을 제공한다는 것은 지원시스템에 더 많은 투자를 해야 한다는 것을 의미한다. 더불어, 직원 교육과 발전에 더 많은 투자를 해야한다. 이러한 비용을 다른 분야에서 적용할 수 있을까? 무시할 수 있을까?

3. 새로운 성장으로의 투자

유럽 통신사들이 안정화 됨에 따라, 산업의 성장은 그들의 경제성장과 매우 유사해져 갔다. 특히, 모바일 통신사는 다른 공공 서비스로부터 금전적인 혜택을 받고 있었다. 성장에 도전할 뿐만 아니라 허가된 환경 규제 때문에 통신사들은 텔레비전, 인터넷, 무선과 모바일을 포함한 번들 서비스를 새로운 사업으로 생각하기 시작했다. 이런 광범위한 제안은 낮은 이윤과 상당한 자본의 투자에도 불구하고 새로운 성장 기회로 여겨졌다.

Tunisiana는 실행 가능한 새로운 기회에 대해 토론했다. 미래에 세 개 또는 네 개의 묶음상품으로 제공하려는 서비스를 개발하기로 이미 결정되어 있었다(부록 7). Tunisiana는 그 사용권을 가지고 미래의 고객과 기업에게 유선기반의 초고속 브로드밴드 서비스를 제공하는 기반을 다졌다. 그러나 유선 서비스는 자금회수기간이 오래 걸리기 때문에, 안정적인 수익 보장이 힘들다. 따라서 그들이 취할 수 있는 다른 기회들을 분류해 보았다.

- *기업 서비스* – 네트워크 서비스, 개인 네트워크, 클라우드 서비스, IT 서비스와 인프라 호스팅을 관리

해 주는 서비스이다. 영국의 BT 와 같은 회사는 소기업과 대기업을 위한 탄탄한 포트폴리오 서비스를 개발하여 운영하였다. 이것은 기존의 서비스를 보완하고 수익을 더 강화시킨다.

- *컨텐츠 서비스* – 튀니지 정부는 지금까지 "Dream Boxes" 사용을 묵인하였다. 작은 셋톱 박스들은 위성시스템과 연결되어 모든 채널들을 암호화된 기술 없이 시청할 수 있도록 허락했다(부록 8). 이것은 지속적으로 업데이트해주는 코드들에 대한 간단한 인터넷 연결만 있으면 가능했다. 결론적으로, 튀지니 소비자들은 컨텐츠에 대한 어떠한 비용을 지불하지 않았던 것이다. 그들의 연간 수수료는 코드를 해석하여 업데이트하는 Dream Box 의 제공자에게 돌아갔다. 다양한 품질 제공으로부터 일반 소비자들을 이런 접속상태에 대해 즐거워했다. Tunisiana가 컨텐츠 제공과 함께 유선 전략을 함께 수립할 수 있었을까? 만약 그랬다면, 주주들은 튀니지 시민들이 사려는 것을 개발하는 데 영향을 주었을까? 그리고 정부가 이를 도와줬을까?
- *국제적 확장* – 이웃나라인 리비아에서의 혁명은 새로운 기회의 창이 되었다(부록 9). 리비아의 사업자들은 세계적인 성공사례에 대한 정보가 부족하여 이 분야를 개발하기 위한 사람과 지원이 필요로 했다. 경험이 많은 튀니지 팀과 함께 Tunisiana 경영은 리비아에 장 · 단기적 지원과 전문적인 컨설팅 역할을 수행하였으며 다른 사업자들은 그들이 신흥 시장에 영향을 미칠 것이라고 생각했다. 이미 서비스 입찰 서류는 공개되었고, 그것은 필요로 했던 기회였다.

분명하게 생각해봐야 할 점이 많다. 경영진은 그들이 수많은 잠재된 길을 선택하는 동안에 충분한 노력으로 집중해야 했다. 직원들은 불안해 했고, 대다수가 회사의 성장에 저자세로 대하는 것을 보고 좌절했다. 더불어 개인의 성장을 위한 기회는 매우 적었다. 불확실한 상황에서 그들이 나아가야 할 방향이 필요했다.

부록 1

튀니지 지도

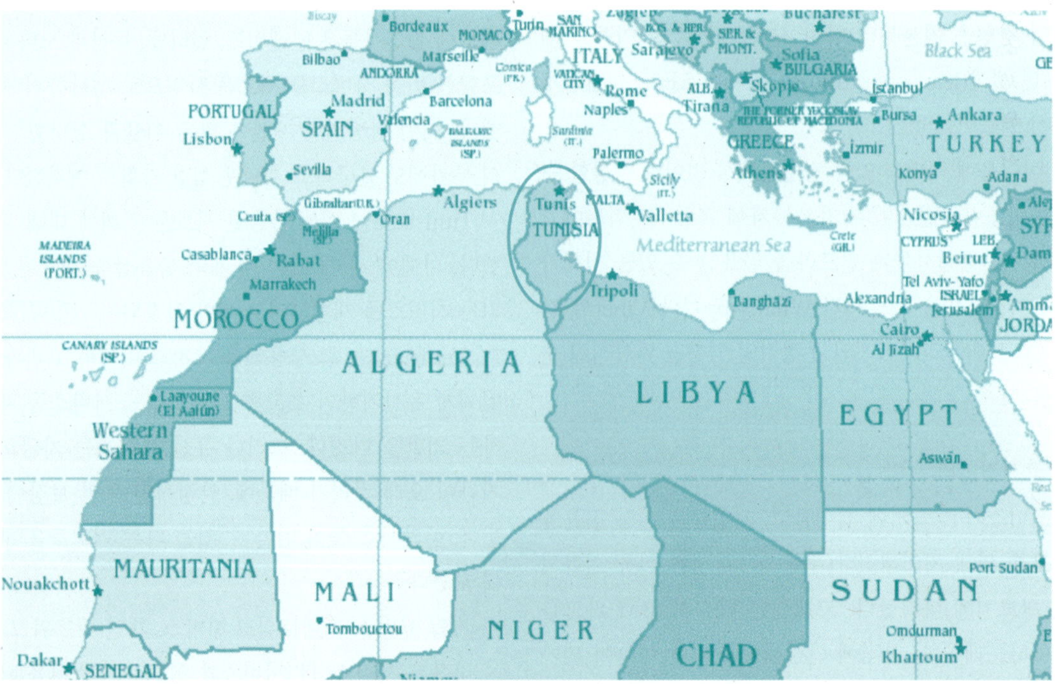

부록 2

Tunisie 통신사의 P&L 내역서(2012)

차익(%)	백만 튀니지디나르
수익	**1,407**
매상 총이익	**1,021**
EBITDA	**672**
EBIT	**374**
순이익	**224**
(TND in millions)	**2012**
순세입	1,287
다른 경영상의 수익	48
경영 수익	**1,335**
년 성장률	3%
경영성과	**1,016**
차익(%)	76%
EBITDA	**595**
차익(%)	45%
년 상장률	5%
D&A	303
차익(%)	23%
충당금	50
EBIT	**243**
차익(%)	**18%**
재무성과	**9**
기타 수익 및 손실	**0**
세전순이익	**234**
소득세	**103**
세금비율	**44%**
당기순이익	**130**
차익(%)	**9.8%**
Fiscal control provision	**159**
수정된 당기순이익	**29**
차익(%)	**2.2%**

Source: Company data, management reporting.

부록 3

Hexabyte 회사의 분기별 결과

Hexabyte	2012년 12월* 튀니지디나르
수익 (1)	5,114,171
다이얼 수익	**5,597**
거주자 ADSL 수익	**3,669,173**
XDSL 기업 수익	**823,907**
사이트 호스팅 및 도메인 이름 수익	**74,698**
IP 관리 해결 및 네트워크 수익	**115,830**
태블릿 및 PC 판매	**325,353**
기타 수익	**99,613**
운영 비용 (2)	**3,821,318**
직원비용	**1,186,315**
기타 운영비용	**803,758**
EBITDA = (1)-(2)	**1,292,854**
EBITDA 수익율	**25%**
이자소득 (3)	**200,362**
재무비용(렌트비 포함)	**289,277**
전체 수익 (1)+(3)	5,314,533

Source: *These figures are extracted from Hexabyte's provisional accounting statements up to December 2012.

부록 4

Tunisiana의 P&L 내역서(무선 사업)*

Financials ('000) 2012	
총 후지불 수익	86,997.2
총 선지불 수익	976,117.9
총 기타 수익	59,946.9
총 수익	**1,123,062**
총 판매 비용	(235,764.7)
차익	**887,297.3**
차익률	**79%**
운영비용	
기술 OPEX	(85,890.6)
지원 OPEX	(101,987.5)
마케팅 및 판매 비용	(35,688)
직원 비용	(84,484.6)
총 운영비용(OPEX)	**(308,050.8)**
OPEX 수익률	**27.4%**
EBITDA	**579,246.5**
EBITDA%	**51.6%**
감가상각	(130,429.2)
할부상환액	(56,859.8)
운영차익	**391,957.5**
비운영항목 및 지출	
외국환 이득(손실)	2,267
재정비용	(564.6)
이자소득	11,718.6
기타 운영 항복	48
세금	(169,049.9)
순익	**236,376.6**
매출수익률	**21%**
Minority share in P&L	
당기 순이익	236,376.6

*in Tunisian dinars (TND).
Source: Tunisiana.

부록 5

모바일 통신 사업 시장 규모

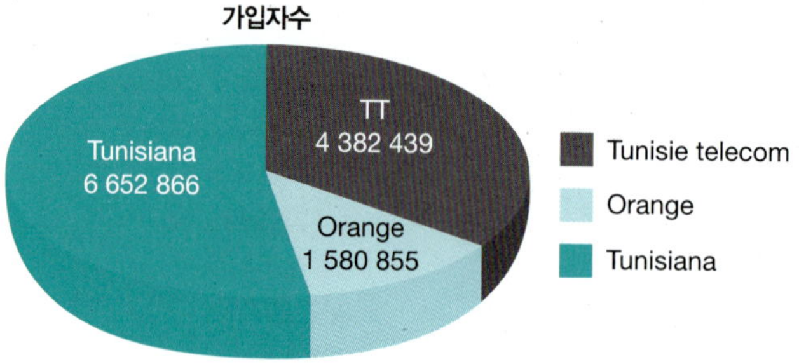

전체 모바일 시장 크기	Tunisie Telecom	Orange	Tunisiana
12,616,160	4,382,439	1,580,855	6,652,866

보급률: 116%.
Source: INT, 2013년 5월.

Appendix 6

시장조사(고객만족)

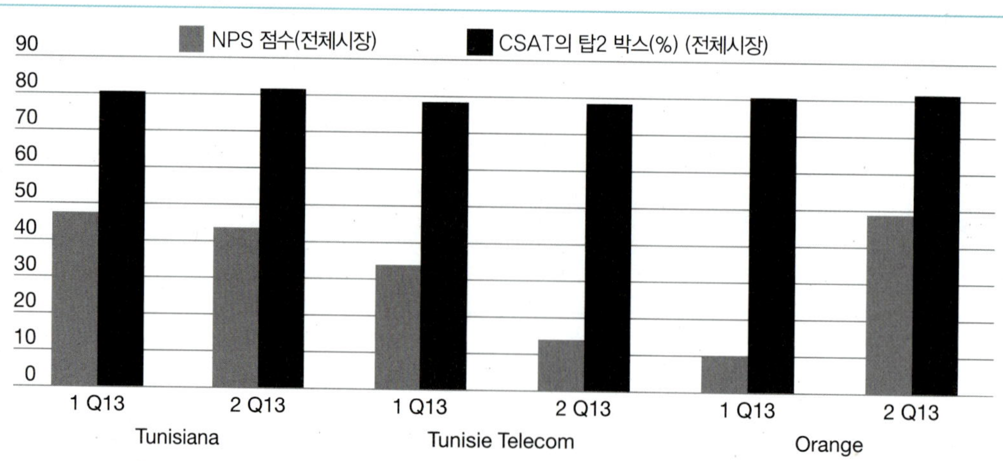

	Tunisiana		Tunisie Telecom		Orange	
	2013 1분기	2013 2분기	2013 1분기	2013 2분기	2013 1분기	2013 2분기
NPS 점수(전체시장)	48	44	34	14	10	49
CSAT의 탑2 박스(%) (전체시장)	81	82	79	79	81	82

Source: 닐슨기업의 1,500명의 인터뷰 조사 보고서(2013년 2분기: Tunis, Sousse, Safa, Gabes)

부록 7
유선 통신 사업자 시장 규모와 점유율

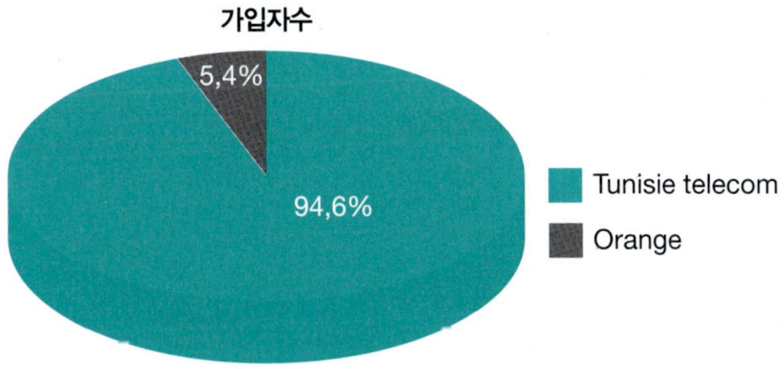

Tunisie Telecom 시장 점유율	Orange 시장 점유율
94.6%	5.4%

유선시장 크기

전체 유선 시장 크기	Tunisie Telecom	Orange
1,094,660	1,035,643	59,017

보급률: 10%.
Source: INT, 2013년 5월.

부록 8

튀니지 TV 편성

공중파 TV 채널

- 튀니지 TV 1 'Al Watania 1'
- 튀니지 TV 2 'Al Watania' 2. 2012년 1월, 지역정보를 제공하는 지역방송으로 자리잡음.

사기업 TV 채널

TV 채널(2011년 1월 14일 이전)

- Hannibal TV(2005)
- Nessma TV(2007)

TV 채널(2011년 1월 14일 이후)

- El Hiwar Ettounsi (2011)
- Attounissia TV (2011)
- Tunisia World Television (TWT) (2012)
- Al Janoubia TV(2012)
- TunisnaTV (2012)
- Al Qalam TV (2012)
- Al Mutawasset TV (2012)
- Tunisia News Network (TNN) (2012)
- T-Sport (2012)

Tunisia TV channels

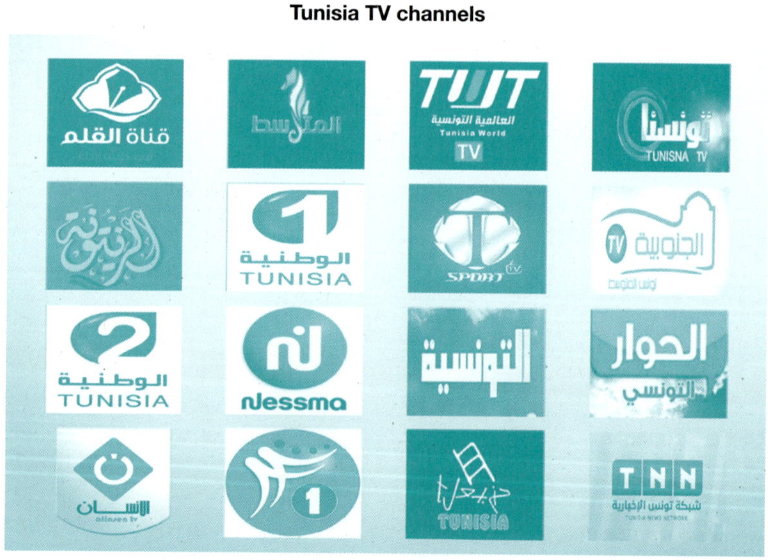

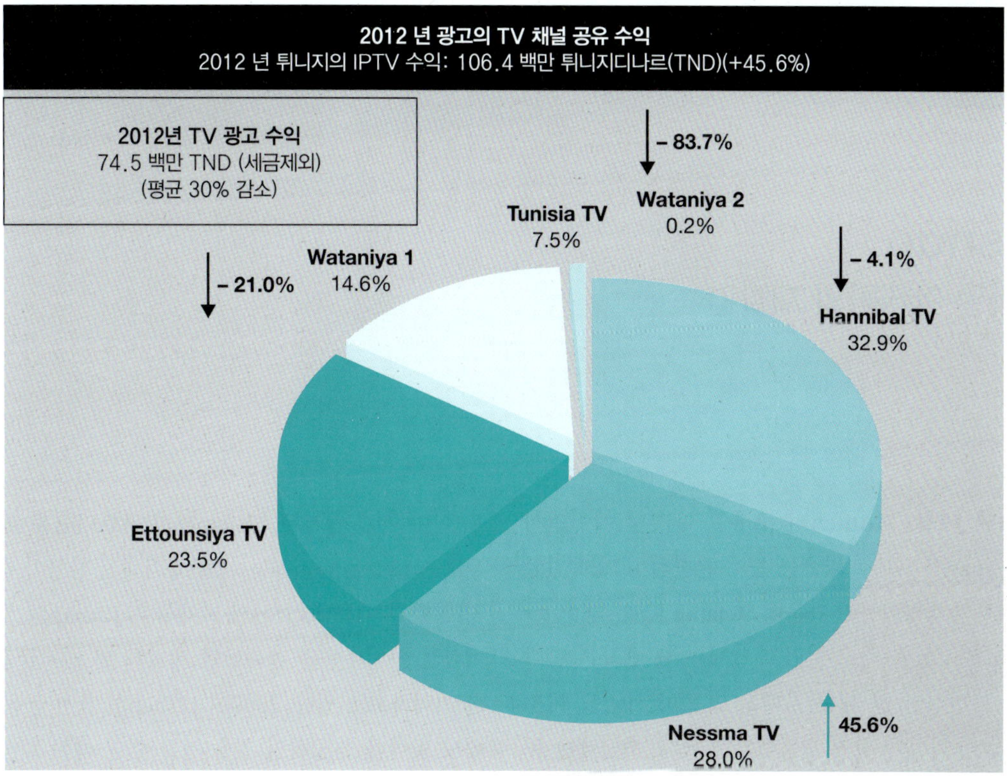

Source: SIGMA survey, 2013.

부록 9

리비아의 세번째 모바일 사용권 취득을 위한 행보

체신부 장관인 Usama Siala는 블룸버그에게 정부가 통신사 분야를 통제하는 것을 줄여야 하며, "지역 이나 해외 사기업이 좀 더 시장에 진입해야 한다"고 했다. 그는 덧붙여, 경제부 장관과 "매력적인 시장 진입자"에게 계약을 추진할 수 있도록 협의했다.

새로운 사업자는 기존 사업자들이 구축해 놓은 인프라를 공유할 수 있도록 지원할 것이고 더불어, 새로운 지역의 통화권역에 대한 투자를 자유롭게 할 것이다.

TeleGeography에 따르면, 제 3자의 시장 진입시도의 견제가 있던 2010년 6월, UAE의 Etisalat와 터키의 Turkcell, 두 회사 모두 계약금 10억LYD(8억 2,500만 달러)을 바라만 봐야 했다.

2013년 3월, 국가후원 무선전화 Libyana와 Almadar Aljaded의 갑작스런 취소에 대한 입찰 계획을 보였다. 거대 국제 기업들은 이 사업에 관심을 두었다. 그들은 쿠웨이트의 Zain Group, 아랍에미레이트의 Etisalat, Orange Group (formerly France Telecom), 자메이카의 Digicel Group, 영국의 Vodafone Group, 러시아의 Vimpelcom, Qtel of Qatar (now Ooredoo), 인도의 Bharti Airtel였다.

Source: Bloomberg, TeleGeography.

12snap
모바일 마케팅의 재발견

2010년 12월. Munich의 모바일 마케팅 에이전시인, 12snap의 사무실 밖에는 눈이 천천히 내리고 있었다. 회사의 경영이사진 가운데 Stefanie Krebs와 Peter Prislin은 토론을 하고 있었고 날씨는 꽤 괜찮은 날이었다. 도전적인 한 해를 보내고 그들의 사업을 어떻게 이끌어 나가야 할지 결정해야만 했다. 최근 1년 동안, 12snap은 핵심 주주이자 사업적 선견지명을 가진 Bernd Michael의 건강 악화로 자문을 얻지 못하고 있었다. 그는 회사의 전략을 세우는 데 있어서 Stefanie와 Peter에게는 매우 중요한 인물이었다. 모바일 기술이 차세대 주요 트랜드로 부상함에 따라, 대형 광고 회사와 IT회사는 세분 시장에 속하게 됨으로써, 12snap은 해당 시장에서 공격적으로 방어해야만 했다. 시장에서의 변화를 감지하고서, Stefanie와 Peter에게 회사가 경쟁력 있는 포지션을 강화할 수 있도록 전략적 파트너를 찾는 데 노력해 달라고 했다. 그러나, 대부분의 기업들은 이미 높게 평가된 12snap과의 파트너쉽을 꺼렸다. 새로운 도전을 하기에는 그들에 처해진 상황이 충분하지 않았기 때문에, 회사의 고객들은 12snap의 마케팅 예산과 사업비용을 감축했던 계기가 된 세계금융위기를 기억하고 있었다. 2009년 12snap이 잠시 금융 압박에서 벗어나 성공적인 길을 걷고 있던 때를 회상하기도 하였다. 그럼에도 불구하고 도전은 끊임없이 이어졌으며, 시장에서의 포지션을 지키기 위한 중요한 결정들이 요구되었다. 12snap 혼자 사업을 진행해야 할까? 틈새시장의 기업으로써, 12snap을 이끌어가는 비전을 잃은 후에도 경쟁력을 갖출 수 있을까? 우리는 전략적 파트너들을 지속적으로 찾아야만 하는가? 투자자들이 12snap에게 필요한 자금을 효과적으로 지원해 주는 것이 좋은 대안인가? 직면한 현 상황에서 가격을 낮추어야 할까? 이사들은 모든 문제사항에 대해 결정을 내려야만 했다.

Stefanie와 Peter는 모바일 마케팅 산업과 12snap이 하나의 조직으로써 상당히 큰 기회라는 것에 대해 확신했다. 하지만 그들이 어떤 방법으로 시장 점유율과 고객들을 획득하고 시장에서 살아남을 것인가?

Dr Benoît Leleux, Stephan Schmidheiny Professor of Entrepreneurship and Finance, prepared this case with Stephanie Weg, IMD MBA 2010 and partner at Ynovation.com, as a basis for class discussion rather than to illustrate either effective or ineffective handling of a business situation.

12snap의 역사

1999년 9월, 12snap AG는 Munich에서 6명의 McKinsey 컨설턴트들에 의해 설립되었다. 그들은 인터넷 붐을 타고 성공적인 회사를 세워보고자 모였고, 모바일 옥션 플랫폼이라는 사업아이디어를 의미하는 "12snap"을 회사이름으로 지었다. 인터넷 광고는 투자자들로부터 더 많은 투자를 지원받았는데 12snap은 16개의 벤처 캐피탈과 협회 투자자, 4명의 개인 투자자, 21명의 설립 파트너들로부터 상당한 금액의 현금을 받아 관리하였다(그림 1).

회사는 관리와 감독 이사로 구성된 두 명의 독일인 이사에 의해 세워졌다(그림 2). 사업 모델은 간단했다. 12snap은 고객이 그들의 모바일 폰을 이용해 옥션에 참여하고 상품을 구매하는 플랫폼을 제공하는 것이었다. 12snap은 배송과 상품판매를 관리하는 제3자의 물류 회사와 함께 판매할 상품을 보유하는 형태를 취하였다. 상품의 범주는 모바일 폰, 향수, 가방, 휴가 패키지, 팝콘 메이커 등 매우 다양했다.

사업은 천천히 시작되었지만 여섯 명의 설립자들은 항상 동일한 의견을 갖지 않았다. 컨설턴트로서의 모든 진행 사항에 대해 관리하고 있었다. 이것은 사업을 시작하는 데 있어 비효율적으로 이루어져 사업이 성장하는데 도움이 되지 않았다.

2000년 12snap UK Ltd와 12snap Italy s.r.l. 은 100% 자회사로서 설립되었다. 영국의 모바일 산업은 유럽대륙에서 선두자 역할을 하였고, 이탈리아는 많은 고객을 보유하고 있었다. 영국과 이탈리아는 1년 동안, 각각 19명과 25명 규모의 사업으로 운영되었고 2001년 향후 IPO 준비를 위해 12snap Germany GmbH가 새롭게 출범을 앞두었다.

그림 1 12snap 초기 자본 표(2000년 12월)

	총 주식	지분 율
VCs/기관투자가		
Viventures Partners FCPR	536,933	10.92%
Nokia Ventures, L.P.	369,363	7.51%
Apax Europe IV-A, L.P.	656,303	13.35%
Argo II, L.P.	618,750	12.58%
ARGC IV, L.P.	6,250	0.13%
Sirios Capital Partners, L.P.	11,321	0.23%
Sirios Capital Partners II, L.P.	64,033	1.30%
Sirios Overseas Fund Ltd	99,696	2.03%
Sirios/QP Partners L.P.	262,450	5.34%
CDB Web Tech International LP	125,000	2.54%
Broadband Capital AG	125,000	2.54%
GS - The Goldman Sachs Group	93,547	1.90%
GS - PEP Technology Fund 2000	17,222	0.35%
GS - PEP Technology Fund 2000 Offshore Holdings	6,797	0.14%
GS - Stone Street PEP Technology Fund 2000	6,157	0.13%
총 기관투자가	2,998,822	60.99%
개인 투자자	22,581	0.46%
설립자	1,895,760	38.55%
발행된 총 주식	**4,917,163**	**100.00%**

Source: 12snap information.

그림 2 2명의 독일인으로 구성된 이사진 체계: Vorstand, Aufsichtsrat, 공동결정권

독일 기업 정책에서 Vorstand는 협력 관리이사이다. Aufsichtsrat(감독 이사)에 종속되어 있는 수직적 형태이며, 두 명의 이사진으로 구성된 시스템을 도입한 독일 기업 법률을 반영한 것이었다. Vorstand는 총괄 및 자유로운 역할로서 실제 결정권을 가지고 있었고 실제 회사는 법률에 의해 운영되었다. 법에 의해 실제 회사가 운영되는 것이다. Vorstand의 멤버들은 개별적으로 행동에 대해 책임을 가지고 있다. Vorstand의 의무에 대한 범위는 사업 전반에 걸쳐 다양하다. Vorstand의 회장은 Aufsichtsrat에 의해 결정된다. 독일 법률 허락 하에서 Aufsichtsrat의 멤버들은 투표를 통해 회장을 선출할 수 있다. 회장의 역할이 특별한 법적 요구사항이 있는 것은 아니다. 현장에서 Vorstand 멤버들의 관계는 매우 다양하기 때문에 각각의 개인 멤버들은 그들이 책임지는 전문 분야가 있다. 하지만, 이들은 특정 상황에 따라 실패에 대해 개인적으로 책임을 져야 하는 부분을 유발시키기 때문에 법은 그들의 동료들에 대한 활동을 감독한다. Vorstand의 멤버들은 각각 하나의 투표권을 가지고 있다. Vorstand 미팅은 매주 있으며 하루 종일 진행한다. Aufsichtsrat가 임명한 멤버는 승인에 대한 3분의 2의 주요 투표권을 가지거나 복잡한 투표를 요구하는 상황에서 결정권을 가지고 있다. 이는 공식적으로, Vorstand에서 지정한 멤버와 동일한 책임을 갖는다는 것을 말한다. Aufsichtsrt의 50%가 멤버로 속해있기 때문에 이것은 Vorstand의 멤버를 임명하는 것을 막는 일로부터 직원을 보호한다. Vorstand의 멤버들은 피지정인이 지배하지 않는 직업의 안전성에 대해 만족한다. 그들은 법률적으로 최대 5년 동안 임기가 가능하고 Aufsichtsrat의 멤버가 나이가 들어 그들의 임무를 수행하는데 부족하다면, 부하직원이 그들의 의무를 다할 수 있도록 지원하게 하였다. 주주들을 비롯한 Vorstand 멤버들을 은퇴하도록 강요하지 못한다. 보수는 일반 급여의 65%이며, 35%는 보너스와 특정 수당으로 채워진다.

Source: Jonathan P. Charkham (1994). *Keeping Good Company: A Study of Corporate Governance in Five Countries.* Oxford University Press. pp. 14-21 http://en.wikipedia.org/wiki/Vorstand

이러한 노력에도 불구하고, 12snap 플랫폼에 성급하게 뛰어든 고객은 성공하지 못했다. 스핀오프(spin-off)이후, 설립자들은 모바일 옥션이 성공의 길이 아님을 인정해야만 했다. 대부분 젊은 사람과 10대로 이루어진 그들의 목표 그룹은 모바일 폰을 이용한 옥션에서 상품을 구입한다. 높은 채무 불이행 이율은 12snap을 매우 어렵게 만들었고 비싼 소프트웨어와 아웃소싱 상품에 대한 비용을 감당하기에 사업적으로 불가능했다. 설립자들은 게시판의 글을 읽고 남아있는 재고를 직원들에게 헐값에 팔고 모바일 옥션 사업을 접어야만 했다.

설립된 지 2년이 채 되지 않은 시점에서 초기 투자액이 사라지고 12snap은 다시 출발점에 섰다. 완벽한 포지셔닝이 재 요구되었다. 모바일 옥션이 접점의 앞에서 이루어지는 동안, 모바일 마케팅은 다른 방향에서 이루어져, 이것을 전달하는 데 실패했던 것이다. 어떠한 통찰력에 대한 기대 없이 설립자들은 이 분야에 대해 다시 집중해야 했다.

12snap V2.0

회사의 창의적인 생각과 숙달된 기술 팀은 12snap이 모바일 마케팅 산업에서 빠르게 포지셔닝 하는 데 기여했다. 12snap은 모바일 폰 생산자(Vodafone, T-D1)와 모바일 미디어 채널(GSMBox, YourMobile), 그들의 고객사의 마케팅 부서와 같은 소비자/사용자 기반의 전문 허브로 포지셔닝했다. 12snap은 미디어 파트너, 에이전시 수수료, 트래픽 수익으로부터 수익기업의 수익창출에 원스톱 모바일 에이전시 모델이라는 최신 기술을 사용하여 브랜드 캠페인을 개발하였다(그림 3). 첫 번째 캠페인은 SMS를 기반으로 하였고, 이후 MMS와 모바일 인터넷, 더불어 모바일 어플리케이션은 더욱 더 복잡하고 창의적인 캠페인 방법이 되었다.

모바일 옥션 공간에서 이루어졌던 것과는 다르게 이번 사업의 성공이 빠르게 눈앞에 펼쳐졌다. 첫 번째 가장 큰 모바일 마케팅 수익(5만 유로)은 2001년에 발생되었고, 12snap이 개발한 McDonald의 캠페인에 개발에 대한 만 건 이상의 전화를 받았다.

그림 3 12snap 포지셔닝 및 비즈니스 모델

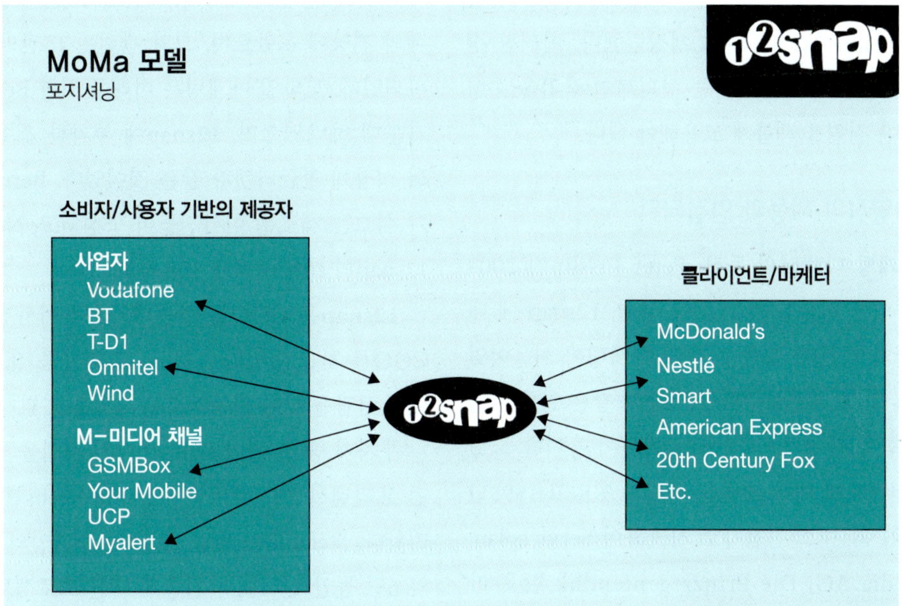

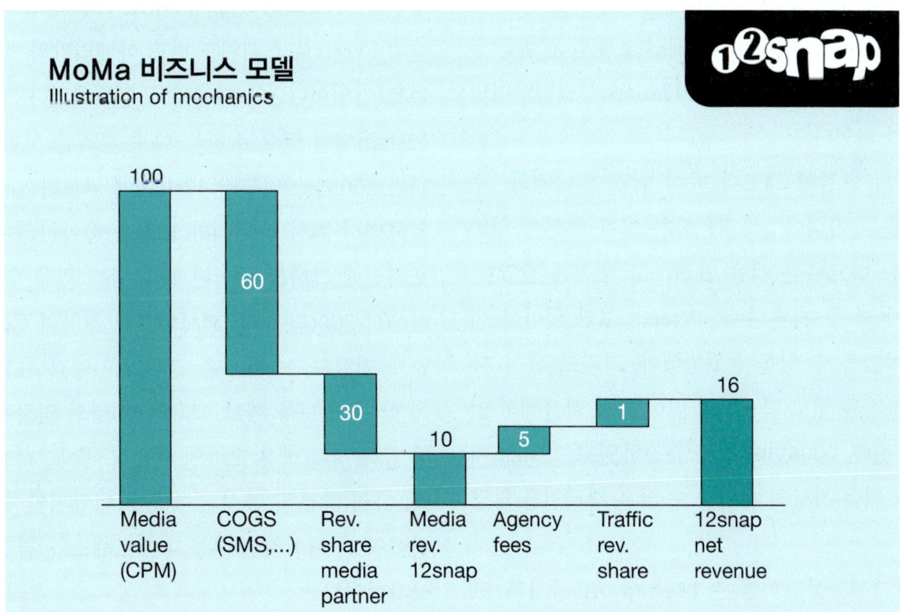

Source: Company information.

2003년, 12snap은 세계 최초의 모바일 위시 배달 서비스로 "Sony Playstation 2 Xmas wish" 캠페인 관련 디자인에 대한 Cannes Lions 상을 수상하였다. 이후, 2004년 "Fanta – Message in a bottle" 의 두 번의 Lion과 2005년 "Nokia Rocky Cam."의 한 번의 Lion을 연속하여 수상하는 영광을 갖게 되었다.

이러한 성공을 바탕으로 12snap은 지속적으로 유럽과 미국 시장에 걸쳐 사업을 확장하였다. 2003년, 스웨덴 스톡홀름 Lokomobil AB에서 상당한 기업으로부터 참여가 이루어졌고 2004년, 극적으로 회사 이름을 "12snap-Lokomobil AB"라고 재정립했다. 이러한 성장때문에 기업은 점차 증가하는 창의적인 작업을 수행할 경험 많은 직원을 새롭게 고용해야 했다.

새로운 경영진의 재능과 연결되다

새로운 마케팅 디렉터의 등장: Peter Prislin이 2004년 직업에 대한 변화를 찾고 있을 무렵, 12snap 에 대해 처음 알게 되었다. 그는 모바일 마케팅이 처음이었으나 Coca-Cola, Adidas, Vodafone와 같은 일류 기업 고객들과 함께 작업하는 12snap 회사에 흥미를 느꼈다. 그는 언론계에 대한 배경을 가지고 있었고 1993년 라디오 NRJ 의 뉴스 편집자로 시작하여 Serviceplan, H5B5 Media AG, Die Prinzregentendhk 같은 마케팅 및 멀티미디어 에이전시 기업을 담당하였다. 12snap에 입사하기 전, 그는 한 체인 호텔의 컨셉을 담당했었고, 2004년 6월, Peter는 12snap의 크리에이티브 디렉터가 되었다.

12snap의 환경이 그보다 나이 어린 매니저와 "수많은 독특한 아이디어", 사내문화가 그가 예전에 있었던 곳들과는 다르다는 것을 발견하고 충격을 받았다. 12snap에서 몇 주 지낸 후에, Peter는 그가 얼마나 이 회사에 남아있을 수 있을지 고민했다. 그것도 잠시, 다이나믹한 환경과 젊고 혁신적인 팀이 그를 회사에서 일할 수 있게 했다. 2006년에 그는 승진하였고, 12snap에 필요한 프로필을 상당히 채워줄 수 많은 캠페인을 담당하였다.

2006년 2월, 설립자들은 12snap AG를 US 모바일 기업 및 마케팅 기술 기업인 NeoMedia Communication에 1,850만 유로에 현금과 주식으로 팔았다. NeoMeia는 12snap을 유럽시장에 진출시켰다. 2007년, NeoMedia는 핵심 사업에 집중하기 위해 불필요한 부서를 처분하기 시작하였다. 2007년 4월, 회사의 前 주주로서 Bernd Michael와 두 명의 매니지먼트 팀 멤버들이 회사를 420만 유로에 인수했다. Bernd는 최대 주주가 되었고, 마케팅 시장에서 성공한 독일 스타 가운데 한 명이 되었다. 그는 2006년 독일 마케팅 명예의 전당에 올랐으며, 그와 관련된 15권의 서적도 출판되었다. 모바일 마케팅은 미래를 위한 Bernd의 비전 가운데 하나였으며, 12snap에 투자한 것이야말로 그의 성장에 황금티켓과 같은 것이었다. Bernd Michael가 이끄는 새로운 이사진들이 구성되고, NeoMedia는 12snap의 10% 주식을 보유하고 있다.

12snap은 COO를 찾는다. 감독 이사진은 한동안 COO를 찾고 있었다. 12snap은 회사를 잘 관리 할 수 있는 사람을 찾아 전문적으로 사업을 키워가려고 했다.

투자자 중 한 명이 Munich에서 직업을 찾는 중이었던 프리랜서 컨설턴트인 Stefanie Krebs를 회사로 데려왔다. Stefanie는 독일, 프랑스, 스페인의 Accenture와 6년 동안 인터넷과 기술에 대한 프로젝트를 진행한 경력을 가지고 있었으며, DMR 독일 컨설팅 회사(오늘날의 Everis로 스페인과 라틴 아메리카의 주요 IT 컨설턴트 기업이다.)의 디렉터로 활동했었다. Stefanie 는 12snap에서 필요로 하는 아주 완벽한 사람이었다. 그녀는 2005년 9월부터 12snap에 파트타임 컨설턴트로 일하면서 회사 분위기와 도전을 좋아하였다. Munich 포지션에 그녀의 4살 된 딸과 함께 있을 수 있는 조건하에서 2006년 1월, 회사와 2년 계약의 COO 자리를 맡게 되었다. 12snap은 그녀의 기업적 사고를 자유롭게 할 수 있도록 했고, 그녀는 70명의 열정적인 직원들과 함께 상을 받은 모바일 마케팅 에이전시를 설립하였다. 아직 충분히 완성된 것은 아니었지만 수익은 낮은 편이었고, 책임적인 부분과 프로세스가 결정되지 않은 상황이었다.

Stephanie는 영업 관리자가 고객과의 관계를 책임지는 동안, 발 빠르게 프로젝트 관리그룹에게 매 시간마다 책임을 부여하고 수익으로 이끌 만한 프로젝트를 수행하였다. 프로젝트 관리 가이드라인과 프로세스가 만들어짐으로써 12snap의 사업성공과 이익이 증가하기 시작하였다.

12snap의 간소화

Stefanie는 CEO인 Michael Birkel과 CFO인 Bernd Mühlfriedel의 두 설립자에 의해 COO가 되었다. 경영팀은 2007년에 만들어져 2008년, 운영의 간소화, 창의적인 일의 강화, 대기업 브랜드와의 관계 유지 관리를 수행했다. 12snap은 2006년과 2007년에 Nokia (Nokia New Year's Eve) 와 McDonald's (FIFA Fußball WM 2006)의 훌륭한 캠페인을 제작함으로써 모바일 마케팅 상을 거머쥐었다.

매니지먼트 팀은 사업을 더 강화하기 위해 2008년 1월, 수익이 없던 12snap Italy와 4월, 12snap Lokomobil AB를 철수시켰다. 그리고 그 해에 12snap은 재정적으로 더 좋은 효과를 보았다.

2009년 1월, Michal Birkel은 CEO를 사임하고, 감독 이사진들은 Stefanie와 Peter에게 각각 관리 이사의 연사와 새로운 CMO로 승진을 제안했다. Stefanie와 Peter 모두 그 제안을 승낙했다(그림 6). Bernd Michael은 그가 Grey Advertising Group에서 수석고문으로 있었던 때보다 2009년 사업운영에 있어서 더 많이 참여하게 되었다. 그는 풍부한 경험을 바탕으로 한 Stefanie와 Peter의 고문, 컨설턴트, 사업 길잡이가 되었다. 이것은 회사에 아주 커다란 차이를 만들어 내는 계기였다.

2009년 동안 수상은 계속 이어져갔다(그림 4). Stefinie는 6월, 12snap UK가 사업부실의 이유로 철수했고 수익이 나고 좋은 품질의 서비스를 제공하는 독일 지점에 좀 더 집중하기를 원했다. 2009년 말, 매니지먼트 팀은 회사 역사상 가장 재정적인 결과가 좋았음을 감독 이사진들에게 발표했을 때, 그들의 노력이 이익을 창출했던 행동들이었다는 것을 알았다(그림 5).

2010년 봄: 12snap의 도전

2010년 12snap에게 수많은 도전들을 필요로 하는 날들로 힘들었다.

먼저, 12snap을 성공으로 이끈 가장 가치있는 사람이었던 Bernd Michael이 폴로(말을 타고 하는 구기 종목) 사고로 인한 건강문제로 2010년 봄에 회사에서 은퇴하였다. 가장 영리한 마케터이며, 열정적인 기업가로 회사의 경쟁적인 도전에 책임을 졌던 그였다. 그의 부재는 회사에 엄청난 손실이었다.

Bernd가 구상하던 투자자와 파트너를 찾아 회사의 포지션을 강화하려고 했지만 그의 노력은 성공적이지 못했다. 그 이유는 12snap의 가격정책이 회사의 크기와 명성에 비해 시장에서 높은 축에 속해있기 때문이다. 산업은 계속해서 발전해가고 있었기 때문에 기업들은 제안된 그들의 포트폴리오에 더 작고, 값싼 모바일 능력을 갖춘 회사를 선호하게 되었다. 시간은 그들을 기다려주지 않았다.

브랜드 파워가 높은 파트너 기업과의 관계는 점차 경쟁이 심해지고 있는 산업에서 12snap의 의도한 반응이었다. 모바일 장비가 점차 유행이 되어 성장하였고, 마케팅 에이전시에서는 새로운 트랜드를 놓치지 않기 위해 더 많은 모바일 마케팅 역량을 필요로 했다. 작은 기술능력을 가진 기업은 틈새시상을 공략하는 전략을 세워야만 했다. 대기업은 더 넓은 서비스를 제공하였기 때문에 소기업은 가격측면에서 최선을 다해야만 했다. 12snap은 이러한 경쟁을 이미 감지하였는데, 독일 시장에서 Yoc와 Clamno와 함께 탑3에 포함된 거대 모바일 에이전시 중 하나였다. 이들은 이제, Neue Digitale과 PlanetMobile과 같은 세계적 모바일 네트워크 기업과 소기업과 경쟁하게 되었다.

성공적인 2009년을 보낸 12snap은 신규 투자자를 급하게 필요하지 않은 정도의 재정적으로 안정되었었다. 회사의 EBIT 마진은 10%에서 20% 사이였기 때문에 12snap은 디지털 에이전시 가운데 수익이 높은 편이었지만, 투자를 목적으로 하기에는 특별히 매력적인 투자처는 아니였다. 프리미엄 가격을 지불하려는 파트너를 찾는 것은 어려웠지만, Stefanie와 Peter는 12snap을 싼 가격에 팔고 싶지는 않았다. 그들은 회사의 잠재력, 직원들, 그리고 그들의 창의성을 믿었다. 이러한 이유 때문에, Stefanie와 Peter는 그들의 기존 전략을 유지해 가며 회사를 운영하였고, 미래를 위한 회

그림 4 Some award-winning campaigns delivered by 12snap (2003–2010)

년도	캠페인	고객	설명	Medium	결과	Awards
			Sony PlayStation2 모바일 캠페인은 세계 최초 모바일 배송 서비스로, 12snap이 개발한 MobileCard 매카닉을 사용하였다.			
2003	Sony Playstation2 xmas wish	Sony	캠페인 목적: 모바일 마케팅 캠페인을 기반으로 한 어구스틱을 사용하여 타겟 그룹인 PS2에 영향을 미치고 아이를 가지고 있는 부모집단에게 인식을 높여 구매에 영향을 미치도록 하기 위함. 클래식 광고 캠페인의 영향에 집중하였음	컨셉, 디자인&텍스트 메시지 캠페인 실현	14% 이상의 총 응답; 11% 특별한 연락 , 평균적으로 보낸 횟수 2,05	Cannes Lions
2004	Fanta - Message in a bottle	Coca-Cola	2005년 Fnata Flaschenpost 캠페인은 세계에서 가장 큰 모바일 마케팅 캠페인이었다. 여섯 개의 코카콜라 브랜드(Fanta, Sprite, Mezzo Mix, Coca-Cola, Coca-Cola light, Bonaqa, Lift)의 병에 붙인 라벨의 코드는 SMS를 통해 다양한 것들을 받을 수 있었다(모바일 카드, MMS, 메일, 벨소리, 로고).	컨셉, 창조, 기술, 캠페인 관리 및 수행, 출력, 온라인, tv, 모바일, 병 라벨, POS광고	1600억개가 넘는 병 코드는 7주만에 활성화 되었고, 59억명이 참여하였다.	Two Cannes Lions (silver and bronze)
2005	Nokia Rocky Cam	Nokia	2005년 Nokia의 올해 마지막 캠페인을 위해 크리스마스 카드를 모바일로 바꾸었다. 캠페인의 목표는 Club Nokia에 긍정적인 반응과 사용자들이 그들의 폰의 기술을 배우고 즐기는 것이었다. 상용자들은 WAP-push link를 통해 모바일 어플리케이션을 다운받았고 Rocky Cam 테마를 이용하여 사진을 찍고 친구들에게 보냈다.	컨셉, 디자인, 실현과 캠페인 기술	7.7% 응답비율	Cannes Lions
2006	McDonalds' FIFA WM 2006 Fever	McDonald's	독일과 룩셈부르크의 McDonald's 클라이언트는 모바일 이벤트에 당첨되는 스크래치 카드를 받는다. 더불어, 월드컵, 경기장 투어, 독일 기차 티켓을 얻기 위해 자동적으로 참여하게 된다. 캠페인은 영국에서 다른 파트너들과 함께 이루어진다.	498억 스크래치 카드, TV스팟, 모바일(텍스트 메시지), 광고, 상점 내 광고	13억 이상의 메시지 발송, 하루 동안 43,000 메시지, 9주 동안의 응답 비율: 10%	CommAwards
2006	Nokia New Year's Eve	Nokia	모바일 WAP 플랫폼은 새해를 맞이하여 세계인들과 함께 12월 31일 파티를 서로 공유하였다.	모바일 컨텐츠, 블루투스, 모바이리 라이브 스트리밍, SMS, MMS를 포함한 WAP 포털은 콘서트가 진행되는 동안과 SMS 이벤트 활동 중, 모바일 다운로드 센터, SMS 복권이 이루어지는 동안 활성화 됨	모바일 사이트에 19억 명 이상의 사용자들, 12억개의 텍스트 메시지, 848,000개의 모바일 콘텐츠 다운로드	CommAwards

그림 4 *(계속)*

년도	캠페인	고객	설명	Medium	결과	Awards
2008	Hüttengaudi - Move your Lederhos'n	McDonald's	겨울, 눈, 샬렛-테마의 캠페인, 사용자들은 자신의 얼굴사진을 업로드 할 수 있고 바이에른 Schuhplattler(독일전통춤)에 사진을 붙인다. 서로 다른 춤사위를 선택할 수 있고, 자신만의 춤을 만들었다. 자신들의 춤 공연을 MMS나 Email을 통해 보내 200개가 넘는 겨울 테마 상금을 만들었다.	온라인 & 모바일 캠페인/ 모바일(SMS &MMS), 온라인, 일반 광고, 태블릿	37억 이상의 페이지 뷰, 500,000개 이상의 비디오 발송	Kontakter Client Award CommAwards
2008	Los Wochos - Diego Hotriguez	McDonald's	Diego Hotriguez 대사와 함께하는 멕시칸 테마 켐페인. Diego는 클라이언트들에게 el amor, el sporto, el musica, el apetito로 이루어진 4가지의 "lektionos"와 함께하는 멕시칸의 삶의 방식을 가르쳤다. 클라이언트들은 Diego가 그들의 친구들에게 전화하여 그것들을 가르쳐줄 수 있도록 했다.	컨셉, 창조 & 실현, 온라인 & 모바일, 베너, 광고 자료	730,000 가 넘는 페이지 뷰	CommAwards

Source: 12snap.

그림 5 2009년 12snap 통합 수익 내역서(€ 1,00)

	2009년
수익	4,219
매출원가	166
매출총이익	**4,053**
기술&개발	-535
마케팅&판매	**-2,003**
행정관리	-572
운영비용/수입	-19
EBIT	**924**
재무수익(+)/지출(-), 외부주주지분	-226
세전이익	**698**
세금	-8
이익(+)/손실(-)	**690**

Source: 12snap.

그림 6 고위관리직 책임과 이력

Stefanie Krebs

12snap AG & MD, 12snap 독일 GmbH의 관리 이사 대표

책임:

- 모든 클라이언트들의 COO (기술 및 프로젝트 관리)
- Nokia 와 NB의 회계 팀장
- Helsinki 와 Timisoara의 관리 디렉터
- 금융담당

12snap 참여 전 이력:

- 파트너 & 관리 디렉터, Everis Consulting, 독일
- 엑센츄어(전기통신 및 하이테크 분야의 국제적인 고객 보조)
- 컴퓨터 사이언스, University of Mannheim
- 경제학 전공, Berufsakademie Mannheim

Peter Prisllin

12snap AG & MD, 12snap Germany GmbH의 마케팅 최고 관리자

책임:

- 모든 클라이언트의 크리에이티브 디렉더 경영진
- McDonald's, Vodafone, GSK, NBdml 회계 경영진
- 인사담당

12snap 참여 전 이력:

- Concept design hotels™의 글로벌 담당 경영
- Dieprinzregenten의 크리에이티브 디렉터
- H5B5 Media AG의 크리에이티브 디렉터
- 프리랜서 카피라이터(예, JvM. Lucie P, fjr)
- 카피라이터 서비스 플랜
- Radio NRJ의 마케팅 매니저
- Radio NRJ의 뉴스 앵커
- FM Radio Network의 뉴스 편집자(Bertelsmann Group)

Source: 12snap.

사의 비즈니스 모델과 전략을 재검토하였다.

다양한 도전들이 이어졌으나, 2008년과 2009년 세계금융위기가 전 시장 산업에 영향을 미쳤다. 회사는 재정적 압박과 마케팅 예산 삭감을 당했다. 예를 들면, 12snap의 오래된 클라이언트인 Nokia가 Samsung, LG, RIM, Apple에 의해 2008년 39%에서 2009년 36%로 시장 점유율을 잃어갔다. 유명한 운영체제인 Symbian도 시장 점유율을 잃었다. 설상가상으로, Nokia의 경쟁자들인 LG, Samsung, Motorola가 새로운 운영체제인 Android를 개발하기 위해 Open Handset Alliance에서 Google과 함께 참여하였다.

모바일 마케팅의 재 번영 2011

2011년 초, 모바일 마케팅 산업은 더 활기를 찾았다. 성장의 주요 동인으로 스마트 폰 수용의 급격한 증가였다. 스마트 폰은 미국, 유럽, 일본 시장의 35%를 차지하였고, 태블릿이 그 뒤를 이어 모바일 시장을 주도하기 시작하였다. 모바일 사용(usage)은 아주 빠르게 확산되었고 광고지출 또한 이와 정비례하였다. Thomson Reuters에 따르면, 글로벌 모바일 광고 시장이 2010년 3.5억 달러에서 2015년 14억 달러로 증가할 것이라고 했다. 개발도상국의 모바일 마케팅 성장이 더 높게 기대되며, 2012년 지출을 2009년보다 3배에서 9배가 될 것이라고 예상했다(그림 1). 모바일에 특화된 광고 에이전시는 이러한 성장으로부터 이익이 있을 것이고, GDP 증가율에도 영향을 미칠 것이라고 했다.

두 번째 주요 동인으로는 모바일 마케팅 산업 성장으로부터 다양한 기회의 장이 열린다는 것이다. 개인화

에 초점을 맞춘 디지털 역량이 확장됨으로써 24/7 동안 에 끊임없는 고객과의 커뮤니케이션과 상호작용이 가능하기 때문이다.

모바일은 모바일 마케팅 에이전시에게 새로운 기회를 창출하는 통합적 관점으로의 마케팅이라고 한다. 모바일 캠페인은 다른 마케팅 캠페인과는 독립적이지 않다. 모바일 메시지는 반드시 브랜드의 창의적인 의미와 일맥상통해야 하기 때문이다. 이러한 이유로, 대부분의 광고 회사들은 모바일 역량을 갖추려고 한다. 이러한 기회는 작고 세분화된 모바일 마케팅 에이전시가 장기적관점으로의 파트너 쉽과 모바일 역량을 갖추기 위한 대형 에이전시와의 통합을 위해 개방되었다.

미래를 위한 준비: 전략적 합병과 재편성

마지막 초기 투자자는 최근 Bernd Michael에 주식을 팔고 회사를 떠났다. Bernd는 회사의 91% 주식을 Stefanie Krebs는 9% 주식을 소유하게 되었다. 12snap의 경영을 위한 새로운 회장단과 주주단이 2011년 초에 설립되었다. 이사장으로서 Dr. Hans-Dieter Kleinhückelskoten가 임명되었는데 그는 광고 산업에서 20년 넘은 중역급 임원이었고, Wolfgang Kemmerich과 Jürgen Knauss의 지지를 받았다. Wolfgang Kemmerich는 금융산업에서 유명 마케팅 전문가이며, 마케팅 에이전시인 ImpulsKomm의 창립자이다. 그리고 Jürgen Knauss은 Heye Group의 회장이며, Stefanie와 Peter의 권유로 12snap에 참여하였다. Jürgen는 이 산업에 대해 잘 알고 있었으며, 경영팀에게 조언과 네트워크를 제공했었다.

Stefanie와 Peter가 두 개의 전략을 바탕으로 회사를 이끌었는데 하나는 12snap을 알리기 위해 회사의 창의성에 초점을 두는 것이었고 다른 하나는 12snap이 시장에 새로 진입하는 경쟁자들과의 비즈니스 모델을 확장시키는 것이었다. 화이트 라벨(white label)을 제공하려는 회사의 프로제트를 제외한, 12snap의 기술들은 영향력을 갖춘 모바일 솔루션이었다. 이것은 캠페인을 클라이언트 스스로 개발하고자 하는 데 적합하게 만들었고, 24/7 기술 유지 보수가 포함되어 회사의 기본적인 수입원과 동시에 장기적 비즈니스 계획을 이룰 수 있게 하였다.

이를 중심으로, Stefanie와 Peter는 12snap의 네 가지 주요 쟁점에 집중하였는데, 모바일 전자상거래(MCommerce), 로열티, 쿠폰, 그리고 모바일 소셜 미디어였다. 이 전략은 2011년 5월 회장단으로부터 승인되어졌다.

전략 수행

2011년 2분기가 될쯤, 12snap은 미래에 대한 설계를 잘 준비해 놓았던 것처럼 보였다. 조직 구조 및 프로세스도 적절히 잡혀져 있고, Munich와 Dusseldorf(2005년까지)지점과 함께, 12snap의 주요 시장인 독일과 함께 사업을 진행하였다. 핀란드의 Helsinki 사무실은 2008년 개업하여 2010년 핀란드 사람들의 독립체로 운영하였는데 노르딕 국가(Nordic countries)에서 가장 강력했다. 12snap Timisoara(루마니아)은 전문적인 데이터 센터와 24/7 기술 지원을 활용해 기술 서비스, 고품질 개발과 원가 대비 효과를 제공하였고 미국에서 대표자 역할뿐만 아니라 아시아에서 계약과 프로젝트를 담당하였다. 최근 개업한 12snap Benelux 지점은 이미 2011년 하반기에 첫 번째 계약을 성사시켰다.

내부적으로 책임은 명확하게 구분되어 있었고 팀은 잘 운영되어 갔다. 12snap의 직원 이직률은 산업평균보다 4배나 낮았다. Stefanie와 Peter의 모델은 회사가 잘 운영될 뿐만 아니라 팀에 참여한 새로운 매니저인 Oliver Fahle(전략 판매 디렉터)와 Dan Racek(크리에이티브 디렉터)와 함께 잘 성장 할 수 있도록 했다. 회사에서 미래를 대비하기 위하여 터치 스크린, 스마트폰, HTML5, 그리고 소셜 미디어와의 통합에 대한 능력을 개발하였다.

2011년, 12snap은 대규모의 글로벌 기업 에이전시와 견줄 만큼 모바일이라는 시장에서 경쟁력 있는 위치를 유지할 수 있었다. 12snap은 수년 동안 클라이언트들와 매우 밀접하게 일해왔으며, 그들의 브랜드을 충

그림 7 BRIC 국가의 모바일 마케팅 성장 프로젝트, 2010-2012

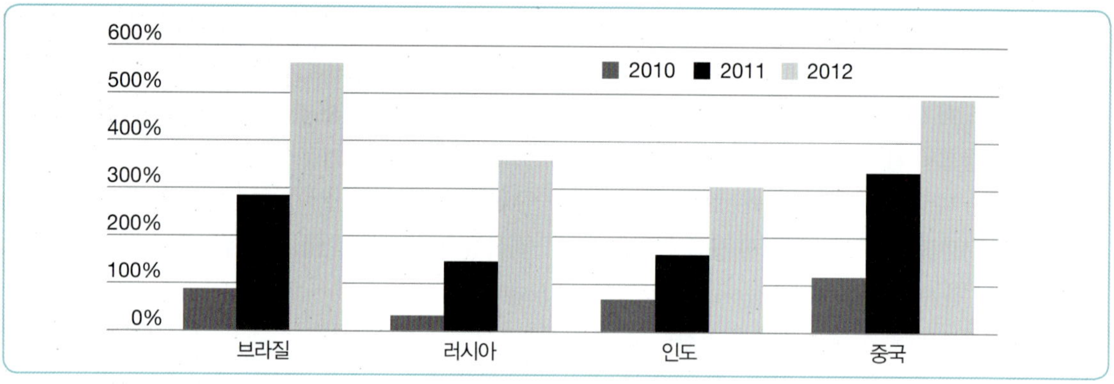

분히 알릴 수 있는 지식을 겸비하는데 능통했다. 동시에, 12snap은 그들의 경력을 앞세워 새로운 클라이언트들을 발굴했다. GSK (GlaxoSmithKline)을 위해 여행 건강 어플리케이션인이 40,000건이 넘는 다운로드와 3번의 상을 수상하고 Nokia Star Trek 캠페인으로 70만 명의 방문자수와 6만 2,000건이 넘는 다운로드 수, 2번의 수상이 있었다. 12snap은 최초로 Android와 Symbian/QT 기반의 어블리케이션을 제공하였고, 인도네시아, 아랍과 라틴 아메리카 등, 40개국에 캠페인을 운영하였다.

12snap은 스타트업 단계는 지나고 성공한 회사로 성장하였다. 그러나 미래는 쉽지 않을 것이다. 시장이 성장한다고 할지라도 모든 사람에게 비즈니스가 허락된 것은 아니기 때문이다. Stefanie와 Peter는 점차 시장에서 경쟁이 심해질 것이라고 느꼈고, 전략적인 파트너를 찾는 것이 그들이 가장 우선적으로 해야 할 일이라고 생각했다.

찾아보기

한글 찾아보기

ㅈ

ㅊ

ㅋ

영문 찾아보기

A

B

C

D

P

R

S

기타 찾아보기